高 鸿 宾 主编
农业部奶业管理办公室
中 国 奶 业 协 会 组编

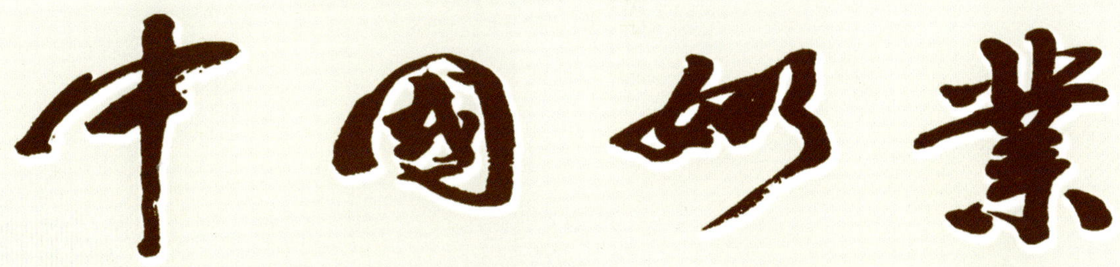

年鉴

2012

中国农业出版社

编辑说明

《中国奶业年鉴》是反映我国奶业发展情况的综合性年刊，也是农业年鉴系列中的一部重要产业年鉴，2002年经农业部批准，由中国奶业协会组织编纂，已经连续出版十卷。2012卷为第十一卷。《中国奶业年鉴》自出版发行以来，客观记述了我国奶业的发展历程，反映了奶业生产的实际情况，为行业管理部门制定规划、政策和实施决策提供了参考，为奶业生产经营者提供了信息服务，为公众提供了市场消费引导，是中国奶业发展的编年史册，也是奶业行业发展的公报，为推进我国奶业的产业化、一体化、标准化和现代化做出了积极的贡献。

从2012卷开始，《中国奶业年鉴》由农业部奶业管理办公室和中国奶业协会共同组编，《中国奶业年鉴》编辑部设在中国奶业协会。《中国奶业年鉴》实行编委领导下的编辑负责制，编辑委员会由农业部、科学技术部、国家统计局、国务院发展研究中心、学生饮用奶计划部际协调小组办公室、中国农业科学院、中国农业大学和各省（自治区、直辖市）农牧、农垦厅局等部门和单位的领导、专家、企业家等组成。

为了进一步扩展《中国奶业年鉴》对奶业发展的服务功能，按照年鉴的权威性、史存性、科学性和连续性的编撰原则，《中国奶业年鉴》编辑部对编撰大纲进行了修订，在保持原来总体框架的基础上，按照奶业行业的特点，重点突出全产业链的发展，并强化检索的方便性，全卷共分为八个部分，分别是发展综述、行业专题、政策法规、地方奶业、科学技术、合作交流、现代企业以及基础数据。

《中国奶业年鉴》2012卷数据资料主要采用国家统计局公开发表的统计数据，部分数据资料由海关总署、农业部畜牧业司和全国畜牧总站等单位提供。国内数据资料范围仅限于31个省、自治区、直辖市，不包括香港、澳门特别行政区和台湾地区。国际数据资料来源于联合国粮农组织（FAO）及国际奶业联合会（IDF）。

《中国奶业年鉴》2012卷中各省、自治区、直辖市按行政区划顺序排列。

《中国奶业年鉴》2012卷所刊载资料一般截至2011年底，部分资料不限于2011年。

《中国奶业年鉴》2012卷的编辑、出版和发行工作，得到了各级畜牧（奶业）行政主管部门、奶业行业协会、奶业生产企业及有关单位和奶业专家的大力支持和帮助，谨此表示诚挚地感谢。

《中国奶业年鉴》编辑委员会

《中国奶业年鉴》编辑部

2011年8月27日，时任中共中央政治局常委、国务院总理温家宝视察现代牧业（集团）有限公司位于河北省沽源县的塞北现代牧场，邓九强董事长向温总理介绍企业发展情况。

2012年4月18日，时任中共中央政治局常委、全国政协主席贾庆林在新西兰克赖斯特彻奇市参观克劳伊牧场，并在奶农家中做客。

2012年2月19日，时任中共中央政治局常委、国家副主席习近平在爱尔兰农业部长科文尼（左一）陪同下参观爱尔兰詹姆斯·林奇农场。这是习近平在牛圈抚摸前一天刚刚生下的牛犊。

2011年7月6日，时任中共中央政治局委员、全国政协副主席王刚视察内蒙古蒙牛乳业（集团）股份有限公司和林格尔工厂。

2012年国家启动“振兴奶业苜蓿发展行动”，农业部副部长、中国奶业协会会长高鸿宾视察甘肃厚生草业公司刘克庄紫花苜蓿种植基地。

2012年6月15日～18日，第十届中国国际奶业展览会在郑州市举办，农业部原常务副部长、中国奶业协会名誉会长刘成果致开幕辞。

2012年6月15～18日，第三届中国奶业大会在郑州市召开，大会的主题为“依靠科技创新,转变发展方式”。

传统老旧牧场

* 老旧牧场牛舍通风不良、光照不足；
* 奶牛运动和休息场所设计不合理，导致奶牛休息质量差；
* 饮水槽位置设计不合理，奶牛饮水不足，影响产奶量；
* 牛粪无法及时清理，奶牛发病率高。

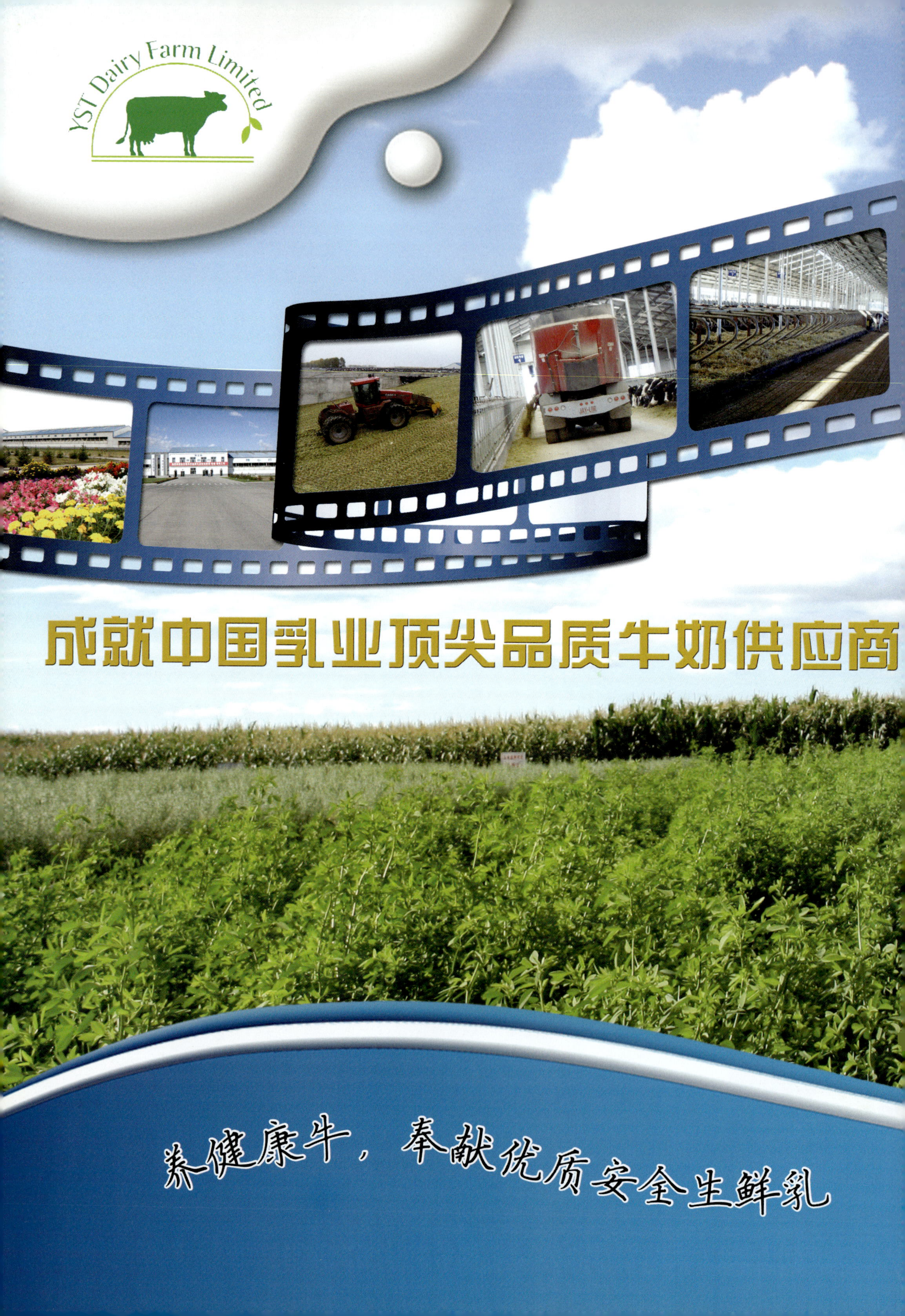

YASHiLY
雅士利

DeLaval
DeLaval

利乐奶农学校教会我 养牛不在多 关键得养好
“我养牛也不打算养多，最多就300头，不好的就淘汰，这样牛奶质量才好。每年我都去听利乐奶农学校的课，学到很多养牛经验，比方说怎么改良奶牛品种，粗细饲料搭配喂牛更有营养。现在我的牛每头每年能产奶6吨多，质量也好，赶上大牧场的水平了。像我这样的个体奶农，只要能养好牛产好奶，大企业也抢着要。”
——呼和浩特市陆合养殖有限公司 李喜忠
有奶农的微笑，才有牛奶的好味道。这个圆圈，就是来自利乐的承诺和保护。30多年来，我们致力于中国乳业可持续发展，全力支持原奶建设，已帮助一百多家牧场升级，原奶质量达到欧盟标准。利乐，食品加工和包装领域领先企业，来自瑞典，扎根中国。
利乐，保护好品质。
利乐
Tetra Pak
保护好品质
TM

你信，或者不信，
危险就在那里。。。
使用美达佳®治疗奶牛乳房炎、子宫炎、肺炎等炎性疾病
美达佳®
Metacam® 美洛昔康注射液
(2009)外兽药证字52号
· 环氧化酶-2(Cox-2)高选择性抑制剂
· 消炎镇痛效果好
· 单针见效
· 抗内毒素作用
Boehringer Ingelheim
国兽药广审(文)2013020053号

Made in ZENOAQ

全药舔砖在日本自从1958年开始投放市场以来，已经成为畜牧业中不可缺少的产品。同时在这半个世纪里，结合饲养技术和营养科学的发展，不断地开发和引进先进的技术和经验，进行了产品更新和技术换代。并且，我们一直坚持着为消费者提供通过系统质量管理和品质检验合格的产品，这是我们ZENOAQ的精神宗旨，永远不会改变。

全药 舔砖系列饲喂流程图

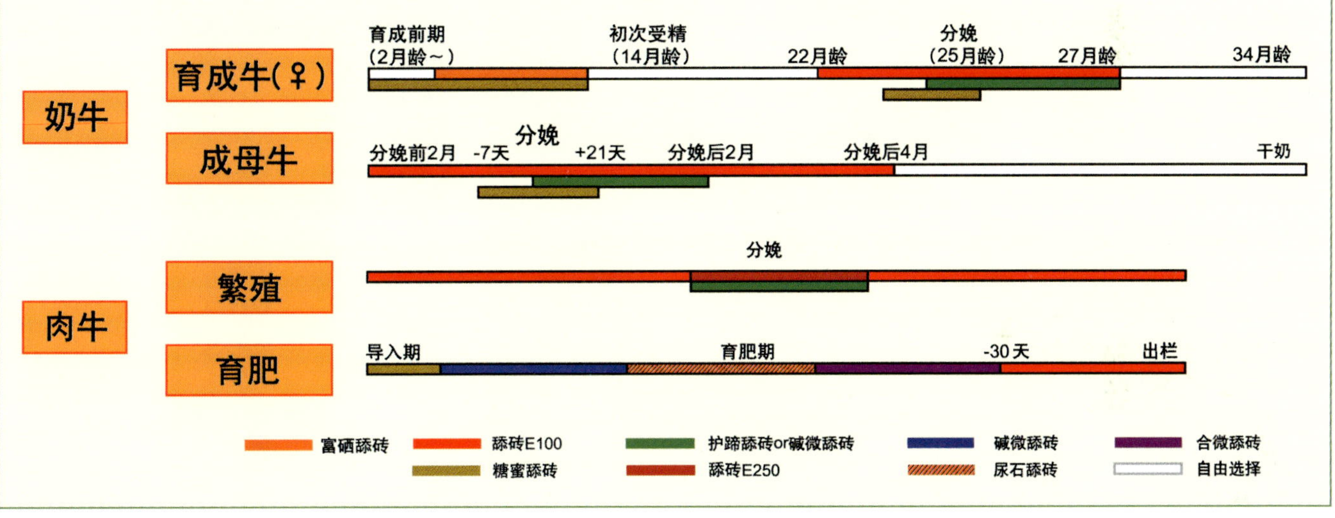

全药舔砖系列产品

富硒舔砖 SELENIX
含有丰富硒元素的复合微量矿物质舔砖

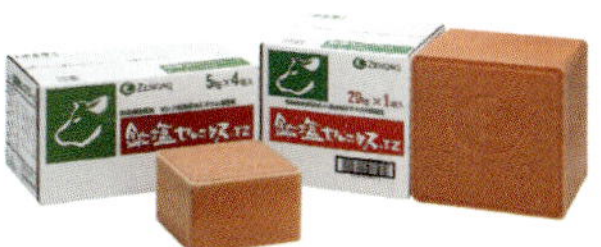

碱微舔砖 ALUKALIX-P
加配了机体内利用率高的多肽矿物质

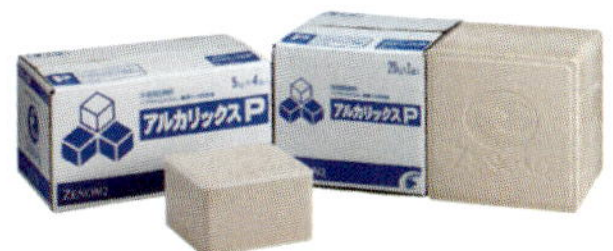

E100舔砖
同时补给维生素E和硒

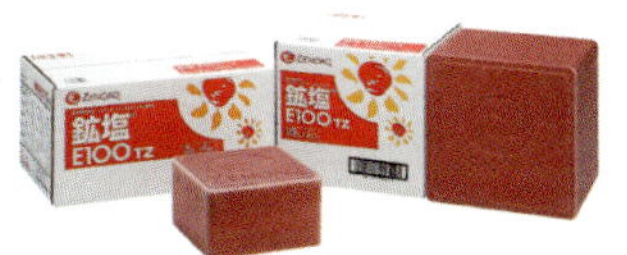

护蹄舔砖 FOOTBIO-P
配入有机肽锌加强吸收和口感

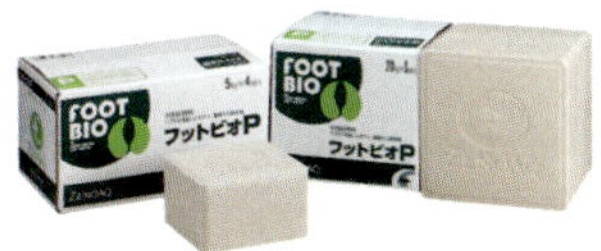

糖蜜舔砖 MOLALIX
能量是生命之源

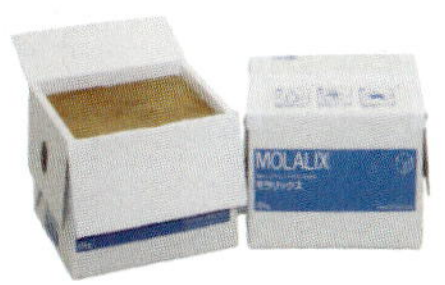

ZENOAQ 专用舔砖盒

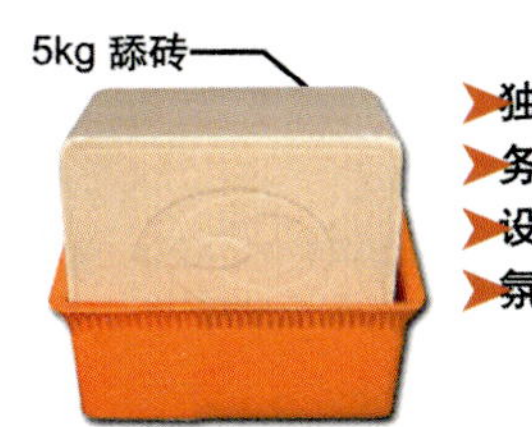

- 独家专利
- 务实耐用
- 设置方便
- 氛围良好

尿石舔砖 COWSTONE
有效预防尿结石 降低尿液碱性

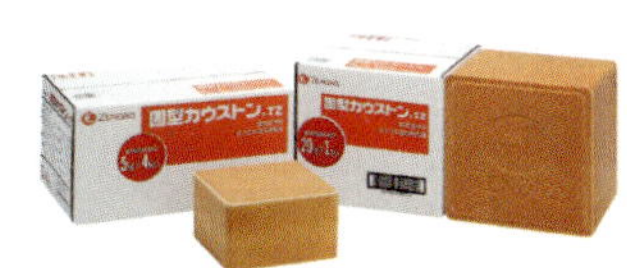

合微舔砖 BOVILIX-P
加配了微量元素的升级产品

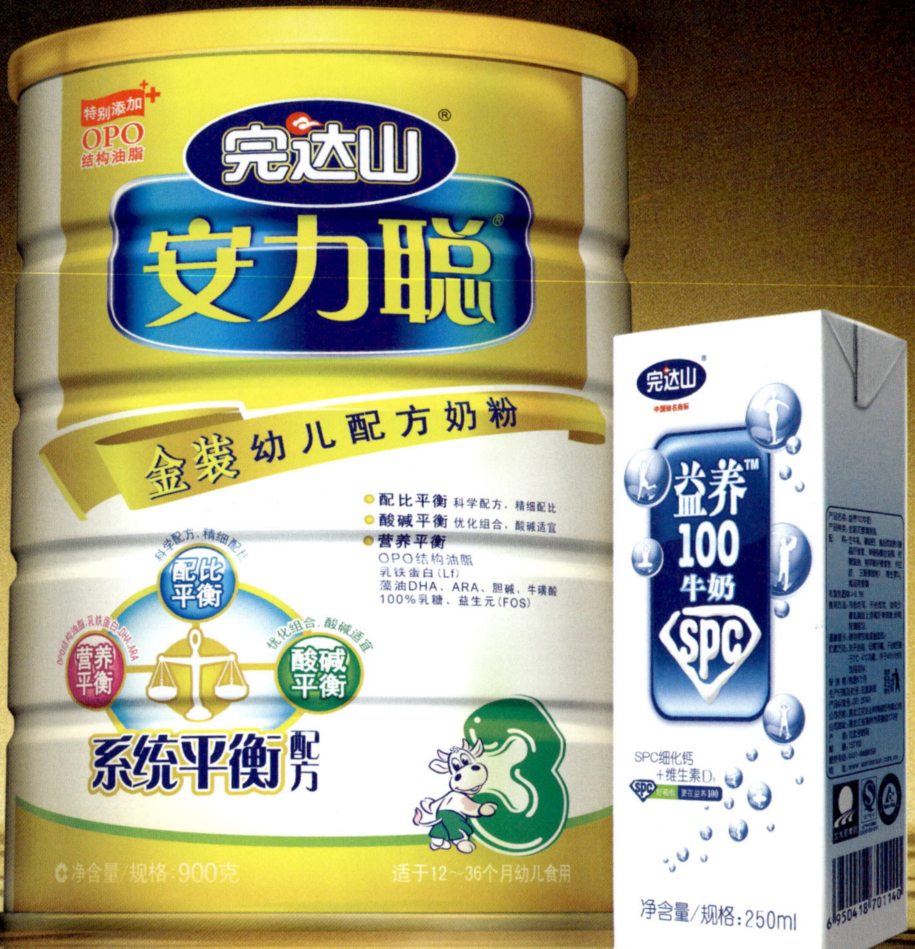

为她的健康成长
注入满满的
心里的幸福也满了出

只为点滴幸福

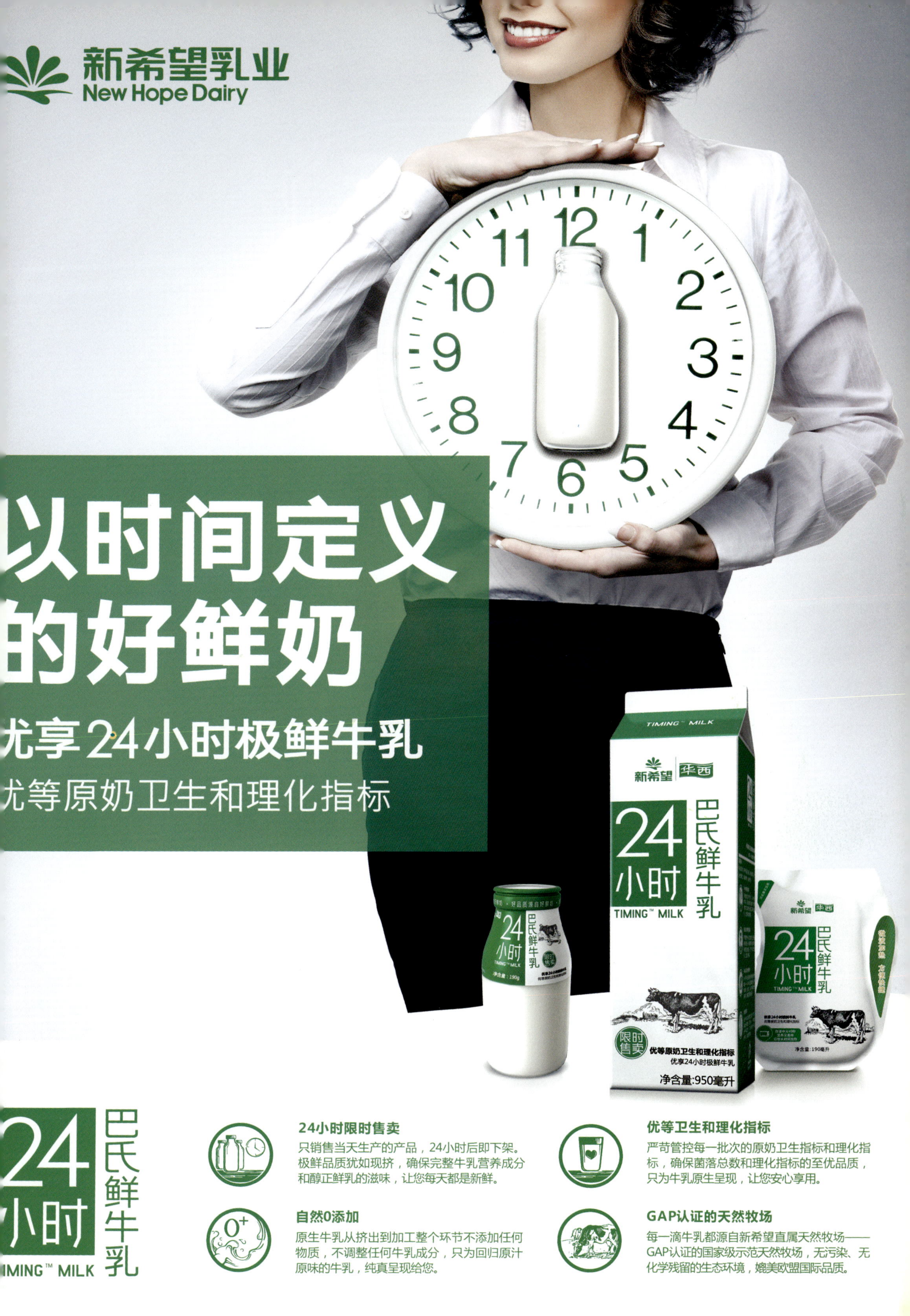

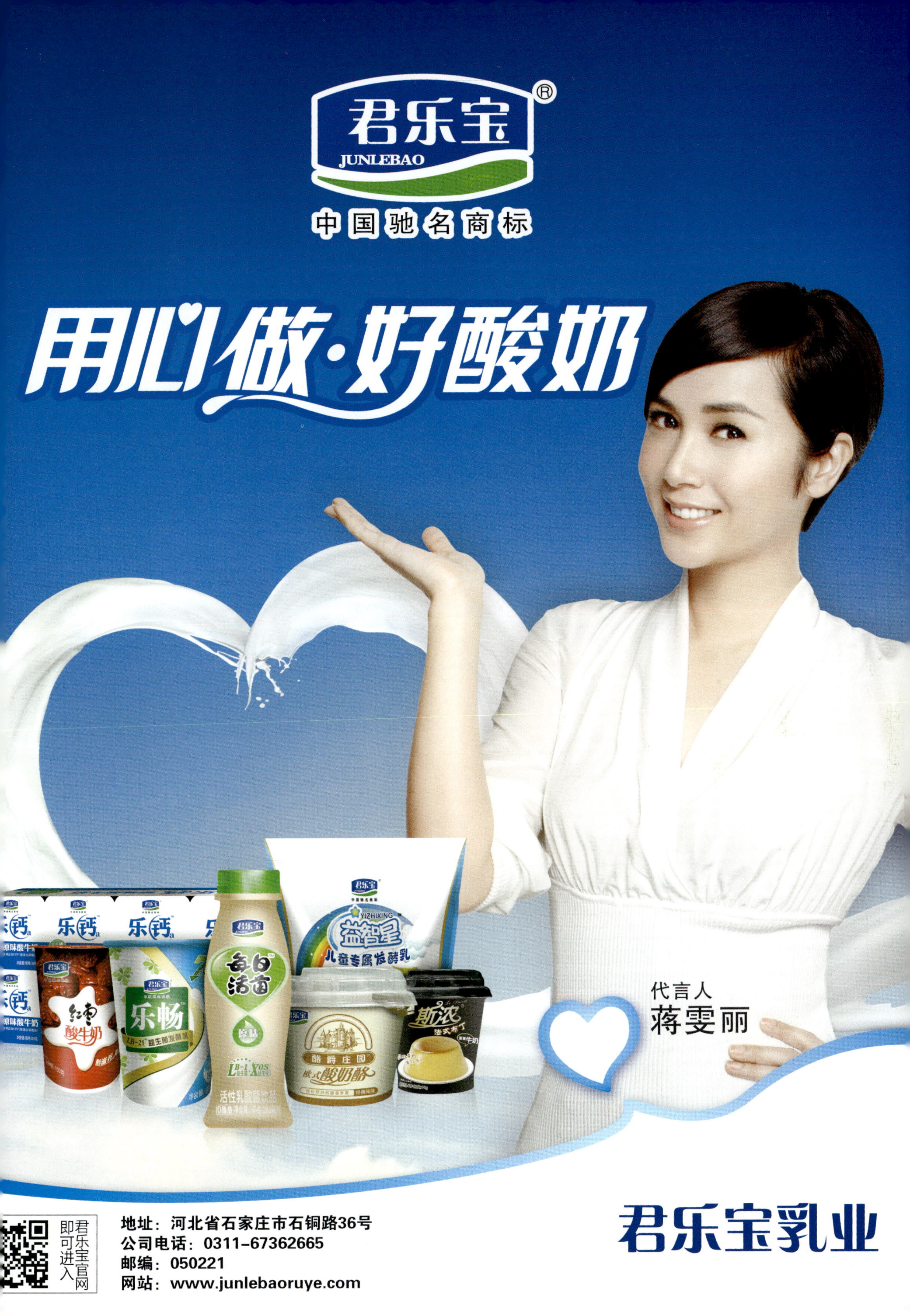

君乐宝
JUNLEBAO
中国驰名商标

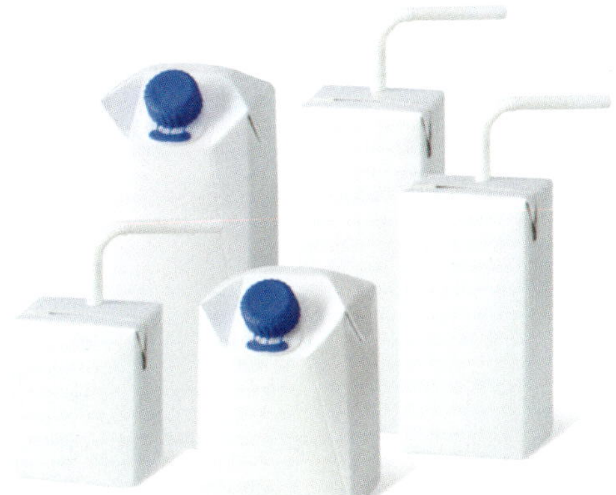

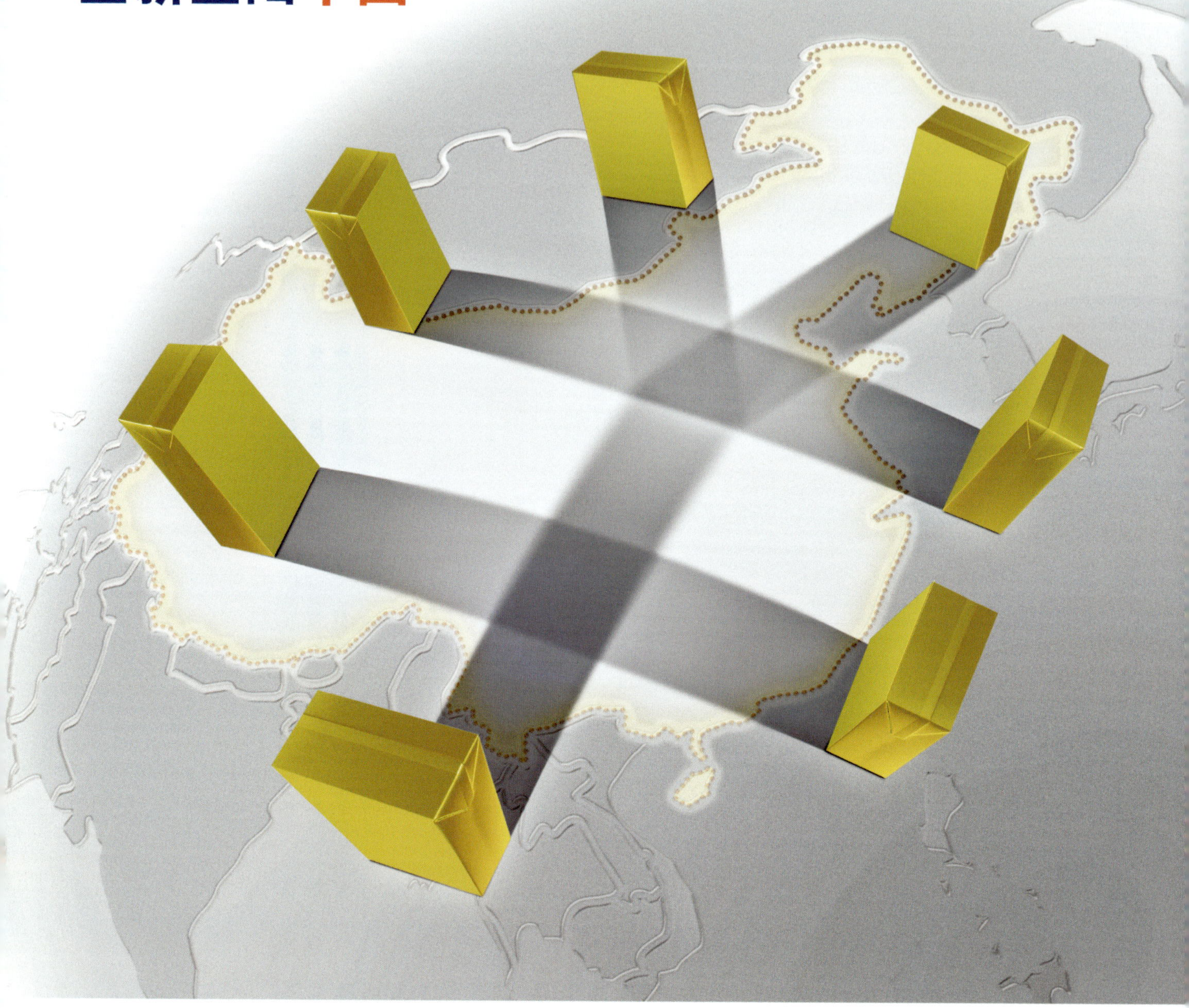

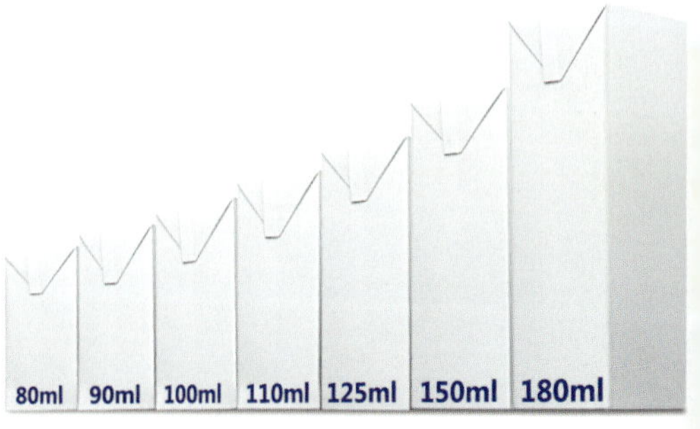

目 录

一、发展综述

温家宝讲话

2011年8月27日下午，温家宝考察了张家口沽源县的塞北现代牧场有限公司和蒙牛塞北乳业有限公司，在详细了解牧场建设、奶源供应以及奶制品生产过程后，他对蒙牛塞北乳业公司的职工们说："我有一个愿望：一个13亿人口的国家，应该培养出自己的奶牛品种，生产出高品质的牛奶和乳制品，培养出自己的牛奶和乳制品品牌，不仅要在中国占领制高点，而且要在世界上占据领先地位，这需要一个艰苦而长期的努力过程。但是，只要奶业企业、奶业职工和农业部门下定决心，共同努力，攀登高峰，就一定能够实现这个目标。"

依靠科技创新　转变发展方式

农业部副部长　中国奶业协会会长　高鸿宾

第三届中国奶业大会暨第十届中国国际奶业展览会在郑州隆重举行。首先，我代表农业部、中国奶业协会向参加会议的各位领导和来宾表示热烈欢迎！向给予会议大力支持的河南省委、省政府及有关部门表示衷心感谢！这次奶业大会的主题是**"依靠科技创新，转变发展方式"**，目的是贯彻落实今年中央一号文件精神和全国"农业科技促进年活动"各项部署，分析当前我国奶业发展的形势，明确今后一个时期加强奶业科技创新的重点任务。下面，我讲几点意见。

一、全面把握当前我国奶业发展新形势

20世纪80年代以来，我国奶业快速发展，已连续跨越3个1 000万吨台阶。在经受了2008年婴幼儿奶粉事件的重大挫折后，我国奶业经过三年整顿和振兴，逐步摆脱了婴幼儿奶粉事件的严重影响，产业素质不断提升。奶牛标准化规模养殖加快推进，良种覆盖率稳步提高，单产水平有新上升，生鲜乳质量安全得到保障，现代奶业格局初步形成，我国奶业发展已站在新的起点上。

（一）奶业生产稳定发展，振兴步伐明显加快　主要表现在：奶牛存栏和产量保持增长，标准化规模养殖水平大幅上升。2011年全国奶牛存栏1 440万头，奶类产量3 810万吨，分别比2008年增长17%和0.8%。全国100头以上奶牛规模养殖比重达到33%，比2008年提高13.5个百分点。奶源基地建设步伐加快。全国主要乳品企业共有自建牧场300多家，其中一半以上是2008年以后新建的。辽宁辉山乳业已有规模牧场46个，存栏10.2万头，现代牧业已有万头牧场13个，存栏12.4万头，这些牧场基础设施、防疫条件、挤奶设备和管理系统都达到了世界先进水平。奶牛养殖效益向好。2011年全国奶农盈利面达到80%，比2008年提高20个百分点，饲养一头单产5吨的奶牛收益2 000元左右，是近年来效益最好的一年。乳制品生产和消费持续增长。2011年全国共有716家乳制品加工企业，比2008年减少近一半，加工集中度进一步提高。全国乳制品总产量2 387万吨，比2008年增长32%。人均奶类消费量32.4千克，比2008年增加了4.4千克。

（二）奶站监管持续加强，标准化管理水平显著提高　"婴幼儿奶粉"事件后，农业部门根据国务院的要求，全面开展奶站清理整顿，依法加强奶站监管，连续4年开展生鲜乳专项治理，通过自查、省间互查、重点抽查等方法，不断强化奶站监管，坚决取缔不合格奶站，清理非法收购营运黑窝点，规范生鲜乳生产收购运输市场秩序。同时，大力推进奶站标准化建设和管理。全国现有1.3万个奶站，比2008年减少6 890个，减幅达34%。奶站由乳制品生产企业、奶畜养殖场和奶农合作社三类合法主体开办，全部持证经营，纳入监管。全国近8 000辆生鲜乳运输车也全部持证运输，规范运营。与2008年以前相比，奶站的设施设备、卫生条件、检测手段等明显改善，经营管理水平大幅度提高。

（三）监测执法不断强化，生鲜乳质量安全有保障　农业部门连续4年实施生鲜乳质量安全监测计划，通过专项监测、飞行抽检、异地抽检、隐患排查等手段，以奶站和运输车为重点，逐年扩大抽检范围，提高抽检频次，坚决打击各种违法添加行为。全国已实现奶站监管和生鲜乳监测两个全覆盖，即监测计划覆盖全国所有奶站，覆盖国家公布的所有违禁添加物。截至2011年底，累计抽检生鲜乳样品5.6万批次，三聚氰胺检测值全部符合国家管理限量值规定，未检出皮革水解蛋白、碱类物质等违禁添加物，全国生鲜乳质量安全水平比2008年以前有了大幅度提高。我们本着为消费者高度负责的态度，妥善处置了各类网络谣言和突发事件，保障产业平稳发展。

本文为农业部副部长、中国奶业协会会长高鸿宾，于2012年6月16日，在河南省郑州市召开的第三届中国奶业大会暨第十届中国国际奶业展览会上的讲话。

（四）奶业法规和制度进一步完善，扶持政策实现新突破 国务院发布了《乳品质量安全监督管理条例》、《奶业整顿和振兴规划纲要》和《关于严厉打击食品非法添加行为切实加强食品添加剂监管的通知》，奶业发展有法可依，有章可循。国家还公布了《生乳》等66项新标准，指标设置更加符合生产实际，标准之严达到历史最高水平。农业部印发了《全国奶业发展规划》、《生鲜乳生产收购管理办法》和《生鲜乳收购站质量安全“黑名单”制度》等5项新制度，科学布局奶业生产，进一步规范生鲜乳收购和运输。国家先后实施了奶牛良种补贴、标准化规模养殖、生产性能测定、挤奶机械购置补贴、政策性保险等政策，扶持资金从2008年不到5亿元增加到目前的8亿元。特别是国家对奶牛优质牧草的扶持政策取得历史性突破，从2012年开始，国家启动实施“振兴奶业苜蓿发展行动”，中央财政每年安排5.25亿元，建设50万亩①高产优质苜蓿基地，促进草畜配套，从根本上提高乳品质量安全水平。

（五）奶农培训常态化，科学养殖水平大幅度提高 针对奶农养殖水平低的问题，农业部定期组织全国畜牧总站、中国农业科学院、中国奶业协会、国家奶牛产业技术体系等单位，通过奶牛金钥匙技术示范现场会、奶农培训计划、奶牛科技入户工程等项目，在全国举办了大量培训班，重点培训奶牛繁育、日粮制备、卫生防疫等养殖技术，以及提高生鲜乳质量安全水平的关键技术，深受广大奶农欢迎，一些奶农讲，金钥匙培训已成为增收致富的“金钥匙”。三年多来，累计组织培训活动上千次，发放培训资料30多万份，培训20多万人次，奶农科学养殖和质量安全意识明显增强。

（六）奶业国际交流合作不断扩大，先进经验和技术广泛应用 随着我国奶业快速发展，奶业发达国家与我国交流合作日益增多。我们先后与新西兰、阿根廷等国签订了奶业合作备忘录，在奶牛科学养殖、质量安全监管、生鲜乳检测、遗传物质引进等方面开展交流与合作。与新西兰、澳大利亚定期举办奶业对话会，就奶业发展形势、乳制品贸易、繁殖育种、乳品检测技术等专题开展交流。还与加拿大共同举办了奶牛育种技术培训班和奶牛营养国际研讨会，组织牧场一线养殖人员到瑞典、荷兰等国学习和培训。美国、爱尔兰等国也纷纷寻求与我国奶业合作。通过引进、消化和吸收奶业发达国家先进经验和技术，我国奶业生产水平有了新提高。

总体看，过去的三年是我国奶业发展极不平凡的三年，是政府不断加大政策扶持的三年，是广大奶农和企业顽强拼搏的三年。不管有什么样的质疑，实事求是地说，经过三年的努力，我国奶业发展已经达到了历史最好水平。在肯定成绩的同时，也不能否认，当前奶业发展还面临不少困难和挑战，特别是一些深层次矛盾没有根本解决，突出表现为科技水平较低，对奶业发展支撑能力不强。比如，科技贡献率低，单产水平不高；养殖分散，规模小，成本高，效益不理想，产业链利益联结机制不完善；粪污处理难，环境资源压力大；奶站点多且面广，监管难度大；苜蓿等优质饲草缺乏，制约奶牛遗传潜力的发挥。展望“十二五”，奶业仍是优先发展的产业，确定了年均5.8%的发展目标，将跨越4 000万吨和5 000万吨两个大台阶。要实现这个目标，就必须紧紧依靠科技进步，加快技术创新，着力解决奶业发展中的突出问题，实现奶业又好又快发展。

二、科技创新和进步是奶业发展方式转变的主要推动力

我国是一个人口大国，人均资源匮乏。早在1994年，美国世界观察研究所的莱斯特·布朗就提出了“谁来养活中国”的问题。从条件看，我国农业生产不仅面临资源瓶颈，而且粮食、肉类等主要农产品生产内部也存在资源竞争，保供给难度巨大。但是，通过几十年的艰苦努力，我国用占世界6%的淡水资源、7%的耕地养活了占世界22%的人口，创造了人类历史奇迹。其中，农业科技创新和技术进步提供了有力支撑，作出了巨大贡献。

实践证明，科技创新也是奶业发展的源泉，是加快奶业发展方式转变的主要推动力。目前我国奶业科技贡献率不到50%，远远低于欧美等国70%～80%的水平。从未来发展看，要保障乳品供给、提高乳品质量安全水平、促进奶农增收、增强产业竞争力和实现可持续发展，都必须通过科技创新不断提高奶业科技贡献率，加快奶业发展方式转变。

---

① 亩为非法定计量单位，15亩=1公顷。——编者注

(一)保障乳品供给必须依靠科技创新 保障乳品有效供给是奶业发展的首要任务。从需求看:目前,我国人均奶类消费量只有32.4千克,不到全球平均水平的1/3。随着我国经济发展和城镇化加快,群众对奶类消费将呈刚性增长。据专家预测,如果每人每天奶类蛋白质的摄入量从目前的1.5克增加到推荐的15克,全国奶类需求量将增加10倍,保障乳品有效供给的任务十分艰巨。从生产看:我国奶牛单产水平只有5.4吨,过去牛奶总产量的增加主要依靠奶牛数量的增长。1997年到2010年,我国牛奶产量从601万吨增加到3 575万吨,同期奶牛存栏从442万头增加到1 260万头,增加了818万头。受资源和环境双重约束,这种靠增加奶牛饲养头数来提高牛奶总产量的路子已难以为继,必须转变奶业发展方式。从国际经验看:许多奶业发达国家都走过了一条从扩大养殖规模转向提高单产水平的道路。比如美国,从1997年到2010年,牛奶产量从7 080万吨增加到8 746万吨,增长了23.5%,但奶牛存栏从925万头下降到912万头,减少了1.4%。这是可资借鉴的重要经验,我们必须更加重视科技投入,不断加强科技创新和技术进步,持续提升奶牛生产水平。

(二)提高乳品质量安全必须依靠科技创新 乳品质量安全是奶业发展的生命线,群众关心、社会关注。提高乳品质量安全水平,根本途径是提高奶牛科学养殖水平和牛奶标准化生产水平,这必须依靠科技提供技术支撑。从奶牛养殖看,许多规模牧场的牛奶乳蛋白高于3.0%,细菌数和体细胞数分别低于20万和30万,都是因为采用了标准化的科学养殖,良种和良法相配套,应用了全混合日粮、生产性能测定等关键技术。从监管实践看,只有强化科技创新,不断完善和提高标准,明确有毒有害物质的限量标准,才能实现有标可依,有规可循。同时,也只有依靠科技创新,改善检测设备和方法,研发对各种违禁添加物的快速检测产品,才能对残留进行有效控制。从乳品加工看,只有加强设备和工艺创新,降低加工对牛奶营养价值、附加功能和口感风味的影响或破坏,才能为消费者提供营养丰富、味道鲜美的牛奶。

(三)促进奶农增收必须依靠科技创新 奶业是带动农民增收的朝阳产业。目前,全国共有230万户奶农,奶牛养殖业产值1 400亿元,占畜牧业产值的5.5%。一个劳动力如果饲养4头泌乳奶牛,年纯收入8 000元,高于全国农民人均纯收入。促进奶农增收,除稳定和提高生鲜乳价格外,关键要加快技术进步,集成配套关键技术,加快推广应用。如我部实施的奶牛科技入户示范工程,通过10多项主推技术和主导产品的入户,示范户节本增效都在10%以上,每饲养一头奶牛增收1 000元以上。但总体看,目前我国奶业生产效率较低,如奶牛饲料转化率仅为1.0,即每千克饲料干物质转化1千克生鲜乳,发达国家为1.5千克以上。如果能把饲料转化率从1.0提高到1.3,日均生鲜乳产量可增加2千克,一个泌乳期可增收近2 000元。随着我国奶业生产成本增加、疫病防控压力增大和市场不确定性增多,奶农增收面临更大挑战,必须依靠科技创新,不断提高生产效率,向科技要效益。

(四)增强产业竞争力必须依靠科技创新 竞争力是奶业持续健康发展的核心推动力。从国际比较看,美国奶牛单产平均为10吨左右,一头奶牛顶我国两头。新西兰生鲜乳质量较高,平均8吨生鲜乳生产1吨奶粉,而我国需要8.5吨。要增强我国奶业产业竞争力,就必须加强全产业链的科技创新,提高育种、饲养、疫病防治、挤奶、贮运、加工等各环节的科技水平。关键要发挥企业在科技创新中的领军作用,引导企业建立产学研相结合的研发中心,加强新产品和新工艺的研发。比如一些乳品企业,集成创新膜技术,最大限度地保留了牛奶原有风味。再比如,一些乳品企业在保证牛奶营养功能的前提下,进一步开发牛奶的助消化、养颜美容、特异性免疫等附加功能,广受消费者青睐。一款富含共轭亚油酸的功能牛奶,市场价高于普通牛奶3到4倍,竞争力显著增强。乳品企业有了差异化产品,就可避免因产品单一、销售方式雷同引发的无序竞争。

(五)实现奶业可持续发展必须依靠科技创新 可持续是奶业健康发展的重要保障。据统计,全球甲烷排放量的37%来自牛和其他反刍动物。一个千头奶牛场,每天排放粪污量近40吨,处理不好,容易污染环境。从世界奶业发展经验看,各国都在不断加强科技创新,通过节能减排和综合治理,实现了资源综合利用和生态环境保护。比如,美国从1944年到2007年,牛奶总产量增加了3 000多万吨,但奶牛数量、饲料用量、土地用量、粪污排放量和碳排放量,只有原来的21%、

23%、10%、24%和37%。再如，欧洲20世纪60年代，也曾出现粪污排放污染环境的问题，科学家们根据生产实践研究测定不同土壤的粪污消纳能力，给每头奶牛配套了相应的耕地，如西班牙为5亩，瑞典为9亩，丹麦为11亩，并通过立法固定下来，通过农牧结合，走上了循环发展的道路。又如，丹麦、德国等强化沼气工程关键技术研究，通过粪污发酵产生沼气，实现了粪污无害化处理和资源化利用。因此，实现奶业可持续发展，要不断加强重大和关键技术创新，加大政策扶持，减少粪污排放和提高资源综合利用水平。

三、加强奶业科技创新的重点任务

加强科技创新是转变奶业发展方式和建设现代奶业的重要手段，也是一项长期任务，必须做好打基础、管长远的各项工作。当前和今后一个时期，要牢牢把握奶业科技创新的重点任务，集中力量，实现突破。

第一，大力推进奶牛遗传改良，提升奶业综合生产能力。良种是奶业发展的基础。良种对奶牛生产水平提高的贡献率超过40%，必须把奶牛育种作为提高奶业综合生产能力的关键性措施来抓。以实施奶牛遗传改良计划为抓手，重点通过集成创新、后裔测定和基因组选择等关键技术，广泛利用国内外遗传资源，加快培育和选育优秀种公牛。加强奶牛良种补贴，拓宽良种补贴的品种和范围，开展优质冻精、性别控制等核心技术攻关，加快高产奶牛核心群建设。强化奶牛生产性能测定，加强对乳蛋白、脂肪、体细胞、产奶量等关键指标的测定，扩大测定范围和数量，对奶牛泌乳持久力、产奶天数和高峰期、产犊间隔进行科学调理，加强测定数据在生产上的应用，实现“测奶配方养牛”。

第二，加快奶牛标准化规模养殖，促进生产方式转变。奶牛标准化规模养殖，是提升养殖水平和生鲜乳质量安全水平，促进奶业生产方式转变的关键，必须坚定不移地抓下去。各地要因地制宜发展奶牛适度规模养殖，根据自然条件和经济水平，可以是几百头，也可以是上千头，几千头，实现奶业生产经济合算、科学实用。要研究制定和推广适应不同模式的饲养标准和技术规范，针对不同养殖模式，制定不同的设计规范、饲养标准、技术规范和管理规范，提升牧场标准化生产水平。要加强粪污处理的技术研发和应用，开展土壤粪污消纳能力研究与测定，尽可能地为牧场配套土地，实现农牧结合；加强节能减排等关键技术攻关，实现养殖场粪污排放的减量化；强化粪污治理等核心技术研发，综合运用物理、化学、生物等手段，通过堆肥、沼气等途径实现粪污无害化和资源化利用。要充分运用财政、金融等政策杠杆，吸纳社会更多资金，加快发展奶牛标准化规模养殖。

第三，强化生鲜乳质量安全监管，保证居民喝上“放心奶”。生鲜乳质量安全监管是奶业健康发展的重要保证，必须进一步加强监管，确保质量安全，恢复消费信心。要加强奶站标准化建设和信息化监管，做到挤奶机械、贮奶罐、冷链运输设备齐全，卫生良好，生鲜乳收购、销售、检测记录和交接单保存完整。要推进奶站联网监控和实时监管，实现生产有记录、信息可查询、流向可追踪、质量可追溯。抓紧制定和发布生鲜乳运输车技术规范，进一步加强运输车标准化管理，完善生鲜乳各项参数监测标准和方法。要跟踪世界奶业科技发展动态，结合国内生产实际，完善生鲜乳监测指标，把霉菌毒素、重金属纳入风险评估的重点内容，研发准确、快速和适用性强的检测技术。要积极探索建立乳品质量安全风险评估体系，将监管逐步从事后检测转向事前防范。要继续开展专项整治，通过监测与执法联动、多部门协调配合，打击各种违法行为，推动建立监管长效机制。

第四，实施振兴奶业苜蓿发展行动，从根本上提升乳品质量。发展优质苜蓿生产，对提高乳品质量和实现奶业可持续发展具有深远意义。要重点抓好优质高产苜蓿生产基地建设，充分发挥科技支撑作用。要加强苜蓿良种培育和推广，坚持引进和自主培育相结合，根据不同区域和种植条件，加快培育或筛选一批高产、优质、抗逆性强的苜蓿良种。要加强苜蓿种植与加工关键技术应用，重点推广种子丸化包衣、根瘤菌接种、地膜精量穴播、病虫草害综合防治等关键技术，应用刈割收获、压扁、田间快速脱水、茎叶同步干燥、快速打包、高密度草捆加工等加工技术，完善生产技术规程，实现苜蓿生产标准化。要加强苜蓿质量检测，重点检测粗蛋白、酸性洗涤纤维、中性洗涤纤维等关键指标，保证苜蓿营养价值和优质率，让奶牛吃好草产好奶。

第五，建立健全奶业社会化服务体系，使协会成为行业科技创新的桥梁。建立健全覆盖全程、综合配套、便捷高效的社会化服务体系，是加强奶业科技创新的重要保障。要加强基层畜牧兽医技术推广体系建设，通过完善基础设施、保障工作经费和加强人才队伍建设，提升奶业技术推广能力，破解“最后一公里”难题。要充分发挥全国畜牧总站、国家奶牛产业技术体系、中国奶业协会、中国农业科学院、中国农业大学等单位在培训奶农中的作用，创新培训方法，形成合力，增加实训基地和实习牧场的培训时间，重点培训奶牛高效繁殖技术、标准化规模饲养技术、青贮和优质牧草加工技术、疫病防控技术、生鲜乳质量控制技术和牧场经营管理技术等，培养一大批懂技术、会经营、善管理的新型奶农。

中国奶业协会和各级协会是社会化服务体系的重要力量，要充分发挥协会在奶业科技创新中的桥梁和纽带作用。要认真做好信息服务，加强行业发展动态监测和信息收集、分析工作，为政府决策、企业营销和奶农生产提供高质量的信息服务。要做好科技推广，积极组织科研院校有关专家，开展奶业关键技术攻关和实用技术推广，提升我国奶业整体技术水平。要做好技术培训，充分发挥协会的专家资源优势，对奶业发展中的重点和难点问题，分层分类开展深度技术培训，全面提高从业人员素质。要做好育种基础工作，加强奶牛生产性能测定、品种登记和种公牛后裔测定等工作，改进方法，提高效率，为推进国家奶牛遗传改良计划做出更大成绩。

同志们，依靠科技创新、加快奶业发展方式转变，意义重大，任务艰巨，使命光荣。我们要进一步增强紧迫感和责任感，顽强拼搏，扎实工作，开拓创新，为我国奶业发展再上新台阶做出新的更大的贡献。

在宁夏奶产业发展座谈会上的讲话

中国奶业协会名誉会长　刘成果

2011 年 3 月 25 日

这次到金河，我自己是非常愿意来的。一是因为它是乳品企业；二是去年 6 月中国奶业协会在青岛召开首届中国奶业大会，会议召开前，我从刊物上看到了胡锦涛总书记到塞上阳光牧场、到金河公司视察的情况。我为什么非常关注这件事？因为去年奶协召开的奶业发展大会，主题就是解决奶业发展一体化的问题。锦涛同志视察中说了很多话，我最关注的就是"不要觉得规模越大越好，而是要把机制做好，这样大家才都有积极性，所以建立利益共同体让大家都关心我这个企业的命运，从饲草种植、到奶牛养殖、挤奶，再到产品加工，必须每个环节都一环套一环。"锦涛同志这个讲话也正是我准备在奶业大会讲的主题。所以我在大会开始时就念了锦涛同志讲的这段话。同时我也了解到你们从 2009 年成立了资金互助合作社，13 个社 109 户，当时入股 575 万元，形成了政府、龙头企业、合作社社员这种新型的合作模式，而且还探索了托管这种方式。总书记还说："这样的模式只能说是让农民掌握住了一个主动地权益，还并没有与企业建立一个紧密的股份关系"。实质上总书记也把你们问题点出来了。所以这次我非常关注你们的进展情况。

看了以后，谈几点印象：

第一个印象是你的产品结构调整体现了"十二五"规划的要求，即转变发展方式。产品结构高中低端由正三角 0∶20∶80 转变为倒三角 50∶30∶20，这个三角形的一正一反就体现了发展方式的转变。今年第二届奶业大会在合肥开，主题就是转变发展方式。从你这里我看到了转变发展方式的方向，看到了希望。你们不仅是说，而且在做，建新厂，引进外国技术，产品系列化，调整的方向完全是对的。

第二个印象就是你们一体化的方向。我在去年的讲话里就讲要探索一体化怎么实现？现在你们这里有了雏形。你们已经把奶业、特别是饲养环节的几要素，奶牛、劳动力、设施、土地都整合进来了。这些要素的整合不是简单的叠加，而是形成了新的生产力，和企业之间形成新型的合作方式。但是在利益连接方面，好像和去年锦涛同志来的时候比，进展不明显，但一体化的雏形已有了，曙光已出现，这也是代表中国奶业健康稳定发展的方向。通过这种机制的建立，能够解决奶业存在的一些深层次矛盾，是一种长效机制。

第三个印象是闫建国同志很年轻，但很有责任心，指导思想不是自己挣多少钱，而是把事干起来，这是最可贵的。另外他不但想干事，还有思路，思想端正、深刻，想得比较远，这样就能把事干好。我的印象他是一个具有思想有素质的企业家，是一个富有责任心的企业家。中国奶协的协会精神就是三个字"勤、智、诚"，勤就是奋斗精神，智就是科学精神，诚就是奉献精神，我看他就非常符合这三个精神。中国民族奶业的脊梁怎么挺起来，就要靠这样的企业家去实现。

提点建议性的东西：

一是给建国提点建议：首先是利益联结机制要深化，股份制步伐尽量加快。其次是品种。你现在产品结构的调整是以干品为主，牛的结构要逐步调整过来，就是要搞干物质含量高的品种，现在比较成熟的就是西门塔尔，蛋白、脂肪含量高。因为乳制品要的不是数量，要的是干物质，最终要的是营养。三要琢磨饲料饲草。现在我们养牛都是有啥吃啥，不科学，应是需要什么种什么、喂什么。所以要把种草重视起来。西方人说上帝赐给人类两大宝物，一是奶牛，奶牛有瘤胃，是天然的发酵机，吃草能挤奶；二是牧草——紫花苜蓿，它也是一个天然农肥制造器，本身含氮量又很高。我们要把观念转过来，种草在某种程度上比种粮还合适，因其营养物质超过粮食。你们在合作社组建中要考虑这个。宁夏银川这个地方应该是能够种植饲草的，一是天然降雨少，另外有天然灌溉条件，所以这里种植苜蓿在全国是优势区。

二是从政府角度。金河公司琢磨和实施的这些事，光靠个别企业是不行的，必须有方方面面的支持。起码的有两件事：一是农村金融体制创新，资金互助合作社在现有基础上有无可能发展成乡村银行，这个要允许他试，支持他试。因为奶业流动资金需要量很大，很多资金投入是不直接产生效益的，要有金融方面的支持，短期贷款解决不了问题。二是土地。发展庄园式现代家庭牧场，土地流转是允许的，但是土地流转和新农村建设如何结合？这种情况下就不是企业自身能够解决的，就得政府出头协调，允许他们试验、给他们点宽松政策。目前奶产业的发展，产业链的延伸，资源的整合已经涉及到整个土地制度问题，怎么样给他们支持变通，灵活一点，让他们试。通过试，才能完善，起到示范和引领作用。

三是对整个宁夏奶业的一些想法。宁夏奶业规模不大，但带有袖珍性，整个产业素质不低。区、市党委、政府很重视，方案、文件考虑的都很周到、很全面、也很实，发展比较快。宁夏肯定是奶业发展的适宜区。为什么适宜，三个字：一个是“温”，指气候条件。气候条件从全国来说，宁夏是最适合于养奶牛的。往北黑龙江，从种植结构上是适合的，但是从温度上是寒温带，冬天寒冷，有冷应激；长江以南亚热带，奶牛有热应激，高温高湿，牛非常难受，产不出多少奶。这些问题在宁夏都没有，冬天不冷，夏天不热，冷热应激都没有，最适合于养奶牛。而且这个地方的作物结构中玉米比重也很大，作为饲料来源是适合的。一个是“碱”，指土壤条件；宁夏土壤偏盐碱，作用在粗精饲料和奶里也是偏碱性，对偏酸的人体起中和作用。一个是“少”，指少数民族习惯需求和民族优势。尤其现在跟阿拉伯搞中阿论坛，有些产品可以考虑往那个方向发展。现在宁夏成母牛单产水平达到6吨半，全国不到5吨，你们的饲养水平很高，规模化程度在全国领先。但是养殖园区有一个待提高问题。即：园区不能简单地形成集中散养，集中散养风险非常大，而且达不到规模化的目的，这个一定要把它改过来。

坚定不移地推进畜禽标准化规模养殖

农业部畜牧业司司长　王智才

畜禽养殖标准化示范创建是新形势下建设现代畜牧业、推进生产方式转变的一个主要抓手、一个重要工作平台、一个关键性重大举措。2010年开展标准化示范创建活动以来，各级畜牧兽医部门认真组织抓落实，科技工作者深入一线抓指导，广大养殖场（户）积极投入抓改进，在上上下下各方面的共同努力下，取得了显著成效。一是大幅度提升了规模化养殖比重。开展示范创建活动有效带动了标准化规模养殖发展，2010年全国生猪、奶牛规模化养殖水平提升了3～4个百分点。二是提高了畜禽生产水平。示范场按照“五化”要求实施标准化生产，养殖水平有较大幅度提高，养殖效益明显增加。据调查，示范场一头母猪年提供上市肥猪比全国平均水平高5头，奶牛年产奶量比平均水平高1.5吨以上。三是扩大了示范带动效应。示范场积极发挥示范引领作用，全国有近两万个养殖场（户）参加了标准化生产技术培训，示范活动由点向面辐射扩散。四是形成了科技兴牧的合力。通过示范创建活动，以示范场为载体，整合了畜牧业行政、科研、教学、推广等各方面的资源和力量，加快了畜牧业科技成果的转化和应用。五是坚定了规模化、标准化发展理念。两年来，全行业对标准化规模养殖的认识明显提高，养殖企业参与创建活动的积极性日益高涨，收效非常显著，走规模化、标准化发展道路的信心更加坚定。

一、标准化示范创建活动的回顾

各地按照农业部工作部署，强化组织领导，加大支持力度，狠抓培训指导、考核验收、日常监管等关键环节，保质保量完成创建任务，推动示范创建活动迈向新台阶。

一是组织筛选百例示范场。2011年，农业部组织生猪、奶牛、蛋鸡、肉鸡、肉牛和肉羊产业技术体系专家，本着优中选优、突出特色的原则，通过现场考察、集中评选，从各省推荐的309家示范场中遴选出了149家典型示范场，提炼了一批适合不同地区发展畜禽标准化规模养殖的生产模式和技术措施，编写出版了《百例畜禽养殖标准化示范场》一书。这批典型示范场在养殖档案建立、标准化生产、粪污处理利用、辐射带动等方面特色明显，值得借鉴参考。

二是细化优化创建标准。2011年初，农业部在广泛征求各地意见的基础上，修订完善了示范场验收评分标准，严格要求和强化了示范场必备条件，补充并细化考核内容及评分量化标准，增强了现场评审验收工作的针对性和可操作性。各地也结合自身实际对验收标准进行了进一步细化。河北在蛋鸡场验收必备条件中增加了自动清粪等前置条件，提高了准入门槛。浙江在验收标准中增加了农牧结合生态循环利用等特色附加分。吉林启动了80多个地方标准的制修订工作，不断完善标准体系。

三是加强创建培训指导。全国畜牧总站组织举办了两期示范创建培训班，重点对示范场验收新标准进行了解读培训。各地通过召开研讨会、现场会、培训会等形式，对参与示范创建活动的养殖场开展了丰富多样的技术培训。广西实行专家与创建单位“一对一”技术指导。四川启动规模养殖场万人培训行动计划，对基层管理人员和养殖场技术人员进行专门培训。湖南省技术专家组统一设计了畜禽生产记录和养殖档案样式，帮助创建单位建立完整的养殖档案。

四是强化示范场常态监管。为加强已挂牌标准化示范场的监管，农业部制定发布了《农业部畜禽标准化示范场管理办法（试行）》，并组织开展10个省区的交叉检查。吉林、陕西等省结合本地实际，制定了省级示范场管理办法。福建开展了“回头看”活动，组织专家组深入示范场进行巡查，检查各场整改措施完成情况，确保创建效果。黑龙江组织开展了省内交叉检查，全面掌握示范场动态，对起不到示范带动作用的养殖场进行警告。

五是多措并举助创建。2011年，全国共有16个省区市开展了省级示范创建，省级示范场数量超过 1 200 个，湖北等省还启动了市县两级创建，通过上下联动，示范创建活动不断向纵深推进。各地强化政策支持，“真金白银”支持示范创建活动。陕西省政府大力支持标准化规模化养殖，今年专门安排600万元支持示范创建。吉林安排500万元奖补资金对示范场进行扶持，贵州投入 2 760 万元支持省级示范创建。各级政府政策资金的支持，有力地带动了养殖企业、社会资本的投入，湖南省吸引养殖户自筹资金 2.8 亿元投入标准化生产改造和产业技术升级。

二、全面抓好下一阶段示范创建工作

2010 年以来，通过开展示范创建活动，在全国建设了 2 000 多个标准化示范场，总结了一些好的养殖模式，推广了一系列先进养殖技术，标准化规模养殖发展速度明显加快，质量显著提升。但是，我们也要清醒地看到，与现代畜牧业要求相比，差距还比较大。从全国整体发展水平看，小规模、分散养殖仍占一定比重，畜禽标准化生产水平还比较低，生产经营方式仍较粗放，实现规模化、标准化、产业化依然任重道远。

2012 年，农业部将继续把开展标准化示范创建活动作为推进传统畜牧业转型升级、加快现代畜牧业建设的一项重点工作，进一步创新工作方法，立足在新的起点继续创建一批高标准的示范场，把提高示范带动能力作为着力点，积极引导中等规模养殖场户发展标准化生产，全面提升我国畜禽养殖标准化水平。

一要夯实基础，创建精品。示范创建活动实质包括两个过程，首先是行业部门和专家引导有条件的规模场（户）发展标准化生产，接下来，示范场“言传身教”带动周边更多的养殖场（户）走标准化道路。创建是基础。基础不牢，带动就会走样。因此，要继续做好宣传组织与动员工作，真正把有实力的创建单位遴选出来；要采取多种形式，开展集中培训和现场指导，切实把示范标准讲清楚、说明白，“点对点”帮助养殖场（户）找准整改关键环节。在示范场验收中要重视管理制度、操作规程、生产记录等软件方面考核，不能重硬件轻软件。

二要以点带面，狠抓示范。示范创建最终能取得多大成效，很大程度上取决于示范场发挥辐射带动作用的多少。陕西省杨凌生猪标准化养殖实训基地，通过把养殖户“请进来”搞培训的做法，实现了政府、企业和养殖户三方都受益。要引导示范场主动“走出去”，创建品牌，发挥其人才、技术优势，通过开展良种供应、技术培训、信息沟通、产品收购等服务，从全产业链上带动周边养殖场（户）提高生产水平和养殖效益，推动整个面上标准化规模养殖发展。在出版《百例畜禽养殖标准化示范场》一书基础上，明年农业部将组织开展省际示范场交叉评比，优中评优，同时充分运用各类媒体，集中进行宣传，放大示范效应。各地也要结合实际，提前谋划，组织好参评、宣传和带动工作。

三要强化监管，确保成效。与创建工作相比，对示范场监管还是一块短板，必须坚持创建和监管并重。示范场授牌既是肯定，也是责任，要督促示范场树立荣誉意识，把创建活动看作是一个不断推进的过程，坚持按照“五化”要求，特别是要着重规范养殖档案建立、生产过程管理、粪污处理等环节，不断提高自身标准化生产水平。要坚持阶段性创建与长效监管相结合，按照示范场管理办法的要求，加强对已授牌示范场的监管，维护好农业部标准化示范场的形象。要及时掌握示范场动态，对于生产经营条件发生变化、不符合示范场要求或不能发挥示范带动作用的示范场要及时上报。

四要管好资金，做好服务。国家对畜禽规模养殖的扶持力度逐渐加大，确保落实好扶持政策、用好项目资金尤为重要。近年来，针对规模养殖项目的举报和上访时有发生，反映出基层在落实项目过程中有一些违规，甚至违法的行为。大家务必要高度重视，引以为戒，切不可让个别地方、个别人的违规违法行为影响了规模养殖的发展大局。各级畜牧兽医部门要加强与发展改革、财政等部门的沟通合作，规范项目各环节的管理，保证项目实施公平、公正、公开。要积极争取地方财政对示范场的资金扶持，调出大县奖励资金扶持规模养殖场建设时，要优先支持标准化示范场。制约规模养殖发展的贷款难、用地难、粪污处理难等问题，要深入研究，探索解决途径。

五要整合力量，强化支撑。示范创建是个系统工程，涉及领域广、专业技术性强，各级畜牧兽医部门要依托本地畜牧技术推广部门和现代产业技术体系专家的力量，引导专家投身到示范创建中，使示范创建与技术支撑联动起来。探索建立专家定点联系制度，实行专家包场到户，组织专家深入一线与示范场对接，开展“手把手、面对面”的技术指导与服务，跟踪示范创建全过程，帮助解决实际困难，提升标准化生产水平。要加强专家队伍建设，提升综合素质，不仅要求准确掌握标准、认识统一，而且要求客观公正，提高创建的质量和成效。

2011年我国奶业发展形势

中国奶业协会常务副会长　魏克佳

众所周知，在三年前，也就是2008年9月爆发了“婴幼儿奶粉”事件。该事件不但危害了婴幼儿健康和生命安全，而且对我国奶业造成了重大的冲击和伤害，奶业陷入危机：消费信心严重受挫，行业和国家形象受到极大影响；乳品企业产品积压，资金周转不开；奶业主产区普遍出现倒奶现象，养牛效益下降。这次事件，我们的损失是惨重的，教训是深刻的，心情是沉痛的。在这种情况下国务院非常重视我国当时奶业状况和存在的严重问题，为做好“婴幼儿奶粉”事件处置工作，解决奶业面临的困难和深层次问题，国务院责成国家发改委牵头，会同有关部门，对当时中国奶业如何整顿和振兴提出了书面意见，后经国务院讨论同意，由国务院办公厅出台了发改委、农业部、工信部等13部委制定的《奶业整顿与振兴规划纲要》（以下简称“纲要”）。“纲要”确定了奶业三年治理整顿的目标，目标明确、清晰，在工作方针上远近结合、标本兼治，而且有计划、有步骤地推进改革，建立奶业持续发展的长效机制。

“纲要”提出的奶业整顿三年具体工作目标是截至2011年的10月底，那么这三年奶业整顿与振兴的目标实现得怎样呢？应该说在这三年中，按照国务院对奶业分工管理的各个职能部门在奶业整顿和振兴工作中做了大量卓有成效的工作，并取得了举世瞩目的成果。目前，我国奶业发展形势总体良好。

一、奶业行业管理趋于规范

“婴幼儿奶粉”事件发生后，国家加强了奶业法律、法规和相关标准的建设。国务院于2008年10月发布了《乳品质量安全监督管理条例》，这是我国关于乳品质量安全的第一部法规。《条例》的出台为我国乳品质量安全提供了有效制度保障，对我国奶业进入法制化管理轨道具有里程碑的意义。2010年4月，由卫生部牵头制定的《生乳》等66项乳品安全国家标准公布，新乳品安全国家标准完善了我国乳制品质量标准体系，提高了乳品安全国家标准的科学性，基本解决了以前乳品标准矛盾、重复、交叉和指标设置不科学等问题。另外，农业部还发布了《全国奶业发展规划》，工信部修订并发布了《乳制品工业产业政策》，国家工商总局加强了对市场的监管。国家发改委、财政部这三年期间也增加了对奶业的投入。这些规范性文件的陆续出台，这些标准、规划和促进奶业发展政策的发布和实施，使奶业行业管理更加规范。

二、奶牛养殖生产恢复性发展

（一）奶牛存栏恢复性增长，奶牛养殖规模化程度提高　2010年末全国奶牛存栏1 420万头，比2008年增长15.1%。据农业部定点监测，截至今年8月底，奶牛存栏呈增长态势，同比增长0.86%。“纲要”明确要推进奶牛规模化和标准化养殖，要求到2011年10月底前，100头以上奶牛规模化养殖场和小区的比重提高到30%左右。从2009年起，国家每年安排5亿元资金，用于支持奶牛标准化养殖场和小区建设。2010年，100头以上奶牛规模养殖比重达到28%。据有关方面统计，目前已超过30%。

（二）生鲜乳产量回升，生鲜乳收购价格持续上涨　2010年全年牛奶产量3 576万吨，比2008年增长0.6%，跃居世界第三位，仅次于印度、美国，已经成为世界上的奶业大国。据农业部定点监测，今年生鲜乳产量继续保持增长态势，截至8月末，累计生鲜乳产量同比增加2.25%，另据农业部监测，生鲜乳价格持续增长，内蒙古、黑龙江等10个主产省份生鲜乳月度平均价格从2009年8月的每千克2.3元增长至今年9月的3.2元，增幅达到39%。奶农养殖效益增加，目前饲养一头单产5吨的奶牛纯收入1 500元左右。

（三）奶站管理逐步规范，生鲜乳质量安全水平显著提高　“婴幼儿奶粉”事件发生的起源在奶站，但是当时奶站的管理职责不清，没有分清楚该是哪个部门管。“婴幼儿奶粉”事件后，国务院在“纲要”当中正式明确了奶站由农业部管，所以农业部按照“纲要”的部署对奶站进行了清理整顿，全面清查奶站底数，加强奶站许可管理，推进奶站标准化建设，坚决取缔不合格奶站，规范生鲜乳生产经营秩序。目前，全国奶站清理整顿全面完成，成效明显，13 503 个奶站全部纳入监管，比清理整顿前减少 6 890 个，减幅达 34%。所有奶站由乳制品生产企业、奶畜养殖场和奶农合作社三类合法主体开办，全部持证收购。现有奶站的基础设施、卫生条件、机械设备、检测手段和人员素质明显改善，机械化挤奶率达到 87%，比清理整顿前提高 36 个百分点，奶站标准化建设和规范化管理迈上新台阶。随着奶站管理的加强，生鲜乳收购秩序明显规范，生鲜乳质量安全水平进一步提高。2009 年和 2010 年农业部分别进行了 13 129 批次和 7 406 批次生鲜乳质量安全监测，三聚氰胺含量全部符合临时管理限量值规定，也没有检出皮革水解蛋白、淀粉、碱类物质等违法添加物。

三、乳品加工业稳步发展

（一）乳品企业清理整顿推进，自有奶源基地比例提高 按照国务院的要求，质检总局、工信部、发改委联合开展了乳品企业审查清理和生产许可证重新审核工作。据质检总局公布，到今年 3 月底，全国 1 176 家乳制品企业中，通过了生产许可重新审核的企业有 643 家，停产整改的 107 家，未通过审核的 426 家，企业数量减少 45%。其中，婴幼儿配方乳粉企业从 145 家减少到 114 家，减幅 21%。这次重新审核，提高了乳制品加工行业准入门槛，淘汰了一部分小企业，促进了产业结构调整，有利于乳品质量安全状况的改善。

各地淘汰了一批奶源没有保障、产品档次低和生产技术落后的加工企业。企业更加重视奶源基地建设，龙头企业纷纷投资兴建自有牧场，如蒙牛、伊利、光明、完达山、三元、飞鹤、辉山乳业等乳品企业按照《国务院关于促进奶业持续健康发展的意见》和《乳制品工业产业政策》的要求，通过签订合同、入股、自建规模化奶牛场等形式，稳定和扩大自有奶源基地，原料奶质量安全保障能力进一步提高。

（二）乳制品产量持续增长，企业效益好转 2010 年全国乳制品产量 2 159.39 万吨，较 2008 年增长 19.3%。2011 年前 8 个月，乳制品累计产量 1 516.6 万吨，同比增长 14%，其中液态乳产量 1 312.6 万吨，同比增长 13.7%；其中奶粉产量 85.8 万吨，同比增长 10.1%。

截至 2011 年 7 月底，纳入统计的 640 家乳品企业，实现产品销售收入 1 252.30 亿元，同比增加了 21.34%，利润总额则达到 71.93 亿元，同比增加了 34%。其中有 135 家企业亏损，亏损面为 21.09%。亏损额 5.75 亿元，也比同期减少 16.96%。企业在成本压力巨大的情况下，能够取得这样的成绩，得益于成本控制以及产品结构的调整。

四、乳制品市场消费逐步回升

2010 年，36 个大中城市居民人均乳制品消费支出达 277 元，比 2008 年增长 7.2%。从 2011 年二季度的消费统计看，36 个大中城市居民乳制品消费的人均支出 157.44 元，同比增长了 14.54%，这与物价、通胀有关，其中，奶粉的支出增长幅度最大，达到了 40.1%，鲜乳品增幅小，仅为 4.72%。二季度 36 个大中城市居民奶制品消费量方面，酸奶和奶粉人均消费量分别为 2.37 千克和 0.34 千克，同比增长 3.0%和 30.8%，但是鲜乳品消费量仅为 8.95 千克，同比减少 7.64%。预计未来奶粉和酸奶的消费潜力较大。

五、乳制品国际贸易加强

进口方面：2011 年 1～9 月份，我国乳制品进口总量 66.72 万吨，同比增长 23.0%，其中奶粉进口量达到 36.01 万吨，同比增长了 17.6%；乳清粉进口量为 22.82 万吨，同比增长了 21.3%。新西兰依旧是我国乳制品进口的主要国家，从新西兰奶粉进口量累计 30.13 万吨，占中国奶粉进口总量的 84%。

出口方面：2011 年 1～9 月份，我国乳制品总出口量为 3.20 万吨，同比增长 26.4%。我国乳制品出口主要集中在鲜奶和奶粉两个品种。从出口市场来看，仍然局限在中国香港、周边国家（地区）及非洲国家。出口的增加，表明国际社会对我国这两年奶业整治的认可，对我国乳制品质量的认同。

虽然我国奶业受“婴幼儿奶粉”事件的影响，但最困难的时期已经基本过去，奶业形势逐步好转。但是，我们必须看到，奶业发展长期积累的深层次的矛盾和问题还没有得到根本解决，这仍将危及我国奶业科学发展，这些问题主要有：奶牛养殖“小”、“散”、“低”的局面没有得到扭转，生产方式落后；乳品加工业布局不合理，产业发展不协调；乳制品市场秩序不规范，缺乏自律；原料奶定价机制不合理，“产”、“加”、“销”利益联结机制不紧密；乳品质量安全监管不到位，奶业标准体系不完善、不健全，行业管理缺乏统筹；消费市场培育滞后，民族奶业总体市场竞争能力弱等。

当前，我国奶业正处于从数量扩张向整体优化、全面提高产业素质，从传统奶业向现代奶业转变的关键时期，奶业还有很大的发展空间和增长潜力，我们要加快推进奶业的转型升级。今年8月，温家宝总理在考察塞北现代牧场有限公司时对职工们说：“我有一个愿望：一个13亿人口的国家，应该培养出自己的奶牛品种，生产出高品质的牛奶和乳制品，培养出自己的牛奶和乳制品品牌，不仅要在中国占领制高点，而且要在世界上占据领先地位，这需要一个艰苦而长期的努力过程。但是，只要奶业企业、奶业职工和农业部门下定决心，共同努力，攀登高峰，就一定能够实现这个目标。”“十二五”时期是我国奶业发展的战略机遇期，也是加快现代奶业建设的攻坚时期，要在贯彻现有政策措施基础上，重点加强以下几方面的工作。

（一）加快推进奶牛养殖规模化、集约化和标准化　“婴幼儿奶粉”事件之后，方方面面形成了一个共识，就是必须实行规模化饲养。规模化是基础，只有推行奶牛养殖规模化，才能广泛运用先进技术和设备组织集约化经营和标准化生产。推进奶牛养殖的规模化、集约化和标准化已成为转变增长方式、保障乳制品质量安全及生态安全的必然选择。一是要增强全行业发展规模化养殖意识。奶牛养殖规模化是加快奶牛养殖业生产方式转变的重要途径。全行业应进一步提高认识，统一思想，切实把发展规模养殖作为当前和今后一个时期建设现代奶业的突破口。二是要充分发挥政府主管部门的引导扶持作用。需要各级政府主管部门通过增加投入，大力实施奶牛良种补贴、饲草收贮加工、粪污处理和挤奶机械购置补贴等各项扶持政策，加大引导和扶持力度，积极推动奶牛的规模饲养。三是加快奶业生产技术研发、推广与服务。推进奶牛养殖规模化、集约化、标准化，需要有配套的先进技术、设备与服务。要进一步扶持奶农专业合作组织，加强生鲜乳生产收购专职人员培训、疫病防治、良种繁育等技术服务，加强奶牛疫病监测和防控工作。要总结各地奶牛养殖场（小区）建设规划、标准制定和管理方面的经验，引导奶牛散养户向集中养殖或建立规模化牛场，鼓励支持奶牛养殖场（小区）和奶农合作社参股或股份制合作经营，支持乳品企业自建奶牛场发展标准化规模饲养和集约化经营。

（二）积极促进产业一体化经营　奶的鲜活性和生产的连续性决定奶业必须实行一体化经营。目前我国奶业的主体经营模式是分散养殖、集中加工，产业化组织程度低。奶牛养殖户与乳品加工企业基本上是一种买卖关系，居于不同的利益主体，两者利益关系不紧密，没有真正建立起风险共担、利益共享的产业链，产业发展不协调、不稳定，乳制品质量安全难以保障。国内外的实践证明，只有通过推进一体化，才能理顺奶农与乳品加工企业的利益关系，保障生产、加工、销售的协调发展。当前，构建一体化经营模式的重点，一是发展由奶农投资入股的合作经济组织，以提高奶农的组织化程度和奶农的话语权，使奶农和乳品企业形成利益共同体。二是鼓励乳品企业自建稳定的奶源基地，或由奶源基地自建乳品企业。三是鼓励发展家庭奶牛养殖场和奶牛养殖小区，通过与乳品企业签订长期原料奶收购合同，促进奶业一体化经营。

（三）加快奶牛品种改良　良种是奶业发展的根基，是提高奶业生产能力的重要支撑。研究表明，奶牛单产水平增量中有40％来自遗传因素。一要加快实施国家奶牛遗传改良计划。做好良种登记、奶牛生产性能测定和种公牛后裔测定等基础性工作，加强种公牛站和高产奶牛育种场的建设，加快奶牛品种改良，推动奶牛生产水平的提高。二要调整优化奶畜品种结构。在发展荷斯坦奶牛的同时，充分利用奶水牛、奶山羊、牦牛等奶畜资源，积极推进奶畜品种多元化。我国南方水牛资源丰富，要着力发展奶水牛生产，优化奶业布局，逐步改变“北奶南调”的局面。三要提高奶业科技水平。大力推进奶业科技进步，加大重大关键技术研发力度，加快良种繁育、全混合日粮、机械化挤奶、奶业信息化管理等先进技术推广应用，提升奶业科技支撑水平。

针对当前我国奶业形势，中国奶业协会要围绕推进奶业发展方式转变积极开展工作，充分履行“协调、服务、维权、自律”的职能。在做好奶牛生产性能测定、品种登记、种公牛后裔测定、奶业生产数据库建设、行业发展动态监测和信息收集工作等基础工作的同时，中国奶业协会积极贯彻中央有关文件要求，认真落实高会长讲话精神，在农业部奶业管理办公室的大力支持下，组织开展生鲜乳生产收购专职岗位技能及奶牛生产性能测定培训。通过培训把奶牛繁育、饲养管理、疫病防治等奶牛养殖实用技术，把奶牛生产性能测定技术，科学养牛新知识送到牧场，教会奶农。为全国奶牛养殖场（大户）提供了一个增长知识、提高养殖水平，增加收入的机会，为促进科学技术的示范和推广发挥积极作用。另外，培训班针对不同地区奶牛养殖特点和存在的主要问题设置培训内容，力求针对性强、实用性大，能够解决实际问题。我希望广大学员珍惜这次学习机会，认真听讲，有所收获。

综上所述，我国奶业发展水平已经恢复到“婴幼儿奶粉”事件以前的水平，这三年时间国务院纲要规定的目标基本实现，这些成绩的取得是国务院和各有关职能部门重视和领导的结果，也是奶业战线上的所有同仁共同努力奋斗的结果。当前，我国奶业正由传统向现代过渡转型，既恰逢良好的发展契机，又面临巨大挑战，希望继续努力，同心同德，推动奶业持续健康发展，开创现代奶业建设的新局面。

加快奶业转型升级　推进现代奶业发展 重点要加强“十化”建设

中国奶业协会副会长兼秘书长　谷继承

非常高兴和大家在一起共同探讨奶业发展的问题，也很有必要对我国的奶业发展思路进行研究和讨论。就加快奶业转型升级推进现代奶业发展我谈几点意见，供同志们参考。

一、对当前奶业总体发展形势的判断

改革开放以来，奶业随着我国经济的快速增长，也在迅速发展，特别是进入二十一世纪的十多年，生产规模迅速扩大，已连续跨越三个 1 000 万吨台阶。在经受了 2008 年“婴幼儿奶粉”事件的重大挫折后，我国奶业经过整顿和振兴，逐步摆脱了“婴幼儿奶粉”事件的严重影响，产业素质不断提升，奶牛标准化规模养殖加快推进，良种覆盖率稳步提高，单产水平有新上升，生鲜乳质量安全得到保障，奶业发展已站在新的起点上。

（一）产业发展水平继续提升　“婴幼儿奶粉”事件发生后，国家强化对奶业的监管，增加了对奶业的政策和资金扶持，产业总体发展水平有所提升。一是奶牛存栏和产量保持增长。2011 年全国奶牛存栏 1 440 万头，奶类产量 3 810 万吨，分别比 2010 年增长 1.4%和 1.7%，奶牛存栏占世界总量的 8%，奶类产量占世界总量的 5.4%。二是标准化规模养殖比重加大。目前全国存栏 100 头以上奶牛规模养殖比重达到 33%，比 2010 年提高 2.4 个百分点，比 2008 年提高 13.5 个百分点。其中 1 000 头以上规模达到 1 020 个，占总存栏的 14%，比 2008 年增加一倍多。三是奶业生产集中度明显提高。通过整顿，乳品企业由一千多家，规范到 716 家，其产能和产品结构进一步优化。乳企更加重视奶源建设，全国主要乳企自建牧场达 300 多家，其中 50%为 2008 年以后新建，产业一体化发展势头较好。四是乳制品产量稳步增加。2011 年，全国乳制品总产量 2 387.5 万吨，比 2010 年增长 10.6%。

（二）质量安全监管进一步加强　继续加强生鲜乳专项整治工作，2011 年农业部印发了《全国奶业发展规划》、《生鲜乳生产收购管理办法》和《生鲜乳收购站质量安全“黑名单”制度》等 5 项新制度，大力推进奶站标准化建设和管理，“养殖进区，挤奶进站”农户数量进一步增加，全国已核发许可证的奶站达到 13 050 个，全部纳入监管，生鲜乳收购环节秩序得到了规范。全年组织检测生鲜乳 6 450 批次，三聚氰胺含量全部符合管理限量值规定，未检出水解蛋白、淀粉、碱类物质等违禁添加物；生鲜乳质量安全水平明显提高。另外在加强对违禁添加物和抗生素等日常检测外，还重点对收购、运输、储存、加工、销售等环节进行了质量“飞检”，确保乳制品卫生和质量安全；同时也妥善处置了各类网络谣言和突发事件，保障了产业平稳发展。

（三）乳品市场消费态势趋好　居民乳制品消费信心继续增强，人均消费量进一步增加。2011 年规模以上乳品企业产品销售收入达到 2 315.56 亿元，同比增加 21.55%。据国家统计局资料显示，2011 年 36 个大中城市居民奶制品人均消费 318.68 元，同比增长 14.97%，乳品消费量 23.37 千克，鲜乳品（巴氏杀菌乳和超高温灭菌奶）和酸奶产销两旺，干乳制品进口势头不减。2011 年我国人人均奶类占有量 32.4 千克，比 2008 年增加了 4.4 千克。

但我们也应清醒认识，在奶业快速发展和形势总体向好的同时，奶业发展中面临的问题和矛盾还依然突出。“价格振荡”、“竞购奶源”、“倒奶杀牛”以及以“婴幼儿奶粉”等事件的发生，说明了奶业在快速发展中，一些深层次的矛盾并没有根本解决，突出表现为科技水平较低，对奶业发展

注：本文为中国奶业协会副会长兼秘书长谷继承于 2012 年 6 月 16 日，在河南省郑州市召开的第三届中国奶业大会高峰论坛上的讲话。

支撑能力不强。从生产水平来看，我国奶牛规模化程度仍然较低，存栏奶牛平均单产不足 5 吨，仅为发达国家的一半；从加工企业来看，我国最大的龙头企业 2011 年产值 374 亿元人民币，而新西兰的恒天然年销售额就达 1 000 亿元人民币。另外产品研发不够，结构相对单一，市场竞争日益激烈，一些企业寡头垄断把成本转嫁到养殖环节，转嫁到养殖农户。第三，养殖分散，规模小，成本高，粪污处理难，环境资源压力大等。客观上是奶业发展起步晚，实际上是科技创新和推广应用不够。在品种结构上，过度追求产奶量，忽视干物质指标，奶畜品种结构单一，性能不高。在饲养环节上，全株青贮饲料和 TMR 推广普及不够，饲料转化率较低。在基础设施上，设备简单落后，机械化程度较低，生产成本较高。在管理方式上，沿用传统习惯，技术水平和管理效益发挥不够。如果现在我们还不加以重视和改变，今后奶业的发展问题将更加突出。

二、加快推进现代奶业发展的意义

经过多年的积累和近几年的快速发展，我国奶业正由传统奶业向现代奶业转型。2011 年 8 月 27 日，温家宝总理考察了张家口沽源县的塞北现代牧场有限公司和蒙牛塞北乳业有限公司，在详细了解牧场建设、奶源供应以及奶制品生产过程后，他对蒙牛塞北乳业公司的职工们说："我有一个愿望：一个 13 亿人口的国家，应该培养出自己的奶牛品种，生产出高品质的牛奶和乳制品，培养出自己的牛奶和乳制品品牌，不仅要在中国占领制高点，而且要在世界上占据领先地位，这需要一个艰苦而长期的努力过程。但是，只要奶业企业、奶业职工和农业部门下定决心，共同努力，攀登高峰，就一定能够实现这个目标。"因此加快我国现代奶业的发展不仅是一个简单的经济问题，而且还具有深远的社会意义。

（一）现代奶业有助于普惠民生，强壮民族 牛奶富含蛋白质、钙，及大脑所必需的氨基酸。每 500 毫升牛奶中的营养物质，可满足人体每天约 50%的动物蛋白、30%的热能和 50%的钙需要量。牛奶也是维生素的重要来源，对促进儿童的身体和智力发育有良好作用。许多国家都积极发展奶产业，提高消费水平。日本二战后，实施了"一杯牛奶强壮一个民族"的行动，极大地改善了国民的身体素质。泰国 1985 年成立了泰国国家喝奶推广委员会，取得了令人瞩目的成就，18 岁男青年平均身高增长 4 厘米，女青年平均身高增长 3 厘米。事实及其一些国家的发展历史证明，一个民族的长寿与健康，一个人的身体素质、耐力、智力、体力等方面的提高都与牛奶的消费直接相关。正是如此，世界卫生组织将人均牛奶产品的消费量作为衡量一个国家人民生活水平的主要指标。

（二）推进现代奶业有助于提升养殖效益 与其他畜牧业相比，奶业经济、节粮、高效，有利于提高农业资源利用效率、保护农业生态环境、促进农业可持续发展。众所周知，我国耕地有限，用于发展畜牧业的粮食有限，但青、粗饲料资源相对丰富，奶牛可充分利用低等植物蛋白、非蛋白氮，能有效避免与人及其他畜禽争夺粮食，是节粮型畜牧产业。另外，奶牛饲料转化效率较高，高产奶牛能将饲料中能量的 20%、蛋白质的 20%～40%转化到牛奶中，用 1 千克饲料饲喂奶牛，其产品中转化的蛋白比猪高出 2 倍多，奶业是经济型、高效型的畜牧产业。

（三）推进现代奶业有助于调整农业结构 奶业产业链长、涉及面广、科技密度高，涉及奶牛饲养、牛奶加工、市场流通等环节。发展奶业一是有利于调整农业产业结构。在农业发达的欧洲国家，牛奶产值占农业总产值的第一位，而我国目前的牛奶产值仅占畜牧业产值的 5%，占农业总产值的比例不足 2%。二是有利于调整种植结构。现代奶业的发展将进一步优化种植业结构，促进种植业从"粮经"两元结构向"粮经饲"三元结构转变。三是有利于调整畜产品结构。在现代农业国家的畜产品结构中，肉类和奶类产量的比例为 1∶2，而我国的比例仅为 1∶0.5，来自于奶类的蛋白质含量仅为 1.5 克，而发达国家为 15 克。四是有利于调整劳动力就业结构。奶业属于劳动密集型产业，既可以促进饲料饲草种植、奶牛养殖等第一产业的发展，又可以带动食品加工、皮革加工、饲料加工、包材生产、机械制造等第三产业的发展，还可带动储运、营销等第三产业的发展。

三、推进现代奶业发展的思考和措施

所谓现代奶业，是与传统奶业相对应的优质高效奶业，是用现代工业装备、用现代科学技术武装、用现代组织管理方法经营、用社会化服务体系服务的生产管理过程。关于现代奶业中国奶业协会名誉会长刘成果同志曾多次、全面和系统地进行了论述。他指出：建设现代奶业，关键要加快"规模化、集约化、标准化和一体化”建设，重在引导奶业向“循环经济型、质量效益型、经营集约型、自主创新型、产业一体型和文化导向型”发展。这一论述高屋建瓴，有效切中当前我国奶业发展的实际，是今后我们推进现代奶业建设的思路和指导。如何加快现代奶业的发展，各地要结合实际，因地制宜，重点从十个方面加强，既加快奶畜良种化、饲料专业化、养殖规模化、免疫程序化、装备现代化、粪污无害化、管理科学化、监管法制化、产业一体化、产品优质化的“十化”建设。

一是奶畜良种化。良种是现代奶业发展的重要物质基础，国内外实践证明良种对养殖业的贡献率超过40%。目前，制约我国奶业发展的瓶颈之一仍是奶畜生产水平较低。我国成年奶牛年单产生鲜乳仅在5 000千克左右，与世界平均6 000千克和奶业发达国家平均8 000千克的水平有1 000千克到3 000千克的差距。若迎头赶上这个差距，即使在不增加奶牛数量的情况下，也能增加700～2 100万吨的生鲜乳，占目前生鲜乳产量的19%～57%，这是一个很大的增长点。因此，加大奶牛遗传改良力度推进奶畜良种化是非常必要和迫切的。实行奶畜良种化，不单是引进一个品种，而是通过品种登记、培育高产核心群、生产性能测定（DHI）、个体遗传评定、青年公牛联合后裔测定、人工授精技术等手段，来提升牛群遗传水平，提高牛群产奶水平，增强综合生产能力。具体而言，首先要制定奶牛群体遗传改良计划。加快奶牛良种登记、标识管理制度，加强对奶牛改良工作的指导，推广人工授精、胚胎移植等繁育技术。其次要健全生产性能测定体系。完善有关奶牛生产性能测定、品种登记和改良的技术及管理标准，奠定奶牛品种改良的技术基础。第三要因地制宜进行品种改良。奶牛良种改良要结合地区优势，考虑畜种特点进行针对性改良。我国区域广泛、生产条件差别较大，可以突破品种单一化。比如在某些地区可以适当发展乳肉兼用型牛产业，而南方地区夏天热应激严重，要考虑抗热能力较强的娟姗牛、奶水牛等。第四要完善优质冻精推广体系。落实好国家奶牛良种补贴项目，确保良种奶牛的普及，应按照“三统一”（统一供氮、供精、培训）原则，推广优质细管冻精技术，有效地解决良种奶牛短缺问题。第五要构建高产奶牛核心群。选育高产奶牛核心群，提高核心养殖场的生产水平和供种力，以增加良种奶牛数量，提高良种奶牛覆盖率，增加原料奶单产水平。

二是饲料专业化。饲料专业化，是在奶畜生产中，就饲料的种植、加工、配制、供给和饲喂实行专业化。推广饲料专业化就是推广适合不同生产区域、资源特点、生产水平和规模程度的奶牛日粮标准、饲喂程序和管理标准，做到营养平衡、调制科学、管理精细，确保奶牛的遗传潜力得到充分发挥，由专业技术人员、专业生产单位和专业加工企业按照奶畜特点和泌乳阶段，科学的配制生产日粮，饲料专业化能改变精粗分饲为全混合日粮（TMR）饲喂，从根本上转变饲喂方式，提高饲料转化效率。如何推进饲料专业化，要依据生产需求，做好精饲料或各种原料的种植或采购。建议直接采购专业化生产的配合精饲料。要依据奶畜营养需求和原料营养价值科学优化配方，达到理论设计与实际需求的统一。再者，要科学饲喂，严格管理，确保采食到实际需要的营养价值。要有专业化的日粮调制人员，对精粗合理搭配。要有专业化的调制设施，如全混合日粮调制设备，可生产配制全混合日粮（TMR），改变饲喂方式，让奶畜获得一定精粗比例、营养齐全的全价日粮，有利于稳定瘤胃环境，提高饲料转化效率。生产实践证实，采用TMR饲喂，不仅增强了奶畜食欲，提高了采食量，减少了因混合不均而偶发的微量元素供应不足，或中毒现象；而且稳定了瘤胃内环境，减少了瘤胃pH、氨浓度、挥发性脂肪酸的波动；并有助于提高生产性能，据测试，生鲜乳产量约提高5%～10%，乳脂、乳蛋白含量提高0.1～0.2个百分点，饲料利用率提高4%左右。

三是养殖规模化。规模化指事物的规模大小达到了一定的标准。养殖规模化是指养殖实现了规模化养殖，其发展规模达到了适宜标准。与传统的分散饲养相比，规模化养殖具有明显的优势：第一是有利于奶牛养殖的组织化程度。实行牧场规模化养殖可以把分散的农户养殖集中起来，对养殖区域实现统一规划、合理布局，通过实行规模化养殖和精细化管理，有利于开展DHI测定和奶牛育种工作，提高良种的覆盖率，通过使用科学饲料配方能充分利用各种饲料资源，进一步降低饲料成本，提高生产效率和生产水平。第二是有利于新设备和新技术的推广应用，可以大幅度提高养殖效益。第三有利于提高生鲜乳质量。实行规模化养殖，便于实行严格的卫生防疫制度和环境控制，通过清洁生产提高生鲜乳质量，增强市场的竞争能力。如何推进养殖规模化，要因地制宜地探索适宜的规模奶牛养殖。我国区域广阔、经济发展程度不一，奶牛养殖的规模标准也应有所差异，可以是几十头、几百头，也可以是上千头，几千头，核心是规模适度、经济合算、科学实用。要研究制定和推广适应不同模式的饲养标准和技术规范，针对不同养殖模式，制定不同的设计规范、饲养标准、技术规范和管理规范，提升规模化牧场生产和管理水平。在政策上要充分运用财政、金融等政策杠杆，吸纳社会更多资金，加快发展奶牛规模养殖。

四是装备现代化。装备现代化，即通过先进的设施和设备实现生产的机械化、自动化、电子化、程控化、智能化的过程。随着奶牛养殖场规模化进程的加快，养殖场饲养管理技术水平的提升，推行奶牛饲养生产的装备现代化，即机械化、自动化、电子化，成为奶牛业发展的必然趋势。究其原因：一方面在当前用工成本持续上涨，劳动力严重缺乏的情况下，实现装备现代化有助于实现奶业的节本和增效。另一方面装备现代化可以提高生产性能和确保产品优质安全，提高生产与经营效益。再者现代奶业必然是以装备现代化为基础的奶业。如在推广应用现代奶牛高效饲养技术时，离不开现代化的饲草饲料收割与加工机械和设备；离不开挤奶与鲜奶冷却机械和设备，离不开牛舍通风及防暑降温机械和设备；离不开粪污集散与处理机械和设备等。同样，在加工优质安全乳制品时，也离不开现代化的冷藏、消毒、过滤、均质、闪蒸、发酵、罐装等机械和设备。另外，生产设备的正常运转、程序的自动和智能控制，也离不开电脑及其软件的科学操作和监控。现代奶牛饲养技术的运用，很大程度上需要依托饲养装备现代化来实现。

五是免疫程序化。现代奶业是高效产业，要保持高效，良种是基础，技术是保障，防疫是关键。防疫的成效取决于疫控的程序和规范。在实际生产中，要坚持生产发展和防疫保护并重的方针，一是切实加强重大传染病的强制免疫。确保应免尽免，不留空当。切实加强免疫效果监测，确保免疫密度和质量，及时构筑有效免疫屏障。二是切实加强疫情监测报告。严格执行疫情报告和举报核查制度，进一步加强病原学监测，扩大监测范围，增加监测数量和频次，对阳性畜禽及时按规定处置。三是切实加强监督执法。要切实提升监督执法能力和水平，加强对动物及动物产品的饲养、屠宰、经营等环节的监管，严格审查动物防疫条件，加大对违法行为的打击力度。

六是粪污无害化。随着规模化进程的加快，污染问题急需解决。按 1 000 头规模的牛场计算，每天产生的粪便约 40 吨。如果不进行无害化处理和资源化利用，不但严重影响了生态环境，还会危及畜禽本身及人体健康。粪污无害化是指通过加工处理可制成优质饲料或有机复合肥料，将奶牛场粪污变废为宝，而且可减少环境污染，防止疾病蔓延，具有较高的社会效益和一定的经济效益。实施粪污无害化关键要坚持和推行排放减量化、资源利用化和治理无害化。一要不断加强科技创新，通过节能减排，实现粪污排放减量化。比如，美国从 1944 年到 2007 年，牛奶总产量增加了 3 000多万吨，但奶牛数量、饲料用量、土地用量、粪污排放量和碳排放量，只有原来的 21%、23%、10%、24%和 37%。二要资源利用，充分消纳奶畜粪尿，实现粪污资源利用化。欧洲 20 世纪 60 年代，也曾出现粪污排放污染环境的问题，科学家们通过农牧结合，走上了循环发展的道路。三要强化综合治理技术研究，实现粪污治理无害化。如丹麦、德国等通过粪污发酵产生沼气，实现了粪污无害化处理和资源化利用。因此，实现奶业可持续发展，要不断加强重大和关键技术创新，加大政策扶持，减少粪污排放和提高资源综合利用水平。

七是管理科学化。胡锦涛同志曾指出：加强和创新社会管理，扎扎实实提高社会管理科学化水平，是继续抓住和用好我国发展重要战略机遇期、推进党和国家事业的必然要求。现代奶业区别于传统奶业的一个重要标志就是管理的科学和生产的标准。因此推行管理科学化是转变奶业经济发展方式的关键举措，是奶牛养殖可持续发展的根本保障。加强奶业管理科学化，应着重强化以下几项工作：一要不断创新管理指导思想和理念。建设现代奶业，我们应始终坚持和实践科学发展观，在生产中逐步探索和完善刘成果同志提出的“六型”。二要不断创新管理方法。国内外生产实践证明标准化是提升管理水平的关键。要充分利用成熟的管理体系（ISO9000、HACCP）和良好规范（GAP），建立科学、实用的管理制度、质量标准和操作规范，使每一项作业都有规范可循，有章法可依。制定制度、标准和规范，要依据生产实际有所创新，并随着发展不断完善和提高。同时，依靠科学的管理体系和规范建立完善的追溯体系，对生产情况进行全程追踪，从源头上保证产品质量安全，提高标准化生产水平。三要按照管理科学化和标准化的要求配套相应的生产装备和推广应用先进、科学的关键技术。就养殖环节，应重点开展全混合日粮（TMR）饲喂技术、饲草料贮存（青贮）技术、机械挤奶技术、良种繁育技术、生鲜乳质量检测技术、粪污处理技术、疫病防控措施，并采取边研究、边示范的方式进行技术改进和创新，配套相关技术，组装集成一套实用的奶牛标准化生产技术体系并进行推广应用。

八是产业一体化。奶业产业一体化是将相互独立的种植、养殖、加工和销售等环节，通过某种利益联结机制形成风险共担、利益共享的经济联合体，在坚持自愿、平等和利益的基础上实现各方利益的均衡化。奶的鲜活性和生产的连续性决定奶业必须实行一体化经营，实现一体化，有助于形成奶业稳定健康持续发展的长效机制，有助于建立“产”“加”“销”的利益联结，有助于解决奶业深层次矛盾和构建现代奶业。当前推进一体化关键，首先要建立有效的利益联结机制。重点探索原料奶价格协调定价机制、第三方检测机制、“产”“加”“效”利益共享与风险共担机制等，用工业反哺农业，养殖支持加工的理念，建立“双赢”合作机制。其次要探索适合一体化的运营模式。着重提高养殖环节的组织化程度和推进合同收奶。采取公平、平等的原则，按契约收购牛奶，不竞相抢购和压级压价。积极引导我国乳业从目前仅限于乳品原料买卖关系的松散联合，向“产”“加”“销”一体化经营的发展，进一步促进产业化经营向健康化发展。

九是监管法制化。监管法制化就是要贯彻落实食品安全、乳品质量安全监督有关规定，加强乳品质量安全监管能力建设，完善乳品质量安全监督管理制度，明确监管人员，保障工作经费，提高监管能力。各部门按照职责分工，各负其责，密切合作，形成合力，确保乳品质量安全监管无缝对接。一要建立完善质量安全标准体系，从投入品、养殖环节、储运过程以及加工和市场销售都要尽快完善各类控制标准，通过企业的自律、行业的监管和社会的监督来保障乳品质量安全。二要完善生鲜乳质量监测体系。健全由国家、区域、省和县四级检测机构组成的检验检测体系，提高检测能力。实施生鲜乳质量安全监测计划，开展质量安全监测和风险评估，严厉打击生鲜乳收购环节添加违禁添加物的行为。三要提高乳制品企业质量安全管理水平。乳制品加工企业根据原料检测、生产过程动态检测、产品出厂检测的需要，配置在线检测、快速检测及其他先进检验设备。对乳制品生产实施全程标准化管理和质量控制，实行《乳制品企业良好生产规范（GB 12693)》，婴幼儿奶粉生产企业实施危害分析与关键控制点（HACCP）（GB/T 27342）管理。四要完善乳制品质量安全监管制度。建立和完善乳制品检验制度、产品质量可追溯及责任追究制度、问题产品召回和退市制度、食品质量安全申诉投诉处理制度。加强乳品质量安全风险评估，完善国家乳品质量安全标准体系。加强乳制品工业企业诚信体系建设。全面清理乳制品添加剂和非法添加物，严厉打击乳制品加工中添加违禁物的行为。

十是产品优质化。质量是奶业发展的生命线，奶业生产环节较多，任何一点的瑕疵都会引起质量问题，严重影响生产和消费，甚至会葬送整个产业。质量安全化是加强各个环节的质量控制，确保生鲜乳及乳制品的质量安全。乳制品的生产消费涉及饲料生产商、奶牛养殖、收奶员及加工、贮运、销售人员到最终消费者。由于信息不对称及安全意识的淡薄，造成乳制品中抗生素残留、微生物污染等问题，消费者由于无法知道而面临着严重的安全与健康风险。第一，加强饲养管理。防止低脂肪乳、低比重乳和酒精阳性乳及奶牛营养代谢性疾病的发生，严禁饲喂发霉变质的饲料。第二，加强牛舍卫生管理。挤奶时采用“两次药浴，纸巾擦干”工艺。第三，加强环境保护。牛场建设应远离传染病威胁和“三废”污染的地区。地下水（饮用水）应符合饮用水标准。严禁在低洼潮湿、排水不良和人口密集的地方建牛场（或小区)。第四，规范生鲜乳收购站建设，改善基础设施条件，加大生鲜乳收购站挤奶设备、专用生鲜乳运输车等设施设备的更新改造力度，推进生鲜乳收购站标准化管理，配备必要的检验检测仪器设备和监控设备。

在2012年全国生鲜乳质量安全暨奶业处长工作研讨会上的讲话

农业部畜牧业司副司长　杨振海

2012年3月24日

这次全国生鲜乳质量安全暨奶业处长工作研讨会是不单单就安全论安全，就生产论生产，而是统筹质检和生产，推进标本兼治。抓质检，解决生鲜乳质量安全治标问题；抓标准化规模养殖，解决生鲜乳质量安全治本问题。我从2011年9月开始分管奶办，到今天接近8个月，对奶业有些初步的认知。我国奶业正处于转型升级阶段，生鲜乳质量安全是检验我们工作成效的试金石，解决生鲜乳质量安全必须在强化检测的基础上，推进标准化规模养殖，在发展现代奶业中彻底解决生鲜乳质量安全问题；当前乳制品已成为广大城乡居民的必需消费品，不管是爱还是恨，乳制品的消费将呈刚性增长，满足广大消费者的消费安全是摆在我们面前的客观现实，我们必须以更大的勇气和决心，采取综合措施，保供给，保安全。

这次会议之所以选择在天津，主要是因为天津奶业发展势头很好，成效很大。一是生产水平较高。天津奶牛存栏15.8万头，泌乳牛9.5万头，单产超过7吨，比全国平均水平高2吨左右。二是规模化程度高。天津共有52个养殖场和102个养殖小区，存栏300头以上的养殖场（区）有143个，存栏1 000头以上的46个，全市100头以上奶牛规模化养殖比重达100%，没有散养户。三是草畜结合较好。天津率先实施优质牧草良种补贴，推动苜蓿和青贮玉米发展，所有奶牛均饲喂一定量的苜蓿等优质饲草饲料。四是质量安全水平较高。继上海之后，天津在2007年建立了生鲜乳第三方检测体系，每一车奶都由第三方抽样检测，确保生鲜乳质量安全。五是科技领先。在应用信息技术方面，天津市建立了奶业信息平台和生鲜乳质量安全监管及可追溯系统，将生鲜乳生产、收购、运输等关键环节纳入监管；在引进技术方面，天津梦得集团与以色列阿菲金公司合作，建设“中以合作智能化良种奶牛养殖示范场”，推进智能化管理；在奶农培训方面，天津市去年举办各类培训班，培训奶农上千人次。总体看，天津奶业可看、可学、可鉴。但也有教训，奶牛良种补贴曾有违规操作情况，这也提醒大家，要进一步规范奶牛良种补贴项目实施，加强项目管理与监督，提高资金使用效益，确保项目资金安全。

下面，我讲三方面意见。

一、选择了奶业就选择了责任，要勇于担当，持之以恒

奶业发展问题，社会关注，领导关切，群众关心。建设现代奶业，是新时期我国畜牧业和农村经济发展的一项重要任务。从事奶业管理，我们至少要认清五项责任。

（一）落实中央部署　2005年以来，先后6个中央1号文件对加快我国奶业发展提出明确要求；2007年，国务院印发《关于促进奶业持续健康发展的意见》，对奶业发展进行全面部署。胡锦涛总书记曾指出，牛奶本身就是温饱之后，小康来临时的健康食品，不仅小孩要喝，老人要喝，最重要的是中小学生都要喝上牛奶，以提升整个中华民族的身体素质。温家宝总理说，“我有一个梦，让每个中国人，首先是孩子，每天都能喝上一斤奶。”温总理还说，“我有一个愿望，一个13亿人口的国家，应该培养出自己的奶牛品种，生产出高品质的牛奶和乳制品，培养出自己的牛奶和乳制品品牌”。最近，习近平副主席访问爱尔兰时，特别参观了奶牛养殖场，表达了对奶业发展的高度重视和关心。将中央部署转化成现实生产力，我们责无旁贷。

（二）提升国民营养素质　牛奶是营养价值很高的动物性食品，富含优质蛋白和钙质，可以促进婴幼儿骨骼生长和防止老年人骨质疏松，含有多种酶类和免疫球蛋白，具有调节人体代谢的作用，很容易被吸收，是国际公认的理想蛋白食品。翻开世界公众营养发展史，可以发现，“牛奶”

是一个民族健康水平提升的“关键词”，很多国家都大力推动奶业发展和公众饮奶量的增加。日本政府在“二战”后提出“一杯牛奶强壮一个民族”的口号，战后一代的日本人平均长高了12厘米。美国在上世纪50年代提出“三杯奶运动”，倡导国民每餐一杯奶，解决了当时美国人普遍缺钙的问题。印度政府掀起“白色革命”，大力发展奶业，牛奶总产量迅速跃居世界第一位。目前，我国人均奶类蛋白质每天摄入量为1.5克，仅为发达国家的1/10。缩小差距，补齐短板，是我们的天职。

（三）保障乳品质量安全 当前，我国奶业发展面临的最大困难和挑战就是乳品质量安全问题。随着生活水平的提高，居民对乳品质量安全有了更新更高的要求，乳品质量安全的话题也变得高度敏感，一旦出了问题，对全国乳品质量安全总体形势都会产生负面影响，甚至发酵放大，影响居民消费信心和产业持续发展。我国每天要消耗6.5万多吨乳制品，要保证所有的乳制品都符合标准，非常不易。乳品质量安全，已不仅是一个经济问题，也是一个社会问题和民生问题，事关政府公信力和国家形象，我们必须认真总结近年来奶业发展中的经验教训，举一反三，时刻紧绷质量安全这条生命线，千方百计确保生鲜乳质量安全。

（四）推进产业发展 奶业是世界公认的节粮、经济、高效型畜牧业，奶业发展水平是一个国家畜牧业和农业现代化程度的重要标志。我国奶业已逐渐成长为一个大的产业，从生产看，全国有231万户奶农，去年生产3 825万吨奶，直接产值1224亿元，约占全国畜牧业总产值的5.6%左右；从加工看，全国有716家乳品加工企业，从业人员约23万人，共生产2 387万吨乳制品，销售额2 315亿元，仅为发达国家的1/7；从消费看，我国人均奶类消费不足30千克，不到世界平均水平的1/3。我国粮食资源偏紧，更适合发展节粮高效奶业。加快奶业发展是国情使然，我们要按照奶业和节粮型畜牧业发展相关规划，在建设现代农牧业中优先发展现代奶业。

（五）促进农牧民增收 奶业属于劳动密集型产业，容纳大量劳动力，是带动农牧民增收的重要产业。2011年饲养一头单产5吨的奶牛全国平均利润为2 000元左右，一个劳动力如果饲养4头泌乳牛，一年的纯收入约8 000元，超过全国农村居民人均纯收入6 977元的水平，在一些主产省，奶业已经成为农民增收的重要来源。奶业产业链长，延伸范围广，既可以促进饲草饲料种植和小肉牛生产等第一产业的发展，又可带动食品加工、皮革加工、饲料加工、包材生产、机械制造等第二产业的发展，还可带动贮运、营销等第三产业的发展，成为农民增收的重要方面。

总之，奶业发展任务重大，责任千斤，万众瞩目，选择了奶业必然就选择了责任。奶业兴衰在某种程度上还是奶业处长工作成效的折射，我们必须增强荣誉感、使命感和责任感，尽职尽责、不折不扣地把奶业工作做得更好。

二、奶业工作的任务异常艰巨，要心无旁骛，狠抓落实

关于2012年奶业工作，全国农业工作会议、全国畜牧兽医工作会议已作了全面部署，年度工作要点也已印发。我们要深入贯彻“保安全、保供给、转方式、促发展”的要求，切实做好奶业生产、生鲜乳质量安全和“振兴奶业苜蓿发展行动”各项工作。

（一）关于奶业生产要重点抓好三件事

第一，加快奶牛品种改良，这是提高奶业生产水平的根本。

奶牛良种补贴政策始于2005年，先在黑龙江、内蒙古、河北和山西4省区试点，2008年推广到全国31个省（区、市），实现了荷斯坦奶牛的全覆盖。7年来，中央财政共投资12.35亿元，累计改良奶牛4 280.5万头（次），全国奶牛平均单产从4吨提高到5.4吨，提高了35%。奶牛良种补贴政策已成为最受广大养殖户欢迎的强牧惠牧政策之一，真正起到了中央财政资金“四两拨千斤”的作用。

目前，我国奶牛品种改良主要存在四个问题。一是良种没有实现全覆盖。奶水牛良种补贴仅限于广西等9个省区能繁母牛3 000头以上的县，乳用西门塔尔牛、褐牛、三河牛仅限于部分省区能繁母牛5 000头以上的县。二是冻精质量不能满足高端市场需求。规模牧场对优质冻精的需求逐步加大，开始使用进口优质冻精，2011年我国大约进口了100万剂冻精。三是种公牛培育滞后。具有后裔测定的验证公牛仅400多头，按照全国良补需求的种公牛数在800头左右，良补冻精与市场需求有一定差距。四是部分省区项目管理不规范。比如，在未全部接收补贴冻精的情况下，将补贴资金全部拨付供精单位。

今后奶牛品种改良，重点要从三方面突破。一是实现良种全覆盖。逐步扩大对娟珊牛、奶水牛、褐牛、牦牛、乳用西门塔尔牛、三河牛等6个奶畜品种的补贴覆盖范围。二是严格种公牛选育管理。从今年起，新增参加良补的荷斯坦种公牛，如果没有后裔测定成绩，需要提交中国奶业协会出具的基因组选择证明材料。三是加强项目监管。各地要尽早完成招标采购任务，严格执行项目资金结算程序；规范良种补贴冻精发放和使用登记制度，严格冻精领取和发放，冻精领取后必须附有养殖户签名或指印。

第二，大力推进奶牛标准化规模养殖，这是建设现代奶业的关键。

奶牛标准化规模养殖项目始于2008年，截至2011年，中央财政共投资17亿元，累计补助2 474个奶牛养殖场（小区），预计100头以上规模养殖比重超过33%，较2008年提高13.5个百分点。

我国奶业整体生产水平仍然较低，全国仍有60%以上的奶牛由散户饲养，奶牛养殖“小、低、散”的局面并未根本扭转，特别是内蒙古、黑龙江等奶牛养殖大省规模化程度偏低，低于全国平均水平。同时，在标准化规模养殖推进过程中，一些散养户饲养条件差，设施简陋、养殖成本高，比较效益低，抵御市场风险能力弱，加快退出养殖，如不及时跟进，将会影响奶业稳定发展。

要充分发挥中央、地方、企业和奶农四方面的积极性，大力推进标准化规模养殖。一是加大扶持力度。中央财政扶持奶牛标准化规模养殖的起点已由存栏200头提高到300头，对奶牛存栏300～500头、500～1 000头、1 000头以上的养殖场（小区）补贴标准分别提高至80万元、130万元和170万元。二是提高规模化养殖水平。结合中央项目，要积极向本地财政争取资金，支持养殖场（小区）的标准化改造。加强指导服务，协调养殖场（小区）建设用地，引导奶农进入规模养殖场（小区）。要更加注重提高规模养殖的质量和内涵，推动建立和完善综合服务体系，切实解决粪污面源污染问题。三是扶持奶源基地建设。支持乳品加工企业自建、收购或参股奶牛养殖场（小区），优先安排乳品加工企业建立的养殖场（小区）或与乳品加工企业已建立紧密产销关系的养殖场（小区）。四是保护奶农的利益。要加大帮扶力度，帮助散养户提高奶牛科学养殖水平，促进奶农增收，保持产业稳定发展。

第三，做好奶牛生产性能测定，这是建设现代奶业的基础。

奶牛生产性能测定始于1907年，世界公认，国际通行，现已演变为牛场综合管理指南。在我国，奶牛生产性能测定工作起步较晚，1992年在“中日奶业技术合作项目”的支持下，天津开始奶牛生产性能测定工作。2008年，农业部正式组织在全国推广，2008—2011年，中央财政每年安排20 00万元，按照每头奶牛补贴70元的标准，累计测定奶牛117.8万头（次）。参测奶牛产量和质量显著提高，去年参测奶牛平均胎次产量超过7 000千克，乳蛋白率达到3.23%，体细胞数下降到每毫升46万个，每头奶牛年增收800元左右。同时，通过奶牛生产性能测定数据分析，累计评选出有后测成绩的优秀种公牛600多头。

奶牛生产性能测定主要存在两个问题。一是参测数量较少，覆盖面不广。去年全国参加生产性能测定的奶牛仅35.8万头，占全国泌乳牛总数的4.7%，与奶业发达国家相比，差距很大。比如，加拿大奶牛参加生产性能测定的比重超过70%，美国超过45%，单产水平最高的以色列高达90%。二是认识不到位，对测定数据应用不够。很多养殖场做测定仅仅是作为一项任务，并没有应用测定评估报告，科学有效地对牛群进行管理，牛群的生产潜力没有充分发挥。

2012年，奶牛生产性能测定项目已由转移支付转为部门预算，我们将进一步加强项目管理，力争出政策、出经验、出成果，把项目做大做强。一是严格项目管理。各参测中心要认真执行日常管理制度，及时上报数据；按季校准检验仪器，提高数据质量；加强数据信息管理，充实完善我国奶牛育种数据库；加快项目进度，定期报告项目进展。二是强化技术培训。对项目测定单位和项目管理人员开展技术培训，规范奶样采集、样品检测等程序，提高数据的真实性和科学性。三是“测奶科学养牛”。加强数据整理分析和应用，提供指导服务，让参测牧场看到实实在在的效果。四是加强项目宣传。多层次、广范围开展科普宣传，让全行业认识到生产性能测定指标对于提高奶牛群管理水平和养殖场效益的重要作用，提高参与积极性，实现“要我参与”到“我要参与”的转变。

（二）关于生鲜乳质量安全要深入开展三大监测监管

第一，组织实施生鲜乳质量安全监测计划，确保生鲜乳质量安全可靠。

农业部已连续三年制定并实施《生鲜乳质量安全监测计划》，以奶站和运输车为重点，加大对三聚氰胺等违禁添加物的检测抽查力度。2009—2011 年，累计抽检生鲜乳样品 5.6 万批次，生鲜乳质量安全状况不断改善，总体情况良好。

但生鲜乳质量安全监管依然薄弱，安全隐患依然存在。全国有 1.3 万家奶站，8 000 多辆运输车，多数分布在广大农村，点多面广，监管任务繁重。特别是基层监管队伍力量相对薄弱，监管能力与监管要求还有很大差距。

要继续实施生鲜乳质量安全监测计划。一是加大抽检力度。在原有基础上，今年增加了 2 000 万元监测资金，生鲜乳违禁物质监测实现两个“全覆盖”，即抽检覆盖全国所有奶站，覆盖国家公布的所有禁止在生鲜乳中添加的违禁物。二是创新监测形式。重点组织开展全国生鲜乳违禁物质专项监测、生鲜乳质量安全异地抽检、《生乳》国标重要安全指标检测，确保监测面更广，不留死角。三是加强基层监测。充分发挥全国监测网络优势，扶持和依靠省、市、县各级监测力量，把质检工作延伸到县乡村。

第二，继续推进生鲜乳质量安全专项整治，坚决打击各种违法行为。

2012 年，国务院已把乳制品列为食品安全工作突出抓好的重点品种，农业部也将生鲜乳违禁物质专项整治作为农产品质量安全专项整治的重点。今年的生鲜乳违禁物质专项整治重点做好以下 4 方面工作。一是加强生鲜乳质量安全监测与监督执法。继续保持高压态势，完善日常检查、交叉互检、不定期巡查制度。对生鲜乳生产、收购和运输环节各种违规违禁添加行为，发现一起，查处一起，通报一起，严厉打击，绝不手软。对于违法犯罪分子，要坚决追究法律责任，要让守法者受益、违规者受损、违法者受罚。二是进一步落实生鲜乳质量安全的“三个责任”。即各地政府对本行政区域内的生鲜乳质量安全监管负总责，畜牧兽医主管部门负监管责任，奶畜养殖者、生鲜乳收购者是第一责任人。三是做好投诉举报受理工作。各地受理来电、来信、来访等举报投诉后，要第一时间处理，在接到我司发出的“案件查处通知单”后，要迅速组织人员赶赴事发地，调查核实相关情况，妥善处理。四是加大生鲜乳质量安全制度检查。检查《生鲜乳生产收购记录和进货查验制度》、《奶畜养殖和生鲜乳收购运输环节违法行为依法从重处罚的规定》等制度落实情况，推动建立生鲜乳质量安全监管长效机制。

第三，进一步加强奶站和运输车监管，确保生鲜乳质量安全“最后一公里”不出问题。

目前，全国奶站清理整顿已全面完成，奶站和运输车辆全部纳入监管，持证经营，奶站的监管工作已转向巩固成果，大力推进标准化建设和管理上来。一是强化奶站和运输车日常监管。特别是对那些组织较松散、合作水平较低的专业生产合作社开办的奶站，要切实采取定点跟踪和随时抽检等措施，重点监管。严厉打击非法收购运输“黑窝点”，特别是无证收购运输以及在长途贩运、拼车装运、跨省运输过程中的违法违规行为。严格审核奶站和运输车资质条件，加强许可管理，做好收购证和准运证核发换发工作，坚决取缔不合格的奶站。二是继续做好奶站统计上报工作。奶站统计是奶业管理的一项重要职能，有些地方“三天打鱼、两天晒网”，一定要认真整改。目前，我们正在建设奶站统计系统，各地要坚持每月更新、上报奶站信息。三是密切关注“鲜奶吧”等新型消费方式。市场上已出现“点对点”的直接销售，要依法依职做好相关环节监管。

（三）关于“振兴奶业苜蓿发展行动”关键是做好顶层设计，加快组织实施 为提高我国奶业生产水平，经国务院领导同意，2012—2015 年，农业部和财政部将实施“振兴奶业苜蓿发展行动”，中央财政每年安排 5.25 亿元，对生产优质苜蓿予以扶持。其中，3 亿元用于高产优质苜蓿示范片区建设，2 亿元用于苜蓿生产、收获和加工机械补贴，2 500 万元用于苜蓿良种补贴。先在东北、华北、西北 3 大区域，选择土地资源、水资源和产业基础等方面优势突出的地区，建设 50 万亩高产优质苜蓿示范片区。项目的申报主体是农民专业生产合作社、饲草生产加工企业和奶牛规模养殖企业（场）。片区建设以 3 000 亩为一个单元，一次性补贴 180 万元，重点用于推行苜蓿良种化、应用标准化生产技术、改善生产条件和加强苜蓿质量管理等方面。项目旨在提高苜蓿生产专业化、标准化、规模化和集约化水平，提高奶牛生产效率和生鲜乳质量安全水平。

该行动将按照“四到省”和“四严格”的要求，实行“两公示”和“先建后补”，确保公开、公正、公平和透明。今年是项目实施的第一年，各地务必要高度重视，开好头，起好步。一是要加强组织领导。农业部将与财政部联合成立项目实施领导小组，具体工作由奶业管理办公室承办。各地也要成立相应领导小组，协调相关单位组织开展建设工作。二是认真制定实施方案。农业部和财政部即将下发《项目实施指导意见》，各地要根据指导意见，认真制定实施方案，按时上报实施方案。三是切实抓好高产优质苜蓿片区建设。强化技术服务，加强资金管理和监督检查，发现问题及时整改，确保高质量地完成片区建设任务，确保“建一片　成一片”，最大限度发挥项目效益。

三、奶业处长和质检所长从事的是全新的工作，要恪尽职守，不遗余力

面对奶业发展的历史责任和艰巨任务，我们必须进一步提高认识，讲方略，顾大局，懂方法，重实效，发挥集团作战和整体实力，打组合拳，力争事半功倍。

一要打造一支作风过硬、业务精通的奶业监管队伍。奶业系统具有一定的特殊性，农业部奶业管理办公室是在2008年“婴幼儿奶粉”事件发生后成立的，随后各省级畜牧兽医主管部门也相继成立奶业管理处室或加强奶业管理职能。截至目前，成立省级奶业管理处室的有7个；成立省级畜产品安全监管处并监管奶业的有2个；将奶业管理职能并入畜牧、饲料处的有15个；并入草业处的有3个；将奶业生产和奶站及生鲜乳质量安全监测职能分开、切块管理的有2个。总体看，经过三年多的努力，奶业队伍初步建立，但基础差、底子薄，缺乏历练，当务之急要按照“务实、高效、实干、清廉”的要求，内强素质，外树形象。要加强学习，认真研究相关政策和标准，把奶业工作当事业干，让自己真正成为专家型的领导，以才立人，凭本事吃饭。同时，要以德服人，将以人为本的理念贯穿整个管理实践中，公正执法，文明执法，让管理对象心悦诚服，创造和谐发展环境。

二要做好调查研究，把奶业基本情况印在脑海里。没有调查就没有发言权，更没有决策权。奶业处长要带头做好调研工作。要想真正做到基本情况明了，胸中有数据，手中有典型，就必须俯下身去，沉下心去，了解基层的新情况，倾听奶农意愿需求，既要做好常规调研，更要做好专题调研，要多向专家教授请教，多与基层生产者交朋友，问计于民，问需于民。加强调查研究，还要多搞一些“不打招呼”、“不做安排”的随机式调研，了解真实情况，提出解决办法。要向基层取经，既要调研问题，也要调研和学习解决问题的办法。

三要开拓创新，改进工作方法。针对当前奶业工作中出现的新情况、新问题，要善学他人之长，勇于突破老套路、旧做法。比如，我国奶牛数量统计的是全群数量，这种统计方法早已过时，也不科学，应借鉴发达国家的经验，统计泌乳牛的实际数量。又比如，去年黑龙江双城市雀巢公司部分奶站电子称舍掉的多，进位的少，存在克扣奶农的情况，这种情况具有一定的普遍性，应该从技术和政策设计层面防止再出现缺斤短两的克扣行为。要及时总结和推广好做法和好经验。上海市和黑龙江的生鲜乳定价机制、天津市奶业信息平台、河北省和黑龙江省齐齐哈尔市的奶站联网监控平台等，他们各有特点，取得了很好的效果，值得其他地区学习和借鉴。

四要妥善处置突发事件，确保产业平稳发展。这几年，奶业突发事件不断，可以说是“每月一大事、每周一小事”，仅2011年，全国就先后发生“皮革奶”风波、《生乳》国家标准炒作，蒙牛黄曲霉毒素超标等事件，奶业工作可谓如临深渊，如履薄冰。各地要进一步完善突发事件的处置预案和工作机制，加强舆情监测，密切关注舆情走向，早发现、早响应、早处置。在处理方法上，要讲究策略，坚持处置第一，引导第二，快速透明，在与媒体沟通时，要按照部门分工，用事实说话，坦诚关爱，真实准确，避免在突发事件之初犯“闭关主义”错误，在媒体大量报道、舆情发酵后犯“投降主义”的错误。处理突发事件关键要行动果敢，有定力，不盲目跟风，让别人牵着鼻子走，这样才能避免事态升级。去年，甘肃平凉牛奶投毒案处理得不错，在事件发生以后，平凉市政府会同甘肃省农牧厅在第一时间弄清事件情况和责任，及时公布案情进展，避免媒体无端臆测和炒作，待事态平息后，全面公布案件权威调查结果。

五要做好宣传工作，营造奶业发展良好氛围。宣传也是生产力。各地要加强奶业发展和乳品质量安全的宣传，把好政策好成效宣传到位。去年下半年以来，农业部加强奶业宣传，在人民日报刊登《奶业：疗伤三年谋振兴》的文章，在农村工作通讯上刊发高鸿宾副部长的署名文章，大力宣传奶业发展成就，起到了很好的舆论引导作用。各地也要创造独特的宣传小气候，广泛宣传奶业发展新进展，普及牛奶营养知识，引导消费者科学、健康消费，培养乳制品消费习惯，增强消费信心，扩大消费群体，开拓乳制品消费市场，共同营造奶业发展的良好氛围。

2011 年中国奶业发展回顾

农业部奶业管理办公室

一、2011 年奶业发展的形势

奶牛存栏和产量保持增长，标准化规模养殖水平大幅提高。2011 年全国奶牛存栏 1 440.2 万头，奶类产量 3 810.7 万吨，同比分别增长 1.4%和 1.7%。全国 100 头以上奶牛规模养殖比重达到 33%，同比提高 2.3 个百分点。

奶牛养殖效益向好。2011 年，生鲜乳价格保持平稳，全年平均价格 3.2 元/千克，比 2010 的 2.89 元/千克上涨 10.7%。单产 5 吨的奶牛每头年平均盈利约 2 000 元，全国奶牛养殖户亏损比例为 21%，是 2008 年以来效益最好的一年。但饲草料、人工等养殖成本呈刚性上升，价格上涨的好处大部分被成本增加所抵消，奶牛养殖业的效益仍处于较低水平。

乳制品加工集中度不断提高，产量持续增加。2009 年，国家开始乳制品企业生产许可重新审核工作，2011 年 3 月，全国 1 176 家乳制品企业中，有 643 家企业通过了生产许可重新审核（其中，婴幼儿配方乳粉企业 114 家），107 家企业停产整改，426 家企业未通过审核。到 2011 年底，全国共有 716 家乳制品企业通过审核。2011 年全国乳制品产量为 2 387.5 万吨，同比增加 10.6%，比 2000 年增长了 10 倍。其中液态奶产量 2 060.8 万吨，同比增长 11.7%；干乳制品产量 326.7 万吨，同比增加 4.1%，其中奶粉产量 138.5 万吨，同比增加 13.7%。

乳制品消费持续增长。2011 年，全国居民人均奶类占有量达 32.4 千克/人（除去进口部分，为 28.4 千克/人），比 2002 年增长 2 倍。居民膳食、营养结构得以改善。2011 年居民人均奶类蛋白质每天摄入量 2.3 克，比 2002 年增长了 1.4 克，钙摄入量也明显增加，广大城乡居民，尤其是儿童、孕妇、老年人的膳食营养结构得以明显改善，我国新生人群的平均身高也有较大幅度提升，“一杯牛奶强壮一个民族”的梦想正在逐步实现。

乳制品进口继续增加，奶粉是进口量最大的乳制品。2011 年，中国进口乳制品 90.6 万吨，同比增长 21.6%，进口额 26.2 亿美元，同比增长 33%。其中进口奶粉 44.95 万吨，占 49.6%（全脂奶粉 32 万吨，占 71.2%，脱脂奶粉 13 万吨，占 28.9%），进口乳清粉 34.42 万吨，占 38%，进口鲜奶 4.05 万吨，占 4.5%，进口奶油 3.57 万吨，占 3.9%，进口奶酪 2.86 万吨，占 3.2%，进口酸奶 0.25 万吨，占 0.2%，进口炼乳 0.49 万吨，占 0.5%。新西兰已成为最主要的进口国，2011 年中国从新西兰进口奶粉 36.7 万吨，占进口总量的 81.6%。乳制品贸易逆差进一步扩大，2011 年达到 25.4 亿美元，同比增加 6.15 亿美元。

二、2011 年生鲜乳质量安全监督检测工作情况

2008 年以来，农业部门连续四年实施生鲜乳质量安全监测计划，通过专项监测、飞行抽检、异地抽检、隐患排查等手段，以奶站和运输车为重点，逐年扩大抽检范围，提高抽检频次，坚决打击各种违法添加行为。目前，全国已实现奶站监管和生鲜乳监测两个全覆盖，即监测计划覆盖全国所有奶站，覆盖国家公布的所有违禁添加物。截至 2011 年底，累计抽检生鲜乳样品 5.6 万批次，其中 2011 年抽检 2.3 万批次。三聚氰胺检测值全部符合国家管理限量值规定，未检出皮革水解蛋白、碱类物质等违禁添加物，全国生鲜乳质量安全水平比 2008 年以前有了大幅提高。

三、2011 年奶源基地建设及标准化奶牛场区建设情况

为改变散养局面，中国从 2008 年开始实施奶牛标准化规模养殖项目，每年安排 5 亿元，对存栏 300 头以上（2011 年以前补助标准为 200 头以上）的养殖场（小区）给予补贴，用于建设水电路、粪污处理、防疫、挤奶设施及饲草料基地等。存栏 300～499 头的养殖场（小区）补助 80 万

元；500～999 头的养殖场（小区）补助 130 万元；1 000 头以上的养殖场（小区）补助 170 万元。2011 年共补助奶牛养殖场（小区）528 个，2008—2011 年累计补贴 2 474 个奶牛场（小区），带动了全国奶牛标准化规模养殖水平的提高。

二、行业专题

2011年全国草原保护建设情况

2011年，全国草原保护建设成效显著。截至2011年底，全国草原承包面积达2.43亿公顷。全国草原围栏面积701.1万公顷，禁牧草原面积0.95亿公顷，推行草畜平衡面积1.44亿公顷。

一、实施草原生态保护补助奖励机制政策

2011年，中央安排136亿元财政资金在内蒙古、新疆、甘肃、青海、宁夏、西藏、云南、四川及新疆生产建设兵团实施草原生态保护补助奖励机制政策。按照目标、任务、责任、资金"四到省"和任务落实、补助发放、服务指导、监督管理、建档立卡"五到户"的基本原则，对牧民实行草原禁牧补助、草畜平衡奖励、牧民生产资料补贴等政策措施。截至2011年底，中央财政补奖资金已全部拨付到省，各地经过核查与村级公示等规定程序后正在陆续向牧户发放，享受到补奖政策的农牧民达到1 056.74万户。

二、实施草原保护建设工程

2011年，在内蒙古、四川、甘肃、宁夏、西藏、青海、新疆、贵州、云南及新疆生产建设兵团实施退牧还草工程，中央财政投入20亿元资金，建设草原围栏450.4万公顷，对严重退化草原实施补播145.9万公顷，建植人工饲草地4.7万公顷，建设舍饲棚圈6.2万户。在北京、内蒙古、山西、河北实施京津风沙源草地治理工程，中央投资2.56亿元资金，治理草原9.1万公顷，建设牲畜棚圈116万平方米，为农牧民配置饲草料加工机械8 330台套。在内蒙古、四川、西藏、云南、甘肃、青海、新疆及新疆生产建设兵团实施游牧民定居工程，中央投入17亿元资金，帮助6.8万户牧民实现定居。在湖北、湖南、广西、重庆、四川、云南、贵州实施岩溶地区石漠化综合治理试点工程，治理草原1.86万公顷，建设棚圈38.8万平方米，建设青贮窖9.6万立方米，配置饲草料机械4 010台套。

三、加强草原执法监督

2011年，全国各类草原违法案件发案17 245起，立案16 508起，立案率为95.7%；结案16 111起，结案率为97.6%；提起行政复议或行政诉讼的案件5起，移送司法机关处理的案件96起。全年草原违法案件共破坏草原12 117.1公顷，买卖或者非法流转草原4 842.3公顷。与上年相比，草原违法案件发案数减少3 217起，下降15.7%；立案数减少2 969起，立案率提高0.5个百分点；结案数减少3 011起，结案率下降0.6个百分点；破坏草原面积减少3 449.6公顷，下降22.2%。

四、强化草原防灾减灾

2011年，全国共发生草原火灾83起，其中一般草原火灾81起，较大草原火灾1起，重大草原火灾1起。受害草原面积为17 473.5公顷，无人员伤亡和牲畜损失。与上年相比，草原火灾次数减少26起，受害草原面积增加12 315.1公顷。与"十一五"时期的平均水平相比，火灾发生次数下降63.7%，受害草原面积下降11.4%。

2011年，全国草原鼠害危害面积为3 872.4万公顷，约占全国草原总面积的10%，与上年基本持平。草原鼠害主要发生在河北等13个省（区）和新疆生产建设兵团。其中，在青海、内蒙古、西藏、甘肃、新疆、四川等6省（区）危害面积合计3 480.1万公顷，占全国鼠害危害面积的89.9%。

2011年，全国草原虫害危害面积为1 765.8万公顷，占全国草原总面积的4.4%，危害面积较上年减少2.3%。草原虫害主要发生在河北等13个省（区）和新疆生产建设兵团。其中，内蒙古、新疆、青海、甘肃、四川、宁夏等6省（区）草原虫害危害面积合计为1 481.5万公顷，占全国草原虫害危害面积的83.9%。

五、草原植被恢复明显好转

2011年全国草原植被总体长势属偏好年份。全国天然草原鲜草总产量达100 248.26万吨，较上年增加2.68%；折合干草约31 322.01万吨，载畜能力约为24 619.93万羊单位，均较上年增加2.53%。全国23个重点省（区、市）鲜草总产量达93 043.29万吨，占全国总产量的92.81%，折合干草约29 105.10万吨，载畜能力约为22 877.38万羊单位。通过各项草原保护建设制度和工程项目的实施，草原植被恢复状况明显好转，草原生态效益逐步显现。监测结果表明，工程治理区比非工程区的草原植被盖度平均提高10个百分点，高度平均提高42.8%，鲜草产量平均提高49.9%，可食鲜草产量平均提高54.3%，全国草原综合植被盖度达51%。

六、人工种草情况

2011 年，全国累计人工种草面积 1 216.27 万公顷。内蒙古、甘肃、四川、新疆和黑龙江等省区为主要牧草种植省区。

2011 年，新增人工种草面积 605.8 万公顷，其中一年生牧草种植面积 460.53 万公顷，多年生牧草新增种植面积 140.47 万公顷。

多年生牧草种植的主要种类为紫花苜蓿、披碱草、柠条锦鸡儿、羊草、沙打旺和多年生黑麦草等，其中紫花苜蓿年末保留面积为 377.47 万公顷。种植紫花苜蓿的主要省区为甘肃、内蒙古、陕西、新疆和宁夏。

2011 年奶牛良种补贴项目总结

农业部奶业管理办公室　全国畜牧总站

为贯彻落实 2011 年中央 1 号文件精神，进一步推进我国奶牛品种改良工作，提高奶牛单产水平和养殖效益，促进奶业持续健康稳定发展，今年继续实施奶牛良种补贴项目。5 月，农业部与财政部联合下发了《农业部办公厅、财政部办公厅关于印发 2011 年畜牧良种补贴项目实施指导意见的通知》（农办财［2011］66 号）。根据文件要求，农业部奶业管理办公室会同财务司等有关单位，认真组织实施项目工作，加大监督检查力度，各项工作稳步推进。

一、基本情况

2011 年，奶牛良种补贴在全国范围实施，项目单位共计 38 个，包括 31 个省（区、市）、4 个计划单列市以及新疆生产建设兵团、黑龙江省农垦总局和广东省农垦总局。按照荷斯坦奶牛和娟珊牛每剂冻精补贴 15 元，其他品种每剂冻精补贴 10 元，每头奶牛 2 剂冻精（每头奶水牛 3 剂）的标准实行补贴，共投入资金 2.6 亿元，补贴冻精 1 855.5 万剂。补贴共覆盖能繁母牛 896 万头，其中对 756.5 万头荷斯坦奶牛（含娟姗牛）全部实施良种冻精补贴。在广西、云南等 9 省（区）补贴奶水牛 51.5 万头；在内蒙古、吉林省 8 省（区、兵团）补贴乳肉兼用西门塔尔牛 46 万头；另外还对新疆及新疆兵团的 32 万头褐牛、青海的 5 万头牦牛以及内蒙古的 5 万头三河牛实施了补贴。

从项目进展情况来看，截至 2011 年年底，除山西省和大连市正在积极组织冻精招标工作以外，其他 36 个项目省区市已经完成冻精招标采购工作。冻精发放和使用等工作正在有条不紊地推进。各项目单位采购本省种公牛站的荷斯坦奶牛冻精的比例均未超过总任务量的 50%。2011 年度完成补贴配种任务数量为 226.3 万头，完成比例为 26.2%。完成任务比例超过 50%的省份有江苏（100%）、甘肃（100%）、新疆兵团（100%）、海南（94%）、广西（91.5%）、深圳（81.4%）、浙江（70%）、四川（66.5%）和黑龙江农垦（65.7%）。

二、主要做法和经验

（一）加强组织领导和责任落实，推进项目顺利实施　奶业管理办公室会同财务司制定了《2011 年奶牛良种补贴项目实施方案》，要求地方根据实际情况细化项目实施方案，积极组织实施。各项目省区均成立由农牧业厅、财政厅等单位领导组成的领导小组和畜牧技术推广、生产等部门领导组成的项目实施小组以及业内知名专家组成的技术专家组，负责项目组织协调、监督管理、技术指导等工作。建立起农业、财政两个部门联合采购，专家统一把关选牛，招标公司组织竞争谈判的工作机制。为加强社会监督，确保项目实施公开、公平、公正，地方财政和畜牧部门还设立了监督举报电话，进一步提高了项目的透明度。

（二）强化监督检查，严格规范项目操作　为推进奶牛良种补贴项目实施，加强资金使用监管，今年畜牧业司会同财务司，继续采取业务部门与财务部门、内部审计部门联合行动的工作机制，联合下发了《关于开展 2010 年畜牧良种补贴项目执行情况与资金使用情况专项检查的通知》（农办牧［2011］32 号），部署各地开展全面自查，并组织 6 个督查组前往内蒙古、吉林、四川、江西、陕西、青海等 6 个项目省区开展现场督导检查。对检查中发现的重大问题进行了梳理核查，研究提出了整改措施和工作计划，并根据检查情况向有关单位下发了限期整改通知，有关情况已形成报告呈报部领导和部财务司。

（三）把好种公牛选择关，切实保障补贴冻精种源质量　一是严格挑选项目用种公牛。组织有关专家，制定科学的选择方案，对申报参加良种补贴项目的种公牛严格遴选，确保入选种公牛品质。将经过后裔测定的 407 头验证公牛推荐作为项目用牛，调动了各地种公牛站自主培育优质种公牛的积极性。二是开展种公牛冻精普检。在公布项目用种公牛之前，组织农业部质检中心，对每头牛的冻精质量进行检测，确保冻精质量过关。三是加强项目用冻精抽检力度。现场对各地项目实施中使用的补贴冻精进行抽检，2011 年度奶牛良种补贴冻精抽检合格率为 95.9%。

（四）加强项目制度建设和规范管理　一是建立良种补贴冻精发放和使用登记制度。各项目市县区安排专人负责，建立肉牛良种补贴冻精发放登记册和台账，严格冻精领取和发放，规范冻精入库、出库管理。冻精使用后附有养殖户签名或指印。二是实行冷配点认证和人工授精员持证上岗制度。对牛冷配点进行清理整顿和验收认证，依法取缔非法冷配点。并对所有人工授精员实行年检考核和健康检查，合格者核发上岗证书。三是实行“两费”分离制度，即人工授精服务费和冻精费分开收取。“两费”分离后，养殖户能够充分了解国家补贴政策、补贴标准、补贴冻精的质量、价格等，保障项目实施真正落到实处。

（五）深入开展技术培训和政策宣传，加大项目推广力度

畜牧业司、奶业管理办公室和全国畜牧总站于6月、8月在合肥、新疆两省区举办了良种补贴项目管理与技术培训班，普及奶牛人工授精、选种选育、耳标编号、系谱档案管理等基础技术知识，对300余名技术和管理人员进行了培训。各项目省区均举办了管理与技术培训班，通过培训提高项目管理、技术人员和人工授精员对项目实施的目的、运作程序、具体要求的认识，为项目顺利实施奠定了基础。此外，各项目省市县也组织开展了形式多样的宣传活动，充分利用广播、电视、报纸等传媒和发放宣传单、印发宣传图片等多种形式，广泛宣传项目实施的意义、内容、补贴标准、运行方式等，做到让广大农牧民家喻户晓项目政策，并积极参与项目实施。

三、实施效果

在各级财政部门的大力支持下，各级畜牧兽医主管部门的共同努力下，奶牛良种补贴项目从四省试点逐步扩大到全国覆盖，补贴范围不断扩大，补贴资金持续增加，迄今已经连续实施了7年，在提升生产水平、富民增收、推进良种繁育体系建设等方面取得了明显的效果。

（一）奶牛良种化水平显著提高 奶牛良种补贴项目的实施，增强了农民的良种意识，有效提升了奶牛生产水平和生产效率，全国奶牛良种覆盖率由项目实施前的不足30%提高到目前的50%以上，荷斯坦奶牛达到100%。七年来，奶牛良种补贴项目带动全国累计改良奶牛4 280.5万头（次），成年母牛平均单产水平提高约10%。据青海省农业厅与国家统计局青海农调队、省统计局联合抽样调查显示，青海省奶牛能繁母牛头均产奶量达到3 660千克，比2005年提高1 770千克，增长93.7%。

（二）农民收入持续稳定增加 良种补贴项目的启动实施，一是减少了奶牛人工授精配种的成本支出，七年来中央财政共安排奶牛良种补贴资金12.35亿元，全国300多万户奶农直接受益。二是通过选用优质精液配种提高了奶牛的生产水平，通过技术培训提高了养殖场户的饲养管理水平，生产效率的提高增加了奶牛的养殖效益。据测算，头均奶牛提高净收益达千元以上。

（三）奶牛良种繁育体系进一步完善 奶牛良种补贴项目的实施，加强了种公牛站、冷配站（点）基础设施建设和管理，规范了奶牛系谱和档案管理，提升了自主培育种公牛的能力，推进了基层畜牧技术支撑队伍建设，进一步健全了人工授精服务网络。随着项目的深入实施，广大养殖场户对优质奶牛冻精的需求越来越高，这也在一定程度上刺激了奶牛良种登记和性能测定工作的开展。

（四）畜牧部门的社会地位大幅提升 项目实施过程中，中央和地方各级畜牧部门全程参与，开展全方位地规划和技术指导，实施防疫条件审核，实施项目验收和实施效果评价，在广大农民群众中，既树立了服务人民的良好部门形象，也树立了能干实事的行业权威形象，畜牧部门的社会地位和社会影响力得到了大幅提升。

四、存在的主要问题

（一）部分地方资金结算管理不规范 部分地方在未全部接收补贴冻精的情况下，已将补贴资金全部拨付供精单位，违反了补贴资金使用管理办法的规定。

（二）项目实施进展滞后 奶牛良种补贴项目操作环节较多，2011年补贴资金下达较晚，全国项目实施进度普遍滞后，至年底个别省市还未完成冻精招标采购工作，肯定会影响全年工作进度。

（三）补贴工作配套经费不足 不少项目单位反映项目县（市）财政资金紧张，在配种站点基础设施建设、建档立卡、佩戴耳标、精液采购与运输、宣传、培训等配套服务工作等方面存在资金缺口，在一定程度上影响了畜牧良种补贴项目效应的发挥。

五、下一步措施及建议

（一）加强资金结算规范管理 督促各项目单位严格按照《奶牛良种补贴资金管理暂行办法》（财农［2007］164号）、农财两部办公厅关于印发《2011年畜牧良种补贴项目实施指导意见》的通知（农办财［2011］66号）要求，严格执行项目资金结算程序，完善资金结算手续。对于提前拨付补贴资金的单位要对项目实际执行情况进行有效监督。

（二）加快推进项目实施 督促未完成冻精招标采购任务的项目单位，务必采取有力措施，加大工作力度，尽快完成招标采购任务。通过实地督导等方式，进一步加大工作力度，加快项目实施进度。下一步争取国家补贴资金尽早下达，保障奶牛配种工作顺利进行。

（三）督促各地积极争取配套工作经费 2011年畜牧良种补贴项目实施指导意见中已经明确提出要求各地配备必要的工作经费，但不少地方还未解决这个问题。下一步在培训、宣传等方面还要加大力度，要求地方财政列支项目配套工作经费，以促进改良工作用的设施设备配备、建档立卡等基础工作的开展和完善。

2011年全国种公牛站生产情况

一、基本情况

截至2011年底，全国共有43个种公牛站获得《种畜禽生产经营许可证》，其中完成体制改革工作的种公牛站达40个。

（一）人员构成 全国种公牛站从业人员共1 532人，其中技术人员882人，具有大专以上学历的765人，占技术人员总数的86.7%，比2010年高出2个百分点。技术人员中有201人具有高级职称，306人具有中级职称，279人具有初级职称。冻精产品质量检验员114人，执业兽医72人。

（二）种公牛情况 共存栏种公牛3 944头，涉及26个品种。采精种公牛存栏2 908头。其中荷斯坦奶牛1 384头，娟姗牛18头，乳肉兼用西门塔尔牛168头，褐牛35头，牦牛20头，奶水牛157头，三河牛30头；肉用西门塔尔牛584头，夏洛来牛176头，利木赞73头，南德温牛67头，安格斯牛48头，德国黄牛24头，其他肉用品种种公牛124头。

后备种公牛存栏1 064头。其中荷斯坦奶牛464头，娟姗牛18头，乳肉兼用西门塔尔牛56头，褐牛9头，牦牛23头，奶水牛39头，三河牛18头；肉用西门塔尔牛216头，夏洛来牛61头，南德温牛27头，利木赞牛20头，德国黄牛14头，其他肉用品种后备种公牛99头。

（三）冻精生产与推广 2011年生产冻精5 336万剂，头均生产冻精1.85万剂。其中荷斯坦奶牛生产冻精2 792万剂，占冻精生产总量的52.3%，头均年产冻精2.02万剂；肉用西门塔尔牛生产1 243万剂，占23.3 %；夏洛来牛339万剂，占6.4%；乳用西门塔尔牛生产266万剂，占5%；利木赞148万剂，占2.8%；水牛157万剂，占2.9%；褐牛53.6万剂，占1%；其他品种牛生产冻精337.4万剂，占6.3 %。

推广销售冻精4 150.55万剂，占生产总量的77.8%。其中荷斯坦奶牛1 864万剂，占销售总量的44.9%，较2010年降低近9个百分点；肉用西门塔尔牛冻精1 236万剂，占29.8%，较2010年增加了9个百分点；夏洛来牛254万剂，占6.1%；乳用西门塔尔牛冻精171.9万剂，占4.1%；水牛193.8万剂，占4.7%；利木赞牛冻精101万剂，占2.4%；推广销售其他品种牛冻精329.8万剂，占7.9%。

二、取得的成绩

（一）牛冷冻精液生产销售均创新纪录 2011年，全国种公牛站存栏采精公牛2 880头，生产牛冷冻精液5 336万剂，推广4 151万剂，分别比2010年分别提高5%、11.2%和10.1%，均再创历史最好水平。

（二）种公牛质量稳步提高 在选择2011年良种补贴荷斯坦种公牛时，验证牛数量达407头，占入选荷斯坦奶牛总量的53.5%，首次突破50%的比例；肉用种公牛首次采用了中国肉牛选择指数（CBI），将日增重等指标纳入选择指数，使肉牛种公牛选择更加科学规范，质量进一步提高。

（三）生产性能测定工作不断深入 2011年奶牛生产性能测定中，参测牛已达43.3万头。北方后测联盟等区域性组织开始在后裔测定工作中崭露头角。肉用种公牛生产性能测定工作有序开展，截至2011年底，全国36个公牛站已经报送2 028头种公牛测定数据3万余条，肉用种公牛全部参加了测定。

三、工作建议

（一）严把冻精质量关 在2011年农业部组织的种畜禽质量安全监督检验精液质量抽查中，有8个站的21头种公牛冷冻精液质量不合格，抽检合格率为95.9%，较2010年下降了1.5个百分点。个别种公牛站对冷冻精液质量工作重视不够，没有设置专门的质量检测室或检测室形同虚设，在人员安排、设备配备、制度建设、责任落实等方面不到位。各种公牛站要高度重视牛冷冻精液质量工作，采取积极有效措施，切实提高冻精质量。

（二）认真开展性能测定工作 在奶牛生产性能测定方面，存在测定工作不连续，数据准确性和有效数据比例偏低，测定报告的解读和利用率不高等问题。在肉牛生产性能测定工作中存在测定数据报送不及时，数据填写不认真、不规范，生长记录不全，系谱不完整等问题，各种公牛站要进一步稳定测定技术队伍，加强对测定人员的技术培训，不断提高生产性能测定工作水平。

（三）加强与各方面的沟通合作 种公牛站既是育种单位，又是供种单位，只有加强与各方面的沟通协调工作，处理好各方面的关系，才能使育种生产，推广等各项工作顺利开展。要按照农业部畜牧业司[2012]第140号函的要求，加强与奶牛场、生产性能测定中心、中国奶业协会、全国畜牧总站、行政主管部门的沟通配合，切实承担起种公牛后裔测定工作。在肉用种公牛选育方面，要加强与种牛场的联系沟通，提前签订种公牛购买合同，与种牛场共同承担小公牛早期培育和生产性能测定的职责，确保青年公牛早期正常生长发育和各项生产性能按要求测定，使种公牛培育工作走上正轨。

中国荷斯坦青年公牛全国联合后裔测定概况

一、后裔测定组织形式

中国荷斯坦青年公牛全国联合后裔测定工作开始于1983年，经过20多年的发展，为我国培育了许多优秀验证公牛。为了进一步加快我国独立自主培育中国荷斯坦优秀种公牛的进程及规范，全国联合后以测定操作流程，中国奶业协会根据我国奶业发展的需要，于2007年制定并发布了《中国荷斯坦青年公牛联合后裔测定规程》（以下简称《规程》）。《规程》规定，全国青年公牛联合后裔测定工作，是在农业部畜牧行政主管部门领导下，由中国奶业协会育种专业委员会负责组织相关单位实施。具体要求为：各地奶牛育种和推广机构负责后裔测定公牛冻精的分发及相关数据的收集；并要求参加联合后裔测定的公牛站必须持有农业部核发的“种畜禽生产经营许可证”；后裔测定牛场须通过中国奶业协会育种专业委员会认定；中国奶业协会育种专业委员会负责全国后测数据的收集汇总，经遗传评定后，将公牛后裔成绩报送农业部行政主管部门，并有计划地向全国公布。

二、参测牛场及公牛情况

目前全国范围内共有认定的后裔测定牛场147个，分布于12个奶业重点省份（表2-1）：

表2-1 后测奶牛场分布情况

序号	省份	场数	序号	省份	场数
1	北京	20	7	宁夏	7
2	广东	1	8	山东	20
3	河北	12	9	山西	6
4	河南	7	10	上海	22
5	黑龙江	20	11	天津	11
6	内蒙古	19	12	新疆	2

截至2011年11月第46批后裔测定，全国累计参加测定的公牛已经达到1 466头，经统计，有34个公牛站参加过测定，后测冻精发放范围分布在25个省（市、自治区），平均每年分配到14个省（市、自治区），其中2006年参测公牛最多达到170头，历次后裔测定公牛数量及各公牛站累计参测牛头数见表2-2、表2-3。

表2-2 历次后裔测定公牛数量

批次	牛数	批次	牛数	批次	牛数
1	3	17	32	32	60
2	6	18	9	33	62
3	27	19	20	34	71
4	16	20	5	35	97
5	12	21	15	36	74
6	13	22	15	37	41
7	7	23	2	38	20
8	13	24	15	39	63
9	9	25	20	40	60
10	11	26	26	41	96
11	6	27	15	42	85
12	13	28	14	43	59
13	16	29	34	44	64
14	18	30	33	45	96
15	5	31	43	46	58
16	13				

表 2-3　部分公牛站青年公牛参测情况

站号	公牛站	总数
111	北京奶牛中心	201
121	天津市奶牛发展中心	57
131	河北省畜牧良种工作站	65
132	秦皇岛全农精牛繁育有限公司	58
133	亚达艾格威（唐山）畜牧有限公司	23
141	山西省家畜冷冻精液中心	24
151	内蒙古天和荷斯坦牧业有限公司	43
153	海拉尔市农牧场管理局家畜繁育指导站	4
211	辽宁省牧经种牛繁育中心有限公司	25
231	黑龙江省博瑞遗传有限公司	165
232	大庆市银螺乳业有限公司种公牛站	38
311	上海奶牛育种中心有限公司	215
322	江苏省奶牛育种中心	50
341	安徽省畜禽遗传资源保护中心	3
343	安徽精英种畜有限公司	22
361	江西省种公牛站	19
371	山东省种公牛站有限责任公司	9
372	山东曹县中大种公牛站	2
373	山东奥克斯生物技术有限公司	62
374	山东盛能奶牛胚胎工程有限公司	11
411	河南省鼎元种牛育种有限公司	32
413	南阳昌盛牛业有限公司	2
414	河南省洛阳市白马寺种公牛站	21
421	武汉兴牧生物科技有限公司	3
441	广州市奶牛研究所有限公司	15
511	成都汇丰动物育种有限公司	8
531	云南省家畜冷冻精液站	18
532	大理白族自治州家畜繁育指导站	25
551	重庆市种公牛站	4
611	陕西秦申金牛育种有限公司	14
612	西安光明荷斯坦奶牛育种有限公司	74
631	青海省家畜改良中心	7
641	宁夏四正生物工程技术研究中心	27
651	天山畜牧昌吉生物工程有限责任公司	76

2011年畜牧良种补贴项目种公牛站及种公牛入选条件

一、乳用种公牛站和种公牛入选条件

（一）种公牛站持有农业部颁发的《种畜禽生产经营许可证》。

（二）种公牛需符合下列条件

1. 三代系谱清楚，外貌等级为特级或一级，冻精产品质量检验合格。

2. 荷斯坦种公牛的中国奶牛性能指数（CPI）为正值且生产性状育种值可靠性大于50%，体型性状育种值可靠性大于40%，或2005年1月1日以后出生且总性能系谱指数（TPPI）大于1 180；如不在群，其CPI需为正值，生产性状育种值可靠性大于50%，体型性状育种值可靠性大于40%，原外貌评定特、一级，精液品质检测合格，且库存冻精1万剂以上。

3. 乳肉兼用西门塔尔牛种公牛，母亲具有至少一个胎次的产奶记录，且年产奶量在5 500千克以上。

二、肉用种公牛站和种公牛入选条件

（一）种公牛站持有农业部颁发的《种畜禽生产经营许可证》，并按照国务院31号文件精神改制为自主经营、自负盈亏的企业。

（二）三代系谱清楚；引进品种和培育品种种公牛外貌评定为特级，中国肉牛选择指数（CBI）正值以上；地方品种种公牛外貌评定为特、一级；精液品质检测合格。

附：

2011年荷斯坦种公牛选择方法说明

一、中国奶牛性能指数CPI（China Performance Index）

（一）计算公式

1. CPI1（适用于既有女儿生产性能又有女儿体型鉴定结果的国内后裔测定验证公牛） 生产性状包括产奶量、乳脂率、乳蛋白率和体细胞评分，体型性状包括体型总分、乳房和肢蹄等。其中生产性状的可靠性大于50%，体型性状的可靠性大于40%。

计算公式如下：

$$CPI1=20\times\left[30\times\frac{Milk}{459}+15\times\frac{Fatpct}{0.16}+25\times\frac{Propct}{0.08}+5\times\frac{Type}{5}+10\times\frac{MS}{5}+5\times\frac{FL}{5}-10\times\frac{SCS-3}{0.46}\right]$$

2. CPI2（适用于仅有女儿生产性能的国内后裔测定验证公牛） 生产性状包括产奶量、乳脂率、乳蛋白率和体细胞评分，可靠性大于50%。

计算公式如下：

$$CPI2=20\times\left[30\times\frac{Milk}{459}+15\times\frac{Fatpct}{0.16}+25\times\frac{Propct}{0.08}-10\times\frac{SCS-3}{0.46}\right]$$

3. CPI3（适用于国外引进的有后裔测定成绩的验证公牛）

$$CPI3=20\times\left[30\times\frac{Milk}{800}+10\times\frac{Fatpct}{0.3}+20\times\frac{Propct}{0.12}+5\times\frac{Type}{5}+15\times\frac{MS}{5}+10\times\frac{FL}{5}-10\times\frac{SCS-3}{0.46}\right]$$

（二）国内验证种公牛育种值计算数据筛选标准（表2-4）

表2-4

项　目	育种值估计条件
胎次	1、2、3胎
泌乳天数（天）	5～305
测定间隔（天）	≤70
1胎月龄（月）	22～38
2胎月龄（月）	34～50
3胎月龄（月）	46～63
记录条数（条）	≥3
产奶量（kg）	5～80
乳脂率（%）	1.4～6.2
乳蛋白率（%）	2.0～5.0
体细胞数（1 000/mL）	0～6 000
首次测定日（天）	≤90
女儿群体数	≥3
其他	父亲编号为全国统一8位编号，参测母牛系谱要求齐全，编号唯一，出生日期、分娩日期和测定日期记录完整。

（三）各性状育种值代表符号及标准差（表2-5）

表2-5

性状	各性状育种值代表符号	国内验证公牛标准差	国外验证公牛标准差
产奶量	*Milk*	459	800
乳脂率	*Fatpct*	0.16	0.3
乳蛋白率	*Propct*	0.08	0.12
体型总分	*Type*	5	5
泌乳系统	*MS*	5	5
肢 蹄	*FL*	5	5
体细胞评分	*SCS*	0.16	0.46

（四）数据检索方式 公牛育种值数据及其女儿生产性能测定数据可到中国奶业协会奶牛数据处理中心网站中的2011年奶牛良种补贴模块检索，网址：www.holstein.org.cn。

二、总性能系谱指数TPPI（Total Performance Pedigree Index）

用乳脂量和乳蛋白量代替产奶量、乳脂率和乳蛋白率，增加体型总分、长寿性和繁殖力性状育种值。使用的性状包括父亲和外祖父的乳脂量、乳蛋白量、体型总分、乳房、肢蹄、长寿性、繁殖力和体细胞评分等性状。

（一）计算公式

$$TPPI = 100 + 20 \times 0.5 \times [20 \times \frac{F\_Fat - 6}{31} + 40 \times \frac{F\_Pro - 9}{25} + 5 \times \frac{F\_Type}{5} + 15 \times \frac{F\_MS}{5} + 5 \times \frac{F\_FL}{5} + 5 \times \frac{F\_HL - 100}{5} + 5 \times \frac{F\_DF - 100}{5} - 5 \times \frac{F\_SCS - 3}{0.46}] + 20 \times 0.25 \times [20 \times \frac{G\_Fat - 6}{31} + 40 \times \frac{G\_Pro - 9}{25} + 5 \times \frac{G\_Type}{5} + 15 \times \frac{G\_MS}{5} + 5 \times \frac{G\_FL}{5} + 5 \times \frac{G\_HL - 100}{5} + 5 \times \frac{G\_DF - 100}{5} - 5 \times \frac{G\_SCS - 3}{0.46}]$$

（二）TPPI计算公式中各符号含义（表2-6）

表2-6

性　状	公牛父亲各性状育种值代表符号	公牛外祖父各性状育种值代表符号
乳脂量	*F_Fat*	*G_Fat*
乳蛋白量	*F_Pro*	*G_Pro*
体型总分	*F_Type*	*G_Type*
泌乳系统	*F_MS*	*G_MS*
肢蹄	*F_FL*	*G_FL*
长寿性	*F_HL*	*G_HL*
繁殖力	*F_DF*	*G_DF*
体细胞评分	*F_SCS*	*G_SCS*

（三）数据来源 总性能系谱指数计算所需公牛系谱由各公牛站提供。公牛父亲和外祖父各项育种值，采用国际公牛组织（INTERBULL）2011年4月发布的数据。

（四）数据检索方式 全世界验证公牛育种值数据可到中国奶业协会奶牛数据处理中心网站（www.holstein.org.cn）或加拿大奶业网（www.cdn.ca）查询。

2011年畜牧良种补贴项目入选种公牛站及种公牛数量汇总表

表2-7

编号	单位	荷斯坦牛				娟姗牛	乳肉兼用西门塔尔	奶水牛	褐牛	牦牛	三河牛	肉用西门塔尔	夏洛来	南德温牛	利木赞	德国黄牛	安格斯	皮埃蒙特牛	金黄阿奎登	短角牛	婆罗门牛	延黄牛	辽育白牛	夏南牛	秦川牛	南阳牛	鲁西牛	延边牛	小计
		CPI1	CPI2	CPI3	TPPI																								
111	北京奶牛中心	41	15	15	28	4	9		4			9	4		3		1												133
121	天津市奶牛发展中心	9	14		14																								37
131	河北品元畜禽育种有限公司	2	19		31							11	7		8														78
132	秦皇岛全农精牛繁育有限公司	2	20									2																	24
133	亚达艾格威（唐山）畜牧有限公司				14																								14
141	山西鑫源良种繁育有限公司		16	8	4		1					3	4																36
151	内蒙古天和荷斯坦牧业有限公司	16	7		13							4																	40
152	通辽京缘种牛繁育有限责任公司						20					34																	54
153	海拉尔市农牧场管理局家畜繁育指导站										28																		28
154	赤峰赛奥牧业技术服务有限公司											24	4																28
155	内蒙古赛科星繁育生物技术股份有限公司			43		1																							44
211	辽宁省牧经种牛繁育中心有限公司			1	3		1					4	20										1						30
221	长春新牧科技有限公司											42	4																46
223	延边畜牧开发总公司延边种公牛站											4	3		3	1						9						12	32
224	四平市兴牛牧业服务有限公司											19	2																21
231	黑龙江省博瑞遗传有限公司	16	1	2	47		3					42	7																118
311	上海奶牛育种中心有限公司	31	8		28																								67
312	上海市肉牛育种中心有限公司													52															52
322	南京利农奶牛育种有限公司		5	4	4																								13
341	安徽天达畜牧科技有限责任公司							2				10					8												20

（续）

编号	单位	荷斯坦牛				娟姗牛	乳肉兼用西门塔尔	奶水牛	褐牛	牦牛	三河牛	肉用西门塔尔	夏洛来	南德温牛	利木赞	德国黄牛	安格斯	皮埃蒙特牛	金黄阿奎登	短角牛	婆罗门牛	延黄牛	辽育白牛	夏南牛	秦川牛	南阳牛	鲁西牛	延边牛	小计
		CPI1	CPI2	CPI3	TPPI																								
343	安徽精英种畜有限公司		2		22																								24
361	江西天添畜禽育种有限公司	1					5	6				8	2																22
371	山东省种公牛站有限责任公司						23					8															4		35
373	山东奥克斯生物技术有限公司	3	27		24																								54
374	山东盛能奶牛胚胎工程有限公司		2		8																								10
411	河南省鼎元种牛育种有限公司		17	2	29		18					21	16		10	3	6	1	1										124
412	许昌市夏昌种畜禽有限公司												15											6					21
413	南阳昌盛牛业有限公司				3		2					2	4		3	13		1								4			32
414	洛阳市洛瑞牧业有限公司			7	7		5					35	20		13		2												89
421	武汉兴牧生物科技有限公司							19				10	2																31
431	湖南光大牧业科技有限公司		1					6				8			2		4												21
441	广州市奶牛研究所有限公司	1	4		3	5		1				1																	15
451	广西壮族自治区畜禽品种改良站							67																					67
511	成都汇丰动物育种公司				4	1	6					21																	32
531	云南恒翔家畜良种科技有限公司		1		2			23				9					1			4	2								42
532	大理白族自治州家畜繁育指导站		1		1			20				5																	27
611	陕西秦申金牛育种有限公司	5	2									1													8				16
621	甘肃省家畜繁育中心						9																						9
631	青海省家畜改良中心		1		4		6			22																			33
641	宁夏四正生物工程技术研究中心		5	2	20							16	3		5														51
651	新疆天山畜牧生物工程股份有限公司	9	17		30		30		62			11	5				4												168
	合计	136	185	84	343	11	138	144	66	22	28	364	122	52	47	17	26	2	1	4	2	9	1	6	8	4	4	12	1838

附：

2011年畜牧良种补贴项目乳用种公牛名单

表2-8 荷斯坦种公牛名单（CPI1）

序号	种公牛站	个体号	CPI1	外貌等级	冻精质量
1	北京奶牛中心	11101916	2162	特级	合格
2	北京奶牛中心	11102912	2123	特级	合格
3	北京奶牛中心	11101929	1807	特级	合格
4	北京奶牛中心	11102687	1672	特级	合格
5	北京奶牛中心	*11102910	1647	特级	合格
6	北京奶牛中心	*11102018	1598	一级	合格
7	北京奶牛中心	*11195020	1584	特级	合格
8	北京奶牛中心	11102008	1489	特级	合格
9	北京奶牛中心	11101917	1439	特级	合格
10	北京奶牛中心	11101902	1343	特级	合格
11	北京奶牛中心	11101906	1343	特级	合格
12	北京奶牛中心	11101922	1244	特级	合格
13	北京奶牛中心	11104701	1113	特级	合格
14	北京奶牛中心	*11199000	735	特级	合格
15	北京奶牛中心	11104070	712	特级	合格
16	北京奶牛中心	11199095	676	特级	合格
17	北京奶牛中心	*11101927	632	特级	合格
18	北京奶牛中心	11104903	610	特级	合格
19	北京奶牛中心	11102921	580	特级	合格
20	北京奶牛中心	11104114	572	特级	合格
21	北京奶牛中心	11199821	453	特级	合格
22	北京奶牛中心	11102129	397	特级	合格
23	北京奶牛中心	11104710	386	特级	合格
24	北京奶牛中心	11103543	380	特级	合格
25	北京奶牛中心	*11197314	364	一级	合格
26	北京奶牛中心	11102019	323	特级	合格
27	北京奶牛中心	*11198391	287	特级	合格
28	北京奶牛中心	11100829	282	特级	合格
29	北京奶牛中心	11101915	245	特级	合格
30	北京奶牛中心	*11102017	238	特级	合格
31	北京奶牛中心	*11196018	220	特级	合格
32	北京奶牛中心	*11198381	213	特级	合格
33	北京奶牛中心	*11103561	193	特级	合格
34	北京奶牛中心	11100260	113	特级	合格
35	北京奶牛中心	*11101682	107	特级	合格
36	北京奶牛中心	11101680	104	特级	合格

（续）

序号	种公牛站	个体号	CPI1	外貌等级	冻精质量
37	北京奶牛中心	11102390	75	特级	合格
38	北京奶牛中心	11102396	46	特级	合格
39	北京奶牛中心	*11197351	41	特级	合格
40	北京奶牛中心	11104123	40	特级	合格
41	北京奶牛中心	11102925	35	特级	合格
42	天津市奶牛发展中心	12100554	1519	一级	合格
43	天津市奶牛发展中心	12104189	1471	特级	合格
44	天津市奶牛发展中心	*12102128	1071	特级	合格
45	天津市奶牛发展中心	12103163	657	特级	合格
46	天津市奶牛发展中心	*12101148	651	特级	合格
47	天津市奶牛发展中心	*12103175	458	特级	合格
48	天津市奶牛发展中心	12101131	433	特级	合格
49	天津市奶牛发展中心	*12196004	406	特级	合格
50	天津市奶牛发展中心	12102144	311	一级	合格
51	河北品元畜禽育种有限公司	13103025	83	特级	合格
52	河北品元畜禽育种有限公司	13104149	54	特级	合格
53	秦皇岛全农精牛繁育有限公司	13203026	610	一级	合格
54	秦皇岛全农精牛繁育有限公司	*13203023	171	一级	合格
55	内蒙古天和荷斯坦牧业有限公司	15104184	2111	特级	合格
56	内蒙古天和荷斯坦牧业有限公司	15104448	1194	特级	合格
57	内蒙古天和荷斯坦牧业有限公司	15104432	1060	一级	合格
58	内蒙古天和荷斯坦牧业有限公司	15104176	962	一级	合格
59	内蒙古天和荷斯坦牧业有限公司	15104466	959	特级	合格
60	内蒙古天和荷斯坦牧业有限公司	15104429	784	一级	合格
61	内蒙古天和荷斯坦牧业有限公司	15103416	769	特级	合格
62	内蒙古天和荷斯坦牧业有限公司	15104426	667	一级	合格
63	内蒙古天和荷斯坦牧业有限公司	*15197549	615	特级	合格
64	内蒙古天和荷斯坦牧业有限公司	15104458	607	一级	合格
65	内蒙古天和荷斯坦牧业有限公司	15104492	365	特级	合格
66	内蒙古天和荷斯坦牧业有限公司	*15103408	211	特级	合格
67	内蒙古天和荷斯坦牧业有限公司	15104150	171	特级	合格
68	内蒙古天和荷斯坦牧业有限公司	15103195	78	特级	合格
69	内蒙古天和荷斯坦牧业有限公司	15103407	35	特级	合格
70	内蒙古天和荷斯坦牧业有限公司	15103197	6	特级	合格
71	黑龙江省博瑞遗传有限公司	23105297	2131	特级	合格
72	黑龙江省博瑞遗传有限公司	23103239	2110	特级	合格
73	黑龙江省博瑞遗传有限公司	23105292	2079	特级	合格
74	黑龙江省博瑞遗传有限公司	23103247	2046	特级	合格
75	黑龙江省博瑞遗传有限公司	23103228	1946	一级	合格
76	黑龙江省博瑞遗传有限公司	23103238	1822	特级	合格

（续）

序号	种公牛站	个体号	CPI1	外貌等级	冻精质量
77	黑龙江省博瑞遗传有限公司	23104271	1690	特级	合格
78	黑龙江省博瑞遗传有限公司	23103236	1492	特级	合格
79	黑龙江省博瑞遗传有限公司	23105296	1429	一级	合格
80	黑龙江省博瑞遗传有限公司	23103229	1324	特级	合格
81	黑龙江省博瑞遗传有限公司	23103227	1076	一级	合格
82	黑龙江省博瑞遗传有限公司	23104272	691	特级	合格
83	黑龙江省博瑞遗传有限公司	23105294	529	特级	合格
84	黑龙江省博瑞遗传有限公司	23103232	428	一级	合格
85	黑龙江省博瑞遗传有限公司	23104263	301	特级	合格
86	黑龙江省博瑞遗传有限公司	23103250	93	一级	合格
87	上海奶牛育种中心有限公司	31104163	2244	特级	合格
88	上海奶牛育种中心有限公司	31104444	2020	特级	合格
89	上海奶牛育种中心有限公司	31104493	2011	特级	合格
90	上海奶牛育种中心有限公司	31103406	1792	一级	合格
91	上海奶牛育种中心有限公司	31104485	1734	特级	合格
92	上海奶牛育种中心有限公司	31104446	1623	特级	合格
93	上海奶牛育种中心有限公司	31102004	1583	特级	合格
94	上海奶牛育种中心有限公司	31104483	1469	特级	合格
95	上海奶牛育种中心有限公司	31104164	1337	特级	合格
96	上海奶牛育种中心有限公司	31104169	1286	特级	合格
97	上海奶牛育种中心有限公司	31104482	1151	一级	合格
98	上海奶牛育种中心有限公司	*31101005	1128	一级	合格
99	上海奶牛育种中心有限公司	31104179	1114	特级	合格
100	上海奶牛育种中心有限公司	*31103418	1076	特级	合格
101	上海奶牛育种中心有限公司	*31102198	1029	一级	合格
102	上海奶牛育种中心有限公司	31102005	1002	特级	合格
103	上海奶牛育种中心有限公司	31101008	965	特级	合格
104	上海奶牛育种中心有限公司	31101012	954	特级	合格
105	上海奶牛育种中心有限公司	31104161	883	特级	合格
106	上海奶牛育种中心有限公司	31104165	803	一级	合格
107	上海奶牛育种中心有限公司	31104708	727	特级	合格
108	上海奶牛育种中心有限公司	31103404	629	特级	合格
109	上海奶牛育种中心有限公司	31104180	561	特级	合格
110	上海奶牛育种中心有限公司	31104464	539	特级	合格
111	上海奶牛育种中心有限公司	31104433	292	一级	合格
112	上海奶牛育种中心有限公司	31103196	228	特级	合格
113	上海奶牛育种中心有限公司	31104705	201	特级	合格
114	上海奶牛育种中心有限公司	31101002	191	特级	合格
115	上海奶牛育种中心有限公司	31103409	189	特级	合格
116	上海奶牛育种中心有限公司	*31104154	66	特级	合格

（续）

序号	种公牛站	个体号	CPI1	外貌等级	冻精质量
117	上海奶牛育种中心有限公司	31104447	48	特级	合格
118	江西省天添畜禽育种有限公司	36100253	559	一级	合格
119	山东奥克斯生物技术有限公司	37304003	672	特级	合格
120	山东奥克斯生物技术有限公司	37398001	194	特级	合格
121	山东奥克斯生物技术有限公司	37304008	67	特级	合格
122	广州市奶牛研究所有限公司	44102027	1587	特级	合格
123	陕西秦申金牛育种有限公司	61104441	1700	一级	合格
124	陕西秦申金牛育种有限公司	61104487	1425	特级	合格
125	陕西秦申金牛育种有限公司	61104430	1187	特级	合格
126	陕西秦申金牛育种有限公司	61104449	1183	特级	合格
127	陕西秦申金牛育种有限公司	61104484	94	特级	合格
128	新疆天山畜牧生物工程股份有限公司	65105006	1393	特级	合格
129	新疆天山畜牧生物工程股份有限公司	65102967	691	特级	合格
130	新疆天山畜牧生物工程股份有限公司	65102429	685	特级	合格
131	新疆天山畜牧生物工程股份有限公司	65104071	664	特级	合格
132	新疆天山畜牧生物工程股份有限公司	65105004	626	特级	合格
133	新疆天山畜牧生物工程股份有限公司	65104063	542	特级	合格
134	新疆天山畜牧生物工程股份有限公司	65105002	396	特级	合格
135	新疆天山畜牧生物工程股份有限公司	65105003	388	特级	合格
136	新疆天山畜牧生物工程股份有限公司	65104067	241	特级	合格

注：*为不在群验证牛

表 2-9　荷斯坦种公牛名单（CPI2）

序号	种公牛站	个体号	CPI2	外貌等级	冻精质量
1	北京奶牛中心	11104737	2175	特级	合格
2	北京奶牛中心	11101246	1328	特级	合格
3	北京奶牛中心	11102691	1208	特级	合格
4	北京奶牛中心	11104849	717	特级	合格
5	北京奶牛中心	11105011	650	特级	合格
6	北京奶牛中心	11104110	644	特级	合格
7	北京奶牛中心	11105007	490	特级	合格
8	北京奶牛中心	11102716	348	特级	合格
9	北京奶牛中心	11103838	202	特级	合格
10	北京奶牛中心	11103828	116	特级	合格
11	北京奶牛中心	11101938	107	特级	合格
12	北京奶牛中心	*11197024	97	特级	合格
13	北京奶牛中心	11104103	82	特级	合格
14	北京奶牛中心	11105013	68	特级	合格
15	北京奶牛中心	11104113	54	特级	合格
16	天津市奶牛发展中心	*12104199	978	一级	合格

（续）

序号	种公牛站	个体号	CPI2	外貌等级	冻精质量
17	天津市奶牛发展中心	* 12100123	822	特级	合格
18	天津市奶牛发展中心	* 12100124	821	特级	合格
19	天津市奶牛发展中心	* 12102136	675	一级	合格
20	天津市奶牛发展中心	12102150	524	特级	合格
21	天津市奶牛发展中心	12105210	331	特级	合格
22	天津市奶牛发展中心	* 12103154	286	特级	合格
23	天津市奶牛发展中心	12104190	231	特级	合格
24	天津市奶牛发展中心	12104180	132	特级	合格
25	天津市奶牛发展中心	12105215	99	特级	合格
26	天津市奶牛发展中心	12100125	73	特级	合格
27	天津市奶牛发展中心	12104181	12	特级	合格
28	天津市奶牛发展中心	12101059	12	特级	合格
29	天津市奶牛发展中心	12104188	2	特级	合格
30	河北品元畜禽育种有限公司	13104151	1167	特级	合格
31	河北品元畜禽育种有限公司	13103605	1011	特级	合格
32	河北品元畜禽育种有限公司	* 13102014	949	特级	合格
33	河北品元畜禽育种有限公司	13103607	595	特级	合格
34	河北品元畜禽育种有限公司	13102602	555	一级	合格
35	河北品元畜禽育种有限公司	13104527	533	一级	合格
36	河北品元畜禽育种有限公司	* 13101429	507	特级	合格
37	河北品元畜禽育种有限公司	13101476	140	特级	合格
38	河北品元畜禽育种有限公司	13101425	128	特级	合格
39	河北品元畜禽育种有限公司	13101432	53	一级	合格
40	河北品元畜禽育种有限公司	13104139	51	特级	合格
41	河北品元畜禽育种有限公司	13103122	46	特级	合格
42	河北品元畜禽育种有限公司	13103030	44	一级	合格
43	河北品元畜禽育种有限公司	* 13103009	18	特级	合格
44	河北品元畜禽育种有限公司	13104143	14	特级	合格
45	河北品元畜禽育种有限公司	13104077	6	特级	合格
46	河北品元畜禽育种有限公司	13103522	3	特级	合格
47	河北品元畜禽育种有限公司	13101430	2	特级	合格
48	河北品元畜禽育种有限公司	13104526	1	特级	合格
49	秦皇岛全农精牛繁育有限公司	13203038	2172	一级	合格
50	秦皇岛全农精牛繁育有限公司	13203021	1940	特级	合格
51	秦皇岛全农精牛繁育有限公司	13204105	1873	一级	合格
52	秦皇岛全农精牛繁育有限公司	* 13203055	1475	特级	合格
53	秦皇岛全农精牛繁育有限公司	* 13203057	1464	一级	合格
54	秦皇岛全农精牛繁育有限公司	* 13203034	1307	特级	合格
55	秦皇岛全农精牛繁育有限公司	13204106	1042	特级	合格
56	秦皇岛全农精牛繁育有限公司	13203017	941	特级	合格

（续）

序号	种公牛站	个体号	CPI2	外貌等级	冻精质量
57	秦皇岛全农精牛繁育有限公司	13202010	780	特级	合格
58	秦皇岛全农精牛繁育有限公司	13204084	553	特级	合格
59	秦皇岛全农精牛繁育有限公司	13202011	513	特级	合格
60	秦皇岛全农精牛繁育有限公司	13205119	331	特级	合格
61	秦皇岛全农精牛繁育有限公司	13203039	310	特级	合格
62	秦皇岛全农精牛繁育有限公司	13204063	105	特级	合格
63	秦皇岛全农精牛繁育有限公司	*13203042	86	一级	合格
64	秦皇岛全农精牛繁育有限公司	13204111	84	一级	合格
65	秦皇岛全农精牛繁育有限公司	13203050	65	特级	合格
66	秦皇岛全农精牛繁育有限公司	13203037	47	特级	合格
67	秦皇岛全农精牛繁育有限公司	13203054	14	特级	合格
68	秦皇岛全农精牛繁育有限公司	13205121	4	一级	合格
69	山西鑫源良种繁育有限公司	*14103065	1556	特级	合格
70	山西鑫源良种繁育有限公司	14104406	1462	特级	合格
71	山西鑫源良种繁育有限公司	*14104041	1262	特级	合格
72	山西鑫源良种繁育有限公司	14104103	853	特级	合格
73	山西鑫源良种繁育有限公司	*14101415	742	特级	合格
74	山西鑫源良种繁育有限公司	*14101441	435	特级	合格
75	山西鑫源良种繁育有限公司	14104153	320	特级	合格
76	山西鑫源良种繁育有限公司	14104023	312	一级	合格
77	山西鑫源良种繁育有限公司	*14102253	281	特级	合格
78	山西鑫源良种繁育有限公司	14104047	201	特级	合格
79	山西鑫源良种繁育有限公司	*14101477	197	特级	合格
80	山西鑫源良种繁育有限公司	14104133	170	特级	合格
81	山西鑫源良种繁育有限公司	14104159	15	一级	合格
82	山西鑫源良种繁育有限公司	14104129	12	特级	合格
83	山西鑫源良种繁育有限公司	14104083	8	特级	合格
84	山西鑫源良种繁育有限公司	14101244	6	特级	合格
85	内蒙古天和荷斯坦牧业有限公司	15104470	1032	特级	合格
86	内蒙古天和荷斯坦牧业有限公司	15104157	481	一级	合格
87	内蒙古天和荷斯坦牧业有限公司	15105711	382	特级	合格
88	内蒙古天和荷斯坦牧业有限公司	15104471	275	一级	合格
89	内蒙古天和荷斯坦牧业有限公司	15104167	228	特级	合格
90	内蒙古天和荷斯坦牧业有限公司	15105710	171	特级	合格
91	内蒙古天和荷斯坦牧业有限公司	15105144	22	特级	合格
92	黑龙江省博瑞遗传有限公司	23105291	1973	特级	合格
93	上海奶牛育种中心有限公司	31104460	2004	特级	合格
94	上海奶牛育种中心有限公司	*31105146	1709	一级	合格
95	上海奶牛育种中心有限公司	31104479	1404	特级	合格
96	上海奶牛育种中心有限公司	31104443	1112	特级	合格

（续）

序号	种公牛站	个体号	CPI2	外貌等级	冻精质量
97	上海奶牛育种中心有限公司	31104158	746	一级	合格
98	上海奶牛育种中心有限公司	31104488	730	特级	合格
99	上海奶牛育种中心有限公司	31104473	353	特级	合格
100	上海奶牛育种中心有限公司	31104171	340	特级	合格
101	南京利农奶牛育种有限公司	32204060	1464	特级	合格
102	南京利农奶牛育种有限公司	* 32204002	1388	特级	合格
103	南京利农奶牛育种有限公司	32204004	1101	一级	合格
104	南京利农奶牛育种有限公司	32204003	476	特级	合格
105	南京利农奶牛育种有限公司	* 32298001	67	特级	合格
106	安徽精英种畜有限公司	34304005	1031	特级	合格
107	安徽精英种畜有限公司	34304610	382	一级	合格
108	山东奥克斯生物技术有限公司	* 37302006	1931	一级	合格
109	山东奥克斯生物技术有限公司	37304004	1851	特级	合格
110	山东奥克斯生物技术有限公司	* 37303016	1225	特级	合格
111	山东奥克斯生物技术有限公司	37303007	1054	特级	合格
112	山东奥克斯生物技术有限公司	37302010	1040	特级	合格
113	山东奥克斯生物技术有限公司	* 37303022	896	特级	合格
114	山东奥克斯生物技术有限公司	37303032	705	特级	合格
115	山东奥克斯生物技术有限公司	37303005	598	特级	合格
116	山东奥克斯生物技术有限公司	37303027	591	特级	合格
117	山东奥克斯生物技术有限公司	37303008	567	一级	合格
118	山东奥克斯生物技术有限公司	37301001	565	特级	合格
119	山东奥克斯生物技术有限公司	37302004	532	特级	合格
120	山东奥克斯生物技术有限公司	37303028	504	特级	合格
121	山东奥克斯生物技术有限公司	37304002	472	一级	合格
122	山东奥克斯生物技术有限公司	* 37303002	327	一级	合格
123	山东奥克斯生物技术有限公司	37304005	322	特级	合格
124	山东奥克斯生物技术有限公司	37303010	311	特级	合格
125	山东奥克斯生物技术有限公司	37304006	276	特级	合格
126	山东奥克斯生物技术有限公司	37303011	274	特级	合格
127	山东奥克斯生物技术有限公司	37303017	246	特级	合格
128	山东奥克斯生物技术有限公司	37303014	236	一级	合格
129	山东奥克斯生物技术有限公司	* 37302002	211	一级	合格
130	山东奥克斯生物技术有限公司	37303023	28	特级	合格
131	山东奥克斯生物技术有限公司	* 37303029	24	特级	合格
132	山东奥克斯生物技术有限公司	37303030	10	特级	合格
133	山东奥克斯生物技术有限公司	37302008	5	特级	合格
134	山东奥克斯生物技术有限公司	37303026	3	特级	合格
135	山东盛能奶牛胚胎工程有限公司	37405037	715	特级	合格
136	山东盛能奶牛胚胎工程有限公司	37405053	60	一级	合格

（续）

序号	种公牛站	个体号	CPI2	外貌等级	冻精质量
137	河南省鼎元种牛育种有限公司	41105859	1902	特级	合格
138	河南省鼎元种牛育种有限公司	41104807	1503	特级	合格
139	河南省鼎元种牛育种有限公司	*41103875	1476	一级	合格
140	河南省鼎元种牛育种有限公司	41100801	1258	特级	合格
141	河南省鼎元种牛育种有限公司	41104841	1174	一级	合格
142	河南省鼎元种牛育种有限公司	41100803	1071	特级	合格
143	河南省鼎元种牛育种有限公司	41105132	1020	特级	合格
144	河南省鼎元种牛育种有限公司	*41105126	972	一级	合格
145	河南省鼎元种牛育种有限公司	41105813	947	特级	合格
146	河南省鼎元种牛育种有限公司	*41102004	917	一级	合格
147	河南省鼎元种牛育种有限公司	41102809	778	特级	合格
148	河南省鼎元种牛育种有限公司	*41103828	618	特级	合格
149	河南省鼎元种牛育种有限公司	41103817	604	一级	合格
150	河南省鼎元种牛育种有限公司	*41104842	363	一级	合格
151	河南省鼎元种牛育种有限公司	41104836	275	特级	合格
152	河南省鼎元种牛育种有限公司	41104805	197	特级	合格
153	河南省鼎元种牛育种有限公司	41100802	168	特级	合格
154	湖南光大牧业科技有限公司	43104062	1503	特级	合格
155	广州市奶牛研究所有限公司	44102026	938	特级	合格
156	广州市奶牛研究所有限公司	*44102032	1937	特级	合格
157	广州市奶牛研究所有限公司	*44102033	631	特级	合格
158	广州市奶牛研究所有限公司	*44102029	536	特级	合格
159	云南恒翔家畜良种科技有限责任公司	53100136	2522	特级	合格
160	大理白族自治州家畜繁育指导站	53201031	1950	特级	合格
161	陕西秦申金牛育种有限公司	61104170	2209	一级	合格
162	陕西秦申金牛育种有限公司	61104445	590	一级	合格
163	青海省家畜改良中心	63105008	971	特级	合格
164	宁夏四正生物工程技术研究中心（有限公司）	*64102313	1943	特级	合格
165	宁夏四正生物工程技术研究中心（有限公司）	64102305	565	一级	合格
166	宁夏四正生物工程技术研究中心（有限公司）	64104125	475	一级	合格
167	宁夏四正生物工程技术研究中心（有限公司）	*64103085	385	特级	合格
168	宁夏四正生物工程技术研究中心（有限公司）	64102309	298	一级	合格
169	新疆天山畜牧生物工程股份有限公司	*65101036	1719	特级	合格
170	新疆天山畜牧生物工程股份有限公司	*65102833	1678	一级	合格
171	新疆天山畜牧生物工程股份有限公司	65101037	1325	特级	合格
172	新疆天山畜牧生物工程股份有限公司	65104042	921	特级	合格
173	新疆天山畜牧生物工程股份有限公司	65104043	701	特级	合格
174	新疆天山畜牧生物工程股份有限公司	65101128	668	特级	合格
175	新疆天山畜牧生物工程股份有限公司	65102811	590	一级	合格
176	新疆天山畜牧生物工程股份有限公司	65102267	549	一级	合格

（续）

序号	种公牛站	个体号	CPI2	外貌等级	冻精质量
177	新疆天山畜牧生物工程股份有限公司	65102393	502	特级	合格
178	新疆天山畜牧生物工程股份有限公司	65104089	431	特级	合格
179	新疆天山畜牧生物工程股份有限公司	65104045	360	特级	合格
180	新疆天山畜牧生物工程股份有限公司	65102805	238	特级	合格
181	新疆天山畜牧生物工程股份有限公司	*65102013	229	特级	合格
182	新疆天山畜牧生物工程股份有限公司	65104139	148	特级	合格
183	新疆天山畜牧生物工程股份有限公司	65103039	11	特级	合格
184	新疆天山畜牧生物工程股份有限公司	65103040	8	一级	合格
185	新疆天山畜牧生物工程股份有限公司	65103041	6	特级	合格

注：*为不在群验证牛

表 2-10　荷斯坦种公牛名单（CPI3）

序号	种公牛站	个体号	CPI3	外貌等级	冻精质量
1	北京奶牛中心	11105467	1228	一级	合格
2	北京奶牛中心	11199796	1125	特级	合格
3	北京奶牛中心	11104296	898	特级	合格
4	北京奶牛中心	11104676	781	特级	合格
5	北京奶牛中心	11103035	592	特级	合格
6	北京奶牛中心	11102949	566	特级	合格
7	北京奶牛中心	11103474	562	特级	合格
8	北京奶牛中心	11104299	552	特级	合格
9	北京奶牛中心	11103704	480	一级	合格
10	北京奶牛中心	11104826	474	特级	合格
11	北京奶牛中心	11104725	373	特级	合格
12	北京奶牛中心	11103043	309	特级	合格
13	北京奶牛中心	11102535	105	特级	合格
14	北京奶牛中心	11102430	48	特级	合格
15	北京奶牛中心	11104565	39	特级	合格
16	山西鑫源良种繁育有限公司	14105022	1423	特级	合格
17	山西鑫源良种繁育有限公司	14103016	1203	特级	合格
18	山西鑫源良种繁育有限公司	14104705	754	特级	合格
19	山西鑫源良种繁育有限公司	14104021	519	特级	合格
20	山西鑫源良种繁育有限公司	14104716	498	特级	合格
21	山西鑫源良种繁育有限公司	14105503	455	特级	合格
22	山西鑫源良种繁育有限公司	14104215	325	特级	合格
23	山西鑫源良种繁育有限公司	14104018	118	特级	合格
24	内蒙古赛科星繁育生物技术股份有限公司	15504217	1451	特级	合格
25	内蒙古赛科星繁育生物技术股份有限公司	15504941	1307	特级	合格
26	内蒙古赛科星繁育生物技术股份有限公司	15503411	1172	一级	合格
27	内蒙古赛科星繁育生物技术股份有限公司	15502412	1022	一级	合格

（续）

序号	种公牛站	个体号	CPI3	外貌等级	冻精质量
28	内蒙古赛科星繁育生物技术股份有限公司	15501730	1021	一级	合格
29	内蒙古赛科星繁育生物技术股份有限公司	15504369	1004	特级	合格
30	内蒙古赛科星繁育生物技术股份有限公司	15503679	963	特级	合格
31	内蒙古赛科星繁育生物技术股份有限公司	15504269	962	特级	合格
32	内蒙古赛科星繁育生物技术股份有限公司	15504883	922	特级	合格
33	内蒙古赛科星繁育生物技术股份有限公司	15503763	906	特级	合格
34	内蒙古赛科星繁育生物技术股份有限公司	15504884	860	特级	合格
35	内蒙古赛科星繁育生物技术股份有限公司	15505607	834	特级	合格
36	内蒙古赛科星繁育生物技术股份有限公司	15504055	823	特级	合格
37	内蒙古赛科星繁育生物技术股份有限公司	15503863	823	特级	合格
38	内蒙古赛科星繁育生物技术股份有限公司	15503832	818	一级	合格
39	内蒙古赛科星繁育生物技术股份有限公司	15503705	783	一级	合格
40	内蒙古赛科星繁育生物技术股份有限公司	15504748	750	特级	合格
41	内蒙古赛科星繁育生物技术股份有限公司	15502409	674	一级	合格
42	内蒙古赛科星繁育生物技术股份有限公司	15505190	672	一级	合格
43	内蒙古赛科星繁育生物技术股份有限公司	15505197	635	特级	合格
44	内蒙古赛科星繁育生物技术股份有限公司	15505562	634	特级	合格
45	内蒙古赛科星繁育生物技术股份有限公司	15505587	584	特级	合格
46	内蒙古赛科星繁育生物技术股份有限公司	15504252	558	特级	合格
47	内蒙古赛科星繁育生物技术股份有限公司	15503330	550	特级	合格
48	内蒙古赛科星繁育生物技术股份有限公司	15503896	535	特级	合格
49	内蒙古赛科星繁育生物技术股份有限公司	15504380	532	特级	合格
50	内蒙古赛科星繁育生物技术股份有限公司	15504118	476	特级	合格
51	内蒙古赛科星繁育生物技术股份有限公司	15504377	461	特级	合格
52	内蒙古赛科星繁育生物技术股份有限公司	15505570	425	特级	合格
53	内蒙古赛科星繁育生物技术股份有限公司	15504634	391	特级	合格
54	内蒙古赛科星繁育生物技术股份有限公司	15503090	247	一级	合格
55	内蒙古赛科星繁育生物技术股份有限公司	15503825	240	特级	合格
56	内蒙古赛科星繁育生物技术股份有限公司	15505794	231	特级	合格
57	内蒙古赛科星繁育生物技术股份有限公司	15504736	187	特级	合格
58	内蒙古赛科星繁育生物技术股份有限公司	15504523	157	特级	合格
59	内蒙古赛科星繁育生物技术股份有限公司	15504852	136	特级	合格
60	内蒙古赛科星繁育生物技术股份有限公司	15505925	129	特级	合格
61	内蒙古赛科星繁育生物技术股份有限公司	15502568	101	特级	合格
62	内蒙古赛科星繁育生物技术股份有限公司	15504423	92	特级	合格
63	内蒙古赛科星繁育生物技术股份有限公司	15503865	85	特级	合格
64	内蒙古赛科星繁育生物技术股份有限公司	15504234	77	一级	合格
65	内蒙古赛科星繁育生物技术股份有限公司	15504080	62	特级	合格
66	内蒙古赛科星繁育生物技术股份有限公司	15504494	56	特级	合格
67	辽宁省牧经种牛繁育中心有限公司	21100232	818	一级	合格

（续）

序号	种公牛站	个体号	CPI3	外貌等级	冻精质量
68	黑龙江省博瑞遗传有限公司	23102060	108	特级	合格
69	黑龙江省博瑞遗传有限公司	23102059	9	特级	合格
70	南京利农奶牛育种有限公司	32204028	1059	特级	合格
71	南京利农奶牛育种有限公司	32204058	812	特级	合格
72	南京利农奶牛育种有限公司	32204099	552	特级	合格
73	南京利农奶牛育种有限公司	32204026	166	特级	合格
74	河南省鼎元种牛育种有限公司	41103810	1043	特级	合格
75	河南省鼎元种牛育种有限公司	41102808	34	特级	合格
76	洛阳市洛瑞牧业有限公司	41403501	1154	特级	合格
77	洛阳市洛瑞牧业有限公司	41405508	662	特级	合格
78	洛阳市洛瑞牧业有限公司	41404506	501	特级	合格
79	洛阳市洛瑞牧业有限公司	41404503	390	一级	合格
80	洛阳市洛瑞牧业有限公司	41405507	355	特级	合格
81	洛阳市洛瑞牧业有限公司	41403509	354	特级	合格
82	洛阳市洛瑞牧业有限公司	41404504	342	特级	合格
83	宁夏四正生物工程技术研究中心（有限公司）	64105011	589	特级	合格
84	宁夏四正生物工程技术研究中心（有限公司）	64104015	500	一级	合格

表 2-11　荷斯坦种公牛名单（TPPI）

序号	种公牛站	个体号	TPPI	外貌等级	冻精质量
1	北京奶牛中心	11109567	2439	特级	合格
2	北京奶牛中心	11109699	2439	一级	合格
3	北京奶牛中心	11109665	2268	一级	合格
4	北京奶牛中心	11109705	2258	特级	合格
5	北京奶牛中心	11109751	2193	特级	合格
6	北京奶牛中心	11109708	2142	一级	合格
7	北京奶牛中心	11109576	2139	一级	合格
8	北京奶牛中心	11109722	2066	特级	合格
9	北京奶牛中心	11109745	2066	特级	合格
10	北京奶牛中心	11109510	1999	一级	合格
11	北京奶牛中心	11108793	1939	特级	合格
12	北京奶牛中心	11109658	1917	特级	合格
13	北京奶牛中心	11109703	1917	一级	合格
14	北京奶牛中心	11109630	1901	特级	合格
15	北京奶牛中心	11109655	1901	一级	合格
16	北京奶牛中心	11109586	1804	特级	合格
17	北京奶牛中心	11109012	1791	一级	合格
18	北京奶牛中心	11109693	1774	特级	合格
19	北京奶牛中心	11108280	1755	特级	合格

（续）

序号	种公牛站	个体号	TPPI	外貌等级	冻精质量
20	北京奶牛中心	11109589	1712	特级	合格
21	北京奶牛中心	11108764	1670	特级	合格
22	北京奶牛中心	11109571	1629	特级	合格
23	北京奶牛中心	11108813	1585	特级	合格
24	北京奶牛中心	11109663	1544	一级	合格
25	北京奶牛中心	11109669	1544	一级	合格
26	北京奶牛中心	11108800	1357	特级	合格
27	北京奶牛中心	11108672	1277	特级	合格
28	北京奶牛中心	11109535	1251	特级	合格
29	天津市奶牛发展中心	12109255	2439	特级	合格
30	天津市奶牛发展中心	12109256	2439	特级	合格
31	天津市奶牛发展中心	12108232	2104	特级	合格
32	天津市奶牛发展中心	12109253	2104	特级	合格
33	天津市奶牛发展中心	12109260	1866	特级	合格
34	天津市奶牛发展中心	12109261	1866	特级	合格
35	天津市奶牛发展中心	12109264	1781	特级	合格
36	天津市奶牛发展中心	12109254	1562	特级	合格
37	天津市奶牛发展中心	12109262	1450	特级	合格
38	天津市奶牛发展中心	12109265	1450	特级	合格
39	天津市奶牛发展中心	12109259	1344	一级	合格
40	天津市奶牛发展中心	12107228	1317	一级	合格
41	天津市奶牛发展中心	12108238	1261	一级	合格
42	天津市奶牛发展中心	12109267	1261	特级	合格
43	河北品元畜禽育种有限公司	13109913	1938	一级	合格
44	河北品元畜禽育种有限公司	13108003	1922	特级	合格
45	河北品元畜禽育种有限公司	13108009	1922	特级	合格
46	河北品元畜禽育种有限公司	13107033	1901	特级	合格
47	河北品元畜禽育种有限公司	13107035	1901	特级	合格
48	河北品元畜禽育种有限公司	13108015	1901	特级	合格
49	河北品元畜禽育种有限公司	13107007	1851	特级	合格
50	河北品元畜禽育种有限公司	13107023	1851	特级	合格
51	河北品元畜禽育种有限公司	13109909	1844	一级	合格
52	河北品元畜禽育种有限公司	13106623	1822	特级	合格
53	河北品元畜禽育种有限公司	13108919	1811	特级	合格
54	河北品元畜禽育种有限公司	13108937	1811	特级	合格
55	河北品元畜禽育种有限公司	13107027	1702	特级	合格
56	河北品元畜禽育种有限公司	13105671	1672	特级	合格
57	河北品元畜禽育种有限公司	13108941	1637	特级	合格
58	河北品元畜禽育种有限公司	13108943	1637	特级	合格
59	河北品元畜禽育种有限公司	13109959	1637	一级	合格

（续）

序号	种公牛站	个体号	TPPI	外貌等级	冻精质量
60	河北品元畜禽育种有限公司	13108013	1486	一级	合格
61	河北品元畜禽育种有限公司	13107029	1466	特级	合格
62	河北品元畜禽育种有限公司	13107019	1417	特级	合格
63	河北品元畜禽育种有限公司	13107017	1381	特级	合格
64	河北品元畜禽育种有限公司	13107021	1381	特级	合格
65	河北品元畜禽育种有限公司	13107025	1381	特级	合格
66	河北品元畜禽育种有限公司	13108931	1369	特级	合格
67	河北品元畜禽育种有限公司	13109915	1369	一级	合格
68	河北品元畜禽育种有限公司	13105673	1315	特级	合格
69	河北品元畜禽育种有限公司	13108921	1243	特级	合格
70	河北品元畜禽育种有限公司	13108925	1243	特级	合格
71	河北品元畜禽育种有限公司	13108955	1243	一级	合格
72	河北品元畜禽育种有限公司	13108967	1243	特级	合格
73	河北品元畜禽育种有限公司	13107015	1180	特级	合格
74	亚达艾格威（唐山）畜牧有限公司	13309044	2894	一级	合格
75	亚达艾格威（唐山）畜牧有限公司	13309039	2728	一级	合格
76	亚达艾格威（唐山）畜牧有限公司	13309041	2694	一级	合格
77	亚达艾格威（唐山）畜牧有限公司	13309042	2694	一级	合格
78	亚达艾格威（唐山）畜牧有限公司	13309036	2589	一级	合格
79	亚达艾格威（唐山）畜牧有限公司	13309043	2434	一级	合格
80	亚达艾格威（唐山）畜牧有限公司	13309045	2414	一级	合格
81	亚达艾格威（唐山）畜牧有限公司	13309038	2208	一级	合格
82	亚达艾格威（唐山）畜牧有限公司	13306004	2089	特级	合格
83	亚达艾格威（唐山）畜牧有限公司	13309046	1827	一级	合格
84	亚达艾格威（唐山）畜牧有限公司	13307025	1811	特级	合格
85	亚达艾格威（唐山）畜牧有限公司	13307016	1771	特级	合格
86	亚达艾格威（唐山）畜牧有限公司	13309037	1763	一级	合格
87	亚达艾格威（唐山）畜牧有限公司	13309035	1613	一级	合格
88	山西鑫源良种繁育有限公司	14109116	2067	一级	合格
89	山西鑫源良种繁育有限公司	14108276	1968	一级	合格
90	山西鑫源良种繁育有限公司	14109527	1468	一级	合格
91	山西鑫源良种繁育有限公司	14109018	1212	特级	合格
92	内蒙古天和荷斯坦牧业有限公司	15109002	2246	一级	合格
93	内蒙古天和荷斯坦牧业有限公司	15109529	2177	特级	合格
94	内蒙古天和荷斯坦牧业有限公司	15109004	2001	一级	合格
95	内蒙古天和荷斯坦牧业有限公司	15108514	1933	特级	合格
96	内蒙古天和荷斯坦牧业有限公司	15109527	1851	一级	合格
97	内蒙古天和荷斯坦牧业有限公司	15108513	1811	一级	合格
98	内蒙古天和荷斯坦牧业有限公司	15109005	1705	特级	合格
99	内蒙古天和荷斯坦牧业有限公司	15108524	1670	一级	合格

（续）

序号	种公牛站	个体号	TPPI	外貌等级	冻精质量
100	内蒙古天和荷斯坦牧业有限公司	15109003	1646	一级	合格
101	内蒙古天和荷斯坦牧业有限公司	15109001	1428	一级	合格
102	内蒙古天和荷斯坦牧业有限公司	15109288	1357	一级	合格
103	内蒙古天和荷斯坦牧业有限公司	15109296	1277	特级	合格
104	内蒙古天和荷斯坦牧业有限公司	15108103	1229	特级	合格
105	辽宁省牧经种牛繁育中心有限公司	21107303	1361	特级	合格
106	辽宁省牧经种牛繁育中心有限公司	21107306	1361	一级	合格
107	辽宁省牧经种牛繁育中心有限公司	21107304	1318	一级	合格
108	黑龙江省博瑞遗传有限公司	23106023	2168	特级	合格
109	黑龙江省博瑞遗传有限公司	23109124	2104	特级	合格
110	黑龙江省博瑞遗传有限公司	23107080	2081	特级	合格
111	黑龙江省博瑞遗传有限公司	23108086	1961	特级	合格
112	黑龙江省博瑞遗传有限公司	23108089	1961	特级	合格
113	黑龙江省博瑞遗传有限公司	23109103	1956	一级	合格
114	黑龙江省博瑞遗传有限公司	23109117	1920	特级	合格
115	黑龙江省博瑞遗传有限公司	23107074	1901	特级	合格
116	黑龙江省博瑞遗传有限公司	23108056	1842	特级	合格
117	黑龙江省博瑞遗传有限公司	23109095	1829	一级	合格
118	黑龙江省博瑞遗传有限公司	23109097	1829	特级	合格
119	黑龙江省博瑞遗传有限公司	23109105	1827	一级	合格
120	黑龙江省博瑞遗传有限公司	23109110	1827	一级	合格
121	黑龙江省博瑞遗传有限公司	23109111	1827	特级	合格
122	黑龙江省博瑞遗传有限公司	23109112	1827	一级	合格
123	黑龙江省博瑞遗传有限公司	23109116	1827	一级	合格
124	黑龙江省博瑞遗传有限公司	23108090	1825	特级	合格
125	黑龙江省博瑞遗传有限公司	23107032	1811	一级	合格
126	黑龙江省博瑞遗传有限公司	23107042	1811	一级	合格
127	黑龙江省博瑞遗传有限公司	23106012	1810	一级	合格
128	黑龙江省博瑞遗传有限公司	23106016	1810	特级	合格
129	黑龙江省博瑞遗传有限公司	23107049	1803	特级	合格
130	黑龙江省博瑞遗传有限公司	23107076	1701	特级	合格
131	黑龙江省博瑞遗传有限公司	23106015	1680	特级	合格
132	黑龙江省博瑞遗传有限公司	23109113	1598	一级	合格
133	黑龙江省博瑞遗传有限公司	23109120	1598	一级	合格
134	黑龙江省博瑞遗传有限公司	23109122	1598	特级	合格
135	黑龙江省博瑞遗传有限公司	23109125	1598	一级	合格
136	黑龙江省博瑞遗传有限公司	23106026	1579	特级	合格
137	黑龙江省博瑞遗传有限公司	23106011	1578	特级	合格
138	黑龙江省博瑞遗传有限公司	23109096	1549	一级	合格
139	黑龙江省博瑞遗传有限公司	23109094	1456	特级	合格

（续）

序号	种公牛站	个体号	TPPI	外貌等级	冻精质量
140	黑龙江省博瑞遗传有限公司	23109099	1456	特级	合格
141	黑龙江省博瑞遗传有限公司	23107027	1384	特级	合格
142	黑龙江省博瑞遗传有限公司	23106006	1317	特级	合格
143	黑龙江省博瑞遗传有限公司	23106007	1317	特级	合格
144	黑龙江省博瑞遗传有限公司	23106014	1289	特级	合格
145	黑龙江省博瑞遗传有限公司	23106020	1289	特级	合格
146	黑龙江省博瑞遗传有限公司	23109100	1283	一级	合格
147	黑龙江省博瑞遗传有限公司	23109106	1217	一级	合格
148	黑龙江省博瑞遗传有限公司	23109107	1217	一级	合格
149	黑龙江省博瑞遗传有限公司	23106022	1217	特级	合格
150	黑龙江省博瑞遗传有限公司	23109101	1198	特级	合格
151	黑龙江省博瑞遗传有限公司	23109102	1198	特级	合格
152	黑龙江省博瑞遗传有限公司	23109109	1198	一级	合格
153	黑龙江省博瑞遗传有限公司	23109115	1198	特级	合格
154	黑龙江省博瑞遗传有限公司	23109118	1198	一级	合格
155	上海奶牛育种中心有限公司	31108299	2439	特级	合格
156	上海奶牛育种中心有限公司	31109290	2439	特级	合格
157	上海奶牛育种中心有限公司	31109292	2439	一级	合格
158	上海奶牛育种中心有限公司	31108101	2281	特级	合格
159	上海奶牛育种中心有限公司	31108102	2248	特级	合格
160	上海奶牛育种中心有限公司	31109530	2246	特级	合格
161	上海奶牛育种中心有限公司	31109531	2177	特级	合格
162	上海奶牛育种中心有限公司	31109541	2177	一级	合格
163	上海奶牛育种中心有限公司	31108512	2152	特级	合格
164	上海奶牛育种中心有限公司	31108100	2104	特级	合格
165	上海奶牛育种中心有限公司	31109293	2104	特级	合格
166	上海奶牛育种中心有限公司	31109289	2046	一级	合格
167	上海奶牛育种中心有限公司	31109295	2016	特级	合格
168	上海奶牛育种中心有限公司	31109540	2001	一级	合格
169	上海奶牛育种中心有限公司	31106500	1976	特级	合格
170	上海奶牛育种中心有限公司	31107510	1944	特级	合格
171	上海奶牛育种中心有限公司	31109539	1939	一级	合格
172	上海奶牛育种中心有限公司	31108520	1901	特级	合格
173	上海奶牛育种中心有限公司	31106508	1781	特级	合格
174	上海奶牛育种中心有限公司	31106509	1781	特级	合格
175	上海奶牛育种中心有限公司	31108523	1642	特级	合格
176	上海奶牛育种中心有限公司	31108525	1642	特级	合格
177	上海奶牛育种中心有限公司	31108526	1544	特级	合格
178	上海奶牛育种中心有限公司	31108515	1475	特级	合格
179	上海奶牛育种中心有限公司	31108521	1344	特级	合格

序号	种公牛站	个体号	TPPI	外貌等级	冻精质量
180	上海奶牛育种中心有限公司	31108297	1329	特级	合格
181	上海奶牛育种中心有限公司	31108298	1329	特级	合格
182	上海奶牛育种中心有限公司	31107110	1296	特级	合格
183	南京利农奶牛育种有限公司	32209018	1718	特级	合格
184	南京利农奶牛育种有限公司	32209027	1592	特级	合格
185	南京利农奶牛育种有限公司	32209045	1540	特级	合格
186	南京利农奶牛育种有限公司	32206014	1432	特级	合格
187	安徽精英种畜有限公司	34306119	2328	特级	合格
188	安徽精英种畜有限公司	34307116	2023	一级	合格
189	安徽精英种畜有限公司	34309003	2008	一级	合格
190	安徽精英种畜有限公司	34309006	2008	一级	合格
191	安徽精英种畜有限公司	34309002	1913	一级	合格
192	安徽精英种畜有限公司	34309009	1913	一级	合格
193	安徽精英种畜有限公司	34309015	1901	一级	合格
194	安徽精英种畜有限公司	34309016	1901	一级	合格
195	安徽精英种畜有限公司	34309017	1901	一级	合格
196	安徽精英种畜有限公司	34309024	1898	一级	合格
197	安徽精英种畜有限公司	34309001	1879	一级	合格
198	安徽精英种畜有限公司	34309005	1704	一级	合格
199	安徽精英种畜有限公司	34309008	1704	一级	合格
200	安徽精英种畜有限公司	34309011	1629	一级	合格
201	安徽精英种畜有限公司	34306285	1607	特级	合格
202	安徽精英种畜有限公司	34309007	1595	特级	合格
203	安徽精英种畜有限公司	34307166	1560	一级	合格
204	安徽精英种畜有限公司	34306128	1495	特级	合格
205	安徽精英种畜有限公司	34309018	1358	一级	合格
206	安徽精英种畜有限公司	34307042	1288	特级	合格
207	安徽精英种畜有限公司	34309013	1274	一级	合格
208	安徽精英种畜有限公司	34309014	1274	一级	合格
209	山东奥克斯生物技术有限公司	37308038	2541	特级	合格
210	山东奥克斯生物技术有限公司	37308035	2439	特级	合格
211	山东奥克斯生物技术有限公司	37308045	2439	特级	合格
212	山东奥克斯生物技术有限公司	37308037	2268	特级	合格
213	山东奥克斯生物技术有限公司	37309009	2193	一级	合格
214	山东奥克斯生物技术有限公司	37309010	2193	一级	合格
215	山东奥克斯生物技术有限公司	37308042	2016	特级	合格
216	山东奥克斯生物技术有限公司	37308055	2011	特级	合格
217	山东奥克斯生物技术有限公司	37308056	2011	特级	合格
218	山东奥克斯生物技术有限公司	37309007	1816	一级	合格
219	山东奥克斯生物技术有限公司	37308058	1811	一级	合格

（续）

序号	种公牛站	个体号	TPPI	外貌等级	冻精质量
220	山东奥克斯生物技术有限公司	37308046	1701	一级	合格
221	山东奥克斯生物技术有限公司	37308019	1629	特级	合格
222	山东奥克斯生物技术有限公司	37308048	1597	一级	合格
223	山东奥克斯生物技术有限公司	37306002	1596	特级	合格
224	山东奥克斯生物技术有限公司	37308054	1592	一级	合格
225	山东奥克斯生物技术有限公司	37308021	1456	特级	合格
226	山东奥克斯生物技术有限公司	37308050	1456	特级	合格
227	山东奥克斯生物技术有限公司	37308051	1456	特级	合格
228	山东奥克斯生物技术有限公司	37308027	1417	特级	合格
229	山东奥克斯生物技术有限公司	37306003	1328	一级	合格
230	山东奥克斯生物技术有限公司	37306004	1328	特级	合格
231	山东奥克斯生物技术有限公司	37309005	1328	特级	合格
232	山东奥克斯生物技术有限公司	37309017	1261	一级	合格
233	山东盛能奶牛胚胎工程有限公司	37408106	2250	一级	合格
234	山东盛能奶牛胚胎工程有限公司	37408114	2213	一级	合格
235	山东盛能奶牛胚胎工程有限公司	37408100	2019	一级	合格
236	山东盛能奶牛胚胎工程有限公司	37408104	1961	一级	合格
237	山东盛能奶牛胚胎工程有限公司	37408120	1762	特级	合格
238	山东盛能奶牛胚胎工程有限公司	37408113	1662	一级	合格
239	山东盛能奶牛胚胎工程有限公司	37408116	1568	一级	合格
240	山东盛能奶牛胚胎工程有限公司	37405043	1506	特级	合格
241	河南省鼎元种牛育种有限公司	41107822	2487	特级	合格
242	河南省鼎元种牛育种有限公司	41109813	2434	一级	合格
243	河南省鼎元种牛育种有限公司	41109815	2359	一级	合格
244	河南省鼎元种牛育种有限公司	41107853	2250	特级	合格
245	河南省鼎元种牛育种有限公司	41109817	2217	一级	合格
246	河南省鼎元种牛育种有限公司	41107856	2186	特级	合格
247	河南省鼎元种牛育种有限公司	41107833	2095	一级	合格
248	河南省鼎元种牛育种有限公司	41107831	2089	特级	合格
249	河南省鼎元种牛育种有限公司	41106866	2086	特级	合格
250	河南省鼎元种牛育种有限公司	41107852	2042	特级	合格
251	河南省鼎元种牛育种有限公司	41107821	2034	特级	合格
252	河南省鼎元种牛育种有限公司	41106868	2017	特级	合格
253	河南省鼎元种牛育种有限公司	41109812	1961	特级	合格
254	河南省鼎元种牛育种有限公司	41106823	1916	特级	合格
255	河南省鼎元种牛育种有限公司	41105826	1902	特级	合格
256	河南省鼎元种牛育种有限公司	41109862	1883	特级	合格
257	河南省鼎元种牛育种有限公司	41109863	1883	特级	合格
258	河南省鼎元种牛育种有限公司	41109864	1883	特级	合格
259	河南省鼎元种牛育种有限公司	41109816	1873	一级	合格

（续）

序号	种公牛站	个体号	TPPI	外貌等级	冻精质量
260	河南省鼎元种牛育种有限公司	41107825	1856	一级	合格
261	河南省鼎元种牛育种有限公司	41107855	1804	特级	合格
262	河南省鼎元种牛育种有限公司	41109861	1720	一级	合格
263	河南省鼎元种牛育种有限公司	41107832	1640	一级	合格
264	河南省鼎元种牛育种有限公司	41107854	1623	特级	合格
265	河南省鼎元种牛育种有限公司	41109811	1619	一级	合格
266	河南省鼎元种牛育种有限公司	41109818	1594	一级	合格
267	河南省鼎元种牛育种有限公司	41109814	1554	一级	合格
268	河南省鼎元种牛育种有限公司	41106815	1509	特级	合格
269	河南省鼎元种牛育种有限公司	41107830	1248	特级	合格
270	南阳昌盛牛业有限公司	41309585	2359	一级	合格
271	南阳昌盛牛业有限公司	41309593	2046	一级	合格
272	南阳昌盛牛业有限公司	41309594	1879	一级	合格
273	洛阳市洛瑞牧业有限公司	41409512	2585	一级	合格
274	洛阳市洛瑞牧业有限公司	41409513	2381	特级	合格
275	洛阳市洛瑞牧业有限公司	41409515	2274	一级	合格
276	洛阳市洛瑞牧业有限公司	41409514	2021	特级	合格
277	洛阳市洛瑞牧业有限公司	41409511	1963	特级	合格
278	洛阳市洛瑞牧业有限公司	41409516	1564	一级	合格
279	洛阳市洛瑞牧业有限公司	41405543	1505	特级	合格
280	广州市奶牛研究所有限公司	44107052	1803	特级	合格
281	广州市奶牛研究所有限公司	44107051	1622	特级	合格
282	广州市奶牛研究所有限公司	44108054	1469	特级	合格
283	成都汇丰动物育种有限公司	51109726	2439	特级	合格
284	成都汇丰动物育种有限公司	51109735	2439	特级	合格
285	成都汇丰动物育种有限公司	51109575	1917	特级	合格
286	成都汇丰动物育种有限公司	51109588	1466	特级	合格
287	云南恒翔家畜良种科技有限责任公司	53109206	1392	特级	合格
288	云南恒翔家畜良种科技有限责任公司	53109199	1256	特级	合格
289	大理白族自治州家畜繁育指导站	53209098	1751	特级	合格
290	青海省家畜改良中心	63109687	2258	特级	合格
291	青海省家畜改良中心	63109528	1851	一级	合格
292	青海省家畜改良中心	63109596	1804	特级	合格
293	青海省家畜改良中心	63108522	1670	特级	合格
294	宁夏四正生物工程技术研究中心（有限公司）	64108071	2414	特级	合格
295	宁夏四正生物工程技术研究中心（有限公司）	64108089	2367	特级	合格
296	宁夏四正生物工程技术研究中心（有限公司）	64108072	2320	特级	合格
297	宁夏四正生物工程技术研究中心（有限公司）	64108067	2236	特级	合格
298	宁夏四正生物工程技术研究中心（有限公司）	64108093	2183	一级	合格
299	宁夏四正生物工程技术研究中心（有限公司）	64108092	2147	特级	合格

（续）

序号	种公牛站	个体号	TPPI	外貌等级	冻精质量
300	宁夏四正生物工程技术研究中心（有限公司）	64108084	2113	特级	合格
301	宁夏四正生物工程技术研究中心（有限公司）	64106303	2086	特级	合格
302	宁夏四正生物工程技术研究中心（有限公司）	64108078	2049	特级	合格
303	宁夏四正生物工程技术研究中心（有限公司）	64108077	2041	特级	合格
304	宁夏四正生物工程技术研究中心（有限公司）	64108080	1958	特级	合格
305	宁夏四正生物工程技术研究中心（有限公司）	64108096	1905	特级	合格
306	宁夏四正生物工程技术研究中心（有限公司）	64108066	1702	特级	合格
307	宁夏四正生物工程技术研究中心（有限公司）	64108227	1629	特级	合格
308	宁夏四正生物工程技术研究中心（有限公司）	64108094	1615	特级	合格
309	宁夏四正生物工程技术研究中心（有限公司）	64108074	1595	特级	合格
310	宁夏四正生物工程技术研究中心（有限公司）	64108064	1398	特级	合格
311	宁夏四正生物工程技术研究中心（有限公司）	64108076	1398	特级	合格
312	宁夏四正生物工程技术研究中心（有限公司）	64108087	1227	特级	合格
313	宁夏四正生物工程技术研究中心（有限公司）	64108085	1201	特级	合格
314	新疆天山畜牧生物工程股份有限公司	65109028	2613	一级	合格
315	新疆天山畜牧生物工程股份有限公司	65109034	2456	特级	合格
316	新疆天山畜牧生物工程股份有限公司	65109040	2303	一级	合格
317	新疆天山畜牧生物工程股份有限公司	65109035	2281	特级	合格
318	新疆天山畜牧生物工程股份有限公司	65109041	2281	特级	合格
319	新疆天山畜牧生物工程股份有限公司	65109033	2116	特级	合格
320	新疆天山畜牧生物工程股份有限公司	65107015	2104	特级	合格
321	新疆天山畜牧生物工程股份有限公司	65109036	2104	一级	合格
322	新疆天山畜牧生物工程股份有限公司	65109039	2104	特级	合格
323	新疆天山畜牧生物工程股份有限公司	65107017	2101	特级	合格
324	新疆天山畜牧生物工程股份有限公司	65109042	2011	特级	合格
325	新疆天山畜牧生物工程股份有限公司	65107016	1974	特级	合格
326	新疆天山畜牧生物工程股份有限公司	65107013	1959	一级	合格
327	新疆天山畜牧生物工程股份有限公司	65108023	1819	特级	合格
328	新疆天山畜牧生物工程股份有限公司	65109048	1796	一级	合格
329	新疆天山畜牧生物工程股份有限公司	65109043	1739	一级	合格
330	新疆天山畜牧生物工程股份有限公司	65109045	1739	一级	合格
331	新疆天山畜牧生物工程股份有限公司	65109052	1665	特级	合格
332	新疆天山畜牧生物工程股份有限公司	65106033	1589	特级	合格
333	新疆天山畜牧生物工程股份有限公司	65109053	1583	一级	合格
334	新疆天山畜牧生物工程股份有限公司	65109037	1575	特级	合格
335	新疆天山畜牧生物工程股份有限公司	65107018	1544	特级	合格
336	新疆天山畜牧生物工程股份有限公司	65106012	1492	特级	合格
337	新疆天山畜牧生物工程股份有限公司	65107038	1483	一级	合格
338	新疆天山畜牧生物工程股份有限公司	65108022	1481	特级	合格
339	新疆天山畜牧生物工程股份有限公司	65106009	1432	一级	合格

（续）

序号	种公牛站	个体号	TPPI	外貌等级	冻精质量
340	新疆天山畜牧生物工程股份有限公司	65109025	1295	特级	合格
341	新疆天山畜牧生物工程股份有限公司	65106011	1224	特级	合格
342	新疆天山畜牧生物工程股份有限公司	65109051	1224	一级	合格
343	新疆天山畜牧生物工程股份有限公司	65107019	1202	特级	合格

表 2－12　其他乳用品种种公牛名单

序号	种公牛站	品种	个体号	外貌等级	冻精质量
1	北京奶牛中心	西门塔尔	11108677	特级	合格
2	北京奶牛中心	西门塔尔	11108685	特级	合格
3	北京奶牛中心	西门塔尔	11108688	特级	合格
4	北京奶牛中心	西门塔尔	11108691	特级	合格
5	北京奶牛中心	西门塔尔	11108702	特级	合格
6	北京奶牛中心	西门塔尔	11108711	特级	合格
7	北京奶牛中心	西门塔尔	11108712	特级	合格
8	北京奶牛中心	西门塔尔	11108721	特级	合格
9	北京奶牛中心	西门塔尔	11108729	特级	合格
10	北京奶牛中心	瑞士褐牛	11101934	特级	合格
11	北京奶牛中心	瑞士褐牛	11103626	特级	合格
12	北京奶牛中心	瑞士褐牛	11103630	特级	合格
13	北京奶牛中心	瑞士褐牛	11107710	特级	合格
14	北京奶牛中心	娟姗牛	11102935	特级	合格
15	北京奶牛中心	娟姗牛	11103453	一级	合格
16	北京奶牛中心	娟姗牛	11103458	一级	合格
17	北京奶牛中心	娟姗牛	11103467	一级	合格
18	山西鑫源良种繁育有限公司	西门塔尔	14108723	特级	合格
19	通辽京缘种牛繁育有限责任公司	西门塔尔	15203077	特级	合格
20	通辽京缘种牛繁育有限责任公司	西门塔尔	15203801	特级	合格
21	通辽京缘种牛繁育有限责任公司	西门塔尔	15203811	特级	合格
22	通辽京缘种牛繁育有限责任公司	西门塔尔	15204129	特级	合格
23	通辽京缘种牛繁育有限责任公司	西门塔尔	15205023	特级	合格
24	通辽京缘种牛繁育有限责任公司	西门塔尔	15205073	特级	合格
25	通辽京缘种牛繁育有限责任公司	西门塔尔	15205143	特级	合格
26	通辽京缘种牛繁育有限责任公司	西门塔尔	15205151	特级	合格
27	通辽京缘种牛繁育有限责任公司	西门塔尔	15206001	特级	合格
28	通辽京缘种牛繁育有限责任公司	西门塔尔	15206002	一级	合格
29	通辽京缘种牛繁育有限责任公司	西门塔尔	15206003	特级	合格
30	通辽京缘种牛繁育有限责任公司	西门塔尔	15206005	特级	合格
31	通辽京缘种牛繁育有限责任公司	西门塔尔	15206006	特级	合格
32	通辽京缘种牛繁育有限责任公司	西门塔尔	15208031	特级	合格

（续）

序号	种公牛站	品种	个体号	外貌等级	冻精质量
33	通辽京缘种牛繁育有限责任公司	西门塔尔	15208051	特级	合格
34	通辽京缘种牛繁育有限责任公司	西门塔尔	15208053	特级	合格
35	通辽京缘种牛繁育有限责任公司	西门塔尔	15208055	特级	合格
36	通辽京缘种牛繁育有限责任公司	西门塔尔	15208203	特级	合格
37	通辽京缘种牛繁育有限责任公司	西门塔尔	15208205	特级	合格
38	通辽京缘种牛繁育有限责任公司	西门塔尔	15208603	特级	合格
39	海拉尔农牧场管理局家畜繁育指导站	三河牛	15305207	特级	合格
40	海拉尔农牧场管理局家畜繁育指导站	三河牛	15305211	特级	合格
41	海拉尔农牧场管理局家畜繁育指导站	三河牛	15306417	特级	合格
42	海拉尔农牧场管理局家畜繁育指导站	三河牛	15307021	特级	合格
43	海拉尔农牧场管理局家畜繁育指导站	三河牛	15307073	一级	合格
44	海拉尔农牧场管理局家畜繁育指导站	三河牛	15307147	特级	合格
45	海拉尔农牧场管理局家畜繁育指导站	三河牛	15308029	特级	合格
46	海拉尔农牧场管理局家畜繁育指导站	三河牛	15308035	一级	合格
47	海拉尔农牧场管理局家畜繁育指导站	三河牛	15308113	一级	合格
48	海拉尔农牧场管理局家畜繁育指导站	三河牛	15308121	一级	合格
49	海拉尔农牧场管理局家畜繁育指导站	三河牛	15308139	一级	合格
50	海拉尔农牧场管理局家畜繁育指导站	三河牛	15308181	特级	合格
51	海拉尔农牧场管理局家畜繁育指导站	三河牛	15308540	特级	合格
52	海拉尔农牧场管理局家畜繁育指导站	三河牛	15308542	一级	合格
53	海拉尔农牧场管理局家畜繁育指导站	三河牛	15308733	特级	合格
54	海拉尔农牧场管理局家畜繁育指导站	三河牛	15308735	特级	合格
55	海拉尔农牧场管理局家畜繁育指导站	三河牛	15308741	特级	合格
56	海拉尔农牧场管理局家畜繁育指导站	三河牛	15309003	特级	合格
57	海拉尔农牧场管理局家畜繁育指导站	三河牛	15309007	一级	合格
58	海拉尔农牧场管理局家畜繁育指导站	三河牛	15309009	特级	合格
59	海拉尔农牧场管理局家畜繁育指导站	三河牛	15309017	特级	合格
60	海拉尔农牧场管理局家畜繁育指导站	三河牛	15309019	一级	合格
61	海拉尔农牧场管理局家畜繁育指导站	三河牛	15309021	一级	合格
62	海拉尔农牧场管理局家畜繁育指导站	三河牛	15309027	特级	合格
63	海拉尔农牧场管理局家畜繁育指导站	三河牛	15309029	特级	合格
64	海拉尔农牧场管理局家畜繁育指导站	三河牛	15309035	特级	合格
65	海拉尔农牧场管理局家畜繁育指导站	三河牛	15309051	特级	合格
66	海拉尔农牧场管理局家畜繁育指导站	三河牛	15309901	特级	合格
67	内蒙古赛科星繁育生物技术股份有限公司	娟姗牛	15503889	特级	合格
68	辽宁省牧经种牛繁育中心有限公司	西门塔尔	21103015	特级	合格
69	黑龙江省博瑞遗传有限公司	西门塔尔	23109S38	特级	合格
70	黑龙江省博瑞遗传有限公司	西门塔尔	23109S26	特级	合格
71	黑龙江省博瑞遗传有限公司	西门塔尔	23109S27	特级	合格
72	安徽天达种畜有限公司	摩拉水牛	34107060	特级	合格

（续）

序号	种公牛站	品种	个体号	外貌等级	冻精质量
73	安徽天达种畜有限公司	摩拉水牛	34107063	特级	合格
74	江西省天添畜禽育种有限公司	摩拉水牛	36107105	特级	合格
75	江西省天添畜禽育种有限公司	摩拉水牛	36108123	一级	合格
76	江西省天添畜禽育种有限公司	摩拉水牛	36108137	特级	合格
77	江西省天添畜禽育种有限公司	摩拉水牛	36108169	特级	合格
78	江西省天添畜禽育种有限公司	尼里水牛	36107736	特级	合格
79	江西省天添畜禽育种有限公司	尼里水牛	36108766	特级	合格
80	江西省天添畜禽育种有限公司	西门塔尔	36108781	特级	合格
81	江西省天添畜禽育种有限公司	西门塔尔	36108798	特级	合格
82	江西省天添畜禽育种有限公司	西门塔尔	36108890	一级	合格
83	江西省天添畜禽育种有限公司	西门塔尔	36108900	特级	合格
84	江西省天添畜禽育种有限公司	西门塔尔	36109829	特级	合格
85	山东省种公牛站有限责任公司	西门塔尔	37107625	特级	合格
86	山东省种公牛站有限责任公司	西门塔尔	37107619	特级	合格
87	山东省种公牛站有限责任公司	西门塔尔	37108405	特级	合格
88	山东省种公牛站有限责任公司	西门塔尔	37107623	特级	合格
89	山东省种公牛站有限责任公司	西门塔尔	37108403	特级	合格
90	山东省种公牛站有限责任公司	西门塔尔	37108408	特级	合格
91	山东省种公牛站有限责任公司	西门塔尔	37107628	特级	合格
92	山东省种公牛站有限责任公司	西门塔尔	37107601	特级	合格
93	山东省种公牛站有限责任公司	西门塔尔	37107614	特级	合格
94	山东省种公牛站有限责任公司	西门塔尔	37107624	特级	合格
95	山东省种公牛站有限责任公司	西门塔尔	37108406	特级	合格
96	山东省种公牛站有限责任公司	西门塔尔	37107605	特级	合格
97	山东省种公牛站有限责任公司	西门塔尔	37108402	特级	合格
98	山东省种公牛站有限责任公司	西门塔尔	37107620	特级	合格
99	山东省种公牛站有限责任公司	西门塔尔	37108411	特级	合格
100	山东省种公牛站有限责任公司	西门塔尔	37107618	特级	合格
101	山东省种公牛站有限责任公司	西门塔尔	37107621	特级	合格
102	山东省种公牛站有限责任公司	西门塔尔	37107606	特级	合格
103	山东省种公牛站有限责任公司	西门塔尔	37108409	特级	合格
104	山东省种公牛站有限责任公司	西门塔尔	37108410	特级	合格
105	山东省种公牛站有限责任公司	西门塔尔	37107608	一级	合格
106	山东省种公牛站有限责任公司	西门塔尔	37108404	一级	合格
107	山东省种公牛站有限责任公司	西门塔尔	37108407	一级	合格
108	河南省鼎元种牛育种有限公司	西门塔尔	41107245	特级	合格
109	河南省鼎元种牛育种有限公司	西门塔尔	41108206	特级	合格
110	河南省鼎元种牛育种有限公司	西门塔尔	41108209	特级	合格
111	河南省鼎元种牛育种有限公司	西门塔尔	41108226	特级	合格
112	河南省鼎元种牛育种有限公司	西门塔尔	41108248	特级	合格

（续）

序号	种公牛站	品种	个体号	外貌等级	冻精质量
113	河南省鼎元种牛育种有限公司	西门塔尔	41108252	特级	合格
114	河南省鼎元种牛育种有限公司	西门塔尔	41108253	特级	合格
115	河南省鼎元种牛育种有限公司	西门塔尔	41108255	特级	合格
116	河南省鼎元种牛育种有限公司	西门塔尔	41109208	特级	合格
117	河南省鼎元种牛育种有限公司	西门塔尔	41109210	特级	合格
118	河南省鼎元种牛育种有限公司	西门塔尔	41109218	特级	合格
119	河南省鼎元种牛育种有限公司	西门塔尔	41109222	特级	合格
120	河南省鼎元种牛育种有限公司	西门塔尔	41109234	一级	合格
121	河南省鼎元种牛育种有限公司	西门塔尔	41109236	特级	合格
122	河南省鼎元种牛育种有限公司	西门塔尔	41109238	一级	合格
123	河南省鼎元种牛育种有限公司	西门塔尔	41109240	特级	合格
124	河南省鼎元种牛育种有限公司	西门塔尔	41109246	特级	合格
125	河南省鼎元种牛育种有限公司	西门塔尔	41109248	一级	合格
126	南阳昌盛牛业有限公司	西门塔尔	41205577	特级	合格
127	南阳昌盛牛业有限公司	西门塔尔	41205647	特级	合格
128	洛阳市洛瑞牧业有限公司	西门塔尔	41401121	特级	合格
129	洛阳市洛瑞牧业有限公司	西门塔尔	41403116	特级	合格
130	洛阳市洛瑞牧业有限公司	西门塔尔	41403122	特级	合格
131	洛阳市洛瑞牧业有限公司	西门塔尔	41404102	特级	合格
132	洛阳市洛瑞牧业有限公司	西门塔尔	41408160	特级	合格
133	武汉兴牧生物科技有限公司	槟榔江水牛	42104089	特级	合格
134	武汉兴牧生物科技有限公司	槟榔江水牛	42104095	特级	合格
135	武汉兴牧生物科技有限公司	槟榔江水牛	42105097	特级	合格
136	武汉兴牧生物科技有限公司	槟榔江水牛	42105101	特级	合格
137	武汉兴牧生物科技有限公司	槟榔江水牛	42105228	特级	合格
138	武汉兴牧生物科技有限公司	槟榔江水牛	42105250	一级	合格
139	武汉兴牧生物科技有限公司	槟榔江水牛	42106071	特级	合格
140	武汉兴牧生物科技有限公司	槟榔江水牛	42106078	特级	合格
141	武汉兴牧生物科技有限公司	槟榔江水牛	42106090	特级	合格
142	武汉兴牧生物科技有限公司	槟榔江水牛	42106124	特级	合格
143	武汉兴牧生物科技有限公司	槟榔江水牛	42106255	特级	合格
144	武汉兴牧生物科技有限公司	槟榔江水牛	42106487	特级	合格
145	武汉兴牧生物科技有限公司	槟榔江水牛	42106491	特级	合格
146	武汉兴牧生物科技有限公司	槟榔江水牛	42106557	特级	合格
147	武汉兴牧生物科技有限公司	槟榔江水牛	42106617	一级	合格
148	武汉兴牧生物科技有限公司	槟榔江水牛	42107177	特级	合格
149	武汉兴牧生物科技有限公司	尼里水牛	42106684	特级	合格
150	武汉兴牧生物科技有限公司	尼里水牛	42107714	特级	合格
151	武汉兴牧生物科技有限公司	摩拉水牛	42106189	特级	合格
152	湖南光大牧业科技有限公司	摩拉水牛	43195004	特级	合格

（续）

序号	种公牛站	品种	个体号	外貌等级	冻精质量
153	湖南光大牧业科技有限公司	摩拉水牛	43101032	特级	合格
154	湖南光大牧业科技有限公司	摩拉水牛	43101033	特级	合格
155	湖南光大牧业科技有限公司	摩拉水牛	43101034	特级	合格
156	湖南光大牧业科技有限公司	摩拉水牛	43101035	特级	合格
157	湖南光大牧业科技有限公司	摩拉水牛	43101036	特级	合格
158	广州市奶牛研究所有限公司	娟姗牛	44101009	特级	合格
159	广州市奶牛研究所有限公司	娟姗牛	44102011	特级	合格
160	广州市奶牛研究所有限公司	娟姗牛	44108017	特级	合格
161	广州市奶牛研究所有限公司	娟姗牛	44109016	特级	合格
162	广州市奶牛研究所有限公司	娟姗牛	44109018	一级	合格
163	广州市奶牛研究所有限公司	尼里水牛	44104001	一级	合格
164	广西壮族自治区畜禽品种改良站	摩拉水牛	45197687	特级	合格
165	广西壮族自治区畜禽品种改良站	摩拉水牛	45197691	特级	合格
166	广西壮族自治区畜禽品种改良站	摩拉水牛	45198731	特级	合格
167	广西壮族自治区畜禽品种改良站	摩拉水牛	45198735	特级	合格
168	广西壮族自治区畜禽品种改良站	摩拉水牛	45198745	特级	合格
169	广西壮族自治区畜禽品种改良站	摩拉水牛	45100791	特级	合格
170	广西壮族自治区畜禽品种改良站	摩拉水牛	45100795	特级	合格
171	广西壮族自治区畜禽品种改良站	摩拉水牛	45100799	特级	合格
172	广西壮族自治区畜禽品种改良站	摩拉水牛	45101823	特级	合格
173	广西壮族自治区畜禽品种改良站	摩拉水牛	45102857	特级	合格
174	广西壮族自治区畜禽品种改良站	摩拉水牛	45102861	特级	合格
175	广西壮族自治区畜禽品种改良站	摩拉水牛	45102879	特级	合格
176	广西壮族自治区畜禽品种改良站	摩拉水牛	45102889	特级	合格
177	广西壮族自治区畜禽品种改良站	摩拉水牛	45103917	特级	合格
178	广西壮族自治区畜禽品种改良站	摩拉水牛	45103937	特级	合格
179	广西壮族自治区畜禽品种改良站	摩拉水牛	45103943	一级	合格
180	广西壮族自治区畜禽品种改良站	摩拉水牛	45103945	特级	合格
181	广西壮族自治区畜禽品种改良站	摩拉水牛	45103947	特级	合格
182	广西壮族自治区畜禽品种改良站	摩拉水牛	45103951	特级	合格
183	广西壮族自治区畜禽品种改良站	摩拉水牛	45104959	一级	合格
184	广西壮族自治区畜禽品种改良站	摩拉水牛	45104967	特级	合格
185	广西壮族自治区畜禽品种改良站	摩拉水牛	45104975	特级	合格
186	广西壮族自治区畜禽品种改良站	摩拉水牛	45105005	特级	合格
187	广西壮族自治区畜禽品种改良站	摩拉水牛	45105031	特级	合格
188	广西壮族自治区畜禽品种改良站	摩拉水牛	45106859	特级	合格
189	广西壮族自治区畜禽品种改良站	摩拉水牛	45106863	特级	合格
190	广西壮族自治区畜禽品种改良站	摩拉水牛	45106091	特级	合格
191	广西壮族自治区畜禽品种改良站	摩拉水牛	45108131	特级	合格
192	广西壮族自治区畜禽品种改良站	摩拉水牛	45107888	特级	合格

（续）

序号	种公牛站	品种	个体号	外貌等级	冻精质量
193	广西壮族自治区畜禽品种改良站	尼里水牛	45198386	特级	合格
194	广西壮族自治区畜禽品种改良站	尼里水牛	45198388	特级	合格
195	广西壮族自治区畜禽品种改良站	尼里水牛	45198394	特级	合格
196	广西壮族自治区畜禽品种改良站	尼里水牛	45199400	特级	合格
197	广西壮族自治区畜禽品种改良站	尼里水牛	45199402	特级	合格
198	广西壮族自治区畜禽品种改良站	尼里水牛	45100440	一级	合格
199	广西壮族自治区畜禽品种改良站	尼里水牛	45100454	特级	合格
200	广西壮族自治区畜禽品种改良站	尼里水牛	45100456	特级	合格
201	广西壮族自治区畜禽品种改良站	尼里水牛	45101472	特级	合格
202	广西壮族自治区畜禽品种改良站	尼里水牛	45101478	特级	合格
203	广西壮族自治区畜禽品种改良站	尼里水牛	45101486	特级	合格
204	广西壮族自治区畜禽品种改良站	尼里水牛	45101490	特级	合格
205	广西壮族自治区畜禽品种改良站	尼里水牛	45101500	特级	合格
206	广西壮族自治区畜禽品种改良站	尼里水牛	45102520	特级	合格
207	广西壮族自治区畜禽品种改良站	尼里水牛	45103556	特级	合格
208	广西壮族自治区畜禽品种改良站	尼里水牛	45103558	特级	合格
209	广西壮族自治区畜禽品种改良站	尼里水牛	45103566	特级	合格
210	广西壮族自治区畜禽品种改良站	尼里水牛	45103568	一级	合格
211	广西壮族自治区畜禽品种改良站	尼里水牛	45103570	特级	合格
212	广西壮族自治区畜禽品种改良站	尼里水牛	45103572	特级	合格
213	广西壮族自治区畜禽品种改良站	尼里水牛	45103574	特级	合格
214	广西壮族自治区畜禽品种改良站	尼里水牛	45103576	一级	合格
215	广西壮族自治区畜禽品种改良站	尼里水牛	45103588	特级	合格
216	广西壮族自治区畜禽品种改良站	尼里水牛	45103584	特级	合格
217	广西壮族自治区畜禽品种改良站	尼里水牛	45104593	特级	合格
218	广西壮族自治区畜禽品种改良站	尼里水牛	45104624	特级	合格
219	广西壮族自治区畜禽品种改良站	尼里水牛	45103619	特级	合格
220	广西壮族自治区畜禽品种改良站	尼里水牛	45107694	特级	合格
221	广西壮族自治区畜禽品种改良站	尼里水牛	45107696	特级	合格
222	广西壮族自治区畜禽品种改良站	尼里水牛	45107698	一级	合格
223	广西壮族自治区畜禽品种改良站	尼里水牛	45107702	特级	合格
224	广西壮族自治区畜禽品种改良站	尼里水牛	45108756	特级	合格
225	广西壮族自治区畜禽品种改良站	尼里水牛	45108744	特级	合格
226	广西壮族自治区畜禽品种改良站	尼里水牛	45108927	特级	合格
227	广西壮族自治区畜禽品种改良站	尼里水牛	45108748	特级	合格
228	广西壮族自治区畜禽品种改良站	尼里水牛	45108754	特级	合格
229	广西壮族自治区畜禽品种改良站	尼里水牛	45108935	特级	合格
230	广西壮族自治区畜禽品种改良站	尼里水牛	45108758	特级	合格
231	成都汇丰动物育种有限公司	西门塔尔	51105073	特级	合格
232	成都汇丰动物育种有限公司	西门塔尔	51106080	特级	合格

（续）

序号	种公牛站	品种	个体号	外貌等级	冻精质量
233	成都汇丰动物育种有限公司	西门塔尔	51106084	特级	合格
234	成都汇丰动物育种有限公司	西门塔尔	51106085	特级	合格
235	成都汇丰动物育种有限公司	西门塔尔	51106086	特级	合格
236	成都汇丰动物育种有限公司	西门塔尔	51106087	特级	合格
237	成都汇丰动物育种有限公司	娟姗牛	51105814	特级	合格
238	云南恒翔家畜良种科技有限责任公司	摩拉水牛	53196108	特级	合格
239	云南恒翔家畜良种科技有限责任公司	摩拉水牛	53101130	特级	合格
240	云南恒翔家畜良种科技有限责任公司	摩拉水牛	53101131	特级	合格
241	云南恒翔家畜良种科技有限责任公司	摩拉水牛	53101132	特级	合格
242	云南恒翔家畜良种科技有限责任公司	摩拉水牛	53101133	特级	合格
243	云南恒翔家畜良种科技有限责任公司	摩拉水牛	53105165	特级	合格
244	云南恒翔家畜良种科技有限责任公司	摩拉水牛	53105166	特级	合格
245	云南恒翔家畜良种科技有限责任公司	摩拉水牛	53106168	特级	合格
246	云南恒翔家畜良种科技有限责任公司	摩拉水牛	53106169	特级	合格
247	云南恒翔家畜良种科技有限责任公司	摩拉水牛	53106170	特级	合格
248	云南恒翔家畜良种科技有限责任公司	摩拉水牛	53106171	特级	合格
249	云南恒翔家畜良种科技有限责任公司	摩拉水牛	53106172	特级	合格
250	云南恒翔家畜良种科技有限责任公司	摩拉水牛	53108226	特级	合格
251	云南恒翔家畜良种科技有限责任公司	摩拉水牛	53109227	特级	合格
252	云南恒翔家畜良种科技有限责任公司	尼里水牛	53104173	特级	合格
253	云南恒翔家畜良种科技有限责任公司	尼里水牛	53105175	一级	合格
254	云南恒翔家畜良种科技有限责任公司	尼里水牛	53105176	特级	合格
255	云南恒翔家畜良种科技有限责任公司	尼里水牛	53106177	特级	合格
256	云南恒翔家畜良种科技有限责任公司	尼里水牛	53106178	特级	合格
257	云南恒翔家畜良种科技有限责任公司	尼里水牛	53106179	特级	合格
258	云南恒翔家畜良种科技有限责任公司	尼里水牛	53108239	特级	合格
259	云南恒翔家畜良种科技有限责任公司	槟榔江水牛	53107188	特级	合格
260	云南恒翔家畜良种科技有限责任公司	槟榔江水牛	53107189	特级	合格
261	大理白族自治州家畜繁育指导站	摩拉水牛	53204050	特级	合格
262	大理白族自治州家畜繁育指导站	摩拉水牛	53204051	特级	合格
263	大理白族自治州家畜繁育指导站	摩拉水牛	53204053	特级	合格
264	大理白族自治州家畜繁育指导站	摩拉水牛	53204055	特级	合格
265	大理白族自治州家畜繁育指导站	摩拉水牛	53205059	特级	合格
266	大理白族自治州家畜繁育指导站	摩拉水牛	53206061	特级	合格
267	大理白族自治州家畜繁育指导站	摩拉水牛	53207086	特级	合格
268	大理白族自治州家畜繁育指导站	摩拉水牛	53207087	特级	合格
269	大理白族自治州家畜繁育指导站	摩拉水牛	53207088	特级	合格
270	大理白族自治州家畜繁育指导站	摩拉水牛	53207089	特级	合格
271	大理白族自治州家畜繁育指导站	尼里水牛	53205056	一级	合格
272	大理白族自治州家畜繁育指导站	尼里水牛	53205057	特级	合格

（续）

序号	种公牛站	品种	个体号	外貌等级	冻精质量
273	大理白族自治州家畜繁育指导站	尼里水牛	53205058	特级	合格
274	大理白族自治州家畜繁育指导站	尼里水牛	53206060	特级	合格
275	大理白族自治州家畜繁育指导站	尼里水牛	53206062	特级	合格
276	大理白族自治州家畜繁育指导站	尼里水牛	53206080	特级	合格
277	大理白族自治州家畜繁育指导站	尼里水牛	53206081	特级	合格
278	大理白族自治州家畜繁育指导站	尼里水牛	53207082	一级	合格
279	大理白族自治州家畜繁育指导站	尼里水牛	53207083	特级	合格
280	大理白族自治州家畜繁育指导站	尼里水牛	53207085	特级	合格
281	甘肃省家畜繁育中心	西门塔尔	62106708	一级	合格
282	甘肃省家畜繁育中心	西门塔尔	62106706	一级	合格
283	甘肃省家畜繁育中心	西门塔尔	62106821	一级	合格
284	甘肃省家畜繁育中心	西门塔尔	62108027	特级	合格
285	甘肃省家畜繁育中心	西门塔尔	62108029	特级	合格
286	甘肃省家畜繁育中心	西门塔尔	62108031	一级	合格
287	甘肃省家畜繁育中心	西门塔尔	62108033	一级	合格
288	甘肃省家畜繁育中心	西门塔尔	62108037	一级	合格
289	甘肃省家畜繁育中心	西门塔尔	62108039	一级	合格
290	青海省家畜改良中心	西门塔尔	63106061	特级	合格
291	青海省家畜改良中心	西门塔尔	63106073	一级	合格
292	青海省家畜改良中心	西门塔尔	63109241	一级	合格
293	青海省家畜改良中心	西门塔尔	63109267	一级	合格
294	青海省家畜改良中心	西门塔尔	63109273	一级	合格
295	青海省家畜改良中心	西门塔尔	63109285	特级	合格
296	青海省家畜改良中心	牦牛	63196014	特级	合格
297	青海省家畜改良中心	牦牛	63197002	一级	合格
298	青海省家畜改良中心	牦牛	63197009	一级	合格
299	青海省家畜改良中心	牦牛	63197015	特级	合格
300	青海省家畜改良中心	牦牛	63197016	一级	合格
301	青海省家畜改良中心	牦牛	63197025	一级	合格
302	青海省家畜改良中心	牦牛	63197026	一级	合格
303	青海省家畜改良中心	牦牛	63197027	特级	合格
304	青海省家畜改良中心	牦牛	63199017	特级	合格
305	青海省家畜改良中心	牦牛	63199018	特级	合格
306	青海省家畜改良中心	牦牛	63199022	特级	合格
307	青海省家畜改良中心	牦牛	63199023	特级	合格
308	青海省家畜改良中心	牦牛	63199028	特级	合格
309	青海省家畜改良中心	牦牛	63101013	一级	合格
310	青海省家畜改良中心	牦牛	63102038	特级	合格
311	青海省家畜改良中心	牦牛	63104001	特级	合格
312	青海省家畜改良中心	牦牛	63104004	特级	合格

（续）

序号	种公牛站	品种	个体号	外貌等级	冻精质量
313	青海省家畜改良中心	牦牛	63104006	特级	合格
314	青海省家畜改良中心	牦牛	63104018	特级	合格
315	青海省家畜改良中心	牦牛	63104027	特级	合格
316	青海省家畜改良中心	牦牛	63104042	一级	合格
317	青海省家畜改良中心	牦牛	63105042	特级	合格
318	新疆天山畜牧生物工程股份有限公司	褐牛	65102834	特级	合格
319	新疆天山畜牧生物工程股份有限公司	褐牛	65103840	特级	合格
320	新疆天山畜牧生物工程股份有限公司	褐牛	65103843	特级	合格
321	新疆天山畜牧生物工程股份有限公司	褐牛	65105846	一级	合格
322	新疆天山畜牧生物工程股份有限公司	褐牛	65105847	特级	合格
323	新疆天山畜牧生物工程股份有限公司	褐牛	65105850	特级	合格
324	新疆天山畜牧生物工程股份有限公司	褐牛	65105851	一级	合格
325	新疆天山畜牧生物工程股份有限公司	褐牛	65105852	一级	合格
326	新疆天山畜牧生物工程股份有限公司	褐牛	65106801	特级	合格
327	新疆天山畜牧生物工程股份有限公司	褐牛	65106802	特级	合格
328	新疆天山畜牧生物工程股份有限公司	褐牛	65106853	特级	合格
329	新疆天山畜牧生物工程股份有限公司	褐牛	65106854	一级	合格
330	新疆天山畜牧生物工程股份有限公司	褐牛	65106856	特级	合格
331	新疆天山畜牧生物工程股份有限公司	褐牛	65106857	特级	合格
332	新疆天山畜牧生物工程股份有限公司	褐牛	65107803	特级	合格
333	新疆天山畜牧生物工程股份有限公司	褐牛	65107806	特级	合格
334	新疆天山畜牧生物工程股份有限公司	褐牛	65107807	一级	合格
335	新疆天山畜牧生物工程股份有限公司	褐牛	65107808	特级	合格
336	新疆天山畜牧生物工程股份有限公司	褐牛	65107809	特级	合格
337	新疆天山畜牧生物工程股份有限公司	褐牛	65107811	特级	合格
338	新疆天山畜牧生物工程股份有限公司	褐牛	65107815	特级	合格
339	新疆天山畜牧生物工程股份有限公司	褐牛	65107816	特级	合格
340	新疆天山畜牧生物工程股份有限公司	褐牛	65107817	特级	合格
341	新疆天山畜牧生物工程股份有限公司	褐牛	65107858	特级	合格
342	新疆天山畜牧生物工程股份有限公司	褐牛	65107859	特级	合格
343	新疆天山畜牧生物工程股份有限公司	褐牛	65107860	特级	合格
344	新疆天山畜牧生物工程股份有限公司	褐牛	65107862	特级	合格
345	新疆天山畜牧生物工程股份有限公司	褐牛	65107863	特级	合格
346	新疆天山畜牧生物工程股份有限公司	褐牛	65107864	特级	合格
347	新疆天山畜牧生物工程股份有限公司	褐牛	65107865	特级	合格
348	新疆天山畜牧生物工程股份有限公司	褐牛	65107866	特级	合格
349	新疆天山畜牧生物工程股份有限公司	褐牛	65107867	特级	合格
350	新疆天山畜牧生物工程股份有限公司	褐牛	65107868	特级	合格
351	新疆天山畜牧生物工程股份有限公司	褐牛	65107869	特级	合格
352	新疆天山畜牧生物工程股份有限公司	褐牛	65107870	特级	合格

（续）

序号	种公牛站	品种	个体号	外貌等级	冻精质量
353	新疆天山畜牧生物工程股份有限公司	褐牛	65107871	特级	合格
354	新疆天山畜牧生物工程股份有限公司	褐牛	65107872	特级	合格
355	新疆天山畜牧生物工程股份有限公司	褐牛	65108819	特级	合格
356	新疆天山畜牧生物工程股份有限公司	褐牛	65108820	特级	合格
357	新疆天山畜牧生物工程股份有限公司	褐牛	65108821	特级	合格
358	新疆天山畜牧生物工程股份有限公司	褐牛	65108823	特级	合格
359	新疆天山畜牧生物工程股份有限公司	褐牛	65108824	特级	合格
360	新疆天山畜牧生物工程股份有限公司	褐牛	65108825	特级	合格
361	新疆天山畜牧生物工程股份有限公司	褐牛	65108826	特级	合格
362	新疆天山畜牧生物工程股份有限公司	褐牛	65108827	特级	合格
363	新疆天山畜牧生物工程股份有限公司	褐牛	65108830	特级	合格
364	新疆天山畜牧生物工程股份有限公司	褐牛	65108874	特级	合格
365	新疆天山畜牧生物工程股份有限公司	褐牛	65108875	一级	合格
366	新疆天山畜牧生物工程股份有限公司	褐牛	65108876	特级	合格
367	新疆天山畜牧生物工程股份有限公司	褐牛	65108877	特级	合格
368	新疆天山畜牧生物工程股份有限公司	褐牛	65108878	特级	合格
369	新疆天山畜牧生物工程股份有限公司	褐牛	65108879	一级	合格
370	新疆天山畜牧生物工程股份有限公司	褐牛	65108881	特级	合格
371	新疆天山畜牧生物工程股份有限公司	褐牛	65108883	一级	合格
372	新疆天山畜牧生物工程股份有限公司	褐牛	65108884	特级	合格
373	新疆天山畜牧生物工程股份有限公司	褐牛	65109804	特级	合格
374	新疆天山畜牧生物工程股份有限公司	褐牛	65109810	一级	合格
375	新疆天山畜牧生物工程股份有限公司	褐牛	65109812	特级	合格
376	新疆天山畜牧生物工程股份有限公司	褐牛	65109813	一级	合格
377	新疆天山畜牧生物工程股份有限公司	褐牛	65109885	一级	合格
378	新疆天山畜牧生物工程股份有限公司	褐牛	65109886	特级	合格
379	新疆天山畜牧生物工程股份有限公司	褐牛	65109887	一级	合格
380	新疆天山畜牧生物工程股份有限公司	西门塔尔	65102043	特级	合格
381	新疆天山畜牧生物工程股份有限公司	西门塔尔	65102047	特级	合格
382	新疆天山畜牧生物工程股份有限公司	西门塔尔	65102509	特级	合格
383	新疆天山畜牧生物工程股份有限公司	西门塔尔	65103510	特级	合格
384	新疆天山畜牧生物工程股份有限公司	西门塔尔	65104501	特级	合格
385	新疆天山畜牧生物工程股份有限公司	西门塔尔	65104511	特级	合格
386	新疆天山畜牧生物工程股份有限公司	西门塔尔	65104512	特级	合格
387	新疆天山畜牧生物工程股份有限公司	西门塔尔	65104513	特级	合格
388	新疆天山畜牧生物工程股份有限公司	西门塔尔	65104514	特级	合格
389	新疆天山畜牧生物工程股份有限公司	西门塔尔	65104515	一级	合格
390	新疆天山畜牧生物工程股份有限公司	西门塔尔	65104517	特级	合格
391	新疆天山畜牧生物工程股份有限公司	西门塔尔	65104518	特级	合格
392	新疆天山畜牧生物工程股份有限公司	西门塔尔	65104519	特级	合格

（续）

序号	种公牛站	品种	个体号	外貌等级	冻精质量
393	新疆天山畜牧生物工程股份有限公司	西门塔尔	65105503	特级	合格
394	新疆天山畜牧生物工程股份有限公司	西门塔尔	65105521	特级	合格
395	新疆天山畜牧生物工程股份有限公司	西门塔尔	65106524	特级	合格
396	新疆天山畜牧生物工程股份有限公司	西门塔尔	65106527	特级	合格
397	新疆天山畜牧生物工程股份有限公司	西门塔尔	65107532	特级	合格
398	新疆天山畜牧生物工程股份有限公司	西门塔尔	65108533	特级	合格
399	新疆天山畜牧生物工程股份有限公司	西门塔尔	65108534	特级	合格
400	新疆天山畜牧生物工程股份有限公司	西门塔尔	65108535	特级	合格
401	新疆天山畜牧生物工程股份有限公司	西门塔尔	65108536	特级	合格
402	新疆天山畜牧生物工程股份有限公司	西门塔尔	65108537	特级	合格
403	新疆天山畜牧生物工程股份有限公司	西门塔尔	65108538	特级	合格
404	新疆天山畜牧生物工程股份有限公司	西门塔尔	65109539	一级	合格
405	新疆天山畜牧生物工程股份有限公司	西门塔尔	65109540	一级	合格
406	新疆天山畜牧生物工程股份有限公司	西门塔尔	65109541	一级	合格
407	新疆天山畜牧生物工程股份有限公司	西门塔尔	65109542	特级	合格
408	新疆天山畜牧生物工程股份有限公司	西门塔尔	65109543	一级	合格
409	新疆天山畜牧生物工程股份有限公司	西门塔尔	65109544	一级	合格

饲料质量安全监管及违禁添加物整治情况

2011年，农业部组织各级农业和畜牧兽医部门紧扣农业农村中心工作任务，狠抓饲料质量安全监管，深入推进“瘦肉精”专项整治，推动饲料和养殖环节质量安全水平稳步提升。

一、全面加强饲料行业法制建设

针对河南“瘦肉精”案件暴露出的新问题，配合国务院法制办再次对《饲料和饲料添加剂管理条例》（修订草案）进行斟酌修改，经国务院常务会议审议通过后于11月3日发布。新饲料和饲料添加剂评审、进口饲料和饲料添加剂登记、饲料和饲料添加剂生产许可等配套规章和饲料原料目录等规范性文件修订（起草）工作同步开展，年底前完成了意见征集。此外，为规范饲料安全评价工作，制定印发了《饲料和饲料添加剂畜禽靶动物有效性评价试验指南》、《饲料和饲料添加剂畜禽靶动物耐受性评价试验指南》。

二、妥善处置河南“瘦肉精”案件

河南“瘦肉精”案件发生后，迅速启动应急处置工作机制，组织开展查处工作。案件发生当天，立即发函要求河南省迅速组织查处，派工作组赶赴现场督查。为防患于未然，连夜发出紧急通知，要求各地迅速行动，加强生猪养殖重点地区排查。在西安召开重点省份“瘦肉精”监管工作座谈会，进一步明确工作要求，指导各地有序开展排查，着力完善工作机制。在各方面共同努力下，河南“瘦肉精”案件迅即得到查处，事态很快得到控制。

三、深入组织开展“瘦肉精”专项整治

国务院食安办2010年4月18日印发《“瘦肉精”专项整治方案》后，农业部先后两次组织多部门联合督查，督促各地切实履行职责，把各项工作措施落到实处。要求各地广泛张贴《告广大养殖场户严禁使用“瘦肉精”书》，“使用瘦肉精就是违法”的宣传实现进村入户。制定实施养殖环节“瘦肉精”监测计划，安排抽检近10万批次样品。年底前下发《农业部关于深入推进“瘦肉精”专项整治的意见》，会同有关部门出台《“瘦肉精”涉案线索移送和案件督办工作机制》。据不完全统计，全年各地共出动执法人员224万人次，在饲料、养殖、收购贩运环节检查生产经营主体284万个，抽检各类样品848万批次。

四、督促各地从严查处违法案件

对于饲料和养殖环节涉及“瘦肉精”等禁用物质的违法案件，要求各地在加强行政执法的同时，必须第一时间移送公安机关，并安排国家饲料质检中心等机构为案件查处提供检测技术支持。全国饲料监督抽查中发现福建百拓、八重洲、海新3家饲料企业使用新型“瘦肉精”——苯乙醇胺A后，立即组织相关省联动查处，给予吊销生产许可证等行政处罚，并移送公安部门立案侦查。媒体报道山东利津县的养殖户使用“瘦肉精”喂羊后，第一时间派出工作组赴当地拉网监测，将检出“瘦肉精”的养殖户全部移送公安机关。对媒体报道的河北昌黎等地“瘦肉精”喂羊、广东集能使用新型“瘦肉精”和山东聊城用含“瘦肉精”火腿肠喂猪等情况，均责成有关省及时调查核实，回应媒体关切，并有针对性地采取监管措施。截至2011年10月底，各地畜牧兽医部门共立案查处违法案件177起，移交司法机关110起。

五、强化饲料企业监督管理

严把行业准入关，审核发放饲料添加剂和添加剂预混合饲料生产许可证1087个、进口饲料和饲料添加剂登记证366个，注销饲料添加剂和添加剂预混合饲料生产许可证187个。加强企业监督检查，对9个省20家饲料添加剂和添加剂预混合饲料生产许可证申报企业进行现场复核，对河北等10个省（区、市）200家饲料生产企业开展跨省互检，对30个省（区、市）257家饲料添加剂和添加剂预混合饲料生产企业进行现场监督检查。试点实施《饲料、饲料添加剂质量安全管理规范》，组织10个重点省30家企业开展培训，年底前完成全部试点企业验收工作。建立行政许可信息查询系统，实现饲料添加剂和添加剂预混合饲料生产信息网上查询，引导养殖户科学选用许可产品，提升基层饲料管理部门执法能力。

饲料质量安全监管各项工作的深入开展取得了明显成效。一是饲料质量安全状况继续改善。共抽检各类饲料产品6 686批次，质量卫生指标合格率95.51%，同比提高1.62个百分点。对7 880批次饲料样品进行了违禁物质检测，检出率0.06%，继续保持低水平。对2 618批次饲料原料和奶牛饲料样品进行了三聚氰胺检测，只有2批次样品检测不合格。二是养殖中违禁使用“瘦肉精”的现象得到有效遏制。全国各级畜牧兽医部门共抽检活畜尿液等样品848万批次，检出含“瘦肉精”样品1 481个，检出率0.02%。据我部组织对11种“瘦肉精”类物质排查监测，从养殖环节抽检的4 543批次活畜尿样中，7批次检出盐酸克伦特罗，检出率0.15%（未检出其他“瘦肉精”类物质）。三是饲料生产保持稳定增长。2011年，我国饲料行业克服原料价格和综合生产成本上涨不利影响，把握养殖效益向好、商品饲料市场占有率提高的有利时机，充分发挥技术、资金和人才优势，继续保持良好发展势头。全年商品饲料总产量1.81亿吨，同比增长11.5%。

畜牧业司饲料处　魏宏阳

2011年进口饲料和饲料添加剂产品登记证目录

表2-13

登记证号	通用名称	商品名称	产品类别	使用范围	生产厂家	有效期限	备注
(2011)外饲准字001号	酵母培养物 Yeast Culture	益生酵母TS YEA-SACC TS	饲料添加剂 Feed Additive	畜禽 Livestock and Poultry	美国奥特奇公司 Alltech Inc., USA	2011.01-2016.01	
(2011)外饲准字003号	乳清粉、乳清蛋白和棕榈油 Whey Powder, Whey Protein Concentrate, Palm Oil	美可思代乳粉21/11 MIXCALF 21/11	配合饲料 Compound Feed	小牛 Calf	法国MG2MIX公司 MG2MIX, France	2011.01-2016.01	
(2011)外饲准字004号	苯甲酸 Benzoic Acid	胃肠益生剂SB5 Kemira Pro Git SB5	饲料酸化剂 Feed Acidifier	养殖动物 All species or categories of animals	凯米拉化学品有限公司 Kemira Chemsolutions Bv., The Netherlands	2011.01-2016.01	
(2011)外饲准字005号	甲酸 Formic Acid	胃肠益生剂SF2 Kemira Pro Git SF2	饲料酸化剂 Feed Acidifier	养殖动物 All species or categories of animals	凯米拉化学品有限公司 Kemira Chemsolutions Bv., The Netherlands	2011.01-2016.01	
(2011)外饲准字006号	甲酸 Formic Acid	细菌控制剂SF1 Kemira Bacteria Control SF1	饲料酸化剂 Feed Acidifier	养殖动物 All species or categories of animals	凯米拉化学品有限公司 Kemira Chemsolutions Bv., The Netherlands	2011.01-2016.01	
(2011)外饲准字007号	甲酸、丙酸和丁酸 Formic Acid, Propionic Acid and Methyl Propionic Acid	普肥特 Prefect	饲料酸化剂 Feed Acidifier	养殖动物 All species or categories of animals	英国KIOTECHAGIL公司 KIOTECHAGIL, England	2011.01-2016.01	
(2011)外饲准字008号	钙质-蒙脱土 Calcium-Montmorillonite Clay	加利百灵-A Calibrin-A	饲料添加剂 Feed Additive	家畜 Livestock	美国安然国际公司 Amlan International	2011.01-2016.01	

（续）

登记证号	通用名称	商品名称	产品类别	使用范围	生产厂家	有效期限	备注
(2011)外饲准字009号	DL-蛋氨酸，长链脂肪酸、月桂酸 DL-Methionine, Long Chain Fatty Acid, Lauric Acid	美宝 Met-Plus	饲料添加剂 Feed Additive	奶牛 Cattle	日本Nisso Jushi公司 Nisso Jushi Co., Ltd	2011.01-2016.01	
(2011)外饲准字010号	DL-蛋氨酸 DL-Methionine	美百瑞TM蛋氨酸粉剂 MetipearlTM Dry Methionine	饲料级氨基酸 Amino acid feed grade	反刍动物 Ruminant	意大利Eurhema S.R.L.公司 Eurhema S.R.L., Italy	2011.01-2016.01	
(2011)外饲准字011号	浓缩鱼溶浆、豆粕 Condensed Fish Soluble and Soybean Meal	维他快 Vita-M Fac 2000	蛋白质饲料 Protein Feed	畜禽和水产动物 Livestock and Aquaculture	美国华达生化科技有限公司 Bio-Chem Corporation, USA	2011.01-2016.01	
(2011)外饲准字025号	BHA、乙氧基喹啉、有机酸 BHA/Ethoxyquin/organic acid	抗氧灵 Feedox® Dry	饲料抗氧化剂 Feed Antioxidant	养殖动物 All species or categories of animals	比利时英派克斯国际有限公司 Impextraco N.V., Belgium	2011.01-2016.01	续展
(2011)外饲准字026号	内-1，4-β-木聚糖酶（产自米曲霉） Endo-1, 4-β-Xylanase, Produced by *Aspergillus*	乐多仙® WX（液态型） Ronozyme® WX (L)	饲料级酶制剂 Enzyme Feed Grade	养殖动物 All species or categories of animals	丹麦诺维信公司 Novozymes A/S, Denmark	2011.01-2016.01	续展
(2011)外饲准字037号	木聚糖酶、β-葡聚糖酶、纤维素酶（都源自长柄木霉） Xylanase, Beta-Glucanase, Cellulose (From *Trichoderna Longibrachiatum*)	罗沙酶G2G Roxazyme G2G	饲料级酶制剂 Enzyme Feed Grade	养殖动物 All species or categories of animals	帝斯曼营养产品有限公司 DSM Nutritional Products AG, Switzerland	2011.03-2016.03	
(2011)外饲准字038号	丁酸钠 Sodium Butyrate	益福来 C4 VFA	饲料添加剂 Feed Additive	猪、家禽、反刍动物 Swine, Poultry Ruminant	西班牙诺威迅2002公司 Novation 2002 S.A., Spain	2011.03-2016.03	
(2011)外饲准字039号	甲酸、正磷酸、乳酸、富马酸 Formic Acid, Ortho-Phosphoric Acid, Lactic Acid, Fumaric Acid	幼畜宝® Dry Acidal® Dry	饲料酸化剂 Feed Acidifier	猪、家禽、反刍动物 Swine, Poultry Ruminant	比利时英派克斯有限公司 Impextraco NV, Belgium	2011.03-2016.03	
(2011)外饲准字041号	酵母硒 Selenium Yeast	赛乐硒2700 SEL-PLEX 2700	饲料添加剂 Feed Additive	养殖动物 All species or categories of animals	巴西奥特奇公司（São Pedro Do Ivaî工厂） Alltech Do Brasil Agroindustrial Ltda., Brasil	2011.03-2016.03	
(2011)外饲准字042号	酵母硒 Selenium Yeast	赛乐硒2000 SEL-PLEX 2000	饲料添加剂 Feed Additive	养殖动物 All species or categories of animals	巴西奥特奇公司（São Pedro Do Ivaî工厂） Alltech Do Brasil Agroindustrial Ltda., Brasil	2011.03-2016.03	
(2011)外饲准字043号	酵母硒、干酿酒酵母、维生素C、DHA、蛋白酶 Selenium Yeast, Saccharomyces cerevisiae yeast, Vitamin C, DHA, Protease	特优E EconomasE	饲料添加剂预混料 Additive Premix	养殖动物 All species or categories of animals	巴西奥特奇公司（Araucãria工厂） Alltech Do Brasil Agroindustrial Ltda., Brasil	2011.03-2016.03	
(2011)外饲准字044号	膨化豆粕 Extruded Soybean	优肽F100 Protigen F100	蛋白质饲料 Protein Feed	猪、牛、鸡、水产动物 Swine, Cattle, Chicken, Aquaculture	全能营养技术股份有限公司 Total Nutrition Technologies Co. Ltd., Taiwan	2011.03-2016.03	

（续）

登记证号	通用名称	商品名称	产品类别	使用范围	生产厂家	有效期限	备注
(2011)外饲准字046号	酿酒酵母提取物 Saccharomyces cerevisiae yeast extract	新普乐 NUPRO	蛋白质饲料 Protein Feed	畜禽和鱼虾 Livestock and poultry, Fish and Shrimp	巴西奥特奇公司（São Pedro Do IvaÍ 工厂） Alltech Do Brasil Agroindustrial Ltda., Brasil	2011.03-2016.03	
(2011)外饲准字058号	L-赖氨酸盐酸盐 L-lysine hydrochloride	乐百瑞™蛋氨酸粉剂 Lysipearl™ Dry Amino Acid	饲料级氨基酸 Amino Acid Feed Grade	奶牛 Dairy Cows	意大利 Eurhema S.R.L. 公司 Eurhema S.R.L., Italy	2011.03-2016.03	
(2011)外饲准字106号	木聚糖酶和β-葡聚糖酶（产自长柄木霉）、α-淀粉酶（产自枯草芽胞杆菌） Xylanase, β-glucanase (by *Trichoderma longibrachiatum*) and Alpha-amylase (by *Bacillus subtilis*)	八宝威® Plus 核心原料粉剂 KEMZYME™ Plus Base Dry	饲料级酶制剂 Enzyme Feed Grade	养殖动物 All Species or Categories of Animals	建明工业（欧洲）有限公司（比利时） Kemin Europa N.V., Belgium	2011.05-2016.05	
(2011)外饲准字109号	甲酸，丙酸，甲酸铵和丙酸铵 Formic Acid, Propionic Acid, Ammonium Formate and Ammonium Propionate	诺酸宝 AFL Acidomi® AFL	饲料酸化剂 Feed Acidifier	养殖动物 All Species or Categories of Animals	诺伟司德国公司 Novus Deutschland GmbH, Germany	2011.05-2016.05	
(2011)外饲准字112号	L-赖氨酸盐酸盐 L-Lysine Monohydrochloride	希杰赖氨酸 CJ Lysine	饲料级氨基酸 Amino Acid Feed Grade	养殖动物 All Species or Categories of Animals	希杰巴西公司 CJ do Brasil Industria e Comercido de Produtos Alimenticios Ltda., Brasil	2011.05-2016.05	
(2011)外饲准字113号	丙酸 Propionic Acid	万路宝 MonoProp	饲料防霉剂 Feed Mold Inhibitor	家畜 Livestock	美国安尼妥司公司 Anitox Corporation, USA	2011.05-2016.05	
(2011)外饲准字114号	丁酸甘油酯、甘油、乳酸和二氧化硅 Butyric Acid Glycerides, Glycerol, Lactic Acid and Silicon Dioxide	斯福 Lacto-Butyrin	饲料添加剂 Feed Additive	养殖动物 All Species or Categories of Animals	意大利 SILO 公司 SILO S.R.L., Italy	2011.05-2016.05	
(2011)外饲准字115号	酿酒酵母和酵母细胞壁 *Saccharomyces cerevisiae*, Yeast Cell Wall	霉可吸 MYCOSORB	饲料添加剂 Feed Additive	养殖动物 All Species or Categories of Animals	巴西奥特奇公司 São Pedro do IvaÍ 工厂 Alltech do Brasil Agroindustrial Ltda.., Plant São Pedro do IvaÍ, Brasil	2011.05-2016.05	
(2011)外饲准字116号	干酿酒酵母和酵母细胞壁 Brewers Dried Yeast, Yeast Cell Wall	奥奇素 BIO-MOS	饲料添加剂 Feed Additive	畜禽 Livestock and Poultry	巴西奥特奇公司 São Pedro do IvaÍ 工厂 Alltech do Brasil Agroindustrial Ltda., Plant São Pedro do IvaÍ, Brasil	2011.05-2016.05	
(2011)外饲准字117号	水合硅铝酸钠钙 Hydrated Sodium Calcium Aluminosilicate	索霉清 Solis®	饲料添加剂 Feed Additive	养殖动物 All species or categories of animals	诺伟司国际公司 Novus International, Inc., USA	2011.05-2016.05	

（续）

登记证号	通用名称	商品名称	产品类别	使用范围	生产厂家	有效期限	备注
(2011)外饲准字118号	罗勒油和柠檬酸 Basil Oil and Citric Acid	艾可美天然水剂 Alquermold Nature Liquid	饲料添加剂 Feed Additive	养殖动物 All Species or Categories of Animals	西班牙百卫公司 BIOVET, S. A., Spain	2011.05-2016.05	
(2011)外饲准字128号	棕榈油脂肪酸钙 Calcium Soap of Palm Fatty Acid	乳美肥 PLUS Rumifat PLUS	能量饲料 Energy Feed	奶牛，奶山羊和绵羊，幼畜 Dairy Cows, Dairy Goats and Sheep, Young Animals	马来西亚 Ecolex Sdn. Bhd 公司 Ecolex Sdn Bhd Co., Malaysia	2011.05-2016.05	
(2011)外饲准字131号	棕榈脂肪酸钙盐 Calcium Palmitate	劲能 Gold Energy	能量饲料 Energy Feed	反刍动物 Ruminant	亚洲油衍生物有限公司 Asian Oils and Derivatives Sdn. Bhd., Malaysia	2011.05-2016.05	
(2011)外饲准字132号	巧克力糖和巧克力牛奶 Chocolate Candy & Dried Chocolate Milk	巧饲粉 Milk Chocolate Product	能量饲料 Energy Feed	猪和犊牛 Swine and Calf	美国国际原料公司 International Ingredient Corp., USA	2011.05-2016.05	
(2011)外饲准字139号	酵母硒，干酿酒酵母，L-抗坏血酸（维生素C），二十二碳六烯酸和蛋白酶（产自黑曲霉） Selenium yeast, *Saccharomyces cerevisiae* (Brewers Dried Yeast), L - ascorbic acid Vitamin C, DHA, Protease (by *Aspergillus niger*)	特优E EconomasE	添加剂预混料 Additive Premix	畜禽 Poultry and Livestock	巴西奥特奇公司 São Pedro do Ivaí 工厂 Alltech do Brasil Agroindustrial Ltda., Plant São Pedro do Ivaí, Brasil	2011.05-2016.05	
(2011)外饲准字143号	啤酒酵母培养物 Yeast Culture	万饲特活性酵母培养物 Western Yeast Culture 2X-2-2-5 Plus	饲料添加剂 Feed Additive	养殖动物 All species or categories of animals	美国西方酵母股份有限公司 Western yeast company, USA	2011.05-2016.05	续展
(2011)外饲准字144号	维生素A乙酸酯 Vitamin A Acetate	露他维A 1000 plus Lutavit® A 1000 plus	饲料级维生素 Vitamin Feed Grade	猪、家禽、牛、马、宠物和鱼 Swine, Poultry, Ruminant, Horse, Pets and Fish	巴斯夫欧洲公司 BASF SE, Germany	2011.05-2016.05	续展
(2011)外饲准字155号	食用香料 Edible spices	欧蒂幼畜宝 S 193 P10 OPTIFEED® S 193 P10	饲料调味剂 Feed Flavor Enhancement	幼畜 Yang Livestock	法国馥蒂公司 Laboratories Phode S. A. S., France	2011.05-2016.05	
(2011)外饲准字157号	植物乳杆菌 *Lactobacillus plantarum*	活力美（液） VIGROUS	微生物饲料添加剂 Microbial Feed Additive	畜禽和水产 Livestock and Poultry, Aquaculture	博尧生物科技股份有限公司 Bioyo Biotech Co., Ltd., Taiwan	2011.05-2016.05	
(2011)外饲准字158号	植物乳杆菌 *Lactobacillus plantarum*	活力美 VIGROU	微生物饲料添加剂 Microbial Feed Additive	畜禽和水产 Livestock and Poultry, Aquaculture	博尧生物科技股份有限公司 Bioyo Biotech Co., Ltd., Taiwan	2011.05-2016.05	
(2011)外饲准字159号	L一赖氨酸发酵副产品 Products of L-lysine by Fermentation	福满特 Fermenten®	蛋白质饲料 Protein Feed	反刍动物 Ruminant	美国切迟一杜威有限公司 Church & Dwight Co., Inc., USA	2011.05-2016.05	

（续）

登记证号	通用名称	商品名称	产品类别	使用范围	生产厂家	有效期限	备注
(2011)外饲准字164号	α-淀粉酶（产自米曲霉）和蛋白酶（产自枯草芽孢杆菌）α-Amylase (by Aspergillus oryzae) and Protease (by Bacillus subtilis)	钻石强力酵素 NOPCOZYME Ⅱ	饲料级酶制剂 Enzyme Feed Grade	养殖动物 All Species or Categories of Animals	新加坡大祥资源有限公司 Diasham Resources Pte Ltd., Singapore	2011.05-2016.05	续展
(2011)外饲准字165号	蛋白酶（产自黑曲霉和米曲霉），α-淀粉酶（产自枯草芽孢杆菌），β-葡聚糖酶和纤维素酶（产自长柄木霉）Protease (by *Aspergillus niger* and *Aspergillus oryzae*), α-Amylase (by *Bacillus subtilis*), β-Glucanase and Cellulase (by *Trichoderma* longibrachiatum)	特威宝PS（浓缩物）Allzyme PS Concentrate	饲料级酶制剂 Enzyme Feed Grade	养殖动物 All Species or Categories of Animals	美国奥特奇公司 Alltech Inc., USA	2011.05-2016.05	续展
(2011)外饲准字166号	脱水酵母培养物 Dried Yeast Culture	益康XP™ XP™ Yeast Culture	饲料添加剂 Feed Additive	畜禽 Livestock and Poultry	美国达农威公司 Diamond V Mills, Inc., USA	2011.05-2016.05	续展
(2011)外饲准字175号	灭活酵母、海泡石和膨润土 Inactivated Yeast, Sepiolite and Bentonite	英添迪 安生顺 INNOVAD ESCENT® S	饲料添加剂 Feed Additive	养殖动物 All Species or Categories of Animals	PMF制造公司 PMF Productions NV., Belgium	2011.06-2016.06	
(2011)外饲准字176号	磷酸、柠檬酸和乳酸 Phosphoric Acid, Citric Acid, Lactic Acid	英添迪 安生力 INNOVAD ESCENT® L	饲料酸化剂 Feed Acidifier	养殖动物 All Species or Categories of Animals	PMF制造公司 PMF Productions NV., Belgium	2011.06-2016.06	
(2011)外饲准字196	L-赖氨酸盐酸盐 L-Lysine	饲料级99%L-赖氨酸盐酸盐 L-Lysine HCL 99% Feed Grade	饲料级氨基酸 Amino Acid Feed Grade	养殖动物 All Species or Categories of Animals	味之素巴西有限公司 Ajinomoto do Brasil Indústria e Comércio de Alimentos Ltda, Brazil	2011.06-2016.06	续展
(2011)外饲准字197	β-胡萝卜素 β-Carotene	露佳定10 lucarotin® 10%	饲料级维生素 Vitamin Feed Grade	种猪、牛、马、种兔和水产动物 Swine, cow, horse, Rabbit, Aquaculture	巴斯夫欧洲公司 BASF SE, Germany	2011.06-2016.06	续展
(2011)外饲准字198	水合硅铝酸钠钙 Hydrated Sodium Calcium Aluminosilicate	饲料宝 Feed Bond	饲料添加剂 Feed Additive	养殖动物 All Species or Categories of Animals	美国ACG产品有限公司 ACG Products Ltd., USA	2011.06-2016.06	续展
(2011)外饲准字202号	乙氧基喹啉和BHT Ethoxyquin and BHT	英添迪 威氧灵 Innovad Novinox®	饲料抗氧化剂 Feed Antioxidant	养殖动物 All Species or Categories of Animals	PMF制造公司 PMF Productions NV., Belgium	2011.07-2016.07	
(2011)外饲准字204号	百里香酚和香芹酚 Thymol and Carvacrol	恩益150 IQF Next Enhance 150	饲料调味剂 Feed Flavor Enhancement	家禽、猪、牛和水产 Poultry, Swine, Cattle and Aquaculture	西班牙科泰色素有限公司 Carotenoid Technologies, S.A., Spain	2011.07-2016.07	
(2011)外饲准字205号	L—苏氨酸 L-Threonine	饲料级L—苏氨酸 L-Threonine Feed Grade	饲料级氨基酸 Amino Acid Feed Grade	养殖动物 All Species or Categories of Animals	匈牙利Evonik Agroferm Zrt.公司 Evonik Agroferm Zrt., Hungary	2011.07-2016.07	

（续）

登记证号	通用名称	商品名称	产品类别	使用范围	生产厂家	有效期限	备注
(2011)外饲准字206号	柠檬提取物，美国栗树叶提取物 Lemon Extract and Chestnut Leaves Extract	黄金水果 Golden Fruits	饲料调味剂 Feed Flavor Enhancement	养殖动物 All Species or Categories of Animals	瑞士Haefliger公司 Haefliger AG, Switzerland	2011.07－2016.07	
(2011)外饲准字208号	乙酸、丙酸、大蒜 Acetic Acid, Propionic Acid and Allium Sativum	脱毒克预混剂 TOXIROAK^{TM} PREMIX	饲料添加剂 Feed Additive	养殖动物 All Species or Categories of Animals	印度艾绿维有限公司 Ayurvet Limited, India	2011.07－2016.07	
(2011)外饲准字209号	酿酒酵母和酵母细胞壁 *Saccharomyces cerevisiae* and Yeast cell wall	霉可吸 MYCOSORB	饲料添加剂 Feed Additive	养殖动物 All Species or Categories of Animals	巴西奥特奇公司(Araucária工厂) Alltech do Brasil Agroindustrial Ltda., Brazil	2011.07－2016.07	
(2011)外饲准字212号	全脂大豆 Full Fat Soybean	膨化全脂大豆 Soyplus	蛋白质饲料 Protein Feed	仔猪、雏鸡和奶牛 Piglet, Broiler and Dairy Cow	未来资源ML株式会社 Milae Resources ML Co., Ltd., Korea	2011.07－2016.07	
(2011)外饲准字228号	丙酸锌 Zinc Propionate	微生康锌2000 KemZin® 2000	矿物质饲料添加剂 Mineral Feed Additive	奶牛、猪、家禽和肉牛 Dairy Cattle, Swine, Poultry, Beef Cattle	美国建明工业有限公司 Kemin Industries, Inc., USA	2011.07－2016.07	续展
(2011)外饲准字257号	酵母提取物和酵母培养物 Yeast Extract and Yeast Culture	益宁易SCP NC Celmanax SCP NC	饲料添加剂 Feed Additive	牛、猪和家禽 Cattle, Swine and Poultry	美国伟克公司 Varied Industries Corporation, USA	2011.08－2016.08	
(2011)外饲准字259号	维生素A醋酸脂 Vitamin A Acetate	罗维素® A1000 ROVIMIX® A 1000	饲料添加剂 Feed Additive	养殖动物 All Species or Categories of Animals	瑞士帝斯曼营养产品有限公司 DSM Nutritional Products AG, Switzerland	2011.08－2016.08	
(2011)外饲准字260号	维生素A醋酸脂和维生素D_3 Vitamin A Acetate and Vitamin D_3	罗维素AD_3 1000/200 ROVIMIX AD_3 1000/200	饲料添加剂 Feed Additive	养殖动物 All Species or Categories of Animals	瑞士帝斯曼营养产品有限公司 DSM Nutritional Products AG, Switzerland	2011.08－2016.08	
(2011)外饲准字263号	酿酒酵母和酵母细胞壁 *Saccharomyces cerevisiae* and Yeast cell wall	霉可吸 MYCOSORB	饲料添加剂 Feed Additive	养殖动物 All Species or Categories of Animals	美国奥特奇公司 Alltech Inc., USA	2011.08－2016.08	续展
(2011)外饲准字266号	饲料级DL－蛋氨酸 DL-Methionine Feed Grade	饲料级DL－蛋氨酸 DL-Methionine Feed Grade	饲料级氨基酸 Amino Acid Feed Grade	养殖动物 All Species or Categories of Animals	赢创德固赛公司 Evonik Degussa GmbH, Belgium	2011.08－2016.08	续展
(2011)外饲准字267号	多种维生素 Muti-Vitamins	维宝500 Permasol 500	维生素类饲料添加剂 Vitamin Feed Grade	养殖动物 All Species or Categories of Animals	韩国中央生物科技株式会社 Choong Ang Biotech Co., Ltd., Korea	2011.08－2016.08	续展
(2011)外饲准字268号	富马酸、乳酸、柠檬酸和苹果酸 Fumaric Acid, Lactic Acid, Citric Acid and Malic Acid	立必安 Lactiplus Coated	饲料酸化剂 Feed Acidifier	猪、兔、家禽和牛 Swine, Rabbit, Poultry and Cattle	意大利亚士可化工大药厂 Ascor Chimici S. R. L., Italy	2011.08－2016.08	续展
(2011)外饲准字281号	乳酸肠球菌 *Enterococcus faecium*	东药乳酸菌原末 Lactobacillus Powder	微生物饲料添加剂 Microbial Feed Additive	养殖动物 All Species or Categories of Animals	中国台湾东菱药品工业有限公司 Tolin Pharmaceutical Industries Co., Ltd.	2011.09－2016.09	

（续）

登记证号	通用名称	商品名称	产品类别	使用范围	生产厂家	有效期限	备注
(2011)外饲准字282号	啤酒酵母 *Saccharomyces cerevisae*	AG活酵素 AG-CYC	微生物饲料添加剂 Microbial Feed Additive	牛、猪、家禽和水产动物 Cow, Swine, Poultry and Aquaculture	韩国真力生物科技有限公司 Genebiotech Co., Ltd, Korea	2011.09－2016.09	
(2011)外饲准字283号	丁酸钠 Sodium Butyrate	西尔包被丁酸钠(30%) SIL Butyrate 30 Coated	饲料添加剂 Feed Additive	养殖动物 All Species or Categories of Animals	意大利西拉公司 SILA srl, Italy	2011.09－2016.09	
(2011)外饲准字284号	α-淀粉、氯化钾、氯化钠、山梨酸、糖精钠和乙基香兰素 α－Starch, Potassium Chloride, Sodium Chloride, Sorbic Acid, Sodium Saccharin and Ethyl Vanilin	四合爱喜宝（水溶性浓缩物） Acid-Pak 4-Way（Water Soluble Concentrate）	饲料添加剂 Feed Additive	养殖动物 All Species or Categories of Animals	美国奥特奇公司 Alltech Inc., USA	2011.09－2016.09	
(2011)外饲准字286号	沸石粉 Zeolite Powder	艾可肥去霉素 Alquerfeed Antitox	饲料添加剂 Feed Additive	养殖动物 All Species or Categories of Animals	西班牙百卫公司 BIOVET, S. A., Spain	2011.09－2016.09	
(2011)外饲准字287号	膨润土-蒙脱石 Bentonite-Montmorillonite	速霉清 Captura™ Smectagri	饲料添加剂 Feed Additive	养殖动物 All Species or Categories of Animals	法国S&B Industrial Minerals S. A. R. L公司 S&B Industrial Minerals S. A. R. L., France	2011.09－2016.09	
(2011)外饲准字294号	矿物质 Minerals	美快克 ASAP	饲料添加剂 Feed Additive	牛、猪、马、羊 Cow, Swine, Horse, Sheep	美国牛奶产品营养公司 Milk Specialties Company (MSC), USA	2011.09－2016.09	
(2011)外饲准字296号	氯化胆碱预混剂 Choline Chloride Premix	斯多利 STA-CHOL	添加剂预混合饲料 Premix Additive	奶牛 Cow	意大利佰高化工大药厂 Bioscreen Technologies srl, Italy	2011.09－2016.09	
(2011)外饲准字312号	干奶酪粉 Dried Cheese Powder	金乃酪 Golden CP	蛋白质饲料 Protein feed	养殖动物 All Species or Categories of Animals	美国华达生化科技有限公司 Vitech Bio-Chem Corporation, USA	2011.09－2016.09	
(2011)外饲准字317号	乳清粉 Dried Whey Powder	美乳代 Milk Replacer Blend	能量饲料 Energy Feed	幼畜 Young Livestock	美国牛奶产品营养公司 Milk Specialties Company, USA	2011.09－2016.09	
(2011)外饲准字319号	蛋氨酸羟基类似物 DL-Methionine Hydroxyl Analogue	艾丽美 Alimet	饲料添加剂 Feed Additive	养殖动物 All Species or Categories of Animals	诺伟司国际公司 Novus International Inc., USA	2011.09－2016.09	续展
(2011)外饲准字320号	屎肠球菌SF68 *Enterococcus Faecium* SF68	赐美健ME10 LBC ME10	微生物饲料添加剂 Microbial Feed Additive	养殖动物 All Species or Categories of Animals	百福微生物有限公司 Cerbios Pharma S. A., Switzerland	2011.09－2016.09	续展
(2011)外饲准字326号	多种维生素和氨基酸 Vitamins and Amino Acids	强力百唯它 Biovita-Plus	添加剂预混料 Additive Premix	鸡、猪和牛 Chicken, Swine and Cow	韩国柯碧恩派公司 KBNP, Inc., Korea	2011.10－2016.10	

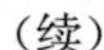

（续）

登记证号	通用名称	商品名称	产品类别	使用范围	生产厂家	有效期限	备注
(2011) 外饲准字 329号	植物性乳杆菌 *Lactobacillus Plantarum* 枯草芽孢杆菌 *Bacillus Subtillis*	依润－200 MORI-MAX	微生物饲料添加剂 Microbial Feed Additive	畜禽 Livestock and Poultry	韩国 Biotopia 株式会社 Biotopia Co., Ltd., Korea	2011.10－2016.10	
(2011) 外饲准字 330号	甲酸 Formic Acid 甲酸铵 Ammonium Formate 乙酸 Acetic Acid 丙酸 Propionic Acid 苯甲酸 Benzoic Acid	吉克沙 KSAL-LIQUID	饲料防霉剂 Feed Mould Inhibitor	养殖动物 All Species or Categories of Animals	荷兰塞尔可公司 Selko B. V., the Netherlands	2011.10－2016.10	
(2011) 外饲准字 334号	棕榈油脂肪粉 Palm Fatty Powder	宝美肥 PALMIFAT	能量饲料 Energy Feed	奶牛 Cow	马来西亚 Ecolex Sdn. Bhd 公司 Ecolex Sdn. Bhd., Malaysia	2011.10－2016.10	
(2011) 外饲准字 335号	甘氨酸铁螯合物 Ferric Glycine Chelate	晶标铁 B-TRAXIM® 2C Fe-220	矿物质饲料添加剂 Mineral Feed Additive	畜禽和宠物 Livestock, Poultry and Pet	瑞士潘可士玛公司 PANCOSMA S. A., Switzerland	2011.10－2016.10	
(2011) 外饲准字 336号	甘氨酸铜螯合物 Cupric Glycine Chelate	晶标铜 B-TRAXIM® 2C Cu-240	矿物质饲料添加剂 Mineral Feed Additive	畜禽和宠物 Livestock, Poultry and Pet	瑞士潘可士玛公司 PANCOSMA S. A., Switzerland	2011.10－2016.10	
(2011) 外饲准字 338号	硅藻土 Diatomaceous Earth 高岭土 Caolinite	百安明 Mycofix®	饲料添加剂 Feed Additive	养殖动物 All Species or Categories of Animals	奥地利百奥明工业公司 Biomin GmbH, Austria.	2011.10－2016.10	
(2011) 外饲准字 339号	硅藻土 Diatomaceous Earth 高岭土 Caolinite	百安明 Mycofix®	饲料添加剂 Feed Additive	养殖动物 All Species or Categories of Animals	百奥明新加坡私人有限公司 Biomin Singapore Pte. Ltd., Singapore	2011.10－2016.10	
(2011) 外饲准字 340号	海藻酸钠 Sodium Alginate 非活性酵母 Inactivated Yeast 硅藻土 Diatomaceous Earth 斑脱土 Bentonite	百霉克 Mycofix Select	饲料添加剂 Feed Additive	养殖动物 All Species or Categories of Animals	百奥明新加坡私人有限公司 Biomin Singapore Pte. Ltd., Singapore	2011.10－2016.10	
(2011) 外饲准字 341号	海藻酸钠 Sodium Alginate 非活性酵母 Inactivated Yeast 硅藻土 Diatomaceous Earth 斑脱土 Bentonite	百霉清 Mycofix Plus	饲料添加剂 Feed Additive	养殖动物 All Species or Categories of Animals	百奥明新加坡私人有限公司 Biomin Singapore Pte. Ltd.	2011.10－2016.10	
(2011) 外饲准字 342号	蛋白酶（源自黑曲霉） Protease (by *Aspergillus niger*)	咕咕宝 Cody-nutro®	饲料级酶制剂 Enzyme Feed Grade	养殖动物 All Species or Categories of Animals	中国台湾生百兴业有限公司 Life Rainbow Biotech Co., Ltd	2011.10－2016.10	

（续）

登记证号	通用名称	商品名称	产品类别	使用范围	生产厂家	有效期限	备注
(2011) 外饲准字 347号	酵母培养物 Yeast Culture	百奥奇 Bio-Yeasture	蛋白质饲料 Protein Feed	养殖动物 All Species or Categories of Animals	美国国际生物营养有限公司 Bio-Nutrition International, Inc., USA	2011.10-2016.10	
(2011) 外饲准字 363号	多种维生素和氨基酸 Multi Vitamins and Amino Acids	超保维 Turbovit Powder	添加剂预混料 Additive Premix	养殖动物 All Species or Categories of Animals	法国新奥兰动物营养有限公司 NEOLAIT S. A. S., France	2011.10-2016.10	续展
(2011) 外饲准字 375号	熟化的玉米 Cured Corn 大豆和亚麻籽 Soybean and Flaxseed	欧美佳-3 Omega-3	蛋白质饲料 Protein Feed	家畜和水产动物 Livestock and Aquaculture	吉升饲料有限公司 Chi-Sheng Forage Co, Ltd., Taiwan	2011.12-2016.12	
(2011) 外饲准字 412号	L-赖氨酸盐酸盐 L-Lysine Monohydrochloride	L-赖氨酸盐酸盐 L-Lysine Monohydrochloride	饲料级氨基酸 Amino Acid Feed Grade	养殖动物 All Species or Categories of Animals	印度尼西亚PT. Cheil Jedang公司 PT. Cheil Jedang, Indonesia	2011.12-2016.12	续展

2011年我国奶牛疫病防控情况

2011年，兽医部门紧紧围绕农业部党组确定的“两个千方百计”、“两个努力确保”的目标任务，认真贯彻落实中央确定的24字防控方针，按照《动物防疫法》等有关法律法规要求，坚持预防为主，采取综合防控措施，有效应对突发疫情，防控工作取得明显成效。全国未发生奶牛口蹄疫疫情，未发生区域性重大疫情，有力保障了奶牛养殖业持续稳定健康发展。

主要采取了以下几个方面的防控措施。

一是及时部署防控工作。在疫病高发季节和防控关键时期，特别是针对重点病种和重大活动，农业部都及时召开会议，下发文件，进行专题部署。继续制定下发国家动物疫病强制免疫计划、监测计划和流行病学调查方案，有关计划和方案更加完善合理，指导各地防控工作更加科学规范。

二是加强基础免疫工作。抓好全国口蹄疫春秋两季集中免疫和日常补免，确保免疫密度和质量。各地保质保量按时完成了春秋季集中免疫工作，并定期开展补免。组织开展春秋季防控工作大检查，经实地检查和实验室检测，春、秋防控期间口蹄疫等强制免疫疫病、免疫密度均达到90%以上，免疫抗体合格率均超过国家规定标准。

三是强化疫情监测预警。各地各有关单位认真组织开展奶牛疫情监测和流行病学调查工作，扎实推进奶牛疫病净化工作。加大奶牛布鲁氏菌病、结核病“两病”监测力度，及时掌握疫情动态，对病原学阳性牛按规定及时进行处置。强化流行病学调查工作，完成奶牛结核病等多项专项调查。定期组织专家对口蹄疫等重大动物疫情和外来病防控形势进行分析评估。进一步加强动物疫情测报体系管理和报告网络建设，强化疫情举报核查工作。

四是完善应急防控机制。进一步健全完善重大动物疫病防控定点联系制度。为加强节假日和重大活动期间防控应急工作，农业部先后组织制定了元旦、春节、国庆节等重大节日应急预案，指导各地科学开展防控工作。建立完善应急预备队和应急物资储备制度，加强应急培训和演练，强化应急防控机制。加强应急值守，确保及时应对突发疫情。

五是强化布病结核病防控。按照强化基础、健全机制、突出重点、完善政策的总体思路，围绕布病、结核病等奶牛重点人畜共患病开展工作。继续推进内蒙古、吉林、北京等省（市、区）布病区域化综合防控试点工作，完善布病防治方案，在一类地区重点加大布病防控力度，全面落实免疫、监测等综合防治措施，推动布病等主要人畜共患病防控。起草《布鲁氏菌病防控人员防护规范》、《布鲁氏菌病免疫方案》等技术文件，指导各地科学开展布病防治工作。

六是严格开展流通环节检疫监管。组织召开全国动物卫生监督工作会议，开展动物卫生监督执法专项整顿。进一步规范动物产地检疫和屠宰检疫，强化公路动物卫生监督检查站监督检查，严格查物验证。对病死动物及产品严格实施“四不准一处理”措施，防止流通环节传播疫情。推进动物标识及疫病可追溯体系建设。圆满完成上海世泳赛和深圳大运会动物卫生专项保障任务。

七是加强养殖场户综合防疫管理。各地指导奶牛规模养殖场、养殖小区建立免疫、卫生消毒、病死牛和粪污无害化处理等防疫制度，实行封闭管理，规范养殖行为，提高养殖场户生物安全水平；积极推行程序免疫、定期消毒灭源等防控措施，不断提高防控能力和水平。

农业部兽医局防疫处　蔺东

2011年第一批农业部畜禽标准化示范场名单（奶牛）

北京

北京三元绿荷奶牛养殖中心渠头牛场
北京三元绿荷奶牛养殖中心第一牧场
中地畜牧科技有限公司良种奶牛场
北京海华云都生态农业股份有限公司一分场
北京兴利鹏奶牛养殖中心

天津

天津嘉立荷牧业有限公司示范奶牛场
天津市惠泽牧业有限公司

河北

保定宏达牧业有限公司
秦皇岛际牧牛业研繁基地有限公司

山西

翼城县长峰农工商实业有限公司

内蒙古自治区

特尼河农场和谐奶牛养殖小区
土左旗牌楼板示范牧场

辽宁

阜新应达兴牧富民牧业发展有限公司
辽宁辉山控股（集团）救兵牧业有限公司
鞍山市恒利奶牛场

吉林

镇赉飞鹤原生态奶牛牧场

黑龙江

庆源牧业有限公司
尚志市惠民奶牛养殖场
泰来县鑫洋盛世养殖有限公司
富裕县鸿顺奶牛养殖基地
汤原县天元牧业有限公司

上海

上海牛奶集团赢博奶牛养殖有限公司
上海牛奶集团种奶牛场

江苏

苏州市相城区黄埭镇东桥康达牧场

浙江

宁波市牛奶集团有限公司第十八牧场
杭州双峰牧业有限公司
杭州萧山富伦奶牛场

安徽

利辛县魁兴奶牛场
现代牧业（集团）有限公司马鞍山牧场

山东

澳亚现代牧场有限公司
济南佳宝畜牧有限公司
泰安安康生态乳业有限公司

河南

灵宝农垦畜牧养殖有限责任公司
河南恒天然农牧业有限公司
河南源源乳业集团合源养殖有限公司
驻马店市汝丰牧业有限公司

湖北

黄州扬子江现代牧业科技有限公司

广东

肇庆市鼎湖温氏畜牧有限公司
英德市九龙镇安兴奶牛场

广西壮族自治区

广西灵山百强水牛奶乳业有限公司帽岭奶水牛养殖基地

重庆

重庆市天翼牧业发展有限公司白石奶牛场

四川

四川新希望乳业有限公司示范奶牛场
达州宣汉县天成牧业有限公司奶牛场

贵州

贵州好一多乳业股份有限公司奶牛场

云南

弥渡县金润良种奶牛场
云南楚雄汇东实业有限责任公司

陕西

陕西澳美慧乳业公司奶牛场
千阳县绿源奶业公司奶牛场

甘肃

会宁康之源养殖有限公司
祁牧乳业良种荷斯坦奶牛养殖场
定西育强牧业有限公司

青海

青海江河源投资集团天露乳业良种奶牛繁育中心
青海圣亚高原牧场有限公司奶牛标准化示范场

宁夏回族自治区

宁夏银川市忠良农业开发有限公司金山奶牛场
宁夏农垦茂盛草业有限公司奶牛场
石嘴山市益农金禾奶牛养殖有限公司

新疆生产建设兵团

新疆兵团农一师10团奶牛场
新疆兵团农七师澳利亚公司一牧场

黑龙江农垦

黑龙江省牡丹江农垦双峰牧业有限公司
哈尔滨完达山奶牛养殖有限公司

2011年第二批农业部畜禽标准化示范场名单（奶牛）

北京

北京安定棚沨养殖场

内蒙古

包头创伟实业有限责任公司

江苏

常州苏农奶牛专业合作社联社

安徽

安徽高沟乳业集团有限公司

青岛

青岛高氏牧业有限公司

陕西

陕西建兴奶牛繁育公司奶牛场

宁夏回族自治区

利通区义明黄沙窝奶牛养殖合作社

新疆维吾尔自治区

伊犁新生源奶牛养殖农民专业合作社巴彦岱奶牛场
新疆呼图壁种牛场有限公司牧一场
新疆天山畜牧生物工程股份有限公司奶牛良种繁育场
新疆呼图壁种牛场有限公司牧二场（西门塔尔牛场）
新疆呼图壁种牛场有限公司牧三场

2011年全国乳制品加工概况

中国农科院文献信息中心　冯艳秋

2011年由工信部、国家发改委、质检总局三部委牵头进行的乳品行业项目（企业）审查清理及生产许可证重新审核工作结束，全国1 176家乳制品企业中，有643家企业通过了生产许可证重新审核，107家企业停产整顿，426家企业未通过审核。该项措施对于规范乳品企业的生产与经营，提高其管理水平具有极为重要的作用。2011年，我国乳制品加工业总体形势良好，工业产值、销售收入都有较大幅度的提高，且亏损企业数量明显减少。但由于生产成本的增加，利润总额和利润率有所下降。

一、经济指标

（一）总体情况　根据国家统计局统计，2011年我国规模以上（国有和年产品销售收入500万元以上非国有企业）乳品企业共有644家，比2010年的784家减少了17.86%；共实现工业产值2 361.3亿元，同比增长21.12%；销售收入2 315.56亿元，同比增长21.55%；利润总额148.93亿元，同比下降15.85%；销售利润率为6.43%，行业盈利能力与2010年基本持平；644家规模以上乳品企业中，有104家亏损，亏损比例为16.15%，亏损企业数量减少，亏损率同比下降2.6个百分点。

（二）地区分布

1. 销售收入 销售收入超过100亿元的省份共有8个，分别是内蒙古（390.06亿元）、黑龙江（346.65亿元）、山东（232.39亿元）、河北（181.68亿元）、广东（132.32亿元）、上海（129.02亿元）、辽宁（114.12亿元）和陕西（104.41亿元）。8个省销售收入合计1630.64亿元，占全国总销售收入的70.42%。

29个省份的销售收入是增长的，排在前五位的分别是吉林（79.24%）、天津（59.58%）、宁夏（54.29%）、陕西（52.40%）、浙江（50.34%），且这些省份的销售增长均超过了50%；只有2个省份销售收入是下降的，分别是福建（－8.97%）和青海（－25.50%）（表2-14）。

表2-14 2011年各地区液体乳及乳制品业销售收入情况

省份	2011年（亿元）	2011年比2010年增减（%）	省份	2011年	2011年比2010年增减（%）
北京	76.85	19.79	湖北	41.01	22.90
天津	38.63	59.58	湖南	43.72	18.22
河北	181.68	34.15	广东	132.32	20.87
山西	39.78	8.50	广西	17.20	35.82
内蒙古	390.06	17.01	海南	0.33	12.97
辽宁	114.12	19.59	重庆	20.74	27.09
吉林	20.79	79.24	四川	50.22	35.42
黑龙江	346.65	11.60	贵州	4.79	41.89
上海	129.02	8.34	云南	18.09	26.66
江苏	46.40	20.12	西藏	0.84	17.44
浙江	33.22	50.34	陕西	104.41	52.40
安徽	49.21	23.76	甘肃	10.35	25.38
福建	11.34	－8.97	青海	4.48	－25.50
江西	21.34	7.22	宁夏	20.75	54.29
山东	232.39	18.73	新疆	29.83	15.42
河南	85.01	43.37			

2. 利润总额 利润总额超过10亿元的省份共有6个，按排名先后分别是：内蒙古，25.45亿元；黑龙江，22.92亿元；山东，19.01亿元；广东，13.75亿元；上海，13.16亿元；河北，11.78亿元。

31个省份中，有16个省份利润总额增长，涨幅最高的是吉林，达到了700%，这是由于吉林省基数较低，仅为0.14亿元。另外，涨幅前10位的省份中，只有河北省利润总额超过了10亿元。有15个省份利润总额减少，降幅最高的是贵州，为－77.27%。利润总额超过10亿元的省份中，只有最高的内蒙古降幅在前10位当中（表2-15）。

表 2-15 2011 年各地区液体乳及乳制品制造业利润总额情况

省份	2011 年（亿元）	2010 年（亿元）	2011 年比 2010 年增减（%）	省份	2011 年（亿元）	2010 年（亿元）	2011 年比 2010 年增减（%）
内蒙古	25.45	47.32	−46.22	浙江	1.38	1.57	−12.10
黑龙江	22.92	31.08	−26.25	江西	1.37	1.12	22.32
山东	19.01	15.8	20.32	湖北	1.26	3.44	−63.37
广东	13.75	13.21	4.09	吉林	1.12	0.14	700.00
上海	13.16	13.6	−3.24	北京	0.73	1.35	−45.93
河北	11.75	6.34	85.33	云南	0.7	1.04	−32.69
河南	7.42	5.37	38.18	福建	0.66	0.41	60.98
辽宁	7.29	12.37	−41.07	青海	0.64	0.56	14.29
陕西	3.43	0.94	264.89	宁夏	0.58	0.27	114.81
江苏	2.93	1.71	71.35	甘肃	0.5	0.18	177.78
安徽	2.42	5.68	−57.39	重庆	0.3	0.54	−44.44
湖南	2.29	3.37	−32.05	贵州	0.2	0.88	−77.27
四川	2.12	2.21	−4.07	天津	0.16	0.5	−68.00
山西	2.09	3.31	−36.86	西藏	0.12	0.07	71.43
广西	1.74	1.41	23.40	海南	0.02	0.01	100.00
新疆	1.41	0.21	571.43				

（三）企业情况 2011 年，销售收入超过 300 亿元的乳品企业有两家，即伊利和蒙牛。伊利超过蒙牛，位列中国乳品企业销售收入的第一位，达到了 374.51 亿元，比 2010 年（296.65 亿元）增长了 26.25%，其中净利润 18.32 亿元，同比增长 135%；蒙牛为 373.88 亿元，比 2010 年（302.65 亿元）增长了 23.53%，其中净利润 15.9 亿元，同比增长了 28.45%。伊利和蒙牛两家企业的销售收入合计 748.36 亿元，占 2011 年全国总销售收入的比重超过了 30%，达到 32.32%。

2011 年，销售收入在 100 亿元到 300 亿元的乳品企业只有光明一家，达到了 117.89 亿元，同比增长 23.16%，其中净利润 2.38 亿元，同比增长 22.36%（表 2-16）。

表 2-16 2011 年主要乳品企业销售收入情况

乳品企业	销售收入（亿元）	乳品企业	销售收入（亿元）
内蒙古伊利实业集团股份有限公司	374.51	石家庄君乐宝乳业有限公司	25.00
内蒙古蒙牛乳业（集团）股份有限公司	373.88	西安银桥乳业集团	25.00
杭州娃哈哈集团有限公司	262.96	青岛圣元乳业有限公司	21.47
光明乳业股份有限公司	117.89	沈阳乳业有限责任公司	20.00
雀巢（中国）有限公司	53.52	南京卫岗奶业集团	18.00
美赞臣营养品（中国）有限公司	53.06	天友乳业股份有限公司	15.00
黑龙江完达山乳业股份有限公司	52.01	吉林省广泽乳业有限公司	7.00
多美滋婴幼儿食品有限公司	50.97	深圳市晨光乳业有限公司	6.10
浙江贝因美科工贸股份有限公司	47.27	福建长富乳业集团股份有限公司	6.00
新希望乳业控股有限公司	33.81	广西皇氏甲天下乳业股份有限公司	5.72
北京三元食品股份有限公司	30.70	澳优乳业股份有限公司	4.40
黑龙江飞鹤乳业有限公司	27.00		

注：数据来自乳品企业年报及乳品企业提供的数据。

二、乳制品产量

2011年，全国液态奶、干乳制品产量均呈现增长趋势；其中奶粉产量也有了较大幅度的提高。

（一）乳制品总产量 2011年，全国规模以上乳品企业共生产乳制品（包括液态奶和干乳制品）2 387.50万吨，同比增长14.00%。

乳制品总产量前5位的省份分别为：内蒙古，383.21万吨，占全国总产量的16.05%；山东，311.67万吨，占全国总产量的13.05%；河北，269.00万吨，占全国总产量的11.27%；黑龙江，178.28万吨，占全国总产量的7.47%；陕西，160.20万吨，占全国总产量的6.71%。前5位的省份产量合计1 302.36万吨，占全国总产量的54.55%（图2-1）。

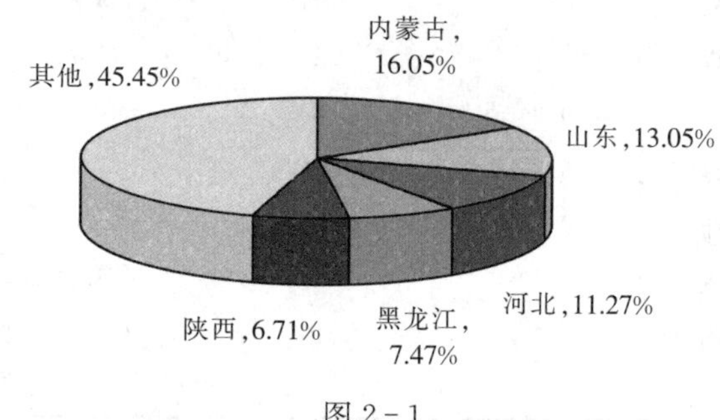

图2-1

增幅排在前5位的省份分别是：宁夏，84.87%；广西，32.75%；四川，27.53%；河南，25.40%；贵州，25.23%。

（二）液态奶产量 2011年，全国规模以上乳品企业共生产液态奶2 060.80万吨，同比增长13.50%。

液态奶产量前5位的省份分别为：内蒙古，309.71万吨，占全国总产量的15.03%；山东，286.35万吨，占全国总产量的13.90%；河北，259.50万吨，占全国总产量的12.59%；河南，157.25万吨，占全国总产量的7.63%；陕西，126.89万吨，占全国总产量的6.16%。前5位的省份产量合计1 302.36万吨，占全国总产量的55.30%（图2-2）。

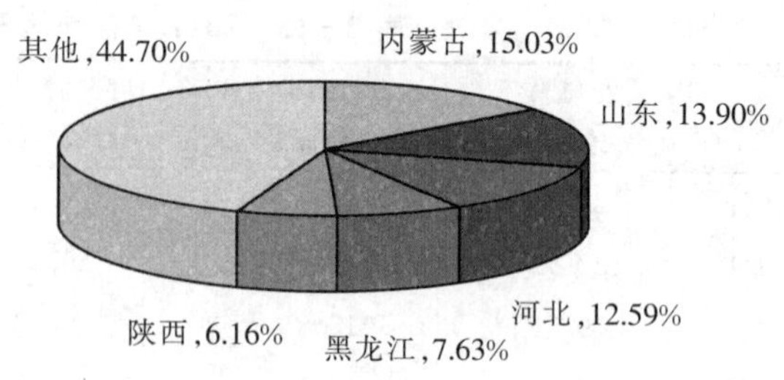

图2-2

增幅排在前5位的省份分别是：福建，38.27%；四川，28.06%；河南，26.02%；贵州，25.56%；新疆，23.14%。

（三）干乳制品 2011年，全国规模以上乳品企业共生产干乳制品326.70万吨，同比增长4.11%，增幅低于液态奶。

干乳制品总产量前5位的省份分别为：黑龙江，74.71万吨，占全国总产量的22.87%；内蒙古，7 350万吨，占全国总产量的22.50%；陕西，33.31万吨，占全国总产量的10.20%；山东，25.32万吨，占全国总产量的7.75%；四川，14.68万吨，占全国总产量的4.49%。前5位的省份产量合计221.52万吨，占全国总产量的67.81%（图2-3）。

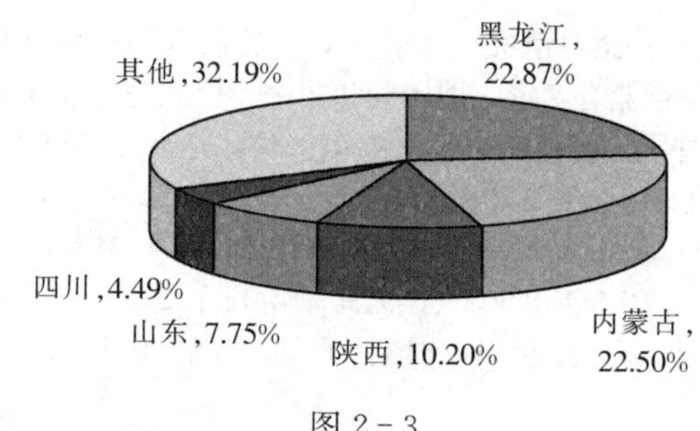

图2-3

增幅排在前5位的省份分别是：宁夏，352.81%；辽宁，308.63%；内蒙古，101.70%；安徽，94.59%；江苏，61.72%。

全国通过生产许可证重新审核的乳品企业名单——乳制品

表2-17

地区	企业名称	产品名称	住　所	生产地点	检验方式	证书编号	有效期至	发证日期	发证单位
北京市	北京超凡食品有限公司	乳制品［液体乳（发酵乳）、其他乳制品（干酪、奶油）］	北京市顺义区高丽营镇金马工业区北路96号	北京市顺义区高丽营镇金马工业区北路96号	部分自行检验、部分委托检验	QS1100 0501 1417	2014/2/20	2011/2/21	北京市质量技术监督局
北京市	北京恒兴食品中心	乳制品［液体乳（发酵乳）］	北京市昌平区沙河镇农机试验站	北京市昌平区沙河镇农机试验站	部分自行检验、部分委托检验	QS1100 0501 0963	2014/2/20	2011/2/21	北京市质量技术监督局
北京市	北京健生饮料有限公司	乳制品［液体乳（发酵乳）］	北京市朝阳区金盏乡黎各庄村	北京市朝阳区金盏乡黎各庄村	部分自行检验、部分委托检验	QS1100 0501 1229	2014/2/20	2011/2/21	北京市质量技术监督局

（续）

地区	企业名称	产品名称	住所	生产地点	检验方式	证书编号	有效期至	发证日期	发证单位
北京市	北京科尔沁乳业有限公司	乳制品［液体乳（发酵乳、灭菌乳）］	北京市通州区宋庄镇平家疃工业大院西侧	北京市通州区宋庄镇平家疃工业大院西侧	部分自行检验、部分委托检验	QS1100 0501 0302	2014/2/20	2011/2/21	北京市质量技术监督局
北京市	北京龙泉乳品公司	乳制品［液体乳（发酵乳）］	北京市门头沟区三家店南宫	北京市门头沟区三家店南宫	部分自行检验、部分委托检验	QS1100 0501 0261	2014/2/20	2011/2/21	北京市质量技术监督局
北京市	北京乳旺食品有限公司	乳制品［液体乳（调制乳）］	北京市平谷区北京兴谷工业开发区8号	北京市平谷区北京兴谷工业开发区8号	自行检验	QS1100 0501 1251	2014/2/20	2011/2/21	北京市质量技术监督局
北京市	北京三元食品股份有限公司乳品八厂	乳制品［液体乳（巴氏杀菌乳、调制乳、发酵乳）］	北京市通州区永乐店镇柴厂屯村	北京市通州区永乐店镇柴厂屯村	自行检验	QS1100 0501 0008	2014/2/20	2011/2/21	北京市质量技术监督局
北京市	北京三元食品股份有限公司乳品四厂	乳制品［乳粉（全脂乳粉、脱脂乳粉、调制乳粉）、其他乳制品（奶油、干酪）］	北京市昌平区南口镇南阳公路东侧	北京市昌平区南口镇南阳公路东侧	自行检验	QS1100 0501 0006	2014/2/20	2011/2/21	北京市质量技术监督局
北京市	北京圣祥乳制品厂	乳制品［液体乳（发酵乳）］	北京市丰台区辛庄南坡366号	北京市丰台区辛庄南坡366号	自行检验	QS1100 0501 1231	2014/2/20	2011/2/21	北京市质量技术监督局
北京市	北京鑫华星乳业有限责任公司	乳制品［液体乳（发酵乳）］	北京市通州区中关村科技园区通州园金桥科技产业基地环科中路15号	北京市通州区中关村科技园区通州园金桥科技产业基地环科中路15号	自行检验	QS1100 0501 0835	2014/2/20	2011/2/21	北京市质量技术监督局
北京市	达能乳业（北京）有限公司	乳制品［液体乳（发酵乳）］	北京市怀柔区雁栖经济开发区雁栖北一街6号	北京市怀柔区雁栖经济开发区雁栖北一街6号	部分自行检验、部分委托检验	QS1127 0501 0010	2014/2/20	2011/2/21	北京市质量技术监督局
北京市	内蒙古伊利实业集团股份有限公司北京乳品厂	乳制品［液体乳（发酵乳、巴氏杀菌乳）、乳粉（全脂乳粉）、其他乳制品（干酪）］	北京市密云县工业开发区清源路1号	北京市密云县工业开发区清源路1号	部分自行检验、部分委托检验	QS1100 0501 0002	2014/2/20	2011/2/21	北京市质量技术监督局
北京市	蒙牛乳业（北京）有限责任公司	乳制品［液体乳（巴氏杀菌乳、灭菌乳、调制乳、发酵乳）］	北京市通州区食品工业园区一区1号	北京市通州区食品工业园区一区1号	自行检验	QS1100 0501 0354	2014/3/2	2011/3/3	北京市质量技术监督局
北京市	奥德华乳品（北京）有限公司	乳制品［液体乳（巴氏杀菌乳、发酵乳）、其他乳制品（奶油］	北京市房山区长沟镇新世纪工业园中轴路8号	北京市房山区长沟镇新世纪工业园中轴路8号	部分自行检验、部分委托检验	QS1111 0501 0011	2014/3/8	2011/3/9	北京市质量技术监督局
北京市	北京归原生态农业发展有限公司	乳制品［液体乳（巴氏杀菌乳、发酵乳）］	北京市延庆县康庄镇大营村南500米	北京市延庆县康庄镇大营村南500米	部分自行检验、部分委托检验	QS1100 0501 1393	2014/3/10	2011/3/11	北京市质量技术监督局
北京市	北京和润乳制品厂	乳制品［液体乳（巴氏杀菌乳、发酵乳）、其他乳制品（奶油、干酪）］	北京市大兴区瀛海镇西一村村委会西20米	北京市大兴区瀛海镇西一村村委会西20米	部分自行检验、部分委托检验	QS1100 0501 0750	2014/3/10	2011/3/11	北京市质量技术监督局
北京市	北京建勋食品有限公司	乳制品［液体乳（发酵乳）］	北京市丰台区南苑北马路6号	北京市丰台区南苑北马路6号	自行检验	QS1100 0501 0860	2014/3/10	2011/3/11	北京市质量技术监督局

（续）

地区	企业名称	产品名称	住　所	生产地点	检验方式	证书编号	有效期至	发证日期	发证单位
北京市	北京艾莱发喜食品有限公司	乳制品［液体乳（灭菌乳）、其他乳制品（奶油）］	北京市顺义区金马工业区	北京市顺义区金马工业区	部分自行检验、部分委托检验	QS1100 0501 0964	2014/3/13	2011/3/14	北京市质量技术监督局
北京市	北京鸿达乳品有限公司	乳制品［液体乳（发酵乳）、其他乳制品（奶油、干酪）］	北京市怀柔区桥梓镇西茶坞村北	北京市怀柔区桥梓镇西茶坞村北	部分自行检验、部分委托检验	QS1100 0501 1037	2014/3/13	2011/3/14	北京市质量技术监督局
北京市	北京吉康食品有限公司	乳制品［其他乳制品（干酪）］	北京市昌平区崔村镇西辛峰村（承租厂房）8区B6号	北京市昌平区崔村镇西辛峰村（承租厂房）8区B6号	部分自行检验、部分委托检验	QS1100 0501 1375	2014/3/13	2011/3/14	北京市质量技术监督局
北京市	北京军顺乳业有限公司	乳制品［液体乳（巴氏杀菌乳、发酵乳）］	北京市顺义区赵全营镇前桑园村园西路119号	北京市顺义区赵全营镇前桑园村园西路119号	部分自行检验、部分委托检验	QS1100 0501 1654	2014/3/13	2011/3/14	北京市质量技术监督局
北京市	北京富邦食品厂	乳制品［液体乳（发酵乳）］	北京市昌平区东小口镇小辛庄村	北京市昌平区东小口镇小辛庄村	部分自行检验、部分委托检验	QS1121 0501 0014	2014/7/27	2011/7/28	北京市质量技术监督局
北京市	北京三元食品股份有限公司	乳制品［液体乳（巴氏杀菌乳、调制乳、灭菌乳、发酵乳）、其他乳制品（奶油、干酪）］	北京市大兴区瀛海瀛昌街8号	北京市大兴区瀛海瀛昌街8号	自行检验	QS1100 0501 0003	2014/3/30	2011/12/7	北京市质量技术监督局
北京市	北京天顺华乳品有限公司	乳制品［液体乳（发酵乳）］	北京市房山区韩村河真东南章村7号	北京市房山区韩村河真东南章村7号	部分委托检验	QS1111 0501 0015	2014/12/22	2011/12/23	北京市质量技术监督局
北京市	北京光明健能乳业有限公司	乳制品［液体乳（巴氏杀菌乳、发酵乳、灭菌乳）］	北京市顺义区林河工业开发区内	北京市顺义区林河工业开发区内	自行检验	QS1100 0501 0001	2014/2/20	2012/2/13	北京市质量技术监督局
北京市	北京天辰乳业有限公司	乳制品［液体乳（巴氏杀菌乳、灭菌乳、发酵乳、调制乳）］	北京市顺义区杨镇小店村东（66055部队副食品生产基地）	北京市顺义区杨镇小店村东（66055部队副食品生产基地）	自行检验	QS1100 0501 0749	2014/2/20	2012/5/15	北京市质量技术监督局
天津市	邦士（天津）食品有限公司	乳制品［其他乳制品（干酪）］	天津经济技术开发区睦宁路72号	天津经济技术开发区睦宁路72号	自行检验	QS1216 0501 1618	2014/3/30	2011/3/31	天津市质量技术监督局
天津市	多加多乳业（天津）有限公司	乳制品［乳粉（调制乳粉）］	天津市津南经济开发区	天津市津南区经济开发区中宏道3号	自行检验	QS1212 0501 0013	2014/3/30	2011/3/31	天津市质量技术监督局
天津市	美可高特（中国）羊乳有限公司	乳制品［乳粉（调味乳粉、特殊配方乳粉），其他乳制品（羊奶片）］	天津新技术产业园区华苑产业区鑫茂科技园D1座四层C单元	天津市西青区中北工业园星光路9号	自行检验	QS1201 0501 1202	2014/3/30	2011/3/31	天津市质量技术监督局
天津市	天津光明梦得乳品有限公司	乳制品［液体乳（巴氏杀菌乳、调制乳、灭菌乳、发酵乳）］	北辰区开发区	天津市北辰区风电产业园永信道16号	自行检验	QS1213 0501 0397	2014/3/30	2011/3/31	天津市质量技术监督局
天津市	天津海河乳业有限公司	乳制品［液体乳（巴氏杀菌乳、调制乳、灭菌乳、发酵乳）］	北辰区新宜白大道科技园区内	天津市北辰区新宜白大道科技园区内	自行检验	QS1209 0501 0012	2014/3/30	2011/3/31	天津市质量技术监督局

（续）

地区	企业名称	产品名称	住　所	生产地点	检验方式	证书编号	有效期至	发证日期	发证单位
天津市	天津华明乳业有限公司	乳制品［液体乳（巴氏杀菌乳、发酵乳）］	武清区徐官屯工贸大街150号	天津市武清区徐官屯工贸大街150号	自行检验	QS1214 0501 0909	2014/3/30	2011/3/31	天津市质量技术监督局
天津市	天津津河乳业有限公司	乳制品［液体乳（灭菌乳、调制乳）］	天津市宝坻区九园公路35公里处	天津市宝坻	自行检验	QS1215 0501 0017	2014/3/30	2011/3/31	天津市质量技术监督局
天津市	天津三元乳业有限公司	乳制品［液体乳（灭菌乳、调制乳）］	静海县双塘镇东双塘村	静海县双塘镇东双塘村	自行检验	QS1223 0501 0254	2014/3/30	2011/3/31	天津市质量技术监督局
天津市	天津天狮生物发展有限公司	乳制品［乳粉（调制乳粉）］	天津新技术产业园区武清开发区	武清开发区新源道16号	自行检验	QS1214 0501 1700	2014/3/30	2011/3/31	天津市质量技术监督局
天津市	天津娃哈哈乳品有限公司	乳制品［液体乳（灭菌乳、调制乳）］	武清开发区泉州北路西侧	武清开发区泉州北路西侧	自行检验	QS1214 0501 0015	2014/3/30	2011/3/31	天津市质量技术监督局
天津市	天津完达山乳品有限公司	乳制品［液体乳（巴氏杀菌乳、灭菌乳、调制乳、发酵乳）］	天津市武清开发区泉发路28号	天津市武清区开发区泉发路28号	自行检验	QS1214 0501 0016	2014/3/30	2011/3/31	天津市质量技术监督局
天津市	天津中芬乳业有限公司	乳制品［液体乳（灭菌乳、调制乳、酸牛乳）］	宁河县经济开发区	天津市宁河县经济开发区	自行检验	QS1221 0501 0018	2014/3/30	2011/3/31	天津市质量技术监督局
天津市	天津子母乳品有限公司	乳制品［液体乳（灭菌乳、调制乳）］	天津市河西区洞庭路南	天津市河西区洞庭路南	自行检验	QS1203 0501 0010	2014/3/30	2011/3/31	天津市质量技术监督局
天津市	天津伊利乳业有限责任公司	乳制品［乳粉（调制乳粉）、其他乳制品（奶片）］增加儿童成长奶片（DHA加强型、高钙型）	天津空港经济区西十五道5号	天津空港经济区西十五道5号	自行检验	QS1217 0501 0002	2014/3/30	2011/9/27	天津市质量技术监督局
天津市	天津伊利乳品有限责任公司	乳制品［液体乳（巴氏杀菌乳、发酵乳）、其他乳制品（干酪）］	天津新技术产业园区武清开发区泉达路16号	天津新技术产业园区武清开发区泉达路16号	自行检验	QS1214 0501 0004	2014/11/28	2011/11/29	天津市质量技术监督局
天津市	蒙牛乳业（天津）有限公司	乳制品［液体乳（巴氏杀菌乳、发酵乳）］	天津市武清区京滨工业园	天津市武清区京滨工业园大王古庄镇古旺路与纬五路交叉口西北处	自行检验	QS1214 0501 0005	2014/12/30	2011/12/31	天津市质量技术监督局
天津市	黑龙江红星集团天津食品有限公司	乳制品［乳粉（调制乳粉）］增加品种：强化营养素调制奶粉	天津市武清区大良镇旗良公路东侧	天津市武清开发区禄财道3号	自行检验	QS1214 0501 0006	2015/1/10	2012/1/11	天津市质量技术监督局
河北省	滦县伊利乳业有限责任公司	乳制品［液体乳（灭菌乳）、乳粉（全脂乳粉）］	滦县新城台商工业园日月潭路2号	滦县新城台商工业园日月潭路2号	自行检验	QS1302 0501 0006	2014/1/25	2011/1/26	河北省质量技术监督局
河北省	河北完达山贝兰德乳业有限公司	乳制品［液体乳（灭菌乳、调制乳、发酵乳）］	宁晋县西城管理区	宁晋县西城管理区（河北省邢台市宁晋县西城管理区晶龙街287号）	自行检验	QS1305 0501 0425	2014/2/25	2011/2/24	河北省质量技术监督局
河北省	廊坊飞鹤乳业有限公司	乳制品［乳粉（调制乳粉）］	廊坊市开发区创业路东侧、丁香道北侧	河北省廊坊市开发区创业路东侧、丁香道北侧	自行检验	QS1310 0501 1555	2014/2/27	2011/2/28	河北省质量技术监督局
河北省	张家口察哈尔乳业有限公司	乳制品［乳粉（全脂乳粉、全脂加糖乳粉）］	张家口察北管理区	张家口察北管理区	自行检验	QS1307 0501 0306	2014/3/7	2011/3/8	河北省质量技术监督局

（续）

地区	企业名称	产品名称	住　所	生产地点	检验方式	证书编号	有效期至	发证日期	发证单位
河北省	石家庄永盛乳业有限公司	乳制品［液体乳（发酵乳）、其他乳制品（干酪）］	河北省石家庄鹿泉市铜冶镇（鹿泉市石铜路36号）	河北省石家庄鹿泉市铜冶镇（鹿泉市石铜路36号）	自行检验	QS1301 0501 0009	2014/3/14	2011/3/15	河北省质量技术监督局
河北省	廊坊伊利乳品有限公司	乳制品［液体乳（调制乳、灭菌乳）］	廊坊经济技术开发区全兴路祥云道12号	廊坊经济技术开发区全兴路祥云道12号	自行检验	QS1300 0501 0187	2014/3/20	2011/3/21	河北省质量技术监督局
河北省	蒙牛塞北乳业有限公司	乳制品［液体乳（调制乳、灭菌乳）］	张家口市察北管理区黄山管理处	张家口市察北管理区黄山管理处	自行检验	QS1307 0501 1729	2014/3/20	2011/3/21	河北省质量技术监督局
河北省	张家口察北草原乳业有限公司	乳制品［液体乳（灭菌乳）］	张家口市察北管理区黄山管理处	张家口市察北管理区黄山管理处	自行检验	QS1307 0501 0305	2014/3/20	2011/3/21	河北省质量技术监督局
河北省	察北乳业有限责任公司	乳制品［乳粉（全脂乳粉、调制乳粉）］	河北省张家口市察北管理区黄山管理处	河北省张家口市察北管理区黄山管理处	自行检验	QS1307 0501 0304	2014/3/27	2011/3/28	河北省质量技术监督局
河北省	唐山市三元食品有限公司	乳制品［液体乳（调制乳、灭菌乳）、乳粉（全脂乳粉）］	河北省唐山市汉沽管理区平安东路6号	河北省唐山市汉沽管理区平安东路6号	自行检验	QS1300 0501 0150	2014/3/27	2011/3/28	河北省质量技术监督局
河北省	保定宝贝乳业有限公司	乳制品［乳粉（全脂乳粉、调制乳粉）］	河北省保定市北市区东二环1189号	河北省保定市北市区东二环1189号	自行检验	QS1306 0501 0398	2014/3/28	2011/3/29	河北省质量技术监督局
河北省	保定君乐宝乳业有限公司	乳制品［液体乳（调制乳、灭菌乳）］	保定市七一东路（高新区东区）2192号	保定市七一东路（高新区东区）2192号	自行检验	QS1300 0501 0181	2014/3/28	2011/3/29	河北省质量技术监督局
河北省	保定完达山乳品有限公司	乳制品［液体乳（发酵乳）］	河北省保定市高阳县高保路东河路口	河北省保定市高阳县高保路东河路口	自行检验	QS1300 0501 0754	2014/3/28	2011/3/29	河北省质量技术监督局
河北省	承德市畜牧场	乳制品［液体乳（巴氏杀菌乳、灭菌乳、发酵乳）］	河北省承德市双滦区小松树沟	河北省承德市双滦区小松树沟	自行检验	QS1308 0501 0669	2014/3/28	2011/3/29	河北省质量技术监督局
河北省	丰宁缘天然乳业有限公司	乳制品［液体乳（灭菌乳、调制乳）］	河北省承德市丰宁满族自治县大阁镇西区路78号	河北省承德市丰宁满族自治县大阁镇西区路78号	自行检验	QS1308 0501 0003	2014/3/28	2011/3/29	河北省质量技术监督局
河北省	河北佳利乳业有限公司	乳制品［乳粉（全脂乳粉、调制乳粉）］	河北省石家庄市赵县308国道615公里处	河北省石家庄市赵县308国道615公里处	自行检验	QS1300 0501 0914	2014/3/28	2011/3/29	河北省质量技术监督局
河北省	河北三元食品有限公司	乳制品［液体乳（灭菌乳、调制乳、发酵乳、巴氏杀菌乳）；乳粉（全脂乳粉，调制乳粉）］	河北省石家庄市新华区警安路69号	河北省石家庄市新华区警安路59号；河北省石家庄市新华区西三庄街19号	自行检验	QS1301 0501 0001	2014/3/28	2011/3/29	河北省质量技术监督局
河北省	河北天天乳业集团有限公司	乳制品［液体乳（灭菌乳、调制乳、发酵乳）］	河北省石家庄市正定县107国道272公里处天天乳业工业园	河北省石家庄市正定县107国道272公里处天天乳业工业园	自行检验	QS1301 0501 0303	2014/3/28	2011/3/29	河北省质量技术监督局
河北省	河北乡遥食品有限公司	乳制品（液体乳、乳粉）	河北省沧州临港经济技术开发区	河北省沧州临港经济技术开发区	自行检验	QS1309 0501 0426	2014/3/28	2011/3/29	河北省质量技术监督局

（续）

地区	企业名称	产品名称	住　所	生产地点	检验方式	证书编号	有效期至	发证日期	发证单位
河北省	河北新希望天香乳业有限公司	乳制品［液体乳（巴氏杀菌乳、灭菌乳、调制乳、发酵乳）］	河北省保定市东风东路539号	河北省保定市东风东路539号	自行检验	QS1300 0501 0154	2014/3/28	2011/3/29	河北省质量技术监督局
河北省	石家庄君乐宝乐时乳业有限公司	乳制品［液体乳（发酵乳）］	石家庄市鹿泉市高新区云开路49号	石家庄市鹿泉市高新区云开路49号	自行检验	QS1300 0501 0019	2014/3/14	2011/3/29	河北省质量技术监督局
河北省	石家庄明旺乳业有限公司	乳制品［液体乳（调制乳）、其他乳制品（炼乳）］	河北省石家庄市行唐县食品工业区北区1号	河北省石家庄市行唐县食品工业区北区1号	自行检验	QS1301 0501 0002	2014/3/28	2011/3/29	河北省质量技术监督局
河北省	石家庄天缘乳业有限公司	乳制品［液体乳（发酵乳）］	河北省石家庄市五七路（河北省石家庄市学府路238号）	河北省石家庄市学府路238号	自行检验	QS1300 0501 0020	2014/3/28	2011/3/29	河北省质量技术监督局
河北省	张北县宏冠乳业有限责任公司	乳制品［乳粉（全脂乳粉、调制乳粉）	河北省张家口市张北县二台镇工业园区	河北省张家口市张北县二台镇工业园区	自行检验	QS1307 0501 1475	2014/3/28	2011/3/29	河北省质量技术监督局
河北省	张家口长城乳业有限公司	乳制品［液体乳（巴氏杀菌乳、灭菌乳、发酵乳）、乳粉（全脂乳粉）］	河北省张家口市产业集聚区金凤街2号	河北省张家口市产业集聚区金凤街2号	自行检验	QS1307 0501 0344	2014/3/28	2011/3/29	河北省质量技术监督局
河北省	张家口恒天铄乳业有限公司	乳制品［乳粉（全脂乳粉）］	河北省张家口市塞北管理区榆树沟	河北省张家口市塞北管理区榆树沟	自行检验	QS1307 0501 0011	2014/3/28	2011/3/29	河北省质量技术监督局
河北省	张家口塞北现代牧场有限公司	乳制品［液体乳（巴氏杀菌乳）］	张家口市塞北管理区	河北省张家口市塞北管理区	自行检验	QS1307 0501 1357	2014/3/28	2011/3/29	河北省质量技术监督局
河北省	邯郸市康诺食品有限公司	乳制品［液体乳（巴氏杀菌乳、调制乳、发酵乳）］	邯郸市永年县农产品加工园区明珠大街6号	邯郸市永年县农产品加工园区明珠大街6号	自行检验	QS1304 0501 0021	2014/8/16	2011/8/17	河北省质量技术监督局
河北省	邯郸滏阳乳业有限责任公司	乳制品［液体乳（巴氏杀菌乳、调制乳、发酵乳、灭菌乳）］	河北省邯郸市邯大路126号	河北省邯郸市邯大路126号	自行检验	QS1304 0501 0867	2014/8/16	2011/8/17	河北省质量技术监督局
河北省	河北福成五丰食品股份有限公司燕郊乳制品分公司	乳制品［液体乳（灭菌乳）］	河北省三河市燕郊经济技术开发区科技大街南侧	河北省三河市燕郊经济技术开发区科技大街南侧	自行检验	QS1310 0501 1528	2014/8/16	2011/8/17	河北省质量技术监督局
河北省	蒙牛乳业（察北）有限公司	乳制品［液体乳（调制乳、灭菌乳）］	张家口市察北管理区黄山管理处	张家口市察北管理区黄山管理处	自行检验	QS1307 0501 1327	2014/3/20	2011/11/11	河北省质量技术监督局
河北省	蒙牛乳业（唐山）有限责任公司	乳制品［液体乳（调制乳、灭菌乳）］	河北省唐山市丰润区外环路南侧	河北省唐山市丰润区外环路南侧	自行检验	QS1300 0501 0636	2014/3/21	2012/3/19	河北省质量技术监督局
河北省	石家庄君乐宝乳业有限公司	乳制品［液体乳（调制乳、灭菌乳、发酵乳）］	河北省石家庄市石铜路68号	河北省石家庄市石铜路68号	自行检验	QS1300 0501 0155	2014/3/28	2012/5/10	河北省质量技术监督局
河北省	张北伊利乳业有限责任公司	乳制品（液体乳）	河北省张北县张北镇新村东、桦皮岭大街西侧	河北省张家口市张北县张北镇新村东、桦皮岭大街西侧	自行检验	QS1307 0501 5555	2015/5/30	2012/5/31	河北省质量技术监督局

（续）

地区	企业名称	产品名称	住　所	生产地点	检验方式	证书编号	有效期至	发证日期	发证单位
河北省	蒙牛乳业（滦南）有限责任公司	乳制品液体乳（调制乳、灭菌乳）	河北省唐山市滦南县城南唐港高速公路出口	河北省唐山市滦南县城南唐港高速公路出口	自行检验	QS1300 0501 0637	2014/3/21	2012/7/3	河北省质量技术监督局
河北省	定州伊利乳业有限责任公司	乳制品［液体乳（灭菌乳、调制乳）、其他乳制品（奶油）］	河北省保定市定州伊利工业园区	河北省保定市定州伊利工业园区	自行检验	QS1306 0501 1474	2014/3/7	2012/8/2	河北省质量技术监督局
河北省	迁安三元食品有限公司	乳制品［液体乳（调制乳、灭菌乳）］	河北省迁安市迁安镇张庄北	河北省迁安市迁安镇张庄北	自行检验	QS1302 0501 1394	2014/3/27	2012/8/2	河北省质量技术监督局
河北省	蒙牛乳业（保定）有限公司	乳制品［液体乳（灭菌乳）］	河北省保定市望都县中韩庄乡高速公路引线南侧望都工业园内	河北省保定市望都县中韩庄乡高速公路引线南侧望都工业园内	自行检验	QS1306 0501 1655	2014/2/13	2012/8/28	河北省质量技术监督局
河北省	蒙牛乳业（衡水）有限公司	乳制品［液体乳（灭菌乳、调制乳）］	河北省武强县农牧产业园	河北省衡水市武强县农牧产业园	自行检验	QS1311 0501 5556	2015/8/27	2012/8/28	河北省质量技术监督局
河北省	河北冠维乳业有限公司	乳制品［其他乳制品（奶油）］	鹿泉市南铜冶	河北省石家庄市鹿泉市铜冶镇南铜冶村	自行检验	QS1300 0501 0144	2014/3/14	2012/9/21	河北省质量技术监督局
山西省	山西古城依美口乳品有限公司	乳制品［液体乳（灭菌乳）、乳粉（全脂乳粉、脱脂乳粉、全脂加糖乳粉）］	山西省山阴县古城镇	山西省朔州市山阴县古城镇	自行检验	QS1400 0501 0022	2012/12/29	2009/12/31	山西省质量技术监督局
山西省	晋城市强民乳业有限公司	乳制品［液体乳（巴氏杀菌乳、酸乳）］	晋城市城区北石店七岭店村	山西省晋城市城区北石店七岭店村	自行检验	QS1405 0501 0891	2013/1/10	2010/1/11	山西省质量技术监督局
山西省	平遥凯旋乳业有限公司	乳制品［液体乳（酸乳）］	晋中市平遥县王家庄村南王洪公路北	山西省晋中市平遥县王家庄村南王洪公路北	自行检验	QS1407 0501 1504	2013/3/19	2010/4/7	山西省质量技术监督局
山西省	山西永昌乳业有限公司	乳制品［液体乳（巴氏杀菌乳、酸乳）］	太原市晋源区金胜镇武家庄村西	山西省太原市晋源区金胜镇武家庄村西	自行检验	QS1401 0501 1480	2013/2/11	2010/9/21	山西省质量技术监督局
山西省	长治市九牛寨乳业有限公司	乳制品［液体乳（巴氏杀菌乳、灭菌乳、发酵乳）］	壶关县城南	山西省长治市壶关县城南	自行检验	QS1404 0501 1367	2014/3/30	2011/3/31	山西省质量技术监督局
山西省	大同夏进乳业有限责任公司	乳制品［液体乳（灭菌乳、调制乳）］	大同市新平旺新胜街甲1号	山西省大同市新平旺新胜街甲1号	自行检验	QS1402 0501 0849	2014/3/30	2011/3/31	山西省质量技术监督局
山西省	晋城市晋大农牧产业有限公司	乳制品［液体乳（巴氏杀菌乳、灭菌乳、发酵乳、调制乳）］	泽州县川底乡焦河村	山西省晋城市泽州县川底乡焦河村	自行检验	QS1405 0501 0760	2014/3/30	2011/3/31	山西省质量技术监督局
山西省	蒙牛乳业（太原）有限公司	乳制品［液体乳（调制乳、灭菌乳）］	太原市经济开发区	山西省太原市经济开发区	自行检验	QS1401 0501 1595	2014/3/30	2011/3/31	山西省质量技术监督局
山西省	内蒙古蒙牛乳业（集团）山西乳业有限公司	乳制品［液体乳（灭菌乳）］	山阴县同太北路3号	山西省朔州市山阴县同太北路3号	自行检验	QS1406 0501 0404	2014/3/30	2011/3/31	山西省质量技术监督局

（续）

地区	企业名称	产品名称	住　所	生产地点	检验方式	证书编号	有效期至	发证日期	发证单位
山西省	山西古城乳业集团有限公司	乳制品［液体乳（灭菌乳、调制乳、发酵乳）、乳粉（全脂乳粉、调制乳粉）］	山阴县古城镇	山西省朔州市山阴县古城镇	自行检验	QS1400 0501 0021	2014/3/30	2011/3/31	山西省质量技术监督局
山西省	山西维尔生物乳制品有限公司	乳制品［液体乳（巴氏杀菌乳、发酵乳）］	太原市小店区平阳路398号	山西省太原市小店区平阳路398号	自行检验	QS1401 0501 0681	2014/3/30	2011/3/31	山西省质量技术监督局
山西省	山西雅士利乳业有限公司	乳制品［乳粉（调制乳粉）］	朔州应县四环东路雅士利工业园	山西省朔州市应县四环东路雅士利工业园	自行检验	QS1406 0501 1765	2014/3/30	2011/3/31	山西省质量技术监督局
山西省	山西雁门乳业有限责任公司	乳制品［液体乳（灭菌乳）］	朔州怀仁县云东经济园区126号	山西省朔州市怀仁县云东经济园区126号	自行检验	QS1406 0501 0537	2014/3/30	2011/3/31	山西省质量技术监督局
山西省	朔州伊利乳业有限责任公司	乳制品［液体乳（灭菌乳、调制乳）］	山西省山阴县应山路	山西省朔州市山阴县应山路	自行检验	QS1406 0501 0427	2014/3/30	2011/3/31	山西省质量技术监督局
山西省	阳曲县瑞美乳业有限公司	乳制品［液体乳（巴氏杀菌乳、灭菌乳、发酵乳）］	山西省太原市阳曲县北阁大街6号	山西省太原市阳曲县北阁大街6号	自行检验	QS1401 0501 1444	2014/3/30	2011/3/31	山西省质量技术监督局
山西省	山西古城乳业集团有限公司八分厂	乳制品［液体乳（巴氏杀菌乳、灭菌乳、发酵乳）］食品品种明细：纯牛奶、鲜牛奶、益生菌酸牛奶、红枣酸牛奶、纸杯酸牛奶、玻璃瓶酸牛奶	晋中市开发区医药工业区A区	山西省晋中市开发区医药工业区A区	自行检验	QS1407 0501 1508	2014/3/30	2011/8/23	山西省质量技术监督局
山西省	长治市牧村乳业有限公司	乳制品［液体乳（巴氏杀菌乳、灭菌乳、发酵乳）］	长治市城东南路32号	山西省长治市潞城市生态经济园区南区一号	自行检验	QS1404 0501 0001	2014/10/25	2011/10/26	山西省质量技术监督局
山西省	阳泉田园乳业有限公司	乳制品［液体乳（巴氏杀菌乳、灭菌乳、发酵乳）］	阳泉郊区辛兴桥北	山西省阳泉市郊区辛兴桥北	自行检验	QS1403 0501 0002	2014/10/25	2012/9/12	山西省质量技术监督局
内蒙古自治区	呼伦贝尔市四通食品科技有限公司	乳制品［其他乳制品（固态成型产品）］	呼伦贝尔市海拉尔区经济开发区（原海拉尔东郊再生物品加工厂院内）	呼伦贝尔市海拉尔区经济开发区（原海拉尔东郊再生物品加工厂院内）	自行检验	QS1507 0501 0013	2012/12/28	2009/12/29	内蒙古自治区质量技术监督局
内蒙古自治区	内蒙古伊利奶食品有限责任公司	乳制品［其他乳制品（固态成型产品）］	呼和浩特市金山开发区金山大道8号	呼和浩特市金山开发区金山大道8号	自行检验	QS1501 0501 1540	2013/6/14	2010/6/13	内蒙古自治区质量技术监督局
内蒙古自治区	陈巴尔虎旗金利乳业有限公司	乳制品［乳粉（全脂乳粉、调制乳粉）］	呼伦贝尔市陈巴尔虎旗完工镇	呼伦贝尔市陈巴尔虎旗完工镇	自行检验	QS1507 0501 1370	2014/2/27	2011/2/28	内蒙古自治区质量技术监督局
内蒙古自治区	呼伦贝尔哈达乳业有限公司	乳制品［乳粉（全脂乳粉、脱脂乳粉、调制乳粉）］	呼伦贝尔市陈巴尔虎旗哈达图牧场	呼伦贝尔市陈巴尔虎旗哈达图牧场	自行检验	QS1507 0501 0456	2014/2/27	2011/2/28	内蒙古自治区质量技术监督局
内蒙古自治区	呼伦贝尔海乳乳业有限公司	乳制品［乳粉（全脂乳粉、脱脂乳粉、调制乳粉）、其他乳制品（奶油）］	呼伦贝尔海拉尔区301国道南侧（呼伦贝尔经济开发区）	呼伦贝尔市海拉尔区301国道南侧（经济开发区）	自行检验	QS1507 0501 1343	2014/2/27	2011/2/28	内蒙古自治区质量技术监督局

（续）

地区	企业名称	产品名称	住所	生产地点	检验方式	证书编号	有效期至	发证日期	发证单位
内蒙古自治区	呼伦贝尔雀巢有限公司	乳制品［乳粉（全脂乳粉、调制乳粉）］	呼伦贝尔额尔古纳市拉布大林海三路899号	呼伦贝尔额尔古纳市拉布大林海三路899号	自行检验	QS1507 0501 0612	2014/2/27	2011/2/28	内蒙古自治区质量技术监督局
内蒙古自治区	呼伦贝尔三元乳业有限责任公司	乳制品［乳粉（全脂乳粉、脱脂乳粉）、液体乳（灭菌乳、发酵乳）、其他乳制品（奶油）］	呼伦贝尔市海拉尔区加格达奇路	呼伦贝尔市海拉尔区加格达奇路	自行检验	QS1507 0501 0312	2014/2/27	2011/2/28	内蒙古自治区质量技术监督局
内蒙古自治区	呼伦贝尔市大雁乳品有限责任公司	乳制品［乳粉（全脂乳粉）］	呼伦贝尔市鄂温克族自治旗巴雁镇	呼伦贝尔市鄂温克族自治旗巴雁镇雁中区新华街34号	自行检验	QS1507 0501 0725	2014/2/27	2011/2/28	内蒙古自治区质量技术监督局
内蒙古自治区	呼伦贝尔市海拉尔区北雪乳业有限公司	乳制品［乳粉（全脂乳粉、脱脂乳粉、调制乳粉）］	呼伦贝尔市海拉尔区谢尔塔拉北雪乳品厂院内	呼伦贝尔市海拉尔区谢尔塔拉种牛场	自行检验	QS1507 0501 1018	2014/2/27	2011/2/28	内蒙古自治区质量技术监督局
内蒙古自治区	呼伦贝尔市海乳冷饮有限公司	乳制品［液体乳（巴氏杀菌乳、发酵乳、灭菌乳）］	呼伦贝尔市海拉尔区加格达奇路	呼伦贝尔市海拉尔区加格达奇路76号	自行检验	QS1507 0501 1456	2014/2/27	2011/2/28	内蒙古自治区质量技术监督局
内蒙古自治区	呼伦贝尔市康益药业有限公司	乳制品［其他乳制品（奶油）］	呼伦贝尔市海拉尔区加格达奇路67号	呼伦贝尔市海拉尔区加格达奇路67号	自行检验	QS1507 0501 0004	2014/2/27	2011/2/28	内蒙古自治区质量技术监督局
内蒙古自治区	呼伦贝尔天苒乳业有限责任公司	乳制品［乳粉（全脂乳粉、调制乳粉）］	呼伦贝尔市鄂温克旗巴彦差岗苏木莫和尔图嘎查学校东	呼伦贝尔市鄂温克旗巴彦差岗苏木	自行检验	QS1507 0501 0655	2014/2/27	2011/2/28	内蒙古自治区质量技术监督局
内蒙古自治区	呼伦贝尔唯久海乳乳业有限责任公司	乳制品［乳粉（全脂乳粉、调制乳粉）］	呼伦贝尔经济开发区乳业加工区	呼伦贝尔经济开发区乳业加工区	自行检验	QS1507 0501 0010	2014/2/27	2011/2/28	内蒙古自治区质量技术监督局
内蒙古自治区	呼伦贝尔亚华乳业有限责任公司	乳制品［乳粉（全脂乳粉、调制乳粉）］	呼伦贝尔市陈巴尔虎旗特尼河苏木	呼伦贝尔市陈巴尔虎旗特尼河苏木	自行检验	QS1507 0501 0762	2014/2/27	2011/2/28	内蒙古自治区质量技术监督局
内蒙古自治区	呼伦贝尔阳光乳业有限公司	乳制品［乳粉（全脂乳粉、调制乳粉）］	呼伦贝尔市鄂温克自治旗伊敏苏木	呼伦贝尔市鄂温克自治旗伊敏苏木	自行检验	QS1507 0501 1709	2014/2/27	2011/2/28	内蒙古自治区质量技术监督局
内蒙古自治区	呼伦贝尔友谊乳业（集团）有限责任公司	乳制品［乳粉（全脂乳粉、脱脂乳粉、调脂乳粉）、液体乳（灭菌乳、发酵乳）、其他乳制品（奶油）］	呼伦贝尔市牙克石市友谊东街100号	呼伦贝尔市牙克石市友谊东街100号	自行检验	QS1507 0501 1350	2014/2/27	2011/2/28	内蒙古自治区质量技术监督局
内蒙古自治区	内蒙古呼伦贝尔农垦雪花乳业有限公司	乳制品［乳粉（全脂乳粉、脱脂乳粉、部分脱脂乳粉、调制乳粉）］	呼伦贝尔市阿荣旗那吉镇振兴街	呼伦贝尔市阿荣旗那吉镇振兴街	自行检验	QS1507 0501 0431	2014/2/27	2011/2/28	内蒙古自治区质量技术监督局
内蒙古自治区	内蒙古金川伊利乳业有限责任公司	乳制品［液体乳（灭菌乳、调制乳）］	呼和浩特市金川开发区汇金道1号	呼和浩特市金川开发区汇金道1号	自行检验	QS1501 0501 1427	2014/2/27	2011/2/28	内蒙古自治区质量技术监督局
内蒙古自治区	内蒙古金海伊利乳业有限责任公司	乳制品［乳粉（全脂乳粉、脱脂乳粉、部分脱脂乳粉、调制乳粉、其他乳制品（奶油）］	呼和浩特市金山开发区金山大道北五一路	呼和浩特市金山开发区金山大道北五一路	自行检验	QS1501 0501 0002	2014/2/27	2011/2/28	内蒙古自治区质量技术监督局

（续）

地区	企业名称	产品名称	住所	生产地点	检验方式	证书编号	有效期至	发证日期	发证单位
内蒙古自治区	内蒙古金山乳业有限责任公司	乳制品［乳粉（全脂乳粉、调制乳粉）液体乳（巴氏杀菌乳、发酵乳）、其他乳制品（干酪）］	呼和浩特市金山开发区金山大道8号	呼和浩特市金山开发区金山大道8号	自行检验	QS1501 0501 1433	2014/2/27	2011/2/28	内蒙古自治区质量技术监督局
内蒙古自治区	内蒙古久鼎食品有限公司	乳制品［其他乳制品（奶油）］	呼和浩特市盛乐经济园区成长大道北（内蒙古铁骑纺织有限责任公司对面）	呼和浩特市盛乐经济园区成长大道北（内蒙古铁骑纺织有限责任公司对面）	自行检验	QS1501 0501 1771	2014/2/27	2011/2/28	内蒙古自治区质量技术监督局
内蒙古自治区	内蒙古蒙牛高科乳业有限公司	乳制品［液体乳（调制乳、灭菌乳）］	呼和浩特市盛乐经济园区209国道东	呼和浩特市盛乐经济园区209国道东	自行检验	QS1501 0501 1546	2014/2/27	2011/2/28	内蒙古自治区质量技术监督局
内蒙古自治区	内蒙古蒙牛乳业（集团）股份有限公司	乳制品［乳粉（全脂乳粉、脱脂乳粉、部分脱脂乳粉、调制乳粉）、液体乳（调制乳、灭菌乳、发酵乳）、其他乳制品（奶油、干酪）］	呼和浩特市和林格尔盛尔经济园区	呼和浩特市和林格尔盛尔经济园区	自行检验	QS1501 0501 0294	2014/2/27	2011/2/28	内蒙古自治区质量技术监督局
内蒙古自治区	内蒙古奈伦天然乳品有限公司	乳制品［液体乳（巴氏杀菌乳、灭菌乳、发酵乳）］	呼和浩特市玉泉区呼托公路4.5公里处	呼和浩特市玉泉区呼托公路4.5公里处	自行检验	QS1501 0501 0450	2014/2/27	2011/2/28	内蒙古自治区质量技术监督局
内蒙古自治区	内蒙古欧世蒙牛乳制品有限责任公司	乳制品［乳粉（全脂乳粉、脱脂乳粉、调制乳粉）］	呼和浩特市和林格尔盛乐经济园区	呼和浩特市和林格尔盛乐经济园区	自行检验	QS1501 0501 0003	2014/2/27	2011/2/28	内蒙古自治区质量技术监督局
内蒙古自治区	内蒙古伊利实业集团股份有限公司奶粉事业部	乳制品［乳粉（全脂乳粉、脱脂乳粉、调制乳粉）］	呼和浩特市金山开发区金山大道1号	呼和浩特市金川开发区金四道2号	自行检验	QS1501 0501 0265	2014/2/27	2011/2/28	内蒙古自治区质量技术监督局
内蒙古自治区	内蒙古伊利实业集团股份有限公司液态奶事业部	乳制品［液体乳（灭菌乳、调制乳）］	呼和浩特市金山开发区金山大道1号	呼和浩特市金川开发区金三道2号	自行检验	QS1501 0501 0264	2014/2/27	2011/2/28	内蒙古自治区质量技术监督局
内蒙古自治区	新巴尔虎左旗呼和哈达乳业有限责任公司	乳制品［乳粉（全脂乳粉）］	呼伦贝尔市新巴尔虎左旗嵯岗牧场	呼伦贝尔市新巴尔虎左旗嵯岗镇东北	自行检验	QS1507 0501 1042	2014/2/27	2011/2/28	内蒙古自治区质量技术监督局
内蒙古自治区	扎兰屯伊利乳业有限责任公司	乳制品［乳粉（全脂乳粉、调制乳粉）］	呼伦贝尔市扎兰屯市雅鲁西街10号	呼伦贝尔市扎兰屯市雅鲁西街10号	自行检验	QS1507 0501 0311	2014/2/27	2011/2/28	内蒙古自治区质量技术监督局
内蒙古自治区	阿拉善左旗赛亨乳业有限责任公司	乳制品［液体乳（发酵乳）］	阿拉善盟阿拉善左旗巴镇巴彦柯岱嘎查（春发号）	阿拉善盟阿拉善左旗巴镇巴彦柯岱嘎查（春发号）	自行检验	QS1529 0501 1112	2014/3/29	2011/3/30	内蒙古自治区质量技术监督局
内蒙古自治区	巴彦淖尔伊利乳业有限责任公司	乳制品［液体乳（灭菌乳、调制乳）］	巴彦淖尔市杭锦后旗陕远坝镇建设街39号	巴彦淖尔市杭锦后旗陕坝镇建设街39号	自行检验	QS1528 0501 0457	2014/3/29	2011/3/30	内蒙古自治区质量技术监督局
内蒙古自治区	包头骑士乳业有限责任公司	乳制品［液体乳（发酵乳、巴氏杀菌乳）］	包头市东河区机场开发区	包头市东河区机场开发区	自行检验	QS1502 0501 0606	2014/3/29	2011/3/30	内蒙古自治区质量技术监督局

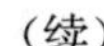
（续）

地区	企业名称	产品名称	住　所	生产地点	检验方式	证书编号	有效期至	发证日期	发证单位
内蒙古自治区	包头萨拉齐明旺乳业有限公司	乳制品［乳粉（全脂乳粉）］	包头市土右旗支柱产业园区	包头市土右旗支柱产业园区	自行检验	QS1502 0501 1450	2014/3/29	2011/3/30	内蒙古自治区质量技术监督局
内蒙古自治区	包头伊利乳业有限责任公司	乳制品［液体乳（灭菌乳、调制乳）］	包头稀土高新区新建区黄河路31号	包头稀土高新区新建区黄河路31号	自行检验	QS1502 0501 0308	2014/3/29	2011/3/30	内蒙古自治区质量技术监督局
内蒙古自治区	赤峰伊利乳业有限责任公司	乳制品［液体乳（灭菌乳、调制乳）］	赤峰市经济技术开发区元宝山工业园区平庄项目区	赤峰市元宝山区平庄项目开发区	自行检验	QS1504 0501 0454	2014/3/29	2011/3/30	内蒙古自治区质量技术监督局
内蒙古自治区	多伦县伊利乳业有限责任公司	乳制品［乳粉（全脂乳粉、调制乳粉）］	锡林郭勒盟多伦县淖尔镇京伦大道两公里处	锡林郭勒盟多伦县淖尔镇京伦大道两公里处	自行检验	QS1525 0501 1677	2014/3/29	2011/3/30	内蒙古自治区质量技术监督局
内蒙古自治区	鄂尔多斯市蒙纯乳业有限责任公司	乳制品［液体乳（发酵乳）］	鄂尔多斯市东胜区布日都梁工业园区	鄂尔多斯市东胜区布日都梁工业园区	自行检验	QS1506 0501 1346	2014/3/29	2011/3/30	内蒙古自治区质量技术监督局
内蒙古自治区	鄂尔多斯市蒙众乳业有限责任公司	乳制品［液体乳（发酵乳）］	鄂尔多斯市伊金霍洛旗霍洛苏木龙虎渠村	鄂尔多斯市伊金霍洛旗霍洛苏木龙虎渠村	自行检验	QS1506 0501 1177	2014/3/29	2011/3/30	内蒙古自治区质量技术监督局
内蒙古自治区	鄂尔多斯市伊香食品有限公司	乳制品［液体乳（发酵乳、巴氏杀菌乳）］	鄂尔多斯市东胜区罕台镇	鄂尔多斯市东胜区罕台镇	自行检验	QS1506 0501 1349	2014/3/29	2011/3/30	内蒙古自治区质量技术监督局
内蒙古自治区	呼和浩特市金汇食品有限公司	乳制品［其他乳制品（奶油）］	呼和浩特市玉泉区鄂尔多斯西街奈伦奶粉厂院内	呼和浩特市玉泉区鄂尔多斯西街奈伦奶粉厂院内	自行检验	QS1501 0501 0016	2014/3/29	2011/3/30	内蒙古自治区质量技术监督局
内蒙古自治区	呼和浩特市天美华乳食品有限责任公司	乳制品［其他乳制品（奶油）］	呼和浩特市金桥开发区金河镇新营子村	呼和浩特市金桥开发区金河镇新营子村	自行检验	QS1501 0501 1673	2014/3/29	2011/3/30	内蒙古自治区质量技术监督局
内蒙古自治区	呼伦贝尔福泉乳业有限责任公司	乳制品［乳粉（全脂乳粉）］	呼伦贝尔市牙克石市乌尔其汉镇西五旗	呼伦贝尔市牙克石市乌尔其汉镇西五旗	自行检验	QS1507 0501 1051	2014/3/29	2011/3/30	内蒙古自治区质量技术监督局
内蒙古自治区	呼伦贝尔光明乳品有限公司	乳制品［乳粉（全脂乳粉、脱脂乳粉）］	呼伦贝尔市鄂温克旗巴彦托海镇	呼伦贝尔市鄂温克旗巴彦托海镇	自行检验	QS1507 0501 0455	2014/3/29	2011/3/30	内蒙古自治区质量技术监督局
内蒙古自治区	呼伦贝尔海拉尔双娃乳业有限公司	乳制品［乳粉（全脂乳粉）］	呼伦贝尔市海拉尔区哈克镇扎罗木得村	呼伦贝尔市海拉尔区哈克镇扎罗木得村	自行检验	QS1507 0501 1021	2014/3/29	2011/3/30	内蒙古自治区质量技术监督局
内蒙古自治区	呼伦贝尔市草原春乳业有限责任公司	乳制品［乳粉（全脂乳粉、脱脂乳粉）］	呼伦贝尔市海拉尔区海东工业开发园区	呼伦贝尔市海拉尔区海东工业开发园区	自行检验	QS1507 0501 1020	2014/3/29	2011/3/30	内蒙古自治区质量技术监督局
内蒙古自治区	呼伦贝尔双娃乳业有限公司	乳制品［乳粉（全脂乳粉、脱脂乳粉）、其他乳制品（奶油）］	呼伦贝尔市阿荣旗那吉屯农场一分场二队	呼伦贝尔市阿荣旗那吉屯农场一分场二队	自行检验	QS1507 0501 1038	2014/3/29	2011/3/30	内蒙古自治区质量技术监督局
内蒙古自治区	呼伦贝尔新巴尔虎左旗双娃乳业有限责任公司	乳制品［乳粉（全脂乳粉）］	呼伦贝尔市新巴尔虎左旗嵯岗镇	呼伦贝尔市新巴尔虎左旗嵯岗镇十二道街	自行检验	QS1507 0501 1022	2014/3/29	2011/3/30	内蒙古自治区质量技术监督局
内蒙古自治区	蒙牛乳业（乌兰浩特）有限责任公司	乳制品［液体乳（调制乳、灭菌乳）］	兴安盟乌兰浩特市科尔沁经济技术开发区一区	兴安盟乌兰浩特市科尔沁经济技术开发区一区	自行检验	QS1522 0501 0295	2014/3/29	2011/3/30	内蒙古自治区质量技术监督局
内蒙古自治区	蒙牛乳业（磴口巴彦高勒）有限责任公司	乳制品［液体乳（灭菌乳、调制乳）］	巴彦淖尔市磴口县蒙牛工业园区	巴彦淖尔市磴口县蒙牛工业园区	自行检验	QS1528 0501 0573	2014/3/29	2011/3/30	内蒙古自治区质量技术监督局

（续）

地区	企业名称	产品名称	住　所	生产地点	检验方式	证书编号	有效期至	发证日期	发证单位
内蒙古自治区	内蒙古保牛乳业有限公司	乳制品［其他乳制品（奶油）］	巴彦淖尔市临河区城关镇治安七社（保牛乳业奶牛养殖园区）	巴彦淖尔市临河区城关镇治安七社（保牛乳业奶牛养殖园区）	自行检验	QS1528 0501 1643	2014/3/29	2011/3/30	内蒙古自治区质量技术监督局
内蒙古自治区	内蒙古红城乳业有限公司	乳制品［液体乳（巴氏杀菌如、发酵乳）、乳粉（全脂乳粉、调制乳粉）］	兴安盟乌兰浩特市经济技术开发区	兴安盟乌兰浩特市经济技术开发区	自行检验	QS1522 0501 0714	2014/3/29	2011/3/30	内蒙古自治区质量技术监督局
内蒙古自治区	内蒙古汇力多食品有限公司	乳制品［其他乳制品（干酪）］	锡林郭勒盟正蓝旗	锡林郭勒盟正蓝旗	自行检验	QS1525 0501 1772	2014/3/29	2011/3/30	内蒙古自治区质量技术监督局
内蒙古自治区	内蒙古金河套乳业有限公司	乳制品［液体乳（灭菌乳）、乳粉（全脂乳粉、调制乳粉）］	巴彦淖尔市临河区干召庙镇	巴彦淖尔市临河区干召庙镇	自行检验	QS1528 0501 0724	2014/3/29	2011/3/30	内蒙古自治区质量技术监督局
内蒙古自治区	内蒙古蒙牛乳业包头有限责任公司	乳制品［液体乳（灭菌乳、调制乳）］	包头市青山区民主路45号	包头市青山区民主路45号	自行检验	QS1502 0501 0296	2014/3/29	2011/3/30	内蒙古自治区质量技术监督局
内蒙古自治区	内蒙古蒙牛乳业科尔沁有限责任公司	乳制品［液体乳（灭菌乳、调制乳、发酵乳）］	通辽经济技术开发区工业区	通辽经济技术开发区工业区	自行检验	QS1505 0501 0574	2014/3/29	2011/3/30	内蒙古自治区质量技术监督局
内蒙古自治区	内蒙古蒙原食品有限责任公司	乳制品［乳粉（全脂乳粉）］	乌兰察布市丰镇市新区（丽苑小区后面）	乌兰察布市丰镇市新区（丽苑小区后面）	自行检验	QS1526 0501 1727	2014/3/29	2011/3/30	内蒙古自治区质量技术监督局
内蒙古自治区	内蒙古骑士乳业股份有限公司	乳制品［乳粉（全脂乳粉、调制乳粉、其他乳制品（干酪）］	包头市东河区机场路	包头市东河区机场路	自行检验	QS1502 0501 1039	2014/3/29	2011/3/30	内蒙古自治区质量技术监督局
内蒙古自治区	内蒙古曲迷奶业食品有限公司	乳制品［液体乳（巴氏杀菌乳、发酵乳）］	包头市九原区麻池镇新胜村	包头市九原区麻池镇新胜村	自行检验	QS1502 0501 0870	2014/3/29	2011/3/30	内蒙古自治区质量技术监督局
内蒙古自治区	内蒙古乌兰察布市草原心乐乳业有限责任公司	乳制品［液体乳（发酵乳）］	乌兰察布市集宁区平地泉路南（老马清真东）	乌兰察布市集宁区平地泉路南（老马清真东）	自行检验	QS1526 0501 0452	2014/3/29	2011/3/30	内蒙古自治区质量技术监督局
内蒙古自治区	内蒙古伊利实业集团股份有限公司乌兰察布乳品厂	乳制品［液体乳（灭菌乳、调制乳）］	乌兰察布市察右前旗察哈尔生态工业园区	乌兰察布市察右前旗察哈尔生态工业园区	自行检验	QS1526 0501 1368	2014/3/29	2011/3/30	内蒙古自治区质量技术监督局
内蒙古自治区	通辽市鑫牛源乳业有限责任公司	乳制品［乳粉（全脂乳粉）］	通辽市科左后旗甘旗卡镇甘旗卡街西段	通辽市科左后旗甘旗卡镇甘旗卡街西段	自行检验	QS1505 0501 0015	2014/3/29	2011/3/30	内蒙古自治区质量技术监督局
内蒙古自治区	锡林浩特伊利乳品有限责任公司	乳制品［液体乳（灭菌乳、调制乳）］	锡林郭勒盟锡林浩特市锡林郭勒经济技术开发区	锡林郭勒盟锡林浩特市锡林郭勒经济技术开发区	自行检验	QS1525 0501 0453	2014/3/29	2011/3/30	内蒙古自治区质量技术监督局
内蒙古自治区	扎兰屯市成吉思汗金丝猴乳业有限公司	乳制品［乳粉（全脂乳粉、脱脂乳粉）、其他乳制品（奶油）］	呼伦贝尔市扎兰屯市成吉思汗镇扎碾公路旁	呼伦贝尔市扎兰屯市成吉思汗镇扎碾公路旁	自行检验	QS1507 0501 1511	2014/3/29	2011/3/30	内蒙古自治区质量技术监督局
内蒙古自治区	内蒙古蒙鑫乳业有限公司	乳制品［乳粉（全脂乳粉）］	呼和浩特市和林格尔县呼清路西183号	呼和浩特市和林格尔县呼清路西183号	自行检验	QS1501 0501 0017	2014/4/28	2011/4/29	内蒙古自治区质量技术监督局

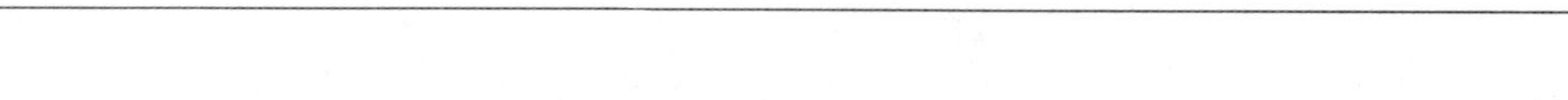

（续）

地区	企业名称	产品名称	住　所	生产地点	检验方式	证书编号	有效期至	发证日期	发证单位
内蒙古自治区	包头市致祥食品有限公司	乳制品（酱卤肉制品）	包头市青山区赵家店工业园区	包头市青山区赵家店工业园区	自行检验	QS1502 0401 8808	2014/8/10	2011/8/11	内蒙古自治区质量技术监督局
内蒙古自治区	牙克石市博克图青松乳业有限公司	乳制品［乳粉（全脂乳粉、调制乳粉）］	呼伦贝尔市牙克石市博克图镇兴隆街	呼伦贝尔市牙克石市博克图镇兴隆街	自行检验	QS1507 0501 0021	2015/1/17	2012/1/18	内蒙古自治区质量技术监督局
辽宁省	辽宁国大乳业有限公司	乳制品［液体乳（巴氏杀菌乳、灭菌乳、调制乳、发酵乳）］	义县七里河镇杨千台村	义县七里河镇杨千台村	自行检验	QS2107 0501 0002	2013/12/20	2010/12/21	辽宁省质量技术监督局
辽宁省	辽宁伊利乳业有限责任公司	乳制品［液体乳（巴氏杀菌乳、调制乳、灭菌乳、发酵乳）、其他乳制品（干酪）］	沈阳辉山农业高新技术开发区宏业街73号	沈阳辉山农业高新技术开发区宏业街73号	自行检验	QS2101 0501 1483	2014/3/13	2011/3/14	辽宁省质量技术监督局
辽宁省	沈阳乳业有限责任公司	乳制品［液体乳（巴氏杀菌乳、调制乳、灭菌乳、发酵乳）］	沈阳市沈北新区辉山经济开发区辉山大街99号	沈阳市沈北新区辉山经济开发区辉山大街99号	自行检验	QS2101 0501 0025	2014/3/13	2011/3/14	辽宁省质量技术监督局
辽宁省	鞍钢实业集团乳业有限公司	乳制品［液体乳（巴氏杀菌乳、调制乳、发酵乳）］	辽宁省鞍山市千山区东路455号	辽宁省鞍山市千山区千山东路455号	自行检验	QS2103 0501 0580	2014/3/29	2011/3/30	辽宁省质量技术监督局
辽宁省	本溪木兰花乳业有限责任公司	乳制品［液体乳（巴氏杀菌乳、灭菌乳、调制乳、发酵乳）］	本溪市明山区新明街	本溪市明山区新明街	自行检验	QS2105 0501 0027	2014/3/29	2011/3/30	辽宁省质量技术监督局
辽宁省	阜新伊利乳业有限责任公司	乳制品［液体乳（灭菌乳）］	阜新市国家农业科技园区华东街91号	阜新市国家农业科技园区华东街91号	自行检验	QS2109 0501 0727	2014/3/29	2011/3/30	辽宁省质量技术监督局
辽宁省	锦州双八乳业有限公司	乳制品［液体乳（酸乳）］	锦州市太和区凌南西里790-1号	锦州市太和区凌南西里790号	自行检验	QS2107 0501 0615	2014/3/29	2011/3/30	辽宁省质量技术监督局
辽宁省	铁岭市大牛乳品有限公司	乳制品［液体乳（巴氏杀菌乳、调制乳、灭菌乳、发酵乳）、乳粉（全脂乳粉、调制乳粉）］	铁岭经济开发区	铁岭经济开发区	自行检验	QS2112 0501 0028	2014/3/29	2011/3/30	辽宁省质量技术监督局
辽宁省	完达山鞍山乳品有限公司	乳制品［液体乳（巴氏杀菌乳、灭菌乳、调制乳、发酵乳）］	鞍山高新技术产业开发区（西区）二区协作路6号	鞍山高新技术产业开发区（西区）二区协作路6号	自行检验	QS2103 0501 0726	2014/3/29	2011/3/30	辽宁省质量技术监督局
辽宁省	大连和大奶牛饲养有限公司	乳制品［液体乳（巴氏杀菌乳、发酵乳）］	大连市金州新区杏树街道姚家村	大连市金州新区杏树街道姚家村	自行检验	QS2102 0501 0001	2014/4/7	2011/4/8	辽宁省质量技术监督局
辽宁省	大连三寰乳业有限公司	乳制品［液体乳（巴氏杀菌乳、灭菌乳、发酵乳）］	大连市沙河口区西南路487号	大连市沙河口区西南路487号	自行检验	QS2102 0501 0026	2014/4/7	2011/4/8	辽宁省质量技术监督局
辽宁省	大连心乐乳业有限公司	乳制品［液体乳（巴氏杀菌乳、灭菌乳、发酵乳、调制乳）］	大连普湾新区三十里堡街道北乐村	大连普湾新区三十里堡街道北乐村	自行检验	QS2102 0501 0728	2014/4/7	2011/4/8	辽宁省质量技术监督局
辽宁省	丹东派波乳业有限公司	乳制品［液体乳（巴氏杀菌乳、灭菌乳、调制乳、发酵乳）］	丹东市元宝区蛤蟆塘镇古城路270号	丹东市元宝区蛤蟆塘镇古城路270号	自行检验	QS2106 0501 0581	2014/4/7	2011/4/8	辽宁省质量技术监督局
辽宁省	丹东升泰乳业有限公司	乳制品［液体乳（巴氏杀菌乳、灭菌乳、调制乳、发酵乳）］	东港市前阳经济开发区艺苑路五号	东港市前阳经济开发区艺苑路五号	自行检验	QS2106 0501 0579	2014/4/7	2011/4/8	辽宁省质量技术监督局

（续）

地区	企业名称	产品名称	住　所	生产地点	检验方式	证书编号	有效期至	发证日期	发证单位
辽宁省	锦州益多乐乳业有限公司	乳制品［液体乳（巴氏杀菌乳、发酵乳）］	锦州市太和区三屯工业区	锦州市太和区三屯工业区	自行检验	QS2107 0501 0852	2014/4/7	2011/4/8	辽宁省质量技术监督局
辽宁省	朝阳市双塔区振海乳制品厂	乳制品［液体乳（发酵乳）］	朝阳市朝阳大街北段孟克村5组	朝阳市朝阳大街北段孟克村5组	自行检验	QS2113 0501 1310	2014/4/14	2011/4/15	辽宁省质量技术监督局
辽宁省	大连九羊乳业股份有限公司	乳制品［液体乳（巴氏杀菌乳、灭菌乳、发酵乳）］	普兰店市夹河镇巴家村170号	普兰店市夹河镇巴家村170号	自行检验	QS2102 0501 0434	2014/4/14	2011/4/15	辽宁省质量技术监督局
辽宁省	辽宁澳珍乳业有限公司	乳制品［液体乳（巴氏杀菌乳、灭菌乳、发酵乳）］	朝阳市龙城区食品工业园	朝阳市龙城区食品工业园	自行检验	QS2113 0501 1611	2014/4/14	2011/4/15	辽宁省质量技术监督局
辽宁省	辽阳市奔月食品有限公司	乳制品［液体乳（巴氏杀菌乳、发酵乳）］	辽阳市宏伟区石场峪村	辽阳市宏伟区石场峪村	自行检验	QS2110 0501 1762	2014/4/14	2011/4/15	辽宁省质量技术监督局
辽宁省	阜新得利来乳业有限责任公司	乳制品［液体乳（巴氏杀菌乳、发酵乳）］	阜蒙县阜新镇皂力营子村哈朋桥头	阜蒙县阜新镇皂力营子村哈朋桥头	自行检验	QS2109 0501 1359	2014/5/25	2011/5/26	辽宁省质量技术监督局
辽宁省	阜新绿山羊奶乳业有限公司	乳制品［液体乳（巴氏杀菌乳、发酵乳）］	辽宁阜新国家农业科技园八家子村	辽宁阜新国家农业科技园八家子村	自行检验	QS2109 0501 1411	2014/5/25	2011/5/26	辽宁省质量技术监督局
辽宁省	英雄辉山（沈阳）营养品有限公司	乳制品（乳粉、其他乳制品）	辽宁省沈阳市法库县秀水辉山经济开发区	辽宁省沈阳市法库县秀水辉山经济开发区	自行检验	QS2101 0501 0003	2015/5/6	2012/5/7	辽宁省质量技术监督局
辽宁省	蒙牛乳业（沈阳）有限责任公司	乳制品［液体乳（灭菌乳、调制乳、发酵乳）］	辽宁省沈阳市沈北新区沈北路121号	辽宁省沈阳市沈北新区沈北路121号	自行检验	QS2101 0501 0682	2014/3/13	2012/8/28	辽宁省质量技术监督局
辽宁省	辽宁辉山控股（集团）抚顺乳业有限公司	乳制品［乳粉（全脂乳粉、脱脂乳粉）］	抚顺县救兵乡王木村	抚顺市抚顺县救兵乡王木村	自行检验	QS2104 0501 0004	2015/9/28	2012/9/29	辽宁省质量技术监督局
辽宁省	阜新伊利乳品有限责任公司	乳制品［液体乳（灭菌乳、调制乳）］	辽宁省阜新市阜蒙县园区路2号	辽宁省阜新市阜蒙县园区路2号	自行检验	QS2109 0501 0005	2015/11/27	2012/11/28	辽宁省质量技术监督局
吉林省	白城龙丹乳业科技有限公司	乳制品［乳粉（全脂乳粉）］	白城工业园区淮河路南渤海街东	吉林省白城市白城工业园区淮河路南渤海街东	自行检验	QS2208 0501 2004	2014/3/27	2011/3/28	吉林省质量技术监督局
吉林省	长春新高食品有限公司	乳制品［液体乳（巴氏杀菌乳、调制乳、灭菌乳、发酵乳）］	高新开发区超凡大街357号	吉林省长春市高新开发区超凡大街357号	自行检验	QS2200 0501 1298	2014/3/27	2011/3/28	吉林省质量技术监督局
吉林省	敦化美丽健乳业有限公司	乳制品［乳粉（全脂乳粉）］	吉林省敦化经济开发区工业园区	吉林省敦化市敦化经济开发区工业园区	自行检验	QS2224 0501 2003	2014/3/27	2011/3/28	吉林省质量技术监督局
吉林省	吉林艾倍特乳业有限公司	乳制品［乳粉（全脂乳粉、调制乳粉）］	吉林省镇赉县幸福东路433号	吉林省白城市镇赉县镇赉镇幸福东路433号	自行检验	QS2208 0501 2001	2014/3/27	2011/3/28	吉林省质量技术监督局
吉林省	吉林市娃哈哈启力乳品有限公司	乳制品［乳粉（全脂乳粉）］	吉林市吉林经济技术开发区三号道	吉林省吉林市吉林经济技术开发区三号道	自行检验	QS2202 0501 2002	2014/3/27	2011/3/28	吉林省质量技术监督局
吉林省	白城市阿宝乳制品有限公司	乳制品［液体乳（巴氏杀菌乳、发酵乳）］	白城市洮北区平台镇侯家村西侧	吉林省白城市洮北区平台镇侯家村西侧	自行检验	QS2208 0501 0330	2014/8/22	2011/8/23	吉林省质量技术监督局

（续）

地区	企业名称	产品名称	住　所	生产地点	检验方式	证书编号	有效期至	发证日期	发证单位
吉林省	吉林新源牧业有限公司	乳制品［乳粉（全脂乳粉）］	前郭尔罗斯工业集中区	吉林省松原市前郭县前郭尔罗斯工业集中区	自行检验	QS2207 0501 2005	2014/8/22	2011/8/23	吉林省质量技术监督局
吉林省	广泽乳业有限公司	乳制品［液体乳（巴氏杀菌乳、调制乳、灭菌乳、发酵乳）、其他乳制品（干酪）、乳粉（全脂乳粉）］	长春市高新开发区长德路 2333 号	吉林省长春市高新开发区长德路 2333 号	自行检验	QS2200 0501 0029	2014/3/27	2011/11/18	吉林省质量技术监督局
吉林省	吉林市春光乳业有限责任公司	乳制品［液体乳（巴氏杀菌乳、调制乳、发酵乳）］	沙河子乡春光村	吉林省吉林市沙河子乡春光村	自行检验	QS2202 0501 0731	2015/1/18	2012/1/19	吉林省质量技术监督局
黑龙江省	黑龙江农垦德龙乳品有限公司	乳制品［乳粉（全脂乳粉、全脂加糖乳粉）］	黑龙江省哈拉海农场场直	黑龙江省哈拉海农场场直	自行检验	QS2300 0501 1486	2013/2/11	2010/6/17	黑龙江省质量技术监督局
黑龙江省	黑龙江完达山林海液奶有限公司	乳制品［液体乳（巴氏杀菌乳、灭菌乳、酸乳）］	海林市英雄街 173 号	哈尔滨开发区迎宾路集中区太湖北街 1 号、天津市武清区开发区泉发路 28 号、鞍山市高新区协作路 6 号、牟平经济开发区武五路、高阳县高保路东河路口、宁晋县西城管理区	自行检验	QS2300 0501 2010	2013/1/31	2010/7/26	黑龙江省质量技术监督局
黑龙江省	飞鹤（甘南）乳品有限公司	乳制品［乳粉（全脂乳粉、脱脂乳粉、调制乳粉］	黑龙江省齐齐哈尔市甘南县生态工业新区	黑龙江省齐齐哈尔市甘南县生态工业新区	自行检验	QS2302 0501 1763	2014/3/1	2011/3/2	黑龙江省质量技术监督局
黑龙江省	黑龙江贝因美乳业有限公司	乳制品［乳粉（全脂乳粉、脱脂乳粉、调制乳粉）、其他乳制品（奶油）］	安达市大庆路 6 号	安达市开发区安发大道 6 号、安达市大庆路 6 号	自行检验	QS2312 0501 0673	2014/3/1	2011/3/2	黑龙江省质量技术监督局
黑龙江省	黑龙江省农垦龙王食品有限责任公司	乳制品［乳粉（全脂乳粉、调制乳粉）］	黑龙江省绥化市北林区中直北路 696 号	黑龙江省绥化市北林区中直北路 696 号	自行检验	QS2300 0501 0130	2014/3/8	2011/3/9	黑龙江省质量技术监督局
黑龙江省	黑龙江省索康营养科技有限公司	乳制品［乳粉（全脂乳粉）］	黑龙江省绥化市经济开发区	黑龙江省绥化市经济开发区	自行检验	QS2312 0501 0642	2014/3/15	2011/3/16	黑龙江省质量技术监督局
黑龙江省	蒙牛乳业（齐齐哈尔）有限公司	乳制品［液体乳（灭菌乳、调制乳）］	齐齐哈尔市建华区北苑开发区	齐齐哈尔市建华区北苑开发区	自行检验	QS2302 0501 2010	2014/3/15	2011/3/16	黑龙江省质量技术监督局
黑龙江省	蒙牛乳业（尚志）有限责任公司	乳制品［液体乳（灭菌乳、调制乳）］	哈尔滨市尚志市经济技术开发区	哈尔滨市尚志市经济技术开发区	自行检验	QS2301 0501 1271	2014/3/15	2011/3/16	黑龙江省质量技术监督局
黑龙江省	海伦兴安岭乳业有限公司	乳制品［乳粉（全脂乳粉）］	黑龙江省绥化市海伦市海伦镇北环路东安街 3 委	黑龙江省绥化市海伦市海伦镇北环路东安街 3 委	自行检验	QS2300 0501 2014	2014/3/22	2011/3/23	黑龙江省质量技术监督局

（续）

地区	企业名称	产品名称	住 所	生产地点	检验方式	证书编号	有效期至	发证日期	发证单位
黑龙江省	黑龙江明翔乳业有限责任公司	乳制品［乳粉（全脂乳粉、调制乳粉）］	富裕县富裕镇五街工业园区	富裕县富裕镇五街工业园区	自行检验	QS2302 0501 1495	2014/3/22	2011/3/23	黑龙江省质量技术监督局
黑龙江省	黑龙江省完达山乳业股份有限公司双城分公司	乳制品［乳粉（调制乳粉）］（干法工艺）	哈尔滨双城市经济技术开发区	哈尔滨双城市经济技术开发区	自行检验	QS2300 0501 2012	2014/3/22	2011/3/23	黑龙江省质量技术监督局
黑龙江省	黑龙江完达山哈尔滨乳品有限公司	乳制品［液体乳（巴氏杀菌乳、灭菌乳、调制乳、发酵乳）］	哈尔滨市道里区迎宾路集中区太湖北街1号	哈尔滨开发区迎宾路集中区太湖北街1号	自行检验	QS2300 0501 0184	2014/3/22	2011/3/23	黑龙江省质量技术监督局
黑龙江省	双城雀巢有限公司	乳制品［乳粉（全脂乳粉、脱脂乳粉、调制乳粉）、其他乳制品（奶油）］	黑龙江省双城市友谊路	黑龙江省双城市友谊路	自行检验	QS2300 0501 0109	2014/3/22	2011/3/23	黑龙江省质量技术监督局
黑龙江省	大庆乳品厂有限责任公司	乳制品［乳粉（全脂乳粉、调制乳粉）］	大庆市高新区安萨路18公里处	大庆市高新技术产业开发区	自行检验	QS2306 0501 0137	2014/3/24	2011/3/25	黑龙江省质量技术监督局
黑龙江省	黑龙江常庆乳业有限责任公司	乳制品［乳粉（全脂乳粉、调制乳粉）］	五常市牛家工业园区	五常市牛家工业园区	自行检验	QS2300 0501 2015	2014/3/24	2011/3/25	黑龙江省质量技术监督局
黑龙江省	哈尔滨太子乳品工业有限公司	乳制品［乳粉（调制乳粉）］（湿法工艺、干法工艺）	哈尔滨利民经济技术开发区广州路6号	哈尔滨利民经济技术开发区广州路6号	自行检验	QS2300 0501 0315	2014/3/25	2011/3/26	黑龙江省质量技术监督局
黑龙江省	黑龙江华丹乳业有限公司	乳制品［乳粉（全脂乳粉）］	黑龙江省绥化市安达市牛街469号	黑龙江省绥化地区安达市澳佳牧业科技园区	自行检验	QS2312 0501 1590	2014/3/25	2011/3/26	黑龙江省质量技术监督局
黑龙江省	黑龙江惠尔康庆新乳业有限公司	乳制品［液体乳（灭菌乳、调制乳）］	大庆市让胡路区庆新村	大庆市让胡路区庆新村	自行检验	QS2306 0501 0139	2014/3/25	2011/3/26	黑龙江省质量技术监督局
黑龙江省	黑龙江完达山哈尔滨乳品有限公司密山分公司	乳制品［液体乳（灭菌乳、发酵乳）］	黑龙江省密山市8511农场	黑龙江省密山市兴凯镇	自行检验	QS2300 0501 1670	2014/3/25	2011/3/26	黑龙江省质量技术监督局
黑龙江省	黑龙江雅士利乳业有限公司	乳制品［乳粉（全脂乳粉、调制乳粉）］	齐齐哈尔市泰来县汤池镇政府所在地	齐齐哈尔市泰来县汤池镇政府所在地	自行检验	QS2302 0501 1603	2014/3/25	2011/3/26	黑龙江省质量技术监督局
黑龙江省	北安完达山乳品有限公司	乳制品［乳粉（全脂乳粉、脱脂乳粉、调制乳粉）、其他乳制品（奶油）］	黑龙江省黑河市北安市铁西区五委	北安市铁西区五委	自行检验	QS2300 0501 1372	2014/3/27	2011/3/28	黑龙江省质量技术监督局
黑龙江省	杜尔伯特伊利乳业有限责任公司	乳制品［乳粉（全脂乳粉、脱脂乳粉、部分脱脂乳粉、调制乳粉）］（湿法工艺、干法工艺）	大庆市杜尔伯特蒙古族自治县泰康镇东街	大庆市杜尔伯特蒙古族自治县德力戈尔工业园区	自行检验	QS2306 0501 0209	2014/3/27	2011/3/28	黑龙江省质量技术监督局
黑龙江省	黑龙江辰鹰乳业有限公司	乳制品［乳粉（全脂乳粉、调制乳粉）］	黑龙江省黑河市嫩江县嫩兴路262号	黑龙江省黑河市嫩江县嫩兴路262号	自行检验	QS2311 0501 0214	2014/3/27	2011/3/28	黑龙江省质量技术监督局
黑龙江省	黑龙江宏达北方乳品科技有限公司鹤山分公司	乳制品［乳粉（全脂乳粉）］	黑河市嫩江县鹤山农场社区B区2委293号	黑龙江省嫩江县鹤山农场场直	自行检验	QS2300 0501 0549	2014/3/27	2011/3/28	黑龙江省质量技术监督局
黑龙江省	黑龙江农垦多元乳业有限公司	乳制品［乳粉（全脂乳粉、调制乳粉）］	齐齐哈尔市富裕县富裕牧场场直二区	齐齐哈尔市富裕县富裕牧场场直二区	自行检验	QS2300 0501 0357	2014/3/27	2011/3/28	黑龙江省质量技术监督局

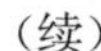
（续）

地区	企业名称	产品名称	住　所	生产地点	检验方式	证书编号	有效期至	发证日期	发证单位
黑龙江省	黑龙江省富裕明星食品有限公司	乳制品［乳粉（全脂乳粉、调制乳粉）］	齐齐哈尔市富裕县富裕镇通南路1号	齐齐哈尔市富裕县富裕镇通南路1号	自行检验	QS2302 0501 0183	2014/3/27	2011/3/28	黑龙江省质量技术监督局
黑龙江省	黑龙江省完达山乳业股份有限公司八五一一分公司	乳制品［乳粉（全脂乳粉、调制乳粉）］	黑龙江省鸡西市密山市八五一一农场场部	黑龙江省密山市八五一一农场场部	自行检验	QS2300 0501 0984	2014/3/27	2011/3/28	黑龙江省质量技术监督局
黑龙江省	黑龙江省完达山乳业股份有限公司军川分公司	乳制品［乳粉（全脂乳粉、调制乳粉）］	鹤岗市宝泉岭垦区军川乳品厂三号楼	黑龙江省萝北县军川农场场部	自行检验	QS2300 0501 0217	2014/3/27	2011/3/28	黑龙江省质量技术监督局
黑龙江省	安达伊利乳业有限责任公司	乳制品［液体乳（灭菌乳、调制乳）］	安达市铁西北街	安达市铁西北街	自行检验	QS2312 0501 0367	2014/3/28	2011/3/29	黑龙江省质量技术监督局
黑龙江省	大庆市银螺乳业有限公司	乳制品［液体乳（巴氏杀菌乳、灭菌乳、发酵乳）］	大庆市高新区农场	大庆高新区建设路243号	自行检验	QS2306 0501 2001	2014/3/28	2011/3/29	黑龙江省质量技术监督局
黑龙江省	黑龙江澳乐滋乳业有限公司	乳制品［乳粉（全脂乳粉）］	哈尔滨市南岗区红旗满族乡	哈尔滨市南岗区红旗满族乡	自行检验	QS2300 0501 0358	2014/3/28	2011/3/29	黑龙江省质量技术监督局
黑龙江省	黑龙江飞鹤乳业有限公司齐齐哈尔分公司	乳制品［乳粉（全脂乳粉、脱脂乳粉、调制乳粉）、其他乳制品（奶油）］	齐齐哈尔市昂昂溪区榆树屯乳品街278号	齐齐哈尔市昂昂溪区榆树屯乳品街278号	自行检验	QS2302 0501 1485	2014/3/28	2011/3/29	黑龙江省质量技术监督局
黑龙江省	黑龙江龙兴乳品有限责任公司	乳制品［液体乳（巴氏杀菌乳、灭菌乳、发酵乳）、乳粉（全脂乳粉、脱脂乳粉）］	安达市大庆路8号	安达市大庆路8号	自行检验	QS2312 0501 0370	2014/3/28	2011/3/29	黑龙江省质量技术监督局
黑龙江省	黑龙江省格球山乳品有限责任公司	乳制品［液体乳（发酵乳）、乳粉（全脂乳粉、调制乳粉）］	五大连池市格球山农场	五大连池市格球山农场	自行检验	QS2300 0501 0127	2014/3/28	2011/3/29	黑龙江省质量技术监督局
黑龙江省	林甸伊利乳业有限责任公司	乳制品［液体乳（灭菌乳、调制乳）］	大庆市林甸县林甸镇G015国道西侧	大庆市林甸县林甸镇G015国道西侧	自行检验	QS2306 0501 0407	2014/3/28	2011/3/29	黑龙江省质量技术监督局
黑龙江省	齐齐哈尔伊利乳业有限责任公司	乳制品［液体乳（灭菌乳）］	齐齐哈尔市梅里斯达斡尔族区城镇	齐齐哈尔市梅里斯达斡尔族区城镇	自行检验	QS2302 0501 0372	2014/3/28	2011/3/29	黑龙江省质量技术监督局
黑龙江省	安达市伊康生物工程有限责任公司	乳制品［乳粉（调制乳粉（干法生产）、牛初乳粉］	安达市高速公路出口	安达市经济开发区	自行检验	QS2312 0501 1598	2014/3/29	2011/3/30	黑龙江省质量技术监督局
黑龙江省	杜尔伯特金山乳品有限责任公司	乳制品［乳粉（脱脂乳粉、调制乳粉）、其他乳制品（奶油）］	大庆市杜尔伯特蒙古族自治县德力戈尔工业园区	大庆市杜尔伯特蒙古族自治县德力戈尔工业园区	自行检验	QS2300 0501 2016	2014/3/29	2011/3/30	黑龙江省质量技术监督局
黑龙江省	飞鹤（甘南）乳品有限公司龙江分公司	乳制品［乳粉（全脂乳粉）］	齐齐哈尔市龙江县龙江镇龙景路29号	齐齐哈尔市龙江县龙江镇龙景路29号	自行检验	QS2302 0501 0135	2014/3/29	2011/3/30	黑龙江省质量技术监督局
黑龙江省	哈尔滨森永乳品有限公司	乳制品［乳粉（调制乳粉）、其他乳制品（炼乳、奶油）］	哈尔滨市道里区机场路8号	哈尔滨市道里区机场路8号	自行检验	QS2300 0501 0359	2014/3/29	2011/3/30	黑龙江省质量技术监督局

（续）

地区	企业名称	产品名称	住　所	生产地点	检验方式	证书编号	有效期至	发证日期	发证单位
黑龙江省	哈尔滨市万家宝鲜牛奶有限公司	乳制品［液体乳（巴氏杀菌乳、调制乳、发酵乳）］	哈尔滨市道里区机场路12公里处	哈尔滨市道里区机场路12公里处	自行检验	QS2300 0501 0405	2014/3/29	2011/3/30	黑龙江省质量技术监督局
黑龙江省	黑龙江福康生物科技有限公司	乳制品［乳粉（牛初乳粉）］	黑龙江省密山市兴凯	黑龙江省密山市兴凯镇八五一一	自行检验	QS2300 0501 1632	2014/3/29	2011/3/30	黑龙江省质量技术监督局
黑龙江省	黑龙江金天然乳业有限责任公司	乳制品［乳粉（全脂乳粉）］	肇源县松花江大街（水泥管厂路南）	肇源县松花江大街（水泥管厂路南）	自行检验	QS2306 0501 1360	2014/3/29	2011/3/30	黑龙江省质量技术监督局
黑龙江省	黑龙江齐梅生物科技股份有限公司	乳制品［乳粉（全脂乳粉、调制乳粉）］	齐齐哈尔市梅里斯达翰尔族区雅尔塞镇	齐齐哈尔市梅里斯达翰尔族区雅尔塞镇	自行检验	QS2302 0501 2009	2014/3/29	2011/3/30	黑龙江省质量技术监督局
黑龙江省	佳木斯硕业乳业有限公司	乳制品［液体乳（发酵乳）］	佳木斯市汤原县鹤立镇	佳木斯市汤原县鹤立镇	自行检验	QS2308 0501 0282	2014/3/29	2011/3/30	黑龙江省质量技术监督局
黑龙江省	牡丹江三道乳业有限公司	乳制品［液体乳（巴氏杀菌乳、发酵乳）］	牡丹江市阳明区铁岭三道	牡丹江市阳明区铁岭三道	自行检验	QS2310 0501 0281	2014/3/29	2011/3/30	黑龙江省质量技术监督局
黑龙江省	牡丹江硕业乳业有限公司	乳制品［液体乳（发酵乳）］	牡丹江市阳明区磨刀石镇工业园区	牡丹江市阳明区磨刀石镇工业园区	自行检验	QS2310 0501 0408	2014/3/29	2011/3/30	黑龙江省质量技术监督局
黑龙江省	肇东市伊利乳业有限责任公司	乳制品［液体乳（灭菌乳、调制乳、发酵乳）、其他乳制品（干酪）］	黑龙江省肇东市城区经济开发区	肇东市经济开发区肇昌路11公里处	自行检验	QS2312 0501 0369	2014/3/29	2011/3/30	黑龙江省质量技术监督局
黑龙江省	哈尔滨惠佳贝食品有限公司	乳制品［乳粉（调制乳粉）（干法工艺）］	黑龙江省尚志市一面坡镇民主街18号	黑龙江省尚志市一面坡镇民主街18号	自行检验	QS2301 0501 0809	2014/3/30	2011/3/31	黑龙江省质量技术监督局
黑龙江省	哈尔滨龙丹利民乳业有限公司	乳制品［液体乳（灭菌乳、调制乳）］	哈尔滨利民经济技术开发区（珠海路1号）	哈尔滨利民经济技术开发区（珠海路1号）	自行检验	QS2300 0501 0811	2014/3/30	2011/3/31	黑龙江省质量技术监督局
黑龙江省	黑龙江鹤美生物工程有限公司	乳制品［乳粉（全脂乳粉、牛初乳粉）］	黑龙江省富裕县工业新区	黑龙江省富裕县工业新区	自行检验	QS2302 0501 1737	2014/3/30	2011/3/31	黑龙江省质量技术监督局
黑龙江省	黑龙江龙丹乳业科技股份有限公司	乳制品［液体乳（灭菌乳、调制乳、发酵乳）、乳粉（全脂乳粉、调制乳粉）］	哈尔滨市南岗区红旗大街时代广场B幢	哈尔滨市南岗区学府路337号	自行检验	QS2300 0501 0225	2014/3/30	2011/3/31	黑龙江省质量技术监督局
黑龙江省	黑龙江龙兴乳业有限公司	乳制品［乳粉（全脂乳粉、调制乳粉）］	绥化市海伦市海伦农场	绥化市海伦市海伦农场场直	自行检验	QS2300 0501 0765	2014/3/30	2011/3/31	黑龙江省质量技术监督局
黑龙江省	黑龙江妙乃坊生物科技有限公司	乳制品［乳粉（牛初乳粉）］	哈尔滨市双城市双城镇工农街一委	哈尔滨市双城市双城镇工农街一委	自行检验	QS2301 0501 2003	2014/3/30	2011/3/31	黑龙江省质量技术监督局
黑龙江省	黑龙江省北安农垦绿宝乳业有限责任公司	乳制品［乳粉（全脂乳粉）］	北安市长水河农场	北安市长水河农场	自行检验	QS2300 0501 0132	2014/3/30	2011/3/31	黑龙江省质量技术监督局
黑龙江省	黑龙江省汇昌乳业有限公司	乳制品［乳粉（全脂乳粉、调制乳粉）］	克山县克山镇北大街三段路西33号	克山县克山镇北大街三段路西33号	自行检验	QS2300 0501 2017	2014/3/30	2011/3/31	黑龙江省质量技术监督局
黑龙江省	黑龙江省康平生物工程有限责任公司	乳制品［乳粉（牛初乳粉）］	双城市102国道1248公里处	双城市102国道1248公里处	自行检验	QS2301 0501 1691	2014/3/30	2011/3/31	黑龙江省质量技术监督局

（续）

地区	企业名称	产品名称	住　所	生产地点	检验方式	证书编号	有效期至	发证日期	发证单位
黑龙江省	黑龙江省可新食品有限公司	乳制品［液体乳（灭菌乳）］	牡丹江市海林市斗银路103号	牡丹江市海林市斗银路103号	自行检验	QS2310 0501 1767	2014/3/30	2011/3/31	黑龙江省质量技术监督局
黑龙江省	黑龙江鑫龙翔生物科技有限公司	乳制品［乳粉（牛初乳粉）］	大庆市杜尔伯特蒙古族自治县德力戈尔工业园区	大庆市杜尔伯特蒙古族自治县德力戈尔工业园区	自行检验	QS2306 0501 2002	2014/3/30	2011/3/31	黑龙江省质量技术监督局
黑龙江省	虎林市娃哈哈乳品有限公司	乳制品［乳粉（全脂乳粉）］	鸡西市虎林市公安南街276号	鸡西市虎林市公安南街276号	自行检验	QS2303 0501 1496	2014/3/30	2011/3/31	黑龙江省质量技术监督局
黑龙江省	绥化市东兴乳业食品有限责任公司	乳制品［乳粉（全脂乳粉、调制乳粉）］	绥化市北林区东兴办事处红旗管理区六委	绥化市北林区东兴办事处红旗管理区六委	自行检验	QS2312 0501 0360	2014/3/30	2011/3/31	黑龙江省质量技术监督局
黑龙江省	伊春惠佳贝乳业有限公司	乳制品［液体乳（发酵乳）、乳粉（全脂乳粉、调制乳粉）］	黑龙江省伊春市新青区永进委甲1号	黑龙江省伊春市新青区永进委甲1号	自行检验	QS2307 0501 1686	2014/3/30	2011/3/31	黑龙江省质量技术监督局
黑龙江省	黑龙江摇篮乳业股份有限公司	乳制品［乳粉（全脂乳粉、调制乳粉）］	黑龙江省哈尔滨市香坊区衡山路18号远东大厦A区	大庆市肇州摇篮工业科技园区摇篮大道01号、黑龙江省鹤岗市萝北县共青农场摇篮工业科技园区摇篮大道01号、黑龙江省鹤岗市绥滨县二九〇农场摇篮工业科技园区摇篮大道01号、黑龙江省齐齐哈尔市依安县依安镇摇篮工业科技园区摇篮大道01号	自行检验	QS2300 0501 0641	2014/5/24	2011/5/25	黑龙江省质量技术监督局
黑龙江省	黑龙江红星集团股份有限公司	乳制品［乳粉（全脂乳粉、调制乳粉）、其他乳制品（干酪）］	黑龙江省安达市铁西区	黑龙江省安达市铁西区	自行检验	QS2312 0501 0366	2014/3/30	2011/7/4	黑龙江省质量技术监督局
黑龙江省	黑龙江康普生物科技有限公司	乳制品［乳粉（牛初乳粉）］	哈尔滨市利民开发区管委会楼	哈尔滨市呼兰区利民开发区沈阳大街东	自行检验	QS2300 0501 2019	2014/7/3	2011/7/4	黑龙江省质量技术监督局
黑龙江省	黑龙江美庐乳业有限公司	乳制品［乳粉（全脂乳粉、调制乳粉）］	讷河市通江路西段路南	讷河市通江路西段路南	自行检验	QS2302 0501 2000	2014/3/30	2011/7/4	黑龙江省质量技术监督局
黑龙江省	黑龙江完达山阳光乳业有限公司	乳制品［液体乳（巴氏杀菌乳、灭菌乳、调制乳）、其他乳制品（奶油）］	哈尔滨市道里区机场路3公里处2栋	哈尔滨开发区迎宾路集中区太湖南街与崂山路西南侧	自行检验	QS2300 0501 2013	2014/3/22	2011/7/4	黑龙江省质量技术监督局
黑龙江省	大庆市绿叶乳品有限公司	乳制品［乳粉（全脂乳粉、调制乳粉）］	黑龙江省大庆市红岗区杏六路	大庆市红岗区杏六路	自行检验	QS2306 0501 0837	2014/3/25	2011/8/10	黑龙江省质量技术监督局
黑龙江省	黑龙江省光明松鹤乳品有限责任公司	乳制品［液体乳（灭菌乳、调制乳）、乳粉（全脂乳粉、脱脂乳粉、部分脱脂乳粉、调制乳粉）、其他乳制品（奶油）］	齐齐哈尔市富裕县新华南路	齐齐哈尔市富裕县新华南路	自行检验	QS2302 0501 0182	2014/3/15	2011/8/10	黑龙江省质量技术监督局

（续）

地区	企业名称	产品名称	住　所	生产地点	检验方式	证书编号	有效期至	发证日期	发证单位
黑龙江省	齐齐哈尔鹤山乳业有限责任公司	乳制品［乳粉（全脂乳粉）］	齐齐哈尔市龙江县景星镇	齐齐哈尔市龙江县景星镇	自行检验	QS2302 0501 0215	2014/8/9	2011/8/10	黑龙江省质量技术监督局
黑龙江省	黑龙江农垦摇篮乳业有限责任公司	乳制品［乳粉（全脂乳粉、调制乳粉）］	黑龙江省鹤岗市绥滨县二九0农场摇篮工业科技园区摇篮大道01号	黑龙江省鹤岗市绥滨县二九0农场摇篮工业科技园区摇篮大道01号	自行检验	QS2300 0501 0112	2014/3/28	2011/9/5	黑龙江省质量技术监督局
黑龙江省	黑龙江农垦正元乳业有限责任公司	乳制品［乳粉（全脂乳粉、调制乳粉）］	黑龙江省鹤岗市萝北县共青农场摇篮工业科技园区摇篮大道01号	黑龙江省鹤岗市萝北县共青农场摇篮工业科技园区摇篮大道01号	自行检验	QS2300 0501 0113	2014/3/28	2011/9/5	黑龙江省质量技术监督局
黑龙江省	齐齐哈尔英顿乳业有限公司	乳制品［乳粉（全脂乳粉、调制乳粉）］	齐齐哈尔市碾子山区工业园区	齐齐哈尔市碾子山区工业园区	自行检验	QS2302 0501 1552	2014/3/22	2011/9/5	黑龙江省质量技术监督局
黑龙江省	北安宜品乳业有限公司	乳制品［乳粉（全脂乳粉、调制乳粉）］	黑龙江省黑河市北安市铁西工业园区	黑龙江省黑河市北安市铁西工业园区	自行检验	QS2311 0501 0437	2014/3/8	2011/10/10	黑龙江省质量技术监督局
黑龙江省	肇州县摇篮乳业有限责任公司	乳制品［乳粉（全脂乳粉、调制乳粉）］	大庆市肇州摇篮工业科技园区摇篮大道01号	大庆市肇州摇篮工业科技园区摇篮大道01号	自行检验	QS2300 0501 0110	2014/3/22	2011/10/10	黑龙江省质量技术监督局
黑龙江省	黑龙江清大乳业有限公司	乳制品［乳粉（全脂乳粉、调制乳粉）］	黑龙江省绥化市安达市哈大齐工业走廊安达综合开发区	黑龙江省绥化市安达市哈大齐工业走廊安达综合开发区	自行检验	QS2300 0501 2018	2014/6/12	2011/11/17	黑龙江省质量技术监督局
黑龙江省	依安县摇篮乳业有限责任公司	乳制品［乳粉（全脂乳粉、调制乳粉）］	黑龙江省齐齐哈尔市依安县依安镇摇篮工业科技园区摇篮大道01号	黑龙江省齐齐哈尔市依安县依安镇摇篮工业科技园区摇篮大道01号	自行检验	QS2300 0501 0111	2014/3/25	2011/11/17	黑龙江省质量技术监督局
黑龙江省	牡丹江隆瑞食品有限公司杜尔伯特分公司	乳制品［液体乳（巴氏杀菌乳、发酵乳）］	杜尔伯特蒙古族自治县德力戈尔工业园区	杜尔伯特蒙古族自治县德力戈尔工业园区	自行检验	QS2306 0501 2004	2014/3/29	2011/12/21	黑龙江省质量技术监督局
黑龙江省	传喜（黑龙江）乳业工程科技发展有限公司	乳制品［液体乳（调制乳、灭菌乳、发酵乳）］	哈尔滨市双城市工农街九委	哈尔滨市双城市工农街九委	自行检验	QS2300 0501 2020	2015/1/15	2012/1/16	黑龙江省质量技术监督局
黑龙江省	黑龙江农垦英博华威乳业有限公司	乳制品［乳粉（全脂乳粉、调制乳粉）］	黑龙江省伊春市铁力市铁力农场	黑龙江省铁力农场场直二八九大街9号	自行检验	QS2300 0501 0543	2014/3/30	2012/1/16	黑龙江省质量技术监督局
黑龙江省	黑龙江省万家宝鲜牛奶投资有限公司	乳制品［液体乳（巴氏杀菌乳、调制乳、发酵乳）］	哈尔滨市开发区南岗集中区昆仑商城赣水路49号	哈尔滨经开区哈平路集中区常州路1-1号	自行检验	QS2301 0501 2021	2015/1/18	2012/1/19	黑龙江省质量技术监督局
黑龙江省	黑龙江飞鹤乳业有限公司	乳制品［乳粉（全脂乳粉、脱脂乳粉、调制乳粉）、液态乳（灭菌乳、调制乳）、其他乳制品（奶油）］	齐齐哈尔市克东县克东镇庆祥街	齐齐哈尔市克东县克东镇庆祥街、齐齐哈尔市昂昂溪区榆树屯乳品街278号	自行检验	QS2302 0501 0136	2014/3/1	2012/3/23	黑龙江省质量技术监督局
黑龙江省	林甸博奥生物科技有限公司	乳制品［乳粉（牛初乳粉）］	黑龙江省大庆市林甸县红旗镇政府所在地	黑龙江省大庆市林甸县红旗镇政府所在地	自行检验	QS2300 0501 2022	2015/5/29	2012/5/30	黑龙江省质量技术监督局

（续）

地区	企业名称	产品名称	住　所	生产地点	检验方式	证书编号	有效期至	发证日期	发证单位
黑龙江省	黑龙江欧贝嘉营养食品有限公司	乳制品［乳粉（全脂乳粉、调制乳粉）］	铁力市西河生态工业园区	黑龙江省铁力市西河生态工业园区	自行检验	QS2307 0501 1738	2014/3/25	2012/6/29	黑龙江省质量技术监督局
黑龙江省	齐齐哈尔市碾子山乳品有限责任公司	乳制品［乳粉（全脂乳粉、调制乳粉）］	黑龙江省齐齐哈尔市碾子山区华兴街4-5号	黑龙江省齐齐哈尔市碾子山区华兴街4-5号	自行检验	QS2300 0501 2023	2015/8/14	2012/8/15	黑龙江省质量技术监督局
上海市	上海阿尔比食品有限公司	乳制品［其他乳制品（干酪）］	上海市嘉定区嘉定工业区马陆园区希望路461号	上海市嘉定区嘉定工业区马陆园区希望路461号	自行检验	QS3114 0501 0839	2014/7/31	2010/7/27	上海市质量技术监督局
上海市	达能乳业（上海）有限公司	乳制品［液体乳（发酵乳）］	上海市奉贤区金汇镇工业路899号	上海市奉贤区金汇镇工业路899号	自行检验	QS3120 0501 0001	2014/3/3	2011/3/4	上海市质量技术监督局
上海市	上海晨冠乳业有限公司	乳制品［乳粉（调制乳粉）］	上海市奉贤区现代农业园区望园路2166号	上海市奉贤区现代农业园区望园路2166号	自行检验	QS3120 0501 0986	2014/3/13	2011/3/14	上海市质量技术监督局
上海市	多美滋婴幼儿食品有限公司	乳制品［乳粉（调制乳粉）］；婴幼儿配方乳粉（湿法工艺、干法工艺）	上海市浦东新区金桥出口加工区宁桥路188号	上海市浦东新区金桥出口加工区宁桥路188号	自行检验	QS3115 0501 1608	2014/3/20	2011/3/21	上海市质量技术监督局
上海市	多美滋婴幼儿食品有限公司	乳制品［乳粉（调制乳粉）］；婴幼儿配方乳粉（湿法工艺、干法工艺）	上海市浦东新区金桥出口加工区宁桥路188号	上海市浦东新区金桥出口加工区宁桥路188号	自行检验	QS3100 0502 0003	2014/3/20	2011/3/21	上海市质量技术监督局
上海市	光明乳业股份有限公司乳品八厂	乳制品［液体乳（发酵乳）、其他乳制品（干酪）］	上海市浦东新区成山路777号	上海市浦东新区成山路777号	自行检验	QS3115 0501 0035	2014/3/20	2011/3/21	上海市质量技术监督局
上海市	光明乳业股份有限公司乳品二厂	乳制品［液体乳（巴氏杀菌乳、调制乳、灭菌乳）］	上海市闵行区吴中路580号	上海市闵行区吴中路580号	自行检验	QS3112 0501 0034	2014/3/20	2011/3/21	上海市质量技术监督局
上海市	上海恩波露食品有限公司	乳制品［液体乳（发酵乳）、其他乳制品（奶油、干酪）］	上海市松江区新飞路1500弄22号厂房	上海市松江区新飞路1500弄22号厂房	自行检验	QS3117 0501 1757	2014/3/20	2011/3/21	上海市质量技术监督局
上海市	上海光明奶酪黄油有限公司梵古易乳制品分公司	乳制品［其他乳制品（干酪）］	上海市奉贤区海湾镇燎原农场兴华路86号	上海市奉贤区燎原农场兴华路86号南厂房	自行检验	QS3120 0501 1461	2014/3/20	2011/3/21	上海市质量技术监督局
上海市	上海花冠营养乳品有限公司	乳制品［乳粉（调制乳粉）］	上海市松江区民益路299号	上海市松江区民益路299号	自行检验	QS3117 0501 1607	2014/3/20	2011/3/21	上海市质量技术监督局
上海市	上海纽贝滋营养乳品有限公司	乳制品［乳粉（调制乳粉）］	上海市松江区新浜工业园区环区北路502号	上海市松江区新浜工业园区环区北路502号	自行检验	QS3117 0501 0616	2014/3/20	2011/3/21	上海市质量技术监督局
上海市	上海乳品一厂分厂	乳制品［液体乳（巴氏杀菌乳、调制乳、发酵乳）］	上海市嘉定区戬浜镇大治路东首	上海市嘉定区戬浜镇大治路东首	自行检验	QS3114 0501 0284	2014/3/20	2011/3/21	上海市质量技术监督局
上海市	上海永安乳品有限公司	乳制品［液体乳（调制乳、灭菌乳）］	上海市奉贤区海湾镇永华路1号	上海市奉贤区海湾镇永华路1号	自行检验	QS3120 0501 0002	2014/8/30	2011/8/31	上海市质量技术监督局

（续）

地区	企业名称	产品名称	住　所	生产地点	检验方式	证书编号	有效期至	发证日期	发证单位
上海市	上海乳品四厂有限公司	乳制品［液体乳（巴氏杀菌乳、调制乳、发酵乳）、其他乳制品（奶油）］	上海市奉贤区海湾镇海兴路1750号	上海市奉贤区海湾镇海兴路1750号	自行检验	QS3120 0501 0036	2014/3/20	2012/3/1	上海市质量技术监督局
江苏省	江苏梁丰食品集团有限公司	乳制品［液体乳（巴氏杀菌乳、调制乳、灭菌乳、发酵乳）］	张家港经济开发区振兴路9号	张家港经济开发区振兴路9号	自行检验	QS3200 0501 1696	2014/3/13	2011/3/14	江苏省质量技术监督局
江苏省	淮安旺旺食品有限公司	乳制品［液体乳（调制乳）］	淮安市清河新区旺旺路21号	江苏省淮安市清河新区旺旺路21号	自行检验	QS3208 0501 0001	2014/3/17	2011/3/18	江苏省质量技术监督局
江苏省	南京川田乳品有限公司	乳制品［液体乳（巴氏杀菌乳、调制乳、发酵乳）］	南京市江宁经济技术开发区静淮路129号	江苏省南京市江宁经济技术开发区静淮路129号	自行检验	QS3200 0501 0042	2014/3/22	2011/3/23	江苏省质量技术监督局
江苏省	南京光明乳品有限公司	乳制品［液体乳（巴氏杀菌乳、调制乳、灭菌乳、发酵乳）］	南京市江宁区禄口开发区来凤路2号	南京市江宁区禄口开发区来凤路2号	自行检验	QS3200 0501 0041	2014/3/22	2011/3/23	江苏省质量技术监督局
江苏省	双喜乳业（苏州）有限公司	乳制品［液体乳（巴氏杀菌乳、调制乳、灭菌乳、发酵乳）］	苏州市高新区鹿山路49号	苏州市高新区鹿山路49号	自行检验	QS3200 0501 0767	2014/3/22	2011/3/23	江苏省质量技术监督局
江苏省	江阴市美天奶业有限公司	乳制品［液体乳（巴氏杀菌乳、调制乳、灭菌乳、发酵乳）］	江阴市澄江镇红光村	江苏省江阴市澄江镇红光村	自行检验	QS3202 0501 0506	2014/3/23	2011/3/24	江苏省质量技术监督局
江苏省	南京市金阳光乳品有限公司	乳制品［液体乳（巴氏杀菌乳、调制乳、灭菌乳、发酵乳）］	南京江宁科学园科建路28号	江宁科学园科建路28号	自行检验	QS3200 0501 0336	2014/3/23	2011/3/24	江苏省质量技术监督局
江苏省	无锡奔牛生物科技有限公司	乳制品（其他乳制品）	锡山区东北塘镇黄信桥南堍	无锡市锡山区东北塘镇黄信桥南堍	自行检验	QS3202 0501 1279	2014/3/23	2011/3/24	江苏省质量技术监督局
江苏省	无锡市马山牛奶有限公司	乳制品［液体乳（巴氏杀菌乳、调制乳、发酵乳）］	无锡市滨湖区马山鱼花路29号	江苏省无锡市滨湖区马山鱼花路29号	自行检验	QS3202 0501 0375	2014/3/23	2011/3/24	江苏省质量技术监督局
江苏省	无锡市天资乳品饮料厂	乳制品［液体乳（巴氏杀菌乳、调制乳、发酵乳）］	无锡市黄巷锡龙路百子桥堍	江苏省无锡市黄巷锡龙路百子桥堍	自行检验	QS3202 0501 0321	2014/3/23	2011/3/24	江苏省质量技术监督局
江苏省	南京卫岗乳业有限公司	乳制品［液体乳（巴氏杀菌乳、调制乳、灭菌乳、发酵乳）］	南京市江宁经济技术开发区将军大道139号	南京市江宁经济技术开发区将军大道139号	自行检验	QS3200 0501 0043	2014/3/24	2011/3/25	江苏省质量技术监督局
江苏省	丹阳市康力乳制品有限公司	乳制品［液体乳（巴氏杀菌乳、调制乳、发酵乳）］	丹阳市练湖工业园（十二分场居安村）	丹阳市练湖工业园（十二分场居安村）	自行检验	QS3211 0501 0232	2014/3/27	2011/3/28	江苏省质量技术监督局
江苏省	丹阳市练湖乳品有限公司	乳制品［液体乳（巴氏杀菌乳、发酵乳）］	丹阳市练湖工业园	丹阳市练湖工业园	自行检验	QS3211 0501 0324	2014/3/27	2011/3/28	江苏省质量技术监督局
江苏省	东台市宇航奶业有限公司	乳制品［液体乳（巴氏杀菌乳、调制乳、发酵乳）］	东台市台城新东东路64号	东台市台城新东东路64号	自行检验	QS3200 0501 0046	2014/3/27	2011/3/28	江苏省质量技术监督局

（续）

地区	企业名称	产品名称	住　所	生产地点	检验方式	证书编号	有效期至	发证日期	发证单位
江苏省	淮安快鹿牛奶有限公司	乳制品［液体乳（巴氏杀菌乳、调制乳）］	淮安市淮海西路282号	淮安市淮海西路282号	自行检验	QS3200 0501 0159	2014/3/27	2011/3/28	江苏省质量技术监督局
江苏省	淮安市兴立乳业有限公司	乳制品［液体乳（巴氏杀菌乳、发酵乳）］	淮安市淮泗路88号	江苏省淮安市淮泗路88号	自行检验	QS3208 0501 1255	2014/3/27	2011/3/28	江苏省质量技术监督局
江苏省	江苏三元双宝乳业有限公司	乳制品［液体乳（巴氏杀菌乳、调制乳、灭菌乳、发酵乳）］	江苏连云港东辛农场	江苏连云港东辛农场	自行检验	QS3207 0501 0458	2014/3/27	2011/3/28	江苏省质量技术监督局
江苏省	江苏太子乳业有限公司	乳制品［液体乳（巴氏杀菌乳、调制乳、发酵乳）］	兴化经济开发区城南路北经一路西侧	兴化经济开发区城南路北经一路西侧	自行检验	QS3212 0501 1256	2014/3/27	2011/3/28	江苏省质量技术监督局
江苏省	江苏翔宇乳业有限公司	乳制品［液体乳（巴氏杀菌乳、调制乳、发酵乳）］	淮安市楚州经济开发区纬五路北经十六路西	淮安市楚州经济开发区纬五路北经十六路西	自行检验	QS3208 0501 1758	2014/3/27	2011/3/28	江苏省质量技术监督局
江苏省	靖江市马洲乳业有限公司	乳制品［液体乳（巴氏杀菌乳、调制乳、发酵乳）］	靖江市马桥镇骥昌路1号	靖江市马桥镇骥昌路1号	自行检验	QS3212 0501 0237	2014/3/27	2011/3/28	江苏省质量技术监督局
江苏省	连云港东农乳业有限公司	乳制品［液体乳（巴氏杀菌乳、调制乳、发酵乳）］	江苏连云港东辛农场	江苏连云港东辛农场	自行检验	QS3207 0501 0992	2014/3/27	2011/3/28	江苏省质量技术监督局
江苏省	连云港新希望乳业有限公司	乳制品［液体乳（巴氏杀菌乳、发酵乳）］	连云港市海州区宁海乡武圩村	连云港市海州区宁海乡武圩村	自行检验	QS3207 0501 1301	2014/3/27	2011/3/28	江苏省质量技术监督局
江苏省	连云港益乐盟特乳品厂	乳制品［液体乳（巴氏杀菌乳、发酵乳）］	东海县石湖生态园	东海县石湖生态园	自行检验	QS3207 0501 1149	2014/3/27	2011/3/28	江苏省质量技术监督局
江苏省	南通红梅乳业有限公司	乳制品［液体乳（巴氏杀菌乳、调制乳、灭菌乳、发酵乳）］	南通港闸经济开发区黄海路99号	南通港闸经济开发区黄海路99号	自行检验	QS3200 0501 0507	2014/3/27	2011/3/28	江苏省质量技术监督局
江苏省	南通中江生物科技有限公司	乳制品（其他乳制品）：炼乳	江苏省如东经济开发区新区嘉陵江路	江苏省如东经济开发区新区嘉陵江路	自行检验	QS3206 0501 1699	2014/3/27	2011/3/28	江苏省质量技术监督局
江苏省	宿迁市可璐清实业有限公司	乳制品［液体乳（发酵乳）］	泗阳县经济开发区（西区）	泗阳县经济开发区（西区）	自行检验	QS3213 0501 1117	2014/3/27	2011/3/28	江苏省质量技术监督局
江苏省	泰州市金力乳品有限公司	乳制品［液体乳（巴氏杀菌乳、调制乳、发酵乳）］	姜堰市俞垛镇宫伦村	姜堰市俞垛镇宫伦村	自行检验	QS3212 0501 0236	2014/3/27	2011/3/28	江苏省质量技术监督局
江苏省	泰州卫岗乳品有限公司	乳制品［液体乳（巴氏杀菌乳、调制乳、发酵乳）］	泰州市海陵区凤凰东路40号	泰州市海陵区凤凰东路40号	自行检验	QS3200 0501 0044	2014/3/27	2011/3/28	江苏省质量技术监督局
江苏省	维维乳业有限公司	乳制品［液体乳（巴氏杀菌乳、调制乳、灭菌乳、发酵乳）］	徐州市铜山县张集镇工业区	徐州市铜山县张集镇工业区	自行检验	QS3200 0501 0038	2014/3/2	2011/3/28	江苏省质量技术监督局
江苏省	盐城市健桥乳业有限公司	乳制品［液体乳（巴氏杀菌乳、调制乳、发酵乳）］	射阳县合德镇解放路4-3号	射阳县合德镇解放路4-3号	自行检验	QS3209 0501 0658	2014/3/27	2011/3/28	江苏省质量技术监督局
江苏省	盐城市泰来神奶业有限公司	乳制品［液体乳（巴氏杀菌乳、发酵乳）］	江苏省盐城市亭湖区南洋镇华泰路16号	江苏省盐城市亭湖区南洋镇华泰路16号	自行检验	QS3209 0501 0735	2014/3/27	2011/3/28	江苏省质量技术监督局
江苏省	扬州市华兴乳业有限公司	乳制品［液体乳（巴氏杀菌乳、调制乳）］	高邮市甘垛镇甘泉村	高邮市甘垛镇甘泉村	自行检验	QS3210 0501 0334	2014/3/27	2011/3/28	江苏省质量技术监督局

（续）

地区	企业名称	产品名称	住　所	生产地点	检验方式	证书编号	有效期至	发证日期	发证单位
江苏省	扬州市扬大康源乳业有限公司	乳制品［液体乳（巴氏杀菌乳、调制乳）］	扬州市食品工业园鼎兴路88号	扬州市食品工业园鼎兴路88号	自行检验	QS3200 0501 0040	2014/3/27	2011/3/28	江苏省质量技术监督局
江苏省	扬州市邗江润扬奶牛场	乳制品［液体乳（巴氏杀菌乳、调制乳、发酵乳）］	扬州市邗江区沙头镇西大坝	扬州市邗江区沙头镇西大坝	自行检验	QS3210 0501 0733	2014/3/27	2011/3/28	江苏省质量技术监督局
江苏省	张家港云之兰奶业有限公司	乳制品［液体乳（巴氏杀菌乳、调制乳、发酵乳）］	张家港市苏虞张公路凤凰镇路段8号	张家港市苏虞张公路凤凰镇路段8号	自行检验	QS3205 0501 0002	2014/3/27	2011/3/28	江苏省质量技术监督局
江苏省	镇江市长江乳业有限公司	乳制品［液体乳（巴氏杀菌乳、调制乳、发酵乳）］	镇江市四摆渡	镇江市四摆渡	自行检验	QS3211 0501 0228	2014/3/27	2011/3/28	江苏省质量技术监督局
江苏省	江苏君乐宝乳业有限公司	乳制品［液体乳（调制乳、灭菌乳、发酵乳）］	江苏省丰县顺河工业园区	江苏省丰县顺河工业园区	自行检验	QS3203 0501 0586	2014/3/28	2011/3/29	江苏省质量技术监督局
江苏省	徐州绿健乳业有限责任公司乳品厂	乳制品［液体乳（巴氏杀菌乳、调制乳、发酵乳）］	徐州市北区马场湖	江苏省徐州市北区马场湖	自行检验	QS3203 0501 0585	2014/3/28	2011/3/29	江苏省质量技术监督局
江苏省	徐州卫岗乳品有限公司	乳制品［液体乳（巴氏杀菌乳、调制乳、灭菌乳、发酵乳）］	新沂市无锡-新沂工业园大桥东路218号	新沂市无锡-新沂工业园大桥东路218号	自行检验	QS3203 0501 0587	2014/3/28	2011/3/29	江苏省质量技术监督局
江苏省	常州红梅乳业有限公司	乳制品［液体乳（巴氏杀菌乳、调制乳、灭菌乳、发酵乳）、乳粉（牛初乳粉）］	常州市钟楼经济开发区梧桐路56号	常州市钟楼经济开发区梧桐路56号	自行检验	QS3200 0501 0158	2014/3/29	2011/3/30	江苏省质量技术监督局
江苏省	常州优蕾营养乳品有限公司	乳制品（液体乳、发酵乳）	常州市钟楼经济开发区梧桐路56号	常州市钟楼经济开发区梧桐路56号	自行检验	QS3204 0501 1777	2014/3/29	2011/3/30	江苏省质量技术监督局
江苏省	江苏春晖乳业有限公司	乳制品［液体乳（调制乳、灭菌乳、发酵乳）］	江苏武进经济开发区	江苏武进经济开发区	自行检验	QS3204 0501 0319	2014/3/29	2011/3/30	江苏省质量技术监督局
江苏省	南京大旺食品有限公司	乳制品［液体乳（调制乳）］	南京江宁经济技术开发区董村路112号	南京江宁经济技术开发区（董村路112号）	自行检验	QS3201 0501 0229	2014/3/29	2011/3/30	江苏省质量技术监督局
江苏省	伊利苏州乳业有限责任公司	乳制品［液体乳（巴氏杀菌乳、发酵乳）、其他乳制品（干酪）］	苏州工业园区星龙街459号	苏州工业园区星龙街459号	自行检验	QS3205 0501 1499	2014/3/30	2011/3/31	江苏省质量技术监督局
江苏省	徐州市凯舜乳业有限公司	乳制品［乳粉（全脂乳粉、调制乳粉）］	徐州市铜山区房村镇鹿台村	江苏省徐州市铜山区房村镇鹿台村	自行检验	QS3203 0501 0006	2014/11/7	2011/11/8	江苏省质量技术监督局
江苏省	蒙牛乳业宿迁有限公司	乳制品［液体乳（灭菌乳、调制乳）］	宿迁经济开发区发展大道西侧	江苏省宿迁市宿迁经济开发区发展大道西侧	自行检验	QS3213 0501 0002	2015/1/10	2012/1/11	江苏省质量技术监督局
江苏省	徐州君乐宝国润乳业有限公司	乳制品（液体乳）1.灭菌乳（君乐宝纯牛奶）2.调制乳（五色谷黑米黑豆黑芝麻牛奶、五色谷红枣红豆枸杞牛奶、五色谷花生薏米芡实牛奶）	丰县经济开发区	江苏省徐州市丰县经济开发区丰沛路与经三路交叉处	自行检验	QS3203 0501 0007	2015/2/19	2012/2/20	江苏省质量技术监督局

（续）

地区	企业名称	产品名称	住　所	生产地点	检验方式	证书编号	有效期至	发证日期	发证单位
浙江省	杭州娃哈哈饮料有限公司	乳制品［液体乳（灭菌乳、调制乳、发酵乳）］	杭州经济技术开发区M-10-1-3地块	杭州经济技术开发区M-10-1-3地块	自行检验	QS3301 0501 1130	2014/2/13	2011/2/14	浙江省质量技术监督局
浙江省	杭州贝因美母婴营养品有限公司	乳制品［乳粉（调制乳粉）］	杭州钱江经济开发区顺风路512号	杭州钱江经济开发区顺风路512号	自行检验	QS3301 0501 0001	2014/2/27	2011/2/28	浙江省质量技术监督局
浙江省	杭州味全生技食品有限公司	乳制品［乳粉（调制乳粉）］	杭州经济技术开发区十号大街502号	杭州经济技术开发区十号大街502号	自行检验	QS3301 0501 1623	2014/2/27	2011/2/28	浙江省质量技术监督局
浙江省	瑞安市百好乳业有限公司	乳制品［其他乳制品（炼乳）］	瑞安市锦湖街道沿江西路163号	瑞安市锦湖街道沿江西路163号	自行检验	QS3303 0501 0737	2014/2/27	2011/2/28	浙江省质量技术监督局
浙江省	浙江贝因美科工贸股份有限公司	乳制品［乳粉（调制乳粉）］	杭州市天目山路160号国际花园B17层	杭州余杭区良渚镇安溪杜成村	自行检验	QS3301 0501 0002	2014/2/27	2011/2/28	浙江省质量技术监督局
浙江省	浙江省杭江牛奶公司乳品厂	乳制品［液体乳（巴氏杀菌乳、灭菌乳、调制乳、发酵乳）］	杭州经济技术开发区光明路8号	杭州经济技术开发区光明路8号	自行检验	QS3300 0501 0050	2014/2/27	2011/2/28	浙江省质量技术监督局
浙江省	金华市海华乳业有限公司	乳制品［液体乳（巴氏杀菌乳、灭菌乳、调制乳、发酵乳）、其他乳制品（干酪）］	金华市工业园区熟溪路99号	金华市工业园区熟溪路99号	自行检验	QS3300 0501 0048	2014/3/3	2011/3/4	浙江省质量技术监督局
浙江省	金华市好源乳业有限公司	乳制品［其他乳制品（炼乳）］	金华市金东区多湖街道东湄工业区	金华市金东区多湖街道东湄工业区	自行检验	QS3307 0501 0643	2014/3/3	2011/3/4	浙江省质量技术监督局
浙江省	金华银河生物科技有限公司	乳制品［乳粉（牛初乳粉）］	金华市罗店镇工业区	金华市罗店镇工业区	自行检验	QS3307 0501 1584	2014/3/3	2011/3/4	浙江省质量技术监督局
浙江省	宁波市牛奶集团有限公司	乳制品［液体乳（巴氏杀菌乳、灭菌乳、调制乳、发酵乳）］	宁波市江北区洪盛路6号	宁波市江北区洪盛路6号	自行检验	QS3300 0501 0049	2014/3/3	2011/3/4	浙江省质量技术监督局
浙江省	绍兴市一景乳业有限公司	乳制品［液体乳（巴氏杀菌乳、调制乳、发酵乳）］	嵊州市经济开发区	嵊州市经济开发区城东区	自行检验	QS3306 0501 1129	2014/3/3	2011/3/4	浙江省质量技术监督局
浙江省	温州乳品厂	乳制品［液体乳（巴氏杀菌乳、调制乳、发酵乳）、乳粉（全脂乳粉、调制乳粉）、其他乳制品（炼乳）］	温州市樱花路21号	温州市樱花路21号	自行检验	QS3303 0501 1151	2014/3/3	2011/3/4	浙江省质量技术监督局
浙江省	浙江金华市佳乐乳业有限公司	乳制品［液体乳（巴氏杀菌乳、灭菌乳、调制乳、发酵乳）］	金华市工业园区熟溪路99号	金华市工业园区熟溪路99号	自行检验	QS3300 0501 0047	2014/3/3	2011/3/4	浙江省质量技术监督局
浙江省	杭州新希望双峰乳业有限公司	乳制品［液体乳（巴氏杀菌乳、灭菌乳、调制乳、发酵乳）］	杭州余杭区余杭经济开发区新洲路836号	杭州市余杭区余杭经济开发区新洲路836号	自行检验	QS3300 0501 0051	2014/3/16	2011/3/17	浙江省质量技术监督局
浙江省	浙江李子园牛奶食品有限公司	乳制品［液体乳（灭菌乳、调制乳、发酵乳）］	金华市金东区曹宅镇李子园工业园	金华市金东区曹宅镇李子园工业园	自行检验	QS3300 0501 0140	2014/3/16	2011/3/17	浙江省质量技术监督局
浙江省	浙江一鸣食品股份有限公司	乳制品［液体乳（巴氏杀菌乳、调制乳、发酵乳）］	浙江省温州市平阳县一鸣工业园	浙江省温州市平阳县一鸣工业园	自行检验	QS3300 0501 0674	2014/3/16	2011/3/17	浙江省质量技术监督局

（续）

地区	企业名称	产品名称	住　所	生产地点	检验方式	证书编号	有效期至	发证日期	发证单位
浙江省	浙江娃哈哈昌盛方便食品有限公司	乳制品［液体乳（发酵乳）］	海宁市农业对外综合开发区春澜西路	浙江省海宁市农业对外综合开发区春澜西路	自行检验	QS3301 0501 0003	2014/4/6	2011/4/7	浙江省质量技术监督局
浙江省	浙江娃哈哈昌盛罐头食品有限公司	乳制品［液体乳（调制乳）］	嘉兴市海宁农业对外综合开发区春澜西路	嘉兴市海宁农业对外综合开发区春澜西路	自行检验	QS3304 0501 0004	2014/6/30	2011/7/1	浙江省质量技术监督局
浙江省	浙江熊猫乳品有限公司	乳制品［其他乳制品（炼乳、奶油、干酪）］	温州市苍南县灵溪镇建兴东路650－668号	温州市苍南县灵溪镇建兴东路650－668号	自行检验	QS3300 0501 0337	2014/2/27	2011/9/29	浙江省质量技术监督局
浙江省	浙江美丽健乳业有限公司	乳制品［液体乳（巴氏杀菌乳、调制乳、发酵乳）］	德清县武康镇逸仙路西侧	浙江省湖州市德清县武康镇逸仙路西侧	自行检验	QS3305 0501 0005	2014/9/20	2011/11/18	浙江省质量技术监督局
浙江省	杭州味全食品有限公司	乳制品［液体乳（巴氏杀菌乳、发酵乳）］	杭州经济技术开发区四号大街27号西北角	杭州经济技术开发区四号大街27号西北角；杭州经济技术开发区白杨街道银海街468号	自行检验	QS3300 0501 0219	2014/2/27	2012/8/13	浙江省质量技术监督局
浙江省	浙江明旺乳业有限公司	乳制品［液体乳（调制乳）］	浙江省衢州经济开发区东港工业园区东港三路9号	浙江省衢州经济开发区东港工业园区东港三路9号	自行检验	QS3308 0501 1438	2014/3/3	2012/9/17	浙江省质量技术监督局
安徽省	安徽新希望白帝乳业有限公司	乳制品［液体乳（巴氏杀菌乳、灭菌乳、调制乳、发酵乳）］	合肥长丰双凤经济开发区	安徽省合肥市长丰双凤经济开发区金蓉路33号	自行检验	QS3400 0501 0008	2013/12/5	2010/12/6	安徽省质量技术监督局
安徽省	安徽达诺乳业有限公司	乳制品［乳粉（全脂乳粉、调味乳粉）、其他乳制品（炼乳）］	全椒县城东综合经济开发区内	安徽省滁州市全椒县城东综合经济开发区内	自行检验	QS3411 0501 0660	2014/3/22	2011/3/23	安徽省质量技术监督局
安徽省	安徽华园乳业有限责任公司	乳制品［乳粉（调味乳粉）、液体乳（巴氏杀菌乳、调制乳、发酵乳）］	六安市佛子岭路61号	安徽省六安市佛子岭路61号	自行检验	QS3415 0501 0872	2014/3/22	2011/3/23	安徽省质量技术监督局
安徽省	蚌埠市福淋乳业有限公司	乳制品［液体乳（巴氏杀菌乳、发酵乳）］	蚌埠市燕山路东段南侧	安徽省蚌埠市燕山路东段南侧	自行检验	QS3403 0501 0438	2014/3/22	2011/3/23	安徽省质量技术监督局
安徽省	蚌埠市和平乳业有限责任公司	乳制品［乳粉（全脂乳粉、调制乳粉）、液体乳（巴氏杀菌乳、调制乳、发酵乳）］	蚌埠市朝阳路670号	安徽省蚌埠市朝阳路670号	自行检验	QS3403 0501 0895	2014/3/22	2011/3/23	安徽省质量技术监督局
安徽省	滁州市奶业有限责任公司	乳制品［液体乳（巴氏杀菌乳、调制乳、灭菌乳、发酵乳）］	滁州市环山路8号	安徽省滁州市环山路8号	自行检验	QS3411 0501 0480	2014/3/22	2011/3/23	安徽省质量技术监督局
安徽省	蒙牛乳业（马鞍山）有限公司	乳制品［液体乳（巴氏杀菌乳、调制乳、灭菌乳、发酵乳）］	马鞍山市经济技术开发区	安徽省马鞍山市经济技术开发区红旗南路123号	自行检验	QS3405 0501 1190	2014/3/22	2011/3/23	安徽省质量技术监督局
安徽省	上海乳品七厂有限公司	乳制品［液体乳（巴氏杀菌乳、调制乳、发酵乳）］	歙县上海市练江牧场	安徽省黄山市歙县上海市练江牧场	自行检验	QS3400 0501 0163	2014/3/22	2011/3/23	安徽省质量技术监督局

（续）

地区	企业名称	产品名称	住　所	生产地点	检验方式	证书编号	有效期至	发证日期	发证单位
安徽省	芜湖卫岗乳业有限公司	乳制品［液体乳（巴氏杀菌乳、调制乳、发酵乳）］	芜湖市经济技术开发区武夷山路	安徽省芜湖市经济技术开发区武夷山路	自行检验	QS3400 0501 0056	2014/3/22	2011/3/23	安徽省质量技术监督局
安徽省	合肥伊利乳业有限责任公司	乳制品［液体乳（灭菌乳、调制乳）］	合肥市双凤工业园区双凤大道169号	安徽省合肥市双凤工业园区双凤大道169号	自行检验	QS3401 0501 1323	2014/3/27	2011/3/28	安徽省质量技术监督局
安徽省	淮南益益营养食品科技有限公司	乳制品［液体乳（巴氏杀菌乳、调制乳、灭菌乳、发酵乳）、乳粉（全脂乳粉、调制乳粉）］	淮南市经济技术开发区	安徽省淮南市淮南市经济技术开发区朝阳东路32号	自行检验	QS3404 0501 1445	2014/3/27	2011/3/28	安徽省质量技术监督局
安徽省	安徽曦强乳业集团有限公司	乳制品［液体乳（巴氏杀菌乳、灭菌乳、调制乳、发酵乳）］	淮北凤凰山经济开发区凤翔路1号	安徽省淮北市凤凰山经济开发区凤翔路1号	自行检验	QS3406 0501 0661	2014/3/30	2011/3/31	安徽省质量技术监督局
安徽省	合肥娃哈哈饮料有限公司	乳制品［液体乳（发酵乳）］	合肥市高新区信息产业园综合服务中心333室	安徽省合肥市长江西路2221号	自行检验	QS3400 0501 0003	2014/7/24	2011/7/25	安徽省质量技术监督局
安徽省	安庆旺旺食品有限公司	乳制品［液体乳（调制乳）］	安徽省安庆长江大桥综合经济开发区	安徽省安庆长江大桥综合经济开发区	自行检验	QS3400 0501 0006	2015/7/5	2012/7/6	安徽省质量技术监督局
福建省	界面蛋白质技术（福建）有限公司	乳制品［其他乳制品（干酪）］	龙海市九湖工业区木棉工业园1号	龙海市九湖工业区木棉工业园1号	自行检验	QS3500 0501 1772	2013/4/14	2010/4/15	福建省质量技术监督局
福建省	福建省三明市多丰食品有限公司	乳制品［液体乳（酸乳、巴氏杀菌乳）］	三明市梅列区麒麟新村41号	福建省三明市三元区新市中路280号	自行检验	QS3504 0501 1205	2013/5/31	2010/6/1	福建省质量技术监督局
福建省	福建宏宝露乳业股份有限公司	乳制品［液体乳（巴氏杀菌乳、灭菌乳、酸乳）］	福清市宏路镇东坪88号	福清市宏路镇东坪88号	自行检验	QS3501 0501 0350	2013/10/28	2010/10/29	福建省质量技术监督局
福建省	福建澳牛乳业有限公司	乳制品［液体乳（调制乳、灭菌乳）］	浦城县南浦生态工业园区三元1号	浦城县南浦生态工业园区三元1号	自行检验	QS3507 0501 0270	2013/9/19	2011/2/24	福建省质量技术监督局
福建省	福鼎市晨冠乳业有限公司	乳制品［乳粉（全脂乳粉）］	福鼎市星火工业园区2-8号	福鼎市星火工业园区2-8号	自行检验	QS3500 0501 1579	2014/3/17	2011/3/18	福建省质量技术监督局
福建省	贝登（福建）婴幼儿营养品有限公司	乳制品［乳粉（调制乳粉）］	莆田市涵江区江口镇华正路	莆田市涵江区江口镇华正路	自行检验	QS3500 0502 1772	2014/7/17	2011/7/18	福建省质量技术监督局
福建省	界面蛋白质技术（福建）有限公司	乳制品［其他乳制品（干酪）］	龙海市九湖工业区木棉工业园1号	漳州市龙海九湖工业区木棉工业园1号	自行检验	QS3500 0501 1774	2014/12/8	2011/12/9	福建省质量技术监督局
福建省	厦门久牧乳业有限公司	乳制品［液体乳（巴氏杀菌乳、调制乳）］	厦门市集美区后溪镇岩内村内湖打石山	福建省厦门市集美区后溪镇岩内村内湖打石山	自行检验	QS3500 0501 1769	2014/3/27	2012/2/8	福建省质量技术监督局
福建省	福建大乘乳业股份有限公司	乳制品［液体乳（巴氏杀菌乳、灭菌乳、发酵乳、调制乳）］	福建南平市大横镇常坑口	南平市建溪路81号	自行检验	QS3507 0501 0141	2014/3/17	2012/3/27	福建省质量技术监督局

（续）

地区	企业名称	产品名称	住　所	生产地点	检验方式	证书编号	有效期至	发证日期	发证单位
福建省	福建省三明市多丰食品有限公司	乳制品［液体乳（发酵乳）］	福建省三明市三元区荆东溪滨路8号	福建省三明市三元区荆东溪滨路8号	自行检验	QS3500 0501 1775	2015/1/17	2012/5/25	福建省质量技术监督局
福建省	福建长富乳品有限公司	乳制品［液体乳（巴氏杀菌乳、灭菌乳、调制乳、发酵乳）、乳粉（牛初乳粉）］	南平市延平区长富路168号	南平市延平区长富路168号	自行检验	QS3507 0501 0058	2014/3/17	2012/7/2	福建省质量技术监督局
福建省	福建省闽牛乳业有限公司	乳制品［液体乳（巴氏杀菌乳、发酵乳、调制乳）］	三明市梅列区碧湖工业园区	三明市梅列区碧湖工业园区	自行检验	QS3504 0501 0662	2014/3/17	2012/7/27	福建省质量技术监督局
福建省	明一（福建）婴幼儿营养品有限公司	乳制品［乳粉（调制乳粉）］	福州空港工业集中区大鹤段	福建福州空港工业集中区大鹤段、福州航空港工业集中区仙昙路3号	自行检验	QS3500 0501 1770	2014/2/23	2012/7/27	福建省质量技术监督局
福建省	台农（厦门）农牧有限公司	乳制品［液体乳（巴氏杀菌乳、调制乳、发酵乳）］	厦门市同安区五显镇溪西村	厦门市同安区五显镇溪西村	自行检验	QS3502 0501 0459	2014/2/20	2012/9/29	福建省质量技术监督局
江西省	江西金薄金生态科技有限公司	乳制品［乳粉（调制乳粉）］	江西省宜春市高安市八景工业园	江西省宜春市高安市八景工业园	自行检验	QS3600 0501 0918	2014/3/29	2011/3/30	江西省质量技术监督局
江西省	江西美庐乳业集团有限公司	乳制品［乳粉（调制乳粉）］	江西省九江市庐山区生态工业城	江西省九江市庐山区生态工业城	自行检验	QS3600 0501 0686	2014/3/29	2011/3/30	江西省质量技术监督局
江西省	江西省大富乳业集团有限公司	乳制品［液体乳（巴氏杀菌乳、调制乳、发酵乳）］	江西省萍乡市芦溪县银河	江西省萍乡市芦溪县银河	自行检验	QS3600 0501 0647	2014/3/29	2011/3/30	江西省质量技术监督局
江西省	江西维雀乳业有限公司	乳制品［液体乳（巴氏杀菌乳、调制乳、灭菌乳、发酵乳）］	江西省南昌市高新技术开发区艾溪湖一路569号	江西省南昌市高新技术开发区艾溪湖一路569号	自行检验	QS3600 0501 0511	2014/3/29	2011/3/30	江西省质量技术监督局
江西省	江西雄鹰乳业有限公司	乳制品［乳粉（调制乳粉）］	江西省南昌市小蓝经济开发区金沙三路富山二路969号	江西省南昌市小蓝经济开发区金沙三路富山二路969号	自行检验	QS3600 0501 1429	2014/3/29	2011/3/30	江西省质量技术监督局
江西省	江西阳光乳业股份有限公司	乳制品［液体乳（巴氏杀菌乳、调制乳、灭菌乳、发酵乳）］	江西省南昌市青云谱区岱山东路1号	江西省南昌市青云谱区岱山东路1号	自行检验	QS3600 0501 0059	2014/3/29	2011/3/30	江西省质量技术监督局
江西省	江西英雄乳业股份有限公司	乳制品［液体乳（巴氏杀菌乳、调制乳、灭菌乳、发酵乳）、乳粉（全脂乳粉、调制乳粉）］	江西省南昌市蛟桥镇	江西省南昌市蛟桥镇	自行检验	QS3600 0501 0513	2014/3/29	2011/3/30	江西省质量技术监督局
江西省	于都高山青草奶业有限公司	乳制品［液体乳（巴氏杀菌乳、调制乳、发酵乳）］	江西省赣州市于都县靖石乡黄沙村	江西省赣州市于都县靖石乡黄沙村	自行检验	QS3600 0501 0748	2014/3/29	2011/3/30	江西省质量技术监督局
江西省	南昌娃哈哈食品有限公司	乳制品［液体乳（发酵乳）］	南昌市民营科技园内	江西省南昌市民营科技园内	自行检验	QS3600 0501 0001	2014/9/28	2011/9/29	江西省质量技术监督局
江西省	江西牛牛乳业有限责任公司	乳制品［液体乳（巴氏杀菌乳、调制乳、灭菌乳、发酵乳）］	吉安市吉州区中山西路11号内	江西省吉安市国家井冈山经济技术开发区建设大道329号	自行检验	QS3600 0501 0481	2014/3/29	2012/7/6	江西省质量技术监督局

（续）

地区	企业名称	产品名称	住　所	生产地点	检验方式	证书编号	有效期至	发证日期	发证单位
山东省	潍坊紫鸢牧业发展有限公司奶业分公司	乳制品［液体乳（巴氏杀菌乳）］	潍坊市高新区清池街办奇美街445号	潍坊市高新区清池街办奇美街445号	自行检验	QS3707 0501 0067	2012/12/29	2010/1/26	山东省质量技术监督局
山东省	烟台绿色食品有限公司	乳制品［液体乳（巴氏杀菌乳、灭菌乳、酸乳）］	烟台市福山区永达街789号	烟台市福山区永达街789号	自行检验	QS3706 0501 0196	2013/6/25	2010/9/16	山东省质量技术监督局
山东省	山东得益乳业有限公司	乳制品［其他乳制品（干酪）、液体乳（巴氏杀菌乳、灭菌乳、调制乳、发酵乳）］	淄博开发区裕民路135号	淄博高新技术产业开发区裕民路135号	自行检验	QS3703 0501 0064	2014/3/1	2011/3/2	山东省质量技术监督局
山东省	蒙牛乳业泰安有限责任公司	乳制品［液体乳（调制乳、灭菌乳、发酵乳）］	泰安高新技术开发区中天门大街	泰安高新技术开发区中天门大街	自行检验	QS3709 0501 0535	2014/3/6	2011/3/7	山东省质量技术监督局
山东省	青岛雀巢有限公司	乳制品［其他乳制品（炼乳、奶油）、液体乳（调制乳）］	青岛莱西市威海西路	青岛莱西市威海西路	自行检验	QS3702 0501 0063	2014/3/13	2011/3/14	山东省质量技术监督局
山东省	山东三元乳业有限公司	乳制品［液体乳（巴氏杀菌乳、调制乳、灭菌乳、发酵乳）］	山东省潍坊市坊子区崇文街66号	山东省潍坊市坊子区崇文街66号	自行检验	QS3707 0501 1580	2014/3/13	2011/3/14	山东省质量技术监督局
山东省	青岛开开加食品有限公司	乳制品［液体乳（巴氏杀菌乳、调制乳、灭菌乳、发酵乳）］	青岛高科技工业园（高新区）惠特工业城A区	青岛高科技工业园（高新区）惠特工业城A区	自行检验	QS3702 0501 0482	2014/3/16	2011/3/17	山东省质量技术监督局
山东省	光明乳业（德州）有限公司	乳制品［液体乳（灭菌乳、调制乳、发酵乳）］	德州市经济开发区	山东省德州市经济开发区晶华路北首	自行检验	QS3714 0501 0192	2014/3/17	2011/3/18	山东省质量技术监督局
山东省	临沂盛能乳业有限责任公司	乳制品［液体乳（巴氏杀菌乳、调制乳、灭菌乳、发酵乳）］	临沂市罗庄区湖北路东段	临沂市罗庄区湖北路东段	自行检验	QS3713 0501 0238	2014/3/20	2011/3/21	山东省质量技术监督局
山东省	山东兴牛乳业有限公司	乳制品［液体乳（巴氏杀菌乳、发酵乳）、其他乳制品（干酪）］	济南市历城区桑园路10号	济南市历城区桑园路10号	自行检验	QS3701 0501 1581	2014/3/20	2011/3/21	山东省质量技术监督局
山东省	山东阳春羊奶乳业有限公司	乳制品［液体乳（调制乳、灭菌乳）］	潍坊市坊子区潍安路169号	潍坊市坊子区潍安路169号	自行检验	QS3707 0501 1362	2014/3/22	2011/3/23	山东省质量技术监督局
山东省	山东银香大地乳业有限公司	乳制品［液体乳（巴氏杀菌乳、调制乳、灭菌乳、发酵乳）］	山东曹县五里墩	山东曹县五里墩	自行检验	QS3717 0501 0176	2014/3/23	2011/3/24	山东省质量技术监督局
山东省	迈高乳业（青岛）有限公司	乳制品［乳粉（调制乳粉）］	青岛市城阳区惜福镇街道后金社区	山东省青岛市城阳区惜福镇街道后金社区	自行检验	QS3702 0501 1517	2014/3/24	2011/3/25	山东省质量技术监督局
山东省	青岛新希望琴牌乳业有限公司	乳制品［液体乳（巴氏杀菌乳、灭菌乳、调制乳、发酵乳）］	青岛市胶州市经济技术开发区太湖路6号	青岛市胶州市经济技术开发区太湖路6号	自行检验	QS3702 0501 1624	2014/3/25	2011/3/26	山东省质量技术监督局
山东省	山东朝日绿源乳业有限公司	乳制品［液体乳（灭菌乳）］	莱阳市沐浴店镇朝日绿源农业园	烟台市莱阳市龙大工业园	自行检验	QS3706 0501 1781	2014/3/25	2011/3/26	山东省质量技术监督局
山东省	山东凤祥乳业有限公司	乳制品［液体乳（巴氏杀菌乳、灭菌乳、调制乳、发酵乳）］	阳谷县安乐镇刘庙村	阳谷县安乐镇刘庙村	自行检验	QS3715 0501 0343	2014/3/25	2011/3/26	山东省质量技术监督局

（续）

地区	企业名称	产品名称	住　所	生产地点	检验方式	证书编号	有效期至	发证日期	发证单位
山东省	山东清大乳业有限公司	乳制品［液体乳（巴氏杀菌乳、灭菌乳、调制乳、发酵乳）］	新泰市楼德镇前柴城村东临	新泰市楼德镇前柴城村东临	自行检验	QS3709 0501 1713	2014/3/25	2011/3/26	山东省质量技术监督局
山东省	山东亚奥特乳业有限公司	乳制品［乳粉（全脂乳粉）、液体乳（巴氏杀菌乳、调制乳、发酵乳）］	泰安市省庄开发区	泰安市省庄开发区	自行检验	QS3709 0501 0068	2014/3/25	2011/3/26	山东省质量技术监督局
山东省	泰安伊特乳业有限责任公司	乳制品［液体乳（灭菌乳、调制乳）］	泰安市省庄开发区	泰安市省庄开发区	自行检验	QS3709 0501 0379	2014/3/25	2011/3/26	山东省质量技术监督局
山东省	烟台完达山工业园投资开发有限责任公司	乳制品［液体乳（巴氏杀菌乳、调制乳、灭菌乳、发酵乳）］	牟平经济技术开发区	烟台市牟平经济技术开发区武五路518号	自行检验	QS3706 0501 0008	2014/3/25	2011/3/26	山东省质量技术监督局
山东省	威海和惠乳业有限公司	乳制品［乳粉（全脂乳粉、调制乳粉）］	威海市温泉镇前亭子村	威海市温泉镇前亭子村	自行检验	QS3710 0501 0380	2014/3/26	2011/3/27	山东省质量技术监督局
山东省	威海嘉盛乳业有限公司	乳制品［液体乳（巴氏杀菌乳、灭菌乳、调制乳、发酵乳）、乳粉（全脂乳粉、脱脂乳粉、调制乳粉）］	荣成市成山大道	荣成市成山大道119号	自行检验	QS3710 0501 0073	2014/3/26	2011/3/27	山东省质量技术监督局
山东省	济南佳宝乳业有限公司	乳制品［液体乳（巴氏杀菌乳、灭菌乳、调制乳、发酵乳）］	济南市长清区明发路1999号	济南市长清区明发路1999号	自行检验	QS3701 0501 0060	2014/3/27	2011/3/28	山东省质量技术监督局
山东省	山东德正乳业有限公司	乳制品［乳粉（全脂乳粉、调制乳粉）］	文登市秀山西路9-1号	文登市秀山西路9号	自行检验	QS3710 0501 0071	2014/3/27	2011/3/28	山东省质量技术监督局
山东省	威海金宝乳业有限公司	乳制品［液体乳（巴氏杀菌乳、灭菌乳、调制乳）、乳粉（全脂乳粉）］	文登市文登营镇天福山金洋路88号	文登市文登营镇天福山金洋路88号	自行检验	QS3710 0501 1464	2014/3/27	2011/3/28	山东省质量技术监督局
山东省	山东百慧乳业有限公司	乳制品［液体乳（灭菌乳、调制乳）］	莒县城区工业园百慧路北侧	莒县城区工业园百慧路北侧	自行检验	QS3711 0501 0689	2014/3/28	2011/3/29	山东省质量技术监督局
山东省	山东万宝乳业有限公司	乳制品［乳粉（全脂乳粉、调制乳粉）］	临朐县辛寨镇政府驻地	临朐县辛寨镇政府驻地万宝路6号	自行检验	QS3707 0501 1498	2014/3/28	2011/3/29	山东省质量技术监督局
山东省	潍坊维维乳业有限公司	乳制品［液体乳（调制乳、灭菌乳）］	临朐卧龙工业园	临朐县辛寨镇卧龙工业园冶伦路南侧73号	自行检验	QS3707 0501 0193	2014/3/28	2011/3/29	山东省质量技术监督局
山东省	山东合生源食品有限公司	乳制品［液体乳（巴氏杀菌乳、灭菌乳）］	泰安市泰山区泰前街道办事处下峪村	泰安市泰山区泰前街道办事处下峪村	自行检验	QS3709 0501 1515	2014/3/29	2011/3/30	山东省质量技术监督局
山东省	山东泰山安康生态乳业有限公司	乳制品［液体乳（巴氏杀菌乳）］	泰安市岱岳区徂徕镇北望村	泰安市岱岳区徂徕镇北望村	自行检验	QS3709 0501 1024	2014/3/29	2011/3/30	山东省质量技术监督局
山东省	山东伊怡乳业有限公司	乳制品［液体乳（灭菌乳）］	邹平县九户镇	邹平县九户镇	自行检验	QS3716 0501 0220	2014/3/29	2011/3/30	山东省质量技术监督局
山东省	济南维维乳业有限公司	乳制品［液体乳（灭菌乳、调制乳）］	济南市历城区遥墙镇商业街东首8号	济南市历城区遥墙镇商业街东首8号	自行检验	QS3701 0501 0061	2014/3/30	2011/3/31	山东省质量技术监督局

（续）

地区	企业名称	产品名称	住　所	生产地点	检验方式	证书编号	有效期至	发证日期	发证单位
山东省	济南伊利乳业有限责任公司	乳制品［液体乳（巴氏杀菌乳、调制乳、灭菌乳、发酵乳）、其他乳制品（干酪）］	平阴县济西工业园区	济南市平阴县济西工业园区	自行检验	QS3701 0501 1352	2014/3/30	2011/3/31	山东省质量技术监督局
山东省	济宁维维乳业有限公司	乳制品［液体乳（巴氏杀菌乳、调制乳、灭菌乳、发酵乳）］	邹城市太平里能工业园	邹城市太平里能工业园	自行检验	QS3708 0501 0487	2014/3/30	2011/3/31	山东省质量技术监督局
山东省	青岛索康食品有限公司	乳制品	青岛胶州市张应镇大朱戈工业园招商镇	青岛胶州市张应镇大朱戈工业园招商镇	自行检验	QS3702 0501 1614	2014/3/30	2011/3/31	山东省质量技术监督局
山东省	山东高速生物工程有限公司	乳制品［液体乳（巴氏杀菌乳、发酵乳）］	济阳县新市镇（山东高速现代牧业有限公司院内）	山东省济南市济阳县新市镇（山东高速现代牧业有限公司院内）	自行检验	QS3701 0501 1744	2014/3/30	2011/3/31	山东省质量技术监督局
山东省	威海喜盈门乳品有限公司	乳制品［液体乳（发酵乳）］	威海市东部工业新城桥兴路 129 号	威海市东部工业新城桥兴路 129 号	自行检验	QS3710 0501 0486	2014/3/30	2011/3/31	山东省质量技术监督局
山东省	烟台长生乳品有限公司	乳制品	芝罘区卧龙经济园区荆山路 2 号	芝罘区卧龙经济园区荆山路 2 号	部分项目委托检验	QS3706 0501 1056	2014/4/1	2011/4/2	山东省质量技术监督局
山东省	济宁三强乳业有限公司	乳制品	济宁市常青路 32 号	济宁市常青路 32 号	自行检验	QS3708 0501 0342	2014/4/11	2011/4/12	山东省质量技术监督局
山东省	潍坊紫鸢乳业发展有限公司	乳制品	潍坊高新区樱前街 3537 号	潍坊高新区樱前街 3537 号	自行检验	QS3707 0501 0009	2014/4/11	2011/4/12	山东省质量技术监督局
山东省	山东华英食品有限公司	乳制品	菏泽开发区黄河东路 1717 号	菏泽开发区黄河东路 1717 号	自行检验	QS3717 0501 0175	2014/4/12	2011/4/13	山东省质量技术监督局
山东省	山东鹏程食品股份有限公司	乳制品	威海工业新区苘山镇山马邹村	威海工业新区苘山镇山马邹村	自行检验	QS3710 0501 0069	2014/4/18	2011/4/19	山东省质量技术监督局
山东省	沂水县御膳香乳业有限公司	乳制品	山东省沂水县裕丰开发区	山东省沂水县裕丰开发区	自行检验	QS3713 0501 1420	2014/4/18	2011/4/19	山东省质量技术监督局
山东省	东君乳业（禹城）有限公司	乳制品	禹城市高新技术开发区	禹城市高新技术开发区	自行检验	QS3714 0501 0010	2014/4/21	2011/4/22	山东省质量技术监督局
山东省	聊城市团团乳业有限公司	乳制品	聊城市东昌府区侯营工业园	聊城市东昌府区侯营工业园	自行检验	QS3715 0501 1353	2014/4/21	2011/4/22	山东省质量技术监督局
山东省	临朐乾福乳业有限公司	乳制品	临朐上林镇东周家庄村	临朐县龙岗镇王家寨子村	自行检验	QS3707 0501 0011	2014/5/15	2011/5/16	山东省质量技术监督局
山东省	潍坊伊利乳业有限责任公司	乳制品	临朐县城关街道西环路西侧朐山路南侧	临朐县城关街道西环路西侧朐山路南侧	自行检验	QS3707 0501 0012	2014/5/18	2011/5/19	山东省质量技术监督局
山东省	东营安和乳业有限公司	乳制品	乳制品	广饶县经济技术开发区广达路 48 号	自行检验	QS3705 0501 1091	2014/12/4	2011/7/6	山东省质量技术监督局
山东省	烟台凯芙食品有限公司	乳制品	牟平区新区大街 656 号	烟台市牟平区新区大街 656 号	部分委托检验	QS3706 0501 0897	2014/8/21	2011/7/13	山东省质量技术监督局
山东省	山东莱河乳业有限公司	乳制品	菏泽市单县莱河镇	菏泽市单县莱河镇	自行检验	QS3717 0501 0401	2014/9/20	2011/9/21	山东省质量技术监督局
山东省	烟台益生源乳业有限公司	乳制品	烟台市福山区回里工业园	烟台市福山区回里工业园	自行检验	QS3706 0501 0002	2014/3/25	2011/10/25	山东省质量技术监督局
山东省	山东旺旺食品有限公司	乳制品（液体乳、调制乳、其他乳制品、炼乳）	济南市济阳县济北经济开发区	济南市济阳县济北经济开发区	自行检验	QS3701 0501 0062	2014/3/30	2012/1/7	山东省质量技术监督局

（续）

地区	企业名称	产品名称	住　所	生产地点	检验方式	证书编号	有效期至	发证日期	发证单位
山东省	青岛迎春乐食品有限公司	乳制品［液体乳（巴氏杀菌乳、灭菌乳、发酵乳、调制乳）］	青岛市城阳区礼阳路8号	青岛市城阳区礼阳路8号	自行检验	QS3702 0501 0174	2015/4/5	2012/4/6	山东省质量技术监督局
山东省	山东新明食品饮料有限公司	乳制品［液体乳（灭菌乳）］		山东省淄博市沂源县东里镇驻地	自行检验	QS3703 0501 0065	2014/3/27	2012/4/23	山东省质量技术监督局
山东省	圣元营养食品有限公司	乳制品［乳粉（调制乳粉）］	青岛胶南市圣元路777号	青岛胶南市圣元路777号	自行检验	QS3702 0501 1613	2014/3/15	2012/4/23	山东省质量技术监督局
山东省	临沂格瑞食品有限公司	乳制品［液体乳（巴氏杀菌乳、调制乳、灭菌乳、发酵乳）］	临沂市高新区罗六路与双月园路交汇处西北	临沂市高新区罗六路与双月园路交汇处西北	自行检验	QS3713 0501 1200	2015/6/28	2012/6/29	山东省质量技术监督局
山东省	青岛金大洋乳业有限公司	乳制品（乳粉）	青岛胶南市王台镇驻地	青岛胶南市王台镇驻地	自行检验	QS3702 0501 1201	2015/7/4	2012/7/5	山东省质量技术监督局
河南省	河南宝乐奶业有限公司	乳制品［液体乳（巴氏杀菌乳、发酵乳）］	扶沟县韭园经济开发区	扶沟县韭园经济开发区	自行检验	QS4116 0501 0678	2014/3/25	2011/3/25	河南省质量技术监督局
河南省	河南花花牛乳业股份有限公司	乳制品［液体乳（调制乳、灭菌乳）］	郑州市新郑港区豫港大道西侧	郑州市新郑港区豫港大道西侧	自行检验	QS4100 0501 1561	2014/3/24	2011/3/25	河南省质量技术监督局
河南省	河南花花牛乳业有限公司	乳制品［液体乳（巴氏杀菌乳、调制乳、灭菌乳、发酵乳）］，乳制品［乳粉（全脂乳粉）］	郑州市晨旭路68号	郑州市晨旭路68号	自行检验	QS4100 0501 0258	2014/3/24	2011/3/25	河南省质量技术监督局
河南省	河南佳源乳业股份有限公司	乳制品［液体乳（巴氏杀菌乳、调制乳、灭菌乳、发酵乳）］	河南舞阳县佳源路1号	河南舞阳县佳源路1号	自行检验	QS4100 0501 1568	2014/3/24	2011/3/25	河南省质量技术监督局
河南省	河南金利尔奶业有限公司	乳制品［液体乳（巴氏杀菌乳、发酵乳）］	开发区化工路东段23号街坊	开发区化工路东段23号街坊	自行检验	QS4107 0501 0804	2014/3/24	2011/3/25	河南省质量技术监督局
河南省	河南科迪乳业股份有限公司	乳制品［液体乳（巴氏杀菌乳、调制乳、灭菌乳、发酵乳）］	河南省虞城县利民乡工业园区虞单路北侧18号	河南省虞城县产业集聚区工业大道18号	自行检验	QS4100 0501 0664	2014/3/24	2011/3/25	河南省质量技术监督局
河南省	河南三剑客奶业有限责任公司	乳制品［液体乳（巴氏杀菌乳、灭菌乳、发酵乳）］	漯河市长江路39号	漯河市长江路39号	自行检验	QS4111 0501 0386	2014/3/24	2011/3/25	河南省质量技术监督局
河南省	河南伊利乳业有限公司	乳制品［液体乳（巴氏杀菌乳、发酵乳）］	平顶山市宝丰县郏宝路66号	平顶山市宝丰县郏宝路66号	自行检验	QS4104 0501 1562	2014/3/24	2011/3/25	河南省质量技术监督局
河南省	焦作市博农乳业有限责任公司	乳制品［液体乳（巴氏杀菌乳、灭菌乳、发酵乳）］	焦作市博爱县磨头镇	焦作市博爱县磨头镇	自行检验	QS4108 0501 0382	2014/3/24	2011/3/25	河南省质量技术监督局
河南省	开封市禹王乳业有限公司	乳制品［液体乳（巴氏杀菌乳、发酵乳）］	开封市禹王台区南郊乡豆腐营村	开封市禹王台区南郊乡豆腐营村	自行检验	QS4102 0501 0938	2014/3/24	2011/3/25	河南省质量技术监督局
河南省	洛阳阿新奶业有限公司	乳制品［液体乳（巴氏杀菌乳、灭菌乳、发酵乳）］	洛阳空港产业集聚区（孟津县麻屯镇董村）	洛阳空港产业集聚区（孟津县麻屯镇董村）	自行检验	QS4100 0501 0257	2014/3/24	2011/3/25	河南省质量技术监督局
河南省	洛阳生生乳业有限公司	乳制品［液体乳（巴氏杀菌乳、调制乳、灭菌乳、发酵乳）］	孟津县平乐镇翟泉村	孟津县平乐镇翟泉村	自行检验	QS4103 0501 0222	2014/3/24	2011/3/25	河南省质量技术监督局
河南省	蒙牛乳业（焦作）有限公司	乳制品［液体乳（调制乳、灭菌乳、发酵乳）］	焦作高新区神州路	焦作市高新区神州路3188号	自行检验	QS4108 0501 0385	2014/3/24	2011/3/25	河南省质量技术监督局

（续）

地区	企业名称	产品名称	住　所	生产地点	检验方式	证书编号	有效期至	发证日期	发证单位
河南省	漯河市永利食品有限公司	乳制品［液体乳（灭菌乳）］	漯河经济开发区南环东路26号	漯河经济开发区南环东路26号	自行检验	QS4111 0501 1786	2014/3/24	2011/3/25	河南省质量技术监督局
河南省	河南三色鸽乳业有限公司	乳制品［液体乳（巴氏杀菌乳、调制乳、灭菌乳、发酵乳）］	南阳市张衡东路	1. 南阳市张衡东路 2. 南阳市伏牛路与纬三路交叉口东南角	自行检验	QS4113 0501 0491	2014/3/29	2011/3/30	河南省质量技术监督局
河南省	河南邑源乳业有限公司	乳制品［液体乳（发酵乳）］	长葛市老城镇北街	长葛市老城镇北街路西中段	自行检验	QS4110 0501 0489	2014/3/29	2011/3/30	河南省质量技术监督局
河南省	洛阳巨尔乳业有限公司	乳制品［液体乳（巴氏杀菌乳、调制乳、灭菌乳、发酵乳）］	洛阳市高新技术产业开发区辛店工业园区1号	洛阳市高新技术产业开发区辛店工业园区1号	自行检验	QS4100 0501 0256	2014/3/29	2011/3/30	河南省质量技术监督局
河南省	南阳农校绿白乳制品厂	乳制品［液体乳（巴氏杀菌乳、发酵乳）］	南阳市卧龙路89号	南阳市卧龙路89号	自行检验	QS4113 0501 0774	2014/3/29	2011/3/30	河南省质量技术监督局
河南省	西峡县新太阳乳业有限责任公司	乳制品［液体乳（巴氏杀菌乳、发酵乳）］	西峡县县城电厂路西段	西峡县县城电厂路西段	自行检验	QS4113 0501 1638	2014/3/29	2011/3/30	河南省质量技术监督局
河南省	新乡市三元食品有限公司	乳制品［液体乳（调制乳、灭菌乳）］	新乡市原阳县原阳工业区南二环路1号	新乡市原阳县原阳工业区南二环路1号	自行检验	QS4107 0501 1751	2014/3/29	2011/3/30	河南省质量技术监督局
河南省	郑州光明山盟乳业有限公司	乳制品［液体乳（灭菌乳、酸乳）］	郑州市中原区电厂路7号	郑州市中原区电厂路7号	自行检验	QS4101 0501 0675	2014/3/29	2011/3/30	河南省质量技术监督局
河南省	郑州妙可奶业有限公司	乳制品［乳粉（全脂乳粉、全脂加糖乳粉、调味乳粉）］	郑州马寨开发区工业苑区	郑州马寨开发区工业苑区	自行检验	QS4101 0501 0627	2014/3/29	2011/3/30	河南省质量技术监督局
河南省	濮阳市皇哺牛奶有限公司	乳制品［液体乳（巴氏杀菌乳、发酵乳）］	市黄河路西段	濮阳市黄河路西段	自行检验	QS4109 0501 0001	2014/3/29	2011/3/30	河南省质量技术监督局
河南省	河南农业大学畜牧兽医科技公司	乳制品［液体乳（巴氏杀菌乳、发酵乳）］	郑州市金水区东风路2号附109号	郑州市金水区东风路2号附109号	自行检验	QS4101 0501 1134	2014/4/7	2011/4/8	河南省质量技术监督局
河南省	郑州市金水乳制品厂	乳制品［液体乳（发酵乳）］	郑州市惠济区新城办常庄村	郑州市惠济区新城办常庄村	自行检验	QS4101 0501 0803	2014/4/7	2011/4/8	河南省质量技术监督局
河南省	河南金元乳业有限公司	乳制品［乳粉（全脂乳粉、调味乳粉）］	驻马店市驿城区水屯工业园	驻马店市驿城区水屯工业园	自行检验	QS4117 0501 1734	2014/4/20	2011/4/21	河南省质量技术监督局
河南省	灵宝阿姆斯饮品有限责任公司	乳制品［液体乳（巴氏杀菌乳、发酵乳）］	河南省灵宝市长安路62号	河南省灵宝市长安路62号	自行检验	QS4112 0501 0466	2014/5/5	2011/5/6	河南省质量技术监督局
河南省	安钢集团附属企业有限责任公司三博乳业分公司	乳制品［液体乳（巴氏杀菌乳、发酵乳）］	淇县北阳镇高云路中段	淇县北阳镇高云路中段	自行检验	QS4106 0501 0002	2014/5/18	2011/5/19	河南省质量技术监督局
河南省	中国水电十一局有限公司三隆分公司	乳制品［液体乳（巴氏杀菌乳、发酵乳）］	三门峡市六峰北路（十一局物资总公司院内）	三门峡市湖滨区六峰北路	自行检验	QS4112 0501 0001	2014/5/18	2011/5/19	河南省质量技术监督局
河南省	南阳市乐乐牛乳业有限责任公司	乳制品［液体乳（巴氏杀菌乳、调制乳、灭菌乳、发酵乳）］	南阳市龙升工业园区2号路	南阳市龙升工业园区2号路	自行检验	QS4113 0501 0492	2014/6/19	2011/6/20	河南省质量技术监督局
河南省	新乡市康元乳业有限公司	乳制品［液体乳（巴氏杀菌乳、发酵乳）］	卫辉市庞寨乡东柳位村	卫辉市庞寨乡东柳位村	自行检验	QS4107 0501 0001	2014/8/29	2011/8/30	河南省质量技术监督局
河南省	新乡市田园乳业有限公司	乳制品［液体乳（巴氏杀菌乳、发酵乳）］	辉县市东环路南段路西	辉县市东环路南段路西	自行检验	QS4107 0501 0002	2014/9/7	2011/9/8	河南省质量技术监督局

（续）

地区	企业名称	产品名称	住　所	生产地点	检验方式	证书编号	有效期至	发证日期	发证单位
河南省	新乡娃哈哈昌盛饮料有限公司	乳制品［液体乳（发酵乳）］	新乡市开发区道清路208号	新乡市开发区道清路208号	自行检验	QS4100 0501 0001	2015/8/26	2012/8/27	河南省质量技术监督局
湖北省	武汉维维乳业有限公司	乳制品［液体乳（调制乳、发酵乳）］	武汉市经济技术开发区车城南街55号	湖北省武汉市经济技术开发区车城南街55号	自行检验	QS4201 0501 0074	2012/12/29	2009/11/9	湖北省质量技术监督局
湖北省	武汉统一企业食品有限公司	乳制品［液体乳（调制乳）］	武汉市东西湖区吴家山街东西湖大道6007号	湖北省武汉市东西湖区吴家山街东西湖大道6007号	自行检验	QS4201 0501 1765	2013/3/25	2010/3/26	湖北省质量技术监督局
湖北省	武汉光明乳品有限公司	乳制品［液体乳（巴氏杀菌乳、调制乳、灭菌乳、发酵乳）］	武汉市东西湖区张柏路1号	武汉市东西湖区张柏路1号	自行检验	QS4201 0501 0223	2013/7/13	2010/6/23	湖北省质量技术监督局
湖北省	十堰市星海乳业有限公司	乳制品［液体乳（巴氏杀菌乳、酸乳）］	十堰市人民北路14号（港晖花园富丽阁）	湖北省十堰市大岭路58号	自行检验	QS4203 0501 0198	2013/6/25	2010/7/8	湖北省质量技术监督局
湖北省	武汉九州乳业有限公司	乳制品［液体乳（巴氏杀菌乳、发酵乳）、其他乳制品（牛奶布丁）］	武汉市黄陂区武湖农场生态农业园中心路2号	湖北省武汉市黄陂区武湖农场生态农业园中心路2号	自行检验	QS4201 0501 1766	2013/9/11	2010/9/12	湖北省质量技术监督局
湖北省	宜昌贝因美食品科技有限公司	乳制品［乳粉（调制乳粉）］	湖北省宜昌市东山开发区大连路28号	湖北省宜昌市东山开发区大连路28号	自行检验	QS4205 0501 1764	2014/2/27	2011/2/28	湖北省质量技术监督局
湖北省	湖北黄冈伊利乳业有限责任公司	乳制品［液体乳（灭菌乳、调制乳）］	湖北省黄冈市西湖工业园区新港路1号	湖北省黄冈市西湖工业园区新港路1号	自行检验	QS4200 0501 1714	2014/3/29	2011/3/30	湖北省质量技术监督局
湖北省	宜昌娃哈哈启力饮料有限公司	乳制品［液体乳（发酵乳）］	宜昌市夷陵区夷兴大道（小溪塔街道黄金卡）	湖北省宜昌市夷陵区夷兴大道（小溪塔街道黄金卡）	自行检验	QS4200 0501 1767	2014/8/11	2011/8/12	湖北省质量技术监督局
湖北省	杜尔伯特伊利乳业有限责任公司武汉分公司	乳制品［乳粉（调制乳粉）］	武汉市经济技术开发区莲湖路35号	湖北省武汉市经济技术开发区莲湖路35号	自行检验	QS4200 0501 1503	2013/3/11	2012/5/2	湖北省质量技术监督局
湖北省	均瑶集团乳业股份有限公司	乳制品［液体乳（巴氏杀菌乳、发酵乳、调制乳）］	宜昌市夷陵区罗河路49号	湖北省宜昌市夷陵区罗河路49号	自行检验	QS4205 0501 1762	2015/5/31	2012/6/1	湖北省质量技术监督局
湖北省	武汉惠尔康扬子江乳业有限公司	乳制品［液体乳（巴氏杀菌乳、调制乳、发酵乳）］	黄陂区巨龙大道特1号	湖北省武汉市黄陂区巨龙大道特1号	自行检验	QS4201 0501 0075	2015/12/29	2012/9/7	湖北省质量技术监督局
湖北省	宜昌喜旺食品有限公司	乳制品［液体乳（巴氏杀菌乳、调制乳、灭菌乳、发酵乳）］	宜昌市夜明珠路49号	湖北省宜昌市夜明珠路49号	自行检验	QS4205 0601 0197	2015/12/29	2012/9/27	湖北省质量技术监督局
湖北省	湖北友芝友乳业有限责任公司	乳制品［液体乳（巴氏杀菌乳、调制乳、灭菌乳、发酵乳）］	武汉市东西湖区金山大道1355号海口工业园	湖北省武汉市东西湖区金山大道1355号海口工业园、湖北省武汉市东西湖区东流港工业园	自行检验	QS4201 0501 0076	2015/12/29	2012/11/27	湖北省质量技术监督局

（续）

地区	企业名称	产品名称	住　所	生产地点	检验方式	证书编号	有效期至	发证日期	发证单位
湖南省	湖南南山食品有限公司	乳制品［乳粉（调制乳粉）］	长沙市开福区捞刀河镇	长沙市开福区捞刀河镇高源村	自行检验	QS4301 0501 0081	2014/3/14	2011/3/15	湖南省质量技术监督局
湖南省	长沙明旺炼乳有限公司	乳制品［其他乳制品（炼乳）］	湖南省长沙市望城县旺旺中路18号	湖南省长沙市望城县旺旺中路18号	自行检验	QS4301 0501 1465	2014/3/29	2011/3/30	湖南省质量技术监督局
湖南省	长沙旺旺食品有限公司	乳制品［液体乳（调制乳）］	湖南省长沙市望城县旺旺路18号 ，	湖南省长沙市望城县旺旺路18号	自行检验	QS4301 0501 0083	2014/3/29	2011/3/30	湖南省质量技术监督局
湖南省	湖南大旺食品有限公司	乳制品［液体乳（调制乳）］	湖南省长沙市望城县旺旺路18号	湖南省长沙市望城县旺旺路18号	自行检验	QS4301 0501 0082	2014/3/29	2011/3/30	湖南省质量技术监督局
湖南省	湖南阳光乳业股份有限公司	乳制品［液体乳（巴氏杀菌乳、调制乳、灭菌乳、发酵乳）］	常德市德山开发区桃林东路	常德市德山开发区桃林东路	自行检验	QS4307 0501 0224	2014/3/29	2011/3/30	湖南省质量技术监督局
湖南省	湖南光明乳品有限公司	乳制品［液体乳（发酵乳）］	长沙市望城县省高科技食品工业基地	湖南省长沙市望城县高塘岭镇望城大道69号	自行检验	QS4301 0501 0298	2014/3/30	2011/3/31	湖南省质量技术监督局
湖南省	湖南牛百岁食品有限公司	乳制品［液体乳（调制乳、发酵乳）］	通道侗族自治县双江镇寨上路	通道县下乡工业园	自行检验	QS4312 0501 1473	2014/3/30	2011/3/31	湖南省质量技术监督局
湖南省	湖南亚华乳业控股有限公司	乳制品［乳粉（全脂乳粉、调制乳粉）］	城步苗族自治县儒林镇城北开发区	湖南省邵阳市城步苗族自治县城北开发区	自行检验	QS4305 0501 0084	2014/3/30	2011/3/31	湖南省质量技术监督局
湖南省	澳优乳业（中国）有限公司	乳制品［乳粉（调制乳粉）］	长沙市河西旺旺东路2号	长沙市河西旺旺东路2号	自行检验	QS4301 0501 1609	2013/11/11	2011/8/16	湖南省质量技术监督局
湖南省	湖南长沙亚华乳业有限公司	乳制品［乳粉（调制乳粉）］	湖南长沙市望城区雷锋大道108号（湖南亚华乳品科技园）	湖南长沙市望城区雷锋大道108号（湖南亚华乳品科技园）	自行检验	QS4301 0501 0629	2014/3/14	2012/6/21	湖南省质量技术监督局
湖南省	湖南亚华乳业有限公司望城分公司	乳制品［液体乳（巴氏杀菌乳、调制乳、灭菌乳、发酵乳）、其他乳制品（牛奶布丁）］	湖南长沙市望城区雷锋大道108号（湖南亚华乳品科技园）	湖南长沙市望城区雷锋大道108号（湖南亚华乳品科技园）	自行检验	QS4301 0501 0414	2014/3/14	2012/6/21	湖南省质量技术监督局
湖南省	隆回湘蜜乳业有限公司	乳制品［液体乳（调制乳、灭菌乳）］	湖南省隆回县桃洪镇青丰村（城南工业园）	湖南省隆回县桃洪镇青丰村（城南工业园）	自行检验	QS4305 0501 0098	2015/8/1	2012/8/2	湖南省质量技术监督局
湖南省	湖南优蜜食品科技有限公司	乳制品［液体乳（巴氏杀菌乳、调制乳、灭菌乳、发酵乳）］	长沙市芙蓉区长榔路8号（省畜牧研究所内）	长沙市芙蓉区长榔路8号（省畜牧研究所内）	自行检验	QS4301 0501 0783	2014/3/29	2012/9/11	湖南省质量技术监督局
广东省	美赞臣营养品（中国）有限公司	乳制品［乳粉（特殊配方乳粉）］	广州经济技术开发区东基工业区夏园路2号	广州经济技术开发区东基工业区夏园路2号	自行检验	QS4401 0501 1783	2013/11/28	2010/11/29	广东省质量技术监督局
广东省	蒙牛乳业（清远）有限公司	乳制品［液体乳（巴氏杀菌乳、灭菌乳、发酵乳）］	广东省清远市高新技术产业开发区	清远经济开发区百嘉工业园13号小区	自行检验	QS4418 0501 1783	2014/2/23	2011/2/24	广东省质量技术监督局
广东省	广东雅士利集团有限公司	乳制品［乳粉（调制乳粉）］	广东潮州市潮安大道雅士利工业城	广东潮州市潮安大道雅士利工业城	自行检验	QS4451 0501 0325	2014/3/28	2011/3/29	广东省质量技术监督局

（续）

地区	企业名称	产品名称	住　所	生产地点	检验方式	证书编号	有效期至	发证日期	发证单位
广东省	美赞臣营养品（中国）有限公司	乳制品［乳粉（调制乳粉）］	广州经济技术开发区东基工业园夏园路2号	广州经济技术开发区东基工业园夏园路2号	自行检验	QS4401 0501 1635	2014/3/28	2011/3/29	广东省质量技术监督局
广东省	施恩（广州）婴幼儿营养品有限公司	乳制品［乳粉（调制乳粉）］	广州经济技术开发区东区宏远路8号施恩工业园	广州经济技术开发区东区宏远路8号施恩工业园	自行检验	QS4401 0501 1587	2014/3/28	2011/3/29	广东省质量技术监督局
广东省	雅培（广州）营养品有限公司	乳制品［乳粉（调制乳粉）］	广州经济技术开发区东区骏功路5号	广东省广州市经济技术开发区东区骏功路5号	自行检验	QS4401 0501 1779	2014/3/28	2011/3/29	广东省质量技术监督局
广东省	佛山市南海区水牛奶研究开发有限公司	乳制品［液体乳（巴氏杀菌乳、发酵乳）］	佛山市南海区平洲夏教农科所内	佛山市南海区桂城平洲夏教农科所内	自行检验	QS4406 0501 0087	2014/3/29	2011/3/30	广东省质量技术监督局
广东省	佛山伊利乳业有限责任公司	乳制品［液体乳（巴氏杀菌乳、发酵乳）、其他乳制品（干酪）］	佛山市三水区迳口华侨经济区	佛山市三水区迳口华侨经济区	自行检验	QS4406 0501 1288	2014/3/29	2011/3/30	广东省质量技术监督局
广东省	广东一家人食品有限公司	乳制品［乳粉（调制乳粉）］	汕头市金平区荣升科技园内C2、G2之三号	汕头市金平区荣升科技园内C2、G2之三号	自行检验	QS4405 0501 1468	2014/3/29	2011/3/30	广东省质量技术监督局
广东省	广美香满楼畜牧有限公司	乳制品［液体乳（巴氏杀菌乳、发酵乳）］	广州市天河区东圃镇新塘村	广州市天河区东圃镇新塘村	自行检验	QS4401 0501 0745	2014/3/29	2011/3/30	广东省质量技术监督局
广东省	广州柏赛罗药业有限公司	乳制品［乳粉（调制乳粉）］	广州市花都区新华镇东秀一横路9号	广州市花都区新华镇东秀一横路9号	自行检验	QS4401 0501 1782	2014/3/29	2011/3/30	广东省质量技术监督局
广东省	广州风行牛奶有限公司	乳制品［液体乳（巴氏杀菌乳、调制乳、灭菌乳、发酵乳）、其他乳制品（炼乳）］	广州市天河区沙太路南路342号	广州市天河区沙太路南路342号	自行检验	QS4401 0501 0086	2014/3/29	2011/3/30	广东省质量技术监督局
广东省	广州光明乳品有限公司	乳制品［液体乳（巴氏杀菌乳、发酵乳）］	广州经济技术开发区永和经济区新庄二路38号	广州经济技术开发区永和经济区新庄二路38号	自行检验	QS4401 0501 1639	2014/3/29	2011/3/30	广东省质量技术监督局
广东省	广州华农大食品科技有限公司	乳制品［液体乳（巴氏杀菌乳、发酵乳）］	广州市天河区华南农业大学校内（农场四区21栋）	广州市天河五山华农大校内	自行检验	QS4401 0501 1304	2014/3/29	2011/3/30	广东省质量技术监督局
广东省	广州九龙维记牛奶有限公司	乳制品［液体乳（巴氏杀菌乳、发酵乳）］	广州经济技术开发区永和经济区田园路38号	广州市经济开发区永和经济区田园路	自行检验	QS4401 0501 1774	2014/3/29	2011/3/30	广东省质量技术监督局
广东省	广州明旺乳业有限公司	乳制品［液体乳（调制乳）］	广州经济技术开发区永和经济区新元路5号	广州经济技术开发区永和经济区新元路5号	自行检验	QS4401 0501 1154	2014/3/29	2011/3/30	广东省质量技术监督局
广东省	广州祥旺食品有限公司	乳制品［液体乳（调制乳）］	广州经济技术开发区永和经济区新元路5号	广州经济技术开发区永和经济区新元路5号	自行检验	QS4401 0501 1781	2014/3/29	2011/3/30	广东省质量技术监督局
广东省	绿雪生物工程（深圳）有限公司	乳制品［液体乳（发酵乳）］	深圳市罗湖区深南东路5015号金丰城大厦B座1504室	深圳市宝安区松岗街道大田洋工业区东方大道	自行检验	QS4403 0501 0844	2014/3/29	2011/3/30	广东省质量技术监督局

（续）

地区	企业名称	产品名称	住　所	生产地点	检验方式	证书编号	有效期至	发证日期	发证单位
广东省	梅州市客乡乳业有限公司	乳制品［液体乳（巴氏杀菌乳、灭菌乳、发酵乳）	梅州市梅县华侨城微干路13号	梅县南口镇瑶燕村	自行检验	QS4414 0501 0744	2014/3/29	2011/3/30	广东省质量技术监督局
广东省	汕头市燕塘乳业有限公司	乳制品［液体乳（巴氏杀菌乳、发酵乳）］	汕头市龙湖区珠业南街	汕头市龙湖区庐山路珠业南街	自行检验	QS4405 0501 1777	2014/3/29	2011/3/30	广东省质量技术监督局
广东省	韶关市康泉生态农庄有限公司	乳制品［液体乳（巴氏杀菌乳、调制乳）］	翁源县龙仙镇桂竹村	韶关市翁源县龙仙镇桂竹村	自行检验	QS4402 0501 1354	2014/3/29	2011/3/30	广东省质量技术监督局
广东省	韶关市乳香元乳业有限公司	乳制品［液体乳（巴氏杀菌乳、发酵乳）］	韶关市浈江区蒋屋村灶背坑	韶关市浈江区新韶镇石山村蒋屋	自行检验	QS4402 0501 1305	2014/3/29	2011/3/30	广东省质量技术监督局
广东省	深圳市晨光乳业有限公司	乳制品［液体乳（巴氏杀菌乳、调制乳、灭菌乳、发酵乳）］	深圳市光明新区光明办事处南区	深圳市光明新区光明办事处南区	自行检验	QS4403 0501 0260	2014/3/29	2011/3/30	广东省质量技术监督局
广东省	顺恩（江门）食品有限公司	乳制品［液体乳（巴氏杀菌乳、发酵乳）］	江门市高新技术产业开发区40号地	广东省江门市高新技术产业开发区40号地	自行检验	QS4407 0501 0695	2014/3/29	2011/3/30	广东省质量技术监督局
广东省	雅贝氏（深圳）乳业有限公司	乳制品［乳粉（调制乳粉）］	深圳市南山区留仙大道红花岭工业区第3栋7楼	深圳市南山区留仙大道红花岭工业区第3栋7楼	自行检验	QS4403 0501 0845	2014/3/29	2011/3/30	广东省质量技术监督局
广东省	湛江燕塘乳业有限公司	乳制品［液体乳（巴氏杀菌乳、灭菌乳、发酵乳）	湛江市麻章经济开发试验区金园路西侧	湛江市麻章经济开发试验区金园路西侧	自行检验	QS4408 0501 1524	2014/3/29	2011/3/30	广东省质量技术监督局
广东省	肇庆市鼎湖温氏乳业有限公司	乳制品［液体乳（巴氏杀菌乳、发酵乳）］	肇庆市鼎湖区莲花镇大布村蛇岗布	肇庆市鼎湖区莲花镇大布村蛇岗布	自行检验	QS4412 0501 0516	2014/3/29	2011/3/30	广东省质量技术监督局
广东省	珠海维维大亨乳业有限公司	乳制品［液体乳（巴氏杀菌乳、灭菌乳、发酵乳）	珠海市前山镇东坑牛奶公司	前山东坑奶牛场乳品生产基地	自行检验	QS4404 0501 0388	2014/3/29	2011/3/30	广东省质量技术监督局
广东省	广东东泰乳业有限公司	乳制品［其他乳制品（炼乳）］	揭东试验区3号路南侧	揭东试验区3号路南侧	自行检验	QS4452 0501 0289	2014/3/30	2011/3/31	广东省质量技术监督局
广东省	广东燕塘乳业股份有限公司	乳制品［液体乳（巴氏杀菌乳、调制乳、灭菌乳、发酵乳）］	广州市天河区沙河燕塘	广州市天河区沙河燕塘8号	自行检验	QS4401 0501 0164	2014/3/30	2011/3/31	广东省质量技术监督局
广东省	广州市美素力营养品有限公司	乳制品［乳粉（调制乳粉）］	广州市花都区新华工业区穗香路	广州市花都新华工业区穗香路	自行检验	QS4401 0501 1780	2014/3/30	2011/3/31	广东省质量技术监督局
广东省	广州市强强兴乳品有限公司	乳制品［液体乳（巴氏杀菌乳、发酵乳）］	广州市天河区广汕路柯木塱村高塘工业区侧	广州市天河区广汕路柯木塱村高塘工业区侧	自行检验	QS4401 0501 0515	2014/3/30	2011/3/31	广东省质量技术监督局
广东省	惠州市多牧多乳业有限公司	乳制品［液体乳（巴氏杀菌乳、调制乳、发酵乳）］	博罗县龙溪镇慧民大道	博罗县龙溪镇慧明大道	自行检验	QS4413 0501 1778	2014/3/30	2011/3/31	广东省质量技术监督局
广东省	龙门县南昆山乳业有限公司	乳制品［液体乳（巴氏杀菌乳、发酵乳）］	龙门县蓝田瑶族乡小洞原蓝田部队营区	龙门县蓝田瑶族乡小洞原蓝田部队营区	自行检验	QS4413 0501 0387	2014/3/30	2011/3/31	广东省质量技术监督局
广东省	蕊盛蕊（广州）乳业有限公司	乳制品［乳粉（调制乳粉）］	广州市增城区增江街东区高科技工业基地	增城区增江街东区高科技工业基地	自行检验	QS4401 0501 1678	2014/3/30	2011/3/31	广东省质量技术监督局
广东省	汕头经济特区澳士兰牧场有限公司乳品加工厂	乳制品［液体乳（巴氏杀菌乳、调制乳）］	汕头市大学路305号	汕头市大学路305号	自行检验	QS4405 0501 0691	2014/3/30	2011/3/31	广东省质量技术监督局

（续）

地区	企业名称	产品名称	住　所	生产地点	检验方式	证书编号	有效期至	发证日期	发证单位
广东省	深圳市时代奶品饮料有限公司	乳制品［液体乳（发酵乳）］	深圳市龙岗区坪地镇六联发方村富临路	深圳市龙岗区坪地街道六联发方村富临路	自行检验	QS4403 0501 0679	2014/3/30	2011/3/31	广东省质量技术监督局
广东省	珠海市龙业牛奶有限公司	乳制品［液体乳（巴氏杀菌乳、发酵乳）］	珠海市斗门区富山工业区珠海天能食品有限公司B4厂房	珠海市斗门区富山工业区珠海天能食品有限公司B4厂房	自行检验	QS4404 0501 1347	2014/3/30	2011/3/31	广东省质量技术监督局
广西壮族自治区	北海贝因美营养食品有限公司	乳制品［乳粉（调制乳粉）］	北海市北海大道工业园区11号	北海市北海大道工业园区11号	自行检验	QS4500 0501 0002	2014/2/24	2011/2/25	广西壮族自治区质量技术监督局
广西壮族自治区	广西大学农大食品厂	乳制品［液体乳（巴氏杀菌乳、调制乳、发酵乳）］	南宁市高新技术开发区高新二路1号	南宁市高新技术开发区高新二路1号	自行检验	QS4501 0501 0560	2014/3/29	2011/3/30	广西壮族自治区质量技术监督局
广西壮族自治区	广西皇氏甲天下乳业股份有限公司	乳制品［液体乳（巴氏杀菌乳、灭菌乳、调制乳、发酵乳）］	南宁市科园大道66号	南宁市科园大道66号；南宁市江南区经济技术开发区通源路8号（发酵乳）	自行检验	QS4500 0501 0290	2014/3/29	2011/3/30	广西壮族自治区质量技术监督局
广西壮族自治区	广西皇氏甲天下乳业股份有限公司来宾乳品分公司	乳制品［液体乳（巴氏杀菌乳、发酵乳、调制乳）］	来宾市华侨投资区星城路1号	广西来宾市华侨投资区星城路1号	自行检验	QS4500 0501 0001	2014/3/29	2011/3/30	广西壮族自治区质量技术监督局
广西壮族自治区	广西灵山百强水牛奶乳业有限公司	乳制品［液体乳（巴氏杀菌乳、灭菌乳、调制乳）］	灵山县十里工业园	广西灵山县十里工业园	自行检验	QS4507 0501 0445	2014/3/29	2011/3/30	广西壮族自治区质量技术监督局
广西壮族自治区	广西石埠乳业有限责任公司	乳制品［液体乳（巴氏杀菌乳、灭菌乳、发酵乳、调制乳）］	南宁市良庆区建业二里3号	南宁市良庆区建业二里3号	自行检验	QS4501 0501 0390	2014/3/29	2011/3/30	广西壮族自治区质量技术监督局
广西壮族自治区	广西玉林市桂牛水牛乳业有限公司	乳制品［液体乳（巴氏杀菌乳、灭菌乳、发酵乳、调制乳）］	广西玉林博白城东工业园	广西玉林市博白县城东工业园	自行检验	QS4500 0501 0003	2014/3/29	2011/3/30	广西壮族自治区质量技术监督局
广西壮族自治区	广西壮牛水牛乳业有限责任公司	乳制品［液体乳（巴氏杀菌乳、发酵乳、调制乳）］	南宁市邕武路24－1号	南宁市兴宁区邕武路24－1号	自行检验	QS4501 0501 1096	2014/3/29	2011/3/30	广西壮族自治区质量技术监督局
广西壮族自治区	广西壮族自治区畜牧研究所南宁牛奶场	乳制品［液体乳（巴氏杀菌乳、发酵乳）］	邕武路24号	邕武路24号	自行检验	QS4501 0501 1028	2014/3/29	2011/3/30	广西壮族自治区质量技术监督局
广西壮族自治区	合浦南国乳品厂	乳制品［液体乳（巴氏杀菌乳、调制乳、发酵乳）］	广西合浦工业园区中站项目集中区2区7号	广西合浦工业园区中站项目集中区2区7号	自行检验	QS4505 0501 1200	2014/3/29	2011/3/30	广西壮族自治区质量技术监督局
广西壮族自治区	柳州三元天爱乳业有限公司	乳制品［液体乳（巴氏杀菌乳、发酵乳、调制乳）］	柳州市柳北区鹧鸪江路103号	柳州市柳北区鹧鸪江路103号	自行检验	QS4502 0501 0517	2014/3/29	2011/3/30	广西壮族自治区质量技术监督局
广西壮族自治区	柳州市康小乐牛奶有限公司	乳制品［液体乳（巴氏杀菌乳、发酵乳、调制乳）］	柳州市石烂路西段北侧	柳州市石烂路西段北侧	自行检验	QS4502 0501 0519	2014/3/29	2011/3/30	广西壮族自治区质量技术监督局
广西壮族自治区	南宁童乐乳业有限责任公司	乳制品［液体乳（巴氏杀菌乳、调制乳、发酵乳）］	南宁市衡阳西路6号	南宁市衡阳西路6号	自行检验	QS4501 0501 0815	2014/3/29	2011/3/30	广西壮族自治区质量技术监督局

（续）

地区	企业名称	产品名称	住　所	生产地点	检验方式	证书编号	有效期至	发证日期	发证单位
广西壮族自治区	崇左市天添乳品厂	乳制品［液体乳（巴氏杀菌乳、发酵乳）］	新民路（江州区救助管理出租屋）	崇左市新民路（救助站出租屋）	自行检验	QS4521 0501 1261	2014/3/30	2011/3/31	广西壮族自治区质量技术监督局
广西壮族自治区	广西普生三凤乳业有限公司	乳制品［液体乳（灭菌乳、巴氏杀菌乳、调制乳、发酵乳）］	南宁市明阳工业区B区B-1-2南面	南宁市明阳工业区B区B-1-2南面	自行检验	QS4500 0501 0005	2014/8/4	2011/8/5	广西壮族自治区质量技术监督局
广西壮族自治区	广西百色壮牛牧业有限公司	乳制品［液体乳（巴氏杀菌乳、调制乳、发酵乳、灭菌乳）］	百育镇国家农业科技园区实验楼	田阳县城东工业园东莞园	自行检验	QS4500 0501 0006	2015/7/25	2012/7/26	广西壮族自治区质量技术监督局
海南省	海南艾森乳业有限公司	乳制品［液体乳（巴氏杀菌乳、酸乳）］	海南省海口市白水塘路海南省扶贫工业开发区	海南省海口市白水塘路海南省扶贫工业开发区	自行检验	QS4600 0501 0291	2013/10/17	2011/3/29	海南省质量技术监督局
海南省	海南新海乳制品有限公司	乳制品［液体乳（巴氏杀菌乳、酸乳）］	海口市罗牛山农业发区	海南省三亚市吉阳镇	自行检验	QS4601 0501 0786	2014/6/29	2011/3/29	海南省质量技术监督局
重庆市	重庆市天友乳品二厂有限公司	乳制品［液体乳（灭菌乳、调制乳）］		重庆经济技术开发区大石支路6号	自行检验	QS5000 0501 0177	2014/3/30	2011/8/5	重庆市质量技术监督局
重庆市	重庆市天友乳业股份有限公司乳品一厂	乳制品［液体乳（巴氏杀菌乳、发酵乳、调制乳）］		重庆市渝北区金石大道99号；重庆市渝北区金石大道97号	自行检验	QS5006 0501 0199	2014/3/30	2012/2/20	重庆市质量技术监督局
重庆市	重庆光大（集团）有限公司	乳制品［液体乳（巴氏杀菌乳、调制乳、灭菌乳、发酵乳）］		重庆市江北区鱼嘴镇双溪村九社	自行检验	QS5005 0501 1585	2015/7/31	2012/8/1	重庆市质量技术监督局
重庆市	重庆市万州区乳峰乳业有限公司	乳制品［液体乳（巴氏杀菌乳、调制乳、灭菌乳、发酵乳）］		重庆市万州区钟鼓楼街道百步居委会5~7组	自行检验	QS5001 0501 0561	2014/4/11	2012/11/12	重庆市质量技术监督局
四川省	四川新希望乳业有限公司	乳制品［液体乳（巴氏杀菌乳、灭菌乳、酸乳）、乳粉（全脂乳粉、脱脂乳粉、全脂加糖乳粉、调味乳粉、特殊配方乳粉）］	洪雅县洪川镇临江路12号	洪雅县洪川镇临江路12号；成都市锦江工业开发区	自行检验	QS5101 0501 0326	2013/11/17	2010/8/4	四川省质量技术监督局
四川省	成都伊利乳业有限责任公司	乳制品［液体乳（巴氏杀菌乳、灭菌乳、发酵乳）、其他乳制品（干酪）］	四川省成都邛崃市工业集中发展区	四川省成都邛崃市工业集中发展区	自行检验	QS5101 0501 1697	2014/2/3	2011/1/28	四川省质量技术监督局
四川省	成都光明乳业有限公司	乳制品［液体乳（巴氏杀菌乳、灭菌乳、发酵乳）］	成都市东三环路二段	四川省成都市成华区东三环路二段	自行检验	QS5100 0501 0947	2014/3/28	2011/3/29	四川省质量技术监督局
四川省	成都金蒙乳业有限公司	乳制品［液体乳（发酵乳）］	成都市金堂县三中园区工业新区	四川省成都市金堂县三中园区工业新区	自行检验	QS5101 0501 0562	2014/3/28	2011/3/29	四川省质量技术监督局
四川省	成都明旺乳业有限公司	乳制品［液体乳（调制乳）］	成都高新西区南北大道1388号	四川省成都高新西区南北大道1388号	自行检验	QS5101 0501 1732	2014/3/28	2011/3/29	四川省质量技术监督局
四川省	成都娃哈哈昌盛饮料有限公司	乳制品［液体乳（发酵乳）］	成都市海峡两岸科技产业开发园	四川省成都市海峡两岸科技产业开发园	自行检验	QS5101 0501 0003	2014/3/28	2011/3/29	四川省质量技术监督局

（续）

地区	企业名称	产品名称	住所	生产地点	检验方式	证书编号	有效期至	发证日期	发证单位
四川省	广元娃哈哈广发饮料有限公司	乳制品［液体乳（发酵乳）］	四川省广元市利州开发区河西办事处利州西路	四川省广元市利州开发区河西办事处利州西路	自行检验	QS5108 0501 0004	2014/3/28	2011/3/29	四川省质量技术监督局
四川省	蒙牛乳业（眉山）有限公司	乳制品［液体乳（调制乳、灭菌乳、发酵乳）］	眉山市经济开发区	四川省眉山市经济开发区科工园三路中段	自行检验	QS5114 0501 0002	2014/3/28	2011/3/29	四川省质量技术监督局
四川省	四川菊乐食品有限公司眉山分公司	乳制品［液体乳（调制乳、灭菌乳、发酵乳）］	眉山市科技工业园	四川省眉山市科技工业园科工园二路	自行检验	QS5100 0501 1082	2014/3/28	2011/3/29	四川省质量技术监督局
四川省	四川菊乐食品有限公司温江乳品厂	乳制品［液体乳（巴氏杀菌乳、调制乳、灭菌乳、发酵乳）］	成都市温江区成都海峡两岸科技产业开发园蓉台大道	四川省成都市温江区成都海峡两岸科技开发园蓉台大道	自行检验	QS5101 0501 0001	2014/3/28	2011/3/29	四川省质量技术监督局
四川省	四川菊乐食品有限公司雅安分公司	乳制品［液体乳（调制乳、灭菌乳）］	雅安市农业科技生态园区	四川省雅安市农业科技生态园区	自行检验	QS5118 0501 0525	2014/3/28	2011/3/29	四川省质量技术监督局
四川省	四川李子园牛奶食品有限公司	乳制品［液体乳（巴氏杀菌乳、调制乳、灭菌乳、发酵乳）］	西充县晋城镇虹溪路185号	四川省南充市西充县晋城镇虹溪路185号	自行检验	QS5113 0501 0793	2014/3/28	2011/3/29	四川省质量技术监督局
四川省	四川省天友西塔乳业有限公司	乳制品［液体乳（调制乳、灭菌乳）］	宣汉县胡家镇	四川省达州市宣汉县胡家镇	自行检验	QS5117 0501 0522	2014/3/28	2011/3/29	四川省质量技术监督局
四川省	四川省雅安市羌江食品有限责任公司	乳制品［乳粉（全脂乳粉、调制乳粉）］	雅安市雨城区城后路506号	四川省雅安市雨城区城后路506号	自行检验	QS5100 0501 0792	2014/3/28	2011/3/29	四川省质量技术监督局
四川省	四川省杨森乳业有限责任公司乳品厂	乳制品［液体乳（巴氏杀菌乳、调制乳、灭菌乳、发酵乳）］	简阳市简城镇十里坝工业园区	简阳市简城镇十里坝工业园区	自行检验	QS5100 0501 0816	2014/3/28	2011/3/29	四川省质量技术监督局
四川省	四川新希望乳业有限公司洪雅阳平分公司	乳制品［液体乳（调制乳、灭菌乳）、乳粉（全脂乳粉、部分脱脂乳粉、调味乳粉）］	洪雅县洪川镇临江路12号	四川省眉山市洪雅县洪川镇临江路12号	自行检验	QS5114 0501 0230	2014/3/28	2011/3/29	四川省质量技术监督局
四川省	四川新希望乳业有限公司华西分公司	乳制品［液体乳（巴氏杀菌乳、调制乳、灭菌乳、发酵乳）］	成都市锦江区工业开发区金石路316号	四川省成都市锦江区工业开发区金石路316号	自行检验	QS5100 0501 1227	2014/3/28	2011/3/29	四川省质量技术监督局
四川省	四川雪宝乳业有限公司	乳制品［液体乳（巴氏杀菌乳、调制乳、灭菌乳、发酵乳）］	绵阳市二环路南段138号	四川省绵阳市二环路南段138号	自行检验	QS5107 0501 0746	2014/3/28	2011/3/29	四川省质量技术监督局
四川省	四川雅安熊猫乳业有限公司	乳制品［液体乳（巴氏杀菌乳、调制乳、发酵乳）］	雅安市康藏路726号	四川省雅安市康藏路726号	自行检验	QS5100 0501 0788	2014/3/28	2011/3/29	四川省质量技术监督局
四川省	西昌三牧乳业有限公司	乳制品［液体乳（巴氏杀菌乳、调制乳、灭菌乳、发酵乳）］	西昌市安宁镇马坪坝村	四川省西昌市安宁镇马坪坝村	自行检验	QS5134 0501 0832	2014/3/28	2011/3/29	四川省质量技术监督局
四川省	红原牦牛乳业有限责任公司	乳制品［液体乳（灭菌乳）、乳粉（全脂乳粉、脱脂乳粉、全脂加糖乳粉）］	红原县邛溪镇瑞庆西路37号	四川省红原县邛溪镇瑞庆西路37号	自行检验	QS5132 0501 0649	2014/6/30	2011/6/30	四川省质量技术监督局

（续）

地区	企业名称	产品名称	住　所	生产地点	检验方式	证书编号	有效期至	发证日期	发证单位
四川省	若尔盖高原之宝牦牛乳业有限责任公司	乳制品［液体乳（发酵乳）、乳粉（全脂乳粉）］	若尔盖县达扎寺镇红光路3号	四川省阿坝州若尔盖县达扎寺镇红光路3号	自行检验	QS5132 0501 0005	2014/8/17	2012/4/21	四川省质量技术监督局
四川省	广元娃哈哈启力食品有限公司	乳制品（调制乳、发酵乳）	广元经济开发区下西坝办事处王家营工业园区	四川省广元经济开发区下西坝办事处王家营工业园区	自行检验	QS5108 0501 0006	2015/8/7	2012/8/8	四川省质量技术监督局
贵州省	贵阳三联乳业有限公司	乳制品［液体乳（巴氏杀菌乳、灭菌乳、调制乳、发酵乳）］	贵阳市乌当奶牛场	贵阳市乌当奶牛场	自行检验	QS5201 0501 0885	2014/8/14	2011/3/30	贵州省质量技术监督局
贵州省	贵州好一多乳业股份有限公司	乳制品［液体乳（巴氏杀菌乳、灭菌乳、调制乳、发酵乳）］	贵阳市修文县扎佐镇好一多路1号	扎佐镇和平村	自行检验	QS5201 0501 0527	2014/3/24	2011/3/30	贵州省质量技术监督局
贵州省	遵义市乳制品有限公司	乳制品［液体乳（巴氏杀菌乳、灭菌乳、调制乳、发酵乳）］	遵义市海龙镇	遵义市红花岗区海龙镇	自行检验	QS5203 0501 0415	2014/1/11	2011/3/30	贵州省质量技术监督局
贵州省	贵州牧草种籽繁殖场	乳制品［液体乳（巴氏杀菌乳、灭菌乳、发酵乳）］	贵州省独山县上司筹洞	贵州省独山县上司镇筹洞	自行检验	QS5227 0501 0001	2014/6/22	2011/6/23	贵州省质量技术监督局
贵州省	贵阳哇哈哈昌盛饮料有限公司	乳制品［液体乳（发酵乳）］	贵阳市白云区景宏工业园	贵阳市白云区景宏工业园	自行检验	QS5201 0501 0002	2014/7/5	2011/7/6	贵州省质量技术监督局
贵州省	贵州省黔东南州永丰牛奶场	乳制品［液体乳（巴氏杀菌乳、发酵乳）］	凯里市三棵树格冲村	凯里市三棵树镇格冲村	自行检验	QS5226 0501 0003	2014/12/29	2011/12/30	贵州省质量技术监督局
云南省	昆明前进乳业有限责任公司	乳制品［乳粉（全脂乳粉、全脂加糖乳粉、调味乳粉）、液体乳（巴氏杀菌乳、高温杀菌乳、灭菌乳、酸牛乳）］	昆明市东郊跑马山（昆洛公路1602号）	昆明市东郊跑马山（昆洛公路1602号）	自行检验	QS5301 0501 0089	2012/12/29	2009/12/15	云南省质量技术监督局
云南省	石林朋成农畜产品有限公司	乳制品［其他乳制品（固态成型产品）］	石林县鹿城镇滨河路	石林县鹿城镇滨河路	自行检验	QS5300 0501 1757	2013/6/23	2010/6/24	云南省质量技术监督局
云南省	昆明龙腾生物乳业有限公司	乳制品［乳粉（全脂加糖乳粉）］	昆明市晋宁县宝峰工业园区	昆明市晋宁县宝峰工业园区	自行检验	QS5300 0501 1758	2013/8/30	2010/8/31	云南省质量技术监督局
云南省	云南尼里拉菲奶制品有限公司	乳制品［液体乳（巴氏杀菌乳）］	昆明市寻甸县仁德镇畜牧兽医服务中心	云南省昆明市寻甸回族彝族自治县仁德镇	自行检验	QS5300 0501 1759	2013/11/11	2010/11/12	云南省质量技术监督局
云南省	昆明滇虹生物制品有限公司	乳制品［液体乳（酸乳）］	昆明市黄土坡昆沙路165号	昆明市黄土坡昆沙路165号（现普吉路125号）	自行检验	QS5300 0501 1760	2013/11/29	2010/11/30	云南省质量技术监督局
云南省	大理金花乳业有限责任公司	乳制品［乳粉（全脂乳粉、全脂加糖乳粉）］	大理市喜洲镇周城村	大理市喜洲镇周城村	自行检验	QS5329 0501 1246	2014/3/30	2011/3/31	云南省质量技术监督局
云南省	大理银河乳业有限责任公司	乳制品［乳粉（全脂乳粉、全脂加糖乳粉）、其他乳制品（干酪）］	剑川县剑阳镇永丰村	剑川县剑阳镇永丰村	自行检验	QS5329 0501 1100	2014/3/30	2011/3/31	云南省质量技术监督局
云南省	德宏祥祥乳业有限公司	乳制品［液体乳（巴氏杀菌乳、酸乳）］	潞西市风平镇法帕村南面	潞西市风平镇法帕村南面	自行检验	QS5331 0501 1156	2014/3/30	2011/3/31	云南省质量技术监督局

（续）

地区	企业名称	产品名称	住　所	生产地点	检验方式	证书编号	有效期至	发证日期	发证单位
云南省	红河云牛乳业有限责任公司	乳制品［液体乳（灭菌乳）］	弥勒县工业园区（弥阳镇徐家寨）	弥勒县工业园区（弥阳镇徐家寨）	自行检验	QS5325 0501 1735	2014/3/30	2011/3/31	云南省质量技术监督局
云南省	昆明市海子乳业有限公司	乳制品［液体乳（巴氏杀菌乳、灭菌乳、酸乳）、乳粉（全脂乳粉）］	昆明市官渡区阿拉乡海子村委会旁	昆明市官渡区阿拉乡海子村委会新农村	自行检验	QS5300 0501 0417	2014/3/30	2011/3/31	云南省质量技术监督局
云南省	昆明雪兰牛奶有限责任公司	乳制品［液体乳（巴氏杀菌乳、灭菌乳、酸牛乳）］	昆明经济技术开发区云大西路66号	昆明市经济开发区云大西路66号	自行检验	QS5300 0501 0292	2014/3/30	2011/3/31	云南省质量技术监督局
云南省	七彩云乳业有限公司	乳制品［液体乳（巴氏杀菌乳、调制乳、灭菌乳、发酵乳）］	昆明市呈贡工业园区大哨片区	昆明市呈贡工业园区大哨片区	自行检验	QS5301 0501 1228	2014/3/30	2011/3/31	云南省质量技术监督局
云南省	云南楚雄汇东乳业有限公司	乳制品［液体乳（巴氏杀菌乳、灭菌乳、酸牛乳）］	楚雄市开发区桃园村	楚雄市开发区桃园村	自行检验	QS5323 0501 0908	2014/3/30	2011/3/31	云南省质量技术监督局
云南省	云南多喝乳业有限责任公司	乳制品［液体乳（巴氏杀菌乳、灭菌乳、酸牛乳）］	个旧市鸡街镇乍甸片区	个旧市鸡街镇乍甸片区	自行检验	QS5325 0501 0886	2014/3/30	2011/3/31	云南省质量技术监督局
云南省	云南欧亚乳业有限公司	乳制品［液体乳（巴氏杀菌乳、灭菌乳、调制乳、发酵乳）、乳粉（全脂乳粉、调制乳粉）］	大理经济开发区高新技术产业开发区	大理高新技术开发区绿色食品园	自行检验	QS5329 0501 0667	2014/3/30	2011/3/31	云南省质量技术监督局
云南省	云南新希望邓川蝶泉乳业有限公司	乳制品［液体乳（巴氏杀菌乳、灭菌乳、酸牛乳）、乳粉（全脂乳粉、脱脂乳粉、全脂加糖乳粉、特殊配方乳粉）］	大理洱源县邓川新州街88号	大理洱源县邓川新州街88号	自行检验	QS5300 0501 0142	2014/3/30	2011/3/31	云南省质量技术监督局
云南省	云南乍甸乳业有限责任公司	乳制品［液体乳（巴氏杀菌乳、灭菌乳、灭菌调制乳、调制乳、发酵乳）］	云南省个旧市乍甸镇	云南省个旧市乍甸镇	自行检验	QS5325 0501 1220	2014/3/30	2011/3/31	云南省质量技术监督局
云南省	云南皇氏来思尔乳业有限公司	乳制品［液体乳（巴氏杀菌乳、灭菌乳、调制乳、发酵乳）、其他乳制品（干酪、乳饼）］	大理市大理镇食品工业园区	大理市大理镇食品工业园区	自行检验	QS5329 0501 0416	2014/3/30	2011/7/19	云南省质量技术监督局
云南省	昆明娃哈哈启力饮料有限公司	乳制品［液体乳（发酵乳）］	昆明国家高新区新城（马金铺）高新技术产业基地	昆明国家高新区新城（马金铺）高新技术产业基地	自行检验	QS5300 0501 1761	2014/8/14	2011/8/15	云南省质量技术监督局
云南省	腾冲县艾爱摩拉牛乳业有限责任公司盈水分司	乳制品［其他乳制品（干酪）］	腾冲县腾越镇盈水村	腾冲县腾越镇盈水村	自行检验	QS5300 0501 1762	2015/4/24	2012/4/25	云南省质量技术监督局
西藏自治区	西藏林芝地区贡布乳业有限公司	乳制品［液体乳（灭菌乳、发酵乳）］	西藏林芝地区生物科技产业园	西藏林芝地区生物科技产业园	自行检验	QS5426 0501 0002	2015/7/30	2012/7/31	西藏自治区质量技术监督局

（续）

地区	企业名称	产品名称	住　所	生产地点	检验方式	证书编号	有效期至	发证日期	发证单位
陕西省	杨凌晨光乳业有限责任公司	乳制品［液体乳（巴氏杀菌乳、灭菌乳、酸乳）］	陕西省杨凌示范区常乐西路1号	陕西省杨凌示范区常乐西路1号	自行检验	QS6100 0501 0106	2012/12/29	2009/11/13	陕西省质量技术监督局
陕西省	西安市玉山奶粉厂	乳制品［乳粉（全脂乳粉、全脂加糖乳粉、调味乳粉）］	蓝田县许庙镇	蓝田县许庙镇	自行检验	QS6100 0501 0095	2012/12/29	2009/11/20	陕西省质量技术监督局
陕西省	延安市宝塔区奶牛场	乳制品［液体乳（巴氏杀菌乳）］	延安市白坪	延安市白坪	自行检验	QS6106 0501 1513	2013/4/5	2010/7/12	陕西省质量技术监督局
陕西省	陕西渭桥乳业有限责任公司	乳制品［乳粉（全脂乳粉、全脂加糖乳粉、调味乳粉）］	渭南市下吉镇	下吉镇北七村	自行检验	QS6105 0501 0251	2013/8/22	2010/7/21	陕西省质量技术监督局
陕西省	宝鸡柳林乳品厂	乳制品［乳粉（全脂乳粉、全脂加糖乳粉、调味乳粉、特殊配方乳粉）］	眉县青化乡	眉县青化乡	自行检验	QS6103 0501 0473	2014/2/20	2010/8/23	陕西省质量技术监督局
陕西省	陕西同乐乳业有限公司	乳制品［乳粉（全脂乳粉、全脂加糖乳粉）］	泾阳县永乐镇	永乐镇火车站南500米	自行检验	QS6104 0501 1591	2013/9/29	2010/8/23	陕西省质量技术监督局
陕西省	陕西宝塔乳业有限责任公司	乳制品［乳粉（全脂乳粉、全脂加糖乳粉）］	富平县杜村镇望湖路55号	富平县杜村镇望湖路55号	自行检验	QS6105 0501 0243	2013/8/22	2010/9/10	陕西省质量技术监督局
陕西省	陕西红星乳业有限公司	乳制品［乳粉（全脂乳粉、全脂加糖乳粉、特殊配方乳粉］	陕西省富平县淡村镇北街1号	陕西省富平县淡村镇北街1号	自行检验	QS6105 0501 0247	2013/8/22	2010/10/21	陕西省质量技术监督局
陕西省	陕西蒲城康泰乳品有限责任公司	乳制品［乳粉（全脂乳粉、全脂加糖乳粉、调味乳粉）］	蒲城县三合乡杨庄	蒲城县三合乡杨庄	自行检验	QS6105 0501 0241	2013/8/22	2010/11/8	陕西省质量技术监督局
陕西省	陕西富华乳业有限公司	乳制品［液体乳（巴氏杀菌乳、酸乳）］	陕西省富平县富华路8#	陕西省富平县富华路8#	自行检验	QS6105 0501 0246	2013/8/22	2010/11/15	陕西省质量技术监督局
陕西省	宝鸡雪儿乳业有限公司	乳制品［乳粉（全脂乳粉］	宝鸡市凤翔县郭店镇上郭店村	宝鸡市凤翔县郭店镇上郭店村	自行检验	QS6103 0501 0474	2014/3/22	2011/3/23	陕西省质量技术监督局
陕西省	蒙牛乳业（宝鸡）有限公司	乳制品［液体乳（灭菌乳、调制乳）］	宝鸡市高新开发区蒙牛工业园	宝鸡市高新开发区蒙牛工业园	自行检验	QS6103 0501 1374	2014/3/22	2011/3/23	陕西省质量技术监督局
陕西省	陕西美恩乳业股份有限公司	乳制品［乳粉（调制乳粉）］	咸阳市秦都区宝泉路以北高新区创业园一号	咸阳市秦都区宝泉路以北高新区创业园一号	自行检验	QS6104 0501 1784	2014/3/22	2011/3/23	陕西省质量技术监督局
陕西省	西安伊利泰普克饮品有限公司	乳制品［液体乳（灭菌乳、调制乳）］	西安临潼新丰镇新丰街道	西安临潼新丰镇新丰街道	自行检验	QS6100 0501 0244	2014/3/22	2011/3/23	陕西省质量技术监督局
陕西省	宝鸡得力康乳业有限公司	乳制品［液体乳（巴氏杀菌乳、灭菌乳、调制乳、发酵乳）］	陕西省宝鸡市高家坪	陕西省宝鸡市高家坪	自行检验	QS6103 0501 0529	2014/3/24	2011/3/25	陕西省质量技术监督局
陕西省	宝鸡惠民奶业有限公司	乳制品［液体乳（灭菌乳］	陈仓区惠民工业园	陈仓区惠民工业园	自行检验	QS6100 0501 0107	2014/3/24	2011/3/25	陕西省质量技术监督局
陕西省	宝鸡天和乳业有限公司	乳制品［液体乳（灭菌乳）、乳粉（全脂乳粉、调制乳粉）］	岐山县蒲村镇双桥村	岐山县蒲村镇双桥村	自行检验	QS6100 0501 0105	2014/3/24	2011/3/25	陕西省质量技术监督局
陕西省	陕西关山乳业有限责任公司	乳制品［乳粉（全脂乳粉、调制乳粉）、其他乳制品（固态成型产品）］	陕西陇县北关路6号	陕西陇县北关路6号	自行检验	QS6100 0501 0093	2014/3/24	2011/3/25	陕西省质量技术监督局

（续）

地区	企业名称	产品名称	住　所	生产地点	检验方式	证书编号	有效期至	发证日期	发证单位
陕西省	陕西和氏乳品有限公司	乳制品［液体乳（灭菌乳）、乳粉（全脂乳粉、调制乳粉）、其他乳制品（固态成型产品）］	陕西陇县陇马路48号	陕西陇县陇马路48号	自行检验	QS6103 0501 0531	2014/3/24	2011/3/25	陕西省质量技术监督局
陕西省	陕西红旗乳业科技有限公司	乳制品［乳粉（全脂乳粉、调制乳粉）］	泾阳县永乐镇泾永路中段	泾阳县永乐镇泾永路中段	自行检验	QS6100 0501 0143	2014/3/27	2011/3/25	陕西省质量技术监督局
陕西省	陕西金牛乳业有限公司	乳制品［乳粉（全脂乳粉、调制乳粉）］	富平县小惠乡仁合什字	富平县小惠乡仁合什字	自行检验	QS6105 0501 0248	2014/3/24	2011/3/25	陕西省质量技术监督局
陕西省	陕西省定边县乳品实业有限公司	乳制品［乳粉（全脂乳粉、调制乳粉）、液体乳（发酵乳）］	定边县定边镇西环路（工业园区）	定边县定边镇西环路（工业园区）	自行检验	QS6108 0501 0596	2014/3/24	2011/3/25	陕西省质量技术监督局
陕西省	陕西乡迪生物科技有限公司	乳制品［液体乳（灭菌乳）］	宝鸡市陈仓区工业园区	宝鸡市陈仓区工业园区	自行检验	QS6103 0501 1452	2014/3/24	2011/3/25	陕西省质量技术监督局
陕西省	铜川旺旺食品有限公司	乳制品［液体乳（灭菌乳）］	铜川市新区南环路工业园区	铜川市新区南环路工业园区	自行检验	QS6102 0501 0007	2014/3/24	2011/3/25	陕西省质量技术监督局
陕西省	西安贝多营养食品有限公司	乳制品［乳粉（调制乳粉）］	西安市高新区锦业二路61号	西安市高新区锦业二路61号	自行检验	QS6101 0501 0009	2014/3/24	2011/3/25	陕西省质量技术监督局
陕西省	宝鸡惠民乳品（集团）有限公司	乳制品［乳粉（全脂乳粉、调制乳粉）］	陈仓区惠民工业园	陈仓区惠民工业园	自行检验	QS6100 0501 0094	2014/3/27	2011/3/28	陕西省质量技术监督局
陕西省	富平县秦源乳业有限公司	乳制品［乳粉（全脂乳粉、调制乳粉）、液态乳（发酵乳）］	富平县宫里镇齐村村	富平县宫里镇齐村村	自行检验	QS6105 0501 1514	2014/3/27	2011/3/28	陕西省质量技术监督局
陕西省	陕西三原康尔健乳业有限责任公司	乳制品［乳粉（全脂乳粉、调制乳粉）］	三原县东三路北段	三原县东三路北段	自行检验	QS6104 0501 0701	2014/3/27	2011/3/28	陕西省质量技术监督局
陕西省	陕西圣唐秦龙乳业有限公司	乳制品［乳粉（全脂乳粉、调制乳粉）］	陕西省西安市阎良区关山镇	西安市阎良区关山镇、西安市阎良区关山镇北冯村	自行检验	QS6100 0501 0169	2014/3/27	2011/3/28	陕西省质量技术监督局
陕西省	陕西雅泰乳业有限公司	乳制品［乳粉（全脂乳粉、调制乳粉）］	泾阳县王桥镇	泾阳县王桥镇	自行检验	QS6104 0501 1289	2014/3/27	2011/3/28	陕西省质量技术监督局
陕西省	陕西样样祥乳业有限公司	乳制品［乳粉（全脂乳粉、调制乳粉）］	富平县王寮镇军寨工业区	富平县王寮镇军寨工业区	自行检验	QS6105 0501 0599	2014/3/27	2011/3/28	陕西省质量技术监督局
陕西省	陕西优利士乳业有限责任公司	乳制品［乳粉（全脂乳粉、调制乳粉）］	陕西乾县大杨乡	陕西乾县大杨乡	自行检验	QS6104 0501 0972	2014/3/27	2011/3/28	陕西省质量技术监督局
陕西省	铜川市齐天乳业有限责任公司	乳制品［液体乳（灭菌乳）］	铜川市王益区黄堡镇李家沟	铜川市王益区黄堡镇李家沟	自行检验	QS6102 0501 0795	2014/3/27	2011/3/28	陕西省质量技术监督局
陕西省	西安银桥生物科技有限责任公司	乳制品［乳粉（全脂乳粉、调制粉）、液体乳（巴氏杀菌乳、灭菌乳、调制乳、发酵乳）］	西安市高新区高科广场A幢9层01号	西安临潼经济开发区银桥大道99号、临潼区相桥街办北侧	自行检验	QS6100 0501 0091	2014/3/27	2011/3/28	陕西省质量技术监督局
陕西省	泾阳秦川乳业有限公司	乳制品［乳粉（全脂乳粉、调制乳粉）］	泾阳县云阳镇	泾阳县云阳镇	自行检验	QS6104 0501 1122	2014/3/27	2011/3/28	陕西省质量技术监督局
陕西省	陕西凯达股份有限公司	乳制品［乳粉（全脂乳粉、调制乳粉）］	兴平市店张镇	兴平市店张镇	自行检验	QS6100 0501 0100	2014/3/28	2011/3/29	陕西省质量技术监督局
陕西省	陕西神果股份有限公司	乳制品［乳粉（全脂乳粉、调制乳粉）］	陕西省武功县苏坊西街	陕西省武功县苏坊西街	自行检验	QS6100 0501 0092	2014/3/28	2011/3/29	陕西省质量技术监督局

（续）

地区	企业名称	产品名称	住　所	生产地点	检验方式	证书编号	有效期至	发证日期	发证单位
陕西省	陕西正和乳业有限公司	乳制品［液体乳（灭菌乳、调制乳）］	陕西省宝鸡市陇县陇马路48号	陕西省宝鸡市陇县陇马路48号	自行检验	QS6103 0501 0600	2014/3/28	2011/3/29	陕西省质量技术监督局
陕西省	富平县美可高特乳业有限公司	乳制品［乳粉（全脂乳粉、调制乳粉）］	富平县庄里镇永安村	富平县庄里镇永安村	自行检验	QS6105 0501 1209	2014/3/27	2011/5/6	陕西省质量技术监督局
陕西省	西安宏兴乳业有限公司	乳制品［乳粉（全脂乳粉、脱脂乳粉、调制乳粉）、其他乳制品（奶油）］	西安市临潼区栎阳街中段	西安市临潼区栎阳街中段	自行检验	QS6101 0501 0633	2014/3/22	2011/6/14	陕西省质量技术监督局
陕西省	陕西飞天乳业有限公司	乳制品［液体乳（巴氏杀菌乳、发酵乳）、乳粉（全脂乳粉、调制乳粉）］	陕西省千阳县冯坊河口	陕西省千阳县冯坊河口	自行检验	QS6103 0501 0475	2014/3/24	2011/7/4	陕西省质量技术监督局
陕西省	西安喜洋洋生物科技有限公司	乳制品［乳粉（全脂乳粉、调制乳粉）］	阎良区阎关路中段	阎良区阎关路中段	自行检验	QS6100 0501 0168	2014/3/24	2011/7/11	陕西省质量技术监督局
陕西省	汉中市乳业总场	乳制品［液体乳（巴氏杀菌乳、灭菌乳、调制乳、酸牛乳）］	汉中市汉台区西环南路	汉中市汉台区宗营镇	自行检验	QS6107 0501 0566	2014/7/19	2011/7/20	陕西省质量技术监督局
陕西省	光明乳业（泾阳）有限公司	乳制品［液体乳（巴氏杀菌乳、灭菌乳、调制乳、发酵乳）］	陕西省泾阳县泾干大街西段2号	陕西省泾阳县泾干大街西段2号	自行检验	QS6104 0501 0250	2014/3/27	2011/8/3	陕西省质量技术监督局
陕西省	杨凌圣妃乳业有限公司	乳制品［乳粉（全脂乳粉、调制乳粉）、液体乳（巴氏杀菌乳、灭菌乳、调制乳）］	陕西省杨凌示范区火炬创业园C区	陕西省杨凌示范区火炬创业园C区	自行检验	QS6104 0501 0008	2014/3/21	2011/8/3	陕西省质量技术监督局
陕西省	陕西关山瑞芙乳业有限公司	乳制品［乳粉（全脂乳粉、调制乳粉）、其他乳制品（奶油）］	西安市阎良区新兴街	西安市阎良区新兴街	自行检验	QS6101 0501 0794	2014/3/24	2011/8/22	陕西省质量技术监督局
陕西省	西安天惠乳业有限公司	乳制品［液态乳（灭菌乳、调制乳）］	西安市临潼区相桥街办	西安市临潼区相桥街办	自行检验	QS6101 0501 0005	2014/8/21	2011/8/22	陕西省质量技术监督局
陕西省	延安市种畜场	乳制品［液体乳（巴氏杀菌乳）］	延安市宝塔区枣园镇裴庄	延安市宝塔区枣园镇裴庄	自行检验	QS6106 0501 0597	2014/10/9	2011/10/10	陕西省质量技术监督局
陕西省	宝鸡圣丰乳业有限责任公司	乳制品［乳粉（全脂乳粉、调制乳粉）、液体乳（灭菌乳、调制乳粉）］	扶风县绛帐火车站北环路中段	扶风县绛帐火车站北环路中段	自行检验	QS6100 0501 0096	2014/3/24	2011/10/24	陕西省质量技术监督局
陕西省	陕西星光乳业有限公司	乳制品［乳粉（全脂乳粉、调制乳粉）］	泾阳县桥底镇十字东	泾阳县桥底镇十字东	自行检验	QS6104 0501 1249	2014/3/27	2011/11/14	陕西省质量技术监督局
陕西省	陕西美力源乳业有限公司	乳制品［乳粉（全脂乳粉、调制乳粉）］	武功县台资工业园	武功县台资工业园	自行检验	QS6104 0501 0010	2014/12/13	2011/12/14	陕西省质量技术监督局
陕西省	咸阳佳和乳业有限公司	乳制品［液体乳（灭菌乳、调制乳）、乳粉（全脂乳粉、调制乳粉）］	陕西省咸阳市泾阳县兴隆镇	咸阳市泾阳县兴隆镇	自行检验	QS6104 0501 1334	2014/3/27	2012/3/6	陕西省质量技术监督局
陕西省	西安百跃乳业有限公司	乳制品［乳粉（全脂乳粉、调制乳粉）］	阎良区武屯街西环路北段	阎良区武屯街西环路北段	自行检验	QS6100 0501 0097	2014/3/24	2012/5/7	陕西省质量技术监督局
陕西省	陕西秦王乳业有限公司	乳制品［乳粉（全脂乳粉、调制乳粉、脱脂乳粉）、其他乳制品（奶油）］	三原县大程镇西张村	三原县大程镇西张村	自行检验	QS6104 0501 0950	2014/3/29	2012/8/8	陕西省质量技术监督局

（续）

地区	企业名称	产品名称	住　所	生产地点	检验方式	证书编号	有效期至	发证日期	发证单位
陕西省	西安东方乳业有限公司	乳制品［液体乳（巴氏杀菌乳、灭菌乳、调制乳、发酵乳）］	西安市灞桥区新合街1号	西安市灞桥区新合街1号	自行检验	QS6101 0501 0240	2015/3/27	2012/10/8	陕西省质量技术监督局
陕西省	陕西兴隆乳业有限责任公司	乳制品［液体乳（灭菌乳）］	合阳同家庄镇	陕西合阳同家庄镇	自行检验	QS6105 0501 0242	2015/11/8	2012/11/9	陕西省质量技术监督局
甘肃省	青海油田生活服务公司食品加工厂	乳制品［液体乳（酸牛乳、巴氏杀菌乳）］	敦煌市七里镇生活服务公司院内	敦煌市七里镇生活服务公司院内	自行检验	QS6221 0501 1532	2013/5/10	2010/9/9	甘肃省质量技术监督局
甘肃省	白银益多多乳业有限公司	乳制品［液体乳（灭菌乳、调制乳、发酵乳）］	白银高新技术产业园区内	白银高新技术产业园区内	自行检验	QS6204 0501 1348	2014/3/9	2011/3/10	甘肃省质量技术监督局
甘肃省	白银鑫昊工贸有限公司乳制品分公司	乳制品［液体乳（发酵乳）］	白银市白银区四龙镇金山村99号	白银市白银区四龙镇金山村99号	自行检验	QS6204 0501 1760	2014/3/30	2011/3/31	甘肃省质量技术监督局
甘肃省	敦煌市双元乳品饮料厂	乳制品［液体乳（发酵乳）］	敦煌市烟草局南侧	敦煌市烟草局南侧	自行检验	QS6221 0501 1162	2014/3/30	2011/3/31	甘肃省质量技术监督局
甘肃省	甘南州燎原乳业有限责任公司	乳制品［液体乳（发酵乳）、乳粉（全脂乳粉、脱脂乳粉、全脂加糖乳粉）］	合作市人民街47号	甘肃省合作市人民街47号	自行检验	QS6230 0501 0920	2014/3/30	2011/3/31	甘肃省质量技术监督局
甘肃省	甘肃德鑫源乳业有限责任公司	乳制品［乳粉（全脂乳粉、调制乳粉）］	临洮县太石镇上咀村	临洮县太石镇上咀村	自行检验	QS6224 0501 1641	2014/3/30	2011/3/31	甘肃省质量技术监督局
甘肃省	甘肃仁和大草原生物乳业有限公司	乳制品［液体乳（发酵乳）］	兰州市安宁区桃林路185号	兰州市安宁区桃林路185号	自行检验	QS6201 0501 1330	2014/3/30	2011/3/31	甘肃省质量技术监督局
甘肃省	甘肃天方食品有限责任公司	乳制品［液体乳（巴氏杀菌乳、灭菌乳、发酵乳）、其他乳制品（干酪）］	兰州市七里河区彭家坪路24-1号	兰州市七里河区彭家坪路24-1号	自行检验	QS6201 0501 1058	2014/3/30	2011/3/31	甘肃省质量技术监督局
甘肃省	和政县华龙乳制品有限公司	乳制品［液体乳（发酵乳）］	甘肃省和政县三合镇石虎家村7社	甘肃省和政县三合镇石虎家村7社	自行检验	QS6229 0501 1754	2014/3/30	2011/3/31	甘肃省质量技术监督局
甘肃省	合水县古象奶业有限责任公司	乳制品［乳粉（全脂乳粉、调制乳粉、特殊配方乳粉）］	甘肃省庆阳市合水县解放东路137号	甘肃省庆阳市合水县解放东路137号	自行检验	QS6228 0501 0202	2014/3/30	2011/3/31	甘肃省质量技术监督局
甘肃省	嘉峪关宏丰实业有限责任公司	乳制品［液体乳（巴氏杀菌乳、发酵乳）］	嘉峪关市胜利南路1029号	嘉峪关市兰新东路39号	自行检验	QS6202 0501 1198	2014/3/30	2011/3/31	甘肃省质量技术监督局
甘肃省	金川集团有限公司服务分公司居佳乳品厂	乳制品［液体乳（巴氏杀菌乳、灭菌乳、发酵乳）］	金昌市金川区金汇巷11号	金昌市金川区金汇巷11号	自行检验	QS6203 0501 0327	2014/3/30	2011/3/31	甘肃省质量技术监督局
甘肃省	酒泉市乐为尔乳业有限责任公司	乳制品［液体乳（灭菌乳、巴氏杀菌乳、调制乳、发酵乳）］	酒泉市肃州区果园乡开发区	酒泉市肃州区果园乡开发区	自行检验	QS6221 0501 1758	2014/3/30	2011/3/31	甘肃省质量技术监督局
甘肃省	酒泉市雄鹏乳业有限责任公司	乳制品［液体乳（巴氏杀菌乳、灭菌乳、调制乳、发酵乳）］	酒泉市雄关路193号	酒泉市肃州区雄关路193号（酒泉高新示范养殖区）	自行检验	QS6221 0501 1124	2014/3/30	2011/3/31	甘肃省质量技术监督局

（续）

地区	企业名称	产品名称	住　所	生产地点	检验方式	证书编号	有效期至	发证日期	发证单位
甘肃省	兰炼三联公司景泰农牧分公司	乳制品［液体乳（巴氏杀菌乳、发酵乳）］	兰炼农场	兰炼农场	自行检验	QS6204 0501 1506	2014/3/30	2011/3/31	甘肃省质量技术监督局
甘肃省	兰州雪顿生物乳业有限公司	乳制品［液体乳（巴氏杀菌乳、调制乳、灭菌乳、发酵乳）］	兰州市七里河区彭家坪路16号	兰州市七里河区彭家坪路16号	自行检验	QS6200 0501 0201	2014/3/30	2011/3/31	甘肃省质量技术监督局
甘肃省	临夏金牛乳业有限责任公司	乳制品［乳粉（全脂乳粉、调制乳粉）］	临夏县北塬乡朱潘村潘东社	临夏县北塬乡朱潘村潘东社	自行检验	QS6229 0501 1717	2014/3/30	2011/3/31	甘肃省质量技术监督局
甘肃省	临夏市泉乳乳品有限责任公司	乳制品［乳粉（全脂乳粉、调制乳粉）］	临夏市折桥镇折桥村	临夏市刘临路3号	自行检验	QS6229 0501 1158	2014/3/30	2011/3/31	甘肃省质量技术监督局
甘肃省	临洮县农副产品综合开发公司	乳制品［液体乳（灭菌乳、发酵乳）、乳粉（全脂乳粉）］	临洮县西桥头2号	临洮县西桥头2号	自行检验	QS6224 0501 0419	2014/3/30	2011/3/31	甘肃省质量技术监督局
甘肃省	天水嘉乐乳业有限公司	乳制品［液体乳（巴氏杀菌乳、灭菌乳、发酵乳）］	天水市麦积区中滩镇农业高新科技园	天水市麦积区中滩镇农业高新科技园	自行检验	QS6200 0501 1756	2014/3/30	2011/3/31	甘肃省质量技术监督局
甘肃省	玉门油田农牧业有限责任公司	乳制品［液体乳（巴氏杀菌乳、灭菌乳、发酵乳）］	玉门市老市区三台炼油路	玉门市老市区三台炼油路	自行检验	QS6221 0501 1593	2014/3/30	2011/3/31	甘肃省质量技术监督局
甘肃省	甘肃临泽雪莲乳品有限责任公司	乳制品［液体乳（灭菌乳、发酵乳）、乳粉（全脂乳粉、调味乳粉）］	临泽县工业开发园区	临泽县工业开发园区	自行检验	QS6207 0501 0299	2014/3/31	2011/4/1	甘肃省质量技术监督局
甘肃省	兰州伊利乳业有限责任公司	乳制品［液体乳（灭菌乳、调制乳）］	兰州市红古区花庄镇工农路17－24号	兰州市红古区花庄镇工农路17－24号	自行检验	QS6200 0501 1753	2014/3/31	2011/4/1	甘肃省质量技术监督局
甘肃省	兰州庄园牧场股份有限公司	乳制品［液体乳（巴氏杀菌乳、调制乳、灭菌乳、发酵乳）、乳粉（全脂乳粉、调制乳粉）］	榆中县三角城乡三角城村	榆中县三角城乡三角城村	自行检验	QS6201 0501 0423	2014/3/31	2011/8/15	甘肃省质量技术监督局
甘肃省	甘南雪域牦珍乳业有限责任公司	乳制品［液态乳（发酵乳）］	甘肃省甘南州夏河县桑科乡	甘肃省甘南州夏河县桑科乡	自行检验	QS6200 0501 1761	2014/9/8	2011/9/9	甘肃省质量技术监督局
甘肃省	甘肃化羚酪蛋白股份有限公司	乳制品［其他乳制品（干酪素）］	合作市环西路32号	合作市环西路32号	自行检验	QS6200 0501 1760	2014/9/8	2011/9/9	甘肃省质量技术监督局
甘肃省	临夏州华安生物制品有限责任公司	乳制品［其他乳制品（干酪素）］	临夏市滨河东路26号	临夏市滨河东路26号	自行检验	QS6200 0501 1762	2015/1/8	2012/1/9	甘肃省质量技术监督局
甘肃省	甘南州科瑞乳品开发有限公司	乳制品［其他乳制品（干酪素）］	合作市人民东街13号	合作市人民东街13号	自行检验	QS6200 0501 1763	2015/7/19	2012/7/20	甘肃省质量技术监督局
甘肃省	酒泉市好牛乳业食品有限公司	乳制品［液体乳（巴氏杀菌乳、灭菌乳、调制乳、发酵乳）、乳粉（全脂乳粉）］	酒泉市酒火公路6公里处（高新技术开发区）	酒泉市酒火公路6公里处（高新技术开发区）	自行检验	QS6221 0501 0476	2014/3/30	2012/8/28	甘肃省质量技术监督局
甘肃省	庆阳市嘉仕乳业有限公司	乳制品［液体乳（巴氏杀菌乳、灭菌乳、调制乳、发酵乳）］	庆阳市镇原县孟坝镇北街	镇原县孟坝镇西街	自行检验	QS6200 0501 1764	2015/9/27	2012/9/28	甘肃省质量技术监督局
青海省	青海玉树巴颜喀拉饮品开发有限公司	乳制品［液体乳（酸乳）］	称多县滨河路10号	称多县滨河路10号	自行检验	QS6327 0501 0004	2013/1/20	2010/1/21	青海省质量技术监督局

（续）

地区	企业名称	产品名称	住　所	生产地点	检验方式	证书编号	有效期至	发证日期	发证单位
青海省	格尔木市郭乡联农乳业有限公司	乳制品［液体乳（巴氏杀菌乳、酸乳）］	格尔木市郭乡政府南侧	格尔木市郭乡政府南侧	自行检验	QS6328 0501 0006	2013/7/18	2010/7/19	青海省质量技术监督局
青海省	青海启龙商贸有限公司河南县启龙牧场	乳制品［液体乳（灭菌乳、发酵乳）］	河南县优干宁镇西侧优达公路南西侧	河南县优干宁镇西侧优达公路南西侧	自行检验	QS6323 0501 0003	2014/3/30	2011/3/31	青海省质量技术监督局
青海省	青海青海湖乳业有限责任公司	乳制品［液体乳（巴氏杀菌乳、灭菌乳、发酵乳）］	西宁市经济技术开发区东新路16号	西宁市经济技术开发区东新路16号	自行检验	QS6300 0501 1543	2014/3/30	2011/3/31	青海省质量技术监督局
青海省	青海小西牛生物乳业股份有限公司	乳制品［液体乳（巴氏杀菌乳、灭菌乳、发酵乳）］	青海生物科技产业园	青海生物科技产业园	自行检验	QS6301 0501 0857	2014/3/30	2011/3/31	青海省质量技术监督局
青海省	青海雪峰牦牛乳业有限责任公司	乳制品［液体乳（灭菌乳、发酵乳）］	共和县恰卜恰镇绿洲南路267号	共和县恰卜恰镇绿洲南路267号	自行检验	QS6325 0501 0420	2014/3/30	2011/3/31	青海省质量技术监督局
青海省	西宁城北好朋友乳品厂	乳制品［液体乳（发酵乳）］	城北区朝阳西路71—3—5号	城北区朝阳西路71—3—5号	自行检验	QS6301 0501 0858	2014/3/30	2011/3/31	青海省质量技术监督局
青海省	湟源天源奶制品有限责任公司	乳制品［液体乳（发酵乳）］	青海省湟源县青藏路10—2号	青海省湟源县青藏路10—2号	自行检验	QS6300 0501 1542	2014/3/30	2011/3/31	青海省质量技术监督局
青海省	青海小牦牛乳业有限公司	乳制品［液体乳（发酵乳）］	青海省西宁市韵家口镇祝家庄路36号	青海省西宁市韵家口镇祝家庄路36号	自行检验	QS6301 0501 0007	2014/7/14	2011/7/15	青海省质量技术监督局
青海省	称多县巴颜喀拉牦牛乳业有限公司	乳制品［液体乳（发酵乳）］	称多县珍秦镇	称多县珍秦镇	自行检验	QS6327 0501 0005	2014/8/18	2011/8/19	青海省质量技术监督局
青海省	民和湟乳乳制品有限责任公司	乳制品［液体乳（发酵乳）、乳粉（全脂乳粉）］	民和县川口镇旧城	民和县现代农业科技示范园	自行检验	QS6321 0501 0901	2014/5/15	2011/10/24	青海省质量技术监督局
青海省	青海天露乳业有限责任公司	乳制品［液体乳（巴氏杀菌乳、灭菌乳、发酵乳）、乳粉（全脂乳粉、调制乳粉）］	青海生物科技产业园经四路16号	青海生物科技产业园经四路16号	自行检验	QS6301 0501 0422	2014/3/30	2011/12/5	青海省质量技术监督局
青海省	青海省果洛州雪域珍宝有限责任公司	乳制品［其他乳制品（干酪）］	青海省果洛州玛沁县拉加镇	青海省果洛州玛沁县拉加镇	自行检验	QS6300 0501 1649	2015/5/8	2012/5/9	青海省质量技术监督局
青海省	青海金祁连乳业有限责任公司	乳制品［液体乳（发酵乳）］	祁连县冰沟工业园区	祁连县冰沟工业园区	自行检验	QS6322 0501 0008	2015/7/8	2012/7/9	青海省质量技术监督局
青海省	青海高速乳业有限公司	乳制品［其他乳制品（干酪素）］	西宁市经济技术开发区东新路28号	西宁市经济技术开发区东新路28号	自行检验	QS6301 0501 0009	2015/10/25	2012/10/26	青海省质量技术监督局
宁夏回族自治区	宁夏北方乳业有限责任公司	乳制品［液体乳（巴氏灭菌乳、调制乳、灭菌乳、发酵乳）］	宁夏银川市永宁县望远经济区	宁夏银川市永宁县望远经济区	自行检验	QS6400 0501 0300	2013/11/2	2011/3/31	宁夏自治区质量技术监督局
宁夏回族自治区	宁夏红果乳业有限公司	乳制品［乳粉（全脂乳粉、全脂加糖乳粉、调制乳粉）］	宁夏吴忠市利通区金银滩镇	宁夏吴忠市利通区金银滩镇	自行检验	QS6403 0501 0635	2014/5/19	2011/3/31	宁夏自治区质量技术监督局
宁夏回族自治区	宁夏蓝天乳业有限公司	乳制品［乳粉（全脂乳粉）］	宁夏吴忠市利通区郭家桥乡	宁夏吴忠市利通区郭家桥乡	自行检验	QS6403 0501 0002	2014/11/20	2011/3/31	宁夏自治区质量技术监督局
宁夏回族自治区	宁夏明旺乳业有限公司	乳制品［乳粉（全脂乳粉）］	宁夏银川市贺兰县德胜工业园区丰庆西路9号	宁夏银川市贺兰县德胜工业园区丰庆西路9号	自行检验	QS6401 0501 0003	2014/3/30	2011/3/31	宁夏自治区质量技术监督局

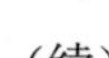
（续）

地区	企业名称	产品名称	住　所	生产地点	检验方式	证书编号	有效期至	发证日期	发证单位
宁夏回族自治区	宁夏夏进乳业集团股份有限公司	乳制品［液体乳（巴氏杀菌乳、调制乳、灭菌乳、发酵乳）、乳粉（全脂乳粉、调制乳粉）］	宁夏吴忠市金积工业园区	宁夏吴忠市金积镇东大街	自行检验	QS6400 0501 0170	2013/4/2	2011/3/31	宁夏自治区质量技术监督局
宁夏回族自治区	宁夏夏进吴尔乳品有限公司	乳制品［液体乳（灭菌乳、调制乳）］	宁夏银川市西夏区平吉堡	宁夏银川市西夏区平吉堡	自行检验	QS6400 0501 0203	2013/6/25	2011/3/31	宁夏自治区质量技术监督局
宁夏回族自治区	宁夏熊猫乳品有限公司	乳制品［乳粉（全脂奶粉）］	宁夏银川市灵武市南门	宁夏银川市灵武市南门	自行检验	QS6401 0501 0447	2014/1/30	2011/3/31	宁夏自治区质量技术监督局
宁夏回族自治区	宁夏雪泉乳业有限公司	乳制品［液体乳（灭菌乳、发酵乳）、乳粉（全脂乳粉、调制乳粉）］	宁夏吴忠市利通区马莲渠	宁夏吴忠市利通区马莲渠	自行检验	QS6403 0501 0707	2014/6/15	2011/3/31	宁夏自治区质量技术监督局
宁夏回族自治区	宁夏伊友乳业有限公司	乳制品［乳粉（全脂乳粉、调制乳粉）］	宁夏吴忠市利通区高闸镇郭桥村	宁夏吴忠市利通区高闸镇郭桥村	自行检验	QS6403 0501 0680	2014/6/9	2011/3/31	宁夏自治区质量技术监督局
宁夏回族自治区	宁夏亿美生物科技有限公司	乳制品［乳粉（全脂乳粉、脱脂乳粉）、其他乳制品（奶油）］	宁夏银川市灵武市羊绒工业园区	宁夏银川市灵武市羊绒工业园区	自行检验	QS6401 0501 0001	2014/11/5	2011/3/31	宁夏自治区质量技术监督局
宁夏回族自治区	宁夏银川平吉堡乳品厂	乳制品［液体乳（发酵乳）］	宁夏银川市西夏区平吉堡奶牛场	宁夏银川市西夏区平吉堡奶牛场	自行检验	QS6401 0501 0207	2013/6/25	2011/3/31	宁夏自治区质量技术监督局
宁夏回族自治区	青铜峡市众乐乳业有限公司	乳制品［乳粉（全脂乳粉）］	宁夏吴忠市青铜峡市瞿靖镇南街	宁夏吴忠市青铜峡市瞿靖镇南街	自行检验	QS6403 0501 1164	2014/3/30	2011/3/31	宁夏自治区质量技术监督局
宁夏回族自治区	吴忠恒枫乳业有限公司	乳制品［乳粉（全脂乳粉）］	宁夏吴忠市利通区金积工业园区	宁夏吴忠市利通区金积工业园区	自行检验	QS6403 0501 0004	2014/3/30	2011/3/31	宁夏自治区质量技术监督局
宁夏回族自治区	银川维维北塔乳业股份有限公司	乳制品［乳粉（全脂乳粉、调制乳粉）］	宁夏银川市解放东街518号	宁夏银川市解放东街518号	自行检验	QS6400 0501 0171	2013/4/1	2011/3/31	宁夏自治区质量技术监督局
宁夏回族自治区	中宁县黄河乳制品有限公司	乳制品［乳粉（全脂乳粉）］	宁夏中卫市中宁县新堡镇	宁夏中卫市中宁县新堡镇	自行检验	QS6403 0501 0652	2014/5/28	2011/3/31	宁夏自治区质量技术监督局
宁夏回族自治区	宁夏金荣乳业有限公司	乳制品［乳粉（全脂乳粉）］	宁夏吴忠市金银滩镇杨马湖村	宁夏吴忠市金银滩镇杨马湖村	自行检验	QS6403 0501 0008	2014/5/12	2011/5/13	宁夏自治区质量技术监督局
宁夏回族自治区	吴忠市银湖清真乳品有限公司	乳制品［乳粉（全脂乳粉）］	宁夏吴忠市利通区金积镇马家湖乡	宁夏吴忠市利通区金积镇马家湖乡	自行检验	QS6403 0501 0007	2014/5/12	2011/5/13	宁夏自治区质量技术监督局
宁夏回族自治区	蒙牛乳业（银川）有限公司	乳制品［液体乳（灭菌乳、调制乳）］	宁夏银川市经济开发区宝湖西路436号	宁夏银川市经济开发区宝湖西路436号	自行检验	QS6401 0501 0006	2014/6/2	2011/6/3	宁夏自治区质量技术监督局
宁夏回族自治区	宁夏伊利乳业有限责任公司	乳制品［液体乳（灭菌乳、调制乳）］	宁夏吴忠市金积工业园区	宁夏吴忠市金积工业园区	自行检验	QS6403 0501 0005	2014/6/16	2011/6/17	宁夏自治区质量技术监督局
宁夏回族自治区	银川市金河乳业有限公司	乳制品［液体乳（巴氏杀菌乳、发酵乳）、其他乳制品（干酪）］	宁夏银川市兴庆区燕庆路	宁夏银川市兴庆区燕庆路	自行检验	QS6400 0501 0204	2013/4/1	2012/2/7	宁夏自治区质量技术监督局
宁夏回族自治区	宁夏塞尚乳业有限公司	乳制品［液体乳、其他乳制品（稀奶油、奶油、酪乳液、乳清蛋白粉、浓缩乳蛋白粉、浓缩乳蛋白液、乳糖液）］	宁夏银川德胜工业园区伊园路5号	宁夏银川德胜工业园区伊园路5号	自行检验	QS6401 0501 0009	2015/7/16	2012/7/17	宁夏自治区质量技术监督局
新疆维吾尔自治区	新疆达瓦昆畜牧生物科技有限责任公司	乳制品［乳粉（全脂乳粉）］	岳普湖县岳麦公路	岳普湖县岳麦公路	自行检验	QS6531 0501 0007	2013/2/2	2010/2/3	新疆自治区质量技术监督局

（续）

地区	企业名称	产品名称	住　所	生产地点	检验方式	证书编号	有效期至	发证日期	发证单位
新疆维吾尔自治区	阿克苏新农乳制品有限责任公司	乳制品［乳粉（全脂乳粉、脱脂乳粉）］	温宿县沙河镇五团开发区	温宿县沙河镇五团开发区	自行检验	QS6592 0501 0008	2013/3/15	2010/3/16	新疆自治区质量技术监督局
新疆维吾尔自治区	新疆玉昆仑天然食品工程有限公司	乳制品［乳粉（全脂乳粉）］	岳普湖县岳普湖乡8村2组	岳普湖县岳普湖乡8村2组	自行检验	QS6531 0501 0011	2013/11/17	2010/11/18	新疆自治区质量技术监督局
新疆维吾尔自治区	新疆旺源驼奶实业有限公司	乳制品：［乳粉（全脂驼乳粉、全脂发酵驼奶粉）液体乳（液态驼奶）］	福海县环城东路	福海县环城东路	自行检验	QS6543 0501 0012	2014/1/19	2011/1/20	新疆自治区质量技术监督局
新疆维吾尔自治区	新疆伊犁佳和乳业有限公司	乳制品［乳粉（全脂乳粉、脱脂乳粉、部分脱脂乳粉、调制乳粉）］	巩留县城北工业区	巩留县城北工业区	自行检验	QS6540 0501 1009	2014/3/23	2011/3/24	新疆自治区质量技术监督局
新疆维吾尔自治区	阿克苏盖瑞乳制品有限责任公司	乳制品［液体乳（灭菌乳、调制乳、酸牛乳）］	阿克苏市东工业园区富达路	阿克苏市东工业园区富达路	自行检验	QS6529 0501 0014	2014/3/28	2011/3/29	新疆自治区质量技术监督局
新疆维吾尔自治区	阿克苏新农乳业有限责任公司	乳制品［乳粉（全脂乳粉、调制乳粉）、液体乳（巴氏杀菌乳、灭菌乳、调制乳、发酵乳）］	温宿县沙河镇五团开发区	温宿县沙河镇五团开发区	自行检验	QS6529 0501 0800	2014/3/28	2011/3/29	新疆自治区质量技术监督局
新疆维吾尔自治区	阿勒泰冰花食品有限责任公司	乳制品［其他乳制品（干酪）］	北屯镇西北路（火电厂冷库旁）	北屯镇西北路（火电厂冷库旁）	自行检验	QS6543 0501 1651	2014/3/28	2011/3/29	新疆自治区质量技术监督局
新疆维吾尔自治区	阜康市尤贝奶制品有限公司	乳制品［其他乳制品（奶油、干酪）］	阜康市九运街镇黄土梁村	阜康市九运街镇黄土梁村	自行检验	QS6523 0501 0013	2014/3/28	2011/3/29	新疆自治区质量技术监督局
新疆维吾尔自治区	哈密长河盈瑞食品有限公司	乳制品［乳粉（全脂乳粉、脱脂乳粉），液态乳（巴氏杀菌乳、灭菌乳、酸乳），其他乳制品（干酪）］	哈密市广东工业园区（02-01-08）	哈密市广东工业园区（02-01-08）	自行检验	QS6522 0501 1533	2014/3/28	2011/3/29	新疆自治区质量技术监督局
新疆维吾尔自治区	克拉玛依绿成农业开发有限责任公司乳品厂	乳制品［液体乳（巴氏杀菌乳、灭菌乳、发酵乳）］	克拉玛依胜利路6号	克拉玛依胜利路6号	自行检验	QS6502 0501 0710	2014/3/28	2011/3/29	新疆自治区质量技术监督局
新疆维吾尔自治区	麦趣尔集团股份有限公司	乳制品［液体乳（灭菌乳、调制乳、发酵乳）］	新疆昌吉高新技术产业开发区麦趣尔大道	新疆昌吉高新技术产业开发区麦趣尔大道	自行检验	QS6500 0501 0392	2014/3/28	2011/3/29	新疆自治区质量技术监督局
新疆维吾尔自治区	尼勒克县美特尔乳业有限公司	乳制品［乳粉（全脂乳粉、脱脂乳粉、部分脱脂乳粉）］	尼勒克县阿克图别克	尼勒克县阿克图别克	自行检验	QS6540 0501 1293	2014/3/28	2011/3/29	新疆自治区质量技术监督局
新疆维吾尔自治区	沙湾盖瑞乳业有限责任公司	乳制品［液体乳（灭菌乳、调制乳、酸牛乳）］	沙湾县乌鲁木齐东路工业园区	沙湾县乌鲁木齐东路工业园区	自行检验	QS6542 0501 0711	2014/3/28	2011/3/29	新疆自治区质量技术监督局
新疆维吾尔自治区	塔城海川乳业有限公司	乳制品［乳粉（全脂乳粉）］	塔城市文化南路（原地区种牛场奶粉厂内）	塔城市文化南路（原地区种牛场奶粉厂内）	自行检验	QS6542 0501 1490	2014/3/28	2011/3/29	新疆自治区质量技术监督局
新疆维吾尔自治区	温宿县海川乳业有限公司	乳制品［乳粉（全脂乳粉）］	温宿县水稻农场六连路北处	温宿县水稻农场六连路北处	自行检验	QS6529 0501 1339	2014/3/28	2011/3/29	新疆自治区质量技术监督局

（续）

地区	企业名称	产品名称	住　所	生产地点	检验方式	证书编号	有效期至	发证日期	发证单位
新疆维吾尔自治区	乌鲁木齐伊利食品有限责任公司	乳制品［液体乳（灭菌乳、调制乳）］	乌鲁木齐市经济技术开发区洪湖路88号	乌鲁木齐市经济技术开发区洪湖路88号	自行检验	QS6501 0501 1653	2014/3/28	2011/3/29	新疆自治区质量技术监督局
新疆维吾尔自治区	乌苏高泉天天乳业有限责任公司	乳制品［乳粉（全脂乳粉）］	农七师一二四团部	农七师一二四团部	自行检验	QS6542 0501 1455	2014/3/28	2011/3/29	新疆自治区质量技术监督局
新疆维吾尔自治区	乌苏市海川乳业有限责任公司	乳制品［乳粉（全脂乳粉、调制乳粉）、液体乳（灭菌乳、调制乳、发酵乳）］	乌苏市哈图布呼镇北京东路102号	乌苏市哈图布呼镇北京东路102号	自行检验	QS6542 0501 1010	2014/3/28	2011/3/29	新疆自治区质量技术监督局
新疆维吾尔自治区	新疆阿勒泰光明乳业有限公司	乳制品［乳粉（全脂乳粉、脱脂乳粉）］	阿勒泰市红墩路16号	阿勒泰市红墩路16号	自行检验	QS6543 0501 1747	2014/3/28	2011/3/29	新疆自治区质量技术监督局
新疆维吾尔自治区	新疆昌吉娃哈哈乳业有限公司	乳制品［乳粉（全脂乳粉）］	新疆昌吉市54区昌吉高新技术工业园区	新疆昌吉市54区昌吉高新技术工业园区	自行检验	QS6523 0501 0004	2014/3/28	2011/3/29	新疆自治区质量技术监督局
新疆维吾尔自治区	新疆乳旺乳业有限公司	乳制品［乳粉（全脂乳粉）］	新疆石河子经济技术开发区65号小区北三东路26-2号	新疆石河子经济技术开发区65号小区北三东路26-2号	自行检验	QS6590 0501 1616	2014/3/28	2011/3/29	新疆自治区质量技术监督局
新疆维吾尔自治区	新疆瑞源乳业有限公司	乳制品［液体乳（巴氏杀菌乳、灭菌乳、发酵乳）、其他乳制品（干酪）］	库尔勒市兰干乡工业园	库尔勒市兰干乡工业园	自行检验	QS6528 0501 0799	2014/3/28	2011/3/29	新疆自治区质量技术监督局
新疆维吾尔自治区	新疆盛和乳业有限公司	乳制品［液体乳（灭菌乳、调制乳、酸牛乳）］	新疆乌鲁木齐市头屯河区工业区	新疆乌鲁木齐市头屯河区工业区	自行检验	QS6501 0501 0797	2014/3/28	2011/3/29	新疆自治区质量技术监督局
新疆维吾尔自治区	新疆石河子花园乳业有限公司	乳制品［乳粉（全脂乳粉、调制乳粉）、液体乳（灭菌乳、调制乳、发酵乳）］	新疆石河子西郊花园镇	新疆石河子西郊花园镇	自行检验	QS6590 0501 0709	2014/3/28	2011/3/29	新疆自治区质量技术监督局
新疆维吾尔自治区	新疆天润生物科技股份有限公司	乳制品［乳粉（全脂乳粉）、液体乳（巴氏杀菌乳、灭菌乳、调制乳、发酵乳）］	乌鲁木齐市乌昌公路2702号	乌鲁木齐市乌昌公路2702号	自行检验	QS6501 0501 0003	2014/3/28	2011/3/29	新疆自治区质量技术监督局
新疆维吾尔自治区	新疆维维天山雪农牧科技有限公司	乳制品［乳粉（全脂乳粉）、液体乳（灭菌乳、调制乳、发酵乳）］	库尔勒市新城辖区库尉公路7幢	库尔勒市新城辖区库尉公路7幢	自行检验	QS6528 0501 0747	2014/3/28	2011/3/29	新疆自治区质量技术监督局
新疆维吾尔自治区	新疆维维天山雪乳业有限公司	乳制品［乳粉（全脂乳粉）、液体乳（巴氏杀菌乳、灭菌乳、调制乳、发酵乳）］	呼图壁县天山雪大道99号	呼图壁县天山雪大道99号	自行检验	QS6523 0501 0712	2014/3/28	2011/3/29	新疆自治区质量技术监督局
新疆维吾尔自治区	新疆焉耆三宇实业有限责任公司	乳制品［乳粉（全脂乳粉、调制乳粉）、液体乳（巴氏杀菌乳、灭菌乳、调制乳、发酵乳）、其他乳制品（奶油、干酪）］	焉耆县包尔海乡	焉耆县包尔海乡	自行检验	QS6528 0501 0798	2014/3/28	2011/3/29	新疆自治区质量技术监督局

（续）

地区	企业名称	产品名称	住　所	生产地点	检验方式	证书编号	有效期至	发证日期	发证单位
新疆维吾尔自治区	新疆伊源乳业股份有限公司	乳制品［乳粉（全脂乳粉、调制乳粉），液体乳（巴氏杀菌乳、灭菌乳、调制乳、发酵乳）、其他乳制品（奶油、干酪）］	伊宁市边境经济合作区深圳路	伊宁市边境经济合作区深圳路	自行检验	QS6540 0501 1424	2014/3/28	2011/3/29	新疆自治区质量技术监督局
新疆维吾尔自治区	伊犁思味特乳业有限责任公司	乳制品［乳粉（全脂乳粉、脱脂乳粉、部分脱脂乳粉）］	尼勒克县乌拉斯台	尼勒克县乌拉斯台	自行检验	QS6540 0501 0001	2014/3/28	2011/3/29	新疆自治区质量技术监督局
新疆维吾尔自治区	伊犁雪莲乳业有限公司	乳制品［乳粉（全脂乳粉）］	伊宁县城南开发区	伊宁县城南开发区	自行检验	QS6540 0501 1338	2014/3/28	2011/3/29	新疆自治区质量技术监督局
新疆维吾尔自治区	伊犁伊力特乳业有限公司	乳制品［乳粉（全脂乳粉、脱脂乳粉、部分脱脂乳粉、调制乳粉）］	尼勒克县寨口	尼勒克县寨口	自行检验	QS6540 0501 0806	2014/3/28	2011/3/29	新疆自治区质量技术监督局
新疆维吾尔自治区	布尔津县阿尔曼清真食品有限公司	乳制品［乳粉（全脂乳粉、脱脂乳粉、部分脱脂乳粉、调制乳粉）］	布尔津县神湖西路10号	布尔津县神湖西路10号	自行检验	QS6543 0501 1583	2014/12/6	2011/12/7	新疆自治区质量技术监督局
新疆维吾尔自治区	银桥乳业阿勒泰有限公司	乳制品［乳粉（全脂乳粉、调制乳粉）、其他乳制品（干酪）］	新疆北屯阿福路工业园区8号	新疆北屯阿福路工业园区8号	自行检验	QS6543 0501 1703	2015/1/17	2012/1/18	新疆自治区质量技术监督局
新疆维吾尔自治区	察布查尔锡伯自治县阳光乳品厂	乳制品［液体乳（酸乳）］	察布查尔县扎库齐牛录乡开发地	察布查尔县扎库齐牛录乡开发地	自行检验	QS6540 0501 0010	2015/6/8	2012/6/8	新疆自治区质量技术监督局
新疆维吾尔自治区	伊宁市阿纳迪雅尔酸奶厂	乳制品［液体乳（发酵乳）］	伊宁市新华西路14巷新居民点	伊宁市新华西路14巷新居民点	自行检验	QS6540 0501 0015	2015/8/2	2012/8/3	新疆自治区质量技术监督局
新疆维吾尔自治区	新源县闻美乳品厂	乳制品［液体乳（发酵乳）、其他乳制品（干酪）］	新源县则新北路6号	新源县则新北路6号	自行检验	QS6540 0501 1453	2015/10/19	2012/10/20	新疆自治区质量技术监督局

全国通过生产许可证重新审核的乳品企业名单——婴幼儿配方奶粉

表2－18

地区	企业名称	产品名称	住　所	生产地点	检验方式	证书编号	有效期至	发证日期	发证单位
天津市	多加多乳业（天津）有限公司	婴幼儿配方乳粉（干法工艺）	天津市津南经济开发区	天津市津南区经济开发区中宏道3号	自行检验	QS1200 0502 0085	2014/3/30	2011/3/31	天津市质量技术监督局
天津市	美可高特（中国）羊乳有限公司	婴幼儿配方乳粉（干法工艺）	天津新技术产业园区华苑产业区鑫茂科技园D1座四层C单元	天津市西青区中北工业园星光路9号	自行检验	QS1211 0502 0023	2014/3/30	2011/3/31	天津市质量技术监督局
天津市	天津伊利乳业有限责任公司	婴幼儿配方乳粉（干法工艺）	天津空港物流加工区西十五道5号	天津空港经济区中心大道西十五道5号	自行检验	QS1217 0502 0002	2014/3/30	2011/3/31	天津市质量技术监督局
天津市	黑龙江红星集团天津食品有限公司	婴幼儿配方乳粉（干法工艺）增加品种：3个企标	天津市武清区大良镇旗良公路东侧	武清开发区禄财道	自行检验	QS1214 0502 0003	2014/6/23	2011/6/24	天津市质量技术监督局

（续）

地区	企业名称	产品名称	住　所	生产地点	检验方式	证书编号	有效期至	发证日期	发证单位
河北省	廊坊飞鹤乳业有限公司	婴幼儿配方乳粉（干法工艺）	廊坊市开发区创业路东侧、丁香道北侧	河北省廊坊市开发区创业路东侧、丁香道北侧	自行检验	QS1300 0502 0027	2014/2/27	2011/2/28	河北省质量技术监督局
河北省	张家口察哈尔乳业有限公司	婴幼儿配方乳粉（湿法工艺）	张家口察北管理区	张家口察北管理区	自行检验	QS1300 0502 0045	2014/3/7	2011/3/8	河北省质量技术监督局
河北省	河北三元食品有限公司	婴幼儿配方乳粉（湿法工艺、干法工艺）	河北省石家庄市新华区警安路69号	河北省石家庄市新华区警安路59号；河北省石家庄市新华区西三庄街19号	自行检验	QS1301 0502 0002	2014/3/28	2011/3/29	河北省质量技术监督局
山西省	山西古城乳业集团有限公司	婴幼儿配方乳粉（湿法工艺）	山阴县古城镇	山西省朔州市山阴县古城镇	自行检验	QS1400 0502 0111	2014/3/30	2011/3/31	山西省质量技术监督局
山西省	山西雅士利乳业有限公司	婴幼儿配方乳粉（湿法工艺）	朔州应县四环东路雅士利工业园	山西省朔州市应县四环东路雅士利工业园	自行检验	QS1400 0502 0124	2014/3/30	2011/3/31	山西省质量技术监督局
内蒙古自治区	呼伦贝尔亚华乳业有限责任公司	婴幼儿配方乳粉（湿法工艺）	呼伦贝尔市陈巴尔虎旗特尼河苏木	呼伦贝尔市陈巴尔虎旗特尼河苏木	自行检验	QS1507 0502 0005	2014/2/27	2011/2/28	内蒙古自治区质量技术监督局
内蒙古自治区	呼伦贝尔阳光乳业有限公司	婴幼儿配方乳粉（湿法工艺）	呼伦贝尔市鄂温克自治旗伊敏苏木	呼伦贝尔市鄂温克自治旗伊敏苏木	自行检验	QS1507 0502 0004	2014/2/27	2011/2/28	内蒙古自治区质量技术监督局
内蒙古自治区	呼伦贝尔友谊乳业（集团）有限责任公司	婴幼儿配方乳粉（湿法工艺）	呼伦贝尔市牙克石市友谊东街100号	呼伦贝尔市牙克石市友谊东街100号	自行检验	QS1500 0502 0112	2014/2/27	2011/2/28	内蒙古自治区质量技术监督局
内蒙古自治区	内蒙古呼伦贝尔农垦雪花乳业有限公司	婴幼儿配方乳粉（湿法工艺）	呼伦贝尔市阿荣旗那吉镇振兴街	呼伦贝尔市阿荣旗那吉镇振兴街	自行检验	QS1500 0502 0087	2014/2/27	2011/2/28	内蒙古自治区质量技术监督局
内蒙古自治区	内蒙古金海伊利乳业有限责任公司	婴幼儿配方乳粉（干法工艺、湿法工艺）	呼和浩特市金山开发区金山大道北五一路	呼和浩特市金山开发区金山大道北五一路	自行检验	QS1501 0502 0001	2014/2/27	2011/2/28	内蒙古自治区质量技术监督局
内蒙古自治区	内蒙古欧世蒙牛乳制品有限责任公司	婴幼儿配方乳粉［干法工艺、湿法工艺］	呼和浩特市和林格尔盛乐经济园区	呼和浩特市和林格尔盛乐经济园区	自行检验	QS1501 0502 0003	2014/2/27	2011/2/28	内蒙古自治区质量技术监督局
辽宁省	英雄辉山（沈阳）营养品有限公司	婴幼儿配方乳粉（湿法工艺、干法工艺）	辽宁省沈阳市法库县秀水辉山经济开发区	辽宁省沈阳市法库县秀水辉山经济开发区	自行检验	QS2101 0502 0001	2015/5/13	2012/5/14	辽宁省质量技术监督局
吉林省	白城龙丹乳业科技有限公司	婴幼儿配方乳粉（湿法工艺）	白城工业园区淮河路南渤海街东	吉林省白城市白城工业园区淮河路南渤海街东	自行检验	QS2208 0502 0002	2014/3/27	2011/3/28	吉林省质量技术监督局
吉林省	敦化美丽健乳业有限公司	婴幼儿配方乳粉（湿法工艺）	吉林省敦化经济开发区工业园区	吉林省敦化市敦化经济开发区工业园区	自行检验	QS2224 0502 0001	2014/3/27	2011/3/28	吉林省质量技术监督局
吉林省	吉林艾倍特乳业有限公司	婴幼儿配方乳粉（湿法工艺）	吉林省镇赉县幸福东路433号	吉林省白城市镇赉县镇赉镇幸福东路433号	自行检验	QS2208 0502 0003	2014/3/27	2011/3/28	吉林省质量技术监督局
黑龙江省	黑龙江飞鹤乳业有限公司	婴幼儿配方乳粉（湿法工艺）	黑龙江省齐齐哈尔市克东县克东镇庆祥街	黑龙江省克东县庆祥街	自行检验	QS2300 0502 0009	2014/3/1	2011/3/2	黑龙江省质量技术监督局

（续）

地区	企业名称	产品名称	住 所	生产地点	检验方式	证书编号	有效期至	发证日期	发证单位
黑龙江省	北安宜品乳业有限公司	婴幼儿配方乳粉（湿法工艺）	黑龙江省黑河市北安市健民路112号	黑龙江省黑河市北安市铁西区工业园区	自行检验	QS2300 0502 0108	2014/3/8	2011/3/9	黑龙江省质量技术监督局
黑龙江省	黑龙江省农垦龙王食品有限责任公司	婴幼儿配方乳粉（湿法工艺）	黑龙江省绥化市北林区中直北路696号	黑龙江省绥化市北林区中直北路696号	自行检验	QS2300 0502 0118	2014/3/8	2011/3/9	黑龙江省质量技术监督局
黑龙江省	黑龙江省光明松鹤乳品有限责任公司	婴幼儿配方乳粉（湿法工艺）	齐齐哈尔市富裕县新华南路	齐齐哈尔市富裕县新华南路	自行检验	QS2300 0502 0125	2014/3/15	2011/3/16	黑龙江省质量技术监督局
黑龙江省	海伦兴安岭乳业有限公司	婴幼儿配方乳粉（湿法工艺）	黑龙江省绥化市海伦市海伦镇北环路东安街3委	黑龙江省绥化市海伦市海伦镇北环路东安街3委	自行检验	QS2300 0502 0211	2014/3/22	2011/3/23	黑龙江省质量技术监督局
黑龙江省	黑龙江明翔乳业有限责任公司	婴幼儿配方乳粉（湿法工艺）	富裕县富裕镇五街工业园区	富裕县富裕镇五街工业园区	自行检验	QS2300 0502 0081	2014/3/22	2011/3/23	黑龙江省质量技术监督局
黑龙江省	黑龙江省索康营养科技有限公司	婴幼儿配方乳粉（湿法工艺）	黑龙江省绥化市经济开发区	黑龙江省绥化市经济开发区	自行检验	QS2300 0502 0208	2014/3/22	2011/3/23	黑龙江省质量技术监督局
黑龙江省	黑龙江省完达山乳业股份有限公司双城分公司	婴幼儿配方乳粉（干法工艺）	哈尔滨双城市经济技术开发区	哈尔滨双城市经济技术开发区	自行检验	QS2300 0502 0210	2014/3/22	2011/3/23	黑龙江省质量技术监督局
黑龙江省	双城雀巢有限公司	婴幼儿配方乳粉（湿法工艺）	黑龙江省双城市友谊路	黑龙江省双城市友谊路	自行检验	QS2300 0502 0005	2014/3/22	2011/3/23	黑龙江省质量技术监督局
黑龙江省	大庆乳品厂有限责任公司	婴幼儿配方乳粉（湿法工艺）	大庆市高新区安萨路18公里处	大庆市高新技术产业开发区	自行检验	QS2300 0502 0093	2014/3/24	2011/3/25	黑龙江省质量技术监督局
黑龙江省	黑龙江常庆乳业有限责任公司	婴幼儿配方乳粉（湿法工艺）	五常市牛家工业园区	五常市牛家工业园区	自行检验	QS2300 0502 0212	2014/3/24	2011/3/25	黑龙江省质量技术监督局
黑龙江省	大庆市绿叶乳品有限公司	婴幼儿配方乳粉（湿法工艺）	黑龙江省大庆市红岗区杏六路	大庆市红岗区杏六路	自行检验	QS2300 0502 0103	2014/3/25	2011/3/26	黑龙江省质量技术监督局
黑龙江省	哈尔滨太子乳品工业有限公司	婴幼儿配方乳粉（湿法工艺、干法工艺）	哈尔滨利民经济技术开发区广州路6号	哈尔滨利民经济技术开发区广州路6号	自行检验	QS2300 0502 0021	2014/3/25	2011/3/26	黑龙江省质量技术监督局
黑龙江省	黑龙江华丹乳业有限公司	婴幼儿配方乳粉（湿法工艺）	黑龙江省绥化市安达市牛街469号	黑龙江省绥化地区安达市澳佳牧业科技园区	自行检验	QS2300 0502 0207	2014/3/25	2011/3/26	黑龙江省质量技术监督局
黑龙江省	黑龙江雅士利乳业有限公司	婴幼儿配方乳粉（湿法工艺）	齐齐哈尔市泰来县汤池镇政府所在地	齐齐哈尔市泰来县汤池镇政府所在地	自行检验	QS2300 0502 0065	2014/3/25	2011/3/26	黑龙江省质量技术监督局
黑龙江省	北安完达山乳品有限公司	婴幼儿配方乳粉（湿法工艺）	黑龙江省黑河市北安市铁西区五委	北安市铁西区五委	自行检验	QS2300 0502 0076	2014/3/27	2011/3/28	黑龙江省质量技术监督局
黑龙江省	杜尔伯特伊利乳业有限责任公司	婴幼儿配方乳粉（湿法工艺、干法工艺）	大庆市杜尔伯特蒙古族自治县泰康镇东街	大庆市杜尔伯特蒙古族自治县德力戈尔工业园区	自行检验	QS2300 0502 0092	2014/3/27	2011/3/28	黑龙江省质量技术监督局
黑龙江省	黑龙江辰鹰乳业有限公司	婴幼儿配方乳粉（湿法工艺）	黑龙江省黑河市嫩江县嫩兴路262号	黑龙江省黑河市嫩江县嫩兴路262号	自行检验	QS2300 0502 0062	2014/3/27	2011/3/28	黑龙江省质量技术监督局
黑龙江省	黑龙江农垦多元乳业有限公司	婴幼儿配方乳粉（湿法工艺）	齐齐哈尔市富裕县富裕牧场场直二区	齐齐哈尔市富裕县富裕牧场场直二区	自行检验	QS2300 0502 0128	2014/3/27	2011/3/28	黑龙江省质量技术监督局
黑龙江省	黑龙江省富裕明星食品有限公司	婴幼儿配方乳粉（湿法工艺）	齐齐哈尔市富裕县富裕镇通南路1号	齐齐哈尔市富裕县富裕镇通南路1号	自行检验	QS2300 0502 0025	2014/3/27	2011/3/28	黑龙江省质量技术监督局

（续）

地区	企业名称	产品名称	住　所	生产地点	检验方式	证书编号	有效期至	发证日期	发证单位
黑龙江省	黑龙江省完达山乳业股份有限公司八五一一分公司	婴幼儿配方乳粉（湿法工艺）	黑龙江省鸡西市密山市八五一一农场场部	黑龙江省密山市八五一一农场场部	自行检验	QS2300 0502 0077	2014/3/27	2011/3/28	黑龙江省质量技术监督局
黑龙江省	黑龙江省完达山乳业股份有限公司军川分公司	婴幼儿配方乳粉（湿法工艺）	鹤岗市宝泉岭垦区军川乳品厂三号楼	黑龙江省萝北县军川农场场部	自行检验	QS2300 0502 0067	2014/3/27	2011/3/28	黑龙江省质量技术监督局
黑龙江省	黑龙江澳乐滋乳业有限公司	婴幼儿配方乳粉（湿法工艺）	哈尔滨市南岗区红旗满族乡	哈尔滨市南岗区红旗满族乡	自行检验	QS2300 0502 0203	2014/3/28	2011/3/29	黑龙江省质量技术监督局
黑龙江省	杜尔伯特金山乳品有限责任公司	婴幼儿配方乳粉（湿法工艺）	大庆市杜尔伯特蒙古族自治县德力戈尔工业园区	大庆市杜尔伯特蒙古族自治县德力戈尔工业园区	自行检验	QS2300 0502 0213	2014/3/29	2011/3/30	黑龙江省质量技术监督局
黑龙江省	哈尔滨森永乳品有限公司	婴幼儿配方乳粉（湿法工艺）	哈尔滨市道里区机场路8号	哈尔滨市道里区机场路8号	自行检验	QS2300 0502 0071	2014/3/29	2011/3/30	黑龙江省质量技术监督局
黑龙江省	黑龙江红星集团股份有限公司	婴幼儿配方乳粉（湿法工艺）	黑龙江省安达市铁西区	黑龙江省安达市铁西区	自行检验	QS2300 0502 0084	2014/3/29	2011/3/30	黑龙江省质量技术监督局
黑龙江省	黑龙江美庐乳业有限公司	婴幼儿配方乳粉（湿法工艺）	讷河市通江路西段路南	讷河市通江路西段路南	自行检验	QS2300 0502 0205	2014/3/29	2011/3/30	黑龙江省质量技术监督局
黑龙江省	哈尔滨惠佳贝食品有限公司	婴幼儿配方乳粉（干法工艺）	黑龙江省尚志市一面坡镇民主街18号	黑龙江省尚志市一面坡镇民主街18号	自行检验	QS2300 0502 0119	2014/3/30	2011/3/31	黑龙江省质量技术监督局
黑龙江省	黑龙江龙丹乳业科技股份有限公司	婴幼儿配方乳粉（湿法工艺）	黑龙江省哈尔滨市南岗区红旗大街时代广场B幢	哈尔滨市南岗区学府路337号	自行检验	QS2300 0502 0010	2014/3/30	2011/3/31	黑龙江省质量技术监督局
黑龙江省	伊春惠佳贝乳业有限公司	婴幼儿配方乳粉（湿法工艺）	黑龙江省伊春市新青区永进委甲1号	黑龙江省伊春市新青区永进委甲1号	自行检验	QS2300 0502 0131	2014/3/30	2011/3/31	黑龙江省质量技术监督局
黑龙江省	齐齐哈尔英顿乳业有限公司	婴幼儿配方乳粉（湿法工艺）	齐齐哈尔市碾子山区工业园区	齐齐哈尔市碾子山区工业园区	自行检验	QS2300 0502 0070	2014/3/22	2011/8/10	黑龙江省质量技术监督局
黑龙江省	黑龙江农垦摇篮乳业有限责任公司	婴幼儿配方乳粉（湿法工艺）	黑龙江省鹤岗市绥滨县二九〇农场摇篮工业科技园区摇篮大道01号	黑龙江省鹤岗市绥滨县二九〇农场摇篮工业科技园区摇篮大道01号	自行检验	QS2300 0502 0202	2014/3/28	2011/9/5	黑龙江省质量技术监督局
黑龙江省	黑龙江农垦正元乳业有限责任公司	婴幼儿配方乳粉（湿法工艺）	黑龙江省鹤岗市萝北县共青农场摇篮工业科技园区摇篮大道01号	黑龙江省鹤岗市萝北县共青农场摇篮工业科技园区摇篮大道01号	自行检验	QS2300 0502 0201	2014/3/28	2011/9/5	黑龙江省质量技术监督局
黑龙江省	肇州县摇篮乳业有限责任公司	婴幼儿配方乳粉（湿法工艺）	大庆市肇州摇篮工业科技园区摇篮大道01号	大庆市肇州摇篮工业科技园区摇篮大道01号	自行检验	QS2300 0502 0080	2014/3/22	2011/10/10	黑龙江省质量技术监督局
黑龙江省	依安县摇篮乳业有限责任公司	婴幼儿配方乳粉（湿法工艺）	黑龙江省齐齐哈尔市依安县依安镇摇篮工业科技园区摇篮大道01号	黑龙江省齐齐哈尔市依安县依安镇摇篮工业科技园区摇篮大道01号	自行检验	QS2300 0502 0068	2014/3/25	2011/11/17	黑龙江省质量技术监督局

（续）

地区	企业名称	产品名称	住　所	生产地点	检验方式	证书编号	有效期至	发证日期	发证单位
黑龙江省	黑龙江摇篮乳业股份有限公司	婴幼儿配方乳粉（湿法工艺）	黑龙江省哈尔滨市香坊区衡山路18号远东大厦A区	大庆市肇州摇篮工业科技园区摇篮大道01号、黑龙江省鹤岗市萝北县共青农场摇篮工业科技园区摇篮大道01号、黑龙江省鹤岗市绥滨县二九〇农场摇篮工业科技园区摇篮大道01号、黑龙江省齐齐哈尔市依安县依安镇摇篮工业科技园区摇篮大道01号	自行检验	QS2300 0502 0204	2014/5/24	2011/12/21	黑龙江省质量技术监督局
黑龙江省	黑龙江农垦英博华威乳业有限公司	婴幼儿配方乳粉（湿法工艺）	黑龙江省伊春市铁力市铁力农场	黑龙江省铁力农场场直二八九大街9号	自行检验	QS2300 0502 0116	2014/3/30	2012/1/16	黑龙江省质量技术监督局
黑龙江省	飞鹤（甘南）乳品有限公司	婴幼儿配方乳粉（湿法工艺、干法工艺）	黑龙江省齐齐哈尔市甘南县生态工业新区	黑龙江省齐齐哈尔市甘南县生态工业新区	自行检验	QS2300 0502 0056	2014/3/1	2012/3/2	黑龙江省质量技术监督局
黑龙江省	黑龙江欧贝嘉营养食品有限公司	婴幼儿配方乳粉（湿法工艺）	铁力市西河生态工业园区	黑龙江省铁力市西河生态工业园区	自行检验	QS2300 0502 0206	2014/3/25	2012/6/29	黑龙江省质量技术监督局
黑龙江省	黑龙江贝因美乳业有限公司	婴幼儿配方乳粉（湿法工艺）	黑龙江省绥化市安达市大庆路6号	黑龙江省绥化市安达市大庆路6号、安达市开发区安发大道6号	自行检验	QS2300 0502 0117	2014/3/1	2012/8/15	黑龙江省质量技术监督局
上海市	上海晨冠乳业有限公司	婴幼儿配方乳粉（干法工艺）	上海市奉贤区现代农业园区望园路2166号	上海市奉贤区现代农业园区望园路2166号	自行检验	QS3100 0502 0037	2014/3/13	2011/3/14	上海市质量技术监督局
上海市	多美滋婴幼儿食品有限公司	乳制品［乳粉（调制乳粉）］；婴幼儿配方乳粉（湿法工艺、干法工艺）	上海市浦东新区金桥出口加工区宁桥路188号	上海市浦东新区金桥出口加工区宁桥路188号	自行检验	QS3115 0501 1608	2014/3/20	2011/3/21	上海市质量技术监督局
上海市	多美滋婴幼儿食品有限公司	乳制品［乳粉（调制乳粉）］；婴幼儿配方乳粉（湿法工艺、干法工艺）	上海市浦东新区金桥出口加工区宁桥路188号	上海市浦东新区金桥出口加工区宁桥路188号	自行检验	QS3100 0502 0003	2014/3/20	2011/3/21	上海市质量技术监督局
上海市	上海花冠营养乳品有限公司	婴幼儿配方乳粉（干法工艺）	上海市松江区民益路299号	上海市松江区民益路299号	自行检验	QS3100 0502 0041	2014/3/20	2011/3/21	上海市质量技术监督局
上海市	上海纽贝滋营养乳品有限公司	婴幼儿配方乳粉（干法工艺）	上海市松江区新浜工业园区环区北路502号	上海市松江区新浜工业园区环区北路502号	自行检验	QS3100 0502 0069	2014/3/20	2011/3/21	上海市质量技术监督局
江苏省	惠氏营养品（中国）有限公司	婴幼儿配方乳粉	苏州工业园方洲路199号	苏州工业园方洲路199号	自行检验	QS3200 0502 0002	2014/2/24	2011/3/1	江苏省质量技术监督局

（续）

地区	企业名称	产品名称	住　所	生产地点	检验方式	证书编号	有效期至	发证日期	发证单位
浙江省	杭州贝因美母婴营养品有限公司	婴幼儿配方乳粉（干法工艺）	杭州钱江经济开发区顺风路512号	杭州钱江经济开发区顺风路512号	自行检验	QS3301 0502 0001	2014/2/27	2011/2/28	浙江省质量技术监督局
浙江省	杭州味全生技食品有限公司	婴幼儿配方乳粉（干法工艺）	杭州经济技术开发区十号大街502号	杭州经济技术开发区十号大街502号	自行检验	QS3300 0502 0032	2014/2/27	2011/2/28	浙江省质量技术监督局
浙江省	浙江贝因美科工贸股份有限公司	婴幼儿配方乳粉（干法工艺）	杭州市天目山路160号国际花园B18层	杭州余杭区良渚镇安溪杜成村	自行检验	QS3300 0502 0007	2014/2/27	2011/2/28	浙江省质量技术监督局
安徽省	淮南益益营养食品科技有限公司	婴幼儿配方乳粉（湿法工艺）	淮南市经济技术开发区	安徽省淮南市淮南市经济技术开发区朝阳东路32号	自行检验	QS3404 0502 0052	2014/3/27	2011/3/28	安徽省质量技术监督局
福建省	福鼎市晨冠乳业有限公司	婴幼儿配方乳粉（湿法工艺）	福鼎市星火工业园区2-8号	福鼎市星火工业园区2-8号	自行检验	QS3500 0502 0074	2013/1/9	2009/10/26	福建省质量技术监督局
福建省	贝登（福建）婴幼儿营养品有限公司	婴幼儿配方乳粉（干法工艺）	莆田市涵江区江口镇华正路	莆田市涵江区江口镇华正路	自行检验	QS3500 0502 0096	2014/2/26	2011/4/26	福建省质量技术监督局
福建省	明一（福建）婴幼儿营养品有限公司	婴幼儿配方乳粉（干法工艺）	福州空港工业集中区大鹤段	福建福州空港工业集中区大鹤段、福州航空港工业集中区仙昙路3号	自行检验	QS3500 0502 1771	2014/2/23	2012/7/27	福建省质量技术监督局
江西省	江西金薄金生态科技有限公司	婴幼儿配方乳粉（干法工艺）	江西省宜春市高安市八景工业园	江西省宜春市高安市八景工业园	自行检验	QS3600 0502 0120	2014/3/29	2011/3/30	江西省质量技术监督局
江西省	江西美庐乳业集团有限公司	婴幼儿配方乳粉（干法工艺）	江西省九江市庐山区生态工业城	江西省九江市庐山区生态工业城	自行检验	QS3600 0502 0057	2014/3/29	2011/3/30	江西省质量技术监督局
江西省	江西雄鹰乳业有限公司	婴幼儿配方乳粉（干法工艺）	江西省南昌市小蓝经济开发区金沙三路富山二路969号	江西省南昌市小蓝经济开发区金沙三路富山二路969号	自行检验	QS3600 0502 0059	2014/3/29	2011/3/30	江西省质量技术监督局
江西省	江西英雄乳业股份有限公司	婴幼儿配方乳粉（湿法工艺）	江西省南昌市蛟桥镇	江西省南昌市蛟桥镇	自行检验	QS3600 0502 0099	2014/3/29	2011/3/30	江西省质量技术监督局
山东省	迈高乳业（青岛）有限公司	婴幼儿配方乳粉（干法工艺）	青岛市城阳区惜福镇街道后金社区	山东省青岛市城阳区惜福镇街道后金社区	自行检验	QS3700 0502 0029	2014/3/24	2011/3/25	山东省质量技术监督局
山东省	青岛索康食品有限公司	婴幼儿配方乳粉	青岛胶州市张应镇大朱戈工业园招商镇	青岛胶州市张应镇大朱戈工业园招商镇	自行检验	QS3700 0502 0026	2014/3/30	2011/3/31	山东省质量技术监督局
山东省	圣元营养食品有限公司	婴幼儿配方乳粉（干法工艺）	青岛胶南市圣元路777号	青岛胶南市圣元路777号	自行检验	QS3700 0502 0047	2014/1/25	2012/5/17	山东省质量技术监督局
河南省	河南花花牛乳业有限公司	婴幼儿配方乳粉（湿法工艺）	郑州市金水区畜牧路以南桑园路以东	郑州市晨旭路68号	自行检验	QS4100 0502 0001	2013/7/19	2010/7/20	河南省质量技术监督局
河南省	河南金元乳业有限公司	婴幼儿配方乳粉（湿法工艺）	驻马店市驿城区水屯工业园	驻马店市驿城区水屯工业园	自行检验	QS4100 0502 0075	2014/4/15	2011/4/16	河南省质量技术监督局
湖北省	宜昌贝因美食品科技有限公司	婴幼儿配方乳粉（干法工艺）	湖北省宜昌市东山开发区大连路28号	湖北省宜昌市东山开发区大连路28号	自行检验	QS4205 0502 0099	2014/2/27	2011/2/28	湖北省质量技术监督局
湖北省	杜尔伯特伊利乳业有限责任公司武汉分公司	婴幼儿配方乳粉（干法工艺）	武汉市经济技术开发区莲湖路35号	湖北省武汉市经济技术开发区莲湖路35号	自行检验	QS4200 0502 0097	2014/3/30	2012/5/2	湖北省质量技术监督局

（续）

地区	企业名称	产品名称	住　所	生产地点	检验方式	证书编号	有效期至	发证日期	发证单位
湖南省	澳优乳业（中国）有限公司	婴幼儿配方乳粉（干法工艺）	长沙市河西旺旺东路2号	长沙市河西旺旺东路2号	自行检验	QS4300 0502 0101	2014/3/14	2011/3/15	湖南省质量技术监督局
湖南省	湖南南山食品有限公司	婴幼儿配方乳粉（干法工艺）	长沙市开福区捞刀河镇	长沙市开福区捞刀河镇高源村	自行检验	QS4300 0502 0100	2014/3/14	2011/3/15	湖南省质量技术监督局
湖南省	湖南亚华乳业控股有限公司	婴幼儿配方乳粉（湿法工艺）	城步苗族自治县儒林镇城北开发区	湖南省邵阳市城步苗族自治县城北开发区	自行检验	QS4300 0502 0014	2014/3/30	2011/3/31	湖南省质量技术监督局
湖南省	湖南长沙亚华乳业有限公司	婴幼儿配方乳粉（干法工艺）	湖南长沙市望城区雷锋大道108号（湖南亚华乳品科技园）	湖南长沙市望城区雷锋大道108号（湖南亚华乳品科技园）	自行检验	QS4300 0502 0102	2014/3/14	2012/6/21	湖南省质量技术监督局
广东省	广东雅士利集团有限公司	婴幼儿配方乳粉（干法工艺）	广东潮州市潮安大道雅士利工业城	广东潮州市潮安大道雅士利工业城	自行检验	QS4400 0502 0004	2014/3/28	2011/3/29	广东省质量技术监督局
广东省	美赞臣营养品（中国）有限公司	婴幼儿配方乳粉（干法工艺）	广州经济技术开发区东基工业园夏园路2号	广州经济技术开发区东基工业园夏园路2号	自行检验	QS4400 0502 0012	2014/3/28	2011/3/29	广东省质量技术监督局
广东省	施恩（广州）婴幼儿营养品有限公司	婴幼儿配方乳粉（干法工艺）	广州经济技术开发区东区宏远路8号施恩工业园	广州经济技术开发区东区宏远路8号施恩工业园	自行检验	QS4400 0502 0034	2014/3/28	2011/3/29	广东省质量技术监督局
广东省	雅培（广州）营养品有限公司	婴幼儿配方乳粉（干法工艺）	广州经济技术开发区东区骏功路5号	广东省广州市经济技术开发区东区骏功路5号	自行检验	QS4400 0502 0054	2014/3/28	2011/3/29	广东省质量技术监督局
广东省	广东一家人食品有限公司	婴幼儿配方乳粉（干法工艺）	汕头市金平区荣升科技园内C2、G2之三号	汕头市金平区荣升科技园内C2、G2之三号	自行检验	QS4400 0502 0133	2014/3/29	2011/3/30	广东省质量技术监督局
广东省	广州柏赛罗药业有限公司	婴幼儿配方乳粉（干法工艺）	广州市花都区新华镇东秀一横路9号	广州市花都区新华镇东秀一横路9号	自行检验	QS4401 0502 0138	2014/3/29	2011/3/30	广东省质量技术监督局
广东省	雅贝氏（深圳）乳业有限公司	婴幼儿配方乳粉（干法工艺）	深圳市南山区留仙大道红花岭工业区第3栋7楼	深圳市南山区留仙大道红花岭工业区第3栋7楼	自行检验	QS4400 0502 0135	2014/3/29	2011/3/30	广东省质量技术监督局
广东省	广东东泰乳业有限公司	婴幼儿配方乳粉（干法工艺）	揭东试验区3号路南侧	揭东试验区3号路南侧	自行检验	QS4400 0502 0053	2014/3/30	2011/3/31	广东省质量技术监督局
广东省	广州市美素力营养品有限公司	婴幼儿配方乳粉（干法工艺）	广州市花都区新华工业区穗香路	广州市花都新华工业区穗香路	自行检验	QS4400 0502 0060	2014/3/30	2011/3/31	广东省质量技术监督局
广东省	高培（广州）乳业有限公司	婴幼儿配方乳粉（干法工艺）	广州市增城区增江街东区高科技工业基地	增城区增江街东区高科技工业基地	自行检验	QS4400 0502 0035	2014/3/30	2012/3/11	广东省质量技术监督局
广西壮族自治区	北海贝因美营养食品有限公司	婴幼儿配方乳粉（干法工艺）	北海市北海大道工业园区11号	北海市北海大道工业园区11号	自行检验	QS4500 0502 0001	2014/2/24	2011/2/25	广西壮族自治区质量技术监督局
云南省	云南新希望邓川蝶泉乳业有限公司	婴幼儿配方乳粉（湿法工艺）	大理洱源县邓川新州街88号	大理洱源县邓川新州街88号	自行检验	QS5300 0502 0082	2014/3/30	2011/3/31	云南省质量技术监督局
陕西省	宝鸡惠民乳品（集团）有限公司	婴幼儿配方乳粉（湿法工艺）	宝鸡市陈仓区惠民工业区	宝鸡市陈仓区惠民工业区	自行检验	QS6100 0502 0105	2013/1/9	2009/12/14	陕西省质量技术监督局

（续）

地区	企业名称	产品名称	住　所	生产地点	检验方式	证书编号	有效期至	发证日期	发证单位
陕西省	陕西美恩乳业股份有限公司	婴幼儿配方乳粉（干法工艺）	咸阳市秦都区宝泉路以北高新区创业园一号	咸阳市秦都区宝泉路以北高新区创业园一号	自行检验	QS6104 0502 0002	2014/3/21	2011/3/22	陕西省质量技术监督局
陕西省	陕西省定边县乳品实业有限公司	婴幼儿配方乳粉（湿法工艺）	定边县定边镇西环路（工业园区）	定边县定边镇西环路（工业园区）	自行检验	QS6108 0502 0001	2014/3/21	2011/3/22	陕西省质量技术监督局
陕西省	西安银桥生物科技有限责任公司	婴幼儿配方乳粉（湿法生产）	西安市高新区高科广场A幢9层01号	西安临潼经济开发区银桥大道99号	自行检验	QS6100 0502 0006	2014/3/21	2011/3/22	陕西省质量技术监督局
陕西省	陕西金牛乳业有限公司	婴幼儿配方乳粉（干湿法复合工艺）	富平县小惠乡仁合什字	富平县小惠乡仁合什字	自行检验	QS6105 0502 0003	2014/3/22	2011/3/23	陕西省质量技术监督局
陕西省	西安贝多营养食品有限公司	婴幼儿配方乳粉（干法工艺）	西安市高新区锦业二路61号	西安市高新区锦业二路61号	自行检验	QS6100 0502 0036	2014/3/22	2011/3/23	陕西省质量技术监督局
陕西省	陕西关山乳业有限责任公司	婴幼儿配方乳粉（干湿法复合工艺）	陕西陇县北关路6号	陕西陇县北关路6号	自行检验	QS6100 0502 0106	2014/3/24	2011/3/25	陕西省质量技术监督局
陕西省	陕西关山瑞美乳业有限公司	婴幼儿配方乳粉（干湿法复合工艺）	西安阎良区新兴街	西安阎良区新兴街	自行检验	QS6101 0502 0011	2014/3/24	2011/3/25	陕西省质量技术监督局
陕西省	陕西和氏乳品有限公司	婴幼儿配方乳粉（湿法工艺、干法工艺）	陕西陇县陇马路48号	陕西陇县陇马路48号	自行检验	QS6100 0502 0126	2014/3/24	2011/3/25	陕西省质量技术监督局
陕西省	陕西红旗乳业科技有限公司	婴幼儿配方乳粉（湿法工艺）	泾阳县永乐镇泾永路中段	泾阳县永乐镇泾永路中段	自行检验	QS6104 0502 0005	2014/3/27	2011/3/28	陕西省质量技术监督局
陕西省	陕西圣唐秦龙乳业有限公司	婴幼儿配方乳粉（干湿法复合工艺）	陕西省西安市阎良区关山镇	陕西省西安市阎良区关山镇	自行检验	QS6100 0502 0127	2014/3/27	2011/3/28	陕西省质量技术监督局
陕西省	陕西优利士乳业有限责任公司	婴幼儿配方乳粉（干湿法复合工艺）	陕西乾县大杨乡	陕西乾县大杨乡	自行检验	QS6104 0502 0004	2014/3/27	2011/3/28	陕西省质量技术监督局
陕西省	西安宏兴乳业有限公司	婴幼儿配方乳粉（干湿法复合工艺）	西安市临潼区栎阳街中段	西安市临潼区栎阳街中段	自行检验	QS6101 0502 0008	2014/3/22	2011/6/14	陕西省质量技术监督局
陕西省	西安喜洋洋生物科技有限公司	婴幼儿配方乳粉（干湿法复合工艺）	阎良区阎关路中段	阎良区阎关路中段	自行检验	QS6101 0502 0009	2014/3/24	2011/7/11	陕西省质量技术监督局
陕西省	陕西凯达乳业有限公司	婴幼儿配方乳粉（干湿法复合工艺）	兴平市店张镇	兴平市店张镇	自行检验	QS6100 0502 0113	2014/8/2	2011/8/3	陕西省质量技术监督局
陕西省	陕西雅泰乳业有限公司	婴幼儿配方乳粉（干湿法复合工艺）	泾阳县王桥镇	泾阳县王桥镇	自行检验	QS6104 0502 0012	2014/10/9	2011/10/10	陕西省质量技术监督局
陕西省	杨凌圣妃乳业有限公司	婴幼儿配方乳粉（干湿法复合工艺）	陕西省杨凌示范区火炬创业园C区	陕西省杨凌示范区火炬创业园C区	自行检验	QS6104 0502 0010	2014/10/9	2011/10/10	陕西省质量技术监督局
陕西省	陕西红星乳业有限公司	婴幼儿配方乳粉（干湿法复合工艺）	陕西省富平县城关镇望湖路52号	陕西省富平县城关镇望湖路52号	自行检验	QS6105 0502 0013	2014/11/13	2011/11/14	陕西省质量技术监督局
陕西省	陕西美力源乳业有限公司	婴幼儿配方乳粉（干湿法复合工艺）	武功县台资工业园	武功县台资工业园	自行检验	QS6104 0502 0015	2014/12/13	2011/12/14	陕西省质量技术监督局
陕西省	西安百跃乳业有限公司	婴幼儿配方乳粉（干湿法复合工艺）	阎良区武屯街西环路北段	阎良区武屯街西环路北段	自行检验	QS6100 0502 0031	2014/3/22	2012/5/7	陕西省质量技术监督局
甘肃省	甘南州燎原乳业有限责任公司	婴幼儿配方乳粉（湿法工艺）	合作市人民街47号	甘肃省合作市人民街47号	自行检验	QS6200 0502 0050	2014/3/30	2011/3/31	甘肃省质量技术监督局
甘肃省	合水县古象奶业有限责任公司	婴幼儿配方乳粉（干法工艺）	甘肃省庆阳市合水县解放东路137号	甘肃省庆阳市合水县解放东路137号	自行检验	QS6200 0502 0052	2014/3/30	2011/3/31	甘肃省质量技术监督局
甘肃省	酒泉市好牛乳业食品有限公司	婴幼儿配方乳粉（湿法工艺）	酒泉市酒火公路6KM处（高新技术开发区）	酒泉市酒火公路6公里处	自行检验	QS6200 0502 0051	2014/3/30	2011/3/31	甘肃省质量技术监督局

（续）

地区	企业名称	产品名称	住　所	生产地点	检验方式	证书编号	有效期至	发证日期	发证单位
宁夏回族自治区	宁夏红果乳业有限公司	婴幼儿配方乳粉（湿法工艺）	宁夏吴忠市利通区金银滩镇	宁夏吴忠市利通区金银滩镇	自行检验	QS6400 0502 0123	2013/9/4	2011/3/31	宁夏自治区质量技术监督局
宁夏回族自治区	宁夏雪泉乳业有限公司	婴幼儿配方乳粉（湿法工艺）	宁夏吴忠市利通区马莲渠	宁夏吴忠市利通区马莲渠	自行检验	QS6400 0502 0001	2014/3/30	2011/3/31	宁夏自治区质量技术监督局
宁夏回族自治区	中宁县黄河乳制品有限公司	婴幼儿配方乳粉（湿法工艺）	宁夏中卫市中宁县新堡镇	宁夏中卫市中宁县新堡镇	自行检验	QS6400 0502 0002	2014/3/30	2011/3/31	宁夏自治区质量技术监督局
宁夏回族自治区	银川维维北塔乳业股份有限公司	婴幼儿配方乳粉（湿法工艺）	宁夏银川市解放东街518号	宁夏银川市解放东街518号	自行检验	QS6401 0502 0003	2015/4/27	2012/4/28	宁夏自治区质量技术监督局
新疆维吾尔自治区	石河子伊利乳业有限责任公司	婴幼儿配方乳粉（湿法工艺）	石河子市经济技术开发区北三路64小区	石河子市经济技术开发区北三路64小区	自行检验	QS6590 0502 0001	2014/3/23	2011/3/24	新疆自治区质量技术监督局
新疆维吾尔自治区	银桥国际控股（新疆奎屯市）乳业有限公司	婴幼儿配方乳粉（湿法工艺）	新疆奎屯市天西路72号	新疆奎屯市天西路72号	自行检验	QS6540 0502 0002	2014/3/23	2011/3/24	新疆自治区质量技术监督局

2011年学生饮用奶计划综述

实施国家“学生饮用奶计划”是一项关系国家、民族根本利益的长远大计，有效改善和提高了中小学生营养健康水平，促进了畜牧业产业结构的调整，对民族兴旺、国家富强具有深远的影响，是一项必须长期坚持的重要战略任务。2011年国家“学生饮用奶计划”工作在部际协调小组成员单位的共同努力下，在地方各级政府、有关部门、学校和定点生产企业以及社会各界的积极参与下，认真贯彻落实国家有关促进奶业健康发展的文件精神，扎实推进学生饮用奶计划推广工作，推广工作取得较大发展。

一、抓住机遇，稳步推进学生饮用奶计划工作

2011年10月，国务院决定启动农村义务教育学生营养改善计划，明确要求把牛奶纳入其中。学生饮用奶做为营养、安全的食品取得了较好口碑，各地营养改善计划机构纷纷将学生饮用奶纳入营养改善计划食品中，学生饮用奶的入校数量稳中有升，推广范围和数量比去年有所提高。截至2011年年底，已经在全国29个省区市、283个城市和县镇共15 000多所中小学推广实施了“学生饮用奶计划”。全国日平均供奶量达到840万份，比2010年增加51.08%，其中内蒙古日供奶量突破了五百万大关，达到了533万份，江苏81万份，新疆79万份，广东67万份，湖北45万份，辽宁24万份，河南22万份，云南12.97万份。

为推进学生饮用奶计划，2012年新疆维吾尔自治区财政补贴学生饮用奶资金6 399万元，各地州县市补贴学生饮用奶资金9 130万元。黑龙江省完达山乳业有限公司发挥自身优势，在黑龙江垦区推广“学生饮用奶计划”，有5.1万名学生坚持每天课间饮用完达山学生奶，在宝泉岭农垦管理局树立完达山学生推广学生奶样板区域，实行学生全部免费饮用学生奶政策，学生饮奶率100%。

二、加强监管，确保学生饮用奶质量安全

“安全、营养、方便、价廉”是推广工作的基本方针，质量安全贯穿学生饮用奶计划推广全过程。国家学生饮用奶计划办公室通过文件要求、会议部署、技术培训、专家指导、专题调研等活动，督促、指导各地制定严格的卫生和质量标准，加大对学生奶生产、加工、配送各环节的监管力度；继续实行学生奶定点生产、企业认定制度和招投标制度，坚决实行“谁审批，谁负责，谁监管”的原则。

为了进一步加强监管工作，国家学生饮用奶计划办公室印发了《关于做好学生饮用奶计划监管工作的紧急通知》，一是要求各省、自治区、直辖市学生饮用奶计划工作机构进一步完善相关规章制度，对辖区内学生饮用奶定点生产企业、推广学校加强协调和管理，确保学生饮用奶计划有序健康实施。二是要按照学生饮用奶计划工作有关管理规章和相关文件要求，结合本省实际情况，进一步完善本省的学生饮用奶定点生产企业审核认定办法，开展辖区内学生饮用奶定点生产企业的受理和认定工作。拥有多个加工厂和分公司的大型奶业集团（公司），在生产推广学生饮用奶时，应当将各生产点或加工厂的材料分别向所在地的学生饮用奶工作机构申报，获得当地省级学生饮用奶管理部门的审核认定后，方可生产推广学生饮用奶。三是进一步做好“中国学生饮用奶”标志标识的管理工作。经省级学生饮用奶管理部门认定和“学生饮用奶计划部际协调小组办公室”备案的学生饮用奶定点生产企业，可以使用“中国学生饮用奶”标志和进行跨省区供奶，但必须到当地省级学生饮用奶工作机构申请备案并获得批准，所供产品必须是该企业通过审核认定的加工厂生产的学生饮用奶。没有获得学生饮用奶定点企业生产资格和未到国家学生奶办公室备案的乳品生产企业，其产品不得使用“中国学生饮用奶”标志和标识，不得冒充学生饮用奶进行生产和到学校推广。四是进一步做好突发事件的应急处理和报告工作。各级学生饮奶工作机构、定点生产企业和学生饮用奶推广学校要建立健全安全预警和应急机制，从奶源、加工、储存、运输、配送和饮用等各个环节制定应急预案，加强快速反应能力，提高有效应对和妥善处理突发事件能力，进一步提高监管水平，确保国家学生饮用奶计划稳步顺利实施。

2011 年开展了学生饮用奶质量安全检查工作，抽取了上海、天津、重庆、黑龙江、内蒙古、山西、河南、浙江、江苏、广东、广西、云南、四川等地区的 24 个定点企业抽取了 24 个学生饮用奶产品，经检测的学生饮用奶产品全部达标。在学生饮用奶推广过程中，没有出现因学生饮用奶质量问题引起的食品安全事件。

三、广泛宣传，加快学生饮用奶计划工作

积极开展学生饮用奶计划的宣传教育活动，加快实施“学生饮用奶计划”，通过杂志、报刊、电视等媒体，组织世界牛奶日等各项活动进行广泛宣传。2011 年举办了中国奶业发展高峰论坛，重点研讨学生饮用奶质量安全问题；与教育部体卫艺司继续共同在《中国教育报》上开辟了“学生营养与健康”专栏；与教育部体育与卫生分会合作组织开展学生体质升级计划；进一步提高采编质量，出版了 4 期《学生饮奶与健康》专刊，全国免费发放；继续办好《中国学生饮用奶网站》，改善栏目设置，加快信息更新频度。

国家学生饮用奶计划办公室印发了《学生饮用奶计划宣传信息员工作方案》，组建了学生饮用奶宣传信息员队伍，制定了工作方案，组织开展了培训，建立了方便联系的 QQ 群，大力推进了学生饮用奶宣传信息工作。省级学生饮用奶工作机构和学生饮用奶定点生产企业人员组成的宣传信息员共计有 50 多名，报送内容涉及各级政府对学生饮用奶计划的支持政策、国内外学生饮用奶开展情况、学生奶奶源基地创建情况、产品加工、质量安全、运输配送、在校饮用情况、宣传推广活动，包括推广经验、体会心得、学术研究等，丰富了“中国学生饮用奶计划”网站、《学生饮奶与健康》专刊以及社会媒体的宣传内容。

广东省组织了以“饮放心奶，迎大运会”主题活动，举行了放心奶试饮活动，当日有超过数万人次参加了试饮和互动活动，组织者向前来参加活动的市民免费发放了“牛奶与健康”科学饮奶知识宣传手册，让更多的学生家长参与到学生饮用奶的推广工作中来。定点企业印制了大量有关学生奶的宣传单张、海报及推广手册等发放给老师、学生和家长。晨光、风行公司组织学生参观奶牛场、生产车间，让学校和学生更直观地了解学生奶的生产流程。湖北省大力为国家学生饮用奶计划的推广而宣传造势，营造氛围，累计在湖北省内主流媒体组织刊发新闻报道稿 11 篇，在地市级报刊发表通讯稿 12 篇，宣传国家学生奶计划，发布实施动向，普及学生奶知识；积极与教育部门协作，努力争取将国家学生饮用奶计划纳入营养餐计划，给予补贴；引导学生奶生产企业结合自身实际，组织开展生动活泼、学生喜闻乐见的具有趣味性、公益性、参与性的活动，帮助他们认知、了解学生奶。

四、示范创建，推进学生饮用奶奶源基地建设

学生奶奶源示范基地建设工作，从源头上保证质量安全。通过创建示范基地，树立典型，标榜规范，以点带面，积极推动了定点企业奶源基地建设，基本实现了“培育一批样板牧场，培养一批技术骨干，建立一套技术规范”的目标。通过完善奶源基地基础设施、建立奶牛饲养标准化体系，推广先进的生产管理技术、培训生产管理人员，使原料奶质量安全水平有了明显提高。同时，对《中国学生饮用奶奶源管理技术手册》进行了修订再版工作。出版了《奶源示范基地建设探索与实践》及《学生奶奶源升级计划奶源示范基地巡礼》。

为保障学生饮用奶奶源质量安全而开展的“学生奶奶源升级计划奶源示范基地”创建工作进展顺利。在已开展了四批学生奶奶源示范基地创建工作的基础上，2011 年又开展了第五批学生饮用奶示范基地创建活动，学生奶奶源示范基地已达到 141 家，还有 40 家正在创建中。从而，进一步提高了学生奶奶源基地建设水平，形成了适合我国奶业发展和生产学生奶要求的管理模式和操作规范，提高了原料奶质量，增加了经济效益，为学生饮用奶生产提供安全、优质原料。示范基地设施设备优良、管理规范、饲喂科学、牛群良种化程度高，部分牛场原料奶的各项营养指标、卫生指标达到甚至超过了欧盟标准，切实从源头上保障了学生饮用奶产品的质量安全，对推进我国规模化标准化奶牛养殖发挥了重要的示范带动作用。

国家学生饮用奶计划办公室　李玲

2011 年内蒙古自治区学生饮用奶计划

按照国务院 31 号文件精神，在国家“学生饮用奶计划”部际协调小组办公室和自治区“学生饮用奶计划”领导小组的领导下，在各有关部门的大力支持下，自治区学生奶办公室努力工作，克服困难，圆满完成了各项任务。

一、学生饮用奶定点企业的产生

2002年3月开始自治区学生奶办克服种种困难和压力，协调和沟通自治区相关部门，按照国家学生奶办的统一部署，按时向国家申报了我区伊利集团、蒙牛集团和奈伦乳业公司为定点生产企业。经国家学生奶办组织的审核、验收，伊利集团、蒙牛集团和奈伦乳业公司被认定为全国第一批24家学生饮用奶定点生产企业之列。2005年，根据国家学生办的授权，自治区学生办对我区通辽市科尔沁乳业公司审核验收，认定为自治区级学生饮用奶定点生产企业。但是，由于各种原因只有伊利集团、蒙牛集团正式生产学生饮用奶。2009年内蒙古自治区学生饮用奶计划领导小组办公室，于2009年6，根据国家学生饮用奶计划部际协调小组办公室《关于切实做好学生饮用奶定点生产企业审核认定工作的通知》(学奶（办）[2009] 2号）要求，遵照"国家学生饮用奶计划暂行管理办法"的相关规定，制定审定验收方案，组成有领导小组成员单位代表、行业专家、学者的"内蒙古自治区学生饮用奶生产企业资格审核认定专家组"，对伊利、蒙牛集团进行了现场复审验收。经国家学生奶办审核可继续生产学生奶。2011年8月和9月根据蒙牛集团申请，遵照"国家学生饮用奶计划暂行管理办法"的相关规定，制定审定验收方案，有领导小组成员单位领导、行业专家、学者组成的"内蒙古自治区学生饮用奶生产企业资格审核认定专家组"，对蒙牛集团的高科乳业公司、磴口（巴彦高勒）分公司和科尔沁公司进行了现场验收。以上三个公司已通过国家学生奶办审核批复。

二、学生饮用奶供应情况

我区两大学生奶定点生产企业，严格按照国家相关学生奶管理要求，利用先进生产设备，规范的质量管理，完善的配送体系，做到了学生奶安全、营养、方便、廉价。今年在全国推广的同时继续在我区呼和浩特市、包头市、鄂尔多斯、呼伦贝尔市、乌兰察布市、阿拉善盟和巴彦淖尔市等7个盟市积极推广。

产品品种：纯牛奶、巧克力、草莓、桃桃、麦香、乳酸、茹茹、美美、核桃、圆圆、哆啦A梦、哈密瓜奶、乳酸奶和甜橙奶等各种味道的学生奶。2011年，蒙牛新增加甜橙口味上市与小朋友见面，新装促销活动的加入使我区生产的学生奶增加到14种口味的学生奶。

伊利、蒙牛两大集团今年日供饮量突破了500万大关，达到了533.5万份，其中，伊利285.1万份，蒙牛248.4万份。

配送情况：内蒙古、广东、广西、山东、河南、福建、海南、天津、新疆、江苏、江西、吉林、重庆、湖南、湖北、河南、海南、云南、四川、甘肃、安徽、辽宁、浙江等25个省市区，具体推广情况见表1。其中内蒙古自治区呼和浩特市、包头市、巴彦淖尔市、鄂尔多斯市、呼伦贝尔市、阿拉善盟和乌兰察布市等7个盟市的23个旗县区已经有195所学校的学生每天定点饮用17.9万份各种花色和口味的学生奶。

三、学生饮用奶计划的宣传情况

（一）伊利推广普及健康知识，不断完善丰富学生奶产品 伊利集团为中小学生提供优质学生饮用奶的同时，还印发了学生奶营养健康课本，通过老师讲解、学生思考、手工、游戏等多种形式将营养健康理念传递给小学生。并通过与呼市教育科学研究所的合作，在校园里开展了学生奶营养健康专题课。与此同时"伊利杯"营养健康知识系列竞赛也伴随营养健康课一同来到孩子身边。共有23 000名小学生和160名教师参加了本次活动，本次系列活动共六项，其中涉及学生作品的五项，师生作品的一项，分别是学生征文、征图、摄影、DV、学生奶知识问答等活动以及优质课评比活动，共收集到征文：7 100多篇，征图：650多幅次，摄影作品：80件，DV作品：30件，各实验校推出"学生营养与健康综合实践活动"优质课36节次，参与评委涉及27人次。活动达到了预期效果，使参加活动的学校教师、学生、家长更加关注学生营养健康；让家长和学生更了解学生奶的生产加工、包装、运输、供应、配送、学校获取牛奶的方法、营养成分、学生奶种类、饮用方法、饮用时间等常识；收集了大量富有童趣、儿童想象力的作品。其他未开展学生饮奶的学校也开始关注学生奶计划和学生营养健康问题，改变了家长、学校的一些对学生奶的错误认识。

与此同时，借助伊利与奥运会、世界博览会携手的契机，组织了万余名学生、家长和教师参观伊利工业园，不仅让他们看到了伊利牛奶生产的全过程，而且还创造了与奥运、世博两大盛事面对面的机会，让奥运精神在孩子们的心中发芽、生长，让世博理念深入到每一个孩子心中。

（二）伊利用爱心来推动学生饮用奶计划 在学生饮用奶计划的推广中，有许多因家庭经济条件原因无法喝到学生奶的学生，伊利以各种形式的资助让他们感受到"学生饮用奶计划"带来的温暖。呼和浩特市土左旗只几梁乡是一个人均年收入不足1 000元的贫困乡，周围的孩子每天上学都必须步行5里左右的路程才能到乡中心小学。冬天天冷，孩子们就中午从家里带饭，晚上挤在24人一间宿舍里。校舍的玻璃残缺不全、班级里都是80年代的长条桌凳，整个学校（加上校长）总共只有12名教师，他们要负责给200名孩子带1～6年级的全部课程，生活和学习环境都异常艰苦。在呼和浩特市教育局的号召下，伊利集团连续两年为呼和浩特市只几梁小学送去了200套崭新的课桌椅，同时也将营养健康的学生奶带到了他们身边；为了帮助社会的弱势群体，自2005年以来每年六一儿童节，伊利集团都会向呼和浩特、惠州、黄冈、随州等地区的春蕾女童和福利院儿童以及残疾儿童所在的特教学校赠送价值十余万元的学生奶产品，温暖他们幼小的心灵；同时还通过与各地区教育部门合作，奖励为学生饮用奶工作做出积极贡献的学校、教师等。通过这些工作的开展，不仅向需要帮助的孩子们送去了温暖，更重要的是，它让整个社会更加了解和支持学生饮用奶计划。

（三）蒙牛学生奶 2011 年度宣传活动及大型活动 2011年蒙牛学生奶全年共计在近 50 多家媒体上发布 100 多篇报道，其中 68 篇刊登在当地主流报纸版面，平面媒体的报道字数近 100 000 字，共覆盖全国近 40 个城市。同时开展丰富的主题活动，有效地宣传了国家学生饮用奶计划，并为“开学订奶”打下了良好的基础。

1.“安全护成长，健康齐分享”体质升级计划活动 2010年举办的体制升级计划在全国 10 个城市取得了良好的效果，此活动也荣获了国际大奖，为了延续“小贝壳”安全主题，再次将学生奶健康的形象进行宣传，2011 年再次以学生体质升级计划为主题，配合中国教育协会体育卫生分会、中小学营养与健康促进会在全国 5 个城市近 10 万学生及家庭中开展“安全护成长，健康齐分享”体质升级计划主题活动，通过亲子学习互动，了解课间饮奶及适量体育运动对健康的重要性，在家长辅助下，了解甲流防护知识，了解国家学生饮用奶计划及阳光体育计划，培养孩子终生饮奶及运动习惯。让“阳光体育计划”与“学生饮用奶计划”有机地结合在一起，强调“牛奶加运动，身体更健康”的观念。活动反响热烈，受到学校老师、学生及家长的一致好评。

2.“安全护成长，健康齐分享”小贝壳校园安全主题活动 2011 年 12 月期间，蒙牛学生奶校园“安全侦探”大行动是通过在各活动城市下发近 30 万份互动学习资料—校园“安全侦探”侦查令，让学生学会主动学习校园安全知识，引导学生去发现与寻找校园内存在的“危险先生”，并且能与家长一起互动，寻找解决安全隐患的小妙招。这种寓教于乐的学习方式，受到广大学生、老师及家长的高度支持及评价，“小贝壳”校园安全大行动的系列活动、“小贝壳”校园安全行主题班会也将在 15 个活动城市陆续开展。主题班会课内容形式多样，有校园安全知识大比拼，有看图智寻“危险先生”，分享安全妙招等内容。到时，这样的趣味课堂一定会受到更多老师及同学们的欢迎。

3. 中学学生奶需求调研活动 为了更好服务学生奶市场，选取了孝感、延安、沈阳、临沂 4 个市场的 376 位学生和 250 位老师，进行了需求调研，结果表明有超过 75%的中学生比较关注自身健康及营养，62%的中学生认为牛奶是一种必须的营养品，对喝牛奶的好处已经达成了共识；63%的中学生经常喝牛奶，甚至其中有 40%的学生可以做到每天喝奶。中学生对饮奶已经养成了良好的习惯，有超过半数的中学生表示喜欢在学校喝牛奶，有 27%的学生选择了在课间补充牛奶，并且 77%的学生愿意接受学校为他们在课间补充的一包牛奶。

内蒙古自治区学生饮用奶计划办公室

2011 年江苏省学生饮用奶计划

2011 年，在省学生饮用奶计划实施协调小组成员单位的正确引导和协同监管下，我省“学生饮用奶计划”工作稳步推进，各项工作进展顺利。全省学生饮用奶日均供应量 80.6 万份，推广学校 2 504 所（剔除重叠，约 2 000 所），覆盖 56 个大小城市和 258 个县镇，学生饮用奶质量安全保障措施得力，没有发生安全事故。

一、开展形式多样的推广活动，推进学生饮用奶计划

全省学生饮用奶定点生产企业总数达 29 家，其中维维食品饮料股份有限公司、江苏梁丰食品集团有限公司和南京卫岗乳业有限公司是报经国家学生饮用奶计划部际协调小组办公室备案的学生饮用奶定点生产企业。29 家学生饮用奶定点生产企业自有规模奶牛场存栏奶牛 3.6 万多头，产奶牛 2.0 多万头，日产生鲜奶 400 多吨。

江苏省学生饮用奶定点生产企业的学生饮用奶品种为灭菌乳、调味乳和全脂巴氏杀菌乳及风味酸乳，其中调味乳占据半壁江山。定点生产企业主要在省内各大中小城市推广学生饮用奶，南京卫岗乳业有限公司向省外供应，主要有安徽等地。

（一）开展学生饮用奶定点生产企业质量评比活动 为稳步推进“国家学生饮用奶计划”的实施，提高我省学生饮用奶定点生产企业生产经营管理水平，确保学生饮用奶质量安全，扩大学生饮用奶的社会影响，1 月 6～8 日，省学生饮用奶计划实施协调小组办公室在宁组织开展了 2010 年度学生饮用奶定点生产企业质量评比活动。全省的 27 家定点生产企业踊跃报名，精心准备，通过互相评比，27 家定点生产企业在原料奶收集储备、饮用奶生产加工以及成品奶配送等过程中质量安全控制各方面综合得分均在 80 分以上，其中有 18 家企业达 90 分以上。评比结果充分说明各定点企业在学生饮用奶推广工作中，十分注重质量安全管理，在原料奶、加工过程、配送饮用过程中的质量安全控制等方面抓出了实效。会议期间，学生饮用奶定点生产企业进行了相互交流。这次的学习交流活动，使企业之间取长补短，可以说进一步推进了我省学生饮用奶计划的科学、规范发展。

4 月 6 日，省学生饮用奶计划实施协调小组办公室发文公布了 2010 年度学生饮用奶定点生产企业质量评比结果与获奖情况。其中南京卫岗乳业有限公司、维维食品饮料股份有限公司、扬大康源乳业有限公司

（扬州大学实验农牧场）、无锡市天资乳品饲料厂、扬州市华兴乳业有限公司、江苏太子乳业有限公司、东台宇航奶业有限公司、盐城市健桥乳业有限公司、泰州卫岗乳品有限公司、苏州市云兰奶业有限公司等10家企业荣获2010年度学生饮用奶定点生产企业质量评比一等奖，双喜乳业（苏州）有限公司、常州红梅乳业有限公司、江苏三元双宝乳业有限公司、江阴市美天奶业有限公司、无锡市马山牛奶有限公司、南通红梅乳业有限公司、江苏春晖乳业有限公司、泰州市金力乳品有限公司、江苏翔宇乳业有限公司等9家企业荣获2010年度学生饮用奶定点生产企业质量评比二等奖。

（二）召开学生饮用奶计划推进工作座谈会 为加强全省学生饮用奶工作的管理，切实加强学生饮用奶质量安全监管，省学生饮用奶计划实施协调小组办公室于3月11日在南京召开学生饮用奶计划推进工作座谈会。省农业委员会、省教育厅、省质监局、省经信委、省发改委等学生饮用奶计划实施协调小组成员单位参加会议。

会议重点讨论了学生饮用奶跨省、市推广备案与监管的问题，研讨了《学生饮用奶定点生产企业备案实施办法（讨论稿）》，一致认为应着力完善跨省、市推广学生饮用奶备案与监管，确保学生饮用奶质量安全。会议对《江苏省“学生饮用奶计划”暂行管理办法》的重新修订进行了研讨，对2010年全省学生饮用奶计划推广工作情况进行了通报，讨论通过了2011年工作计划以及学生饮用奶品种备案与强化报表报送工作方案。

（三）组织评选学生饮用奶计划十周年推广先进单位和个人 为调动各级学生饮用奶计划推广单位和个人的积极性，进一步推动学生饮用奶计划健康发展，省学生饮用奶计划实施协调小组办公室决定对在学生饮用奶计划实施工作中做出突出贡献、取得显著成绩的单位和个人进行表彰。在对各地推荐的先进单位和个人进行审核后，组织综合评比遴选，于12月底前对符合表彰条件的先进单位和个人名单予以公布，并在适当时间颁发证书和奖牌。

（四）加强学生饮用奶计划舆论正面宣传 省学生饮用奶计划实施协调小组办公室在加强正面宣传、报道方面也做了很多尝试，每次活动都尽可能在网络上和《学生饮奶与健康》杂志上进行报道宣传，形成正确的舆论导向，创造良好的舆论氛围。宣传重点包括：一是宣传党中央、国务院对青少年学生营养与健康的重视和关心。实施国家“学生饮用奶计划”是政府引导的行为，体现了党和国家对青少年学生的关怀和爱护，是一项利国利民，造福后代的大事、好事，是一项要长期坚持的计划。二是宣传实施国家“学生饮用奶计划”《管理办法》等政策文件，使中小学生家长和社会各界了解实施国家“学生饮用奶计划”的目的意义、方针政策和步骤要求，推动“学生饮用奶计划”健康发展。三是以宣传落实《教育部、农业部关于加强“学生饮用奶计划”管理的意见》为重点，针对青少年学生特点，大力宣传素质教育的重要性，普及营养知识，优化营养结构。宣传学生饮用奶是优质放心奶，在校饮用学生奶对改善学生的营养状况，提高学生身体素质和健康水平的重要作用。

二、加强学生饮用奶产品质量监督管理工作

（一）加强对学生饮用奶定点生产企业的监督检查 重点检查了部分学生饮用奶定点生产企业是否持续保持《江苏省学生饮用奶定点生产企业资格认定暂行办法》中规定的申报必备条件，学生饮用奶定点生产企业原料奶的质量和学生饮用奶的品种、质量、标识是否符合要求，有无以其他品种、质量、包装的乳品代替学生饮用奶向学校配送行为；有无建立严密的学生饮用奶质量安全责任制，形成覆盖学生饮用奶生产、配送、组织饮用和监督管理全过程、全方位、可追溯的责任体系等，着重检查了乳品供给链与学生饮奶安全控制情况。

（二）开展定点生产资格认定工作，强化学生饮用奶监督管理

1. 开展学生饮用奶定点生产资格认定工作。根据国务院办公厅《关于保留部分非行政许可审批项目的通知》（国发办［2004］62号）精神，5月16日，省学奶办下发《关于组织开展2011年度学生饮用奶定点生产企业申报认定工作的通知》，要求各地组织相关企业按照有关要求进行申报。

按照《江苏省“学生饮用奶计划”暂行管理办法》（苏农牧〔2006〕53号）、《江苏省学生饮用奶定点生产企业资格认定暂行办法》（苏农牧〔2006〕54号）的要求，省学生饮用奶计划实施协调小组办公室组织专家组对各市审核上报的企业分两期进行了现场考核，经省学生饮用奶计划实施协调小组成员单位审议并公告，南京光明乳品有限公司等7家企业通过江苏省学生饮用奶定点生产企业资格认定（苏学奶〔2011〕1号、2号）。

2. 加强对学生饮用奶定点生产企业的监督管理。结合定点生产企业资格认定工作，签订学生饮用奶质量安全承诺书，要求各企业对照定点生产企业资格认定专家现场考核中提出的意见加以整改完善，同时要求各有关企业在今后长期的生产（加工）、检测、配送等工作中予以高度重视，常抓不懈，并对存在于其他企业的不足之处加以重视和防范，使专家提出的好建议真正落到实处，强化学生饮用奶各环节安全保障。

3. 强化学生饮用奶计划监管工作。为进一步提升我省应对和妥善处理学生饮用奶突发事件的能力，根据《江苏省“学生饮用奶计划”暂行管理办法》（苏农牧〔2006〕53号）和国家学生饮用奶计划部际协调小组办公室“关于做好学生饮用奶计划监管工作的紧急通知”（学奶办〔2011〕4号）的有关规定和要求。5月25日，省学奶办发出了“关于报送学生饮用奶突发事件应急预案的通知”（苏学奶办〔2011〕9号），要求各市学生饮用奶计划工作机构、各学生饮用奶定点生产企业及时完善学生群体饮奶不适等突发事件应急预案，建立健全安全预警和应急机制。各学生饮用奶定点生产企业已将应急预案报送至省学生饮用奶计划实施协调小组办公室备案。

（三）修订完善我省学生饮用奶计划相关管理办法

随着奶业的发展和学生饮用奶计划的深入推进，学生饮用奶品种调整、跨省市推广备案等问题亟待规范，结合近几年新出台的奶业相关政策、乳品国家标准和江苏奶业发展实际，适应学生饮用奶计划健康发展需要，根据《江苏省农业委员会规范性文件制定和备案》（苏农办法〔2009〕16号）精神，10月19日，我办组织专家会同法规处对《江苏省学生“饮用奶计划”暂行管理办法》（苏农牧〔2006〕53号）与《江苏省学生饮用奶定点生产企业资格认定暂行办法》（苏农牧〔2006〕54号）进行修改完善，并将起草的初稿向学生饮用奶定点生产企业、省学生饮用奶计划实施协调小组各成员单位和省农委各相关处室征求修改意见。目前，《江苏省学生饮用奶计划管理办法》与《江苏省学生饮用奶定点生产企业资格认定办法》已于12月5日经省农委党组会议初审通过，在进一步修改后将会同省协调小组各成员单位联合行文发布。

（四）完成我省学生饮用奶品种备案 为规范学生饮用奶定点生产企业的学生饮用奶品种，根据省学生饮用奶计划实施协调小组“关于调整学生饮用奶品种的通知”（苏学奶〔2010〕4号）精神，我办完成了学生饮用奶品种备案工作，并对各学生饮用奶定点生产企业符合备案要求的学生饮用奶品种予以公示（苏学奶〔2011〕11号）。

三、加强学生饮用奶奶源基地建设情况

（一）组织参加奶源示范基地创建 学生饮用奶奶源示范基地创建是进一步提高学生饮用奶奶源基地建设水平，提升奶源质量，保障学生饮用奶质量安全的重要举措。我办组织江苏梁丰食品集团有限公司参加学生饮用奶计划部际协调小组办公室开展的学生奶奶源示范基地创建活动，该公司高度重视奶源示范基地创建工作，集团公司苏云龙和季万兰两位副总经理亲自督导，机械化奶牛场根据学生饮用奶奶源示范基地升级指南和测评表等各项指标的要求有计划地逐条落实，确保示范创建进程。

依据第五批学生奶奶源示范基地创建工作总体部署和验收工作分配计划，由国家学生奶奶源示范基地创建指导组专家内蒙古蒙牛乳业（集团）股份有限公司周鑫宇总监、扬州大学博士生导师赵国琦教授，于2011年11月26日至27日，对江苏梁丰食品集团有限公司机械化奶牛场进行了全面的实地考察。验收小组通过听取了牧场的创建工作汇报，查看了牛场管理、挤奶设施、饲料仓库、粪尿处理场以及生奶检验、检疫记录等有关资料。专家组认为创建工作成效显著，一致同意通过奶源基地升级验收。

（二）开展奶牛生态健康养殖示范创建和标准化养殖示范创建活动 目前，已有江苏春晖乳业有限公司、南京卫岗乳业有限公司等20多家企业的奶牛场通过生态健康养殖示范创建，且有多家企业的奶牛场通过了农业部开展的畜禽标准化养殖示范创建。

江苏省学生饮用奶计划实施协调小组办公室

2011年广东省学生饮用奶计划

2011年广东省在国家学生饮用奶计划部际协调小组办公室的指导下，我省继续强化学生饮用奶质量监管，认真组织实施各项工作，确保了学生饮用奶计划的顺利实施。

广东省学生饮用奶定点企业主要是广东燕塘乳业有限公司、广州风行牛奶有限公司和深圳市晨光乳业有限公司，2011年供应学生奶343 332（322 220）包（盒）/天，其中纯牛奶134 338（151 780）包（盒），调味奶208 994（170 440）包（盒）；共供应学校2 443（2 500）所，其中小学2 024（2 068）所，中学419（432）所。

一、积极宣传，加强学生饮用奶推广工作

组织省奶业协会以“饮放心奶 迎大运会”为活动主题于6月19日在深圳大剧院举行了一场放心奶试饮活动，我局领导亲临现场指导，当日有超过数万人次参加了试饮和互动活动，并且向前来参加活动的市民免费发放了“牛奶与健康”科学饮奶知识宣传手册，让更多的学生家长参与到学生饮用奶的推广工作中来。

各定点企业印制了大量有关学生奶的宣传单张、海报及推广手册等发放给老师、学生和家长，并组织形式多样的活动加以宣传。如晨光、风行公司组织学生参观奶牛场、生产车间，让学校和学生更直观地了解学生奶的生产流程。

在11月组织相关养殖场、乳品企业参观考察燕塘、强兴牧场；燕塘、蒙牛乳品厂。加强了养殖场与企业间的交流。在参观中，部分牧场对学生奶源基地建设表现了强烈的兴趣。

二、强化监管，保障学生饮用奶产品质量安全

质量安全一直是我省学生饮用奶工作的重中之重，我局多管齐下，在保障质量安全方面做了大量工作。一是加强法律法规宣传培训。编印派发小册子，通过报刊、广播、网站等新闻媒介宣传相关法律法规，强化生产企业安全意识。二是加强生鲜乳生产、收购和运输环节的监督管理。2008年10月国务院《乳品质量安全监督管理条例》和农业部《生鲜乳生产收购管理办法》出台后，我省及时对各定点企业的奶源基地进行摸底清查，制定印发了《生鲜乳收购许可证和生鲜乳准运证明发放程序》，细化明确了相关审核条件，严格规范申请、受理、审核及发证程序，与相关地级市农业（畜牧兽医）局及其所辖县农业（畜牧兽医）局以及生鲜乳收购站签订了《广东省生鲜乳收购站监管工作责任书》，层层落实责任。今年我省对生鲜乳收购站和学生奶源基地抽检生鲜乳样品，全部没有检出三聚氰胺。

各定点生产企业也始终把学生饮用奶质量安全放在首位，制定实施了管理制度，不断完善内部管理和设备设施建设，建立完善应急机制，对牧场管理、生产检验、销售配送、投诉处理等全过程加以严格控制，确保学生饮用奶质量与安全。

三、加强组织，推进学生饮用奶奶源基地建设

为确保学生饮用奶计划顺利推行，我省高度重视学生奶奶源示范基地创建活动，不断加强组织和宣传力度。各学生饮用奶奶源基地将把通过示范基地验收视为莫大荣誉。目前我省已有广州市华美牛奶公司增城奶牛分场和广州燕都果牧生态示范园有限公司通过了国家学生奶奶源示范基地验收，至此，我省的国家学生奶奶源示范基地已达六家。

广东省畜牧兽医局

2011年新疆学生饮用奶计划

按照自治区人民政府《关于稳定奶业发展的意见》（新政发〔2009〕27号）文件精神，在自治区党委、自治区人民政府的高度重视和支持下，在教育厅、质量技术监督局、财政局、发改委、卫生局、工商局等部门和各地党政机关、相关部门的大力协作和积极配合下，自治区学生饮用奶计划推广工作于2009年6月1日在全区15个地（州）的22个县（市）城镇中小学正式启动。两年来，经过各级党委和政府精心组织、强化措施、严格程序、加大监管力度，我区学生饮用奶计划推广工作实现了按计划、按步骤稳步推进，为进一步促进我区奶业发展，提高中小学生身体素质做出了积极的贡献。

一、学生饮用奶供应情况

2011年共认证13个学生饮用奶定点生产企业和30个奶源基地，确保了学生饮用奶安全生产和按时供应。截至2011年12月，全区学生饮用奶推广人数为79.4万人（详见附表1）。自治区财政补贴学生饮用奶资金6 399万元，各地州县市补贴学生饮用奶资金9 130万元。各地州、县、市积极探索适合本地的学生饮用奶推广机制和模式，到目前已经形成了学生课间饮用方式，学生领回家饮用方式，校外网点凭券领取以及IC卡刷卡领取四种学生饮用奶配送供应方式，走出了一条符合新疆各地实际的推广道路。

二、学生饮用奶计划的宣传情况

2009年以来，我区十分注重学生饮用奶计划的宣传和推广工作。一是制作学生饮用奶计划宣传片在新疆电视台连续播出；二是印制5 000份学生饮用奶科普宣传材料图册和编写《新疆维吾尔自治区学生饮用奶计划文件汇编》加大宣传力度；三是今年年初，新华网和新疆日报社积极与我办联系，开展我区学生饮用奶计划宣传推广工作，新华网以《花儿为什么这样红》为题，全面系统的介绍了新疆学生饮用奶计划推广工作，新疆日报也以一问一答的形式对我区学生饮用奶计划进行了详细报道；四是今年6至7月，中国人民大学张利痒教授以及6名博士和《中国乳业》冯艳秋社长分别来我区，对学生饮用奶计划进行了重点调研和报道，同时国家学生奶办还专程委托中国人民大学和《中国乳业》杂志来我区开展学生饮用奶计划宣传画册的采编工作；五是今年6月1日，即是自治区推进学生饮用奶计划启动两周年，也是国际牛奶日，我们以“学生饮用奶质量和安全”为主题，在乌鲁木齐市第42小学举办了大型宣传和庆祝活动，普及科学饮奶知识，积极引导健康消费。

三、学生饮用奶质量监督监管情况

一方面通过开展培训，提高我区学生饮用奶质量安全监管能力和水平。一是与利乐公司合作举办了两期学生饮用奶质量管理与检测培训班。组织全区13家学生饮用奶生产企业和自治区奶办相关人员赴上海参加了培训；二是在今年7月，我办在乌鲁木齐市独山子大酒店举办“自治区学生饮用奶计划”培训班，对全区15个地州市和22个推广县市的学生奶办、学生饮用奶定点生产企业和奶源基地的90多名学员进行了培训，进一步加强了我区学生饮用奶质量监管工作。另一方面，积极向自治区人民政府申请，向各地拨付学生饮用奶工作专项经费120万元，加强了各地（州、市）、学生饮用奶计划管理、监督、服务能力，落实各项监管任务。第三，在对学生饮用奶奶源基地和定点生产企业的复查审验工作中，自治区乳品质量监测中心进行抽样并检测67批次学生奶原料及产品。

四、积极组织参加国家学生饮用奶奶源基地升级计划

目前我区已有10家学生饮用奶奶源基地通过国家学生饮用奶奶源基地升级验收，通过专家指导和验收，提升我区奶源基地和奶牛场生产管理水平。今年，我区又积极向国家申报了7家学生饮用奶奶源基地的升级，国家有关专家已在我区开展评审验收工作。

五、开展调研，积极掌握和解决学生饮用奶计划有关问题

今年7月，我办针对学生和学生家长提出的“学生自由选择产品的问题”，积极与教育厅、发改委、乌鲁木齐教育局等部门协调，共同组织召开座谈会和相关调研，通过与学生饮用奶定点生产企业、与教育部门和学校校长、与学生和学生家长等三个不同对象的座谈会，通过在生产、流通、消费等不同环节进行调研，基本掌握了企业生产的实际情况、了解了学校、家长以及学生的意愿。目前，已形成了调研报告上报上级部门，提出了相关问题的解决方案，并积极探索了今后推广的模式和机制。

新疆维吾尔自治区学生饮用奶计划协调办公室

附：

表2-19　2011年学生饮用奶推广情况统计表

地州名称	学校数（所）			饮用学生奶人数			
	合计	其中中学	其中小学	合计	中学	小学	社会福利机构
伊犁州	89	22	67	64 430	20 785	43 525	120
阿勒泰	6	5	1	10 250	4 674	5 576	
博州	14	5	9	15 516	6 556	8 960	
克拉玛依	47	17	30	37 441	13 589	23 841	11
乌鲁木齐	234	87	147	283 404	104 275	178 630	499
和田	18	7	11	18 565	6 464	11 980	121
塔城地区	32	11	21	39 074	16 369	22 654	51
阿克苏	36	25	11	48 715	17 408	31 186	121
吐鲁番	11	6	5	15 328	9 934	5 394	
昌吉州	51	19	32	70 917	29 670	41 093	154
石河子	42	29	13	46 129	33 183	12 946	
喀什	27	14	13	40 430	19 965	20 034	431
巴州	37	26	11	57 598	20 906	36 453	239
哈密	37	16	21	34 603	19 733	14 870	
克州	9	3	6	12 000	3 852	8 033	115
合计	690	292	398	794 400	327 363	465 175	1 862

表2-20　定点生产企业供应情况统计表

序号	定点企业名称（签章）	日收购鲜奶（吨）	日加工学生饮用奶（吨）	供应情况	
				供应地区或区域	供应数量（件）
1	新疆伊源乳业股份有限公司	85	10.30	伊宁市	354 502
				伊宁县	86 102
2	沙湾盖瑞乳业有限责任公司	60	28	塔城	117 135
				沙湾	119 925
				乌苏	84 132
3	克拉玛依绿成农业开发有限责任公司乳品厂	40	6	克拉玛依市	337 500
				乌鲁木齐市	47 000
4	新疆西域春乳业有限责任公司	100	43	乌市	650 000
				米东区	100 000
				阜康市	80 000
				呼图壁县	100 000
				博乐市	80 000

（续）

序号	定点企业名称（签章）	日收购鲜奶（吨）	日加工学生饮用奶（吨）	供应情况	
				供应地区或区域	供应数量（件）
5	麦趣尔集团股份有限公司	100	20	昌吉州四县市	480 000
				乌市	400 000
6	新疆维维天山雪乳业有限公司	70	5	乌市	100 000
7	乌鲁木齐伊利食品有限责任公司	38	2.54	乌市	115 000
				克州	96 000
8	新疆南达乳业有限公司	45	6	喀什市	359 438
9	哈密金牛盖瑞乳业有限公司	8	5	哈密市	324 000
10	阿克苏新农乳业有限责任公司	80	60	乌鲁木齐市	440 000
				阿克苏地区	360 000
				和田地区	127 000
11	新疆瑞源乳业有限责任公司	45	10	库尔勒市	678 000
				焉耆县	10 200
12	石河子花园乳业有限公司	27	10.40	石河子市	540 000
				石河子市	
				石河子市	
				乌鲁木齐	
13	天润乳业生物制品股份有限公司	11.93	13.80	乌市	475 000
				阿勒泰地区	36 000
				吐鲁番地区	90 000
合计		709.93	220.04		6 898 734

表 2－21　专项经费支出预算经济分类明细表

项目单位财务专用章：　　　　　　　　　　　　　　　　单位：万元

项目支出内容	金额合计	商品和服务支出										
		小计	印刷费	咨询费	邮电费	差旅费	会议费	培训费	专用材料费	劳务费	委托业务费	其他商品和服务支出
宣传教育	2.0	2.0	1.0		0.3			0.7				
质量监管监测	3.0	3.0	0.5		0.3				2.2			
提升奶源基地管理水平	5.0	5.0		2.0	0.3	1.0		1.7				
其中：技术培训	2.0	2.0			0.3			1.7				
专家指导	3.0	3.0		2.0		1.0						
其他：												
申请资金总计	10.0	10.0	1.5	2.0	0.9	1.0		2.4	2.2			

2011年奶业大事记

1月

3日 全国食品安全整顿工作办公室印发《食品中可能违法添加的非食用物质和易滥用的食品添加剂品种名单（第五批）》（整顿办函〔2011〕1号）。对已公布的《食品中可能违法添加的非食用物质名单（第二批）》第1条的“皮革水解物”修改为“革皮水解物”，将检测方法适应范围限定为“仅适应于生鲜乳、纯牛奶、奶粉”。

5日 农业部印发《关于开展2011年生鲜乳质量安全监测工作的通知》（农牧发〔2011〕1号），同文印发《2011年全国生鲜乳质量安全监测计划》和《农业部生鲜乳质量安全监测工作规范》。2011年开展全国生鲜乳中违禁添加物专项监测、生鲜乳质量安全异地抽检和《生乳》国标安全指标监测，计划监测抽检样品分别为6450批次、925批次和600批次，监测对象为生鲜乳收购站和运输车，检测项目为三聚氰胺、皮革水解蛋白和碱类物质等违禁添加物以及黄曲霉毒素M_1和铅。

同日 农业部印发《关于认定国家农产品加工技术研发专业分中心的通知》（农企发〔2011〕1号），认定60家单位为国家农产品加工技术研发专业分中心。其中有2家乳品加工企业和1家乳品设备生产企业。

同日 国家工商行政管理总局印发《关于进一步加强流通环节乳制品抽样检验工作的通知》（工商食字〔2011〕3号）。要求各地工商部门要“突出消费量大的液态奶、酸奶、奶粉等重点品种，有针对性地开展定期抽检、专项抽检、跟踪抽检和快速检测。特别是要增加对婴幼儿配方乳粉的抽样检验数量和频次，对批发企业、大中型超市销售的婴幼儿配方乳粉，要明确监管责任人，每周进行抽样检验，对小超市、食杂店、零售商等销售的婴幼儿配方乳粉要经常开展抽样检验。”

6日 农业部印发《关于做好2011年农业农村经济工作的意见》（农发〔2011〕1号），提出“推进畜禽标准化规模养殖，积极发展现代畜牧业。加强畜禽良种繁育体系建设，加快实施畜禽良种工程和改良计划。扩大畜牧良种补贴规模。”“加强生鲜乳收购站和饲料质量安全监管”。加快农垦现代农业建设，巩固和建设牛奶等大型农产品生产基地。

10日 国家质量监督检验检疫总局、国家标准化管理委员会发布国家标准《奶牛脊椎畸形综合征检测 PCR—RFLP法》（GB/T 25887—2010）、《三河牛》（GB/T 5946—2010，代替GB/T 5946—1986）、《牛胚胎》（GB/T 25881—2010）、《青贮玉米品质分级》（GB/T 25882—2010），2011年6月1日实施。

13日 国务院食品安全委员会办公室通报，2010年7月以来，在国务院食品安全委员会的统一部署下，有关部门和地方集中查办了40起非法使用2008年问题乳粉生产、销售原料乳粉和乳制品案件，共发现涉案问题乳粉2 131.87吨、抓获96名犯罪嫌疑人；已对查明负有责任的191名领导干部和监管部门工作人员给予党纪政纪处分、行政问责和诫勉谈话。

19～20日 农业部畜牧业司在北京召开会议，召集国家奶牛产业技术体系、国家牧草产业技术体系、中国畜牧业协会草业分会有关专家，传达温家宝总理、回良玉副总理对《关于大力推进苜蓿产业发展的建议》的批示，研究拟订苜蓿产业发展扶持政策，形成初步方案。

21日 农业部公告第1 531号，公布《2009—2011年国家支持推广的农业机械产品目录》（2011年度调整），增补并列式等各种挤奶机（台）、牛奶冷藏罐及运输罐、全混合日粮饲料搅拌机、自走式青贮取料机、青饲料切碎机/铡草机、清粪机、奶牛饮水箱产品。

22日 中国奶业协会在北京召开驻京常务理事座谈会，农业部副部长、中国奶业协会会长高鸿宾，中国奶业协会名誉会长刘成果出席会议并讲话。中国奶业协会副会长兼秘书长谷继承汇报2010年工作并提出2011年重点工作计划。会议座谈了奶业形势，提出协会下一步工作建议。50多位在京常务理事参加会议。

28日 农业部印发《2011年度动物及动物产品兽药残留监控计划》（农医发〔2011〕3号），生鲜乳抗生素残留监测被列入计划。2011年计划抽检牛奶样品3190批次，检测药物种类为β-内酰胺类、氨基糖甙类、氟喹诺酮类、磺胺类、林可胺类和大环内酯类、氯霉素、四环素类。

同日 农业部印发《关于下达2011年动物源细菌耐药性监测计划的通知》（农医发〔2011〕5号），奶牛场列为采样地点之一，牛奶为检样。

31日 农业部印发《2011年国家动物疫病强制免疫计划》（农医发〔2011〕6号），要求对所有奶牛和种公牛进行A型口蹄疫强制免疫，对所有牛进行O型和亚洲Ⅰ型口蹄疫强制免疫；群体免疫密度常年维持在90%以上，其中应免畜免疫密度要达到100%，免疫抗体合格率全年保持在70%以上。

同日 农业部办公厅印发《2011年畜牧业司工作要点》（农办牧函〔2011〕1号），提出加快实施奶牛遗传改良计划，继续开展奶牛生产性能测定，扩大测定规模，抓好测定数据在生产上的应用。加快奶业生产发展，强化生鲜乳收购站和运输监管，严格生鲜乳质量安全监测与执法，做好奶业行业发展指导与服务工作。

2月

1日 国家质量监督检验检疫总局、农业部联合发布公告2011年第16号《关于防止保加利亚口蹄疫传入我国的公告》。保加利亚1月布尔加斯区的一个村庄发生牛、羊、猪O型口蹄疫。

同日 科学技术部农村科技司等单位主办的首届中国农业科技创新创业大赛总决赛暨颁奖晚会在中央电视台播出。中博农畜牧科技股份有限公司作为奶业界唯一进入大赛决赛的企业，夺得本届大赛企业成长组一等奖，获得天使投资1 000万元和奖金30万元。其参赛项目“现代农业—规模化牧场建设”作为大赛优秀项目入选科学技术部“十二五”农村领域科技计划预备项目库。

10日 农业部办公厅印发现代农业产业技术体系执行专家组人员组成名单（2011—2015年）（农办科〔2011〕2号）。奶牛产业技术体系执行专家组由国家奶牛产业技术研发中心首席科学家，育种与繁殖研究室、疾病控制研究室、营养与饲料研究室、环境控制研究室、加工研究室、产业经济研究室的各研究室主任，2位岗位科学家和4位综合试验站代表共13人组成。

同日 农业部办公厅印发《关于做好2011年农垦系统农业生产工作的通知》（农办垦〔2011〕10号），提出2011年农垦系统牛奶总产量目标为355万吨。加强学生饮用奶奶源基地建设，保障学生饮用奶质量。继续开展奶牛高产攻关活动。

11日 农业部办公厅印发《农业部2011年兽医工作要点》（农办医〔2011〕2号），提出“着力强化布病等人畜共患病的防控。”“对布病，在继续推进布病区域化防控试点工作基础上，全面启动‘布病防控三年攻坚计划’。按照《全国布病防治工作方案》要求，分区防治，分类指导”。组织实施好卫生部、国家食品药品监督管理局、工业与信息化部、农业部联合下发的《全国抗菌药联合整治工作方案》，强化抗生素经营使用监管和残留监测。

14日 国家质量监督检验检疫总局公布灭菌乳产品质量国家监督抽查结果。抽查13个省、自治区、直辖市82家企业生产的120种灭菌乳产品，进行13项指标检验，产品质量均符合标准规定的要求。

15日 农业部副部长高鸿宾主持召开会议，落实温家宝总理、回良玉副总理对《关于大力推进苜蓿产业发展的建议》的批示精神，研究苜蓿产业发展问题。农业部畜牧业司等13个有关部门、单位和中国奶业协会的负责人及专家参加会议。高鸿宾副部长听取了畜牧业司对苜蓿产业发展情况的汇报，对下一步工作安排提出要求。

17日 农业部新闻办公室在其官方网站上通报，2010年抽检生鲜乳样品7 406批次，奶站4 778批次，运输车2 628批次，三聚氰胺全部符合临时管理限量规定，没有检出皮革水解蛋白等违禁添加物质，生鲜乳质量安全状况总体良好。该通报针对网络文章《内地“皮革奶粉”死灰复燃长期食用可致癌》。

同日 学生饮用奶计划部际协调小组办公室印发《学生饮用奶计划宣传信息员工作方案》（学奶办〔2011〕1号），要求各省学生饮用奶工作机构建立宣传信息员队伍，以加强学生饮用奶计划宣传。要明确专人负责工作方案实施，注重引导宣传信息员与媒体的联系及合作，充分发挥宣传信息员作用，推动学生饮用奶计划的稳步实施。

17～24日 农业部畜牧业司制定《奶牛苜蓿产业发展问题调研方案》，派出四个调研组赴河北、山东、甘肃和宁夏开展奶牛苜蓿产业发展情况专题调研。调研主要内容包括苜蓿产业发展的过程和现状，产业发展面临的主要问题，苜蓿产业发展与奶业生产的关系，以及促进苜蓿产业发展的相关政策。

18日 中共中央政治局常委、国务院副总理、国务院食品安全委员会主任李克强主持召开国务院食品安全委员会第三次全体会议并讲话。他强调，要认真贯彻落实党中央、国务院的决策部署，把加强食品安全作为保障和改善民生的重要内容，全面执行食品安全法，彻查严处重大食品安全事故，坚持集中治理和日常监管并重，突出重点，常抓不懈，打好攻坚战、持久战，切实保障人民群众身体健康和生命安全。会议就2011年进一步加强食品安全工作作出全面部署，明确了8项重点工作。深化乳制品等重点行业领域综合治理，切实保障食品重点品种的安全被列为重点工作之一。

23日 国家质量监督检验检疫总局、农业部联合发布公告2011年第25号《关于防止朝鲜口蹄疫传入我国的公告》。2010年12月25日朝鲜暴发O型口蹄疫，涉及易感动物牛、山羊和猪。

25日 海关总署发布公告2011年第10号。至2月22日，原产于新西兰的脂肪含量大于1%未浓缩的乳及奶油本年度累计进口申报数量为1 566.113吨，加上2010年以在途方式进口的198.529吨，合计数量已超过2011年1 505吨的特保措施触发水平数量。自2月26日起，对上述产品按最惠国税率征收进口关税。

同日 农业部办公厅印发《2011年农垦系统畜牧高产攻关活动方案》（农办垦〔2011〕15号），2011年农垦系统继续开展畜牧高产攻关活动，确定畜牧高产攻关单位104个，其中奶牛高产攻关单位53个。

28日 国家统计局公布2010年国民经济和社会发展统计公报，牛奶产量3 570万吨，比2009年增长1.5%。

3月

2日 农业部召开全国春季重大动物疫病防控工作视频会议，高鸿宾副部长出席会议并讲话。高鸿宾副部长特别强调，布病的问题不解决有可能再次重创中的奶业，要综合运用检、免、杀、防等防治措施，打一场布病的攻坚战。

同日　农业部办公厅印发《关于推介发布2011年农业主导品种和主推技术的通知》（农办科〔2011〕6号），荷斯坦奶牛、槟榔江水牛、摩拉水牛、尼里—拉菲水牛、萨能奶山羊、崂山奶山羊被列入主导品种；适度规模奶牛场标准化养殖技术、生鲜乳安全生产技术、母牛提前（20～24月龄）产犊技术、奶牛隐性乳房炎综合防治技术、青贮饲料生产技术、紫花苜蓿综合生产技术、糟渣类饲料的贮藏技术、全混合日粮（TMR）调制饲喂技术等被列入主推技术。

4日　农业部办公厅印发《2011畜禽养殖标准化示范创建活动工作方案》（农办牧〔2011〕5号），公布修订后的奶牛等6类畜禽标准化示范场验收评分标准。修订后的奶牛标准化示范场验收评分标准主要是对考核的具体内容进行了修改。《工作方案》没有按畜种分配具体的示范场创建数量计划。

8日　农业部印发《现代农业产业技术体系建设依托单位和岗位聘用人员名单（2011—2015年）》（农科教发〔2011〕3号）。国家奶牛产业技术研发中心建设依托单位为中国农业大学，首席科学家，育种与繁殖研究室、疾病控制研究室、营养与饲料研究室、环境控制研究室、加工研究室、产业经济研究室6个研究室主任及26个岗位专家和23个综合试验站站长名单公布。

9日　海关总署发布公告2011年第16号。至3月14日，原产于新西兰的固状和浓缩非固状乳及奶油进口申报数量已达到110 139.7吨，超过2011年109 974吨的特保措施触发标准。自3月15日起，对进口的原产于新西兰的上述农产品按最惠国税率征收进口关税。

10日　农业部办公厅印发《农业部畜禽标准化示范场管理办法（试行）》（农办牧〔2011〕6号），包括总则、示范场条件及建设要求、示范场确立、指导监督与管理及附则共5章21条，自发布之日起施行。

15日　国务院办公厅印发《2011年食品安全重点工作安排》（国办发〔2011〕12号），要求“取缔未经许可非法经营的生鲜乳收购站（点），打击收购站之间违规进行生鲜乳交易的行为。”加强乳制品综合治理。强化生鲜乳收购、运输许可管理，推进生鲜乳收购站标准化建设。严格核准新建和改扩建乳制品工业项目，落实企业原料检验、出厂批批检验制度和婴幼儿配方乳粉企业驻厂监督措施。强化乳制品流通许可管理。监督生产经营者严格执行乳制品生产经营记录和进货查验制度。建立全国统一的乳制品生产经营企业信息数据库，健全验证验票查询系统。在婴幼儿配方乳粉和原料乳粉生产企业试点建设电子信息追溯系统。

15～16日　中国奶业协会、全国畜牧总站在北京举办2011年全国奶牛生产性能测定技术培训（北京）班。来自北京各区（县）奶农和技术人员100余人参加培训。

18日　农业部发布公告第1 556号，批准中国农业科学院兰州兽医研究所研制的奶牛衣原体病灭活疫苗（SX5株）为一类新兽药。

同日　农业部办公厅公布2011年农垦农产品质量追溯创建单位名单（农办垦〔2011〕21号），共有6个奶牛养殖企业和乳品生产企业入选。

21日　国家工商行政管理总局印发《关于进一步完善和规范流通环节乳制品市场主体准入有关工作的通知》（工商食字〔2011〕67号），在食品流通许可项目中对乳制品进行分类单项审核和管理。实行乳制品经营主体经济户口管理，于2011年6月底前建立统一的流通环节乳制品经营主体信息数据库。从2011年8月1日开始，按照监管责任区进行拉网式排查检查，逐户对乳制品经营者进行登记，建立监管档案。

同日　农业部办公厅、财政部办公厅印发《2011年农业机械购置补贴实施指导意见》（农办财〔2011〕34号），挤奶机械、饲料作物收获机械、饲料（草）加工机械、畜牧饲养机械中与奶业相关的23个品目被列入中央财政农机购置补贴目录。补贴资金实行定额补贴，按不超过本省（自治区、直辖市、新疆生产建设兵团、农垦）市场平均价格30%测算，单机补贴限额不超过5万元。挤奶机械、高性能青饲料收获机等单机补贴限额可提高到12万元。

22日　农业部印发《关于下达2011年农民专业合作经济组织标准化实施示范项目资金的通知》（农财发〔2011〕11号）和《关于下达2011年农民专业合作经济组织建设项目资金的通知》（农财发〔2011〕15号），3个奶牛养殖专业合作社被列入农民专业合作经济组织标准化实施示范项目支持对象，每个拨款20万元，用于奶牛标准化建设等；2个奶牛养殖专业合作社被列入农民专业合作经济组织建设项目，每个拨款30万元，用于示范社以奖代补。

同日　农业部印发《关于下达2011年农业产业化项目资金的通知》（农财发〔2011〕13号）。1家乳品加工企业列入项目计划。

23日　工业和信息化部印发《2011年食品安全重点工作实施方案》（工信部消费〔2011〕130号），要求坚决淘汰不符合国家产业政策的乳制品项目（企业），确保乳制品行业有序、规范和健康发展。在所有婴幼儿配方乳粉生产企业全面建立和实施诚信管理体系。会同相关部门组织制订乳制品生产企业诚信激励惩戒措施。以乳品生产经营单位信用档案为基础，完成全国乳制品生产企业诚信体系信息平台建设。

24日　卫生部印发《食品相关产品新品种行政许可管理规定》（卫监督发〔2011〕25号），该规定所称食品相关产品新品种，是指用于食品包装材料、容器、洗涤剂、消毒剂和用于食品生产经营的工具、设备的新材料、新原料或新添加剂。卫生部负责食品相关产品新品种许可工作，包括申报受理、组织安全性评估、技术审核和报批等工作。

27日　国家发展和改革委员会主任张平签署国家发展和改革委员会令第9号，公布《产业结构调整指导目录（2011年本）》，自2011年6月1日起施行。《产业结构调整指导目录（2005年本）》同时废止。畜禽标准化规模养殖技术开发与应用、生态种（养）技术开发与应用、牛羊胚胎（体内）及精液工厂化生产、家畜遗传工程及基因库建设、青贮饲料、秸秆氨化养牛还田、优质高产牧草人工种植与加工，动物优良品种选育、繁育、保种和开发被列入鼓励类；日处理原料乳能力（两班）20吨以下浓缩、喷雾干燥等设施、200千克/小时以下的手动及半自动液体乳灌装设备被列入淘汰类。

29日 农业部印发《关于下达2011年优势农产品重大技术推广项目资金的通知》（农财发〔2011〕44号），“高寒地区奶牛高产技术集成配套示范与推广”、“奶牛精准养殖技术示范与推广”、“奶站标准化技术示范与推广”被列入。

30日 农业部印发《关于下达2011年畜牧业质量安全监管项目资金的通知》（农财发〔2011〕48号），其中生鲜乳质量安全监管项目资金1 500万元，用于开展生鲜乳质量安全监测、相关技术规范制定、安全生产岗位技能培训、监管督导检查、质量安全现状调研等。

31日 工业和信息化部在青岛召开全国婴幼儿配方乳粉企业诚信管理体系建设启动会，宣布婴幼儿奶粉生产企业将全部建立诚信管理体系。全国100余家婴幼儿配方乳粉生产企业在《全国婴幼儿配方奶粉生产企业诚信宣言》上签字。

同日 农业部办公厅印发《关于开展2011年种畜禽质量安全监督检验工作的通知》（农办牧〔2011〕10号）。荷斯坦奶牛、西门塔尔牛、奶水牛、褐牛、牦牛、三河牛等品种种牛被列入检测范围，检测指标为种牛冷冻精液的外观、剂量、活力、畸形率、细菌菌落数等。受检区域为所有国家奶牛良种补贴项目冻精使用区域，抽样数量为500头。

4月

2日 国家质量监督检验检疫总局召开新闻发布会，通报乳制品企业生产许可重新审核工作情况。截至3月底，全国乳制品及婴幼儿配方乳粉企业生产许可重新审核工作全部结束。全国1176家乳制品企业，其中643家企业通过了生产许可重新审核；乳制品企业中生产婴幼儿配方乳粉企业有145家，其中114家通过了生产许可重新审核；107家乳制品企业停产整改，426家企业未通过审核。各地质量技术监督部门正在依法注销未通过审核企业的乳制品生产许可证，未通过审核和停产整改的企业一律停止生产乳制品。

6日 卫生部、工业和信息化部、农业部、国家工商行政管理总局、国家质量监督检验检疫总局联合发布《关于三聚氰胺在食品中的限量值的公告》（卫生部公告2011年第10号），规定婴儿配方食品中三聚氰胺的限量值为1毫克/千克，其他食品中三聚氰胺的限量值为2.5毫克/千克，高于上述限量的食品一律不得销售。规定自发布之日起施行。乳与乳制品中三聚氰胺临时管理限量值公告（2008年第25号公告）同时废止。

7～8日 中国奶业协会、全国畜牧总站在天津举办2011年全国奶牛生产性能测定技术培训（天津）班。中国奶业协会名誉会长刘成果出席开班式。来自天津各区县奶农和技术人员150余人参加培训。

11日 农业部印发《奶畜养殖和生鲜乳收购运输环节违法行为依法从重处罚的规定》（农牧发〔2011〕4号），对在奶畜养殖过程中使用违禁药品和其他化合物的，生鲜乳收购者在生鲜乳收购过程中加入非食品用化学物质或者其他可能危害人体健康的物质的，生产、销售的生鲜乳含有违禁物质不符合国家限量标准的，未取得生鲜乳收购许可证收购生鲜乳的，生鲜乳运输车辆未取得生鲜乳准运证明的等违法行为作出具体从重处罚的规定，自发布之日起施行。

同日 农业部办公厅印发《生鲜乳生产收购记录和进货查验制度》、《生鲜乳质量安全异地抽检制度》和《全国奶畜养殖和生鲜乳收购运输监督抽检方案》（农办牧〔2011〕13号），自发布之日起施行。奶畜养殖场（小区）采购兽药、饲料和饲料添加剂等投入品，以及生鲜乳收购站收购、运输生鲜乳应当遵守《生鲜乳生产收购记录和进货查验制度》。畜牧兽医部门开展生鲜乳质量安全抽检应当遵守《生鲜乳质量安全异地抽检制度》和《全国奶畜养殖和生鲜乳收购运输监督抽检方案》。

同日 农业部发布公告第1566号，批准北京奶牛中心等8个单位从事牛冷冻精液生产经营，核发《种畜禽生产经营许可证》并公布各单位验收合格种公牛名单，有效期为3年。同意内蒙古蒙牛繁育生物技术股份有限公司《种畜禽生产经营许可证》单位名称变更为内蒙古赛科星繁育生物技术股份有限公司。

19～20日 中国奶业协会、全国畜牧总站在济南举办2011年全国奶牛生产性能测定（山东）暨山东省现代奶业生产技术培训班。来自山东各地的奶农和技术人员250余人参加培训。

20日 国务院办公厅印发《关于严厉打击食品非法添加行为切实加强食品添加剂监管的通知》（国办发〔2011〕20号），提出特别要针对生鲜乳收购等重点环节，加大巡查和抽检力度，提高抽检频次，扩大抽检范围。

同日 卫生部发布食品安全国家标准《预包装食品标签通则》（GB 7718—2011，代替GB 7718—2004），2012年4月20日实施。食品安全国家标准《食品添加剂使用标准》（GB 2760—2011，代替GB 2760—2007《食品添加剂使用卫生标准》），2011年6月20日实施。食品安全国家标准《食品中真菌毒素限量》（GB 2761—2011，代替GB 2761—2005《食品中真菌毒素限量》以及GB 2715—2005《粮食卫生标准》中的真菌毒素限量指标），2011年10月20日实施。乳及乳制品（乳粉按生乳折算）中黄曲霉毒素M_1限量指标为0.5微克/千克，以乳类及乳蛋白制品为主要原料的婴儿配方食品、较大婴儿和幼儿配方食品为0.5微克/千克（以粉状产品计）。

同日 国家食品药品监督管理局印发《2011年餐饮服务食品安全重点工作安排实施方案的通知》（国食药监食〔2011〕180号），集中整治违规采购行为，乳制品被列入重点食品。

同日 学生饮用奶计划部际协调小组办公室印发《关于开展第五批学生奶奶源示范基地创建工作的通知》（学奶办〔2011〕3号），公布了第五批学生奶奶源示范基地创建步骤与申报具体要求。开展创建活动的总体要求是围绕提升牧场原料奶质量和管理水平。

22～23日 中国奶业协会、全国畜牧总站在哈尔滨举办2011年全国奶牛生产性能测定技术培训（黑龙江农垦）班。来自黑龙江农垦各场的奶农和技术人员100余人参加培训。

26日 学生饮用奶计划部际协调小组办公室印发《关于做好学生饮用奶计划监管工作的紧急通知》（学奶办〔2011〕4号），针对个别地方中小学生在饮用牛奶时发生的群体性不适现象，提出进一步加强学生饮用奶计划的管理措施，强化政策和规章制度落实。

27日 国务院食品安全委员会办公室、工业和信息化部、公安部、农业部、商务部、卫生部、国家工商行政管理总局、国家质量监督检验检疫总局、国家食品药品监督管理局联合发布《关于严厉打击食品非法添加行为严格规范食品添加剂生产经营使用的公告》，重申严禁任何单位和个人在食品生产经营中使用食品添加剂以外的任何化学物质和其他可能危害人体健康的物质，严禁在农产品种植、养殖、加工、收购、运输中使用违禁药物或其他可能危害人体健康的物质。

29日 国家发展和改革委员会、财政部、商务部发布《鼓励进口技术和产品目录（2011年版）》（发改产业〔2011〕937号），奶牛乳房炎防控技术、动物传染性海绵状脑病快速检测技术被列入。

同日 海关总署发布公告2011年第27号。至4月29日，原产于新西兰的黄油和其他从乳中提取的脂和油进口申报数量已达到11 075.38吨，超过2011年10 882吨的特保措施触发标准。自4月30日起，对进口原产于新西兰的上述农产品按最惠国税率征收进口关税。

5月

6日 农业部印发《全国农业和农村经济发展第十二个五年规划（2011—2015年）》（农计发〔2011〕9号），提出加快发展奶牛，建设东北内蒙古产区、华北产区、西部产区、南方产区和大城市周边产区等五大奶业产区，加强奶源基地建设。加快实施奶牛遗传改良计划，建立苜蓿等优质饲料基地，提高挤奶机械化水平。净化奶牛群体重大疫病，强化生鲜乳质量监管。积极推进学生饮用奶计划，促进乳制品消费。

同日 农业部发布公告1574号，公布2011年农产品质量安全检测机构考核合格及农业部部级产品质量监督检验测试中心审查认可名单（第二批）。南京农业大学［农业部牛冷冻精液质量监督检验测试中心（南京）］列入名单。

17日 农业部印发《农产品加工业“十二五”发展规划》（农企发〔2011〕6号），提出到2015年，优势区域的乳及乳制品加工产值占全国的80%以上。加快形成东北、华北、西北地区乳品加工产业带，加快形成大中城市郊区乳品加工基地、西北垦区乳品加工基地、西北及西南草原生态区乳品加工基地。乳品加工要重点推进新产品开发和质量安全体系建设，丰富产品品种，形成多样化乳品产品结构，保障乳及乳制品安全。

19日 农业部印发《农产品质量安全发展“十二五”规划》（农质发〔2011〕5号），提出到“十二五”末，主要农产品质量安全抽检合格率稳定保持在96%以上。奶牛标准化养殖示范场建设列为推进农业标准化生产的任务之一。在农业标准化生产示范区域内推行农产品质量安全全程控制，标准化生产示范园（场）全部通过“三品一标”认证登记，辐射带动能力和增收效果显著。

同日 学生饮用奶计划部际协调小组办公室印发《关于确定第五批学生奶奶源示范基地创建单位的通知》（学奶办〔2011〕5号），公布第五批学生奶奶源示范基地创建单位，40家奶牛场入选。

21日 中国奶业协会组织的第45次全国青年公牛联合后裔测定冷冻精液交换在山东省农业科学院奶牛研究中心完成，参测公牛98头。

22～27日 世界动物卫生组织（OIE）第79届年会在法国巴黎召开。大会讨论并通过关于全球控制和消灭口蹄疫的战略规划。会议特别强调，在2020年以前，OIE应通过实施“东南亚-中国口蹄疫控制和扑灭计划”，在相关地区消灭口蹄疫。会议还通过中国被OIE认可为无牛肺疫国家，中国农业科学院兰州兽医研究所国家口蹄疫参考实验室被指定为其参考实验室的有关决议。

23～24日 中国奶业协会、全国畜牧总站在武汉举办2011年全国奶牛生产性能测定技术培训（湖北）班。来自湖北各地的奶农和技术人员110余人参加培训。

25日 农业部办公厅、财政部办公厅印发《2011年畜牧良种补贴项目实施指导意见》（农办财〔2011〕66号）。2011年奶牛良种补贴资金2.6亿元，计划补贴奶用能繁母牛896万头，其中能繁荷斯坦和娟姗牛756.5万头（全国），奶水牛51.5万头（9省、自治区），乳用西门塔尔牛46万头（9个项目区），褐牛32万头（新疆），牦牛5万头（青海），三河牛5万头（内蒙古），补贴标准不变；新增牦牛良种种公牛补贴资金3 000万元，计划补贴1.5万头（5省、自治区，其中新疆含褐牛），一次性每头补贴2 000元。

31日 农业部公告第1592号，就实施《中华人民共和国兽药典》2010年版公告相关事宜。《中华人民共和国兽药典》2010年版是兽药研制、生产、经营、使用和监督管理活动均应遵循的法定依据。农业部发布的兽药国家标准（进口兽药除外）为兽药产品审批及兽药标签和说明书审定的依据。《兽药使用指南》2010年版主要用于兽医临床和养殖用药指导，除适应症、用法与用量、规格项外，其他项内容可作为兽药标签和说明书的审定依据。

6月

1日 国务院印发《关于促进牧区又好又快发展的若干意见》（国发〔2011〕17号），提出积极发展现代草原畜牧业。牦牛纳入畜牧良种补贴范围；在实行草原生态保护补助奖励机制的8个省区、自治区，实施人工种植牧草良种补贴，中央财政每亩补贴10元。

4~7日 中国畜牧业协会主办，中国草学会、中国奶业协会、国家牧草产业技术体系、国家奶牛产业技术体系协办的第四届中国苜蓿发展大会在内蒙古自治区鄂托克旗召开。大会旨在深入学习温家宝总理批示精神，进一步增强对苜蓿产业发展迫切性和重要性的认识，推进苜蓿产业的总体发展规划和区域布局，加快推进苜蓿产业的健康发展。

11日 第四次中国—新西兰奶业对话会在合肥召开，两国农业部双方回顾近年来各自奶业发展情况，探讨奶业领域未来发展重点，就全球乳制品贸易、产业发展政策及法规、质量安全及生产组织方式等问题进行交流。同时，两国的奶业界同行们就应对全球金融危机、加强奶业经济技术交流与合作等问题进行讨论，取得积极的成果。

11~13日 中国奶业协会在合肥召开第二届中国奶业大会，大会主题为"转变奶业发展方式保障乳品质量安全"。农业部副部长、中国奶业协会会长高鸿宾出席开幕式并作主题报告，提出大力推进标准化规模养殖，加快奶牛品种改良提高生产水平，发展优质牧草产业，调整优化奶牛饲料结构，切实加强生鲜乳监管，从源头保证乳品质量安全。积极发挥协会作用，为行业发展服务。安徽省省委常委、副省长余欣荣出席开幕式并致辞。中国奶业协会名誉会长刘成果出席开幕式。同期召开中国奶业协会2011年会和六届二次理事会，副会长兼秘书长谷继承作工作报告。常务副会长魏克佳主持大会。大会设10个专场论坛69个报告。2 000余人参加大会。

11~13日 第九届中国国际奶业展览会和乳制品市场促销活动与第二届中国奶业大会同期同地举办。农业部副部长、中国奶业协会会长高鸿宾，安徽省省委常委、副省长余欣荣，中国奶业协会名誉会长刘成果出席开幕式并剪彩、巡展。本届展会室内外展览面积共2.15万平方米，展位约950个，参展厂商230家，其中有来自18个国家的外国厂商，展览涵盖奶业产业链的各个环节。8家知名乳品企业开展乳制品市场促销活动。2 000余人参观展览。

16日 国家发展和改革委员会办公厅、农业部办公厅印发《关于申报2011年奶牛标准化规模养殖小区（场）建设项目投资计划的通知》（发改办农经〔2011〕1435号）。2011年继续安排中央投资5亿元用于支持奶牛标准化规模养殖小区（场）改扩建。申报场养殖规模提高至300头以上，每个场中央平均补助投资标准按3个规模档次分别提高至80万元（年存栏300～499头）、130万元（年存栏500～999头）、170万元（年存栏1 000头以上）。

17日 农业部办公厅印发《饲料和饲料添加剂畜禽靶动物有效性评价试验指南（试行）》和《饲料和饲料添加剂畜禽靶动物耐受性评价试验指南（试行）》（农办牧〔2011〕21号）。两个指南分别规定了饲料原料及饲料添加剂畜禽靶动物有效性和耐受性评价试验的基本原则、试验方案、试验方法和试验报告等要求。对泌乳奶牛、泌乳水牛、泌乳奶山羊、泌乳奶绵羊分别作出试验规定。

同日 农业部办公厅公布第三批农垦现代化养殖示范场名单（农办垦〔2011〕54号），共有18个单位命名为"农垦现代化养殖示范场"，其中13个为奶牛养殖场（小区），有效期三年。

20日 农业部发布公告第1603号发布《从境外首次引进畜禽遗传资源技术要求（试行）》，从适用范围、基本条件、种用性能评估、中间试验的数量要求进行了详细规定。种牛的首次引进，单品种的公牛数量不超过10头、母牛不超过100头、冷冻精液不超过2 000剂、冷冻胚胎不超过400枚。

23日 国家发展和改革委员会、科学技术部、工业和信息化部、商务部、国家知识产权局公告2011年第10号发布《当前优先发展的高技术产业化重点领域指南（2011年度）》。草食家畜高效舍饲、畜禽标准化健康养殖产业模式、精准饲养与全程管理数字化技术等被列入。

29日 海关总署发布公告2011年第44号。至7月1日，原产于新西兰的乳酪进口申报数量已达到4 256.06吨，超过2011年4167吨的特保措施触发标准。自7月2日起，对进口的原产于新西兰的乳酪按最惠国税率征收进口关税。

7月

6日 农业部办公厅、财政部办公厅印发《2011奶牛生产性能测定补贴项目实施指导意见》（农办财〔2011〕93号）。2011年项目资金2 000万元，计划测定奶牛26万头，每头奶牛补贴70元。项目在18个省（自治区、直辖市）以及新疆生产建设兵团和黑龙江农垦总局的荷斯坦成年母牛存栏在100头以上的规模养殖场（户）和小区实施。在项目区为养殖场（户）和小区免费提供奶牛生产性能测定服务。

同日 国家税务总局公告2011年第38号发布《关于部分液体乳增值税适用税率的公告》，巴氏杀菌乳和灭菌乳均属于初级农业产品，按13%的税率征收增值税；调制乳不属于初级农业产品，按照17%税率征收增值税。自公布之日起施行。《国家税务总局关于营养强化奶适用增值税税率问题的批复》（国税函〔2005〕676号）同时废止。

8日 学生饮用奶计划部际协调小组办公室《关于印发第四批学生奶奶源升级计划奶源示范基地名单的通知》（学奶办〔2011〕8号），公布第四批学生奶奶源升级计划奶源示范基地名单，40家奶牛场入选。

8～18日 中国奶业协会副会长兼秘书长谷继承率中国奶业代表团赴巴西进行交流、考察，并就奶业科研、管理和商贸领域的合作达成初步意向。

12日 财政部印发《关于2011年度中央财政农业保险保费补贴工作有关事项的通知》（财金〔2011〕73号），规定中央财政奶牛保险保费补贴比例由30%提高至50%，保费补贴地区增加中国农业发展集团总公司，其中央财政补贴比例为80%。

15日 农业部发布公告1 612号，公布综合性重点实验室、专业性（区域性）重点实验室和农业科学观测实验站名单。农业部动物遗传育种与繁殖重点实验室依托单位为中国农业大学；农业部奶牛遗传育种与繁殖重点实验室依托单位为北京奶牛中心；农业部水牛遗传繁育技术重点实验室依托单位为广西壮族自治区水牛研究所；农业部奶牛遗传育种与繁殖科学观测实验站依托单位为上海光明荷斯坦牧业有限公司；农业部牦牛遗传育种与繁殖科学观测实验站依托单位为青海省大通种牛场；农业部动物营养与饲料学重点实验室依托单位为中国农业科学院北京畜牧兽医研究所。

18日 农业部办公厅印发《全国畜牧业标准体系“十二五”规划（2011—2015年）》（农办牧〔2011〕25号）。有关奶业方面的标准列入“十二五”标准制修订规划的有26项。

18～22日 应阿根廷农林渔业部副部长Lorenzo Basso的邀请，中国奶业协会副会长兼秘书长谷继承率中国奶业代表团赴阿根廷进行交流考察。

21日 农业部部长韩长赋与阿根廷农牧渔业部部长多明戈斯（Dominguez）在北京共同签署《中华人民共和国农业部与阿根廷农牧渔业部乳业合作谅解备忘录》，双方将在奶牛生产关键技术、奶农和牧场管理人员培训、新产品的开发、生鲜乳质量安全控制等领域开展合作。

29～30日 中国奶业协会第二十六次繁殖学术年会暨国家肉牛/奶牛产业技术体系第三届全国牛病防治学术研讨会在兰州举行，会议主题为“科学用药，优质高效”。来自全国24个省、自治区、直辖市大专院校、科研院所和相关企业以及新加坡、巴西、马来西亚、泰国、朝鲜等国家和地区的314名代表参加会议。

31日 海关总署发布公告2011年第48号，《中华人民共和国政府和哥斯达黎加共和国政府自由贸易协定》，将自2011年8月1日起正式实施。进口原产于哥斯达黎加共和国的改良种用的牛和其他牛2011年协议税率为零，乳及乳制品2011年协议税率5.6%～18.7%。

本月 学生饮用奶计划部际协调小组办公室组织编写的《中国学生饮用奶奶源基地建设探索与实践》出版。

中共中央政治局委员、全国政协副主席王刚视察内蒙古蒙牛乳业（集团）股份有限公司和林格尔工厂。

8月

5日 农业部办公厅印发《关于实施“奶业提升农垦先行—农垦奶牛场现代化管理培训计划”的通知》（农办垦〔2011〕62号），同文印发《奶业提升农垦先行—农垦奶牛场现代化管理培训计划实施方案》。该计划培训对象为垦区和农场畜牧主管部门负责人、规模化奶牛养殖场（小区）的管理及技术人员，培训内容为奶牛标准化养殖技术等，计划举办10期。

7～8日 中国奶业协会联合农业部奶牛科技入户工程、国家奶牛产业技术体系，在哈尔滨举办2011年生鲜乳生产收购专职岗位技能培训（黑龙江）班。来自黑龙江各地的奶农和技术人员150余人参加培训。

19～21日 中国乳制品工业协会在成都举行第十七次年会暨第十一次乳品技术精品展示会。工业和信息化部党组成员、总工程师朱宏任，四川省人民政府副省长李成云出席开幕式并致辞，中国乳制品工业协会理事长宋昆冈作题为“整改后的中国乳制品工业”主题报告。近2 000人出席会议及展览活动。

22日 中国教育学会体育与卫生分会主办、教育部体育卫生与艺术教育司和学生饮用奶计划部际协调小组办公室支持的“饮奶加运动，健康伴成长”学生体质升级计划主题活动在昆明举行。学生体质升级计划主题活动将开展“亿万学生阳光体育运动”和“学生饮用奶计划”有机结合，普及均衡膳食及体育锻炼知识，培养科学的膳食及运动习惯，提高广大学生的身体素质。

同日 农业部公布全国一村一品示范村镇名单（农经发〔2011〕9号），认定322个村镇为全国一村一品示范村镇，其中内蒙古自治区呼和浩特市土默特左旗羊路什村列为生鲜牛乳示范村。

22～24日 农业部农垦局主办、中国农垦经济发展中心承办的“奶业提升农垦先行——农垦奶牛场现代化管理培训计划”启动仪式暨第一期培训班在北京举行。来自北京、天津、河北、辽宁农垦系统的畜牧生产部门负责人、奶牛养殖相关农场畜牧主管负责人，奶牛场及养殖小区的场长和管理及技术人员140多人参加培训。

25～27日 中国奶业协会、全国畜牧总站在陕西省咸阳市举办2011年全国奶牛生产性能测定技术培训（陕西）班。来自陕西各市县奶农和技术人员100余人参加培训。

27日 中共中央政治局常委、国务院总理温家宝在视察现代牧业（集团）有限公司塞北乳业公司时对职工们说："我有一个愿望：一个13亿人口的国家，应该培养出自己的奶牛品种，生产出高品质的牛奶和乳制品，培养出自己的牛奶和乳制品品牌，不仅要在中国占领制高点，而且要在世界上占据领先地位，这需要一个艰苦而长期的努力过程。但是，只要奶业企业、奶业职工和农业部门下定决心，共同努力，攀登高峰，就一定能够实现这个目标。"

29日 农业部副部长高鸿宾主持召开会议，再次听取农业部畜牧业司关于苜蓿产业发展情况的汇报，研究苜蓿产业发展问题。农业部有关司（局）和中国奶业协会的负责人及专家参加会议。

9月

1日 农业部印发《关于认定第一批国家农业产业化示范基地的通知》（农经发〔2011〕8号），认定77个园区为第一批国家农业产业化示范基地。其中宁夏回族自治区利通金银滩奶牛核心园区列为国家农业产业化示范基地。

同日 农业部发布农业行业标准《牛乳中孕酮含量的测定 高效液相色谱-质谱法》（NY/T 2069—2011）、《牛初乳及其制品中免疫球蛋白IgG的测定 分光光度法》（NY/T 2070—2011）、《标准化奶牛养殖小区项目建设标准》（NY/T 2079—2011），自2011年12月1日起实施。

2日 农业部印发《全国畜牧业发展第十二个五年规划（2011—2015年）》（农牧发〔2011〕8号），提出到2015年，奶类产量达到5 000万吨，成年奶牛年平均单产超过5 500千克；存栏100头以上奶牛规模养殖比重超过38%；生鲜乳收购站100%实现持证收购和标准化管理。

5～6日 中国奶业协会、全国畜牧总站在郑州举办2011年全国奶牛生产性能测定技术培训（河南）班。来自河南各市县奶农和技术人员240余人参加培训。

9日 农业部印发《全国农垦经济和社会发展第十二个五年规划》（农垦发〔2011〕4号），提出围绕奶牛等优势养殖业，进一步优化布局和结构，鼓励发展现代家庭牧场，推进规模养殖。稳步实施学生饮用奶计划，建设现代化奶源示范基地，保障学生饮用奶质量安全。到2015年，垦区牛奶产量470万吨，年均增长5.2%。

13日 财政部和农业部联合召开苜蓿产业发展座谈会。会议分析中国苜蓿产业面临的形势、存在的困难和问题；讨论苜蓿种植、加工、流通、使用和进出口等有关情况；研究奶业企业、草业企业、专业合作组织及农牧民如何结合建立相互衔接的生产经营机制；提出促进苜蓿产业发展的对策和措施建议。财政部和农业部有关部门以及中国奶业协会、中国农业科学院、中国农业大学等17个单位的代表参加会议。

同日 农业部召开全国秋季重大动物疫病防控工作视频会议，高鸿宾副部长出席会议并讲话，强调切实抓好秋季集中免疫工作，确保免疫密度和免疫效果；切实抓好疫情监测报告，确保监测效果；切实抓好监督执法工作，努力防止疫情跨区传播；切实抓好应急工作，及时果断处置突发疫情；切实抓好边境防控，努力做到内防与外堵并重。特别强调要抓好养殖环节抗生素滥用的监管问题。

15日 国家发展和改革委员会、财政部印发《关于降低动物及动物产品检疫收费标准及有关问题的通知》（发改价格〔2011〕2021号），规定牛产地检疫每头3元，屠宰检疫每头6元；羊产地检疫每只1元，屠宰检疫每只2元；跨省引进的乳用、种用牛每头30元，羊15元；冷冻精液每管（0.25毫升）1元；胚胎每个10元；同文还规定了检验收费标准，自2011年9月15日起执行。《国家物价局、财政部关于发布农业系统行政事业性收费项目及标准的通知》（价费字〔1992〕452号）的附件三《畜禽及畜禽产品防疫检疫收费管理办法》和附件四《畜禽及畜禽产品防疫检疫收费标准》同时废止。

16日 国家发展和改革委员会、农业部印发《关于下达奶牛标准化规模养殖小区（场）建设项目2011年中央预算内投资计划的通知》（发改投资〔2011〕2028号），2011年继续安排中央投资5亿元用于支持奶牛标准化规模养殖小区（场）改扩建。

16～18日 中国奶业协会、全国畜牧总站在河北省正定市举办2011年全国奶牛生产性能测定技术培训（河北）班。来自河北各地的奶农和技术人员240余人参加培训。

19日 农业部办公厅印发《关于开展2010年畜牧良种补贴项目执行情况与资金使用情况专项检查的通知》（农办牧〔2011〕32号）。农业部决定在2011年9月至10月，派出6个督导组对部分省份开展包括奶牛在内的良种补贴项目执行情况与资金使用情况进行重点检查。

同日 农业部印发《饲料工业'十二五'发展规划》（农牧发〔2011〕9号），提出鼓励利用中低产田、冬闲田和不适合粮食生产的土地种植牧草和饲用作物，发展优质饲草加工业。鼓励发展全株青贮玉米，推广以优质青贮饲料为基础的优质高效饲养模式。继续推进秸秆养畜，改善秸秆收贮设备设施条件，推广青贮、氨化、微贮等处理技术，培育农作物秸秆商业化处理利用模式，提高秸秆饲用量和饲用效率。秸秆饲用量增加1 000万吨，饲用秸秆处理利用率达到50%。

26～28日 农业部农垦局主办、中国农垦经济发展中心承办的"奶业提升农垦先行——农垦奶牛场现代化管理培训计划"第二期培训班在黑龙江省农垦总局九三管理局举行。来自黑龙江省和内蒙古自治区农垦系统的牧场生产部门负责人、奶牛养殖相关农场畜牧主管负责人、奶牛场及养殖小区的场长和管理及技术人员150多人参加培训。

29日 新疆维吾尔自治区第十一届人民代表大会

常务委员会第三十一次会议通过修订的《新疆维吾尔自治区奶业条例》，自 2011 年 12 月 1 日起施行。修订后的《条例》包括总则、奶畜养殖、生鲜乳的收购销售与购进、乳制品生产与销售、监督管理、法律责任、附则共 7 章 45 条。

10 月

7～22 日　中国奶业协会常务副会长魏克佳率中国奶牛生产性能测定培训团赴美国和加拿大进行培训。全国 8 个省（自治区、直辖市）奶牛生产性能测定中心的主要技术负责人参加培训。

10 日　农业部办公厅印发《全国农垦农产品质量追溯体系建设发展规划（2011—2015）》（农办垦〔2011〕70 号），提出制定乳品等质量追溯操作规程，扩大标准覆盖面，引导更多农业企业开展农产品质量追溯系统建设。

同日　农业部办公厅印发《关于公布 2011 年第一批畜禽标准化示范场名单的通知》（农办牧〔2011〕37 号），其中奶牛标准化示范场 60 个。

同日　中共中央政治局常委、中共中央纪委书记贺国强视察内蒙古伊利实业集团股份有限公司宁夏吴忠工厂。贺国强表示，奶源发展责任重大，牧场建设要综合考虑与生产工厂的距离，做到合理、有效发展。

12 日　《农民日报》刊载专访“转变发展方式加快现代畜牧业建设——农业部副部长高鸿宾谈畜牧业‘十二五’发展规划”。高鸿宾副部长在谈到“十二五”奶业发展有哪些重大的利好政策时表示，将增加饲料和生鲜乳质量安全监管经费；稳步扩大奶牛等政策性农业保险试点范围；逐步建立生鲜乳价格协调和利益联动机制；培养适应现代畜牧业发展的新型农牧民；将畜禽规模养殖用地纳入当地土地利用总体规划。

同日　卫生部公告 2011 年第 24 号，发布食品安全国家标准《预包装食品营养标签通则》（GB 28050—2011）。预包装食品标签上应向消费者提供食品营养信息和特性的说明，包括营养成分表、营养声称和营养成分功能声称。2013 年 1 月 1 日实施。

13～14 日　农业部畜牧业司在陕西省杨凌农业高新技术产业示范区召开全国畜禽标准化规模养殖现场会。陕西省副省长祝列克出席并致辞。农业部副部长高鸿宾出席会议并讲话，他指出，全国年存栏 100 头以上奶牛规模养殖比重达到 30.6%。要以示范创建为载体，扩大标准化规模养殖辐射带动面。他强调生鲜乳质量安全是奶业发展的生命线。要进一步落实质量安全责任，巩固清理整顿的成果，继续保持高压态势，深入开展生鲜乳违禁物专项整治。要切实加强奶站和运输车监管，坚决取缔不合格奶站。强化生鲜乳质量安全监测和执法，做好专项检测、异地抽检、飞行抽检和隐患排查，一旦检出违禁物质，要立即追根溯源，查原因、找源头、打苗头、堵漏洞，从重从快处罚，坚决打击各种违法行为。与会代表参观现代牧业（宝鸡）有限公司等养殖企业。

14 日　国务院发布《国家食品安全事故应急预案》（2011 年 10 月 5 日修订），包括总则、组织机构及职责、应急保障、监测预警、报告与评估、应急响应、后期处置、附则 7 个部分。食品安全事故共分四级，即特别重大食品安全事故、重大食品安全事故、较大食品安全事故和一般食品安全事故。预案明确食品安全事故处置原则：以人为本，减少危害；统一领导，分级负责；科学评估，依法处置；居安思危，预防为主。《国家食品安全事故应急预案》自发布之日起施行。

15～18 日　国际奶业联合会（IDF，International Dairy Federation）主办的 2011 世界乳业峰会在意大利帕尔玛举行。内蒙古蒙牛乳业（集团）股份有限公司荣获“最佳环境可持续发展奖”，其产品“新养道”荣获“最佳新品乳饮料奖”。上海光明乳业食品有限公司获得“最佳商业新品牌奖”。

17 日　国务院印发《关于加强环境保护重点工作的意见》（国发〔2011〕35 号），提出“促进农业和农村污染减排，着力抓好规模化畜禽养殖污染防治。”

同日　农业部办公厅印发《关于发布 2011 年上半年动物产品残留监控结果的通报》（农办医〔2011〕63 号）。2011 年 1 月至 2011 年 7 月 15 日，农业部组织对牛奶进行兽药残留监测，检测药物种类为β-内酰胺类、氨基糖甙类、氟喹诺酮类、磺胺类、林可胺类和大环内酯类、氯霉素、四环素类，抽检牛奶样品 1 631 批，均未检出残留超标样品。

18～19 日　中国奶业协会联合农业部奶牛科技入户工程、国家奶牛产业技术体系，在济南举办 2011 年生鲜乳生产收购专职岗位技能培训（山东）班。来自山东各地的奶农和技术人员 300 余人参加培训。

20～21 日　中国奶业协会、全国畜牧总站在哈尔滨举办 2011 年全国奶牛生产性能测定技术培训（黑龙江）班。来自黑龙江各地的奶农和技术人员 140 余人参加培训。

26～28 日　农业部畜牧业司召开苜蓿产业发展座谈会，研究制定高产优质苜蓿示范片区建设项目的实施指导意见和资金管理办法。奶业及苜蓿主产省的畜牧（奶业）主管部门负责人，以及奶牛产业技术体系、牧草产业技术体系、畜牧业协会草业分会的专家和从事苜蓿生产、经营和贸易的企业代表参加座谈会。

27～28 日　中国奶业协会、全国畜牧总站联合农业部奶牛科技入户工程和国家奶牛产业技术体系，在辽宁省辽阳市举办 2011 年生鲜乳生产收购专职岗位技能培训暨奶牛生产性能测定技术培训（辽宁）班。来自辽宁各地的奶农和技术人员 180 余人参加培训。

28 日　国家质量监督检验检疫总局公告 2011 年第 155 号，公布乳粉和婴幼儿配方乳粉产品质量国家监督抽查结果。抽查 14 个省、自治区、直；辖市 53 家企业生产的 60 种乳粉产品，其中 1 种全脂甜奶粉产品的大肠菌群项目超出标准规定，其他检验指标均符合标准要求；抽查17个省、自治区、直辖市54家企业生产的54种婴幼儿配方乳粉产品，其中涉及人身健康安全的指标均符合标准要求，有3家企业的3种产品不符合其他指标标准的规定。

31日 农业部畜牧业司向各省、自治区、直辖市畜牧（农牧、农业、农林）厅（局、委、办）和新疆生产建设兵团畜牧兽医局发函（农奶办便函〔2011〕226号），转发《中国奶业协会关于选聘特约通讯联络员的通知》。要求"各地按通知要求，认真做好奶业信息与宣传工作，"推荐特约通讯联络员候选人员。特约通讯联络员负责与中国奶业协会的信息联络工作，负责采集奶业相关信息，组织或撰写相关稿件。

11月

1日 国家主席胡锦涛在访问奥地利家庭农庄时说："这个家庭农庄自动化水平高，家里就只有三口人参与经营。养了80头奶牛，还有其他牲畜，连饲料都是自己家种的。这种经营管理模式有值得借鉴之处。"

3日 国务院总理温家宝签署国务院令第609号，发布《饲料和饲料添加剂管理条例》（经2011年10月26日国务院第177次常务会议修订通过）。新修订的《饲料和饲料添加剂管理条例》包括总则、审定和登记、生产经营和使用、法律责任及附则共5章51条，自2012年5月1日起施行。

4～6日 中国奶业协会、全国畜牧总站在福州召开2011年奶牛生产性能测定项目工作会议并同期举办全国规模化奶牛场场长培训班。来自全国各省（自治区、直辖市）奶牛生产性能测定中心（实验室）和奶牛场的管理及技术人员330余人参加会议和培训。

7～8日 农业部农垦局主办、中国农垦经济发展中心承办的"奶业提升农垦先行——农垦奶牛场现代化管理培训计划"第三期培训班在广州举行。来自广东、广西、福建、江西、湖北、湖南农垦系统的畜牧生产部门负责人，奶牛养殖相关农场畜牧主管负责人，奶牛场及养殖小区的场长和管理、技术人员等近100人参加培训。

8日 农业部印发《关于加快推进农业清洁生产的意见》（农科教发〔2011〕11号），提出发展畜禽清洁养殖。合理布局畜禽养殖场（小区），推行农牧结合和生态养殖模式，推广雨污分流、干湿分离和设施化处理等先进适用的污染防治技术，以生猪、奶牛等标准化规模养殖场（小区）建设项目和大中型畜禽养殖场沼气工程为重点，加强粪污处理设施建设，推进畜禽废弃物的无害化治理和利用。

11日 农业部印发《关于进一步加强农业和农村节能减排工作的意见》（农科教发〔2011〕12号），提出力争到2015年，50%以上的规模化畜禽养殖场配套建设废弃物处理利用设施；推广集约、高效、生态畜禽养殖技术，发展草食畜牧业，大力推进秸秆养畜。在粪污相对集中的规模化养殖场或养殖小区，补贴养殖企业（户）建设粪污处理利用设施，推广雨污分流、干湿分离和设施化处理技术，减少化学需氧量和氮、磷排放。

同日 中国奶业协会在海口召开2010—2011年重点奶业企业（乳品加工企业和奶牛养殖场）信息监测工作培训会议。30个大型奶牛养殖场和25个乳品加工企业的信息监测工作负责人参加培训。

15日 农业部公告第1 675号，对三河牛等65个农产品颁发中华人民共和国农产品地理标志登记证书。三河牛划定的区域保护范围为呼伦贝尔市13个旗市区，包括海拉尔区、满洲里市、扎兰屯市、牙克石市、根河市、额尔古纳市、阿荣旗、莫力达瓦达斡尔族自治旗、鄂伦春自治旗、鄂温克自治旗、新巴尔虎左旗、新巴尔虎右旗、陈巴尔虎旗。地理坐标为东经117°15′00″～124°02′00″，北纬47°05′00″～51°30′00″。质量控制技术规范编号为AGI2011—03—00651。

20日 《人民日报》刊载采访农业部副部长高鸿宾的专访《奶业：疗伤三年谋振兴》。高鸿宾副部长表示，经过三年的整顿、振兴，我国现代奶业的基础格局正在形成。全国13503个奶站全部纳入监管，持证收购，全国机械化挤奶率提高至87%；农业部连续三年实施生鲜乳质量安全监测计划，累计抽检3.7万批次，生鲜乳质量安全水平总体良好。今后建设现代奶业重点要推进标准化、规模化、产业化和集约化，提升资源节约和环境友好程度，确保质量安全。

21日 阿根廷农牧渔业部副国务秘书阿尔图罗·维德拉率阿根廷奶业代表团拜会中国奶业协会，就未来进一步交流合作与中方进行座谈。

23日 国务院办公厅印发《关于实施农村义务教育学生营养改善计划的意见》（国办发〔2011〕54号）。从2011年秋季学期起，在集中连片特殊困难地区启动农村（不含县城）义务教育学生营养改善计划试点工作。奶被列入加餐或课间餐。

同日 中国奶业协会组织的第46次全国青年公牛联合后裔测定冷冻精液交换在山东省农业科学院奶牛研究中心完成，参测公牛58头。

24日 国务院召开部署实施全国农村义务教育学生营养改善计划电视电话会议。中共中央政治局委员、国务委员、国家教育体制改革领导小组组长刘延东出席会议并讲话。

25日 农业部副部长高鸿宾会见新西兰恒天然集团全球首席执行官西奥·史毕根斯，双方就加强在奶业领域的进一步合作交换意见。高鸿宾副部长建议，加强奶牛养殖和牧场建设领域的合作；加强生鲜乳质量安全生产技术及质量安全监管体系建设领域的合作，特别是婴幼儿奶粉质量安全方面的合作；合作建立奶农培训学校，为中国奶业从业者提供培训，提高中国奶农生产技能。

同日 农业部印发《生鲜乳收购站质量安全"黑名单"制度（试行）》（农牧发〔2011〕11号），规定生鲜乳收购站列入"黑名单"的违规情形、期限和管理措施。农业部在各省公布的生鲜乳收购站质量安全“黑名单”基础上建立数据库。自2012年1月1日起施行。

29日 国家发展和改革委员会、农业部、财政部印发《“十二五”农作物秸秆综合利用实施方案》（发改环资〔2011〕2615号），秸秆饲料化利用为利用重点领域之一。

同日 农业部办公厅印发《关于公布第二批畜禽标准化示范场名单的通知》（农办牧〔2011〕42号），其中奶牛标准化示范场12个。至此，2011年农业部公布的奶牛标准化示范场达到72个。农业部已公布的奶牛标准化示范场总共为482个。

12月

7～8日 农业部在云南省昆明市召开全国畜禽种业发展座谈会。农业部副部长高鸿宾出席会议并讲话，云南省副省长孔垂柱出席会议并致辞。高鸿宾副部长指出，要从未来畜牧业健康持续发展的角度，研究进一步提升、完善、发展种业的思路和措施。要牢牢抓住国家支持现代种业发展的有利时机，继续加强畜禽良种选育，统筹利用好引进品种、培育新品种和地方品种资源；积极推进联合育种，探索出科学有效的组织模式；规范开展生产性能测定，解决好测定设备、人员和技术缺乏问题；加强执法监管，完善针对重点执法对象的监管措施；强化主要畜禽品种资源的保护，发挥市场机制作用，以开发促保护。

8～9日 农业部农垦局主办、中国农垦经济发展中心承办的“奶业提升农垦先行——农垦奶牛场现代化管理培训计划”第四期培训班在上海举行。来自上海、江苏、浙江、安徽农垦系统的畜牧生产部门负责人，奶牛养殖相关农场畜牧主管负责人，奶牛场及养殖小区的场长和管理、技术人员等100余人参加培训。

10～12日 中国奶业协会、全国畜牧总站在太原举办2011年全国奶牛生产性能测定技术培训（山西）班。来自山西各地的奶农和技术人员180余人参加培训。

12日 农业部印发《关于2010—2011年度中华农业科技奖的表彰决定》（农科教发〔2011〕15号）。西北农林科技大学等单位完成的“奶牛优质高效产业化配套技术体系研究与示范”获中华农业科技奖科研类成果一等奖；中国农业科学院草原研究所等单位完成的“奶牛优质饲草生产技术研究与示范”获二等奖。

15日 国务院印发《国家环境保护“十二五”规划》（国发〔2011〕42号），提出到2015年，全国规模化畜禽养殖场和养殖小区配套建设固体废物和污水贮存处理设施的比例达到50%以上。畜禽养殖污染防治工程被列入“十二五”环境保护重点工程。

21日 农业部办公厅印发《全国节粮型畜牧业发展规划（2011—2020年）》（农办牧〔2011〕52号），提出加快发展奶牛，到2015年，奶类产量达到5 000万吨，年递增5.9%；到2020年，奶类产量达到6 400万吨，年递增5%。

同日 农业部印发《全国畜禽遗传资源保护和利用“十二五”规划》（农牧发〔2011〕13号），提出牛遗传资源保护思路和主要任务是以活体保护为主、冷冻精液和胚胎等遗传物质保存为辅，加强27个保种场和5个保护区建设，完善国家级家畜基因库。以国家级保护品种为主，重点保护21个品种。

同日 国家质量监督检验检疫总局公告2011年第189号，公布灭菌乳产品质量国家监督抽查结果。抽查10个省、直辖市73家企业生产的73种灭菌乳产品，进行10项指标检验。其中有1种纯牛奶产品的蛋白质不符合标准的规定，其他产品及其余项目均符合标准要求。

22日 农业部发布公告第1 695号，批准辽宁省牧经种牛繁育中心有限公司等2个单位从事牛冷冻精液生产经营并核发《种畜禽生产经营许可证》，同时公布各单位验收合格种公牛名单，有效期为3年。

23日 国家质量监检验检疫总局公告2011年第191号，公布液体乳产品质量国家监督抽查结果。抽查21个省、自治区、直辖市128家企业生产的200种液体乳产品，进行18项指标检验。其中有2种产品黄曲霉毒素M1项目不符合标准的规定。

27～28日 全国农业工作会议在北京召开。农业部部长韩长赋出席会议并讲话。韩长赋部长在谈到奶业工作时指出，2011年预计奶类总产量达到3 825万吨，增长2.1%。2012年要着力抓好奶业生产。推动苜蓿等饲料基地建设，促进奶业健康发展。推进生鲜乳质量安全监管，对个别产品中存在的突出问题实施集中治理，努力确保不发生重大农产品质量安全事件。

28日 农业部、国家发展和改革委员会、财政部、商务部、中国人民银行、国家税务总局、中国证券监督管理委员会、中华全国供销合作总社公布第五批农业产业化国家重点龙头企业名单，9家奶业企业被列入。至此，全国共有54家奶业企业被列为农业产业化国家重点龙头企业。

29日 农业部在北京召开全国畜牧兽医工作会议。农业部部长韩长赋、副部长高鸿宾出席会议并讲话。高鸿宾副部长在谈到奶业工作时指出，2011年奶业振兴步伐加快，奶牛生产持续增长，生鲜乳价格总体平稳，养殖效益好于常年，单产5吨的奶牛年获利2000元左右。在生鲜乳专项整治方面始终保持高压态势，奶站管理水平和生鲜乳质量安全水平大幅提高。从2012年开始，国家将启动实施“振兴奶业苜蓿发展行动”，中央财政每年安排5.25亿元，在奶牛主产省和苜蓿主产省，开展奶牛优质苜蓿标准化高产创建。2012年建设50万亩优质苜蓿生产基地，到“十二五”末，累计建设200万亩基地。他强调，各地要把优质苜蓿生产基地建设作为振兴奶业的战略性措施来抓。继续抓好生鲜乳专项整治，加强奶站标准化建设和管理，加快奶站信息化监管平台和质量安全追溯系统建设，努力构建生鲜乳监管长效机制。

同日 农业部印发《农业部农产品质量安全风险评估实验室管理规范》（农质发〔2011〕13号）和公布首批农业部农产品质量安全风险评估实验室名单（农质发〔2011〕14号），其中奶产品质量安全风险评估实验室2个，依托单位分别为中国农业科学院北京畜牧兽医研究所、上海市动物疫病预防控制中心（上海市乳品培训研究中心）。

30日 农业部办公厅印发《动物电子耳标试点方案》（农办医〔2011〕75号），农业部兽医局在天津市武清县、内蒙古自治区呼和浩特市、湖南省邵阳市以及新疆生产建设兵团进行试点，每个省份试点奶牛总数量在1万头左右，分别选择5个左右的奶牛养殖场和一部分奶牛散养户开展试点工作。

31日 中共中央、国务院印发《关于加快推进农业科技创新持续增强农产品供给保障能力的若干意见》（中发〔2012〕1号），提出“启动实施振兴奶业苜蓿发展行动，推进生猪和奶牛规模化养殖小区建设”。

同日 国家发展和改革委员会、工业和信息化部印发《食品工业“十二五”发展规划》（发改产业〔2011〕3229号），提出到2015年，原料乳产量达到5 000万吨，增长33.4%；乳制品产量达到2 700万吨，增长15%，其中干乳制品产量900万吨，液体乳产量1 800万吨。通过兼并、重组，培育形成一批年销售收入超过20亿元的骨干企业。乳制品加工能力闲置率控制在25%以内。

同日 中国奶业协会印发《关于聘任中国奶业协会特约通讯联络员的通知》，聘请农业部奶业管理办公室，各省、自治区、直辖市奶业行政主管部门及奶业协会，乳品企业、科研院校共48名奶业工作者为特约通讯联络员。

本年 农业部2011年对牛奶进行兽药残留监测，检测药物种类为β-内酰胺类、氨基糖苷类、氟喹诺酮类、磺胺类、林可胺类和大环内酯类、氯霉素、四环素类，抽检牛奶样品3 621批次，未检出残留超标样品。

国家质量监督检验检疫总局官方网站：截至2011年12月底，全国核发乳制品生产许可证711个，核发婴幼儿配方乳粉生产许可证116个。

农业部农村合作经济经营管理总站调查统计：截至2011年年底，全国（除西藏、农垦系统外）从事畜牧业生产的农民专业合作社143 518个，其中从事奶业生产的农民专业合作社10 182个，占7.09%。

三、政策法规

饲料和饲料添加剂管理条例

中华人民共和国国务院令

第 609 号

《饲料和饲料添加剂管理条例》已经 2011 年 10 月 26 日国务院第 177 次常务会议修订通过，现将修订后的《饲料和饲料添加剂管理条例》公布，自 2012 年 5 月 1 日起施行。

总理　温家宝

二〇一一年十一月三日

饲料和饲料添加剂管理条例

（1999 年 5 月 29 日中华人民共和国国务院令第 266 号发布；根据 2001 年 11 月 29 日《国务院关于修改〈饲料和饲料添加剂管理条例〉的决定》修订，2011 年 10 月 26 日国务院第 177 次常务会议修订通过）

第一章　总　则

第一条　为了加强对饲料、饲料添加剂的管理，提高饲料、饲料添加剂的质量，保障动物产品质量安全，维护公众健康，制定本条例。

第二条　本条例所称饲料，是指经工业化加工、制作的供动物食用的产品，包括单一饲料、添加剂预混合饲料、浓缩饲料、配合饲料和精料补充料。

本条例所称饲料添加剂，是指在饲料加工、制作、使用过程中添加的少量或者微量物质，包括营养性饲料添加剂和一般饲料添加剂。

饲料原料目录和饲料添加剂品种目录由国务院农业行政主管部门制定并公布。

第三条　国务院农业行政主管部门负责全国饲料、饲料添加剂的监督管理工作。

县级以上地方人民政府负责饲料、饲料添加剂管理的部门（以下简称饲料管理部门），负责本行政区域饲料、饲料添加剂的监督管理工作。

第四条　县级以上地方人民政府统一领导本行政区域饲料、饲料添加剂的监督管理工作，建立健全监督管理机制，保障监督管理工作的开展。

第五条　饲料、饲料添加剂生产企业、经营者应当建立健全质量安全制度，对其生产、经营的饲料、饲料添加剂的质量安全负责。

第六条　任何组织或者个人有权举报在饲料、饲料添加剂生产、经营、使用过程中违反本条例的行为，有权对饲料、饲料添加剂监督管理工作提出意见和建议。

第二章　审定和登记

第七条　国家鼓励研制新饲料、新饲料添加剂。

研制新饲料、新饲料添加剂，应当遵循科学、安全、有效、环保的原则，保证新饲料、新饲料添加剂的质量安全。

第八条　研制的新饲料、新饲料添加剂投入生产前，研制者或者生产企业应当向国务院农业行政主管部门提出审定申请，并提供该新饲料、新饲料添加剂的样品和下列资料：

（一）名称、主要成分、理化性质、研制方法、生产工艺、质量标准、检测方法、检验报告、稳定性试验报告、环境影响报告和污染防治措施；

（二）国务院农业行政主管部门指定的试验机构出具的该新饲料、新饲料添加剂的饲喂效果、残留消解动态以及毒理学安全性评价报告。

申请新饲料添加剂审定的，还应当说明该新饲料添加剂的添加目的、使用方法，并提供该饲料添加剂残留可能对人体健康造成影响的分析评价报告。

第九条　国务院农业行政主管部门应当自受理申请之日起 5 个工作日内，将新饲料、新饲料添加剂的样品和申请资料交全国饲料评审委员会，对该新饲料、新饲料添加剂的安全性、有效性及其对环境的影响进行评审。

全国饲料评审委员会由养殖、饲料加工、动物营养、毒理、药理、代谢、卫生、化工合成、生物技术、质量标准、环境保护、食品安全风险评估等方面的专家组成。全国饲料评审委员会对新饲料、新饲料添加剂的评审采取评审会议的形式，评审会议应当有 9 名以上全国饲料评审委员会专家参加，根据需要也可以邀请 1 至

2名全国饲料评审委员会专家以外的专家参加，参加评审的专家对评审事项具有表决权。评审会议应当形成评审意见和会议纪要，并由参加评审的专家审核签字；有不同意见的，应当注明。参加评审的专家应当依法公平、公正履行职责，对评审资料保密，存在回避事由的，应当主动回避。

全国饲料评审委员会应当自收到新饲料、新饲料添加剂的样品和申请资料之日起9个月内出具评审结果并提交国务院农业行政主管部门；但是，全国饲料评审委员会决定由申请人进行相关试验的，经国务院农业行政主管部门同意，评审时间可以延长3个月。

国务院农业行政主管部门应当自收到评审结果之日起10个工作日内作出是否核发新饲料、新饲料添加剂证书的决定；决定不予核发的，应当书面通知申请人并说明理由。

第十条 国务院农业行政主管部门核发新饲料、新饲料添加剂证书，应当同时按照职责权限公布该新饲料、新饲料添加剂的产品质量标准。

第十一条 新饲料、新饲料添加剂的监测期为5年。新饲料、新饲料添加剂处于监测期的，不受理其他就该新饲料、新饲料添加剂的生产申请和进口登记申请，但超过3年不投入生产的除外。

生产企业应当收集处于监测期的新饲料、新饲料添加剂的质量稳定性及其对动物产品质量安全的影响等信息，并向国务院农业行政主管部门报告；国务院农业行政主管部门应当对新饲料、新饲料添加剂的质量安全状况组织跟踪监测，证实其存在安全问题的，应当撤销新饲料、新饲料添加剂证书并予以公告。

第十二条 向中国出口中国境内尚未使用但出口国已经批准生产和使用的饲料、饲料添加剂的，应当委托中国境内代理机构向国务院农业行政主管部门申请登记，并提供该饲料、饲料添加剂的样品和下列资料：

（一）商标、标签和推广应用情况；

（二）生产地批准生产、使用的证明和生产地以外其他国家、地区的登记资料；

（三）主要成分、理化性质、研制方法、生产工艺、质量标准、检测方法、检验报告、稳定性试验报告、环境影响报告和污染防治措施；

（四）国务院农业行政主管部门指定的试验机构出具的该饲料、饲料添加剂的饲喂效果、残留消解动态以及毒理学安全性评价报告。

申请饲料添加剂进口登记的，还应当说明该饲料添加剂的添加目的、使用方法，并提供该饲料添加剂残留可能对人体健康造成影响的分析评价报告。

国务院农业行政主管部门应当依照本条例第九条规定的新饲料、新饲料添加剂的评审程序组织评审，并决定是否核发饲料、饲料添加剂进口登记证。

首次向中国出口中国境内已经使用且出口国已经批准生产和使用的饲料、饲料添加剂的，应当依照本条第一款、第二款的规定申请登记。国务院农业行政主管部门应当自受理申请之日起10个工作日内对申请资料进行审查；审查合格的，将样品交由指定的机构进行复核检测；复核检测合格的，国务院农业行政主管部门应当在10个工作日内核发饲料、饲料添加剂进口登记证。

饲料、饲料添加剂进口登记证有效期为5年。进口登记证有效期满需要继续向中国出口饲料、饲料添加剂的，应当在有效期届满6个月前申请续展。

禁止进口未取得饲料、饲料添加剂进口登记证的饲料、饲料添加剂。

第十三条 国家对已经取得新饲料、新饲料添加剂证书或者饲料、饲料添加剂进口登记证的、含有新化合物的饲料、饲料添加剂的申请人提交的其自己所取得且未披露的试验数据和其他数据实施保护。

自核发证书之日起6年内，对其他申请人未经已取得新饲料、新饲料添加剂证书或者饲料、饲料添加剂进口登记证的申请人同意，使用前款规定的数据申请新饲料、新饲料添加剂审定或者饲料、饲料添加剂进口登记的，国务院农业行政主管部门不予审定或者登记；但是，其他申请人提交其自己所取得的数据的除外。

除下列情形外，国务院农业行政主管部门不得披露本条第一款规定的数据：

（一）公共利益需要；

（二）已采取措施确保该类信息不会被不正当地进行商业使用。

第三章 生产、经营和使用

第十四条 设立饲料、饲料添加剂生产企业，应当符合饲料工业发展规划和产业政策，并具备下列条件：

（一）有与生产饲料、饲料添加剂相适应的厂房、设备和仓储设施；

（二）有与生产饲料、饲料添加剂相适应的专职技术人员；

（三）有必要的产品质量检验机构、人员、设施和质量管理制度；

（四）有符合国家规定的安全、卫生要求的生产环境；

（五）有符合国家环境保护要求的污染防治措施；

（六）国务院农业行政主管部门制定的饲料、饲料添加剂质量安全管理规范规定的其他条件。

第十五条 申请设立饲料添加剂、添加剂预混合饲料生产企业，申请人应当向省、自治区、直辖市人民政府饲料管理部门提出申请。省、自治区、直辖市人民政府饲料管理部门应当自受理申请之日起20个工作日内进行书面审查和现场审核，并将相关资料和审查、审核意见上报国务院农业行政主管部门。国务院农业行政主管部门收到资料和审查、审核意见后应当组织评审，根据评审结果在10个工作日内作出是否核发生产许可证的决定，并将决定抄送省、自治区、直辖市人民政府饲料管理部门。

申请设立其他饲料生产企业，申请人应当向省、自治区、直辖市人民政府饲料管理部门提出申请。省、自治区、直辖市人民政府饲料管理部门应当自受理申请之日起10个工作日内进行书面审查；审查合格的，组织进行现场审核，并根据审核结果在10个工作日内作出是否核发生产许可证的决定。

申请人凭生产许可证办理工商登记手续。

生产许可证有效期为5年。生产许可证有效期满需要继续生产饲料、饲料添加剂的，应当在有效期届满6个月前申请续展。

第十六条 饲料添加剂、添加剂预混合饲料生产企业取得国务院农业行政主管部门核发的生产许可证后，由省、自治区、直辖市人民政府饲料管理部门按照国务院农业行政主管部门的规定，核发相应的产品批准文号。

第十七条 饲料、饲料添加剂生产企业应当按照国务院农业行政主管部门的规定和有关标准，对采购的饲料原料、单一饲料、饲料添加剂、药物饲料添加剂、添加剂预混合饲料和用于饲料添加剂生产的原料进行查验或者检验。

饲料生产企业使用限制使用的饲料原料、单一饲料、饲料添加剂、药物饲料添加剂、添加剂预混合饲料生产饲料的，应当遵守国务院农业行政主管部门的限制性规定。禁止使用国务院农业行政主管部门公布的饲料原料目录、饲料添加剂品种目录和药物饲料添加剂品种目录以外的任何物质生产饲料。

饲料、饲料添加剂生产企业应当如实记录采购的饲料原料、单一饲料、饲料添加剂、药物饲料添加剂、添加剂预混合饲料和用于饲料添加剂生产的原料的名称、产地、数量、保质期、许可证明文件编号、质量检验信息、生产企业名称或者供货者名称及其联系方式、进货日期等。记录保存期限不得少于2年。

第十八条 饲料、饲料添加剂生产企业，应当按照产品质量标准以及国务院农业行政主管部门制定的饲料、饲料添加剂质量安全管理规范和饲料添加剂安全使用规范组织生产，对生产过程实施有效控制并实行生产记录和产品留样观察制度。

第十九条 饲料、饲料添加剂生产企业应当对生产的饲料、饲料添加剂进行产品质量检验；检验合格的，应当附具产品质量检验合格证。未经产品质量检验、检验不合格或者未附具产品质量检验合格证的，不得出厂销售。

饲料、饲料添加剂生产企业应当如实记录出厂销售的饲料、饲料添加剂的名称、数量、生产日期、生产批次、质量检验信息、购货者名称及其联系方式、销售日期等。记录保存期限不得少于2年。

第二十条 出厂销售的饲料、饲料添加剂应当包装，包装应当符合国家有关安全、卫生的规定。

饲料生产企业直接销售给养殖者的饲料可以使用罐装车运输。罐装车应当符合国家有关安全、卫生的规定，并随罐装车附具符合本条例第二十一条规定的标签。

易燃或者其他特殊的饲料、饲料添加剂的包装应当有警示标志或者说明，并注明储运注意事项。

第二十一条 饲料、饲料添加剂的包装上应当附具标签。标签应当以中文或者适用符号标明产品名称、原料组成、产品成分分析保证值、净重或者净含量、贮存条件、使用说明、注意事项、生产日期、保质期、生产企业名称以及地址、许可证明文件编号和产品质量标准等。加入药物饲料添加剂的，还应当标明“加入药物饲料添加剂”字样，并标明其通用名称、含量和休药期。乳和乳制品以外的动物源性饲料，还应当标明“本产品不得饲喂反刍动物”字样。

第二十二条 饲料、饲料添加剂经营者应当符合下列条件：

（一）有与经营饲料、饲料添加剂相适应的经营场所和仓储设施；

（二）有具备饲料、饲料添加剂使用、贮存等知识的技术人员；

（三）有必要的产品质量管理和安全管理制度。

第二十三条 饲料、饲料添加剂经营者进货时应当查验产品标签、产品质量检验合格证和相应的许可证明文件。

饲料、饲料添加剂经营者不得对饲料、饲料添加剂进行拆包、分装，不得对饲料、饲料添加剂进行再加工或者添加任何物质。

禁止经营用国务院农业行政主管部门公布的饲料原料目录、饲料添加剂品种目录和药物饲料添加剂品种目录以外的任何物质生产的饲料。

饲料、饲料添加剂经营者应当建立产品购销台账，如实记录购销产品的名称、许可证明文件编号、规格、数量、保质期、生产企业名称或者供货者名称及其联系方式、购销时间等。购销台账保存期限不得少于2年。

第二十四条 向中国出口的饲料、饲料添加剂应当包装，包装应当符合中国有关安全、卫生的规定，并附具符合本条例第二十一条规定的标签。

向中国出口的饲料、饲料添加剂应当符合中国有关检验检疫的要求，由出入境检验检疫机构依法实施检验检疫，并对其包装和标签进行核查。包装和标签不符合要求的，不得入境。

境外企业不得直接在中国销售饲料、饲料添加剂。境外企业在中国销售饲料、饲料添加剂的，应当依法在中国境内设立销售机构或者委托符合条件的中国境内代理机构销售。

第二十五条 养殖者应当按照产品使用说明和注意事项使用饲料。在饲料或者动物饮用水中添加饲料添加剂的，应当符合饲料添加剂使用说明和注意事项的要求，遵守国务院农业行政主管部门制定的饲料添加剂安全使用规范。

养殖者使用自行配制的饲料的，应当遵守国务院农业行政主管部门制定的自行配制饲料使用规范，并不得对外提供自行配制的饲料。

使用限制使用的物质养殖动物的，应当遵守国务院农业行政主管部门的限制性规定。禁止在饲料、动物饮用水中添加国务院农业行政主管部门公布禁用的物质以及对人体具有直接或者潜在危害的其他物质，或者直接使用上述物质养殖动物。禁止在反刍动物饲料中添加乳和乳制品以外的动物源性成分。

第二十六条 国务院农业行政主管部门和县级以上地方人民政府饲料管理部门应当加强饲料、饲料添加剂质量安全知识的宣传，提高养殖者的质量安全意识，指导养殖者安全、合理使用饲料、饲料添加剂。

第二十七条 饲料、饲料添加剂在使用过程中被证实对养殖动物、人体健康或者环境有害的，由国务院农业行政主管部门决定禁用并予以公布。

第二十八条 饲料、饲料添加剂生产企业发现其生产的饲料、饲料添加剂对养殖动物、人体健康有害或者存在其他安全隐患的，应当立即停止生产，通知经营者、使用者，向饲料管理部门报告，主动召回产品，并记录召回和通知情况。召回的产品应当在饲料管理部门监督下予以无害化处理或者销毁。

饲料、饲料添加剂经营者发现其销售的饲料、饲料添加剂具有前款规定情形的，应当立即停止销售，通知生产企业、供货者和使用者，向饲料管理部门报告，并记录通知情况。

养殖者发现其使用的饲料、饲料添加剂具有本条第一款规定情形的，应当立即停止使用，通知供货者，并向饲料管理部门报告。

第二十九条 禁止生产、经营、使用未取得新饲料、新饲料添加剂证书的新饲料、新饲料添加剂以及禁用的饲料、饲料添加剂。

禁止经营、使用无产品标签、无生产许可证、无产品质量标准、无产品质量检验合格证的饲料、饲料添加剂。禁止经营、使用无产品批准文号的饲料添加剂、添加剂预混合饲料。禁止经营、使用未取得饲料、饲料添加剂进口登记证的进口饲料、进口饲料添加剂。

第三十条 禁止对饲料、饲料添加剂作具有预防或者治疗动物疾病作用的说明或者宣传。但是，饲料中添加药物饲料添加剂的，可以对所添加的药物饲料添加剂的作用加以说明。

第三十一条 国务院农业行政主管部门和省、自治区、直辖市人民政府饲料管理部门应当按照职责权限对全国或者本行政区域饲料、饲料添加剂的质量安全状况进行监测，并根据监测情况发布饲料、饲料添加剂质量安全预警信息。

第三十二条 国务院农业行政主管部门和县级以上地方人民政府饲料管理部门，应当根据需要定期或者不定期组织实施饲料、饲料添加剂监督抽查；饲料、饲料添加剂监督抽查检测工作由国务院农业行政主管部门或者省、自治区、直辖市人民政府饲料管理部门指定的具有相应技术条件的机构承担。饲料、饲料添加剂监督抽查不得收费。

国务院农业行政主管部门和省、自治区、直辖市人民政府饲料管理部门应当按照职责权限公布监督抽查结果，并可以公布具有不良记录的饲料、饲料添加剂生产企业、经营者名单。

第三十三条 县级以上地方人民政府饲料管理部门应当建立饲料、饲料添加剂监督管理档案，记录日常监督检查、违法行为查处等情况。

第三十四条 国务院农业行政主管部门和县级以上地方人民政府饲料管理部门在监督检查中可以采取下列措施：

（一）对饲料、饲料添加剂生产、经营、使用场所实施现场检查；

（二）查阅、复制有关合同、票据、账簿和其他相关资料；

（三）查封、扣押有证据证明用于违法生产饲料的饲料原料、单一饲料、饲料添加剂、药物饲料添加剂、添加剂预混合饲料，用于违法生产饲料添加剂的原料，用于违法生产饲料、饲料添加剂的工具、设施，违法生产、经营、使用的饲料、饲料添加剂；

（四）查封违法生产、经营饲料、饲料添加剂的场所。

第四章 法律责任

第三十五条 国务院农业行政主管部门、县级以上地方人民政府饲料管理部门或者其他依照本条例规定行使监督管理权的部门及其工作人员，不履行本条例规定的职责或者滥用职权、玩忽职守、徇私舞弊的，对直接负责的主管人员和其他直接责任人员，依法给予处分；直接负责的主管人员和其他直接责任人员构成犯罪的，依法追究刑事责任。

第三十六条 提供虚假的资料、样品或者采取其他欺骗方式取得许可证明文件的，由发证机关撤销相关许可证明文件，处5万元以上10万元以下罚款，申请人3年内不得就同一事项申请行政许可。以欺骗方式取得许可证明文件给他人造成损失的，依法承担赔偿责任。

第三十七条 假冒、伪造或者买卖许可证明文件的，由国务院农业行政主管部门或者县级以上地方人民政府饲料管理部门按照职责权限收缴或者吊销、撤销相关许可证明文件；构成犯罪的，依法追究刑事责任。

第三十八条 未取得生产许可证生产饲料、饲料添加剂的，由县级以上地方人民政府饲料管理部门责令停止生产，没收违法所得、违法生产的产品和用于违法生产饲料的饲料原料、单一饲料、饲料添加剂、药物饲料添加剂、添加剂预混合饲料以及用于违法生产饲料添加剂的原料，违法生产的产品货值金额不足1万元的，并处1万元以上5万元以下罚款，货值金额1万元以上的，并处货值金额5倍以上10倍以下罚款；情节严重的，没收其生产设备，生产企业的主要负责人和直接负责的主管人员10年内不得从事饲料、饲料添加剂生产、经营活动。

已经取得生产许可证，但不再具备本条例第十四条规定的条件而继续生产饲料、饲料添加剂的，由县级以上地方人民政府饲料管理部门责令停止生产、限期改正，并处1万元以上5万元以下罚款；逾期不改正的，由发证机关吊销生产许可证。

已经取得生产许可证，但未取得产品批准文号而生产饲料添加剂、添加剂预混合饲料的，由县级以上地方人民政府饲料管理部门责令停止生产，没收违法所得、违法生产的产品和用于违法生产饲料的饲料原料、单一饲料、饲料添加剂、药物饲料添加剂以及用于违法生产饲料添加剂的原料，限期补办产品批准文号，并处违法生产的产品货值金额1倍以上3倍以下罚款；情节严重的，由发证机关吊销生产许可证。

第三十九条 饲料、饲料添加剂生产企业有下列行为之一的，由县级以上地方人民政府饲料管理部门责令改正，没收违法所得、违法生产的产品和用于违法生产饲料的饲料原料、单一饲料、饲料添加剂、药物饲料添加剂、添加剂预混合饲料以及用于违法生产饲料添加剂的原料，违法生产的产品货值金额不足1万元的，并处1万元以上5万元以下罚款，货值金额1万元以上的，并处货值金额5倍以上10倍以下罚款；情节严重的，由发证机关吊销、撤销相关许可证明文件，生产企业的主要负责人和直接负责的主管人员10年内不得从事饲料、饲料添加剂生产、经营活动；构成犯罪的，依法追究刑事责任：

（一）使用限制使用的饲料原料、单一饲料、饲料添加剂、药物饲料添加剂、添加剂预混合饲料生产饲料，不遵守国务院农业行政主管部门的限制性规定的；

（二）使用国务院农业行政主管部门公布的饲料原料目录、饲料添加剂品种目录和药物饲料添加剂品种目录以外的物质生产饲料的；

（三）生产未取得新饲料、新饲料添加剂证书的新饲料、新饲料添加剂或者禁用的饲料、饲料添加剂的。

第四十条 饲料、饲料添加剂生产企业有下列行为之一的，由县级以上地方人民政府饲料管理部门责令改正，处1万元以上2万元以下罚款；拒不改正的，没收违法所得、违法生产的产品和用于违法生产饲料的饲料原料、单一饲料、饲料添加剂、药物饲料添加剂、添加剂预混合饲料以及用于违法生产饲料添加剂的原料，并处5万元以上10万元以下罚款；情节严重的，责令停止生产，可以由发证机关吊销、撤销相关许可证明文件：

（一）不按照国务院农业行政主管部门的规定和有关标准对采购的饲料原料、单一饲料、饲料添加剂、药物饲料添加剂、添加剂预混合饲料和用于饲料添加剂生产的原料进行查验或者检验的；

（二）饲料、饲料添加剂生产过程中不遵守国务院农业行政主管部门制定的饲料、饲料添加剂质量安全管理规范和饲料添加剂安全使用规范的；

（三）生产的饲料、饲料添加剂未经产品质量检验的。

第四十一条 饲料、饲料添加剂生产企业不依照本条例规定实行采购、生产、销售记录制度或者产品留样观察制度的，由县级以上地方人民政府饲料管理部门责令改正，处1万元以上2万元以下罚款；拒不改正的，没收违法所得、违法生产的产品和用于违法生产饲料的饲料原料、单一饲料、饲料添加剂、药物饲料添加剂、添加剂预混合饲料以及用于违法生产饲料添加剂的原料，处2万元以上5万元以下罚款，并可以由发证机关吊销、撤销相关许可证明文件。

饲料、饲料添加剂生产企业销售的饲料、饲料添加剂未附具产品质量检验合格证或者包装、标签不符合规定的，由县级以上地方人民政府饲料管理部门责令改正；情节严重的，没收违法所得和违法销售的产品，可以处违法销售的产品货值金额30%以下罚款。

第四十二条 不符合本条例第二十二条规定的条件经营饲料、饲料添加剂的，由县级人民政府饲料管理部门责令限期改正；逾期不改正的，没收违法所得和违法经营的产品，违法经营的产品货值金额不足1万元的，并处2 000元以上2万元以下罚款，货值金额1万元以上的，并处货值金额2倍以上5倍以下罚款；情节严重的，责令停止经营，并通知工商行政管理部门，由工商行政管理部门吊销营业执照。

第四十三条 饲料、饲料添加剂经营者有下列行为之一的，由县级人民政府饲料管理部门责令改正，没收违法所得和违法经营的产品，违法经营的产品货值金额不足1万元的，并处2 000元以上2万元以下罚款，货值金额1万元以上的，并处货值金额2倍以上5倍以下罚款；情节严重的，责令停止经营，并通知工商行政管理部门，由工商行政管理部门吊销营业执照；构成犯罪的，依法追究刑事责任：

（一）对饲料、饲料添加剂进行再加工或者添加物质的；

（二）经营无产品标签、无生产许可证、无产品质量检验合格证的饲料、饲料添加剂的；

（三）经营无产品批准文号的饲料添加剂、添加剂预混合饲料的；

（四）经营用国务院农业行政主管部门公布的饲料原料目录、饲料添加剂品种目录和药物饲料添加剂品种目录以外的物质生产的饲料的；

（五）经营未取得新饲料、新饲料添加剂证书的新饲料、新饲料添加剂或者未取得饲料、饲料添加剂进口登记证的进口饲料、进口饲料添加剂以及禁用的饲料、饲料添加剂的。

第四十四条 饲料、饲料添加剂经营者有下列行为之一的，由县级人民政府饲料管理部门责令改正，没收违法所得和违法经营的产品，并处2 000元以上1万元以下罚款：

（一）对饲料、饲料添加剂进行拆包、分装的；

（二）不依照本条例规定实行产品购销台账制度的；

（三）经营的饲料、饲料添加剂失效、霉变或者超过保质期的。

第四十五条 对本条例第二十八条规定的饲料、饲料添加剂，生产企业不主动召回的，由县级以上地方人民政府饲料管理部门责令召回，并监督生产企业对召回的产品予以无害化处理或者销毁；情节严重的，没收违法所得，并处应召回的产品货值金额1倍以上3倍以下罚款，可以由发证机关吊销、撤销相关许可证明文件；生产企业对召回的产品不予以无害化处理或者销毁的，由县级人民政府饲料管理部门代为销毁，所需费用由生产企业承担。

对本条例第二十八条规定的饲料、饲料添加剂，经营者不停止销售的，由县级以上地方人民政府饲料管理部门责令停止销售；拒不停止销售的，没收违法所得，处1 000元以上5万元以下罚款；情节严重的，责令停止经营，并通知工商行政管理部门，由工商行政管理部门吊销营业执照。

第四十六条 饲料、饲料添加剂生产企业、经营者有下列行为之一的，由县级以上地方人民政府饲料管理部门责令停止生产、经营，没收违法所得和违法生产、经营的产品，违法生产、经营的产品货值金额不足1万元的，并处2 000元以上2万元以下罚款，货值金额1万元以上的，并处货值金额2倍以上5倍以下罚款；构成犯罪的，依法追究刑事责任：

（一）在生产、经营过程中，以非饲料、非饲料添加剂冒充饲料、饲料添加剂或者以此种饲料、饲料添加剂冒充他种饲料、饲料添加剂的；

（二）生产、经营无产品质量标准或者不符合产品质量标准的饲料、饲料添加剂的；

（三）生产、经营的饲料、饲料添加剂与标签标示的内容不一致的。

饲料、饲料添加剂生产企业有前款规定的行为，情节严重的，由发证机关吊销、撤销相关许可证明文件；饲料、饲料添加剂经营者有前款规定的行为，情节严重的，通知工商行政管理部门，由工商行政管理部门吊销营业执照。

第四十七条 养殖者有下列行为之一的，由县级人民政府饲料管理部门没收违法使用的产品和非法添加物质，对单位处1万元以上5万元以下罚款，对个人处5 000元以下罚款；构成犯罪的，依法追究刑事责任：

（一）使用未取得新饲料、新饲料添加剂证书的新饲料、新饲料添加剂或者未取得饲料、饲料添加剂进口登记证的进口饲料、进口饲料添加剂的；

（二）使用无产品标签、无生产许可证、无产品质量标准、无产品质量检验合格证的饲料、饲料添加剂的；

（三）使用无产品批准文号的饲料添加剂、添加剂预混合饲料的；

（四）在饲料或者动物饮用水中添加饲料添加剂，不遵守国务院农业行政主管部门制定的饲料添加剂安全使用规范的；

（五）使用自行配制的饲料，不遵守国务院农业行政主管部门制定的自行配制饲料使用规范的；

（六）使用限制使用的物质养殖动物，不遵守国务院农业行政主管部门的限制性规定的；

（七）在反刍动物饲料中添加乳和乳制品以外的动物源性成分的。

在饲料或者动物饮用水中添加国务院农业行政主管部门公布禁用的物质以及对人体具有直接或者潜在危害的其他物质，或者直接使用上述物质养殖动物的，由县级以上地方人民政府饲料管理部门责令其对饲喂了违禁物质的动物进行无害化处理，处3万元以上10万元以下罚款；构成犯罪的，依法追究刑事责任。

第四十八条 养殖者对外提供自行配制的饲料的，由县级人民政府饲料管理部门责令改正，处2 000元以上2万元以下罚款。

第五章 附 则

第四十九条 本条例下列用语的含义：

（一）饲料原料，是指来源于动物、植物、微生物或者矿物质，用于加工制作饲料但不属于饲料添加剂的饲用物质。

（二）单一饲料，是指来源于一种动物、植物、微生物或者矿物质，用于饲料产品生产的饲料。

（三）添加剂预混合饲料，是指由两种（类）或者两种（类）以上营养性饲料添加剂为主，与载体或者稀释剂按照一定比例配制的饲料，包括复合预混合饲料、微量元素预混合饲料、维生素预混合饲料。

（四）浓缩饲料，是指主要由蛋白质、矿物质和饲料添加剂按照一定比例配制的饲料。

（五）配合饲料，是指根据养殖动物营养需要，将多种饲料原料和饲料添加剂按照一定比例配制的饲料。

（六）精料补充料，是指为补充草食动物的营养，将多种饲料原料和饲料添加剂按照一定比例配制的饲料。

（七）营养性饲料添加剂，是指为补充饲料营养成分而掺入饲料中的少量或者微量物质，包括饲料级氨基酸、维生素、矿物质微量元素、酶制剂、非蛋白氮等。

（八）一般饲料添加剂，是指为保证或者改善饲料品质、提高饲料利用率而掺入饲料中的少量或者微量物质。

（九）药物饲料添加剂，是指为预防、治疗动物疾病而掺入载体或者稀释剂的兽药的预混合物质。

（十）许可证明文件，是指新饲料、新饲料添加剂证书，饲料、饲料添加剂进口登记证，饲料、饲料添加剂生产许可证，饲料添加剂、添加剂预混合饲料产品批准文号。

第五十条 药物饲料添加剂的管理，依照《兽药管理条例》的规定执行。

第五十一条 本条例自2012年5月1日起施行。

卫生部等五部委规定三聚氰胺在食品中限量值

中华人民共和国卫生部　中华人民共和国工业和信息化部
中华人民共和国农业部　国家工商行政管理总局
国家质量监督检验检疫总局　公告

2011年　第10号

三聚氰胺不是食品原料，也不是食品添加剂，禁止人为添加到食品中。对在食品中人为添加三聚氰胺的，依法追究法律责任。三聚氰胺作为化工原料，可用于塑料、涂料、粘合剂、食品包装材料的生产。资料表明，三聚氰胺可能从环境、食品包装材料等途径进入到食品中，其含量很低。为确保人体健康和食品安全，根据《食品安全法》及其实施条例规定，在总结乳与乳制品中三聚氰胺临时管理限量值公告（2008年第25号公告）实施情况基础上，考虑到国际食品法典委员会已提出食品中三聚氰胺限量标准，特制定我国三聚氰胺在食品中的限量值。现公告如下：

婴儿配方食品中三聚氰胺的限量值为1mg/kg，其他食品中三聚氰胺的限量值为2.5mg/kg，高于上述限量的食品一律不得销售。

上述规定自发布之日起施行。乳与乳制品中三聚氰胺临时管理限量值公告（2008年第25号公告）同时废止。

卫生部
二〇一一年四月六日

农业部办公厅关于印发《生鲜乳生产收购记录和进货查验制度》等三项制度的通知

农办牧〔2011〕13号

各省、自治区、直辖市畜牧（农牧、农业）厅（局、委、办）、新疆生产建设兵团畜牧兽医局：

按照《国务院办公厅关于进一步加强乳品质量安全工作的通知》（国办发〔2010〕42号），我部组织制定了《生鲜乳生产收购记录和进货查验制度》、《生鲜乳质量安全异地抽检制度》和《全国奶畜养殖和生鲜乳收购运输监督抽检方案》，现印发给你们，请遵照执行。

附件：1.《生鲜乳生产收购记录和进货查验制度》
2.《生鲜乳质量安全异地抽检制度》
3.《全国奶畜养殖和生鲜乳收购运输监督抽检方案》

二〇一一年四月十一日

生鲜乳生产收购记录和进货查验制度

第一条　为加强生鲜乳质量安全监管，增强生鲜乳质量安全的可追溯性，提高奶畜养殖者、生鲜乳收购者等第一责任者意识，根据《乳品质量安全监督管理条例》、《国务院办公厅关于进一步加强乳品质量安全工作的通知》（国办发〔2010〕42号）等规定，制定本制度。

第二条　奶畜养殖场（小区）采购兽药、饲料和饲料添加剂等投入品（以下简称投入品），以及生鲜乳收购站收购、运输生鲜乳应当遵守本制度。

第三条　奶畜养殖场（小区）采购投入品时，应当查验供货商的生产（或经营）许可证、营业执照、产品批准证明文件、检验报告等资质材料，采购进口投入品还需查验进口兽药登记许可证或饲料和饲料添加剂产品进口登记证，并建立投入品供货商信息档案或记录。

第四条　奶畜养殖场（小区）采购兽药，应当现场查验并确认符合下列要求：

（一）包装完整，并按照规定印有或者贴有标签，附有说明书，字样清晰；

（二）标签或者说明书的内容与兽药行政管理部门核准的内容相符；

（三）附具产品质量合格证；

（四）在保质期内。

第五条　奶畜养殖场（小区）采购饲料和饲料添加剂，应当现场查验并确认符合下列要求：

（一）包装完整无破损；

（二）附具产品质量合格证；

（三）附具符合国家规定的饲料标签，进口饲料和饲料添加剂附具中文标签；

（四）在保质期内，且无霉变、结块。

第六条 现场查验合格后，奶畜养殖场（小区）应当填写《兽药、饲料和饲料添加剂进货记录》。

第七条 投入品供货商未提供第三条规定的资质材料的，或现场查验确认投入品不符合第四条和第五条规定的，奶畜养殖场（小区）不得采购。

第八条 奶畜养殖场（小区）不得采购违禁添加物或禁用的兽药、饲料和饲料添加剂以及其他对动物和人体具有直接或者潜在危害的物质。

第九条 生鲜乳收购站收购生鲜乳，应当查验奶畜强制免疫情况。奶畜养殖场（小区）应当提供具备符合国家规定的动物防疫条件合格证，生鲜乳收购站应当留存复印件。

第十条 生鲜乳收购站应当建立生鲜乳交售人信息档案或记录。

第十一条 生鲜乳收购站收购生鲜乳，应当按照现行标准或规范进行生鲜乳的抽样和留样，并按照《生乳》国家标准进行酸度、密度、含碱等常规检测，并填写《生鲜乳收购记录》、《生鲜乳检测记录》和《生鲜乳留样记录》。

第十二条 生鲜乳收购站收购的生鲜乳应当符合《生乳》国家标准。不符合《生乳》国家标准的生鲜乳，经有资质的质检机构检测无误后，应当在当地畜牧兽医部门的监督下进行无害化处理，并填写《不合格生鲜乳处理记录》。

第十三条 生鲜乳收购站向乳制品生产企业销售生鲜乳，应当填写《生鲜乳销售记录》。生鲜乳购销双方应当参照农业部、国家工商总局联合制定的《生鲜乳购销合同》示范文本签订购销合同。

第十四条 生鲜乳收购站应当对挤奶设施、生鲜乳贮存运输设施、挤奶厅和周边环境等进行定期清洗消毒，避免对生鲜乳造成污染，并填写《设施设备清洗消毒记录》。

第十五条 生鲜乳运输应当符合下列要求：

（一）运输车辆应当携带生鲜乳准运证明，并与运输车辆牌照一致；

（二）运输车辆应当携带交接单，内容真实；

（三）生鲜乳贮存罐应当密封完好，保持低温；

（四）运输车辆的驾驶员、押运员应当持有有效的健康证明，并具有保持生鲜乳质量安全的基本知识。

第十六条 县级以上人民政府畜牧兽医部门应当加强对奶畜饲养以及生鲜乳生产、收购和运输环节的监督检查。

第十七条 县级以上人民政府畜牧兽医部门在进行监督检查时，行使下列职权：

（一）对奶畜养殖场所、生鲜乳收购站、生鲜乳运输车辆实施现场检查；

（二）向有关人员调查、了解有关情况；

（三）查阅、复印养殖档案、生鲜乳收购记录、留样记录、检测记录、购销合同、生鲜乳交接单等资料；

（四）查封、扣押有证据证明不符合乳品质量安全标准的生鲜乳；

（五）查封涉嫌违法从事生鲜乳生产经营活动的场所，扣押违法生产、收购、贮存、运输生鲜乳的车辆、工具、设备；

（六）法律、行政法规规定的其他职权。

第十八条 违反本制度规定的行为，依照《乳品质量安全监督管理条例》、《生鲜乳生产收购管理办法》等规定进行处罚。

第十九条 本制度自发布之日起施行。

表格（略）：1. 奶畜养殖场（小区）兽药、饲料和饲料添加剂进货记录

2. 生鲜乳收购记录
3. 生鲜乳留样记录
4. 生鲜乳检测记录
5. 生鲜乳销售记录
6. 不合格生鲜乳处理记录
7. 设施设备清洗消毒记录

生鲜乳质量安全异地抽检制度

第一章 总 则

第一条 为加强生鲜乳质量安全监督管理，提高抽检成效，保障生鲜乳质量安全，根据《乳品质量安全监督管理条例》和《国务院办公厅关于进一步加强乳品质量安全工作的通知》（国办发〔2010〕42号）等规定，制定本制度。

第二条 生鲜乳质量安全异地抽检（以下简称异地抽检）是畜牧兽医部门为监督生鲜乳质量，依法对生产、收购、运输的生鲜乳进行异地随机抽样和检验，并对抽查结果公布和处理的活动。

第三条 异地抽检分为全国异地抽检和省内异地抽检。农业部负责制定并组织实施全国异地抽检方案，汇总、分析并通报全国异地抽检信息。省级畜牧兽医部门组织省内异地抽检，汇总、分析并通报本省异地抽检信息。

第四条 受检地区的畜牧兽医部门应当积极配合异地抽检工作，协调处理抽样中出现的问题，保证异地抽检工作顺利开展。

第五条 异地抽检本着就近、节约、务实的原则，体现科学性、公正性、高效性。

第六条 对依法进行的异地抽检，奶畜养殖者、生鲜乳收购者和生鲜乳运输者应当配合协助抽检工作，不得以任何形式阻碍、拒绝抽检。

第七条 全国异地抽检以北京、天津、河北、山西、内蒙古、辽宁、黑龙江、上海、山东、河南、陕西、宁夏、新疆等13个奶业主产省为重点，覆盖全国30个省（区、市）和新疆生产建设兵团。各省异地抽检重点地区由畜牧兽医部门根据本省奶业生产实际确定。

各级畜牧兽医部门应当强化对重点环节和重点单位的监督检验，加大生鲜乳的抽检范围和频次。

第二章 抽 样

第八条 抽样人员应当是畜牧兽医部门和质检机构的工作人员。抽样人员应当熟悉相关法律、法规、标准和有关规定，并经培训后方可从事抽样工作。质检机构与当地畜牧兽医部门共同完成抽样，抽样人员不得接收受检单位送检的样品。

第九条 抽样人员不得少于2名。抽样前应当主动向受检单位出示工作证件和有关文件。抽样人员应当核实受检单位的生鲜乳收购许可证、生鲜乳准运证和生鲜乳交接单。抽样人员发现受检单位无证或无单时，应当将有关情况报告当地畜牧兽医部门进行处理。

第十条 抽样人员应当按现行抽样标准或规范进行抽样、分样、封样、编号及留样。每个贮奶罐限抽1批次样品，分为3份平行样，1份留给受检单位并告知贮存条件，1份用于检测，1份用于留样复议。样品密封条上必须包含抽样日期、两名抽样员及受检人签字。抽样人员应当妥善保存样品，保证样品全程冷链运输，防止样品变质。

第十一条 抽样人员应当在现场认真填写抽样单，经双方确认后共同签名。抽样单为三联单，第一联由质检机构保存，第二联由受检单位保存，第三联交当地畜牧兽医部门。

第十二条 受检单位无正当理由拒绝抽检的，抽样人员应当填写拒绝抽检认定表，由当地畜牧兽医部门和抽样人员共同签字确认，并报组织异地抽检的部门。

第三章 检 测

第十三条 质检机构应当具备生鲜乳质量安全检验资质，应当按照现行国家标准、行业标准或监管部门指定的方法进行检测和结果判定。

第十四条 质检机构应当制定样品的接收、入库、领用、检验、保存及处理的程序，并严格按程序规定执行。备份样品应当在检测结果上报后继续保留一个月。

第十五条 原始检测记录必须如实填写，保证真实、准确、清晰，并留存备查，不得随意涂改。

第十六条 为提高检测效率，质检机构可以使用快速检测方法对样品进行初步判定。快速检测方法应当经有资质部门的科学评估，并符合监管部门关于方法检出限的规定。

第十七条 质检机构完成检测后，应当将检验报告发送受检单位，并进行跟踪确认，保留凭证。在发送不合格检验报告时应当同时告知异议复检程序。

第十八条 受检单位对检测结果有异议的，应当在接到检验报告后5日内向质检机构提出书面复检申请，逾期未提出异议的，视为认可检测结果。质检机构收到受检单位复检申请后，应当在10日之内给予答复。异议复检程序结束后，质检机构应当在3日内将抽检情况汇总表和不合格样品检验报告报送当地畜牧兽医部门。

第四章 结果处理

第十九条 质检机构在完成异地抽检工作后，应当向异地抽检组织部门报送工作总结报告。全国异地抽检结果应当同时通过《农业部生鲜乳质量安全监管监测信息系统》上报农业部。

第二十条 各省畜牧兽医部门应当依法查处检出不合格样品的生鲜乳收购站和运输车辆，并将查处结果上报农业部，同时录入《农业部生鲜乳质量安全监管监测信息系统》。对违规生鲜乳收购站和运输车辆应当列入“黑名单”，进行重点监管。

第二十一条 畜牧兽医部门应当将异地抽检结果通报同级食品安全综合协调机构、卫生、质检、公安、工信、工商等部门，并按照《乳品质量安全监督管理条例》第五十一条规定公布抽检结果，通报生鲜乳质量安全状况。

第五章 工作纪律

第二十二条 畜牧兽医部门在组织异地抽检时，不得干涉质检机构的抽样、检测和判定；质检机构应当严格按照本制度第九条至第二十条规定进行抽样检测和结果上报，不得篡改数据、瞒报、谎报，保证异地抽检工作的严肃性和真实性。违反规定的，按《中华人民共和国农产品质量安全法》第四十四条规定处罚。

第二十三条 参加异地抽检的畜牧兽医部门和质检机构应当对抽检方案、受检单位名单等信息严格保密。质检机构在畜牧兽医部门公布抽检结果之前不得向任何单位和个人透露检测结果。

第二十四条 开展异地抽检，不得向受检单位收取任何费用，所需费用由同级财政列支。

第二十五条 农业部对各省畜牧兽医部门组织异地抽检工作、查处违规生鲜乳收购站和生鲜乳运输车辆工作进行检查评估，对于组织协调不力、查处工作不及时、不彻底的，给予通报批评。

第二十六条 畜牧兽医部门应当对承担异地抽检任务的质检机构进行监督，对未按时完成抽检任务、检测数据错误多、总结分析报告质量差的质检机构给予通报批评，情节严重的，停止其承担异地抽检任务资格。

第六章 附 则

第二十七条 省级畜牧兽医部门可以参照本制度，制定各省生鲜乳质量安全异地抽检办法。

第二十八条 本制度自发布之日起施行。

全国奶畜养殖和生鲜乳收购运输监督抽检方案

为贯彻落实《乳品质量安全监督管理条例》、《奶业整顿和振兴规划纲要》和《国务院办公厅关于进一步加强乳品质量安全工作的通知》（国办发〔2010〕42号）

要求，加强奶畜养殖和生鲜乳收购运输环节质量安全监督抽检工作，保障生鲜乳质量安全，特制定本方案。

一、工作目标

加大生鲜乳和奶畜饲料抽检覆盖面和频次，强化监督抽检和执法联动，依法严厉打击奶畜养殖、生鲜乳收购和运输环节违法添加三聚氰胺等违禁添加物的行为，增强生鲜乳和奶畜饲料质量安全风险防范能力，提高生鲜乳质量安全水平。

二、监督抽检地区

以北京、天津、河北、山西、内蒙古、辽宁、黑龙江、上海、山东、河南、陕西、宁夏、新疆等13个奶业主产省为重点，覆盖全国30个省（区、市）和新疆生产建设兵团。

三、重点任务

针对奶畜养殖、生鲜乳收购和运输等环节，进行现场检查和抽样检测。

（一）奶畜养殖环节 现场检查：商品饲料标签、自配饲料原料来源和饲料存放条件、饲料和兽药使用记录、休药期记录、养殖档案等，重点检查是否使用违禁添加物、违禁药物、假劣兽药、人用药物和非奶畜用抗生素。

抽样检测：奶畜饲料检测三聚氰胺等《食品中可能违法添加的非食用物质和易滥用的食品添加剂品种名单》中有关的禁用物质。

（二）生鲜乳收购环节 现场检查：生鲜乳收购许可证，生鲜乳交接单，生鲜乳收购、检测、留样、运输、销售记录，不合格乳处理记录，化学品管理及使用记录，生鲜乳的制冷和贮存条件等。

抽样检测：生鲜乳检测三聚氰胺等《食品中可能违法添加的非食用物质和易滥用的食品添加剂品种名单》中有关的禁用物质。

（三）生鲜乳运输环节 现场检查：生鲜乳准运证，生鲜乳交接单，生鲜乳运输车辆卫生情况，奶罐隔热保温和密封等贮存条件，押运员、驾驶员的健康证明。

抽样检测：生鲜乳检测三聚氰胺等《食品中可能违法添加的非食用物质和易滥用的食品添加剂品种名单》中有关的禁用物质。

四、抽检要求

（一）抽检方式 监督抽检应当采取专项监测、异地抽检和飞行检查等多种方式。针对三聚氰胺等违禁添加物，开展覆盖所有生鲜乳收购站、运输车辆和奶畜养殖场的拉网式专项监测。针对重点地区，开展省际间、地市间的交叉互检和异地抽检。针对生鲜乳质量安全突发事件和举报投诉，开展突击式飞行检查。针对生鲜乳质量安全潜在风险因素，积极开展隐患排查、摸底监测和风险评估。

（二）抽检范围 在奶畜养殖环节，对生产经营企业和批发市场的奶畜饲料、奶畜养殖场的自配饲料等进行抽样检测。所有奶畜饲料样品必须检测三聚氰胺，其他指标检测比例根据风险科学控制水平和各地实际情况确定。

在生鲜乳收购环节，对奶农专业生产合作社、奶畜养殖场和乳制品生产企业开办的生鲜乳收购站进行抽样检测。所有生鲜乳样品必须检测三聚氰胺，其他指标检测比例根据科学风险控制水平和各地实际情况确定。

在生鲜乳运输环节，对本省和跨省交奶的生鲜乳运输车辆进行抽样检测。所有生鲜乳样品必须检测三聚氰胺，其他指标检测比例根据科学风险控制水平和各地实际情况确定。

根据不同地区、季节、抽样环节和抽检方式，确定重点检测指标。

（三）检测要求 严格按照饲料和生鲜乳采样方法进行抽样。奶畜饲料和生鲜乳样品应当充分反映当地奶畜养殖、生鲜乳收购和运输情况，保证样品覆盖面。抽样人员不得少于2人，按程序进行抽样、分样、封样、编号及留样。每次抽检，每个奶畜饲料品种和贮奶罐限抽1批次样品，分为3份平行样，1份留给被检单位并告知贮存条件，1份用于检测，1份用于留样异议复检。样品密封条上必须包含抽样日期、两名抽样员及受检人签字。抽样人员应当妥善保存样品，在现场认真填写抽样单，经双方确认后共同签名。

样品检测应当依据现行国家标准、行业标准或监管部门指定的方法进行。为提高检测效率，可以使用三聚氰胺等快速检测方法初步判定。快速检测方法必须经过有资质部门的科学评估，并符合监管部门关于方法检出限的规定。对检测结果应当认真履行复议程序，保障监督抽检的合法性。

五、组织实施

农业部制定并组织实施全国生鲜乳和奶畜饲料质量安全监督抽检方案。各省畜牧兽医部门制定并组织实施本省监督抽检方案，于每年1月底前制定印发，并报农业部备案。各省的监督抽检方案应当充分体现与全国方案的互补性，可根据本省的情况增加检测项目。各省畜牧兽医部门应当于每年3月、6月、9月和12月底前向农业部报送季度监督抽检结果。

各省畜牧兽医部门依据抽检结果及时查处违法违规行为，对添加三聚氰胺等违禁添加物的行为应当依法从重处罚。在监督抽检中，一旦发现奶畜饲料和生鲜乳含有三聚氰胺，应当立即进行追踪溯源，查原因、找源头、堵漏洞，彻底清查奶畜饲料、养殖、生鲜乳收购和运输等各环节。

各省畜牧兽医部门应当及时将监督抽检结果报告当地政府和农业部，并通报同级食品安全综合协调机构、卫生、质监、公安、工信、工商等部门。按相关规定和程序公布抽检结果，通报奶畜饲料和生鲜乳质量安全状况。

六、工作要求

（一）加强组织领导 地方政府对本地区的生鲜乳和奶畜饲料质量安全负总责，各级畜牧兽医部门应当切实依法履行监管职责，千方百计加强奶畜养殖、生鲜乳收购和运输的监督抽检。强化抽检与执法联动，统筹调配检验检测资源，集中科研、质检、执法等各方面力量，明确分工，狠抓落实，确保监督抽检工作取得实效。

（二）加大经费投入 各地要落实奶畜养殖、生鲜乳收购和运输环节监督抽检经费，并纳入同级财政预算，保障工作正常开展。应当根据质量安全形势的需要，逐步增加监督抽检经费，扩大抽检覆盖面和频次。同时，加大对奶畜标准化规模养殖、生鲜乳收购站标准化建设、检验检测设备及技术培训、质量安全追溯系统等方面的投入，不断加强质量安全监管能力建设。

（三）密切协作配合 各级畜牧兽医部门应当在当地政府的统一领导下，加强与食品安全综合协调机构、卫生、质监、公安、工信、工商等部门的协作配合，形成合力。主动向当地政府报告监督抽检工作的进展、存在的困难和建议，积极争取政府的支持，加大工作力度。

（四）建立应急机制 各地应当制定生鲜乳和奶畜饲料质量安全事件应急处置预案，完善工作机制，畅通投诉举报渠道，加强预警，做到早发现、早报告、早处置，及时消除各类质量安全隐患。

农业部关于印发《奶畜养殖和生鲜乳收购运输环节违法行为依法从重处罚的规定》的通知

农牧发〔2011〕4号

各省、自治区、直辖市畜牧（农牧、农业）厅（局、委、办），新疆生产建设兵团畜牧兽医局：

为贯彻落实《国务院办公厅关于进一步加强乳品质量安全工作的通知》（国办发〔2010〕42号）要求，加大对奶畜养殖和生鲜乳收购运输环节违法行为的惩处力度，切实保障生鲜乳质量安全，我部组织制定了《奶畜养殖和生鲜乳收购运输环节违法行为依法从重处罚的规定》，现印发给你们，请遵照执行。

附件：奶畜养殖和生鲜乳收购运输环节违法行为依法从重处罚的规定

二〇一一年四月十一日

奶畜养殖和生鲜乳收购运输环节违法行为依法从重处罚的规定

为贯彻落实《国务院办公厅关于进一步加强乳品质量安全工作的通知》（国办发〔2010〕42号）要求，加大对奶畜养殖和生鲜乳收购运输环节违法行为的惩处力度，切实保障生鲜乳质量安全，现对有关违法行为作出如下从重处罚的规定。

一、在奶畜养殖过程中使用违禁药品和其他化合物的，依照《国务院关于加强食品等产品安全监督管理的特别规定》第四条第二款的规定，没收违法所得，货值金额不足5 000元的，并处2万元罚款；货值金额5 000元以上不足1万元的，并处5万元罚款；货值金额1万元以上的，并处货值金额10倍的罚款。对饲喂了违禁药品和其他化合物的奶畜所产的生鲜乳，依照《兽药管理条例》第六十二条的规定，责令违法行为人进行无害化处理。对违禁药品，依照《饲料和饲料添加剂管理条例》第二十九条第二款的规定予以没收。

二、生鲜乳收购者在生鲜乳收购过程中，加入非食品用化学物质或者其他可能危害人体健康的物质，依照《乳品质量安全监督管理条例》第五十四条的规定，没收违法所得和违法生产的生鲜乳，以及相关的工具、设备等物品，并处违法生鲜乳货值金额30倍罚款。

三、生产、销售的生鲜乳含有违禁物质，不符合国家限量标准的，依照《乳品质量安全监督管理条例》第五十五条的规定，没收违法所得、违法生鲜乳和相关的工具、设备等物品，并处违法生鲜乳货值金额20倍罚款。

四、未取得生鲜乳收购许可证收购生鲜乳的，或者收购《乳品质量安全监督管理条例》第二十四条规定禁止收购的生鲜乳的，依照《乳品质量安全监督管理条例》第六十条的规定，没收违法所得、违法收购的生鲜乳和相关的设备、设施等物品，并处违法收购的生鲜乳货值金额8倍以上10倍以下罚款；有生鲜乳收购许可证的，由发证机关吊销许可证。

五、生鲜乳运输车辆未取得生鲜乳准运证明的，依照《国务院关于加强食品等产品安全监督管理的特别规定》第三条第四款的规定，没收违法所得、违法运输的生鲜乳和运输工具、设备等物品，货值金额不足1万元的，并处10万元罚款；货值金额1万元以上的，并处货值金额15倍以上20倍以下的罚款。

六、法律、行政法规对上述违法行为有新的处罚规定的，对相关违法行为在新的处罚幅度内从重处罚。

七、奶畜养殖和生鲜乳收购、运输环节违法行为涉嫌犯罪的，应当依照《行政执法机关移送涉嫌犯罪案件的规定》，移送公安机关依法追究刑事责任。

八、本规定自发布之日起施行。

农业部关于印发《生鲜乳收购站质量安全“黑名单”制度（试行）》的通知

农牧发［2011］11号

各省、自治区、直辖市畜牧（农牧、农业）厅（局、委、办），新疆生产建设兵团畜牧兽医局：

为贯彻落实《国务院办公厅关于进一步加强乳品质量安全工作的通知》（国办发［2010］42号）要求，强化生鲜乳收购站监管，推进收购站经营的诚信体系建设，保障生鲜乳质量安全，我部组织制定了《生鲜乳收购站质量安全“黑名单”制度（试行）》，现印发给你们，请遵照执行。

附件：生鲜乳收购站质量安全“黑名单”制度（试行）

二〇一一年十一月二十五日

生鲜乳收购站质量安全“黑名单”制度（试行）

第一条 为加强生鲜乳收购环节的监督管理，督促生鲜乳收购站开办主体落实质量安全第一责任，保障生鲜乳质量安全，根据《乳品质量安全监督管理条例》和《国务院办公厅关于进一步加强乳品质量安全工作的通知》的规定，制定本制度。

第二条 本制度适用于全国范围内的生鲜乳收购站。

第三条 实施生鲜乳收购站质量安全“黑名单”制度，应当严格遵循依法监管、惩戒失信、客观公正和及时准确的原则。

第四条 省级人民政府畜牧主管部门负责拟订本省的生鲜乳收购站质量安全“黑名单”，报农业部奶业管理办公室备案后在本部门网站上公布。在各省公布的生鲜乳收购站质量安全“黑名单”基础上，农业部建立全国生鲜乳收购站质量安全“黑名单”数据库。

第五条 生鲜乳收购站有下列情形之一的，列入生鲜乳收购站质量安全“黑名单”：

（一）在申请生鲜乳收购许可证时隐瞒有关情况或者提供虚假材料的；

（二）收购、销售禁止收购的生鲜乳的；

（三）在生鲜乳抽检中重要指标有1次不合格记录的；

（四）发生生鲜乳质量安全事故的；

（五）因违规被相关媒体曝光的；

（六）被投诉举报经查证属实的；

（七）拒不接受监督检查，或以暴力、威胁方法阻碍畜牧主管部门工作人员依法履行公务的；

（八）其他情节严重、影响较大的行为。

第六条 生鲜乳收购站有下列情形之一，经限期整改仍未达到要求的，列入生鲜乳收购站质量安全“黑名单”：

（一）现场检查中，生鲜乳收购站卫生条件脏、乱、差，不符合生鲜乳收购站建设规范的；

（二）生鲜乳收购、销售和检测记录不全，未按规定进行保存的；

（三）自有生鲜乳运输车不随车携带生鲜乳交接单，或交接单没有载明生鲜乳收购相关记录的；

（四）随意变更购销合同，跨区域争抢奶源，压级压价，破坏生鲜乳收购市场秩序的。

第七条 对列入质量安全“黑名单”的生鲜乳收购站，畜牧主管部门除依法处罚外，还应将其列为重点监督对象，加大检查力度，采取如下管理措施：

（一）在指定媒体上公布开办主体及其负责人，并通知有关部门和乳制品加工企业；

（二）增加生鲜乳抽检频次，每年抽检不少于4次；

（三）生鲜乳收购站开办主体2年内不能申请各级畜牧部门管理的奶业类项目。

第八条 生鲜乳收购站被列入质量安全“黑名单”的期限为2年。期满前出现新的应当列入“黑名单”的违法行为的，期限重新算起。

第九条 任何组织和个人发现生鲜乳收购站质量安全“黑名单”制度执行中有违规行为的，可向县级以上畜牧主管部门举报，经查证属实的，按相关规定给予举报人适当奖励。

第十条 本制度自2012年1月1日起实施。

2012年高产优质苜蓿示范建设项目实施指导意见

为提高我国奶业生产和质量安全水平，2012年，农业部和财政部启动实施“振兴奶业苜蓿发展行动”。为配合行动开展，提升优质苜蓿生产能力，推进饲草产业发展，中央财政安排一定的补助资金，开展高产优质苜蓿示范建设，在苜蓿优势产区和奶牛主产区建设高产优质苜蓿示范片区，通过组织苜蓿标准化生产加工，强化科技支撑、突出产品质量、转变传统饲草生产加工方式，实现苜蓿增产提质，逐步建立健全我国新型的苜蓿饲草产业体系，为奶业生产提供优质牧草，为现代奶业建设和奶业又好又快发展提供保障。为指导各地实施好高产优质苜蓿示范建设项目，特制定实施指导意见如下：

一、项目目标

重点扶持建设一批有一定规模、生产基础好、在增加苜蓿产量和提高苜蓿产品质量方面有示范带动作用的生产基地，为奶业发展提供优质苜蓿草产品，从根本上提高我国奶牛综合生产能力和牛奶质量安全水平。项目建成以后，示范片区苜蓿单产水平明显提高，旱作条件下年亩产达到400千克以上，灌溉条件下年亩产达到800千克以上。苜蓿草产品质量明显提高，达到国家标准2级以上，粗蛋白含量达到18%以上，相对饲用价值达到125%以上。奶牛饲喂示范片区苜蓿产品后，生鲜乳质量明显提高，乳蛋白含量达到3.0%以上，乳脂肪达到3.5%以上。

二、基本原则

——草畜结合，协调发展。鼓励在苜蓿优势产区和奶牛主产区建设高产优质苜蓿示范片区，鼓励农民饲草专业生产合作社、苜蓿生产企业与奶牛养殖企业（场）建立长期的合作关系，促进苜蓿生产与奶牛养殖有机结合，提高奶牛科学养殖水平。

——突出优势，合理布局。在适宜苜蓿种植的区域，对土地资源、水资源和产业基础等方面优势突出的地区，重点支持开展高产优质苜蓿示范片区建设，提高苜蓿优势产区的综合生产能力。

——专业生产，示范带动。按专业化、标准化、规模化和集约化生产的要求，充分发挥合作社和企业的潜力，加强关键技术应用，促进饲草生产加工方式的转变。同时，充分发挥示范片区的带动作用，提高苜蓿产业整体水平和素质。

——政策引导，多元投入。按照"谁投资、谁经营、谁受益"的原则，通过政策引导和市场调节，充分调动农民专业生产合作社、饲草生产加工企业和奶牛养殖企业（场）三类主体的积极性，鼓励配套整合资金，吸引民间资本，形成国家、集体、个人多元化的投入格局。

——权责到省，公开透明。各省（区、市）要加强组织领导，认真组织实施，确保政策和项目落实。建立公示制度，接受社会监督，确保项目公开、公正、公平、透明。

三、实施内容

（一）实施范围 项目实施区域选择在苜蓿优势产区和奶牛主产区，重点在东北、华北、西北3大区域。2012年，在河北、天津、内蒙古、辽宁、吉林、黑龙江、陕西、甘肃、宁夏、新疆等10个省（区、市）扶持建设50万亩高产优质苜蓿示范片区。

（二）补助内容 一是推行苜蓿良种化。适应不同区域和不同种植条件，更新品种，推广使用高产、优质、抗逆性强的苜蓿优良品种。二是实行标准化生产。推广应用苜蓿种子丸化包衣、根瘤菌接种、地膜精量穴播、病虫草害综合防治等高产集成技术。重点推广应用刈割收获、压扁、田间快速脱水、茎叶同步干燥、收割机械组装配套、田间快速打包、高密度草捆加工等关键设备和技术。完善苜蓿生产技术规程，组织开展标准化生产培训。三是改善生产条件。改造中低产田，改良土地、修建排碱渠和灌溉设施，完善田间基础设施和灌溉条件；修建仓储设施，配置和扩容储草棚、堆储场、青贮窖、农机库等。四是提升质量水平。配备检测设备，对苜蓿粗蛋白含量、酸性洗涤纤维、中性洗涤纤维等关键指标进行检测，保证苜蓿草产品质量。

项目承担单位可根据自身实际情况，在上述内容中各有侧重。

（三）补助标准 对集中连片3 000亩以上的苜蓿种植按照每亩600元的标准给予补助。

（四）补助方式 项目立项后，财政及时先期安排50%的补助资金；项目验收合格，公示期满无异议，确定补助示范片区后，财政再安排剩余50%的补助资金；对于验收不合格的，由财政会同农业部门负责追回预先安排的50%补助资金，或限期整改后安排剩余50%的补助资金。

四、申报要求

（一）申报对象 农民饲草专业生产合作社、饲草生产加工企业和奶牛养殖企业（场），优先扶持农民饲草专业生产合作社。

（二）申报条件

1. 集中连片 申报单位具有适宜苜蓿标准化种植的土地，集中连片，面积3000亩以上；需提供土地使用权证明文件或土地租赁合同（租赁年限在7年以上）；优先考虑具备水源、配套电力等种植灌溉基本条件的单位。

2. 严格资质 申报单位应具有独立法人资格，资产结构及经营状况良好。

（1）农民饲草专业生产合作社：成立1年以上，且有规范的章程、完善的管理制度，有独立的银行账户和会计账簿，建立了成员账户，实行独立的会计核算，财务管理和收益分配制度健全；

（2）饲草生产加工企业：具有A级（含）以上资信等级（未申请过银行贷款的企业除外）；具有苜蓿生产加工经验，注册资本200万元（含）以上，优先考虑与大型奶牛养殖企业（场）有苜蓿草产品供求关系的企业；

（3）奶牛养殖企业（场）：奶牛存栏300头以上的标准化规模养殖企业（场）。

3. 编制方案 各申请单位要按要求编制实施方案（详见附件），同时要出具土地面积证明材料。

五、实施方式

（一）严格立项 由各省（区、市）畜牧（奶业）主管部门成立专家组，制定立项单位审核标准，对申报单位进行评审筛选，确定项目承担单位并公示，并在公示中明确建设内容，公示时间不得少于7天。当满足条件的申请单位较多时，优先安排规模较小的单位。

各省（区、市）畜牧（奶业）主管部门根据本实施指导意见，抓紧组织项目申报，并制定省级实施方案，实施方案中需标明拟组织验收时间，并于7月10日前上报农业部、财政部备案。

（二）严格验收 验收工作由省级农业部门会同财政部门具体负责组织实施，具体验收时间根据各地实施情况确定，各省以高产优质苜蓿示范片区验收评分标准为基础，组织专家进行现场评审验收，具体包括资料审查、现场检查、考评认定等环节，特别是要严格按照项目单位提交的项目实施方案对照建设内容实施。验收结束后，根据验收得分顺序，并将验收结果进行公示，公示时间不得少于7天，无异议后，最终确定补助的示范片区。农业部将会同财政部选择部分项目进行验收抽查。

（三）严格绩效 各地要加强对项目的检查，发现问题及时整改，确保示范片区建设质量。农业部会同财政部对各省（区、市）项目建设工作进行监督检查，对考核优秀的省（区、市）给予通报表扬并适当增加下一年度建设任务，对考核成绩差的给予通报批评并核减下一年度建设任务。

各省（区、市）也要强化绩效管理，开展考评工作，考评工作可结合项目验收开展，并于2012年12月底前，将自评估报告随项目总结上报农业部、财政部。

（四）严格档案 建立完善的监测和档案管理制度，对示范片区苜蓿草产品产量和质量、饲喂奶牛效果、生鲜乳品质等进行跟踪监测，建立工作信息档案。

六、工作要求

（一）加强组织领导 农业部与财政部联合成立项目实施领导小组，具体工作由农业部奶业管理办公室承担，有关单位参与。各省（区、市）要高度重视，成立省级项目领导小组，协调相关单位和人员组织开展建设工作。要认真做好调查摸底、方案制定、动员部署、培训指导，组织成立专家组，综合考虑种植条件、技术力量、产业基础、管理能力等因素，科学合理筛选确定项目片区。

（二）强化监督检查 各省（区、市）要对示范片区进行专项管理，保证各项措施到位，确保高质量完成示范片区建设任务。各地要加强项目资金管理，严禁资金违规使用和套取补贴资金。强化项目检查和指导，认真总结项目实施过程中的成效和经验，改进工作，不断完善示范片区项目建设工作机制。

（三）加强技术服务 各省（区、市）要成立项目专家组，建立专家包片挂钩指导服务制度，充分发挥科研教学单位、技术推广、产业技术体系和行业协会的人才优势，将专家与项目创建任务挂钩。专家组应进行全程技术跟踪服务，开展技术指导，加强协作攻关，解决关键技术问题，组织学习培训与技术交流，提高技术支撑水平。

（四）广泛宣传报道 充分调动各方积极性，宣传项目建设对推动苜蓿产业发展和提升奶业生产水平的重要作用和战略意义。充分利用媒体资源，宣传报道项目建设的成效和经验，树立典型，表彰先进，扩大影响，引导社会各方关注我国苜蓿产业和奶业的健康发展，为奶业振兴营造良好氛围。

附：

高产优质苜蓿示范片区考核标准（试行）

一、土地集中连片

具有适宜苜蓿标准化种植的土地，示范片区面积应在3 000亩以上。

二、单产水平提高

在苜蓿种植的第2年，示范片区苜蓿单产应比当地平均单产水平提高10%以上，旱作条件下亩产应达到400千克以上，灌溉条件下亩产应达到800千克以上。苜蓿鲜干草折算比例为4∶1。

三、苜蓿质量水平提高

示范片区苜蓿草产品质量应达到国家标准2级以上，其中，粗蛋白质（CP）含量高于18%，酸性洗涤纤维（ADF）低于35%，中性洗涤纤维（NDF）低于45%，相对饲用价值（RFV）高于125%。示范片区项目单位应提供由有资质的检测部门出具的苜蓿草产品质量检测报告。

四、草畜结合紧密

示范片区项目单位和奶牛养殖场、养殖小区签订供销合同，每头奶牛按每年1吨的标准饲喂量计算，每个单元示范片区为1 500头以上奶牛提供优质饲草。

五、示范带动作用明显

示范带动周边农民提高苜蓿种植水平，当地苜蓿生产专业化、标准化、规模化、集约化水平提高。当地农民饲草专业生产合作社发展壮大，带动农民增收致富。

六、生鲜乳质量水平提高

奶牛饲喂示范片区生产的优质苜蓿以后，产出的生鲜乳质量应有明显提高，在标准饲养条件下，一般乳蛋白含量应在3.0%以上，乳脂肪在3.5%以上。

七、档案管理完善

示范片区应建立一套完整的工作档案，包括有关文件、实施方案、生产记录、测产结果、项目总结等。应树立一块标牌，注明示范片区域范围、面积规模、产量目标、种植品种、实施单位、责任人等。应有一张标识图，注明示范片区位置、涉及乡镇村组、田间设施、田块编号等。应编印一套技术手册，开展相关培训，提高苜蓿种植水平。

高产优质苜蓿示范片区验收评分表（试行）

<table>
<tr><td colspan="3">申请验收单位：</td><td colspan="3">验收时间：　　年　　月　　日</td></tr>
<tr><td rowspan="3">必备条件（任一项不符合不得验收）</td><td colspan="2">1. 项目单位具有适宜苜蓿标准化种植的土地，集中连片，面积 3 000 亩以上，有土地使用权证明文件或土地租赁合同（租赁年限在 7 年以上）。</td><td colspan="3" rowspan="3">可以验收□
不予验收□</td></tr>
<tr><td colspan="2">2. 申报单位应出具承诺函，保证 7 年内苜蓿示范区种植面积不减少、用途不改变。</td></tr>
<tr><td colspan="2">3. 项目单位是农民饲草专业生产合作社、饲草生产加工企业、奶牛规模养殖企业（场）等 3 类主体，符合《2012 年高产优质苜蓿示范片区建设项目实施指导意见》规定的条件。</td></tr>
<tr><td>验收项目</td><td>考核内容</td><td>考核具体内容及评分标准</td><td>满分</td><td>得分</td><td>扣分原因</td></tr>
<tr><td rowspan="8">一、选址与建设（15 分）</td><td rowspan="5">（一）土地选择（9 分）</td><td>土地集中连片，面积 3 000 亩以上，得 5 分。</td><td>5</td><td></td><td></td></tr>
<tr><td>土地平整，适合机械化作业，得 1 分。</td><td>1</td><td></td><td></td></tr>
<tr><td>土质酸碱度偏中性，得 1 分。</td><td>1</td><td></td><td></td></tr>
<tr><td>河海滩涂盐碱地区，地下水位在 4 米以下，得 1 分。</td><td>1</td><td></td><td></td></tr>
<tr><td>示范区是传统的苜蓿种植地区，得 1 分。</td><td>1</td><td></td><td></td></tr>
<tr><td rowspan="3">（二）基础设施建设（6 分）</td><td>有良好的灌溉条件，得 1 分；有节水灌溉工程设施与配套设备，得 1 分；有输水管道、水罐车等基本灌溉设施，得 1 分。</td><td>3</td><td></td><td></td></tr>
<tr><td>电力供应有保障，得 1 分；井电配套、配有发电机，得 1 分。</td><td>2</td><td></td><td></td></tr>
<tr><td>有储草棚、堆储场、青贮窖、农机库等，得 1 分。</td><td>1</td><td></td><td></td></tr>
<tr><td rowspan="5">二、田间管理（15 分）</td><td>（一）示范区标示（4 分）</td><td>有示范标示，注明种植品种、示范片区域范围、面积规模、产量、实施单位、责任人以及包片专家，得 2 分；有标识图，注明示范片区位置、涉及乡镇村组、田间设施、田块编号等，得 2 分。</td><td>4</td><td></td><td></td></tr>
<tr><td>（二）品种选择（3 分）</td><td>栽培品种适合当地气候和土地特点，得 3 分。</td><td>3</td><td></td><td></td></tr>
<tr><td>（三）施肥（2 分）</td><td>根据牧草生长情况，适时施用氮、磷、钾和有机肥，得 2 分。</td><td>2</td><td></td><td></td></tr>
<tr><td>（四）农药（2 分）</td><td>有预防苜蓿病虫害的防控技术措施，得 2 分。</td><td>2</td><td></td><td></td></tr>
<tr><td>（五）新型技术应用（4 分）</td><td>使用测土配方施肥技术，得 1 分；种子包衣技术，得 1 分；根瘤菌接种技术，得 1 分；土壤整改技术，得 1 分。</td><td>4</td><td></td><td></td></tr>
<tr><td>三、设施与设备（10 分）</td><td>设施与设备（10 分）</td><td>有苜蓿种植机械，得 1 分；有苜蓿刈割机械并带有压扁部件，得 2 分；有苜蓿搂草、翻条、并条机械，得 2 分；有苜蓿干草条捡拾打捆机械、青草条捡拾卷捆及缠膜机械，得 2 分；有苜蓿种子收获及清选机械，得 1 分；有二次高密度加压机，得 2 分。</td><td>10</td><td></td><td></td></tr>
</table>

（续）

验收项目	考核内容	考核具体内容及评分标准	满分	得分	扣分原因
四、收获与加工（20分）	（一）收获（12分）	在苜蓿的孕蕾末期或初花期进行收割，百株开花率1%以下，得3分。	3		
		刈割时土壤0.63厘米的表层已经干燥，得1分。	1		
		留茬高度为7.6～10厘米，得3分。	3		
		上层草含水量30%左右时翻晒和并垄，得1分。	1		
		打捆时苜蓿草的含水量22%以下且在早晨或晚间空气湿度较高时进行，得2分。	2		
		草捆打好运到仓库后进行田间灌水，得1分；在灌水之前清理干净干草，避免遗草在田间腐烂发霉，得1分。	2		
	（二）加工（8分）	码堆时草捆之间留有通风口，得2分；避免水浸，底层草捆未与地面直接接触，得2分。	4		
		二次高密度打捆在草捆贮存20天后含水量低于12%时进行，得3分。	3		
		高密度草捆打完后进行封塑包装，得1分。	1		
五、生产水平和质量（20分）	（一）生产质量（11分）	旱作条件亩产超过400kg，灌溉条件亩产超过800kg，得2分；示范片区苜蓿单产比当地平均水平提高10%以上，得2分；在苜蓿种植第3～5年，单产稳定在以上水平，得1分；苜蓿鲜干草折算比例为4∶1，得1分。	6		
		有检测部门出具的苜蓿草产品质量检测报告，得1分；苜蓿草产品质量达到国家标准2级以上，粗蛋白质（CP）含量18%以上，酸性洗涤纤维（ADF）低于35%，中性洗涤纤维（NDF）低于45%，相对饲用价值（RFV）大于125%以上，得4分。	5		
	（二）草畜配套建设（3分）	示范片区和奶牛养殖场（小区）签订供销合同，每个单元示范片区为1 500头以上奶牛提供优质饲草。得3分。	3		
	（三）示范带动作用（3分）	带动周边农民提高苜蓿种植水平，当地苜蓿生产专业化、标准化、规模化、集约化水平提高，得2分；当地农民饲草专业生产合作社发展壮大，带动农民增收致富，得1分；	3		
	（四）生鲜乳质量（3分）	奶牛饲喂示范片区生产的优质苜蓿以后，生鲜乳质量有明显提高，乳蛋白含量3.0%以上，乳脂肪3.5%以上，得3分。	3		
六、苜蓿标准化生产科技推广和培训（10分）	（一）培训（5分）	有生产技术规程，得2分；有组织培训记录，得3分。	5		
	（二）科技推广（5分）	有集成配套技术推广，得2分；租赁和购置取样器，得1分；租赁和购置便携检测仪，得1分；有其他技术推广设备或资料，得1分。	5		
七、档案管理（10分）	档案管理（10分）	工作档案完整，有相关批示文件以及资质文件，得2分；有实施方案，得2分；有生产记录，得2分；有产品物理形状描述和常规营养成分分析，得3分；有项目总结，得1分。	10		
总分			100		

验收专家签字：

2012 年________省（区、市）

高产优质苜蓿示范建设实施方案

（编写格式）

项目承担单位（盖章）：________________

联系人/电话：________________

通讯地址/邮编：________________

电子邮件地址：________________

项目主管部门（盖章）：________________

联系人/电话：________________

通讯地址/邮编：________________

填报日期：________________

中华人民共和国农业部制

二〇一二年三月

一、项目实施背景

高产优质苜蓿示范建设的重要性、可行性分析。

目前的项目工作基础，主要包括苜蓿种植面积，农民饲草专业生产合作社、饲草生产加工企业和奶牛养殖企业（场）三类申报对象的种植情况，分布区域（经纬度），单产，质量，饲喂奶牛效果等。

二、项目实施目标与建设标准

项目实施的总体目标、年度目标及预期收益。

根据农业部、财政部发布的项目考核标准，结合本省（区、市）实际制定本省（区、市）的项目建设标准，细化相关指标。

三、项目实施内容

项目主要开展的工作和项目建设的内容，主要包括苜蓿种植品种，种植面积，收贮和加工比例；苜蓿病虫草害防控、测土配方施肥等高产集成技术推广和应用；节水灌溉工程设施、田间灌溉排洪体系建设数量及规模；培训班组织方式及人员培训数量等。

四、项目单位与任务分工

项目参加单位，承担任务量，经费分配等，并详细说明项目承担单位情况（附表）。

五、项目组织和保障措施

项目组织单位和组织方式，包括项目申报方式、管理方式、审查方式、验收方式和监督检查方式等。

项目实施的保障措施，主要包括组织领导、扶持政策、支持技术、发动宣传、投入资金、考核奖励等措施。

六、项目单位意见

七、项目主管部门审核意见

八、有关附表

项目承担单位情况

	项目单位名称	项目所在地	承担项目任务（亩）	资金安排（万元）	项目单位类型			成立时间	已有种植面积（亩）	灌溉方式			机井（套）	贮草棚（平方米）	已有技术装备			有无不良记录
					合作社人员数量（个）	饲草生产加工企业注册资本（万元）	奶牛养殖企业奶牛存栏（头）			滴灌	喷灌	旱作			设备	数量（台）	价值（万元）	
1															1. 拖拉机			
															2. 播种机			
															3. 叉车			
															4. 压扁割草机			
															5. 搂草摊晒机			
															6. 拾捡打捆机			
															7. 二次高密度加压机			
															8. 苜蓿草块加工机			
															9. 苜蓿颗粒加工机			
															10. 其他			

注：1. 项目所在地需明确市、县（区）、乡镇，并标明经纬度；2. 不良记录是指政府相关部门的处罚、媒体曝光等。

农业部办公厅关于印发《农业部畜禽标准化示范场管理办法（试行）》的通知

各省、自治区、直辖市畜牧兽医（农牧、农业）局（厅、委、办），新疆生产建设兵团畜牧兽医局，黑龙江农垦总局，广东农垦总局：

为规范畜禽养殖标准化示范场生产经营行为，充分发挥辐射带动作用，我部制定了《农业部畜禽标准化示范场管理办法（试行）》。现印发给你们，请按照要求认真组织实施，并将执行效果和意见及时反馈我司。

联系人：关龙

电　话：010－59191865

邮　箱：xmsxmch@agri.gov.cn

附件：农业部畜禽标准化示范场管理办法（试行）

二〇一一年三月十日

农业部畜禽标准化示范场管理办法（试行）

第一章　总　　则

第一条　根据《农业部关于加快推进畜禽标准化规模养殖的意见》（农牧发〔2010〕6号）要求，为做好畜禽养殖标准化示范创建工作，加强农业部畜禽标准化示范场（以下简称示范场）管理，提升畜牧业标准化规模生产水平，制定本办法。

第二条　示范场指以规模养殖为基础，以标准化生产为核心，在场址布局、畜禽舍建设、生产设施配备、良种选择、投入品使用、卫生防疫、粪污处理等方面严格执行法律法规和相关标准，具有示范带动作用，经省级畜牧兽医主管部门验收通过并由农业部正式公布的养殖场。

第三条　示范场创建以转变发展方式、提高综合生产能力、发展现代畜牧业为核心，按照高产、优质、高效、生态、安全的发展要求，通过政策扶持、宣传培训、技术引导、示范带动，实现畜禽标准化规模生产和产业化经营，提升畜产品质量安全水平，增强产业竞争力，保障畜产品有效供给，促进畜牧业协调可持续发展。

第四条　各级畜牧兽医行政主管部门应当在当地政府的领导下，积极争取发改、财政、环保、工商和质检等部门的支持，切实抓好示范场建设工作。

第五条　中央与地方的相关扶持政策向示范场倾斜。鼓励畜牧业龙头企业、行业协会和农民专业合作经济组织积极参与示范场创建，带动广大养殖场户发展标准化生产。

第二章　示范场条件及建设要求

第六条　示范场应当具备下列条件：

（一）场址不得位于《中华人民共和国畜牧法》明令禁止区域，并符合相关法律法规及区域内土地使用规划；

（二）达到农业部畜禽养殖标准化示范场验收评分标准所规定的饲养规模；

（三）按照畜牧法规定进行备案；养殖档案符合《农业部关于加强畜禽养殖管理的通知》（农牧发〔2007〕1号）要求；

（四）按照相关规定使用饲料添加剂和兽药；禁止在饲料和动物饮用水中使用违禁药物及非法添加物，以及停用、禁用或者淘汰的饲料和饲料添加剂；

（五）具备县级以上畜牧兽医部门颁发的《动物防疫条件合格证》，两年内无重大疫病和质量安全事件发生；

（六）从事奶牛养殖的，生鲜乳生产、收购、贮存、运输和销售符合《乳品质量安全监督管理条例》、《生鲜乳生产收购管理办法》的有关规定，执行《奶牛场卫生规范》（GB 16568－2006）。设有生鲜乳收购站的，有《生鲜乳收购许可证》，生鲜乳运输车有《生鲜乳准运证明》；

（七）饲养的商品代畜禽来源于具有种畜禽生产经营许可证的养殖企业，饲养、销售种畜禽符合种畜禽场管理有关规定。

第七条　示范场建设其他条件按照农业部和各省畜禽养殖标准化示范场验收评分标准执行。

第八条　示范场建设内容：

（一）畜禽良种化。因地制宜选用畜禽良种，品种来源清楚、检疫合格。

（二）养殖设施化。养殖场选址布局科学合理，畜禽圈舍、饲养和环境控制等生产设施设备满足标准化生产需要和动物防疫要求。

（三）生产规范化。建立规范完整的养殖档案，制定并实施科学规范的畜禽饲养管理规程，配备与饲养规模相适应的畜牧兽医技术人员，严格遵守饲料、饲料添加剂和兽药使用规定，生产过程实行信息化动态管理。

（四）防疫制度化。防疫设施完善，防疫制度健全，按照国家规定开展免疫监测等防疫工作，科学实施畜禽疫病综合防控措施，对病死畜禽实行无害化处理。

（五）粪污无害化。畜禽粪污处理方法得当，设施齐全且运转正常，实现粪污资源化利用或达到相关排放标准。

第三章　示范场确立

第九条　示范场标准

农业部制定示范创建验收评分标准，省级畜牧兽医主管部门可以根据本省区情况对评分标准进行细化，制定不低于农业部发布标准的实施细则。

第十条　创建方案制定与下达

农业部根据各地畜牧业发展现状，下达当年示范场创建方案，明确各省区标准化示范场的创建数量，并向社会公布。

省级畜牧兽医主管部门负责细化本区域内的示范场创建方案，组织开展示范创建工作。

第十一条　申报程序

符合示范场创建验收标准的养殖场户根据自愿原则向县级畜牧兽医主管部门提出申请，经所在县、市畜牧兽医主管部门初审后报省级畜牧兽医主管部门。

第十二条　评审验收

省级畜牧兽医主管部门组织三人以上的专家组，对申请参与示范创建的养殖场进行现场评审验收，确定每个养殖场在示范期限内的具体示范任务和目标，并将验收合格的养殖场名单在省级媒体公示，无异议后报农业部畜牧业司。

第十三条　批复确认

农业部对各地上报材料进行审查并组织实地抽查复核，审核通过后正式发布，并授予“农业部畜禽标准化示范场”称号，有效期三年。

第四章　指导监督与管理

第十四条　农业部和省级畜牧兽医主管部门分别成立技术专家组。

全国畜牧总站负责对省级畜牧兽医主管部门和技术专家组成员进行培训。省级畜牧兽医主管部门负责对本省区参与示范创建的养殖场进行集中培训与技术指导，养殖场根据相关指导意见开展示范创建活动。

第十五条　示范场应当遵守相关法律法规的规定，严格按照农业部畜禽标准化示范场的有关要求组织生产，以培训和技术指导等多种方式带动周边养殖场户开展标准化生产。

示范场应当按照农业部及省级畜牧兽医主管部门要求定期提供示范场有关基础数据信息，并于每年 12 月 20 日前将本年度生产经营、具体示范任务和目标完成等情况报省级畜牧兽医主管部门。

第十六条　省级畜牧兽医主管部门应当加强示范场的监督管理，建立健全示范场奖惩考核机制，定期或不定期组织检查，并建立示范场监督检查档案记录，每年抽查覆盖率不少于 30%。

县级畜牧兽医主管部门应当掌握示范场建设情况，发现问题及时向上级畜牧兽医主管部门报告。

农业部不定期开展对示范场的监督抽查，并将示范场作为农业部饲料及畜产品质量安全监测的重点。

第十七条　有下列情形之一的，取消示范场资格：

（一）弄虚作假取得示范场资格的；

（二）发生重大动物疫病的；

（三）发生畜产品质量安全事故的；

（四）使用违禁药物、非法添加物或不按规定使用饲料添加剂的；

（五）其他必备条件发生变化，已不符合标准要求的；

（六）因粪污处理与利用不当而造成严重污染的；

（七）停止生产经营 1 年以上的；

（八）日常抽查不合格，情节严重的，或整改仍不到位的。

（九）未按规定完成示范任务和目标的。

第十八条　省级畜牧兽医主管部门应当设立监督举报电话，接受社会监督。

第十九条　地方畜牧兽医主管部门在示范场申报过程中，弄虚作假的，由农业部予以通报批评。涉及违法违纪问题的，按有关规定处理。

第五章　附　　则

第二十条　各省、自治区、直辖市畜牧兽医主管部门可参照本办法，组织开展省级示范场创建工作。

第二十一条　本办法自发布之日起施行。

关于奶业产业政策的摘录

农业部办公厅关于推介发布 2011 年农业主导品种和主推技术的通知

农办科〔2011〕6 号

为加强农技推广工作，全面推进基层农技推广体系改革与建设，引导农民科学选用优良品种和先进适用技术，提升农民科学种养水平，根据农业部《农业主导品种和主推技术推介发布办法》，我部组织遴选了 2011 年 150 个农业主导品种和 80 项主推技术（见附件），现予推介发布。

请各地结合全年全程科技服务工作和全国农技推广示范县建设，组织专家、技术指导员，在关键农时、关键技术生产环节集中开展主导品种和主推技术的示范展示和培训，指导科技示范户推广应用。同时，要充分利用电视、广播、报刊、网络等媒体等进行广泛宣传，提高广大农民选择应用优良品种和先进适用技术的意识。

二〇一一年三月二日

附件：2011年农业主导品种和主推技术（奶业部分，其他略）

主导品种：

荷斯坦奶牛：适宜在全国各省、自治区、直辖市的奶牛养殖区域。

乳用水牛：1. 槟榔江水牛：适宜在云南、广西、广东、贵州、湖北等南方地区种植。

2. 摩拉水牛：适宜在广西、广东、云南、贵州、江苏等南方地区。

3. 尼里-拉菲水牛：适宜在广西、广东、云南、贵州、江苏等南方地区。

西门塔尔牛：适宜在新疆、内蒙古、山东、河北、山西、河南、吉林、辽宁、四川、安徽、甘肃等黄牛主产区域推广。

奶山羊：1. 萨能奶山羊：适宜在全国推广。

2. 崂山奶山羊：适宜在全国推广。

主推技术（畜牧兽医）：适度规模奶牛场标准化养殖技术、生鲜乳安全生产技术、母牛提前（20～24月龄）产犊技术、奶牛隐性乳房炎综合防治技术、青贮饲料生产技术、紫花苜蓿综合生产技术、糟渣类饲料的贮藏技术、重大动物疫情处置综合技术、草原有害生物防治技术、全混合日粮（TMR）调制饲喂技术。

国家税务总局关于部分液体乳增值税适用税率的公告

国家税务总局公告2011年第38号

为明确政策，公平税负，现就巴氏杀菌乳、灭菌乳和调制乳的增值税适用税率问题公告如下：

按照《食品安全国家标准—巴氏杀菌乳》（GB 19645—2010）生产的巴氏杀菌乳和按照《食品安全国家标准　灭菌乳》（GB 25190—2010）生产的灭菌乳，均属于初级农业产品，可依照《农业产品征收范围注释》中的鲜奶按13%的税率征收增值税；按照《食品安全国家标准　调制乳》（GB 25191—2010）生产的调制乳，不属于初级农业产品，应按照17%税率征收增值税。

本公告自公布之日起施行。《国家税务总局关于营养强化奶适用增值税税率问题的批复》（国税函〔2005〕676号）同时废止。

特此公告。

国家税务总局

二〇一一年七月六日

全国农业和农村经济发展第十二个五年规划（奶业部分）

2011年9月1日，农业部发布全国农业和农村经济发展第十二个五年规划："十二五"时期是我国全面建设小康社会的关键时期，是深化改革开放、加快转变经济发展方式的攻坚时期，也是加快推进农业现代化、建设社会主义新农村的重要时期。为充分发挥规划引领作用，推动农业和农村经济保持平稳较快发展，根据《国民经济和社会发展第十二个五年规划纲要》有关农业和农村经济发展的总体部署和要求，制定《全国农业和农村经济发展第十二个五年规划》。

附件：全国农业和农村经济发展第十二个五年规划（奶业部分，其他略）

"十二五"时期农业和农村经济发展的主要指标：

农业生产经营组织方式：奶牛规模化养殖比重（%）（年存栏100头以上）：

2010年：28%　2015年：>38%　年均增长：>10%

农产品供给能力：奶类总产量（万吨）：

2010年：3 780　2015年：5 000　年均增长：5.75%

加快发展畜牧业优势品种：建设东北内蒙古产区、华北产区、西部产区、南方产区和大城市周边产区等五大奶业产区，加强奶源基地建设。加快实施奶牛遗传改良计划，建立苜蓿等优质饲料基地，提高挤奶机械化水平。净化奶牛群体重大疫病，强化生鲜乳质量监管。积极推进学生饮用奶计划，促进乳制品消费。

食品安全国家标准《预包装食品标签通则》

前　言

本标准代替GB 7718—2004《预包装食品标签通则》。

本标准与GB 7718—2004相比，主要变化如下：

——修改了适用范围；

——修改了预包装食品和生产日期的定义，增加了规格的定义，取消了保存期的定义；

——修改了食品添加剂的标示方式；

——增加了规格的标示方式；

——修改了生产者、经销者的名称、地址和联系方式的标示方式；

——修改了强制标示内容的文字、符号、数字的高度不小于 1.8mm 时的包装物或包装容器的最大表面面积；

——增加了食品中可能含有致敏物质时的推荐标示要求；

——修改了附录 A 中最大表面面积的计算方法；

——增加了附录 B 和附录 C。

1 范围

本标准适用于直接提供给消费者的预包装食品标签和非直接提供给消费者的预包装食品标签。

本标准不适用于为预包装食品在储藏运输过程中提供保护的食品储运包装标签、散装食品和现制现售食品的标识。

2 术语和定义

2.1 预包装食品

预先定量包装或者制作在包装材料和容器中的食品，包括预先定量包装以及预先定量制作在包装材料和容器中并且在一定量限范围内具有统一的质量或体积标识的食品。

2.2 食品标签

食品包装上的文字、图形、符号及一切说明物。

2.3 配料

在制造或加工食品时使用的，并存在（包括以改性的形式存在）于产品中的任何物质，包括食品添加剂。

2.4 生产日期（制造日期）

食品成为最终产品的日期，也包括包装或灌装日期，即将食品装入（灌入）包装物或容器中，形成最终销售单元的日期。

2.5 保质期

预包装食品在标签指明的贮存条件下，保持品质的期限。在此期限内，产品完全适于销售，并保持标签中不必说明或已经说明的特有品质。

2.6 规格

同一预包装内含有多件预包装食品时，对净含量和内含件数关系的表述。

2.7 主要展示版面

预包装食品包装物或包装容器上容易被观察到的版面。

3 基本要求

3.1 应符合法律、法规的规定，并符合相应食品安全标准的规定。

3.2 应清晰、醒目、持久，应使消费者购买时易于辨认和识读。

3.3 应通俗易懂、有科学依据，不得标示封建迷信、色情、贬低其他食品或违背营养科学常识的内容。

3.4 应真实、准确，不得以虚假、夸大、使消费者误解或欺骗性的文字、图形等方式介绍食品，也不得利用字号大小或色差误导消费者。

3.5 不应直接或以暗示性的语言、图形、符号，误导消费者将购买的食品或食品的某一性质与另一产品混淆。

3.6 不应标注或者暗示具有预防、治疗疾病作用的内容，非保健食品不得明示或者暗示具有保健作用。

3.7 不应与食品或者其包装物（容器）分离。

3.8 应使用规范的汉字（商标除外）。具有装饰作用的各种艺术字，应书写正确，易于辨认。

3.8.1 可以同时使用拼音或少数民族文字，拼音不得大于相应汉字。

3.8.2 可以同时使用外文，但应与中文有对应关系（商标、进口食品的制造者和地址、国外经销者的名称和地址、网址除外）。所有外文不得大于相应的汉字（商标除外）。

3.9 预包装食品包装物或包装容器最大表面面积大于 $35cm^2$ 时（最大表面面积计算方法见附录 A），强制标示内容的文字、符号、数字的高度不得小于 1.8mm。

3.10 一个销售单元的包装中含有不同品种、多个独立包装可单独销售的食品，每件独立包装的食品标识应当分别标注。

3.11 若外包装易于开启识别或透过外包装物能清晰地识别内包装物（容器）上的所有强制标示内容或部分强制标示内容，可不在外包装物上重复标示相应的内容；否则应在外包装物上按要求标示所有强制标示内容。

4 标示内容

4.1 直接向消费者提供的预包装食品标签标示内容

4.1.1 一般要求

直接向消费者提供的预包装食品标签标示应包括食品名称、配料表、净含量和规格、生产者和（或）经销者的名称、地址和联系方式、生产日期和保质期、贮存条件、食品生产许可证编号、产品标准代号及其他需要标示的内容。

4.1.2 食品名称

4.1.2.1 应在食品标签的醒目位置，清晰地标示反映食品真实属性的专用名称。

4.1.2.1.1 当国家标准、行业标准或地方标准中已规定了某食品的一个或几个名称时，应选用其中的一个，或等效的名称。

4.1.2.1.2 无国家标准、行业标准或地方标准规定的名称时，应使用不使消费者误解或混淆的常用名称或通俗名称。

4.1.2.2 标示“新创名称”、“奇特名称”、“音译名称”、“牌号名称”、“地区俚语名称”或“商标名称”时，应在所示名称的同一展示版面标示 4.1.2.1 规定的名称。

4.1.2.2.1 当“新创名称”、“奇特名称”、“音译名称”、“牌号名称”、“地区俚语名称”或“商标名称”含有易使人误解食品属性的文字或术语（词语）时，应在所示名称的同一展示版面邻近部位使用同一字号标示食品真实属性的专用名称。

4.1.2.2.2 当食品真实属性的专用名称因字号或字体颜色不同易使人误解食品属性时，也应使用同一字号及同一字体颜色标示食品真实属性的专用名称。

4.1.2.3 为不使消费者误解或混淆食品的真实属性、物理状态或制作方法，可以在食品名称前或食品名称后附加相应的词或短语。如干燥的、浓缩的、复原的、熏制的、油炸的、粉末的、粒状的等。

4.1.3 配料表

4.1.3.1 预包装食品的标签上应标示配料表，配料表中的各种配料应按4.1.2的要求标示具体名称，食品添加剂按照4.1.3.1.4的要求标示名称。

4.1.3.1.1 配料表应以“配料”或“配料表”为引导词。当加工过程中所用的原料已改变为其他成分（如酒、酱油、食醋等发酵产品）时，可用“原料”或“原料与辅料”代替“配料”、“配料表”，并按本标准相应条款的要求标示各种原料、辅料和食品添加剂。加工助剂不需要标示。

4.1.3.1.2 各种配料应按制造或加工食品时加入量的递减顺序一一排列；加入量不超过2%的配料可以不按递减顺序排列。

4.1.3.1.3 如果某种配料是由两种或两种以上的其他配料构成的复合配料（不包括复合食品添加剂），应在配料表中标示复合配料的名称，随后将复合配料的原始配料在括号内按加入量的递减顺序标示。当某种复合配料已有国家标准、行业标准或地方标准，且其加入量小于食品总量的25%时，不需要标示复合配料的原始配料。

4.1.3.1.4 食品添加剂应当标示其在GB 2760中的食品添加剂通用名称。食品添加剂通用名称可以标示为食品添加剂的具体名称，也可标示为食品添加剂的功能类别名称并同时标示食品添加剂的具体名称或国际编码（INS号）（标示形式见附录B）。在同一预包装食品的标签上，应选择附录B中的一种形式标示食品添加剂。当采用同时标示食品添加剂的功能类别名称和国际编码的形式时，若某种食品添加剂尚不存在相应的国际编码，或因致敏物质标示需要，可以标示其具体名称。食品添加剂的名称不包括其制法。加入量小于食品总量25%的复合配料中含有的食品添加剂，若符合GB 2760规定的带入原则且在最终产品中不起工艺作用的，不需要标示。

4.1.3.1.5 在食品制造或加工过程中，加入的水应在配料表中标示。在加工过程中已挥发的水或其他挥发性配料不需要标示。

4.1.3.1.6 可食用的包装物也应在配料表中标示原始配料，国家另有法律法规规定的除外。

4.1.3.2 下列食品配料，可以选择按表3-1的方式标示。

表3-1 配料标示方式

配料类别	标示方式
各种植物油或精炼植物油，不包括橄榄油	“植物油”或“精炼植物油”；如经过氢化处理，应标示为“氢化”或“部分氢化”
各种淀粉，不包括化学改性淀粉	“淀粉”
加入量不超过2%的各种香辛料或香辛料浸出物（单一的或合计的）	“香辛料”、“香辛料类”或“复合香辛料”
胶基糖果的各种胶基物质制剂	“胶姆糖基础剂”、“胶基”
添加量不超过10%的各种果脯蜜饯水果	“蜜饯”、“果脯”
食用香精、香料	“食用香精”、“食用香料”、“食用香精香料”

4.1.4 配料的定量标示

4.1.4.1 如果在食品标签或食品说明书上特别强调添加了或含有一种或多种有价值、有特性的配料或成分，应标示所强调配料或成分的添加量或在成品中的含量。

4.1.4.2 如果在食品的标签上特别强调一种或多种配料或成分的含量较低或无时，应标示所强调配料或成分在成品中的含量。

4.1.4.3 食品名称中提及的某种配料或成分而未在标签上特别强调，不需要标示该种配料或成分的添加量或在成品中的含量。

4.1.5 净含量和规格

4.1.5.1 净含量的标示应由净含量、数字和法定计量单位组成（标示形式参见附录C）。

4.1.5.2 应依据法定计量单位，按以下形式标示包装物（容器）中食品的净含量：

a）液态食品，用体积升（L）（l）、毫升（mL）（ml），或用质量克（g）、千克（kg）；

b）固态食品，用质量克（g）、千克（kg）；

c）半固态或黏性食品，用质量克（g）、千克（kg）或体积升（L）（l）、毫升（mL）（ml）。

4.1.5.3 净含量的计量单位应按表3-2标示。

表 3-2 净含量计量单位的标示方式

计量方式	净含量（Q）的范围	计量单位
体积	Q<1 000mL Q≥1 000mL	毫升（mL）(ml) 升（L）(l)
质量	Q<1 000g Q≥1 000g	克（g） 千克（kg）

4.1.5.4 净含量字符的最小高度应符合表 3-3 的规定。

表 3-3 净含量字符的最小高度

净含量（Q）的范围	字符的最小高度 mm
Q≤50mL；Q≤50g	2
50mL<Q≤200mL；50g<Q≤200g	3
200mL<Q≤1L；200g<Q≤1kg	4
Q>1kg；Q>1L	6

4.1.5.5 净含量应与食品名称在包装物或容器的同一展示版面标示。

4.1.5.6 容器中含有固、液两相物质的食品，且固相物质为主要食品配料时，除标示净含量外，还应以质量或质量分数的形式标示沥干物（固形物）的含量（标示形式参见附录 C）。

4.1.5.7 同一预包装内含有多个单件预包装食品时，大包装在标示净含量的同时还应标示规格。

4.1.5.8 规格的标示应由单件预包装食品净含量和件数组成，或只标示件数，可不标示“规格”二字。单件预包装食品的规格即指净含量（标示形式参见附录 C）。

4.1.6 生产者、经销者的名称、地址和联系方式

4.1.6.1 应当标注生产者的名称、地址和联系方式。生产者名称和地址应当是依法登记注册、能够承担产品安全质量责任的生产者的名称、地址。有下列情形之一的，应按下列要求予以标示。

4.1.6.1.1 依法独立承担法律责任的集团公司、集团公司的子公司，应标示各自的名称和地址。

4.1.6.1.2 不能依法独立承担法律责任的集团公司的分公司或集团公司的生产基地，应标示集团公司和分公司（生产基地）的名称、地址；或仅标示集团公司的名称、地址及产地，产地应当按照行政区划标注到地市级地域。

4.1.6.1.3 受其他单位委托加工预包装食品的，应标示委托单位和受委托单位的名称和地址；或仅标示委托单位的名称和地址及产地，产地应当按照行政区划标注到地市级地域。

4.1.6.2 依法承担法律责任的生产者或经销者的联系方式应标示以下至少一项内容：电话、传真、网络联系方式等，或与地址一并标示的邮政地址。

4.1.6.3 进口预包装食品应标示原产国国名或地区区名（如中国香港、中国澳门、中国台湾），以及在中国依法登记注册的代理商、进口商或经销者的名称、地址和联系方式，可不标示生产者的名称、地址和联系方式。

4.1.7 日期标示

4.1.7.1 应清晰标示预包装食品的生产日期和保质期。如日期标示采用“见包装物某部位”的形式，应标示所在包装物的具体部位。日期标示不得另外加贴、补印或篡改（标示形式参见附录 C）。

4.1.7.2 当同一预包装内含有多个标示了生产日期及保质期的单件预包装食品时，外包装上标示的保质期应按最早到期的单件食品的保质期计算。外包装上标示的生产日期应为最早生产的单件食品的生产日期，或外包装形成销售单元的日期；也可在外包装上分别标示各单件装食品的生产日期和保质期。

4.1.7.3 应按年、月、日的顺序标示日期，如果不按此顺序标示，应注明日期标示顺序（标示形式参见附录 C）。

4.1.8 贮存条件

预包装食品标签应标示贮存条件（标示形式参见附录 C）。

4.1.9 食品生产许可证编号

预包装食品标签应标示食品生产许可证编号的，标示形式按照相关规定执行。

4.1.10 产品标准代号

在国内生产并在国内销售的预包装食品（不包括进口预包装食品）应标示产品所执行的标准代号和顺序号。

4.1.11 其他标示内容

4.1.11.1 辐照食品

4.1.11.1.1 经电离辐射线或电离能量处理过的食品，应在食品名称附近标示“辐照食品”。

4.1.11.1.2 经电离辐射线或电离能量处理过的任何配料，应在配料表中标明。

4.1.11.2 转基因食品

转基因食品的标示应符合相关法律、法规的规定。

4.1.11.3 营养标签

4.1.11.3.1 特殊膳食类食品和专供婴幼儿的主辅类食品，应当标示主要营养成分及其含量，标示方式按照 GB 13432 执行。

4.1.11.3.2 其他预包装食品如需标示营养标签，标示方式参照相关法规标准执行。

4.1.11.4 质量（品质）等级

食品所执行的相应产品标准已明确规定质量（品质）等级的，应标示质量（品质）等级。

4.2 非直接提供给消费者的预包装食品标签标示内容

非直接提供给消费者的预包装食品标签应按照4.1项下的相应要求标示食品名称、规格、净含量、生产日期、保质期和贮存条件，其他内容如未在标签上标注，则应在说明书或合同中注明。

4.3 标示内容的豁免

4.3.1 下列预包装食品可以免除标示保质期：酒精度大于等于10%的饮料酒；食醋；食用盐；固态食糖类；味精。

4.3.2 当预包装食品包装物或包装容器的最大表面面积小于10cm^{2}时（最大表面面积计算方法见附录A），可以只标示产品名称、净含量、生产者（或经销商）的名称和地址。

4.4 推荐标示内容

4.4.1 批号

根据产品需要，可以标示产品的批号。

4.4.2 食用方法

根据产品需要，可以标示容器的开启方法、食用方法、烹调方法、复水再制方法等对消费者有帮助的说明。

4.4.3 致敏物质

4.4.3.1 以下食品及其制品可能导致过敏反应，如果用作配料，宜在配料表中使用易辨识的名称，或在配料表邻近位置加以提示：

a）含有麸质的谷物及其制品（如小麦、黑麦、大麦、燕麦、斯佩耳特小麦或它们的杂交品系）；

b）甲壳纲类动物及其制品（如虾、龙虾、蟹等）；

c）鱼类及其制品；

d）蛋类及其制品；

e）花生及其制品；

f）大豆及其制品；

g）乳及乳制品（包括乳糖）；

h）坚果及其果仁类制品。

4.4.3.2 如加工过程中可能带入上述食品或其制品，宜在配料表临近位置加以提示。

5 其他

按国家相关规定需要特殊审批的食品，其标签标识按照相关规定执行。

附 录 A
包装物或包装容器最大表面面积计算方法

A.1 长方体形包装物或长方体形包装容器计算方法

长方体形包装物或长方体形包装容器的最大一个侧面的高度（cm）乘以宽度（cm）。

A.2 圆柱形包装物、圆柱形包装容器或近似圆柱形包装物、近似圆柱形包装容器计算方法

包装物或包装容器的高度（cm）乘以圆周长（cm）的40%。

A.3 其他形状的包装物或包装容器计算方法

包装物或包装容器的总表面积的40%。

如果包装物或包装容器有明显的主要展示版面，应以主要展示版面的面积为最大表面面积。

包装袋等计算表面面积时应除去封边所占尺寸。瓶形或罐形包装计算表面面积时不包括肩部、颈部、顶部和底部的凸缘。

附 录 B
食品添加剂在配料表中的标示形式

B.1 按照加入量的递减顺序全部标示食品添加剂的具体名称

配料：水，全脂奶粉，稀奶油，植物油，巧克力（可可液块，白砂糖，可可脂，磷脂，聚甘油蓖麻醇酯，食用香精，柠檬黄），葡萄糖浆，丙二醇脂肪酸酯，卡拉胶，瓜尔胶，胭脂树橙，麦芽糊精，食用香料。

B.2 按照加入量的递减顺序全部标示食品添加剂的功能类别名称及国际编码

配料：水，全脂奶粉，稀奶油，植物油，巧克力[可可液块，白砂糖，可可脂，乳化剂（322，476），食用香精，着色剂（102）]，葡萄糖浆，乳化剂（477），增稠剂（407，412），着色剂（160b），麦芽糊精，食用香料。

B.3 按照加入量的递减顺序全部标示食品添加剂的功能类别名称及具体名称

配料：水，全脂奶粉，稀奶油，植物油，巧克力[可可液块，白砂糖，可可脂，乳化剂（磷脂，聚甘油蓖麻醇酯），食用香精，着色剂（柠檬黄）]，葡萄糖浆，乳化剂（丙二醇脂肪酸酯），增稠剂（卡拉胶，瓜尔胶），着色剂（胭脂树橙），麦芽糊精，食用香料。

B.4 建立食品添加剂项一并标示的形式

B.4.1 一般原则

直接使用的食品添加剂应在食品添加剂项中标注。营养强化剂、食用香精香料、胶基糖果中基础剂物质可在配料表的食品添加剂项外标注。非直接使用的食品添加剂不在食品添加剂项中标注。食品添加剂项在配料表中的标注顺序由需纳入该项的各种食品添加剂的总重量决定。

B.4.2 全部标示食品添加剂的具体名称

配料：水，全脂奶粉，稀奶油，植物油，巧克力（可可液块，白砂糖，可可脂，磷脂，聚甘油蓖麻醇酯，食用香精，柠檬黄），葡萄糖浆，食品添加剂（丙二醇脂肪酸酯，卡拉胶，瓜尔胶，胭脂树橙），麦芽糊精，食用香料。

B.4.3 全部标示食品添加剂的功能类别名称及国际编码

配料：水，全脂奶粉，稀奶油，植物油，巧克力[可可液块，白砂糖，可可脂，乳化剂（322，476），食用香精，着色剂（102）]，葡萄糖浆，食品添加剂［乳化剂（477），增稠剂（407，412），着色剂（160b）]，麦芽糊精，食用香料。

B.4.4 全部标示食品添加剂的功能类别名称及具体名称

配料：水，全脂奶粉，稀奶油，植物油，巧克力［可可液块，白砂糖，可可脂，乳化剂（磷脂，聚甘油蓖麻醇酯），食用香精，着色剂（柠檬黄）]，葡萄糖浆，食品添加剂［乳化剂（丙二醇脂肪酸酯），增稠剂（卡拉胶，瓜尔胶），着色剂（胭脂树橙）]，麦芽糊精，食用香料。

附 录 C
部分标签项目的推荐标示形式

C.1 概述

本附录以示例形式提供了预包装食品部分标签项目的推荐标示形式，标示相应项目时可选用但不限于这些形式。如需要根据食品特性或包装特点等对推荐形式调整使用的，应与推荐形式基本涵义保持一致。

C.2 净含量和规格的标示

为方便表述，净含量的示例统一使用质量为计量方式，使用冒号为分隔符。标签上应使用实际产品适用的计量单位，并可根据实际情况选择空格或其他符号作为分隔符，便于识读。

C.2.1 单件预包装食品的净含量（规格）可以有如下标示形式：

净含量（或净含量/规格）：450g；

净含量（或净含量/规格）：225 克（200 克＋送 25 克）；

净含量（或净含量/规格）：200 克＋赠 25 克；

净含量（或净含量/规格）：(200＋25）克。

C.2.2 净含量和沥干物（固形物）可以有如下标示形式（以“糖水梨罐头”为例）：

净含量（或净含量/规格）：425 克沥干物（或固形物或梨块）：不低于 255 克（或不低于 60%）。

C.2.3 同一预包装内含有多件同种类的预包装食品时，净含量和规格均可以有如下标示形式：

净含量（或净含量/规格）：40 克×5；

净含量（或净含量/规格）：5×40 克；

净含量（或净含量/规格）：200 克（5×40 克）；

净含量（或净含量/规格）：200 克（40 克×5）；

净含量（或净含量/规格）：200 克（5 件）；

净含量：200 克规格：5×40 克；

净含量：200 克规格：40 克×5；

净含量：200 克规格：5 件；

净含量（或净含量/规格）：200 克（100 克＋ 50 克×2）；

净含量（或净含量/规格）：200 克（80 克×2 ＋ 40 克）；

净含量：200 克规格：100 克＋ 50 克×2；

净含量：200 克规格：80 克×2 ＋ 40 克。

C.2.4 同一预包装内含有多件不同种类的预包装食品时，净含量和规格可以有如下标示形式：

净含量（或净含量/规格）：200 克（A 产品 40 克×3，B 产品 40 克×2）；

净含量（或净含量/规格）：200 克（40 克×3，40 克×2）；

净含量（或净含量/规格）：100 克 A 产品，50 克×2 B 产品，50 克 C 产品；

净含量（或净含量/规格）：A 产品：100 克，B 产品：50 克×2，C 产品：50 克；

净含量/规格：100 克（A 产品），50 克×2（B 产品），50 克（C 产品）；

净含量/规格：A 产品 100 克，B 产品 50 克×2，C 产品 50 克。

C.3 日期的标示

日期中年、月、日可用空格、斜线、连字符、句点等符号分隔，或不用分隔符。年代号一般应标示 4 位数字，小包装食品也可以标示 2 位数字。月、日应标示 2 位数字。

日期的标示可以有如下形式：

2010 年 3 月 20 日；

2010 03 20；2010/03/20；20100320；

20 日 3 月 2010 年；3 月 20 日 2010 年；

（月/日/年）：03 20 2010；03/20/2010；03202010。

C.4 保质期的标示

保质期可以有如下标示形式：

最好在……之前食（饮）用；……之前食（饮）用最佳；……之前最佳；

此日期前最佳……；此日期前食（饮）用最佳……；

保质期（至）……；保质期××个月（或××日，或××天，或××周，或×年）。

C.5 贮存条件的标示

贮存条件可以标示“贮存条件”、“贮藏条件”、“贮藏方法”等标题，或不标示标题。

贮存条件可以有如下标示形式：

常温（或冷冻，或冷藏，或避光，或阴凉干燥处）保存；

××-×× ℃保存；

请置于阴凉干燥处；

常温保存，开封后需冷藏；

温度：≤××℃，湿度：≤××%。

农业部办公厅关于印发《全国节粮型畜牧业发展规划（2011—2020年）》的通知

农业部办公厅文件

农办牧〔2011〕52号

各省、自治区、直辖市及计划单列市畜牧兽医（农牧、农业）厅（局、委、办），新疆生产建设兵团农业局：

发展节粮型畜牧业是保障畜产品有效供给、缓解粮食供求矛盾、丰富居民膳食结构的重要途径，为进一步促进节粮型畜牧业持续健康发展，我部组织编制了《全国节粮型畜牧业发展规划（2011—2020年）》。现印发给你们，请结合本地区本单位实际，组织做好规划贯彻落实有关工作。

二〇一一年十二月二十一日

全国节粮型畜牧业发展规划（2011—2020年）

随着我国工业化城镇化的快速推进，人口数量增加和城乡居民生活水平的提高，粮食需求将呈刚性增长，受耕地减少、资源短缺等因素制约，我国粮食的供求将长期处于紧平衡状态，保障粮食安全任务艰巨。发展节粮型畜牧业是保障畜产品有效供给、缓解粮食供求矛盾、丰富居民膳食结构的重要途径。为进一步促进节粮型畜牧业持续健康发展，根据《国家粮食安全中长期规划纲要》和《全国畜牧业发展第十二个五年规划（2011—2015年）》，制定《全国节粮型畜牧业发展规划（2011—2020年）》。本规划中的节粮型畜牧业，是指充分利用牧草、农副产品、轻工副产品等非粮饲料资源，在减少粮食消耗的同时达到高效畜产品产出的畜牧产业，主要包括奶牛、肉牛、肉羊、绒毛羊、兔和鹅等。

一、节粮型畜牧业发展基本形势

（一）发展成就

1. 产品产量不断提高，市场供应能力显著增强 改革开放以来，我国节粮型畜禽产品品种不断丰富，产量逐步提高。1980年到2010年，牛奶产量从114.1万吨增长到3 575.6万吨，增加了30倍；牛羊肉产量分别从26.9万吨、44.5万吨增长到653.1万吨、398.9万吨，分别增加了23倍和8倍；羊毛羊绒产量达到42.9万吨和1.9万吨，分别增加了1.3倍和3.8倍；兔肉和鹅肉产量达到69.0万吨和240.7万吨，分别增加了12.8倍和11.9倍。牛羊肉在肉类中的比重不断提高，分别由2.2%、3.7%提高到8.2%、5.0%。节粮型畜牧业的发展，对满足国内畜产品市场需求发挥了重要作用。

2. 非粮饲料资源开发利用力度加大，节粮效果逐步显现 2010年，全国天然草原鲜草总产量9.76亿吨，折合干草约3.05亿吨，载畜能力约2.40亿个羊单位。截至2010年，全国累计种草保留面积超过4亿亩，草种生产超过10万吨。2010年，全国饲用秸秆总量达到2.1亿吨，其中经过青贮氨化处理的秸秆9 600万吨，秸秆饲用处理率由1992年的21%提高到46%。按营养价值折算，相当于节约6 000万吨饲料粮。1990年至2010年的20年间，我国在粮食总产量年递增4.6%的前提下，牛肉、羊肉、奶类等主要节粮型畜产品产量实现了以8.59%、6.81%、11.36%的年递增率增长，节粮效果显著。

3. 生产布局逐步优化，区域集中度进一步提高 随着消费市场兴起和养殖成本变化，奶牛主产区逐渐向传统农区和大中城市郊区靠拢，2010年，内蒙古、黑龙江、河北、河南等排名前10位省份牛奶总产量占全国的83.4%。河南、山东、河北、内蒙古等排名前10位省份牛肉总产量占全国的73.2%，内蒙古、新疆、山东、河北等排名前10位省份羊肉总产量占全国的76.0%。内蒙古、新疆、河北、甘肃等排名前10位主产省份羊毛总产量占全国的88.7%，内蒙古、新疆、陕西、辽宁等排名前10位主产省份羊绒总产量占全国比重达到93.7%。四川、山东、河南、江苏等排名前10位主产省份兔肉总产量占全国比重达到90.9%。鹅等特色产业也呈明显区域化生产格局，传统主产区地位进一步巩固。

4. 产品加工快速发展，产业化水平持续提升 近年来，节粮型畜产品加工呈现快速发展态势，产业化进程不断加快，有效提高了畜禽养殖业综合效益，带动了养殖业的蓬勃发展。乳制品加工业快速发展，企业数量从2003年的584家发展到2010年的1 176家，规模以上乳制品企业达到828家，乳制品加工能力大幅提高。肉牛屠宰加工稳定发展，屠宰加工能力在万头以上的龙头企业由2000年的138家增加到2010年的388家，多种形式的产销衔接和利益联结机制也不断形成。2010年，我国共有规模以上毛纺加工企业4 044家，工业总产值达3 279亿元，已成为全球最大的绒毛加工国及绒毛制品出口国。

5. 产业技术体系不断完善，科技支撑能力明显增强 目前，国家启动实施了50个现代农业产业技术体系，牧草、奶牛、肉（牦）牛、肉羊、绒毛羊、兔等节粮型畜牧业均建立了现代产业技术体系，17个省市也参照国家体系在当地建立了畜牧业产业技术体系。产业技术体系充分利用高校和科研机构人才、设备、技术优势，对节粮型畜禽饲养、饲草料资源开发利用、生产管理、产品加工、废弃物综合利用、疫病防控等技术进行重点研究和示范推广，加快畜禽品种改良和优良品种推广进程，多渠道多途径开发饲草料资源，推进实施科学饲养管理技术，为节粮型畜牧业的发展提供了强有力的科技支撑。畜牧业技术推广体系不断完善，科技推广服务能力不断增强，2010年全国畜牧业乡镇级以上技术推广人员总量达24.5万人，其中高级技术职称人员数量达1.2万人。

（二）机遇与挑战

1. 发展机遇 一是市场需求潜力大。随着我国城乡居民收入水平的不断提升，优质安全畜产品的需求不断增加，节粮型畜禽产品需求较快增长。乳制品已经成为城乡居民的重要消费品，《中国食物与营养发展纲要》指出，2009年我国人均消费奶类15.8千克，较2001年的7.9千克增加了1倍，但奶类消费仍处于较低水平，预计到2020年我国人均奶类消费需求将增至40千克。我国有2 000余万穆斯林民族群众，属于牛羊肉的刚性消费群体，同时汉族牛羊肉消费群体也逐步扩大，牛羊肉总体消费需求较快增长。

二是畜禽品种资源有优势。我国畜禽品种资源丰富，根据第二次全国畜禽资源调查，我国共有牛地方品种95个，其中黄牛品种54个，水牛品种27个，牦牛品种13个；羊品种97个，其中山羊品种55个，绵羊品种42个；鹅品种30个；兔品种6个。我国地方品种资源大多具有耐粗饲、抗病强、繁殖性能好、产品质量好、风味独特等优点，这些优良性状一旦被挖掘，发展潜力很大。随着我国畜禽良种繁育体系的逐步健全完善，节粮型畜禽优良品种开发利用力度不断加大，节粮型畜牧业发展的物质基础进一步夯实。

三是非粮饲料资源利用有空间。我国饲草资源较为丰富，草原面积达60亿亩，占世界草原面积近10%，草原不仅是重要的生态屏障，还是草食畜禽的基本生产资料。优质牧草开发利用力度逐步加大，以苜蓿为代表的豆科牧草蛋白质含量在20%左右，营养价值高，种植面积超过2 200万亩。我国秸秆资源总量达7亿吨，但用于反刍动物饲用的秸秆总量约2.1亿吨，仅占秸秆总量的30%。在坚持加强草原生态保护建设的基础上，合理利用草原资源，加大秸秆、饼粕、糟渣、糠麸以及南方草山草坡等饲草饲料资源开发利用力度，节粮型畜牧业发展所需的饲草饲料资源空间较大。

四是政策扶持力度逐步加大。近年来，节粮型畜牧业的发展得到重视，中央财政投入逐年增加。2010年，中央财政支持节粮型畜牧业发展的扶持资金15亿元，是2005年的15倍，包括奶牛标准化规模养殖场（小区）建设项目，奶牛、肉牛和绵羊良种补贴等。2011年起国家在主要草原牧区建立草原生态保护补助奖励机制，通过禁牧补贴、草畜平衡奖励等措施，着力加快草原生态恢复，促进草原畜牧业发展。同时，各地也陆续加大政策扶持力度，强化基础建设，促进节粮型畜牧业持续健康发展。山西省年投入6 000万元用于促进牛羊肉产业发展；四川省年投入3 000多万元开展优质肉牛良种繁育体系和基地建设；辽宁省年安排2 500万元支持牛羊产业发展。

2. 面临挑战 一是养殖效益下滑，部分畜禽生产出现滑坡。受比较效益下降、养殖风险加大等因素影响，肉牛、绵羊、兔、鹅等部分畜禽存栏数量下降。2010年，全国牛、羊存栏分别为1.06亿头和2.81亿只，分别比2005年下降了3.32%和5.72%。肉牛能繁母牛存栏下降尤其明显，降幅达10%，给肉牛产业持续健康发展带来不利影响。未来随着“三化同步”的加快推进，农业机械化进程的不断加快，役用耕牛逐渐退出历史舞台，部分地区实行禁养限养，节粮型畜牧业发展面临新的挑战。

二是良种繁育体系建设滞后，发展基础薄弱。由于资金投入不足，我国节粮型畜牧业良种繁育体系建设相对滞后。供种能力较低，一些优良品种得不到有效推广。肉牛、绒毛羊、鹅、兔等种畜禽生产企业小散问题突出，自主创新能力低，畜牧业生产中使用的部分良种依赖进口，品种选育和推广发展滞后。部分地方优良品种资源得不到有效保护，部分地区畜禽品种改良战略性思路不清，盲目杂交，导致一些优良地方品种资源退化甚至流失。

三是养殖方式落后，技术水平亟待提高。2010年，我国存栏100头以上奶牛、年出栏100头以上肉牛、年出栏500只以上肉羊的规模化养殖比重仅为28%、14.1%和6.3%，远低于生猪、蛋鸡等畜禽规模养殖水平。肉牛、羊、兔、鹅等节粮型畜禽的营养标准的推广，远远落后于其他畜禽品种。鹅的国家营养标准尚未出台，生产中使用的配方仍参照发达国家的通用标准，无法适应我国实际生产需要。部分农户饲养奶牛采用肉牛饲喂方式，饲养肉牛沿用传统役用牛的饲养经验，鹅的饲料用肉鸡料替代。由于不能根据不同畜种、不同生长阶段的生理特点进行饲养，导致生产水平不高，养殖效益低。

四是疫病防控形势严峻，养殖风险较大。目前，我国牛羊兔鹅等畜禽饲养防疫不规范，许多传染病和寄生虫病不仅造成畜禽死亡和经济损失，而且危及人类健康。奶牛布病、结核病、乳房炎等疫病发生仍比较普遍，既影响牛奶产量，也给生鲜乳质量安全带来隐患。肉牛脑包虫、运输应激综合征等发病率较高，对肉牛养殖和出售带来不利影响。兔由于个体小、抗病力差，容易感染疾病，养殖风险较大。近年来口蹄疫等动物疫病对我国节粮型畜牧业发展产生的影响较为突出，已成为制约节粮型畜牧业发展的重要因素之一。

五是草原退化严重，饲草供求缺口加大。目前全国

90%的可利用天然草原出现不同程度退化，中度和中度退化草原面积近23亿亩。2010年，我国草原超载30%，草原承载压力仍然较大。我国是世界上草原灾害较严重的国家之一，近十年来，平均每年鼠害面积约4 000万公顷，虫害面积2 000多万公顷，造成的直接经济损失达数百亿元。随着节粮型畜牧业的快速发展，饲草料资源需求不断增加，供求缺口不断加大。2010年，我国进口苜蓿21.8万吨，进口大豆5 480万吨，进口依存度达75%。饲用玉米用量已超过1.1亿吨，占国内玉米年产量的64%，玉米供应日趋紧张。

二、指导思想、基本原则与发展目标

（一）指导思想 深入贯彻落实科学发展观，按照“抓规模、提效益、促生产、保供给”的思路，加快转变节粮型畜牧业发展方式，加大政策扶持力度，着力推进现代节粮型畜牧业发展。大力发展奶牛标准化规模养殖，促进奶业振兴发展；加大主产区支持力度，积极发展肉牛肉羊生产；加强市场引导，因地制宜发展绒毛羊、兔、鹅等优势特色畜禽生产。强化农牧结合，加强非粮饲料资源开发利用，鼓励和支持多种高效生态节粮养殖模式发展。

（二）基本原则

1. 节粮环保，持续发展 加大牧草和秸秆等饲草料资源开发利用力度，大力发展节粮畜牧业，做到“节粮型畜牧业发展不与人争粮、不与粮争地”。注重生态环境保护，大力推广农牧结合的生态养殖方式，积极推进清洁生产，促进节粮型畜牧业持续健康发展。

2. 市场导向，加大扶持 充分发挥市场机制基础作用，引导节粮型畜牧业和加工企业面向市场组织生产，增强抵御风险能力。加大政策扶持力度，坚持多元投入，积极引导工商企业资本进入节粮型畜牧产业，增强发展活力。

3. 因地制宜，适度规模 综合考虑资源禀赋、环境承载能力、消费市场等因素，推进优势产区生产基地建设，形成主导产业突出、区域整体推进的格局。推广生态养殖模式，引导发展适度规模养殖，增加市场供应能力，提高养殖效益。

4. 强化监管，保障质量 将保障节粮型畜产品质量作为提升节粮型畜牧业发展水平的重要手段，提高节粮型畜产品质量和市场竞争力。强化质量安全监管，建立健全检测机构和人员队伍，强化检测手段，为节粮型畜牧业持续健康发展保驾护航。

（三）发展目标

1. 近期目标（2011—2015年）：奶类、牛羊兔鹅肉和羊毛羊绒产量实现持续增长，基础母畜存栏逐步恢复和发展，标准化规模养殖水平进一步提高，生鲜乳收购站实现规范化管理，科技支撑能力进一步增强，良种化水平不断提高，牧草、秸秆等非粮饲料利用率进一步提高，人工种草保留面积明显增加，综合节粮效果不断提高。

具体任务：到2015年，奶类产量达到5 000万吨，年递增5.9%；牛肉产量达到700万吨，年递增1.4%；羊肉产量达到440万吨，年递增2.0%；兔肉产量达到90万吨，年递增5.5%；羊毛产量达到43万吨；羊绒产量达到1.95万吨，年递增1.0%；鹅肉产量达到260万吨，年递增1.5%。人工种草和改良草原累计保留面积达到4.5亿亩；秸秆处理利用率提高5个百分点。

2. 中长期目标（2016—2020年）：节粮型畜牧业发展基础进一步夯实，标准化规模养殖水平明显提升，综合生产能力显著增强；区域布局进一步优化，产业分工进一步细化，产销衔接更加紧密；关键技术攻关取得突破，标准化饲养技术逐步推广普及；非粮型饲料资源开发利用水平明显提高，节粮增产效果明显增强，养殖效益逐步提高；优质高效的节粮型畜牧业发展格局基本形成。

具体任务：到2020年，奶类产量达到6 400万吨，年递增5.0%；牛肉产量达到740万吨，年递增1.1%；羊肉产量达到470万吨，年递增1.3%；兔肉产量达到100万吨，年递增2.1%；羊毛产量达到44万吨，年递增0.5%；羊绒产量达到2.0万吨，年递增0.5%；鹅肉产量达到270万吨，年递增0.8%。人工种草和改良草原累计保留面积超过6亿亩；秸秆处理利用率提高5个百分点。

表3-4 节粮型畜牧业发展目标

单位：万吨

年份	奶类	牛肉	羊肉	兔肉	羊毛	羊绒	鹅肉
2010	3 748	653	399	69	43	1.85	241
2015	5 000	700	440	90	43	1.95	260
2020	6 400	740	470	100	44	2.00	270

三、重点任务

（一）合理开发利用非粮饲草料资源 加强牧草产业基础设施建设，建立健全牧草良种繁育体系，培育推广优良牧草品种，积极发展人工种草、草粮轮作和间作套作。推行粮—经—饲三元种植结构，因地制宜发展青贮玉米、苜蓿、黑麦草等优质牧草种植。继续实施牧草良种补贴，扩大优质牧草种植面积。研究推广牧区牧草冬春储备技术，促进牧草使用的季节性平衡。积极推动南方草山草坡开发利用，推广种植多年生高产饲草，利用冬闲田种植饲草。加强秸秆饲料化利用研究，加大秸秆养畜示范项目支持力度，改善秸秆收贮设备设施条件，推广青贮、氨化、微贮等处理技术，提高秸秆饲用量和饲用效率。加大粮食和经济作物加工副产品等非粮饲草料资源的开发利用力度，支持饼粕、糟渣、玉米酒精糟等粮油食品加工副产物和薯类等饲料原料优质化处理和规范化利用，丰富饲料资源来源。

（二）加快优良畜禽品种的选育和推广 稳步推进节粮型畜禽遗传改良计划，进一步提升良种化水平。加大畜禽良种工程项目投入力度，扩大项目范围，逐步加强奶牛、肉牛、肉羊、绒毛羊、兔、鹅等节粮型畜禽原良种场基础设施建设，提升自主育种能力。扩大畜牧良种补贴范围，继续实施奶牛良种全覆盖补贴，加大肉牛、绵羊良补的实施力度，建立覆盖优势区的种公牛站体系。引进国外优良奶牛遗传资源，开展奶牛生产性能测定和良种登记，逐步形成优秀种公牛竞争淘汰机制。引进优质乳肉兼用牛品种，推广奶公牛牛犊肉用饲养，拓宽肉牛架子牛供应来源。进一步加强节粮型畜禽遗传资源保护和利用力度，重点提升国家级保种场、保护区资源保护能力。

（三）大力推进适度规模科学养殖 科学规划布局，加大畜禽标准化规模养殖场建设扶持力度，支持规模养殖场户开展标准化改造，强化畜禽废弃物无害化处理和资源化利用。按照“畜禽良种化、养殖设施化、生产规范化、防疫制度化、粪污处理无害化、监管常态化”的要求，深入开展畜禽标准化规模养殖示范创建活动，制定和完善节粮型畜禽标准化规模养殖相关标准和规范，提升适度规模养殖水平。因地制宜推广先进适用养殖模式，大力推行种养结合的产业发展模式，促进种养业副产品资源化利用。支持专业合作社发展适度规模养殖，鼓励龙头企业带动适度规模养殖发展，推行标准化生产，打造一批节粮型畜产品品牌。

（四）加强疫病防控与质量安全监管 进一步加大动物疫病防控工作力度，重点加强节粮型牲畜的疫病防控，加强疫病跟踪监测，强化种畜禽场所重点疫病监测净化。坚持推进重大动物疫病强制免疫制度，落实好口蹄疫、高致病性禽流感等重大动物疫病的扑杀补偿政策。建立健全村级动物防疫员队伍，加强业务技术培训，提高经费补助标准，强化农村畜禽散养的技术指导和疫病防控。强化生鲜乳中违禁添加物监督检测，严厉打击饲料兽药中的非法违禁添加行为。加强畜产品及饲料质量安全监测体系建设，逐步建立畜产品质量追溯制度，保障畜产品质量安全水平。

（五）加大先进适用技术的研发和推广力度 继续完善牧草、奶牛、肉牛、肉羊、绒毛羊、兔、水禽等国家现代畜牧业产业技术体系建设，鼓励地方开展相关产业技术体系建设，探索产学研紧密结合的新路子。积极推进农业技术推广体系改革，逐步建立健全省、市、县、乡四级畜牧技术推广服务机构，不断提高基层畜牧技术推广服务能力，争取在畜禽品种繁育、饲草饲料资源开发利用、疫病防控以及畜禽产品加工等方面的研究和推广等取得新突破。

四、产业布局与主攻方向

按照“加快发展奶牛和兔鹅生产，积极发展肉牛肉羊生产，稳定发展羊毛羊绒生产，推动牧草产业发展”的思路，进一步优化产业布局，突出主攻方向，促进节粮型畜牧业持续健康发展。

（一）奶牛 充分发挥市场消费需求、饲草饲料资源和乳品加工优势，着力提高奶牛单产和产品质量，加快建设现代奶业。推进东北和内蒙古产区、华北产区、西部产区、南方产区和大城市周边产区等五大奶业产区建设，大力推进奶牛标准化规模养殖，加强奶源基地建设，推动南方奶水牛产业发展。加快实施奶牛遗传改良计划，做好良种登记和奶牛生产性能测定等基础性工作，建立苜蓿等优质饲草饲料基地，提高机械化挤奶率。净化奶牛良种群体重大疫病，强化生鲜乳质量安全监管。

（二）肉牛 加强东北、西北、西南和中原肉牛优势区建设，推动南方草山草坡肉牛业发展。加快品种改良，大力发展标准化规模养殖，积极推广健康养殖模式和技术，加强产品质量和安全监管，提高肉牛品质和养殖效益。加强政策引导，逐步提高基础母牛存栏量，着力保障肉牛基础生产能力。牧区重点发展现代集约型草地畜牧业，调整畜群结构，转变养殖方式，积极推广舍饲半舍饲养殖，为农区和农牧交错带提供架子牛。农区重点推广秸秆青贮技术、规模化标准化育肥技术，努力提高育肥效率和产品质量安全水平。

（三）肉羊 加强中原、中东部农牧交错带、西北和西南等肉羊优势区建设。加快新品种培育、良种选育和地方品种保护开发，不断提升肉羊养殖良种化水平。大力发展舍饲、半舍饲养殖方式，引导发展现代生态家庭牧场，积极推进标准化规模养殖。牧区重点提升肉羊个体生产能力，加快周转，提高草原利用效率；半农半牧区着力提高母羊繁殖性能，增强肉羊育肥和育肥羊供应能力；农区要充分利用饲草料资源，推广高效育肥模式，提高肉羊出栏量。

（四）兔 立足现有优势区域基础，巩固提升四川、山东、河南、江苏、河北等重点省区兔产业综合生产能力。加强河北、山西等省区优势家兔生产基地建设，充分发挥加工企业的龙头作用。逐步完善良种繁育体系建设，提高饲养管理和疫病防治能力，加强兔肉加工和品牌产品的研发，提升兔产业经济效益，增强国际市场竞争力。加大优良品种选育和良种推广力度，加强地方良种兔的保护，加快优质种兔繁殖、推广，做强种长毛兔核心产业，加速节粮型兔业发展。

（五）绒毛用羊 以传统西北、东北、西南草原牧区为主产区，推进细毛羊、半细毛羊、绒山羊等绒毛用羊优势产业带建设。加强绒山羊地方品种资源保护，加大品种选育和良种推广力度，提高绒毛综合品质和绒毛用羊生产性能。改进养殖方式，合理利用饲草料资源，降低养殖成本。推广机械剪、分级整理等技术，加强产销衔接，增加养殖环节利润。规范市场经营秩序，加强原料基地建设，实施品牌战略，增加绒毛用羊生产效益。

（六）鹅 积极发展华南养鹅区、华东养鹅区、东北养鹅区。华南养鹅区重点加强养鹅业研究成果和先进技术的推广，加强鹅产品的开发与加工。华东养鹅区要建立规范的繁育供种体系，健全科技服务体系，依托资源环境优势，推广果（林）—鹅、种—养，鹅—鱼等综合生产模式，提高鹅养殖经济效益。东北养鹅区重点加强鹅地方种质资源的保护和开发利用，积极发展标准化、规模化养殖，加强鹅产品的技术开发，提高综合效益。南方地区要大力推广桑、果园、林下人工种草养鹅、冬闲田季节性种草养鹅，提高农田利用率和养殖附加值，加强鹅产品的深加工开发。

（七）牧草 切实加强草原保护建设，积极推进人工种草，着力提升优质饲草供应能力。坚持生态优先原则，根据不同地区自然和生态特点，推行禁牧休牧轮牧和草畜平衡等制度，加快转变草原畜牧业发展方式，减轻草原压力。围绕“一带两区”发展布局，大力发展人工种草。开展优质苜蓿高产示范片区建设，推进苜蓿产业带建设，带动周边适宜区域发展优质苜蓿，提高苜蓿收割加工机械化水平；东北羊草产业区重点加强羊草改良，全面提升羊草产量，积极打造优质羊草基地；南方饲草产区，重点发展黑麦草、三叶草等一年生或多年生高产优质牧草，积极开发利用农作物秸秆和其他植物资源。加强牧草青贮等技术研究和示范推广，大力推广种草养畜。

五、政策措施

（一）建立政策支持机制，加快节粮畜牧业发展步伐 全面落实草原生态保护补助奖励政策，促进草原生产力的逐步恢复，加快建设现代草原畜牧业。继续开展畜禽标准化养殖示范创建活动，着力提高节粮型畜牧业标准化规模养殖水平。鼓励有条件的地区发展人工种草，大力推进“振兴奶业苜蓿发展行动”，促进优质苜蓿产业发展。抓好牧草种子工程建设，落实优质牧草良种补贴政策，不断提升国内优质牧草种子的供种能力。鼓励养殖场户开展秸秆饲用，提高秸秆利用效率。加大奶牛生产扶持力度，积极推进奶牛保险补贴试点，探索建立奶业发展风险基金制度，降低养殖风险。推动出台牛羊肉生产扶持政策，开展基础母畜补贴试点，支持发展肉牛肉羊标准化规模养殖。推动建立牛羊肉生产大县奖励政策，提高牛羊肉生产积极性。以提高质量为重点，继续开展羊毛绒产业发展技术研究，促进羊毛绒加工业发展。强化市场引导，加快兔、鹅产业化进程。

（二）建立多元化投融资渠道，增强节粮型畜牧业发展后劲 在加大政府资金扶持力度的同时，积极引导社会资本发展节粮型畜牧业，引入竞争机制，建立既公平竞争又分工协作的多元化发展格局。鼓励和支持保险机构发展多种形式的畜牧业保险，探索建立适合不同地区、不同节粮型畜禽品种的政策性保险制度。运用财政贴息等方式，引导和鼓励各类金融机构增加对节粮型畜牧业的信贷支持，破解节粮型畜牧业发展过程中规模养殖场（小区）融资贷款难等难题。

（三）建立健全社会化服务体系，提高产业化水平 从养殖场户实际需要出发，发展多样化的服务组织，形成乡科技综合服务站、县（市）服务中心、省（区）科技推广站和专业技术协会与专业合作社相结合的服务网络，重点抓好良种繁育推广、饲草饲料加工利用、兽医防疫灭病、畜产品加工、科技培训与技术推广等体系建设，尤其要在完善服务功能、强化服务手段、规范服务行为、提高服务质量方面狠下功夫。把社会化服务体系建设同发展节粮型畜牧业产业化结合起来，拓宽服务领域，为养殖场户提供全程服务，逐步形成“良种供应—畜禽饲养—产品收购—屠宰加工—贮运销售”相衔接的一条龙生产体系。

（四）加强监测和预警体系建设，确保节粮型畜牧业稳定发展 完善监测预警网络，加强设施设备建设，提高预警、预报能力。建立和完善节粮型畜禽养殖业生产、加工、销售等统计监测预警系统。建立健全监测工作各项管理制度，逐步实现监测预警的制度化、规范化。加强形势研判和公共信息服务，及时发布节粮型畜禽产品生产供应和饲料及原料供求市场信息，指导养殖场户合理安排生产，降低市场风险。

（五）实施一批重大项目，提升产业发展水平 继续实施畜禽良种工程，完善原良种场、资源保护场（区）、基因库、检测中心等配套设施设备，提高良种生产水平和供种能力。实施畜禽标准化规模养殖场（小区）建设项目，积极争取政策支持，扩大项目实施范围，以奶牛、肉牛和肉羊为重点，支持节粮型畜禽养殖场开展标准化改造，包括水、电、路等基础设施建设，粪污处理与运输、疫病防控、饲草料贮存（或青贮）、全混合日粮饲养、挤奶等配套设施的建设与完善以及相关仪器设备的购置等。大力推进饲草料资源高效利用工程，继续实施秸秆养畜项目，扶持开展秸秆养畜场户和青贮饲料专业化生产示范建设，增强秸秆处理饲用能力，提高秸秆利用效率。支持建设饼粕、糟渣、糠麸等粮油食品工业副产品和草产品优质化加工处理示范基地，为饲料工业提供优质原料。推动实施南方草地保护建设工程，通过草地改良、人工种草、草田轮作等措施，合理开发草地资源，因地制宜发展草原畜牧业，促进草地植被恢复与草原畜牧业协调发展。积极推动黄土高原综合治理规划实施，通过人工种草、改良草地、棚圈和青贮窖建设，加强草原保护建设，大力发展节粮型畜牧业。

（六）强化节粮型畜牧业科技支撑 着力加强节粮型畜牧业科技创新与推广。围绕畜禽养殖过程的关键环节，实施畜禽牧草种业创新开发、饲料资源产业化开发与安全高效利用、畜禽健康养殖过程控制、疫病防控、养殖废弃物减排与资源化利用、质量安全控制、草地畜牧业发展模式研究等重大科技项目，力争突破一系列重大技术瓶颈，为现代节粮型畜牧业发展提供强有力的科技支撑。在优势产区建设一批成果集成度好、示范效应明显的科技示范场、示范园区和养殖大户，增强良种、良法的带动作用。加强对养殖大户、规模养殖场、专业合作社培训，加大基层先进适用技术推广力度，提高农牧民生产营销能力。

农业部关于印发《农产品质量安全发展“十二五”规划》的通知

各省、自治区、直辖市及计划单列市农业（农牧）、畜牧、兽医、农垦、渔业厅（局、委、办），新疆生产建设兵团农业局：

为推动“十二五”时期我国农产品质量安全监管工作全面发展，不断提升农产品质量安全水平，我部组织编制了《农产品质量安全发展“十二五”规划》。现予印发，请结合实际认真贯彻落实。

附：农产品质量安全发展“十二五”规划

二〇一一年五月十九日

农产品质量安全发展“十二五”规划

“十二五”时期是我国加快发展现代农业、建设社会主义新农村的重要时期，也是深入推进农产品质量安全监管、全面提升农产品质量安全水平的关键时期。按照农业和农村经济发展“十二五”规划工作部署要求，制定农产品质量安全发展“十二五”规划。

一、成效与形势

“十一五”期间，在各级党委、政府的领导下，农业部门在抓好农业生产、确保农产品供给的同时，全面强化农产品质量安全监管，在法律法规、执法监督、标准化生产、体系队伍建设等方面取得了重要进展，2010年蔬菜、畜产品、水产品等主要农产品质量安全抽检合格率分别达到96.8%、99.6%和96.7%，我国农产品质量安全保障能力不断增强，质量安全水平稳步提升。

（一）依法监管格局基本形成 国家相继颁布实施了《农产品质量安全法》、《食品安全法》等法律法规，农业部配套制定了《农产品产地安全管理办法》、《农产品包装和标识管理办法》等部门规章，一些地方性法规或规章也相应颁布实施。2008年农业部组建了农产品质量安全监管局，各省（区、市）和地县两级农业部门农产品质量安全监管专门机构相继建立，农产品质量安全步入依法监管的新阶段。

（二）监测预警能力明显增强 启动实施了《全国农产品质量安全检验检测体系建设规划（2006—2010年）》，总投入59亿元，已新建和改扩建农产品部级质检中心49个、省级综合性质检中心30个、县级农产品质检站936个，全国农产品质量安全检验检测能力大幅提升。深入开展了农产品质量安全普查、例行监测、监督抽查和农兽药残留、水产品药物残留、饲料及饲料添加剂等监控计划。针对大中城市消费安全的例行监测范围已经涵盖全国138个城市、101种农产品和86项安全性检测参数，形成了覆盖全国主要城市、主要产区、主要品种的农产品质量安全监测网络。

（三）执法监管深入推进 先后组织开展了农产品质量安全专项整治、“保质量、保安全、助奥运——农产品质量安全保障行动”、奶站和饲料专项整治、“农产品质量安全整治暨执法年”、农资打假专项治理等活动，着力解决农兽药残留超标、非法添加有毒有害物质等问题，一些区域性、行业性的突出问题得到了有效遏制，北京奥运会、上海世博会等重大活动期间农产品充足供应、质量安全可靠。

（四）农业标准化扎实开展 以保障农产品质量安全为重点，新制定农业国家标准和行业标准1 800多项，农业国家标准和行业标准总数达到4 800多项，农业标准体系逐步建立和完善。探索创建国家级农业标准化示范县（场）503个，规划建设蔬菜水果茶叶标准园819个、畜禽养殖标准示范场1 555个、水产健康养殖场500个。通过实施标准化生产，有力推动了农产品生产方式转变，促进了农业产业化经营和规模化发展。农产品质量安全国际合作交流日益深化，成功申办国际食品法典农药残留委员会（CCPR）主持国，已举办4届CCPR会议。我国在国际食品法典等国际标准制定中的影响力不断提升。

（五）安全优质品牌农产品快速发展 无公害农产品、绿色食品、有机农产品、农产品地理标志（简称“三品一标”）总量规模持续增加。截至2010年底，已认证无公害农产品56 532个、绿色食品16 748个、有机农产品5 598个，新登记保护农产品地理标志535个。已通过“三品一标”产地认定占食用农产品产地总面积30%以上，认证产品占食用农产品商品量30%以上，安全优质品牌农产品在城乡居民消费结构中的比例日益扩大。

“十一五”农产品质量安全监管工作的进展和成效，为今后的农产品质量安全监管工作打下了坚实的基础，积累了宝贵的经验。“十二五”期间，随着工业化、城镇化和农业现代化的快速推进，农业组织化、规模化、标准化水平将不断提高，农业各行业在产业发展中更加注重质量安全，农产品质量安全监管工作将面临更加有利的外部条件。同时，“十二五”时期也面临诸多风险挑战。一是工作基础仍显薄弱。我国农业生产经营分散，小而散的特点突出，短期内还难以改变，农产品质量安全监管难度大。加上长期以来我国农业的首要任务是保障农产品数量安全，农业产业体系和技术体系更多的是围绕增产而建立的，农产品质量安全保障体系建设没有相应跟上，质量安全工作相对滞后，尤其是基层监管机构人员、基础设施、工作条件均有待加强。二是风险隐患客观存在。蔬菜农药残留超标、畜产品“瘦肉精”违法使用、水产品孔雀石绿和硝基呋喃类禁用药物违法添加等问题在个别地区还比较突出，个别突发性质量安全事件时有发生，迫切需要深化治理。三是工作要求越来越高。随着国内消费结构不断优化升级，公众对农产品质量安全的要求越来越高，对问题农产品越来越敏感，农产品质量安全与现代农业产业发展的关联度也越来越大，农产品质量安全监管工作面临越来越高的要求。

“十二五”时期，站在新的历史起点上，必须科学研判新形势新任务，充分利用各种有利条件，加快解决突出矛盾和问题，全面推动农产品质量安全监管工作迈上新台阶。

二、指导思想、基本原则和发展目标

（一）指导思想 以邓小平理论和“三个代表”重要思想为指导，深入贯彻落实科学发展观，按照发展高产、优质、高效、生态、安全农业要求，把农产品质量安全作为转变农业发展方式、加快现代农业建设的关键环节，把不断提升农产品质量安全水平、努力确保不发生重大农产品质量安全事件作为主要目标，把加强体系队伍建设、提升监管能力作为主要任务，坚持一手抓执法监管、一手抓标准化生产，强化政策导向，加大投入力度，夯实工作基础，保障农产品质量安全和农业产业健康发展。

（二）基本原则

——坚持强化生产控制。严格产地环境、投入品使用、生产过程、产地准出监控，积极推进市场准入管理，强化各环节执法监管，严厉打击违法违规行为。大力推进标准化生产，积极推动农业生产方式转变，从生产源头提升农产品质量安全水平。

——坚持强化风险应急管理。加强农产品质量安全风险监测与舆情监测，科学评估风险隐患，及时采取防范措施，努力将问题隐患消灭在萌芽状态。一旦发生农产品质量安全突发事件，要快速反应，依法科学、有力有序处置，最大限度地降低负面影响。

——坚持强化体系能力建设。加快构建和完善农产品质量安全标准、检测、认证、风险应急和执法监管体系，加强基础设施建设，提高人员队伍素质，强化技术支撑，切实提高执法监督、风险预警、监测评估、应急处置和服务指导能力。

——坚持强化制度机制建设。全面强化农产品质量安全风险评估、监测预警、产地准出、市场准入、质量追溯、联防联控等制度建设，健全农产品质量安全监管长效机制。依法落实地方政府监管责任，明确部门分工，形成生产经营者负第一责任、地方政府负总责、部门各负其责的农产品质量安全责任体系。

（三）发展目标 通过5年努力，基本健全农产品质量安全监管体系，执法监管能力显著增强，标准化生产水平大幅提高，农产品质量安全保障能力不断提升，主要农产品质量安全抽检合格率稳定保持在96%以上。具体指标为：

——农业标准化生产。农业国家标准和行业标准总数达到1万个，其中，农兽药残留限量7 000个。依托全国农产品优势产区和现代农业功能区，新创建国家级农业标准化整体推进示范县200个，园艺作物标准园8 000个，奶牛、肉牛、生猪、蛋鸡标准化养殖示范场3 500个，渔业健康养殖示范场3 000个，标准化生产示范农场500个。示范区域内推行农产品质量安全全程控制，标准化生产示范园（场）全部通过“三品一标”认证登记，辐射带动能力和增收效果显著。

——检验检测体系建设。新建1个部级水产品质量安全研究中心、16个部级专业质检中心，健全完善32个部级专业质检中心和32个省级质检中心风险监测和信息预警功能，新建329个地（市）级综合质检中心和960个县（场）级综合质检站。农产品质量安全检验检测范围覆盖产地环境、投入品、农产品及其生产全过程。检测机构监测能力能够满足按照国家标准和行业标准检测需要。

——安全优质品牌农产品发展。认证无公害农产品总数达到70 000个；有效使用绿色食品标志的企业总数达到7 000家，产品总数达到20 000个，绿色食品原料标准化基地达到600个；有机农产品获证企业达到2 000家，产品总数达到11 000个；新登记保护农业领域地理标志1 000个。“三品一标”认定面积达到全国食用农产品生产总面积60%。

——农业投入品安全。农药、肥料、兽药等主要农资产品质量抽检合格率达到90%以上，全面建立农业投入品销售台账、生产使用档案记录制度，基本杜绝假劣农资导致的重大恶性农产品质量安全事件，从源头上保障农产品质量安全。

——监管体系建设。充实和完善省级农产品质量安全监管机构职能、人员和条件，健全地县两级农产品质量安全监管机构，普遍建立乡镇基层农产品质量安全监管公共服务机构，并实现“有职能、有人员、有经费、有手段”要求。到“十二五”期末，形成部省地县乡质量安全监管、“三品一标”推广、风险评估、应急处置、综合执法紧密衔接配套的农产品质量安全监管体系。

三、主要任务

按照“消除隐患保安全、控制源头上水平、健全体系强能力、完善制度建机制”的要求，全面强化农产品质量安全监管，不断提升农产品质量安全水平，努力确保不发生重大农产品质量安全事件。

（一）深入开展执法监管

1. 严格投入品监管 围绕重点地区、重点产品和突出问题，深入实施专项整治，严厉打击投入品生产、流通、销售等环节违法违规行为，严防违禁投入品流入农产品生产环节。抓好投入品的使用管理，大力推行投入品安全使用制度和农产品生产记录制度。深入开展农资打假专项行动，全面推进“放心农资下乡进村”示范活动。

2. 深化监测检验 以食用农产品为重点，深化例行监测和质量普查，扩大农兽药残留、水产品药残、饲料及饲料添加剂等监控范围。强化监督抽查，依法查处不合格产品，严厉打击违法违规行为，及时消除风险隐患。规范农产品质量安全信息发布，提高农产品质量安全信息透明度。

3. 健全监管制度机制 加快完善农产品质量安全方面的法律法规和规章制度，健全依法监管的体制机制。探索建立农产品质量安全产地准出与市场准入相配套的产销衔接机制，以优势区域农产品、“菜篮子”产品为重点，推动产品认证、产地准出；以大中城市、批发市场为重点，推动查标验证入市、合格销售，通过市场准入带动产地准出，实现顺畅流通、优质优价。积极推行“菜篮子”产品包装标识上市，完善农产品质量安全追溯制度。建立健全农产品质量安全风险预警、检打联动和联防联控工作机制，推动执法监管深入开展。

（二）全面推进农业标准化

1. 深入推进标准化示范创建 以蔬菜、水果、茶叶、畜产品、水产品等“菜篮子”产品为重点，在开展蔬菜水果茶叶标准园、畜禽养殖标准示范场（小区）、水产健康养殖场创建的同时，加快全国农业标准化整体推进示范县建设，由点及面、逐步放大，全地域、整建制推进农产品标准化生产。鼓励地方政府以企业、合作社和规模基地为实施载体，因地制宜创建一批农业标准化生产示范园（区）、示范乡（镇）、示范场（社），推行农产品全程标准化管理。

2. 大力发展“三品一标” 加快完善“三品一标”技术规范和标准体系，严格产地认定和产品认证管理，加大证后监管力度，提升“三品一标”品牌社会公信力。强化政策扶持，将现代农业示范园建设、标准化生产示范等创建活动与“三品一标”认证登记紧密结合，充分发挥“三品一标”在制度规范、技术标准、全程控制、档案记录、包装标识、质量安全追溯等方面的优势，增强辐射带动作用，以品牌化带动标准化、推进产业化。

（三）强化应急管理

1. 加强风险评估预警 充分发挥农产品质量安全风险评估专家委员会和农产品质量安全标准研究机构作用，建立农产品质量安全风险评估制度和运行机制，组织开展农产品质量安全风险评估监测和应急评价工作。规划建设和认定一批农产品质量安全风险评估实验室和区域性定位监测点，组织实施农产品质量安全风险监测计划，动态掌握风险隐患。

2. 强化应急处置 完善农产品质量安全突发事件应急预案，建立反应快速、跨区联动的应急机制，形成全国“一盘棋”、信息畅通、联防联控的应急处置网络。加快农产品质量安全应急专业化队伍建设，强化应急条件保障，组织实施突发事件应急演练。建立畅通、便捷的农产品质量安全举报、投诉渠道，完善社会监督和舆情分析报告制度。

（四）强化体系队伍能力建设

1. 加快标准制修订步伐 建立健全以农兽药残留限量标准为重点、品质规格标准相配套、生产规范规程为基础的农产品质量安全标准体系。特别是省级农业行政主管部门要加快跟进配套制定保障农产品质量安全的生产技术规范和操作规程。大力支持和鼓励地县两级农业部门制定符合当地农业生产实际的操作手册和明白卡（明白纸）。积极转化和参与制定国际食品法典等国际标准，扎实做好技术性贸易措施官方评议，全面提升我国农业标准国际话语权。

2. 强化检验检测能力建设 启动实施《全国农产品质量安全检验检测体系建设》二期规划，健全以部级质检中心为龙头、省级质检中心为主体、地市级质检中心为骨干、县级质检站为基础的全国农产品质量安全检验检测体系，实现部省地县四级检测网络“上下贯通、运行高效、参数齐全、支撑有力”。强化质检机构考核评定工作，实行检测人员培训上岗制度，全面规范质检机构管理。

3. 加快监管体系建设 健全贯通部省地县和乡镇的农产品质量安全监管机构，建立上下联动的监管网络。强化农产品质量安全监管能力建设，加强农业综合执法，实现农产品质量安全执法监管体系“机构专业化、人员稳定化、经费预算化、手段现代化”。启动农产品质量安全监管、检测、认证队伍培训计划，在全国范围内构建一支“懂政策、懂法律、懂技术、懂管理”的复合型农产品质量安全执法监管人才队伍。

四、重大建设工程与财政支持专项

围绕农产品质量安全监管工作，以最急需、最关键、最薄弱的环节为重点，组织实施重大建设工程，加大财政支持力度，全面夯实工作基础。

（一）重大建设工程

1. 农产品质量安全检验检测体系二期建设工程 积极改扩建一批农产品质量安全检验检测实验室，补充完善质检机构检验检测仪器设备。新建部级水产品质量安全研究中心，补充建设一批部级专业质检中心，全方位建设地（市）级综合质检中心和县（场）级综合质检站。强化农业部农产品质量标准研究中心（国家农产品质量安全风险评估中心）和已建部级专业质检中心、省级综合性质检中心的风险监测与信息预警能力建设，构建全国农产品质量安全监测与风险预警信息平台，形成覆盖我国主要产区、重点农产品、关键危害因子的农产品质量安全监测与风险预警网络体系。

2. 农产品质量安全执法监管体系建设工程 建立健全省地县乡农产品质量安全执法监管机构，强化执法监管公益职能，完善机构设置，科学核定编制，创新管理体制。将乡镇农产品质量安全监管公共服务机构建设纳入乡镇农技推广机构建设工程中，在充分整合利用已有资源基础上，完善检验检测仪器设备、安全生产技术培训、抽样巡查交通工具、业务用房等基本条件。通过投资建设，实现省地县乡承担农产品质量安全执法监管职责的机构“办公有场所、执法有手段、下乡有工具、服务有能力”，为农产品生产经营者提供及时、周到、客观、科学的质量安全监管公共服务。

3. 农产品质量安全追溯建设工程 按照统一规划、分区编码、数据共享、通查通识的原则，构建农产品质量安全追溯管理系统，建立农产品质量安全追溯信息平台和数据库。新规划建设1个国家级农产品质量安全追溯信息中心，6个区域性数据管理中心，35个省级数据管理分中心，1 200个县级追溯管理服务站。“三品一标”获证单位和各种标准化示范区（县、场）等全部纳入质量追溯试点范围，产地准出与市场准入农产品全部纳入质量追溯管理，上市销售农产品基本实现“生产有记录、信息可查询、流通可追踪”。

（二）重大财政专项

1. 扩大农产品质量安全监测与风险评估财政专项规模 强化农产品质量安全风险监控、危害评价、例行监测、监督抽查和质量调查工作，加强对重点地区、重要农产品质量安全的例行监测，动态把握质量安全状况，及时消除风险隐患。全面开展农产品和农业投入品质量安全风险评估，扩大评估监测品种、数量和范围，强化危害评价，为农产品质量安全监管提供强有力科学数据。

2. 增加农业标准化专项财政投入 加大农业标准制修订专项支持力度，重点制定农兽药残留、饲料安全等农产品质量安全国家标准，加快制定覆盖农业生产全过程的农业国家标准和行业标准，强化产地环境、安全控制、种苗繁育、生产规程、产品等级、规格包装、质量追溯等标准的制修订，为农业标准化和全程质量控制提供支撑。蔬菜、水果、茶叶、畜产品、水产品主产区和大中城市郊区，要依托农业产业化龙头企业和农民专业合作组织，大规模开展园艺作物标准园、畜产品规模养殖场、水产健康养殖示范场等“菜篮子”产品生产标准化创建活动；要不断扩大农业标准化示范县投资规模，全县域、整建制地创建一批农业标准化整体推进示范县。积极鼓励和支持县级以上地方农业行政主管部门因地制宜创建一批标准化生产示范园（区）、示范乡（镇）、示范场（社）。加快发展“三品一标”，积极推动农业标准化、品牌化、产业化发展。

3. 设立农产品质量安全应急处置财政专项资金 及时依法开展农产品质量安全突发事件调查，准确分析、评估事件影响，实施应急监测和管理。开展应急处理和执法，实施技术补救，启动应急评价鉴定工作。加强应急管理人员、应急处置专家等专业化队伍建设，开展风险防控与应急处理知识培训，强化农产品质量安全事件应急演练。健全完善农产品质量安全应急防控制度，规范应急处置工作。

五、保障措施

（一）加强组织领导 各级农业行政主管部门要站在农业农村经济工作全局的高度，充分认识农产品质量安全监管工作的极端重要性、艰巨性和复杂性，要切实增强责任感和使命感，要把农产品质量安全监管工作纳入重要议事日程，在规划部署、资金投入、机构人员等方面，加大支持力度。要抓紧研究制定本地区、本行业的农产品质量安全发展“十二五”规划，加快启动实施相应的农产品质量安全重大建设工程，增加农产品质量安全方面的财政专项投入。要加强对规划实施情况的监测评估和督促检查，切实保证规划有效落实。

（二）强化协调配合 各级农业部门要依法履行农产品生产环节质量安全监管职责，积极争取发改、财政、科技等部门支持，加强与食安、卫生、公安、工商、质检等部门协调配合，形成合力推进农产品质量安全监管的工作氛围。要充分发挥农业系统各相关事业单位、科研院所、大专院校和行业协会在科学研究、技术推广、培训宣传、行业自律等方面的技术优势和功能作用，积极鼓励和引导社会力量投资农产品质量安全事业，在全国范围内形成“依法监管、分类监测、专业服务、综合执法、社会协同、公众参与”的全国一盘棋农产品质量安全监管新格局。

（三）加强技术支撑 要强化农产品质量安全专门技术人才、专家队伍培养，健全农产品质量安全人才队伍。要依托农业科研院所和大专院校，加快建立健全农产品质量安全科研体系和风险评估队伍。大力开展农产品质量安全产地环境、过程控制、药物残留、检测技术、风险评估、危害评价等科学研究工作。加大农产品质量安全生产技术、高效低毒农业投入品研发和推广力度。

（四）加大舆论宣传 要充分应用现代化的公共媒体，加强农产品质量安全法律法规、科学知识宣传，广泛开展生产引导、消费指导和公众咨询服务，普及科学知识，提高公众质量安全法制意识。健全与媒体的快捷、联动沟通机制，充分发挥媒体引导和推动作用，为深入推进农产品质量安全监管创造良好的舆论氛围。

（五）扩大国际交流合作 加强国际食品法典工作，全面开展主要贸易国技术性贸易措施官方评议，加快培养农产品质量安全国际交流与合作的专业人才，学习借鉴国外农产品质量安全风险控制与管理先进经验，提高在国际标准和技术性贸易措施官方评议方面的国际话语权，扩大国际社会影响力。

新疆维吾尔自治区奶业条例

（2003 年 8 月 1 日新疆维吾尔自治区第十届人民代表大会常务委员会第四次会议通过
2004 年 11 月 26 日新疆维吾尔自治区第十届人民代表大会常务委员会第十三次会议修正
2011 年 9 月 29 日新疆维吾尔自治区第十一届人民代表大会常务委员会第三十一次会议修订）

第一章 总 则

第一条 为了规范奶业生产经营秩序，保证乳品质量安全，维护生产经营者和消费者合法权益，促进自治区奶业持续健康发展，根据《中华人民共和国食品安全法》、国务院《乳品质量安全监督管理条例》和有关法律、法规，结合自治区实际，制定本条例。

第二条 本条例所称奶业，是指从事奶畜养殖，生鲜乳生产、收购、储存、运输，以及乳制品生产、包装、销售等相关活动的产业。

本条例所称乳品，包括生鲜乳和乳制品。

第三条 在自治区行政区域内从事奶业生产、经营及其监督管理活动，应当遵守本条例。

第四条 县级以上人民政府应当对本行政区域内乳品质量安全负总责，根据当地资源条件和市场需求，合理编制奶业发展规划，优化奶业产业布局，支持奶畜良种繁育，加强奶业基础设施建设。

第五条 县级以上人民政府畜牧兽医、质量技术监督、工商、卫生、食品药品监督以及其他有关部门，按照国务院《乳品质量安全监督管理条例》和本条例规定的职责范围，履行奶业监督管理职责。

前款规定由县级以上人民政府畜牧兽医行政主管部门履行的职责，可以委托其所属的奶业管理机构实施，但是行政许可除外。

第六条 奶畜养殖者可以依法成立奶农专业生产合作组织，建立风险共担、利益共享、互惠互利、长期稳定的经济合作关系，提高奶业发展的组织化程度。

第七条 鼓励乳制品生产企业与奶畜养殖者、科研单位利用资金、土地、技术等生产要素建立奶业生产经营联合体，实现奶业产业化经营，提升奶业市场竞争能力。

鼓励单位和个人根据奶业发展规划，依法从事奶业相关活动。

第八条 县级以上人民政府应当建立并推行无公害、绿色、有机乳品认证制度，对通过认证的乳品及时向社会公布。

鼓励乳制品生产企业、奶畜养殖者进行绿色或者有机产品的产地认定、产品认证。

第二章 奶畜养殖

第九条 县级以上人民政府应当积极推进奶畜标准化、规模化、集约化养殖。鼓励和支持奶畜养殖者、企业或者个人根据奶业发展规划投资建设奶畜养殖场和养殖小区。

第十条 开办奶畜养殖场、养殖小区的，应当依法取得动物防疫条件合格证，具备国务院《乳品质量安全监督管理条例》规定的条件，并向所在地县级人民政府畜牧兽医行政主管部门备案。

第十一条 奶畜养殖场、养殖小区用电按农业生产用电价格执行，用地按农业用地对待；在奶畜养殖场、养殖小区用地范围内需要兴建永久性建筑物，涉及农用地转用的，按照《中华人民共和国土地管理法》的规定办理。养殖小区道路建设纳入乡村道路建设规划统筹安排。奶畜养殖者按照国家和自治区的相关规定享受补贴、保费补助等优惠政策。

第十二条 县级以上人民政府应当通过实施农业综合开发、退耕（牧）还草和引进、培育优良牧草品种等措施，建立优质饲草料生产基地，加快饲料业发展。

第十三条 县级以上人民政府畜牧兽医行政主管部门应当制定并组织实施奶畜良种繁育推广计划，指导奶畜养殖者采用人工授精和胚胎移植等技术措施，优化奶畜群体结构，提高奶畜单产水平。

鼓励和引导奶畜养殖场、养殖小区开展奶牛生产性能测定，推广全混合日粮饲喂技术。

第十四条 从事奶畜养殖，禁止实施下列行为：

（一）违反法律、法规和国家技术规范的强制性规定使用饲料、饲料添加剂和兽药的；

（二）添加对奶畜、人体具有直接或者潜在危害物质的；

（三）对染疫奶畜不采取隔离、无害化处理等控制措施的；

（四）法律、法规禁止实施的其他行为。

第十五条 奶畜养殖者应当确保奶畜符合国家规定的健康标准，并确保奶畜接受强制免疫。

县级人民政府动物疫病预防控制机构应当定期对奶畜健康状况进行检测，检测合格的，出具奶畜健康证明；检测不合格的，应当依法采取隔离、治疗或者进行无害化处理等措施。

第三章 生鲜乳的收购、销售与购进

第十六条 生鲜乳收购站应当由取得工商登记的乳

制品生产企业、奶畜养殖场、奶农专业生产合作组织开办，并具备法定条件，取得所在地县级人民政府畜牧兽医行政主管部门核发的生鲜乳收购许可证；改建、扩建生鲜乳收购站的，应当依法向原发证机关申请换发生鲜乳收购许可证。

第十七条 生鲜乳收购应当在县级以上人民政府畜牧兽医行政主管部门核定的区域内进行。

生鲜乳收购站以外的单位或者个人在草原牧区收购放牧饲养的奶畜所产生鲜乳的，应当取得所在地县级人民政府畜牧兽医行政主管部门核发的生鲜乳收购许可证，并具有与收奶量相适应的冷却、冷藏、保鲜设施和与检测项目相适应的检测仪器和计量设备。

第十八条 禁止未取得生鲜乳收购许可证的单位或者个人收购生鲜乳。禁止乳制品生产企业向未取得生鲜乳收购许可证的单位和个人购进生鲜乳。

第十九条 生鲜乳购销双方应当依法签订书面合同，明确约定生鲜乳交易的数量、质量、价格、地点及计价标准、检验方式、违约责任等内容。

收购方不得利用优势地位，在合同中规定提高或者压低质量标准，以及限收或者拒收生鲜乳等不合理条件的内容。

第二十条 县级以上人民政府价格主管部门应当加强对生鲜乳价格的监控和通报，及时发布市场供求信息和价格信息。

县级以上人民政府应当建立由价格、畜牧兽医等部门以及行业协会、乳制品生产企业、生鲜乳收购者、奶畜养殖者代表组成的生鲜乳价格协调委员会，根据生鲜乳的生产成本、流通费用、企业加工费用、旺淡季生产需求、质量差异等因素确定生鲜乳交易参考价格，供购销双方签订合同时参考。

第二十一条 禁止收购、销售、购进下列奶畜所产的生鲜乳：

（一）未取得健康证明的；

（二）患乳房炎或者其他传染病的；

（三）发生重大动物疫病或者来自封锁疫区的。

禁止收购、销售、购进有毒有害物质残留量超标或者掺杂掺假、变质的生鲜乳。

第二十二条 生鲜乳收购站收购生鲜乳、乳制品生产企业购进生鲜乳，应当依照合同约定的质量标准、检测方式、检测项目进行现场检测，如实记录质量检测情况，并出具检验结果。对检验结果有异议的，可以委托具有相应资质的检验机构对留样的生鲜乳进行检测。经检测符合合同约定的质量等级标准的，生鲜乳收购站、乳制品生产企业不得采取各种名目压级压价收购或者拒收生鲜乳。因生鲜乳收购站、乳制品生产企业检测错误给对方造成损失的，应当依法予以赔偿。

合同约定的质量标准、检测方式、检测项目应当符合国家规定的标准和要求。

第二十三条 生鲜乳运输车辆必须配置奶罐，并应当具备下列条件：

（一）奶罐内壁由防腐蚀材料制造，隔热、保温，对生鲜乳质量安全没有影响；

（二）奶罐外壁由坚硬光滑、防腐、可冲洗的防水材料制造；

（三）奶罐设有奶样存放舱和装备隔离箱，保持清洁卫生；

（四）奶罐密封材料耐脂肪、无毒，在常温下具有耐清洗剂的功能；

（五）奶车顶盖装置、通气和防尘罩设计合理，防止奶罐和生鲜乳受到污染。

生鲜乳运输奶罐只能用于运送生鲜乳和饮用水。

第二十四条 生鲜乳运输车辆的所有者应当依法向所在地县级人民政府畜牧兽医行政主管部门提出生鲜乳运输申请，畜牧兽医行政主管部门应当自受理申请之日起五日内，对车辆进行检查，符合规定条件的，核发生鲜乳准运证明。

运输生鲜乳应当随车携带生鲜乳交接单。交接单应当载明生鲜乳收购站的名称、运输车辆牌照、装运数量、装运时间和地点、装运时生鲜乳温度等内容，并由生鲜乳收购站经手人、押运员、驾驶员、乳制品生产企业的收奶员签字。

第二十五条 县级以上人民政府应当加强对散装生鲜乳销售的监督管理，协调有关部门做好指导和服务工作。

向消费者直接销售散装生鲜乳的，应当在销售所在地街道办事处或者乡（镇）人民政府指定的地点或者区域销售，并且应当具备下列条件：

（一）畜牧兽医部门出具的奶畜健康证明；

（二）符合国家生鲜乳质量安全标准；

（三）街道办事处或者乡（镇）人民政府出具的定点销售证明；

（四）销售人员取得县级以上医疗卫生机构出具的健康证明；

（五）使用无毒、无害、保鲜、卫生的盛装容器。

县级以上人民政府畜牧兽医行政主管部门应当加强生鲜乳质量安全监测工作，制定并组织实施生鲜乳质量安全监测计划，对生鲜乳进行抽查。

监测抽查不得向被抽查人收取任何费用，所需费用由同级财政列支。

第二十六条 挤取、收购、销售、运输生鲜乳的人员和乳制品生产经营人员应当每年进行健康检查，取得县级以上医疗卫生机构出具的健康证明后，方可从事相关生产、经营活动。

第四章　乳制品生产与销售

第二十七条 乳制品生产企业布局应当符合奶业发展规划，并与区域奶源相协调。

乳制品生产企业应当有与其加工能力相配套的自有奶源基地或者以合同方式约定的固定奶源基地。

新建、改建、扩建乳制品生产企业，应当符合自治区奶业发展规划和国家规定的其他准入条件，由自治区发展和改革部门核准；奶源基地的审核，由县级以上人民政府畜牧兽医主管部门提出审查意见。

第二十八条 从事乳制品生产活动，应当依法取得质量技术监督部门颁发的食品生产许可证。

第二十九条 乳制品生产企业应当按照国家标准加工制作乳制品；没有国家标准的，应当执行地方标准。

没有国家标准和地方标准的，乳制品生产企业应当制定、执行企业标准，并报自治区卫生行政主管部门备案。

第三十条 乳制品生产企业应当采取乳制品质量安全管理措施，对乳制品生产实施从原料进厂到成品出厂的全过程质量控制，保证产品质量安全。

第三十一条 禁止生产下列乳制品：

（一）采用非食品原料生产的；

（二）将回收的乳制品作为原料的；

（三）添加食品添加剂以外的化学物质或者其他可能危害人体健康物质的；

（四）超范围、超标准使用食品添加剂的；

（五）专供婴幼儿和其他特定人群食用的乳制品，其营养成分不符合乳品质量安全国家标准的；

（六）法律、法规禁止生产的其他乳制品。

第三十二条 乳制品的包装应当使用无毒无害包装材料。鼓励乳制品生产企业使用纸塑复合无菌包装、可持续性绿色包装材料。

包装标签应当标明法律、法规或者乳品质量安全国家标准规定必须标明的事项。

第三十三条 从事乳制品销售的，应当依法取得工商等部门核发的有关证照。

乳制品销售者应当建立进货查验制度和销售台账制度。

第三十四条 禁止销售下列乳制品：

（一）无食品生产许可证的企业加工的或者无质量合格证明的；

（二）掺杂掺假、过期变质、假冒伪劣的；

（三）无标签或者标签残缺不全的；

（四）法律、法规禁止销售的其他乳制品。

第五章 监督管理

第三十五条 县级以上人民政府应当组织、协调有关部门依法做好奶业发展的监督、管理和服务工作。

第三十六条 县级以上人民政府畜牧兽医、质量技术监督、工商、卫生、食品药品监督等行政主管部门应当按照各自职责，依法加强对乳品收购、生产、加工、销售环节的监督检查，检查结果应当及时互相通报，并向社会公布。

县级以上人民政府价格主管部门应当加强对生鲜乳购销过程中价格违法行为的监督检查。

第三十七条 鼓励奶业生产经营者依法成立或者自愿加入奶业协会。奶业协会应当为成员提供生产、销售、信息、技术、培训等服务，依法维护生产经营者的合法权益，加强行业自律，防止无序竞争。

第三十八条 任何单位和个人有权对违反本条例的行为进行举报或者投诉；受理举报或者投诉的有关部门应当及时调查处理，对举报或者投诉重大违法行为查证属实的给予奖励。

第六章 法律责任

第三十九条 违反本条例第十条规定的，依照有关法律法规予以处罚；开办奶畜养殖场、养殖小区未备案的，由县级以上人民政府畜牧兽医行政主管部门责令限期改正，逾期不改正的，可以处一千元以上一万元以下罚款。

第四十条 违反本条例第二十五条规定，销售的散装生鲜乳不符合国家质量安全标准的，由县级以上人民政府工商行政主管部门责令改正；不改正的，没收违法销售的散装生鲜乳和相关的设备，可以并处五百元以上三千元以下罚款。

第四十一条 有下列情形之一的，由县级以上人民政府畜牧兽医行政主管部门或者有关部门没收违法收购、销售、购进、运输的生鲜乳，没收违法所得，可以并处生鲜乳货值金额五倍以上十倍以下罚款：

（一）未取得生鲜乳收购许可证收购生鲜乳的或者未取得生鲜乳运输许可证运输生鲜乳的；

（二）乳制品生产企业向未取得生鲜乳收购许可证的单位和个人购进生鲜乳的；

（三）收购、销售、购进本条例第二十一条规定的生鲜乳的。

第四十二条 县级以上人民政府畜牧兽医、质量技术监督、工商、卫生、食品药品监督等行政主管部门不履行本条例规定的职责，或者滥用职权，渎职失职的，由其主管部门或者行政监察机关对其主要负责人、直接负责的主管人员和其他直接责任人员给予记大过或者降级的处分；造成严重后果的，给予撤职或者开除的处分；构成犯罪的，依法追究刑事责任。

第四十三条 违反本条例规定，应当承担法律责任的其他行为，依照《中华人民共和国食品安全法》、国务院《乳品质量安全监督管理条例》和有关法律、法规的规定执行。

第七章 附 则

第四十四条 学生饮用奶生产、加工、供应的监督管理，除按本条例执行外，还应当执行国家和自治区的相关规定。

第四十五条 本条例自 2011 年 12 月 1 日起施行。

国家质量监督检验检疫总局《进出口食品安全管理办法》

（总局令第 144 号）

第 144 号

《进出口食品安全管理办法》已经 2010 年 7 月 22 日国家质量监督检验检疫总局局务会议审议通过，现予公布，自 2012 年 3 月 1 日起施行。

局　长

二〇一一年九月十三日

进出口食品安全管理办法

第一章　总　　则

第一条　为保证进出口食品安全，保护人类、动植物生命和健康，根据《中华人民共和国食品安全法》（以下简称食品安全法）及其实施条例、《中华人民共和国进出口商品检验法》及其实施条例、《中华人民共和国进出境动植物检疫法》及其实施条例和《国务院关于加强食品等产品安全监督管理的特别规定》等法律法规的规定，制定本办法。

第二条　本办法适用于进出口食品的检验检疫及监督管理。

进出口食品添加剂、食品相关产品、水果、食用活动物的安全管理依照有关规定执行。

第三条　国家质量监督检验检疫总局（以下简称国家质检总局）主管全国进出口食品安全监督管理工作。

国家质检总局设在各地的出入境检验检疫机构（以下简称检验检疫机构）在国家质检总局的统一领导下，依法做好进出口食品安全监督管理工作。

第四条　国家质检总局对进口食品境外生产企业实施注册管理，对向中国境内出口食品的出口商或者代理商实施备案管理，对进口食品实施检验，对出口食品生产企业实施备案管理，对出口食品原料种植、养殖场实施备案管理，对出口食品实施监督、抽检，对进出口食品实施分类管理、对进出口食品生产经营者实施诚信管理。

第五条　进出口食品生产经营者应当依法从事生产经营活动，对社会和公众负责，保证食品安全，诚实守信，接受社会监督，承担社会责任。

第六条　检验检疫机构从事进出口食品安全监督管理的人员（以下简称检验检疫人员）应当具有相关的专业知识，尽职尽责。

第二章　食品进口

第七条　国家质检总局依据中国法律法规规定对向中国出口食品的国家或者地区的食品安全管理体系和食品安全状况进行评估，并根据进口食品安全监督管理需要进行回顾性审查。

国家质检总局依据中国法律法规规定、食品安全国家标准要求、国内外疫情疫病和有毒有害物质风险分析结果，结合前款规定的评估和审查结果，确定相应的检验检疫要求。

第八条　进口食品应当符合中国食品安全国家标准和相关检验检疫要求。食品安全国家标准公布前，按照现行食用农产品质量安全标准、食品卫生标准、食品质量标准和有关食品的行业标准中强制执行的标准实施检验。

首次进口尚无食品安全国家标准的食品，进口商应当向检验检疫机构提交国务院卫生行政部门出具的许可证明文件，检验检疫机构应当按照国务院卫生行政部门的要求进行检验。

第九条　国家质检总局对向中国境内出口食品的境外食品生产企业实施注册制度，注册工作按照国家质检总局相关规定执行。

向中国境内出口食品的出口商或者代理商应当向国家质检总局备案。申请备案的出口商或者代理商应当按照备案要求提供企业备案信息，并对信息的真实性负责。

注册和备案名单应当在总局网站公布。

第十条　进口食品需要办理进境动植物检疫审批手续的，应当取得《中华人民共和国进境动植物检疫许可证》后方可进口。

第十一条　对进口可能存在动植物疫情疫病或者有毒有害物质的高风险食品实行指定口岸入境。指定口岸条件及名录由国家质检总局制定并公布。

第十二条　进口食品的进口商或者其代理人应当按照规定，持下列材料向海关报关地的检验检疫机构报检：

（一）合同、发票、装箱单、提单等必要的凭证；

（二）相关批准文件；

（三）法律法规、双边协定、议定书以及其他规定要求提交的输出国家（地区）官方检疫（卫生）证书；

（四）首次进口预包装食品，应当提供进口食品标签样张和翻译件；

（五）首次进口尚无食品安全国家标准的食品，应当提供本办法第八条规定的许可证明文件；

（六）进口食品应当随附的其他证书或者证明文件。

报检时，进口商或者其代理人应当将所进口的食品按照品名、品牌、原产国（地区）、规格、数/重量、总值、生产日期（批号）及国家质检总局规定的其他内容逐一申报。

第十三条 检验检疫机构对进口商或者其代理人提交的报检材料进行审核，符合要求的，受理报检。

第十四条 进口食品的包装和运输工具应当符合安全卫生要求。

第十五条 进口预包装食品的中文标签、中文说明书应当符合中国法律法规的规定和食品安全国家标准的要求。

第十六条 检验检疫机构应当对标签内容是否符合法律法规和食品安全国家标准要求以及与质量有关内容的真实性、准确性进行检验，包括格式版面检验和标签标注内容的符合性检测。

进口食品标签、说明书中强调获奖、获证、产区及其他内容的，或者强调含有特殊成分的，应当提供相应证明材料。

第十七条 进口食品在取得检验检疫合格证明之前，应当存放在检验检疫机构指定或者认可的监管场所，未经检验检疫机构许可，任何单位和个人不得动用。

第十八条 进口食品经检验检疫合格的，由检验检疫机构出具合格证明，准予销售、使用。检验检疫机构出具的合格证明应当逐一列明货物品名、品牌、原产国（地区）、规格、数/重量、生产日期（批号），没有品牌、规格的，应当标明“无”。

进口食品经检验检疫不合格的，由检验检疫机构出具不合格证明。涉及安全、健康、环境保护项目不合格的，由检验检疫机构责令当事人销毁，或者出具退货处理通知单，由进口商办理退运手续。其他项目不合格的，可以在检验检疫机构的监督下进行技术处理，经重新检验合格后，方可销售、使用。

第十九条 检验检疫机构对进口食品的进口商实施备案管理。进口商应当事先向所在地检验检疫机构申请备案，并提供以下材料：

（一）填制准确完备的进口商备案申请表；

（二）工商营业执照、组织机构代码证书、法定代表人身份证明、对外贸易经营者备案登记表等的复印件并交验正本；

（三）企业质量安全管理制度；

（四）与食品安全相关的组织机构设置、部门职能和岗位职责；

（五）拟经营的食品种类、存放地点；

（六）2年内曾从事食品进口、加工和销售的，应当提供相关说明（食品品种、数量）；

（七）自理报检的，应当提供自理报检单位备案登记证明书复印件并交验正本。

检验检疫机构核实企业提供的信息后，准予备案。

第二十条 进口食品的进口商应当建立食品进口和销售记录制度，如实记录进口食品的卫生证书编号、品名、规格、数量、生产日期（批号）、保质期、出口商和购货者名称及联系方式、交货日期等内容。记录应当真实，保存期限不得少于2年。

检验检疫机构应当对本辖区内进口商的进口和销售记录进行检查。

第二十一条 国家质检总局对进口食品安全实行风险监测制度，组织制定和实施年度进口食品安全风险监测计划。

检验检疫机构根据国家质检总局进口食品安全风险监测计划，组织对进口食品进行风险监测，上报结果。

检验检疫机构应当根据进口食品安全风险监测结果，在风险分析的基础上调整对相关进口食品的检验检疫和监管措施。

第二十二条 进口食品原料全部用于加工后复出口的，检验检疫机构按照出口食品目的国（地区）技术规范的强制性要求或者贸易合同要求进行检验。

第二十三条 检验检疫机构发现不符合法定要求的进口食品时，可以将不符合法定要求的进口食品境外生产企业和出口商、国内进口商、报检人、代理人列入不良记录名单；对有违法行为并受到行政处罚的，可以将其列入违法企业名单并对外公布。

第三章 食品出口

第二十四条 出口食品生产经营者应当保证其出口食品符合进口国家（地区）的标准或者合同要求。

进口国家（地区）无相关标准且合同未有要求的，应当保证出口食品符合中国食品安全国家标准。

第二十五条 出口食品生产企业应当建立完善的质量安全管理体系。

出口食品生产企业应当建立原料、辅料、食品添加剂、包装材料容器等进货查验记录制度。

出口食品生产企业应当建立生产记录档案，如实记录食品生产过程的安全管理情况。

出口食品生产企业应当建立出厂检验记录制度，依照本办法规定的要求对其出口食品进行检验，检验合格后方可报检。

上述记录应当真实，保存期限不得少于2年。

第二十六条 国家质检总局对出口食品生产企业实施备案制度，备案工作按照国家质检总局相关规定执行。

第二十七条 检验检疫机构负责对辖区内出口食品生产企业质量安全管理体系运行情况进行监督管理。

第二十八条 国家质检总局对出口食品原料种植、养殖场实施备案管理。出口食品原料种植、养殖场应当向所在地检验检疫机构办理备案手续。

实施备案管理的原料品种目录（以下称目录）和备案条件由国家质检总局另行制定。出口食品的原料列入目录的，应当来自备案的种植、养殖场。

国家质检总局统一公布备案的原料种植、养殖场名单。

第二十九条 备案种植、养殖场所在地检验检疫机构对备案种植、养殖场实施监督、检查，对达不到备案要求的，及时向所在地政府相关主管部门、出口食品生产企业所在地检验检疫机构通报。

生产企业所在地检验检疫机构应当及时向备案种植、养殖场所在地检验检疫机构通报种植、养殖场提供原料的质量安全和卫生情况。

第三十条 种植、养殖场应当建立原料的生产记录制度，生产记录应当真实，记录保存期限不得少于2年。备案种植、养殖场应当依照进口国家（地区）食品安全标准和中国有关规定使用农业化学投入品，并建立疫情疫病监测制度。备案种植、养殖场应当为其生产的每一批原料出具出口食品加工原料供货证明文件。

第三十一条 国家质检总局对出口食品安全实施风险监测制度，组织制定和实施年度出口食品安全风险监测计划。

检验检疫机构根据国家质检总局出口食品安全风险监测计划，组织对本辖区内出口食品实施监测，上报结果。

检验检疫机构应当根据出口食品安全风险监测结果，在风险分析基础上调整对相关出口食品的检验检疫和监管措施。

第三十二条 出口食品的出口商或者其代理人应当按照规定，持合同、发票、装箱单、出厂合格证明、出口食品加工原料供货证明文件等必要的凭证和相关批准文件向出口食品生产企业所在地检验检疫机构报检。报检时，应当将所出口的食品按照品名、规格、数/重量、生产日期逐一申报。

第三十三条 直属检验检疫局根据出口食品分类管理要求、本地出口食品品种、以往出口情况、安全记录和进口国家（地区）要求等相关信息，通过风险分析制定本辖区出口食品抽检方案。

检验检疫机构按照抽检方案和相应的工作规范、规程以及有关要求对出口食品实施抽检。

有双边协定的，按照其要求对出口食品实施抽检。

第三十四条 出口食品符合出口要求的，由检验检疫机构按照规定出具通关证明，并根据需要出具证书。出口食品进口国家（地区）对证书形式和内容有新要求的，经国家质检总局批准后，检验检疫机构方可对证书进行变更。

出口食品经检验检疫不合格的，由检验检疫机构出具不合格证明。依法可以进行技术处理的，应当在检验检疫机构的监督下进行技术处理，合格后方准出口；依法不能进行技术处理或者经技术处理后仍不合格的，不准出口。

第三十五条 出口食品的包装和运输方式应当符合安全卫生要求，并经检验检疫合格。

第三十六条 对装运出口易腐烂变质食品、冷冻食品的集装箱、船舱、飞机、车辆等运载工具，承运人、装箱单位或者其代理人应当在装运前向检验检疫机构申请清洁、卫生、冷藏、密固等适载检验；未经检验或者经检验不合格的，不准装运。

第三十七条 出口食品生产企业应当在运输包装上注明生产企业名称、备案号、产品品名、生产批号和生产日期。检验检疫机构应当在出具的证单中注明上述信息。进口国家（地区）或者合同有特殊要求的，在保证产品可追溯的前提下，经直属检验检疫局同意，标注内容可以适当调整。

需要加施检验检疫标志的，按照国家质检总局规定加施。

第三十八条 出口食品经产地检验检疫机构检验检疫符合出口要求运往口岸的，产地检验检疫机构可以采取监视装载、加施封识或者其他方式实施监督管理。

第三十九条 出口食品经产地检验检疫机构检验检疫符合出口要求的，口岸检验检疫机构按照规定实施抽查，口岸抽查不合格的，不得出口。

口岸检验检疫机构应当将有关信息及时通报产地检验检疫机构，并按照规定上报。产地检验检疫机构应当根据不合格原因采取相应监管措施。

第四十条 检验检疫机构发现不符合法定要求的出口食品时，可以将其生产经营者列入不良记录名单；对有违法行为并受到行政处罚的，可以将其列入违法企业名单并对外公布。

第四章 风险预警及相关措施

第四十一条 国家质检总局对进出口食品实施风险预警制度。

进出口食品中发现严重食品安全问题或者疫情的，以及境内外发生食品安全事件或者疫情可能影响到进出口食品安全的，国家质检总局和检验检疫机构应当及时采取风险预警及控制措施。

第四十二条 国家质检总局和检验检疫机构应当建立进出口食品安全信息收集网络，收集和整理食品安全信息，主要包括：

（一）检验检疫机构对进出口食品实施检验检疫发现的食品安全信息；

（二）行业协会、消费者反映的进口食品安全信息；

（三）国际组织、境外政府机构发布的食品安全信息、风险预警信息，以及境外行业协会等组织、消费者反映的食品安全信息；

（四）其他食品安全信息。

第四十三条 检验检疫机构对经核准、整理的食品安全信息，按照规定的要求和程序向国家质检总局报告并向地方政府、有关部门通报。

第四十四条 国家质检总局和直属检验检疫局按照相关规定对收集到的食品安全信息进行风险分析研判，确定风险信息级别。

第四十五条 国家质检总局和直属检验检疫局应当根据食品安全风险信息的级别发布风险预警通报。国家质检总局视情况可以发布风险预警通告，并决定采取以下控制措施：

（一）有条件地限制进出口，包括严密监控、加严检验、责令召回等；

（二）禁止进出口，就地销毁或者作退运处理；

（三）启动进出口食品安全应急处置预案。

检验检疫机构负责组织实施风险预警及控制措施。

第四十六条 国家质检总局可以参照国际通行做法，对不确定的风险直接发布风险预警通报或者风险预警通告，并采取本办法第四十五条规定的控制措施。同时及时收集和补充有关信息和资料，进行风险分析。

第四十七条 进出口食品安全风险已不存在或者已降低到可接受的程度时，应当及时解除风险预警通报和风险预警通告及控制措施。

第四十八条 进口食品存在安全问题，已经或者可能对人体健康和生命安全造成损害的，进口食品进口商应当主动召回并向所在地检验检疫机构报告。进口食品进口商应当向社会公布有关信息，通知销售者停止销售，告知消费者停止使用，做好召回食品情况记录。

检验检疫机构接到报告后应当组织核查，根据产品影响范围按照规定上报。

进口食品进口商不主动实施召回的，由直属检验检疫局向其发出责令召回通知书并报告国家质检总局。必要时，国家质检总局可以责令其召回。国家质检总局可以发布风险预警通报或者风险预警通告，并采取本办法第四十五条规定的措施以及其他避免危害发生的措施。

第四十九条 发现出口的食品存在安全问题，已经或者可能对人体健康和生命安全造成损害的，出口食品生产经营者应当采取措施，避免和减少损害的发生，并立即向所在地检验检疫机构报告。

第五十条 检验检疫机构在依法履行进出口食品检验检疫监督管理职责时有权采取下列措施：

（一）进入生产经营场所实施现场检查；

（二）查阅、复制、查封、扣押有关合同、票据、账簿以及其他有关资料；

（三）查封、扣押不符合法定要求的产品，违法使用的原料、辅料、添加剂、农业投入品以及用于违法生产的工具、设备；

（四）查封存在危害人体健康和生命安全重大隐患的生产经营场所。

第五十一条 检验检疫机构应当按照有关规定将采取的控制措施向国家质检总局报告并向地方政府、有关部门通报。

国家质检总局按照有关规定将相关食品安全信息及采取的控制措施向有关部门通报。

第五章　法律责任

第五十二条 违反本办法第十七条指定场所监管相关规定，没有违法所得的，由检验检疫机构责令改正，处1万元以下罚款。

第五十三条 销售、使用经检验不符合食品安全国家标准的进口食品，由检验检疫机构按照食品安全法第八十九条、第八十五条的规定给予处罚。

第五十四条 进口商有下列情形之一的，由检验检疫机构按照食品安全法第八十九条、八十七条的规定给予处罚：

（一）未建立食品进口和销售记录制度的；

（二）建立的食品进口和销售记录没有如实记录进口食品的卫生证书编号、品名、规格、数量、生产日期（批号）、保质期、出口商和购货者名称及联系方式、交货日期等内容的；

（三）建立的食品进口和销售记录保存期限少于2年的。

第五十五条 出口食品原料种植、养殖场有下列情形之一的，由检验检疫机构责令改正，有违法所得的，处违法所得3倍以下罚款，最高不超过3万元；没有违法所得的，处1万元以下罚款：

（一）出口食品原料种植、养殖过程中违规使用农业化学投入品的；

（二）相关记录不真实或者保存期限少于2年的。

出口食品生产企业生产出口食品使用的原料未按照规定来自备案基地的，按照前款规定给予处罚。

第五十六条 有下列情形之一的，由检验检疫机构按照食品安全法第八十九条、第八十五条的规定给予处罚：

（一）未报检或者未经监督、抽检合格擅自出口的；

（二）擅自调换经检验检疫机构监督、抽检并已出具检验检疫证明的出口食品的。

第五十七条 进出口食品生产经营者、检验检疫机构及检验检疫人员有其他违法行为的，按照相关法律法规的规定处理。

第六章　附　　则

第五十八条 进出口食品生产经营者包括进出口食品的生产企业、进出口商和代理商。

第五十九条 进出海关特殊监管区域的食品以及边境小额和互市贸易进出口食品的检验检疫监督管理，按照国家质检总局有关规定办理。

第六十条 以快件、邮寄和旅客携带方式进出口食品的，应当符合国家质检总局相关规定。

第六十一条 进出口用作样品、礼品、赠品、展示品等非贸易性的食品，进口用作免税经营的、使领馆自用的食品，出口用作使领馆、中国企业驻外人员等自用的食品，按照国家有关规定办理。

第六十二条 供中国香港、中国澳门特别行政区、中国台湾地区的食品，国家有另行规定的，从其规定。

第六十三条 本办法由国家质检总局负责解释。

第六十四条 本办法自2012年3月1日起施行。

国家质量监督检验检疫总局《进口食品境外生产企业注册管理规定》

（总局令第145号）

第145号

《进口食品境外生产企业注册管理规定》已经2011年6月21日国家质量监督检验检疫总局局务会议审议通过，现予公布，自2012年5月1日起施行。

局　长

二〇一二年三月二十二日

进口食品境外生产企业注册管理规定

第一章　总　　则

第一条 为加强进口食品境外食品生产企业的监督管理，根据《中华人民共和国食品安全法》及其实施条例、《中华人民共和国进出口商品检验法》及其实施条例等法律、行政法规的规定，制定本规定。

第二条 向中国输出食品的境外生产、加工、储存企业（以下统称进口食品境外生产企业）的注册及其监督管理适用本规定。

第三条 国家质量监督检验检疫总局（以下简称国家质检总局）统一管理进口食品境外生产企业注册工作。

国家认证认可监督管理委员会（以下简称国家认监委）组织实施进口食品境外生产企业的注册及其监督管理工作。

第四条 《进口食品境外生产企业注册实施目录》（以下简称《目录》）由国家认监委负责制定、调整，国家质检总局公布。

《目录》内不同产品类别的注册评审程序和技术要求，由国家认监委另行制定、发布。

第五条 《目录》内食品的境外生产企业，应当获得注册后，其产品方可进口。

第二章　注册条件与程序

第六条 进口食品境外生产企业注册条件：

（一）企业所在国家（地区）的与注册相关的兽医服务体系、植物保护体系、公共卫生管理体系等经评估合格；

（二）向我国出口的食品所用动植物原料应当来自非疫区；向我国出口的食品可能存在动植物疫病传播风险的，企业所在国家（地区）主管当局应当提供风险消除或者可控的证明文件和相关科学材料。

（三）企业应当经所在国家（地区）相关主管当局批准并在其有效监管下，其卫生条件应当符合中国法律法规和标准规范的有关规定。

第七条 进口食品境外生产企业申请注册，应通过其所在国家（地区）主管当局或其他规定的方式向国家认监委推荐，并提交符合本办法第六条规定条件的证明性文件以及下列材料，提交的有关材料应当为中文或者英文文本：

（一）所在国（地区）相关的动植物疫情、兽医卫生、公共卫生、植物保护、农药兽药残留、食品生产企业注册管理和卫生要求等方面的法律法规，所在国（地区）主管当局机构设置和人员情况及法律法规执行等方面的书面资料；

（二）申请注册的境外食品生产企业名单；

（三）所在国家（地区）主管当局对其推荐企业的检疫、卫生控制实际情况的评估答卷；

（四）所在国家（地区）主管当局对其推荐的企业符合中国法律、法规要求的声明；

（五）企业注册申请书，必要时提供厂区、车间、冷库的平面图，工艺流程图等。

第八条 国家认监委应当组织相关专家或指定机构对境外食品生产企业所在国家（地区）主管当局或其他规定方式提交的资料进行审查，并根据工作需要，组成评审组进行实地评审，评审组成员应当2人以上。

从事评审的人员，应当经国家认监委考核合格。

第九条 评审组应当按照《目录》中不同产品类别的评审程序和要求完成评审工作，并向国家认监委提交评审报告。

国家认监委应当按照工作程序对评审报告进行审查，做出是否注册的决定。符合注册要求的，予以注册，并书面通告境外食品生产企业所在国家（地区）的主管当局；不予注册的，应当书面通告境外食品生产企业所在国家（地区）的主管当局，并说明理由。

国家认监委应当定期统一公布获得注册的境外食品生产企业名单，并报国家质检总局。

第十条 注册有效期为4年。

境外食品生产企业需要延续注册的，应当在注册有效期届满前一年，通过其所在国家（地区）主管当局或其他规定的方式向国家认监委提出延续注册申请。

逾期未提出延续注册申请的，国家认监委注销对其注册，并予以公告。

第十一条 已获得注册的境外食品生产企业的注册事项发生变更时，应当通过其所在国家（地区）主管当局或其他规定的方式及时通报国家认监委，国家认监委根据具体变更情况做出相应处理，并报国家质检总局。

第十二条 已获得注册的境外食品生产企业应当在其向我国境内出口的食品外包装上如实标注注册编号。

禁止冒用或者转让注册编号。

第三章 注册管理

第十三条 国家认监委依法对《目录》内食品的境外生产企业进行监督管理，必要时组织相关专家或指定机构进行复查。

第十四条 经复查发现已获得注册的境外食品生产企业不能持续符合注册要求的，国家认监委应当暂停其注册资格并报国家质检总局暂停进口相关产品，同时向其所在国家（地区）主管当局通报，并予以公告。

境外食品生产企业所在国家（地区）主管当局应当监督需要整改的企业在规定期限内完成整改，并向国家认监委提交书面整改报告和符合中国法律法规要求的书面声明。经国家认监委审查合格后，方可继续向我国出口食品。

第十五条 已获得注册的境外食品生产企业有下列情形之一的，国家认监委应当撤销其注册并报国家质检总局，同时向其所在国家（地区）主管当局通报，予以公告：

（一）因境外食品生产企业的原因造成相关进口食品发生重大食品安全事故的；

（二）其产品进境检验检疫中发现不合格情况，情节严重的；

（三）经查发现食品安全卫生管理存在重大问题，不能保证其产品安全卫生的；

（四）整改后仍不符合注册要求的；

（五）提供虚假材料或者隐瞒有关情况的；

（六）出租、出借、转让、倒卖、涂改注册编号的。

第十六条 列入《目录》内的进口食品入境时，出入境检验检疫机构应当查验其是否由获得注册的企业生产，注册编号是否真实、准确，经查发现不符合法定要求的，依照《中华人民共和国进出口商品检验法》等相关法律、行政法规予以处理。

第十七条 进口国家实行注册管理而未获得注册的境外食品生产企业生产的食品的，依据《中华人民共和国进出口商品检验法实施条例》第五十二条，由出入境检验检疫机构责令其停止进口，没收违法所得，并处商品货值金额10%以上、50%以下的罚款。

第四章 附 则

第十八条 国际组织或者向我国境内出口食品的国家（地区）主管当局发布疫情通告，或者产品在进境检验检疫中发现疫情、公共卫生失控等严重问题的，国家质检总局公告暂停进口该国家（地区）相关食品期间，国家认监委不予接受该国家（地区）主管当局推荐其相关食品生产企业注册。

第十九条 境外食品生产企业所在国家（地区）主管当局应当协助国家认监委委派的评审组完成实地评审和复查工作。

第二十条 中国香港特别行政区、中国澳门特别行政区和中国台湾地区向中国大陆出口《目录》内食品的生产、加工、储存企业的注册管理，参照本规定执行。

第二十一条 本规定中所在国家（地区）主管当局包括境外食品生产企业所在国家（地区）负责相关食品安全卫生的官方部门、官方授权机构及行业组织等。

第二十二条 本规定由国家质量监督检验检疫总局负责解释。

第二十三条 本规定自2012年5月1日起施行。原国家质量监督检验检疫总局2002年3月14日公布的《进口食品国外生产企业注册管理规定》同时废止。

四、地方奶业

北 京 市

【奶类生产】北京地区2011年奶牛存栏150 650头，其中，成乳牛99 873头。饲养品种主要以荷斯坦奶牛为主，占97.5%，娟姗牛占0.5%，西门塔尔牛占0.5%，其他品种奶牛有少量存栏。北京市奶牛养殖分布较为合理，在13个区县均有分布，主要集中于城市发展新区和生态涵养保护区，形成了以顺义、通州、大兴、房山为主的京南奶牛产业带和以延庆、密云、怀柔为主的京北奶牛产业带。

表4-1 北京地区奶牛存栏情况

地区	奶牛存栏量（头）	成乳牛存栏量（头）
北京市	150 650	99 873
大兴区	30 006	20 042
密云县	21 064	16 260
延庆县	20 443	15 495
通州区	20 211	12 690
顺义区	18 487	11 047
怀柔区	10 952	7 350
昌平区	10 938	6 736
房山区	10 408	5 798
朝阳区	3 179	1 604
海淀区	2 642	1 469
平谷区	1 036	623
丰台区	968	537
门头沟区	316	222

2011年全市牛奶产量639 755吨，比2010年下降0.2%，主要集中于城市发展新区和生态涵养发展区，城市功能拓展区降幅最大。随着奶牛标准化、规模化养殖水平稳步提升，规模化养殖比重达90%以上，成乳牛平均单产达到6.4吨，奶牛养殖场100%实现了机械化挤奶。

表4-2 2011年北京市牛奶产量

区 县	牛奶产量（吨）		
	2011	2010	增长速度（%）
全市	639 754	640 937	−0.2
城市功能拓展区	34 043	36 344	−6.3
朝阳区	16 559	18 809	−12.0
丰台区	3 031	4 186	−27.6
海淀区	14 453	13 349	8.3
城市发展新区	392 163	388 444	1.0
房山区	34 653	37 042	−6.4
通州区	100 973	90 213	11.9
顺义区	51 606	51 285	0.6
昌平区	54 908	47 586	15.4
大兴区	150 023	162 318	−7.6
生态涵养发展区	213 548	216 149	−1.2
门头沟区	899	1 152	−22.0
怀柔区	46 122	44 263	4.2
平谷区	3 725	4 523	−17.6
密云县	80 752	80 433	0.4
延庆县	82 050	85 778	−4.3

本地区2011年全年平均奶价约为3.4元/千克。本地区未实施保护价措施，牛奶价格主要靠市场决定。

【乳品加工】北京市具有乳制品生产许可证的企业有28家，分布于朝阳、海淀、通州、丰台、门头沟、房山、顺义、昌平、大兴、平谷、怀柔、密云和延庆等区（县）。全市乳品加工企业日处理生鲜乳能力约为2 000吨，而其中加工能力的90%集中在三元、光明、蒙牛、伊利、达能5家大型企业。其中，北京三元日处理生鲜奶为800～1 200吨，光明为100吨/日左右，蒙牛约600吨/日，伊利约200吨/日，达能约80吨/日，其他企业平均每家一般为3～10吨。

表4-3 北京市乳制品生产企业及主要产品

序号	企业名称	主要产品名称	所属区县
1	北京三元食品股份有限公司乳品一厂	乳制品［液态乳（巴氏杀菌乳、调制乳、灭菌乳、发酵乳）］	朝阳
2	北京健生饮料有限公司	乳制品［液态乳（发酵乳）］	朝阳
3	北京三元食品股份有限公司	乳制品［液态乳（巴氏杀菌乳、调制乳、灭菌乳、发酵乳）、其他乳制品（奶油、干酪）］	海淀

（续）

序号	企业名称	主要产品名称	所属区县
4	北京圣祥乳制品厂	饮料（蛋白饮料类）	丰台
5	北京建勋食品有限公司	乳制品［液态乳（发酵乳）］	丰台
6	北京圣祥乳制品厂	乳制品［液态乳（发酵乳）］	丰台
7	北京龙泉乳品公司	乳制品［液态乳（发酵乳）］	门头沟
8	北京天顺华乳品有限公司	乳制品［液态乳（发酵乳）］	房山
9	奥德华乳品（北京）有限公司	乳制品［液态乳（巴氏杀菌乳、发酵乳）、其他乳制品（奶油）］	房山
10	蒙牛乳业（北京）有限责任公司	乳制品［液态乳（巴氏杀菌乳、灭菌乳、调制乳、发酵乳）］	通州
11	北京三元食品股份有限公司乳品八厂	乳制品［液态乳（巴氏杀菌乳、调制乳、发酵乳）］	通州
12	北京科尔沁乳业有限公司	乳制品［液态乳（发酵乳、灭菌乳）］	通州
13	北京鑫华星乳业有限责任公司	乳制品［液态乳（发酵乳）］	通州
14	北京天辰乳业有限公司	乳制品［液态乳（巴氏杀菌乳、灭菌乳、发酵乳、调制乳）］	顺义
15	北京光明健能乳业有限公司	乳制品［液态乳（巴氏杀菌乳、发酵乳、灭菌乳）］	顺义
16	北京艾莱发喜食品有限公司	乳制品［液态乳（灭菌乳）、其他乳制品（奶油）］	顺义
17	北京军顺乳业有限公司	乳制品［液态乳（巴氏杀菌乳、发酵乳）］	顺义
18	北京超凡食品有限公司	乳制品［液态乳（发酵乳）、其他乳制品（干酪、奶油）］	顺义
19	北京富邦食品厂	乳制品［液态乳（发酵乳）］	昌平
20	北京吉康食品有限公司	乳制品［其他乳制品（干酪）］	昌平
21	北京三元食品股份有限公司乳品四厂	乳制品［乳粉（全脂乳粉、脱脂乳粉、调制乳粉）、其他乳制品（奶油、干酪）］	昌平
22	北京恒兴食品中心	乳制品［液态乳（发酵乳）］	昌平
23	北京和润乳制品厂	乳制品［液态乳（巴氏杀菌乳、发酵乳）、其他乳制品（奶油、干酪）］	大兴
24	北京乳旺食品有限公司	乳制品［液态乳（调制乳）］	平谷
25	北京鸿达乳品有限公司	乳制品［液态乳（发酵乳）、其他乳制品（奶油、干酪）］	怀柔
26	达能乳业（北京）有限公司	乳制品［液态乳（发酵乳）］	怀柔
27	内蒙古伊利实业集团股份有限公司北京乳品厂	乳制品［液态乳（发酵乳、巴氏杀菌乳）、乳粉（全脂乳粉）、其他乳制品（干酪）］	密云
28	北京归原生态农业发展有限公司	乳制品［液态乳（巴氏杀菌乳、发酵乳）］	延庆

北京市乳品企业的产品涵盖了几乎所有的乳制品种类，但主要以酸奶、UHT 奶、巴氏杀菌乳等液态奶为主。2011 年全市乳制品产量 58.65 万吨，其中液态奶产量 54.87 万吨。2011 年北京地区液体乳及乳制品销售产值为 45.96 亿元，利润 0.73 亿元。

随着北京市高端消费市场需求的不断增加，乳品加工企业引进成套的现代化技术和设备，使乳品加工产业技术和装备水平得到跨越式发展和提高，整体加工技术和设备水平接近国际先进水平，进一步保证了加工产品的质量和安全。例如，北京市液体乳（UHT 奶）加工技术普遍采用了无菌灌装和在线无菌添加技术，并在此基础上，部分企业，如北京三元食品股份有限公司，采用陶瓷膜微滤除菌等国际先进技术生产优质 UHT 奶和巴氏杀菌乳，使得产品保质期延长，口感和风味更加新鲜。但在产品形式上主要以 UHT 奶、酸奶和巴氏杀菌乳为主，高附加值产品相对较少。

【市场消费】2011 年北京市城市居民人均奶制品购买量为 29.56 千克，其中鲜乳品购买量 20.31 千克/人，酸奶购买量 8.83 千克/人，奶粉购买量 0.42 千克/人。

2011 年城市居民人均奶制品消费支出额为 384.52 元/人，其中鲜乳品消费支出 176.25 元/人，奶粉消费支出 60.07 元/人，酸奶消费支出 103.11 元/人，其他奶制品消费支出 45.09 元/人。

2011 年北京地区袋装鲜奶平均价格与 2010 年同期相比，均具有较高涨幅，平均价格维持在 4.10～4.20 元/500 克。

表 4-4　2011 年北京地区袋装鲜奶平均价格

单位：元/500 克

月份	1	2	3	4	5	6	7	8	9	10	11	12
价格	4.10	4.15	4.20	4.20	4.20	4.15	4.15	4.15	4.15	4.15	4.15	4.15

【奶源基地】北京市加快转变生产方式，积极推进奶牛规模化和标准化饲养。2011 年散养奶牛入场入区工程顺利完成，奶牛标准化、规模化养殖水平稳步提升，全市存栏 200 头以上的牛场（合作社、户）261 个，总存栏量占全市奶牛存栏总量的 93.2%。奶牛养殖场实现了 100%机械化挤奶。

表 4-5　2011 年北京市规模化奶牛养殖分布情况

区（县）	自然场数（个）	设计生产规模（头）
昌平区	18	6 000
大兴区	36	32 960
房山区	11	8 000
丰台区	2	700
海淀区	1	1 200
怀柔区	30	14 700
密云县	34	26 600
平谷区	4	1 400
顺义区	22	20 000
通州区	30	21 700
延庆县	73	29 690
合计	261	162 950

表 4-6　2011 年北京地区主要规模养殖场名录

序号	名称	存栏（头）	品种
1	华盛养殖场	4 000	荷斯坦
2	北京市沧达农工商公司	3 700	荷斯坦
3	北京市北务广峰养殖场	3 000	荷斯坦
4	北京市三元绿荷奶牛养殖中心金银岛牧场	2 500	荷斯坦
5	北京圣兴达养殖有限公司	2 500	荷斯坦
6	绿荷第一牧场	2 300	荷斯坦
7	北京三元绿荷养殖中心金星牛场	2 200	荷斯坦
8	北京三元绿荷奶牛养殖中心三分部北郊一牛场	2 073	荷斯坦
9	北京安怡牧业有限公司	2 000	荷斯坦
10	华盛养殖场老场	2 000	荷斯坦
11	瑞普奶牛养殖基地	1 800	荷斯坦
12	南口二牛场	1 779	荷斯坦
13	北京市通县永乐店区渠头牛场	1 700	荷斯坦
14	北京梭草养殖专业合作社	1 600	荷斯坦
15	北京义鹏养殖场	1 568	荷斯坦
16	北京万家兴业种养殖专业合作社	1 500	荷斯坦
17	北京三合兴利养殖场	1 500	荷斯坦
18	北京欧润奶牛专业合作社	1 500	荷斯坦
19	三元绿荷北郊三牛场	1 500	荷斯坦
20	北京安定棚枫养殖场	1 400	荷斯坦
21	益大牧业	1 300	荷斯坦

（续）

序号	名称	存栏（头）	品种
22	北京天辰乳业有限公司	1 270	荷斯坦
23	北京大兴康乃兴养殖场	1 231	荷斯坦
24	三元绿荷三分场	1 200	荷斯坦
25	南口三牛场	1 177	荷斯坦
26	北京三元绿荷德茂奶牛场	1 150	荷斯坦
27	北京奶牛中心良种场	1 150	荷斯坦
28	北京三元绿荷奶牛养殖中心三分部（二场）	1 150	荷斯坦
29	北京市三元绿荷奶牛养殖中心鹿圈牛场	1 120	荷斯坦
30	三元绿荷四分场	1 070	荷斯坦
31	北京三合兴利养殖场	1 000	荷斯坦
32	北京市绿荷隆茂奶牛养殖有限公司	1 000	荷斯坦
33	北京天蓝蓝牧场	1 000	荷斯坦
34	北京延照富民奶牛养殖中心	1 000	荷斯坦
35	北京日升德龙养殖中心	1 000	荷斯坦
36	北京三农嘉华农牧业科技有限公司	1 000	荷斯坦
37	北京大唐牧业有限公司	1 000	荷斯坦
38	北京三力源牧业发展有限公司	1 000	荷斯坦
39	三元绿荷二分场	1 000	荷斯坦
40	北京市牧豪养殖有限公司	1 000	荷斯坦
41	科力达养殖场	1 000	荷斯坦
42	北京市福乐奶牛场	980	荷斯坦
43	北京三元绿荷奶牛养殖中心三分部（一场）	980	荷斯坦
44	国营北京市永乐店农场奶牛场（中以示范牛场）	930	荷斯坦
45	国营北京市永乐店农场草厂奶牛场	890	荷斯坦
46	北京中加华枫生物技术有限公司（赵营牛场）	830	荷斯坦
47	北京康祝养殖中心	815	荷斯坦
48	北京茂兴奶牛养殖有限公司	800	荷斯坦
49	北京诚信庄园养殖有限公司	800	荷斯坦
50	北京伟博萌养殖合作社	800	荷斯坦
51	富香民奶牛养殖专业合作社	800	荷斯坦
52	北京市东町绪忠奶牛场	800	荷斯坦
53	心连心奶牛养殖合作社	800	荷斯坦
54	北庄南山奶牛养殖场	800	荷斯坦
55	北京三元绿荷养殖中心太和牛场	700	荷斯坦
56	北京里二泗奶牛养殖场	700	荷斯坦
57	北京茂茂盛奶牛养殖场	700	荷斯坦

【奶站监管】为了规范生鲜乳生产经营秩序，增强从业者质量安全意识，北京市进一步优化了生鲜乳收购站结构。通过集中生鲜乳收购站清理整顿工作，奶站数量由 77 个调整为 54 个，其中乳品企业性质 18 个、奶牛合作社性质 15 个、奶畜养殖场性质 21 个。奶站布局遵循重点地区重点发展、集中设置、高水平的原则，根据我市奶牛养殖优势区域分布及奶业发展需求，重点集中在怀柔、大兴、延庆、密云、顺义等区县。

【重点工作】积极落实国家奶牛良种补贴政策。通过公开招标方式采购良种奶牛精液 24.8 万剂，对全市荷斯坦奶牛进行良种精液补贴，进一步推广了良种奶牛饲养，提高了奶牛生产水平。落实中央扶持资金，扎实推进奶牛DHI工作，完成全市30 000头奶牛DHI工作，有力地提升了北京市奶牛育种和奶牛品种改良水平。

积极开展规模化、标准化奶牛养殖场改造提升工程。2011年通过畜牧业"菜篮子"系统工程、奶牛标准化规模场改扩建项目、现代农业产业发展资金等项目的实施，对全市25家奶牛规模养殖场进行标准化改造，重点对奶牛养殖场的棚舍改造，水、电、路、粪污处理、防疫等配套设施建设，饲草料加工设备更新等进行改造升级，累计政府投资2 200万元，引导社会投资2 000万元，全市优质牛奶生产能力进一步提高。

加快完成散养奶牛入场、入区工作。2011年北京市奶牛入区工程全部完成，共投入市级财政资金9 900万元，引导散户奶牛入区（场）41 563头，改扩建棚舍41.56万平方米，新增挤奶平台、冷链运输等机械设备562台，全市奶牛规模养殖比例达到90%以上。

引进外来遗传资源推动奶牛育种和品种改良。2011年北京市进口奶牛4 050头（4 000头荷斯坦奶牛、30头荷斯坦种公牛、20头西门塔尔种公牛）、荷斯坦奶牛冷冻精液7.5万剂、荷斯坦奶牛种用胚胎300枚，为北京市奶牛育种和奶牛品种改良提供遗传资源保障。

完善日粮配制技术和奶牛精细饲养技术，提高产奶量。本地区奶牛养殖饲喂的精饲料原料包括玉米、小麦、麸皮、大豆粕、棉籽粕、菜粕、胡麻粕、玉米胚芽粕、膨化大豆、大豆皮、玉米酒精糟、全棉籽等，主要以玉米、大豆粕、麸皮、棉籽粕和菜粕为主；饲喂的粗饲料主要包括玉米青贮、羊草、玉米秸秆和苜蓿。随着牛场养殖人员对饲料配制技术掌握程度逐步提高，养殖过程中使用商品配合精料的养殖场（小区）占53.4%，超过50%的养殖场（小区）采用企业推荐的配方。86.1%的养殖场（小区）根据奶牛各生长阶段营养需要的特点，实施奶牛分群、分阶段饲喂。

【政策法规】北京市奶业发展以科学发展观为统领，以建设世界城市为方向，以实现"人文北京、科技北京、绿色北京"为目标，综合人口、资源、环境等因素，调整优化产业结构和空间布局，转变生产方式发展标准化规模养殖，打造奶业产品质量安全品牌，提升综合效益，增强奶业综合生产能力和产品市场控制能力，构建结构合理、品质优良、效益明显、环境友好的都市型现代畜牧业产业体系。

1. 扎实落实《北京市畜牧业发展规划（2010—2015）》，促进全市奶业健康发展。继续大力推行奶牛标准化规模养殖建设提升工程，积极落实国家和地方的各项强农惠农政策，加快生鲜乳行业发展方式转变。

2. 全面加强生鲜乳质量安全监督管理工作，构建生鲜乳质量安全监管长效机制。进一步规范"两证一单"、生鲜乳生产收购环节进货查验等制度，重点检查大型乳品加工厂、收购外埠奶源的奶站，严格收购环节的监督检查，加大无证收购的处罚力度，强化生鲜乳收购站标准化监管。进一步强化生鲜乳质量安全监管队伍建设，加大投入力度，强化指导培训，提升全市生鲜乳执法、监测能力建设。

3. 开拓思路，探索解决行业监管难点。充分发挥在京科研院所、科研机构专家技术力量，组织专题研究，切实解决行业难点。

4. 2011年北京市制定与奶牛产业相关的地方标准共计9项，对推动本地区奶牛产业规范、健康、有序发展起到积极作用。

表4-7 北京市奶牛产业地方标准

标准号	标准中文名称	实施日期
DB 11/ 454—2007	口蹄疫疫情判定及处置	2007-06-01
DB 11/T 150.1—2002	奶牛饲养管理技术规范第1部分：育种	2002-04-01
DB 11/T 150.2—2002	奶牛饲养管理技术规范第2部分：繁殖	2002-04-01
DB 11/T 150.3—2002	奶牛饲养管理技术规范第3部分：饲养与饲料	2002-04-01
DB 11/T 150.4—2002	奶牛饲养管理技术规范第4部分：卫生保健	2002-04-01
DB 11/T 150.5—2007	奶牛饲养管理技术规范第5部分：卫生防疫	2007-12-01
DB 11/T 425—2007	种奶牛场舍区、场区、缓冲区环境质量	2007-03-15
DB 11/T 426—2007	奶牛场舍区、场区、缓冲区环境质量	2007-03-15
DB 11/T 631—2009	有机生鲜乳生产技术规范	2009-05-01

【组织建设】2011年北京市登记备案的奶业组织机构共有18家，分布于全市9个区（县），在协助政府进行行业管理，服务行业，维护奶农和行业的合法权益，促进北京奶业产业的健康发展等方面具有重要作用。

表4-8 北京市奶业组织机构

序号	名　称	业务主管单位
1	北京市奶业协会	北京市农村工作委员会
2	北京市顺义区奶业协会	北京市顺义区动物卫生监督管理局

（续）

序号	名　　称	业务主管单位
3	北京市顺义区顺鑫农奶牛合作社	北京市顺义区仁和地区办事处
4	北京昌平奶业协会	北京市昌平区农业服务中心
5	北京市门头沟区奶牛协会	北京市门头沟区农业发展服务中心
6	北京市房山区长阳镇奶牛协会	房山区长阳镇政府
7	北京市大兴区采育镇奶牛养殖协会	北京市大兴区畜牧水产服务中心
8	北京市大兴区采育镇奶业产销协会	大兴区采育镇人民政府
9	北京市大兴区奶业协会	北京市大兴区畜牧水产服务中心
10	北京市延庆县奶牛联合会	延庆县农业委员会
11	北京市延庆县延庆镇奶牛养殖协会	延庆县延庆镇人民政府
12	北京市延庆县永宁镇奶牛联合会	延庆县永宁镇人民政府
13	北京市怀柔区怀北镇奶业协会	北京市怀柔区农业委员会
14	北京市怀柔区怀柔镇日兴奶业协会	北京市怀柔区农业委员会
15	北京市怀柔区奶业协会	北京市怀柔区农业委员会
16	北京市怀柔区杨宋镇奶业协会	北京市怀柔区农业委员会
17	平谷区刘家店镇奶牛养殖协会	北京市平谷区刘家店镇人民政府
18	平谷区马昌营镇奶牛协会	北京市平谷区马昌营镇人民政府

【质量监管】2011 年在北京市委、市政府的领导下，北京市农业局围绕建设都市型现代农业目标，认真贯彻落实中央各项扶持政策，通过强化生鲜乳行政管理、监督执法和监督监测“三位一体”管理模式，积极应对产业波动，调结构、上水平、创品牌、占高端、保安全、增效益，全市奶业生产呈稳定发展态势，生鲜乳生产经营秩序良好。

1. 加强制度建设，规范行业秩序。北京市农业局下发《关于进一步加强生鲜乳监管工作的通知》，进一步强化了属地管理责任，形成了各级互动的监管合力，确保生鲜乳监管工作有人抓，事情有人管，为各项工作的推进提供了强有力的组织保障。

2. 进一步优化生鲜乳收购站结构。完成“建设一批、提高一批、淘汰一批”的目标，全市生鲜乳收购站数量调整至 54 个，奶站布局遵循重点地区重点发展、集中设置、高水平的原则，符合本市奶牛养殖优势区域分布及奶业发展需求。

3. 以生鲜乳生产、收购和运输为重点环节，以全市生鲜乳收购站清理整顿、“两证一单”制度、进货查验制度等为主要抓手，按照“风险分级、量化监督、档案管理”的监管模式，进一步强化生鲜乳日常监管。2011 年全市通过专项检查、联合检查、集中检查、突击夜查等形式，出动执法人员 4 596 人次，检查奶畜养殖场、生鲜乳收购站等各类场所 2 165 个次，纠正记录不规范等问题 61 起。通过保持高压执法态势，对违法行为予以坚决打击，对生鲜乳生产行业中的不法分子形成了强大的威慑力，从而有利于净化市场环境，保护人民利益。

4. 进一步加大对生鲜乳质量安全的监测检测力度，在积极完成农业部生鲜乳质量安全监测和飞行监测工作的基础上，结合北京市实际，制订了北京市生鲜乳专项检测计划，重点检测三聚氰胺等违禁添加物质。监测工作覆盖了全市所有奶牛养殖场、生鲜乳收购站、生鲜乳运输车辆。2011 年，市级检测和执法单位对全市 286 家单位的 981 批次样品进行了检测，三聚氰胺检测合格率 100%，皮革水解蛋白等违禁添加物质检测合格率 100%，全年无生鲜乳质量安全事件发生。

5. 深入开展诚信责任体系建设。组织全市生鲜乳生产、收购、运输单位签订质量安全承诺书和责任书，进一步明确企业是质量安全第一责任人，积极构建生鲜乳行业的“讲诚信、责任化”的良好环境，2011 年全市签订各类生鲜乳质量安全责任书、承诺书 600 余份。

6. 加强宣传指导，提高法律意识和责任意识。一是开展宣传活动。充分利用电视、报刊、网络等新闻媒体和举办培训班、向养殖场（户）发放明白纸等多种形式，结合“3·15”、“绿剑护农”等大型宣传活动，现场发放宣传资料、解答群众咨询。二是加强培训指导。全市畜牧主管部门和技术推广部门通过举办培训班、远程授课等形式，对生鲜乳从业者开展技术指导和法律知识普及。2011 年举办生鲜乳相关培训共 37 个次，培训人员共 1 754 人次，发放宣传材料 1.3 万份。

北京市畜牧兽医总站　任　康

天　津　市

【奶类生产】2011 年全市奶牛存栏数 15.79 万头（荷斯坦奶牛 15.77 万头，娟姗牛 0.02 万头），其中成母牛存栏数 9.45 万头，同比分别上涨 1.28%和下降 1.05%，牛群比例更趋合理，主要分布在天津市武清、北辰、静海、宁河、宝坻、蓟县、大港、西青、东丽、汉沽等区（县）。2011年全市生鲜乳产量69.09万吨，商品奶量为63.44万吨（其中20.98万吨流向外地乳品加工企业），同比上升5.97%和2.09%；奶牛平均单产突破7 000千克大关，达到7 033千克，同比上升1.85%；奶牛养殖小区奶农平均养殖收益1 500元/头，牧场养殖收益3 000元/头。生鲜乳收购平均价格3.47元/千克，规模化牧场平均收购价格3.65元/千克。市内十家乳品加工企业平均收购价格3.41元/千克，市外蒙牛、伊利等大型乳品加工企业平均收购价格3.56元/千克。2011年全市奶业实现总产值23.35亿元，占畜牧业总产值的26.69%。

【乳品加工】2011年本地区有乳品加工企业10个，日处理鲜奶能力达到1 935吨，实际年处理鲜奶总量35.15万吨（不包含伊利、蒙牛新建厂）。2011年乳品企业销售总额为16.93亿元。主要乳品加工企业生产销售情况详见表4-9：

表4-9　主要乳品加工企业生产销售情况

序号	企业名称	日加工能力（吨）	产量（吨）	年销售额（万元）
1	海河乳业	500	59 167	31 260
2	津河乳业	200	50 694	12 167
3	中芬乳业	100	23 049	8 208
4	子母乳业	15	4 750	6 115
5	光明乳业	370	70 376	44 471
6	完达山乳业	350	21 634	3 995
7	娃哈哈乳品	100	5 060	3 500
8	娃哈哈食品	50	76 000	32 500
9	华明乳业	200	23 200	18 085
10	三元乳业	50	17 584	9 021
合计		1 935	351 514	169 322

【市场消费】2011年本地区巴氏杀菌乳、UHT奶、奶粉、酸奶及含乳饮料类的产量分别为1.33万吨、16.44万吨、0.025万吨、4.88万吨、12.47万吨。主导产品仍然是UHT百利包、利乐包、利乐枕，其次是巴氏杀菌乳、酸奶和含乳饮料。2011年城镇居民奶制品消费量为巴氏杀菌乳19.78千克/人，酸奶2.98千克/人，奶粉0.27千克/人，乳制品消费支出252.14元/人。

【奶源基地】2011年本地区存栏300头以上的奶牛养殖小区（场）共142个（养殖小区模式91个，规模化牧场52个），其中：存栏规模300～500头的奶牛养殖小区（场）27个，存栏规模500～1 000头的奶牛养殖小区（场）70个，存栏规模1 000头以上的奶牛养殖小区（场）45个。天津市奶牛养殖规模化、牧场化比例大幅提高。情况详见表4-10：

表4-10　存栏1 000头以上奶牛养殖小区（场）

序号	养殖场名称	存栏数（头）	品种	备注
1	嘉立荷牧场	2 139	荷斯坦	
2	瑞海鑫奶牛养殖场	1 634	荷斯坦	
3	兴达奶牛养殖场	1 108	荷斯坦	
4	康达奶牛养殖场	1 135	荷斯坦	
5	文成奶牛养殖场	2 522	荷斯坦	
6	海翔奶牛养殖场	2 026	荷斯坦	
7	和力奶牛养殖场	3 094	荷斯坦	
8	隆达奶牛养殖场	1 033	荷斯坦	
9	蓄驰奶牛养殖场	1 388	荷斯坦	
10	东旭奶牛养殖专业合作社	2 115	荷斯坦	
11	清源奶牛场	1 291	荷斯坦	
12	嘉立荷14场	2 300	荷斯坦	

（续）

序号	养殖场名称	存栏数（头）	品种	备注
13	嘉立荷11场	1 550	荷斯坦	
14	神驰农牧有限公司	2 052	荷斯坦	
15	旺民奶牛养殖场	1 270	荷斯坦	
16	北辰区佳亿养殖场	2 000	荷斯坦	
17	北辰区众联畜牧场	2 000	荷斯坦	
18	北辰区双口镇恩芝奶牛养殖场	1 200	荷斯坦	
19	梦得牧业发展有限公司	1 100	荷斯坦	
20	天津市今日健康乳业有限公司	2 395	荷斯坦	
21	天津市梦得牧业发展有限公司第一分公司	1 125	荷斯坦	
22	光泽乳业专业合作	1 430	荷斯坦	
23	润华奶牛养殖有限公司	1 768	荷斯坦	
24	华胜奶牛养殖有限公司	1 148	荷斯坦	
25	福远养殖场	1 240	荷斯坦	
26	德兴隆奶业有限公司	1 221	荷斯坦	
27	武清区朋成养殖有限公司	2 089	荷斯坦	
28	祥宇牧业有限公司	1 075	荷斯坦	
29	武清区天乳泉奶牛养殖场	1 015	荷斯坦	
30	亨瑞达养殖有限公司	1 945	荷斯坦	
31	武清区五福奶牛场	1 076	荷斯坦	
32	武清区新世纪牧业有限公司	1 023	荷斯坦	
33	贵旺奶牛养殖有限公司	1 191	荷斯坦	
34	佳禾牧业有限公司	1 489	荷斯坦	
35	武清区源达奶牛场	1 055	荷斯坦	
36	金牛湾养殖有限公司	1 040	荷斯坦	
37	三义牧业养殖中心	1 276	荷斯坦	
38	武清区晨光奶业有限公司	1 092	荷斯坦	
39	武清区振杰奶牛场	1 334	荷斯坦	
40	天津市福润德牧业有限公司	1 026	荷斯坦	
41	津宝飞天乳业有限公司	1 000	荷斯坦	
42	北京三元绿荷第二牧场	2 400	荷斯坦	
43	嘉立荷示范牧场	5 000	荷斯坦	
44	嘉立荷第七奶牛场	2 675	荷斯坦	
45	洪贤生奶牛养殖合作社	1 743	荷斯坦	

【奶站整治】2011年在进一步加强生鲜乳收购站规范化管理的基础上，一是按照《生鲜乳收购许可证发放管理办法》和《生鲜乳运输准运证发放管理办法》规定，对已取得生鲜乳收购许可证的生鲜乳收购站和运输车进行有效期审核换证工作，确保每一个站、每一辆车都持有效证件。2011年年底，天津市157个生鲜乳收购站、187辆运输车全部持证运营。二是强化各项制度建立，规范生鲜乳收购站经营行为。按照《条例》规定，规范了生鲜乳收购记录、检测记录、销售等台帐记录；建立养殖档案，建立卫生管理和质量安全保障制度；建立饲料兽药供应、生鲜乳收购、销售等台帐制度；建立饲料、兽药供应、投入品记录和动物疫病治疗记录；制定了无公害牛奶生产基地操作规程和产品质量标准、机械化挤奶操作过程、奶罐、运输罐清洗操作过程、奶站生鲜牛奶收购标准等各项规章管理制度。三是加强规范生鲜乳收购站基础设施建设与管理。为确保生鲜乳质量安全，从基础设施、机械设备、质量检测水平、人员要求和操作规范等方面大力推进、逐条逐步落实。生鲜乳收购站标准化建设与管理取得了明显成效。

【良种补贴】2011年天津市共使用奶牛良种补贴项目精液21.85万支，配种母牛11.61万头，妊娠牛9.57万头，产犊2.1万头。

【饲草饲料】2011年天津市完成优质全株青贮玉米

品种推广种植9万亩，更新苜蓿0.4万亩，苜蓿留床面积1万亩，示范推广冬闲田种植小黑麦、燕麦0.3万亩；奶牛青贮饲料生产量93.9万吨（其中全株玉米青贮饲料生产量29万吨，生产优质干草0.56万吨）；建成百亩以上示范基地及示范户30余个，涉草农业专业合作组织10个；新增建设千亩以上示范基地2个，专业合作组织2个；2011年新增种植业效益2 500万元。饲草专业化、产业化生产的进一步发展，对促进奶牛健康养殖、原料奶质量安全发挥了积极作用。

【疫病防控】天津市推行养殖者动物防疫和质量安全承诺制，签订承诺书。实行监督人员责任制，每个养殖场落实一名监管人员。开展饲养场动物防疫风险评估，按A、B、C三级实行分类监管。继续实施奶牛O型、亚洲Ⅰ型和A型口蹄疫强制免疫，群体免疫密度达到90%以上，其中应免奶牛免疫密度达到100%。

【建设项目】2011年实施国家奶牛标准化规模养殖场改造项目11个，落实国家补贴资金1 460万元。2011年建奶牛示范园区8个，天津市财政补贴资金1 600万元。

【政策法规】2011年实施奶牛良种补贴政策、奶牛标准化规模养殖场改造补贴政策、奶牛生产性能测定补贴政策。分别由天津市农委、财政局、畜牧兽医局三家共同出台的奶牛示范园区建设补贴政策。

【组织建设】2011年奶农合作社14个，包含农户233户，存栏奶牛8 873头。武清区成立了武原奶牛养殖专业合作社，已吸收38个奶牛养殖场和小区加入合作社，存栏奶牛3.2万头，占武清区奶牛存栏总数的70%左右。合作社具有与乳品加工企业沟通、协调生鲜乳价格和质量等作用。

【质量监管】一是建立生鲜乳收购站长效监督管理机制，将生鲜奶收购站100%纳入监督管理范围。全市各区县畜牧兽医主管部门与各生鲜乳收购站分别签订了质量安全责任书，并明确监管责任人严格按照有关规定实施有效监管。二是严格落实生鲜乳收购站“一单、两证、三记录”制度，推进生鲜乳收购站标准化建设。三是强化日常监管和专项监督检查双管方式，全面开展生鲜乳收购站监督管理。针对奶牛饲养以及生鲜乳生产、收购等环节的环境卫生、设备设施等状况，奶牛养殖档案、生鲜乳收购记录、检测记录、销售记录、生鲜乳交接单、购销合同等情况，市级监管部门每月开展一次生鲜乳收购站监督检查；各区县畜牧兽医主管部门对辖区生鲜乳收购站和运输车辆每月至少开展一次拉网式监督检查行动。四是加强了监测。市级检测部门每月开展一次生鲜乳质量安全监督监测，重点加大了对生鲜乳生产、运输环节的抽检力度和抽检频次，并扩大监测项目范围。2011年全市共开展市级督查12次，区县级监督检查12次，专项督导检查1次，全年共完成3 569批次的抽样检测，样品检测结果全部合格。

天津市奶业发展服务中心　罗　杰

河　北　省

河北是奶业大省，2011年是河北奶业稳步发展的一年，是奶业整顿成果继续巩固的一年。全省奶牛存栏规模不断扩大、规模化养殖程度继续提升、奶站规范化管理明显加强、生鲜乳质量安全水平显著提高，生鲜乳质量安全监管机制逐步建立。同时，圆满完成了乳品企业审查清理和生产许可证重新审核工作，启动了乳品企业诚信管理体系建设工作，河北乳制品行业技术装备水平、管理水平大幅提升，产品质量稳定可靠，市场销售情况进一步好转。

【奶类生产】2011年河北奶牛存栏188.66万头，奶类总产量达458.9万吨，泌乳牛平均单产超过5吨。石家庄、唐山、张家口、保定四大奶牛主产区奶牛存栏占全省的76.05%，产奶量占全省的81.34%。生鲜乳收购价格（奶农结算价）全年维持在2.80～2.95元/千克，养殖奶牛处于微利保本状态。

【乳品加工】通过乳品企业审查清理和生产许可证重新审核，淘汰了一批奶源没有保障、产品档次低和生产技术落后的小企业，优化了河北奶业的加工结构。河北现有乳品加工企业40家，日处理生鲜乳能力近1.3万吨。主要生产企业有君乐宝公司的6家，蒙牛集团的7家，伊利集团的4家，三元集团的3家。主要产品为常温液态奶、发酵乳和乳粉。

2011年河北乳制品产量达269万吨，同比增长16.2%，其中液体乳259.50万吨，同比增长17%，乳粉2.6万吨，同比下降5.4%；主营业务收入181.68亿元，同比增长34.15%；利润11.78亿元，同比增长86.11%；利税17.05亿元，同比增长69.28%。

【市场消费】主要乳制品品牌价格见表4-11：

表4-11

主要乳制品	品牌牛奶/规格	价格：元/袋、盒
巴氏杀菌乳入户	康诺/瓶220ml	2.10
	三元/瓶220ml	2.30
	长城/220ml	1.50
商超UHT纯奶	蒙牛/利乐枕240ml	2.20
	伊利/利乐枕240ml	2.10
	君乐宝/利乐枕240ml	2.00
	三元/利乐枕240ml	2.10
	缘天然/有机奶250ml	6.50
酸奶（原味）	君乐宝/100ml	1.50
	三元/100ml	1.60
	蒙牛/100ml	1.55
	伊利/100ml	1.50
	长城/180ml	2.00

【奶源基地】河北省的奶牛品种全部为中国荷斯坦奶牛，即黑白花奶牛，并全部享受国家奶牛良种补贴政策，应用招标采购的优质冻精进行配种繁育，效果良好。河北省十分注重奶牛养殖的规模化、标准化建设，2009 年，全省奶牛就已全部实现规模化养殖（存栏 50 头以上），近年来不断有新的提高。截至 2011 年年底，全省存栏 300 头以上的奶牛规模养殖场 475 个，存栏 300 头以上的奶牛养殖小区 1 436 个，其存栏奶牛占全省奶牛存栏总量的 95%，即存栏 300 头以上的奶牛规模化率为 95%。在奶牛标准化建设方面，已创建部级奶牛标准化示范场 63 个、省级奶牛标准化示范场 223 个，带动了全省奶业生产水平的提高。在奶牛规模养殖场大力推广 TMR 饲料喂养技术；在奶牛养殖小区大力推广“四统二分”管理模式，即“统一饲料（TMR）、统一配种、统一防疫、统一消毒，分户饲养、分户核算”，向牧场方式过渡。

【奶站管理】河北省在整顿淘汰不合格生鲜乳收购站（以下或简称“奶站”）、整合提升保留奶站的基础上，全省实行奶站（挤奶厅）与奶牛规模养殖场（养殖小区）一体化建设，并全部安装管道式机械化挤奶设备，彻底解决了奶牛养殖与生鲜乳收购相分离的问题，有效地堵塞了挤奶和收购环节的质量安全隐患。截至 2011 年底，全省共有生鲜乳收购站 2 000 个，其中乳品企业自建 34 个，占总数的 1.7%，规模养殖场建设 1 067 个，占总数的 53.3%，奶农专业合作社建设 899 个，占总数的 45%。奶站的管道式机械化挤奶率达 100%，《生鲜乳收购许可证》持证率 100%，1 587 台生鲜乳运输车辆《生鲜乳准运证明》持证率 100%，挤奶厅电子探头安装使用率达 100%。在奶站监管方面，石家庄市率先建成以市为单位的奶站网络化电子视频监控系统，并投入使用，实现了对奶站的 7×24 小时不间断多点监视，提高了监管效率，堵塞了质量安全漏洞，保障了生鲜乳质量。其他各市的奶站网络化电子视频监控系统建设业已启动，计划用两年时间完成。

【政策法规】河北省人民政府于 2011 年 12 月发布了《关于加快现代畜牧业发展的意见》（冀政〔2011〕135 号），对河北省奶业的发展指明了方向，要求“奶牛生产要围绕提质增效，巩固壮大传统生产核心区，努力打造新的增长极。推广纯种荷斯坦奶牛胚胎移植和性控冻精，加快改良步伐，培育高产奶牛群体，提高生产性能。大力发展奶牛规模养殖，重点扶持存栏 300 头以上的规模奶牛场（区），引导奶牛小区通过股份制改造、托管、寄养等方式实现统一饲养、统一防疫、统一挤奶、统一销售。规范奶站建设许可、合同收购、网络监控、驻站监管，保证生鲜乳质量。到“十二五”末，全省奶牛存栏 280 万头，泌乳奶牛平均单产达到 6 吨。”

《河北省食品工业“十二五”规划》提出：按照“安全、优质、营养、健康”的要求，在满足社会消费需求的基础上，立足产业基础、资源优势，依托骨干企业重点发展乳制品等 8 大产业。《规划》提出要加强环京津、环省会及黑龙港流域奶牛养殖集中区建设，加快乳制品工业结构调整，推进乳制品生产企业的整合重组，优化乳制品生产能力布局。新增生产能力主要在坝上及黑龙港流域进行布局，其他区域以整合重组为主。加强行业准入管理，淘汰落后生产能力，培育具有较强竞争力的大型乳制品企业集团和“专、精、特、新”的中小型乳制品企业，形成错位发展的产业格局，促进乳制品工业升级。加快新产品研发，丰富乳制品品种，在保证市场供应的前提下，积极发展高品质巴氏杀菌乳、凝固型酸乳及混合型酸乳等，积极发展适合不同消费者需求的功能性产品，积极发展配方乳粉、脱脂乳粉、乳清粉、乳蛋白、乳糖、奶油、奶酪等高品质、高附加值、市场需求量大的特色乳制品，逐步改善以液体乳为主的产品类型单一局面。积极推进乳制品工业全产业链发展，鼓励加工企业建设标准化奶源基地，加工企业稳定可控奶源达到 100%，保证奶源质量和品质。河北奶业今后将按照政策和规划的要求加快发展。

【质量监管】河北省各级畜牧部门始终把生鲜乳质量安全放在首位，不断健全机构、完善手段，健全机制，提高生鲜乳质量安全监管水平。2011 年，省、市两级畜产品质量安全监管机构全部建立，95 个县经编办批准成立了畜产品（农产品）安全监管股，占全省比例达到 52.8%，机构职能、人员和条件得到了进一步充实和完善，整体应对能力明显提升。11 个市级畜产品检测中心全部开展了检测工作，已有 9 个市级检测中心通过计量认证；49 个县级畜产品质检站仪器设备已基本安装调试到位，已有 45 个县开展了检测工作。以省为主体、市为骨干、县为基础的畜产品质量安全检验检测网络初步形成，在畜产品质量安全监管中发挥了重要作用。

河北省还对生鲜乳监测工作提出了明确要求：即“省级质检机构每年对辖区内的奶站抽检 1 次以上，市级质检机构对辖区内的奶站抽检 2 次以上，县级质检站对辖区内的奶站抽检 4 次以上”，按照这一要求，全省共举办生鲜乳专项监测培训班 12 期、安排生鲜乳专项监测资金 463 万元，共完成生鲜乳抽检 15 180 批次，其中省级完成了 3 512 批次，覆盖了全省所有的生鲜乳收购站。检验项目涵盖了三聚氰胺、皮革水解蛋白、β-内酰胺酶、硫氰酸钠、碱类物质、抗生素（β-内酰胺类、氨基糖苷类、四环素类、甲砜霉素和磺胺类）6 大项 10 类物质。抽样检测表明，河北的生鲜乳质量安全是可以放心的。

河北省畜牧兽医局　李进恒　李贺峰

石家庄市

石家庄市作为全国粮食主产区，畜牧业发展具有良好的资源优势，经过多年的发展，已经成为全国畜牧大市和奶业大市。全市奶牛存栏规模逐渐扩大、规模化标准化养殖程度继续提升、奶站规范化管理明显加强、生鲜乳质量安全水平显著提高，生鲜乳质量安全监管机制逐步建立，奶源基地更加稳定。2011年石家庄市奶业在治理整顿、巩固提高的基础上，真正步入了稳定健康发展的轨道。

【奶类生产】2011年石家庄市奶牛存栏419 842头，奶类总产量达1 187 204吨，泌乳牛平均单产超过5吨。行唐、正定、藁城三大奶牛主产区奶牛存栏占全市的51.38%，产奶量占全市的63.46%。生鲜乳收购价格（奶农结算价）全年平均2.80～2.95元/千克，养殖奶牛处于微利保本状态。

【乳品加工】石家庄市有乳品加工企业9家，日处理生鲜乳能力0.261万吨。主要生产企业有君乐宝公司、三元集团等。主要产品为常温液态奶、发酵乳和乳粉。2011年石家庄市乳制品产量达34.034 4万吨，其中液体乳33.295 2万吨，乳粉0.739 2万吨；主营业务收入19.865亿元，同比增长33.84%；利润0.498 4亿元，同比增长176%；利税0.482亿元，同比增长73.3%。

2011年，石家庄市在原有16家乳品加工企业的基础上，对10家通过工信部门产业政策验收的乳制品企业进行重新审核，有9家乳制品企业通过了质监部门的审核，1家企业被注销。通过对乳品企业审查清理和生产许可证重新审核，淘汰了一些奶源没有保障、产品档次低和生产技术落后的小企业，优化了石家庄市奶业的加工结构，同时，不断完善乳制品追溯制度，督促企业建立和完善电子信息追溯系统，目前全市9家乳制品生产企业全部建立了电子记录信息系统，基本实现了电子快速追溯，确保了乳制品质量安全。

【市场消费】主要乳制品品牌价格见表4-12：

表4-12

主要乳制品	品牌牛奶/规格	价格：元/袋、盒
巴氏杀菌乳入户	康诺/瓶 220ml	2.10
	三元/瓶 220ml	2.30
	长城/220ml	1.50
商超UHT纯奶	蒙牛/利乐枕 240ml	2.20
	伊利/利乐枕 240ml	2.10
	君乐宝/利乐枕 240ml	2.00
	三元/利乐枕 240ml	2.10
	缘天然/有机奶 250ml	6.50
酸奶（原味）	君乐宝/100ml	1.50
	三元/100ml	1.60
	蒙牛/100ml	1.55
	伊利/100ml	1.50
	长城/180ml	2.00

【奶源基地】石家庄市的奶牛品种，全部为中国荷斯坦奶牛（即黑白花奶牛），并全部享受国家奶牛良种补贴政策，应用招标采购的优质冻精进行配种繁育，效果良好。奶源基地建设经历了由庭院分散饲养、相对集中的专业村，再到奶牛小区、规模养殖场的发展历程，按照市政府出台的《关于扶持奶农的八条政策措施》（石政发〔2008〕51号）、《关于促进鲜奶销售保护奶农利益的意见》（石政发〔2008〕53号）和《关于进一步加强生鲜乳生产收购监管工作实施意见的通知》（石政发〔2008〕61号）三个文件，从2008年开始就大力推行奶牛养殖小区和奶站一体化建设，到2009年底，全市10万头散养奶牛全部进区饲养，到2011年全部实现了规模化养殖（存栏50头以上）。为解决规模化散养问题，又采取股份制改造、奶牛托管寄养等多种模式，大力推进奶牛小区向规模养殖方式转变。截至2011年底，全市有存栏200～499头的奶牛规模养殖场（户）90个，存栏500～999头的奶牛养殖场（户）28个，1 000以上的6个（占全市奶牛存栏总量的13.86%）。在奶牛标准化建设方面，已创建部级奶牛标准化示范场9个，省级奶牛标准化示范场36个，带动了全市奶业生产水平的提高。

【奶站管理】石家庄市在整顿淘汰不合格生鲜乳收购站（以下或简称“奶站”）、整合提升保留奶站的基础上，实行奶站（挤奶厅）与奶牛规模养殖场（养殖小区）一体化建设，并制定了奶站管理“八项制度”、“十项规程”，挤奶厅全部安装管道式机械化挤奶设备，彻底解决了奶牛养殖与生鲜乳收购相分离的问题，有效地堵塞了挤奶和收购环节的质量安全隐患。截至2011年底，全市共有生鲜乳收购站403个，奶站的管道式机械化挤奶率达100%，《生鲜乳收购许可证》持证率100%，360台生鲜乳运输车辆《生鲜乳准运证明》持证率100%，挤奶厅电子探头安装使用率达100%。在奶站监管方面，石家庄市率先在全省建成以市为单位的奶站网络化电子视频监控系统，所有奶站统一接入4M光纤，安装视频服务器等联网设备，自动上传监控视频，自动存储3个月的视频资料，市、县畜牧部门和乳品企业分别建设了中心监控室，实时监控所管理的奶站，随时调取存储的视频资料。实现了奶站、乳品企业、市、县畜牧部门之间的互联互通和实时监控，2011年又对奶站视频监控网络系统进行了升级改造，整套系统不断地更新和完善，提高了监管效率，堵塞了质量安全漏洞，保障了生鲜乳质量。

【政策法规】《石家庄市畜牧业发展“十二五”规划》指出：加快推进畜牧规模化、标准化、产业化、良种化发展，进一步优化区域布局。东部平原重点发展奶业、奶牛养殖基地主要布局在城郊周边县（市）和新乐、辛集、行唐、元氏、灵寿、无极等县（市），重点发展无公害以上级别的奶源基地，促进乳品企业自有奶源基地建设，提升标准化规模养殖水平。加强畜禽良繁体系建设。全面实施国家奶牛良种补贴项目，市级每年集中采购优质奶牛性控冻精和世界优秀种公牛进口冻精；推广胚胎移植技术，培育高产奶牛群体，提高单产水平，加大性控冻精应用推广力度，扩大种公牛后裔测定和奶牛生产性能测定范围，实现奶业跨越式发展。进一步强化奶站规范化建设与管理。加强奶站制度化、标准化建设，继续推进奶站电子监控设备全市联网，实行生鲜乳生产全过程监控。进一步完善生鲜乳收购合同化管理和价格协调机制，建立生鲜乳价格定价体系，实现优质优价，维护生鲜乳收购秩序。建立完善与乳品企业收奶检测反馈机制，并逐步实行第三方检测，把好生鲜乳质量安全最后一道关口。石家庄市奶业今后将按照规划的要求加快发展。

【质量监管】石家庄市各级畜牧部门始终把生鲜乳质量安全放在首位，不断健全机构、完善手段，健全机制，提高生鲜乳质量安全监管水平。2008 年成立了畜产品质量安全监督管理处，2010 年成立了奶源管理办公室，牵头负责《乳品质量安全监督管理条例》的组织实施，制定奶源发展计划，负责对奶站标准化建设，生鲜乳生产、收购、销售、运输等环节进行监督、管理和服务。同时，按照市编办《关于加强县（市）、矿区畜产品质量安全监管机构编制的通知》（市编办〔2008〕44 号）精神，各县（市）畜牧部门也全部成立了畜产品质量监督科，加挂奶源管理办公室牌子。机构职能、人员和条件得到了进一步充实和完善，整体应对能力明显提升。县级畜产品检测站已经能独立开展检测工作，仪器设备已基本安装调试到位，以省为主体、市为骨干、县为基础的畜产品质量安全检验检测网络初步形成，在畜产品质量安全监管中发挥了重要作用。

2011 年石家庄市共举办生鲜乳专项监测培训班 5 期、安排生鲜乳专项监测资金 163 万元，完成生鲜乳抽检 8 174 批次，其中完成省级抽检 1 233 批次，市级抽检 6 941 批次，检测结果表明：生鲜乳质量安全是可以放心的。

石家庄市奶源管理办公室　董　毅

唐　山　市

唐山是奶业大市，2011 年圆满完成了乳品企业审查清理和生产许可证重新审核工作，启动了乳品企业诚信管理体系建设工作，行业技术装备水平、管理水平大幅提升，产品质量稳定可靠，市场销售情况进一步好转。

【奶类生产】2011 年唐山奶牛存栏 47.65 万头，奶类总产量达 185.53 万吨，泌乳牛平均单产超过 6 吨。丰润、丰南、滦县、滦南、迁安五大奶牛主产区奶牛存栏占全市的 86.4%，产奶量占全市的 85%。生鲜乳收购价格（奶农结算价）全年维持在 3 元/千克左右，养殖奶牛处于微利保本状态。

【乳品加工】通过乳品企业审查清理和生产许可证重新审核，淘汰了一批奶源没有保障、产品档次低和生产技术落后的小企业，优化了唐山奶业的加工结构，2011 年现有乳品加工企业 5 家，日处理生鲜乳能力 3 000 吨。主要产品为常温液态奶、发酵乳和乳粉。

【市场消费】主要乳制品品牌价格见表 4－13：

表 4－13

主要乳制品	品牌牛奶/规格	价格：元/袋、盒
巴氏杀菌乳入户	康诺/瓶 220ml	2.10
	三元/瓶 220ml	2.30
	长城/220ml	1.50
商超 UHT 纯奶	蒙牛/利乐枕 240ml	2.20
	伊利/利乐枕 240ml	2.10
	君乐宝/利乐枕 240ml	2.00
	三元/利乐枕 240ml	2.10
	缘天然/有机奶 250ml	6.50
酸奶（原味）	君乐宝/100ml	1.50
	三元/100ml	1.60
	蒙牛/100ml	1.55
	伊利/100ml	1.50
	长城/180ml	2.00

【奶源基地】唐山市的奶牛品种全部为中国荷斯坦奶牛，即黑白花奶牛，并全部享受国家奶牛良种补贴政策，应用招标采购的优质冻精进行配种繁育，效果良好。2011 年全市存栏 300 头以上的奶牛规模养殖场 124 个，存栏 300 头以上的奶牛养殖小区 334 个，其存栏奶牛占全省奶牛存栏总量的 90.3%，即存栏 300 头以上的奶牛规模化率为 90.3%。在奶牛标准化建设方面，已创建部级奶牛标准化示范场 9 个、省级奶牛标准化示范场 33 个，带动了全市奶业生产水平的提高。

养殖管理上，在奶牛规模养殖场大力推广 TMR 饲喂技术；在奶牛养殖小区大力推广“四统二分”管理模式，即“统一饲料（TMR）、统一配种、统一防疫、统一消毒，分户饲养、分户核算”，向牧场方式过渡。

【奶站管理】2011 年全市共有生鲜乳收购站 380 个，全部为乳品企业托管，规模养殖场建设 275 个，占总数的 72.4%，奶农专业合作社建设 105 个，占总数的 37.6%。奶站的管道式机械化挤奶率达 100%，《生鲜乳收购许可证》持证率 100%，生鲜乳运输车辆《生鲜乳准运证明》持证率 100%，挤奶厅电子探头安装使用率达 100%。在奶站监管方面，唐山市已建成市级奶站网络化电子视频监控系统，并投入使用。滦南、遵化等县市区已经实现了对奶站的 7×24 小时不间断多点监视，提高了监管效率，堵塞了质量安全漏洞，保障了生鲜乳质量。其他县市区的奶站网络化电子视频监控系统建设也已启动，计划用两年时间完成。

【政策法规】唐山市人民政府发布了《唐山市关于加快现代畜牧业发展的意见》，为奶业的发展指明了方向，要求“奶牛生产要围绕提质增效，巩固壮大传统生产核心区，努力打造新的增长极。推广纯种荷斯坦奶牛胚胎移植和性控冻精，加快改良步伐，培育高产奶牛群体，提高生产性能。大力发展奶牛规模养殖，重点扶持存栏300头以上的规模奶牛场（区），引导奶牛小区通过股份制改造、托管、寄养等方式实现统一饲养、统一防疫、统一挤奶、统一销售。规范奶站建设许可、合同收购、网络监控、驻站监管，保证生鲜乳质量。”

【质量监管】唐山市各级畜牧部门始终把生鲜乳质量安全放在首位，不断健全机构、完善手段，健全机制，提高生鲜乳质量安全监管水平。2011年，成立了畜产品质量安全监管机构，14个主要县市区经编办批准成立了畜产品（农产品）安全监管股，机构职能、人员和条件得到了进一步充实和完善，整体应对能力明显提升。全市共举办生鲜乳专项监测培训班2期、共完成生鲜乳抽检2 355批次，其中省级完成了586批次，市级完成了1 362批次，覆盖了全市所有的生鲜乳收购站。检验项目涵盖了三聚氰胺、皮革水解蛋白、β-内酰胺酶、硫氰酸钠、碱类物质、抗生素（β-内酰胺类、氨基糖苷类、四环素类、甲砜霉素和磺胺类）6大项10类物质。

唐山市农牧局畜牧处　杨建兴

山　西　省

【奶类生产】2011年全省奶类总产量达到112.80万吨，其中牛奶110.96万吨，羊奶1.84万吨，分别比2010年增长10.06%、9.84%和25.17%。2011年奶牛存栏41.59万头，其中能繁母牛25.06万头，分别比2010年增长6.83%和3.17%。奶牛品种为荷斯坦奶牛，主要分布于太原、大同、朔州、忻州、晋中5市，其存栏数占全省总量的87.72%。全省奶牛存栏3 000头以上的县（市、区）有太原市小店区、清徐县、阳曲县、大同市南郊区、阳高县、天镇县、广灵县、大同县、浑源县、灵丘县、朔州市朔城区、山阴县、应县、怀仁县、右玉县、忻州市忻府区、晋中市榆次区、太谷县、祁县、平遥县等24个县（市、区），占全省总量的84.70%。

2011年奶山羊存栏16.94万只，主要品种为洪洞奶山羊，主要分布于临汾、运城、晋中、大同4市，其存栏数占全省总量的97.89%。全省存栏1 000只以上的县（市、区）有洪洞县、万荣县、霍州市、尧都区、曲沃县、浮山县、古县、汾西县、河津市、稷山县、芮城县、绛县，广灵县、灵丘县、浑源县、阳高县、平遥县、祁县、孝义市19个县（市、区），其存栏数占全省总量的95.56%。其中万只以上的县有洪洞县、霍州市和平遥县，分别存栏7.85万只、1.82万只和1.12万只，分别占全省总量的46.34%、10.74%和6.61%。

【乳品加工】2011年14家乳制品生产企业符合行政许可条件，获准生产乳制品产品。分别是山西古城乳业集团、山西雅士利乳业、山西维尔生物乳制品、蒙牛乳业（太原）、长治市九牛寨乳业、晋城市晋大农牧产业、蒙牛乳业（集团）山西乳业、朔州伊利乳业、山西雁门乳业、山西古城乳业八分厂、大同夏进乳业、阳曲县瑞美乳业、长治市牧村乳业、阳泉田园乳业。其余28家乳制品生产企业未通过核准确认或未通过重新核查，没有获得行政许可，被撤销食品生产许可证。2011年，全省乳制品企业日处理鲜奶能力为3 258吨，实际日处理1 435吨。规模以上乳制品生产企业的主要乳制品品种为巴氏杀菌乳、UHT奶、奶粉、酸奶和其他乳制品，其产量分别为11.6万吨、28.38万吨、0.35万吨、5.86万吨和12.70万吨。

【市场消费】2011年 山西省城镇居民人均乳制品（折合成原料奶）消费量约28千克/人。其中：鲜奶17千克/人，奶粉0.6千克/人，酸奶6千克/人。农村居民人均奶制品（折合成原料奶）消费约6千克/人，其中：鲜奶3.5千克/人，奶粉0.3千克/人，酸奶0.1千克/人。全省生鲜乳平均收购价格为3.12元/千克，比2010年增加0.32元/千克，增长11.42%；一至四季度的平均收购价格分别为3.15元/千克、3.16元/千克、3.06元/千克、3.11元/千克，分别比2010年同期增长17.53%、16.17%、5.15%、1.96%；年度内单日最高、最低收购均价分别为3.20元/千克和2.96元/千克，比2010年分别高0.10元和0.33元。

【奶源基地】2011年全省不同规模奶牛养殖场（户）、奶牛存栏、牛奶产量情况分别为：存栏1～4头的有39 052户，存栏量10.65万头，产奶22.72万吨，分别占全省总量的72.94%、25.60%、20.48%；存栏5～19头的有12 925户，存栏量11.56万头，产奶32.37万吨，分别占全省总量的24.14%、27.79%、29.17%；存栏20～99头的有1 136个场户，存栏量4.87万头，产奶13.59万吨，分别占全省总量的2.12%、11.71%、12.25%；存栏100～199头的有164个场（户），存栏量2.39万头，产奶6.96万吨，分别占全省总量的0.31%、5.76%、6.27%；存栏200～499头的有180个场（户），存栏量5.7万头，产奶15.17万吨，分别占全省总量的3.36%、13.71%、13.67%；存栏500头以上的有83个场（户），存栏量6.4万头，产奶20.1万吨，分别占全省总量的0.16%、15.41%、18.16%。全省100头以上的奶牛养殖场（户）和存栏量分别比2010年提高34.89%和5.83%。全省成母牛平均单产4 446千克，比2010年增长6.93%。省内一批有一定规模的奶牛场的平均单产均在6 000千克以上，部分场超过7 000千克，如大同良种奶牛公司、古城农牧公司、永济超人乳业公司、翼城县富华养殖公司等。

【饲草饲料】2011年全省人工牧草种植面积250万亩，其中多年生牧草42万亩，一年生牧草208万亩。在一年生牧草种植面积中，青饲青贮饲料面积131万亩，产草总量67.8万吨。2011年全省机械挤奶率达到70%，其中奶牛场和养殖小区实行机械挤奶的奶牛占57%，散养奶牛集中进站机械挤奶的奶牛占13%。未实行机械挤奶的奶牛占30%。

【品种改良】2011年全省奶牛品种改良头数由2006年的18万头增加到25万头，增长38.89%，年均繁殖成活率由75%提高到89%，良种率由51%提高到80%。完成奶牛生产性能测定任务5 000头。在实施过程中，一是加强奶牛良补项目管理，认真落实监管和统计工作；二是实现奶牛配种人员持证上岗，提高从业人员的技术素质；三是建立管理台帐，加强冻精领取、保管、使用管理。

【疫病防治】2011年按照《山西省重大动物疫病应急预案》规定要求，坚持"加强领导，密切配合，依靠科学，依法防控，群防群控，果断处置"的方针。一是强化落实综合措施，组织春、秋两次大规模防疫行动，狠抓奶畜免疫、检疫、消毒、监测等各项工作，应免密度达到100%；二是强化落实制度管理，将各项奶牛防疫工作进行量化，制定考核评价指标，层层分解，落实到单位、到人；三是强化监督执法，加强对动物卫生证章标志、动物防疫条件、执法档案流通环节的执法监管，严格实施产地检疫和屠宰检疫，检疫率达到100%。

【政策法规】为推动奶牛规模化、集约化发展，忻州市政府出台了《关于扶持奶业发展打造奶业生产大市的意见》，决定拿出1 000万元对奶牛养殖园区（小区）、生鲜乳收购站建设进行补贴，帮助散养户进区入园；长治市政府出台了《关于2011年新实施十项强农惠农补贴政策的通知》，对新建和改扩建投资在1 000万元以上的奶牛养殖场（小区），每个补贴30万元，对新建的生鲜乳收购站每个补贴10万元；长治市郊区政府出资20万元对张庄晋杰农业科技开发有限公司进行贷款3年贴息，将散养奶牛整体迁入小区。

【安全监管】2011年全省运营的生鲜乳收购站587个，其中乳品企业开办奶站35个、规模养殖场（小区）开办奶站160个、专业合作组织开办奶站392个，分别占全省收购站总量的5.96%、27.26%和66.78%；全省运营的生鲜乳运输车辆316辆，其中生鲜乳收购站自有137辆，乳制品企业自有141辆，租用38辆，分别占全省运输车总量的43.35%、44.62%和12.03%。2011年3月4日，省政府召开了全省生鲜乳质量安全监管工作电视电话会议；3月18日，省政府办公厅下发了《关于印发全省生鲜乳质量安全专项整治行动实施方案的通知》，在全省范围开展了以政府领导任专项整治领导组组长，农业、公安、质监等相关部门领导为成员的以"打非严管保安全"为主要内容的集中专项整治行动。同时，按照农业部办公厅《关于开展生鲜乳违禁物质问题专项整治的通知》精神，将全省生鲜乳质量安全专项整治行动的时间由原计划的半年延长到了2011年年底。2011年，全省出动检查人员12 780人次，检查养殖场（小区）14 512个次、饲料生产企业368个次、生鲜乳收购站3 428个次、生鲜乳运输车1 292辆次，吊销生鲜乳收购许可证14个、生鲜乳准运证59个，实现了奶牛养殖场（小区）、生鲜乳收购站、生鲜乳运输车检查全覆盖，违规查处率100%的既定目标。2011年，按照农业部的统一部署，将全省607个生鲜乳收购站和364辆运输车全部纳入监测范围。全年共抽检生鲜乳样品8 328批次，其中：农业部生鲜乳监测任务5 342批次，省级生鲜乳监测任务667批次，市、县自行监测生鲜乳2 319批次。共检测三聚氰胺3 980批次，检测皮革水解蛋白和碱类物质各1 045批次，检测硫氰酸钠和β-内酰胺酶各1 088批次。检测项目合格率100%。

山西省饲料奶站管理办公室　王印魁

太 原 市

【奶类生产】2011年全市奶类总产量9.74万吨，其中牛奶9.734 3万吨，羊奶0.005 9万吨，与2010年基本持平。2011年奶牛存栏2.22万头，其中能繁母牛1.37万头，存栏量比2010年减少0.18万头，下降8.1%。奶牛品种为荷斯坦奶牛，主要分布于阳曲县、清徐县、小店区和晋源区，其存栏量占全市存栏总量的95%。

2011年全年生鲜乳收购均价为3.4元/千克，比2010年有所提高，春夏秋冬四季的生鲜乳价格分别为3.2元/千克、3.4元/千克、3.5元/千克和3.6元/千克。

【乳品加工】2011年全市拥有乳品加工企业3个，分别为山西维尔生物乳制品有限公司、阳曲瑞美乳业有限公司、蒙牛乳业（太原）有限公司。全市日处理鲜奶能力320吨。乳品加工企业生产的乳制品包括巴氏杀菌乳、UHT奶和酸奶，其产量分别为0.96万吨、6.4万吨、0.54万吨。各乳制品生产企业生产的乳制品品种为：蒙牛乳业（太原）公司主要生产UHT奶，维尔生物和阳曲瑞美主要生产巴氏杀菌乳和酸奶。2011年全市乳制品加工企业比2010年减少2家，原因是设备陈旧没有通过省经信委或质监部门审核认定，被撤销食品生产许可证。

【市场消费】2011年全市城镇居民人均消费乳制品（折合成原料奶）38千克/人，其中：鲜奶21.5千克/人，奶粉0.5千克/人，酸奶13千克/人；2011年全市农村居民人均消费乳制品（折合成原料奶）13.5千克/人，其中：鲜奶8千克/人，奶粉0.5千克/人，酸奶2千克/人。

【奶源基地建设】2011年全市不同规模奶牛养殖场（户）分别为：1～5头的有389个场（户），6～20头的有249个场（户），21～100头的有29个场（户），101～200头的有8个场（户），201～500头的有16个场（户），501～1 000头的有6个场（户），1 000头以上3个场（户）。奶牛养殖场（小区）42个，存栏奶牛16 700头，其中标准化规模养殖场30个，存栏奶牛12 060头。

2011年全市有生鲜乳收购站42个，其中奶畜养殖场开办32个，专业合作社建站10个。收购站日均收购生鲜乳106.8吨。全市机械化挤奶率达到95%。

【安全监管】2011年末全市拥有的42个生鲜乳收购站全部持证经营，并建立了质量安全等相关规章制度和投入品登记、生鲜乳生产、收购等记录档案。全年生鲜乳抽检560批次，检测项目包括三聚氰胺和抗生素，检查合格率100%。在奶牛养殖场及收购站的管理方面做到了八查：一查奶牛健康状况，确保奶牛健康状况良好；二查牛奶质量，强化收购站常规检查；三查环境卫生、消毒情况，指导收购站落实卫生防疫和消毒措施；四查冷链设施运转状况，指导收购站加强设施设备检查维护，确保设施设备运转正常；五查销售运输状况，加强运输销售过程的监督管理；六查异常奶处理，确保不合格的生鲜乳没有流入市场；七查饲料生产与使用，定期不定期对饲料原料和成品进行检测；八查疫病防控，建立奶牛疫情监管和报告制度，杜绝病牛乳进入奶站或加工环节。全市多次进行了生鲜乳收购站拉网式排查和专项整治。

2011年太原市进行奶牛布氏杆菌病检疫12 981头，无阳性；结核病检疫11 680头，无阳性；口蹄疫免疫24 623头。

【饲草饲料】2011年全市人工牧草种植面积4 013公顷，其中：苜蓿面积1 580公顷，专用青贮玉米面积2 433公顷，建设青贮窖101个，贮量20.9万立方米。

奶牛配合饲料生产企业22个，年产奶牛配合饲料16.54万吨。其中：山西汇福科技有限公司生产能力30吨/时，年产17 251吨；山西正大公司生产能力18吨/时，年产38 466吨；山西时创公司生产能力10吨/时，年产5 550吨；山西晋龙公司生产能力10吨/时，年产8 000吨。

【政策法规】(1)除享受国家奶牛良种补贴政策外，2011年市政府拨款10万元，引进优质奶牛冷冻精液1 400支，改良奶牛830头。(2)市政府下拨生鲜乳收购站建档资金4万元，为生鲜乳收购站标准化管理奠定了基础。

2011年全市拥有奶农协会3个，涉及农户1 536户，饲养奶牛1.16万头；奶农合作社26个，涉及农户210户，饲养奶牛1.24万头。

太原市乳品监察管理站　陈新慧

内蒙古自治区

2011年内蒙古认真贯彻落实国家和自治区奶牛养殖扶持政策，加大良种补贴力度，优化奶牛区域布局，大力实施标准化规模养殖，保持了奶业持续稳定发展势头。

【奶业生产】2011年本地区奶牛存栏达340.8万头，牛奶产量908.2万吨。全区荷斯坦奶牛存栏238.3万头，占全区70%。其中荷斯坦奶牛存栏万头以上旗县已达43个。

【奶源基地】2011年全区50头以上规模养殖场（小区）已达8 539个，占奶牛存栏比重43.8%，与2008年相比提高近37个百分点。100头以上规模化养殖场（小区）奶牛存栏比重达到30%以上，荷斯坦奶牛良种覆盖率实现100%，实现良种冻精配种全覆盖，良补奶牛后代平均单产提高549千克，全区荷斯坦奶牛平均单产达到5吨以上。

【乳品加工】2011年本地区销售收入500万元以上乳品加工企业实现销售收入829.1亿元，比上年增长24.4%，占全区500万元以上农畜产品加工企业销售收入的31.2%。乳产业形成了以呼和浩特、包头二市及呼伦贝尔为核心区的东西部两大优势生产加工基地。液态奶、奶粉、冰淇淋等销售量均居全国首位。蒙牛、伊利两家企业的销售收入均突破300亿元，双双进入世界乳业20强。

【市场监管】连续3年在全区实施生鲜乳质量安全监测，生鲜乳合格率100%，养殖和收购站环节没有发生一起重大生鲜乳质量安全事件，为进一步提高乳品质量安全提供了保证。2011年牛奶收购价格2.93元/千克，同比上涨8.5%。主产区散养户平均生鲜乳收购价格为2.8元/千克，规模养殖场平均生鲜乳收购价格为3.15～3.6元/千克。饲养一头单产5吨以上的奶牛纯收入3 000～5 000元。

【政策措施】抓好奶牛良种补贴，提高奶牛单产。通过开展建档立卡等工作，进一步建立健全了奶牛系谱和档案资料，加强对奶农和配种员培训，提高饲养管理水平和配种服务技能，提高配种受胎率，提高个体产出水平。并开展奶牛DHI工作，为参测牧场提供DHI报告。大力推进规模养殖，提高规模化养殖水平。截至2011年，国家对本地区奶牛标准化规模养殖场建设资金投入中央资金已达1.97亿元，累计改扩建养殖场394个。推进生鲜乳收购价格形成机制，提高奶业发展抗风险能力。各地积极探索生鲜乳购销价格管理形成机制。兴安盟行政公署出台了《关于加强生鲜乳购销价格管理的意见》，决定在全盟实行生鲜乳购销交易参考价和特殊情况下制定最低保护价机制。加强生鲜乳收购站监管，保障奶源质量安全。自治区自上而下成立了专门的奶业管理办公室或相应机构，部分地区专门成立了奶源监管大队。自治区组建了全国首家生鲜乳第三方检验测试中心，推行“分户留样、责任追溯”制度。全区2 574个生鲜乳收购站和1 256辆生鲜乳运输车全部纳入监管范围。所有生鲜乳收购站由乳制品生产企业、奶畜养殖场和奶农合作社三类合法主体开办，全部持证收购。现有生鲜乳收购站的基础设施、卫生条件、机械设备、检测手段和人员素质明显改善，所有进站奶牛全部实现机械化挤奶，生鲜乳收购站规范化建设和标准化管理水平迈上新台阶。以建立健全生鲜乳质量安全监管长效机制为目标，创新监管工作。2011年下发了《关于进一步加强生鲜乳收购质量安全行政执法工作的通知》，以规范性文件明确要求盟市饲料检测机构和旗县区农牧业综合执法队伍分别承担生鲜乳检测及生鲜乳收购站和运输车的监督检查执法职能。

内蒙古农牧业厅畜牧处　布仁、白音、巴特尔

辽　宁　省

【奶类生产】2011年辽宁省奶牛存栏33.1万头，牛奶产量124.5万吨，同比分别增长3.1%和4.2%，居全国第7位。奶牛平均单产6吨，居全国第6位。主要养殖区域分布在沈阳市的沈北新区、新民市、苏家屯区、于洪区、东陵区，大连市的金州区、旅顺口区，锦州市的凌海市、义县、太和区，阜新市的阜新蒙古族自治县、彰武县，铁岭市的铁岭县、银州区，盘锦市的盘山县，葫芦岛市的连山区等16个县（市、区）。辽宁省生鲜乳价格自2009年11月份以来，辽宁省生鲜乳价格自2009年11月份以来，原料奶收购价格已连续30个月稳步上升，由2009年最低时的2.22元/千克上升至2011年的3.5元/千克，上涨幅度达到57.7%，标准化程度较高的奶牛场收购价格最高达到3.8元/千克，扣除养殖成本，农民每养1头单产6吨的奶牛年可获利5 000元以上。

【乳品加工】2011年辽宁省有乳制品加工企业28家，年产值200亿元，年加工能力200万吨，日均加工鲜奶5 000吨左右，利润20亿元。其中沈阳辉山乳业、沈阳蒙牛乳业、沈阳伊利乳业和阜新伊利乳业加工规模较大，日收购、加工鲜奶2 600吨，占全省日鲜奶加工总量的52%。28家乳制品加工企业中，外资企业1家具体为：由美国隆迪公司投资控股的沈阳乳业有限公司，省外资本投资5家企业具体为：由内蒙古伊利集团投资的辽宁伊利乳业（沈阳）有限责任公司、由内蒙古蒙牛乳业集团投资的蒙牛乳业（沈阳）有限责任公司、由黑龙江完达山乳业投资的完达山鞍山乳品有限公司、由内蒙古蒙牛乳业集团投资的蒙牛乳业（阜新）有限责任公司、由内蒙古伊利集团投资的伊利乳业（阜新）有限公司；其余22家乳制品加工企业均为地方自建。本地区乳制品结构以液态奶系列制品为主，以奶粉为代表的精深加工所占比重较低。

【市场消费】2011年，辽宁城市人均支出14 235元，其中用于乳制品支出197元，人均消费鲜牛奶68.8千克；农民人均支出5 107元，人均消费鲜牛奶2.96千克；全省总生产量155万吨，总消费量151.3万吨。

【奶源基地】辽宁省奶牛以荷斯坦奶牛为主。据业务统计，2011年末全省存栏1～4头奶牛养殖户15 417户，奶牛存栏29 456头，存栏量占全省的9.5%；存栏5～19头奶牛养殖户11 823户，奶牛存栏80 291头，存栏量占全省的25.9%；存栏20～99头奶牛养殖户2 759户，奶牛存栏70 373头，存栏量占全省的22.7%；存栏100～199头奶牛养殖户123户，奶牛存栏14 572头，存栏量占全省的4.7%；存栏200～499头奶牛养殖户175户，奶牛存栏37 827头，存栏量占全省的12.2%；存栏500～999头奶牛养殖户41户，奶牛存栏21 391头，存栏量占全省的6.9%；存栏1 000头以上奶牛养殖户45户，奶牛存栏56 114头，存栏量占全省的18.1%。

【奶站整治】辽宁省奶站主要分布在沈阳、阜新、大连、锦州、铁岭、朝阳等地。全省现有生鲜乳收购站389个，已全部核发生鲜乳收购许可证，其中乳制品生产企业开办52个、奶牛养殖场开办170个、奶农专业生产合作社开办167个。核发运输车辆准运证237个。2011年辽宁省采取措施进一步提高生鲜乳收购站、运输车辆标准化管理水平。一是规范生鲜乳收购运输许可管理。严格按照《生鲜乳生产收购管理办法》要求，落实属地管理责任，严格审批，确保只对符合资质条件的生鲜乳收购站、运输车辆发放许可。二是开展生鲜乳收购站标准化管理推进活动。根据农业部《生鲜乳收购站标准化管理技术规范》等文件2011年开展生鲜乳收购站标准化管理示范单位评比活动，经现场勘验综合评定，54家生鲜乳收购站验收合格。通过评选示范单位，以点带面全面推进生鲜乳收购站标准化建设进程。三是加强生鲜乳监测工作。按照农业部《关于开展2011年生鲜乳质量安全监测工作的通知》（农牧发〔2011〕1号）对辽宁省的要求，对今年的生鲜乳监测工作进行了详细部署。省本级制定了《2011年全省生鲜乳质量安全监测计划》，各市同时制定了市本级的生鲜乳质量安全监测计划，并按要求组织实施。按照《生鲜乳质量安全监测工作规范》的要求，全省共检测三聚氰胺1 719批次、皮革水解蛋白772批次、碱类物质1 008批次，β-内酰胺酶1 011批次，共计4 510批次，检测结果全部合格，合格率为100%。监测结果表明辽宁省生鲜乳质量安全可靠。四是加大例行检查和不定期巡查力度。严查“两证一单”，公开生鲜乳收购站信息，强化社会监督，对生鲜乳中违禁添加行为严惩不贷。建立实施生鲜乳收购站信用档案及“黑名单”公告和通报制度、奶畜养殖及生鲜乳收购运输环节生产经营记录和进货查验制度、生鲜乳质量安全异地抽检制度等5项制度，进一步强化生鲜乳质量安全监管。

【良种补贴】2011年国家安排辽宁奶牛良种补贴资金621万元，补贴奶牛20.7万头。按“全部覆盖、应补尽补”原则，对全省13个市（大连计划单列除外）的80个县（市、区）的20.7万头荷斯坦能繁母牛全部实施良种冻精补贴。

【饲草饲料】辽宁省紫花苜蓿种植面积约0.67万公顷，年产苜蓿干草7.5万吨。牧草加工企业10余家，年加工能力20余万吨。全省青贮玉米等饲料作物种植面积约28万公顷。

【疫病防治】按照农业部规定，辽宁省严格实施调运审批和检疫、隔离监管，对全省奶牛全面实施口蹄疫强制免疫，及时进行免疫效果评估，建立有效免疫屏障。按时开展布病、结核病检疫净化，连续三年开展布

病防控手套工程专项活动。

【政策法规】2011年辽宁省加大奶牛标准化养殖小区水电路设施等基础设施、防疫设施、粪污处理和病死畜禽无害化处理设施的标准化升级改造。奶牛标准化养殖政策的落实，大大加快了奶业发展方式转变进程，奶业规模化、标准化和产业化水平得到进一步提升。

【质量监管】辽宁省从生鲜乳收购站建设规划布局、场所设施、仪器设备、人员条件到申报材料、审批程序多个方面进行规范，做到标准统一、程序一致，规范审批，严把收购站准入关。落实生鲜乳收购站监管责任，明确具体监管责任人，设立了监督公示牌，并对全省收购站全部派驻了监督员，对关门停业的生鲜乳收购站实施了动态监管，防止出现私自营业、违法收奶问题。组织开展了“科学布局、主体合法、条件达标、监管到位”的生鲜乳收购站示范点创建活动，示范点收购站要达到“三必须、四统一”建设标准，发挥“典型示范、先进引路”作用，推动收购站标准化建设进程。

附：

表4-14　辽宁省乳品加工企业明细表

企业名称	年加工能力（吨）	实际加工量（吨）	产值（万元）
辽宁伊利乳业有限责任公司	200 000	80 000	51 133
蒙牛乳业（沈阳）有限责任公司	201 600	179 767	110 829
沈阳乳业有限责任公司	320 000	300 000	146 000
大连三寰乳业有限公司	100 000	27 200	10 220
大连心乐乳业	30 000	4 000	8 000
辽宁优格生物科技股份有限公司	35 000	6 500	40 000
完达山鞍山乳品有限公司	100 000	50 000	36 223
鞍钢实业集团乳业有限公司	20 000	9 967	5 171
抚顺市恒享乳业有限公司	50 000	22 000	5 000
本溪木兰花乳业有限公司	30 000	11 373	5 622
本溪市阳光乳业有限公司	10 000	10 000	9 000
丹东市派波乳业	30 000	15 000	7 000
丹东市港龙乳业	10 000	5 000	2 000
东港市升泰乳业有限公司	30 000	21 000	8 500
锦州双八乳业有限公司	30 000	18 000	7 000
锦州益多乐乳业有限公司	30 000	10 000	6 000
锦州康乐乳业有限公司	60 000	55 000	9 000
辽宁省想不老食品有限公司	1 800	1 800	25 000
蒙牛阜新中转奶台	21 900	15 250	2 268
阜新伊利乳业有限公司	200 000	50 000	28 000
阜新绿山羊奶乳业有限公司	1 200	300	240
辽阳市奔月食品有限公司	7 300	2 555	700
新依露乳业	20 000	3 000	4 000
铁岭市大牛乳品有限公司	100 000	20 000	20 000
振海乳制品厂	50 000	20 000	8 000
建平县蒙特乳制品有限公司	4 000	110	300
辽宁澳珍乳业有限公司	36 000	7 500	570
龙港区中牛牧业有限公司	20 000	15 000	7 500

表4-15　辽宁省主要规模养殖场名录

养殖场名称	养殖规模	养殖品种
沈阳金秋实牧业公司	990	荷斯坦
盘锦金昌畜牧有限公司	900	荷斯坦
本溪木兰花乳业有限责任公司	667	荷斯坦

（续）

养殖场名称	养殖规模	养殖品种
大连和大奶牛饲养有限公司	636	荷斯坦
岫岩满族自治县卧龙畜牧养殖场	630	荷斯坦
丹东派波乳业有限公司	575	荷斯坦
抚顺四方农牧业科技发展有限公司	523	荷斯坦
兴城市兴源奶牛养殖专业合作社	520	荷斯坦
建平县蒙特奶牛养殖场	500	荷斯坦
营口市老边区后山奶牛养殖专业合作社	300	荷斯坦
铁岭市大牛乳品有限公司	2 380	荷斯坦
义县兴帝奶业有限公司	203	荷斯坦
沈阳辉山八家子奶牛场	1 980	荷斯坦
辽宁辉山控股（集团）救兵牧业有限公司	1 680	荷斯坦
鞍山市恒利奶牛场	1 138	荷斯坦
辽阳顺兴实业集团有限公司	1 040	荷斯坦
孙家屯标准化奶牛小区	2 452	荷斯坦
靠边屯标准化奶牛小区	2 232	荷斯坦
八家子标准化奶牛小区	2 086	荷斯坦
七家子标准化奶牛小区	2 028	荷斯坦
王树行子标准化奶牛小区	2 007	荷斯坦
杨家堡标准化奶牛小区	1 877	荷斯坦
义县荷光牧业有限公司车坊标准化奶牛养殖小区	1 847	荷斯坦
四架山标准化奶牛小区	1 814	荷斯坦
救兵牧业有限公司马和标准化奶牛养殖小区	1 692	荷斯坦
义县龙邦牧业有限公司河夹心标准化奶牛养殖小区	1 680	荷斯坦
双台子标准化奶牛小区	1 672	荷斯坦
抚顺松岗标准化奶牛养殖小区	1 590	荷斯坦
徐三家标准化奶牛养殖小区	1 480	荷斯坦
义县光华牧业有限公司高家屯标准化奶牛养殖小区	1 414	荷斯坦
木兰花养牛场	1 000	荷斯坦
卧龙奶牛场	1 000	荷斯坦
北票市华丰牧业养殖有限公司	800	荷斯坦
辽宁佳和牧业有限公司	800	荷斯坦
沈阳市沈北新区隆顺奶牛场	712	荷斯坦
阜新应达兴牧富民牧业发展有限公司	700	荷斯坦
阳光牧业奶牛养殖小区	700	荷斯坦
辽阳双牛奶牛养殖专业合作社	658	荷斯坦
阜蒙县翔丰养殖场	644	荷斯坦
阜新意达牧业发展有公司	640	荷斯坦
康乐乳业公司奶牛小区	620	荷斯坦
爱民奶牛场	600	荷斯坦
高家奶牛养殖专业合作社	600	荷斯坦
佳鑫牧业	600	荷斯坦
田源牧业	600	荷斯坦
阜新牧源良种奶牛繁育有限公司	539	荷斯坦
金源养殖牧场	530	荷斯坦
老四平镇徐家村绿野奶牛合作社	520	荷斯坦
阜蒙县于寺镇建军奶牛养殖小区	516	荷斯坦

（续）

养殖场名称	养殖规模	养殖品种
海江奶牛养殖小区	500	荷斯坦
黑山县白金奶牛养殖场	500	荷斯坦
宽甸良种奶牛发展有限公司	500	荷斯坦
辽中县永波奶牛场	500	荷斯坦
清河区兴盛牧场	500	荷斯坦
铁岭县鑫荣养殖场	500	荷斯坦
辽宁优格乳奶源基地	460	荷斯坦
宇华奶牛专业合作社	450	荷斯坦
北山种畜场奶牛小区	420	荷斯坦
马家昌盛奶牛养殖场	410	荷斯坦
阜蒙县沙拉镇朝代村奶牛小区	409	荷斯坦
阜蒙县亚美奶牛养殖专业合作社	409	荷斯坦
三家乡祝繁奶牛小区	400	荷斯坦
沙拉镇金河牧佳养殖场	400	荷斯坦
天源奶牛场	400	荷斯坦
鑫佰亿奶牛养殖场	400	荷斯坦
贵才奶牛养殖场	380	荷斯坦
王玉昌养牛场	350	荷斯坦
新邱新蒙畜禽养殖专业合作社	350	荷斯坦
彰武梓馨奶牛养殖场	306	荷斯坦
阜蒙县利晟源牧业有限公司	302	荷斯坦
北方牧业有限公司	300	荷斯坦
昌图县三江口李国富奶牛小区	300	荷斯坦
黑山县东盛奶牛场	300	荷斯坦
黑山县鑫源养殖场	300	荷斯坦
双赢奶牛养殖场	300	荷斯坦
小铎奶牛养殖小区	300	荷斯坦
奶旺奶牛养殖小区	286	荷斯坦
二郎山牧场	260	荷斯坦
苏家屯区亿众牧场	260	荷斯坦
阜新隆源牧业养殖场	250	荷斯坦
苏家屯拉他泡奶牛合作社	250	荷斯坦
东六官山牧场	243	荷斯坦
阜新艾友旺源奶牛生态牧场	240	荷斯坦
彰武县兴隆山乡长青牧场	240	荷斯坦
东岭奶牛场	238	荷斯坦
阜新市东昊牧业有限公司	227	荷斯坦
阜蒙县十家子镇海山岱村张本志奶牛小区	224	荷斯坦
四方牧业	220	荷斯坦
阜新市海州区润天奶牛养殖场	218	荷斯坦
阜新镇西扣膜村奶牛小区	208	荷斯坦
力辉奶牛养殖小区	208	荷斯坦
阜蒙县宗华奶牛牧场	204	荷斯坦
彰武县三合牧业有限公司	204	荷斯坦

（续）

养殖场名称	养殖规模	养殖品种
阜蒙县王府镇兴隆奶牛养殖场	203	荷斯坦
铁岭县蔡牛镇圣禾牧场	200	荷斯坦
铁岭县新台子镇广旭牛场	200	荷斯坦
铁岭县中大牧业养殖基地二期	200	荷斯坦
伊吗图牛旺旺生态牧场	200	荷斯坦
阜蒙县庭泽奶牛养殖专业合作社	160	荷斯坦
超凡养殖场	150	荷斯坦
大石桥市群升养殖场	150	荷斯坦
阜蒙县丽梅奶牛养殖场	150	荷斯坦
彰武县后新秋旺园奶牛养殖场	150	荷斯坦
丹东市振安区鑫虹养殖场	143	荷斯坦
和顺奶牛场	132	荷斯坦
国望养殖场	130	荷斯坦
阜蒙县国强肉牛养殖专业合作社	128	荷斯坦
朝阳生态养殖场	120	荷斯坦
清河区张相镇尹家奶牛小区	120	荷斯坦
王伟奶牛场	120	荷斯坦
阜新市高新区会明奶牛养殖场	116	荷斯坦
沈阳佩良牧场	110	荷斯坦
碱锅村奶牛养殖小区	109	荷斯坦
盘锦乳泉奶牛养殖有限公司	108	荷斯坦
关沟奶牛养殖场	105	荷斯坦
馨秋实牧业	103	荷斯坦
吉鑫奶牛生态牧场	102	荷斯坦
阜蒙县世兴奶牛养殖场	101	荷斯坦
福源奶牛小区	100	荷斯坦
刘恩召奶牛养殖场	100	荷斯坦
铁岭县新台子井权养殖场	100	荷斯坦
张振礼奶牛小区	100	荷斯坦
沈阳市圣达园牧场	60	荷斯坦

辽宁省畜牧业经济管理站　林广宇

阜　新　市

奶业是阜新市发展农村经济增加农民收入的优势产业，全市基本形成了以阜新蒙古族自治县、彰武县和市郊为重点的“三大奶牛产业带”。阜新市发展奶业有很多优势条件：一是发展基础好。广大农民素有饲养奶牛的习惯，并积累了丰富的经验。各级政府十分重视发展奶业，采取多种形式鼓励奶业发展，全市奶牛存栏、鲜奶总产量及人均占有奶量均列全省前列，为今后发展奠定坚实的基础。二是饲草饲料资源充足。具有丰富的饲草饲料资源，玉米等农作物秸秆可年产 20 亿千克，每年可饲养 40 万头奶牛，完全可以满足奶业大发展的需求。三是交通便利、气候适宜、地理位置好。距京、津、唐较近，具有广阔的奶产品销售市场；新义铁路、阜锦高速从阜新市穿过铁路、公路四通八达，交通十分便利；从气候条件看，适合奶牛养殖。四是奶牛品质和生产水平有很大提高。全市奶业在良种、产奶量、饲养管理水平、饲料生产和配制等方面都有较大提高，基本形成了以引进国外奶牛为基础的优质高产奶牛核心群，这对提高奶业生产能力和经济效益起到极大促进作用。

【奶类生产】2011 年，阜新市奶牛存栏 8.05 万头，牛奶产量 25.65 万吨。主要养殖区域分布在阜新蒙古族自治县和彰武县。原料奶产值达到 10.2 亿元，占畜牧业产值的 10%。

【乳品加工】本地区拥有阜新伊利乳业和辉山乳业

等乳品企业，其中阜新伊利乳业乳品加工厂坐落在阜新市高新技术产业园区，2011 年，阜新伊利乳业完成鲜奶加工 7.4 万吨，产值超过 4 亿元。此外，伊利集团在阜蒙县投资 5.6 亿元新建日加工鲜奶 800 吨的乳品加工厂建设项目，土建主体已完成，累计投资达 2.6 亿元；辉山乳业在彰武县投资 50 亿元的乳品产业集群项目进展顺利，项目包括：存栏 3 000 头的成母牛场 12 个、存栏 4 000 头的育成牛场 7 个、存栏 4 500 头的犊牛场 5 个、8 万吨奶粉厂、5 万头淘汰奶牛屠宰场、40 万吨饲料加工厂，2 000 万度沼气发电和 1 000 万立方米压缩气技术，其中，40 万吨饲料厂已建成投产，奶牛场完成 6 个，屠宰场、奶粉厂开始动工。

【市场消费】2011 年，阜新市城镇人均支出 11 127 元，其中用于乳制品支出 185 元，人均消费鲜牛奶 61.7 千克；农民人均支出 5 501 元，人均消费鲜牛奶 2.3 千克；全市总生产量 25.65 万吨，总消费量 5.5 万吨。

【奶源基地】奶牛品种以荷斯坦奶牛为主。据统计，2011 年年末，全市存栏 1～4 头奶牛养殖户 752 户，奶牛存栏 2 012 头，存栏量占全市的 2.5%；存栏 5～19 头奶牛养殖户 1 498 户，奶牛存栏 22 930 头，存栏量占全市的 28.5%；存栏 20～99 头奶牛养殖户 630 户，奶牛存栏 27 889 头，存栏量占全市的 34.6%；存栏 100～199 头奶牛养殖户 28 户，奶牛存栏 4 141 头，存栏量占全市的 5.1%；存栏 200～499 头奶牛养殖户 34 户，奶牛存栏 9 758 头，存栏量占全市的 12.1%；存栏 500～999 头奶牛养殖户 4 户，奶牛存栏 2 430 头，存栏量占全市的 3.0%；存栏 1 000 头以上奶牛养殖户 5 户，奶牛存栏 11 374 头，存栏量占全市的 14.2%。现有机械化生鲜乳收购站 125 个，全部核发生鲜乳收购许可证。其中，乳制品生产企业开办的 7 个、奶牛养殖场开办的 48 个、奶农专业生产合作社开办的 70 个。核发运输车辆准运证 44 个。贯彻落实国家奶牛良种工程项目，2011 年完成能繁母牛配种 46 970 头，共使用冻精 85 472 剂，奶牛平均单产水平达到 5.2 吨。

【政策和法规】为促进奶业发展，阜新市坚持以市场为导向，以龙头企业为依托，以优质安全为基础，充分发挥资源、区位和政策优势，大力实施加工龙头带动、奶源基地建设、奶牛良种和饲草饲料开发三大工程，着力完善疫病防治、质量监控和新技术推广示范三大体系，全面推进奶业产业化经营，促进企业、农民、财政三增收。一是加大资金投入，扶持标准化规模化生产。争取省以上扶持资金 720 万元和本市投入资金 500 万元扶持建设奶牛标准化养殖小区 44 个，扶持资金主要用于奶牛标准化养殖小区水电路等基础设施、防疫设施、粪污处理和无害化处理设施的标准化升级改造。二是全面实施奶牛良种工程项目。从省种牛繁育中心引进优质荷斯坦奶牛冻精进行人工输精，提高牛奶质量和产量。建设县级奶牛良种中心站，完善乡级人工输精改良站点，形成比较完善的奶牛良种服务体系，实现标准化建设、科学化管理、规范化操作。开展奶牛胚胎移植技术的试验示范工作，建设高产奶牛示范场和高产奶牛养殖集中区。通过采取淘汰杂劣品种，引进高产奶牛冻精，推广冷配技术，培育优良品种等措施，全面提高牛群质量，逐步建立适合奶业发展要求的高产奶牛群。三是引进乳品加工企业。伊利集团在阜蒙县新增投资 5.6 亿元建设乳品加工厂，设计为年加工鲜奶 24 万吨，2011 年完成投资 2.6 亿元，计划 2012 年建成投产；辉山乳业在彰武县投资 50 亿元的乳品综合加工项目，计划年加工鲜奶 64 万吨，2011 年完成投资 1.3 亿元。两个乳品企业建成投产后，总加工能力达到 88 万吨，将成为全省乃至东北地区规模最大的乳品加工基地。四是大力推广奶牛饲养综合配套技术。全市奶牛 100%实施机械化挤奶；推广玉米秸秆青贮饲料生产和使用，2011 年围绕奶牛基地新建青贮壕（窖）10 万立方米；推广奶牛精料补充料配制和全混合日粮技术；实行统一良种、统一防疫、统一操作规范，降低养殖成本，提高生产水平。

【质量监管】在质量监管上，阜新市多措并举，强化监督执法，保障乳品质量。一是实施驻站监督制度。畜牧兽医部门向全市 125 家生鲜乳收购站派驻质量监督员，加强生鲜乳购销过程的监管，严格检查奶牛健康、牛奶质量、环境消毒、冷储设备、运输设施；严格查禁向生鲜乳中添加有害物质、违禁药物和患病牛奶进入流通环节。二是实施质量保证书制度。驻站质量监督员与各奶站签订《生鲜乳收购站保证生鲜乳质量安全责任书》。三是开展生鲜乳质量安全监测工作。按照农业部《关于开展 2011 年生鲜乳质量安全监测工作的通知》（农牧发〔2011〕1 号）要求，阜新市就生鲜乳质量安全监测工作进行安排部署，制定了《2011 年阜新市生鲜乳质量安全监测计划》，并按要求认真组织实施。经检测，合格率 100%，检测结果表明生鲜乳质量安全可靠。四是加强奶牛疫病防控工作。在强化对奶牛养殖场（小区）防疫管理的同时狠抓检疫监督环节，严禁调运、倒卖染疫奶牛，在重大动物疫病集中免疫过程中，优先安排奶牛口蹄疫免疫注射。五是实施健康证管理制度。加强奶牛布病和结核病检疫工作，对经免疫、检疫和检验合格的奶牛发放健康证，要求生鲜乳收购站凭奶牛健康证收购生鲜乳。六是建章立制，规范管理。指导生鲜乳收购站建立六项制度和五项记录，即：《生鲜乳生产（收购）制度》、《生鲜乳销售制度》、《生鲜乳运输管理制度》、《生鲜乳卫生安全管理制度》、《生鲜乳检测制度》、《生鲜乳收购站消毒制度》和《生鲜乳生产记录》、《生鲜乳监测记录》、《生鲜乳销售记录》、《消毒记录》、《不合格生鲜乳无害化处理记录》。七是开展送法进站到场（户）活动。将《乳品质量安全监督管理条例》等法律法规、规范、标准等打印成册，并免费发放到生鲜乳收购站和奶牛养殖场（户）。

表 4-16　阜新市主要规模养殖场名录

养殖场名称	养殖规模	养殖品种
阜新市跃华牧业有限公司	260	荷斯坦
河东奶牛养殖小区	130	荷斯坦
福基牧业公司	119	荷斯坦
东兴奶牛场	170	荷斯坦
河西奶牛养殖小区	110	荷斯坦
邢家屯吕艳芬奶牛养殖小区	120	荷斯坦
新北奶牛小区	220	荷斯坦
华盛养牛小区	120	荷斯坦
华东村养牛小区	2 500	荷斯坦
太平乡新邱村奶牛小区	410	荷斯坦
阜新兴国良种奶牛小区	300	荷斯坦
哈朋奶牛养殖小区	206	荷斯坦
海山岱奶牛养殖小区	336	荷斯坦
查干奶牛养殖小区	125	荷斯坦
东岗奶牛养殖小区	305	荷斯坦
温国志奶牛养殖小区	210	荷斯坦
鹏飞奶牛养殖小区	202	荷斯坦
赵家奶牛养殖小区	230	荷斯坦
哈达户稍奶牛养殖小区	110	荷斯坦
龙盛奶牛养殖小区	200	荷斯坦
八里堡奶牛养殖小区	206	荷斯坦
自然屯奶牛养殖小区	241	荷斯坦
上等皋奶牛养殖小区	420	荷斯坦
会德村奶牛养殖小区	200	荷斯坦
艾友奶牛养殖小区	405	荷斯坦
志德利奶牛养殖小区	114	荷斯坦
西五一奶牛养殖小区	220	荷斯坦
东旺奶牛养殖小区	106	荷斯坦
转角奶牛养殖小区	408	荷斯坦
东扣莫奶牛养殖小区	510	荷斯坦
那四奶牛养殖小区	460	荷斯坦
务欢池碱锅村奶牛养殖小区	385	荷斯坦
后新秋镇奶牛小区	310	荷斯坦
彰武县西六乡白山小区	300	荷斯坦
彰武县双利牧场	117	荷斯坦
彰武县和兴牧场	170	荷斯坦
彰武县犇鑫牧场	118	荷斯坦
彰武县健强牧场	320	荷斯坦
凤江饲养场	180	荷斯坦
阜新市彰武县东六牧场	311	荷斯坦

（续）

养殖场名称	养殖规模	养殖品种
顺宏祥养殖场	165	荷斯坦
彰武县东六镇生态养殖场	450	荷斯坦
彰武县东六镇养息牧场	462	荷斯坦
彰武县红星奶牛养殖场	385	荷斯坦
彰武县金牛养殖场	219	荷斯坦
彰武县金鹰奶牛牧场	284	荷斯坦
太平区福众福养殖场	315	荷斯坦
彰武县天赐牧场	205	荷斯坦
彰武县五峰镇宣女村犇鑫牧场	106	荷斯坦
彰武县兴隆奶牛养殖场	480	荷斯坦
彰武县兴隆山乡长青牧场	215	荷斯坦
彰武县永胜牧场	362	荷斯坦
阜蒙县沙拉镇喇嘛营子村奶牛小区	217	荷斯坦
阜蒙县务欢池镇碱锅村奶牛小区	432	荷斯坦
阜蒙县新民镇革命村奶牛小区	570	荷斯坦
阜新镇哈朋奶牛小区	819	荷斯坦
阜新镇西扣膜村奶牛小区	120	荷斯坦
哈达户稍乡奶牛养殖小区	130	荷斯坦
哈达户稍乡前查台村奶牛小区	150	荷斯坦
卧风沟乡赵家奶牛养殖小区	123	荷斯坦
新民镇北三家子村奶牛小区	135	荷斯坦
新邱新蒙畜禽养殖专业合作社	350	荷斯坦
阜蒙县利晟源牧业有限公司	302	荷斯坦
阜新意达牧业发展有公司	640	荷斯坦
阜蒙县丽梅奶牛养殖场	150	荷斯坦
阜蒙县亚美奶牛养殖专业合作社	409	荷斯坦
东六官山牧场	243	荷斯坦
阜新市高新区会明奶牛养殖场	116	荷斯坦
阜蒙县世兴奶牛养殖场	101	荷斯坦
阜新牧源良种奶牛繁育有限公司	539	荷斯坦
阜蒙县翔丰养殖场	644	荷斯坦
阜新镇西扣膜村奶牛小区	208	荷斯坦
阜蒙县国强肉牛养殖专业合作社	128	荷斯坦
阜新市海州区润天奶牛养殖场	218	荷斯坦
阜新隆源牧业养殖场	250	荷斯坦
阜新市东昊牧业有限公司	227	荷斯坦
彰武县后新秋旺园奶牛养殖场	150	荷斯坦
彰武县三合牧业有限公司	204	荷斯坦
彰武梓馨奶牛养殖场	306	荷斯坦
阜蒙县沙拉镇朝代村奶牛小区	409	荷斯坦

（续）

养殖场名称	养殖规模	养殖品种
沙拉镇金河牧佳养殖场	400	荷斯坦
奶旺奶牛养殖小区	286	荷斯坦
阜蒙县十家子镇海山岱村张本志奶牛小区	224	荷斯坦
海纹奶牛养殖专业合作社	216	荷斯坦
阜蒙县宗华奶牛牧场	204	荷斯坦
阜蒙县王府镇兴隆奶牛养殖场	203	荷斯坦
阜蒙县庭泽奶牛养殖专业合作社	160	荷斯坦
碱锅村奶牛养殖小区	109	荷斯坦
宇华奶牛专业合作社	450	荷斯坦
力辉奶牛养殖小区	208	荷斯坦
二郎山牧场	260	荷斯坦
彰武县兴隆山乡长青牧场	240	荷斯坦
伊吗图牛旺旺生态牧场	200	荷斯坦
阜新艾友旺源奶牛生态牧场	240	荷斯坦
吉鑫奶牛生态牧场	102	荷斯坦
阜蒙县于寺镇建军奶牛养殖小区	516	荷斯坦
辽宁乳业彰武一场	2 000	荷斯坦
辽宁乳业彰武二场	2 000	荷斯坦
辽宁乳业彰武三场	2 000	荷斯坦
辽宁乳业彰武四场	2 000	荷斯坦
阜新四合城牧业有限公司	2 000	荷斯坦
鑫鹏飞养殖发展有限公司	330	荷斯坦
会德村奶牛牧场	210	荷斯坦
阜新牧源良种奶牛繁育有限公司	254	荷斯坦
宏发奶牛养殖地场	608	荷斯坦
阜蒙县嘉胜养殖场	206	荷斯坦
阜新镇村丰奶牛养殖场	615	荷斯坦
官山奶牛养殖场	307	荷斯坦
十家子镇那木土村冯泽吉奶牛养殖小区	430	荷斯坦
吐拉尺村奶牛小区	1 810	荷斯坦
彰武梓馨奶牛养殖场	210	荷斯坦
冯会全奶牛小区	1 200	荷斯坦
宇华奶牛奶牛养殖专业合作社	216	荷斯坦
革命村奶牛养殖小区	210	荷斯坦
彰武县后新秋镇雷家村奶牛牧场	224	荷斯坦
亨享奶牛养殖专业合作社	485	荷斯坦
阜新艾友吉鑫奶牛生态牧场	206	荷斯坦

阜新市畜牧兽医局　荣　真

吉 林 省

【奶类生产】2011年，吉林省奶牛存栏44.3万头，主要品种为荷斯坦奶牛。主要分布的地区（地级市）是长春市、吉林市、四平市、白城市、松原市，其奶牛存栏数占总存栏数的80%，主要分布的县（县级市）是洮南市、通榆县、前郭县、长岭县、榆树市、吉林市龙潭区等，其奶牛存栏数占总存栏数的40.3%。牛奶产量达到53万吨。

2011年，吉林省生鲜乳平均收购价约为2.9元/千克，其中奶源集中的长春、吉林、四平、白城、松原5个地区的价格为2.88～3.10元/千克。

【乳品加工】2011年吉林省投产的乳品加工企业有8个，年加工能力达68.49万吨，实际加工量为19.15万吨。乳品加工企业年总销售收入81 719.32万元。

主要企业：吉林省乳业集团广泽有限公司销售收入49 475万元，吉林艾倍特乳业有限公司销售收入11 175万元，吉林省新高乳业公司销售收入4 800万元，吉林市娃哈哈启力乳品有限公司销售收入8 577.38万元。

主要乳制品有灭菌奶、巴氏杀菌乳、酸奶、乳饮料、奶粉、奶酪等。年产灭菌奶2.3万吨、巴氏杀菌乳1.3万吨、酸奶0.8万吨、乳饮料5.3万吨、奶粉1万吨、奶酪0.01万吨。

2011年扩建项目2个。其中：吉林省广泽乳品有限公司年产5 000吨奶粉、5 000吨奶酪、3 000吨乳清粉建设项目；吉林市春光乳业有限责任公司投资1 500万元，扩建生产巴氏杀菌乳的生产线，在原来日处理20吨的基础上，新增50吨，达到日处理70吨能力。

【奶源基地】2011年，吉林省奶牛存栏50头以上的有814个场（户）。100头以上的规模养殖场（户）291个，奶牛存栏12.3万头，占总存栏量的2.8%。

【奶站管理】2011年末共有生鲜乳收购站359个，其中乳品企业开办的12个，规模养殖场开办的95个，奶农合作社开办的252个，分别占生鲜乳收购站的总数的3.3%、26.5%和70.2%。生鲜乳收购站机械化挤奶率达100%。

【疫病防治】吉林省建有稳定的动物防疫体系，省、市、县设有动物卫生监督所、动物疫病预防控制中心，县、乡、村三级动物防疫网络设有防疫协助员，对奶牛口蹄疫、布氏杆菌病、结核病等疫病加强了防控，对检出的阳性牛采取扑杀政策，财政予以补贴，并推行奶牛健康证制度。

【政策法规】一是继续实施《吉林省畜牧业管理局关于贯彻〈奶业整顿和振兴规划纲要〉的实施方案》；二是贯彻落实《吉林省人民政府关于实行奶业补助加快恢复奶业健康发展的意见》；三是落实新建（改扩建）奶牛标准化规模养殖场（小区）以奖代补政策，对达到标准的每个养殖场（小区），省财政补助10万元。

【奶业组织】2011年末，吉林省有奶农专业生产合作社252个，包含农户14 650个，存栏奶牛144 983头。

【质量监管】2011年，重点开展了生鲜乳收购站和生鲜乳运输车辆标准化管理大检查工作。对生鲜乳收购站和生鲜乳运输车辆进行了逐项检查，加大生鲜乳违禁物质问题专项治理，以生鲜乳为重点治理产品，生鲜乳收购站和运输车为重点治理对象，开展生鲜乳违禁物质问题专项治理。全年完成国家生鲜乳质量监测计划369批次，完成省生鲜乳质量监测计划584批次。

吉林省畜牧业管理局　迟桂凤　盛廷鹏

白 城 市

【奶类生产】2011年，白城市奶牛总存栏约17.72万头，分布在五个县（市、区），即：洮北区、镇赉县、通榆县、洮南市、大安市。奶牛品种以优质荷斯坦奶牛为主，全市牛奶总产量达43万余吨，奶牛头年单产水平达5.15吨。生鲜乳收购价格2.8～3.3元/千克。

奶业产值2.65亿元，约占畜牧业总产值的17.4%。奶业的发展还带动了周边地区的饲草饲料业、运输业等相关产业的发展。

【乳品加工】2011年，白城市有大型乳品加工企业2个，年设计加工能力28万吨，实际加工量3.74万吨，销售收入达8 638.94万元，利润达1 082.5万元。主要乳制品有全脂奶粉、婴幼儿配方奶粉、巴氏杀菌乳等。

【市场消费】2011年，白城市人均奶类占有量为96千克，人均年消费支出300元左右。巴氏杀菌乳、奶粉等产品的消费有增长趋势，其中巴氏杀菌乳占30%，酸奶占10%，奶粉占60%左右。

【奶源基地】2011年，白城市有奶牛规模养殖场（小区）90个。其中：洮北区青山镇科尔沁精品牧业发展区，总投资近30亿元，存栏奶牛3 778头，日产奶量32吨。镇赉飞鹤万头奶牛示范牧场，设计饲养规模达到3万头，现存栏奶牛9 031头，日产生鲜乳120吨。洮北区青山镇科尔沁精品牧业发展区，镇赉飞鹤万头奶牛示范牧场已成为区域内大型优质原料奶生产基地。

【政策法规】白城市制定出台了《关于进一步加快奶牛产业发展的若干意见》。主要内容：加大资金和信贷扶持力度，并在奶牛养殖小区的建设用地、用水、用电和筑路等方面优先提供资助，行政审批部门减免行政事业性收费。条件允许的地方，按每年每头成年牛承包给养牛户3亩饲料地。建立鲜奶运输“绿色通道”，投资创办50头以上奶牛场的，租用国有土地可免收租金，征用国有土地可简化办理用地手续。对自筹资金10万元以上，或自购奶牛5头以上者，县乡提供建场所需用地（草原），愿意在本地落户的可以优先办理城镇户口，其子女到城内中小学读书，不收择校费。

【奶业组织】白城市培育奶业协会6个，建立奶牛养殖专业合作社共有162个。

【质量监管】2011年，抽检生鲜乳354批次，全部合格。奶站管理及其质量监管所采取的主要措施：一是对新建生鲜乳收购站从严把关；二是检查生鲜乳收购站“两证一单”（生鲜乳收购许可证、准运证明、交接单）是否齐全；三是对生鲜乳收购站主体资格进行全面审核；四是大力推进奶牛标准化规模养殖；五是加大生鲜乳抽检频次和范围，依法严厉查处各类违法添加行为。

白城市畜牧业管理局　邢桂娟　沈庆利

黑龙江省

【奶类生产】2011年黑龙江省奶牛存栏达264万头，同比增长10.3%；原料奶产量778万吨，同比增长13.2%。奶业生产主要分布在齐齐哈尔市、大庆市、绥化市和哈尔滨市，奶牛存栏数占总存栏数的84%，主要分布的县（县级市）是双城市、安达市、杜蒙县、富裕县、肇东市、林甸县、甘南县、龙江县和青冈县，其奶牛存栏数占总存栏数的55%。2011年全省生鲜乳平均收购价格为3.00元/千克，牛奶价格及养殖效益在较为合理的水平上稳步运行，受价格机制的调控，牛奶价格全年变化很小，变动区间仅为0.02元，同比基本持平。全省奶牛平均单产达5.2吨，奶农养殖一头泌乳牛平均盈利1 600～2 400元。

【乳品加工】黑龙江省先后培育了完达山、飞鹤、龙丹、摇篮、红星和庆乳等国内名牌，并引进了雀巢、伊利、光明、蒙牛等国内外知名乳品企业，2011年通过QS重新审核认证的乳品加工企业达75家，全年乳制品产量178.3万吨，企业产值324.6亿元，同比增长10.5%，销售收入285.73亿元，同比增长4.1%，上缴税金16.34亿元。产品结构主要以干粉和液态奶为主，乳制品的80%销往全国各地和国际市场。

【市场消费】2011年本地区城镇居民人均奶制品（折合成原料奶）消费量24.5千克，各种乳制品消费量：鲜奶16千克/人，奶粉0.46千克/人，酸奶3.42千克/人；2011年农村居民人均奶制品（折合成原料奶）消费3.05千克。

【饲草饲料】2011年黑龙江省大力发展饲草产业。编制了《黑龙江省苜蓿产业“十二五”发展规划》，新建紫花苜蓿人工基地20万亩，全省保有面积达到50万亩。全省种植专用型青贮玉米420万亩，比去年增加60万亩，青贮玉米总量达到1 520万吨。新建青贮窖100万立方米。在2011年的全国牧区工作会议上，黑龙江省15个牧区、半牧区县被纳入国家草原生态保护补助奖励范围。休牧禁牧面积达到2 850万亩，牧草亩产量已由过去的30千克增至100千克，牧草的覆盖度由过去的不足40%提高到70%以上。

【奶源基地】2011年黑龙江省奶牛存栏49头以下的有290 554个场（户）、50～99头的有4173个场（户）、100～499头的有1 293个场（户）、500～999头的有110个场（户）、1 000头以上95个场（户）。生鲜乳收购站达3 062家，其中乳品企业自建的1 918个，合作社建设的966个，养殖场自建的178个。生鲜乳运输车辆1 330台，机械化榨乳率达到82%。

【良种补贴】2011年黑龙江省采购冻精230万剂，对115万头奶牛实施了良种补贴，良种覆盖率达100%。同时大力推广性控冻精技术，加强良种场、扩繁场建设，加快了标准化优良品种的培育、扩繁和普及步伐。加快推进奶牛群体改良，建成了国内规模最大的奶牛生产性能测定实验室，并已经投入使用。2011年参加DHI测定体系的规模奶牛场和奶牛小区达到168个，参测奶牛达到12万头，同比增加46%，连续三年超额完成国家下达的测定任务。

【疫病防治】一是全力抓好奶牛疫病防控工作，提早谋划，超前部署，在全省27个县（市、区）开展“两病”检疫净化工作，保持了全省没有发生牲畜口蹄疫疫情的良好形势，并有效遏制了奶牛布病阳性率攀升的势头。二是全面实行了奶牛健康档案制度，按照“一牛一档、一牛一证、一牛一照”的要求，全面开展了《奶牛健康检查档案》、《奶牛健康档案》立档工作，全省50%左右的奶牛建立了健康档案。继续推进动物标识及疫病可追溯体系建设，全省奶牛标识佩戴率达到100%。

【政策措施】实施生鲜乳交易“参考价”和“政府指导价”相结合的双轨制：针对生鲜乳定价方式不合理的状况，为切实维护奶农利益，规范生鲜乳交易行为。2010年7月，黑龙江省政府制定出台了《关于进一步完善生鲜乳购销价格管理的意见》，确定在全省生鲜乳收购实行交易参考价和政府指导价相结合的定价机制，当生鲜乳收购交易参考价失灵时，对生鲜乳实行政府指导价管理。在新的生鲜乳购销定价政策的约束下，各县（市）生鲜乳价格协调委员会按季度详细测算了生鲜乳生产成本，在省生鲜乳价格协调委员会的监督指导下统一发布生鲜乳收购价格，既保护了奶农的养牛积极性，同时也为乳品加工企业提供了充足的原料供应，实现了奶业发展的良性循环。实施原料奶第三方检测体系建设：在实现生鲜乳定价公平合理后，为了确保公平公正交易，黑龙江省自2011年6月又正式启动生鲜乳第三方检测。即在乳制品生产企业全面建立独立于乳企、奶农的第三方检测机构，把好生鲜乳进厂前的最后一道质量监测关口，解决生产企业和奶农在生鲜乳购销交易过程中出现的质量争议。到年底，全省75家乳品加工企业，全部启动开展了生鲜乳第三方检测工作，第三方检测站平均每月检测奶样5 000多批次，辐射奶农12.5万户，全年累计解决乳企、奶农纠纷14起，受到了农企双方欢迎，第三方检测工作走在了全国的前列。通过开展第三方检测，进一步完善了生鲜乳收购按质论价的交易体系，强化了对奶畜饲养以及生鲜乳生产、收购环节的监督检查，为及时发现和预警生鲜乳生产重大问题和安全隐患，全面提升生鲜乳质量安全水平发挥了重要作用。实施奶业补贴：2011年投入资金6 500万元，对全省76个奶牛标准化规模养殖场进行改扩建；投入资金6 177万元，对生鲜乳收购站进行购机补贴；投入1 334

万元，对TMR全混日粮机械进行购机补贴：利用国家农机补贴资金7 500万元，新建6个畜牧机械合作社，采购青贮收获机械825台套；省政府投入专项资金560万元，购置年作业能力500亩大型收获机械6台；黑龙江省安排奶牛养殖贷款贴息1 363万元，带动全省奶牛养殖业贷款投资9.4亿元，补贴带动投资比例高达1∶69。加快奶业组织化进程：2011年，全省各类农民奶业专业合作社发展到1 100多个，各级各类奶业协会和商会达62个，奶业组织化程度进一步提高，产业一体化发展步伐加快。

【质量监管】根据国家对乳制品生产企业进行生产许可条件重新审核，黑龙江及时开展生鲜乳收购站和运输车辆许可证重新审核工作，合理规划和调整奶源，督促生鲜乳购销双方签订生鲜乳购销合同，及时做好了相关协调工作，切实维护了生鲜乳生产收购秩序。到2011年底，各地完成换发新版生鲜乳收购许可证2 450本，换发生鲜乳准运证明1 065本，生鲜乳收购站和运输车全部持证经营。按照《农业部关于开展2011年生鲜乳质量安全监测工作的通知》、《农业部办公厅关于开展2011年生鲜乳中菌落总数和部分理化指标监测工作的通知》和《农业部办公厅关于开展生鲜乳违禁物质专项监测工作的通知》文件要求，黑龙江省组织有资质的检测机构，开展了8 581批次生鲜乳质量安全及理化指标专项监测，其中国家级4 077批次，省级4 504批次，常规抽检7 410批次、飞行抽检1 171批次。检测结果表明：三聚氰胺、黄曲霉毒素M_1、皮革水解蛋白、碱类物质、硫氰酸钠、铅等各项指标合格率均为100%，β-内酰胺酶合格率为99.6%，我省生鲜乳质量安全总体状况良好。

黑龙江省奶业协会　张维银　阿晓辉

上　海　市

【奶类生产】2011年上海市奶类总产量30.5万吨，比去年同期增长23.4%。奶牛存栏6.94万头，全部为荷斯坦奶牛，比2010年的67 210头增加了2 181头，增长3.25%。主要分布在奉贤、金山、浦东和崇明。其中光明食品集团奶牛存栏占全市存栏的50%。

【乳品加工】2011年本地共有乳品加工企业11个，日处理鲜奶能力达到805吨，其中外资企业2个、合资企业6个、本地企业3个。

2011年本地区巴氏杀菌乳产量245 529吨、UHT奶产量82 084吨、奶粉产量52 043吨、酸奶产量为153 951吨。

【市场消费】2011年上海市城镇居民人均奶制品（折合成原料奶）消费量为36.5千克，其中鲜奶26千克/人，奶粉0.8千克/人，酸奶9千克/人，奶酪0.7千克/人；2011年本地区农村居民人均奶制品（折合成原料奶）消费量为35.8千克，其中鲜奶26千克/人，奶粉0.8千克/人，酸奶9千克/人。

由于2008年“婴幼儿奶粉”事件的影响，国产婴幼儿配方奶粉消费依然低迷，进口奶粉仍然持续走高。

【奶源基地】上海作为经济发达地区，奶源建设起步较早、规模化水平较高，奶牛存栏规模主要集中在100头以上。2011年本地区有72个奶牛场（户）、501～1 000头的有16个场（户）、1 000头以上的有22个场（户）。

【品种改良】2011年，农业部对上海奶牛良种补贴3万头，补助经费90万元。经过上海市农委招投标确定上海奶牛育种中心有限公司、北京奶牛中心等单位为供精单位。各中标单位按照上海市奶牛良补实施方案和冻精采购合同要求，直接将冻精发送到各牧场。同时按照《奶牛良种补贴资金管理暂行办法》（财农〔2007〕164号）的有关规定，确保销售和财务的统一，开具采购发票、出入库交接凭证。良种补贴项目冻精于2012年1月全部实施完毕。2011年本地区改良各种低产牛群3.8万头，使用冷冻精液11.4万剂。

【饲草饲料】2011年，人工牧草种植面积300公顷，其中苜蓿草20公顷；专用青贮玉米种植面积1 500公顷，青贮窖72个，共计20万立方米。

2011年本地区奶牛配合饲料生产企业有4家，配合饲料产量40万吨。

【质量管理】上海市建立了较为完善的生鲜乳收购价格形成机制，根据市场变动确定原料奶收购基价之后，适当“上下浮动”。上海还在国内率先实施生鲜乳质量第三方检验检测制度，由上海市乳品质量监督检验站负责对全市奶牛场的每个批次生鲜乳进行抽样检测，检测结果与收购价格挂钩，实行优质优价。2011年经检测部门市场抽查，合格率达到100%。

表4-17　2011年上海市原料奶按质论价体系

基准价价格计算 按物价局成本测算+7%利润，2011年1月1日起至6月30日每千克收购价3.60元 计算方法：脂肪含量×脂肪单价+蛋白含量×蛋白单价=每千克生奶价格				
1%脂肪单价（元）	1%蛋白单价（元）	标准价（元）	脂肪比例	蛋白比例
0.576	0.610	3.60	50%	50%

（续）

<table>
<tr><td colspan="5">基准价价格计算
按物价局成本测算＋7％利润，2011 年 7 月 1 日起至 9 月 30 日每千克收购价 3.74 元
计算方法：脂肪含量×脂肪单价＋蛋白含量×蛋白单价＝每千克生奶价格</td></tr>
<tr><td>1％脂肪单价（元）</td><td>1％蛋白单价（元）</td><td>标准价（元）</td><td>脂肪比例</td><td>蛋白比例</td></tr>
<tr><td>0.584</td><td>0.645</td><td>3.74</td><td>50％</td><td>50％</td></tr>
<tr><td colspan="5">基准价价格计算
按物价局成本测算＋7％利润，2011 年 10 月 1 日起至 12 月 31 日每千克收购价 3.77 元
计算方法：脂肪含量×脂肪单价＋蛋白含量×蛋白单价＝每千克生奶价格</td></tr>
<tr><td>1％脂肪单价（元）</td><td>1％蛋白单价（元）</td><td>标准价（元）</td><td>脂肪比例</td><td>蛋白比例</td></tr>
<tr><td>0.589</td><td>0.65</td><td>3.77</td><td>50％</td><td>50％</td></tr>
<tr><td colspan="5">细菌数计价标准</td></tr>
<tr><td>细菌数范围</td><td colspan="2">每千克奖（元）</td><td colspan="2">每千克扣（元）</td></tr>
<tr><td><10 万/ml</td><td colspan="2">奖 0.04</td><td colspan="2"></td></tr>
<tr><td>10 万～40 万/ml</td><td colspan="4">不奖不扣</td></tr>
<tr><td>40 万～200 万/ml</td><td colspan="2"></td><td colspan="2">>40 万扣 0.04；>100 万扣 0.08</td></tr>
<tr><td colspan="5">体细胞数计价标准</td></tr>
<tr><td>体细胞数范围</td><td colspan="2">每千克奖（元）</td><td colspan="2">每千克扣（元）</td></tr>
<tr><td>≤50 万/ml</td><td colspan="2">奖 0.05</td><td></td><td></td></tr>
<tr><td>50～75 万/ml</td><td colspan="4">不奖不扣</td></tr>
<tr><td>>75 万/ml</td><td colspan="2"></td><td colspan="2">扣 0.05</td></tr>
<tr><td colspan="5">冰点</td></tr>
<tr><td>－0.500 至－0.504</td><td colspan="4">扣 0.04</td></tr>
<tr><td>－0.505 至－0.507</td><td colspan="4">扣 0.02</td></tr>
<tr><td>－0.508 至－0.549</td><td colspan="4">不奖不扣</td></tr>
<tr><td>≥－0.499</td><td colspan="4">可以拒收</td></tr>
<tr><td>≤－0.550</td><td colspan="4">可以拒收</td></tr>
</table>

其他指标：

- 牛奶抗生素残留量检测为阴性的判为“合格奶”；若为阳性，判为“不合格奶”。
- 牛奶黄曲霉毒素 M_1 残留量≥0.5mg/kg 的，判为“不合格奶”。
- 牛奶亚硝酸盐含量>0.2mg/kg 的，判为“不合格奶”。
- 重金属、农药残留超标，拒收。

【学生饮用奶】

一、按照国家学生奶办（2011）2 号《关于开展学生饮用奶质量安全检查的通知》，积极做好对定点生产企业质量安全检查工作，样品由上海市学生奶办工作机构派专人在定点生产企业——光明乳业股份有限公司的成品库中随机抽取、确认和封存。根据农业部乳品质量监督检验测试中心（北京）综合判定为合格并报送国家学生奶办备案。

二、按照国家学生奶办（2011）6 号《关于开展第五批学生奶奶源示范基地创建工作的通知》要求，配合创建第五批奶源示范基地工作。由国家学生奶奶源示范基地创建指导组组长张书义研究员、国家学生奶奶源示范基地创建指导组专家李大辉和上海市学生饮用奶办公室负责人，于 2011 年 8 月 16 至 17 日，对上海希迪乳业有限公司基地奶牛场进行了全面的实地考察，按照学生奶奶源示范基地升级计划现场验收条目，对基地基本情况、原料奶卫生安全、挤奶卫生、牛群健康等作了检查。专家对该基地检查后，对奶牛引进、奶牛养殖、奶牛防疫等一系列问题进行了解和问询，对存在的不足之处提出了改进建议，并制定具体整改方案，采取有效措施，保证创建工作顺利进行，使奶源基地达到相关要求。

三、按国家学生奶办（2011）7号关于协助做好《学生奶奶源升级计划奶源示范基地巡礼》画册资料采集工作的要求，国家学生饮用奶计划部际协调小组办公室决定开展学生奶奶源升级计划奶源示范基地巡礼活动，先后对上海金牛牧业有限公司跃进奶牛一场、上海牛奶（集团）三岛奶牛养殖有限公司、上海牛奶（集团）香花鲜奶有限公司、上海星火奶牛一场、上海申星奶牛场和上海星火奶牛二场进行了现场摄像、摄影，并编辑出版《学生奶奶源升级计划奶源示范基地巡礼》画册；同时根据现场参观情况，对所有牧场的场长进行了牛场基本情况的技术性调研采访，其中包括牧场的基本情况和特色，牧场升级的历程，感人故事，牧场目前面临的困难、要求及未来发展的构想等。此次巡礼还组织召开了一次小型座谈会，围绕学生奶与健康关系“加大国家学生饮用奶计划的推广力度，完善学生饮用奶定点生产企业扶持政策，扩大国家学生饮用奶覆盖范围”的要求等问题展开研讨，要做好学生奶必须要在高层得到国家重视、中层地方政府的推进、社会舆论的大力配合、奶源基地和加工企业尽职、奶业协会尽心“五管”齐下，上海的学生奶工作定会凤凰涅槃，重振雄风。

【大事记】

1月，上海奶业行业协会组织召开生鲜乳收购价格协调会，经协商一致，上半年生乳收购基础价为3.60元/千克。并由上海奶业行业协会发文通知各奶牛场及相关企业，从1月1日起执行。

1月19日，上海奶业行业协会第五届第七次理事会召开。秘书长陈新向会议提交了新会员名单、第六届理事会理事的推荐名单以及拟任会长和副会长名单。

2月11～12日，国家学生奶办验收跃进一场和三岛牧场为学生奶基地。

2月23～24日，中国乳制品工业协会第六次行业协会联席会在广西南宁召开。上海奶业行业协会受邀参加，秘书长陈新发表了“上海奶业诚信体系建设探索之路”和“协会的生命力源自于持续不断的创新力”的讲话。

3月17日，上海奶业行业协会第六届会员大会在上海现代农业综合服务中心召开，有来自上海市农委以及社团管理局的多位领导出席。大会选举产生了49名第六届理事会理事、第六届理事会会长、11名副会长以及各专业委员会主任。理事会同时聘任朱从余为上海奶业行业协会新任秘书长。

3月31日，上海市有4家婴幼儿奶粉生产企业，8家乳制品工业企业，通过上海市质量技术监督局重新审核，获得乳制品和婴幼儿奶粉生产许可。

4月19日，由上海奶业行业协会、上海牛奶（集团）有限公司和上海畜牧兽医学会主办的“上海地区缓解奶牛热应激策略与技术研讨会”在上海牛奶集团会议中心举行。国际资深奶牛热应激防控专家约翰·史密斯和美国达农威奶牛营养专家马克·库加瓦博士以及上海奶牛研究所所长张克春分别作了报告。

4月27日，国家奶牛“金钥匙”技术示范会在上海召开，上海地区奶牛养殖场、奶管站以及部分来自浙江省的奶牛场负责人与技术人员共200余人参加了会议。上海奶业行业协会作为协办单位也参加了本次会议，专家委员会主任王永康则以特邀专家身份参加了下午的答疑专场。

4月22日，上海奶业行业协会育种繁殖专业委员会召开了新一届理事会成立后的第一次会议，朱从余秘书长、曹明是副秘书长以及委员会成员共18人出席。会议讨论了2011年育种繁殖委员会的工作，并通过了将原来的“育种专业委员会”更名为“育种繁殖专业委员会”。

5月26日，上海奶业行业协会组织召开乳品加工委员会诚信体系建设动员会。朱从余秘书长出席会议并作讲话。

6月11～13日，第二届中国奶业大会在合肥召开，上海奶业行业协会秘书长朱从余一行参加了此次大会。

7月5日，上海奶业行业协会组织召开了下半年生鲜乳收购价格协调会，市农委畜牧办、市发改委价督处的领导，光明乳业和本市奶农代表出席会议。经协商，双方同意在市物价局成本调查大队测算的生乳收购基础价上下调0.04元/千克，即3.70元/千克，并由上海奶业行业协会发文通知各奶牛场及相关企业，从7月1日起执行。

9月1日，由上海牛奶（集团）有限公司主办，上海奶业行业协会等单位协办，在上海崇明召开了“第二届南方奶业论坛”，会议邀请国内外养牛专家学者授课，参会人数超过200人。

9月28日，上海奶业行业协会组织召开了《乳品工业企业诚信管理体系》交流会。秘书长朱从余出席会议并作讲话。

9～10月间，上海奶业行业协会牵头组织召开多次座谈会，经充分表达和认真听取各方意见，兼顾奶牛生产和乳品加工企业的实际利益，达成一致意见：生鲜乳价格在3.70元/千克基础上上浮0.07元/千克，3.77元/千克的原料奶收购基础价自2011年10月1日至12月31日内施行。

12月末，经市畜牧兽医办公室统计：2011年度，上海生鲜乳累计总产量30.48万吨，单产8146千克，创上海奶业生产历史最好水平。

上海奶业行业协会　朱从余

江　苏　省

【奶类生产】2011年江苏奶业以市场为导向，强化政策支持，推进发展方式转变，产业结构和生产水平得到进一步提升，实现了持续、健康发展。2011年末，全省奶牛存栏21.47万头，同比减少0.63万头，降幅为2.85%；牛奶总产量59.17万吨，同比增加1.89万吨，增幅为3.3%。据对全省120家奶牛规模养殖企业（场、小区）调查统计，2011年末存栏成母牛55 492头，牛奶产量343 576吨，成母牛平均单产6 191千克，同比增长3.82%。奶牛规模养殖企业（场、小区）中，单产达到7 000千克以上的高产奶牛场为26个，占21.7%；奶牛单产在6 000～7 000千克的奶牛场为35个，占29.2%；奶牛单产在5 000～5 999千克的奶牛场为35个，占29.2%；奶牛单产在5 000千克以下的奶牛场24个，占20%。

2011年，生鲜乳收购价总体保持小幅上升趋势，全省生鲜乳平均收购价3.34元/千克，比上年上涨0.14元/千克，涨幅4.4%。从季节来看，春、夏、秋季全省平均奶价分别为3.34、3.27、3.39元/千克，比去年同期增加0.32、0.12、0.14元/千克。从地区来看，苏南地区为3.37元/千克，苏中地区为3.43元/千克，苏北地区为3.23元/千克。

【乳品加工】2011年，全省有乳品加工企业45家，日加工能力6 691吨，其中100吨以上15家、500吨以上4家、1 000吨以上2家。2011年乳制品总产量108.69万吨（不含乳饮料），比2010年增加5%；乳品加工总产值134.23亿元，同比增长2.93%；乳品销售额132.93亿元，同比增长3.23%；税额8.4亿元，同比增长22.62%；利润13.43亿元，同比增长22.07%。乳制品中，酸奶产量为36.67万吨，UHT奶产量为34.58万吨，巴氏杀菌乳产量为33.54万吨，强化营养奶产量为2万吨，果味奶产量为1.4万吨，奶粉产量为0.015万吨，其他乳品产量为0.035万吨。酸奶、UHT奶、巴氏杀菌乳分别占乳制品总产量的33.74%、31.82%、30.85%，合计占全省乳制品总产量的96.41%。

【市场消费】2011年全省人均奶类占有量7.49千克，城镇居民家庭人均奶类购买量23.67千克，人均乳品消费支出279.66元。江苏本土乳品加工企业以鲜奶（巴氏杀菌乳、酸奶）等冷链产品为主，其他外阜乳品企业产品以常温奶和酸奶为主要品种。市场上巴氏杀菌乳、超高温灭菌乳、酸乳等产品种类齐全，部分企业还开发生产了干酪、奶油、乳粉、炼乳等产品，基本满足了城乡居民多样化的消费需求。

【奶源基地】2011年末存栏20头以上的规模奶牛场953个，存栏奶牛20.46万头，占全省总量的94.7%，牛奶产量为77万吨，占全省牛奶总产的95.1%。其中，存栏100头以上的奶牛场305个，存栏奶牛18.03万头，占全省总量的83.4%，牛奶产量67.8万吨，占全省牛奶总产的83.7%。

表4-18　2011年奶牛规模养殖情况

规模（头）	场（户）数		年存栏量		牛奶产量	
	数量（个）	所占比重（%）	数量（头）	所占比重（%）	数量（吨）	所占比重（%）
1～4	281	12.7	888	0.4	3 211	0.4
5～19	986	44.4	10 642	4.9	35 433	4.4
20～99	648	29.2	24 291	11.2	91 986	11.4
100～199	87	3.9	12 703	5.9	46 418	5.7
200～499	123	5.5	38 763	17.9	144 782	17.9
500～999	57	2.6	38 272	17.7	150 474	18.6
1 000以上	38	1.7	90 593	41.9	336 311	41.6

根据土地资源现状和环境保护的新形势，全省奶业生产逐步形成徐宿淮奶业经济带、江南奶业经济带、沿海奶业经济带三个优势产业带，奶牛存栏量分别占全省的50.2%、30.6%、13.5%。奶牛养殖进一步向奶牛养殖大县集中，全省奶牛存栏超过2 000头以上的县（市、区）有27个，其中12个县奶牛存栏超过5 000头，占全省总量的60.9%。

表4-19　2011年全省奶牛存栏情况

市别	奶牛存栏（头）	同比增加（头）	增幅（%）
南　京	22 906	1 499	7.00
无　锡	8 231	−384	−4.46
徐　州	71 467	2 524	3.66
常　州	5 457	−207	−3.65
苏　州	23 363	−181	−0.77
南　通	6 937	98	1.43

（续）

市别	奶牛存栏（头）	同比增加（头）	增幅（%）
连云港	8 988	794	9.69
淮　安	6 992	−559	−7.40
盐　城	13 002	578	4.65
扬　州	3 615	−320	−8.13
镇　江	6 191	457	7.97
泰　州	8 696	−29	−0.33
宿　迁	30 132	8547	39.60
全省合计	215 977	12 817	6.01

表 4-20　2011 年全省存栏奶牛 2 000 头以上的大县

序号	县别	奶牛存栏（头）	序号	县别	奶牛存栏（头）
1	铜山县	44 000	15	浦口区	4 081
2	江宁区	10 800	16	徐圩新区	3 700
3	睢宁县	10 502	17	常熟市	3 492
4	泗洪县	10 200	18	昆山市	3 415
5	泗阳县	10 050	19	武进区	3 320
6	大丰市	9 949	20	泰兴市	3 270
7	江阴市	7 100	21	新沂市	3 258
8	宿城区	7 100	22	句容市	3 104
9	淮阴区	5 968	23	丰　县	2 886
10	相城区	5 475	24	沭阳县	2 769
11	六合区	5 300	25	贾汪区	2 600
12	云龙区	5 200	26	栖霞区	2 228
13	太仓市	4 461	27	姜堰市	2 183
14	张家港市	4 453			

【品种改良】2011 年全省奶牛良种化率 100%，主要是荷期坦奶牛，少量娟姗牛。全年推广使用良种奶牛冻精 24 万份，配种奶牛 12 万头，受孕奶牛 8.76 万头。

【疫病防控】全省加强奶牛疫病防控，完善防疫设施，落实防疫措施，重点加强对布氏杆菌病、结核病等传染病的监测与疫牛的强制扑杀工作。2011 年全省未见结核病临床病例，全省全年累计监测奶牛 141 073 头，监测阳性数 844 头，均按照规定进行了扑杀等无害化处理。

【政策法规】江苏积极贯彻落实国家有关扶持政策，并结合省里实际出台了一系列扶持政策，均得到了较好落实。一是奶牛标准化规模场建设项目补贴。组织全省 20 个奶牛规模场实施 2011 年国家奶牛标准化规模场建设项目，中央投资 2 000 万元。二是奶牛良种补贴。争取中央财政补贴资金 360 万元，对全省 12 万头奶牛实施奶牛良种补贴项目。三是挤奶机械补贴。2011 年，全省共补贴购买各类挤奶机 33 套（台），共补贴 147.6 万元，补贴购买冷藏罐 16 台，补贴资金 27.6 万。四是各类省级项目补贴。在省级高效农业项目中安排 1 120 万元资金用于支持 15 个标准化奶牛养殖场的基础建设补助，在农业三新工程项目中安排资金 135 万元用于奶牛新技术、新品种和新模式推广。五是奶牛政策性保险。每头保费 240 元，农户承担 40%，其余由各级财政负担，其中省级财政对苏南、苏中、苏北承担比例分别为 20%、30%、50%。2011 年，全省共投保奶牛 3.3 万头，投保资金总额 792 万元。

【标准法规】2011 年制订了江苏省地方标准——奶牛生态健康养殖基地建设规范（DB32/T 1929—2011），该标准规定了奶牛生态健康养殖基地建设的必要条件、硬件建设要求、主要生产环节管理方法和生牛乳质量要求，为全省奶牛生态健康养殖基地创建与管理提供了很好的技术规范。2011 年制订了江苏省地方标准奶牛生产性能测定技术规范（DB32/T 1930—2011），该标准规定了奶牛生产性能测定技术程序中的术语和定义、现场采样、乳样测定、繁殖数据收集、奶质奶量分析计算、综合性报告的输出等技术操作规范，为全省奶牛生产性能测定提供了操作性很强的规范。

【质量管理】2011 年末全省共有生鲜乳收购站 113 个，其中乳品企业自建的 52 个，养殖场建设的 43 个，合作社建设的 18 个。全省生鲜乳收购站平均日收奶量 710 吨。全省机械化挤奶比例达 98%以上。2011 年，全省共开展生鲜乳省级例行监测 1 673 批次，其中从奶站抽样 850 批次，从奶罐抽样 57 批次，从养殖场抽样 766 批次；开展生鲜乳省级风险预警监测 200 批次，其中从奶站抽样 75 批次，从养殖场抽样 125 批次，各类监测均未发现三聚氰胺等违禁物质，合格率达 100%。

江苏省农业委员会畜牧兽医局　史波良

南　京　市

【奶类生产】本地区 2011 年奶牛存栏 2.29 万头，其中能繁母牛 1.72 万头，全部为荷斯坦奶牛。本地区 2011 年奶类总产量 8.7 万吨，比上年同期增长 8.8%，全部为牛奶。

本地区 2011 年生鲜乳平均收购价为 3.26 元/千克，同比增加 6.2%。

【乳品加工】2009 年本地共有乳品加工企业 4 个，日处理鲜奶能力总计达到 1 600 吨。

乳品企业总销售额为 18.66 亿元，其中，卫岗乳业集团销售额 16.86 亿元，利税 3 400 万元。

本地区 2011 年巴氏杀菌乳、UHT 奶、酸奶的产量分别为 10.97 万吨、6.1 万吨、5.92 万吨。

【市场与消费】本地区 2011 年城镇居民人均奶制品（折合成原料奶）消费量 35.76 千克/人，其中鲜奶品 27.09 千克/人，奶粉 0.57 千克/人，酸奶 7.7 千克/人。

【奶源基地建设】2011 年本地区有奶牛存栏 20 头以上的场（户）86 户，其中 20～100 头的有 49 场（户）、101～200 头的有 8 场（户）、201～500 头的有 16 场（户）、500 头以上的有 13 场（户）。奶牛规模化养殖比重达到 97.5%。

2011 年本地区机械化挤奶达到 85%。

2011 年全市共有奶站 20 家，其中企业自建 2 家，合作社建设 2 家，其他 16 家，全部持证经营。奶站平均日收奶 48 吨。

【良种补贴】2011 年共改良各种牛群 0.99 万头，使用冷冻精液 2.17 万剂。由于 DHI 和奶牛冻精良补计划的推行，奶源基地生产水平有了明显提升，2011 年平均奶牛单产超过 7 吨，其中有 6 个牧场奶牛单产超过 8 吨。2011 年，南京市向奶牛户发放冻精 19 066 支，进行科学配种，实际使用冻精 18 874 支，共配种奶牛 9 963 头，妊娠奶牛 7 097 头，受孕率为 71.23%。

【奶业政策】继续实行奶牛保险，全市奶牛参保总数为 5 100 头，占奶牛存栏总数的 22.3%。

【奶农合作组织建设】市级奶农协会 1 个，包含奶农 110 个，存栏奶牛 2 500 头；奶农合作社 10 个，包含奶农 426 个，存栏奶牛 3 500 头。

合作组织作用：促进集中养殖，加快良种推广，一定程度上提高了奶牛养殖水平。

存在问题：结构松散，凝聚力不强，专业合作作用未全部发挥。

【质量管理】全市生鲜乳质量监控体系初步形成。各区县对所管理的奶站坚持检查监督，监管记录比较完备，确保了各奶站规范操作，安全生产。各区县对奶站的“5+1”* 质量监控环节加强了检查，发现问题，及时整改，保证了南京市原料奶的质量安全。同时，全市奶牛生产集中区逐步构建生鲜乳质量安全全程监控体系，依托视频、记录以及监管队伍建设，逐步完善对生鲜乳质量安全的全程监控。其中，卫岗奶业集团的生鲜乳质量安全全程监控系统，具有数字化、网络化、智能化的特点，可实现对生鲜乳收购、运输的跨地域、全范围内统一监控、统一管理，还可与奶牛标准化生产技术集成，最终实现标准化的奶牛饲养、规范的挤奶操作和奶站收购管理、完善的牛奶冷运链，从而构建真正意义上的生鲜乳质量全程控制安全。2011 年，当地质检部门定期抽检市场销售的乳产品，合格率达到 100%。

南京市农业委员会畜牧处　周　琪

浙　江　省

【奶类生产】2011 年浙江省奶牛存栏数 6.98 万头，同比下降 1.55%。主要分布在金华、杭州 、宁波、温州等地区。2011 年本地区奶类总产量 22 万吨，比上年增长 0.96%，其中牛奶产量 21.98 万吨，同比增长 0.92%。

【奶源基地】2011 年本地区奶牛存栏 49 头以下的有 2 202 个场（户）、存栏奶牛 19 681 头、年产奶 56 555 吨；50～99 头的有 122 个场（户）、存栏奶牛 7 832 头、年产奶 23 310 吨；100～499 头的有 87 个场（户）、存栏奶牛 17 453 头、年产奶 53 694 吨；500～999 头的有 14 个场（户）、存栏奶牛 9 080 头、年产奶 31 804 吨；1 000 头以上的有 11 个场（户）、存栏奶牛 15 748 头、年产奶 54 096 吨；全省奶牛总存栏 69 794 头，能繁奶牛 39 572 头，当年产犊 19 710 头，出栏奶牛 11 986 头，牛奶产量 219 759.15 吨。

【良种补贴】2011 年，浙江继续实行奶牛良种补贴政策，补贴标准不变，中央财政安排资金 120 万元，省财政安排资金 90 万元，通过政府采购、公开招标程序

* “5+1”：奶站建设要具备生鲜乳收购许可证、生产记录表格、完善的冷链系统、检测人员和设施、质量安全保障制度以及一套视频监控系统。

采购奶牛冷冻精液 14 万支。另外浙江还对存栏后备母牛实行政策补贴，制定了《关于印发浙江省后备母牛补贴资金管理办法的通知》（浙财农〔2011〕391 号），明确规定：奶牛总存栏 10 头以上且其中成母牛存栏 5 头以上（含 5 头）的奶牛养殖场户，各级财政按每头后备母牛 500 元的标准给予补贴。2011 年共补贴后备母牛 27 984 头，补贴资金 1 399.20 万元，其中省财政 840.27 万元，各市县财政 558.93 万元。

【奶站管理】2011 年本地区继续开展生鲜乳收购站的换证和清理整顿，对 2009 年第一批取得收购许可证有效期已满的生鲜乳收购站进行重新申请、审验换证，对违反国务院《乳品质量安全监督管理条例》的六种行为不予换证，并根据生鲜乳收购站二年来运转和监管情况，强化《浙江省生鲜乳收购站行政许可现场审验评分标准》的贯彻落实，严格审核相关资质和条件，鼓励通过并购重组等方式推动生鲜乳收购站的标准化建设。省畜牧兽医局制定并下发了《生鲜乳收购站日常监管评分规则》，要求监管责任人每月一次对生鲜乳收购站进行打分，并明确在一个有效期内累计扣分超过 20 分的，可由发证机关依法注销该生鲜乳收购站的许可证。生鲜乳收购站总数从原来的 132 家减少到 106 家，其中乳品厂建设 40 家、奶畜养殖场自建 35 家、奶牛合作社建设 31 家。2011 年本地区生鲜乳运输车 101 辆，全部实现持证运输。

【DHI 工作】2011 年浙江在杭州的杭江、金华的伊康、佳乐率先开展品种登记工作，以点带面，逐步带动全省各地奶牛场开展工作，已有 18 个规模场开始了品种登记，完成了 10 700 头奶牛的数据的采集、录入和上报。2011 年 11 月 16～17 日，举办全省奶牛系谱档案建立与管理技术培训班，主要规模奶牛场负责人 70 多人参加，对促进奶牛品种登记和 DHI 工作的科学化、规范化、系统化，意义重大。

浙江省奶业协会

宁 波 市

【奶类生产】2011 年宁波市奶年存栏 7 016 头，同比下降 8.92%。主要分布在慈溪、鄞州、余姚、江北等地区。2011 年本地区奶类总产量 2.57 万吨（统计局 2.38 万吨），比上年同期比增长 16.25%。

【奶源基地】2011 年本地区奶牛存栏 49 头以下的有 7 个场（户）、存栏奶牛 133 头、年产奶 573 吨；50～99 头的有 9 个场（户）、存栏奶牛 286 头、年产奶 1 450 吨；100～499 头的有 16 个场（户）、存栏奶牛 2 978 头、年产奶 10 664 吨；500～999 头的有 2 个场（户）、存栏奶牛 1 452 头、年产奶 5 457 吨；1 000 头以上的有 1 个场（户）、存栏奶牛 1 700 头、年产奶 7 514 吨；全市奶牛总存栏 6 649 头，能繁奶牛 4 106 头，当年产犊 1 612 头，出栏奶牛 829 头，牛奶产量 2.57 万吨。

【良种补贴】2011 年，根据《宁波市奶牛良补项目实施方案》（甬农发〔2011〕115 号，甬财政发〔2011〕670 号）共安排资金 80 万元，其中中央财政 12 万元，市级配套 68 万元，用于补助全市 40 户奶农存栏的 5 984 头奶牛冻精，通过政府采购公开招标程序采购奶牛冷冻精液 11 100 支（其中性控冻精 1 550 支，进口冻精 5 041 支），并率先在全省将性控冻精纳入补助范围。

【奶站管理】根据《浙江省生鲜乳收购站行政许可现场审验评分标准》和省畜牧兽医局制订的《生鲜乳收购站日常监管评分规则》，2011 年宁波市开展了生鲜乳收购站的换证和清理整顿，对 2009 年第一批取得收购许可证两年有效期已满的生鲜乳收购站进行重新申请、审验换证，对违反国务院《乳品质量安全监督管理条例》的六种行为不予换证，并根据生鲜乳收购站两年来运转和监管情况，生鲜乳收购站总数从原来的 3 家减少到 2 家，全市有生鲜乳运输车 6 辆，全部实现持证运输。

【扶持政策】2011 年，宁波市继续实行后备母牛补贴政策，农财两局制定下发了《奶牛政策性补补贴资金管理暂行办法》和《关于组织申报 2011 年后备母牛补贴资金的通知》（甬农发〔2011〕33 号、甬财政农〔2010〕147 号），规定后备母牛按每头 500 元、种牛场繁育后备母牛 1 000 元的标准进行补助。全市共补贴后备母牛 3 767 头，财政补贴资金 192.85 万元，其中市财政支付 89.93 万元，各市县财政支付 102.92 万元。

【DHI 工作】2011 年 5 月，年存栏 200 头以上的 7 家奶牛场（小区）开展了品种登记，完成了 3 000 头奶牛的数据的采集、录入工作，DHI 工作具体委托浙江省农科院畜牧兽医所承担。市财政落实专项资金 20 万元用于 DHI 测定和品种登记场工作经费补助。

【技术培训】2011 年 4 月 20 日和 6 月 23 日先后两次邀请浙江省农科院畜牧所专家就品种登记数据录入、体型外貌测定，组织召开了全市奶牛系谱档案建立与管理技术现场会和培训班。全市主要规模奶牛场负责人、技术员和各县（市）主要负责人 80 余人次参加。2011 年 9 月 19 日分别邀请了浙江大学动科院、浙江省农科院、浙江农林大学的有关专家就规模牛场饲养管理技术进行培训，全市规模奶牛场负责人、技术员和各县（市）主要负责人共 60 余人参加了培训。通过培训，掌握了外貌评定、数据录入等关键技术，对推进宁波市奶牛饲养科学化、规范化、系统化和推动奶业持续健康发展意义重大。

宁波市畜牧兽医局　王亚琴

安 徽 省

【奶类生产】2011 年全省奶牛存栏 10.5 万头，同比增长 7.14%，鲜奶产量 25 万吨，同比增长 21.95%。奶牛养殖主要分布在合肥、马鞍山、淮南、蚌埠、六安、滁州、阜阳、宿州、淮北、亳州、芜湖等地，鲜奶收购价格为 3.0～4.2 元/千克。

【乳品加工】2011 年全省共有乳品加工企业 13 个，主要有由蒙牛、伊利、卫岗、贝因美、新希望等外来品牌乳品加工企业及淮南益益乳业、淮北羲强乳业、蚌埠和平乳业、现代牧业、安徽达诺乳业、滁州市奶业、安徽华园乳业等地方乳品企业组成，年奶制品加工能力达到 100 万吨。产品主要分为冰淇淋、乳酸饮料、奶茶、巴氏杀菌乳、酸奶、奶粉等。

【市场消费】牛奶的消费从地域看主要以城市为主，尤其是巴氏消毒奶、酸奶等主要以大中城市消费为主要区域；乡村消费群体主要以奶粉及储存时间较长的 UHT 奶为主。从消费的群体看主要是青少年和婴幼儿及老人为主流消费群体，城市收入水平较为稳定的群体消费量正在不断增长。消费偏好不明显，主要受加工、储存和销售方式影响。2011 年人均鲜乳及乳制品消费量约为 20 千克，人均乳制品支出约为 120 元。

【奶源基地】2011 年全省存栏奶牛 10.5 万头中，存栏 100 头以上的规模奶牛场 150 个，占总饲养场（户）数的 5.05%，存栏奶牛数为 82 488 头，占全省奶牛存栏总数的 78.56%；300 头以上规模奶牛场 60 个，存栏奶牛数为 67 655 头，占全省奶牛存栏总数的 64.43%，规模化饲养比重逐步提高。主要奶牛养殖场、规模、品种见表 4－21：

表 4－21　安徽省 2011 年存栏 300 头以上规模奶牛养殖场

养殖企业	养殖规模（头）	品　　种
六安市亿牛乳业有限公司	800	中国荷斯坦
六安市天润乳业有限公司	480	中国荷斯坦
霍邱县朱氏牧业有限公司	330	中国荷斯坦
六安市润牛奶牛养殖有限公司	380	中国荷斯坦
霍邱县荣硕奶牛养殖有限公司	312	中国荷斯坦
安徽华园奶牛养殖有限责任公司	1 350	中国荷斯坦
安徽大地奶牛养殖有限公司	460	中国荷斯坦
亳州市谯城区智纯乳肉黄牛繁育场	460	中国荷斯坦
谯城区广发养殖专业合作社	450	中国荷斯坦
亳州市谯城区三福奶牛养殖有限公司	510	中国荷斯坦
利辛县安徽正源牧业有限公司	2 186	中国荷斯坦
歙县上海牛奶练江鲜奶有限公司	1 100	中国荷斯坦
合肥伊利牧业有限责任公司陈刘牧场	2 930	澳大利亚荷斯坦
合肥伊利牧业有限责任公司宋岗牧场	2 890	澳大利亚荷斯坦
长丰县宏立奶牛场	1 090	中国荷斯坦
安徽九牛牧业有限公司牧场	1 104	中国荷斯坦
长丰县阳光牧业有限公司	310	中国荷斯坦
安徽白帝乳业有限公司四牧场	530	中国荷斯坦
合肥玉高牧业有限公司	309	中国荷斯坦
长丰县兴皖奶牛养殖合作社	430	中国荷斯坦
合肥金弘牧业有限公司	308	中国荷斯坦
合肥纪元农牧业发展有限公司	390	中国荷斯坦
现代牧业（肥东）有限公司	17 000	澳大利亚、新西兰荷斯坦
合肥鑫华养殖有限公司	500	中国荷斯坦
合肥桂和农牧渔发展有限公司	600	中国荷斯坦
肥东汇丰奶牛养殖有限公司	1 000	中国荷斯坦
肥东新邦奶牛养殖有限公司	500	中国荷斯坦
安徽省保健奶牛场	484	中国荷斯坦
合肥市天河牧场	330	中国荷斯坦

（续）

养殖企业	养殖规模（头）	品　种
合肥新桥宏康奶牛养殖有限公司	305	中国荷斯坦
安徽达诺乳业有限公司	317	中国荷斯坦
安徽万牛园牧业有限公司	605	中国荷斯坦
滁州市奶业公司第一牧场	900	中国荷斯坦
定远县绿康乳业有限公司	459	中国荷斯坦
安徽富源牧业科技有限公司	600	中国荷斯坦
阜南县民族犇鑫生态养殖有限公司	495	中国荷斯坦
颍上县苏皖奶牛繁养有限公司	449	中国荷斯坦
安徽曦强乳业集团黄里奶牛场	410	中国荷斯坦
淮北嘉隆奶牛养殖有限公司	300	中国荷斯坦
安徽省淮北市杜集区华润牛业有限公司	354	中国荷斯坦
安徽天牧乳业有限公司	590	中国荷斯坦
宿州市华夏乳业有限公司	310	中国荷斯坦
宿州市圣邦牧业有限公司	410	中国荷斯坦
安徽省高沟乳业集团有限公司	548	中国荷斯坦
芜湖市卫岗乳品有限公司奶牛场	820	中国荷斯坦
现代牧业（集团）有限公司马鞍山牧场	8 059	中国荷斯坦
安徽益益乳业有限公司奶牛一场	752	中国荷斯坦
安徽益益乳业有限公司奶牛二场	714	中国荷斯坦
安徽益益乳业有限公司奶牛三场	766	中国荷斯坦
安徽益益乳业有限公司奶牛四场	1 809	中国荷斯坦
安徽益益乳业有限公司奶牛五场	554	中国荷斯坦
安徽益益乳业有限公司奶牛示范场	401	中国荷斯坦
淮南市梅玲牧业有限公司	744	中国荷斯坦
淮南市犇鑫牧场	547	中国荷斯坦
安徽强农牧业有限公司	442	中国荷斯坦
怀远县龙腾奶牛养殖有限公司	560	中国荷斯坦
怀远县荒白山奶牛场	360	中国荷斯坦
怀远县中山奶牛养殖场	356	中国荷斯坦
固镇县百旺奶牛养殖有限公司	300	中国荷斯坦
蚌埠市和平乳业有限公司	4 286	中国荷斯坦

【奶站管理】2011 年全省发证奶站 32 个，运输车辆 61 辆。经抽样检测，未发现生鲜乳中添加违禁物品，未发生生鲜乳质量安全事故。

【良种补贴】2011 年，安徽省级财政安排 140 万元专项经费，通过政府招标采购高产奶牛性控冻精，在全省规模奶牛场进行推广应用。全省共招标采购奶牛性控冻精 8 200 支，全部在青年奶牛中推广使用，提高高产奶牛的数量和质量。建立省级奶牛生产性能测定（DHI）实验室，逐步开展 DHI 工作。全省奶牛良种率达到 80%以上，实施奶牛保险财政补贴政策，奶牛参保率达到 60%以上。

【饲草饲料】本地区奶牛青贮饲料专用玉米品种主要为耀青 1 号、白顶 1 号，在蜡熟期刈割、粉碎青贮。全省规模奶牛场均建有青贮饲料种植基地，每年仅种植青贮玉米就有 20 多万亩，同时奶牛养殖企业还收购利用当地农作物秸秆饲养奶牛。现代牧业公司在五河县流转土地 10 万亩，其中，种植紫花苜蓿 4.7 万亩，已完成收割、半干青贮、高水分青贮等过程，成功破解了南方地区种植紫花苜蓿难题，种植青贮玉米 5.3 万亩，解决了粗饲料问题。全省推广 TMR 饲喂技术，存栏 500

头以上的规模奶牛场中 43 家已经应用这项技术。

【疫病防治】本地区加强对奶牛疫病的检测与防控，定期对牛群进行检测、注射“布病、结核、口蹄疫”等疫苗。加强防治奶牛乳房炎、肢蹄病等普通病。

【扶持政策】2011 年省农委和省财政厅出台了《关于印发安徽省加快奶牛业发展工作实施方案的通知》继续支持奶牛业发展。凡从省外购进或迁入安徽饲养、符合标准的奶牛，集中饲养 100 头以上的，省级给予每头 1 000 元补贴；凡从国外引进的高产奶牛，集中饲养达到 100 头以上的，省级给予每头 1 500 元补贴；凡新建存栏能力 150 头以上，实际存栏奶牛 100 头以上的奶牛场，省级给予 10 万元补贴；凡新建存栏能力 300 头以上，实际存栏奶牛 100 头以上的标准化饲养小区、托牛所，省级给予 15 万元补贴；凡新建（扩建）存栏能力 500 头以上，实际存栏奶牛 100 头以上的标准化饲养小区、饲养场（所），除享受补贴外，可优先申报沼气工程，在集中饲养区域建设的中心奶站给予适当补贴；凡购置秸秆加工、牧草收割（切割、打捆）、草料饲喂、挤奶设备、储奶设备等机械，享受农机补贴政策；省级安排专项资金用于省养奶牛贷款贴息，金融机构开展奶牛抵押贷款。农村合作金融机构按抵押成年奶牛价值 60%左右规模放贷，并在小额贷款额度上给予上限支持，在贷款时限上给予放宽；饲养奶牛用地及相应建设的牛舍及附属设施等按农业用地管理；村（组）自办或与其他企业联办乳品加工、鲜奶贮存等使用本村（组）集体经济组织土地，可依法办理农村集体建设用地手续；在省下达的土地利用计划指标内，乳品加工企业用地优先安排，并在国有土地出让收入中提取一定比例用于支持奶牛业发展；因出让乳品加工用地而获得的国有土地，优先用于奶牛业发展；奶牛饲养环节的用电费用执行农业用电价格；整车运送鲜奶和活牛的皖籍车辆，通过开放式收费站点免征通行费，通过国家“五纵两横”绿色通道网络中我省境内的高速公路，减免 30%通行费。同时部分市积极出台配套政策支持当地奶牛业的发展，如合肥、淮南两市按照 1∶1 的比例配套省级补贴政策。

【安全监管】2011 年各级畜牧兽医主管部门依法加强对生鲜乳生产、收购、销售环节质量监管，建立乳品质量安全检测长效机制。对生鲜乳收购站的收购、检测、销售记录进行检查，对运输等关键环节进行不定期的检查和抽查，督促生鲜乳收购站加强自身管理和质量控制，对不合格生鲜乳及时进行无害化处理。建立产品质量可追溯制度，加强对奶牛养殖小区（场）的监督管理，建立饲料、兽药供应、生鲜乳收购、销售等台帐制度，从源头上防止使用违禁药物和非法添加物。2011 年全省生鲜乳安全监测合格率达 100%。

安徽省畜牧技术推广总站　方国跃

合　肥　市

随着现代农业的发展，奶牛业已越来越受到重视，并已成为现代农业的支柱产业之一。近年来，由于奶牛业扶持政策的出台，合肥市奶牛业发展迅速。

【奶类生产】全市奶牛存栏约 3.3 万头，主要分布在肥东县、长丰县，其中肥东县奶牛存栏超过 2 万头。品种主要为荷斯坦，国外引进奶牛超过 1 万头，占全市奶牛存栏近四分之一。生鲜乳收购价为 3.2～4 元/千克（规模养殖企业奶价约 4 元/千克），全市共有奶站 2 个（其中部分养殖企业奶源供应蒙牛乳业（马鞍山）有限公司），运输车 18 辆。在农业部和省内多次抽检中，未发现三聚氰胺等违禁添加物，生鲜乳质量总体良好。

【乳品加工】我市现有伊利、新希望和现代牧业 3 家乳制品加工企业，产值合计 16 亿元，利润合计 6 000 万元，日处理鲜奶能力合计 1 300 吨，产品主要为乳饮料、灭菌乳、酸奶、冰激凌等。

【奶源基地】2011 年合肥市存栏 300 头以上规模奶牛养殖场见表 4－22。

表 4－22　合肥 2011 年 300 头以上规模奶牛养殖场

养殖企业	养殖规模（头）	品　种
合肥伊利牧业有限责任公司陈刘牧场	2 930	澳大利亚荷斯坦
合肥伊利牧业有限责任公司宋岗牧场	2 890	澳大利亚荷斯坦
长丰县宏立奶牛场	1 090	中国荷斯坦
安徽九牛牧业有限公司牧场	1 104	中国荷斯坦
长丰县阳光牧业有限公司	310	中国荷斯坦
安徽白帝乳业有限公司四牧场	530	中国荷斯坦
合肥玉高牧业有限公司	309	中国荷斯坦
长丰县兴皖奶牛养殖合作社	430	中国荷斯坦
合肥金弘牧业有限公司	308	中国荷斯坦
合肥纪元农牧业发展有限公司	390	中国荷斯坦

（续）

养殖企业	养殖规模（头）	品　种
现代牧业（肥东）有限公司	17 000	澳大利亚、新西兰荷斯坦
合肥鑫华养殖有限公司	500	中国荷斯坦
合肥桂和农牧渔发展有限公司	600	中国荷斯坦
肥东汇丰奶牛养殖有限公司	1 000	中国荷斯坦
肥东新邦奶牛养殖有限公司	500	中国荷斯坦
安徽省保健奶牛场	484	中国荷斯坦
合肥市天河牧场	330	中国荷斯坦
合肥新桥宏康奶牛养殖有限公司	305	中国荷斯坦

【发展特点】合肥市奶牛业保持着强劲的增长态势，主要表现在以下几个方面：

1. 存栏奶牛数量快速增长。

2. 规模化、集约化生产成为奶牛养殖的主流，规模化水平不断提高，奶牛规模养殖比重达到88%（存栏100头以上）。

3. 硬件设施不断完善，奶牛养殖环境不断优化，生鲜乳质量得到有效提高。

4. 养殖技术水平不断提高，TMR饲喂技术开始在几家大型牧场应用。

5. 奶牛单产不断提高。

6. 高产优质奶牛的比例不断提高，国外引进优质奶牛将近占全市奶牛存栏的四分之一。

合肥市畜牧水产局　代　俊

福　建　省

【奶类生产】2011年福建省奶牛存栏5.16万头，主要分布在延平区、建瓯市、建阳市、莆田市辖区、南安市、福清市、涵江区、长乐市、顺昌县、浦城县、闽侯县、邵武市、仙游县、漳州市辖区14个县（市、区）。2011年奶水牛存栏0.94万头，主要分布在芗城区、龙文区、长泰县、华安县、龙海市、南靖县、晋江市、平和县、上杭县、漳浦县10个县（市、区）。奶山羊存栏0.3万只，主要分布在涵江区、长泰县、漳浦县、南靖县、石狮市、丰泽区、永定县、长汀县、上杭县9个县（市、区）。2011年奶类总产量15.79万吨，其中牛奶15.47万吨，羊奶0.32万吨。

【乳品加工】2011年福建省主要乳品加工企业有4家，设计加工能力28万吨，实际加工能力20.1万吨，销售收入10.47亿元，产品有巴氏杀菌乳、UHT纯牛奶、花色奶和酸奶。2011年福建长富乳品有限公司年加工产量17.97万吨。其中自营产品4.67万吨，代加工产品13.3万吨，销售收入4.77亿元。

【市场消费】福建省2011年人均奶类占有量4.27千克。

福建长富乳品有限公司主要产品价格为（表4-23）：

表4-23

类　型	出厂价格（元/吨、元）	超市零售价（元）
巴氏杀菌乳	6 287	
花色奶	6 312	
酸奶	9 363	
UHT纯牛奶	6 719	
利乐包花色奶	5 015	
221ml鲜奶（袋奶）	1.83	2.6
500ml屋顶盒鲜奶	4.6	6
475ml致鲜屋顶盒	6.5	8.3
250ml×24盒利乐纯牛奶	48	58

【奶源基地】2011年本地区奶牛养殖情况（表4-24）：

表 4-24

养殖规模	场（户）数	年存栏数	牛奶产量
10～19 头	192	2 573	7 814
20～49 头	37	1 037	3 860
50～99 头	3	180	732
100～199 头	6	985	3 387
200～499 头	7	2 132	5 991
500～999 头	11	8 412	34 562
1 000 头以上	14	16 389	58 095

表 4-25　2011 年奶牛存栏 200～499 头规模场汇总表

设区市	序号	县（市区）名称	养殖场名称
福州市	1	福清市	陈青奶牛场
	2	长乐市	文岭镇康利达第一牧场
	3	仓山区	王金仙奶牛场
宁德市	1	古田县	祥凤奶牛合作社
	2	福鼎	福建乾丰生态农业发展有限公司
三明市	1	永安	永安市茅坪农场有限责任公司奶牛养殖小区
南平市	1	政和县	兴和乳业
	2	浦城县	坑沿第二牧场

表 4-26　2011 年奶牛存栏 500～999 头规模场汇总表

设区市	序号	县（市区）名称	养殖场名称
漳州市	1	漳浦	漳浦名泉牧场有限公司
三明市	1	梅列	三明市碧海乳业公司
南平市	1	建瓯市	东源牧场
	2	建瓯市	闽辉牧场
	3	建瓯市	富雅牧场
	4	浦城县	坑沿第一牧场
	5	延平区	南平市丰旺畜牧养殖有限公司
	6	延平区	南山生态园有限公司
	7	延平区	南平市新曙光牧业有限公司
	8	延平区	南平市乳牛良种养殖场常坑分场
	9	延平区	南平市乳牛良种养殖场大横分场

表 4-27　2011 年奶牛存栏 1 000 头以上规模场汇总表

设区市	序号	县（市区）名称	养殖场名称
福州市	1	福清市	宏宝露东阁奶牛场
南平市	1	顺昌	长富第十一牧场
	2	邵武	长盛奶牛公司
	3	建阳市	吉翔牧业有限公司
	4	建阳市	锦山牧业有限公司

（续）

设区市	序号	县（市区）名称	养殖场名称
南平市	5	建阳市	长兴牧业有限公司
	6	延平区	南平市长源牧业有限公司
	7	延平区	南平市绿盛牧业有限公司
	8	延平区	南平市富洋牧业有限公司
	9	延平区	南平市禾原牧业有限公司
	10	延平区	南平市福延牧业有限公司
	11	延平区	南平市富益牧业有限公司
	12	延平区	南平市荣发牧业有限公司
	13	延平区	南平市三田牧业有限公司

【良种补贴】2011 年实施良种补贴荷斯坦奶牛 3.6 万头。通过项目的实施，对奶牛群体进行遗传改良，提高了当地奶牛良种化水平，减少了奶牛疫病传播，奶牛产奶量明显提高。据统计，实施奶牛良种补贴以来，本地区奶牛年单产提高达 1 000 千克，主产区奶牛单产达到 6 250 千克，最高超过 8 000 千克。

【疫病防控】2011 年兽医工作实现了两个确保、三项加强。即确保不发生区域性重大动物疫情，确保不发生执业兽医资格考试重大安全事件；基层防疫体系建设进一步加强，应急管理工作水平进一步加强，兽医医政管理工作进一步加强。全省未发生区域性重大动物疫情，动物疫病防控形势总体平稳趋好。按照农业部和省政府的部署和要求，明确职责分工，全面落实各项防控措施。地方政府全面落实"五个一"防控保障，即由政府"发一份文件、开一次会议、落实一笔经费、签一份责任状、组织一次督查"，做到工作部署到位，资金保障到位，责任落实到位。各级兽医主管部门全面落实各项防控措施，组织实施免疫质量提升行动方案，强制免疫病种抗体水平全面提高。根据农业部春秋防检查情况通报，本地区春秋防"四个强制"免疫病种的抗体水平均超过规定要求的 70%。

【政策法规】福建省农业厅、福建省发展和改革委员会、福建省经济贸易委员会关于实施全国奶业发展规划（2009—2013）的意见（闽农牧〔2011〕17 号），明确了奶业发展指导思想、基本原则、主要目标，以及重点任务和政策措施，科学布局，促进奶业持续健康发展。另外继续实施奶牛良种补贴，荷斯坦奶牛改良 3.6 万头，补贴资金 108 万元；奶水牛改良 1 万头，补贴资金 30 万元，合计补贴资金 138 万元。2011 年本地区配备 8 个设区市（厦门市除外）和 11 个主要县（市、区）精液检验检测仪器设备，配备简易影像显微镜、小显示屏、恒温载物台、精子密度测定仪、电脑等，加强奶牛冻精监测。

【组织建设】2011 年成立福建省农产品市场协会奶业分会，尤珩任会长，吴大新任秘书长，协会共有副会长单位 19 个、常务理事单位 12 个、理事单位 10 个、会员单位 20 个。

【质量监管】一是全面落实生鲜乳收购许可证核发工作，做到依法持证经营。加强奶站日常监管，做好 2011 年生鲜乳专项整治工作，全省共有生鲜乳收购站 29 个，所有奶站都办理了收购许可证；全省生鲜乳运输车 23 辆，准运证核发数量 23 个，准运证核发比例 100%。二是开展巡查抽检。各地定期不定期对生鲜乳收购站和奶牛养殖场开展巡查，并实施检打联动，开展生鲜乳产品质量安全监测。印发了《福建省农业厅关于开展 2011 年福建省生鲜乳质量安全监测工作的通知》（闽农医〔2011〕75 号），对全省奶站进行生鲜乳质量安全监测，全年共抽检 56 批，均未检出三聚氰胺、皮革水解蛋白、碱类物质和 β-内酰胺酶，合格率为 100%；8 批样品加测皮革水解蛋白和碱类物质，均符合规定，合格率为 100%。三是开展了生鲜乳违禁物质问题专项整治行动。下发了《福建省农业厅办公室关于开展生鲜乳违禁物质问题专项整治的通知》（闽农厅办〔2011〕134 号），要求各地继续保持高压态势，完善日常检查、交叉互检、不定期巡检制度，加大对生鲜乳收购站和运输车的监管力度，严查违规收购、违规运输生鲜乳的行为，全面清剿生鲜乳收购运输"黑窝点"，净化生鲜乳生产收购运输市场秩序。全省奶牛养殖场和奶站总体情况较好，布局合理、卫生情况总体良好，挤奶车间环境较为整洁，机械化挤奶程度高、设备设施健全、实行冷链车辆运输，确保了乳的新鲜度。生鲜乳收购站生鲜乳销售记录和质量检测记录较为完整，与乳品加工企业有完整的购销合同，使用完整的生鲜乳销售交接单。四是转发了《农业部办公厅关于进一步加强 2011 年中秋节和国庆节期间生鲜乳质量安全监管工作的通知》（农办牧〔2011〕31 号），要求各地认真落实监管责任，切实做好生鲜乳质量安全监管工作，确保重大节日期间生鲜乳质量安全；要围绕生鲜乳生产、收购和运输三个关键环节，加强生鲜乳质量安全政策宣传与培训，进一步规范生鲜乳收购运输许可证的发放，坚决取缔未经许可非法经营的生鲜乳收购站点；要加大生鲜乳质量安全监测，并实行检打联动，一旦生鲜乳中检出违禁物质，要立即追根溯源，并按照农业部《奶畜养殖和生鲜乳收购运输环节违法行为依法从重处罚的规定》，依法从重从快处罚，严厉打击在生鲜乳中违法添加违禁物质的行为。

福建省农业厅畜牧业处　刁　倩

福建省动物卫生监督所　沈瑞玲

江　西　省

【奶类生产】2011年江西紧紧围绕鄱阳湖生态经济区建设，按照“保供应、保安全、保稳定”的总体要求，进一步规范奶牛养殖、生鲜乳生产、收购和运输行为，积极推进产业化经营，加快推进生鲜乳收购站和奶牛养殖场（小区）标准化建设，促进了奶业持续健康发展。2011年全省奶牛存栏3.65万头，同比增长3.54%，鲜奶产量12.67万吨，同比增长3.48%。

【奶源基地】2011年本地区存栏奶牛100～500头的规模养殖场（小区）38个，存栏500～1 000头的规模养殖场（小区）12个，存栏1 000头以上的规模养殖场（小区）5个。奶牛生产基地主要集中在于都县、新建县、英雄开发区、青云谱区、南昌县、东乡县、进贤县、吉州区、芦溪县、奉新县等10个县（区），奶业发展区域化更加明显，优势区域奶牛存栏占全省的90%。奶牛良种补贴政策惠及所有奶牛养殖户，今年全省共补贴荷斯坦2.7万头，乳肉兼用西门塔尔牛1万头，通过良种冻精的推广，奶牛单产水平提高了5%，达到5 400千克。

2011年，江西省开展牛品种改良为主的良种良法配套送科技下乡次数已达6次，推广7个品种的良种牛冻精10万余剂，并建立了泰和、高安、吉安、安福、新余、永新、吉州等20余个牛改良示范县和200余个冷配站（点），拥有牛输精员500余人，年冷配母牛25万头次以上，有效地推动了江西省牛品种改良工作。下一步工作，在牛品种改良工作中，重点抓好德系西门塔尔牛的改良推广，建立乳肉兼用牛养殖示范基地，提高养殖综合效益，推动江西省牛产业持续健康发展。

【乳品加工】

表4-28　主要乳品加工企业生产情况表

企业名称	性质	产值（万元）	日处理鲜奶能力（吨）	利润（万元）	主要产品
江西阳光乳业集团有限公司	股份制	58 100	200	4 600	巴氏杀菌乳、调味奶、酸奶
江西英雄乳业股份有限公司	股份制	27 641	150	1 882	奶粉、巴氏杀菌乳、酸奶、调味奶
江西牛牛乳业有限责任公司	私营	14 712	100	1 087	液态乳
于都高山青草奶业有限公司	私营	5 000	150	1 000	液态乳
江西大富乳业集团有限公司	私营	18 410	100	575	鲜乳、液态乳、乳饮料
江西维雀乳业有限公司	中外合资	3 000	100	280	液态乳、酸乳、乳饮料
江西卫岗乳品有限公司	私营	6 076	80	410	液态乳

【市场消费】2011年江西省人均鲜奶消费量20.3千克，同比增长12.6%，人均支出158元；人均奶粉消费量0.6千克，同比增长8.9%，人均支出41元；人均酸奶消费量4.2千克，同比增长14.4%，人均支出38元；其他乳制品消费人均支出29元。2011年，全省液态奶产量26万吨、干乳制品产量2.8万吨，合计28.8万吨。全省乳制品消费量116万吨，人均26千克。

【政策法规】2011年江西省多次组织生鲜乳收购站和奶业主产市县畜牧主管部门，通过召开会议或举办培训班和讲座的形式，及时传达农业部的有关奶业发展精神，学习《乳品质量安全监督管理条例》和《生鲜乳收购管理办法》等法规规章。全年全省共举办培训班28次，培训人员1 250人次，发放宣传材料4 200份。组织专家和技术人员，深入生鲜乳收购站和奶牛养殖场户，开展技术服务，指导生鲜乳收购站规范生鲜乳收购、检测、销售记录，运输环节严格执行生鲜乳交接单制度，按照生鲜乳收购站标准化建设规范，完善基础设施和消毒防疫等各项管理制度，指导养殖场建立养殖档案。

【质量监管】2011年江西省认真贯彻落实《乳品质量安全监督管理条例》和《国务院办公厅关于进一步加强乳品质量安全工作的通知》精神，加大监管力度，切实抓好生鲜乳生产、收购和运输环节监管，确保了生鲜乳质量安全。一是严把生鲜乳收购站申办和审批关。严格按照《乳品质量安全监督管理条例》、农业部《生鲜乳收购管理办法》等规定，督促指导各地严格审核生鲜乳收购站和运输车条件，换发收购站许可证6家和运输车准运证明13个。二是认真实施生鲜乳质量安全监测计划。全年共抽检144批次，其中国家任务50批次，省级任务94批次，样品合格率100%。三是推进生鲜乳收购站标准化建设。全省现有9个生鲜乳收购站全部核发生鲜乳收购许可证，17辆生鲜乳运输车也全核发了准运证明，所有奶牛养殖场都进行了登记备案和建立了养殖档案。

江西省畜牧技术推广站　宁　财

山 东 省

【奶类生产】2011 年山东省奶牛存栏 118 万头，其中娟姗牛 0.08 万头，其他为荷斯坦奶牛。主要分布在济南、青岛、泰安、烟台、潍坊、淄博、威海、东营等地，其奶牛存栏数占总存栏数的 80%，全省原料奶产量 279 万吨，产值 91 亿元，奶类产量占肉蛋奶总产的近 25%，产值比重不到 10%。奶山羊存栏 101 万只，主要品种为崂山奶山羊和文登奶山羊，主要分布在青岛、威海、烟台、潍坊等地。本地区奶业发展的主要特点：

基础生产条件得到进一步改善。2011 年通过畜牧、财政、发改等部门的项目建设改扩建牛舍 40 多万平方米、奶牛运动场 50 多万平方米、挤奶厅 2 万多平方米、沼气池 3 000 多立方米、青贮池 30 多万立方米。奶牛规模化养殖场（区）的基础设施得到明显加强，大部分奶牛养殖大县规模化和标准化水平均达到了 80%以上。济南市历城区标准化养殖达到 90%以上，规模化饲养达到 100%，机械化挤奶率达到 100%。

产业发展带动作用进一步凸显。2011 年全省生鲜乳收购价格稳步提升，平均收购价格保持 3.20 元/千克左右，奶农养殖效益稳步提高。目前，我省饲养奶牛的农户约为 74 300 户，户均收入为 35 000 元。发展市级以上畜牧龙头企业 83 家，奶牛合作经济组织 252 个，中国名牌 7 个，基本形成了生产、加工、销售一体化的产业发展格局。东营市从 2010 年 3 月开始推行牧场奶直供，引领了乳品消费方式的变革，经济效益和社会效益明显。奶业发展也带动了包装、运输和饲料等相关产业发展，增加了农村劳动力就业机会，推动了种植业结构调整，增加就业岗位 16 000 多个，全省牧草和饲料作物种植面积达到 600 万亩，聊城市阳谷县大力发展种草养畜，目前种植苜蓿面积达 6 000 亩。同时奶牛粪便的还田利用也保证了当地环境的生态平衡，提高了种植业的经济效益，促进了现代奶业的均衡发展。昌乐县 2011 年全县全株玉米青贮量达到 18 万立方米；广饶县大地牧业公司种植苜蓿 3 000 亩，将建成万亩有机牧草种植基地。

数字化应用技术水平得到明显提升。泰安市岱岳区在 2010 年安全预警系统工作基础上，充分利用区应急指挥中心，建设综合安全预警中心平台系统，降低了成本，实现了防汛、安监、水利、畜牧资源共享，真正使安全预警系统发挥了实用价值。从 2009 年开始，全省重点推行了奶牛数字化信息技术，择优遴选十几家基础设施比较完备、专业人员素质较高的奶牛场安装世界上先进的“阿菲牧”管理系统，并与以色列阿菲金公司联合开发了适合我国政府部门管理的汉化版网络软件，初步构建起全省现代奶业管理的信息化平台。2011 年项目新增数字化设备 1 000 余台套。

技术推广和培训工作全面展开。2011 年围绕现代奶业发展和关键技术与配套技术集成，大力推广先进实用生产技术和科研成果，举办各类培训班、观摩会、讲座 500 余期，培训人员 3 万余人次，累计推广新技术、新成果、新品种 110 多项。主推了 TMR 饲喂、全株玉米青贮和优质荷斯坦奶牛改良、疫病早期预防等实用新技术。泰安鲁宝、佳宝二牧年平均单产达到了 9 吨以上，最高单产达到 15 吨。

生态循环养殖模式稳步推进。2011 年山东省积极引导奶牛养殖场建立与饲养规模相配套的专用优质青绿饲料生产基地，配套完善相应秸秆青贮、牧草加工设施，以及粪污无害化、资源化处理设备，积极推广“干湿分离、沼气净化、粪便制肥”等生态养殖技术，建立配套有机肥消纳基地和资源综合利用体系，走出了一条“畜—沼—菜（牧草）—果（粮）”配套的道路，奶牛饲草同步发展、农业牧业紧密结合的生态循环畜牧业之路，实现了经济发展、环境保护与农民增收的多赢。

2011 年山东省主要乳品企业收购生鲜乳按照蛋白、脂肪等指标高低收购，生鲜乳价格在 3.22 元/千克上下浮动，冬季高些。计划内的牧场奶高达 4.2 元/千克，蛋白标准 2.95%，脂肪 3.4%，各指标每增高 0.1 个百分点，每千克牛奶奖励 0.02 元，反之扣 0.06 元。

【乳品加工】2011 年本地区省级以上农业产业化龙头企业达到 14 家；全省原有 86 家乳品生产企业中，69 家获得产业政策批文，已投入改造资金约 4.06 亿元，主要用于质量控制和检验检测的设备改造，年处理能力约 326.6 万吨。

主要产品结构及产量：全省乳品工业目前主要产品为液态奶（包括白奶、花色奶、酸奶、乳饮料、冰淇淋、奶粉、奶酪、奶油、乳清制品以及其他干乳制品）。2011 年，全省乳制品产量 311.67 万吨，其中液态奶产量 286.35 万吨，占 91.8%，干乳制品产量 25.32 万吨，占 8.2%。济南佳宝乳业收购生鲜乳 9 万吨，生产巴氏杀菌乳 2.4 万吨，占 24.5%；生产 UHT 奶 3 万吨，占 31%；生产酸奶 2.4 万吨，占 24.5%；其他 2 万吨，占 20%，年销售额 6 亿元，年利润 3 000 万元。

鲜奶吧是山东首创，是奶业转型时期出现的新事物，是奶业产销一体化经营体制的创新，是乳品消费方式的创新。它在拓宽乳品消费渠道，增加乳品消费，保护奶牛养殖者利益，促进奶业整体水平提高，扩大创业就业渠道等方面有积极作用，因而得到快速发展。2009 年山东省在潍坊市开办第一家滢养美食鲜奶吧以来，2010 年以来奶吧发展迅速，据统计，全省现有不同经营方式、不同规模的鲜奶吧 2 000 余家。东营市推行了牧场奶直供，引领了乳品消费的变革，全市开业的鲜奶吧近 200 家，日供鲜奶达 40 多吨，经济效益和社会效益十分明显。2011 年 6 月，东营市政府出台了《东营市鲜奶吧管理暂行办法》，这是我国第一个市级政府鲜奶吧管理的规范性文件，标志着我省对鲜奶吧的管理开始纳入规范化管理的轨道。

【奶类消费】2011 年乳制品总生产量 311.67 万吨，

消费量227.6万吨，城镇居民年人均消费液体乳制品26.3千克，其中鲜奶21.03千克，酸奶4.89千克，奶粉0.38千克。城镇居民人均乳品消费年支出225.43元，济南市居民人均乳品消费年支出274.06元，青岛市居民人均乳品消费年支出342.03元，其中鲜奶消费支出占61.6%，酸奶消费支出占14.77%，奶粉及其他乳制品消费支出占23.63%。

主要乳制品品牌："佳宝"、"得益"、"亚奥特"、"兴牛"、"琴牌"、"金洋"、"祥和"、"嘉盛"、"益膳房"、"归一"10个乳制品品牌。全省商场、超市出售的鲜奶、酸奶、奶粉平均价格分别为7.36元/千克，7.59元/千克和99.5元/千克。

【奶源基地】 2011年，本地区奶牛存栏1～4头的有33 374个场（户），奶牛存栏61 432头，占总存栏的5.2%；5～9头的有14 480场个（户），奶牛存栏73 766头，占总存栏的6.3%；10～19头的有10 654个场（户），奶牛存栏114 619头，占总存栏的9.8%；20～49头的有5 932个场（户），奶牛存栏166 579头，占总存栏的13.8%；50～99头的有1 949个场（户），奶牛存栏110 458头，占总存栏的9.4%；100～199头的有772个场，奶牛存栏88 390头，占总存栏的7.4%；200～499头的有515个场，奶牛存栏150 571头，占总存栏的12.9%；500～999头的有274个场，奶牛存栏169 529头，占总存栏的14.2%；1 000头以上124个场，奶牛存栏244 725头，占总存栏的21%。

【奶站管理】 2011年全省生鲜乳收购站全部完成经营主体转换，其中，乳品企业开办106个，占14%；养殖场开办284个，占38%；合作社开办366个，占48%。全省765个生鲜乳收购站取得《生鲜乳收购许可证》，468辆运输车持《生鲜乳准运证》运输。

【良种补贴】 山东省通过建立健全机制、开展相关服务，建立完善了3个种公牛站、1 000多个牛冻精冷配站点，家畜制种供种、精液质量水平、计划选配改良水平稳步提高。奶牛良种补贴实施全覆盖，良种化程度较高，全省奶牛单产达5.12吨，较项目前提高9%。2011年改良奶牛53万头，使用冷冻精液106万剂。

【饲草饲料】 山东省在不断加快传统饲料工业发展的同时，积极研制、开发、生产安全高效、环保低成本的饲料和饲料添加剂。大力开发各类饲料资源，扩大饲用玉米等专用饲料作物种植，建立优质饲料原料基地。积极开发紫花苜蓿草粉、饼粕类等蛋白饲料资源，加快秸秆饲料等非粮食饲料的综合利用步伐，降低畜牧业对资源的消耗。黄河三角洲高效生态经济区位于山东省东营、滨州等6市的19县（市、区），区内拥有未利用地近800万亩，其中盐碱地270万亩，荒草地148万亩，滩涂212万亩，黄河冲积年均造地1.5万亩，土地后备资源得天独厚，是山东省主要的畜牧饲草种植区，有主要牧草加工公司东营横店草业有限公司年加工苜蓿草8 000吨，滨州三角洲牧业有限公司年加工苜蓿草5 000吨。全省2011年发展人工牧草种植面积302万亩，其中苜蓿草种植面积107.2万亩，专用青贮玉米种植面积480万亩，有青贮窖30万个，共2 600万立方米，奶牛配合饲料的生产企业162个，年产奶牛配合饲料36.2万吨。奶牛养殖对农作物秸秆的利用率达到32%。

【疫病防治】 山东省建立了畜牧兽医与卫生管理部门信息沟通和联防联控机制，完善动物防疫、检疫和监督基础设施。完善省、市、县、乡四级冷链体系建设。支持建设15个省级动物疫情测报站和信息平台。加强33个省际间公路动物卫生监督检查站建设。加强进境种畜禽隔离检疫场所建设和维护。加快胶东半岛无规定动物疫病区示范区的国家评估和国际认证。开展对奶牛布病、结核病的净化行动，奶畜口蹄疫强制免疫群体免疫密度保持在90%以上。

【政策法规】 山东省政府制定了《关于加快发展现代畜牧业的意见》和《山东省畜牧产业振兴规划（2011—2015)》，提出了全省奶业发展思路和方向，明确了发展重点，加快了各地奶牛产业的发展，以济南市长清区等44个县、15个园区、23家企业和10个品牌为重点，建设沿高速公路两侧和大中城市周边的奶牛健康养殖区，用现代信息技术、生物技术武装现代奶牛业，不断提高奶牛饲养管理和单产水平。2011年省政府发布的《山东省畜禽养殖管理办法》（省政府令第232号），规范了奶牛养殖业生产行为。修订《优质原料奶生产技术规程》（DB37/T 579—2005)，《规范化奶牛场生物安全体系》（DB37/T 1858—2011)，《奶牛全混合日粮TMR饲养技术规范》（DB37/T 2136—2012）等生产管理标准。

【扶持政策】 山东省2011年17个县实施现代奶牛产业项目，总投资4亿多元，其中省以上财政资金过亿元、市县财政资金近1亿元、自筹2亿多元。另外，整合与奶业发展有关的各级财政资金2亿多元。对80多个牧场进行现代化生产水平提升改造，按照"生产良种化、养殖设施化、生产规范化、防疫制度化、粪污无害化、监管常态化"的目标，支持牛舍、青贮池、干草库、运动场、挤奶大厅改扩建、粪污无害化处理、防疫基础设施和数字信息化系统等硬件设施建设，开展了奶牛良种登记、DHI测定、TMR饲喂、饲草饲料种植、优质牧草生产与加工、疫病防治等先进技术推广应用，档案管理和制度建设。目前正在筹备建立原料奶价格协调机制，保障奶农利益。

【质量监管】 一是加强了奶业质量安全监测。根据农业部2011年生鲜乳质量安全监测工作和违禁物质专项监测工作等通知要求，组织开展了生鲜乳中违禁添加物专项检测、生鲜乳质量安全异地抽检、《生乳》国标安全指标监测、生鲜乳中菌落总数和部分理化指标抽检检测、生鲜乳质量安全拉网式飞行抽检等工作，并配合抽检对全省所有生鲜乳收购站、运输车进行了现场检查。在各项抽检工作开展中，坚持省级全面部署、质检机构为主、市级积极配合的责任分工，确保各项工作有序开展。二是建立了质量安全监管制度。全省建立实施生鲜乳收购站信用档案及“黑名单”公告和通报制度、奶畜养殖和生鲜乳收购运输环节生产经营记录和进货查验制度、生鲜乳质量安全异地抽检制度等5项制度。通过实行进站监管、不定期巡查、定期抽查、专项检查，将奶站设施设备运行清洁、落实生鲜乳生产技术规程、生鲜乳日常检测、购销合同签订执行、购销检测记录、生鲜乳运输车辆监督检查等纳入日常监管范围，实现奶站监督管理制度化、常态化，确保运营不出现重大事故。三是加大执法力度，坚决取缔不合格奶站。去年开展了对全省生鲜乳收购站、运输车拉网式执法大检查，按照乳制品管理条例，依法取缔了不合格收奶站35个，截至目前，全省生鲜乳收购站、运输车全部持证经营运输。

表4-29　山东省主要乳品加工企业

企业名称	企业性质	产　　品	年产量（吨）	日处理鲜奶能力（吨）
光明乳业（德州）有限公司	合资	超高温灭菌乳	150 000	450
山东得益乳业有限公司	地方自建	乳制品、含乳饮料	74 031	750
济南佳宝乳业有限公司	地方自建	液态奶	90 000	1 200
旺旺集团	外资	炼乳	8 000	90
山东兴牛乳业有限公司	地方自建	牛奶、酸奶、奶酪	7 000	40
济南维维乳业发展公司	地方自建	乳制品、蛋白饮料	12 000	200
济南伊利乳业有限责任公司	国企	液态奶、酸奶、冷饮	233 100	700
山东莱河乳业有限公司	地方自建	莱河牌系列奶	10 000	50
临沂盛能乳业有限责任公司	地方自建	益膳房纯牛奶系列	18 461	150
青岛天泰饮乐多食品有限公司香山卫工厂	合资	饮乐多	1 200	30
青岛雀巢有限公司	外资	乳制品	9 047	500
新希望琴牌乳业有限公司	地方自建	乳制品	15 000	150
青岛开开加食品有限公司	合资	乳制品	10 800	30
山东三元乳业有限公司	合资	液态乳	54 000	150
山东阳春羊奶乳业有限公司	地方自建	液态乳	10 000	30
潍坊紫鸢牧业发展有限公司	地方自建	乳制品、饮料	1 726	40
山东伊怡乳业有限公司	自建	纯奶、乳饮料	9514	80
山东亚奥特乳业有限公司	有限责任公司	乳制品、乳饮料	46 800	440
蒙牛乳业泰安有限责任公司	中外合资	灭菌乳、调制乳、酸牛乳、乳饮料、冷冻饮品	292 802	500
山东德正乳业有限公司	地方自建	全脂乳粉、调制乳粉	3 000	200
威海金宝乳业	地方自建	奶粉、液态奶	6 000	120
文登市朗利乳品厂	合资	全脂乳粉	3 250	77
文登市盛都乳品厂	地方自建	全脂奶粉	1 000	500
威海嘉盛乳业有限公司	自建	液态奶、奶粉	40 600	400
中晟乳品有限公司	自建	奶粉	3 000	80
威海和惠乳业有限公司	自建	奶粉	3 000	100
黑龙江完达山林海液奶有限公司烟台原料奶分公司	地方自建（股份制）	牛乳	3 000	10
枣庄祥和乳业有限公司	合资	鲜奶	7 117	200

表 4－30　山东省部分规模奶牛养殖场

单位名称	荷斯坦奶牛存栏数（头）
山东高速现代牧业有限公司	1 100
山东荷斯坦奶牛繁育中心有限公司牟平分公司	1 500
济南佳宝乳业有限公司第一奶牛繁育场	3 000
山东遥墙农牧业科技开发有限公司	2 000
山东得益乳业有限公司高青示范牧场	800
山东恒大化工（集团）有限公司大疃奶牛养殖场	3 986
枣庄祥和乳业有限责任公司	4 000
汶上现代牧场有限公司	6 133
东营开元良种奶牛繁育集团有限公司	1 206
泰安金兰奶牛养殖有限公司	1 500
阳谷县良种奶牛繁育有限公司（苏海奶牛场）	580
济南天元乳业有限公司	600
胜大集团水产养殖场	1 576
山东清大乳业公司	3 000
山东朝日绿源农业高新技术有限公司	1 443
泰安鲁宝奶牛养殖乳业有限公司	380
山东银香伟业集团有限公司国际牧场	4 000
济南维维牧业发展有限公司	1 300
日照市五洞府牧业有限公司	580
陵县乐悟农业科技开发有限公司	2 600
沂南县彩蒙奶牛养殖有限公司	1 062
山东盛能奶牛胚胎工程有限公司（高新区）	1 500
济宁市任城区汇源奶牛场	860
临朐县新荷奶牛养殖有限公司	500
海阳市磊磊奶牛养殖场	586
平原县旺源奶牛养殖专业合作社	2 100
临沂禄福良种奶牛发展有限公司（罗庄区）	830
沂源县民丰奶牛养殖专业合作社奶牛养殖场	2 900
宁阳明达奶牛场	1 120
禹城市天鹿牧业有限公司	1 214
沂水县京援奶牛专业合作社	670
泰安市玉香奶业有限公司	400
桓台县巨鑫心养牛民专业合作社	513
阳信家豪奶牛养殖有限公司	435
肥城市牧和养殖有限公司	1 286
东营澳亚现代牧场有限公司	2 800
济南佳宝畜牧有限公司	2 000
泰安安康生态乳业有限公司	600
平阴昀峰良种奶牛养殖有限公司	800

（续）

单位名称	荷斯坦奶牛存栏数（头）
济南佳宝畜牧有限公司	2 000
东营市柏拉蒙牛奶繁育有限公司	1 600
山东杰瑞牧业科技开发中心	360
枣庄瑞鑫乳业有限责任公司	3 200
临沭康源奶业有限公司	850
临沂市高都奶牛养殖基地	1 000
临沂市兰山区利乐奶牛养殖农民专业合作社	1 100
泰安澳亚现代牧场有限公司	7 500
泰安市金龙腾飞畜业有限公司	520
山东亚奥特乳业有限公司良种奶牛场	350
泰安市岱岳区瑞泽奶牛养殖场	960
宁阳县磁窑镇恒新奶牛场	450
金乡县康华乳业有限公司	624
昌乐福龙牧业有限公司	650
潍坊欣盛牧业发展有限公司	663
临朐县梅烽奶牛养殖专业合作社	1 120
潍坊嘉盛奶牛养殖专业合作社	618
日照宜生牧业有限公司	500
阳谷恒利奶牛养殖场	686
莘县金牛牧业有限公司	1 520
山东大地牧业公司	5 000
广饶县厚远牧业有限公司	2 000
山东龙泰农牧生态园有限公司	712
宁津县佳宁奶牛养殖专业合作社	400
济南佳宝高官寨现代牧业有限公司	680
济南市长清区鲁源奶牛养殖专业合作社	1 100
济南申发牧业有限公司	1 843
济南市历城区润昌奶牛专业合作社	520
山东蓝天农产品专业合作社	420
高青桂杰农业开发有限公司	830
淄博康润奶牛养殖专业合作社	400
邹平仁马牧场	700

山东省畜牧兽医局畜牧科技处　王丰强

青　岛　市

【奶类生产】2011 年本地区存栏奶牛 13.14 万头，同比基本持平。奶牛养殖主要分布在青岛莱西、即墨、平度、胶州市。奶业生产已成为农民增收和经济发展的主导产业，原料奶产值占畜牧业产值的比重达 7.6%。

2011 年奶山羊存栏 1 万只，主要品种为青岛崂山奶山羊，年产奶量 0.5 万吨，企业收购价为 7 元/千克。

【乳品加工】2011 年全市共有乳品加工企业 15 个，日处理鲜奶能力达到 1 100 吨。

【市场消费】本地区 2011 年城镇居民人均奶制品（折合成原料奶）38.5 千克/人，其中鲜乳品 24.74 千克/人，奶粉 0.5 千克/人，酸奶 7 千克/人。

【奶源基地】2011 年全市已建设奶牛规模化养殖场（小区）600 多个，其中存栏 500 头以上的奶牛规模养殖场（小区）9 个，300～500 头的 21 个，100～300 头的 91 个，50～100 头的 171 个。2011 年末共有奶站 160 处。机械化挤奶达到 88%。

【政策法规】2011 年 10 月 10 日，《青岛市畜牧业发展第十二个五年规划》颁布实施，规划中包括全面落实强农惠农政策，继续实施奶牛、生猪、肉牛良种补贴，加大对畜牧机械、挤奶设施、饲草饲料机械等畜牧业农机具的补贴力度；加强畜牧兽医机构队伍建设；加强组织领导为保障，确保实现主要畜产品产量稳定增长。在奶业产业规划上提出，以提高规模化、标准化养殖水平为重点，建设100处规模大、档次高、生产能力强的规范化奶牛养殖场和小区，配套粪污无害化处理设施和奶牛养殖数字化管理系统，推进奶牛养殖优化升级。加强奶牛良种繁育体系建设，年改良奶牛10万头。推广奶牛全混合日粮饲喂技术，提高奶牛单产水平，增加养殖效益。加快饲料饲草基地建设，增加青贮饲料和优质牧草的种植面积，改善奶牛营养品质。

【奶农组织】2011年青岛有奶农协会5个，包含农户4 080个，存栏奶牛56 500头；奶农合作社共8个，包含农户1 000户，存栏奶牛15 000头。

【质量管理】2011年青岛市畜牧主管部门和市奶业协会继续加大力度抓好奶源质量，定期与不定期检查收奶站，奶源质量得到明显提高。

青岛市畜牧兽医研究所　张　新

河　南　省

【奶业综述】

（一）河南是新兴畜牧业大省，也是全国发展速度较快的奶业大省之一。2011年全省奶牛存栏96.1万头，占全国8.43%，全国排第六位；奶产量321.1万吨，占全国8.43%，全国排第四位；奶牛单产水平5 500千克左右。

（二）规模养殖及乳品加工能力。存栏奶牛200头以上的规模养殖场620个，奶牛规模养殖比重达85%，其中200头以上规模场奶牛存栏比重51.6%，大大高于全国30%的平均水平；2010年，奶牛养殖业产值94亿元，占全国的8.39%，列第五位。2009年、2010年、2011年河南省创建农业部标准化奶牛场55个。

（三）生鲜乳质量安全监管。全省现有生鲜乳收购站488个，生鲜乳运输车辆301台，核发生鲜乳准运证明301份，持证率100%。在生鲜乳质量监管方面，按照农业部和省政府的一系列部署要求，全省进一步加大了对奶牛养殖场、生鲜乳收购站和生鲜乳运输车辆三个主要环节的监管力度，统一印发了《生鲜乳收购许可证》、《生鲜乳运输车辆准运证明》，制定并印发《奶牛养殖场养殖档案》等7项记录。重点做好一抓清理整顿，二抓规范建设，三抓日常监管，确保生鲜乳质量安全。

（四）“十二五”期间河南现代奶业优势区域。包括沿黄地区和豫东、豫西南“一带两片”的济源市和中牟县、巩义市、荥阳市、新郑市、郑州市惠济区、开封县、兰考县、杞县、偃师市、孟津县、开封市禹王台区、洛阳市洛龙区、伊川县、郏县、汝州市、宝丰县、叶县、安阳县、内黄县、淇县、新乡县、原阳县、延津县、封丘县、长垣县、孟州市、温县、武陟县、博爱县、濮阳县、清丰县、范县、禹州市、许昌县、襄城县、长葛市、漯河市源汇区、舞阳县、陕县、灵宝市、渑池县、邓州市、南阳市卧龙区、南阳市宛城区、方城县、社旗县、商丘市睢阳区、商丘市梁园区、夏邑县、虞城县、永城市、民权县、宁陵县、柘城县、鹿邑县、太康县、沈丘县58个县（市、区）。

（五）河南生鲜乳收购价格和企业收购标准：

夏季：蛋白≥2.8%，脂肪≥3.1%，灰分≥0.81%，收购价格3.4～3.5元/千克；

其他季节：蛋白≥2.95%，脂肪≥3.4%，灰分≥0.81%，收购价格3.3～3.7元/千克。

【乳品加工】全省有乳品加工企业32家，加工能力300万吨（其中日处理能力500吨以上的3家）。

乳品加工发展趋势及原因：消费需求多元化，纯奶、酸奶、奶酪、高端奶、功能性牛奶的消费需求呈上升趋势。原因是婴幼儿奶粉、学生饮用奶、老年人专用奶市场需求量大，随着这些群体规模的不断扩大，加之人们生活水平的提高，消费意识的提高等，所占消费市场份额逐渐增加。

表4-31　河南乳品加工企业统计表

企业名称	加工能力（万吨）	产量（万吨）	销售收入（万元）	主产品结构
河南佳源乳业股份有限公司	10	4	26 000	纯牛奶、红枣奶、学生奶
漯河永利食品有限公司	10	1	17 080	纯牛奶、乳饮品
河南三色鸽乳业有限公司	14	4	16 629	纯牛奶、酸奶、麦香牛奶
洛阳巨尔乳业有限公司	16	3	14 001	纯牛奶、酸奶、学生奶、乳饮品
河南花花牛乳业有限公司	5	3	10 000	纯牛奶、乳饮品、风味奶
河南科迪乳业有限公司	15	7	33 816	纯牛奶、乳饮品
光明山盟乳业有限公司	6	1.5	12 000	酸奶
新乡市三元食品有限公司	15	9	20 000	纯牛奶、乳饮品

【市场消费】一是河南人口众多，消费潜力巨大。根据2011年5月普查，河南省常住人口为9 402万人，10年增加了146万人，增长1.58%。常住人口数量位居全国第三，人口基数大，消费潜力雄厚。二是群体特点鲜明，需求层次多样化。在我省人口的年龄结构中，0～14岁人口为1 974万人，占21.00%；15～64岁人口为6 642万人，占70.64%；65岁及以上人口为786万人，占8.36%。群体特点鲜明，需求品种呈现多样化。三是人均牛奶占有量有巨大提升空间。2010年河南人均奶类占有量为32千克左右，较2007年增长68.4%，虽高于全国28千克的平均水平。但还远远低于美国、加拿大等奶业发达国家人均200千克以上的水平。计划到2020年，河南人均年奶类占有量由目前的32千克提高到世界平均水平100千克，按此计算，我省奶类需求空间应达到1 000万吨左右。

主要乳制品价格：巴氏杀菌乳：227毫升2.5～3.0元；酸奶：180毫升1.5～2.5元。

【奶源基地】主要规模奶牛养殖场名录和规模、品种等见附表

良种补贴：性控冻精补贴2万剂，200万元；奶牛冻精补贴66万剂，990万元。

【发展规划】千万吨奶业跨越工程是省委省政府为进一步加快我省奶业步伐，优化农业经济结构，推进奶业跨越式发展提出的一个涵盖奶牛养殖与繁育、牧草种植及秸秆利用、乳品加工与消费的系统工程。它以市场为导向，以发展规模化、标准化、产业化为主线，以提高奶牛单产水平和乳品质量安全为主攻方向，通过转变消费观念，引导消费潮流，以消费拉动生产，以政策激励发展，从而做大做强奶业，力争到2020年全省奶牛存栏240万头，奶类产量1 000万吨，乳制品加工能力达1 200万吨。

【组织建设】在省局领导和省奶办领导的高度重视及支持下，河南省奶业协会2011年重点是加强协会队伍建设，召开了全省第二届奶协会员代表大会，完成奶协换届工作，充实奶协队伍，完善服务功能。重点是省级奶业协会要充实协会秘书处人员，积极开展日常工作，做好为会员服务工作。各地市县也要成立奶业协会，建立好对接、有效服务的工作机制。

表4－32　河南省规模奶牛养殖场名录、品种、数量统计表

场（区）名称	品种	年末存栏数（头）	其中：产奶牛数量（头）
安阳县中升科牧公司	黑白花	1 350	860
淇县安钢奶牛场	荷斯坦	1 800	1 400
淇县绿佳牧业有限公司	荷斯坦	2 800	2 300
淇县益川牧业公司	荷斯坦	1 250	875
淇县百瑞牧业	荷斯坦	1 850	1 360
鹤壁市磊鑫牧业有限公司	荷斯坦	1 100	770
浚县宏利达奶牛场	荷斯坦	1 900	1 300
鹤壁市宏杰牧业有限公司	黑白花	1 850	1 043
浚县富邦奶牛场	荷斯坦	1 860	1 350
焦作多尔克司示范乳业有限公司	黑白花	6 000	3 677
河南裕泰生物技术有限公司（第二牧场）	黑白花	1 980	1 130
河南裕泰生物技术有限公司（第一牧场）	荷斯坦	1 700	1 050
焦作市长泉奶牛场	荷斯坦	2 800	1 620
开封县兴隆乡高建民奶牛场	荷斯坦	3 000	2 100
开封市禹王乳业奶牛场	荷斯坦	1 280	730
尉氏周具保强民奶牛养殖专业合作社	荷斯坦	2 914	700
河南三剑客奶牛养殖基地	荷斯坦	1 260	900
偃师市旺民奶牛小区	荷斯坦	3 989	2 393
偃师市慧泉乳业有限公司	荷斯坦	1 892	1 135
洛阳巨尔牧业有限公司	澳牛	1 171	609
洛阳市春雨奶牛小区	荷斯坦	1 575	1 086
洛阳生生乳业第一牧场	荷斯坦	1 680	1 037
南阳市西洼奶牛养殖有限公司	荷斯坦	1 500	900

（续）

场（区）名称	品种	年末存栏数（头）	其中：产奶牛数量（头）
邓州市昱通奶牛场	黑白花	1 000	880
平顶山市思源养殖有限公司	黑白花	5 650	2 200
叶县伊源乳业有限公司	荷斯坦	8 332	5 786
河南源源乳业集团限公司	荷斯坦	8 120	4 889
平顶山市汝源奶业有限公司	荷斯坦	4 100	2 510
平顶山市合源奶牛场	荷斯坦	3 897	2 409
郏县发展牧业有限公司	黑白花	2 800	0
郏县乳源牧业有限公司	黑白花	2 500	0
郏县万头奶牛养殖基地	黑白花	2 200	0
台前县东王坊奶牛养殖小区	荷斯坦	1 130	860
三门峡市程宇牧业公司	黑白花	1 210	870
灵宝市宏源农牧有限责任公司	黑白花	5 220	4 982
河南科迪生物工程有限公司	黑白花	14 500	9 425
虞城县米庄奶牛养殖小区	黑白花	1 150	805
民权县碧天乳业公司	黑白花	1 130	712
民权华丰养殖有限公司	黑白花	1 094	711
鼎泰乳业有限公司	黑白花	1 400	882
新乡市牧野区绿莹奶业农民专业合作社	黑白花	1 060	740
新乡市牧野区丰乐奶业农民专业合作社	黑白花	1 350	890
新乡市古固寨康源乳业公司奶牛小区	荷斯坦	1 550	930
原阳县锦程生物工程有限公司	荷斯坦	1 650	1 239
河南省中源农牧有限公司	黑白花	2 230	1 950
原阳县黄河畜牧有限公司	黑白花	1 550	600
原阳县朱阁栋奶牛小区	黑白花	1 700	1 250
原阳县河南左岸奶业有限公司	黑白花	1 900	1 450
原阳县福源奶牛有限公司	黑白花	2 000	1 600
新乡市坤元农牧业有限公司	黑白花	1 280	890
卫辉市牧丰奶牛养殖有限公司	荷斯坦	1 000	600
新乡市卫滨区水鲜园奶牛养殖场	荷斯坦	1 760	1 057
许昌市中华牛场	荷斯坦	1 270	749
许昌市横达昌盛养殖公司	荷斯坦	1 200	150
许昌市卫如山奶牛场	荷斯坦	2 144	2 144
襄城县源荣牧业有限公司	荷斯坦	1 696	1 258
郑州市阳光奶业公司	荷斯坦	1 070	500
河南金城养殖场	荷斯坦	1 200	800
郑州市众意奶牛养殖小区	黑白花	1 423	500
郑州市实佳奶牛养殖小区合作社	黑白花	1 400	600
新郑市超强奶牛养殖合作社	黑白花	1 200	950
河南省豫新奶牛养殖公司	黑白花	1 200	970

（续）

场（区）名称	品种	年末存栏数（头）	其中：产奶牛数量（头）
郑州昌源乳业有限公司	黑白花	1 600	1 200
郑州万滩锦华牧业有限公司	荷斯坦	3 600	2 300
中牟县九龙镇奶牛养殖示范场	荷斯坦	2 600	1 800
郑州市东兴乳业有限公司	荷斯坦	2 360	1 100
郑州天润畜禽养殖有限公司	荷斯坦	1 860	980
河南汇康源牧业有限公司	荷斯坦	1 740	1 100
中牟县绿源奶牛养殖有限公司	荷斯坦	1 780	1 200
中牟县惠达牧业发展有限公司	荷斯坦	1 650	950
中牟县万滩标准化高产奶牛养殖示范园	荷斯坦	1 350	900
中牟县健源奶牛养殖有限公司	荷斯坦	1 300	850
中牟县盛发奶牛养殖场	荷斯坦	1 200	800
中牟县姚家标准化奶牛养殖场	荷斯坦	1 050	650
荥阳市赵家庄奶牛专业合作社	荷斯坦	1 405	471
郑州市绿麒麟奶牛有限公司	荷斯坦	1 300	600
荥阳市豫发牧业有限公司	荷斯坦	1 127	370
河南省花花牛牧业集团有限公司	黑白花	1 328	400
河南省鼎元种牛育种有限公司	黑白花	1 129	550
中牟县红孩儿养殖场	荷斯坦	1 000	850
惠济区薛岗奶牛养殖者专业合作社	荷斯坦	1 841	1 100
郑州市东长奶牛养殖者合作社	荷斯坦	1 300	715
新郑市蓝天奶牛养殖者合作社	荷斯坦	1 100	560
郑州市蒙源专业合作社	荷斯坦	1 000	480
沈丘县付井奶牛场东小区	黑白花	1 589	850
沈丘县付井奶牛场南小区	黑白花	2 800	1 200
沈丘县付井镇北小区	黑白花	3 680	2 200
河南金丝猴集团奶牛示范场	黑白花	1 209	720
沈丘县付井镇西小区	黑白花	2 145	1 300
沈丘县付井镇第五小区	黑白花	1 850	1 110
扶沟县宝乐奶业有限公司	荷斯坦	1 200	1 000

河南省奶业管理办公室　宋洛文

郑　州　市

郑州是河南省省会，现辖 6 区 5 市 1 县和郑州新区、郑州高新技术产业开发区。全市总面积 7 446.2 平方千米，总人口 863 万人，其中市区人口 425 万人，是全国重要的交通通讯枢纽、历史文化名城、国家卫生城市、国家园林城市和国家文明城市。

2011 年，郑州市肉、蛋、奶产量分别达到 24.25 万吨、21.47 万吨和 46.70 万吨，畜牧业总产值 82 亿元，占农林牧渔业总产值的 42.5%。

2011 年，郑州市奶牛存栏 9.3 万头。全市 200 头以上规模奶牛养殖场（含小区）79 家，其中 500 头以上的 53 家，规模养殖比例超过 95%；所有规模养殖场都配备有大型机械化挤奶设备，机械化挤奶率 100%；奶牛品质逐年提升，奶牛平均单产超 6 吨，单产 7 吨以上的奶牛场达到 15 家；全市所有奶站配备了乳品分析仪，40 个奶站安装了电子监控设备，全覆盖的生鲜乳质量安全监控系统正在实施中。此外，全日粮混合机（TMR）、青贮收割机、青贮取料机、自动饮水设备、沼气治污、有机肥加工等先进设施、设备和技术相继应用于奶业生产，奶业规模化、标准化、机械化水平均居全省前列。

郑州奶业将继续坚持优质、高效、生态的发展方向，以扩规模、提单产、保安全为主要任务，加大政策扶持力度，以项目为抓手，加快规模养殖场标准化升级改造，全面提升发展水平和档次，确保奶业健康可持续发展。

【政策扶持促发展】郑州奶业得到了各级党委、政府的高度重视，市政府先后出台了挤奶设备、奶牛冻精、水电路等基础设施、TMR机械、青贮收割机械和生态治污等多项扶持政策，2001年以来各级投入的政策扶持资金超亿元，拉动社会投资超20亿元，推动了奶业健康发展。养殖企业逐步规范、机械化挤奶全面普及、奶牛品质逐年提升。

【技术推广提水平】郑州市充分发挥各级奶业协会的作用，坚持每年2次对养殖场户进行全覆盖技术培训，重点推广机械化挤奶、奶牛冷配、全日粮饲喂、全株玉米青贮、优质牧草种植等技术。累计购进大型机械化挤奶设备90台套，机械化挤奶率100%；引进优质奶牛细管64.7万支，奶牛冷配率100%；购进TMR机30台，普及率30%，奶业先进实用技术设备得到普及，奶业发展和生产水平一直保持全省前列。

【生态建设见成效】从2006年起，郑州市以生态奶业建设为目标，采取沼气生产、有机肥加工、双孢菇种植等方式，无害化处理牛粪和污水，做到减量无害化排放。全市奶牛场已建大中型沼气池60个，有机肥厂5个，20栋5万平方米双孢菇种植基地1个。为加快生态奶业建设，2010年，又在中牟县、荥阳市、新郑市和惠济区4个县（市）区，实施了世行贷款生态畜牧业项目，项目总投资18 206.59万元。其中利用世行贷款1 183.67万美元，安排建设项目50个，其中奶牛项目44个，肉牛项目6个。目前，生态奶业建设初见成效，已有8个项目基本建成，20余个项目正在做项目实施前的准备工作，即将付诸实施。

河南省奶业协会　朱　永

湖　北　省

2011年，在国家扶持政策及畜牧业结构调整的带动下，湖北奶业实现了持续稳步发展，标准化、规模化养殖比例不断加大，生鲜乳质量安全监管力度得到加强，奶畜单产水平和乳品质量逐步提高。奶业的地位和作用进一步凸显，对满足市场对奶类产品的需求、推动畜牧业结构调整发挥了重要作用。

【奶类生产】2011年湖北省奶牛存栏9.05万头，其中荷斯坦奶牛6.05万头，改良奶水牛3万头。荷斯坦奶牛主要分布在武汉、黄冈、宜昌、咸宁、襄樊等9个市30个县；奶水牛主要分布在襄樊、荆门、随州、孝感等36个县。2011年奶类总产量14.20万吨，均为荷斯坦奶牛奶类产量，全群头均产奶量不足3吨。湖北省年产水牛奶近4万吨，头均产奶量约1.33吨，其中地方水牛年头均产奶0.81吨；杂交水牛（奶水牛）年头均产奶量1.45吨。自2008年实施奶牛良种补贴项目以来，加快了奶牛品种改良步伐，大大提高了全省奶牛群体质量和单产水平。随着通山现代牧业、麻城伊利牧场、武穴伊利牧场、武汉光明生态牧场、湖北俏牛儿等现代化大规模奶牛养殖基地的建成达标投产，全省奶牛存栏和奶产量呈现不断增长的趋势。2011年全省原料奶产值11亿元，约占畜牧业总产值（1 205.8亿元）的0.9%。2011年生鲜乳收购价格每千克平均4元，奶农售奶价格每千克平均3.5元。主要乳企生鲜乳收购价格为：黄冈伊利4.2元/千克；湖北友芝友乳业有限责任公司4元/千克；武汉九洲乳业3.95元/千克；武汉光明3.7元/千克；宜昌喜旺3.8元/千克。以蛋白质含量和脂肪含量定收购价格。

【乳品加工】2011年全省乳品加工企业20余家，乳制品加工能力已达170万吨。主要加工企业有：黄冈伊利乳业有限公司乳品加工园区、湖北友芝友乳业有限责任公司常温公司、湖北友芝友乳业有限责任公司低温公司、武汉光明乳品有限公司、武汉九州乳业、宜昌喜旺、亚龙、均瑶、娃哈哈、蒙牛乳业（当阳）有限责任公司、咸宁向阳湖乳品有限责任公司、襄樊丽波乳业等，全省乳制品加工业已初具规模。加工企业主要产品：武汉九州乳业主要生产巴氏杀菌乳、酸奶、牛奶布丁；湖北友芝友（蒙牛）主要生产屋顶奶、杯奶、低温袋奶、瓶奶、百利包；蒙牛乳业（当阳）有限责任公司主要产品冰淇淋；黄冈伊利主要包括常温奶、乳酸饮料、冰淇淋；武汉维维香满楼均为常温产品；武汉光明主要生产纯牛奶、酸牛奶等；宜昌喜旺、均瑶、娃哈哈等主要生产鲜牛奶、酸牛奶、奶粉、乳酸饮料、含乳饮料等；襄阳丽波乳业主要生产鲜牛奶、酸牛奶、乳饮料；湖北俏牛儿目前以鲜奶吧为主。湖北劲牛牧业的水牛奶产品主要是巴氏杀菌乳，正在筹建的加工厂年设计生产能力为1万吨，拟生产纯牛奶、酸牛奶及奶酪等水牛乳产品。

【市场消费】湖北省乳制品的消费以城市居民较多，农村居民较少；高端产品消费以城市居民较多，乳饮料消费以农村居民较多。2011年湖北省人均鲜奶占有量3.4千克。主要乳制品超市销售价格：武汉九州乳业巴氏杀菌乳高端产品纯珍，规格980ml的每盒28元；常规品种“3.6屋顶鲜奶”，规格980ml的每盒14.8元，规格486ml的每盒7.6元，规格220ml的每盒4.2元。屋顶酸奶，规格980g的每盒15.8元，规格586g的每盒7.8元，规格220g的每盒4.2元；纯粹布丁、香草布丁和咖啡布丁规格80g，价格3.3元；黄桃芒果果粒和猕猴桃芦荟果粒规格100g，每条2.5元；原味杯酸奶规格120g，每条9.9元，每条5杯。湖北友芝友乳业有限责任公司生产的鲜酪乳，规格5盒一条，每小盒110ml，价格11.9元。

【奶源基地】2011年湖北省荷斯坦奶牛存栏100头以上的规模场（户）66个，现建成投产使用59个，总存栏66 418头，占总存栏94%。其中存栏规模5 000头以上的2个，存栏奶牛15 320头，占总数23.1%；存栏1 000～4 999头的13个，存栏奶牛27 059头，占总数40.7%；存栏500～999头养殖场24场（户），存栏奶牛18 451头，占总数27.8%；存栏200～499头的12个，存栏4 318头，占总数6.50%；规模在100～199

头的8个，存栏奶牛1 270头，占总数1.90%。

【奶站管理】2011年湖北省登记在册的生鲜乳收购站（点）52个，在生鲜乳专项整治中不合格已关闭或正在整治的4个，现正常运行的48个奶站（其中奶企自建10个、专业合作社7个、养殖场31个），全部纳入监管，持证收购，规范经营。2011年生鲜乳三聚氰胺检测合格率继续保持100%，全省机械化挤奶率达到96%。

【良种补贴】2011年湖北省36个县市实施奶牛良种补贴项目，其中荷斯坦奶牛良补22个县市，奶水牛良补14个县市。通过公开招标发放冻精21万支，其中荷斯坦奶牛冻精6万支、奶水牛15万支，改良荷斯坦奶牛3万头、奶水牛5万头，项目总投资140万元。2011年的良种补贴工作重点开展了三项工作：一是重点做好改良后代的记录工作；二是重点做好种畜改良关键技术的应用工作；三是要重点做好项目的调研、督导、检查工作。

【DHI测定】2011年湖北省加强了奶牛生产性能测定（DHI）工作，参测奶牛规模场15家，现代（通山）有限公司、武汉惠尔康扬子江乳业有限公司武湖牧场、黄冈伊利畜牧发展有限责任公司等湖北省千头以上规模养殖场100%参测；2011年中国奶协下达湖北省测定任务1 428头有效数据（1头奶牛连续参测6次的数据为有效数据），1～10月连续参测6次以上的牛只达3 073头，超额完成测定任务的1.15倍。DHI工作提高了湖北省奶牛场的整体管理水平，奶牛养殖效率提高，增加了奶农的收入。参测奶牛年产奶量较上一年提高10%，体细胞数过高的现象在逐步减少。例如：4月份宜昌爱华奶牛场体细胞数测定值103万个/毫升，专家回访发现几头牛存在乳房损伤并感染，特别是及时发现了隐性乳房炎患牛并制定乳房炎防治计划，5月份宜昌爱华奶牛场体细胞数降低到36万个/毫升，降低了奶损失、提高了奶产量，有效减少牛只淘汰。

【饲草饲料】2011年湖北省新增种草面积118.3万亩，其中人工种草83.2万亩，改良种草35.1万亩；利用农闲田种植饲草饲料280余万亩；利用农作物秸秆约700万吨，其中处理利用率达到10%。

【疫病防治】2011年在奶牛疫病防治方面，加强重大疫病防治，注重季节、地方病的防治，坚持疫病防治的经常化、制度化。重点突出抓好饲养管理、疾病预防、防疫消毒、环境卫生、搭配饲料，把住“二关（进口、入口）”等措施，增强奶牛体质，促进牛群的健康发展。

【政策法规】为推进奶业发展，按照《全国奶业发展规划（2009—2013年）》精神，结合湖北省建设畜牧业强省的目标，湖北省制定了《湖北奶业跨越式发展规划》。规划目标：经过5年努力，生鲜乳产量达到100万吨，其中荷斯坦奶牛存栏20万头，生鲜乳产量60万吨；奶水牛存栏20万头，生鲜乳产量20万吨，乳肉兼用牛10万头，生鲜乳产量20万吨；人均鲜奶占有量达到16.5千克。奶业总产值达到300亿元，其中生鲜乳产值50亿元，占畜牧业总产值的10%以上。2011年已制定下发了《湖北省奶牛标准化规模养殖生产技术规范（试行）》。2011年本省有奶农协会5个，奶农合作社44个。

【质量监管】按照《乳品质量安全监督管理条例》的要求，湖北省制定了《湖北省乳品质量安全监督管理办法》，成立以湖北省畜牧兽医局分管局长为组长，草业管理处（省奶业管理办公室）、畜产品安全监督处、省兽药监察所负责同志为组员的专门班子，明确了职责和分工，生鲜乳监测工作采取定期与不定期相结合的方式，对全省10个市（州）46个生鲜乳收购站、56台运输车和50个养殖小区，分三批监测120批次（农业部计划70批、省内配套计划50批），其中生鲜乳收购站54批次（每个生鲜乳收购站普查1次，随机抽检8次），生鲜乳运输车辆56批次（每辆运输车抽检1次），奶牛规模养殖场抽检10批次。2011年全省抽检120批次，未检出违禁物品，未发生质量安全事故。

湖北省畜牧兽医局草业管理处　洪　齐　王　健

武　汉　市

2011年，在省畜牧局、市农业局、市畜牧局的正确领导下，武汉奶业实现了持续稳步发展，以保护奶农利益和企业自律为纽带，促进奶业产业化的进程；以“畜牧科技推广、奶站规范管理”为工作重点，加大生鲜乳质量安全监管力度，确保我市生鲜乳质量安全。

【奶类生产】2011年，武汉市奶牛存栏1.3万头，成母牛存栏0.97万头；原料奶产量5.94万吨，全市奶牛存栏和奶产量呈现不断增长的趋势。主要分布在黄陂区、东西湖区、蔡甸区和江夏四个区，其奶牛存栏数占总存栏数的100%。2011年，全市原料奶产值21 562.2万元，奶类总产量5.94万吨，其中商品奶类（企业收购）5.3万吨。2011年生鲜乳收购价格每千克平均3.63元，以蛋白质含量和脂肪含量定收购价格。春、夏、秋、冬季奶价分别是3.6、3.7、3.6 、3.6元/千克。奶源集中地区的生鲜乳收购价格分别是：黄陂区3.6元/千克，东西湖区3.6元/千克，蔡甸区3.66元/千克，与去年基本持平。主要乳品企业生鲜乳收购价格为：湖北友芝友乳业有限责任公司3.6元/千克；武汉九洲乳业3.9元/千克；武汉光明3.6元/千克。

【乳品加工】2011年全市共有乳品加工企业4个，日处理鲜奶的能力总计达到1 448吨。主要加工企业有：

1. 湖北友芝友乳业有限责任公司：日处理能力1 200吨、产量480吨/天、实际年加工量20.98万吨、销售收入15亿、年利润2 746.21万元。2011年，巴氏消毒奶产量3 350.85吨、UHT奶产量33 885.03吨、酸奶的产量38 798.15吨、乳饮料产量133 855.27吨。2008年该乳品企业推出的金爵乳系列产品，近几年一直保持畅销，已成为企业的主打产品，改变了原来以低端跑量的传统产品为主的低毛利率的产品时代。

2. 武汉光明乳品有限公司：日处理能力 250 吨、产量 220 吨/天、实际年加工量 6.5 万吨、销售收入 3.2 亿、年利润 2 000 万元。2011 年，巴氏消毒奶产量 6 074 吨、UHT 奶产量 8 756 吨、酸奶的产量 36 602 吨、乳饮料产量 3 961 吨。近几年，该乳品企业销售保持增长态势，主要销售渠道商场超市，主推的活性畅优乳酸菌饮料，符合了部分特殊人群对该乳品的品质要求。2011 年，送奶到户的订户通路也有大幅度的提升。

3. 武汉九洲乳业：日处理能力 48 吨、产量 11 吨/天、销售收入 2 550 万。2011 年各产品产量：巴氏杀菌乳 100 吨，酸奶 648 吨，牛奶布丁 486 吨。该乳品企业走绿色农业之路，生产高端乳制品。

4. 武汉维维乳业有限公司：日处理能力 50 吨、产量 13 吨/天 、销售收入 2 739.6 万。该乳品企业现有产品都为常温产品，共 6 款产品。2012 年拟定加工发展目标为鲜奶加工区域化，本土化，回归区域品牌！

【市场消费】武汉市乳制品的消费以城市居民较多；其中高端产品消费以城市居民较多，乳饮料消费以市周边居民较多。本地区 2011 年城市人均奶类占有量（消费量）26.4 千克。各种乳制品消费量：鲜奶 10.2 千克/人，奶粉 0.9 千克/人，酸奶 9.95 千克/人，消费支出 320 元。主要乳制品品牌价格：湖北友芝友乳业有限责任公司生产的鲜酪乳，规格 5 盒一条每小盒 110 毫升，价格 11.9 元；武汉光明乳品有限公司的光明畅优，100g 优酪乳酸牛奶八连杯（原味、草莓味、木糖醇），售价 13.90 元；健能 100g 的 6 联杯（原味、草莓、提子、儿童健能），售价 10.90 元；武汉九州乳业巴氏杀菌乳高端产品纯珍，规格 980ml，每盒 28 元；常规品种 3.6 屋顶鲜奶，规格 980ml 的每盒 14.8 元，规格 486ml 的每盒 7.6 元，规格 220ml 的每盒 4.2 元。

【奶源基地】全市 100 头以上规模奶牛养殖小区 10 个，奶牛存栏 1.3 万头。黄陂区惠尔康扬子江乳业有限公司武湖八一牧场存栏量 3 600 头；黄陂区武汉开隆高新农业发展有限公司存栏量 2 689 头；黄陂区武汉市黄陂江乐奶业专业合作社存栏量 1 050 头；黄陂区武汉市黄陂区华元奶业专业合作社存栏量 912 头；东西湖区大桥奶牛小区存栏量 545 头；东西湖区兴牧奶牛小区 443 头；东西湖区红星奶牛小区存栏量 358 头；蔡甸区中旺奶业专业合作社存栏量 950 头；新东杨畜牧养殖专业合作社存栏量 480 头；武汉金旭畜牧科技有限公司存栏量 180 头。

【奶站管理】2011 年武汉市登记在册的生鲜乳收购站 9 个，其中企业自建的 3 个，合作社建设 6 个。全部纳入监管，持证收购，规范经营。2011 年生鲜乳三聚氰胺检测合格率继续保持 100%，全市机械化挤奶率达到 100%。

【良种补贴】2011 年全市共改良各种牛群 3 618 头，补贴冷冻精液 11 600 剂。

【政策法规】为推进奶业发展，按照《全国奶业发展规划（2009—2013 年）》、《市人民政府关于促进畜禽产业持续健康发展的意见》（武政〔2008〕38 号）和《市人民政府批转市农业局市财政局关于支持我市现代都市农业发展补贴政策的实施意见的通知》（武政规〔2012〕12 号）文件精神。为建立全市奶产品的可追溯系统，本市先后制发了《生鲜乳生产技术规程》、《生鲜乳收购站管理技术规范》、《生鲜乳收购站标准管理现场审核标准》。

【质量监管】按照《乳品质量安全监督管理条例》、《湖北省乳品质量安全监督管理办法》文件精神，为保证全市奶制品安全，制定了相应检测质量管理机制，全年对 9 个生鲜乳收购站和生鲜乳运输车辆进行了抽样检查，全年共完成生鲜乳检测样品数 104 批次，未检出违禁物品，未发生质量安全事故。

武汉市畜牧科技推广站　谈宇晴　张冬升

黄 冈 市

【奶业概况】黄冈市位于鄂东大别山南麓、长江中游北岸，面积 1.74 万平方千米，具有南方农区的典型特征；管辖 11 个县市区，总人口 744 万人，其中农业人口 575 万人。自 2007 年内蒙古伊利集团落户黄冈以来，黄冈市委、市政府举全市之力，强力推进奶牛产业发展，全面推行奶牛规模化、集约化、标准化牧场养殖模式。全市奶牛产业从无到有，养殖规模从小到大，逐步发展成为农业农村经济的支柱产业，初步建设形成了湖北地区最大的奶源基地和乳品加工基地。

【奶类生产】2011 年，黄冈市奶牛存栏 3.8 万头，全部为荷斯坦奶牛，分布在市域内 11 个县市区。自 2007 年内蒙古伊利集团落户黄冈、2008 年国家实施奶牛良种补贴项目，黄冈地区的现代化大规模奶牛养殖基地逐步建成达标投产，全区奶牛存栏和奶产量呈现不断增长的趋势。2011 年全年鲜奶总产量达到 8.48 万吨，产值 3.56 亿元，占畜牧业总产值比重 2.2%。全市原奶收购统一执行生乳国家标准（GB 19301—2010），乳品企业收购均价达到 4.2 元/千克。

【乳品加工】黄冈伊利乳业有限责任公司累计投资 13.57 亿元，占地面积 20 公顷，总建筑面积 7.98 万平方米。建成了日产 1 200 吨超高温奶、日产 280 吨冷饮和日产 300 吨 PET 无菌瓶装饮料等共计 29 条生产线，年加工鲜奶能力达到 40 万吨。主要产品有：雪糕、冰棒、冰淇淋以及原味儿童乳饮料、水果味伊利优酸乳、原味果之优等 60 余种产品。2011 年，黄冈伊利实现加工产值 16.6 亿元，销售收入 15 亿元。

【奶源基地】2011 年，黄冈市共建设千头以上规模的奶牛牧场 31 个，其中建成投产的有 27 个。饲养方式以散栏饲养为主，拴系式为辅，规模化养殖占 100%。在已建成的 27 个奶牛牧场中，5 000 头规模以上的牧场 3 个，存栏奶牛 13 990 头，占总存栏数 36.8%；3 000

头规模的牧场1个，存栏奶牛2 300头，占总存栏数6%；2 000头规模的牧场2个，存栏奶牛4 218头，占总存栏数11.1%；1 000头规模的牧场21个，存栏奶牛17 490头，占总存栏数46%。牧场生产的生鲜奶，全部供应给黄冈伊利乳业有限责任公司。

【奶牛改良】黄冈市牧场饲养的奶牛品种主要是荷斯坦奶牛，全部采用国家良种补贴冻精配种。2011年，全市使用上海奶牛中心优质奶牛冻精33 000支，企业自行采购的优质奶牛冻精约7 000支，奶牛良种冻精覆盖率100%。部分牧场引进娟珊牛冻精，开展了奶牛杂交改良试验。2011年，全市利用娟珊牛冻精配种的荷斯坦奶牛达到100多头。

【饲草饲料】黄冈市奶牛青粗饲料主要为青贮玉米、青贮小麦、东北羊草和进口苜蓿。2011年，全市配套种植专用青贮玉米1 333公顷，一年内种植两茬。牧场一般没有大片土地种植青饲料，主要是依托周边农民专业合作组织，采取订单合同形式，实行土地连片种植，建立青贮玉米产销对接模式。季节性青饲料主要是红薯藤、花生禾、包菜、萝卜、南瓜等，这些农副产品均被用作奶牛青饲料。

【奶站监管】黄冈市每个牧场均有自建的现代化挤奶大厅，形成了特有的“一场一厅（站）”监管模式，全市机械化挤奶率实现了100%。生鲜乳直接进入冷链贮藏，由伊利物流公司专用冷藏运奶车直接运送到加工园区。市级动物卫生监督机构负责牧场生产环节质量监管，严格实行生鲜乳收购许可证和生鲜乳运输车辆管理制度，与牧场业主签订了重大动物疫病防控和生鲜乳质量安全承诺书，规范填写收购记录、检测记录、销售记录和生鲜乳交接单，建立了产品可追溯机制。2011年，共抽检200多个生鲜乳样品和运输车辆生鲜乳样品50个，经省畜禽产品检测中心检测全部合格。

【示范牧场】2011年，黄冈市按照农业部开展畜禽养殖标准化示范场创建的部署，组织全市奶牛牧场，深入开展了以“畜禽良种化、养殖设施化、生产规范化、防疫制度化、粪污无害化”为内容的示范牧场创建活动。全市通过验收达标的部级奶牛标准化示范场3个，省级奶牛标准化示范场5个。2011年，伊利集团在黄冈投资建设的两个5 000头规模的示范奶牛牧场相继投产，存栏的奶牛分别从澳大利亚和新西兰引进。其中，麻城伊利牧场占地67公顷，总投资3亿元，存栏优质奶牛4 600头；武穴伊利牧场占地54公顷，总投资2.5亿元，存栏优质奶牛3 000头。

【扶持政策】黄冈市政府为推进奶业发展，先后制定出台了《黄冈市扶持奶牛养殖业发展的若干规定》、《黄冈市扶持奶牛养殖业发展财政奖补资金管理办法》、《黄冈市奶牛牧场“三达标一示范”实施方案》等系列文件。地方政府主要扶持政策有：一是奶牛牧场建设奖补政策，对每个建成的千头奶牛牧场，市、县两级政府分别给予奖补资金100万元；二是政府负责牧场“三通一平”，由政府出资为新建牧场通水、通电、通路和平整场区土地；三是伊利公司为奶牛牧场提供借款扶持，对每个建成投产的牧场提供无息借款100万元，分10年偿还；四是政府提供贴息贷款扶持，对投产的奶牛牧场，由政府贴息并协调金融部门给予300万元贷款；五是扶持鼓励农民种植奶牛饲料，对种植专用青贮玉米的农户按每亩给予100元补贴；六是实行生鲜奶最低保护价政策，在市场奶价低于最低收购保护价时，启动最低保护价制度，保护牛场利益。

湖北省黄冈市畜牧局　金本华

湖　南　省

【奶类生产】2011年，湖南省奶牛存栏27 652头，品种为荷斯坦奶牛，其中成母牛14 970头，原料奶总产量80 916吨，平均单产5 405千克。与2010年相比，奶牛存栏数减少2 930头，原料奶产量减少1 420吨。奶山羊存栏2 300只，其中成年奶山羊1 800只，羊奶总产438吨，平均单产243千克。奶类生产主要分布在9个地级市56个县（区）。其中主要奶源基地——邵阳市城步县奶牛存栏16 300头，占全省的58.9%；常德市存栏6 968头，占25.2%；长沙市存栏2 185头，占7.9%，三市总存栏数占全省的92%。奶山羊分布在娄底市的冷水江市。全省共有生鲜奶收购站10个，同比减少2个，年度收购生鲜奶47 660吨。2011年全省生鲜乳平均收购价格为3.40元/千克，其中规模场奶价平均达3.60元/千克，散养户奶价平均为3.20元/千克，泌乳牛年均效益为2 000～3 000元/头，牛奶价格及养殖效益相对比较稳定。

【乳品加工】2011年，湖南共有乳品加工企业12家，其中奶粉生产企业有湖南亚华乳业控股有限公司、湖南南山食品有限公司以及澳优乳业有限公司；生产液态奶的企业有湖南亚华乳业控股有限公司、长沙旺旺集团、株洲高科奶业经营有限公司（太子奶）、湖南光明乳品公司、湖南阳光乳业股份有限公司、湖南优密科技有限公司等9家企业。生产经营的主要奶粉品牌包括“南山”、“倍慧”、“南仔”、“澳优”，液态奶品牌有“宾家乐”、“太子奶”、“旺仔”、“派派”、“金健”、“优蜜”等。2011年，湖南的干乳制品总产28 821吨（其中奶粉25 318吨，炼乳3 500吨），液态乳总产146 177吨（其中UHT奶99 571吨，巴氏杀菌乳14 841吨，酸奶31 702吨），含乳饮料67 420吨。全省乳品销售收入40.6亿元，利税总额12亿元。加工处理生鲜奶10.6万吨，年末从事乳品加工行业3 400人左右。

【市场消费】经湖南各市州调查队结果抽样统计，2011年湖南省城镇居民人均奶制品（折合成原料奶）消费量20千克左右，农村居民人均奶制品（折合成原料奶）消费12千克左右。

【奶源基地】2011年湖南省奶牛存栏规模49头以下的有1 132个场（户）、50～99头的有59个场（户）、100～499头的有7个场（户）、1 000头以上4个场

(户)。生鲜乳收购站达 10 个，其中政府、企业合建的 9 个，合作社建设 1 个。生鲜乳运输车辆 12 台，机械化挤乳率达到 100%。

【饲草饲料】湖南奶牛主要饲草饲料是干稻草、青贮玉米秸秆、天然草场资源和人工牧草。省内城步县南山牧场有天然草山草坡 23 万余亩，主要用于奶牛放牧；另外，全省人工种植牧草面积约 6 000 亩，主要牧草品种有桂牧一号、矮象草、牛鞭草、黑麦草。此外，规模化牛场采购部分羊草、国内外的苜蓿草和燕麦草。精补料均用配合精饲料，其中 55%为牧场自行采购原料配制，45%为购买的全价配合饲料。

【疫病防治】全省各级动物疫病防检部门全力抓好奶牛疫病防控工作，100%的奶牛养殖场（户）开展了奶牛“两病”检疫工作，按要求定期注射疫苗，无重大疫病发生。

【良种补贴】湖南省制定了奶牛良种补贴项目实施方案，各区、县广泛宣传贯彻奶牛良种补贴政策，组织奶农申报并积极参与项目。举办了三期全省牛品改良培训班，培训学员 250 人次。2011 年全省采购良补冻精 4.8 万剂，对能繁母牛进行品种改良，良种改良覆盖率达 100%。同时在规模牧场推广应用性控冻精技术，加快了标准化优良品种的培育、扩繁和普及步伐。为加快推进奶牛群体改良，建立了奶牛生产性能测定实验室，并承担了测定任务，2011 年对 6 个规模奶牛场开展测定，参测奶牛达 6 500 头，为规模化牛场品种改良提供技术支持。

【政策措施】为加强奶业组织建设，湖南省成立了由各级畜牧水产局专职人员组成的管理小组，负责组织指导各地原料奶的生产管理。在乳品企业产品质量方面，湖南省质量技术监督局颁发生产许可证，不定期对产品进行抽检。制定和下发了《生鲜乳违禁物质专项整治方案》和《2011 年湖南省生鲜乳违禁添加物专项监管计划》。主要奶源基地制定了地方原料奶收购保护价并实施了地方财政补贴政策，如城步县奶源最低收购价为 2.5 元/千克，县财政补贴 0.2 元/千克；常德市最低收购价 3.5 元/千克。

【质量监管】一是加强奶站和运输车辆的监管：湖南省畜牧水产局和有关市州畜牧水产局组成生鲜乳质量安全检查小组，分别在 4 月份、11 月份共 2 次现场检查了全省生鲜乳收购站和生鲜乳运输车辆，严格按照农业部《生鲜乳收购站标准化管理现场检查内容和判定标准》和《生鲜乳运输车现场检查内容和判定标准》，逐项检查评定，提出整改意见。通过检查，10 个生鲜乳收购站全部由县级畜牧主管部门核发了《生鲜乳收购许可证》，7 辆生鲜乳运输车均随车持有《生鲜乳准运证》和《生鲜乳交接单》，所有生鲜乳收购站和生鲜乳运输车达标，对个别生鲜乳收购站制度不完善，设施没及时维修，检查组提出了整改意见。2011 年，全省生鲜乳质量安全工作出动执法人员 2 120 人次，检查奶站 45 个次，检查生鲜乳运输车辆 28 辆次。所有生鲜乳收购站全部派驻专业人员实施生鲜乳质量监管，实行乳品加工企业与监管部门双层把关，做到站站有人管，监管任务到人，监管责任到人。二是强化生鲜奶质量安全监督：湖南省畜牧水产局根据农业部《关于开展 2011 年生鲜乳质量安全监测工作的通知》精神，开展了生鲜乳质量安全专项整治工作，分别在 3 月和 8 月对长沙、邵阳、常德、湘潭四个奶业产区进行了两次生鲜乳质量安全监测工作，对所有奶站和运输车辆进行了二次抽样，抽检生鲜乳样品 66 批次，其中农业部任务 33 批次，省任务 33 批次，生鲜乳收购站 40 批次，运输车辆 26 批次，超额完成农业部和省任务的 10%。所检生鲜乳样品三聚氰胺、皮革水解蛋白、碱类物质、硫氰酸钠、β-内酰胺酶，合格率 100%。

湖南省奶业协会　刘海林　伍佰鑫

广　东　省

【奶类生产】2011 年，广东省奶牛存栏 6.98 万头（其中，荷斯坦奶牛 6.18 万头，挤奶水牛 0.8 万头），分布全省 17 个地级市，其中奶牛存栏在 0.5 万头以上的有广州、惠州、清远、深圳、肇庆和珠海 6 市，奶牛存栏 5.54 万头，约占全省奶牛存栏总量的 79.4%。全省牛奶总产量 15.6 万吨（其中荷斯坦奶牛产 14.95 万吨，奶水牛产 0.65 万吨），成母牛平均单产：荷斯坦奶牛 4.9 吨/年，奶水牛 2.14 吨/年。生鲜乳购销全部实行“订单生产”，并实行优质优价，2011 年全省生鲜乳购销价在 4 650～5 100 元/吨之间，平均购销价 4 900 元/吨。生鲜乳各项指标要求均高于现行国家标准要求，其中：粗蛋白质含量全部要求在 2.95%以上，大部分在 3.05%～3.20%之间，有的高达 3.5%以上；菌落数全部在 20 万以下，大多数在 2 万～5 万之间。

【乳品加工】广东省加工乳制品的企业有 26 家，其中内资企业 20 家，外资企业 5 家，合资企业 1 家，日加工鲜奶能力总计达到 3 294 吨。规模乳品企业的主要产品类别和产量见表 4－33。

【市场消费】广东省 2011 年城镇居民各种乳制品消费量：鲜奶 8.3 千克/人，奶粉 0.78 千克/人，酸奶 1.7 千克/人；农村居民乳制品消费量为 0.58 千克/人，鲜奶购买量 0.19 千克/人。随着经济的不断发展和人民生活水平的不断提高，奶类产品的消费量呈现上升趋势。

【奶源基地】广东省奶牛品种主要为荷斯坦牛。近年来，为了减轻热应激，提高牛奶质量，有部分奶牛养殖场开始利用娟姗牛改良荷斯坦奶牛。据省畜牧部门统计，全省荷斯坦奶牛存栏在 100 头以上的有 90 户，存栏奶牛 52 012 头，占 84.2%；规模在 200 头以上的有 56 户，存栏奶牛 48 270 头，占 78.2%；规模在 500 头以上的有 20 户，存栏奶牛 40 380 头，占 65.4%；规模在 1 000 头以上的有 19 户，存栏奶牛 33 216 头，占 53.8%。全省挤奶水牛养殖规模在 20 头以上的有 65 户，存栏奶水牛 3 536 头，奶水牛比重占 43.7%；规模在 100

头以上的有 6 户，存栏奶水牛 1 130 头，占 14%；200 头以上的有 2 户，存栏奶牛 509 头，占 6.3%。

【奶站管理】全省有奶站 46 个，主要分布在广州、惠州、清远、佛山、深圳、珠海、肇庆等市，全部为乳制品生产企业或奶畜养殖场开办，全部实行持证经营。

【良种补贴】广东省自 2008 年开始实施奶牛良种补贴，2008～2011 年四年间，全省共实施奶牛良种补贴任务 12.6 万头（其中荷斯坦奶牛 11.3 万头，挤奶水牛 1.3 万头）。

【饲草饲料】广东省荷斯坦奶牛青贮饲料主要是玉米秸秆、华南象草和杂交狼尾草等，也有少部分为青贮玉米。青干草，特别是优质豆科干草全部靠外调或进口。广州珠江奶牛有限公司和广州市华美牛奶公司等单位从 2003 年开始采用 TMR 饲喂技术，取得了显著的效果和效益，但目前全省采用 TMR 技术的奶牛场的比例还比较小。而对于奶水牛，则几乎全部采用农作物秸秆和杂草饲喂，几乎没有采用 TMR 技术喂养奶水牛。饲料质量和饲喂技术是制约广东省奶牛生产性能提高的主要因素之一。

【疫病防控】广东省奶牛的主要疫病以乳房炎为主，其次为蹄病及子宫炎，治疗这些疾病所用的药物均采用国务院 235 号文中所规定的兽用药物。凡已使用药物的牛只，停药且过休药期后，逐头采集奶样进行抗生素残留检测，呈阴性者方可进入挤奶厅挤奶，确保所生产的牛奶为无抗奶。牛场防疫及环境消毒中所使用的药物有烧碱、液氯、漂白粉、菌毒灭、聚维酮碘等，并对各种消毒药物进行交叉使用，防止产生耐药性。

【扶持措施】

1. 开展奶牛良种补贴。2011 年全省共实施荷斯坦奶牛良种补贴 3.5 万头，全面完成国家下达任务指标；实施奶水牛良种补贴 1 888 头，完成国家下达任务的 37.8%。其原因：一是奶水牛能繁母牛存栏量逐年降低，2011 年底，全省挤奶水牛能繁母牛存栏只有 7 358 头。二是由于奶水牛饲养仍以小型分散为主，接受人工受精的意愿低，紧迫性不强。三是奶水牛人工受精技术难度大，人工授精率低。四是缺乏必要的工作经费，基层畜牧技术推广部门缺乏必要的技术和设备储备。

2. 开展优质后备母牛饲养补贴。为稳步扩大优质奶牛后备资源，全面提升奶牛生产能力，促进广东省奶业又好又快发展，根据《国务院关于促进奶业持续健康发展的意见》（国发〔2007〕31 号）关于“对享受奶牛良种补贴改良后的优质后备母牛给予一次性补贴，每头补助 500 元；中央财政对中西部地区给予补助，东部地区补贴由地方财政负担”的精神，2011 年广东省对实施 2008 年度国家奶牛良种补贴项目后的优质后备母牛养殖者给予补贴 500 元/头。其中，对于珠江三角洲经济发达地区，补贴资金由地方各级财政负责；对东西两翼和粤北山区经济欠发达地区，省财政给予补助 60%，地方各级财政负责 40%。2011 年，全省共实施优质后备母牛饲养补贴 11 268 头，发放补贴资金 563.4 万元，其中省级财政补助 154.3 万元，地方各级财政补助 409.1 万元。

3. 实施奶牛场改扩建项目。2011 年，在国家发展改革委的大力支持下，广东省对奶牛存栏在 300 头以上且符合环保要求的 7 家奶牛养殖场实施改扩建，共投入改扩建资金 1 020 万元。

4. 开展奶牛标准化建设。2011 年，广东省奶牛标准化规模养殖工作又取得了新的进展，其中肇庆市鼎湖温氏畜牧有限公司奶牛场和英德市九龙镇安兴奶牛场分别被列为农业部标准化畜禽示范场。

5. 开展奶牛生产性能测定。在农业部的大力支持下，2011 年广东省继续实施奶牛生产性能测定项目，顺利完成了农业部下达的 3 500 头奶牛生产性能测定任务。

【质量管理】广东省以实施 2011 年生鲜乳质量安全监测计划为契机，组织农业部饲料质量监督检验测试中心（广州）对全省各市进行细致的抽样检查，全年共抽样 80 批，其中生鲜乳收购站环节抽样 57 批，运输车环节抽样 23 批，对 80 份样品均检测三聚氰胺，合格率为 100%；对其中的 39 份样品检测皮革水解蛋白和碱类物质，合格率为 100%；对其中的 30 份样品检测硫氰酸钠及β-内酰胺酶，合格率为 100%。

广东省奶业协会　陈三有

附：

表 4-33　广东省规模乳品加工企业生产销售情况

企业名称	原料奶收购量（吨）	原料奶收购价（元/千克）	巴氏杀菌乳生产量（吨）	UHT 奶生产量（吨）	酸奶生产量（吨）	奶粉生产量（吨）	其他乳品生产量（吨）	年销售额（万元）	年利润（万元）
广东燕塘乳业股份有限公司	28 211	4.8	14 547	11 391	5 708	0	55 599	64 903	6 222
广州风行牛奶有限公司	11 560	5.1	11 534	13 109	2 832	0	2 887	26 749	549
深圳市晨光乳业有限公司	25 000	5	12 589	34 334	14 383	0	3 096	50 154	−260

广西壮族自治区

【奶类生产】2011年广西奶牛年末存栏7.75万头，增长12.52%，其中能繁母牛存栏4.96万头，增长17.03%，奶产量8.88万吨，增长8.29%。其中：荷斯坦奶牛存栏1.77万头，能繁母牛1.25万头，分别增长3.60%和7.62%；奶水牛存栏5.98万头，能繁母牛3.71万头，分别增长15.46%和20.57%。荷斯坦奶牛奶产量6.52万吨，水牛奶产量2.36万吨，分别比上年增加5 997吨、1 014吨，增长14.77%、4.48%。2011年广西奶类产值为4.14亿元。

广西荷斯坦奶牛已形成以南宁、柳州、来宾、贵港、防城港五市为中心的产区，2011年荷斯坦奶牛存栏1.50万头，占广西荷斯坦奶牛总数的84.55%；奶水牛已向规模场或小区养殖方向发展，形成了以钦州、北海、玉林、南宁、来宾五市为主体的奶水牛产区，2011年主产区奶水牛存栏5.68万头，占广西存栏总数的94.94%；养殖奶水牛的农户达16 013户，占广西养殖总数17 306户的92.52%；存栏50头以上的规模养殖场（小区）47个，共有存栏牛20 499头，占广西存栏总数的34.25%。

2011年荷斯坦奶牛奶收购价格3.6元/千克，水牛奶价格7.6元/千克。

【乳品加工】2011年广西21家乳制品生产企业有14家通过审核，通过率为66.7%，主要产品为巴氏杀菌乳、灭菌乳和乳饮料。已经通过重新审核的14家乳制品企业是：广西皇氏甲天下乳业股份有限公司、广西石埠乳业有限公司、南宁童乐乳业有限公司、广西大学农大食品厂、广西壮牛乳业有限公司、广西畜牧研究所乳品厂、广西灵山百强水牛奶乳业有限公司、广西柳州三元天爱乳业有限公司、柳州市康小乐牛奶有限公司、广西皇氏甲天下乳业股份有限公司来宾分公司、北海贝因美食品营养有限公司、合浦南国乳品厂、广西玉林市桂牛水牛奶业有限公司、崇左市天添乳品厂。

2011年，广西14家乳品加工企业日加工能力为720吨，实际日加工为410吨。其中，加工水牛乳制品的企业主要有广西皇氏甲天下乳业股份有限公司、广西壮牛乳业有限公司、广西灵山百强水牛奶乳业有限公司。2011年实际加工水牛奶产品4.0万吨，主要有巴氏消毒奶、酸奶、UHT奶、乳饮料等系列20多个品种，包装有瓶装、杯装、袋装、听装和利乐包装等，部分产品和奶酪远销中国香港、北京、上海等地。

【市场消费】2011年广西总人口4 675万人，奶产量8.88万吨，人均奶类占有量为1.90千克。广西乳制品企业仍然以巴氏杀菌乳生产销售为主，巴氏杀菌乳分荷斯坦奶牛奶及水牛奶两大块。水牛奶由于其稀缺性特点，零售价与终端价大约是普通牛奶的2倍。目前广西市场直销入户主要产品为200ml瓶装系列巴氏杀菌乳，根据产品类型单价在2.5～3.5元之间。

UHT产品主要分为标准砖和利乐包产品，利乐包产品主要以普通牛奶为主，规格为200ml，价格2～3元区间。标准砖产品规格200～250ml，普通牛奶2.5～3元，水牛奶产品价格在3.5～4.0元，高端水牛奶产品200ml价格8元。

酸奶产品主要为袋装、杯状及碗装产品，产品规格在100～200ml区间，价格3～4.5元。

【奶源基地】2011年广西存栏奶牛100头规模以上的奶牛养殖小区（场）共68个，存栏奶牛34351头。主要有荷斯坦奶牛、奶水牛和娟姗牛。其中钦州市28个、南宁市23个、来宾市4个、玉林市3个、柳州市3个、贵港市2个、百色市2个、北海市1个、防城港市1个、桂林市1个。存栏规模100～300头的小区（场）21个，300～500头规模20个，500～1 000头规模22个，1 000头规模以上5个；属于奶企自建的奶牛养殖小区（场）共20个，专业合作社的33个，个体15个。见表4-34：

表4-34 2011年广西奶牛存栏100头以上规模化养殖企业（小区）情况表

序号	企业（小区）名称	养殖品种	存栏量（头）	单产水平［千克/（年·头）］
1	广西皇氏乳业有限公司上思基地	荷斯坦	1 116	6 200
2	广西农垦金光乳业公司奶牛场	荷斯坦	907	5 000
3	柳州市三元天爱奶业有限公司鹧鸪江奶牛场	荷斯坦	454	5 500
4	柳州市三元天爱奶业有限公司羊角山奶牛场	荷斯坦	374	5 500
5	广西皇氏乳业有限公司来宾基地	荷斯坦	1 987	5 630
6	广西皇氏乳业有限公司五塘基地	荷斯坦	280	5 000
7	南宁市童乐乳业公司红星基地	荷斯坦	792	5 000
8	南宁市石埠原国营奶牛场二队（皇氏基地）	荷斯坦	927	4 300
9	广西皇氏乳业有限公司桂平基地	荷斯坦	1 000	未生产
10	广西贵港市西江农场奶牛场	荷斯坦	336	6 200

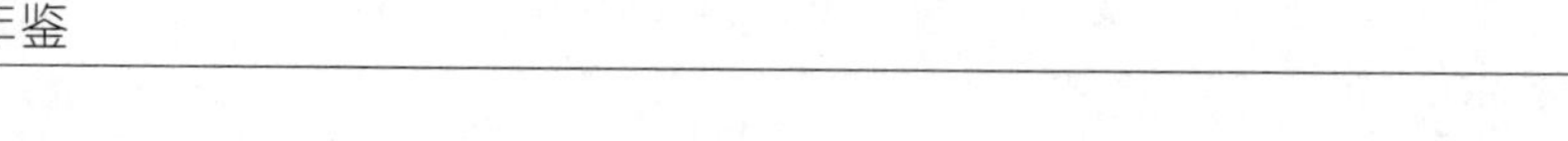

（续）

序号	企业（小区）名称	养殖品种	存栏量（头）	单产水平［千克/（年·头）］
11	广西石埠奶牛场三队（皇氏基地）	荷斯坦	675	4 718
12	南宁市多乐奶牛场	荷斯坦	901	5 208
13	广西皇氏乳业横县辉兴奶牛场	荷斯坦	906	4 700
14	广西大学奶源十八基地（隆安县）	荷斯坦	117	4 600
15	广西畜牧研究所奶牛场	荷斯坦	308	5 500
16	南宁市红星公司奶牛场（皇氏基地）	荷斯坦	322	4 500
17	柳州市新环球奶牛场（康小乐）	荷斯坦	208	5 000
18	南宁市那马雄牛公司（皇氏基地）	荷斯坦	200	5 000
19	广西皇氏乳业有限公司沙井基地	荷斯坦	371	5 000
20	广西大学动科院奶牛场	荷斯坦	181	5 000
21	广西大学奶源十基地	荷斯坦	312	4 500
22	广西大学奶源六基地	荷斯坦	175	4 500
23	广西大学奶源二基地	荷斯坦	252	4 500
24	广西奥科乳业有限公司（皇氏基地）	荷斯坦	220	4 000
25	广西百色壮牛牧业有限公司	荷斯坦	306	4 000
26	广西皇氏乳业武宣县杨才杰奶牛场	荷斯坦	107	5 600
27	广西皇氏乳业南宁市江南根竹基地	荷斯坦	980	6 000
28	合浦东园奶水牛养殖场	奶水牛	2 176	1 650
29	广西水牛研究所牛场	奶水牛	1 205	1 800
30	广西金光奶水牛场（皇氏基地）	奶水牛	300	1 666
31	广西皇氏乳业来宾市兴宾区奶水牛场	奶水牛	465	1 360
32	宾阳马潭月嫦良种奶水牛畜牧有限公司（皇氏基地）	奶水牛	504	1 700
33	广西皇氏乳业有限公司五塘基地	奶水牛	230	1 600
34	南宁市那马雄牛公司（皇氏基地）	奶水牛	300	1 800
35	桂林香巴拉公司	奶水牛	424	1 500
36	横县周进村奶水牛养殖场	奶水牛	126	1 050
37	武宣县旧县村二区（皇氏基地）	奶水牛	118	1 950
38	广西百色壮牛牧业有限公司	奶水牛	172	1 600
39	广西玉林市桂牛水牛奶业有限公司	奶水牛	594	1 600
40	北流市梁家愉奶水牛场（皇氏基地）	奶水牛	130	1 700
41	北流市刘单杰奶水牛场（皇氏基地）	奶水牛	104	1 800
42	钦州市灵山县文利镇南城村小区（4 个）（皇氏基地）	奶水牛	2 072	1 933
43	钦州市灵山县文利镇文利村小区（3 个）（皇氏基地）	奶水牛	1 628	1 907
44	钦州市灵山县文利镇驿面村小区（皇氏基地）	奶水牛	684	1 853
45	钦州市灵山县文利镇黎头村小区（2 个）（皇氏基地）	奶水牛	835	1 867
46	钦州市灵山县文利镇香山村小区	奶水牛	563	1 851
47	钦州市灵山县文利镇甲叉村小区	奶水牛	726	1 871
48	钦州市灵山县文利镇东埇村小区（皇氏基地）	奶水牛	652	1 847
49	钦州市灵山县文利镇升平村小区	奶水牛	112	1 718

（续）

序号	企业（小区）名称	养殖品种	存栏量（头）	单产水平［千克/（年·头）］
50	钦州市灵山县伯劳镇盘山小区（2个）（皇氏基地）	奶水牛	886	1 738
51	百强乳业在佛子镇的高岭第二养殖基地	奶水牛	242	1 941
52	百强乳业在佛子镇的高岭养殖基地	奶水牛	768	1 880
53	百强乳业在灵城镇的帽岭第二养殖基地	奶水牛	253	1 877
54	百强乳业在灵城镇的帽岭养殖基地	奶水牛	1 547	1 901
55	钦州市灵山县伯劳镇六槛村小区（皇氏基地）	奶水牛	516	1 750
56	钦州市灵山县伯劳镇伯劳村小区（皇氏基地）	奶水牛	489	1 740
57	钦州市灵山县三隆镇金西村小区	奶水牛	391	1 551
58	钦州市灵山县丰塘镇平岭小区	奶水牛	306	1 550
59	钦州市灵山县佛子镇大坡小区	奶水牛	338	1 570
60	钦州市灵山县檀圩镇村委小区	奶水牛	336	1 563
61	钦州市灵山县新圩镇梯始小区	奶水牛	317	1 558
62	广西壮牛公司钦州奶水牛场	奶水牛	108	1 000
	合计		35 331	

【奶站管理】2011年全区持有生鲜乳收购许可证的生鲜乳收购站共32个。其中南宁市16个、钦州市5个、柳州市3个、来宾市2个、北海市1个、防城港市1个、贵港市1个、玉林市1个、崇左市1个、桂林市1个。已核发的生鲜乳运输许可证34个，生鲜乳运输车共28辆。2011年广西各级畜牧部门把打击生鲜乳中添加违禁物质的违法行为作为工作重点，严格按照中央和自治区有关文件精神与要求抓好生鲜乳收购站整治工作。从各地抽检情况看，所有抽检生鲜奶样品和奶牛场（户）自配饲料样品都未发现有三聚氰胺等有害物质，生鲜乳中三聚氰胺检测合格率100%，奶牛场（户）自配饲料中三聚氰胺检测合格率100%。

【良种补贴】2011年广西认真抓好奶牛良种补贴工作。主要把好两关：一是建立健全奶牛（荷斯坦奶牛和奶水牛）系谱档案和耳标制度，核查核准补贴牛数；二是开展种公牛（主要是奶水牛）的遗传评估工作，加快种公牛后裔测定的进程，核查核准补贴种公牛数和冷冻精液补贴数。逐渐做到凡不经过遗传评估的种公牛不再纳入补贴范围，凡不建立系谱档案和耳标制度的也不纳入补贴范围。2011年共补贴荷斯坦奶牛15 000头、45万元（每头补贴30元，实际是每头补贴冻精30元，即2支冻精），奶水牛280 000头、560万元（每头补贴20元，实际是每头补贴冻精20元，即2支冻精）。

【饲草饲料】广西有草山草坡9 700万亩，适宜各种牧草和植物生长，还有1 700多万亩可轮种牧草的冬闲田，800多万亩可套种牧草的果园，每年种植业可出产4 000多万吨的农作物副产品，其中甘蔗叶、尾梢生产季节与枯草期同季，互补性很强。2011年广西从五个方面抓好粗饲料开发工作。一是大力发展高产优质专用牧草料基地，逐步建成三元种植业结构；二是发展冬闲田种植一年生黑麦草，确保饲草的季节平衡；三是大力发展果园间套种豆科牧草，优化饲草供给结构，防止水土流失；四是科学利用玉米秆、甘蔗叶、菠萝渣、酒糟等优质副产品，提高资源利用水平和农业效率；五是部分的优质干草从北方地区调进。全年广西奶牛养殖小区（场、户）累计种植桂牧1号等优良牧草3万多亩，桂牧1号平均亩产达1.5吨，农作物副产品利用率约10%。

【疫病防控】2011年广西认真抓好奶牛疫病防控工作。一是根据国务院关于兽医体制改革的要求，进一步健全和充实加强自治区—市—县—乡四级动物防疫监督机构；二是进一步加强动物防控体系的基础设施建设，重点是自治区级的动物疫情收集分析、汇总、预警、预报的计算机系统和疫情信息库、动物疫病（主要是口蹄疫、结核病、布氏菌病）诊断、检测系统、生物安全实验室；市县级的二级生物安全实验室、疫苗储藏冷库、无害化处理场、乡镇防疫机构的办公用房、疫苗储藏冷柜、冷藏包、金属注射器、消毒器械、通信交通工具等。加强省际间公路动物防疫监督站基础设施的建设，使其真正发挥作用。三是大力开展牛病的防治工作，大力宣传、普及牛病的防治技术，加强牛病的监测，定期开展牛病免疫、消毒工作，加强区外、境外牲畜及其运输车辆进入我区的管理，严防疫情传入。果断处置口蹄疫、结核病、布氏菌病等重大疫情。由于措施到位，2011年广西奶牛养殖业无重大疫情发生。

【政策法规】经广西壮族自治区人民政府同意，广西农业产业化联席会议办公室于2011年5月19日印发了《广西奶水牛产业优先发展规划大纲（2010—2015

年）》。该大纲提出广西奶水牛产业发展目标为：2015年，杂交母水牛存栏量达到40万头，其中产奶杂交母水牛达到20万头，平均单产达到1.5吨，水牛奶总产量力争达到30万吨。2015年奶水牛产业总产值力争达到100亿元，比2010年奶水牛产业总产值7.56亿元增加92.44亿元。

全面实施“龙头带动，技术支撑；重点突破，分步建设；整体推进，稳步发展”的框架布局。“十二五”期间，重点做大做强规模企业品牌，带动建成南宁、钦北防、玉林贵港、百色市、来宾市五大水牛奶主产区，到2015年形成区域优势明显的广西奶水牛产业大格局。

1. 种子工程布局。一是扩建自治区畜禽品种改良站，新建柳州、百色、贺州3个省级种公牛站分站。二是在广西水牛研究所建设1个河流型水牛育种基地，1个胚胎移植受体基地。

2. 杂交牛饲养供给基地。在兴宾区、武宣、柳城、宾阳、上林、北流、容县、港北区、港南区、富川、苍梧、灵山、合浦、浦北、防城区、东兴、上思、横县、武鸣、邕宁、钦南区、田阳、江洲区、临桂等县（市、区）建设牛品种改良基地和杂交牛规模饲养基地。

3. 奶源基地布局。在杂交牛饲养供给基地的基础上，建设一批以适度规模养殖为基础的水牛奶奶源生产基地。

4. 加工企业布局。在水牛乳品加工基础较好的地区，培育至少1家年产值超10亿元的大型奶制品加工龙头企业。在重点奶水牛养殖区域，培育和引进一批大、中型特色水牛奶加工企业。通过有计划地重点扶持和建设，增强乳品加工企业辐射带动能力，逐步形成以大型企业为主体，中型或特色加工企业为辅的产业格局。

【质量监管】2011年广西在生鲜乳质量监管方面，一是加强领导，进一步落实生鲜乳质量安全责任。根据有关文件要求制定并印发了《广西生鲜乳质量安全专项工作实施方案》（桂渔牧发〔2011〕4号），要求各级畜牧兽医部门在当地政府领导下，按照属地管理原则，明确监管的目标、任务和责任，建立健全相关工作机制，组织专门力量，明确分工，责任落实到具体单位、具体环节和个人。同时，要求各地进一步规范生鲜乳生产、收购和运输行为，加大生鲜乳和奶畜饲料抽检覆盖面和频次，依法严厉打击奶畜养殖、生鲜乳收购和运输环节违法添加三聚氰胺等违禁添加物的行为，明确了“生鲜乳收购站检查率达到100%，生鲜乳三聚氰胺抽检合格率达到100%，生鲜乳和奶畜饲料质量安全违规查处率达到100%”的工作目标。二是严格生鲜乳收购运输许可管理，建立信息动态管理和月度跟踪制度。各地畜牧兽医主管部门本着“谁许可、谁监督、谁负责”的原则，严格审核生鲜乳收购站资质条件，确保只对取得工商登记的乳制品生产企业、奶畜养殖场、奶农专业生产合作社发放生鲜乳收购许可证，确保获证收购站达到《乳品质量安全监督管理条例》“五有一符合”的规定。对生鲜乳运输车辆按照《生鲜乳生产收购管理办法》（农业部令2008年第15号）的规定，从贮奶罐材料材质、设计制造、清洗消毒状况、运输人员条件、交接单执行情况等方面逐条审核，确保只对符合条件的车辆发证。三是加强例行监测，提高安全意识。根据《2011年广西水产畜牧产品质量安全例行监测方案》要求，组织对南宁、柳州、桂林、钦州、北海、贵港、玉林、崇左等8个市的305个奶牛场（户）、32个生鲜乳收购站进行抽样检测，共完成监测任务428批（其中生鲜乳收购站123批），检测三聚氰胺、皮革水解蛋白、碱类物质和β-内酰胺酶，结果均符合规定。四是强化监督检查，严格检查标准。2011年，广西分别于4月和9月共组织开展两次广西生鲜乳收购站、生鲜乳运输车和规模奶牛场的拉网式检查，检查主要采取现场检查、现场抽取奶样进行检查，组成联合检查组，严格执行农业部制定的检查内容和按标准进行检查并现场填写检查表，并以文件形式通报检查情况，针对相关问题提出整改意见。两次拉网式检查，共现场检查生鲜乳收购站60个次（上半年28个，下半年32个），检查覆盖面达到100%；生鲜乳运输车辆56辆次（上、下半年各为28辆），检查覆盖面达到100%；现场抽样生鲜乳样品共64批（生鲜乳收购站56批样品，生鲜乳运输车8批样品），均未检出三聚氰胺、皮革水解蛋白、碱类物质等违禁物质。下半年重点检查规模奶牛场（10头以上）71个，其中全区已备案牛场共56个，备案牛场检查覆盖面达到100%。

2011年全区共检测生鲜乳596批，其中生鲜乳收购站179批、运输车8批、养殖户（场）409批，检测三聚氰胺、皮革水解蛋白、碱类物质、硫氰酸钠、β-内酰胺类、四环素类、β-内酰胺酶，检测结果全部合格。从两次拉网式检查和全年监测结果看，生鲜乳收购站、生鲜乳运输车以及规模奶畜养殖场均未发现有非法添加的行为，全年未发生生鲜乳和奶畜饲料质量安全事故，生鲜乳质量安全总体上是有保障的。

广西水产畜牧兽医局畜牧与饲料处

重 庆 市

【奶类生产】2011年底本地区存栏奶牛2.045万头，能繁母牛15 011头，牛奶总产量72 750吨，平均单产4.85吨。品种主要为荷斯坦奶牛，有少量的娟姗牛。主要分布在江北区、万州区、渝北区、垫江区、长寿区、北碚区、荣昌县等区县。按照城市发展规划，原奶牛养殖主产区因为城市开发，近郊二环以内为奶牛养殖限养区，奶牛养殖被迫逐步退出，2011年奶牛养殖呈下降趋势。

【乳品加工】2011年本地区有4个乳制品加工企业，乳制品日加工处理能力1 715吨，实际日加工处理能力618吨。2011年共生产各类乳制品22.34吨，销售收入15.97亿元，销售利润8 100万元。随着消费市场需求的扩大，本地乳品生产量也随之增加，2011年产量较2010年增长9.3%。为适应市场需求的变化，满足不同消费群体的需要，乳品生产企业以生产巴氏杀菌乳、酸牛奶、超高温灭菌奶为主，开发生产各类保健型、功能型等中、高端乳制品50余个品种。主要乳品企业生产量占全市生产量的90%以上。

【市场消费】2011年全市人均占有本地奶量2.5千克。全市城镇居民人均消费乳制品29.02千克，平均消费268.29元。其中消费巴氏杀菌乳16.14千克、奶粉0.75千克、酸奶4.49千克、其他乳制品3.13千克。农村居民人均消费乳制品3.62千克。随着消费者对乳制品营养价值的认知和经济水平的提高，乳品已成为老百姓每天生活的必需品，市场乳制品消费量将逐年增长，消费市场活跃。

【奶源基地】2011年本地区奶牛存栏100头以上的规模场28个，规模养殖比例52.5%。其中存栏100～199头规模场11个，占7.4%；存栏200～499头规模场8个，占11.6%；存栏500～999头规模场7个，占26%；1 000头以上规模场1个，存栏量占7.5%。今后重庆市奶业将向渝东南、渝西、“两翼”地区发展，养殖模式由农户分散饲养向规模牛场、养牛小区形式的专业化、规模化转变。

【奶站管理】2011年本地区22个收奶站，经审查全部合格，颁发了收奶许可证，全部持证经营。22个生鲜乳收购站，抽取了156批次的生鲜乳样品检测，进行三聚氰胺、β-内酰胺酶、皮革水解蛋白、碱类物质检测，所检样品全部合格，合格率100%。

【饲草饲料】由于本地区非粮食主产区，土地有限，粮食总产量低，奶牛饲料粮不能自给，青饲料缺乏，大型规模场主要从北方产粮区购进饲料粮自己加工生产配合饲料，在东北、甘肃购买苜蓿和羊草作为青粗饲料主要来源，种植黑麦草、牛鞭草、青贮玉米、黄竹草等牧草季节性供应。全市人工种草105万亩。

【品种改良】从2008年开始，重庆市实施了奶牛良种改良计划。用于品种改良资金来源于两方面：农业部的奶牛良补项目资金和市财政农业发展资金。2011年两项资金共111万元用于购买奶牛普通冻精和性控冻精进行奶牛品种改良，全市能繁母牛全部免费使用良种冻精配种。

【政策法规】按照重庆畜牧业“十二五”规划，到2015年存栏奶牛5万头，奶产量18万吨，重点布局在巴南、渝北、荣昌、长寿、合川、万州、垫江、黔江8个区县。在奶牛养殖规划区域，建奶牛场、奶牛小区用地视为农业用地，简化手续，优先审批。部分区、县政府为吸引资金投入奶牛养殖为新建奶牛场提供基础设施建设：路通、水通、电通、地基平整的“三通一平”。市级农业担保公司和区县级农业担保公司对奶牛养殖贷款进行担保或提供低息贷款；部分区县财政对奶牛养殖实施了贷款贴息；乳品加工龙头企业对奶源基地养殖场、户给予购牛担保和购牛贷款贴息，按1头牛3 000～5 000元贷款利息的30%贴息乳品加工，享受西部地区优惠税收政策，企业所得税减半。

【质量监管】2011年开展了生鲜乳质量安全监测。对本地区12个区县的24个生鲜乳收购站、92辆（次）运输车抽取了156批次的生鲜乳样品，进行了三聚氰胺、β-内酰胺酶、皮革水解蛋白、碱类物质等4项指标，所检样品全部合格，未检出三聚氰胺、皮革水解蛋白和碱类物质，合格率100%。2011年4～6月，集中开展食品安全专项整治行动。对乳制品进行了重点监控，生鲜乳和原料乳粉所检样品全部合格。2011年9～10月，对分布于重庆市4个区县的4家大型乳制品生产企业的42批次乳制品进行了抽检，主要对三聚氰胺及黄曲霉毒素M_1这两项检验项目进行了重点检验。抽检结果显示，主要乳制品企业生产的产品，理化指标、卫生指标、添加剂使用等情况都完全合格。

重庆市农业委员会畜牧业发展处　凌　虹

四　川　省

【奶类生产】四川省2011年存栏荷斯坦及改良牛22万头，娟姗0.03万头，西门塔尔及改良牛42万头，摩拉尼里改良水牛6.0万头。已开发奶用荷斯坦及改良牛22万头，娟姗0.03万头，乳用西门塔尔牛2.0万头，奶水牛0.08万头，甘孜、阿坝、凉山三州牧区牦牛挤奶110万头，奶山羊1.2万只。2011年度牛奶产量增长3.8%；全省规模化奶牛养殖小区和奶牛场244个，40个存栏奶牛200～1 000头标准化规模养殖小区（场）得到规模标准化改扩建，其中中央财政投资改造25个，地方投资改造15个；荷斯坦奶牛20头以上的规模养殖所占比重上升5.3个百分点，达到43%，机械化挤奶比例达到42.5%。

2011年四川省奶类产量73.2万吨，其中牛奶产量72.7万吨，同比增长3.8%。在牛奶产量中高原牧区牦牛奶产量21.0万吨，牧区牦牛奶商品鲜奶量低。全省可用于加工的商品鲜牛奶55万吨，平均日供原料奶1 530吨，牦牛奶生产主要分布于阿坝、甘孜两州。奶牛养殖和牛奶产量主要分布在四川省的眉山、成都、绵阳、南充、达州、凉山、雅安、资阳、自贡等市州，其中眉山市为四川省政府确定的四川省丘区三市现代畜牧业试点中唯一以奶业为主导产业的城市，奶牛存栏占全省比列近40%，奶产量21万吨。建成奶牛小区72个，20头以上规模饲养占56%，机械化挤奶达到58%。2011年，创新生鲜乳质量监管方式，在四川省率先制定并实施了《眉山市奶牛健康养殖“十不准”规定》等制度，主动与乳品企业建立了生鲜乳收购定价协调机制。经过整顿，2011年奶站共有94家。

表 4-35　2011 年四川省奶牛（荷斯坦）规模养殖基本情况

存栏数	1～4	5～19	20～99	100～199	200～499	500～9 999	合计
头数	96 120	30 660	32 080	20 700	22 060	21 380	223 000
场（户）数	23 424	3 561	687	155	63	26	27 916

注：以上数据不含西门塔尔及改良牛、改良水牛及挤奶牦牛。

四川省原料奶产值 29.0 亿元，占全省畜牧业产值 1 970 亿元，比重为 1.5%。

生鲜乳收购价格（主要乳企收购价格和企业收购标准）：主要企业生鲜乳奶站的收购价为 3.2～3.8 元/千克。企业收购标准采用 GB 19301—2010 食品安全国家标准《生乳》。但标准收购价中的蛋白质为 2.95%，酒精实验 75（＋＋）阴性的要求提高了检验标准。标准收购价根据生鲜乳质量浮动范围 5%。规模牧场的收购价为 4.10～4.50 元/千克，收购标准使用 GB19301—2010 生乳，但细菌含量要求 10 万个/毫升，SCC 要求 40 万以下，根据蛋白质、脂肪含量分等级定价格。

【乳品加工】四川省有各类生鲜乳加工企业 72 家（含乳饮料），90%的加工企业分布在成都市特大城市经济圈，城郊型奶的性质明显，日处理牛奶能力达到 5 500 吨，年加工能力 195 万吨。2011 年 1 月重新备案审查，首批 31 家企业具备奶制品生产条件获得准入证核准，第一、二批新希望、菊乐、雪宝、伊利、蒙牛等 22 家企业已通过审核换发牛奶制品生产许可证。获准乳制品加工企业的产品主要为常温液态奶。酸奶年产量 35 000 吨，乳粉加工为调剂生产，年产量为 12 000 吨。

【市场消费】四川省年人均本地奶类占有量 9 千克。人均奶类消费量 28 千克，其中成都市人均奶类消费量达到 343.2 元，占食品消费支出的 6.1%。乳制品国产主要品牌为新希望、菊乐、雪宝、蒙牛、伊利、天友、完达山、光明、银桥、三元等。巴氏杀菌乳价格新希望的澳特兰 500ml 和菊乐的农场 1 000ml 奶分别为 7.80 元和 14.6 元。

【扶持政策】

1. 四川省全面实行奶牛良种补贴，奶牛良种冻精补贴全部由省统一招标采购，各市分发到奶牛养殖场户。冻精来源管理更加规范，存栏奶牛的性能得到改良提高。

2. 将牧业机械和挤奶机械购置纳入财政农机具购置补贴范围。

3. 完善奶牛重大疫病防治和扑杀政策。将患布氏杆菌病、结核病而强制扑杀的奶牛，列入畜禽疫病扑杀补贴范围。

4. 建立奶牛政策性保险制度，政府对参保奶农给予 60%的保费补贴。

5. 支持奶牛标准化规模养殖，年存栏 200 头以上的奶牛场（小区），中央补助 50 万～150 万元。省市地方给以相应基础投资补贴。

6. 推行奶牛贷款担保风险财政补助，支持金融、担保机构加强对奶业发展的信贷支持。

7. 奶牛饲料全部纳入省饲料总站监管，全年奶牛饲料市场平稳，未测出违规添加物。

8. 疫病防治全部纳入各地畜牧兽医部门管理，口蹄疫和结核病、布病情况稳定，做到了定期防疫。

【饲草饲料】全省青贮饲料主要种植青贮玉米，全省 2011 年种植面积达到 1 800 公顷，TMR 主要在 12 家规模化养殖场运用。

【疫病防控】乳房炎、不孕症、肢蹄病、消化道疾病是四川省奶牛发病的主要种类。针对乳房疾病，抗生素类药物仍然是主要治疗药物。全省机械化挤奶在最近 10 年得到了较为普遍的推广，规模化奶牛场主要使用厅式或管道式挤奶机，100 头以下的较小型奶牛场使用小型管道机或移动式挤奶设备，散养户手工挤奶。粪污处理方法多样，直接用于农作物肥料仍然是主要方式，规模牛场全部实施沼气处理。

【奶站管理】2011 年全省共有各类收奶站 142 个，达标发证 94 家。建立了牛奶质量溯源制度和生鲜乳收购管理的长效机制。超过 40%的牛奶是通过收奶站进入加工厂的。

四川省畜牧总站　李自成

附：

表 4-36　四川省乳品加工企业情况

序号	中文名称	企业性质	产品品牌	处理能力（吨/日）	联系电话	地　址	公司主要产品
1	四川菊乐食品有限公司	股份	菊乐	1 100	028-85071821	成都菊乐路	液态奶、酸奶、奶粉
2	四川新希望华西乳业有限公司	民营	华西	1 200		锦江工业区	液态奶、酸奶、奶粉
3	西部牦牛产业集团公司	股份	红原	800	028-87730315	成都高新西区	液态奶、酸奶、奶粉
4	四川绵阳雪宝乳业有限公司	股份	雪宝	600		绵阳市	液态奶、酸奶、奶粉
5	四川新希望阳平乳业有限公司	股份	阳平	400		洪雅沿江路	

（续）

序号	中文名称	企业性质	产品品牌	处理能力（吨/日）	联系电话	地　址	公司主要产品
6	四川西塔乳业有限公司	股份	西塔	100	0818－5822074	宣汉胡家镇	
7	四川南充天太乳业公司	民营	天太	100	0817－2701741	南充市文峰街	市乳品公司
8	四川成都沙河乳品有限公司	股份	宝龄	120	028－84792593	成都沙河	
9	自贡市一对山乳业有限公司	股份	一对山	100	0813－8100210	自 300 贡市汇东路 135	
10	四川奶奇乐乳业有限公司	股份	奶奇乐	100	028－87846208	高新区银河西路	
11	四川雅安熊猫乳业有限公司	股份	熊猫	60	0835－2622451	雅安康藏路 95 号	
12	德阳市乳品公司	国有	同心	60	0838－2500212	德阳凯江东路	
13	四川西充李子园乳业	民营	李子园	150		西充县城	
14	泸州维维	股份	维维	300		泸州龙马潭	
15	成都金蒙公司	股份	蒙牛	150		成都金堂	
16	成都光明	股份	光明	300		龙潭寺	
17	成都伊利	股份	伊利	500		邛崃市工业区	
18	乐山市乳品厂	股份		30	0833－2274208	乐山市肖坝	
19	西昌三牧乳业	股份		60	0838－2430603	西昌市长安北路	液态、饮料
20	西昌市乳联总公司	股份		50	0834－3958222	西昌市新村路	液态、饮料
21	西昌美日乳业					西昌市	液态、饮料
22	绿源乳业有限公司					西昌市	液态、饮料
23	汇康入夜有限公司					西昌市	液态、饮料
24	攀枝花乳业公司				0812－2900348	任和区综合市场	液态、饮料
25	四川省泸州市乳制品厂		五峰		0830－2505502	小市五峰街 60 号	五峰乳业，奶粉
26	德阳东汽乳品厂				0838－2502344	绵竹汉旺镇	
27	德阳联合乳制品厂					德阳市	
28	绵阳禾田食品饮料厂				0816－2681779	长虹大道 40 号	
29	江油市乳品公司	股份			0816－3362069	中坝华丰村	
30	江油市亨达乳品公司				0816－3226941	江油市东胜路 190 号	
31	广元市旅游服务公司乳品厂				08839－3504217	广元市经济开发区	
32	万达乳业公司				0818－2383317	通川区文化巷 13 号	
33	新世纪乳品厂				0818－7324123	渠县粮食局	
34	天全县二郎山乳品厂				0835－2223401	天全县天老路	
35	简阳杨森乳业公司			120		简阳十里坝工业区	
36	成都海浪食品饮料公司				028－85561611	武侯嗣街 11 号	
37	成都统力食品公司			150	028－85791095	高升桥华达商城	
38	恒生源食品饮料公司				028－83318066	外西土桥工业区	
39	鑫华生乳品厂				028－87542640	西门营门口黄忠村	
40	四川圣联食品有限公司				028－82630185	温江海峡两岸科技园	
41	雨田乳品饮料公司				018－87465872	苏坡乡万家村西路	
42	台湾益华公司				028－87281666	外南簇桥	
43	小金牛乳品厂					外南簇桥	
44	成都星星乳业有限公司			50	028－85328408	成都桂溪双土村九组	液态奶
45	德乐天然饮品有限公司			30		都江堰市外江路	液态

（续）

序号	中文名称	企业性质	产品品牌	处理能力（吨/日）	联系电话	地　　址	公司主要产品
46	诺尔盖奶粉厂				0816－2288416	若尔盖达扎寺镇	固体
47	眉山妙士奶业			50		眉山市科工园	液态
48	温江太子奶业			150		温江海峡工业园	液态
49	双流乳品饮料厂					双流县兴隆镇	液态、饮料
50							
51							
52	三阳塑胶公司				0816－2536118	绵阳高新区普明南路	
53	四川省威之包装公司					成都高薪西区银河路	
54	西南视频包装机械有限公司				028－86355284	成都一环路北一段	

注：①表中所有指标均为2011年年度数据；②集团及下属企业分别填写，企业名称填写全名；③日处理鲜奶能力：指单班处理鲜奶能力。

表4－37　四川省部分奶牛场

单位：头

序号	姓名	牧场名	联系电话	地　　址	存栏头数	备注
1	熊健	新希望示范奶牛场	13708168907	洪雅县沿江路	1 000	
2	刘建华	新希望后备奶牛场		洪雅县沿江路	1 000	
3	蒋兴德	魏河小区	13708168837	洪雅县魏河	300	
4	蒋兴德	周杠小区	13708168837	周岗	200	
5	李泽元	同乐良种奶牛公司	13708188517	金堂香龙山村（赵镇）	500	
6	李泽元	青神西源奶牛养殖示范场	13708188517	南城镇洪涛村	350	
7		蒙牛洪雅万头牧场			7 100	
8	颜德先	菊乐食品有限公司生态苑	13086662749	青羊区文家乡马厂村	400	
9	张正军	洪雅朱坝奶牛场		洪川镇朱坝村	300	
10	张波	洪雅宋安奶牛场	13990387893	洪川镇宋安村	300	
11	张旺林	邛崃旺林奶牛场	02881088959	邛崃高埂镇	300	
12	方绍华	洪雅阳平种牛公司	13708166056 0833－7496090	洪雅洪川镇顺江路	600	
13	傅平	凉山州畜科所	0834－2921139 13708143866	西昌市奶牛场、水牛场	600	
14	赵顺杰	大牛公司	13708111798 0816－2392309	罗江县棋盘营	600	
15	毛泽林 毛运辉	泽林奶牛场	13880855983	青羊区和崇州市	400	
16	杨方国	安县、仙海奶牛场	13990196666	绵阳永兴、仙海旅游区	500	
17	刘建华	新阳平奶牛公司	13708166757	洪雅洪川镇顺江路	1 100	
18	陈俊	大业畜产部	13980774059	双流、仁寿	1 500	
19	陈国华	铁骑力士	13980141126	游仙区农科园	800	
20	贾成群	美联公司	13708145215	彭山3个场	1 200	
21	伍国庆	乐山市奶牛场		乐山市肖坝	600	
22	曾实	绵阳龙门奶牛场		涪城区龙门镇奶协	500	
23	任奎元	四川雪宝乳业公司	13908111458	绵阳市涪城松垭	200	

（续）

序号	姓名	牧场名	联系电话	地　址	存栏头数	备注
24	刘家荣	成都文成农牧发展有限公司	13980561218	成都崇州白头	200	
25	南充市	南充天意奶牛场			1 200	
26	顺庆区	农科乳业云溪黄崖村奶牛场		顺庆云溪黄崖村	270	
27		共兴大营坝天太乳业二奶场		共兴大营坝	250	
28		黄金乡万金托牛所		黄金乡万金村	400	
29	西充县	中岭奶牛场		中岭	140	
30		凤鸣绿色奶牛场		凤鸣	100	
31		凤鸣奶牛场		凤鸣乡	52	
32		银河奶牛场		银河乡	100	
33		李子园奶牛示范场			300	
34		车笼奶牛场			55	
35	仪陇县	帅宝乳业			140	
36	阆中市	畜牧奶牛场产奶牛占70%头平日产奶量15～18千克			60	
37	张正军	邛崃市噢西姆奶牛场		邛崃市西门外	1 000	
38	毛泽霖	崇州溪泉奶牛场		崇州溪泉镇	300	
39	陶润清	成都润智达农业公司		崇州白头镇	150	

表 4-38　2011 年四川省奶用牛存栏规模表

单位：万头

市、州名	存栏能繁母牛	市、州名	存栏能繁母牛	市州名	能繁乳用西门塔尔
眉山市	6.81	遂宁市	0.22	德阳	1.50
成都市	2.20	宜宾市	0.18	达州	3.00
达州市	1.04	广安市	0.10		
南充市	1.00	乐山市	0.08		
绵阳市	0.90	攀枝花市	0.02		
雅安市	0.80	甘孜州	0.40		
自贡市	0.72	巴中市	0.03		
资阳市	0.39	广元市	0.03		
阿坝州	0.75	凉山州	1.06		
泸州市	0.26	合计	17.5	合计	4.50
内江市	0.26				
德阳市	0.25				

贵　州　省

【奶类生产】2011 年贵州省奶牛存栏 2.10 万头，其中荷斯坦奶牛 2.10 万头，主要分布在贵阳市、遵义市、黔南州，其奶牛存栏数占总存栏数的 98.18%，主要分布的县（县级市）是清镇、开阳、息峰、修文、乌当、花溪区、都匀市、凯里、汇川区、红花岗区、独山县，其奶牛存栏数占总存栏数的 98.86%。本地区 2011 年奶类总产量 4.85 万吨，比去年同期增长 5.66%。

【乳品加工】2011 年本地主要乳品加工企业 4 个，日处理鲜奶的能力总计达到 510 吨，全是地方自建企业。乳品企业总销售额为 48 791 万元，工业总产值 59 107 万元。

【奶源基地】2011 年，本地区奶牛存栏 1～4 头的有 250 个场（户）、5～9 头的有 101 个场（户）、10～19

头的有16个场（户）、20～49头的有6个场（户）、50～99头的有1个场（户）、100～199头的有1个场（户）、200～499头的有9个场（户）、500～999头的有3个场，1 000头以上的有8个场。

【奶站管理】2011年本地区共有奶站6个，其中乳制品生产企业开办4个，奶农专业生产合作社开办1个，养殖场建设1个，均已取得《生鲜乳收购许可证》。

【质量安全】按照国务院办公厅和农业部办公厅加强乳品质量安全工作的相关精神，贵州深入贯彻落实《乳品质量安全监督管理条例》和《奶业整顿和振兴规划纲要》，进一步强化生鲜乳和奶站运输车辆监测管理工作，层层分解落实监管责任，制定生鲜乳质量安全监测计划，开展生鲜乳收购站及运输车辆检查和生鲜乳抽样检验。共抽取生鲜乳样品236个批次。抽取样品均不含三聚氰胺，皮革水解蛋白和碱类物质，检测合格率均为100%，全省生鲜乳质量安全水平总体情况良好。

【品种改良】2011年全省生产牛冻精：224 293剂，销售：475 609剂，共对荷斯坦奶牛实施良种补贴1.1万头，补贴资金33万元，奶水牛良补60万元。

【疫病防治】2011年全省共下发各类动物疫苗52 873万份（万毫升），免疫各类畜禽3.5亿头（次），免疫密度分别达到应免数的100%。产地检疫以村为单位开展面达100%，屠宰检疫率达100%。

【饲草饲料】2011年，全省9个市（地、州）共完成了人工种草80万亩，冬闲田地种草120万亩，秸秆处理350万吨，饲料推广170万吨。

贵州省农业委员会畜牧处　廖正录　邓晓静

云　南　省

【奶类生产】

1. 云南省奶业主产区分布在大理州、昆明市、红河州以及德宏州（主产奶水牛），见表4-39。

表4-39

主要区域分布	黑白花奶牛存栏（头）		奶水牛存栏（头）		奶山羊存栏（只）		备注
	总存栏	能繁母牛	挤奶牛总存栏	能繁母牛	总存栏	能繁母羊	
合计	187 207	127 203	8143	8 143	375 510	203 243	
昆明市	36 580	25 084			187 567	103 367	
大理州	142 165	94 812	397	397	5 200	4 223	
红河州	6 968	6 040			69 276	35 375	
德宏州	290	169	2630	2 630			
保山市	1 204	1 098	4 066	4 066			

2. 奶类产量及其生产水平，见表4-40。

表4-40

主要区域分布	黑白花牛奶		奶水牛奶（吨）		山羊奶（吨）		备注
	总产量（吨）	平均/头（千克）	总产量（吨）	平均/头（千克）	总产量（吨）	平均/头（千克）	
合计	593 347.38	4 445.5	5 958.86		45 555.58		
昆明市	102 914.13	4 102.78			11 870		
大理州			795.06		1398.1		
红河州					9 304.95		
德宏州			2 660				
保山市			2 289				

3. 奶类产值以及占畜牧业的比重。奶类产值35.55亿元，占畜牧业产值的4.39%。

4. 奶业对当地农民收入的贡献。奶业是奶业产区当地农民的主要收入，占其总收入的60%。

5. 云南省2011年生鲜乳收购平均价格和企业收购标准。黑白花牛奶平均收购价格2.85～3.0元/千克，收购标准：脂肪3.4%、蛋白质2.88%。其中：昆明片区平均收购价格3.0元/千克；大理片区平均收购价格2.9元/千克。

云南省水牛奶生奶收购价为7～9元/千克，其中：大理片区平均收购价格9元/千克；德宏片区平均收购价格7元/千克。

云南省山羊奶收购价为4～4.5元/千克。

【乳品加工】

1. 乳品加工企业数量、加工能力、实际产量、销售收入和利润

(1) 乳品加工企业数量和加工能力

云南省2011年有乳品加工企业17家，其中昆明5家（包括石林县羊奶加工企业1家），大理州5家，红河州4家（包括弥勒县羊奶加工企业1家），德宏州1家（水牛奶加工），文山州1家（水牛奶加工），楚雄1家乳品企业。

云南省2011年乳品加工能力约4 000吨/天。

(2) 云南省2011年乳品加工实际产量、销售收入和利润；

云南省2011年乳品加工实际产量30万吨、销售收入18.75亿元、利润1.3亿元。

2. 云南省2011年规模乳品加工企业的主要产品类别和产量见表4-41：

表4-41

主要产品种类	巴氏杀菌乳	UHT奶	酸奶	奶粉
产量（万吨）	5	20	3	0.3

3. 云南省2011年新建或改扩建项目。

云南皇氏来思尔乳业公司：日处理60吨鲜奶奶酪生产项目建设。

新希望邓川碟泉乳业公司：新希望碟泉1 500头奶牛有机牧场建设。

新希望昆明雪兰牛奶有限公司：石林生态牧场二期工程建设。

【市场消费】

1. 云南省2011年人均奶类占有量、消费量以及消费支出情况。

(1) 云南省2011年人均奶类占有量约为14.36千克。

(2) 消费量以及消费支出

云南省2011年城镇居民人均奶制品（折合成生奶）消费量10.44千克，其中鲜乳品7.11千克/人，奶粉0.15千克/人，酸奶0.92千克/人。本地区2011年农村居民鲜奶购买量0.19千克/人，奶及奶制品消费量0.43千克/人。

2. 巴氏杀菌乳、UHT奶，酸奶、奶粉等产品的消费情况、比重以及今后的趋势，见表4-42：

表4-42

主要产品种类	巴氏杀菌乳	UHT奶	酸奶	奶粉	消费趋势
产量（万吨）	5	25	4	0.5	酸奶最好，其次为巴氏杀菌乳

【奶源基地】

1. 云南省2011年不同规模养殖场区数量及其生产情况，见表4-43：

表4-43

养殖场规模（头）	数量（个）	生产情况［千克/（头·年）］	备注
100以下（20～100）	394	3 000～6 000，其中标准化牛场产奶量较高，而散养户奶牛产奶量较低	300头以上的规模场奶牛存栏约占全省存栏量的20%。
101～500	94		
501～1 000	18		
1 001以上	15		

2. 饲草饲料、品种改良、疫病防控等情况。全省苜蓿草种植面积25.09万亩，奶牛2011年全省荷斯坦奶牛改良12.02万头，积极春秋两季两病检测。

3. 重点项目建设进展。2012年新希望雪兰昆明公司在曲靖市陆良县建设一个饲养规模3 000头的牧场，有望明年投产。

【政策法规】

1. 云南省奶业发展规划。

(1) 总体目标。用10年左右的时间建立优势明显、特色突出，荷斯坦奶牛、奶水牛、奶肉兼用型西门塔尔牛、牦牛和奶山羊多元化发展的较为完善的奶业生产、加工和销售体系；建成促进农民增收和推动社会主义新农村建设的主要支撑产业；建设成为云南农业的支柱产业，中国南方的鲜奶供应基地，面向东南亚的重要奶制品出口基地。

(2) 奶畜存栏数和生产水平。2012年、2015年和2020年，荷斯坦奶牛存栏分别达到22万头、26万头和35万头，年均增速为10%；能繁母牛的数量分别达到15万头、20万头和24.5万头，产奶量分别达到75万吨、120万吨和160万吨；奶水牛存栏分别达到8万头、15万头和70万头，年均增速为10%；能繁奶水牛存栏数分别达到5.6万头、11.2万头和49万头，产奶量分别达到8.4万吨、17万吨和100万吨；奶肉兼用型西门塔尔杂交能繁母牛存栏数分别达0.2万头、0.5万头和5万头，产奶量分别达到0.54万吨、1.4万吨和15万吨；牦牛存栏数稳定在5.5万头左右，能繁母牛分别达

到1万头、1.5万头和2万头，产奶量分别达到1万吨、2万吨和3万吨；奶山羊存栏数分别为40万只、50万只和60万只，年均增速为5%，能繁母羊存栏分别为23万只、28万只和35万只，产奶量分别为6万吨、12万吨和18万吨。

(3) 原料奶产量和产值。2012年、2015年和2020年全省原料奶产量分别达到100万吨、194万吨和371万吨，人均奶类占有量分别为21千克、41千克和75千克；原料奶产值分别达到30亿、60亿和110亿元；乳品加工产业产值分别达到75亿、160亿和300亿元人民币。

(4) 乳品质量安全水平显著提高。生鲜乳乳脂率、乳蛋白率、细菌数、体细胞数等指标优质率达90%。乳制品企业实行《乳制品企业良好生产规范(GB12693)》，婴幼儿奶粉生产企业全面实施危害分析与关键控制点（HACCP）管理。

(5) 生鲜乳收购站全面规范。生鲜乳收购站100%实现持证收购和标准化管理，挤奶、储奶、运奶设备完好率达95%以上。荷斯坦奶牛、奶水牛和奶山羊养殖集中地区的收购点100%纳入监管范围。

(6) 奶业发展布局更加合理。奶源基地和加工产能合理配置，乳制品企业自有奶源达到80%。乳制品生产企业与奶农（合作社、生鲜乳收购站）的生鲜乳购销合同签约率达80%。奶业主产区初步建立生鲜乳质量第三方检测体系。

2. 出台的扶持政策。

(1) 奶牛标准化规模养殖场（小区）建设。2011年，国家投资1 200万元共补助17个小区（场），主要用于云南省奶牛（奶水牛）养殖场（小区）的水、电、路、粪污处理、防疫、挤奶等配套设施及饲草料基地建设补助，使牛奶生产更趋于规范化生产，使乳品质量从源头上得到保证。全省奶牛（包括奶水牛）养殖小区和规模化养殖场141个，荷斯坦奶牛规模养殖场（小区）为71个，存栏总数为35 753头，占全省总数的18.77%，其中有12个养殖场还没有机械挤奶，70个为水牛养殖场（小区）。

(2) 奶牛良种补贴。2011年云南省的国家奶牛良种补贴项目工作荷斯坦奶牛已扩展到14个县市，奶水牛扩展到15个县市，通过引进全国畜牧总站公布过的优秀种公牛冻精对云南省奶牛（奶水牛）改良配种，全省荷斯坦奶牛共改良配种116 082头，奶水牛改良配种79 092头，受胎数分别为100 577头、39 826头，经过奶牛良种改良，全省奶牛平均单产水平提高约3%，增幅近100千克，雪兰公司的高产奶牛单产达到6 500千克，接近国内先进水平。项目的实施，引导、带动了牛冻精生产单位基础设施建设和设备购置，为扩大生产规模打下基础，云南省两个公牛站积极培育后备公牛，并积极向农业部和中国奶协申请后测场资格。2011年，项目区荷斯坦奶牛受益农户达5.75万户，受益人口达25.9万人，2010年，项目区牛奶产量51.25万吨，比2006年全省项目开展前增加了25万吨，农户增加收入（2元/千克）5亿元；全省水牛奶产量达到6 534吨，农户增加收入（5元/千克）3 267万元，奶水牛正成为云南省奶业的有效组成部分。

(3) 奶牛DHI生产性能测定。2011年，云南省按国家规范建立档案的奶牛已经达到13 344头，其中荷斯坦奶牛12 721头，奶水牛623头。上报中国奶业协会数据处理中心的DHI有效测定数据已经达到5 632头，其中荷斯坦奶牛5 474头，奶水牛158头。已经超额完成2010年农业部、财政部下达我站4 000头测定任务（完成任务的140.80%）。

3. 地方标准和法规。

制定《云南省荷斯坦奶牛养殖标准》；

《云南省奶水牛养殖标准》；

《云南省人民政府贯彻落实国务院关于促进奶业持续健康发展文件的实施意见》。

4. 奶业组织。

云南省农业厅草山饲料处（奶业行政主管）；

云南省奶业协会；

昆明市奶协、大理州奶协。

【质量监管】

1. 云南省2011年奶业生产、加工、市场等方面质量安全状况。

2011年，国家质检总局重点开展了对云南大理州乳品黄曲霉毒素M_1检测，检测结果合格；

2011年，云南奶协、云南省现代农业奶牛产业技术体系重点开展了对云南全省生奶重金属指标安全性评价，检测结果合格；

2011年，云南省奶业生产、乳品加工、市场等方面无重大质量安全事件。奶业形势，乳品质量处于历史较好时期。

2. 奶站管理及其质量监管所采取的主要措施。

2010年云南省奶站（厅）总数188个，机械化挤奶水平53.7%；

2010年云南省奶站生产收购情况基本正常，没有出现质量问题，有的奶站自制的鲜奶收购登记卡内容详尽明细，很受养殖户欢迎。

云南省奶业协会　黄艾祥

昆　明　市

【奶类生产】昆明市2011年奶牛存栏40 769头，奶山羊97 940头。分布区域：盘龙区、官渡区、东川区、西山区、呈贡县、晋宁县、宜良县、富民县、石林县、嵩明县、安宁市。具体见表4-44：

表 4－44　2011 年主要养殖县（区）奶牛养殖情况

县（区）名称	奶牛存栏（头）	成乳牛存栏（头）	牛奶产量（吨）	奶牛单产［千克/（头·年）］
盘龙区	10	6	40	6 600
官渡区	6	4	10	2 500
东川区	51	28	67.3	2 403
西山区	213	117	459	3 923
呈贡县	701	385	1 542.4	4 006
晋宁县	12 068	6 637	31 398	4 730
宜良县	16 270	8 949	45 161	5 046
富民县	6	4	14	3 500
石林县	2 761	1 518	3 645.1	2 401
嵩明县	6 935	3 814	15 604.5	4 091
安宁市	971	534	3 160.3	5 918

表 4－45　昆明市 2011 年奶类产量及其生产水平

奶类产量（吨）	荷斯坦奶牛				奶山羊		
	牛奶产量（吨）	奶牛存栏（头）	成乳牛存栏（头）	单产［千克/（头·年）］	山羊奶产量（吨）	奶山羊存栏（头）	单产［千克/（头·年）］
113 489	101 246	40 769	22 422	4 765	12 243	97 940	150

2011 年全市畜牧业产值 85.66 亿，奶类产值 3.78 亿元，占畜牧比重 4.4％。

由于昆明市奶牛养殖规模化程度高，奶牛主要是集中饲养，统一挤奶的模式，所以奶业是奶业产区农民的主要收入，占其总收入的 85％。

昆明市 2011 年荷斯坦奶牛奶收购标准：脂肪 3.10％、蛋白质 2.90％、无抗奶要求细菌数 200 万个/毫升以内，平均收购价 3.10 元/千克。全年牛奶收购实行按质论价，平均收购价格 2.88～3.60 元/千克，收购标准：脂肪 3.10％～3.80％、蛋白质 2.80％～3.00％，无抗奶要求细菌数 200 万个/毫升以内（不含挤奶机和制冷剂的折旧费用）。

昆明市山羊奶收购价为 4.50～4.80 元/千克。

【乳品加工】昆明市 2011 年乳品加工企业有 6 家（包括石林县羊奶加工企业 1 个），2011 年加工能力 910 吨/日，实际加工量 420 吨/日。2011 年乳品加工实际产量 11.7 万吨，销售收入 68 162.23 万元，利润 3 633.58 万元。

其中：

昆明雪兰牛奶有限责任公司：销售额 44 611 万元，利税 3319 万元；

昆明市海子乳业有限公司：销售额 6 207.5 万元，利税 26.19 万元；

昆明七彩云乳业股份有限公司：销售额 9 719 万元，利税 449 万元；

昆明市宜良李子园牛奶食品有限公司：销售额 4 856 万元，利税 249 万元；

昆明市龙腾生物乳业有限公司：销售额 4 000 万元。

昆明市 2011 年规模以上企业的主要产品类别和产量：昆明雪兰牛奶有限责任公司：巴氏杀菌乳 11 064 吨、UHT 奶 41 382 吨、酸奶 12 225 吨；昆明市海子乳业有限公司：巴氏杀菌乳 1 524.75 吨、UHT 奶 4 920.13 吨、酸奶 3 488.01 吨；昆明七彩云乳业股份有限公司：巴氏杀菌乳 7 475 吨、UHT 奶 575 吨、酸奶 3 450 吨；昆明市宜良李子园牛奶食品有限公司：含乳饮料类 15 995 吨；昆明市龙腾生物乳业有限公司：奶粉 1 100 吨。

【市场消费】2011 年昆明市人均奶类占有量 15.9 千克，人均支出 119.25 元/年。除学生奶价格维持不变以外，乳制品产品进行了分批次提价，涨幅在 0.2 元到 1.5 元不等。500 毫升袋装纯牛奶由原价 3.00 元/袋涨到 3.2 元/袋，1 升盒装纯牛奶由原价 7.5 元/盒涨到 9 元/盒，150 毫升×6 盒装纯酸奶由原价 8.5 元/板涨到 11 元/板，其余 250 毫升装甜牛奶、红枣奶、玉米奶等涨幅在 0.5 元。

【奶源基地】本地区 2011 年不同规模养殖场区数量及其生产情况，见表 4－46：

表 4－46

养殖场规模（头）	数量（个）	生产情况［千克/（头·年）］
100	1	3 400～6 200
101～500	22	
501～1 000	10	
1 001 以上	8	

昆明市2011年规模奶牛场存栏26 294头，平均单产4 850千克/（头·年），散养户14 475头，平均单产4 550千克/（头·年）。散养户主要集中在晋宁县和宜良县。

【饲草饲料】饲养奶牛的精料部分，占养牛户的85%以上，主要以玉米面为主，适当添加预混料或浓缩料精、盐、钙和酸碱平衡剂。预混料和浓缩料精主要使用云南农业大学生产的金田园牌，四川生产的普瑞纳牌。青绿饲料，粗饲料，各合作社情况不尽相同。养牛户依托蔬菜基地，使用边角废料作青绿饲料（主要白菜叶、芹菜叶、花菜叶等），粗饲料主要是干稻草。标准化奶牛场饲草饲料按奶牛饲养管理规范执行。

【良种补贴】品种改良一直按国家奶牛良种补贴执行，2011年全市奶牛40 769头都享受国家奶牛良种补贴。

【疫病防控】以防为主、防治结合，将强制免疫和疫情监测工作做为重点，每年至少进行一次两病检疫及扑杀净化工作，两次疫苗注射，确保100%的免疫密度，并实施动物标识管理，引种检疫、产地检疫、交通运输检疫等。

【政策法规】

（1）2011年昆明市创建昆明市标准化示范奶牛场，新建标准化示范奶牛场4个，每个标准化示范奶牛场奶牛养殖规模400头。一个已完成基础设施建设，两个在建。

（2）2011年改扩建标准化示范奶牛场两个，验收合格授牌一个。

【DHI测定】2011年完成参测奶牛5 523头，累计上报51 813个有效数据，省参测奶牛场共37个，参测奶牛5 523头，其中荷斯坦奶牛5 383头，奶水牛140头。昆明市参测奶牛场21个，参测奶牛5 095头，占全部参测奶牛的92%，其中嵩明参测奶牛场1个，参测奶牛355头；晋宁参测奶牛场8个，参测奶牛2 422头；宜良参测牛场7个，参测奶牛1 048头；石林参测奶牛场1个，参测奶牛97头；雪兰公司3个，参测奶牛1 173头。大理参测牛场4个，参测奶牛225头；文山参测奶水牛场2个，参测奶水牛17头；潞西参测奶水牛场8个，参测奶水牛81头；红河参测奶牛场1个，参测奶牛73头；腾冲参测奶水牛场1个，参测奶水牛32头。

【标准法规】2011年制定了《昆明市奶牛普查及良种登记工作方案》，2011年由昆明市动物卫生监督所起草《昆明市生鲜乳质量安全管理办法》，2011年10月12日通过听证，于2011年11月1日试行。

【质量监管】2011年本地区机械化挤奶达到75%，奶牛合作社都是机械挤奶，各乳品厂皆制定了按质论价方案，因此规模场的原料奶基本都达到国标的水平。昆明DHI检测中心，除对所有规模基地进行DHI服务外，还不定期对所有乳品加工企业原料奶进行检测。对奶牛养殖环节使用的饲料、兽药等投入品进行监管指导，并指导乳品企业和各奶牛养殖基地进行优质奶源生产加工，确保奶制品质量安全。

昆明市奶业协会　施开平

西藏自治区

【奶类生产】2011年本地区奶牛存栏194.6万头，其中：高产奶牛（荷斯坦奶牛）18.34万头，改良牛36万头。全年牛奶产量为25万吨。奶牛养殖主要分布在城郊及海拔相对较低的河谷地带，主要奶业区域为：拉萨市城关区、达孜、堆龙德庆县；山南地区乃东、贡嘎、扎囊、琼结、桑日、隆孜县；日喀则地区日喀则市、南木林、江孜、谢通门县；林芝地区米林、林芝县。由于饲料、牧草、人工成本等不断上涨，而收购价相对稳定在4～6元/千克的情况下，奶牛养殖户效益相对降低。由于西藏农牧民自食牛奶比例较高，故原料奶商品率不高，原料奶产值占畜牧业比重不足五分之一。

【乳品加工】2011年西藏有规模的加工企业为高原之宝牦牛股份公司。2011年加工能力13 000吨，产量5 161吨，销售收入8 396万元。主要产品有八联杯酸奶，售价为2.5元/杯（150克）；雪顿酸奶，售价为5元/碗（180克）；航空杯酸奶，售价为2元/杯（100克）；纯牛奶，售价为4元/盒（250ml）；西藏牦牛奶，售价为22元/盒（250ml）；酸溜溜乳饮料，售价为2.5元/盒（250ml）；甜蜜蜜乳饮料，售价为2.5元/盒（250ml）。高原之宝在牦牛资源集中的水草丰盛的牧场地区逐步建设养殖基地，实行科学放牧、轮育轮牧、原草原牧、夏草冬储、冬季补饲，提高了母畜的品种和产奶量，解决牦牛冬季无奶可供的问题。并适当扩大奶源牧场半径，按照奶源分布，科学规划覆盖半径，初步形成了五六十户牧民建一个流动奶站，五六个奶站建一个固定奶站，10多个固定奶站建一个中心奶站，提高了收奶的覆盖面，方便了广大牧民交售生鲜奶。同时，针对部分牧区牧户分散且离奶站较远的问题，配备检验设备齐全的现代化流动收奶罐车，进入纵深地区收奶。这样，既保证了核心牧区奶源的充足供应，也为高原之宝扩展原奶的来源提供了保证。西藏、川藏、青藏养殖基地已逐步形成，甘藏养殖基地正在建设之中。四大养殖基地全部建在海拔3 500米以上的雪域高原，这里草好、牛壮、奶优，既保证了牦牛的天然放养、无饲料喂养、无污染、无激素、无基因改造，也实现了牦牛乳制品农药残留、化肥残留、抗生素、催化剂元素和重金属离子含量均为零的目标。奶源基地的建立，有效地确保了奶源供应以及收奶的质量。

乳品加工发展趋势：由于本地区地广人稀，交通不便，近些年乳品加工仍以奶渣、拉拉、酸奶、酥油为主，随着人们对酸奶消费的日渐增长，酸奶加工发展较快，主要品牌有高原之宝酸奶、聂牌酸奶等。

【市场消费】2011年全区人均奶类占有量为104.5千克。城市居民人均消费奶类占工资（年）比例约为

3%。我区市场主要乳制品来源以伊利、蒙牛两家为主。

伊利：谷粒多 39.8 元/箱、金典 58.00 元/箱、营养舒化奶 54.00 元/箱、纯牛奶 56.00 元/箱、QQ 星成长奶 56.00 元/箱、果之优郁蓝莓 46.00 元/箱。

蒙牛：特仑苏 61.8 元/箱、特仑苏有机奶 69.00 元/箱、纯牛奶 55.00 元/箱、新养道低乳糖牛奶 58.00 元/箱、果蔬酸酸乳 42.00 元/箱。

【奶源基地】主要规模养殖场，见表 4－47：

表 4－47

序号	规模养殖场名称	养殖品种	规模（头）
1	乃东县白荣奶牛场	荷斯坦奶牛	1 100
2	扎囊县德布奶牛场	荷斯坦奶牛	600
3	隆子县隆子镇奶牛养殖合作社	荷斯坦奶牛	1 000
4	曲松县东嘎奶牛养殖场	荷斯坦奶牛	300
5	浪卡子卡龙乡奶牛养殖合作社	荷斯坦奶牛及娟姗牛	300
6	噶尔县昆沙乡奶牛专业合作协会	荷斯坦奶牛	310
7	日喀则市种畜场	荷斯坦奶牛、西门塔尔、娟姗牛	102
8	扎寺奶牛场	荷斯坦奶牛	130
9	圣雄奶牛场	荷斯坦奶牛、西门塔尔	70
10	旺达乳业有限公司	荷斯坦奶牛	98

2011 年，国家下达本地区牲畜良种补贴 2 960 万元，自治区配套 1 000 万元，共计 3 960 万元。其中：奶牛补贴资金为 560 万元，主要是购买荷斯坦、乳用西门塔尔、娟姗牛细管冻精，采用冷配技术对当地奶牛进行改良。

【政策法规】为了更好地满足人民对奶制品日益增长的需求，从 2006 年起，自治区设立了特色产业发展资金，其中：每年投资 600 余万元，用于建设优质奶源基地及标准化养殖小区。《西藏自治区“十二五”时期农牧业发展规划》及《西藏自治区“十二五”时期农牧业特色产业发展规划》均明确了要大力发展优质奶源基地建设。

西藏自治区畜牧草原水产处　曹仲华

陕　西　省

【奶类生产】

陕西奶业基本情况

2011 年，陕西省奶牛存栏 45.2 万头，较上年增长 9.4%，全部为荷斯坦奶牛。奶山羊存栏 180 万只，较上年增长 4.05%，主要品种为关中奶山羊和莎能奶山羊。奶类产量 184.7 万吨，其中牛奶 140.5 万吨，羊奶 44.2 万吨，分别比上年增长 4%、2.2%、10.2%，牛奶产量居全国第六位，羊奶产量居全国首位。

陕西奶业分布区域

奶牛养殖县共 49 个，占全省 106 个县区的 46%，奶牛主要分布的市区有西安、宝鸡、咸阳和渭南 4 个市，奶牛存栏数占总存栏的 92.5%；主要分布的县区有泾阳县、临潼区、陇县、武功县、乾县、千阳县、临渭区、合阳县 8 个县区，奶牛存栏占总存栏的 56.6%。

奶山羊养殖县 52 个，占全省 106 个县区的 49%，奶山羊主要分布的市区有西安、宝鸡、咸阳和渭南 4 个市，奶山羊存栏占总存栏的 95.1%；主要分布的县区有富平县、阎良区、蓝田县、临潼区、陇县、千阳县、泾阳县、三原县、淳化县、临渭区 10 个县区，奶山羊存栏占总存栏的 58.8%。

生鲜乳收购价格

2011 年牛奶平均收购价格 3.27 元/千克（农户售奶价格），全年奶价比较平稳，最高价格与最低价格差为 0.28 元/千克。奶类总产值 64.6 亿元，占畜牧产值 553.4 亿元的 11.67%。

【乳品加工】乳制品加工企业经过重新审核后，陕西省发证乳品加工企业共 46 家通过审核，其中牛奶加工企业 36 家。日平均处理鲜奶 5 060 吨，其中牛奶 3 850 吨。目前，陕西规模乳品加工企业有西安银桥生物科技有限责任公司、蒙牛乳业（宝鸡）有限公司、西安伊利泰普克饮品有限公司和光明乳业（泾阳）有限公司。

表 4－48

企业名称：西安银桥生物科技有限责任公司
设计加工能力 60 万吨，2011 年加工生鲜乳 11.78 万吨，2011 年产量 54.7 万吨，其中液态奶 51.7 万吨，奶粉 3 万吨，销售收入 317 700 万元。
生鲜乳收购价格：3.48 元/千克（给奶站价格） 收购标准：国标 GB 19301—2010

企业名称：蒙牛乳业（宝鸡）有限公司
设计加工能力 34.56 万吨，2011 年加工生鲜乳 11.162 万吨，2011 年产量 20.2 万吨，全部为液态奶，销售收入 100 046.8 万元。
生鲜乳收购价格为 3.78 元/千克（给奶站价格）

企业名称：西安伊利泰普克饮品有限公司
设计加工能力 38 万吨，2011 年加工生鲜乳 14.6 万吨，2011 年产量 29.3 万吨，全部为液态乳，销售收入 127 668 万元。
收购价格：3.7 元/千克（给奶站价格）

企业名称：光明乳业（泾阳）有限公司
设计加工能力 10 万吨，2011 年加工生鲜乳 2.06 万吨，2011 年产量 3.38 万吨，全部为液态奶，销售收入 18 183.7 万元。
收购价格：3.65 元（给奶站价格）

【市场消费】2011 年陕西省人均奶类占有量 49.5 千克，城镇居民人均鲜乳品消费 17.3 千克，奶粉 0.7 千克。

【奶源基地】

表 4-49　千头规模养殖场情况

序号	县　区	场　　名	存栏量（头）
1	眉　县	现代牧业宝鸡有限公司	15 300
2	蒲城县	犇犇奶牛养殖公司	3 008
3	泾阳县	陕西省奶牛中心	2 500
4	泾阳县	北流小区	2 010
5	泾阳县	陕西泾阳鑫园牧场	1 800
6	眉　县	宝鸡澳华现代牧业有限公司	1 500
7	未央区	西安现代农业综合开发总公司奶牛五场	1 490
8	泾阳县	泾阳星宏畜牧业发展有限公司	1 260
9	岐山县	宝鸡得力康岐山千头奶牛场	1 254
10	泾阳县	雅泰龙德牧场	1 200
11	泾阳县	泾阳县兴云畜牧业有限公司	1 150
12	泾阳县	泾阳县阳光牧业有限公司	1 150
13	三原县	陕西鑫牧奶牛场	1 150
14	合阳县	晟杰奶牛场	1 150
15	泾阳县	陕西泾阳金桥养殖科技示范园	1 120
16	临潼区	阳光牧业有限公司	1 100
17	扶风县	扶风县新源养殖有限责任公司	1 100
18	泾阳县	咸阳兴盛园畜牧发展公司	1 100
19	合阳县	百里奶牛场	1 100
20	泾阳县	陕西建兴奶牛繁育有限公司	1 080
21	未央区	西安现代农业综合开发总公司奶牛三场	1 077
22	凤翔县	得利康凤翔千头奶牛场	1 070
23	千阳县	陕西新绿牧业有限责任公司	1 070
24	泾阳县	泾阳县鑫海奶牛专业合作社	1 060

（续）

序号	县 区	场 名	存栏量（头）
25	合阳县	翊东奶牛场	1 060
26	泾阳县	泾阳县隆源奶牛养殖专业合作社	1 050
27	合阳县	浩大奶牛场	1 050
28	泾阳县	泾阳县兴辉奶牛养殖专业合作社	1 040
29	泾阳县	咸阳佳和乳业有限公司	1 040
30	岐山县	宝鸡天和畜牧业有限公司	1 038
31	三原县	徐木北鹿奶牛场	1 030
32	陇 县	陕西和氏杜阳千头奶牛场	1 020
33	泾阳县	泾阳县星宇奶牛养殖专业合作社	1 020
34	泾阳县	陕西泾阳金园牧场	1 020
35	泾阳县	泾阳县祥泰牧业有限公司	1 020
36	泾阳县	秦辉奶牛养殖小区	1 020
37	渭城区	西安草滩咸阳良种奶牛场	1 012
38	灞桥区	西安市大为现代农业发展有限公司	1 010
39	陇 县	宝鸡中实三里营千头奶牛场	1 000
40	陇 县	陇县恒泰牧业高庙千头奶牛场	1 000
41	陇 县	陕西和氏曹家湾千头奶牛场	1 000
42	合阳县	兴隆奶牛场	1 000
43	合阳县	范家洼奶牛场	1 000
44	凤翔县	天昇奶牛养殖专业合作社	960
45	岐山县	岐山县绿叶牧业有限公司	960
46	岐山县	岐山县源鑫奶牛养殖专业合作社	955
47	岐山县	岐山县龙辉奶牛养殖专业合作社	938
48	千阳县	千阳县绿源奶业有限责任公司	920

【奶站整治情况】截至2011年年底，陕西省共有生鲜乳收购站887个，其中乳品企业开办125个、占奶站总数的14.1%；养殖场开办379个、占奶站总数的42.7%；合作社开办383个、占奶站总数的43.2%，奶站开办主体均符合《乳品质量安全监督管理条例》规定，奶牛全部实现机械化挤奶，生鲜乳运输均实现了冷链运输。

【良种补贴】

1. 认真实施国家奶牛良种补贴项目。制定了《2011年陕西省奶牛良种补贴项目实施方案》，通过陕西农业信息网发布了陕西省2011年奶牛冻精采购招标通知，确定北京奶牛中心、上海奶牛育种中心有限公司等13家企业为陕西省奶牛良种补贴供精单位，合同采购优质冻精细管68.4万支，国家补贴1 026万元，对全省34.2万头能繁奶牛实施良种补贴。

2. 加大性控精液配种。陕西省对2010年以来从澳大利亚进口的2.1万头荷斯坦奶牛全部使用性控精液配种，仅2011年全省使用性控精液2万余支，母犊率96%。各市县对养殖场购买的性控冻精给予了适当补助，其中铜川市政府2010年对使用性控冻精配种的奶牛每头补助150元，2011年每头补助100元，合阳县政府对养殖场购买的性控冻精每支补贴100元，宝鸡市政府与蒙牛集团合作，市政府对购买的性控精液每支补贴60～80元（国产补贴60元，进口补贴80元），蒙牛集团对合作的牛场每支性控冻精补贴80元。

3. 实施高产奶牛胚胎移植项目。陕西省投资300万元，扶持陕西省高产奶牛良种繁育中心引进、移植美加系血统奶牛性控胚胎500枚，生产高产奶牛300头。

【饲草饲料】

1. 饲草生产加工情况。截至2011年年底，陕西省共有5个饲草生产加工企业，总产量19.65万吨，其中草捆16.65万吨，草块1万吨，草颗粒0.8万吨，草粉1.2万吨。全年进口苜蓿约500吨，全部为千头以上规模奶牛场进口。

2. 饲料生产加工情况。截至2011年年底，陕西省有饲料生产企业502家，比2010年底减少32家。饲料工业总产量410.26万吨，总产值138亿元，分别比2010增长了7.33%和10.4%，其中反刍料38.58万吨，较2010年增长0.39%。饲料工业总产量位居全国十五，西北第一。

【疫病防治】坚持生产发展和防疫保护并重的方针，切实加强优势区域奶牛疫病的防控，口蹄疫免疫率100%，对患有布氏杆菌病、结核病和口蹄疫的奶牛实施扑杀。加强定期检疫和重大传染病强制免疫，建立奶牛免疫档案。帮助奶牛养殖户实施科学的防疫措施，建立完善的消毒防疫制度，减少奶牛疫病的发生。对于各种常见病，通过改进饲养方式、定期监测、推广新疫苗和新兽药等措施，逐步降低发病率，有效化解了奶牛养殖户可能遇到的疫病风险。

【政策法规】

奶业发展规划

奶业是陕西省优势特色的产业之一，加快奶业发展，对于推进畜牧业产业升级和农业结构调整，加快现代农业建设，增加农民收入，具有重要的战略意义。为了深入贯彻落实《陕西省实施七大工程促进农民增收规划纲要》，结合陕西省奶业发展实际，制定了《陕西省奶业发展规划（2009—2012）》，有效指导陕西奶业发展。

扶持政策

1. 实施高产奶牛示范创建工程。一是省财政对每头进口奶牛补贴5 000元；二是投资1 700万元建设千阳县奶牛标准化示范县，投资300万元启动建设陇县奶牛标准化示范县；三是投资3 260万元扶持建设陕西省奶牛中心。

2. 实施奶牛标准化规模养殖小区（场）建设项目。2011年陕西省共有13个奶牛养殖场（小区）承担该项目建设，财政扶持1 510万元。

地方标准和法规

制定了《陕西省奶业整顿和振兴实施意见》，指导陕西奶业发展。

【奶业组织建设】陕西省奶业协会成立于2004年，人员组成包括1名会长，14名副会长，1名秘书长，77名理事，45名常务理事。目前，省内共有奶业协会26家，奶业大市大县基本都成立了奶业协会。

【质量监管】

一是完成生鲜乳质量安全监测任务。由农业部饲料质量监督检验测试中心（西安）承担陕西省全年846批次生鲜乳质量安全监测任务，其中生鲜乳收购站监测726批次，生鲜乳运输车辆监测120批次，加上省局配套120批次，共计完成966批次。监测项目为三聚氰胺、皮革水解蛋白和碱类物质、硫氰酸根离子、β-内酰胺酶等。经过检测，全年均未检出三聚氰胺、硫氰酸根离子等违禁添加物。在进行生鲜乳质量安全监测的同时，还对收购站和运输车的持证经营情况进行了检查，检查和检验结果表明，经过一年多的专项整治，陕西省生鲜乳中违禁添加物监测的合格率为100%，生鲜乳收购站和运输车的持证率为100%。

二是全力做好陕西省生鲜乳质量安全拉网式飞行抽查工作。据农办牧〔2011〕20号文件要求，陕西省属于全国奶牛主产省（重点省）生鲜乳质量安全拉网抽检的主要省份之一，承担全省686批次生鲜乳检测任务，主要监测生鲜乳中三聚氰胺、皮革水解蛋白和碱类物质、硫氰酸根离子、β-内酰胺酶5种违禁物质。全省共抽检生鲜乳样品686个，经检测，所有的样品均未检出三聚氰胺、皮革水解蛋白和碱类物质、硫氰酸根离子、β-内酰胺酶等违禁物质。

陕西省畜牧兽医局　王鹏飞

甘　肃　省

2011年甘肃奶业发展平稳，奶牛养殖在重组中复苏，标准化规模养殖得到了提高。生鲜乳收购站在整顿中进一步规范，乳品产业链和产品质量更加安全可靠，市场销售情况进一步好转。

【奶类生产】2011年甘肃省奶牛存栏17.97万头，其中荷斯坦奶牛14.41万头，改良牛3.56万头；主要分布在兰州（24 770头）、白银（16 085头）、酒泉（18 893头）、张掖（27 113头）、临夏（33 533头）、定西（17 513头）6个市（州）的七里河、红古、靖远、景泰、肃州、甘州、临夏、临洮等15个县（区），其奶牛存栏数占总存栏数的86%。2011年奶山羊存栏9.12万只，主要品种为关中奶山羊、萨能奶山羊和地方奶山羊，主要分布在庆阳、平凉、天水、定西市4个地区，环县、合水、宁县、正宁、麦积等20个县，奶山羊存栏数占总存栏数的90%。2011年牦牛存栏127.55万头，主要品种为藏系牦牛（其中：天祝白牦牛6.53万头），主要分布在甘南（1 108 491头）、张掖（45 573头）和武威（99 324头）3个州（市）的玛曲、夏河、碌曲、卓尼、天祝和肃南等10个县，其牦牛存栏数占总存栏数的95%。2011年本地区奶类总产量50.13万吨（含牦牛奶12.75万吨，山羊奶1.39万吨），比去年同期增长7.32%。

【乳品加工】2011年甘肃省共有乳品加工企业21个，日处理鲜奶能力总计达到1 500吨，乳品企业总销售额在139 000万元以上。主要产品为巴氏消毒奶、UHT奶、奶粉和酸奶，产量分别为30 000吨、80 000吨、14 821吨、21 000吨，同比增长2.5%、9.1%、6.41%、4.76%。

【市场消费】本地区2011年城镇居民人均奶制品（折合成原料奶）消费量28千克，各种乳制品消费量：鲜奶23.21千克/人，奶粉0.51千克/人，酸奶4.54千克/人。城镇居民人均奶制品消费高于农村居民人均奶制品（折合成原料奶）消费。

【奶源基地】2011年甘肃省共有22 490奶牛养殖场（户），存栏奶牛188 047头，年牛奶产量387 000吨。1～5头的有12 620个，存栏奶牛53 667头，年牛奶产量76 200吨；6～20头的有4 460个，存栏奶牛55 840头，年牛奶产量86 100吨；21～100头的有386个，存栏奶牛 19 850 头，年牛奶产量 39 200 吨；101～200 头的有 41 个，存栏奶牛 6 765 头，年牛奶产量 18 000 吨；201～500 头的有 31 个，存栏奶牛 16 900 头，年牛奶产量 52 000 吨；501～1 000 头的有 15 个，存栏奶牛 12 500 头，年牛奶产量 39 900 吨；1 000 头以上的有 13 个，存栏奶牛 22 525 头，年牛奶产量 75 600 吨。

【奶站整治】2011 年 4 月 7 日平凉市崆峒区发生一起服用散装牛奶中毒的事件，造成 3 名婴幼儿死亡，35 例疑似食物中毒患者，经确认是散装牛奶投毒事件后，甘肃省农牧厅在全省开展了奶牛散养户和散装牛奶管理情况的实地调研和治理整顿，制定了《甘肃省奶牛散养户生鲜乳生产收购管理技术规范》，进一步把农户生鲜乳生产管理和流通运输作为重点，制定了详尽的监管规范和监管措施。并配合农业部畜禽产品质量安全监督检验测试中心对奶业进行例行飞检。检查包括生鲜乳收购站许可证、准运证以及生鲜乳交接单持有的情况；挤（收）奶厅、贮奶间、化验室、设备间、更衣室、办公室等基础建设设施及粪污无害化处理设施是否完备；冷却、冷藏、低温贮运等设备配套情况，贮奶罐密封状况、内置搅拌装置的配备使用情况；化验、计量、检测仪器设备配置、使用及留样情况；工作人员是否有健康合格证明和体检记录，是否经过相关奶业法律法规、生鲜乳生产收购、卫生安全等方面的培训；挤奶操作等规范是否上墙，奶桶、奶杯消毒和清洗情况，贮奶灌内温度保持情况；卫生管理、质量安全保障、工作规程、培训教育、化学品管理等制度是否完善；生鲜乳收购、销售、检测等记录是否记录清晰、存档；库房、检测室等场所是否有违禁物质，是否有掺杂使假的工具。要求各级畜牧兽医主管部门负责奶畜饲养以及生鲜乳生产和收购环节的监督管理，禁止在生鲜乳生产、收购贮存、运输、销售过程中添加任何物质，严厉打击生鲜乳生产、收购和运输环节违法添加三聚氰胺等有毒有害物质的行为。生鲜乳收购站检查率要达到 100%，生鲜乳质量安全违规单位查处率达到 100%，生鲜乳中三聚氰胺检测合格率达到 100%。整顿后生鲜乳收购站为 86 个（乳品企业建设 33 个，养殖场建设 41 个，合作社建设 12 个），达到了“五有一符合”的设站条件。

【合作组织】2011 年本地区奶农协会共 9 个，包含农户 400 多户，存栏奶牛 2 680 头，奶农合作社 1 个。甘州区前进奶牛专业合作社，位于甘州区南二环路 1.5 千米处，是以融资入股方式成立的奶牛合作社。合作社立足新农村小康建设，高起点规划、高标准建设、高技术生产，占地面积 130 亩，其所属 5 个荷斯坦奶牛场存栏优良品种荷斯坦奶牛 6 700 多头。目前已形成“龙头＋基地＋专业合作社＋农户”的产业化运作模式。园区总体规划投资 8 000 万元，分三期建成养殖规模 5 200 头、年产鲜奶 23 660 吨并能加工奶产品的综合奶牛产业园区。从 2007 年开始，已完成一、二期工程共投资 3 000 万元，建成职工宿舍、办公楼、草料棚、精饲料加工车间各一栋、牛舍 7 栋、青贮窖 4 座、运输车辆及地磅等生产设备 12 台。2010 年，享受农机补贴资金 42.16 万元，补贴机具有：9NZL03 - 3 冷藏灌 1 个、9NZL03 - 6 冷藏灌 2 个、9NZL03 - 8 冷藏灌 1 个、9JGD - YG _ 24 * 12 挤奶机 1 台（补贴 12 万元）、9J _ JI _ Y2 * 12 挤奶机 2 台、9Z - 9A 铡草机 2 台、9SJW - 1200 饲料搅拌机 1 台、东方红- LX904 拖拉机 1 台。

2011 年 7 月 28 日，甘肃省奶业协会召开换届改选大会，会议由甘肃省畜牧管理总站站长、甘肃省奶业协会秘书长王有国同志主持，新老奶业协会理事及其会员代表参加了会议，会议审议并表决选举产生了第二届奶业协会领导机构。甘肃省农牧厅巡视员、甘肃省奶业协会名誉会长黄全成发表了热情洋溢的致辞。甘肃省农牧厅厅长武文斌、巡视员黄全成、副厅长姜良、畜牧处处长曹藏虎、甘肃省畜牧管理总站站长王有国五位同志当选第二届理事会名誉会长兼协会顾问；兰州庄园牧场股份有限公司董事长马红富同志当选第二届理事会会长，兰州庄园牧场股份有限公司为会长单位，甘肃省畜牧管理总站副站长何明渊同志当选为第二届理事会秘书长。

甘肃省奶业协会　沈启云　张永霞

青　海　省

随着青海省乳品企业的不断壮大和奶牛改良力度的不断加大，良种奶牛呈快速发展的势头，随着奶牛品质的提高和数量的增加，规模养殖小区、乳品加工业也有所发展。奶业已经成为青海省优化畜牧业结构、促进农牧民增收，改善人民生活质量的重要产业。

【奶类生产】2011 年本地区奶牛存栏 21.81 万头，其中能繁母牛 14.32 万头。主要分布在西宁市、海东地区、海北州、黄南州、海南州、海西州等地，奶牛存栏分别为 10.60 万头、7.04 万头、1.58 万头、0.52 万头、1.59 万头、0.48 万头。2011 年奶类总产量为 32.13 万吨，其中奶牛奶产量 19.22 万吨、牦牛奶产量 12.91 万吨。成乳牛平均单产 1 342.03 千克/（年・头），其中成乳牛存栏量在 100 头以下养殖场（户）平均单产 1 208.36 千克/（年・头）、成乳牛存栏量在 100 头以上养殖场（户）平均单产 3 374.33 千克/（年・头）。

【乳品加工】2011 年本地区各类奶制品加工企业 22 家，其中日处理生鲜奶能力 50 吨以上的乳品加工企业有 5 家，年加工生鲜奶能力 28.84 万吨，实际加工仅为 11.12 万吨。2011 年实际产量为 8.96 万吨，销售收入为 62 339.89 万元，利润为 7 609.82 万元。主要产品及产量：巴氏杀菌乳产量 24 165 吨、UHT 产量 32 698 吨、酸奶产量 30 012.8 吨、奶粉产量 1 090 吨、其他乳制品生产量 1 616 吨。

【市场消费】2011 年青海省城镇居民奶及奶制品消费量为 28.44 千克、消费支出 193.7 元，农村居民奶及奶制品消费量为 12.8 千克。

【奶源基地】2011 年不同规模养殖场（区）数量及其生产情况，见表 4 - 50：

表 4-50

养殖规模	场（户）	年存栏数（头）	产奶量（吨）
年存栏 49 头以下	92 860	205 441	159 167.82
年存栏 50～99 头	19	1 250	3 174.00
年存栏 100～499 头	30	6 402	15 850.00
年存栏 500～999 头	2	1 190	3 807.00
年存栏 1 000 头以上	2	3 838	10 160.00

【饲草饲料】2011 年本地区人工牧草种植面积 40 305.18 公顷，其中苜蓿草 9 132 公顷；专用青贮玉米种植面积 31 173 公顷。

【品种改良】2011 年本地区共采购奶牛冻精 26 万支，发放奶牛细管冻精 24.64 万支，为采购量的 94.77%；使用冻精 22.75 万支，为发放量的 92.33%，共授配母牛 11.75 万头，为计划任务的 90.38%。

【疫病防治】2011 年春、夏、秋季对存栏奶畜进行口蹄疫疫苗免疫接种；开展布病和结核病的检测工作；对奶牛常见病进行防治。

【政策法规】2011 年在重点建立湟水流域、黄河流域在内的城镇郊区和川水地区奶牛产业带的同时，兼顾海西地区面向城镇的城镇郊区奶牛生产基地建设。包括湟水流域的城北区、城中区、城西区、城东区、大通县、湟中县、湟源县、民和县、乐都县、平安县、互助县；黄河流域的循化县、化隆县、尖扎县、贵德县；海西地区的格尔木、德令哈市等 17 个县（区）。区域内以奶牛规模养殖场（小区）建设为重点，大力提高规模养殖所占比重，提高产业集中度；以良种、良料、良法推广为基础，加大品种改良力度，推进青贮玉米地建设，推行“测乳配方”饲喂技术，提高奶牛单产水平；以建立乳品加工企业和养殖场户的利益联结机制为抓手，推行奶站生鲜乳收购权拍卖制度，提高加工企业带动发展的能力。2011 年重点扶持建设奶牛规模养殖场（小区）150 个、奶牛扩繁场 8 个，建设省级生鲜乳质量监测站 1 个、州县级生鲜乳质量监测站 18 个，开展生鲜乳质量抽检。每年建设生鲜乳收购站 20 个。

【质量监管】2011 年青海省生鲜乳收购站 59 家，其中乳品加工企业开办的 39 家，奶牛养殖场（户）开办的 10 家，奶农合作社开办的 10 家。60 家生鲜乳收购站日收生鲜奶 113.15 吨，机械化挤奶率达到 30%。围绕生鲜乳生产、收购和运输三个关键环节，2011 年继续强化生鲜乳质量安全监测工作，实施了生鲜乳异地抽检和生鲜乳质量安全监测计划，2011 年共抽检生鲜乳样品 680 批，经检测生鲜乳中三聚氰胺、皮革水解蛋白、碱类物质、硫氰酸钠、β-内酰胺酶均未超标，合格率 100%。

采取的主要措施：一是进一步落实生鲜乳质量安全责任。积极建立生鲜乳质量安全监管工作机制，落实责任制。各地建立了严格的监管责任制度，制定了具体实施方案，积极主动全面开展生鲜乳质量安全监管工作。省奶业管理办公室同各州（地、市）农牧局签订了生鲜乳质量安全监管责任书，各地也逐级签订了责任书，各生鲜乳收购站和奶畜养殖场（小区）负责人与县（市、区）主管单位签订了质量安全承诺书。

二是积极开展生鲜乳质量安全宣传。对州（地、市）、县（市、区）级畜牧行政主管部门的管理人员、业务单位的技术人员及各生鲜乳收购站驻站监督员开展专业知识和法律法规的培训，提高监管和执法的责任意识和监管能力；对乳品企业、规模养殖小区（场）、现有生鲜乳收购站人员进行培训，重点增强他们掌握法律法规所规定的各项制度的能力，增强守法自觉性，履行乳品安全第一责任者的责任；面向广大群众宣传教育，努力营造乳品法制化管理的良好氛围。2011 年共举办培训班 3 期，培训 217 人次，发放宣传资料 5 800 余份。

三是强化生鲜乳收购站和运输车许可管理。完善和修订了《生鲜乳收购经营许可行政审批办事指南》和《生鲜乳准运证明行政审批办事指南》，严格审核条件、规范发证程序，切实做到“谁发证、谁负责、谁监管”，对全省 59 个生鲜乳收购站和 32 辆运输车的许可证全部进行了换发和网上公示，并逐一建档备案。同时，对已取缔收购站的设备设施采取收回和封存措施，规范了生鲜乳收购秩序。

四是加强生鲜乳质量安全监测。重点对奶牛养殖场、生鲜乳收购站和乳品生产企业较集中的西宁市和海东地区进行了抽样检测。共抽检生鲜乳样品 138 批，其中：抽取生鲜乳收购站（贮奶罐）的生鲜乳样品 114 批，抽取生鲜乳运输车的生鲜乳样品 24 批，检测三聚氰胺、皮革水解蛋白、碱类物质三项指标，检测合格率为 100%。

五是强化生鲜乳质量安全监督执法。进一步落实生鲜乳收购站驻站监督员制度，对全省 59 名生鲜乳收购站驻站监督员进行了集中培训，提高了监管水平。同时，省农牧厅统一印制了《青海省生鲜乳收购站生鲜乳收购、检测记录档案》、《青海省生鲜乳收购站生鲜乳销售记录档案》、《青海省生鲜乳收购站消毒记录档案》和《青海省生鲜乳收购站生鲜乳运输交接单》等标准文本，进一步建立和完善了档案管理及生鲜乳质量安全追溯系统。

青海省畜牧总站　张惠萍

西 宁 市

【奶类生产】2011 年西宁市奶牛存栏 10.6 万头，其中能繁母牛 6.92 万头，主要集中在西宁市湟中县、湟源县和大通县奶牛优势生产区。2011 年奶类总产量达到 10.75 万吨，奶牛单产平均为 1.8 吨，奶类产值约占畜牧业产值的 30%，生鲜乳收购平均价格约 3.8 元/千克。

【乳品加工】西宁市通过政策和资金扶持，着力扩大和壮大乳品加工龙头企业群体，不断提高乳品的精深加工度和规模化加工水平。截至2010年全市从事乳品加工企业（厂点、小作坊）有20余家，年加工处理鲜奶能力达12万余吨。天露、小西牛、青海湖、好朋友等乳品加工企业均具有一定加工规模和现代化技术工艺，其中天露乳业、小西牛乳业、青海湖乳业设计生产能力均可达5万吨/年。2011年全市共生产酸奶系列、液奶系列、奶粉系列等近30个品种，拥有天露、小西牛、青海老酸奶等乳品品牌达10余个。这些乳品企业的发展有力地带动了西宁市奶牛养殖业的发展。

【市场消费】西宁市2011年人均奶类占有量达56.73千克，西宁市各乳品企业年实际加工量仅为6万吨，其中来自本市供应量达到4.2万吨，占乳品企业年实际加工量70%，本地供应量中来源于乳品加工企业自身建设的奶源基地约为2万吨，来源于本市其他奶源基地约0.8万吨，来源于本市散养户约1.4万余吨。另外，来源于本市外的外源性奶达1.8吨，占乳品企业年实际加工量30%，外源性生鲜奶中有0.9万吨主要来自省内海东地区，0.9万吨生鲜奶来自甘肃、宁夏等省外，分别占到外源性奶的一半。

【奶源基地】西宁市以奶源基地建设为突破，以规模化、标准化、良种化和现代化奶牛养殖场（小区）建设为重点，不断加大奶源基地基础设施建设力度，扎实推动现代化奶业发展进程。近三年来西宁市总投资26 936.5万元，共扶持奶源基地40个次，相继建成奶源基地30个，并且整合省市以奶源基地奶牛改良为主的奶牛良种工程资金780万元，积极推进奶源基地奶牛良种化进程，在所扶持基地中优质高产奶牛常年存栏量达到7 559头，年可产生鲜奶3.2万吨，其中奶源基地中存栏200头以上的有12个，存栏500头以上的有2个。

【政策法规】西宁市制定了《关于促进奶业持续健康发展的意见》、《西宁市奶源基地建设项目可研报告》和《关于奶源基地建设扶持意见》，坚持基础条件设施化、饲养规模化、乳品优质化、生产集约化、奶业产业化、保障体系化，加快奶源养殖示范基地建设进程，发展一批高档次奶源基地和乳品加工业，加大奶牛良种工程建设力度，加强农牧业良种繁育体系建设，继续加强奶业社会化服务管理体系建设，继续加大对奶源基地的扶持建设力度。

【质量监管】继续做好重大疫病防治工作，建立健全市、县、乡三级防疫体系，做到防疫工作常态化，确保重大动物疫病免疫注射率达到100%。大力推广规范化、标准化免疫程序，严格控制疫源传入和疫病发生，把疫病带来的风险和损失降到最低限度。坚持依法、按标准使用兽药、疫苗和各种添加剂，严把投入品安全检测关，坚持质量溯源和安全停药期制度，确保原料奶质量安全。搞好规模化场区奶牛排泄物处理，推广沼气开发、有机肥生产、粪尿无害化还田等实用技术和工程措施，实现减量排放、无害化处理和资源化利用的目标。

【奶站管理】2011年西宁市现有奶站47个，其中市郊奶站1个、大通县奶站26个、湟源县奶站14个、湟中县奶站6个，日收奶量达55.975吨，辐射奶农12 878户，其中属于乳品企业自建的奶站有37个，属于规模养殖场自建的有6个，属于合作社建设类型的有4个。此外，全市向奶站派驻了奶源质量监督员，负责奶源管理，对奶站生鲜奶的收购、销售进行全过程的监督检查。

青海省西宁市农牧局　余　刚

海东地区

奶业是农业的重要组成部分，奶业已成为海东地区农业和农村经济发展一个新的增长点，是农业现代化的重要标志，是农民增收的重要渠道。乳品也是重要的“菜篮子”产品，与人民生活息息相关。

【发展现状】

1. 基本情况。2011年底，全区奶牛存栏数7.04万头，其中能繁母牛达到4.54万头。现饲养存栏的纯种奶牛和高代杂种，基本上为荷斯坦（黑白花）和少量的西门塔尔牛。优质高产奶牛主要分布在民和、乐都和循化县等湟水沿岸、川水气温相对较高的地方，2011年全区奶类总产达到5.21万吨，其中奶牛奶产量为4.97万吨，成年母牛平均年单产3 000（2 100～3 900）千克。

目前海东地区有乳品加工企业2家，年鲜奶加工能力2.87万吨，生鲜奶收购站8个，日收鲜奶33.25吨，全区只有两家集中机械挤奶站，年机械挤奶4 060吨。

2. 协会、企业等产业化组织情况。有些县虽已建立了奶牛养殖专业协会，但在实际运转过程中协会在及时了解国内外市场需求信息、加强专业生产的协作性、紧密与乳制品加工企业利益分配关系等方面未能充分发挥应有作用。合作组织发展相对滞后，奶农与企业的关系仅仅是一种买卖关系，利益风险联结不紧密。

【发展优势】

1. 区位优势　海东地区沿湟和川水等适宜发展奶牛的地区，海拔低，气候温和，适宜高产奶牛的饲养，能使奶牛的生产性能得到充分发挥。在地域位置上海东地区又地处甘青两省交接地带和西宁、兰州两大省会城市的中间，有巨大而稳定的消费市场，109国道、兰西高速、兰青铁路穿境而过，交通十分便利，对产品销售和培育市场是非常有利的。

2. 资源优势　有较为丰富的饲草料资源，2011年全区玉米种植面积达3万亩以上，年产玉米1 500万千克以上，加上农作物秸秆、麸皮麻渣等副产品，退耕还林（草）生产的牧草，以及复种、套种的块根、多汁及青绿饲草料，能满足奶牛生产的饲草料需求，有比较庞大的繁殖母牛群。

3. 市场优势　目前我区乳制品人均占有量仅为10.5千克。随着人民生活水平的提高，膳食结构的改善和消费观念的转变，国内乳品市场迅速进入扩容期，奶业市场的增长潜力很大，尤其是绿色无污染的奶产品更符合消费者需求。为我区奶牛养殖业和乳品加工业的发展提供了良好的契机和广阔的空间。

4. 技术优势 海东地区奶牛生产已有多年的养殖历史，积累了宝贵而丰富的经验，饲养技术日臻成熟，群众基础好。牛改冷配工作已在我区进行了二十多年，培养和造就了一大批专业和民间的冷配技术员。2002年起，又进行了牛胚胎移植技术的推广应用，品种改良已步入规范化道路。奶牛良种化程度达到45%。高产奶牛饲养管理、疫病防治、暖棚牛舍、饲草料加工利用等技术在生产中得到基本普及，群众接受能力较强，容易推广。

5. 社会化服务优势 分布在各地区的收奶站（点），从事着机械挤奶、鲜奶的收购、销售以及饲料供应，为奶牛户提供着许多便利服务。各县、乡镇畜牧兽医站及民间兽医、冷配员，在配种、饲养管理、疫病防治等许多方面，随叫随到，及时、准确、高效地为农户提供服务。

【存在问题】

1. 奶牛存栏数增长快，但奶牛单产提高缓慢。据统计，奶牛年增长率为10.46%，奶产量增长率为8.87%，但成母牛单产从2001年以来一直徘徊在3 000（2 100～3 900）千克左右。

2. 缺乏“龙头”企业仍是制约奶业发展的瓶颈。海东地区只有两家乳品加工企业，而且都是靠原始而缓慢的自我积累发展起来的小企业。这些企业没有自己的品牌，也没有一片属于自己的长期而稳定的市场。奶牛养殖户在市场的漩涡中一荣俱荣，一败俱败。

3. 缺乏强有力的育种工作的长效机制，奶牛育种体系不健全。未建立全区奶牛档案和奶牛核心群，严重影响了牛群品质和奶牛单产的提高。

4. 粗饲料种类单一，质量较差。由于没有很好落实农牧结合，以牧促农，发展良性可持续农业，建立稳定的粗饲料基地。造成粗饲料匮乏，特别是优质青干草、多汁饲料缺乏，多数地区粗饲料仅限于玉米秸和麦秸。

5. 规模化养牛程度较低，因而标准化、规范化的养殖技术普及率低。小区和专业村都是一家一户养牛，各自为政，缺乏统一规划、正确选址、合理布局。

6. 社会化服务功能尚待加强。一是以饲草料生产、加工为主的饲草料供应、保障体系十分薄弱。全区无一家规范的、有规模的饲料加工企业，奶户需要的饲料基本上是乳品加工企业或收奶点以料抵奶款、或小作坊式的个体饲料加工点、或农户以自产的玉米粗略加工的。饲料质量不高、营养不全面。二是实用科技的推广普及力度不够。奶牛双轨饲养技术、胚胎移植、性控冻精母犊繁殖、整株玉米青贮裹包、机械挤奶等一批实用科技，都是目前奶牛生产中的高新实用技术，但受资金投入、成本费用、专业技术人员素质诸多因素的综合制约，这些技术在生产中的利用率很低。三是收奶站（点）少，鲜奶销售经纪人缺乏。

7. 奶牛发病率高，养牛效益低下。由于养殖户规范化、标准化养牛意识淡薄，往往造成奶牛发病率高。乳房炎、繁殖病、消化道等疾病高居不下。由于配种不规范，产后消毒不严、处理不当，母牛繁殖病发病率在20%；由于挤奶不规范，常损伤乳房，乳房炎发病率在30%以上。

【对策建议】

1. 尽快建立奶牛良种登记制度，加快开展奶牛育种步伐。在协会、育种组织的指导下，实施良种登记，建立高产奶牛核心群，通过推广良种公牛的冷冻精液和标准化的饲养体系，大幅度提高奶牛单产，使得奶牛单产和牛奶质量不断提高。

2. 促进养殖业不断向适度规模化、专业化方向发展，实现奶源组织的创新。目前，副业型、超小饲养规模的奶牛饲养业已经无法生存，必须走适度规模的专业化、半专业化饲养，才能保持其生存能力。奶户的饲养规模要扩大，专业化水平要逐步提高，只有如此，才能解决当前奶牛饲养业存在的技术管理水平低、单产低、质量安全无保障等一系列问题。

3. 走无公害标准化生产之路，确保产品质量安全。无公害标准化生产和畜产品安全，是今后消费市场的主题，但此项工作还未开始，这将给今后奶业的发展产生极大隐患。为此，加强无公害畜产品生产，确保畜产品质量也显得尤为重要。

4. 不断提升奶牛饲养管理水平，实现奶牛饲养现代化。奶牛饲养管理的技术升级主要是推广优质、高产青贮，增加优质粗饲料的种植；改善奶牛的设施环境；定期开展技术培训；开展饲草料的分析化验，保证饲料的质量和无害化；加强对养殖户的科技指导，积极培育示范户，通过示范户的带动作用，提高奶牛饲养管理水平，提高牛奶品质。

5. 扶持龙头企业发展，强化产业带动能力。龙头企业发挥着核心和主导作用，龙头企业的市场开拓能力和产品开发能力，直接影响着乳品产业的规模和效益。因此，必须进一步帮助企业完善各项规章制度，帮助企业寻找生产工程中的关键控制点，完善工艺流程和强化质量管理，以提高产品质量为目的，支持企业搞技术革新和技术改造，支持和鼓励研发新产品，利用新产品开拓市场，从根本上扶持壮大龙头企业。

6. 加强政策扶持，加大资金投入。一个产业的兴起、发展和壮大，既离不开政府的大力支持，也离不开巨额的资金投入，特别是面对千家万户的奶牛生产，政策扶持和资金投入更显得重要。因此，既争取项目资金、引进外资金、加强社会融资。同时，需要加强对各类资金的整合优化，切实向奶产业倾斜。

7. 强化社会服务功能，一是加大畜牧科技推广普及力度。要将高产奶牛饲养管理、疫病防治、品种改良、饲草料生产加工贮存等一系列实用科技以最简单、最直接的方式普及到生产一线。同时，在生产中大力推广适合生产需求的高新技术。二是建立一个比较完善的鲜奶销售网络。三是尽快健全饲（草）料生产供应体系。积极推广整株玉米裹包青贮，苜蓿草半干青贮，抓好饲草的生产、加工、贮存环节，最大限度地缓解饲草供应季节性不平衡的矛盾。扩大套种、复种面积，挖掘饲草潜力，保障饲草供应。规范饲料生产、整顿饲料市场。

8. 培养和壮大经纪人队伍，扶持建立一批协会组织和鲜奶经销、奶牛经销等经纪人队伍，充分发挥这些组织和经纪人的中介作用。

青海省海东畜牧兽医站　任建民

宁夏回族自治区

【奶类生产】2011 年全区荷斯坦奶牛存栏 46.50 万头，牛奶总产量 135.00 万吨，比上年同期分别增长 7.64%和 10.66%，存栏 50 头以上的奶牛场存栏奶牛 27.90 万头，占总数的 60.00%。成母牛年均单产 6 515 千克，形成了以银川、吴忠为奶业核心区，中卫、石嘴山为奶业发展区的产业布局，核心区奶牛存栏、牛奶产量分别占全区总量的 86.13%和 88.33%。全区奶牛养殖业实现产值 26 亿元，占畜牧业总产值的 26.00%。规模奶牛养殖场生鲜乳收购价为 3.50～3.90 元/千克，较散养户收购价高 0.80～1.00 元/千克。

【乳品加工】2011 年全区共有乳品加工企业 20 个，日加工鲜奶能力 5 300 吨，年生产巴氏杀菌乳、UHT 奶、奶粉、酸奶量分别为 2 315 吨、240 065 吨、32 540 吨、21 780 吨。主要乳品加工企业：宁夏伊利乳业有限责任公司，年产值 7.00 亿元；蒙牛集团银川事业部，年产值 5.04 亿元；宁夏夏进乳业集团股份有限公司，年产值 6.70 亿元；吴忠恒枫乳业有限公司，年产值 2.00 亿元；宁夏明旺乳业有限公司，年产值 1.75 亿元；银川维维北塔乳业股份有限公司，年产值 0.96 亿元；吴忠市雪泉乳业有限公司，年产值 0.86 亿元；吴忠市红果乳业有限公司，年产值 0.86 亿元；宁夏北方乳业有限责任公司，年产值 0.65 亿元；银川市金河乳业有限公司，年产值 0.34 亿元；宁夏银川市平吉堡酸奶厂，年产值 0.34 亿元；宁夏熊猫乳业有限公司，年产值 0.29 亿元；夏进昊尔乳业有限公司，年产值 0.17 亿元。

【市场消费】2011 年全区居民人均奶制品（折合成原料奶）占有量 214 千克。主要乳制品品牌及产品：夏进（纯牛奶、奶粉、酸奶、乳酸菌饮料）、维维北塔（纯牛奶、奶粉、酸奶）、金河（纯牛奶、酸奶、奶酪）、平吉堡（酸奶）、北方（纯牛奶、酸奶）、蒙牛（纯牛奶、酸奶、冰淇淋）、伊利（纯牛奶、酸奶、冰淇淋）、雪泉（纯牛奶、奶粉、酸奶）、红果（奶粉）。

【奶源基地】2011 年全区奶牛存栏 49 头以下的场（户）20 065 个，存栏 18.60 万头，产奶量 48.45 万吨；50～99 头的场（户）1 519 个，存栏 12.00 万头，产奶量 38.36 万吨；100～499 头的场（户）203 个，存栏 6.91 万头，产奶量 20.72 万吨；500～999 头的场（户）67 个，存栏 6.20 万头，产奶量 18.73 万吨；1 000 头以上的场（户）22 个，存栏 2.79 万头，产奶量 8.74 万吨。

【奶站管理】2011 年全区共有奶站 536 家，生鲜乳运输车 346 辆，奶业主管部门建立健全奶站管理制度，奶站负责人做好奶站监管记录、生鲜奶销售记录、卫生消毒记录、生产投入品记录，大型乳品加工企业对奶源基地实行驻站员管理制度，加强对奶牛养殖投入品使用、饲养管理、规范化挤奶和卫生消毒等生产环节的全程监控，确保生鲜乳质量安全。同时，乳品企业优质优价机制有力带动了奶牛养殖的规模化和集约化经营。

【良种补贴】2011 年全区继续组织实施奶牛良种补贴项目，引进国内外优质奶牛冻精 41.8 万支。其中，农业部下达我区奶牛良种补贴项目资金 567 万元，公开招标采购国产优质荷斯坦奶牛冻精 37.8 万支，对全区所有奶牛养殖场、养殖小区和养殖户饲养的荷斯坦奶牛按照每头 30 元（每支冻精补贴 15 元，每头能繁母牛使用 2 支冻精）标准实施补贴；自治区农业产业化国外荷斯坦奶牛冻精推广项目下达奶牛良种补贴资金 240 万元（财政补贴 120 万元、自筹 120 万元），引进美国、加拿大、德国、法国验证荷斯坦公牛冻精 4 万支，在全区主要规模养殖场推广应用。全年冷配改良荷斯坦奶牛共 20 万头，完成后备母牛建档立卡 10 万头，培训和年检奶牛人工授精员 400 名，编制了《2011 年宁夏奶牛良种补贴公牛和往年与配公牛亲缘系数表》、补充修订了《全国重点种公牛站公牛血缘关系图》，印制了《2011 年国家奶牛良种补贴宁夏项目区良种补贴种公牛名录》，并发放、张贴到全区各奶牛冷配改良点，确保国家奶牛良种补贴项目顺利实施。

【饲草饲料】2011 年全区人工牧草种植面积为 793.50 万亩（其中，苜蓿 584.60 万亩），青贮玉米种植面积为 33.40 万亩，秸秆加工调制总量 252 万吨（其中，全株玉米青贮 115 万吨），共有奶牛饲草料配送中心 17 个，重点示范、推广了全株玉米青贮、苜蓿半干青贮、饲草包膜青贮和稻草青贮等技术。在 100 头以上规模奶牛场，全株玉米青贮推广应用率 100%，“全株玉米青贮＋苜蓿”推广应用率 61%。

【政策法规】自治区相关部门制定了《宁夏回族自治区加快推进奶产业发展实施方案》，提出“十二五”宁夏奶产业发展思路和目标，全面推进全区奶业持续健康发展。2011 年自治区以提高奶牛生产性能和标准化、规模化养殖水平，促进新技术推广为重点，制定了支持奶产业发展的政策：(1) 引进国内优质荷斯坦公牛冻精和国外验证荷斯坦公牛冻精，每支分别补贴 15 元和 30 元；(2) 对参加奶牛生产性能测定的奶牛场给予每头奶牛 50 元的测定补贴；(3) 自治区财政厅下发《关于对标准化奶牛养殖场（小区）建设实施“以奖代补”财政政策的通知》，采取“先建后补、以奖代补”的方式，进一步推动我区奶牛饲养方式转变，提高奶牛标准化、规模化养殖水平，全力保障生鲜乳与乳制品质量安全；(4) 自治区财政整合国家现代农业资金，支持奶牛养殖园区改造项目，每个园区支持70万～100万元。此外，制定了地方标准《标准化奶牛养殖场（小区）建设规范》（DB64/T 759—2012），规范奶牛养殖场（小区）建设，提升奶牛养殖场（小区）标准化、规模化、集约化水平。

【质量监管】为强化乳品质量安全监管，提升我区乳品质量安全水平，切实保障人民群众身体健康，促进奶业健康发展，2011年自治区相关部门采取以下措施：(1) 根据《国务院办公厅关于进一步加强乳品质量安全工作的通知》（国办发〔2010〕42号），结合我区实际，制定了《宁夏回族自治区关于进一步加强乳品质量安全工作的实施意见》（宁政办发〔2011〕17号），要求各相关部门严格生产经营监督管理，强化检验检测和监测评估，尽快完善乳品追溯制度，严格婴幼儿配方乳粉监管，严厉打击惩处非法生产经营乳品行为，坚决落实乳品质量安全责任。(2) 根据《工业和信息化部 国家发展和改革委员会 国家质量技术监督检验检疫总局 关于在乳品行业开展项目（企业）审核清理工作的通知》（工信部联消费〔2010〕598号）精神，加强生鲜乳收购站日常监管和标准化管理，确保生鲜乳收购站检查率100%、生鲜乳质量安全违规查处率100%、生鲜乳中三聚氰胺检测合格率100%，我区于2011年1月至3月对全区已建的33家乳品企业进行审查清理，经过三次审查，淘汰15家不合格企业，18家合格企业获得新的生产许可证，另有伊利、蒙牛两家企业于2011年6月获得生产许可证并投产。

【宁夏奶业大事记】

1. 2011年4月15～16日，宁夏畜牧工作站在银川召开“宁夏奶牛生产性能测定项目总结会”，同时举办“DHI测定技术培训班”。各项目县（市、区）畜牧技术推广中心（站）主要负责人和技术人员、参加DHI测定牛场的负责人和技术人员共185人参加总结会及技术培训、经验交流。同时，大会对2010年度奶牛生产性能测定先进集体、先进个人进行了表彰，对生产性能优秀的牛只进行了奖励。

2. 2011年5月，宁夏畜牧工作站与宁夏奶业协会完成2010年度宁夏奶业生产统计工作，并撰写《宁夏奶产业现状与发展策略》。

3. 2011年6月11日，经宁夏奶业协会推荐，中国奶业协会组织专家评审，闫建国（银川市金河乳业有限公司）、洪龙（宁夏奶业协会）、宁晓波（宁夏农垦贺兰山奶业有限公司）、王瑜（宁夏畜牧工作站DHI测定中心）4位同志被评为“全国优秀奶业工作者”。

4. 2011年6月11～13日，宁夏畜牧工作站与宁夏奶业协会组织各市、县（区）畜牧技术推广部门和奶牛养殖企业负责人及技术人员共50余人，赴合肥市参加了“第二届中国奶业大会暨第九届中国国际奶业展览会”，并参观了现代牧业奶牛养殖场。

5. 2011年6月29日，宁夏奶业协会与宁夏大北农科技实业有限公司在银川联合举办“规模奶牛场饲养管理技术培训班”，邀请国家奶牛产业技术体系首席科学家、中国农业大学李胜利教授等区内外专家进行了《奶牛场夏季饲养管理技术》、《宁夏地区奶牛场养殖关键技术》、《优质牛奶生产技术》专题讲座和培训。各市、县（区）畜牧技术推广中心（站）主要负责人、技术推广骨干、规模奶牛场场长及技术人员240余人参加了培训。

6. 2011年7月27～28日，宁夏畜牧工作站、宁夏奶业协会、达农威中国公司在银川承办了由中国奶业协会、国家奶牛产业技术体系、宁夏农牧厅、美国达农威公司主办的“宁夏国际奶牛饲养与管理技术研讨会”。大会邀请了国内外在奶牛养殖生产领域享有盛名的学者和专家，针对中国奶牛场管理和饲养技术中的热点难点问题做了专题报告，并与参会人员进行现场互动交流。全国共有360位专家、学者、企业管理者及技术人员参加本次研讨会。

7. 2011年10月3～17日，宁夏畜牧工作站选派2位技术人员赴美国和加拿大参加“奶牛生产性能测定美国、加拿大技术培训班”，考察学习了美国、加拿大DHI测定发展历程和技术体系，与相关人员进行DHI技术交流。

8. 2011年11月5～6日，宁夏畜牧工作站5位技术人员与奶牛标准化养殖示范场负责人赴福建参加了由中国奶业协会、全国畜牧总站、农业部奶牛科技入户工程、国家奶牛产业技术体系主办，福建省奶业协会、福建省畜牧兽医局承办的“全国奶牛场场长暨奶牛生产性能测定培训会”，并与相关技术人员进行了技术和经验交流。

9. 2011年11月15日，由宁夏奶业协会、宁夏农机学会主办，佛山力淳乳业机械有限公司、宁夏吉峰同德农机汽车贸易有限公司协办，在银川召开“规模牧场奶牛养殖技术培训研讨会”，邀请3位国内外专家进行奶牛场集约化管理技术培训，并开展经验交流。银川市、石嘴山市各县区及中宁县畜牧（奶业）技术推广部门负责人、重点规模奶牛养殖场（园区）管理人员和技术人员100余人参加会议。

10. 2011年11月25日，宁夏农牧厅委托宁夏国际招标公司以公开招标采购的形式，采购“2011年国家奶牛良种补贴项目”宁夏项目区奶牛冻精37.8万支。

11. 2011年12月13日，宁夏畜牧工作站在银川举办“奶牛生产计算机智能化管理技术培训班”，邀请南京丰顿信息咨询有限公司技术总监邵兵、软件工程师汤雪峰进行了奶牛场管理系统应用技术培训。奶业优势区各县（市、区）畜牧技术推广服务中心主任、重点奶牛场负责人及技术人员50余人参加了培训。

宁夏畜牧工作站　巫　亮

附：

表 4-51　宁夏回族自治区主要乳品企业名录及生产销售情况

企业名称	原料奶收购量（吨/天）	巴氏杀菌乳生产量（吨）	UHT 奶生产量（吨）	酸奶生产量（吨）	奶粉生产量（吨）	其他乳品生产量（吨）	年销售额（万元）
银川市金河乳业有限公司	32	210	/	4 530	/	/	3 374
平吉堡国富酸奶厂	2	/	/	547.5	/	/	300
夏进昊尔	30	/	/	/	/	11 000	5 500
宁夏熊猫乳品有限公司	40	/	/	/	1130	/	2 897
北方乳业有限公司	50	1 500	10 000	720	/	5 475	6 500
宁夏明旺乳业有限公司	80	/	/	/	5 763	/	17 492
雪泉乳业有限公司	50	/	930	/	1 900	720	8 000
吴忠市银湖清真乳品公司	15	/	/	/	1 236	/	2 346
天天乳业有限公司	40	/	/	/	1 600	/	3 200
红果乳业有限公司	70	/	/	/	2 241	/	6 125
吴忠金荣乳业有限公司	25	/	/	/	507	/	1 800
吴忠恒枫乳业有限公司	200	/	/	/	9 000	/	20 000
宁夏伊利乳业有限公司	460	/	80 000	/	/	/	70 000
宁夏蓝天乳业有限公司	30	/	/	/	1 300	/	3 640
黄河乳品有限公司	70	/	/	/	2 920	/	6 716
银川维维北塔乳业股份有限公司	120	600	6 800	/	4 300	1 500	9 600
宁夏夏进乳业集团股份有限公司	300	/	32 731	15 979	639	28 250	67 000
蒙牛集团银川事业部	630	/	109 600	/	/	/	50 400
合计	2 244	2 310	240 061	21 776.5	32 536	46 945	284 890

表 4-52　宁夏主要规模奶牛养殖场名录

小区（场）名称	所在市县	类型	存栏规模（头）
维维北塔第一牧场	银川市兴庆区	奶企自建	1 300
宁夏金河塞上阳光牧场养殖有限公司	银川市兴庆区	奶企自建	1 200
维维第二牧场	银川市兴庆区	奶企自建	1 236
宁夏友牧奶牛养殖有限公司	银川市金凤区	个体	1 650
宁夏翔达牧业科技有限公司	银川市金凤区	个体	1 600
宁夏澳利优奶牛养殖有限公司	银川市金凤区	个体	2 400
平吉堡贺兰山原种场	银川市西夏区	奶企自建	1 191
平吉堡荷利源奶牛场	银川市西夏区	奶企自建	1 683
宁夏蓝天奶牛养殖专业合作社	银川市永宁县	奶企自建	1 260
贺兰县信旺林牧开发有限公司奶牛场	银川市贺兰县	个体	2 358
忠良农业开发有限公司奶牛场	银川市贺兰县	个体	2 008
贺兰县洪广营农林生态养殖场	银川市贺兰县	个体	1 286
惠农区卉丰农林牧场	石嘴山惠农区	专业合作社	1 203
夏进奶牛养殖园区	吴忠利通区	奶企自建	3 215

（续）

小区（场）名称	所在市县	类型	存栏规模（头）
富农奶牛养殖园区	吴忠利通区	专业合作社	1 445
五里坡万银牧场	吴忠利通区	个体	1 120
雪泉牛场	吴忠利通区	奶企自建	1 203
新林奶牛养殖园区一、三区	吴忠青铜峡	专业合作社	1 219
新林奶牛养殖园区二、四区	吴忠青铜峡	专业合作社	1 910
中卫市三义奶牛养殖合作社	中卫沙坡头	专业合作社	1 586

银　川　市

【奶类生产】2011 年全市荷斯坦奶牛存栏 16.90 万头，牛奶总产量 55.06 万吨，比上年同期分别增长 7.64%和 10.66%，存栏 50 头以上奶牛场存栏奶牛 11.97 万头，占总数的 70.83%，成母牛年均单产 6 850 千克，全市奶牛养殖业实现产值 12.40 亿元，占畜牧业总产值的 28.00%。规模奶牛养殖场生鲜乳收购价为 3.40～3.80 元/千克，较散养户收购价高 0.80～1.00 元/千克。

【乳品加工】2011 年全市共有乳品加工企业 8 个，日加工鲜奶能力 2 000 吨，实际日处理鲜奶 1 500 吨，全年生产巴氏杀菌乳 1 115 吨、奶粉 4 886 吨、酸奶 18 004 吨。主要乳品加工企业：蒙牛集团银川事业部，年产值 5.04 亿元；宁夏明旺乳业有限公司，年产值 1.75 亿元；银川维维北塔乳业股份有限公司，年产值 0.96 亿元；宁夏北方乳业有限公司，年产值 0.65 亿元；银川市金河乳业有限公司，年产值 0.34 亿元；银川市平吉堡酸奶厂，年产值 0.34 亿元；宁夏熊猫乳业有限公司，年产值 0.29 亿元；夏进昊尔乳业有限公司，年产值 0.17 亿元。

【市场消费】2011 年全市居民人均奶制品（折合成原料奶）占有量 270 千克。主要乳制品品牌及产品：维维北塔（纯牛奶、奶粉、酸奶）、金河（纯牛奶、酸奶、奶酪）、平吉堡（酸奶）、北方（纯牛奶、酸奶）、蒙牛（纯牛奶、酸奶、冰淇淋）、伊利（纯牛奶、酸奶、冰淇淋）。

【奶源基地】2011 年全市奶牛存栏 49 头以下的场（户）4 882 个，存栏 4.93 万头，产奶量 14.68 万吨；50～99 头的场（户）263 个，存栏 2.41 万头，产奶量 7.95 万吨；100～499 头的场（户）113 个，存栏 3.98 万头，产奶量 13.38 万吨；500～999 头的场（户）43 个，存栏 3.98 万头，产奶量 13.87 万吨；1 000 头以上的场（户）14 个，存栏 1.60 万头，产奶量 5.18 万吨。

【奶站管理】2011 年全市共有奶站 151 家，生鲜乳运输车 112 辆。奶业主管部门建立健全奶站管理制度，奶站负责人做好奶站监管记录、生鲜奶销售记录、卫生消毒记录、生产投入品记录，大型乳品加工企业对奶源基地实行驻站员管理制度，加强对奶牛养殖投入品使用、饲养管理、规范化挤奶和卫生消毒等生产环节的全程监控，确保生鲜乳质量安全。

【良种补贴】2011 年全市组织实施国家奶牛良种补贴项目，引进国内优质荷斯坦奶牛冻精 16 万支，补贴资金 240 万元；实施自治区农业产业化国外荷斯坦奶牛冻精推广项目，引进国外优质奶牛冻精 2.3 万支，补贴资金 69 万元；实施银川市奶牛品种改良项目，引进优质奶牛性控冻精 1 万支，补贴资金 200 万元。

【饲草饲料】2011 年全市人工种草面积 23.09 万亩（其中，苜蓿 7.98 万亩），青贮玉米种植面积 13.80 万亩，秸秆加工调制总量 93.30 万吨（其中，全株玉米青贮 49.95 万吨），共有奶牛饲草料配送中心 6 个，重点示范、推广了全株玉米青贮、苜蓿半干青贮、饲草包膜青贮和稻草青贮等技术。目前，在 100 头以上规模奶牛场全株玉米青贮推广应用率 100%。

【政策法规】2010 年 10 月银川市出台了《关于进一步加快奶产业发展的若干意见》。从全面开展生鲜乳质量检测、建立生鲜乳价格调控机制、加快优质奶源基地建设、加强奶牛良种繁育和疫病防治等方面入手采取措施，通过政策杠杆的作用，加快奶产业发展方式转变。主要内容有：加快优质奶源基地建设，着力优化奶产业布局，将规划、建设重点放在贺兰山东麓和月牙湖至白土岗沿山草畜产业带，对需要贷款购置优质奶牛的养殖场（园区），按中国人民银行规定的一年期贷款基准利率给予 50%贴息，补助两年，大力推广以荷斯坦奶牛为主的良种奶牛，推广奶牛性控、胚胎移植等生物工程技术，提高繁育速度，建立银川市高产奶牛核心群。

【质量监管】为加强对生鲜乳收购站的监督管理，保证生鲜乳质量安全，促进奶业健康发展，根据国务院《乳品质量安全监督管理条例》和农业部《生鲜乳生产收购管理办法》等有关法律、法规，结合我市实际，制定了《银川市生鲜乳收购站管理办法》，对提升我市奶牛养殖场（小区）标准化、规模化、集约化水平，加强生鲜乳收购站日常监管和标准化管理，确保生鲜乳收购站检查率 100%、生鲜乳质量安全违规查处率 100%、生鲜乳中三聚氰胺检测合格率 100%，起到了积极作用。

银川市畜牧技术推广服务中心　蔡建伟

附：

表 4-53　银川市主要乳品企业名录及生产销售情况

企业名称	原料奶收购量（吨/天）	巴氏杀菌乳生产量（吨）	UHT 奶生产量（吨）	酸奶生产量（吨）	奶粉生产量（吨）	其他乳品生产量（吨）	年销售额（万元）
银川市金河乳业有限公司	32	210	/	4 530	/	/	3 374
平吉堡酸奶厂	2	/	/	547.5	/	/	3 400
夏进昊尔	30	/	/	/	/	11 000	5 500
宁夏熊猫乳品有限公司	40	/	/	/	1 130	/	2 897
北方乳业有限公司	50	1 500	10 000	720	/	5 475	6 500
宁夏明旺乳业有限公司	80	/	/	/	5 763	/	17 492
银川维维北塔乳业股份有限公司	120	600	6 800	/	4 300	1 500	9 600
蒙牛集团银川事业部	630	/	109 600	/	/	/	50 400
合计	984	2 310	126 400	5 798	11 193	17 975	99 163

表 4-54　银川主要规模奶牛养殖场名录

小区（场）名称	所在市县	类型	存栏规模（头）
维维北塔第一牧场	银川市兴庆区	奶企自建	1 300
宁夏金河塞上阳光牧场养殖有限公司	银川市兴庆区	奶企自建	1 200
维维第二牧场	银川市兴庆区	奶企自建	1 236
宁夏友牧奶牛养殖有限公司	银川市金凤区	个体	1 650
宁夏翔达牧业科技有限公司	银川市金凤区	个体	1 600
宁夏澳利优奶牛养殖有限公司	银川市金凤区	个体	2 400
平吉堡贺兰山原种场	银川市西夏区	奶企自建	1 191
平吉堡荷利源奶牛场	银川市西夏区	奶企自建	1 683
宁夏蓝天奶牛养殖专业合作社	银川市永宁县	奶企自建	1 260
贺兰县信旺林牧开发有限公司奶牛场	银川市贺兰县	个体	2 358
忠良农业开发有限公司奶牛场	银川市贺兰县	个体	2 008
贺兰县洪广营农林生态养殖场	银川市贺兰县	个体	1 286
宁夏先锋奶牛养殖场	银川市西夏区	个体	1 100
灵农奶牛一场	灵武市	奶企自建	3 215
灵农奶牛二场	灵武市	奶企自建	1 445
灵农奶牛三场	灵武市	奶企自建	866
灵武金昊达奶牛养殖场	灵武市	奶企自建	930

吴　忠　市

【奶类生产】2011 年全市荷斯坦奶牛存栏 23.15 万头，牛奶总产量 64.19 万吨，成年母牛年平均单产 6 280 千克，鲜奶销售收入 18.98 亿元，占畜牧业产值的 49.43%。规模奶牛养殖场生鲜乳收购价为 3.50～3.90 元/千克，较散养户收购价高 0.80～1.40 元/千克。

【乳品加工】全市现有乳品企业 10 家（利通区 9 家、青铜峡市 1 家），日处理鲜奶能力 2 500 吨，实际日处理鲜奶 1 565 吨。其中，液态奶生产企业 3 家，日处理鲜奶 946 吨；奶粉生产企业 9 家，日处理鲜奶 619 吨。主要乳品加工企业：宁夏伊利乳业有限责任公司，年产值 7.00 亿元；宁夏夏进乳业集团股份有限公司，年产值 6.70 亿元；吴忠恒枫乳业有限公司，年产值 2.00 亿元；吴忠市雪泉乳业有限公司，年产值 0.86 亿元；吴忠市红果乳业有限公司，年产值 0.86 亿元。

【市场消费】2011 年全市居民人均奶制品（折合成原料奶）占有量 480 千克。主要乳制品品牌及产品：夏进（纯牛奶、奶粉、酸奶、乳酸菌饮料）、伊利（纯牛奶、酸奶、冰淇淋）、雪泉（纯牛奶、奶粉、酸奶）、红果（奶粉）。

【奶源基地】全市奶牛年存栏 49 头以下的场（户）12 618 个，存栏 13.15 万头，产奶量 33.77 万吨；50～99 头的场（户）721 个，存栏 6.80 万头，产奶量 20.10 万吨；100～499 头的场（户）20 个，存栏 0.80 万头，产奶量 2.56 万吨；500～999 头的场（户）13 个，存栏 1.21 万头，产奶量 4.20 万吨；1 000 头以上的场（户）8 个，存栏 1.19 万头，产奶量 3.56 万吨。

【奶站管理】2011 全市有 324 家鲜奶收购站（利通区 254 家、青铜峡市 67 家、盐池县 2 家、红寺堡开发区 1 家）。利通区成立了奶业执法大队，负责本辖区的奶站监管。行政主管部门建立健全奶站管理制度，奶站负责人做好奶站监管记录、生鲜奶销售记录、卫生消毒记录、生产投入品记录，大型乳品加工企业对奶源基地实行驻站员管理制度，加强对奶牛养殖投入品使用、饲养管理、规范化挤奶和卫生消毒等生产环节的全程监控，确保生鲜乳质量安全。

【良种补贴】2011 年全市组织实施国家奶牛良种补贴项目，引进国内优质荷斯坦奶牛冻精 17.41 万支，补贴资金 261.15 万元；实施自治区农业产业化国外荷斯坦奶牛冻精推广项目，引进国外优质奶牛冻精 1.1 万支，补贴资金 33 万元。

【饲草饲料】2011 年全市人工种草面积 196.02 万亩（其中，苜蓿 142.84 万亩），青贮玉米种植面积 13.15 万亩。重点示范推广了全株玉米青贮和饲草包膜青贮等技术。目前，在 100 头以上规模奶牛场全株玉米青贮推广应用率 100%。

【政策法规】吴忠市委制定了《关于加快建设吴忠市孙家滩现代农业科技示范园区的意见》（吴党发〔2010〕36 号），鼓励发展规模经营，对奶牛存栏 1 000 头以上的新建标准化牧场给予以奖代补 250 万元。吴忠市人民政府制定 2011 年度清真产业招商引资优惠政策，对投资在 5 亿～10 亿元的清真牛（羊）肉、饮料加工项目，市财政按固定资产投资额的 15%给予配套补贴；10 亿元以上的项目，按固定资产投资额的 20%给予配套补贴。

【质量监管】围绕生鲜乳生产、收购和运输三个关键环节，加强生鲜乳质量安全的监管力度，通过鲜乳收购站标准化管理和日常监管，确保生鲜乳收购站检查率 100%、生鲜乳质量安全违规查处率 100%、生鲜乳中三聚氰胺检测合格率 100%。

吴忠市畜牧水产技术推广服务中心　袁国军

附：

表 4－55　吴忠市主要乳品企业名录及生产销售情况

企业名称	原料奶收购量（吨/天）	巴氏杀菌乳生产量（吨）	UHT 奶生产量（吨）	酸奶生产量（吨）	奶粉生产量（吨）	其他乳品生产量（吨）	年销售额（万元）
雪泉乳业有限公司	50	/	930	/	1 900	720	8 000
吴忠市银湖清真乳品公司	15	/	/	/	1 236	/	2 346
红果乳业有限公司	70	/	/	/	2 241	/	6 125
吴忠金荣乳业有限公司	25	/	/	/	507	/	1 800
吴忠恒枫乳业有限公司	200	/	/	/	9 000	/	20 000
宁夏伊利乳业有限公司	460	/	80 000	/	/	/	70 000
宁夏夏进乳业集团股份有限公司	300	/	32 731	15 979	639	28 250	67 000
合计	1 120	0	113 661	15 979	15 523	28 970	175 271

表 4－56　吴忠市主要规模奶牛养殖场目录

小区（场）名称	所在县区	类型	奶牛存栏
宏业生态牧场	孙家滩	个体	560
海晶生态牧场	孙家滩	合作社	500
尚农生态牧场	孙家滩	个体	680
鑫茂生态牧场	孙家滩	合作社	528

（续）

小区（场）名称	所在县区	类型	奶牛存栏
金宇一号牧场	孙家滩	个体	1 177
华丰生态牧场	孙家滩	合作社	320
夏进奶牛牧场	利通区	奶企自建	2 600
利牛科技园区	利通区	合作社	850
玉柱牧场	利通区	个体	820
天骄牧场	利通区	个体	520
泽宁一牧场	利通区	个体	500
泽宁二牧场	利通区	个体	400
金元牧场	利通区	个体	720
伊牛奶牛牧场	利通区	个体	320
耀辉牧场	利通区	个体	340
荣光奶牛牧场	利通区	个体	950
富农奶牛牧场	利通区	个体	2 100
塞上一牧场	利通区	个体	1 500
庄园牧场	利通区	个体	920
义明奶牛牧场	利通区	个体	1 800
红果奶牛牧场	利通区	个体	780
万银牧场	利通区	个体	1 030
青青奶牛牧场	利通区	个体	700
金荣奶牛牧场	利通区	个体	560
富农奶牛牧场	利通区	个体	1 200
富强奶业	青铜峡市	合作社	720
永康奶牛牧场	青铜峡市	个体	320
杨希军奶牛牧场	青铜峡市	个体	480
金牛奶牛牧场	青铜峡市	个体	800
忠智奶牛牧场	青铜峡市	个体	820
汝鑫奶牛牧场	青铜峡市	个体	820
新希望奶牛牧场	青铜峡市	个体	1 100
广武生态移民一牧场	青铜峡市	个体	1 000
利东奶牛牧场	青铜峡市	个体	560
鸿元奶牛养殖园区	盐池县	个体	525
众鑫奶牛养殖园区	盐池县	个体	680

新疆维吾尔自治区

【奶类生产】2011 年新疆全区奶牛存栏 270 万头，比上年增长 4.6%，其中荷斯坦奶牛 54.25 万头、西门塔尔牛 46 万头、新疆褐牛 71.1 万头，占奶牛存栏总数的 63.46%。全年奶类总产量 275 万吨，比上年增长 2.79%，其中牛奶产量 259.62 万吨，比上年增长了 26.71%，形成了以天山北坡、伊犁河谷、塔额盆地、额尔齐斯河谷、焉耆盆地为重点的奶业产业带，其生产的鲜奶及乳制品占全区总产量的 80%以上。生鲜乳收购价格在 2.6～3.6 元/千克。

【乳品加工】2011 年全区共有乳品加工企业 44 家，加工企业日处理生鲜奶能力 6 098.8 吨，实际加工量 2 301.8 吨。2011 年，新疆维吾尔自治区对 78 家乳制品生产企业进行重审，有 34 家乳品企业因生产条件差，质量安全保障能力低等问题被淘汰，全区乳制品生产依旧保持较高的稳定的发展态势。

【市场消费】2011 年本地区人均乳制品消费量 12.45 千克，城镇居民人均奶制品（折合成原料奶）消费量 32.45 千克，其中鲜乳品 26.96 千克，奶粉 0.24 千克，酸奶 3.45 千克。

【奶源基地】2011年本地区奶牛存栏数49头以下的有444 575个场（户）、存栏数50～99头的有1 802个场（户）、存栏数100～499头的有1 416个场（户）、存栏数500～999头的有51个场（户）、存栏数1 000头以上的有40个场（户）。

表4-57 主要规模养殖场规模和品种表

序号	养殖企业	养殖品种	存栏量（头）
1	哈密市长河集团长青农牧有限公司	荷斯坦奶牛	2 100
2	新疆西部牧业股份有限公司	荷斯坦奶牛	10 099
3	新疆娃哈哈启力生物技术有限公司	荷斯坦奶牛	5 000
4	克拉玛依绿成农业开发有限责任公司奶牛一场	荷斯坦奶牛	1 080
5	新疆南达乳业有限公司畜牧业分公司	荷斯坦奶牛	2 193
6	焉耆县海宇农牧科技开发有限责任公司	荷斯坦奶牛	850
7	新疆库尔勒维维天山雪牛场	荷斯坦奶牛	600
8	昌吉市佳弘畜牧科技有限责任公司（奶牛养殖小区）	荷斯坦奶牛	656
9	新疆天山畜牧生物工程股份有限责任公司榆树沟良繁场	荷斯坦奶牛	1 060
10	新疆维维西部农牧科技有限公司（奶牛养殖场）	荷斯坦奶牛	1 200
11	新疆呼图壁种牛场牧一场	荷斯坦奶牛	3 000
12	新疆呼图壁种牛场牧二场	荷斯坦/西门塔尔、蒙贝利亚奶牛	500/1 500
13	新疆呼图壁种牛场牧四场	荷斯坦奶牛	3 100
14	玛纳斯县现代良种奶牛有限责任公司（奶牛养殖场）	荷斯坦奶牛	1300
15	乌鲁木齐种牛场	荷斯坦奶牛、新疆褐牛	880/500
16	阿克苏新农乳业有限责任公司		4 000

【奶站整治】2011年年底全区生鲜乳收购站共计422个（不含兵团），其中，乳品生产企业开办204个，占总数的48.3%；奶畜养殖场开办57个，占总数的13.5%；奶农合作社开办161个，占总数的38%。生鲜乳运输车辆378辆（不含兵团），并同时在各地政府网上进行了公示，加强了社会监督。目前“两证一单”发证率均达到100%，实现了生鲜乳收购站、运输车辆全部持证运营。

【良种补贴】2011年进行了项目冻精招标采购工作，落实奶牛良种补贴资金2 534万元，对82个县（市）的41.8万头荷斯坦奶牛、36个县（市、场）的30万头褐牛、30个县（市）的20万头乳用西门塔尔牛以及75个县（市）的28万头肉牛实施了补贴。部分地（州）、县（市）落实配套经费1 000多万元。项目受益农户49.55万户。

【饲草饲料】人工牧草种植面积926.962万公顷，其中：苜蓿草376万公顷；专用青贮玉米种植面积368万公顷。

【疫病防治】进行了春秋两季注射口蹄疫苗；开展布病和结核病的检测工作；对奶牛常见病及时进行防治。

【政策法规】修订《新疆维吾尔自治区奶业条例》，并经自治区人大常委会批准通过，于2011年12月1日正式实施，为我区奶业监管工作提供了有力的法规支持。

【扶持政策】新疆维吾尔族自治区是全国唯一以财政补贴形式推进“学生饮用奶计划”的省（区）。全区财政补贴资金1.54亿元，其中自治区财政补贴资金6 398万元，截至2011年年底，学生饮用奶计划推广人数达79.4万人，占全国推广人数的23%，位居全国前列。

【质量监管】2011年，按照国家农业部和自治区的要求，完成了生鲜乳收购站及生鲜乳运输车辆清理整顿工作。一是召开全区生鲜乳质量安全工作会议，制定下发了《生鲜乳质量安全监管工作通知》、《全区生鲜乳质量安全监测工作方的通知》等文件，下达生鲜乳质量安全监管任务。二是完善生鲜乳收购站日常检查、不定期巡查、监督抽查等监管制度，加大生鲜乳质量安全监测与监督执法力度，依法规范生鲜乳生产、收购和运输行为，对奶站的原料奶来源、收购情况、运输情况、奶站设施、仪器设备、专业技术人员、卫生环境、收购和销售记录、购销合同、检测记录、管理制度和操作规规程等方面都进行严格的检查和审核，提高生鲜乳收购站标准化管理水平。三是先后两次对全疆生鲜乳收购站、运输车辆、养殖小区（场）和学生饮用奶生产基地进行拉网式检查和开展“生鲜乳违禁物质问题专项整治行动”检查工作。2011年现场检查生鲜乳收购站1 104站次、检查生鲜乳运输车辆758车次，抽样检测生鲜乳收购站1 422批次，均未检出违禁物质，合格率100%。四是

2010～2011 年自治区及各地州投入生鲜乳质量安全监管监测经费约 698 万元。五是大力开展宣传。编印《新疆维吾尔自治区奶业管理政策及法律法规选编》1 000 本，印发《生鲜乳生产收购记录和进货查验制度》等七项登记本 3 500 册，《自治区奶业条例》3 000 册，免费发放给各地州畜牧兽医局开展培训工作。

新疆维吾尔自治区奶业办公室　齐新林

附：

表 4－58　主要乳品企业生产销售情况表

企业名称	原料奶收购价（元/千克）	加工能力（吨）	巴氏杀菌乳生产量（吨）	UHT 奶生产量（吨）	酸奶生产量（吨）	奶粉生产量（吨）	其他乳品生产量（吨）	年销售额（万元）
西域春乳业有限责任公司	3.8～4.2	500	5 945	19 401	20 220		0	22 936
新疆维维天山雪乳业有限公司	3.2	300	0	10 000	4 400	423.53	4 000	12 000
新疆昌吉娃哈哈乳业公司	3.2	250	0	0	3 442	2 000	0	28 483
克拉玛依市绿成农业开发有限责任公司	3.39	70	2 500	6 100	2 400	0	0	5 949
新疆南达乳业有限公司	3.25	300	0	5 239	2 750	0	0	6 139
石河子伊利乳业有限公司	3.6	200	0	0	0	9 350	0	25 300
新疆乳旺乳业有限公司	3.6	320	0	0	0	8 580	0	25 354
新疆石河子娃哈哈启力乳业有限公司	3.6	135	0	0	0	3 576	0	10 824
新疆石河子花园乳业有限公司	3.6	400	0	8 080	3 090	1 048	0	6 796
新疆三宇实业有限责任公司	2.9	150	200	0	3 200	1 000	0	4 758
新疆瑞源乳业有限公司	3.35	200	0	9 719	675	0	312	7 657
沙湾盖瑞乳业有限责任公司	3.4	200	0	18 000	4 292	0	0	10 600
新疆伊品酪蛋白有限公司	2.8	80	0	0	0	0	628	3 140
新疆伊源乳业股份有限公司	3.2	550	0.1	164	1 721.39	1 920	65	8 168.6
新疆天润乳业科技股份有限公司	3.2	200	2 673	8 121	3 077	10.3		6 633
盛和乳业有限公司	3.5	162	0	10 496	16 553	0		11 898
哈密金牛盖瑞乳业有限公司	3.2	200	10	2 968	284	172.45	0	1 737

新疆生产建设兵团

【奶类生产】2011 年新疆生产建设兵团奶牛存栏 21.7 万头，其中西门塔尔牛 1.97 万头，新疆褐牛 2.23 万头。成年母牛存栏 11.7 万头，牛奶年总产 49.8 万吨，平均单产 5.1 吨。2011 年全兵团新增规模奶牛场 8 个，奶牛存栏和牛奶产量分别比 2010 年增长 9%和 12.4%。2011 年兵团奶业总产值 27.09 亿元，占兵团畜牧业产值的 25%，其中原料奶产值 16.5 亿元，占畜牧业产值的 15.4%。原料奶加工企业平均收购价格 3.25 元/千克。

奶业生产主要集中在农一师、农七师、农八师和农十二师 4 个奶牛生产优势区域。2011 年 4 个奶牛生产优势区域奶牛存栏 12.5 万头，占兵团奶牛总存栏的 58%；牛奶总产 37 万吨，占全兵团的 75%。其中，农一师区域奶牛存栏 2.14 万头，牛奶产量 6.57 万吨，分别占兵团总量的 10%和 13.2%，成母牛平均单产 6.4 吨，奶牛养殖主要集中在 4 团、5 团、新农乳业；农七师区域奶牛存栏 3.69 万头，牛奶产量 12.44 万吨，分别占兵团总量的 17%和 25%，成母牛平均单产 7.4 吨，主要分布在 124 团、131 团和澳利亚牧业有限公司 9 个牧场；农八师奶牛存栏 5.7 万头，牛奶产量 14.8 万吨，分别占兵团总量的 26.3%和 29.7%，成母牛奶牛平均单产 7.5 吨；农十二师区域奶牛存栏 1.1 万头，牛奶产量 3.3 吨，分别占兵团总量的 5%和 6.6%，成母牛平均单产 6.4 吨，主要分布在五一农场、三坪农场、西山农场和 104 团等地。

【乳品加工】2011 年兵团辖区有乳制品加工企业 16 家，单班日加工处理鲜奶能力突破 3 000 吨，年加工能力达到 100 万吨以上。主要产品以大包装工业奶粉为主，UHT 奶、酸奶、奶酪等在疆内市场占有一定份额。2011 年实际加工鲜奶 43 万吨；生产奶粉 3.41 万吨、UHT 奶 5.3 万吨、巴氏杀菌乳 0.6 万吨、酸奶 1.5 万吨。

表 4-59　2011 年兵团奶业加工情况统计表

企业名称	日处理鲜奶能力（吨）	实际日均处理鲜奶量（吨）	奶粉产量（吨）	UHT 奶产量（吨）	巴氏杀菌乳产量（吨）	酸奶产量（吨）	企业产值（万元）	企业净利润（万元）
兵团合计	3 295	1 251	34 100	52 880	5 704	15 266		
新农乳业	400	140	3 356	12 350		100		
69 团伊犁鸿枫乳业	70	10			230	560		
69 团伊犁永旺乳业	250	40	1 600					
71 团牛牛乳业	250	15	300					
伊力特乳业	300	45	1850					
84 团北疆乳业	10	7		50	54	214		
大草原乳业	50	4			220	200		
124 团天天乳业	160	15	286					
奎屯银桥乳业	300	110	2 560					
石河子伊利乳业	300	272	9 690				24 038	980
石河子明旺乳业	320	263	9 080				26 109	1 030
石河子娃哈哈启力乳业	135	120	4 076				11 228	146
石河子花园乳业	400	80	1 048	8 080		3 092	9 922	342.8
新疆天润乳业	200	120	154	32 400	5 200	11 100	26 127	1 011
阿勒泰银桥乳业	80	8	100					
77 团乳品厂	70	2						

【市场消费】2011 年兵团人均奶类占有量 191 千克，人均奶类消费 35 千克。其中纯牛奶 26 千克、酸奶 8 千克、奶粉 1 千克。人均用于奶类消费支出约为 420 元，牛奶人均消费约占兵团家庭人均纯收入的 4.7%。兵团乳品品牌主要有天润佳丽、新疆盖瑞、花园乳业、新农乳业等。

【奶源基地】2011 年年底，兵团已建成存栏规模 200 头以上荷斯坦奶牛场（小区）142 个，其中千头以上奶牛场 27 个，500～1 000 头奶牛场 48 个，200～500 头奶牛场 67 个。100 头以上奶牛规模养殖场（小区）总存栏量达到 15.62 万头，占全兵团奶牛存栏总量的 72%，奶牛规模化养殖总体水平达到 70%以上。配备 TMR 饲喂机械 80 余台套，机械化挤奶设备 120 余套。机械化集中挤奶比例达到 80%以上。

表 4-60　主要规模养殖场情况

养殖场名称	品种	总存栏量（头）	成乳牛存栏（头）	后备母牛存栏（头）
124 团国有牛场	荷斯坦	1 050	754	246
131 团国有牛场	荷斯坦	3 366	2 115	751
澳利亚牧业有限公司	荷斯坦	10 280	5 523	4 757
133 团红光牧业	荷斯坦	1 063	224	678
西部牧业 134 牛场	荷斯坦	1 928	689	1 106
西部牧业 141 牛场	荷斯坦	1 796	297	1 499
147 团二牛场	荷斯坦	1 068	711	88
147 团三牛场	荷斯坦	1 062	667	182
147 团五牛场（西部牧业 147 牛场）	荷斯坦	1 033	458	239
148 团三牛场（娃哈哈三牛场）	荷斯坦	1 364	865	389
149 团一牛场（娃哈哈一牛场）	荷斯坦	1 082	470	354

（续）

养殖场名称	品种	总存栏量（头）	成乳牛存栏（头）	后备母牛存栏（头）
149团二牛场（娃哈哈二牛场）	荷斯坦	1 384	625	534
西部牧业中心牛场	荷斯坦	2 081	1 300	461
五一农场千头牛场	荷斯坦	1 215	520	350
五一农场二牛场	荷斯坦	1 109	720	240
农一师四团奶牛养殖场	荷斯坦	3 055	1 850	805
农一师五团奶牛养殖场	荷斯坦	7 378	4 790	1 588
农一师十团奶牛养殖场	荷斯坦	1 434	860	374
新农乳业奶牛养殖场	荷斯坦	3 991	2 524	767

【奶站建设】2011年兵团有生鲜乳收购站205个。其中乳品加工企业自建81个，奶畜养殖场自建107个，奶农合作社开办7个，奶牛养殖小区集中建设奶站10个。全部实现机械集中挤奶，储运冷链设施配套，经各级畜牧兽医部门审核后发证经营。农八师有奶站145个，占总奶站数量的70%；农七师19个，占9%；农一师和农十二师各有奶站11个，各占5%。现有奶站运输车96辆，均取得准运证。

【良种补贴】2011年兵团申请国家奶牛良种补贴资金440万元，统一采购良补冻精28万剂。其中荷斯坦奶牛24万剂，西门塔尔牛4万剂，新疆褐牛4万剂。兵团当年实际使用奶牛冻精22.2万剂，使用性控冻精3 500剂，参配母牛11.7万头。

【饲草饲料】2011年兵团种植苜蓿105万亩，收贮苜蓿干草36.7万吨；正复播青贮玉米45万亩，收贮青贮135万吨。农八师、农七师等大力推广种植高产青贮玉米新品种新饲玉10号、11号，高产紫花苜蓿品种三得利、阿尔刚金、WL232、阿迪娜等，在水肥条件保证情况下，青贮玉米平均单产由4吨/亩逐步提高到6吨/亩，苜蓿干草产量可由600～800千克/亩提高到1吨/亩左右。

【疫病防治】落实重大动物疫病防控责任，2011年进行3次集中免疫和月月补免，奶牛重大疫病得到有效控制，奶牛乳房炎、子宫内膜炎等发病率逐年下降。对奶牛布病、结核，实行一年两次两病检测，发现阳性畜进行无害化扑杀处理，净化了奶牛养殖环境。

【扶持政策】2011年从预算内农业产业化专项扶持资金中安排500万元，用于支持兵团奶牛优势发展区域奶业生产。其中每年补贴优质牧草和高产饲料作物种子费用200万元，补助贷款贴息100万元，补助奶工合作社或奶业协会100万元，补助挤奶厅挤奶设备购置或基本建设100万元。各师和团场在奶牛养殖建设用地、保留饲草地面积、奶牛养殖贷款、新建奶牛养殖小区水、电、路及棚圈基本建设补助、生鲜乳收购等方面也出台了一系列扶持奶业发展优惠政策。

【质量监管】2011年兵团重点抓了推进生鲜乳收购站标准化管理，完善生鲜乳质量监测体系，健全原料乳及乳制品质量可追溯体系及责任追究制度和生鲜乳质量安全集中整治四项工作。目前兵团生鲜乳收购站标准化达标率达到80%以上，205个奶站全部纳入动态监管范围，全年完成生鲜乳抽样监测464批次。其中三聚氰胺检测样品200批，检测结果全部为阴性；检测皮革水解蛋白148批次，检测结果全部合格；检测碱类物质148批次，结果全部为阴性；检测β-内酰胺酶116批次，结果全部为阴性。

新疆兵团畜牧兽医工作总站　杨　华　司建军

五、科学技术

2011年国家奶牛产业技术体系工作情况

国家奶牛产业技术体系 中国农业大学动物科技学院
李胜利 姚 琨 黄文明 曹志军 都 文 毕研亮

国家奶牛产业技术体系是2007年10月份经相关部门批准成立，建设依托单位为中国农业大学，李胜利教授为首席科学家。下设1个首席科学家办公室、6个功能研究室（包括育种与繁殖、营养与饲料、疾病控制、环境控制、乳品加工、产业经济研究室）、26名岗位科学家（112名团队成员）、23个综合试验站（86名团队成员），涵盖115个示范县、辐射247个示范牛场。

2011年，奶牛体系制定了"十二五"规划，3项体系级的重点任务为奶牛饲料资源高效利用与健康养殖关键技术、奶牛场标准化规模饲养关键技术研究、奶牛场重大疫病防控与净化技术研究与示范；7项功能研究室级的重点任务为奶牛群体改良与新品系培育技术研究及应用、奶牛高效繁殖技术集成与应用、奶牛高效安全新兽药研发与普通病的防治、奶牛营养需要与生态饲养技术、安全优质生鲜乳生产与环境控制技术、乳酸菌与发酵乳制品核心技术及产业化开发、奶业转型时期的要素、市场及产业政策研究；以及建立25个与奶业相关的数据库。

在"十二五"开局之年，体系紧紧围绕重点任务、基础性工作、前瞻性研究、应急性任务、技术培训与示范推广等方面积极开展工作，取得了丰硕成果。截至2011年年底，共发表文章278篇（其中SCI收录63篇），出版专著17部，鉴定成果6项，省部级奖21项，专利42项（包括受理），标准37个（包括国标、行标、地标和企业标准），新产品23项，新工艺17项，新装置2项，计算机软件12项。同时，奶牛体系积极为行业发展建言献策，关于大力发展奶牛苜蓿安全工程等建议更是获得了温家宝总理的重要批示。

一、2011年工作情况

（一）重点任务 围绕奶牛饲料资源高效利用与健康养殖关键技术，主要完成了以下工作：

1. 完善了中国奶牛饲养标准： 2011年共采集奶牛粗饲料样品100余个，对样品进行了大量营养成分分析与营养价值评定工作，对于奶牛养殖业依据实测数据科学合理制定日粮配方提供了重要的基础参数。

2. 深入调查规模牧场饲料及生鲜乳中霉菌毒素： 对12个规模奶牛场泌乳奶牛全混合日粮（TMR）中的黄曲霉毒素B_1含量和19个奶牛场生鲜乳中的黄曲霉毒素M_1含量进行了研究，结果表明：12个牛场中有5个牛场的TMR中黄曲霉毒素B_1含量<10 μg/kg；19个奶牛场生鲜乳中黄曲霉毒素M_1含量都低于我国的标准。

3. 在国内首次引进奶牛肝脏活体采样技术： 邀请美国普渡大学奶牛营养专家Shawn Donkin教授在中国农业大学开展了肝脏活体取样的现场示范培训，活体采完肝脏样品后不影响牛的正常采食、产奶等各项生理活动。该技术的引进填补了国内对于该项关键研究技术的空白。

围绕奶牛场标准化规模饲养关键技术，主要取得以下成果：

（1）全面参与国家奶牛场规模化标准化示范创建工作，制定了国家奶牛标准化牧场的验收技术规范：2011年制定了奶牛场规模化标准化验收评分标准并全国授课推广，同时深入46家示范场最终筛选出35家典型示范场，在全国范围内推广他们的先进技术和管理模式；并作为主要技术专家与农业部畜牧业司共同完成了《百例畜禽养殖标准化示范场》一书。另外，还完成了《标准化养殖场 奶牛》、《奶牛标准化养殖技术图册》和《全混合日粮实用技术》、《标准化规模奶牛场普通病防控技术规程》、《标准化规模奶牛场口蹄疫防控关键技术规程》。

（2）奶牛精细养殖技术体系研究与应用取得重大成果：由岗位科学家王中华团队完成的"奶牛精细养殖技术体系研究与应用"成果获2011年度山东省科技进步一等奖。该成果通过奶牛数字化养殖、饲料营养量化管理、饲料蛋白高效利用、乳成分营养调控、过瘤胃包被等技术的创新研究和集成，构建了奶牛精细养殖技术新体系，较好地解决了奶牛饲养管理粗放问题。项目已建立示范场区74个，技术推广规模达60万头，获得经济效益3.3亿元。

围绕奶牛场重大疫病防控与净化技术研究与示范，主要取得了以下成果：

（1）获得了国内外第一头抗口蹄疫病毒的转基因克隆奶牛：采用转基因体细胞克隆技术在国内外率先培育并经过一系列的转基因鉴定工作确定在国内外获得了首例抗口蹄疫病毒（FMDV）的 RNAi（即 RNA 干涉）转基因克隆奶牛。

（2）确定了犊牛母源口蹄疫病毒抗体消长规律及建议 7 周龄为犊牛适宜的初免时间。

（3）我国奶牛口蹄疫防控形势总体良好：对 100 个规模化奶牛场口蹄疫免疫情况的随机抽样调查显示，我国奶牛口蹄疫防控形势总体良好，但发生地方性流行甚至大流行的风险仍然较高。

（4）稳步推进奶牛布病净化工作：制订了《布鲁氏菌病间接 ELISA 抗体检测试剂盒应用技术规范（草案）》和《布鲁氏菌病竞争 ELISA 抗体检测试剂盒应用技术规范（草案）》，为布病的综合防控和检疫净化提供了技术支持。

（5）加强奶牛结核病净化：通过引进牛结核病 γ-干扰素 ELISA 诊断试剂盒，抽检样品 4 800 个，排除假阳性奶牛 20 头，为牛场减少经济损失达几百万元。

围绕奶牛群体改良与新品系培育技术研究及应用，开展了以下工作：

（1）全基因组选择技术研究取得重大进展：岗位科学家仲跻峰获得成果鉴定 1 项（奶牛现代育种关键技术研究与核心种质创新应用），利用最新的全基因组选择技术对后备公牛进行早期优选，已获得 56 头青年公牛的基因组育种值。

（2）奶牛高乳蛋白新品系种公牛选育与育种核心群的建立：利用动物模型遗传评估技术、分子育种技术和后裔测定等奶牛育种综合技术，联合选育高乳蛋白种公牛和构建育种核心群。截至 2011 年 12 月新出生杂交犊牛 268 头。初步分析结果表明，杂交犊牛较纯种荷斯坦犊牛生长速度快、后躯宽大、管围粗，体重差异不显著。

围绕奶牛高效繁殖技术集成与应用，取得了以下成果：

（1）奶牛 XY 精子分离与性别控制关键技术研究与应用效果显著：奶牛 XY 精子分离和性别控制技术可以按照生产需求控制出生后代的性别，加速奶牛育种进展。在对奶牛生殖生理机制充分研究基础上，提出了动物“授精推流理论”并开发了新专利技术，使性控准确率提高到 90%～95%以上，并在相关牛场得到推广验证。

（2）聚维酮碘泡腾片治疗奶牛阴道炎效果明显：研制成功用于治疗奶牛阴道炎和预防子宫内膜炎等生殖道疾病的聚维酮碘泡腾片。临床试验证明，聚维酮碘泡腾片的治愈率可达 83.8%，较土霉素、金霉素和生理盐水对照组的治愈率分别提高 44.5、48.8 和 78.2 个百分点。

围绕奶牛高效安全新兽药研发与普通病的防治，取得了如下进展：

（1）建立了牛病毒性腹泻病毒环介导等温检测技术：该方法克服了 PCR 技术需要昂贵设备的缺点，产物无需借助任何仪器即可观察，适合于基层和现场使用。该法可在 50 分钟内将牛病毒性腹泻病毒（BVDV）的核酸扩增 10^9～10^{10} 倍，敏感性为 BVDV 普通 PCR 检测方法的 100 倍，且特异性非常高。

（2）防治奶牛乳房炎中药“乳宁”的组方筛选与优化：开展了传统中兽医药的研制，将研发成功的“乳宁Ⅰ号”和“乳宁Ⅱ号”添加到 TMR 中，治疗奶牛乳房炎疗效显著，且Ⅰ号和Ⅱ号混合使用效果最好。

（3）抗寄生虫新兽药的研发与推广：开展了大量关于奶牛寄生虫病防控的研究，乙酰氨基阿维菌素注射剂已进入推广、示范阶段。

围绕奶牛营养需要与生态饲养技术，进行了如下研究：

（1）确定了奶牛围产期日粮适宜能量水平：大群试验证明，产前低能饲喂奶牛产后食欲恢复快，产奶量高，体重损失少；而产前中能饲喂奶牛产后脂肪动员少，能量平衡状况较好。这一研究成果对调控围产期奶牛日粮营养水平具有重要的参考价值。

（2）确定了泌乳奶牛磷需要量：2011 年继续开展了磷需要量的大群动物验证试验和示范推广工作，结果表明，如将日粮中的磷含量从 0.56%降低到 0.35%，通过粪尿向环境排磷量可降低 46 g/d，此外，每头奶牛的饲养成本降低 0.58 元/天。本技术已在相关试验站推广应用，经济和生态效益显著。

围绕安全优质生鲜乳生产与环境控制技术，取得了如下成果：

（1）生鲜乳中三聚氰胺和黄曲霉毒素 M_1 抽检全部合格：建立了三聚氰胺快速检测技术、硫氰酸盐和 β-内酰胺酶的实验室检测技术。抽检 4 省市生鲜乳中三聚氰胺和黄曲霉毒素 M_1，生鲜乳中三聚氰胺和黄曲霉毒素 M_1 含量值都低于限量标准。

（2）形成了适于开放式牛舍使用的牛舍喷淋降温技术：形成了 1 套可有效缓解奶牛热应激的局部环境降温系统，并已在北京三元绿荷第一牧场进行了应用与验证，得到了用户的认可。

围绕乳酸菌与发酵乳制品核心技术与产业化开发，取得以下进展：

（1）3 株益生乳酸菌实现产业化开发：完成了 3 株益生乳酸菌发酵剂工业化生产的技术升级，这 3 株益生菌的存活率平均达到 75%，生产成本平价降低了 26%，现 3 株益生乳酸菌发酵剂均已进入到产业化生产阶段。

（2）干酪快速成熟技术研究获得成功：通过提高成熟温度及添加外源蛋白酶和酯酶的方法来促进干酪成熟，可以将干酪成熟时间缩短 1/2，显著降低了干酪的生产成本。

围绕奶业转型时期的要素、市场及产业政策研究，研究和建立了规模化生产者综合素质评价指标体系，开展了奶业对耕地需求的案例调研，以及开展了奶业发展政策研究。

（二）基础性工作 在体系“十二五”规划中，要建立与奶业相关的数据库25个。2011年主要完成以下数据库：

1. 构建完善奶牛营养数据库：系统地测定了包括苜蓿干草、羊草、玉米青贮、麦秸和稻秸等奶牛饲料原料的常规成分、瘤胃降解率等参数，2011年评定饲料样品100多个，获得了大量的基础数据。

2. 构建完善中国奶业科研数据库：2011年补充完善奶业科研现状数据库，具体包括奶业科研人员信息、奶业研发基地信息、奶业科研项目信息、种牛育种公司信息、奶牛饲料生产企业信息和奶业技术需求信息等。

3. 构建完善奶业发达国家数据库：主要研究了奶业发达国家包括美国、澳大利亚、新西兰、日本、韩国、印度、荷兰、德国等奶业发展情况。材料主要包括3部分：发展历程（奶牛存栏、牛奶产量、消费等数据收集）、发展模式分析、对我国奶业发展的启示。

4. 构建完善中国奶牛规模养殖场（小区）数据库：统计全国存栏100头以上养殖场（小区）分布情况。

（三）前瞻性研究

1. 在奶牛转基因育种研究方面：将有重要育种和经济价值的基因（以表达重要人乳成分基因，人乳铁蛋白、人α-乳清白蛋白为主）构建表达载体，并通过转基因技术，转移进入稳定的体细胞系（胎儿成纤维细胞、颗粒细胞为主），筛选稳定表达的转基因体细胞系。

2. 在奶牛瘤胃代谢与甲烷减排技术研究方面：研究发现饲粮中添加海南霉素可改变瘤胃微生物区系，能显著降低奶牛甲烷的产量，有效地提高了能量的利用率；初步确定了蒺藜皂苷改善瘤胃发酵的适宜添加水平及其效果；研究发现无患子皂甙及无患子提取物对瘤胃甲烷的产生也具有明显的抑制作用。

3. 在奶牛泌乳生理与调控研究方面：确定了反10-顺12共轭亚油酸（*t*10，*c*12 CLA）对离体牛乳腺上皮细胞无毒剂量的上限为150 μM。从基因水平解释了乳脂降低的机制，为预防泌乳奶牛低脂综合征提供了理论和实践依据。

4. 在奶牛乳房炎链球菌荚膜多糖-蛋白结合疫苗的研制方面：建立了以荚膜多糖分离纯化工艺流程，成本低，操作简单，荚膜多糖得率高，同时又能保证多糖抗原各项指标均符合2 000版《生物制品规程》的要求，具有高度的可行性和有效性。

（四）应急性工作与成果 积极应对奶牛流行热，减少牛场损失：2011年8月份，针对河南省的疑似奶牛流行热，体系迅速制定应急预案，以体系科技简报的形式通过电子版和邮寄纸质材料发送到全国行业管理部门、奶牛养殖企业和综合试验站，以最快的速度传播技术措施，减少了流行热对奶牛场造成的损失。

完成应急材料《牛羊布鲁氏菌病的危害及防控措施》：2011年9月4～5日，针对黑龙江省某高校发生的一起布鲁氏菌群体感染事件，体系迅速召开紧急会议，完成了《牛羊布鲁氏菌病的危害及防控措施》，并发表在农民日报上，这对加强从事养殖业的人员和教学试验场所对牛羊布鲁氏菌病的预防有重要意义。

完成应急材料《黄曲霉毒素产生、代谢与牛奶中M_1的关系和控制措施》：2011年12月24日，针对蒙牛乳业（眉山）有限公司和福建长富乳品有限公司生产的一批次产品被检出黄曲霉毒素M_1超标事件，体系第一时间完成应急报告《黄曲霉毒素产生、代谢与牛奶中M_1的关系和控制措施》，并及时将报告发给行业主管部门以及奶业生产单位。同时体系岗位科学家立即采集饲料（包括原料和TMR）和牛奶样，分析其黄曲霉毒素含量，开展建立饲料与牛奶中霉菌毒素含量的关联性研究。

（五）科研示范和辐射带动效果 试验站牛场生产水平明显提高，没有重大疫情发生：2011年体系内所有生产性的综合试验站奶牛生产水平比2010年都有较大提升，并都实现了盈利。体系试验站奶牛场今年都没有重大疫情发生。

综合试验站对辐射县奶牛场的辐射带动作用明显：兰州试验站联系10个辐射奶牛场团购苜蓿干草，保证了苜蓿草的数量和质量。每月1次“奶牛标准化项目导入”的实施，使辐射场的奶牛单产都有不同程度的提高，经济效益十分明显。大同试验站通过多次培训和示范活动，带动辐射县约70%的奶牛场制作玉米青贮，带动8家奶牛场进行布病、结核病的检疫净化工作。上海试验站建立了上海地区奶牛常用饲料营养价值数据库，每季度在上海科教兴农网［（http://www.shagri.org/）公布。武清试验站由于其在粪污无害化、资源化处理方面成果显著，被天津市发改委确定为“天津市循环经济示范试点单位”］。

岗位科学家对试验站的技术支撑和科技示范效果显著：体系营养研究室的岗位科学家将对奶牛磷需要量的研究成果在北京三元试验站、石家庄试验站、保定试验站和雁门关试验站推广应用，经济和生态效益显著。岗位科学家王志亮编写了牛重大传染病：布病、结核、口蹄疫、疯牛病的防控知识挂图，并分发给体系所有试验站及辐射牧场，对奶牛场疫病净化和防控有重要作用。河北保定试验站的一个辐射牛场在岗位科学家李建国教授和站长孙凤莉研究员的技术支持下，提高了饲养管理水平，奶牛年均单产达到7 500 kg，并被评为农业部2011年标准化奶牛示范场。

（六）培训与技术服务 “金钥匙”培训已成为国内奶业科技示范和培训的知名品牌：通过与农业部行业主管部门通力合作，奶牛体系连续三年在国内打造的“金钥匙”培训已成为国内奶业科技示范和培训的知名品牌，深受基层养殖场（户）和奶站技术与管理人员的欢迎。2011年体系组织和参加的培训会300余场，培训人数超过15 000人次。培训内容囊括了奶牛繁育、标准化奶牛饲养管理、奶牛高效养殖、饲料加工、玉米青贮制做、疫病防控、奶牛热应激防治、奶牛场建设、奶牛早孕诊断、挤奶及修蹄等技术。

启动“牛精英计划”，开启牛业人才培养新模式：为全面提升学生素质，促进学校理论教育与实践活动的有机结合培养，2011 年 11 月 9 日中国农业大学在京启动了“牛精英计划”，该计划包括有以下四个层次：一是学术与牛场技术交流；二是进行牛场参观与实践操作；三是开展假期实践与生产实习；四是举办竞赛与牛精英挑战赛。

（七）行业咨询与宣传工作 积极参加农业部奶业管理办公室主持召开的奶业形势分析会，提供行业发展与技术咨询：2011 年体系共参加了 5 次奶业形式分析会，提供国内综合试验站以及所辐射牧场的生产情况、发展趋势以及国际奶业贸易情况，为主管领导了解国内和国际奶业动态、把握全国局势提供了第一手资料。为国家苜蓿型奶业发展提出重大建议，获得国家领导人的批示：奶牛体系和牧草体系及其他专家参与起草了“关于大力推进苜蓿产业发展的建议”，建议国家加大对苜蓿产业的支持力度，此建议获得温家宝总理的批示。

2011 年，体系奶业经济研究室编辑出版了《中国奶业经济月报》和《中国奶业贸易月报》各 12 期，《国际奶业市场动态周报》15 期，体系在中国畜牧杂志开辟了专栏，每期刊登一篇文章。中国畜牧杂志每月的发行量为 10 000 册。体系的工作简报和科技简报内容以国家奶业政策、国内和国际奶业发展动态、体系工作动态、岗位科学家和站长的科研成果为主，这也是体系向主管部门汇报工作动态的一条有效途径。每期纸质版和电子版的发行量约 500 册。

二、2011 年奶牛产业技术体系工作的经验

（一）体系重点任务立足于产业需求，团队协作，落实到个人：为充分利用现有资源解决制约我国奶业健康发展的关键问题，体系将任务推进采用标准统一、分工负责、整体推动、产学研结合的组织方式。将每一项具体内容落实到相应的岗位科学家（每年签订任务书），实行岗位责任制。同时，岗位科学家与试验站建立密切的对接关系，以试验站和辐射场作为试验效果的评价基地以及科研成果的示范、推广平台。最终以试验示范点的技术使用率、经营效益、经济岗位科学家的追踪、用户的评价报告和行业的认可作为重点任务年完成评价的主要依据。

（二）秉承公平、公正、公开的原则，开展体系各项工作：体系根据农业部的相关规定，成立了由 13 人组成的执行专家组，体系的各种重要决策和建议都需经执行专家组通过后方才有效。执行专家组作为体系成员代表，兼顾民主和高效的理念，在确定体系重点研究任务、选择后备人才、岗位科学家和站长的更换、应急事件处理等方面充分发挥民主集中制原则，确保了体系各项工作顺利有序地开展以及重大决策的阳光透明。

首席科学家办公室是联系农业部和体系成员的重要纽带。首席科学家办公室除充分利用现代农业产业技术管理平台外，还通过邮箱、短信平台、QQ 群、中国奶牛产业网等现代化网络工具，及时进行信息传达共享，确保体系工作高效运作。体系的各项考核工作公开透明，体系办公室定期公布体系成员的经费使用填报情况、日志填写和任务完成效率情况，以提高岗位科学家和站长完成任务的时效性，并取得了良好的效果。

（三）积极开展岗位科学家和试验站技术对接，以点带面，辐射全局：奶牛体系积极加强体系内的技术对接。一方面，进行定向对接：体系内岗位科学家按照任务分工，与试验站进行定向技术对接，充分发挥岗位科学家的技术优势与示范作用，以及示范基地的辐射带动作用，以点带面，全面推进奶牛产业发展。另一方面，进行非定向对接：以试验站需求为出发点，根据岗位科学家的专业研究领域，整合优势资源，及时有效解决奶牛生产中遇到的技术难题。

（四）加强多方协作，全面推进奶牛产业发展：奶牛体系积极加强与国家其他体系、地方体系或创新团队的技术交流与协作。充分考虑不同体系的特点，博采众长，优势整合，与牧草体系以及玉米体系建立区域农业产业优势互补、利益共享的合作机制，进行联合攻关，实现关键技术的研发、集成和示范；与北京市、山西省、云南省、宁夏回族自治区和内蒙古自治区等的创新团队和体系进行技术交流，架构有效衔接，共同推进奶牛产业全面发展。而且为地方创新团队的建设无偿提供先进的技术支持和成熟的管理理念。

2011 年国家牧草产业技术体系工作情况

国家牧草产业技术体系 张英俊

国家牧草产业技术体系（以下简称“牧草体系”）为农业部、财政部共同启动建设的 50 个国家现代农业产业技术体系之一。纵向设有国家牧草产业技术研发中心 1 个，功能研究室 6 个，综合试验站 22 个；横向由 22 位来自全国的高校、研究院（所）的岗位专家及其团队和 22 位来自地方研究院（所）的试验站站长及其团队构成，综合试验站共有 183 名示范县技术骨干人员，全体系共 400 余人，是一支从事牧草技术研发与实战性技术示范的专业队伍。

2011 年国家牧草产业技术体系重点围绕技术研发、

示范推广、联合创新等方面展开工作，经过体系人员一年的辛苦努力，牧草体系在育种和种子繁育、栽培与草地管理、病虫害防控、加工利用、机械设备、产业经济六个方面取得阶段性或突破性成果，为“十二五”期间我国牧草产业发展打下良好基础，促使牧草产业上升一个新的台阶。

一、技术培训

技术培训是牧草体系的一项重点工作。培训不仅扩大了牧草生产技术应用范围，而且通过培训及时发现问题，使牧草生产技术研究的范围和深度有所加强，有力地推动了牧草产业化水平，推进畜牧业健康快速发展。在“十二五”的起步之年，经全体系人员的共同努力，又在原有基础上使体系培训工作迈上了一个新台阶，主要表现在如下三个方面：

（一）2011 年，国家牧草产业技术体系根据农业部要求和体系“十二五”任务安排，决定除了各岗位科学家和试验站站长自己办培训班外，体系研发中心成立体系级培训班，并将体系培训命名为牧草体系“草堂行”系列培训会。“草堂行”顾名思义可以理解为“流动的牧草大讲堂”，其形式将以体系牧草综合试验站为培训平台，根据当地牧草生产的需要，首先组织各试验站所在区域的牧草生产户或企业参观体系综合试验站的牧草生产示范基地（一般为半天时间），然后根据当地需求安排相应的牧草体系专家和站长进行半天的授课，最后半天为体系专家和站长与当地牧草种植户和企业对话，现场讨论解决当地牧草生产实践问题，并交流经验。这套培训流程经专家组讨论已成为“草堂行”培训的固定模式，培训对象为各示范县技术骨干、推广体系人员、种植大户（包括养殖企业）以及农牧民等。2011 年“草堂行”培训会共进行了三期，分别为“草堂-资阳行”、“草堂-衡水行”和“草堂-沧州行”。专家们使用通俗易懂的语言讲授品种筛选、栽培技术、病虫害防治、牧草收获、加工机械等牧草生产核心知识和技术，多媒体讲授和现场互动问答相结合，取得良好效果，得到与会人员的一致好评。“草堂行”培训会基本达到了凝聚体系力量，发挥岗站联合优势，增强培训效果的初衷。

（二）因生产实践需要，牧草体系要求各综合试验站根据过去两年的工作基础，制定出试验站所在示范区主栽牧草品种的生产日历。日历上应明确标注出牧草种植及维护过程中的各个关键节点及影响因素，例如播种时间、播种量、施肥追肥时间、农药施用量和病虫害防控关键期等。牧草生产日历的印刷出版，既方便了基层技术人员以此为依据直接指导一线生产，也让农民一册在手即能马上掌握牧草种植的技术要领，简单实用。

（三）2011 年，国家牧草产业技术体系各岗位专家和综合试验站在农忙季节合作开展各种类型的技术培训会 102 余场（次），累计培训基层农业技术研究与推广人员 7 336 人，农牧民 10 961 人，印制发放各种技术资料 7 000 余份，接受牧草种植专业合作社、家畜养殖场及企业等相关咨询百余次。

二、示范带动

牧草体系 2011 年共示范牧草生产技术 40 项，示范面积 142.74 万亩，平均增产 15%。其中牧草标准化生产技术中示范了草田轮作、压扁收获、干草制作等技术 29 项，示范面积 139.81 万亩；草地稳产技术示范 4 项，示范面积 2 550 亩；牧草种子生产示范技术 7 项，示范面积 2 674 亩。示范带动效果较为显著的有以下几个地区：

（一）由豆科牧草育种岗位专家杨青川研究员完成的“中苜 3 号耐盐苜蓿新品种选育及其推广应用”成果，已在黄淮海地区的河北、山东、天津等地大面积推广应用，2011 年获得了中华农业科技奖三等奖。沧州综合试验站建立苜蓿核心示范基地 5 个，面积 22 500 亩。其中示范苜蓿新品种 2 个，单产比对照增加 25.6%；集成示范应用 1 套苜蓿高效生产技术规程，苜蓿单产提高了 26.3%，草产品质量均达到了 2 级以上。辐射带动苜蓿种植面积 135 000 亩。

（二）乌兰察布综合试验站对 5 个示范旗县开展了“乌兰察布型”华北驼绒藜育苗移栽技术指导及示范推广工作，辐射带动周边地区华北驼绒藜种植面积及技术的推广，有效地降低了荒漠草原退化速度，提高牧区饲草的质量与数量，推进养殖业又好又快发展。

（三）禾本科牧草育种岗位专家张新全教授在对接综合试验站与相应示范县建立了牧草新品种“雅安”扁穗牛鞭草、“长江 2 号”多花黑麦草等良种高产栽培示范基地 1 500 亩，带动辐射推广 5 万亩。

（四）热带牧草育种岗位专家刘国道研究员在海南昌江、儋州，广东广州、湛江和云南德宏盈江等地进行了以“热研系列柱花草”和“热研 4 号王草”为主导的热带牧草推广利用示范。在热带牧草的集约化生产示范方面，以“热研 4 号王草”为主体，其年产草量达到 30 吨/亩，保证了养殖场，特别是养牛场饲草的全年供给，示范效果明显。在林草间作方面，以“热研系列柱花草”为主体，在幼龄胶园、椰园、坚果园、剑麻及桉树林进行间作，间作柱花草年产量达到 2 200～3 800 千克/亩，覆盖效果良好。

（五）黔南综合试验站建成“贵草 1 号”多花黑麦草种子核心示范田 250 亩，亩产 62 千克，高产示范田 600 亩，亩产 55 千克。为贵州 43 个草地生态畜牧业科技扶贫项目县和 78 个石漠化综合治理项目县起到了重要示范带动作用，示范推广 7.5 万亩，产生较大社会经济效益。

（六）虫害与生物防控岗位专家张泽华研究员在新疆、青海、内蒙古、宁夏等地分别开展了牧草害虫生物防治技术示范，面积超过 20 万亩，有效地带动了苜蓿害虫以及草原害虫的防控工作，促进了牧草害虫生物防治工作的开展和农牧民害虫绿色防控意识的提高。

三、重大技术

牧草体系自“十二五”任务书签订完成之后，在全面总结“十一五”技术成果的基础上，根据体系任务和实践需求，对任务中的瓶颈技术首先展开攻关突破，共获得43项技术突破。其中对产业发展影响较大的重大技术突破有如下几项：

（一）完成“华北地区紫花苜蓿高产优质栽培加工技术规程”。 由育种、栽培、加工、病虫害防治、机械、经济研究相关岗位专家和华北地区有关综合试验站站长一起研讨、修改的《华北地区紫花苜蓿高产优质栽培加工技术规程》已完稿。该规程详细制定了华北地区从紫花苜蓿的整地、品种选择、施肥、病虫害防治、杂草防除等高产优质栽培技术，到苜蓿的刈割压扁、翻晒、捡拾打捆和添加剂的使用等苜蓿青干草草捆加工技术，以及苜蓿青贮技术等各项技术规程和综合措施。该规程的实施，将达到以下目标：以目前的一般施肥水平，高水肥土壤（每亩小麦产量500kg以上）、中产田（每亩小麦产量300～400kg）、低产田（每亩小麦产量300kg以下），每亩苜蓿青干草的产量分别达到1.8～2.0吨、1.4～1.8吨和1.0～1.4吨。规程的部分成果已在河南、山东、河北等省区示范应用，为指导华北地区企业和农民大面积种植苜蓿提供科学依据。

（二）小型自走式苜蓿刈割压扁收获机研制成功。 牧草体系在“十二五”启动之后，即把农户用的小型苜蓿刈割压扁机的研制列为首要任务，最终于2011年10月研制成功。该机械采用双圆盘刈割串联双橡胶辊压扁的技术工艺，能够一次完成紫花苜蓿的刈割、压裂茎秆和铺放草条的作业工序。经性能评定测试，刈割压扁收获的紫花苜蓿水分散失速率为1.92%/h，达到适时打捆的安全水分时，粗蛋白含量可保持在21.85%；而刈割非压扁收获的对照组紫花苜蓿水分散失速率则为1.03%/h，达到适时打捆的安全水分时，粗蛋白含量下降为18.37%。刈割压扁收获紫花苜蓿干燥时间由2～3天减少到30小时，粗蛋白含量减少损失3个百分点。根据近几年对紫花苜蓿草产品的市场调查，粗蛋白含量每减少损失1个百分点，每吨苜蓿草产品销售价格可提高100元人民币，3个百分点即为农民增收300元，在宁夏与甘肃南部山区，该机械投入使用后预期能为农牧民生产的苜蓿每吨多增收500～600元。

（三）建立了牧草品质标准和近红外快速检测技术规程。 整理和参考国内外牧草品质评定研究成果，在“十一五”体系任务研究试验基础上，建立了紫花苜蓿、羊草干草、玉米青贮的质量标准，提出与市场和国际接轨的草产品质量检测技术规程，建立了以粗蛋白（CP）、中性洗涤纤维（NDF）、酸性洗涤纤维（ADF）、干物质采食量（DMI）和相对饲喂价值（RFV）等为主的质量控制指标体系，并确定了紫花苜蓿田间栽培和质量评价规范；建立了国内紫花苜蓿、羊草等干草的CP、NDF、ADF、木质素（ADL）的NIRS预测模型，建立了玉米青贮的碳水化合物（WSC）、CP和挥发性脂肪酸、糖和淀粉等NIRS预测模型，为牧草生产规范和产品质量的快速检测提供了手段。

（四）育成高产苜蓿新品种中苜4号。 中苜4号（*Medicagosativa*L. cv. ZhongmuNo.4）高产苜蓿新品种是以中苜2号、Affinity、Sabri苜蓿品种为亲本材料，经过两代混合选择，一代轮回选择及相应的品种比较试验、区域试验和生产试验育成的高产苜蓿新品种。该品种根系发达，株型直立，分枝多，株高80～115cm，叶片较大，新品种具有再生快、产草量高、返青早等优点，产草量比对照品种中苜2号提高10%以上。在黄淮海地区干草产量达14 194kg/hm^2～17 397kg/hm^2，初花期干物质中粗蛋白质含量达19.68%，适于黄淮海地区及其类似地区推广种植。2011年5月经全国草品种审定委员会审定，登记为育成品种。

（五）研制出苜蓿型TMR新型饲粮高效转化技术。 苜蓿型TMR新型饲粮高效转化技术是专为奶牛、肉牛和肉羊等反刍动物设计的，主要技术核心是在动物饲粮中用适当比例的苜蓿青干草代替部分粗饲料和适量精饲料，所配制成的转化效率高、能提高动物生产性能和畜产品品质并且节粮的全混日粮（TMR）技术。目前已分别研制出奶牛、肉牛和肉羊苜蓿型新型TMR高效转化技术，TMR调制合格率达到95%以上，优质率85%以上。

（六）完成牧草种植适宜性区划和牧草种子生产区划。 2011年将牧草适宜性区划图在原有模型的基础上，召集了西南区、西北区、黄土区、内蒙古区和东北区的牧草专家进行了牧草适宜性区划图的修改，完成主栽牧草苜蓿、百脉根、红三叶、柱花草、紫穗槐、紫云英、鸭茅、多年生黑麦草、杂交狼尾草、象草、苇状羊茅、宽叶雀稗、垂穗披碱草等20余种牧草的适宜性区划，对各地牧草种植提供依据。在全国牧草种子生产区域调查基础上，根据我国气候和土壤特征，比较确定全国牧草种子生产田的规模、分布状况和产量水平，整理完成了全国牧草种子生产区划，为我国牧草种子专业化生产的基地建设和布局提供指导和依据。

四、其他课题

2011年共完成其他课题任务17项。主要有：

（一）按时完成农业部交办的各项任务。 组织体系专家执笔起草，及时完成了农业部畜牧业司草原处交办的《奶牛产业带优质饲草基地建设规划》，奶业管理办公室交办的《苜蓿总体发展规划》，为我国苜蓿生产进行了规划和设计，为苜蓿良种、种植和机械等政策性补贴的出台提供建议和参考；参加《节粮性畜牧业发展规划》和《“十二五”畜牧业发展规划》的修改讨论，及时提出建议和意见。

（二）农业部酒泉基地建设计划。 组织牧草体系专家赴“中国酒泉卫星发射中心”，实地考察20基地牧草品种应用情况，与基地同志研究了苜蓿生产和科技服务的工作目标、内容和具体办法。将依托国家牧草产业技术体系，针对20基地苜蓿品种单一，产量和质量不高等问题，组织专家筛选适合20基地的高产优质苜蓿品种，并于明年新建200亩苜蓿标准化生产示范田和资源圃，提供1 200亩苜蓿地改良技术方案和苜蓿高产稳产技术规程，实现苜蓿从种植、收获到加工利用整个生产链的标准化，全面提升基地苜蓿生产技术水平。

（三）针对重大自然灾害的应急处理。在草原虫害应急防控方面，2011年5月至8月间内蒙古各地相继出现沙葱萤叶甲、草地螟成虫及草原蝗虫大爆发。接到紧急通知后，虫害与生物防控岗位专家张泽华研究员及其团队成员亲自到现场展开调查，及时致信全国畜牧总站和农业部相关部门发布虫灾预警、提出应急防控策略，有效地控制虫灾漫延，减少了灾害损失。

（四）其他省市灾害任务。2011年，全国各省市不同程度地遭遇干旱，雪灾、冰雹、台风等恶劣气候条件时，牧草体系专家和站长都在第一时间出现在一线抗灾救灾中，贾玉山、孙娟、师尚礼、莫本田、刘国道等积极配合地方政府迅速开展灾后重建工作，并及时提出应急处理方案，指导农民治虫治病、抢种复种，减少损失，得到当地政府和人民群众的好评。

五、交流与合作

（一）2011年8月中旬，国家牧草产业技术研发中心在新疆召开了"中澳可持续性草地管理研讨会"，中国、澳大利亚与俄罗斯等国近80名草业专家参加了会议。会议围绕中澳两国如何解决草地资源与家畜生产的可持续管理展开讨论，对各国草地现状、牧民生产与生活、饲草料生产、草地土壤、草地放牧管理等进行专题研讨，为牧草地可持续发展提供借鉴。

（二）应美国农业部（USDA-ARS）牧草与草原研究所（FRRL）和LandOLake公司邀请，牧草体系5名专家组成考察团，于2011年9月8～26日赴美国行苜蓿和牧草产业发展与科学研究方面的考察。此次考察学习了美国发展苜蓿与牧草产业的成功经验，对加强苜蓿与牧草科学理论与应用研究，促进牧草产业发展有许多重要启示。访问交流也加深了我国牧草产业技术体系（CFRS）与美国农业研究局（USDA-ARS）、威斯康辛大学（UW）、加州大学戴维斯分校（UC-Davis）以及LandOLake的FGI公司间的交流，奠定了中美双方就推动我国牧草产业健康持续发展的合作交流基础。

（三）推动南方饲草发展。7月25日—26日，国家牧草产业技术研发中心在贵州省贵阳市成功召开《全国喀斯特地区石漠化综合治理与草地生态畜牧业发展研讨会》，会议旨在提出本土植物治理思路，并布置体系南方专家开展联合攻关。会议指出，今后体系工作应重点开展石漠化地区乡土草种资源收集鉴定评价，优良地方草种繁育技术集成创新应用，不同立地条件及气候特征下优良草种组合筛选与应用示范，优良牧草高效种植模式及加工贮藏与养殖技术研究，继续深入开展种草治理石漠化与生态农业效益比较研究，石漠化综合治理与草地生态畜牧业发展运行机制研究，为喀斯特地区石漠化综合治理、促进南方饲草业发展起到试验、示范及技术集成的作用。

（四）推动地方牧草产业发展。为有效推动牧草产业的健康发展，除国家牧草产业技术研发中心层面所开展的工作外，地方岗位专家和试验站也在利用各种途径方法努力推进产业稳步前进。禾本科牧草育种岗位专家张新全教授针对畜牧业快速发展，积极响应农业"走出去"战略，利用国外自然资源，为缓解南方高蛋白饲草供不应求的困境，安排团队成员在格鲁吉亚完成了15万亩紫花苜蓿种植地选址及规划设计，可望在未来几年实现跨国生产优质饲草紫花苜蓿。黑龙江绥化综合试验站一直在推进"建设兰西县牧草产业园区"方面不遗余力，现已协助兰西县编写完成实施报告，并向黑龙江省发改委汇报。

2011年全国奶牛（草食动物）科技入户示范工程进展情况

中国农业科学院北京畜牧兽医研究所　王加启　张养东　赵海燕

2011年，在部、省、县三级的共同努力下，全国奶牛（草食动物）科技入户示范工程紧紧围绕奶业恢复和振兴这一中心任务，圆满完成了主导品种和主推技术的推介、示范应用、培训和调研督导等工作；同时，积极促进国际奶业新技术、新成果的交流与应用，逐步提高我国奶牛养殖水平、提升牛奶质量和增加奶牛养殖效益，为广大奶牛（草食动物）科技示范户、辐射带动户及非项目区普通养殖户提供了稳定的技术支持，巩固和提高了奶牛（草食动物）科技入户示范工程实施以来取得的显著成绩。现将本年度工作成效汇报如下：

按照年初制定的项目实施方案，2011年奶牛（草食动物）科技入户示范工程筛选了荷斯坦奶牛和专用青贮玉米两个主导品种；主推技术有奶牛场规模化、标准化养殖技术规范，TMR技术以及生鲜乳质量提升技术；科技入户示范工程示范县包括内蒙古九原区、黑龙江省双城市、河北省丰润区、河南省洛阳市、北京市大兴区、天津市武清区、天津市北辰区以及安徽省、吉林省部分地区。

一、主要工作成效

（一）建立优势团队　形成技术专家网　奶牛（草食动物）科技入户示范工程实施以来，组建了300人的专家队伍，其中部级专家8人、省级专家115人，县级专家177人。培养了县级技术指导员1 028人，对口建立了技术依托单位94个。形成了一支覆盖奶牛养殖、疫病防治、环境保护、饲草饲料、经济核算等领域的专家团队。

（二）科学养殖深入人心　帮助奶农获得实惠　近年来，我国奶牛养殖场（户）比较效益偏低，表面原因是饲料价格上涨和原料奶收购价格较低，但深层次原因是养殖水平落后、生产效率低下和抗风险能力较差。科技入户以推广奶牛场规模化、标准化养殖技术规范，TMR技术以及生鲜乳质量提升技术等为工作重点，在提高奶牛生产效率上坚持走科技之路，示范户每年每头成母牛单产水平比普通户有显著提高，产奶效益增加200～300元，让奶农尝到了科学技术的甜头，掀起了奶农学科技、用科技的热潮。

（三）技术转化更加直接　先进技术得到应用　奶牛（草食动物）科技入户示范工程实施以来，项目组为使奶牛场规模化、标准化养殖技术，TMR技术以及生鲜乳质量提升技术等主推技术迅速得到转化应用，重点建设并实施了"专家（部、省、县）-指导员-示范户"的技术快速转化通道，并依靠咨询、培训、入户指导、观摩展示、网络宣传和发放教材等多种方式为有效补充，以项目组联席会议办公室制定的管理制度和方案为考评机制，确保了良种直接到户，良法直接到人，使技术入户直通车更加畅通，先进技术得到较好应用。

（四）举办大型培训班　实行集中技术培训　今年以来，农业部奶牛科技入户示范工程专家组在北京、河北、黑龙江、安徽等地共组织召开7次大型奶牛生产技术培训班，培训会打破常规方式，采取灵活多样的形式：即放映光盘与专家讲解相结合，专家讲解与农民提问相结合，使科技示范户一听就懂、一看就会，受到一致好评。培训内容主要有：奶牛全混合日粮技术（TMR）推广应用，奶牛饲养新技术与新产品进展，奶牛营养、环境与牛奶质量安全技术，奶牛饲料营养与牧场管理等，累计参加培训达2 000人次以上。

（五）应急机制逐步完善　稳定农民生产生活水平　奶牛（草食动物）科技入户示范工程实施以来，建立并逐步完善了应对奶业突发事件的应急机制。在突发事件面前，由农业部科教司统一指挥并启动应急预案，部、省、县三级联动，指导奶农应对突发事件，帮助奶农稳定生产。

二、开展的重点工作

（一）抓好方案制定　2011年1月，在总结奶牛（草食动物）科技入户示范工程前几年工作成效和存在问题的基础上，奶牛（草食动物）科技入户示范工程首席科学家办公室组织专家制定了《全国奶牛（草食动物）科技入户2011年技术指导方案》。《方案》明确了2011年工作的重点内容和要求，并下发到各示范县，各示范县依据《方案》制定了《示范县科技入户2011年实施方案》。

（二）办好技术培训

1. 组织召开"奶牛全混合日粮技术（TMR）推广应用交流会"　2011年2月14～15日，农业部奶牛科技入户专家组在北京举办"奶牛全混合日粮（TMR）技术推广应用交流会"。会议主题是深入贯彻落实国务院办公厅《关于进一步加强乳品质量安全工作的通知》（国办发［2010］42号）的精神，做好"奶牛全混合日粮调制技术"培训和服务工作；同时，进一步促进国际奶业新技术、新成果的交流与应用，逐步提高我国奶牛养殖水平、提升生鲜乳质量安全和增加奶牛养殖效益。农业部原常务副部长、中国奶业协会刘成果名誉会长，中国奶业协会魏克佳常务副会长、谷继承秘书长，农业部奶业管理办公室马莹副主任，全国畜牧总站沙玉圣副站长等领导出席了会议，会议还特别邀请了美国NRC奶牛营养需要委员会委员Trevor Tomkins博士讲解美国奶业技术进展。来自天津、黑龙江、吉林、北京大兴、河北唐山、湖北黄冈、内蒙古包头市九原区等奶业管理部门领导、科研教学单位专家、规模奶牛养殖场负责人等60余人参加了会议。

会后，参会代表均表示受益匪浅，认识到TMR技术是我国奶牛养殖业走向现代化、科学化的必由之路，也是现代化奶牛场向智能化管理迈出的关键一步。随着我国奶牛业规模化、集约化和现代化步伐的加快，以及国内优质干草、优质青贮饲料、草业产业化进程的不断加快和牧场粗饲料条件的日趋改善，TMR饲养技术必将得到大力推广应用。

2. 组织召开"奶牛饲养新技术与新产品进展"专题论坛　2011年5月7～9日，农业部奶牛科技入户专家组在北京召开"奶牛饲养新技术与新产品进展"专题论坛，就奶农关心的饲料配制和各阶段奶牛饲养管理最新技术进行交流，来自奶业技术推广部门、规模化牧场负责人以及奶牛养殖户等280余人参加了培训。

美国俄亥俄州立大学Bill Weiss博士、美国CVAS饲料分析实验室Ralph Ward主任、美国大豆协会程宗佳博士、上海欧米茄生物技术有限公司孙安权博士、美国康奈尔大学教授M. E. Van Amburgh、美国奶业科学协会（ADSA）会长James Linn、美国奶业科学学会理事AI Kertz博士、美国AMTS公司首席执行官Tom Tylutk先生、美国MSC公司Martin V. Leek博士分别作了"优化和评价奶牛干物质采食量"、"粗饲料评价：饲料样品科学分析"、"大豆产品在反刍动物饲料中的应用"、"不同有机矿物质对奶牛生产性能的影响"、"高产奶牛日粮配合与管理"、"泌乳奶牛的营养需要"、"犊牛和青年牛的饲养管理"、"奶牛生产与健康：利用计算机模型平衡奶牛日粮"、"奶牛营养升级项目（DNTP）：实践与效益"的报告，受到与会代表的一致好评。

3. 组织召开"奶牛营养、环境与牛奶质量安全"培训班　第二届中国奶业大会暨第九届中国国际奶业展览会召开期间，农业部奶牛科技入户示范工程部级专家组和中国奶业协会饲料饲养与环境专业委员会于2011年6月11日在安徽国际会展中心共同主办了"奶牛营养、环境与牛奶质量安全"专题培训班。

中国奶业协会秘书长谷继承、中国奶业协会副秘书长刘琳应邀出席了培训班，来自全国奶牛科技入户的专家、指导员、示范场（户）技术管理人员以及奶农代表200余人参加了培训。本次培训班由农业部奶牛科技入户示范工程首席专家、中国农业科学院北京畜牧兽医研究所王加启研究员主持。

本次培训班共邀请到来自国内外的6位专家作专题讲座：中国奶业协会副会长、北京三元种业有限公司董事长范学珊、阿根廷农牧渔业部奶业副国务秘书Arturo Jorge、美国NRC奶牛委员会委员Trevor Tomkins博士、爱尔兰Keenan公司执行主席Gerard Keenan、北京三元绿荷奶牛养殖中心副总经理李锡智、北京四方力欧畜牧科技股份有限公司董事长胡朝阳分别作了“北京现代城郊型奶业发展概况”、“阿根廷乳制品产业”、“奶牛营养升级计划（DNTP）”、“奶业产业链协调发展”、“绿荷在奶牛营养调控方面的基本现状和面临的问题”、“世界奶牛牧场污粪处理一体化解决方案”的报告。

4. 组织召开“奶牛饲料营养与牧场管理研讨会” 由农业部奶牛科技入户专家组主办的“奶牛饲料营养与牧场管理研讨会”于2011年9月23～24日在北京召开。农业部畜牧业司饲料处魏宏阳副处长、中国农业科学院直属机关党委李建才处长、天津市畜牧兽医研究所王文杰所长、甘肃农业大学校长助理李发弟教授、西北农林科技大学徐明博士、伊利集团原奶事业部韩玉堂总经理、伊利集团原奶事业部宋丽华高级工程师、北京三元食品股份有限公司陈历俊副总经理、北京三元绿荷养殖中心张振新总经理、北京三元绿荷养殖中心李锡智常务副总经理、北京中地种畜有限公司张开展总经理、中地种畜有限公司北京良种奶牛科技园刘云祥场长、双城市荣耀饲料生物技术开发有限公司付荣耀董事长、双城市荣耀饲料生物技术开发有限公司于淑芝总经理等领导、专家、企业家应邀出席了研讨会。来自全国各地奋战在奶业领域的研究人员和技术管理人员等近百人参加了本次会议。会议由农业部奶牛科技入户示范工程首席专家、中国农业科学院北京畜牧兽医研究所副所长王加启研究员主持。

农业部畜牧业司饲料处魏宏阳副处长、西北农林科技大学徐明博士、天津市畜牧兽医研究所王文杰所长、中地种畜有限公司北京良种奶牛科技园刘云祥场长分别作了“饲料工业‘十二五’发展规划解读”、“调控反刍动物日粮纤维供应”、“奶牛非常规饲料资源开发与利用”及“规模化奶牛场运营管理”的报告。

学术报告结束后，组委会还精心安排了主题为“人才培养与技术服务”的沙龙活动。

5. 组织召开“2011年奶牛（草食动物）科技入户示范工程座谈会” 由农业部奶牛科技入户示范工程部级专家组主办的“2011年奶牛（草食动物）科技入户示范工程座谈会”于2011年11月11日在北京召开。来自黑龙江省双城市、河南省洛阳市、内蒙古包头市九原区、河北省唐山市、天津市武清区以及北京市大兴区主管奶牛科技入户的领导以及双城市、唐山市牛场负责人、技术人员、奶农共70人参加了本次会议。会议由农业部奶牛科技入户示范工程首席专家、中国农业科学院北京畜牧兽医研究所副所长王加启研究员主持。农业部科技入户奶牛专家组成员及内蒙古包头市九原区、黑龙江省双城市、河南省洛阳市、天津市武清区奶牛科技入户负责人分别汇报了2011年开展的工作情况。工作交流结束后，北京奶牛中心肖定汉研究员和中国农业科学院北京畜牧兽医研究所王典博士分别作了关于“规模化牛场奶牛保健”以及“奶牛饲养与管理”的技术讲座。

6. 组织召开“2011年饲料高效利用技术双城培训班” 由农业部奶牛科技入户示范工程部级专家组主办，黑龙江省双城市畜牧兽医局承办，传喜（北京）乳业工程科技发展有限公司协办的“2011年饲料高效利用技术双城培训班”于11月20日在黑龙江省双城市召开。来自黑龙江省双城市主管奶牛养殖的领导、畜牧站站长、奶牛存栏300头以上村的村民代表、畜牧兽医局技术指导人员、规模化奶牛场（小区）负责人及奶牛养殖大户约670人参加了此次培训。会议由黑龙江省双城市副市长卢巍巍主持。黑龙江省双城市文立恒副市长就双城市奶牛发展现状及未来发展规划作了重要指示。北京奶牛中心肖定汉研究员和中国农业科学院北京畜牧兽医研究所王典博士分别作了关于“规模化牛场奶牛保健”和“奶牛营养升级计划”的技术讲座，并与参会人员互动交流，解决养殖户在生产过程中遇到的技术问题。

7. 组织召开“2011年饲料高效利用技术唐山培训班” 由农业部奶牛科技入户示范工程部级专家组主办的“2011年饲料高效利用技术唐山培训班”于11月26日在唐山召开。唐山市畜牧水产品质量监测中心领导、传喜（北京）乳业工程科技发展有限公司、唐山市奶牛场负责人、技术人员、奶农共80名代表参加了本次培训班。北京奶牛中心肖定汉研究员、北京畜牧兽医研究所王典博士应邀作了专题技术讲座。

本次培训旨在提高饲料转化率及产量，降低奶牛饲养成本，增加奶农经济效益，建设有中国特色的奶牛饲养营养体系。

（三）做好入户指导 在集中技术培训之后，技术员根据各户实际情况分别进行跟踪指导，解决示范户的后顾之忧，技术员平均每月入户2～3次，做到奶牛养殖关键环节主动到户，突发事件及时入户，技术咨询随时入户，与示范户始终保持密切联系。农业部奶牛科技入户示范工程专家定期到示范县指导裹包青贮和裹包TMR技术以及生鲜乳质量提升技术达20次以上。现简述如下：

1. 赴安徽省开展奶牛生产调研指导工作 2011年3月3日，农业部奶牛科技入户示范工程首席专家、中国农业科学院北京畜牧兽医研究所王加启研究员到奶牛营养与牛奶质量提升计划项目的南方试点单位——安徽省六安市亿牛奶业有限公司调研指导工作。王加启研究员一行考察了亿牛奶业有限公司高产奶牛养殖基地，与奶牛养殖管理和技术人员进行了交流，听取了陈锡萍总经理关于公司建设发展情况的介绍。王加启研究员指出，六安亿牛养殖场2004年建立，现已逐渐发展成为绿色、环保的规模化奶牛养殖基地。然而，在奶牛饲养管理过程中，要注重奶牛日粮精粗比例的合理搭配和营养水平、改善奶牛生产环境，特别是相关技术人员应学习科学养牛的方法和技术，并牵线奶牛养殖专家到养殖场对技术人员进行全面培训，以切实解决奶牛养殖中存在的产奶量低下等问题。最后，王加启研究员希望亿牛奶业有限公司全体员工发扬孺子牛的精神，克服困难，努力工作，发挥市农业产业化龙头企业的带头作用，为农业产业化事业作出更大的贡献。

2. 科技入户部级专家组赴黄冈市开展奶牛养殖指导调研 2011年3月25～26日，农业部奶牛科技入户示范工程专家张军民研究员、卜登攀副研究员和美国奶牛专家一行四人就“中美奶牛升级项目DNTP”赴湖北黄冈市进行奶牛养殖技术调研指导。此次活动由农业部奶牛科技入户办公室、中国农业科学院北京畜牧兽医研究所、湖北省黄冈市科技局、黄冈市奶业办公室、美国MSC公司和黑龙江双城荣耀公司共同参与。

3. 科技入户部级专家组赴黑龙江省作技术讲座 2011年3月22日，在黑龙江农垦科学院畜牧兽医研究所的组织下，项目单位专家卜登攀博士和美国Matin V Leek博士对几个大的奶牛养殖场作了“中美奶业营养升级项目DNTP”和“Optimizing A TMR（优化奶牛日粮）”的专题讲座。

4. 赴黄冈革命老区开展科技兴农活动 2011年6月24～25日，为迎接建党90周年，农业部奶牛科技入户首席专家、中国农业科学院北京畜牧兽医研究所王加启研究员和相关人员赴黄冈革命老区开展科技兴农活动。

王加启研究员一行来到黄冈梅家墩奶牛场进行实地考察，主要了解牛群基本情况、饲料结构和来源、主要疾病、繁殖配种问题、牧场存在困难等，并与奶牛场主要领导、技术人员等进行了针对性交流，对奶牛场目前整体养殖状况、奶牛场饲料管理现状等进行了细致的了解和现场指导。

5. 赴山东省济南市历城区调研奶牛生产情况 2011年8月16日，农业部奶牛科技入户专家组成员、中国农业科学院北京畜牧兽医研究所赵海燕及相关人员对山东省济南市历城区奶牛生产进行调研。专家组一行先后走访了历城区冷水沟村、大码头村部分奶牛养殖户以及山东兴牛乳业有限公司，入户了解当前奶牛生产形势。

调研中发现，由于受奶牛养殖成本增加以及牛奶收购价格不高的影响，养殖户养殖效益并不乐观。据冷水沟村和大码头村奶牛养殖户反映，目前当地玉米价格为2.40元/千克，而去年同期价格为1.96元/千克，同比上涨22.45%；生鲜乳收购价格基本在2.90元/千克，而去年同期生鲜乳的收购价格为2.70元/千克左右，增幅仅7.41%；另外，受劳动力成本持续升高的影响，小规模养殖户认为养奶牛不如外出打工。尽管盈利空间有限，但调研的养殖户对下半年生产形势充满信心，认为生鲜乳收购价格有上涨趋势。

随后，专家组成员到山东兴牛乳业有限公司参观考察，公司领导介绍了完善的牛场监控设备，可以时时监控奶牛生产区动态。另外，该公司每天产生的牛粪不仅可以用作有机肥进行买卖或土地自用，而且已经用于蚯蚓养殖，据介绍，20头奶牛牛粪可满足1亩地蚯蚓养殖，蚯蚓年收益3万元/亩，经济效益可观。

（四）加强宣传报道

2011年，农业部科技入户奶牛专家组继续加强奶牛（草食动物）科技入户示范工程工作的宣传与报道，提高从业者学科技、用科技意识。专家组每月编辑、出版1期《奶牛简报》，定期发送给部、省、县主管部门，并在组织会议、开办培训班期间将各类实用性科学书籍和宣传手册发放到养殖户手中。

三、基本经验

（一）组织健全是科技入户工作正常运行的有力保障 中国农业科学院北京畜牧兽医研究所成立了农业部奶牛科技入户专家组办公室，各示范省、示范县组建了科技入户领导办公室，制定了工作制度，并遴选了专家、技术指导员。健全的工作机构为科技入户工作提供了组织和制度保障。

（二）专家队伍强大是科技入户工作顺利开展的必要前提 科技入户实施中，注重专家、指导员队伍的培养，部级组建专家8人，包括奶牛养殖、疫病防治、环境保护、饲草饲料、经济核算等专业领域；省级专家115人，县级专家177人，县级技术指导员1 028人，为科技推广工作提供了强大的人力资源。

（三）依托单位支撑是科技入户工作有效实施的坚实基础 科技入户实施中遴选了技术力量雄厚的众多科研单位，其中遴选中国农业科学院北京畜牧兽医研究所为奶牛科技入户项目部级承担单位，以全国畜牧总站、中国奶业协会为技术支撑单位，遴选各省农科院、农业大学和畜牧技术服务中心等94家为技术依托单位，同时吸引乳品、饲料和设备厂家参与。各单位技术力量雄厚，科研水平超前，在科技入户主导品种和主推技术在形成与推广中起到了不可估量的作用。

四、存在的问题及改进措施

（一）科技入户专项资金投入不足 科技入户工程涉及面广、参与人员多和技术推广深入到户，使得推广的难度随之加大，而入户活动经费较少，不便于项目深入开展；并且养殖业的科技入户与种植业的科技入户有所不同，养殖业需要全年开展科技入户，时间较长，需要资金量较大，因此增加养殖业科技入户资金投入，切实保证科技入户工作发挥示范作用。

（二）奶牛养殖技术落后 与奶业发达国家相比，我国奶业整体发展水平还较落后，区域间发展还很不平衡。主要表现在：（1）奶牛单产水平较低。据2009年奶业统计资料显示，我国奶牛平均单产4.8吨，约是奶业发达国家的二分之一；（2）先进技术应用率低。DHI测定、TMR使用、电脑程控等先进技术应用率都较低。

针对当前存在的奶牛养殖技术落后等问题，切实加强饲养管理、疫病防治、繁育改良、草料生产等现代养殖技术的推广和普及，分层次对从业人员进行技术培训，提高养殖技能，实行规范化养殖，标准化生产才是解决问题的基本途径。要组织畜牧兽医科技人员深入养殖户（场）和奶牛小区开展技术服务，指导养殖户科学饲养，良种良法，提高生产水平。

（三）奶牛养殖保障机制不完善 奶业长效发展的机制还不健全。生鲜乳定价机制、奶牛保险机制等都还在探索阶段，还有很多问题需要进一步研究和解决。

基于上述问题，奶牛（草食动物）科技入户示范工程引导转变奶牛养殖模式，建立奶农和乳品加工企业之间利润联结机制，建立第三方质量检测机构，建立奶牛保险制度，建立新型的奶牛合作社等，从制度和机制上理顺奶业的发展，确保奶业健康、稳定、持续发展。

五、下一步工作计划

（一）继续做好科技示范户的技术指导和测产验收工作 继续为养殖场（户）、小区和奶站等培训合格的专职岗位技能人才，重点对TMR操作员、奶厅挤奶员、生鲜乳质量检测（监督）员和兽医等生鲜乳生产收购重点环节员工展开技能培训，提升从业者业务水平。同时，加强示范户的能力建设，发挥他们对辐射周边农户的“传、帮、带”作用，使他们最终成为生产生活于农民中间，常驻农村不走的农民技术员。

（二）加大宣传工作力度 要求各示范县科技入户领导办公室设立专职通讯员，并采取办培训班和下发宣传资料等形式，定期对通讯员进行新闻报道相关知识培训，全面提高他们的写作能力。同时，不断加强与上级主管部门和各新闻单位的联系，及时报送信息，不断深化新闻宣传报道内容、拓宽宣传领域、增强宣传实效。

总之，既要把各相关涉农部门、技术指导和示范户对科技入户的思想统一到构建科技推广新机制和农业科技进步长效机制上来，还要尽力引起社会上更多部门的关注，赢得更有力的支持。

（三）不断丰富科技入户工程的推广内容 借鉴国外先进经验，结合我国国情，继续推广切合当前发展需要的先进养殖技术，进一步规范饲料与饲养管理、繁殖育种、疫病防治等关键技术环节，除此之外，还要继续扩大送信息到户、送政策到户，把科技示范户培养成为农业新技术的辐射点，农业工作的联系点，党的方针政策在农村的宣传点，农村经济发展的带动点，以点带面，促进奶业经济和谐发展。

（四）组织技术指导员开展调查研究 要结合科技入户工程建设内容，组织技术指导员开展奶牛生产形势调查研究、及时总结经验，为科技入户工程建设的深入开展打下坚实的基础。

2011年国家现代奶业发展科技工程进展情况

科技部农村科技司

“现代奶业发展科技工程”项目经国家科技部正式立项，2011年已全面启动。该项目是以提升奶业竞争力为战略目标，以完善奶牛健康养殖技术体系为内容，以科研院所联合企业提升企业创新能力为目的，集全国高水平的科研院所和大型乳品企业，围绕高产优质奶牛核心群体数量不足、优质粗饲料资源严重短缺、奶牛传染病及常见病多发、原料奶质量监控技术落后及先进成熟技术集成度低等严重影响奶业发展的重大关键技术问题，联合开展科技攻关，并在原料奶主产区进行技术集成与示范。课题主要承担单位有中国农业科学院北京畜牧研究所、中国农科院兰州畜牧与兽药研究所、北京奶牛研究中心、中国农业大学、黑龙江八一农垦大学、西北农林科技大学、东北农业大学、南京农业大学、北京首都农业集团、上海光明乳业、内蒙古伊利、黑龙江完达山乳业、西安银桥乳业及湖南亚华乳业等国内知名科研单位和乳品企业共同参与，联合攻关。

一、奶牛良种繁育体系及高效扩繁关键技术研究

该专题通过开展青年种公牛选育、早期胚胎性别鉴定、性别分离技术以及隐性遗传缺陷基因分子检测方法等关键技术研究，快速扩繁优秀种公牛和高产母牛。2011年年底，已评定青年种公牛460头，建立高产公牛奶牛供体300头；超排供体母牛210头，获胚胎2 532枚，有效超排率88.9%；鉴别体内常规胚胎1 217枚，成功率99.1%。

二、奶牛营养调控与粗饲料高效利用关键技术研究

该课题主要利用营养调控技术建立特定时期奶牛营养代谢参数和开展优质粗饲料的开发与选育。2011年，已对全国20余种常用饲料原料，近千个样品的15个指标进行了测试，初步形成了奶牛常用饲料的营养参数表；初步建立了紫花苜蓿P5C5（抗旱）、DHN（耐寒）、SAC-B（耐盐）等基因转化技术体系，获得抗旱转基因15株、耐寒植株20株、耐盐基因18株；建立苜蓿品种评价基地10处，初步选出高产苜蓿品种4个、

耐旱品种3个、抗旱品种2个、耐盐品种1个，优秀育种材料10份。

三、奶牛健康养殖重要疾病防控关键技术研究

主要针对奶牛隐性子宫内膜炎、乳房炎、结核病和口蹄疫快速诊断技术，奶牛子宫内膜炎、犊牛腹泻和不发情高效防治药物研究，奶牛乳房炎疫苗的研制，奶牛呼吸道及消化道传染病监测与免疫治疗关键技术以及肢体病防治技术等开展攻关。2011年，开展了隐性子宫内膜炎患牛和健康牛血清及子宫内容物样品中雌二醇、PGF2α、MPO水平的比较试验；对乳房炎主要病原菌分离鉴定、细菌PCR鉴定方法进行了研究；研制了牛分枝杆菌特异性抗体检测试剂盒；开展了口蹄疫病毒非结构蛋白3A单克隆抗体的制备，评价了3B串联肽抗原对口蹄疫奶样非结构蛋白ELISA抗体的检出效果。

针对奶牛子宫内膜炎及犊牛腹泻，主要开展了不发情中药制剂“催情助孕液”的毒理学、药理学和安全性评价等试验，制定了治疗子宫内膜炎中药制剂“产复康”的质量标准，建立了主要药物的薄层鉴别方法；提交了治疗犊牛热性腹泻中药制剂“黄白口服液”和治疗子宫内膜炎的中药制剂“益蒲灌注液”的申报材料；开展了治疗犊牛虚寒性腹泻中药制剂“苍朴口服液”处方筛选、生产工艺和安全性评价研究，并初步进行了临床疗效试验。

在奶牛乳房炎疫苗研制方面，开展了乳房炎病原菌金黄色葡萄球菌7种重要的蛋白因子生物信息学筛选，并进行了细菌分离与鉴定和抗菌药物耐药性研究；开展了奶牛乳房炎多联苗临床免疫扩大试验及免疫后人工抗感染试验。

在奶牛呼吸道、消化道传染病检测与免疫防治关键技术研究方面，开展了牛传染性鼻气管炎病毒与牛副流感病毒3型分离株的致病性和生物学特性研究，建立了以IBRV重组gD蛋白作为包被抗原检测该病毒抗体的ELISA方法；应用RT-PCR方法检测了腹泻犊牛的粪便样品中轮状病毒和冠状病毒，明确了2种病毒的阳性率；确定了轮状病毒阳性样品基因型为G10型，测定不同地区牛场分离的轮状病毒的VP7基因序列。

在奶牛真菌感染与肢蹄病防治技术研究方面，开展了奶牛肢蹄病流行病学调查，明确了引起奶牛肢蹄病的主要病原菌，开展了真菌病牛血液生化指标、内分泌指标、免疫学指标的检测。

在奶牛营养代谢病研究方面，开展了过渡期奶牛生产疾病流行病学调查，筛选出39个脂肪肝奶牛尿液差异表达蛋白；制备出了用于酮病检测的乳汁BHBA试纸条，并进行了临床应用评价；分离、改造了瘤胃丙酸生成优势菌株，筛选出了6个丙酸高产菌株，构建了转座工程菌，优选出4种酵母菌，构建了耐酸性反刍兽月形单胞菌乙酸生成关键酶（ACK）基因缺失工程菌。

四、原料乳质量安全监控关键技术研究

开展了原料乳中蛋白质风险评估体系的研究，蛋白氮指标测定方法的建立及非蛋白氮含量测定方法的建立；开展了原料乳中抗生素风险评估体系、常见环境激素及违禁添加物质检测方法及快速筛查技术研究及违禁添加物影响原料奶质量安全的研究；奶牛摄入品影响原料奶质量安全的研究。

五、东北农区奶牛规模化健康养殖生产技术集成与产业化示范

以完达山乳业和飞鹤乳业奶源基地为依托，建立东北寒区规模化健康养殖技术体系并推广示范。建立了调整奶牛日粮，提高饲料利用率的CNCPS体系数据库；对完达山乳业股份有限公司下辖奶源基地10个牧场进行了DHI生产性能测定和后备牛培育规程；在牡丹江和齐齐哈尔地区，开展了适合黑龙江省不同积温带种植的优质青贮玉米（东青1号和龙辐单208）高产栽培技术的推广工作，推广面积达2 800公顷；在齐齐哈尔市新建苜蓿良种繁殖田500亩，高产栽培示范基地2 000亩，实施了最佳播种技术；在九三管局示范了水稻秸青贮技术，开展了水稻秸青贮部分替代玉米青贮饲养奶牛的对比试验。

为了建立东北寒区奶牛主要代谢病早期预警体系，初步调查了酮病和生产瘫痪发生状况，同时完成了饲料、血尿乳样品采集以及疾病、泌乳量、采食量和体况等数据收集工作；在奶牛乳房炎综合防治关键技术集成与示范领域，开展了规模化牛场牛乳的体细胞检测，初步确定了示范区牛隐性乳腺炎的发病情况，确定了部分牛群临床型乳房炎的病原种类，并研制了新型乳房炎透皮吸收剂、凝胶剂中草药复方药物；在东北寒区奶牛肢蹄病关键防控技术集成与示范方面，已在8 511奶牛场进行肢蹄病流行病学调查；针对规模化养殖场奶牛重大传染病综合防控关键技术开展集成研究，已采集各类奶牛血清近2 100份，初步进行了部分示范场的口蹄疫、布鲁氏菌病、牛传染性鼻气管炎、牛病毒性腹泻黏膜病的血清流行病学调查；建立了口蹄疫非结构蛋白感染抗体检测ELISA方法、牛传染性鼻气管炎间接ELISA检测方法；建立了牛病毒性腹泻病毒的RT-PCR、免疫组化检测方法；建立了犊牛腹泻病原（产肠毒素大肠杆菌、轮状病毒、冠状病毒）PCR、RT-PCR快速检测技术、产肠毒素大肠杆菌LT和ST毒力基因PCR检测方法。

同时针对东北寒区特点，对牛粪低温快速发酵菌剂、除臭菌剂进行了筛选及堆肥工艺的选择，获得了一组氨去除复合菌系，氨的去除率可达40%以上；对厌氧发酵微生物复合菌系进行了选育及其微生物多样性分析，筛选了一组沼气发酵复合菌系，并初步获得了沼气发酵复合菌系的最佳培养条件，并对新型沼气发酵工艺开展研究，初步获得了适宜的工艺参数。

六、华北农区及北方大城市奶牛健康养殖生产技术集成及产业化示范

开展了奶牛场环境控制技术研究示范与规模化奶牛场设计标准制定，开展了乳品中重要有害微生物基因芯片检测技术研究，华北地区大城市奶牛场标准化设计与环境控制技术研究与示范，奶牛场粪污无害化处理和资源化利用技术体系的建立。初步建立乳品质量安全数据库，进行乳品中重要有害物残留控制技术的筛选优化，液态乳质量追溯体系的建立研究以及乳和乳制品中有害微生物基因芯片快速检测技术开发应用。

七、西北农区奶牛健康养殖生产技术集成及产业化示范

（一）高产奶牛良种繁育体系建立与示范，重点开展了（1）高产奶牛性别控制和胚胎移植技术开发和应用，生产性控胚胎50枚，对28头受体母牛成功实施了胚胎移植。（2）高产奶牛性控精液的人工授精技术示范和应用，共推广性控精液4万支，受胎率81.2%，犊牛性别控制准确率达到92%；在项目示范区推广高产奶牛杂交改良技术，推广高产奶牛冻精21.5万支，改良低产奶牛10.3万头，受胎率85.7%。（3）良种奶牛登记和DHI测定，建立奶牛良种登记示范小区2个，示范区成年母牛数量达到1 500头，选育高产奶牛核心群200头，并且全部参加DHI测定，平均单产量达到8 000千克以上，并应用计算机信息管理软件建立了比较完善的良种奶牛登记制度。

（二）奶牛健康养殖关键技术研究集成与示范，重点开展了（1）TMR饲喂技术推广与示范；（2）奶牛养殖标准体系研制与示范；（3）奶牛蛋白饲料和预混料的开发和生产，研制开发糊化粗蛋白饲料12吨、奶牛用系列预混料15吨，降低生产成本2 000元/吨，示范区内配合饲料入户率达到95%以上。

（三）奶牛疾病综合防治技术应用与示范，重点开展了（1）陕西奶牛养殖情况调查，深入陕西省30多个县区，统计了奶牛存栏量、奶业发展、奶牛价格、鲜奶价格、饲料原料价格，了解了各地奶牛发病情况；（2）牛病毒性腹泻粘膜病快速检测技术研究，分离鉴定了一株致细胞病变的牛病毒性腹泻病毒，参考NS5b基因保守序列设计引物，建立了RT-PCR检测方法；（3）牛传染性支气管炎快速检测技术研究，应用IBRV-oxford标准毒株进行了培养增殖和纯化研究；（4）开展了奶牛营养性疾病诊治方案、发病机理的研究，研发了网络化的基于日粮优化的奶牛营养性疾病诊治系统；（5）基因多态性与奶牛乳房炎相关性分析研究，选取IL-2（白介素-2），BNBD5（β防御素-5），TNF-α（肿瘤抑制因子-α），AHCY（（S-腺苷高半胱氨酸水解酶编码基因）四个基因作为奶牛乳房炎抗性基因的候选基因，运用直接测序法和PCR-RFLP技术检测基因的多态性，探讨基因多态性与奶牛乳房炎的相关性。现已对IL-2、BNBD5、TNF-α、AHCY四个基因的外显子序列，部分内含子及部分5’UTR区域的多态性进行了检测。

（四）原料奶及乳制品生产全过程质量安全控制技术研究与示范，重点研究了（1）进行了牛乳中体细胞数与产奶量、乳成分的相关分析，建立了牛乳中体细胞数与产奶量和乳成分之间的关系，确定了牛原料奶中体细胞数的正常范围；（2）研制鲜牛奶掺假检测新方法两种，并已推广应用；（3）完善了“企业—奶站—农户”原料奶三级质量检测系统与技术规范和乳制品安全生产HACCP体系的建立与示范。

（五）新型乳制品开发与产业化示范，重点研究了（1）多肽活性乳产品的开发与产业化示范，选用5种酶对羊乳酪蛋白进行了单酶和复合酶水解；采用Amersham蛋白分离系统和HPLC对水解液进行了分离纯化；对水解液和分离组分进行了抗氧化功能试验，优选出了抗氧化功能较好的短肽组分2个。开发具有抗氧化功能的多肽活性乳产品2个，即多肽抗疲劳饼干和多肽活性乳饮料各1个。（2）富铁黑色牛奶和非特异性复合多糖免疫乳产业化开发，采用独特生产工艺，研制开发出富铁黑色牛奶新产品，已累计生产黑牛奶1 000多吨；（3）益生菌乳粉的开发，研制成具有菌群活力高、复原乳发酵酸乳风味优良、食用方便、活菌技术指标达到1×10^6个/克以上的益生菌乳粉。

八、南方大城市奶牛健康养殖生产技术集成及产业化示范

（一）立体式奶牛养殖技术体系的研究与示范，因地制宜地研制适合上海奶牛饲养条件的牧场管理系统；奶牛场利用自主开发的牧场管理信息系统，实现智能化生产，加强牧场数据汇总、分析、决策能力。

（二）奶牛乳房炎关联通路、基因鉴定和“非抗性”疫苗的研究应用，主要开展了（1）采用全基因组选择，开展奶牛乳房炎的抗病育种，在上海市25个奶牛场采样1 676头，同时收集了其DHI测定记录及繁殖等现场记录，尤其是乳房炎方面的资料；（2）高通量测序平台的建立，在基因组层面检测单核苷酸多态性（SNP）。

（三）干酪精深加工技术研究与产品开发，主要开展了（1）辅助发酵剂增加Cheddar干酪（车打奶酪、又称切达奶酪）中坚果风味的研究；（2）凝乳工艺对奶油干酪品质的影响；（3）乳化盐改善Mozzarella干酪（意大利干酪）的熔化性；（4）奶牛抗热应激能力的调控技术集成与示范。

九、牧区及农牧交错带奶牛健康养殖技术集成及产业化示范

（一）农牧交错区规模化牧场标准化建设，在呼和浩特市、包头市和乌兰察布市等示范区确定了18个高产奶牛实验基地，共冷配奶牛0.8万头，在内蒙古、新疆等周边地区完成6 000头奶牛DHI测定工作，制定了奶牛良种登记制度。

（二）奶牛健康养殖及环境控制技术的研究与集成，研发适合地区特点的高产饲草料饲喂方式，日粮中使用饲用甜菜替代部分玉米青贮饲喂奶牛可以提高产奶量，幅度为0.12%；日粮中使用现蕾期苜蓿干草饲喂奶牛可以提高产奶量，幅度为2.48%；日粮中添加饲用甜菜和现蕾期苜蓿干草饲喂奶牛可以改善乳品质。

（三）奶牛主要疾病防控技术集成与示范，主要开展了奶牛乳房炎疫苗的免疫预防试验前期准备工作，进行了引起临床型乳房炎和隐性乳房炎的病原调查和药敏试验；即将进行蒙药对季节性冷、热应激及沙尘暴应激时对奶牛的各种生理指标和生产性能影响的研究。

（四）奶牛废弃物综合利用技术集成与示范，已分离到69株疑似大肠杆菌，其中鉴定出12株强致病性大肠杆菌，并进行了抗“o”血清鉴定，分属7种血清型；收集携带7种血清型大肠杆菌的奶牛粪便进行现场强制通风静态堆肥，进行63d堆肥腐熟。

（五）原料奶质量与安全控制技术的集成与应用，主要开展了（1）影响牛乳中苯甲酸含量因素的研究；（2）影响原料奶中维生素和微量元素含量因素的研究；（3）风险监控项目；（4）原料奶微生物及体细胞总数管控；（5）新型清洗方式在基地的应用。

（六）天然功能性原奶的开发与应用，对富叶黄素、富DHA天然功能性原料乳进行了中试生产；通过在饲料中添加微藻粉，并按比例添加VE、硒等抗氧化剂，经牛体转化，生产富含DHA的原料奶。

十、南方农区奶牛健康养殖生产技术集成与产业化示范

（一）规模奶牛场牛群改良与选育体系建设，主要（1）引进了国内外优质奶牛冷冻精液8 300份改良牛群，完成DHI测定2 800头；培育核心高产奶牛群820头，预计年均单产在9吨以上，乳脂率3.5%以上，乳蛋白率3.2%以上，体细胞数小于30万/毫升；（2）建立抗热应激奶牛培育方案1套，同时推广1%～5%抗热应激饲料添加剂15吨，预计今年推广使用添加剂60吨以上；（3）应用B超等无创早期妊娠诊断奶牛7 550头次，使奶牛空怀率下降10.5%；（4）为了提高奶牛繁殖率，制定了奶牛生殖疾病防治技术规范，并在3个示范场推广应用新型防控乳房炎技术和药物。

（二）牧草种植和推广，通过田间试验选用1个牧草品种进行了推广种植，制定并实施了牧草优质栽培技术方案。

（三）奶牛场饲养管理和疾病防治，研制了TMR配方3套，并在3个规模牧场示范TMR饲喂方式。以奶牛健康养殖标准为准绳，建设高标准健康养殖示范奶牛场；以影响奶牛生产最普遍的子宫内膜炎和乳房炎为主攻方向，从生产过程管理（如卫生与饲料管理）、诊断和治疗等各环节开展综合控制疾病技术研究和推广。

国家奶牛产业技术体系“金钥匙”技术示范工作情况

国家奶牛产业技术体系首席办公室　杨敦启

中国奶牛产业的发展，受到产业链各个环节利益相关者的高度关注。奶牛产业与产品的质量、效益、安全、风险已关乎国计民生，尤其受产业上游奶牛养殖者和产业下游消费者两个特殊群体的影响，其产业发展长期处于独特的敏感状态。为促使我国奶牛产业健康稳定、科学可持续的发展，2007年由中央政府主导，组建科学家团队，围绕奶牛育种繁殖、营养饲料、疾病防治、质量与环境、乳品加工、乳业经济六个方向创建国家奶牛产业技术创新体系；2008年农业部专门成立奶业管理办公室，会同国家相关部门制定促进奶牛产业的发展政策以及规范行业发展的条例与法规；着手建立和完善奶牛产业安全健康发展的运行机制。然而，如何让国家的政策、法规、科技创新的产业新技术成果，切实成为推动奶牛产业升级的有效动力，还必须牢牢抓住“宣传、示范”这个政策宣贯科技应用的转化平台。只有加强政策宣传、法规贯彻、技术培训，使其转化为奶牛产业生产者的执行力、约束力、生产力，才能通过加快提高牧场、奶站等从业者素质，带领中国奶牛产业转型升级，从根本上实现奶业质量安全。

农业部奶业管理办公室和国家奶牛产业技术体系，在2008年对奶牛产业发展状况与产业技术需求以及产业存在的发展问题长期调研的基础上，2009—2011年结合科学家团队已经形成的阶段技术成果、产业沉淀的成熟技术，紧紧围绕提振奶业发展信心，依靠科技振兴奶牛产业目标，整合了行业动态、政策要点、先进技术，打造了以“宣传政策、传授技术、答疑解惑、现场诊断、操作示范”五大学习板块构成的“金钥匙”技术示范现场会。所谓“金钥匙”就是提升奶牛产业效益最大化的新技术、新方法、新设计、新理念、新政策。而“金钥匙”技术示范现场会就是通过有效的组织、协调，采取现场技术报告与技术操作方法演练相结合，手把手，面对面，口传身授奶牛“金钥匙”技术的示范学习过程。目前，在我国奶牛产业优势区域和奶业新兴发展地区的15个省举办了28期培训班（包括黑龙江省、辽宁省、河北省、山东省、新疆维吾尔自治区、内蒙古自治区、宁夏回族自治区、甘肃省、陕西省、山西省、北京市、天津市、河南省、四川省、湖北省），累计30个培训日，累计培训8 400人次；其中：28天课堂讲授、双向交流、14天课堂答疑解惑，28天现场咨询诊断、技术操作演示和解决难题。受到牧场、奶站、小区、养殖大户、当地乳品企业、饲料和兽药企业的欢迎，更得到地方政府和媒体的关注与支持。

一、针对性强，立足奶牛场的差距提供改进技术和问题解决方案

自2009年以来的奶牛产业，一直处在“三鹿婴幼儿奶粉”事件冲击后的艰难恢复之中，又迎来全球性经济危机的打击，世界性乳品现实购买力下降，消费市场萎缩，总体消费量减少，牛奶价格下降，行业效益触底。国家奶牛产业技术体系在2008年年底和2009年年初的调查结果显示，奶牛养殖业出现严重危机的同时，也出现新的发展机遇。一方面部分奶牛养殖户因为效益比较低，开始退出奶牛养殖业，存栏下降，低产奶牛淘汰率增加；另一方面，在国家政策的引导下优良奶牛向奶牛场、奶牛养殖小区、奶牛养殖大户转移，奶牛集约化、规模化进程加快，散养户数量下降。尤其在问卷调查中发现："饲养成本控制技术、提质增效技术、繁育改良技术、鲜奶安全控制技术、奶牛保健与疾病诊断治疗技术、牧场（小区）集约化管理技术、牧场（小区）规划设计与工艺配置技术、国家对奶牛产业的发展政策与法规要求"，成为奶农当前对技术与政策的迫切需求。

在农业部奶业办公室的指导下，国家奶牛产业技术体系依靠自身优势，以提高奶牛养殖和原料乳生产质量、效率、效益为中心，针对奶牛养殖者对科学技术、政策法规、市场信息的迫切需求，于2009年4月适时推出了经过精心设计推广的国家奶牛产业技术体系"金钥匙"技术示范计划，推动奶牛产业的复苏与振兴。通过对奶牛场的专职技术和管理人员的培训指导，提高奶牛产业从业人员的综合素质，参加培训和接收专家现场咨询服务的牧场，每年生产管理水平都有新变化，深受牧场的欢迎和肯定。国家奶牛"金钥匙"技术示范现场会也成为奶牛产业技术转化应用的桥梁与纽带。

二、传授技能，注重学员技术操作程序和应用标准的提高

国家奶牛产业技术体系根据奶牛养殖牧场、小区、大户的迫切需求设计和选择培训内容的同时，注重操作层面的技术方法、技术规范、政策和法规的应用能力的培训。并重点针对畜牧技术推广人员及奶牛场场长（小区负责人）、营养师、兽医师、配种师、挤奶厅长、TMR机手六种关键岗位人员进行培训，使当地奶牛产业经营管理技术、饲养与营养配方技术、防疫与兽医临床技术、繁改与配种技术、奶厅管理与鲜奶安全生产技术上工操作应用能力、粪污处理与综合利用技术领域的应用细节上得到具体改进，不但提高奶牛养殖的直接效益，更为乳品企业贡献优质奶源。而且，为进城务工返乡农民工再就业与创业提供更多技能和机会。通过贯穿培训的课堂讲、现场示范、问题答疑等培训手段，使学员们听了能懂，学了就会，回去就能应用，达到学以致用的效果。

三、授业解惑，课堂技术讲座与现场问题释疑相结合

国家奶牛产业技术体系精心设计打造"金钥匙工程"培训计划时，十分注重改进传统的培训方式和方法，以提高培训的实际效果。传统意义的培训基本上都是老师课堂讲，学员课堂做笔记，下课老师、学员各自走人。而"金钥匙工程"培训计划在总结近年中美奶牛研究中心开展"中美奶牛科技交流"经验的基础上，进一步对培训方法进行优化重组和创新，形成一整套满足学员技术需求突出实战能力培养的培训方式。在技术传授方式上，课堂演示授课与现场技术示范、咨询服务相结合，计划培训内容与学员互动答疑解惑相结合。在时间安排上，上午授课的老师下午到牧场、小区调研、技术示范、现场解决问题；下午上课的老师上午到牧场、小区调研、技术示范、现场解决问题。使专家在一天的培训时间内了解实际情况，更有针对性地做好两天培训的工作，充分提高培训效率。通过培训方式方法创新，克服以往满堂灌、单纯授课的古板培训形式，真正把学习的权利交给学员，培训效果事半功倍。

四、官、产、学（研）结合，注重实效可持续

"金钥匙工程"是通过培训达到产业技术推广的目标，是一个复杂的系统组织协调、资源整合、务实细致的工作过程。国家奶牛产业技术体系充分发挥体系的教学和科研单位的多学科专家优势，协调奶牛产业优势区综合试验站示范的优势，协同地方政府农牧厅（局）共同组织的优势，调动国内外奶业行业优势企业实战型专家积极参与的优势，通过磨合逐步形成奶牛产业技术体系科学家主导、政府组织、龙头企业参与，从多角度满足学员的多方面需求，有利于实现国家对奶牛产业技术队伍素质全面提升的战略目标。

实践证明，"金钥匙工程"培训计划在各个省区实施的过程中，组织得力，时间紧凑，效率高、效果好，得到当地学员、政府、媒体的充分肯定。

五、边技术示范边调研，精确把握产业技术不足和区域性技术需求

为了保证国家奶牛"金钥匙"技术示范计划实施的每一期效果，每一期技术示范现场会结束之后，根据参会学员数量发放问卷调查表，抽样数量占学员的20%～30%，一般能回收30～40张有效问卷调查表。由学员给授课专家打分评价，并提出改进建议，说明对未来的学习需求。同时，通过答疑解惑环节对学员提出的问题，进行聚类分析，可以客观掌握我国不同地区奶牛场生产技术水平、困扰奶牛场生产技术问题，为国家奶牛产业技术体系功能实验室提供科技创新依据。通过调研使国家奶牛"金钥匙"技术示范计划能进一步深度了解学员需求，有利于深化学习内容，对参与授课指导的专家也提出更高的要求，调研和评估工作成为提高技术培训质量的重要一环。

总之，通过2009—2011年的连续实践，国家奶牛"金钥匙"技术示范现场会，已发展成为农业部奶业管理办公室和国家奶牛产业技术体系传播新技术、新方法、新设计、新理念、新政策转化应用的重要平台，也是国家奶牛产业技术体系技术创新成果向产业转移延伸的有效抓手。一个技术领先、充满活力、拥有实力、传播技术、直接推动产业技术进步的高效率平台已经建立起来，正成为行业主管部门推进我国奶牛产业转型升级科技进步工作的得力助手。

"牛精英计划（ECP）"在中国农业大学启动

为全面提升学生素质，促进学校理论教育与实践活动的有机结合，有效缩短学生适应工作岗位的时间，2011年11月9日中国农业大学在京举行了"牛精英计划（Elite Cattlemen Program）"启动仪式。中国奶业协会副会长兼秘书长谷继承、农业部奶业管理办公室副主任马莹、中国农业大学动物科技学院党委书记杨志、中国农业大学动物科技学院教授冯仰廉、李胜利、孟庆翔、杨红建、周振明等领导和专家莅临启动仪式，出席启动仪式的还有来自利拉伐乳业有限公司，北京东方联鸣、北京中博农等知名企业的代表和负责人。另外，中国农业大学在校学生代表、优秀毕业生代表以及来自《中国奶牛》、农民日报、等媒体的朋友们也参加了此次活动。

"牛精英计划"启动仪式由中国农业大学动物科技学院曹志军副教授主持，他与李胜利教授向大家详细介绍了"牛精英计划"。他们强调："牛精英计划"由中国农业大学、国家奶牛产业技术体系、国家肉牛产业技术体系、中国农业大学肉牛研究中心、中国农业大学中美奶牛研究中心共同支持创立，其目的是培养奶业管理、技术、营销等精英，旨在为学校、政府和企业搭建桥梁。"牛精英计划"的实施内容主要有四个层次：一是学术与牛场技术交流（技术、管理及发展趋势分析），重点是将国内外教授、项目官员、牧场主、企业家、企业管理及技术人员、优秀毕业生等请进来做专题报告和经验介绍，让学生走出去参加国内外学术会议和技术推广研讨会。二是组织牛场参观与实践操作，重点是让学生走出去到国内外牛场参观学习和实践操作先进管理方案。三是开展假期实践与生产实习，要求至少参加一次有关牛场、饲料企业、杂志、项目管理等假期实践，至少参加一次牛场诊断与问题解决方案团队合作。四是举办竞赛与牛精英挑战赛，鼓励参加牛场问题解析培训并提出整改方案，鼓励参加即将举办的全国牛精英挑战赛。同时，为进一步完善和规范奶牛科研、教学和示范，国家奶牛产业技术体系研发中心与中博农、利拉伐、司达特、奥耐尔、东方联鸣五家企业合作在延庆建立了标准化的教学与示范牧场，既可为在校学生提供可控的试验基地，开展系列饲养、饲料、原料奶控制研究，为农业部实施行业管理与决策提供参考，也可为企业、奶站和技术推广部门培养人才。

随后，谷继承秘书长作重要讲话，他指出：当前，我国奶业正由传统向现代转型，培养更多高素质的人才是实现转型的关键。实施"牛精英计划"有助于搭建一座学生与企事业单位交流与合作的桥梁和平台，利用这一平台，我们可培养学生的实际动手、发现问题和解决问题的能力；有助于强化毕业生理论与实践相结合的深度和广度，从培养环节缓解毕业生找工作难和企业招人难的矛盾。中国农业大学资源优势明显，牵头"牛精英计划"，一定会到达预期目的。为更好地实施该计划，谷秘书长提三点想法：一是中国农业大学是百年高校，要注重总结和创新，教给学生更多先进、实用的经营和管理理念，重点强化实践活动，提高学生解决生产实际问题的能力；二是探索运作模式，总结工作经验，在可能情况下，将成功经验推广到其他高校，为我国培养更多"牛精英"；三是希望各位企业家多关注牛精英计划，并多提供实习岗位、项目资金支持，帮助学生更好更快地提升自我，同时也为自己的企业挑选后备人才。最后，谷秘书长强调，"牛精英计划"是一个很好的示范，中国奶业协会将全力支持。

接下来，马莹副主任作重要讲话，她强调：我国奶业发展形势总体良好，奶牛生产、乳品加工和乳制品消费都稳步增长，规模化水平持续提高，质量安全水平进一步提升。目前，奶业正处于转型的关键期，现代奶业的特点是设备先进、生产性能高和管理水平高。但目前我国成年母牛年单产水平仅是奶牛生产发达国家的二分之一左右，排除其他因素，从业人员整体素质偏低是重要影响因素。据对40个牛场1 340位从业人员的调查，本科以上学历占3.3%，专科9.7%，中学47%，小学30%，文盲10%。中国农业大学已经培养了大批的牛人，积累了丰富的经验，启动"牛精英计划"，旨在走校企结合的道路，为培养高素质专业精英人才提供了一条最直接、最有效的途径。

杨志党委书记随后代表中国农业大学动物科技学院致辞，她强调"牛精英计划"借鉴了美国的教育模式，将高校学生教育与社会培养充分融合，是一项很好的计划。动科院将给予更多的关注和资助资，全力支持这项活动。同时她也希望农业部、中国奶业协会、企事业单位给予更多的关心和支持，更希望同学们抓住并珍惜这一机会，加强理论学习，强化实践活动，为走向社会打下坚实基础。

为给在校学生树立榜样，启动仪式还分别请来了三位优秀毕业生代表，分别是北京三元绿荷奶牛养殖中心的李锡智副总经理、奥特奇生物制品（中国）有限公司的高登宏经理和北京历源金成科技有限公司的赵金石经理，他们感谢母校的培养之恩，并结合自身经历，向在校学生提出了建议和希望。在校本科生代表班娅婧、硕士生代表史海涛也分别发言，他们表示一定会好好利用这个机会，锻炼自己，发展自己。

随后，孟庆翔教授代表"牛精英计划"指导委员会表达了做好这项活动的决心。各企业负责人也畅谈了他们对人才的需求，纷纷表示全力支持"牛精英计划"。并且中博农、利拉伐、司达特、奥耐尔、东方联鸣五家企业还现场签署了支持延庆教学、科研与培养人才示范基地的合作协议。

最后，“牛精英计划”指导委员会的顾问冯仰廉教授发表了重要讲话：他真诚地希望牛精英计划能立足本国国情，解决好我国牛业面临的重大问题。冯教授就做好“牛精英计划”提出四点建议：一是将项目企业家聘为名誉教授。这些企业家身在基层，有丰富的实践经验，更了解基层的需求，他们的加盟可弥补在校教师实践的不足。二是建设现代奶业，需要改变传统奶业中小而散的局面，但不切实际的追求大规模，建设万头牧场，也需要斟酌。他们面临一系列突出问题，希望“牛精英计划”针对中国国情做些研究解决这些突出问题。三是饲料工业的问题。我国猪、鸡饲料搞得好，奶牛不行，肉牛饲料更差。希望将来的“牛精英”解决好这个问题。四是希望“牛精英”除了提高技术水平外，也要提高自身修养，包括科学修养、文化修养和道德修养等。

“牛精英计划”充分借鉴了国外成熟的经验，结合了我国实际情况，是一个很好的创举，《中国奶牛》将在中国奶业协会的统一部署下，关注“牛精英计划”的发展，并积极提供力所能及的支持和服务。真诚地祝贺“牛精英计划”圆满启动，并能扬帆远航，为奶业培养更多的“牛精英”。

奶牛全混合日粮技术推广应用交流会在京举办

2011年2月14日，农业部奶牛科技入户工程办公室、中国农业科学院北京畜牧兽医研究所、农业部奶及奶制品质量监督检验测试中心（北京）在京举办了“奶牛全混合日粮（TMR）技术推广应用交流会”。中国奶业协会名誉会长刘成果、常务副会长魏克佳、秘书长谷继承，农业部奶业管理办公室副主任马莹，全国畜牧总站副站长沙玉圣等领导出席了会议。中国农业科学院北京畜牧兽医研究所副所长王加启主持会议，来自美国MSC公司、天津、黑龙江、吉林、北京、河北、湖北、内蒙古等奶业管理部门领导、科研教学单位专家、规模奶牛养殖场负责人等60余人参会。王加启研究员首先作了“奶业技术推广回顾与展望”的报告，美国NRC奶牛营养需要委员会委员 Trevor Tomkins 博士作了“奶牛营养升级计划（DNTP）”的报告，中国奶协刘成果名誉会长作重要讲话。通过交流，大家对提高饲料转化率的技术有了更深入的了解。这项核心技术是全混合日粮，但不仅仅是TMR车的使用，还有先进的机械配套软件、TMR混合控制软件、饲料分析和日粮平衡技术以及培训，是一项集成技术。目前该项技术已具备了推广应用的条件，应该努力去推广应用。谷继承秘书长强调：今后一是围绕着政府委托中国奶业协会的几项工作，包括科技培训、DHI测定数据的整理分析等，发挥为政府做好参谋助手的作用；二是2011年6月开好在安徽合肥召开的第二届奶业大会；三是其他工作。针对TMR技术推广应用，他指出，虽然中国奶牛存栏1 200多万头，但是奶牛单产水平低。提高奶牛单产需要奶牛品种改良，更重要的是饲养管理水平的提高，特别是在TMR饲养技术方面还没有引起重视，需要加大推广应用力度。同时要加快饲养方式的转变，提高标准化规模养殖水平。

中国奶业协会第二十六次繁殖学术年会暨国家肉牛/奶牛产业技术体系第三届全国牛病防治学术研讨会在兰州召开

2011年7月29～30日，中国奶业协会第26次繁殖学术年会暨国家肉牛/奶牛产业技术体系第3届全国牛病防治学术研讨会在兰州市举行，本次会议的主题是“科学用药，优质高效”。会议由中国奶业协会繁殖专业委员会、国家肉牛产业技术体系疾病控制功能研究室、国家奶牛产业技术体系疾病控制功能研究室、华中农业大学、家畜疫病病原微生物学国家重点实验室主办，由中国农业科学院兰州畜牧与兽药研究所和兰州兽医研究所承办，并得到中农威特生物科技股份有限公司、宁波市三生药业有限公司、苏州市苏牧动物药业有限公司和德国勃林格殷格翰动物保健等单位的大力支持。

来自新加坡、巴西、马来西亚、泰国、朝鲜等多个国家和地区的代表及中国24个省（自治区、直辖市）的政府部门、奶业协会、大专院校、科研院所、相关企事业单位300多名代表参加了会议。开幕式由中国农业科学院兰州畜牧与兽药研究所所长杨志强主持。中国农业科学院兰州兽医研究所所长殷宏为大会致欢迎辞。农业部畜牧业司副司长王宗礼、中国奶业协会副会长兼秘书长谷继承、甘肃省农牧厅副厅长杨祁峰、中国农业科学院科技局副局长袁龙江、中国奶业协会繁殖专业委员会主任暨国家奶牛产业技术体系岗位科学家华中农业大学杨利国教授出席大会并作重要讲话。出席大会的还有中国奶业协会常务副会长魏克佳、华中农业大学国家肉牛产业体系疾病控制功能研究室主任郭爱珍教授、中国农业大学动物医学院院长汪明教授和中国农科院兰州畜牧与兽药研究所党委书记刘永明。

中国奶业协会副会长兼秘书长谷继承在讲话中指出，繁殖工作是动物养殖产业的重要环节，提高繁殖率就是提高效率，中国奶业协会繁殖专业委员会作为8个专业技术委员会之一，在促进奶业发展中发挥着重要作用。繁殖委员会在兰州组织第26次繁殖学术年会，来自全国牛繁殖与疾病各个研究方向的顶尖专家来作学术交流和研讨，希望广大参会代表能够珍惜这个机会，认真学习和交流，并用于生产实践。

王宗礼副司长就我国2011年上半年畜牧业生产的形势以及农业部畜牧业司的重点工作向各位参会代表做了简要介绍。他指出，随着农业现代化特别是畜牧业现代化的加快，规模化标准化养殖的步伐进一步加快，畜牧业生产的各个环节都离不开各位专家以及科技创新，希望大家借助这次会议加快科技创新，加大科技对畜牧业强有力的支撑，使畜牧业持续健康地发展。

开幕式后，中国奶业协会常务副会长魏克佳做了题为“我国奶业发展现状与趋势”的大会主题报告，针对当前我国奶业发展现状，科学、客观地分析了目前我国奶业发展面临的主要问题，并分析和提出了“十二五”期间奶业的发展趋势和工作重点。郭爱珍教授、杨利国教授、杨志强研究员、殷宏研究员及中国农业大学刘群教授、田见晖教授、北京奶业中心肖定汉研究员、中国兽医药品监察所毛开荣研究员、河北农业大学桑润滋教授、中国动物卫生与流行病学中心首席科学家王志亮研究员等专家分别作了报告。内容涉及肉牛、奶牛产业的现状和发展趋势以及繁殖、疾病研究和成果应用等，报告主题明确，针对性强，为奶牛、肉牛产业的发展指明方向，对疾病的防控起到指导作用。

7月30日，大会分为繁殖和疾病两个分会场分别进行专题讨论和交流。在繁殖专题分会场，来自科研院所、高校及相关企事业单位的16位代表分别就奶牛繁殖新技术、奶牛繁殖疾病等热点问题进行了报告；在疾病专题分会场，来自科研院所、高等院校及相关企事业单位的15名专家分别就肉牛、奶牛疾病研究进展、疾病防治技术等问题进行了广泛的交流，促进了健康养牛知识、技术与经验的交流及同行间的合作。本次研讨会报告了肉牛、奶牛等产业的最新研究动态，研讨了与生产应用紧密结合的繁殖管理及疾病控制技术，受到与会代表的高度评价，达到了预期的目的。

六、国际合作

2011 年国际奶业形势分析与展望

一、2011 年国际奶业形势分析

（一）全球主要奶业国家产量普遍增长

在国际奶业中，对于能够影响全球奶业贸易的主要国家，比较普遍的看法是“4＋1”，即传统的奶业强国（区）—新西兰、澳大利亚、欧盟、美国，以及新兴的阿根廷，其中，有三个位于南半球，两个位于北半球。2011 年，无论是南半球的新西兰、澳大利亚、阿根廷，还是北半球的欧盟和美国，都收获到了一个不错的产量，仅这五个国家（地区）牛奶增产的产量就达到了 769.7 万吨。

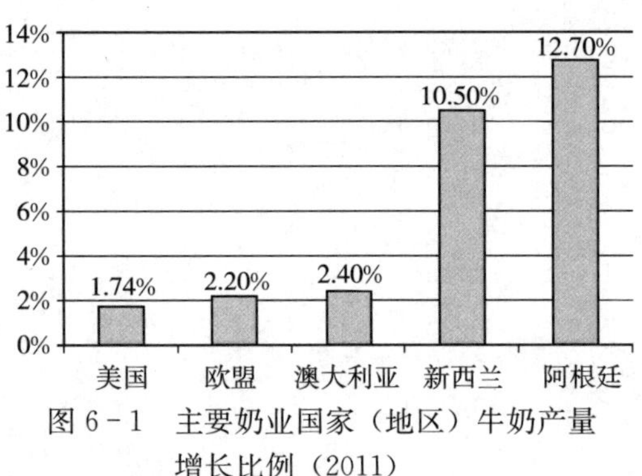

图 6－1　主要奶业国家（地区）牛奶产量增长比例（2011）

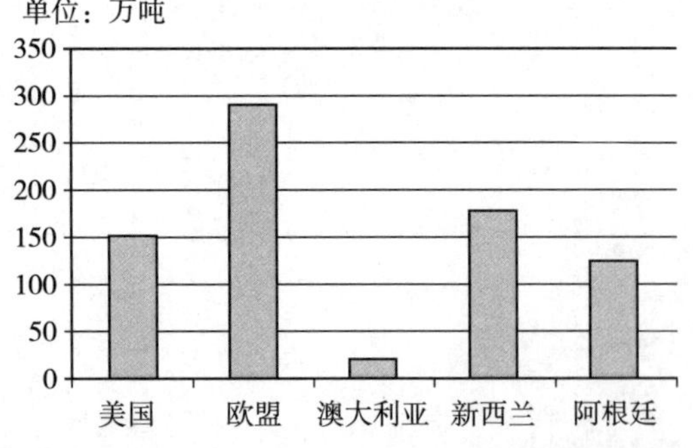

图 6－2　主要奶业国家（地区）牛奶增量（2011）

1. 南半球　2011 年，南半球的主要奶业国家迎来了高速发展的一年，由于国际奶价处于相对历史高位，加上气候适宜，牛奶产量普遍增长，其中阿根廷牛奶产量 1 104.1 万吨，同比增长 12.7%，增速位于主要奶业贸易国家之首；新西兰奶产量 1 891.5 万吨，增长 10.5%，澳大利亚牛奶产量 953.5 万吨，增长 2.4%，三个国家合计增产 326.2 万吨。

2. 北半球　2011 年北半球的美国和欧盟在牛奶产量增长速度上比南半球的那三个国家相比逊色不少，美国的增长速度是 1.74%，而欧盟也只有 2.2%。但无论是美国还是欧盟，他们的牛奶产量基数很大，2010 年美国的产量就已经达到 8 746.2 万吨，2011 年增长到 8 898.4万吨，欧盟在 2010 年是 1.33 亿吨，2011 年时达到 1.35 亿吨，并不显眼的增长速度却带来了 443.5 万吨的增量。

（二）发达国家需求有下滑趋势　依赖新兴国家进口

上述几个主要的奶业贸易国家（地区）2011 年产量合计增长了 769.7 万吨，如何消化掉这些新增产量是能否保持近期国际乳制品价格稳定的最关键因素。而国际上最发达的两个地区—美国和欧盟，此时在经济发展上都遇到了困难。

美国经济在金融危机的打击下，一度低迷，目前的复苏也比较脆弱，而欧盟国家更是在主权债务危机的影响下站在了悬崖的边缘，这两大经济体使得全球经济有二次探底的风险。

因此，传统的奶业消费强国已经不太可能再继续扩大乳制品的消费，相反，由于内部消费疲软，会有更多的乳制品涌入国际市场，国际乳制品市场价格存在下行的巨大压力。

在这个形势下，国际乳制品市场的稳定将依赖以中国为代表的新兴国家，中国、东南亚国家以及中东国家等乳制品进口国能否扩大进口成为国际上关注的焦点。

（三）国际乳制品价格先升后降

1. FAO 乳制品价格指数　2011 年 FAO（联合国粮农组织）乳制品价格先升后降，波动较大，1 季度价格处于上涨通道，3 月份价格达到顶峰，之后整体呈下降态势，到 2011 年年底 FAO 的乳制品价格指数为 201.7 点，比 3 月份的最高值 234.4 点下跌了 14.0%。

2. 国际主要乳制品价格　国际贸易中主要的乳制品价格走势基本同步，全脂奶粉率先下跌。国际乳制品贸易主要的品种包括全脂奶粉、脱脂奶粉、奶酪和黄油等，在 2011 年，上述四种乳制品的国际市场价格走势基本相同，都是在下半年开始呈现比较明显的降势，其

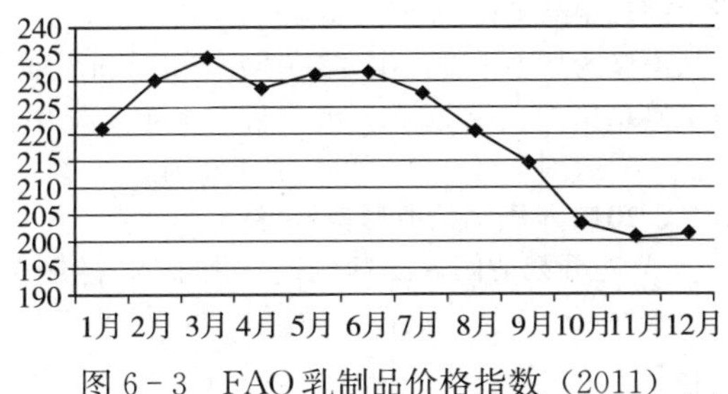

图 6－3　FAO 乳制品价格指数（2011）

中比较特别的是全脂奶粉，它从三月份就开始就出现明显的下跌趋势，而这与中国的进口波动有着直接的关系。

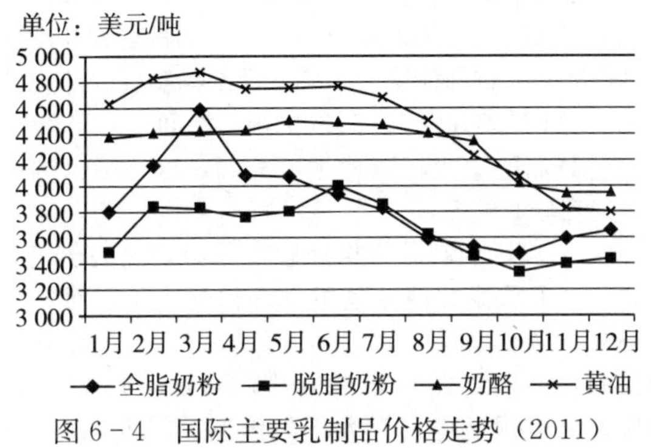

图 6－4　国际主要乳制品价格走势（2011）

（四）主要奶业国家原料奶收购价格下滑　在国际乳制品价格下跌的压力下，主要奶业贸易国家的原料奶收购价格也随之出现下调。

1. 美国　2011 年美国原料奶收购价格在上半年出现了一波上涨行情，7 月份的时候达到了最高值 3.12 元/千克，随后开始下滑，基本与国际乳制品价格的下滑保持同步。而同时，美国的饲料价格上涨幅度很大，因此 2011 年美国奶农的收益下降了不少，据美国农业部的统计，由于美国饲料成本上涨而原料奶收购价格下滑，导致美国奶农平均净现金收入下跌了 27%。

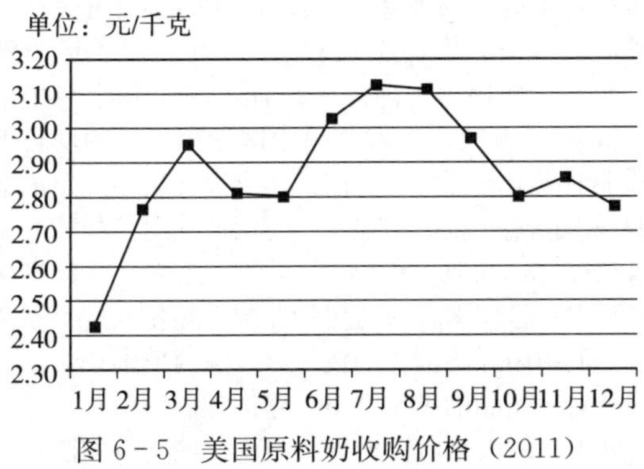

图 6－5　美国原料奶收购价格（2011）

而用于衡量奶农盈利空间的奶料比在 2011 年也经历了比较大的波动，第一季度持续上升，4 月份快速下滑，随后又出现一个反弹，下半年进入一个下跌通道当中。

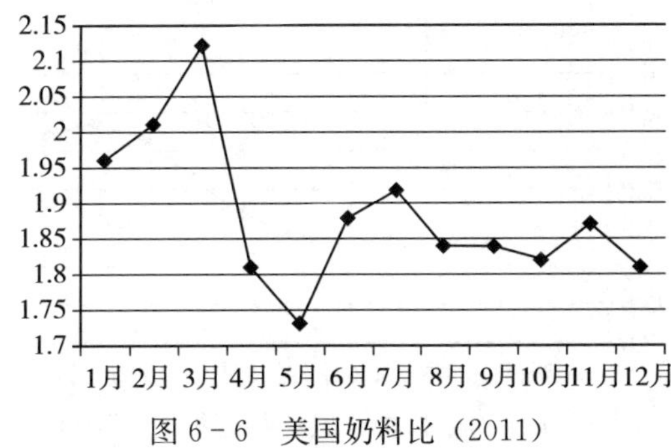

图 6－6　美国奶料比（2011）

2. 新西兰　新西兰 95%左右的原料奶用于制作各种乳制品以供出口，因此国际乳制品价格的波动对新西兰奶业的影响非常大，而新西兰的各大乳企（主要是恒天然，控制新西兰 90%的奶源）每个奶业年度（每年的 6 月 1 日至次年 5 月 31 日）制定一次奶价，中间会做一些调整，我们可以从下图中明显地看出原料奶收购价格下跌的趋势。

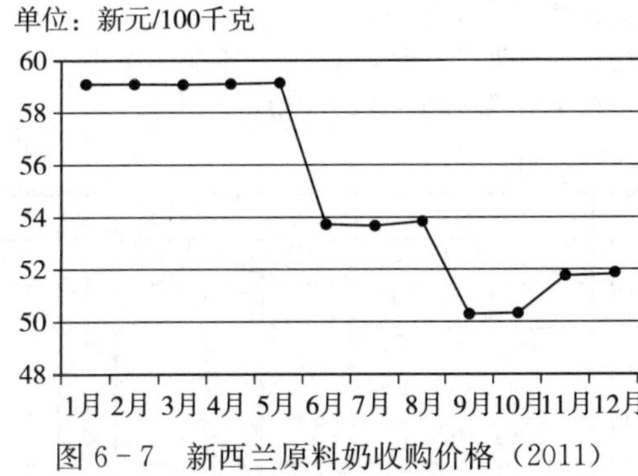

图 6－7　新西兰原料奶收购价格（2011）

3. 阿根廷　目前阿根廷奶农的收益明显高于其他相关产业，奶农增产的积极性很高。阿根廷 2011 年在产量突破 1 100 万吨大关的同时，原料奶的收购价格同样呈现出先涨后跌的态势，同时价格优势十分明显，以 2011 年 12 月为例，奶价折合人民币仅为 2.12 元/千克，非常有利于阿根廷乳制品打入国际市场。

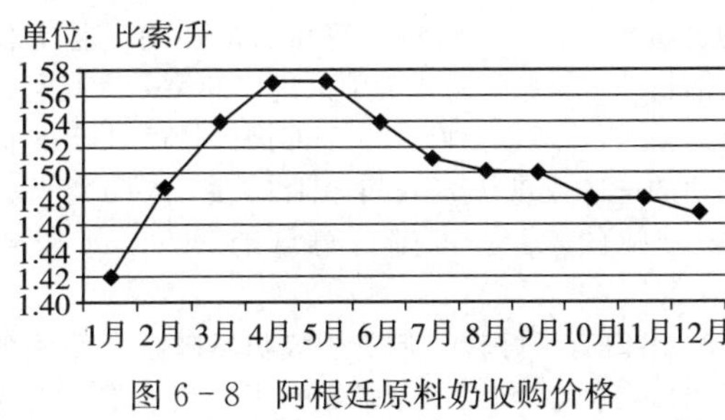

图 6－8　阿根廷原料奶收购价格

4. 欧盟　欧盟的奶业生产实行配额制度，奶业受到高度保护，因此，它的原料奶收购价格并没有像新西兰和美国那样与国际乳制品市场行情同步，而是随着成本的上升，收购价格也在稳步增长，成为奶业主要贸易国家中的一个例外。

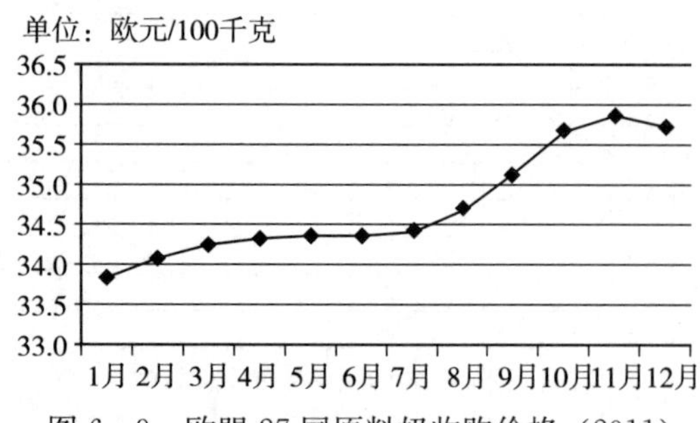

图 6－9　欧盟 27 国原料奶收购价格（2011）

（五）我国乳制品进出口分析　2008 年对中国的乳制品贸易来说是一个极为特殊的年份，这一年发生的两件大事改变了整个中国乳制品贸易的格局，分别是“三聚氰胺”事件的爆发和中新自贸协定的签署。在这之后，中国进口乳制品的规模迅速扩大，2011 年延续着这一趋势。

1. 干乳制品进口总规模突破 100 万吨　根据中国海关的数据，2011 年中国的干乳制品进口达到 86.3 万吨，同比 2010 年增长 18.5%，如果加上小包装奶粉以及酪蛋白、乳糖等产品，则 2011 年成为中国干乳制品进口首次突破百万吨大关的年份。

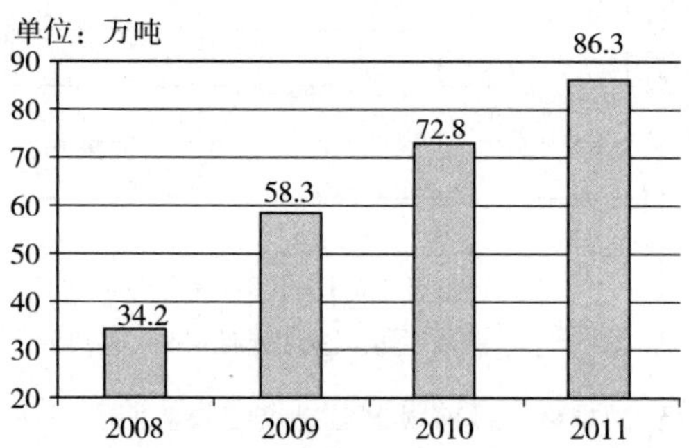

图 6－10　中国干乳制品进口量（2008—2011）

注：以上数据未包括小包装奶粉、乳糖、酪蛋白等产品。

2. 全脂奶粉进口数量下降　乳清成为最大进口品种　全脂奶粉近几年来一直是中国乳制品进口最大的品种，但是在 2011 年这一情况有所改变，由于中国养殖业的迅猛发展，对饲料级乳清粉需求强劲，因此 2011 年乳清粉超过全脂奶粉成为中国进口的第一大品种，全年乳清粉进口 35.6 万吨，占全部进口量的 33%；而全脂奶粉的进口数量与 2010 年相比减少了 0.6 万吨，降至 32 万吨的水平，占进口总量的 30%，下降幅度为 1.8%。

3. 出口有所好转　但总规模仍然较小　我国的乳制品出口在 2008 年“三聚氰胺”事件后遭遇到沉重打击，2011 年形势有所好转，从增长速度来看，2011 年全年我国液态奶出口 2.6 万吨，同比增长 9.9%；干乳制品出口 1.7 万吨，同比增长 71.4%，总出口金额接近 8 000 万美元，同比增长了 81.3%，增长速度很快。但需要注意的是出口总量仍然很小，还有很多国家依然保持对中国乳制品进口的禁令。

从出口的品种来看，主要是鲜奶、奶粉和炼乳，合计占出口总量的 85%左右。出口目的地主要集中在中国香港、周边国家（地区）和个别非洲国家。

二、2012 年国际奶业形势展望

（一）主要奶业国家继续增产　由于近两年来国际乳制品的价格处于历史高位，即便是目前经过多月的下滑，乳制品价格仍然高于历史平均水平。而南半球的气候依然适宜奶牛养殖，新西兰牧场涨势良好，澳大利亚的降水充足（目前的洪水并没有给奶业造成重大损失），以及阿根廷奶农的收益仍然高于其他相关行业；北半球的美国，在基因技术和管理水平不断提升的基础上，单产水平还在继续提高，而欧盟成员国中的奶业强国，比如德国、法国、英国以及荷兰等国，都具有大幅度提高产量的能力，目前受限于牛奶生产配额制度无法充分发展，整体上欧盟每年只有 1%的增产空间，但到 2015 年 3 月 31 日后，欧盟将取消生产配额，这些国家的产能将得到充分的发挥。

（二）国际乳制品价格疲软　原料奶收购价格保持低位　由于欧盟的债务危机有恶化的迹象，而美国的经济复苏依然脆弱，并且他们的乳制品消费水平已经很高，想继续提高非常困难，再加上巨量的新增产量，可以预见将会有大批的乳制品涌向国际市场。而此时中国的经济增长速度将减缓，政府对 2012 年的 GDP 增长预期定在 7.5%，8 年以来首次低于 8%，而中东/北非地区的政治不稳定也会对乳制品的进口产生负面影响。

因此，国际乳制品市场供大于求，价格在 2012 年存在下调的压力。

由于乳制品价格有可能下滑，将传导到主要出口国家的原料奶收购价格上。因此，新西兰、澳大利亚、美国等国家的收购价格也将随着国际乳制品价格的下跌而出现一定程度的下滑。

（三）中国乳制品进口增速减缓　出口继续恢复　美国农业部 2011 年曾对中国进口的奶粉数量做过两次预测，年初预测中国会进口 50 万吨，下半年调整为 46.8 万吨，而根据中国海关统计，2011 年全年中国进口奶粉为 45 万吨，也就是说中国近期进口的增长速度要低于国际上的预测。目前虽然支撑乳制品进口的几大要素——持续的城镇化建设、对国产乳制品的信心不足等依然存在，而且 2012 年出生的“龙宝宝”数量估计会较平常年份要多，这对婴幼儿配方奶粉的进口是一个促进，但中国经济增长的放缓以及国内原料奶供给的增长都会对乳制品的进口产生一定的抑制作用。

随着“三聚氰胺”事件的淡化、以及乳制品质量的提升，中国乳制品出口将继续恢复，但总量仍然不会很大。

（四）中国乳企寻求海外资源增多　随着中国奶牛养殖规模的不断扩大，资源短缺已经越来越明显，土地、水、饲料、环境保护等都在一定程度上制约着奶业的快速发展，而且中国目前的原料奶价格已经远远高出国际上几个主要的奶业贸易国家，因此，已经有越来越多的乳制品企业将目光投向了海外。

继光明乳业并购新西兰新莱特后，澳优2011年收购了荷兰的“百年老店”海普诺凯，而目前上海的鹏欣集团收购新西兰克拉法16家奶牛场的事件也闹得沸沸扬扬，还有最近宗庆后说哇哈哈要投资澳大利亚的奶牛养殖场，这些迹象都表明已经有越来越多的乳制品企业主动参与到了国际奶业市场当中，而这一趋势在2012年将表现的更加明显。

在第五届中澳奶业对话会上的致辞

农业部畜牧业司司长　王智才

（2012年8月28日　北京）

尊敬的马修·科瓦尔司长，各位来宾，女士们，先生们：

在中澳奶业双方同行们的共同努力下，今天，第五届中国-澳大利亚奶业对话会在北京顺利举行。首先，我代表中国农业部畜牧业司、农业部奶业管理办公室向澳大利亚农林渔业部马修·科瓦尔司长和代表团所有成员表示热烈的欢迎！

奶业发展水平是一个国家畜牧业现代化程度的重要标志。发展奶业，对于调整农业产业结构，促进农牧民增收，保障城乡居民乳品消费具有十分重要的作用。中国政府对奶业发展高度重视，特别是2008年以来，出台了一系列扶持奶业发展的政策，加快推进奶牛标准化规模养殖，加强奶牛良种繁育和生产性能测定，开展奶站清理整顿和专项整治，强化生鲜乳质量安全监管，实施振兴奶业苜蓿发展行动，促进生产方式加快转变，奶业实现了平稳较快发展。目前，中国已成为世界第三大奶类生产国。近年来，中国奶业发展的成就主要体现在四个方面：

第一，奶业生产平稳发展，存栏和产量不断提高，养殖方式加快转变。到2011年年底，全国奶牛存栏1 440万头，比2000年增长了2倍，占世界总存栏的8%；牛奶产量3 656万吨，比2000年增长了3倍，占世界总产量的6%。奶牛规模化养殖比重不断提高，100头以上奶牛规模养殖比例达到33%，比2008年提高13.5个百分点。

第二，生鲜乳监管持续加强，监测覆盖全部奶站，质量安全状况总体良好。奶站清理整顿任务已经全面完成，1.3万个奶站和8 000辆运输车全部纳入监管范围，奶站标准化管理水平不断提高。从2009年开始，连续4年开展生鲜乳专项整治和实施生鲜乳质量安全监测计划，累计抽检生鲜乳样品5.6万批次，质量安全水平比2008年以前大幅提升，优质安全的奶产品已成为主体。

第三，乳制品产销两旺，消费稳定增长，市场前景广阔。2011年，全国乳制品产量2 387万吨，同比增长11%，比2000年增长了10倍。城镇居民人均奶类消费28.4千克，比2000年增长了3倍。但人均消费仍处于较低水平，不到世界平均水平的1/3，消费潜力巨大。

第四，乳品贸易不断扩大，进口增速明显加快，贸易种类日趋多元。2011年进口乳制品90.6万吨，同比增长21%，其中进口奶粉45万吨，是进口最多的乳制品。目前，中国市场80%以上的进口奶粉来自大洋洲。同时，苜蓿草和优质奶牛进口数量也逐年攀升。

展望未来，中国“十二五”农业发展规划和畜牧业发展规划已把奶业发展作为战略重点，明确提出到2015年奶类产量达到5 000万吨的新目标，将进一步加大政策扶持力度，推进奶业实现又好又快发展。但是，我们也清醒地看到，中国奶业发展还面临不少困难：奶农科学养殖水平低，单产水平不高。养殖分散，规模小，成本高，效益低，产业链利益联结机制不合理。粪污处理难，环境资源压力大。奶站点多面广，监管难度大。苜蓿等优质饲草缺乏，制约奶牛遗传潜力的发挥。因此，加快转变奶业发展方式，不断提高乳品质量安全水平，加快建设现代奶业，是“十二五”中国奶业发展的重大任务。

澳大利亚是世界主要的乳制品生产国和出口国之一，奶牛养殖和乳品加工技术先进，品种选育和改良技术成熟，乳品质量安全管理体系完善，奶业国际竞争优势明显。近年来，中国从澳大利亚进口的乳制品和奶牛逐年增加，乳制品进口量从2007年的2.6万吨增加到2011年的4万吨，增长54%，进口额从0.8亿美元增加到1.3亿美元，增长63%。2011年，中国进口奶牛总数量近10万头，是2007年的7倍，其中，55%来自澳大利亚，价格从每头1 800美元上涨到2 700美元，涨幅达45%。同时，中澳双方不断加强奶业合作，在养殖技术、牧场管理、质量控制、良种繁育等方面开展了广泛交流，特别是澳方加大了奶牛系谱管理，按照引种奶牛技术要求，增加出口奶牛E、F系谱的比例，促进了中澳奶牛贸易的发展。

女士们、先生们、同志们！

“奶业对话会”是中澳双方加强奶业交流和合作的重要平台。我相信，通过我们双方在奶业生产、遗传育种、质量安全及标准、检验检测等方面的深入交流，必将进一步增强彼此了解，深化奶业科技合作，推动两国奶业共同发展。

最后，预祝中国-澳大利亚第五届奶业对话会圆满成功。

谢谢大家！

在第四届中国-新西兰奶业对话会上的讲话

农业部国际合作司司长　王鹰

（2011 年 6 月）

尊敬的卡尔森司长，各位代表，女士们，先生们：大家下午好！

纷纷花絮已成尘，麦菽丰熟今夏新。很高兴与各位同事、朋友相聚在具有 2 000 多年文明历史的古城——合肥，共同出席第四届中国——新西兰奶业对话会。我谨代表中国农业部对从新西兰远道而来的各位代表以及来自科研领域、行业协会和企业界的各位国内代表表示热烈的欢迎，对本届奶业对话会的顺利召开表示衷心的祝贺。

正如中国古语所云，“相知无远近，万里尚为邻”。虽然新西兰在地理上距离中国相当遥远，但双方一直以来保持着良好的合作关系。特别是进入 21 世纪以来，中新高层互访频繁，两国关系发展顺利，经贸合作成果显著，各领域合作不断加强，两国农业部门交流不断深入，中新关系已进入一个崭新的发展阶段。

作为亚太地区重要的农业国家，中新在农业领域拥有广泛的共同利益。2010 年 3 月，中国农业部部长韩长赋先生与新西兰农业部长大卫·卡特先生共同签署了《中新奶业合作安排》，使两国奶业对话会活动机制化，为两国不断深化和拓展奶业领域合作提供了重要平台。在此框架下，两国农业部开展了一系列的奶业生产及管理培训和考察活动，加深了解，促进交流。在此，我谨向卡尔森司长表示衷心感谢。

女士们，先生们，

奶业发展水平是一个国家农业现代化水平的重要标志，加快奶业发展是当前中国农业农村经济发展的重要任务。近年来，我国奶业发展取得了积极进展，奶业生产能力不断提高，结构调整稳步推进，市场需求快速增长。作为全球重要的乳制品生产及贸易国，新西兰在奶牛饲养与管理、品种选育、乳制品加工及质量安全控制等方面居世界前列，具有很强的竞争优势。双方合作前景广阔。

随着全球奶业生产、科技进步、加工贸易快速发展，奶业已成为农业国际化竞争的重点领域。特别是近年来，饲料成本不断增加，自然灾害频发，乳品供需矛盾加剧，全球奶业生产均面临新的挑战。中新奶业合作与贸易持续健康发展需要双方共同做出积极努力。希望中新双方能够借此奶业对话会的机会充分交流与沟通，共谋发展与合作大计，为中新两国奶业持续健康发展注入新的活力。

最后，预祝本届奶业对话会取得圆满成功！

谢谢大家。

美国奶业概况

2011 年 9 月 26 日至 10 月 8 日，应美国谷物协会的邀请，中国奶业赴美考察团一行 9 人赴美国加利福尼亚州、威斯康辛州对奶牛养殖业进行了实地调研，共参观加州牛场 5 个，威斯康辛州牛场 3 个；同时，亲莅了威斯康辛奶业博览会，访问了威斯康辛大学，聆听了该大学考比克研究所举办的奶牛培训课程，参观了加州最大的饲料厂、威斯康辛州的 DDG 和 DDGS 加工厂，并与美国奶业界企业进行了深入和广泛的交流。此行，每位团员对美国奶业的发展有了深入了解，学习到了美国养牛的先进经验与理念，对今后进一步改进自身牛场养殖技术，提升奶牛养殖效益，具有重要作用。

经过 12 天的参观学习，考察团收获良多，下面几点是笔者所见的感触，供业内人士探讨。

一、美国奶牛养殖业的特点

（一）拥有丰富的资源优势　加州位于美国西部，拥有土地 42.39 万 km^2，人口 3 836 万（2009）。加州农业发达，农业经济位居世界第一，气候条件适宜种植和奶牛养殖。目前，加州成母牛存栏 198 万头，全群存栏 350 万头，是美国最大的养牛基地。奶牛平均单产 10 吨，最高产量 15 吨。威斯康辛州位于美国中北部，面积 16.98km^2，人口 545 万（2000）。农业以盛产玉米、乳业、豆类、樱桃等为主。威斯康辛州曾经是乳牛之州，由于全州是波状地面，生长茂草，有乳牛 200 多万头。全州农场之中，有 80%是奶牛的农场。

适宜的气候、广袤的土地资源和丰富的饲草饲料资源为加州、威斯康辛州的奶牛养殖奠定了得天独厚的资源优势。

1. 辽阔的土地为粪污消纳提供保障 参观的8个奶牛场中，仅有一个牛场头均占有土地为1.68亩，70%的粗饲料自己生产，30%的外购。其余牛场头均分别占有9.5亩、12亩、60亩土地。充裕的土地为奶牛粪污消纳和饲料供给提供充分保证。牛场粪污经过干湿分离后，液体用于冲刷牛舍，固体经过干燥或还田或做奶牛垫床，既增加了土壤有机肥力、消除了奶牛养殖粪污污染的后顾之忧，又美化了环境、降低了生产成本。放眼望去，奶牛场湮没在绿地牧草丛中，没有污染，没有臭味，奶牛呼吸着清新的空气，享受着蓝天白云的美丽，与自然、与人类和谐相处，愉快地生产生活。

2. 饲草饲料资源丰富 考察的奶牛场都有自己的玉米青贮地、苜蓿草地，粗饲料自给自足，品质优良。美国既是工业大国也是农业大国，盛产玉米、大豆等农作物，为奶牛养殖提供了充裕、丰富、价格低廉的精粗饲料。加州苜蓿干草价格为280美元/吨，玉米250～260美元/吨。奶牛饲喂的饲料主要是：压片玉米、全棉籽、豆粕、杏干、青贮玉米、苜蓿草、燕麦草、DDG(S)等。优良的精粗饲料为美国奶牛群体高产提供了物质保证。

（二）拥有先进的养牛理念与技术优势

1. 牛舍建造以牛为本 美国牛舍建造不求奢华漂亮，但求奶牛舒适、经济适用。所参观的牛场都没有场长办公室、接待室、会议室等，但是牛舍内的设施设备一应俱全。牛舍饲喂通道、待挤通道的喷淋设施、牛床、通风、挤奶厅等的设计，每一个环节、每一个细节技术含量高又最为经济，最大化地满足了奶牛的舒适度。

2. 奶牛品种优良 考察所见的美国奶牛，总体感觉体型漂亮，宽阔的前胸、优美的乳房结构、发达粗壮的乳静脉、致密的体型结构，优质高产奶牛的特征非常明显。经过多年长期不懈的遗传育种工作，美国培育出了优质高产的奶牛群体，奶牛个体数据记录准确完整，每个牛场都使用RFID技术识别身份，为有效开展奶牛育种、产品溯源、奶牛保健与防疫等基础工作奠定了扎实的基础。

3. 优质的饲草饲料和先进的饲喂技术 粗饲料主要是全株玉米青贮、苜蓿青贮和苜蓿干草以及燕麦草和大麦草，精饲料是压片玉米、全棉籽、DDG(S)、豆粕、奶牛颗粒料等，此外TMR中还添加胡萝卜、糖蜜、杏干等。全株玉米均是农场自己种植的饲料专用玉米，不仅植株高、营养成分高，而且种植密度大（可达7 000株/亩），因此产量非常高。在营养价值最高的蜡熟期由玉米收割机收割粉碎至0.5～2.0cm左右，并将粉碎的全株玉米直接喷到封闭的大货车上，货车直接将其拉到青贮制作地，货车带有卸料装置，几分钟内几十吨的全株粉碎玉米就可卸完，随后采用具有推、压功能的设备将全株玉米推平压实，最后用黑白青贮膜覆盖，再压上轮胎。其中参观的某个牛场，4.5万吨全株玉米青贮一个星期内就做完了。值得一提的是，我们所参观的牛场青贮窖全部是地上式的，三边砌上石头墙，甚至有的牛场三边不砌石头墙直接在平地上制作青贮。他们的青贮窖简单、实用、造价很低，既方便取料，又避免了地下式雨水倒灌造成青贮霉烂之弊端。由于青贮原料质量优良、切碎长度适宜、制作时间短、压得实、封得严，因此青贮色泽好味道香，营养价值高。

所参观的牛场，奶牛饲喂的干草都是优质苜蓿。苜蓿是美国的第三大农作物，年种植面积维持在3亿多亩，亩产1.2～1.5吨。苜蓿具有优质的蛋白、高比例的过瘤胃蛋白、理想的必需氨基酸比例以及奶牛所需的第一、二限制性氨基酸含量较高和优质的粗纤维等优点，是奶牛健康高产所必需的粗饲料。

牛场采用的都是TMR饲喂系统。铲车将全株玉米青贮、苜蓿干草或苜蓿青贮、颗粒料、全棉籽、DDG(S)、杏干、胡萝卜等原料铲入TMR搅拌车，再加入糖蜜、乳清。TMR搅拌车配有电子控制系统和显示屏，每种料加多少可显示在TMR操作员的眼前，只有前一种料添加量在规定数量的误差范围内，控制系统才会告诉你下一种添加饲料的名称和数量，每完成一个TMR流程的时间相对固定，当时间有较大变化时，就可能操作员在加某种饲料上有不正确处，比如某种饲料重复添加，而另一种饲料却没加，这样时间就会缩短。整个饲喂系统设计的科学、合理，最大化地避免了人为因素对TMR配方和搅拌的影响。通常TMR可分为高产牛群、中低产牛群、新产牛群和围产前期4种配方。

4. 机械化水平高、人均养牛数量高 奶业是农业生产中产业链最长的产业，从饲草饲料种植到收割，从牛舍建造到奶牛养殖、到粪污处理，从挤奶到奶的冷却、运输，从奶的加工到商超，在美国所有环节机械化程度、产业一体化程度都很高。无论多么小的设备，只要奶牛养殖有需求，就有厂家生产。由于机械化水平高，使得美国人均饲养奶牛100头以上，我们在威斯康辛州参观的SUGAR CREEK DAIRY牛场，成母牛存栏为620头，头年单产32 000磅（约合14.4吨），挤奶厅为2×12并列式，每天挤奶三次，每班仅有1个挤奶员。另一大型牛场Duipersloot Dairy，所用的是80位转盘挤奶机，平均每小时挤550头牛，每班挤奶员4人。而我国效率较高的牛场人均养牛头数不过30～40头。提高劳动效率，必将成为我国提高牛场效益的有效手段。

5. 健全奶牛技术服务体系 在美国，小到给每头奶牛擦乳房的毛巾，都有专门公司为牛场清洗消毒并送货上门。奶牛饲料公司、配种公司、各种机械设备服务公司一应俱全。服务之细化、之周到，是我们没有想到的。可见，在美国只要能想到的事，就都能做得很到位。

6. 环保意识深入人心 考察团一行人员行走在通

往居住酒店的路上，路上行人稀少，只见前方一个十三、四岁的孩子快跑几步将地上的一个塑料瓶拣起扔进垃圾桶。随行翻译告诉我们，美国孩子从小在家庭、学校乃至社会接受的教育就是要爱护环境，所以孩子的环保意识非常强。再看美国的牛场，无论是牧草种植、奶牛养殖还是乳品加工都十分注重环保。特别是牛场粪污处理的多样化和资源循环再利用模式给我们留下了至深的印象。我们所参观的每个牛场都有粪污处理系统，主要有分级沉淀、固液分离、循环水冲洗等处理模式，处理后所得液体，主要用于牛舍的冲洗或灌溉饲草作物、果树和粮田，已形成了系统的水资源循环利用方式；而处理后的固体物即牛粪或还田或做牛床垫料。牛场与周围环境达到了最佳的生态平衡。

7. 养殖人员素质高 家族式养殖模式，一代代养牛者的经验积淀，工作人员认真负责、脚踏实地、精益求精的工作态度值得我们学习。牛场的管理者既是养牛人、劳动者，也是奶牛场拥有者，他们大多精通奶牛养殖技术，对牛场机械设施的使用和维修也颇为在行。多数牛场仅有一个技术室，室内仅配有数据处理系统和简单的桌椅，没有豪华的办公室和设施，这就是一个拥有万亩粮田和近千头、万头牛场主的工作条件。

二、对我国奶业发展的启示

（一）依据资源发展适度规模养殖 我国人多地少，没有美国丰富的饲草饲料和土地资源；另外，我国奶牛养殖业起步较晚，规模化、集约化水平较低，牛场养殖标准化建设刚刚起步，产业标准化建设、产业一体化建设之路曲折漫长。因此我国养牛业要因地制宜，根据我国的国情科学理性发展，不能操之过急，不能一味求大，而忽视环境的承载力、防疫压力以及饲草饲料供给压力。新建牛场的规模要与能够消纳相应规模奶牛粪污的土地相匹配，切不可走先污染后治理的老路。

（二）更新养牛理念　好钢用在刀刃上 目前国内新建牛场一头牛至少投入2万元人民币。牛场建设大多从人的角度去思考，以牛为本的设计不多。越来越豪华的办公设施和优越的办公条件，花去了大量资金，却不舍得把钱投向购买优质奶牛、优质粗饲料和提高奶牛舒适度上。少数牛场投入大量资金建设了粪污处理系统，但有效运转的少；多数牛场不舍得投入，造成环境污染。要借鉴美国奶牛场粪污处理投入不高，却非常实用的经验。

上天赐予奶牛一个天然的能够利用牧草的瘤胃，只要给奶牛提供优质牧草就能调养好瘤胃，奶牛就能健康生产。这样既为人类节约了粮食，降低了养殖成本，又为人类提供了优质的牛奶，所以发展奶业，首先要发展优质牧草种植业和与之配套的产业。

在奶牛品种改良上要舍得投入，购买优质冻精。认真扎实做好奶牛品种登记、生产性能测定、体型鉴定等基础工作。

把牛当作自己的孩子一样去养、去爱，视牛场为自己的家，视奶业为良心产业去经营。这是此行美国养牛人给我们的深刻印象，令我们仰慕。因此我们不仅要学习美国奶牛养殖的先进技术、养牛人简朴的工作作风，还要学习他们以牛为本的养殖理念，把有限的人力、物力、财力用在最需要的地方。

衷心感谢美国谷物协会为考察团提供赴美参观考察的机会，感谢叶纪梅女士为团员一行付出的辛劳，感谢闫之春项目主任、陈凯行博士高水平的翻译和服务。

考察团成员：叶纪梅、杨秀文、马翀、张养东、王晓宝、葛孔福、李兰顺、黄湛江

新西兰奶业概况

奶业是新西兰最大的产业，以质量和创新著称。其优势主要体现在高效的放牧饲养体系、加工规模、产品研发和市场推广方面。新西兰乳制品不仅以其与众不同的天然口味享誉世界，同时新西兰的奶业也以生产安全、卫生的产品而闻名遐迩。

一、总体概况

新西兰有444万人口，土地面积为2 690万公顷（约为中国的2.8%，相当于广西的面积），约42%的土地用于放牧、草料种植或休整备耕。在截至2011年5月的年度内，新西兰奶农共拥有泌乳牛482万头，在牧场放养，液态奶产量达195亿升，其中95%以上的原奶经过加工制成奶粉、黄油、奶酪、干酪素和其他产品用于出口。泌乳牛数量的增加和2011年到2012年产奶季节良好的气候条件的影响和泌乳牛数量的增加，截至2012年6月的年度产量上升11%。

近年来，新西兰奶农的生产力得到了很好的提高，这是得益于饲养管理方式的改善和奶牛群的遗传改良。在截至2010年5月年度的上一个十年间，每头牛的乳固体产量以2%的年增长率递增。奶牛存栏数继续保持增长，这是得益于在适宜的土地上，特别是在南岛，从事奶业生产比将土地做为他用具有更高的收益。

截至2011年5月，新西兰平均单群奶牛养殖区域占地140公顷。发展趋势是不断涌现出更大规模的奶牛场，从而实现更大的规模经济效益。这正通过合并以及其他农场的转型逐步实现。2011年，新西兰共有11 735个奶牛群，每群平均386头奶牛。一般泌乳群的乳固体产量约为12.9万公斤（约148万升液态奶，或每头单产3 800升）。新西兰64%的奶牛群分布在北岛，主要集中在怀卡托和塔拉那基地区。南岛奶牛群数量占全国总数的36%，主要集中在北坎特伯雷和南部地区。

新西兰牛奶产量占全世界总产量的2.3%，按国家或国家组排列位于世界第八。中国乳制品生产年增长率约14%，比新西兰潜在年增长率高出5倍以上。中国目前在世界牛奶产量排行中以5.4%的份额排名第四。

二、奶牛养殖

新西兰农场均为商业实体，由私人拥有并经营，科技含量高，动态发展，以市场为导向，兼具规模经济和范围经济效应。农场主的生产决策和回报情况依据国内和国际市场状况而定，销售情况则取决于满足客户对于价格和质量的期望值，从而实现了高效、盈利、可持续的农业生产。

新西兰的乳品生产是以对奶牛进行牧草饲养为基础的。主要的牧草种类是高质量的禾草和三叶草。适宜的气候和茂盛的牧草使得畜群能够全年在草场上放牧。截至2011年，除了164万公顷作为奶牛养殖区域的牧场外，还有辅助用地用于放养后备奶牛和干奶牛，种植青贮饲料用的谷物，以及种植牧草用于生产干草和青贮饲料。对于辅助用地实行多种安排方式，从奶牛群所有人对土地拥有所有权和进行租赁，到由种植农、羊和肉牛养殖农进行合同放养和种植。

新西兰绝大部分（估计为97%）的奶牛群为季节性产奶，为加工业提供奶源；其余3%的奶牛群常年产奶，特别是应冬季供奶合同，为国内市场提供液态奶。原奶的生产呈季节性，并取决于农场牧草的长势。原奶采集和加工量猛增到春季的十月份达到高峰，之后在夏季和秋季的数月间呈平稳下降。从五月至接下去的半个冬季期间牧草产量较低，奶牛大多进入干奶期。尽管气候条件对每季实际产奶量有相当大的影响，但奶牛单产水平的提高还是主要依靠遗传增益和饲养管理的完善。

新西兰还建立了一套分成制奶牛养殖模式，分成养殖者按照签订的合同对奶牛群进行养殖并履行一系列的农场工作职责，以获得一定比例的售奶收入。该模式将受过培训、有进取心的人员带入奶牛养殖业，使他们可以不断积累资产，直到最终可获得农场的所有权。然而，由于奶牛场所有者更愿意雇用农场经理和更低层的分成养殖者，这种五五分成养殖的模式（在该模式下分成养殖者拥有奶牛群的所有权）已日益减少。支付价格的猛跌也致使一些奶牛场所有者回归到全职管理工作上。近年来，与外部投资者或者农场经理进行资产合作的方式也越来越多地被采用。

新西兰的奶牛一般每天挤奶两次，这使挤奶成为奶牛场的主要工作之一。挤奶后，原奶被储存在农场内有温度控制的奶罐里，每天由公路冷藏罐车运走。产品质量和安全至关重要：采奶后对原奶立即进行细菌和其他污染物的检测，并将检测结果通知奶农。出现检测结果不合格则意味着将暂停从所涉农场采集原奶，直到问题解决为止。

新西兰以牧草为基础的奶牛养殖模式和季节性生产成就于创新技术的使用。新西兰约75%的奶牛采用来自具有更好遗传品质的牛的新鲜或冷冻精液进行人工授精，几乎100%的后备母牛都是人工授精的产物。通过设计具有众多自动化特性的高效挤奶系统，新西兰奶农可以减少人力投入。对于奶农来说，动物卫生是首要关键，新西兰拥有完善的体系可以检测动物的卫生及福利状况。

新西兰还协助许多其他国家，将其极为成功的奶业技术解决方案因地制宜，运用于当地独特的环境。利用其专业经验对市场需求进行评估，能够将技术转化以适应当地条件，并提供后续支持和建议，以此提供奶业的整体解决方案，在这方面新西兰被公认为做得非常成功。

三、乳制品加工

绝大多数的新西兰奶农都将其生产的原奶提供给他们的合作制乳制品加工企业。这些合作制企业本身也属于这些供应原奶的奶农所有。奶农根据其供应的原奶和在此基础上加工制成的乳制品的预期收益，按月领取相应的供奶报酬。在每个季节性供应产奶年度（截至5月31日）结束后，奶农将得到截至7月31日年度实际加工收益的最终支付款。原奶是按照每千克乳固体（蛋白+脂肪）的标准进行支付的。

政府不对新西兰奶农进行出口补贴或贸易扭曲性国内补贴，也不会参与对奶农支付价的设定。奶农承担从自家奶牛场采集原奶的费用，这反映在其酬劳的合算方式上，即按脂肪和蛋白含量计酬并扣除运输（容积）费用。奶农还要缴付每千克乳固体0.036新西兰元的税，用于行业受益研究经费。

目前在新西兰经营的合作制乳制品加工企业主要有三家：恒天然合作集团（Fonterra）、Westland合作乳品公司（Westland）和Tatua合作乳品公司（Tatua）。在截至2012年5月的年度中，这几家公司约占有从奶牛场采集的乳固体总量的93%。

依赖于原奶合同供应的新的独立乳品加工企业正在增加。Open Country Cheese乳酪有限公司（OCC）是其中的第一家，该公司成立于2004年。Dairy Trust有限公司成立于2007年年初，继而接管了OCC公司并更名为Open Country Dairy乳业公司。南坎特伯雷的New Zealand Dairies公司在截至2008年5月的年度内已开始运营其奶粉加工业务，位于坎特伯雷中部的Synlait公司也是如此，前者在2012年5月被接管。2011年8月，位于北岛中部的Miraka公司开始生产奶粉。Gardina，位于Otago，主要业务是优质的婴儿营养品，于2012年9月开始整体运营。

《2001奶制品行业重组法案》的鼓励竞争管理办法规定恒天然集团的经营活动必须确保市场的可竞争性，从而保障了新西兰奶制品市场的有效运作。该法案能够保证奶农每季度以公平的价格与恒天然集团进行自由的股份买卖，以及要求恒天然集团每季度以管制价格向独立奶制品加工企业供应多达6亿升原奶，向每个新独立加工企业最多可供应5千万升。

新西兰政府近期已同意为上述管理办法的设立触发机制，一旦办法即将失效，触发机制将被启动，开始对管理办法的实施进行评估，以延续针对恒天然集团的鼓励市场竞争条件。新的触发机制为：在北岛地区恒天然乳固体采集量达到80%，在Westland区域理事会管辖地区外的南岛地区乳固体采集量达到80%。一旦触发北岛或南岛任一上述情况，评估机制将被启动。

四、乳制品出口

新西兰奶农依赖于国际市场价格——新西兰全国总奶产量的约95%的奶产量被用于加工成乳制品出口。由于远离出口市场，新西兰一直以来都侧重于将牛奶尽可能地脱水加工成乳制品出口，以此来减少运输成本。这就是为什么新西兰的乳品加工行业大多以生产全脂和脱脂奶粉、奶酪、干酪素等产品为主。除了向东南亚和太平洋岛国出口几乎可以忽略不计的少量的UHT灭菌奶外，新西兰不出口液态奶。

新西兰是全球用于国际贸易的乳制品的最大生产国。新西兰奶业在出口方面成功的关键在于其高质量的乳品生产体系。新西兰奶业在产品多元化方面颇具成功经验。产品涵盖了从高质量安全的基本产品（如奶粉、黄油和奶酪）到专业食品（如冰淇淋，以及喷雾干奶蛋白、水解牛奶蛋白、干冻生理活性蛋白等高度专业的食品原料）。

在截至2012年6月的年度中，新西兰乳制品出口至156个国家，出口值达到了137亿新西兰元。总出口额达137亿新元，其中奶粉出口量占38%。中国是新西兰乳制品的第一大市场，总金额24.9亿新西兰元，占整个出口市场份额达的18%。

五、更多资讯

新西兰农业及林业2012年现状及展望

http：//www.mpi.govt.nz/news-resources/publications? title=sopi

2012牧场监测

http：//www.mpi.govt.nz/news-resources/publications? title=farm%20monitoring

2010—2011新西兰奶业统计数据

http：//www.lic.co.nz/pdf/ DAIRY%20STATISTICS%2010-11WEB.pdf

新西兰农林部（奶业）

http：//www.maf.govt.nz/agriculture/pastoral/dairy

新西兰农林部

澳大利亚奶业概况

一、行业概况

奶业是澳大利亚农村的主要产业。2011—2012年度，加工前的行业总产值（原奶价值）为120亿澳元，产奶牛总数约为160万头，2011—2012年度牛奶总产量为948万吨，比上年上升了4%，主要原因是去年的天气条件是多年以来最好的。主要的乳制品系列包括饮用奶、干酪、脱脂奶粉/奶油、奶油/酪蛋白、全脂奶粉，和其他零售产品如酸奶、沙司和乳品甜点，以及特种配料如乳清蛋白产品。

目前，澳大利亚牛奶产量中38%用于出口，主要是以制成品的形式，出口价值为27.7亿澳元。2011年澳大利亚在国际乳制品贸易中所占的份额是7%（按等量的牛奶计算），仅次于新西兰（35%）、欧盟（33%）和美国（12%）。

二、奶牛养殖

澳大利亚的气候和自然资源十分有利于奶业生产，本地奶业主要是以牧场放牧为主，大约70%～75%的奶牛是在“正常的”天气条件下放牧养殖。因此，牛奶生产效率高，牛奶质量优良。

奶业生产大多集中在沿海地区，牧草生产依靠天然降雨。然而，也有一些内陆地区是依靠灌溉系统，主要是在维多利亚州北部和新南威尔士州南部。

在澳大利亚，依靠饲料养殖奶牛的情况依然是不多见的，但是补充饲料如干草、青贮饲料和谷物的使用，越来越普遍，这是对近年来干旱情况的回应。澳大利亚的奶牛场主继续通过改良牧场、饲料和牛群管理技术来提高奶牛场上的生产效率。

虽然牛奶生产集中在维多利亚州（占全国的66%），但各个州都有独立发展和效益良好的奶业，为附近的城镇提供新鲜的牛奶产品。另外，澳大利亚国内多数的州都生产各种各样的高质量的乳制品，从新鲜产品如酸奶和各色的干酪产品到大包装和特种奶粉。

在过去30年间，澳大利亚的奶牛场数量减少了三分之二，从1980年的22 000家减少到2012年中的不到6 770家。大多数奶牛场的经营模式是家庭拥有和经营，而合伙经营也是一种重要的形式，占行业中的16%，它在家庭经营模式中也有很成功的应用。而公司形式的牧场只占全国的2%。

奶牛场的平均规模从1982年的90头增加到现在的235头，另外超大型的奶牛场也出现了，在一个牧场上拥有1 000头奶牛。

澳大利亚的主要奶牛品种是荷斯坦黑白花牛，占总数的70%以上。其他的重要品种包括娟姗牛和澳大利亚的本地品种伊拉瓦拉短角奶牛。大多数繁殖是依靠人工授精，因此澳大利亚的奶牛场主能够获得世界上最优秀的品种基因。牛群的记录管理也广泛应用，约有一半的牛群有定期的产奶记录。

在过去30年中，澳大利亚的奶牛平均产奶量从2 850升增加到了5 950升，这与品种改良、牧场管理的改善和补充饲料计划的实施等因素是分不开的。

奶牛平均产奶量提高了，奶牛场平均规模扩大了2.5倍，这些因素使奶牛场平均产奶总量在同期内从260 000升增加了现在的1 400 000升。

世界各地主要牛奶生产区产量大幅增长，导致全球乳品价格普遍下降，因此2011—2012年度产季澳大利亚南部主要乳品区开季牛奶平均价格也相应略有下调。上一产季，澳大利亚牛奶生产成本相对稳定；更适宜的季节条件再一次降低了饲料购入成本，但却受到化肥、燃料和电力成本增长的抵消。虽然近年来奶场运营面临巨大的经济压力，不过去年平均债务水平略有缓解——下降了＄4 000，平均债务为＄660 000。尽管如此，由于奶场土地资产的资本价值近段时间也有所松动，因此奶场企业资本水平预计仍将停留在80%的长期平均水平附近。

与很多国家不同的是，澳大利亚没有法律来约束加工商向牧场收购原奶的价格。奶牛场的原奶价格因生产商而异，因为各个公司的赢利是受产品组合、营销策略和生产效率的影响。大多数的原奶价格是根据原奶的乳脂和非脂肪乳固体而定。生产商还根据原奶的质量、数量和淡季供应情况来制定奖惩制度，也会使奶牛场所收到的原奶价格有所区别。

三、乳品加工

与牧场一样，牛奶加工也在不断地进行合理化调整，这就使每个工厂的平均收奶量大幅增加，因为经营规模的增大提高了效率，实现了规模效应。过去七年中原奶生产没有增长的情况则减轻了澳大利亚的乳品公司在中短期内提高加工能力方面的压力。取而代之的挑战是能够最大程度地有效率地使用现有的生产能力。

澳大利亚的牛奶加工企业是多元化的，包括由奶农所拥有的合作社公司、上市公司、私营公司和跨国公司。

合作社公司不再占据主导地位，但其加工量仅占牛奶总量的33%以内。最大的合作社公司（双江MG公司）加工的牛奶约占澳大利亚牛奶总量的30%。

其他澳大利亚的乳品公司的业务遍及各个多样化的市场和产品，从上市的瓦伦堡干酪和奶油公司和必佳干酪公司（现在还收购了塔图拉公司和De Cicco公司），到私营公司，如百乐公司、Burra食品公司和Longwarry食品公司，以及大批高度专业化的干酪生产商。

多年以来国际大公司已经在澳大利亚开展业务，现包括恒天然（新西兰）、麒麟（日本）和Lactalis公司（法国），该公司在2011年中成功收购了意大利的帕玛拉特公司。

乳制品产量的变化趋势反映了乳品公司在国际乳品价格情况下所作出的改变产品结构的回应。

表6-1 澳大利亚的主要乳制品和产量

产品	2011/2012年度产量（吨）	变化（与2010/2011年度比较）
中脂奶粉	10 744	−10%
奶油	82 086	+4%
无水奶油	15 427	−27%
干酪	325 258	+4%
脱脂奶粉	230 286	+4%
全脂奶粉	140 424	−7%
乳清产品	64 645	+5%

四、澳大利亚乳品消费

饮用奶：近年来，饮用奶的人均年消费水平趋于稳定，从2010—2011年度的103升略微上升到2011—2012年度的106升。牛奶消费也从普通的全脂牛奶转变到特制的牛奶品种，如减脂和低脂牛奶。同时风味牛奶的市场份额也在增加，超高温牛奶的消费也有所增长。牛奶加工商之间的竞争使更多的具有不同脂肪含量或强化维生素和微量元素的特种牛奶开发出来。还有一些牛奶品种是为特殊消费人群而开发的，如无乳糖牛奶或用于卡普奇诺咖啡的特多泡沫的牛奶。

干酪：澳大利亚人均干酪的年消费量约为13千克，其中一半以上是切达或切达类干酪。尽管如此，非切达干酪的消费正在增加，反映出了澳大利亚饮食文化的日益多样化和都市化的特点。

奶油：澳大利亚人均奶油年消费量约为4千克。从20世纪70和80年代以来，奶油的消费量一直在减少，这是因为消费者寻求降低饱和脂肪的摄入量。但是，近年来，随着涂抹更为方便、饱和脂肪更低的奶油和植物油混合产品的出现，这种下降的趋势有所稳定。消费者对奶油的天然性和口味以及它的烹饪功能性也很感兴趣。

酸奶：酸奶是乳品行业中获得很大增长的一个类别。人均年消费量约为7千克。酸奶在消费者中有一个健康和方便食品的良好形象。超市中低脂和减肥类别的产品占了所售酸奶产品的一半以上。在包装、口味、益生菌、饮用型酸奶和酸奶点心等方面的不断创新，推动了酸奶消费的增长。

奶粉：澳大利亚奶粉产量中不足20%用于内销。零售网点占内销的比例很小，本地主要用做食品原料。

冰淇淋：消费量在全世界范围内较高，人均年消费18千克。市场稳定，季节性强。超市销售以一升或以上的包装形式，而路线销售中占主导地位的是冰棍和即兴消费型产品。近年来，流行的糖果品牌的许可证制度使人们对这类产品产生了兴趣，很多这种产品是昂贵的高档产品。

乳品甜点、蘸料和稀奶油：乳品甜点和乳品蘸料是一个小但在不断增长的市场。产品作为高档食品或款待食品来进行市场营销，通常的促销对象是成年消费者，产品包括穆斯、焦糖蛋奶冻和干乳酪。也对儿童促销，产品包括干乳酪和包装盒上印有流行的卡通人物的风味蛋奶冻。

乳品蘸料通常是针对家中的娱乐和宴请。

稀奶油在零售和餐饮业的市场保持稳定。普通稀奶油和酸奶油都广泛用于食品装饰和食品原料。

五、乳品出口

澳大利亚的牛奶产量仅占全世界产量的2%，但澳大利亚是重要的乳品出口国。澳大利亚在全球乳品贸易中排名第四，出口量占全球总量的7%。

近年来，澳大利亚牛奶总产量中约40%用于出口，与21世纪初的50%相比出口比例有所下降，主要原因是近几年中一系列的干旱使澳大利亚的牛奶总产量下降了。

2011—2012年度澳大利亚乳制品出口总值超过27.6亿澳元。澳大利亚的出口集中在亚洲/东亚地区，占出口总量的74%。日本是澳大利亚最重要的出口市场，占出口总值的19%，其次是中国，占出口总值的14%。

2011—2012年度澳大利亚最大的五个出口市场是日本、中国、新加坡、印度尼西亚和菲律宾（按出口总量计算）。出口增长最快的市场仍然是中国。

表6-2　澳大利亚主要乳制品的出口量

产品	2011/12年度出口量（吨）	变化（与2010/11年度比较）
液态奶	91 906	+18.2%
奶油/无水奶油	46 380	−11.6%
干酪	161 024	−1.2%
脱脂奶粉、酪乳粉以及脱脂奶粉与酪乳粉的混合	141 408	−9.0%
全脂奶粉	116 142	−7.7%

澳大利亚向中国的出口占出口总量的14%以及出口总值的13%，而且还在强劲地增长。2011—2012年度向中国的出口总量是108 895吨，总值为3.89亿澳元。

澳大利亚向中国的主要出口产品是混合产品（28 700吨）、液体奶（22 400吨）、脱脂奶粉（16 600吨）、干酪（11 500吨）和乳清粉（10 200吨）。

六、澳大利亚乳业展望

近8年来，澳大利亚乳业局每年都会编制一份《乳业：现状与前景》综合报告——2012年报告现已可到公司网站 www.dairyaustralia.com.au 查阅。该报告全面审查了当前市场状况及行业中短期前景的影响因素。

过去两年来，很多奶农都能整合自身业务，2011—2012年度全国牛奶产量创下近10年来的最高水平。不过，虽然我们充分认识到国际乳品需求量增长所带来的机会，但收益和盈利率的短期波动仍会考验奶农的信心及其未来扩张和延续生产的努力。

南欧国家经济衰退以及美国仍然相对迟缓的增长，让世人再一次担忧欧洲经济是否会崩溃，这也导致全球经济复苏再次放慢了脚步。发达国家经济活动持续疲软，导致出口产品购买量下降，对新兴市场经济体也产生了影响。

不过，本历年截至目前，国际乳品市场的前景仍有改观。8月份，虽然仍弥漫着谨慎情绪，但市场似乎出现了更为明朗的牛市行情。美国的旱灾加速了供应矫正，也推动了商品价格的上涨。

从全球范围来看，乳产品的需求量保持稳健，过去12个月内吸收消化了多数新增的供应量。中国和俄罗斯仍是平衡国际市场的关键需求地区。南亚和其他增长地区在面临全球经济波动时仍然保持着旺盛需求，进口产值持续上涨。

虽然全球经济波动局面仍是判定乳产品中短期需求的重要因素，但过去12个月表明，截止目前关键新兴市场受到全球经济减缓的影响力度相对较小。在经济前景略有改观的局势下，预计在可预见的未来，这些地区仍将保持强劲的需求。

干酪现货价格保持稳定，表明基于合同的贸易与更长期的业务种类比例日益增大。全球市场剧增的乳糖需求量，也有利推动着干酪生产商收益的增长。

更低的饲料成本，抵消了略有下滑的出场价。普遍良好的季节气候，以及维多利亚北部和Riverina生产区恢复充足的灌溉用水供应，为产量的扩张奠定了坚实基础。

尽管现金流普遍得到改善，但这只是让很多生产商在前两个生产季冲击之后恢复财务状况，而金融产业仍普遍实行更紧缩的债务控制措施。

对南部出口区的奶农而言，他们的重点始终在于国际市场；即便当前国际金融界的动荡与日俱增，但国际市场仍然极为稳定。

基于当前对国际乳品市场前景的判断，澳大利亚乳业局预测南部全年出场价格将从2011—2012年度的每千克乳固体＄5.30至＄5.40降至＄4.50和＄4.90。

虽然这个价格预测较之2010—2011年度的牛奶价格略有下降，但季节条件的改善和饲料成本的降低应该能够维持利润空间，也让当前产季成为多数奶农的一个整合期。

自有品牌产品因供应合同的转变而退出超市，以及零售超市价格的大幅降价折扣，仍然困扰着北部和西部地区的奶农。这将冲击着这些地区的生产信心及短期和长期的生产前景。

从消费者层面来看，在生活成本提高及就业前景低迷的悲观情绪日益蔓延的气氛之中，国内乳品市场表现受到了抑制。消费者对消费支出仍然持有谨慎态度，因此食品价格也仍将面临重重压力。

七、澳大利亚政府与乳品行业

澳大利亚乳品行业是一个完全由市场驱动的行业。在过去的1980年代和1990年代的20年里政府逐步取消了限制。而这个进程的最后一步是2000年7月政府对饮用奶价格管制的取消。因此，现在除了设立最基本的食品安全要求和食品标准规范（如标签和广告等）之外，政府对乳品行业没有任何形式的干预。

八、澳大利亚乳业局

澳大利亚乳业局是一个由奶牛场主拥有和资金支持的行业协会，为澳大利亚乳品行业服务，澳大利亚乳业局的资金来源是国家立法对所有牛奶所征收的税费。这一税费是通过牛奶加工厂来收取的。

澳大利亚乳业局致力于提高澳大利亚乳品行业的赢利能力和竞争力，为整个行业的利益进行以下的工作：

- 在研究开发进行投资，以提高牧场和加工企业的竞争力；
- 在贸易政策如贸易自由化和贸易准入等方面进行工作，以改善出口环境，促进出口的增长；
- 推广乳制品的健康和营养价值，提高澳大利亚国内的乳品消费；
- 解决环境和社区问题；
- 促进行业咨询和沟通。

澳大利亚乳业局将行业信息编辑成为《年澳大利亚乳品行业信息》，这是有关澳大利亚乳品行业最全面和最权威的信息汇编。2012年的最新信息将于2012年12月底发布。

澳大利亚乳业局的奖学金培训项目是为中国乳制品企业举办的一个技术培训活动，另外乳业局还为所有参加过培训的校友举办一系列的交流活动，以及每年在中国举办技术讲座和研讨会。澳大利亚乳业局还与中国政府在贸易政策和市场准入方面进行合作。

更多的信息可以从澳大利亚乳业局的网站上查阅：www.dairyaustralia.com.au。

澳大利亚乳业局

阿根廷奶业概况

阿根廷是一个传统的牛奶生产与加工大国，目前其国内乳制品的生产能力已大大超出了其他国内市场的需求。

近年来，阿根廷乳品行业快速发展，目前已经具备了应对出口挑战的能力。在过去十几年中，尽管国际乳制品贸易被强烈的扭曲，但是为了提升国内产业效率与产品质量水平，阿根廷的奶业无论在初级生产领域还是加工领域都进行了大量的投资，促使奶业的工艺技术得到了迅速的更新及转化。

阿根廷在1978年只有40 000家乳品加工厂，每年只能加工50.56亿公升牛奶，而目前阿根廷大约有210万头奶牛，11 500个奶牛养殖场，2011年总共生产了116亿公升的牛奶，产业发展的速度非常显著。

推动产业发展的动力主要来自国内和国外两个市场。阿根廷主要出口的乳制品是奶粉，目前出口到80多个国家。

目前阿根廷乳制品产业的加工能力是每天3 280万升，估计未来3年还将增长10%。

一、2011年阿根廷原料奶用途

2011年阿根廷原料奶总产量为115.71亿升，其中75.82%加工成乳制品，这其中31.5%用于制作奶酪，共加工522 730吨；29.5%用于制作酸奶，共加工489 118吨；16.5%用于制作奶粉，共加工273 920吨；8.1%用于制作甜奶酱，共加工135 134吨；3.7%用于制作黄油，共加工61 393吨；10.7%用于制作其他乳制品，共加工178 008吨。

原料奶总量的17.14%加工成液态奶，其中65.4%用于生产巴氏杀菌乳，共加工12.28亿升；29.4%用于生产超高温灭菌奶（UHT），共加工5.53亿升；5.2%用于生产巧克力奶，共加工9 700万升。还有7.04%原料奶农场自用，未进入销售渠道。

在出口方面，2011年阿根廷乳制品出口合计444 974吨，价值17.37亿美元，约占全国乳制品产量的24%。而进口的乳制品为17 475吨，价值4 900万美元，约占消费总量的0.2%。2011年阿根廷成年人均牛奶消费量为213.43升。

二、阿根廷牛奶生产概况

阿根廷是南美洲第二大牛奶生产国（仅次于巴西）。虽然在全世界排名第十七位（根据2008年世界粮农组织的资料），却是世界上主要乳制品出口国之一。

阿根廷奶业在二十世纪发展缓慢，直到世纪末的最后十年经济稳定了以后，奶业的年成长率迅速达到了7.2%，总产量从1991年的59.37亿升上涨到1999年的103.29亿升，创下了历史新高。但随后的几年产量又出现了连续下降，经过近几年的恢复，目前的总产量接近116亿升的水平。

2000年阿根廷整个奶业产业链受到国内严重经济危机的影响，总产量下降到98.17亿升（同比1999年下跌4.95%），2001年再次减少到94.75亿升（同比2000年又减少了3.48%）。据官方统计，在2002年和2003年，产量更是分别降到了85.29亿升和79.51亿升的低水平上。

目前阿根廷奶业的发展趋势表现为，尽管奶牛养殖场的数量减少，但是总产量却是稳步提升的（这主要来自于动物健康水平、遗传物质、养殖技术以及饲料的明显改善），但由于奶业对宏观经济的依赖性，使得奶牛养殖场的盈利水平摇摆不定，在经济大环境不佳的情况下，很容易打击奶农的生产积极性，这时会有很多奶农将土地出租给从事种植业的企业。

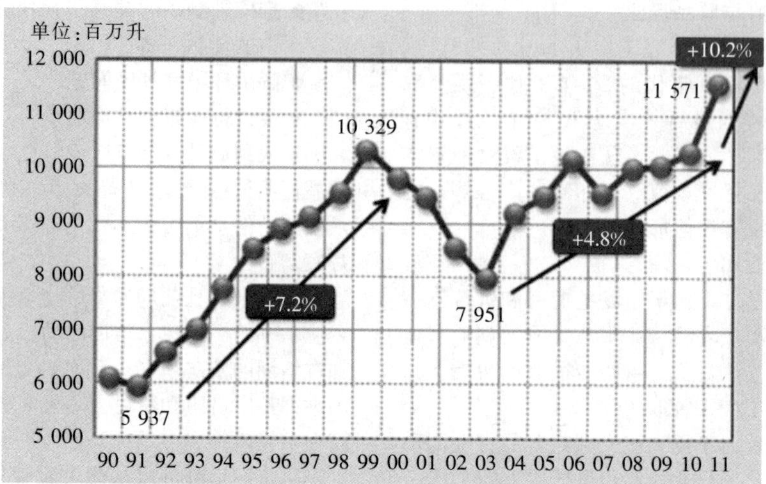

图 6-11 阿根廷牛奶产量（1990—2011）

阿根廷的牛奶生产具有很强的季节性，而国内产量已经远远超过国内市场的需求，由于乳制品保质期的限制，以及企业的财务状况通常不允许长期储存大量的产品，因此阿根廷必须为自己找到稳定的国际市场。

三、阿根廷努力成为全球的牛奶供应商

根据美国农业部海外情报局发布的全球重点监测国家原料奶生产状况的资料显示，2010 年全球重点监测国家原料奶总产量是 43 790.1 万吨，同比上一年增加了 1.1%。而阿根廷 2010 年的产量同比 2009 年则增长了 2.4%，2011 年更是大幅增长了 10.2%，而同期全球重点监测国家的原料奶总产量增长率仅为 1.9%。

表 6-3

	2008	2009	2010（估值）	增长率	2011（预计值）	增长率
阿根廷	1001.0	1 035.0	1 060.0	2.4%	1 168.1	10.2%
澳大利亚	950.0	932.6	940.0	0.8%	970.0	3.2%
欧盟 27 国	13 384.8	13 370.0	13 420.0	0.4%	13 470.0	0.4%
新西兰	1 514.1	1739.7	1 689.7	−2.9%	1 864.2	10.3%
美国	8 617.4	8 587.4	8 745.0	1.8%	8 869.0	1.4%
重点监测国家合计	43 247.6	43 307.3	43 790.1	1.1%	44 609.8	1.9%

资料来源：美国农业部海外情报局 2011.01.

请特别注意的是，表 6-3 中所列出的全球牛奶主要生产国当中，阿根廷是年增长幅度最大的国家。

四、奶牛养殖概况

目前阿根廷国内大约有 11 500 个奶牛养殖场，主要分布于 Córdoba 科尔多瓦省，Santa Fe 圣塔菲省，Buenos Aires 布宜诺斯艾利斯省，Entre Ríos 恩特雷里奥斯省，La Pampa 拉潘帕省以及国内一些其他较小的地区。

阿根廷全国估计有 210 万头奶牛，平均每个奶牛养殖场存栏约为 140 头奶牛（平均单产 4 000 升以上）。阿根廷如今的奶牛养殖场的水平是经历了几十年的专业化和集约化过程的推进。以前阿根廷奶牛养殖场平均每天仅可以生产 200 升的牛奶，而如今这一数字已经达到 1 700升。全国主要的乳制品产区（Santa Fe 圣塔菲省，Córdoba 科尔多瓦省的中部地区）的奶牛养殖场平均占

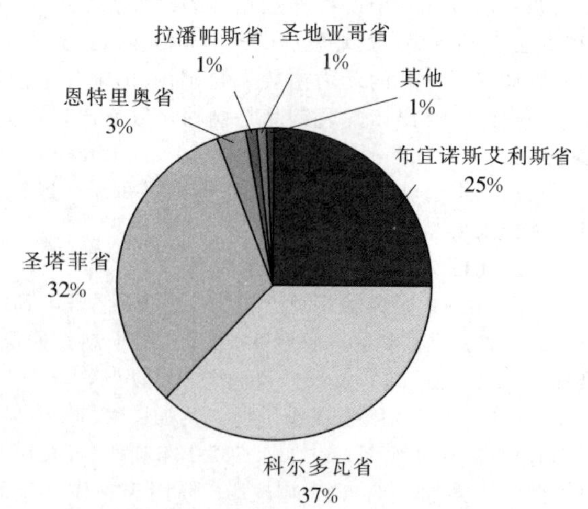

图 6-12 阿根廷各省原料奶产量

资料来源：阿根廷国家农业食品卫生质量管理局 SENASA

地250公顷，其中85%用于奶牛养殖，其余用于饲草。据统计，阿根廷奶牛养殖场总土地面积的35%是通过承租取得的。

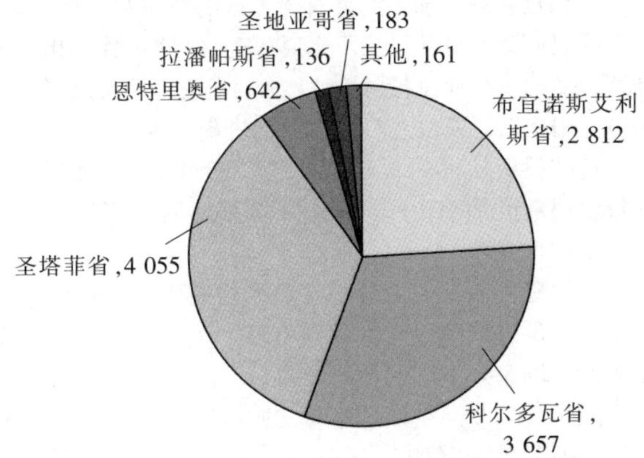

图6-13 阿根廷奶牛养殖场分布及数量

资料来源：阿根廷国家农业食品卫生质量管理局 SENASA

阿根廷的奶牛养殖以放牧式为主，主要牧草的品种是苜蓿草，同时大量使用储备饲料（干牧草和青贮饲料）以及加工饲料用于补充，所以和新西兰的纯放牧模式以及北半球的集中圈养模式都有差别。

阿根廷奶业一个显著的、与其他奶业主要国家不同的特征是其奶牛养殖与肉牛养殖以及粮食种植之间有很强的可替代性，这样的话，阿根廷的原料奶产量波动性就会较大，影响原料奶产量的因素除了天气、成本以及牛奶的收购价格外，其他与奶业有竞争关系的农产品价格，比如粮食作物的价格、牛肉价格等也会影响原料奶的产量。

五、原料

阿根廷乳制品卓越的品质始于原料奶的生产。

阿根廷奶牛养殖主要是以天然草场或是人工种植的牧草为饲料，虽然这种生产模式在某种程度上必须依赖气候及环境条件，但是这个模式也是高品质原料奶的保障。

也正因为如此，阿根廷绝大部分的原料奶都能符合国际上最严格的质量标准，菌落总数和体细胞数都非常低，奶牛群体无病害（包括布鲁氏菌病和肺结核病）。此外，阿根廷国内没有口蹄疫。世界动物卫生组织也宣布阿根廷是完全不存在BSE疯牛病的国家。

阿根廷生产高品质原料奶的关键因素可以归纳如下：

- 良好的气候条件和草场环境。
- 正确的奶牛群管理模式。
- 设备和技术方面的投资。

另外值得一提的就是阿根廷乳制品产业注重不断提升原料奶中的乳固体的含量，品种改良和饲养管理的改善在这方面起到了明显的作用。

原料奶的质量、乳固体含量以及卫生条件等因素是生产出优良乳制品的基础，然后再通过适当的工艺技术、包装、配送以及销售渠道，最后将品质优良的乳制品提供给消费者。

阿根廷是较早研究如何通过原料奶价格支付方式来控制原料奶的质量，从而生产出优质乳制品的国家乳品加工企业通过一套完善的原料奶价格支付体系来控制原料奶的质量、安全及卫生。

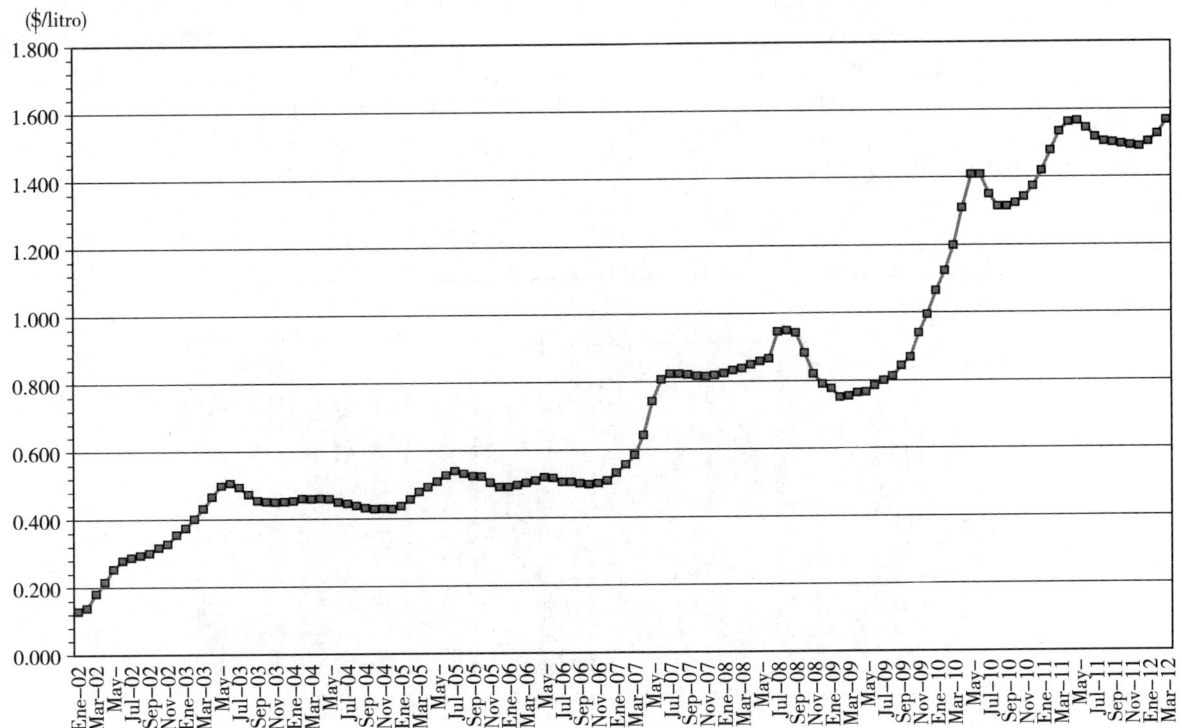

图6-14 阿根廷国内原料奶收购价格

2012 年 3 月的奶价为 1.568 比索/升

六、乳制品加工业

阿根廷的乳品加工行业是由大量的企业所组成，其加工规模不等，有现代化的大规模加工企业，也有只加工自产原料奶的微型乳制品加工厂。尽管加工企业的性质、数量众多，但是大体上可以划分成三类：

(1) 由 10～12 家日处理能力超过 40 万升原料奶企业组成，他们的产品种类齐全，且大部分都具有出口业务。这些企业加工量占阿根廷原料奶总产量的 50%～55%（其中两家企业的日加工能力都超过了 300 万升）。

(2) 由 90 到 100 家日处理能力在 4 万～40 万升原料奶的企业组成，他们主要经营的产品是奶酪，他们大部分都没有出口业务，这些企业共计加工全国原料奶总产量的 25%。

(3) 由 1 000 家以上日处理能力不到 4 万升原料奶的企业组成，这些乳制品加工厂一般专门生产奶酪，他们的加工量占全国原料奶总产量的 20%～25%。

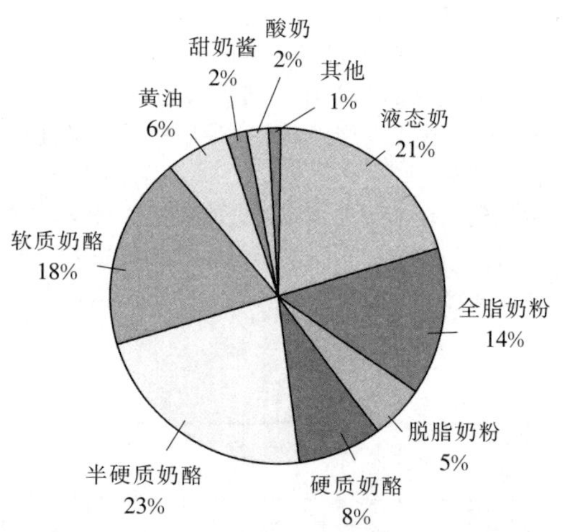

图 6-15　阿根廷乳制品比例（2011.01-06）

阿根廷的乳制品加工业最重要的产品是奶酪，几乎使用了全国原料奶总产量的 50%，其次是液态奶占 20%，以及全脂奶粉和脱脂奶粉占 19%。

阿根廷乳制品加工业拥有最先进的技术和生产工艺，阿根廷奶业为此总共投入了 13 亿美元，这一数字相当于同期食品加工行业总投资的 14%，13 亿美元的投资当中 50%是用在新建或改造厂房以及引进新技术上面。

这些投资使得阿根廷的奶粉产能增加了一倍以上，并且使奶酪的加工生产标准化。阿根廷所生产的奶粉主要是供应出口。

阿根廷乳制品大部分是按照严格的质量管理体系生产，以满足进口国（南方共同市场，美国，欧盟，中东和亚洲等国家）不同的质量要求。

同时各乳制品企业也根据 ISO（国际标准化组织）、IDF（国际乳业联盟）、AOAC（国际官方化学分析协会）所制定的标准对本身的产品进行严格的检验。

目前阿根廷乳制品加工行业大约有 10 家企业具有 ISO 9002 认证，另外还有 6 家企业具有 ISO 9001 认证。也有企业已经在他们的生产线实施了 HACCP（危害分析和关键控制点管理体系）。

国内消费和营销渠道

阿根廷全国生产的牛奶约有 80%是在国内市场销售。

虽然阿根廷国内乳制品国家级及省级的税率都比较高（约占消费价格的 30%），但经过过去 10 年的发展，阿根廷的乳制品消费量已经达到了很高的水平，使得阿根廷已经成为全球乳制品高消费的国家之一。

然而，由于 2002 年发生了严重的经济危机，对国民收入造成了重大的影响，阿根廷国内乳制品消费量大幅下跌，年人均消费量跌到了 179 升，直到 2011 年人均消费才又恢复到 210 升以上。

预计未来乳制品的人均消费量还将略有增加，但是不会恢复到 20 世纪 90 年代的水平。

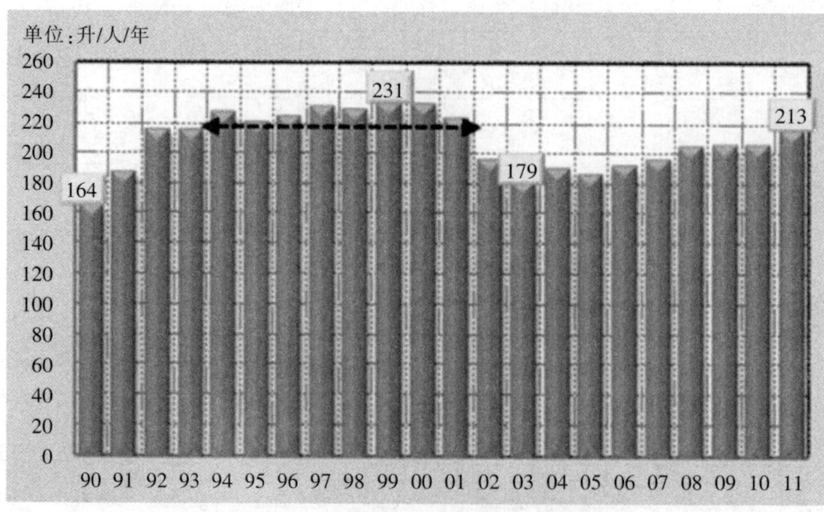

图 6-16　阿根廷人均牛奶消费量

阿根廷国内乳制品消费的主要特点是奶酪占的比率非常高，尤其是软奶酪品种（Cuartirolo 夸提洛罗，Cremoso 奶油，Por Salut 波特萨鲁特），其次是半硬品种（Pategras 派特格司，Gouda 高达，Danbo 丹波）及一些硬品种（Reggianito 雷吉亚尼托，Provolone 菠罗伏洛，Sardo 萨尔多）。再其次是液态奶产品，其中超高温灭菌乳的增长速度很快（2009 年占液态奶消费总量的 30 %）。奶粉（全脂奶粉及脱脂奶粉）虽然以出口为主，但在国内无论是传统的销售渠道，政府公共采购或是再加工用途方面，也都保持着良好销售记录。

表 6－4　各类乳制品的年人均消费

单位：千克/年

	2004	2005	2006	2007	2008	2009	2010
液体奶	40.1	41.2	43.0	42.8	43.0	42.9	43.3
黄油	0.9	0.8	0.8	0.7	0.7	0.8	0.9
奶酪	9.0	9.3	10.5	11.2	11.4	11.8	11.8
酸奶	9.4	10.4	12.0	12.8	12.8	12.6	11.9

在乳制品的产品渠道与销售方面，阿根廷奶业必须具备供应具有强大购买力的大型连锁餐饮业、大型超市、小型超市以及食品零售店的能力，并拥有高效、低成本的物流配送体系。

阿根廷的乳制品国内市场消费量大约占总产量的 80%。大多数的国内消费主要是满足各种不同形式的零售渠道（大型超市、大卖场、小型超市，便利商店等）。另外值得一提的是，食品加工行业、政府机构采购（招标）和餐饮业等行业销售渠道的重要性正日益显著。

全球性的零售业集中现象在阿根廷也非常明显，目前阿根廷乳制品行业通过大型超市和大卖场的销售额超过市场份额的 35%。一方面超市行业越来越集中，另一方面乳制品的产业结构越来越分化，加上乳制品本身的需求弹性低以及产品差异化低等种种原因，导致大部分乳品企业的议价能力低，因此在最近几年，乳制品行业的利润正加快转移到营销行业，同时消费者也间接地受益。

七、出口业务

尽管阿根廷的奶业生产从一开始就带有强烈的出口意愿，但从 20 世纪 60 年代中期开始到世纪末，阿根廷的乳制品基本上是以供应国内消费市场为主。

2000 年和 2001 年，由于阿根廷国内乳制品生产量的下降，使得出口量也分别下降到了 17.4 万吨和 14.9 万吨。在 2002 年，尽管产量继续下降，但由于国内市场的急剧萎缩，反而增加了可供出口的乳制品的数量，乳制品出口量再次超过 20 万吨（出口数量 21.98 万吨，出口额 3.144 亿美元）。

在 20 世纪 90 年代和本世纪初，影响出口的主要因素是汇率。从历年来看，阿根廷乳制品出口的主要市场是巴西，阿根廷乳制品 65%～70%的外汇收入一度来自巴西，但是这种情况从 1999 年 1 月巴西货币贬值以后就开始渐渐转变，在 2001 年只有 44.7%的出口（金额）来自这个市场，而且这种份额减少的趋势仍然在继续。在这种情况下，阿根廷开始寻求新的出口市场，目前阿根廷乳制品主要的出口市场还包括了美国、墨西哥、智利、中东和一些非洲国家。

2011 年阿根廷乳制品出口总量达 440 083 吨，总额为 17.17 亿美元。

阿根廷乳制品行业最主要的出口产品是奶粉（占 2010 年出口量的 50%以上）。大致上看，乳制品的出口额占全国商品出口总额的 1%以上，约占全国加工农产品出口总额的 4%。

阿根廷奶类产品的进口量非常低，主要是以“美食类”产品为主。

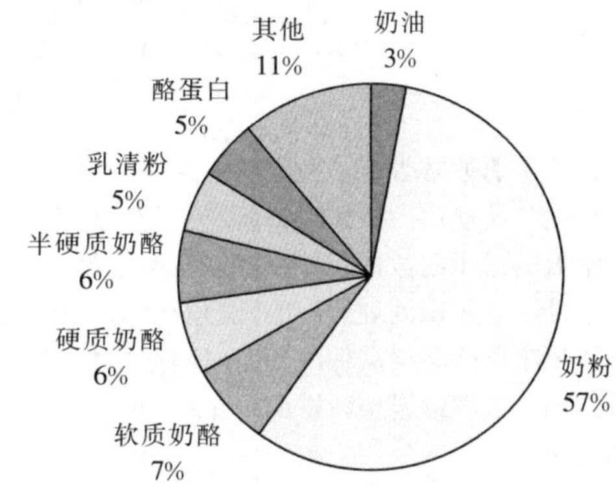

图 6－17　乳制品出口品种及比例（2011）

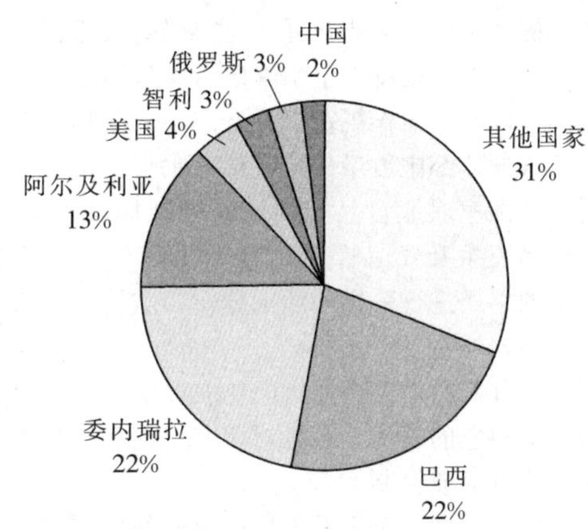

图 6－18　乳制品出口市场（2011）

八、乳制品的安全保障

阿根廷奶业一直都在努力达到并维持生产最高质量标准的乳制品，其主要的立足点是奶牛群体的健康状况和整个原料奶生产、加工以及物流体系的卫生条件。

奶牛的健康是保障牛奶品质的一个非常重要的基本因素，阿根廷的法律（阿根廷食品法典）只允许从健康的、不患病的奶牛身上取得的牛奶作为食品加工的原料。至今阿根廷一直保持着无牛羊布鲁氏菌病和牛肺结核病的记录，目前阿根廷国内也没有口蹄疫，在阿根廷也不存在疯牛病。

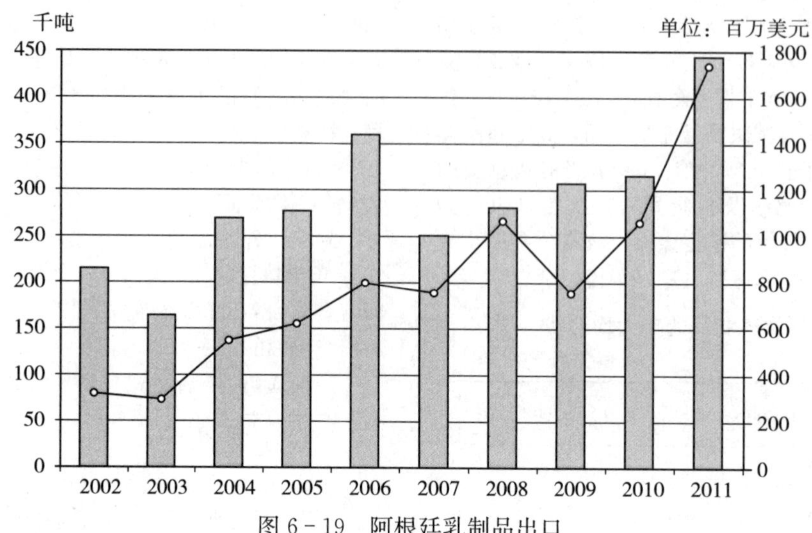

图 6-19　阿根廷乳制品出口

新鲜的牛奶通常带有一些细菌，这主要是由挤奶时的周围环境和所使用的挤奶设备所产生的。新鲜牛奶要维持非常低的微生物数量就要特别注意整个挤奶过程中的卫生条件，并正确处理奶牛的乳房及乳头。此外新鲜的牛奶挤出来以后必须立即冷却，以确保牛奶里面所含的少量细菌不会继续繁殖，进而防止在加工之前就发生品质的变化。

阿根廷国内奶牛养殖场自 90 年代中期起就开始针对自动挤奶技术及冷藏设备进行了改造，这是确保奶牛养殖场能提供细菌含量非常低的原料奶的关键因素。此外，在许多奶牛养殖场里也实施质量保障体系来确保奶牛养殖场良好挤奶操作规范以提升产品的品质，确保原料奶中所含的体细胞数量保持在最低水平。

阿根廷国家农业食品卫生质量管理局（SENASA）还通过食品卫生及残留管理计划（CREHA）对全国生产及加工的牛奶进行采样和质量分析，监控所有进入加工厂的原料奶质量。

同时，乳制品加工企业也向奶农提供技术援助和咨询来保障原料奶的品质，并且对所有交售加工厂的原料奶进行严格的品质管制。

保障乳制品食品安全及卫生最重要的内容是立足于乳制品加工业的加工及转换技术水平。实施南方共同市场（GMC 80/96）决议使得良好生产规范（GMP）的执行得到了保证。同时，其他几种更严密的质量保证体系的执行也为这方面的工作提供了重要的支撑。

阿根廷国家农业食品卫生质量管理局（SENASA）会按照每个出口目的地国家的不同要求来对阿根廷出口的乳制品提供产品质量认证。

阿根廷国家农业食品卫生质量管理局（SENASA）只针对有备案的加工厂所加工生产的产品进行认证，所以所有出口的乳制品必须是经由该机构批准允许在国际市场上销售的产品。

在 2687/77 法令里有针对乳制品国际销售企业所必须具备的条件。此外，阿根廷国家农业食品卫生质量管理局（SENASA）承认 HACCP 体系并且对此体系下的乳制品加工企业实施审计调查。

九、奶业在国内经济中的重要性

2011 年阿根廷共生产了 116 亿升原料奶，初级产品的总产值超过 140 亿比索（约合 35 亿美元）。

原料奶的产值占农业总产值的 7%～8%，（农业产值占全国国内生产总值的 5%）。同时，乳制品加工业约占国内工业生产总值的 2%，和肉类加工业的比重几乎是相同的。

乳制品行业也提供了很多的就业机会，在乳制品加工业估计约有 32 000 个直接就业岗位，相关的零售及批发业和物流业也提供了约 5 000 个职位。同时，奶牛养殖场也需要 60 000 个工人，因此整个产业链直接提供的就业机会总共达到 10.2 万人，这还 没包括相关原料供应和服务等相关岗位以及衍生出来的其他就业机会。

以上数据足以凸显乳制品行业在阿根廷国家经济中所占的地位，尤其在阿根廷国内主要的奶业大省其重要性更加明显。

十、阿根廷奶业具有满足国际需求的潜力

在过去五年全球全脂奶粉的消费量增长了 13%，2011 年的年增长率预计为 7.5%。而 2010 年全球生产的全脂奶粉总量达到了 367 万吨，仅增长了 3%。值得注意的是，2008 年全脂奶粉的总产量本已达到了 380 万吨，但由于国际金融危机后全脂奶粉的国际市场价格大幅下跌，产量随即减少。

还有一个现象也值得注意，那就是 2010 年欧盟各国和澳大利亚所生产的奶粉产量分别比 2009 年下跌了 3.8% 和 12.4%，而同期新西兰的产量却增长了 10.7%。2010 年阿根廷国内生产的全脂奶粉也保持了稳步增长，年同比增长率为 10.2%。

表 6-5 全球全脂奶粉产量

单位：万吨

	2008	2009	2010*	增长率	2011*	增长率
阿根廷	20	21	22	4.80%	26	18.20%
澳大利亚	14.2	13.7	12	-12.40%	13	8.30%
欧盟	84	79	76	-3.80%	75	-1.30%
新西兰	65.1	76.8	85	10.70%	90	5.90%
美国	2.3	2.7	2.8	3.70%	3	7.10%
全球总量	380.3	355.9	366.7	3.00%	383.4	4.60%

*初步预计

资料来源：美国农业部海外情报局 2011.01

因此，阿根廷完全有能力保持甚至增加奶粉出口的数量。

虽然阿根廷目前乳制品出口的主要品种是奶粉，但是阿根廷有能力提供各种不同种类的乳制品，包括：

- 全脂奶粉
- 添加维生素或矿物质的全脂奶粉
- 脱脂奶粉
- 添加矿物质或维生素的脱脂奶粉
- 添加有益健康、可补充或提供额外营养物质的脱脂牛奶（如可溶性纤维，植物固醇，钙等）
- 添加了儿童在不同生长阶段所需的基本脂肪酸的牛奶。
- 婴儿配方奶粉

十一、阿根廷与中国的奶业合作

近年来随着中阿两国战略合作伙伴关系的进一步深入，两国在奶业领域的合作发展迅速，2011 年主要的工作目标是推动两国政府与企业间更密切的互动，阿根廷希望中国的乳制品消费市场能成为推动阿根廷乳制品产业进一步发展的主要动力。

近期两国奶业合作主要的成果如下：

2010 年 12 月：

与中国奶业协会举行第一次会议

会见了蒙牛及伊利公司的高级主管

参观了中国乳制品加工生产企业

2011 年 6 月：

阿根廷乳制品企业代表团参加在合肥召开的第二届中国奶业大会

考察内蒙古奶业并参观乳制品加工企业

参观奶牛养殖场及生产加工企业

提出签订《中阿奶业合作谅解备忘录》的建议

2011 年 7 月：

在北京签订《中阿奶业合作谅解备忘录》，促进两国奶业的交流合作，主要内容包括：

加强奶业领域的政策和相关问题的技术讯息交流

促进两国牛奶及其他乳制品在生产加工和贸易上的信息交流

共同向奶农以及牧场管理人员提供培训课程

促进奶业生产关键技术的信息交流

推动阿根廷在中国境内建立奶业生产展示基地，推广阿根廷的管理模式以及遗传物质

创造有利于乳制品贸易的环境

在生鲜乳质量安全控制体系上的合作

邀请中国奶业协会代表团参观访问阿根廷主要奶业产区以及企业

2011 年 11 月：

参加中阿奶牛品种及遗传物质座谈会

参观三元集团

参观乳制品生产加工基地

组织企业代表团参加上海 FHC 展览

在北京及上海举办阿根廷乳制品品尝会

阿根廷中小乳制品企业协会北京办事处正式成立

拜访中国奶业协会，讨论工作计划

再次参观三元集团

（一）阿根廷农业部奶业副国务秘书处目前推动的专项计划

奶农经营管理能力提升计划

- 帮助奶农提高经营管理能力
- 每个登记在案的奶牛养殖场都可以看到自己以及区域内其他养殖场的详细资讯，可以及时模拟各种不同情况对养殖场收入的影响
- 从三个层次对乳制品企业进行分析
- 评估层面：评估最新状况
- 规划层面：可以提升生产能力的新规划
- 监测层面：对现况以及规划进行及时监控
- 根据实际情况做各种不同的模拟，可以协助企业做好提升生产效率的中长期规划

中小乳制品企业专案计划

- 与省政府一起针对中小乳制品企业在食品及宏观环境方面一起努力
- 针对乳制品企业的经营管理以及劳工技能进行培训
- 推动合作社等模式的进一步发展
- 协助中小乳制品企业在国内及国际市场进行市场推广，提高产品的附加价值
- 大力推广品质保证体系，比如良好生产规范、HACCP（危害分析和关键控制点管理）体系以及 ISO 认证体系

（二）与乳制品质量提升协会的协议

乳制品质量提升协会的主要作用是：

- 挤奶设备的认证及校对
- 规范校正报告的模式
- 对专业挤奶设备校对人员进行培训

（三）奶业劳工社会福利计划

阿根廷奶业劳工工会、阿根廷乳制品加工企业协

会、阿根廷奶业合作社联盟、中小乳制品协会、省政府等单位进行合作，为奶业从业人员提供就业机会、培训等。

（四）统一原料奶收购价格计算公式

调整原料奶收购价格机制并将它透明化，统一全国原料奶收购价格换算机制里面的各项换算公式，保证同一品质的原料奶在不同收购站的换算结果必须一致，收购价格在一个限度内浮动。

阿根廷国家农粮战略规划里指出，到2020年，阿根廷乳制品行业完全具备年均6%至7%增长的潜力，因此阿根廷必须在开拓国际市场上做出重大努力。由于中国居民的乳制品消费将呈现刚性增长，中国将成为阿根廷乳制品行业成长的重要战略伙伴，从而推动阿根廷乳制品行业的和谐成长。

丹麦奶业概况

丹麦是一个拥有悠久历史和传统的奶业生产大国，其奶业养殖水平、乳制品的生产管理及其产品标准要求和品质均属世界先进水平。当今，丹麦奶业闻名于世的特色在于将传统奶业生产与现代科技以及可持续发展理念结合起来，从而生产出更加高品质的乳制品供全球消费者享用。下面通过对丹麦奶业生产现状、乳品安全与品质控制体系、乳品消费以及出口市场情况等方面的阐述，使得读者全面了解丹麦奶业的整体概况。

一、丹麦奶业生产发展现状

与世界上很多其他国家不同，在过去的十年间，丹麦奶业生产一直处于稳定的高水平状态，由于受到欧盟农业配额政策的限制，2011年丹麦全国牛奶产量480万吨，约为中国国内牛奶产量的10%。丹麦奶牛养殖集约化水平高，截止到目前，丹麦奶牛场共计3 794个，平均存栏数142头，平均每个牧场牛奶产量的配额限制为1 267吨。丹麦近些年来，随着丹麦牛奶产量配额的小幅提高，丹麦牛奶产量也得到了相应的提高。与其他欧盟国家不同的是，丹麦充分利用其自身优势，不断提高牛奶产量的同时更加注重提高其加工终产品的附加值，从而体现出了极高的竞争优势。由于欧盟委员会决定到2015年取消牛奶生产配额制度，预计到2015年丹麦的牛奶产量将增加100万吨。

丹麦乳品业结构独特，由始于1882年的牧场主合作社演变而来。起初，牧场主组建和共同拥有乳品企业。联合经营模式使得他们能够集中资源来购买最好的乳制品生产设备和雇佣技术工人以生产出高质量的产品。奶农们自行负责将牛奶从奶牛场运送到乳品加工厂并共同承担生产成本。发展至今，体制并无本质变化，仍然保持了利益共享、风险共担的原则，在保证产品质量和安全的同时，确保在整个价值链中创造价值并实现了合理的利益分配。为保证并不断提高牛奶质量，丹麦乳品业采取一种独特的支付方式来激励奶农提供高质量牛奶，并通过降低采购价格或者拒绝采购来打击劣质牛奶供应商。经历了一系列的收购兼并，联合经营的乳品企业如今仅剩4家，由约3 700名奶农共同拥有。尽管奶农的数量在减少，但是单个奶牛场的产量却在逐年增加。

表6-6 液态奶生产企业

	2001	2008	2009	2010	2011	2012
联合经营乳品店	6	5	4	4	4	4
私营乳品店	7	4	4	5	5	5
企业总数	13	9	8	9	9	9
加工工厂总数	18	16	14	14	15	15

信息来源：丹麦乳品联合会。

表6-7 牛场重要数据（每年四月统计）

	2001	2008	2009	2010	2011	2012
奶场数量	8 910	4 516	4 311	4 318	3 953	3 794
奶场平均配额（单位：吨）	500	1 021	1 080	1 136	1 202	1 267
奶场奶牛平均数量	65	115	121	126	132	142

信息来源：丹麦乳品联合会，丹麦农业和食品委员会。

表6-8 奶牛的单产量及相关指标

（单位：千克）

	2000/2001	2006/2007	2007/2008	2008/2009	2009/2010	2010/2011
牛奶	7 792	8 919	8 922	9 022	9 079	8 910
脂肪	337	378	380	387	390	385
蛋白质	269	306	304	310	313	308

二、乳品安全与品质控制

丹麦乳业在安全和质量方面一直有高水准表现，很大程度上归功于牧场主合作制模式。牛奶的质量决定了牛奶的价格，这鼓励了奶农坚持生产高质量产品，同时牛奶的质量一直是丹麦消费者最为关心的问题。丹麦传承优良传统：运用创新的方法和技术来确保被运送到乳品加工厂的牛奶有优质和安全的双保障。

丹麦阿拉食品公司在乳品质量控制方面建立了非常完善的体系，其控制体系覆盖了从牧场到消费者整个食品链的全部环节。奶源的安全控制尤其受到重视，阿拉公司在牧场建立了质量安全保障体系，主要包括四个方面的内容：牛奶成分的构成，食品的安全性，动物的福利以及环境的保护。在牛奶成分的构成上，保证其自然成分以及天然的品味。在食品安全方面，保证在牛奶中没有添加任何物质，同时要求很高的安全卫生标准以阻止疫病的传播。在动物福利方面，强调良好的饲养环境可以保证动物的健康，健康的动物才可以提供优质的原奶。此外，丹麦奶业十分重视环境保护，尊重自然的环保生产才能保证可持续发展。

乳品业的专业教育也确保了丹麦乳品业的高标准和持续性发展。教育分为：针对饲养员和技术员等的职业教育和针对乳品工程师的科学教育。没有食品教育背景的雇员会通过参加卫生课程来确保食品安全，避免杂质进入奶制品和疾病传播。

丹麦在乳业方面具有完善和严格的法律法规要求及官方监管体系。丹麦乳品业全程受到多层法律法规的监管，从而确保顾客得到的是最安全、最优质的产品。首先是欧盟的条约、条例和指令，其效力高于丹麦的法律和法规；其次，丹麦农业和食品委员会联合丹麦农业知识中心一起制订行业标准，有些丹麦公司甚至通过制订更高的企业标准来约束自己，从而更好地保证了产品的质量和安全。丹麦农业、食品和渔业部下设丹麦兽医和食品管理局，其负责监督关乎产品质量、安全和环保的相关法律和法规是否被违反。建立该体制的初衷之一是为了利用产品追溯链来锁定不达标牛奶的奶源。丹麦兽医和食品管理局负责对食品生产商和销售商实施相关卫生评估，并且向公众公布评估结果。联合经营的乳品店会通过降低采购价格或者拒绝采购的方式来惩罚违反质量和安全标准的供应商。

三、乳品消费及出口

丹麦乳品业为出口导向型产业，接近 2/3 产量出口国外，主要市场是欧盟国家。丹麦乳品的消费种类繁多，能够满足国内外消费者的不同需求，主要包括液态奶、奶酪、黄油、奶粉等，其中液态乳品消费最多，占 41.3%。

近年来，随着中国乳制品市场的高速发展，中丹乳制品领域的交流与合作也不断的深化，同时丹麦对中国的乳制品贸易额也不断攀升，2011 年丹麦向中国出口的乳制品金额达 1.93 亿丹麦克朗，出口乳品种类主要是奶粉。2012 年胡锦涛主席访问丹麦期间，丹麦爱氏晨曦公司（丹麦阿拉食品公司）与中国蒙牛乳业及中粮集团三方签订协议共同建立中丹牛奶技术合作中心，目的是分享其在以下几个领域的专业知识：牛奶质量、产品追溯链和奶源生产控制。这个框架性协议的签订得到了中国农业部和丹麦食品、农业和渔业部的大力支持。

表 6-9 奶制品出口额

单位：十亿丹麦克朗

	2001	2007	2008	2009	2010	2011
黄油、乳脂肪	1.26	1.51	1.75	1.45	1.68	1.73
奶酪	7.46	7.32	7.55	7.27	7.60	7.83
保鲜乳	3.58	3.33	3.54	3.14	4.10	4.57
液态奶制品	0.42	0.89	1.32	1.33	1.32	1.68
总额	12.71	13.04	14.17	13.21	14.71	15.81

信息来源：丹麦食品工业机构。

丹麦乳业相关行业组织：

丹麦乳品联合会- http：//www. danishdairyboard. dk/

丹麦农业和食品委员会- http：//www. agricultureandfood. dk/

丹麦农业知识中心- http：//www. vfl. dk/English/NyEnglishsite. htm

丹麦乳业相关政府监管机构：

丹麦兽医和食品管理局

https：//www. foedevarestyrelsen. dk/english/Pages/default. aspx

丹麦食品、农业和渔业部

https：//www. foedevarestyrelsen. dk/english/Pages/default. aspx

荷兰奶业概况

一、概述

大约 140 年以前，当荷兰出现了第一个乳品加工厂的时候，荷兰全年的产奶量在 200 万吨左右。那时荷兰的人口总数是 400 万。50 年以后，奶产量和人口都翻了一番。第二次世界大战以后，奶产量的增长速度超过了人口的增速。在 1930 年到 2000 年期间，荷兰的人口翻了一倍，但奶产量几乎是原来的三倍。荷兰奶牛养殖规模的扩大在 1960 年前后达到了高峰。

自从那以后，荷兰成为了一个乳制品出口的主要国家，国内 65%的产奶量用于出口。目前，荷兰奶业拥有大概 1.9 万个奶牛养殖场，将近 150 万头奶牛。

目前荷兰的牛奶产量约为 1 190 万吨，大部分被用于加工奶酪、黄油、奶粉、鲜奶制品以及特色乳制品。一小部分原料奶直接在奶牛养殖场进行加工。乳制品行业当中，大概有 300 家批发商（主要是从事奶酪、黄油和奶粉的业务）和 6 800 家零售机构。整个奶业提供了大约 57 000 个工作岗位。

二、奶业行业中的重要组织机构

荷兰奶业的一个重要特征就是高度的组织化。产业链上的每一个环节都有代表和维护自身利益的机构。奶农的组织有荷兰农业和园艺组织（LTO-Nederland），乳制品加工行业的组织有荷兰奶业组织（NZO），贸易商的组织有奶业联合会（Gemzu），零售机构的组织有荷兰食品零售协会（CBL），而代表劳工的机构有FNV联盟、全国基督教贸易组织联合会以及CNV服务机构联合会。

这些机构全部参加荷兰奶业委员会并在其中担任理事，而荷兰奶业委员会代表了荷兰奶业中从奶牛养殖、乳制品加工、批发直至零售，整个产业链上的各个环节的企业家以及劳工的利益。

该委员会有监督管理的权力，这意味着它可以制定规章制度，而所有的奶农、乳制品加工商以及贸易商都必须遵守。而奶业行业的税收被指定用于提高金融服务水平、科研、动物福利以及产品质量等项目。除了作为一个讨论国内以及国际奶业政策发展的平台外，委员会还扮演了一个荷兰奶业信息及技术中心的角色。最后，奶业委员会还负责配额制度以及其他奶业行业的法规与欧盟法规的衔接与实施（比如贸易，学生奶项目等）。

其他一些荷兰奶业中的组织机构

- NIZO食品研究院在奶业研究和技术发展中起到了很重要的作用
- 动物育种研究站关注奶牛养殖方面的研究
- QLIP，一个专注于奶业产业链分析和认证的独立服务提供商
- 荷兰牛奶和乳制品管控局（COKZ）
- 代芬特尔动物健康服务局（GD）为预防和处理动物疾病提供相关的服务
- 还有，荷兰国内外市场的品种改良由NZO的一个部门负责，同时发布有关牛奶与健康的信息

三、奶牛养殖

（一）历史和现状 自从1960年以后，牛奶产量的快速上涨要归功于奶牛养殖领域的专业化和机械化的提高，以及养殖规模的扩大。当时农场的发展方向是多种经营、多品种饲养、更加专业化。多种经营的农场在19世纪的上半叶极为普遍，但现在几乎不存在了。专业化和机械化的进一步发展使得养殖规模不断扩大，与许多奶业经济发达的国家一样，荷兰的奶业发展道路也是奶农数量下降，同时伴随着牧场科技水平和奶牛单产的提升，因此单个牧场的年牛奶产量不断的提升。在1960年，每个奶牛养殖场的平均牛奶产量是37吨，如今荷兰的平均生产规模大约在616吨左右。牛奶养殖目前已经成为荷兰农业中最重要的一个组成部分，全国大约60%的农业用地用于奶牛养殖。仅牛奶一项就贡献了大约18%的荷兰农业生产总值。

表6-10 荷兰奶牛养殖和土地使用关键数据

	2000	2005	2007	2008	2009	2010	2011	指数2000=100
奶农数量	29 466	23 527	21 313	20 746	20 268	19 805	19 247	65
奶牛存栏	1 504 076	1 433 202	1 413 166	1 466 134	1 489 071	1 478 635	1 469 720	98
奶牛单产（kg）	7 397	7 560	7 945	7 856	7 806	8 000	8 063	109
平均牧场规模	51	61	66	71	73	75	76	
存栏70或70头以上养殖场比例（%）	21.6	33.6	39.7	44.1	46.9	48.4	49.7	
单个养殖场牛奶平均产量	377 568	460 564	526 777	555 220	573 522	597 255	615 718	163
记录奶产量的奶牛比例（%）	82.1	84.3	86.7	90.9	86.8	88.1	88.6	
养殖场土地使用面积（公顷）	1 975 504	1 937 695	1 914 252	1 929 219	1 917 415	1 872 319	1 858 393	94
草场（公顷）								
草场面积（公顷）	1 010 017	975 661	989 976	982 156	974 695	950 770	938 698	93
草场占养殖场土地的比例（%）	51.1	50.4	51.7	50.9	50.8	50.8	50.5	
玉米								
玉米种植面积（公顷）	205 301	235 088	221 554	241 727	240 222	228 889	229 637	112
玉米种植面积占养殖场土地的比例（%）	10.4	12.1	11.6	12.5	12.5	12.2	12.4	

（二）奶牛 2011年荷兰大概有150万头奶牛，平均年单产是8 063千克，但是经过登记的奶牛单产略高于这一水平。荷兰传统的品种是荷兰弗里赛奶牛（FH）、马斯—莱茵—艾塞尔（MRIJ）和格罗宁根。荷兰弗里赛奶牛的数量包括了几乎纯黑/黑白花以及少量红白花奶牛，MRIJ牛有红斑。荷兰弗里赛奶牛和公牛从19世纪中期开始在北美出售，后来形成了荷斯坦奶牛品种。

目前，荷兰奶牛的主要品种是荷斯坦，占据了90%以上的比例。荷兰最主要的育种机构是CR-Delta，它是一个拥有3万名会员的合作制机构。

荷兰是世界上最大的犊牛和冻精的出口国家之一。荷兰育种方面更多的信息可以从CR-Delta的网站（www.cr-delta.nl）上获取。

表 6-11 奶牛养殖场数量

按养殖规模划分	2000	2005	2007	2008	2009	2010	2011
1～30（不含）	6 854	4 031	3 101	2 695	2 351	2 348	2 156
30～70（不含）	16 231	11 603	9 763	8 914	8 414	7 870	7 522
70～100（不含）	4 549	5 238	5 284	5 358	5 409	5 327	5 236
100～150（不含）	1 508	2 114	2 463	2 895	3 101	3 210	3 210
150 以上	324	541	702	884	993	1 050	1 123
合计	29 466	23 527	21 313	20 746	20 268	19 805	19 247
各养殖规模牛场数量所占的比例	2000	2005	2007	2008	2009	2010	2011
1～30（不含）	23.3	17.1	14.5	13.0	11.6	11.9	11.2
30～70（不含）	55.1	49.3	45.8	43.0	41.5	39.7	39.1
70～100（不含）	15.4	22.3	24.8	25.8	26.7	26.9	27.2
100～150（不含）	5.1	9.0	11.6	14.0	15.3	16.2	16.7
150 以上	1.1	2.3	3.3	4.3	4.9	5.3	5.8
合计	100	100	100	100	100	100	100

（三）近期荷兰奶牛养殖的发展情况

1. 牛奶配额 欧盟的牛奶配额体系限制了每一个成员国的牛奶产量。按照欧盟关于欧盟奶业改革的决定，2100/12 配额年度的牛奶配额再度上涨 1%。荷兰的商品牛奶量，即送往乳制品加工厂的原料奶产量配额总量是 1 170 万吨，然而荷兰的奶农超产了 0.5%（包括乳脂成分调整），这导致了 1 640 万欧元的罚款。这也和近几年的情况一致，这也说明对于荷兰来说，超出配额是一种规律而不是一个例外，现实证明牛奶配额制度对荷兰的奶牛养殖来说是一种限制。

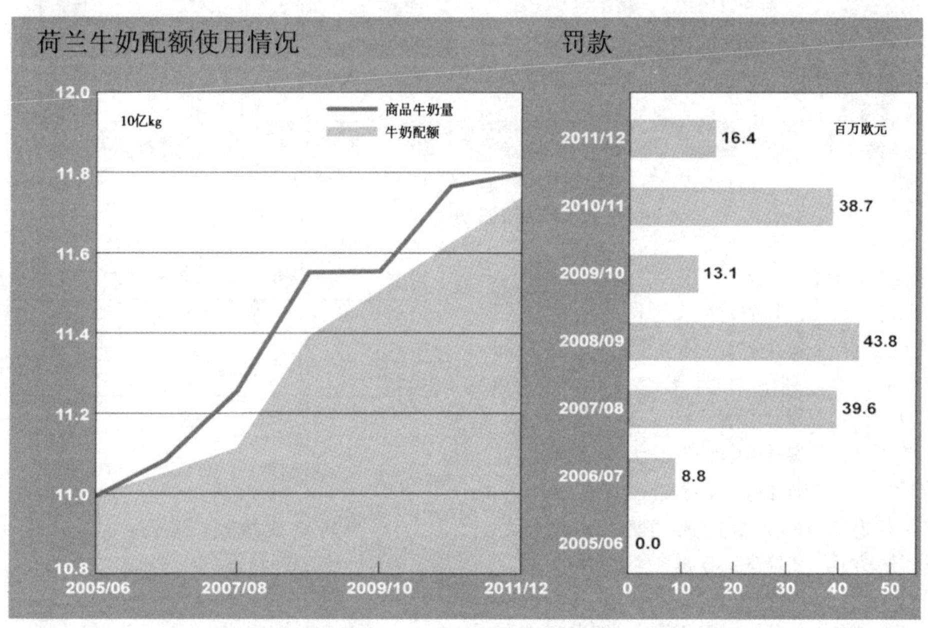

图 6-20 荷兰牛奶配额使用情况

资料来源：荷兰奶业委员会

2. 养殖规模 配额持有人的数量在 2011/12 配额年度中再次下降，远低于上一个年度的 19 028 个，降至 18 528 个，跌幅为 2.6%，这说明了荷兰奶牛养殖规模在不断地扩大。

2005/06 配额年度，持有 1 000 吨和更多配额基本配额的公司数量翻了一番，目前他们手中的配额占到接近全国配额数量的 30%。

单位：吨	基本配额（千吨） 2005/06	%	2010/11	%	2011/12	%
< 500	3 623	33	2 349	20	2 184	19
500～< 1 000	5 716	52	6 267	54	6 194	52
1 000～< 1 500	1 259	11	2 089	18	2 291	19
> 1 500	459	4	979	8	1 133	10
分配配额的总数	11 056	100	11 684	100	11 802	100
配额持有人总数	22 272		19 028		18 528	

图 6－21　基本配额在不同养殖规模间的分配

资料来源：荷兰奶业委员会

市场上乳制品价格的上涨也反应到了支付给奶农的原料奶收购价格上。在经历了 2010 年早期的收购价格上升后，奶农又一次看到了他们的收入增加了。最终支付给奶农的平均原料奶收购价格同比上一年增加了 14%。

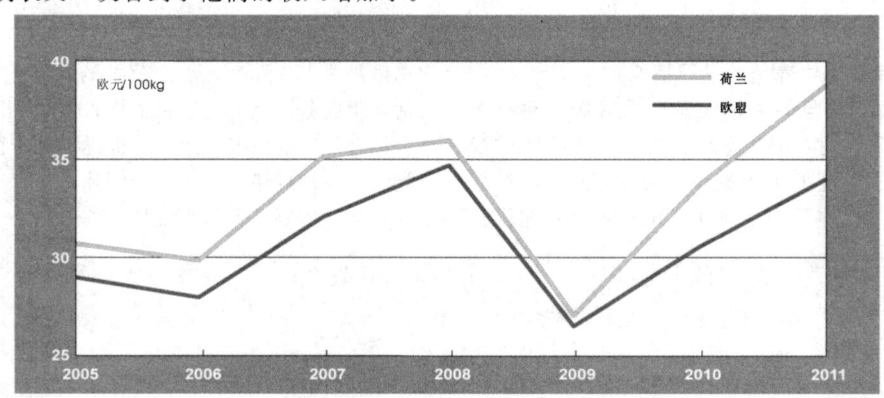

图 6－22　支付给奶农的奶价

资料来源：荷兰奶业委员会、欧盟委员会

四、乳制品加工行业

（一）历史和现状　在 1870 年以前，所有的乳制品都由奶牛养殖场自己来生产。荷兰第一个乳制品加工厂建立于 1871 年。到了 1910 年，有不少于 958 个黄油加工厂和 291 个奶酪加工厂。自从那以后，乳制品加工行业出现了集中和规模扩大的趋势，并且趋势越来越明显。在奶牛养殖行业，这一进程在 19 世纪的 70 年代和 80 年代呈加速趋势。目前的情况是，荷兰几乎所有的原料奶都会送到加工厂（98%）。荷兰目前已经是全球奶业整合度最高的国家之一，整个行业是由合作社构成的。这种产业结构在荷兰有着悠久的历史：由奶农拥有的合作社在荷兰奶业的形成初期就已经存在了，合作社在过去的数十年中也经历了快速整合的过程。在 2011 年，皇家菲仕兰坎皮纳公司在全球乳制品企业排名中名列第五名。

表 6－12　全球十大乳制品企业

排名	公　　司	国家	2011 年度奶业营业额（亿欧元）
1	雀巢（Nestlé）	瑞士	186
2	达能（Danone）	法国	140
3	拉克塔利斯（Lactalis）	法国	134
4	恒天然（Fonterra）	新西兰	113
5	菲仕兰坎皮纳（FrieslandCampina）	荷兰	97
6	美国奶农（Dairy Farmers of America）	美国	93
7	迪恩食品（Dean Foods）	美国	84
8	阿拉食品（Arla Foods）	丹麦/瑞典	74
9	卡夫食品（Kraft Foods）	美国	55
10	明治乳业（Meiji）	日本	53

注：2011 年营业额＋发生在 2012 年 1 月 1 日至 6 月 15 日之间的并购

资料来源：荷兰合作银行

（二）加工厂 截至2011年12月31日，荷兰乳制品行业的核心包括20家公司，经营着50家加工厂。在这50家工厂中，有一半是属于乳制品巨头皇家菲仕兰坎皮纳公司的。

（三）以国际市场为导向 荷兰的乳制品行业在国际乳制品市场上取得了很强的竞争力，这要归功于荷兰奶业先进的技术和良好的原料奶品质，从而打造了荷兰乳制品的高品质。除此以外，还要归功于荷兰长期以来形成的贸易传统。目前的荷兰乳制品出口额接近54亿欧元，从而成为世界上乳制品出口的主要国家之一。乳制品出口的收入占了荷兰奶业销售总额中很大的一部分。荷兰乳制品行业生产出来的产品在国内大概消费掉35%，其余65%都用于出口。欧盟是最重要的出口目的地，占荷兰全部乳制品出口的45%。具体来说，最重要的出口市场是周边的德国、法国和比利时。

荷兰也是乳制品进口的一个主要国家，因为荷兰本身就是一个重要的转口港，进口的乳制品大部分都用于转口贸易，出口到欧洲其他地方或欧洲以外的地区。因此，荷兰也扮演了一个进入其他西欧市场和世界市场的跳板作用。2011年，荷兰乳制品进口总额达到23亿欧元。

（四）乳品加工行业近期的发展

1. 原料奶加工 荷兰的原料奶加工量在2011年温和增长了大概0.2%，达到了1 160万吨，这一增长速度明显低于欧盟的平均水平。在过去的一年里，德国的原料奶加工量增长了2.4%，法国增长了5.3%，显示了强劲的增长势头。在欧盟以外，国际乳制品市场上的主要竞争对手阿根廷增长了13.5%，新西兰增长了10.5%，增长速度惊人。

原料奶进口强劲增长了1.7%，因此2011年有接近1 180万吨原料奶被送到了荷兰的乳制品加工厂。尽管原料奶供应增加了，但荷兰的奶酪产量同比2010年还是有小幅下跌。多出来的原料奶主要用于生产黄油和无水奶油、炼乳以及其他乳制品。奶粉、饮用奶和鲜奶制品的产量在2011年都出现了下降。

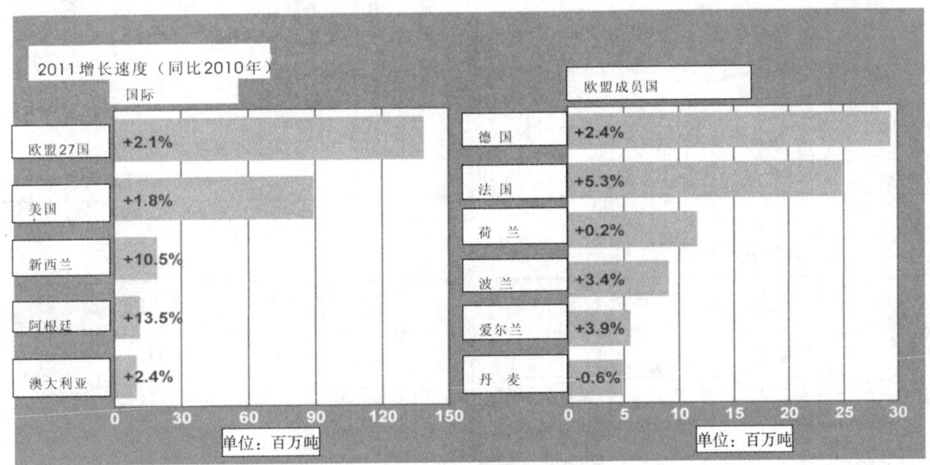

图6-23 商品牛奶量

资料来源：荷兰奶业委员会，Eurostat，荷兰国家统计局

到目前为止，奶酪是最重要的乳制品。荷兰加工的原料奶中，大约有56%是用于加工奶酪。在2005年以后，大部分乳制品的增加产量（80万吨）都是奶酪的产量，到2011年为止，这期间奶酪的产量增长了11.5%，达到75万吨。

单位：万吨

	2010	2011	2011/2010
送到加工厂的原料奶	1 162.2	1 164.2	0.2%
可供加工的原料奶	1 156.9	1 176.9	1.7%
饮用奶	108	104.3	-3.4%
奶酪	75.3	75.0	-0.5%
黄油和无水奶油	17.9	18.7	4.1%
全脂奶粉	13.5	13.1	-3.0%
脱脂奶粉	6.4	6.2	-3.0%
炼乳	34.7	35.4	2.1%

图6-24 乳制品产量

资料来源：荷兰奶业委员会

五、贸易

(一) 近期在出口上取得的发展 荷兰的乳制品出口数量在2011年同比有所下降，但在出口金额上却明显上升，这要归功于乳制品价格的上涨。出口数量的下降出现在几种重要的乳制品品种上，比如奶酪、黄油和全脂奶粉，而脱脂奶粉的出口却是显著上涨。

2011年荷兰乳制品出口的价值大约是54亿欧元，增长17%。由于出口价值的增长高于进口价值的增长，乳制品贸易对荷兰贸易平衡的贡献增加了将近6亿欧元，总额超过30亿欧元。

出口价值中的一大部分（65%）是欧盟内部贸易。德国到目前为止仍然是最重要的市场，还有比利时和法国，三个国家合计占了四分之三的销售额。奶酪、黄油和无水奶油以及奶粉是最重要的三个品种。

在欧盟以外，荷兰奶酪最重要的出口目的地是俄罗斯、北非、美国和日本。对全脂奶粉和炼乳来说，最重要的市场则是非洲、中东和东南亚。

表6-13 2011年五大出口目的地

单位：万吨、指数（2010=100）

奶酪

	数量	指数
德国	23.88	97.2
法国	6.53	100.3
比利时	6.45	86.3
西班牙	4.02	86.6
俄罗斯	2.9	117.5
其他国家	20.41	90.8
合计	64.19	94.2

黄油和无水奶油

	数量	指数
比利时	3.95	124.9
法国	3.65	114.4
德国	3.49	75.6
意大利	0.66	112.1
新加坡	0.43	106.1
其他国家	3.97	64.8
合计	16.15	89.3

全脂奶粉

	数量	指数
尼日利亚	2.99	93.0
沙特阿拉伯	1.19	84.6
安哥拉	1.14	102.7
科威特	0.95	69.9
德国	0.84	101.7
其他国家	7.39	87.9
合计	14.5	88.8

脱脂奶粉

	数量	指数
比利时	1.27	98.5
德国	1.12	108.7
尼日利亚	0.99	89.9
越南	0.96	152.2
泰国	0.75	137.3
其他国家	6.29	119.5
合计	11.38	115.4

资料来源：荷兰奶业委员会、Eurostat、CBS

2011年荷兰乳制品出口各目的地市场份额　按价值

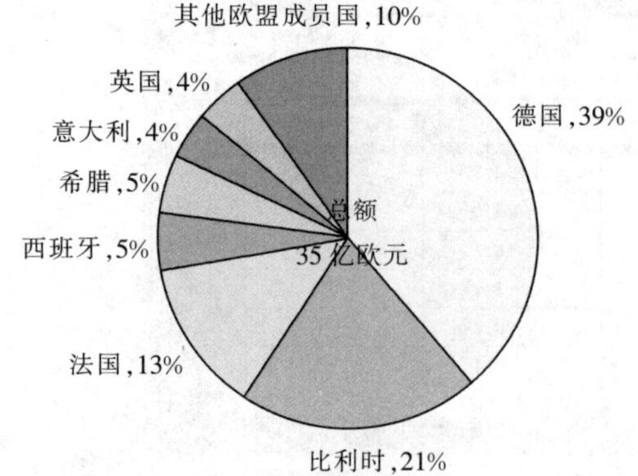

图6-25　出口到欧盟成员国

资料来源：荷兰奶业委员会、Eurostat、CBS

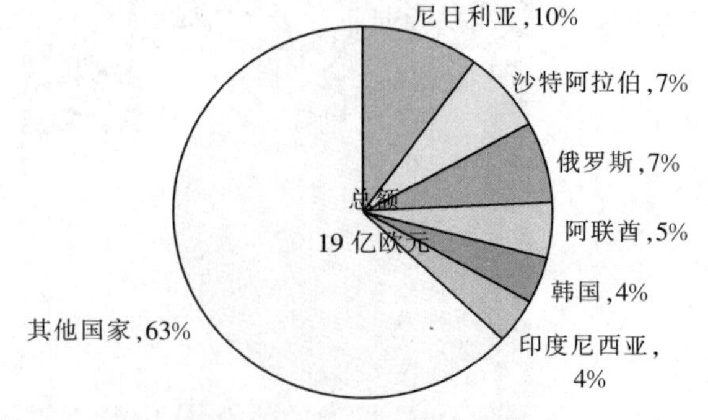

图6-26　出口到其他国家

(二) 近期乳制品进口的发展 尽管荷兰是一个主要的乳制品出口国家，但每年也进口大量的乳制品。

2011年，荷兰的乳制品进口总额是23亿欧元，同比增长了10%，而且几乎全部从欧盟其他成员国进口。比利时和德国的份额加在一起超过了60%。最重要的乳制品进口品种是奶酪和黄油，其次是奶粉。

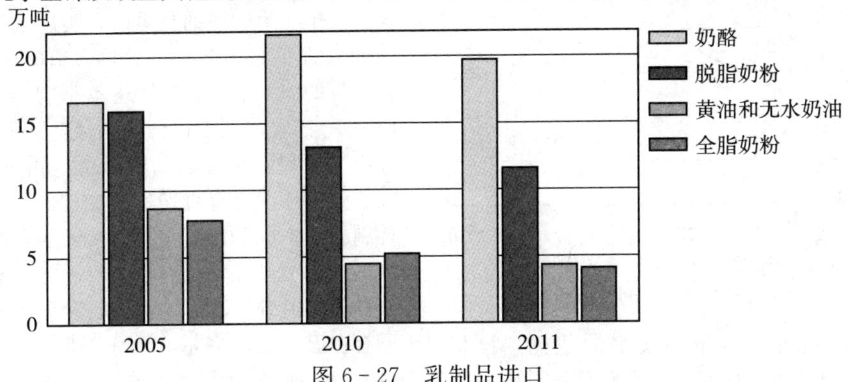

图6-27 乳制品进口

资料来源：Eurostat、CBS

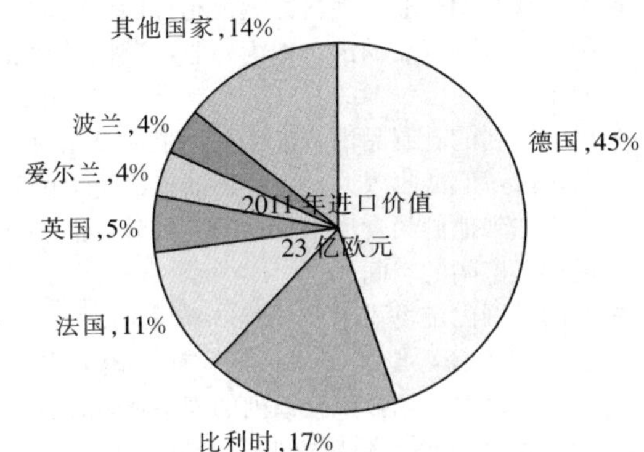

图6-28 主要进口来源国

资料来源：Eurostat、CBS

六、消费

（一）历史和现状 在荷兰，牛奶和乳制品的消费有着悠久的历史。由于荷兰的环境和气候条件非常适宜牧草生产、奶牛养殖以及乳制品加工，因此食用乳制品很自然地成为荷兰人生活中不可缺少的一部分。因此荷兰人的乳制品消费相对较高，对于大部分荷兰人来说，液态奶、奶酪和乳制品甜点都是日常饮食中的必不可少的品种。在饮用奶方面，荷兰人偏好鲜奶制品，需要强调的是，液态奶消费中占主要市场份额的是经过巴氏消毒的半脱脂奶。尽管荷兰人对某些特定品种的牛奶或乳制品有着悠久的消费传统，但情况是会发生变化的，也就是说过去一段时间内很多其他的餐饮模式走进了荷兰人的生活，尤其是家庭外餐饮渠道。但是荷兰的乳制品行业也在不断进行着创新，无论是传统的饮食还是具有新附加值的产品。

（二）近期乳制品消费的发展 荷兰人均奶酪的消费量超过了19千克。从2005年至今，奶酪的消费水平基本没有发生变化。黄油的人均消费量多年来一直在3～4千克之间上下波动，2011年是3千克多一点。

饮用奶（小包装）的人均消费量在这几年来出现了下降的趋势，2011年的人均消费量是49千克，同比小幅下跌，同2005年相比，每个荷兰人少喝了7千克饮用奶。

相反，鲜奶制品（酸奶、奶油冻和其他类似的产品）的消费多年来一直保持稳定。

智利奶业概况

智利Bío-Bío、Araucanía、Los Ríos和LosLagos地区广阔的牧场和湿润的气候为奶牛养殖行业的发展提供了非常适宜的条件。智利拥有370万头牛和大量的奶农，牛奶产量完全能够满足国内的消费需求，而且从2001年开始，智利努力将乳制品出口到国际市场，目前的出口市场包括墨西哥、委内瑞拉、秘鲁、美国、叙利亚、古巴、哥斯达黎加、危地马拉、韩国和厄瓜多尔。

智利大约有1万个奶农，2010年的牛奶产量为25亿升。智利的主要乳制品有液态奶（2010年的产量为3.66亿升）、其次是酸奶（1.98亿升）、奶粉（8万吨）、奶酪64 000吨，以及稀奶油和黄油等。2010年人均奶类消费量达到132升，同比增长4.7%。

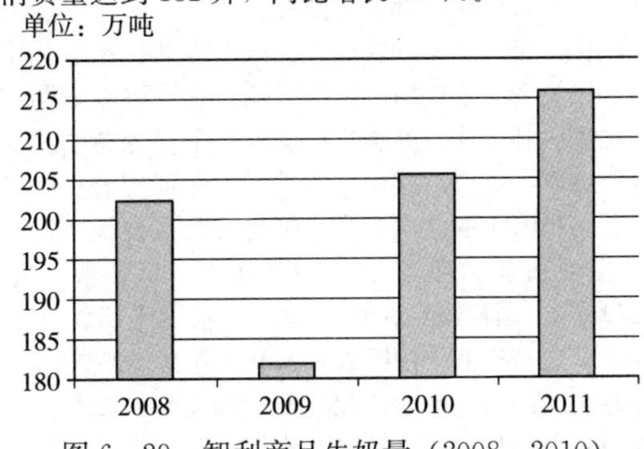

图6-29 智利商品牛奶量（2008—2010）

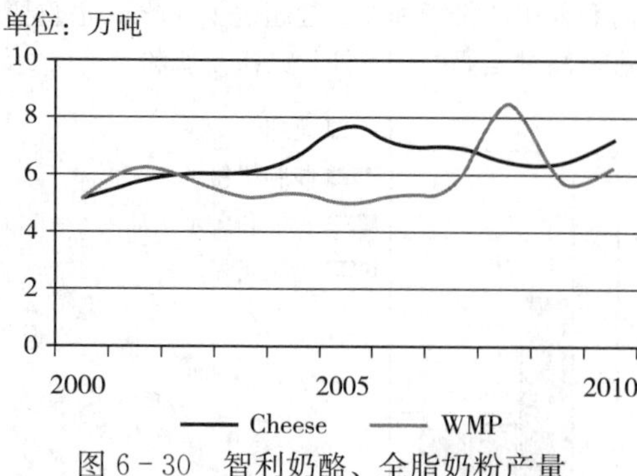

图 6－30　智利奶酪、全脂奶粉产量

根据智利农业研究和政策办公室的数据，智利2010年的乳制品出口价值达到1.6亿美元，同比增长将近23%；从数量方面看，出口3.06亿升奶当量，增长接近6%。

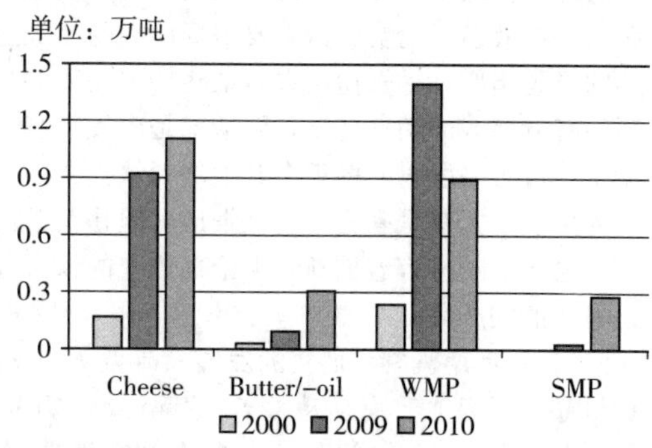

图 6－31　智利主要乳制品出口情况

在2010年，墨西哥是主要的出口市场，出口乳制品价值达到6 000万美元，同比增长了52%，占智利全部出口的38%。其次是委内瑞拉，价值2 800万美元（增长53%），占全部出口的15.3%。秘鲁名列第三，出口价值1 500万美元，同比增长30%，占全部出口的10%。排在第四位的是美国，美国从智利进口的乳制品几乎达到了2009年的三倍，占出口总量的7.7%。排在第五位的巴西在2009年还不是智利的乳制品出口国，但2010的乳制品出口价值已经达到了1 070万美元，并且成为智利奶粉最大的购买方，占据了31%的市场份额。随后依次还有哥斯达黎加，进口智利750万美元的乳制品；中国进口了480万美元的乳制品，占全部出口市场的份额已经增长到了3%。根据智利农业研究和政策办公室的统计数据，其他智利乳制品出口的重要市场还有古巴、厄瓜多尔和阿尔及利亚，在2010年，出口目的地达到30个国家左右。

智利奶业面临的机遇：

- 由于智利的奶业发展潜力远远超过国内需求，智利已经将乳制品的出口作为奶业长期增长和发展的主要途径。
- 尽管智利的乳制品消费已经到达了一个相对稳定的阶段，但低收入人群也在逐渐地将更多的乳制品添加到他们的食谱中，这为一些乳制品的增长提供了广阔的空间。
- 在满足国内市场需求的同时，智利需要打入更多的国际市场，比如日本、俄罗斯和阿尔及利亚等，为这些市场提供全系列的高品质乳制品，特别是各种奶酪、脱脂奶粉、全脂奶粉以及炼乳等，在目前人们追求健康饮食的趋势下，这些产品拥有巨大的市场潜力。
- 智利的奶业在生产效率的提高上仍然大有可为，在这方面的研究和创新极为重要。

农业部领导会见外宾

韩长赋部长会见欧盟委员会农业委员乔罗什

2011年3月24日上午，农业部部长韩长赋会见了来访的欧盟委员会农业委员乔罗什。双方就中欧农业合作以及有关农业问题交换了意见。

韩长赋指出，中欧农业合作成效显著，已成为中欧战略伙伴关系的重要组成部分。双方在中欧农业与农村发展对话机制以及国际多边机制框架下，保持了密切的沟通和协调，扩大了共识，促进了农业经贸合作。韩长赋就进一步深化中欧农业合作提出了几点建议：一是继续加强在联合国粮农组织（FAO）、世界贸易组织（WTO）、20国集团（G20）、世界动物卫生组织（OIE）等国际多边机构下就国际农业及相关国际规则与标准制定等方面的协调与沟通，相互配合和支持。二是进一步发挥中欧农业与农村对话机制作用，开展农产品质量安全风险评估、地理标志以及农产品加工合作，提升产品质量，促进农产品贸易。三是深化农业环境保护技术合作，促进农业可持续发展。四是推动中方禽肉、大蒜和蘑菇罐头等输欧农产品贸易的健康发展。

乔罗什先生对韩长赋的提议表示赞同。他说，中欧农业合作层次高、合作好、空间大，对发展中欧双边关系意义重大。他表示愿意与中国在农业可持续发展、粮食安全和食品安全等领域加强多渠道、多层次的交流与合作，促进共同发展，为保障世界粮食安全做出贡献。

双方还就多哈农业谈判、G20农业部长会议等议题进行了坦诚友好的交流。

国家首席兽医师于康震会见新西兰恒天然集团全球首席执行官安德鲁·费里

2011年5月31日上午，国家首席兽医师于康震在农业部会见了新西兰恒天然集团全球首席执行官安德鲁·费里，双方就加强奶业领域的合作进行了交流。

于康震积极肯定了恒天然公司与我国奶业合作的发展，同时对恒天然公司奶制品对华出口大幅攀升表示了关注，就加强今后双方合作提出了建议：一是开展生鲜乳质量安全监管合作；二是加强奶牛良种繁育和品种改良方面的交流；三是开展生鲜乳质量安全生产技术合作；四是开展适度规模奶牛养殖生产的示范；五是加强奶农技术培训和技术推广。

费里表示完全赞同，并指出恒天然公司会加强与中国各部门、各地区的协调与合作，通过双方共同努力，使合作取得更多成果。

部畜牧业司、国际合作司相关人员陪同会见。

韩长赋会见澳大利亚农渔林业部部长路德维希一行

2011 年 12 月 9 日，农业部部长韩长赋会见了来访的澳大利亚农渔林业部部长路德维希一行。双方回顾了近年来中澳两国农业合作取得的成就，并就加强农业经贸合作，深化中澳农业科技、农产品贸易、农业领域投资等合作交换了意见。

韩长赋表示，中国和澳大利亚是世界重要的农业大国，两国政府十分重视双边农业合作。1984 年两国农业部签署《中澳农业合作协定》以来，两国农业部门高层交往日益频繁，农产品贸易不断扩大，农业科技交流不断加强，有效地促进了两国农业双边关系的发展。他强调：平衡的、健康的、互惠的贸易才是可持续的。希望双方切实本着积极、务实、平衡、互利的态度，为争取早日达成全面的、高质量的、平衡的、彼此都可以接受的自贸区协议作出积极努力，推动谈判取得积极成果。

路德维希积极评价中澳农业合作所取得的成果，充分肯定了中澳农业合作机制的重要作用，同时就推动中澳自贸区谈判提出了希望和建议。双方还就促进农业企业相互投资及多边领域合作等事宜交换了意见。

农业部总经济师陈萌山等参加了会见。

阿根廷奶业代表团赴中国奶业协会座谈交流

2011 年 11 月 21 日，阿根廷农牧渔业部副国务秘书阿尔图罗·维德拉率阿根廷奶业代表团赴中国奶业协会，就未来进一步交流与合作进行了座谈交流。出席座谈会的有：中国奶业协会常务副会长魏克佳、秘书长谷继承、副秘书长刘琳、秘书处主任李栋、《中国奶牛》副主编周振峰，阿根廷农牧渔业部副国务秘书阿尔图罗·维德拉、奶业司司长卡罗斯、中小乳品企业协会会长巴勃罗，阿根廷驻中国大使馆农业处傲马专员、维廉科员，以及阿根廷国际奶业信息网、《农业杂志》的记者和奶业企业家代表。

座谈会上双方都肯定了 2011 年中阿奶业领域交流所取得的显著成效，在这一年里，双方奶业间开展了实质性的对话和系列富有成效的活动，为今后中阿奶业全面开展交流与合作奠定了坚实基础。4 月份，阿根廷驻华大使馆农业处傲马专员等到访中国奶业协会，就 2011 年中阿奶业交流进行了磋商。6 月份，阿根廷农牧渔业部奶业副国务秘书阿尔图罗·维德拉率奶业代表团参加第二届奶业大会并对上海、内蒙古、北京奶业进行了考察。7 月份，应奶业副国务秘书阿尔图罗·维德拉的邀请中国奶业协会组团赴阿根廷进行了考察，期间拜访了阿根廷农牧渔业部农牧渔业国务秘书罗连梭·巴索，分别与阿根廷中小规模奶业公司协会、牛奶生产商合作委员会和乳业中心分别签署了合作框架协议；同月，阿根廷农牧渔业部部长多明戈斯到访中国农业部，双方签署了《中华人民共和国农业部与阿根廷共和国农牧渔业部乳业合作谅解备忘录》，双方将在奶牛生产关键技术、奶农和牧场管理人员培训、新产品的开发、生鲜乳质量安全控制等领域开展合作。10 月份，阿根廷农牧渔业部国务秘书罗连梭·巴索到访中国质检总局，双方签署了《阿根廷牛精液输华议定书》、《阿根廷牛胚胎输华议定书》；同时在京举办了中阿牛遗传物质研讨会和企业见面会。11 月份，阿根廷奶业副国务秘书阿尔图罗·维德拉再次率奶业代表团赴中国上海参加乳制品展销会；同时，在北京举行了阿根廷中小乳品企业协会办公室成立剪彩仪式和精品奶酪品鉴会。

分享一年来交流成果的同时，双方还进一步座谈了当前世界奶业发展形势和各自奶业发展的概况，探讨了 2012 年中阿奶业重点工作。一是进一步巩固 2011 年奶业交流成果。重点是以中国奶业协会、阿根廷农牧渔业部奶业司、阿根廷中小乳品企业协会为主体，搭建中阿奶业管理、科研、技术和商贸等领域交流与合作的平台，建立正常、定期交流机制；其次是在 2011 年成功开展乳制品、胚胎、精液等贸易的基础上，进一步开展活牛和苜蓿等饲料及添加剂贸易。二是 2012 年切实加强中阿奶业交流。座谈会确定：2012 年 6 月，阿根廷奶业代表团将来华参加在河南郑州举办的第三届奶业发展大会，届时将举办中阿奶业论坛和产品推荐会；另外，受阿根廷农牧渔业部邀请，中国奶业协会将赴阿根廷参加中阿奶业论坛，重点研讨奶业管理和乳品质量安全问题。三是加强中阿奶业媒体的交流与合作。中国奶业协会的《中国奶牛》杂志、中国奶业信息网，由中国农业部主管、中国奶业协会主办，在奶业领域权威性高、覆盖面广、发行量大、影响力强，可与阿根廷国际奶业信息网、《农业杂志》加强交流与合作，加强对中阿奶业的宣传报道，让更多人了解和熟悉中阿奶业。

座谈会气氛活跃、成效斐然。双方不仅座谈了奶业发展形势，磋商了2012年重点交流工作，交流了活牛及苜蓿等饲料贸易问题，而且确定了中阿奶业定期交流机制，搭建了中阿奶业管理、科研、技术和商贸等领域交流与合作的平台。双方一致认为，中阿奶业发展具有良好的借鉴性和互补性，应进一步加强交流与合作，推动中阿奶业持续健康稳定发展。

第二届“奶牛营养与牛奶质量”国际研讨会在北京召开

2011年5月7～9日，由中国农业科学院北京畜牧兽医研究所、美国奶业科学学会和中国奶业协会共同主办的第二届“奶牛营养与牛奶质量”国际研讨会在北京隆重召开。中国奶业协会名誉会长刘成果，农业部奶业管理办公室主任王俊勋，科技部国际合作司国际会议与组织处处长李昕，中国农业科学院副院长唐华俊和中国农业科学院北京畜牧兽医研究所时建忠所长出席了开幕式并致辞。主席台就座的还有中国工程院张子仪院士、美国科学院 Dale Bauman 院士、美国奶业科学学会会长 James Linn 教授和美国 NRC 奶牛委员会委员 Trevor Tomkins 博士。来自中国、美国、加拿大、英国、新西兰和巴西等国家的34位知名专家作了专题报告，来自国内33所大专院校、17个科研院所、41个部或省级乳品质量安全检测中心、100个奶牛技术推广部门及8个中外乳品企业的领导、专家和科技工作者共计620余人参加了会议。

本届会议围绕提高奶业效益和牛奶质量安全水平的宗旨，共安排了30余场精彩报告，分为“奶牛营养与牛奶品质基础研究”、“牛奶质量与安全”、“奶牛饲养新技术和新产品研发”三个主题。会议取得了显著的成效，总结和交流了最新研究进展，进一步推动了各国政府、相关组织和科学家之间的合作研究，加大了奶牛营养与牛奶质量研究领域的投入，建立了成果共享的机制。

近10年来，全球奶业面临成本上升的巨大挑战，迫切需要新的技术创新。本次大会提出的在全球实施的“奶牛营养升级计划”（DNTP），通过整合饲料分析、营养平衡、牧场工程、饲养管理等技术，力求最终达到奶牛养殖效率的最优化。对该技术最新进展的报告与交流，受到与会国内外专家的普遍关注和好评。

另外，为了发现和培养我国的奶业青年俊杰，为他（她）们提供展示的平台，大会学术委员会设立了“研究生论坛”。国际评委会从60篇投稿论文中评选出12篇入选论文，12位入选者在论坛上向国际评委会作了最后讲演。通过现场投票，评选出一等奖1名、二等奖2名、三等奖3名、纪念奖6名，大会组委会向获奖者颁发了证书和奖金。

七、企业发展

质量为本　诚信为先——完达山

黑龙江省完达山乳业股份有限公司是全国农业产业化重点龙头企业和北大荒集团的重要控股子公司，现拥有资产总额34亿元，下辖22家分、子公司，员工近20 000名。年加工鲜奶能力100余万吨，可生产奶粉、液态奶、饮料、豆制品、米麦制品及保健食品等11大系列220个品种，销售网络遍及全国，其中原料粉远销东南亚和非洲。

近半个世纪以来，完达山乳业在国家和省有关部门的正确领导和大力支持帮助下，依托优越的地理位置和独特的自然资源，积极发挥企业主体作用，持之以恒地坚持“质量为本、诚信为先”的理念，视质量为完达山的生命，凭借“黑土地、健康牛、诚信人、放心奶”的优势，为消费者奉献优质、营养、安全的绿色食品。

一、追求卓越，跨越发展

从1963年建立首个奶源基地——8511农场奶牛示范场至今，完达山已有近半个世纪的发展历史，49年的历程中，完达山始终秉承北大荒核心价值观，踏实前行。

2008年以来，完达山乳业抓住行业整合的时机先后投资十几亿元兴建了兴凯日处理鲜奶300吨配方奶粉项目、双城年产3万吨成品粉包装生产线项目、阳光乳业日产800吨液态奶项目、松北万头现代化示范牧场项目、九三完达山日处理鲜奶600吨奶粉项目，收购圣元宝泉岭乳业资产把圣元年产2万吨配方粉企业收入麾下，重启了烟台完达山日产300吨液态奶厂，控股原三鹿核心企业河北贝兰德乳业公司。至此，工厂的定位与扩张及奶源基地的配套建设工作使完达山乳业顺利实现了核心工厂挺进中原的战略布局。

2008年，完达山乳业经受住了三聚氰胺奶粉事件的考验；2009年，完达山乳业实现低成本扩张，完达山奶粉成为中国维和部队定点采购产品；2010年，完达山成为全国诚信体系建设首批首家乳制品试点评价通过单位；2011年3月，完达山所有生产厂全部通过国家生产许可证审核；同年9月，完达山首次进入亚洲品牌500强，获得亚洲名优品牌奖。在世界品牌实验室(World Brand Lab)发布的2012年（第九届）《中国500最具价值品牌排行榜》中，完达山以品牌价值97.86亿元位列“中国500最具价值品牌排行榜”第156位。

目前，完达山乳业已基本完成了奶粉、液体奶在全国的生产布局，为跻身中国乳业第一梯队及下一步的健康、持续发展奠定了坚实基础。

2012年，完达山乳品第四次成为全国“两会”代表的专供奶品。本着“无限接近母乳”这一研发黄金原则研发的完达山安力聪婴幼儿系列奶粉，凭借50年品质积淀与技术凝练，通过了中山大学的临床测试与科学验证，成为国内首例通过了临床测试的乳品，取得了中国婴幼儿配方奶粉研发领域突破性进展。

“十二五”期间，完达山乳业将以创建中国绿色有机乳品第一诚信品牌为目标，实现新跨越。

二、加快创新，促进升级

根据“十二五”规划的三年攻坚战要求，公司产品研发中心以自主开发和合作开发的多维开发模式，加快创新步伐，促进产业升级。自中心成立以来，不断加大基础试验设施的投入，先后引进世界先进的研发设备和检验仪器，如：全自动发酵罐、超高温灭菌机、喷雾干燥塔（离心式、压力式）、厌氧培养箱、全自动低温冷冻离心机、旋转蒸发仪、冰淇淋实验机、高速剪切机、生化培养箱、恒温恒湿生化培养箱、超低温冰柜、全自动冻干机、造粒机、粉碎机、三维干混机等，可进行各种小型试验及中型试验。

完达山始终瞄准世界乳品的前沿技术和智力资源，大力开展产品研发。70年代，完达山乳业首创大颗粒速溶奶粉制造工艺，引领中国乳业走进速溶时代。今年与美国联合研发的安力聪婴幼儿配方奶粉已通过中山大学的临床试验，填补了国内高端配方奶粉空白，自主研发的元乳系列配方奶粉、珍益及黑沃牧场、东北老酸奶、原生带·净纯奶、智汇星等多项高科技、高附加值产品投放市场后受到消费者的欢迎，有数十种产品被评为高新技术产品。完达山乳业与国外多家研发机构共同构建国际化虚拟研发体系，与国内10余所高等院校联合组成科研开发实体，形成产品“研发一代，上市一代，储备一代，构思一代”的良性循环，不断推出新产品，完达山乳业每年都有几十项新产品投放市场。2011年推出了益养100及完达山元乳牛初乳粉，有机奶粉“瑞素”及进口奶粉“优恩宝”也即将上市。

多年来，完达山乳业还承担了多项国家重点奶业项目课题、省市级重点攻关项目。其中2002年承担“十五”国家重大科技专项“东北农区奶业现代化生产技术集成与产业化示范”，共鉴定科技成果43项，获得专利3项、申请专利13项、新型乳制品8种。2006年承担“十一五”国家重大科技专项“东北农区奶业集约化生产技术集成及产业化示范”，通过项目的开展，加强了产学研的密切合作，研发科技创新能力得到显著提高，提升了企业人才的竞争力，促进了高科技产品的市场竞争力，为企业的长足发展注入了生机和活力。

三、诚信经营，砥砺前行

诚信是企业发展的基石。在企业文化建设上，完达山人作为垦荒官兵和支边青年的北大荒后代，传承了军旅文化与知青文化打造的“诚信、务实、创新、卓越”的北大荒核心价值观，“诚信立企，厚德致远”的诚信理念引领着完达山乳业砥砺前行。

“诚信保证质量，质量求生存”，是贯穿完达山乳业40多年发展的灵魂。完达山建立了现代化的检测中心，投资1 000多万元购置国际先进检测设备，把精良的设备通过网络装备在每个车间、每条生产线上，按照高于国家质量标准的企业内部标准，实施二级检验的扁平化管理，使完达山所有产品的质量都得到可靠保证。完达山乳品奶源基地拥有得天独厚的生态和自然优势，这里土质肥沃、草质肥美，适合奶牛的生长和泌乳。完达山乳业拥有600万亩天然草原牧场，51万头良种奶牛，绿色无污染的生态环境成为完达山优质原料奶的自然资源基础。北纬45度和黑土带赋予的双重自然优势，造就了完达山高品质的奶源。目前完达山乳业所属奶源基地可年产无污染无公害优质鲜奶100万吨。

完达山产品经国家质检总局和各级技术监督部门上万次抽查，产品合格率始终保持100%。

一直以来，完达山在加速发展的同时，不忘反哺奶源基地和奶农，先后实施了一系列惠农措施，拉动。龙江畜牧业的发展，使200万公顷耕地过腹增值，为农民直接增收近10亿元。在完达山乳业产业链的带动下，拉动了当地种植、畜牧、运输、饲料加工、彩印等相关产业发展，使产业链上的近10万户30余万人走上富裕道路，实现完达山“两康”的经营夙愿，即“向消费者送健康，带动农民奔小康”。

中央党校报刊社社长兼总编辑、经济学教授肖勤福2010年8月12日到完达山调研时说：“是北大荒精神过滤了产品中的杂质”，他道出了文化作为企业软实力对于企业发展的重要性。

四、强化管控，提升品质

完达山乳业融合了同行业最前沿的生产技术，不断提高生产的现代化水平。近年来，完达山乳业先后自行关停、淘汰了26家规模小、技术落后的小厂，新建、扩建、改造了5家大型现代化工厂。先后从丹麦、德国、瑞士、西班牙、澳大利亚等国引进了先进的技术与设备，生产线全部采用中央控制系统，由电脑操作，所辖阳光乳业包装设备采用澳昆智能全自动机器装箱、码垛系统，率先组建出国际第一条不规则软性液体小包装的后段机器人全自动包装生产线，使开箱、称重、筛包、装箱、喷箱、封箱等一系列操作全部实现自动化。仓储设备引进德国德马泰克全自动智能仓储系统，可有效控制产品出入库的时间、数量、品种等，完达山在设备上真正实现了自动化加工生产，包括自动配料、自动清洗等，全程监控，自动化程度在国内最高，在国际仍处于领先水平。

完达山乳业投资亿元建立了现代化乳品检测中心和各分、子完达山乳业检验室，并通过了国家实验室认证。在产品标准方面，完达山制定了优于国家标准的企业内部标准，原料及产品均实施“三级检测”制度，在加工环节上，采取“原辅料—半成品—成品”检验制度，在加工过程中，每隔半小时就要对工序上的产品做一次抽检，做到不合格品绝不允许流入下一道工序。在产品发往市场前，采取“分厂—完达山乳业—中心化验室”三级检验制度，不合格的产品绝对不出厂，在成品进入物流库后，还要检验，流入市场前，中心实验室还要对数十项食品安全指标、营养指标等进行周密的检测，合格的产品才可以进入市场。

完达山乳业从原料验收到成品出厂有一整套完善的管理制度，制定的质量与食品安全标准多达1155项100多万字。为了在产品质量管理上与国际接轨，完达山乳业实施并通过了ISO9001质量管理体系认证，HACCP（危害分析及关键控制点—乳制品生产企业要求）食品安全管理体系认证，引进GMP乳制品企业良好生产规范，导入“5S”现场管理等国际先进的管理方法，实行严格的可追溯体系。通过实施食品安全管理体系，保证了产品的营养和安全，做到有效地预防食品安全危害的发生。

2011年3月17日，国家质检总局副局长蒲长城到完达山调研时表示，完达山作为老牌“国家队”，有强大的奶源基地作支撑，有严格的质量体系作保证，完全有条件和国际大品牌比高低。只有帮助这样的企业做强、做大，才符合科学发展观要求。

“民以食为天，食以安为先”，近年来国内食品安全特别是乳品安全问题频发，更使所有乳品生产者深刻认识到：质量问题永无终点，食品安全永无止境。完达山乳业将一如既往，精益求精，并与同行分享技术和管理方式，共同生产优质、安全的乳品，努力维护民族乳业的声誉和地位。

黑龙江省完达山乳业股份有限公司

以种为先　以质取胜——中地种畜

北京中地种畜有限公司是农业产业化国家重点龙头企业，中国畜牧业协会副会长单位，中国奶业协会常务理事单位，中国检验检疫协会动植物工作委员会副主任单位。公司是专业从事种奶牛、优质原料奶生产和优良种畜（种牛、种猪、种羊、种马、种用经济动物、冻精、胚胎等）引进为一体的现代化畜牧企业。经过多年发展，公司已经形成了以良种奶牛繁育、优良种畜引进为主的两大支柱产业，在行业享有较高的声誉。

一、以种为先、着力重点

“国以农为本、农以种为先”，我国是一个资源非常有限的大国，单纯依靠扩大奶牛养殖规模来提高牛奶产量会面临土地、资金、技术、污染、效益等诸多方面的问题。奶业要在资源有限的前提下取得突破发展，就必须依靠高质量的奶牛来实现，只有提高奶牛单产、提高牛奶品质、降低原料消耗、提高养殖效益，中国奶业才能健康发展，反之，盲目扩大数量而不求质量，中国奶业难有突破。引进良种、依靠良种进行有计划的选育提高，是提高中国奶牛品质必不可少的重要环节。十多年来，中地种畜为中国奶业发展引进了数以万计的良种奶牛，在很大程度上影响了国内奶牛良种化的进程，同时也为乳制品加工企业生产高质量的牛奶制品提供了种源上的保证。北京中地种畜认识到这一客观存在的现实问题，从一开始就重视在良种奶牛引进上严格把关，秉承“质量第一、客户第一”的原则，着力在“种”上做文章，力争为国内客户引进的奶牛符合良种要求，同时积极为客户提供技术支持，确保客户能在奶牛引进、饲养、管理各个方面得到全面细致的服务，使引进良种发挥出应有的遗传潜力，产生更大的经济效益和社会效益。

同时，公司积极加强自建牧场良种奶牛的选种选配工作，借助国内外先进的育种理念，大量使用国内外优秀公牛的优质冻精，提高了牧场奶牛群体水平，从而使得公司繁育的奶牛头头是良种。近几年来，公司牧场先后为国内许多奶牛养殖企业提供数千头良种奶牛，这些改良后的奶牛体现出更高产、更健康、适应性更好、牛奶品质更佳的特性，引起了许多规模牧场的关注，成为他们引进良种奶牛的首选地。这极大增强了公司坚持走奶牛育种之路的信心和动力。

以种为先，是北京中地种畜坚持不懈的追求。

二、以质取胜，才能完胜

不论奶牛还是牛奶，质量都是非常重要的。没有良种奶牛，生产不出优质的原料奶；没有优质的原料奶，乳制品加工企业难以生产出高质量的乳制品。近年出现的乳品事件，大多因质量原因而起，也时刻警醒我们要切实重视质量。人们常说：好牛、好奶，实现这个目标，是行业内每位从业者的心愿。

中地种畜视质量为企业之生命。为保证质量，公司采取了严格的控制及管理措施，包括：严格按照牧场建设要求进行合理规划布局，使每个牧场都能符合生产管理、卫生防疫、排污及环保要求；每个牧场均建立严格的卫生防疫制度，并配备培训合格的专业技术人员；牧场奶牛均实行分群管理、散栏饲养、TMR 饲喂技术、自由采食等先进饲养管理技术；利用奶牛自动识别监测设备、对奶牛发情、疫病、用药情况进行实时监测；使用国外先进的挤奶设备，利用以色列、美国奶牛管理软件，对牛群及挤奶过程进行在线管理、对挤奶全程监控，牛奶进行快速制冷、检验、通过密封管道直接进入到奶车、铅封确认、冷链运输、全程视频监控，到加工企业后再进行检验铅封、质检把关、入库加工。这些控制及管理措施确保了公司生产的牛奶新鲜、优质、安全。

公司牧场使用专业化的信息管理平台，在日常管理中发挥着非常重要的作用，具体表现在：平台可以对牧场饲料准备与储存、配方调配与营养等饲养全程进行管理；在日常监测牛群健康、发现奶牛疾病、兽医诊断登记和治疗进行跟踪管理；对奶牛发情鉴定、适时配种、系谱追踪及冻精选择等牛群繁殖方面进行有效管理；在单个牧场专业评估、经济效益评估、牧场发展及计划评估的经营方面实行绩效管理。

公司牧场生产的粪污实现无害化处理，有机肥还田，污水经过生物处理，有效利用，实现了种养联动、和谐发展。

三、乘势而上，专注奶业

几年来，中地种畜一直重视并专注于优良奶牛的引进及繁育工作，先后在各地建设了多家现代化的优良牧场。2010 年中地顺义示范牧场开始建设，截至 2011 年年底，牧场已完成审批、设计、开工、进口奶牛、投产全过程，目前牧场存栏成母牛 2500 多头，每天生产优质鲜奶 70 多吨。

中地顺义示范牧场拥有的专业化管理团队、先进的设备设施、优秀的奶牛群、完善的功能配备、欧美的管理理念，使牧场成为一个集科研、生产、示范、培训、创新功能为一体的具有国际先进水平的奶牛种业科技示范园，成为展示都市现代畜牧业技术集成的窗口，成为优良奶牛供种及优质生鲜乳生产的科技示范基地。牧场是农业部标准化示范牧场并建有院士专家农业企业工作站、北京市奶牛创新技术体系试验站、中美奶业培训中心等，是中国农大、中科院北京畜牧所、西北农大、北京农学院、北京职业学院等科研院所产学研基地，是奶业培训高水平技术和管理人才的基地。

北京中地种畜有限公司

调整农业产业结构　实现农业国际水平发展——多尔克司

焦作多尔克司示范乳业有限公司成立于2008年4月，位于河南省焦作市武陟县，占地面积2 400亩。经过近4年的发展，目前公司存栏荷斯坦奶牛约9 000头，日均生产原料奶约10吨。公司已于2010年被授予河南省农业产业化重点龙头企业、农业部奶牛标准化示范场、省级循环经济试点企业，2012年成为国家学生奶奶源基地，并通过了ISO9001、良好农业规范（GAP＋）认证，有机认证，是国内唯一一家生产有机奶的大型牧场。

公司以世界先进的技术为依托，整合海外运营资源，是一家集奶牛养殖、家畜冻精、胚胎生产、乳品生产销售、牧草种植、饲料加工销售、沼气发电、有机肥等为一体的大型农业产业化龙头企业。为提升竞争力，企业加强了同利拉伐、阿菲金、格林、司达特、希捷、蒙牛、赛科星等集团的合作。其中牧场被利拉伐认定为2008年至2012年唯一在中国区合作建设的全球示范牧场。示范园区引进世界最先进的利拉伐集团全自动智能挤奶设备和以色列阿菲金管理系统，结合国内外科技含量最高的饲喂技术。示范园区按先进性、示范性、实用性、经济性、生态安全性的要求进行设计和修建，对牛只采食区、反刍休息区、挤奶区、粗料加工储存区、病牛治疗区、粪尿处理区相对分离的布局，引进了美国最先进的集中挤奶散栏饲养的工艺，采用转盘式和并列式以及机器人机械挤奶自动脱杯技术、全混合日粮（TMR）机械饲喂技术、全程信息化智能化电脑管理监控技术、粪尿生态化无害化处理技术等国外最先进的技术，及时记录输入并处理奶牛各项生产性能数据与生理指标的电脑软件管理系统，机器取料、混料、喂料相配套的电脑软件管理系统，并随时观察到牛只采食、休息、运动等情况的多摄像头电视监控系统，同时采用牛粪污水处理循环经济，是标准的现代化示范奶牛饲养园区。

企业非常重视人才在生产经营和技术创新中的作用，与高校紧密合作培养人才。先后成为河南农业大学教学科研基地、郑州牧业工程高等专科学校实践教学与科研基地，广泛吸纳人才。目前管理和技术团队共28人，其中高级职称7人、副高级职称9人、中级职称12人。并与郑州牧业工程高等专科学校一道共建“郑州牧专—多尔克司场中校”，在课程建设、师资队伍建设、教学模式探讨和培训室、图书资料室、实验室、计算机室、体育设施、学生宿舍、食堂等教学和生活硬件建设方面进行了大量实践性探索，是目前国内第一家畜牧兽医专业领域的“场中校”，为提高奶业人才实践技能和专业素养奠定了坚实的基础。

公司先后与郑州牧业工程高等专科学校合作承担了国家科技成果转化项目1项、河南省奶业重大科技攻关项目1项，奶牛全混合日粮营养调控技术和奶牛健康养殖与生态安全关键技术等系列研究成果在公司得到应用，牧场环境、奶牛营养健康、单产水平、原料奶品质均有明显改善。

公司秉承“兴业富农”的使命和责任，本着“加速农村生态产业经济发展”和“调整农业产业结构，实现农业国际水平发展”的企业核心经营理念，不断带动农民增收，促使集约化奶牛场进入更健康、更高效的盈利模式，按循环经济理论，构建社会主义新农村的经济发展新模式，更好的为带动地方经济、促进奶业发展做出应有的贡献。

多尔克司在借鉴国际先进奶牛饲养经验的同时，结合国内实际，创造出适合中国国情的发展思路，把“创建人才培训基地”和“奶牛良种改良”纳入公司发展的重要基础建设之中来。采用世界先进的管理理念，创新经营思路，开展奶牛良种改良，建立奶牛系谱工程。通过与内蒙古赛科星繁育生物技术股份有限公司结成战略合作伙伴关系，加入DHI计划，引入国内外优秀公牛冻精和胚胎，科学选育，加快牛群改良步伐，进一步提高奶牛单产水平。2011年，公司产值达8 000万元，利润2 800万元。

公司以高效饲养为核心，全面推行“全株玉米青贮＋牧草”型全混合日粮饲养技术，平衡奶牛营养，确保奶牛膘情与健康，提高奶牛单产；以繁育为主线贯穿奶牛群管理，引入国内外优秀种质资源，科学选配，加大选育力度，确保奶牛群遗传品质；以挤奶厅为关键点，引入利拉伐最先进的挤奶系统，加强挤奶人员的技术培训和职业素养培训，确保牛奶品质；以兽医为保障，引入绩效考核制和过程监督制，着重隐性乳房炎和营养性亚健康奶牛的观察和护理，防患于未然，确保奶牛健康；以清洁生产为努力方向，引入沼气发电和有机肥生产项目，着重粪污无害化处理与资源化利用；生产全过程中努力推行整理、整顿、清扫、清洁、安全、素养的6S奶牛场标准化管理模式，积极探索大型牧场经营管理措施；加强生产过程统计监管与分析，确保生产信息及时上传下达，真正实现“奶牛健康、产品安全、环境友好”的奶牛健康养殖模式。

焦作多尔克司示范乳业有限公司

着力打造福建人民的巴氏鲜奶直供基地——福建长富

福建长富乳品有限公司创建于1998年3月，公司位于南平市延平区长富路168号，占地300亩，拥有高标准生产车间68 000平米，现有员工600多人，其中管理及技术人员180余人，带动相关产业就业人员3万余人。作为福建最大的乳制品生产企业，公司现有4个乳品生产车间，并从美国、德国、瑞典、西班牙等国引进16条先进的生产线，实现日加工能力达600吨以上。公司经过十几年的发展，企业产品销往福建以及浙江、江西、广东等临近福建周边省市场，2011年企业实现主营收入9亿多元。

作为一家集牧草种植、奶牛饲养、乳品生产加工、销售以及科研为一体的农业产业化龙头企业，公司成立至今，始终秉承“做中国最好的牛奶”为宗旨，创出一条“先奶源后市场”的发展模式。2008年以来，长富牛奶经国家、省、市质检部门批批检测、批批合格，从未检出三聚氰胺。2011年又启动了“长富安全升级”系列行动，天天权威检测，双重把关打造放心奶。多重举措同时发力，“安全升级”获市场认可。

在奶源建设上 以“先奶源后市场”的发展模式，公司先后投资近10亿元，在武夷山脉建设30多个现代化牧场，奶牛存栏最多时达到3万多头，并在国内首家引进全自动转盘挤奶机、全自动喂料机，开创了现代化牧场的先河。

在饲料管理上 加大对玉米、牧草等饲料的监测力度，由行业惯常使用的“抽检”，改为批批“必检”，检测结果合格方能进入牧场饲养奶牛；强化采购、交货、储存、喂养前等多个环节的管控。

在牧场管理上 采用现代化、标准化的管理模式。所有牧场每一头牛都有编号和“身份证”。要想建立独立档案，只要打开电脑输入编号，奶牛的生日、体重、谱系、胎次、产奶记录、有无病史等都一目了然。

在原奶管理上 通过企业内部追溯系统，实现原奶供应生产记录可存储、流向可跟踪、储运信息可查询。一旦出现问题，对每一批次的每一罐奶都可追溯，迅速查清奶源来自哪个牧场，并立即加以解决。这相较于主要依托收购散户奶源进行生产的一些企业，有着不可比拟的优势。

在产品检验上 重点强化乳品产业链条的每一个质量管控环节。在检测上，采用世界最高标准的美国食品与药品管理局FDA标准进行生产检测。斥资近千万元，配备国际一流的检测化验设备，引进了国际最先进的体细胞分析仪、乳成分分析仪、微生物快速检测仪、抗生素快速检测仪和检测“三聚氰胺”的酶标仪、液相色谱仪等检测设备。经过上述重重关卡检测后方能出厂。

在产品配送上 拥有国际先进水平的冷链管控流程。在我省率先实现挤奶、贮藏、运输、销售的“冷链”一条龙，确保牛奶始终处于全程2～6℃的冷藏保鲜状态。长富遍布全省的百余家配送服务中心还建立鲜奶冷藏仓库，保证了全程鲜奶不脱链。其下属的数千名送奶员，还与订户保持充分沟通，每天把鲜奶及时送到用户家，并使牛奶在最短时间内进入用户冰箱。

十几年来公司坚守产业定位，以良心、道德和责任实行严格的品质管理，保证了每一滴牛奶的品质。也正是通过这些年努力，企业的产品及品牌在广大消费者心中树立了极高的知名度。产品先后获得“中国绿色食品”、“无公害农产品”、“福建省名牌产品”、“福建省名牌农产品”、“福建省著名商标”、“海西经济区十大品牌”、“学生饮用奶定点生产企业”、“中国优秀民营科技企业”、“福建省第二批循环经济示范试点企业”、“福建省工业企业300强”、“中国质量协会全国用户委员会公布的2010年全国液态奶消费者满意度测评结果长富牛奶位列前三名”。

福建长富乳品有限公司

由“中国牛”向“世界牛”挺进——蒙牛

在经济全球化的大背景下，蒙牛正强化生产与管理，开启由“中国牛”向“世界牛”的挺进。1999年内蒙古蒙牛乳业（集团）股份有限在内蒙古和林格尔县盛乐经济园区建厂。作为国家农业产业化重点龙头企业，蒙牛肩负着强乳兴农使命，借西部大开发的春风取得了长足发展。截至2011年年底，蒙牛集团在全国20多个省、市、自治区建立生产基地30多个，总资产超200亿元，年产能超700万吨，累计创造产值1 834亿元、向国家上缴税金90.9亿元，累计收购鲜奶2 462万吨、为农牧民发放奶款683亿元。2011年蒙牛销售收入达到373.88亿元，为国家上缴税收21.77亿元。

一、扎实推进奶源基地建设

巧妇难为无米之炊，没有优质的奶源就无法加工出优质的乳品。吸取“婴幼儿奶粉”事件的教训，蒙牛在奶源基地建设方面进一步提高了认识。要想从根本上控制产品质量，必须从源头抓起，扎实推进自建牧场和自控奶源的建设。

首先，蒙牛加快了由散、小奶站向养殖小区、牧场的转型。在各地政府的大力支持和社会力量的积极参与下，蒙牛集团不断推进生态型、集约化、标准化奶源基地建设，目前来自现代化生态牧场、养殖小区的高品质奶源比例已提升至80%以上，从源头上保证了牛奶质量。加强奶源投入和建设是蒙牛的长期战略，牧场建设正稳步推进，目标是2015年达到100%牧场原料奶供应。

其次，在养殖环节，蒙牛加强了对饲料、清洗剂、药品、设备等生产要素的统一管控，并聘请有经验的畜牧师、兽医师，深入各个奶站、牧场、小区进行技术指导，确保生鲜乳达标。

另外，在收奶环节，对挤奶流程、清洗、现场、定位等实行标准化管理，实现24小时监控。在运奶过程中，蒙牛采用“条形码”技术，避免了中途掺杂使假；到厂验收和加工中，都要经过40多道检验关口，其检验标准严格遵循国标，并高于国标。同时，从到厂、二维编码、采样到检验、收奶、结算，均实现信息化管理，提高了工作效率、公平性和准确性。

为做好统一管控和加快奶源基地建设，蒙牛成立了全资子公司富源牧业，在“全产业链”管理理念的指引下，富源牧业集牧草种植、奶牛养殖、粪污处理、畜牧研究、科研培训于一体，持续推动自建自营、参股、控股、托管牧场运营管理。

二、积极强化技术创新

按照“立足自主研发，培育核心产品，抢占技术高端”的工作思路，蒙牛积极投入研发资金，建成了国际领先的乳制品研发中心，并与中国检验检疫科学研究院组建了“乳品联合实验室”，走出了一条独特的自主创新之路。截至2011年年底，蒙牛申请专利1 161件，授权专利901件。

针对中国消费市场需求的不断升级，蒙牛精确定位市场，不断推出了适合不同市场需求的拳头产品，逐渐形成五大系列400多个品项构成的全方位、立体化乳制品矩阵。在高端牛奶产品特仑苏之后，相继推出特仑苏醇纤牛奶、新养道珍养牛奶、未来星DHA藻油儿童奶、蒙牛真果粒以及获得“国食健字号”证书的冠益乳、新养道佑益牛奶等高端系列新品。蒙牛产品以优良的品质和不断创新的品类赢得了消费者的持续认可，多次荣获“最受消费者喜爱商品”、“最受信赖食品品牌”等殊荣。

在2007年第27届世界乳业大会上，蒙牛高端产品“特仑苏”获得“产品开发奖”，实现了中国在世界乳业史上的金牌“零的突破”；在2010年世界食品品质评鉴大会上，蒙牛“早餐奶”和“未来星”儿童牛奶荣膺大奖，同时，“未来星”还获得法国SIAL国际食品展“创新大奖”；蒙牛“真果粒”历经29个国家的合作媒体及SIAL金奖全球评委的终审评选，代表中国赢得SIAL国别金奖；在素有食品界“奥林匹克”之称的2010年第15届世界食品科技大会上，蒙牛“冠益乳”凭借其高附加值的科技含量以及对社会消费群体的健康贡献，赢得“国际食品工业大奖”；在2011年的第28届世界乳业大会上，蒙牛“新养道”荣获“乳品创新奖”。

三、努力强化食品安全管控

为了使产品质量得到全面保证，蒙牛在原奶收购、生产过程、仓储运输等各环节严格把关，做到了从源头到终端全覆盖。通过全员参与，全面落实“一票否决制”，使质量管理贯穿于集团经营活动的各个环节。

首先，严控生鲜乳质量。就标准而言，蒙牛严格执行了《生乳》国家标准中的各项规定，并有所拓宽和升级。目前蒙牛检测项目涵盖感官、理化、微生物、农药残留、兽药残留、污染物、毒素、微量元素、重金属、食品添加剂10大类，共计165个项目。

其次，严把乳品质量。每一包乳品的外包装上，都有一串条形标码。通过条形标码，可以追溯整个生产过程，包括生产日期、生产线、班次、奶仓、奶罐等信息。加工中，要求各环节健全数据记录，通过记录实现质量监管和信息追溯。在此基础上，2011年蒙牛集团又大力推广“巡更监控系统”管理计划，该系统覆盖收奶、生产的每一个环节，相关所有工作人员的指纹和工作进展情况被逐一记录下来，做到了详尽可查，为产品质量安全又加了一道“安全门”。不仅如此，公司从各环节严把质量关，对供应商评估、原辅料采购、验收入库、领料、投料、加工、检验、产品入库、出库流通等各环节层层把关，质量追溯“一竿子插到底”。

另外，质量体系的提升是蒙牛集团工作的重心。蒙牛现阶段把重心放在对产业链上各环节、各细节的梳理上，例如，采取了几项具体的质量提升措施：一是强化质量管理系统。学习和借鉴中粮全产业链质量管理模式，梳理和构建了端到端全链条质量保证体系，针对每一个环节分别制定了详尽的管理标准，加强全链条食品安全控制能力。二是质量管理进一步强化“过程导向”。高品质的牛奶不是检测出来的，而是有赖于从头至尾每一环节严格按标准执行。将以检查为重点的质量审核/评价向专业化、以主过程为线索开展的系统质量审核评估转变。蒙牛端到端的全链条质量保证体系重点立足于“过程管理”，通过流程改造来切实提高质量，明晰每个流程的管控要求，保障整个产业链中质量管理体系的有效性。三是调整集团质量管理组织架构：一分为三，将质量标准制定与执行分开。四是加强奶源前置管理，加大奶源投入。五是品质接轨国际。公司将引入国际化质量管理体系，全面与国际接轨，提升管理水平，确保生产出高品质、安全放心的产品，使蒙牛从品质到管理都与国际标准对接，成为中国质量最好、最专注、最专业的乳品企业。

四、倡导环保与循环经济建设

蒙牛人既是“好品质”的代言人，又是“绿生活”的实践者，从每一个环节、每一个细节入手，将保护自然环境、创建生态和谐作为长期追求的目标。企业自创立以来，累计投入环保建设资金 4 亿多元，用于环境保护和循环经济的具体实践。目前企业产生的废水全部得到有效处理并达到国家一级排放标准，中水全部回收利用。在大型牧场建设中，蒙牛通过建设沼气发电项目和有机肥项目，有效解决了奶牛养殖中大量排泄物对环境的污染，为中国大型牧场建设起到了积极的示范、引导作用，取得了良好的社会效益和经济效益。

同时，蒙牛率先开展"中国生态草原"行动，成立了中国第一个"生态草原基金"，积极参与"生态行动，助力中国"绿色公益活动和"低碳企业责任行动"，参与全球森林可持续发展推广，2011 年率先在销量最大的纯奶和早餐奶上使用通过全球森林体系认证的包材。蒙牛从自身做起，带动了整个行业走低能耗、低污染和健康环保的绿色发展道路。在 2011 年世界乳业峰会上，蒙牛凭借其在环保方面的努力，荣获"最佳环境可持续发展奖"。

五、强化蒙牛核心价值体系建设

蒙牛的使命是"为消费者奉献安全、优质、健康的乳制品，与客户、员工、股东及所有利益相关方共成长。"通过管理者率先垂范，制度保障、轮训强化、氛围营造，蒙牛大力开展核心价值体系建设。

各级管理人员与业务相结合，诠释"阳光、高尚、责任、创新"的内涵，将核心价值观体现到工作中，落实到管理中，引导员工展示蒙牛企业和蒙牛人阳光、积极、向上的良好形象，系统性推进文化建设，完善理念体系、行为体系、制度体系。

在国家和各级党委、政府和行业协会的支持下，以世界先进乳企为标杆，蒙牛集团正满怀信心持续发力，引领中国乳业向更加宏远的目标迈进。蒙牛的愿景是"做质量最好、最专业、最专注的乳品企业"。站在一个更高的起点，企业面临更大的机遇和挑战，诸多困难、问题摆在面前，需要去全力应对。未来，蒙牛集团将不遗余力推动奶源基地建设，加强功能性产品研发，以满足不断延展的各类消费需求。加强内管理、外服务，坚持升质量、降成本，追求高效率、低能耗，苦练内功，向管理要效益，逐步"消化"前进中的困难。争取进入"世界乳业 10 强"的行列，实现蒙牛由"中国牛"向"世界牛"的挺进。

蒙牛乳业

专业　高效　可信赖的奶牛专家——光明荷斯坦

上海光明荷斯坦牧业有限公司具有 60 多年的悠久历史，专门从事现代牧业领域产品研究、开发、生产及销售的综合性服务，是光明乳业股份有限公司的下属子公司，注册资金 2 亿元人民币。"坚持做中国奶牛业服务的领导者"的奋斗目标，多年来，企业聚焦奶牛场服务，产品和技术涵盖牧场规划、建设、管理等领域，并提供多种产品和系统解决方案，包括：牧场管理、奶牛冻精和胚胎、奶牛专用饲料、奶牛专用兽药和器械、奶源组织供应等。企业致力服务全国快速增长的牧业市场，努力推进奶牛业的规模化、标准化、优质化和产业化，全面提升生鲜乳质量、牧场效益和竞争力，积极开拓奶业产业链各个环节的相互促进、共同发展之路，为我国奶业的整体素质和效益的提高做出贡献。

一、打造全产业服务链条

在全体员工的共同努力下，企业销售收入和利润呈现双增的良好局面。牧场管理和奶牛养殖夯实基础，实现在南方高温高湿地区成乳牛年均单产 9.5 吨水平；饲料销售增长迅速；冻精业务稳步发展并保持全国前列水平；易耗品也齐头并进，市场占有率不断推高。公司四大主力业务板块高速发展，使"光明荷斯坦"品牌在奶牛行业获得更高美誉。

（一）提供饲料技术服务　原料粮业务：客户群从单一奶牛养殖户发展到家禽、养猪和饲料加工企业；销售品种上除重点的进口苜蓿草、玉米、羊草等外，还拓展了豆粕、棉粕、甜菜粕、大麦等产品；区域上拓展江、浙、沪、穗、闽、皖、豫等省。

配合料业务：目前公司在华东、华北、西北、东北等地积极拓展奶牛专业配合料市场，已初具规模。上海地区积极发展荷斯坦筒仓料，改变小型牧场配料不准、原料存放不便、保存困难易变质的缺点。

预混料业务：积极发展新客户，提高技术服务含金量。以公司养殖业的管理、技术和产量的提升带动预混料业务拓展，取信于客户；改进产品配方，提高产品竞争力。

（二）提供冻精技术服务　在国家良补项目中继续保持全国领先的份额。与国外良种公司合作，提高性控冻精的市场销售；目前与法国和荷兰建立合作关系。继续引进国外优质胚胎，改良公牛品质。

（三）提供投入品技术服务　兽药、器械等易耗品是公司重点发展的业务，公司易耗品销售额从 2007 年的 300 万增长到 2012 年 3 000 万；青贮专用黑白膜、丹麦古氏优质器械、法国 ARDES 耳标等公司独家代理产品大幅增加；青贮薄膜、碘伏、清洗剂等诸多产品从百万级打造成千万级产品。在未来 3 年，公司将致力于打造奶牛易耗品一站式的服务体系。

（四）提供牧场养殖技术服务　推进精细化管理策略：全面提高奶牛生产性能，改进传统的青贮制作工艺，进一步提高青贮质量，为奶牛提供优质、相对廉价的粗饲料；继续改进日粮配方，保持高产的前提下，降低饲料成本；增强牧场盈利能力，通过千分制体系的深入推行，实现牛均盈利最大化。以科技为依托，开拓创新。我们的目标：在未来1～2年内，公司牧场年均单产突破10吨。

2011年公司在上海和天津收购两个奶牛场，2012年吸收合并浙江佳乐乳品有限公司九峰牧场，成立浙江荷斯坦牧业有限公司。牧场规模还在不断的辐射和扩大中。继上海金山种奶牛场外，2012年总投资1.3亿元武汉生态示范奶牛场，总占地面积2 000亩，饲养规模3 000头，将年生产生鲜乳超1.3万吨。该牧场将成为华中区最高端的乳制品生产基地，以“高产、高效、优质、生态、环保”为目标，打造一流生态示范牧场，生产提供最优质原料奶产品。

二、强化技术进步与产品创新

公司坚持走引进吸收与自主开发并重的技术创新道路。多年来，企业与中国农业科学院、中国农业大学、上海农业科学院、上海交通大学、上海复旦大学等机构保持着紧密的联系，并通过参与加拿大、美国、以色列、荷兰、比利时、瑞典、法国、德国、日本、韩国等国际项目，完成了引进、消化、吸收的国产化阶段，也建成了一支高效率、高素质的产品研发队伍。自此，企业进入了自主开发能力的建设阶段并取得了可观的成绩。近年来，由企业自主研发的专利产品有8项，先后承担科技部、农业部和上海市科技攻关项目达50多项。公司加大奶牛养殖科技创新力度，科研创新积极推进牧场科技管理水平提升，取得显著成效。2012年第3届中国奶业大会上，公司张幸开、张明辉等人5篇文章荣获大会“优秀论文”奖；同时，公司积极组织，经过精心评选，选送22篇优秀论文，被评为“优秀撰稿单位”荣誉称号，受到表彰。公司承担的“南方大城市郊区优质、高效、生态奶牛养殖技术”项目在2007年获得上海市科技进步二等奖。

建设了企业检测中心。2010年上海光明荷斯坦牧业有限公司成立了上海光明荷斯坦饲料质量安全监督检验测试中心。该质检中心具有相对独立的组织机构，单独立账，独立对外开展业务，独立承担第三方公正检验工作。荷斯坦饲料质检中心成立以来，全面加强检测能力建设，以饲料质量安全为起点，逐年增加生鲜乳质量安全、牧场环境评估和粪污处理检测项目，实现实验室管理标准化、程序化，检测效率提高2倍以上，为光明荷斯坦出具正规、合法的检测报告。2011年，检测指标将由10项扩增到72项，并向中国合格评定国家认可委员会实验室认证（CNAS）和美国牧草检测协会（NFTA）提出认证。

建设了国家奶牛产业技术体系上海综合试验站。公司自2007年以来成为国家奶牛产业技术体系上海综合试验站。重点解决奶牛生产安全、提高单产和奶牛养殖业效益的技术问题，在基础性研究和重点任务方面，取得显著成果；积极响应农业部及其他部委的应急性工作，开展了大量的调研，为政府决策提供科学依据；参与农业部、中国奶业协会的“奶农学校”培训计划，积极开展基层奶农培训工作，手把手的传授实用技术，每年培训辐射基地技术人员超过100人次。

建设了农业部动物遗传育种与繁殖实验室上海奶牛科学观测实验站。公司成为农业部动物遗传育种与繁殖重点实验室学科群体系中的奶牛科学观测实验站，并于12月正式挂牌启动。该重点实验室按照学科领域、产业需求和区域特点进行规划布局，包括综合性重点实验室、专业性重点实验室和农业科学观测实验站三个层次。基本组织思路是以综合性重点实验室为龙头，专业性重点实验室为骨干，科学观测实验站为延伸，建立层次清晰、分工明确、布局合理的“学科群”，逐步形成支撑和引领现代农业发展的重点实验室体系。

加大了自主研发投入，开拓了新领域。2008年开始研究开发以奶牛生产性能测定（DHI）为基础的奶牛选种选配软件，先后解决了近交系数计算、牧场量化评分等技术难题；先后完成了近交系数运算、矩阵式动态标准体系维护、泌乳牛生产性能量化评分等功能。该软件采用的核心分析方法是国际领先的概率分析法，在牧场智能化管理方面又取得突破性进展。自主开发“上海地区奶牛矩阵式动态标准体系建立及牧场智能化管理系统开发”项目，首次提出并建立了矩阵式动态标准体系、中国荷斯坦奶牛标准泌乳曲线体系、中国原料奶品质标准体系、牧场养殖水平评分方法、我国305天产量预测模型、繁殖保健标准曲线体系。在牧场生产经营中，公司打破传统观念，根据国际先进奶牛业国家的理念，先后研制了围产期奶牛专用饲料。并针对饲料成本不断上涨的趋势，通过实验和推广，对双低菜籽粕进行了应用，年节约饲料成本250万元。

三、经营措施与发展经验

（一）夯实牧场管理基础，持续提升盈利能力 养殖规模：公司已在江苏、浙江、上海、天津等地自主拥有13个奶牛场，奶牛存栏量1.3万头。2012年，成乳牛年平均单产可达9.5吨，远高于全国平均水平，年上市优质生鲜乳6.5万吨，平均乳蛋白率3.15%，乳脂肪率3.50%，体细胞数25万个/毫升，产品质量达到欧美国家先进水平。其中，金山种奶牛场单产超9.5吨，远近闻名的朱桥奶牛场单产可突破11吨。2011年，公司下属的星火奶牛二场和金山种奶牛场全年体细胞数位列全市前三名，为提供优质奶源打下基础。

（二）饲料产品表现出色，产品结构持续改善 饲料产业是光明荷斯坦公司成立之后重点打造的一个产业，经过近两年的产品结构的调整改善，形成了奶牛饲料比较完整的产业链。饲料产品从高价值的奶牛预混料到适应大众的配合料再到大宗原粮，产品线丰富并清晰。销售网络遍布全国江苏、上海、浙江、山东、天津、东北、湖北、安徽等各大省市。饲料业务增长快速，呈现量价齐升的良好势头。

上海光明荷斯坦牧业有限公司饲料厂是一家集奶牛饲料研究、产、供、销于一体的产业单位。拥有配合料和预混料两条生产线，生产预混合饲料、配合饲料、浓缩饲料、添加剂原料等4大系统50多个产品，年销售饲料10万多吨，其中预混合饲料4 000吨，产品遍及全国各地。2012年又重点进行了生产技术改造，并根据新《饲料和饲料添加剂法规》要求，将新建500吨筒仓2个，对计算机配料系统等进行设备更新，生产能力得到进一步提升的同时，使维生素、微量元素的配料更加精确，质量可追溯性更强。

天津光明荷斯坦牧业有限公司饲料厂2012年6月份迁入新址，新区占地面积7 000 m^2，其中生产车间2 000m^2，办公区域占400 m^2。新饲料生产设备，生产能力可达10T/h，为荷斯坦奶牛饲料在华北地区的迅速发展奠定了坚实基础。饲料产品发挥技术、质量、管理三大优势，以“专业、高效、可信赖”为宗旨，坚持以高品位的产品、优质的服务和高超的技术为全国的奶牛业服务。

（三）牧业产品齐头并进，科技创新推动发展 冻精业务：2011年上海奶牛育种中心有限公司、内蒙古天和荷斯坦牧业有限公司、陕西秦申金牛育种有限公司合计销售冻精约390万支，连续6年市场份额行业领先。同时，奶牛育种系统建设成效初显，我公司在首届全国活畜展览会评比中喜获两金两银。DHI连续两年上海全覆盖达100%，2011年荣获“全国DHI测试先进单位”称号。2011年公司被授予农业部“动物遗传育种重点实验室”同时是全国唯一的种公牛观测站。

易耗品业务：研发新产品、开发新合作伙伴、拓宽销售渠道，服务广大牧场。公司具有雄厚的“科技研发，牧场验证，市场推广”一体化实力，所有新产品都经过专业研发队伍与牧场管理部的共同试验验证。如刚开发的“产后汤”，经2年实践验证才最终推向市场，服务广大牧场。经多年发展，公司与丹麦古氏、法国ARDES等国际公司建立良好的合作关系，与国内多家著名公司建立OEM战略伙伴。我们将继续拓宽合作领域，获得更大的发展。产品营销上积极拓宽策略和渠道：2012年9月建成国内首家上海光明荷斯坦易耗品网上商城（http：//www.hstmall.cn）。商城具有价格低、品质优、配送迅速、服务贴心等优点，奶农在家便可轻松购买到上千种易耗品，这种便捷的购物方式受到追捧，成为现代牧场采购的首选。

科技项目：同时，公司跻身于“十二五科技”项目重点实施单位，承担科技部奶牛养殖、育种的国家科技支撑计划，继续保持奶牛现代产业技术体系，被农业部列为“质量安全追溯示范单位”。

（四）人力储备，战略规划 公司非常重视员工发展，建立了完整的培养、考核和激励员工综合发展的体系。公司拥有博士4名、硕士14名，本科及大专生208名。高效率、高素质科研及技术专家队伍有力的推进了企业人才梯队建设。公司为所有员工提供了包括专家、技能师、后备专家、后备干部、管理层等在内的多元化发展道路，在培养高级管理人才、专业技术人才的同时，大力加强高技能人才队伍建设。公司制定了一套包括大学生人才库、实习生计划、职工外读培训、人才后备力量建设等人才开发措施。其中，大学生人才库项目是聘用员工的新途径，通过提早让大学生接触公司，参与专业部门的工作，实现招聘工作的“过程了解，双向选择”。

作为中国奶牛养殖行业的领头企业，企业正传承和弘扬“专业、高效、可信赖”的精神，锲而不舍地为中国奶业的可持续发展做出自己的贡献。

上海光明荷斯坦牧业有限公司

中华老字号的新发展——南京奶业集团

南京奶业集团创建1928年，前身为国民革命军遗族学校校办奶牛场。2011年主业总收入超过15个亿，乳品销售收入13.43亿元，增幅达23.9%。液态奶年加工能力达到20万吨，自有牧场和股份牧场奶牛存栏突破万头，生奶产量突破4万吨，牧场平均单产为7 690千克，最高单产达到8 960千克。企业带动数千奶农致富，产业链吸纳从业人员过万，全年发放奶款、青贮饲料款共计2个多亿。目前，奶业集团为江苏规模最大的专业化乳品企业和全国历史最悠久的乳品企业。

近年获得的主要荣誉：再次被国家农业部等八部委认定为农业产业化国家重点龙头企业，被授予全国奶业企业唯一“中华老字号”称号，被评为全国学生奶先进单位等。在行业内首批拿到QS生产许可证，多次通过国家、省市质监部门产品质量检查和飞行、异地质量检测。企业荣获江苏省科技创新二等奖、市科技创新一等奖等。

南京奶业集团依托国债项目和“十一五”、“十二五”国家奶业科技专项，围绕可持续发展加快奶源基地建设，近几年，在淳化建成省内大型无公害示范牧场，在泗洪建成绿色生态型牧场。截至今年6月末，企业拥有自有牧场13家，奶牛小区和奶源基地45家。在牧业生产中，兽用B超仪、定期输精、胚胎移植、高产冻精、性控技术等高新技术广泛使用，分群定投饲喂技术等全面实施，牧场的固定投资突破2个亿。积极探索奶牛排泄物无害化的处理，在政府有关部门和省农科院支持下，牧场采取雨污分离、干湿分离、耗氧厌氧等技术，有效降低了污染。同时，牛粪颗粒肥的生产使社会效益和企业效益凸显，全年生产颗粒肥共计5 000多吨，产品远销江苏、山东、安徽等地，广泛用于大棚有机蔬菜栽培。在政府扶持和龙头企业的带动作用下，

2011年，南京奶农饲喂规模化的速度加快，只饲养三五头奶牛的散户基本绝迹。奶牛小区养殖、家庭牧场得到较快发展，200头左右规模的达到18家，占全市85.7%，生奶年产量达到1.7万吨。

南京奶业集团坚持科技进步，兴建江宁乳品工业园和徐州常温奶工厂，加上在泰州、芜湖、新沂建成的驻外乳品公司，为企业发展提供有力支撑。乳品工业园首期投入2个多亿，占地400亩，建筑面积3万多平方米，建有20多条生产线，日处理生奶500吨，生产实行全封闭、电脑化全程控制，采用脱气、闪蒸、在线全自动标准化等与国际接轨、国内领先的核心技术，保证了卫岗乳品新鲜、营养、安全。新建徐州新沂常温奶工厂，一期投入达一个亿，设计年产量为12万吨，销售收入7个亿，该工厂建有多条高速生产线，目前可生产砖型、苗条型常温奶、乳饮料等系列数十个品种。低温和常温的均衡发展，使产品结构进一步优化，卫岗成为最具代表性的城市型乳企之一。南京奶业集团销售市场生机勃勃，连续五年保持较快增长，南京社区订户牛奶销售成为城市特色，最高日上市量在80万瓶袋盒以上。商超销售进入江苏、安徽等主要城市，常温奶销售取得较快发展。靠质量取胜，卫岗牛奶全面进入上海星巴克、85度等咖啡店、西餐店，连续多年实现20%的增长，卫岗在上海这一特渠市场的占有份额达到70%以上。生奶运输车全部配置了GPS定位系统和温控系统，投入使用后可远程掌握生鲜奶车的位置、速度、途中停留以及各个奶缸温度指标等六方面的信息，开创了国内采用高科技手段跟踪生鲜奶运输质量的先河。

南京奶业集团坚持多元化发展，由南京奶业集团创建的省级农业生物高新技术创业中心，引进了一批高科技农业企业，一期工程入住率达到100%，共计有30多家农业高新技术企业在此创业。二期工程总计10多万平米正在规划设计中，届时，卫岗地区将成为南京农业生物企业的“硅谷”。

南京奶业集团

做一体化生态牧场领航者——四方力欧

四方力欧畜牧科技股份有限公司（以下简称“四方力欧”）于2011年由行业五大品牌强强联合注册成立，总部位于北京市丰台科技园地标建筑时代财富天地大厦。公司整合了全球最先进的畜牧养殖与设备研发技术，是一家以畜牧装备制造，一体化生态牧场规划设计、建造、牧场咨询管理为主营业务的高新技术企业集团，为行业首家和唯一一家能够为市场和客户提供全产业链服务与交钥匙工程的专业供应商。

一、最具创新思维的研发团队

为推动和促进中国畜牧行业的健康发展，四方力欧特别成立了设计研发中心，专职开展现代化生态牧场与畜牧设备的设计与研发工作。其中由研发设计队伍设计的大跨度恒温牛舍、通风牛舍等方案，为奶牛的生活与饲养管理创造了很高的效率与效益，深得蒙牛、伊利、光明、完达山等广大客户的信赖与好评；同时，依托公司创新团队提供的奶牛养殖、饲喂、挤奶机、鲜奶储运、粪污处理、沼气环保等现代化畜牧装备技术，对国内奶牛养殖领域的设备改良与升级发挥了重大作用，多项新型产品还一举填补了国内奶牛饲养领域的空白。

在战略合作领域，四方力欧已与美国、荷兰、意大利、新西兰、澳大利亚、丹麦、奥地利、以色列、德国等国外畜牧行业一流企业建立了战略伙伴关系，同时还与国内的农业部、中国奶业协会、畜牧协会、中国农业科学院、中国农业大学等行业主管及科研机构进行了全面合作。

通过对国内外先进理念与技术的系统引进、消化与吸收，加上团队自身的不懈钻研与自主创新，公司已研发50余种新型畜牧装备，获得30余项国家专利，全面实现了国内牧场管理中低消耗、低排放、低污染的成效，为国内畜牧业跨越式发展注入了强力剂，最终将全面提升我国现代化牧场建设与管理的整体效率和质量，引领中国生态牧场行业的健康、快速发展。

二、最具实力的畜牧装备制造基地

为同时满足客户需求和推动行业进步，四方力欧分别在河北定州与河南新乡建设了亚洲最大的畜牧装备制造基地和国内最专业的牛奶贮藏与运输设备制造基地。两大基地以打造国际一流畜牧装备制造为目的，主要从事畜牧装备的研发、制造和技术服务，可批量生产奶牛场饲养、饲喂、牧场环境、智能清粪、粪污处理、有机肥抛洒、牛奶收集与检测、牛奶贮藏、鲜奶冷却、牛奶贮藏与运输、沼气工程等设备与轻钢结构制造等十几大类近百种产品。

作为四方力欧倾力打造的国内最先进的牧场装备制造集中营，两大基地先后引进了包括日本松下工业机器人、德国激光切割机、大型数控机床、大型数控钻床、立式机械加工中心、卧式机械加工中心等一批国际一流的生产线装备。在生产管控方面，四方力欧还建立健全了质量、环境、安全等管理体系。

为满足市场与客户需求，公司还在北京房山区建立了国内第一家畜牧设备超市，向客户提供最权威、最完善的畜牧采购咨询服务，搭建起了一个现代化、国际领先的畜牧装备展示平台。

三、最具竞争力的品牌优势

作为行业首家及唯一一家品牌中国金谱奖获得者和畜牧行业全产业链服务提供者，四方力欧全面形成了现代化牧场规划设计、新型畜牧装备制造、生态牧场建造、牧场管理咨询、奶牛进出口、牧场投融资等产品供应与服务，整体市场占有率与品牌知名度持续领先，连续多年位居行业最具竞争力品牌地位。

在品牌建设方面，四方力欧及其产品先后荣膺品牌中国金谱奖、和谐中国诚信示范单位、中国著名品牌、农机补贴质量信得过产品等荣誉称号；在市场服务领域，公司产品与品牌先后获得了蒙牛、伊利、飞鹤、光明、新希望、天友、完达山、娃哈哈、风行等客户的信赖与好评；在媒体关注中，依托四方力欧的市场占有率和行业影响力，持续得到了CCTV、《中国奶牛》杂志、《中国奶业年鉴》、农民日报、乳业时报、中国食品报、《中国乳业》杂志、中国畜牧杂志等媒体的报道。

秉持“以中国奶业提升为己任、做一体化生态牧场领航者”之愿景，四方力欧近年还大力开展公益培训活动，公司自成立以来先后与农业部农垦局、中国奶业协会、农机鉴定总站等机构合作，在全国范围内组织开展了数百场的免费培训，累计为各地区数千名奶牛场管理、技术、饲养等人员提供了技术与知识服务，为中国奶牛业一线人才的知识技能提升和行业的进步发挥了直接作用。公司同时还与首农集团在河北定州联合打造了集农作物种植、奶牛养殖、饲料加工、休闲观光、培训示范等为一体的资源节约型、环境友好型、生态循环型的现代生态循环农业示范园区和国内第一所畜牧职业专科学院。

目前，四方力欧上市日程亦渐清晰，预计在2013年将成为具有一定国际竞争力、产权清晰、权责分明、管理科学的股份制集团公司，很快就能实现在国内中小板市场上市的目标。到2013年以后，公司将成为具有重大影响力和强大竞争实力的环保畜牧装备制造、一体化生态牧场设计和牧场咨询服务的企业集团和绩效优良的上市公司。届时，公司将建成覆盖全国的完整市场营销网络，通过资本运营完善企业组织结构，占据国内牧场建设市场更大份额，发展全球合作伙伴和客户，围绕客户需求全面提供可定制的牧场机械装备制造和信息管理服务业务。

在当前至未来的一段时期，四方力欧将持续保持现有迅猛发展的势头，不断自我完善与提高，持续引进高新技术和改善不足，积极发扬卓越创新的精神，让大家看到一个更加成熟、完善、进步的团队，从而更好地为客户、奶农服务，成为中国奶业发展的基石。

未来，四方力欧仍将在不断探索与进步的过程中，持续发挥奋斗拼搏的精神，始终坚持“用户至上、诚信经营、以人为本、卓越创新”的核心价值观，全力推动中国生态牧场行业的健康发展，成为名副其实的一体化生态牧场领航者。

四方力欧畜牧科技股份有限公司

做好“XY”精子分离这篇文章——赛科星

发展奶牛养殖，重点是养殖母牛，让其发情、配种、妊娠，最终分娩后正常产奶。因此，就奶牛产犊来说，养牛人最喜欢的是多生“母犊”，以快速扩群，增加产能。内蒙古赛科星繁育生物技术股份有限公司就从此入手，开启了“XY”精子分离的研究、生产和服务。

一、开发出优质性控精液

在多方的努力下，赛科星成功开发出奶牛优质性控精液。目前，年产以奶牛为主的性控冻精100～120万剂，占国内市场需求的60%以上。同时，赛科星分别在新疆天山牧业和大连雪龙公司设置以肉牛为主的性控冻精生产基地（每个基地放置2台精子分离机），年生产肉牛性控冻精20～30万支。

为配合研究和生产，赛科星加强了企业的投资与基础建设。注册资本1.8亿元，2011年度公司员工总人数242人，大专以上学历占总人数80%以上，其中包括博士7人（4人为归国留学人员）、硕士27人。公司拥有自主知识产权的家畜性控核心技术和价值4 500万元的家畜性控冻精生产及配套设备、价值2 000万元的研发设备，存栏120头种公牛的育种中心、存栏1 000头母牛的良种繁育实验基地和存栏10 000头母牛的奶牛性控繁育基地。

由于企业家畜性控技术生产研发在全国的技术优势和领先地位，公司分别在2011和2012年被认定为“内蒙古家畜性别控制生物技术工程中心”和“家畜性别控制技术国家地方联合工程实验室”。

二、注重技术进步与产品创新

赛科星是国内唯一拥有家畜性控核心技术自主知识产权的高新生物科技企业。为了开展技术研发和产品创新，赛科星设立了研发部、实验基地和中试基地，研发团队包括博士7名、硕士12名，以李喜和博士为首的研发团队中4名主要成员均为具有长期国外工作经验的归国学者，研究人员专业涉及动物繁育、动物遗传、兽医、生殖生物工程技术等，可以进行体外受精、性别控制、动物克隆、分子育种等生殖生物学、生物工程技术基础研究和应用技术开发。近三年来，共进行科技研发创新项目27项（国家地方科技项目18项、企业自主科技项目9项），科技成果转化12项（国家地方科技项目成果7项，公司科技项目成果5项），申请9项、已经获得5项发明专利（1项国际发明专利PCT）、制定2项国家标准、出版专著1部、发表科学论文多部篇。特别是我公司以“受精推流原理”研究开发的奶牛性控冻精生产新技术流程使该技术的生产效率提高2倍以上、生产成本降低到原来的30%以下。

赛科星的主产品为奶牛性控冻精，占总量的90%

以上，其他包括肉牛、马鹿和绒山羊性控冻精和性控胚胎。在“十一五”期间，赛科星在全国主要奶牛养殖地区都建立了奶牛性控技术服务网络，到 2011 年年底在全国 3 000 余个奶牛养殖牧场累计推广应用奶牛性控冻精 180 多万支，奶牛母犊的性控准确率达到 93%，已经出生奶牛母犊 60 余万头，总产值 30 亿元，为奶牛养殖户新增收入约 20 亿元，充分显示了该技术的产业化应用价值和对促进我国奶牛良种化进程以及乳品加工业奶源基地建设的现实意义。

为适应中国奶业快速发展，赛科星将进一步加强技术创新，提高“XY”精子分离的技能，为广大奶农提供更多、更优质的性控精液，做好将“XY”精子分离的这篇文章。

内蒙古赛科星繁育生物技术股份有限公司

搭建好奶业智能化服务的平台——南京丰顿

南京丰顿科技有限公司成立于 2005 年 3 月，是国内首家专注于感知农业领域的专业高新技术企业，全面提供农业智能化软硬件产品开发、销售、项目实施和专业咨询服务。

一、强化感知农业建设

继往开来，南京丰顿秉承诚信为先的理念，坚持产、学、研结合，不断推进农业专业技术、软件研发技术、物联网技术、智能化管控技术、云计算与内容服务技术的融合，扎扎实实打造出民族品牌的行业优秀应用产品，贯彻精准服务理念，以行业主管机构为依托，更好地服务于全国农业养殖，朝着中国“感知农业”产业化先锋而努力奋斗。

公司自 2005 年起，先后承担了国家 863“数字化奶牛信息化平台建设”项目、国家重大奶业专项项目“北方大城市奶业现代化技术集成与示范”工程、国家 948 项目“全国种猪遗传评估中心网络管理系统”项目、“国家畜牧业公共服务平台管理系统”项目、“国家畜禽遗传资源调查管理系统”项目、“国家肉用种羊遗传评估体系管理系统”项目、“国家水产动物遗传评估体系管理系统”项目、“国家肉牛牦牛体系管理系统”项目、“国家牧草体系管理系统”项目、“中国荷斯坦奶牛育种平台”项目、“国家奶牛生产性能测定（DHI）体系软件”项目、以及多个省市综合管控系统项目。公司以项目为突破口，坚持产品化道路，积累了一系列具有典型行业特色、拥有自主知识产权的智能化软件产品 30 余项，其中《中国奶牛生产性能测定分析系统（CNDHI）》被中国奶业协会认定为行业标准软件。

南京丰顿智能化软件产品和技术，其业务范围涉及畜牧水产业的各类养殖场、集团公司、各级（国家、省、市）行业主管机构、行业协会/学会等。产品应用对象涵盖猪、牛、羊、鱼、虾、贝等多个物种。产品以信息技术为手段，集育种、繁殖、疫病、营养、饲喂和生产管理技术于一体。牧场终端管理软件用户 4 000 多家，遍及全国 29 个省、市、自治区。综合信息管理数据中心在全国畜牧总站、北京、天津、上海、黑龙江、辽宁、内蒙古、宁夏、陕西、青海、新疆、山东、浙江、江西等多部委、省、市、自治区大面积推广应用，取得较好口碑。

二、情注奶业管理

在我国奶业智能化管理发展历史较晚，但发展进程较快，南京丰顿在兼顾好其他产业的同时，近年来其重心正向奶业智能化管理平台的研究与开发转移。

经过多年的努力，企业逐步完善了奶业智能管理平台。其中，奶牛场系统软硬件产品包括 14 个类产品线：分别是奶牛场管理信息系统、奶牛养殖园区/小区管理信息系统、奶牛营养与配方系统、奶牛生产性能测定分析系统（CNDHI）、奶牛综合管理数据中心、生鲜乳监管信息平台、DHI 综合服务信息平台、智能牛只监控与辅助分群系统、智能发情监测系统、智能饲喂系统、智能挤奶监测系统、智能牛舍环境监控系统、智能视频监控系统和移动办公终端（手持机、平板电脑等）。

截至 2012 年 3 月，丰顿奶牛场软件使用户为 1 813 家，按照每个牛场平均存栏奶牛 800 头计算，使用丰顿奶牛场软件正在管理的牛只数量超过 145 万头，每年产生的业务单据超过 1.5 亿条。

三、典型应用

（一）应用于牧场综合管理 牧场综合管理信息化项目，包括《牧场生产管理信息系统》和《集团综合管理信息平台》两个部分。

使用奶牛场软件，实时记录奶牛养殖过程中基本档案，繁殖信息从发情配种、妊检、干奶、产犊、断奶、生长测定、评定、转群、转舍、离场等数据，个体产奶数据，兽医保健和物资信息。从生产管理各个不同侧面提供在线监控和分析报告。使用奶牛场软件，开展奶牛场生产数据信息查询，牛场岗位工作考核，所有工作都在以数据说话，建立严格的数据报送和审阅制度，促进了奶牛场的标准化管理。奶牛场实现生产数据当日上报。平台软件完成数据校准和核对工作，并向集团相关部门开放使用。集团的各类管理标准和数据字典项的下发和牛场业务数据上报通道经过测试，实现管理预期目标。

（二）协助政府实施奶业监管 通过建立奶牛养殖场（小区）的奶牛养殖和疫病防控系统，有效地实现了政府对奶业的监管。其中，武清智能化管理平台有效提升了武清对奶业的监管水平。其主要功能有：一是为武清养殖业搭建一个从生产到加工、销售环节的产品质量安全可追溯制度。二是促进武清畜牧业各类疫情疫报的严格监控和管理。三是提供更加优质的科技服务。四是增加奶牛养殖效益。实现武清奶业建设成为京津之间鲜奶质量最优、牛群质量最好、信誉最佳的优质奶源生产基地和良种奶牛繁育输出基地。五是为奶牛养殖提供一个崭新的管理模式：事先一按目标管理；事中一按任务管理；事后一按事实管理。带领养殖户依靠数字化经营，提高饲养管理水平。

（三）建立生产性能测定平台 首先，建立了中国荷斯坦奶牛育种数据网络平台。以丰顿奶牛生产性能测定分析系统（CNDHI）为基础，涉及全国DHI测定中心26家，涉及DHI参测场1 200余家，年测定牛只数量80万头，测定记录数6 000余万测定记录。平台实现荷斯坦奶牛品种登记、奶牛生产性能测定、中国荷斯坦公牛联合后裔测定、奶牛良种补贴信息登记、体型鉴定、选种选配共七大功能。

其次，建立了DHI奶样预处理及奶样清理自动化控制系统，原有奶牛生产性能测定中心（简称：DHI中心），在奶样采集、预处理、奶样瓶清洗、测定结果分析等多个环节均为人工操作。操作人员需完成奶样手工采集、奶样上托架、奶样下托架、倾倒奶样、冲洗奶瓶、烘干奶瓶、数据excel分析等一系列工作，工作量大，效率低，远不能满足日常工作的检测量需要，只有实现了智能采样、样品测试自动控制、结果自动分析，才可以大大节省人力，提高测试效率，完成指定检测量。本产品是用于奶牛DHI中心配套的奶样智能采集、识别、传输、检测、处理、结果分析等自动化管控系统。系统实现目标达到每年处理20万个奶样处理能力。产品可有效节省人力，提高检测效率，DHI中心现有的FOSS设备提高30%的处理能力，使DHI中心达到年20万头牛的奶样检测及数据处理能力，日测样能力达到1万份（1 500份/小时样品检测），满足所辖地区有近2 000个牧场的服务能力。

产品实现了奶牛生产性能测定的智能化、自动化管理。以物联网技术为支撑，实现RFID、移动数据采集、无线传输、机械、自动化、IT与奶牛生产性能测定专业技术的有机结合，革命性的实现了奶牛个体奶样从采集、运输、自动检测到处理、评价和分析的全过程管理。

南京丰顿科技有限公司

“规模化、标准化、集约化”奶牛养殖理念的倡导者——中博农

中博农畜牧科技股份有限公司（北京中博农畜牧科技有限公司）成立于2002年，总部位于北京市中关村科技园区，自有办公研发面积1 700余平方米。公司主营业务为现代牧场建设一体化服务，包括牧场选址规划、养殖工艺设计、畜牧设备技术集成、粪污处理整体解决方案、配套工程施工、管理咨询、托管运营以及现代牧场畜牧设备的研发、生产和销售等，致力于为客户提供最优化的养殖场整体解决方案。创业至今，中博农已经在黑龙江、内蒙古、山东等全国20多个省市及地区，规划、设计、建造了100多座适宜当地环境的规模化现代牧场。在行业内树立了设计规划合理、工艺技术先进、工程质量过硬的良好形象，在客户中享有良好的声誉，提高了公司的品牌知名度。

一、现代牧场建设——中国乳制品安全的第一道防线

伴随我国经济的快速发展，中国奶业正处于从数量扩张向整体优化、产业素质全面提高的关键时期。市场消费数据显示，我国城镇居民人均乳品消费量只占世界平均水平的四分之一，农村居民乳品消费量更是只有城镇居民的五分之一。乳制品需求对于13亿人口的大国而言，远远得不到满足，市场空间巨大。

2008年以前，我国奶业主体经营模式为“公司＋奶站＋奶农”，乳制品企业主要通过奶站收购原料奶，由于私人奶站数量众多，良莠不齐，难以形成统一管理和规模运营；并且，奶站之间无序竞争、质量监管存在缺失、标准体系不完善，以上因素导致生鲜乳收购运输中掺杂、使假行为时有发生。“三聚氰胺”事件敲响了乳制品质量安全的警钟，其后的“黄曲霉毒素”、“皮革奶”等事件的发生，对中国奶业来讲更是雪上加霜，乳制品的质量安全问题已引发消费者对乳品行业的信任危机。

国家高度重视乳品行业的发展，相继出台了一系列政策、法律，加大对原料奶产业的扶持和监管力度，大幅度提高乳制品企业的准入门槛。将奶源基地建设作为其发展的前提条件，严格实行液态奶标识制度，引导乳制品企业重视奶源基地建设，促进中国奶业的健康可持续发展。

针对我国奶牛养殖目前仍以分散饲养集中挤奶为主的现状，政府鼓励散户奶牛进入养殖小区饲养，同时，在政府部门的支持与推动下，乳品企业自建规模牧场、社会资本投资的规模牧场也得到了很大的发展。

事实证明，规模化是基础，是方向。只有推行奶牛养殖规模化，才能广泛运用先进技术，让规模化奶牛场成为推广先进技术的载体。作为一个综合了多种学科的新兴产业，具有“规模化、标准化、集约化”等基本特征的现代牧场建设业在中国大地蓬勃兴起。

二、中博农核心——强化技术研发与持续创新能力

中博农自成立以来，专注于构建安全健康的奶牛养殖环境，通过自主研发、原始创新、集成创新、引进消

化吸收再创新等方式掌握了奶牛标准化规模养殖场建设的系列核心技术，并在“首届农业科技创业创新大赛”中获得企业成长组冠军。公司重视知识产权的保护，目前拥有多项获得国家专利保护的技术及独立开发的现代化奶牛场系列管理软件。

现代牧场建设涉及多学科专业知识，并根据牧场所在地的自然环境、牧场规模、奶牛习性等进行牧场的养殖、饲喂、挤奶、清粪等系统进行综合研究开发。因此，现代牧场建设需要多方面的专业人才组成的团队共同来完成。目前，公司拥有大量畜牧养殖、环境工程、自动化控制、机械设计、动物营养、疫病防治、农业工程规划设计、工程预决算等方面的专业人才。

在加强自身研发实力、培养技术人才的同时，中博农注重与广大科研院所的交流合作、资源共享。公司投巨资在北京延庆打造教学科研基地，与中国农业大学动物科技学院联合开展“牛精英”计划。组织邀请国内外优秀专家、项目官员、企业家、公司管理人员、牧场主和技术人员，参与到该计划中，增强学术与牛场技术交流以及学术、管理和发展趋势层面的深层分析。借助双方的资源优势，提升企业创新能力和技术水平，把科研成果转化为可以带来经济效益的生产力，促进学校、企业和社会的共同发展。同时，中博农与中国农业大学水利与土木工程学院合作，签订实践教学基地建设协议，授牌成为中国农业大学国家特色专业社会实践基地，展开深入合作，培养多学科的专业人才。

公司的经营管理团队懂技术、善管理，在定期的项目现场评审会中积累了丰富的项目管理经验，也在客户心目中树立了“重质量、守信誉”的良好形象。通过外派欧美现代牧场学习交流、内部轮训、核心员工股权激励等措施方式，加强对公司技术、管理人员的培养，不断提高其工作积极性和业务水平。

三、中博农责任——加强建设产品设备生产标准化体系

为增强企业的生产、服务和科研能力，进一步拓宽全国市场，“中博农畜牧养殖设备生产基地”落户天津北辰风电产业园区。主要生产畜牧养殖设备，包括自锁式颈枷、自由卧栏、电控恒温饮水槽、畜禽舍专用卷帘、畜禽舍环境控制设备、分群隔栏门、犊牛饲喂架、保定栏等一系列产品，是中博农现代牧场一体化建设的有力保障。

遵守自然规律，推广集约化养殖模式，提高饲养效率，通过新型节能环保技术及设备，减少环境污染，提高劳动效率。以绿色、低碳、环保的理念，倡导循环经济，促进和谐发展。这是新时期畜牧企业应该坚持的价值导向。公司作为我国“规模化、标准化、集约化”奶牛养殖理念的倡导者，坚持“只有健康养殖环境才能养殖健康牛，只有健康牛才能产健康奶”的经营理念；将不遗余力的以“博爱博天下，兴农兴中华”为使命，以提高奶牛福利、推广科学养殖为己任。真正从奶牛场的养殖工艺设计、设备及技术集成、配套工程等方面，为奶牛构建采食、饮水、休息、疫病防治、繁育等一系列福利设施，保证奶牛健康高产，力求从源头上保障乳制品的质量和安全，让人民群众喝上放心奶。实现企业发展，融入社会，企业价值和社会价值的共赢。抓住当前机遇，强化技术研发与持续创新能力，加强产品生产流程再造，建立标准化体系。努力成为国际一流的现代牧场建设一体化服务商及畜牧设备供应商！

中博农畜牧科技股份有限公司

见证奇迹　创造辉煌——瑞普大地

内蒙古瑞普大地生物药业有限责任公司成立于2000年元月份，是天津瑞普生物技术集团股份有限公司与北京九州大地生物技术集团股份有限公司合资组建的集知识、人才、技术于一体的高新科技企业，主要致力于新型中药制剂、化学药物制剂的研发、生产和销售，是中国西北地区规模最大的现代化动保产品生产基地。2004年12月首次通过农业部兽药GMP验收，2010年10月通过GMP复验收，现拥有粉剂、散剂、预混剂、口服溶液剂、消毒剂（固体、液体）、大容量注射剂、小容量注射剂等大型生产线，自2003年以来，消毒剂车间是国家防治口蹄疫和禽流感等传染病的重点生产单位。2012年投资300万元新扩建国内领先水平的奶牛乳房灌注剂车间。

瑞普大地公司面对竞争日益激烈的行业市场，坚持以“科技创新为先导”的理念，以科技引领企业发展。公司拥有一支由博士、硕士等专家、教授组成的新产品研发队伍和质量保证体系，2001年开始致力于研究“奶牛专用保健系列产品”，成为国内首家奶牛专用营养类保健制剂的研发和生产企业，同时不断提升和优化奶牛专用中草药系列产品。2005年公司成立了区级研究中心，先后与内蒙古农业大学、天津中医药大学、中国农业大学、南京农业大学、德国汉诺威兽医学院、丹麦国家兽医学院等多家国内外研究机构展开广泛的产学研联合，不断创新合作模式和思路，获得多项国际先进和领先的科研成果，成功掌控十余项行业技术制高点。2010年设计研制出与瑞普大地奶牛专用中草药口服液配套使用的新型灌药器，并取得了“一种奶牛用灌药器”国家实用新型专利。2011年获得“碘甘油乳头浸剂”国家三类新兽药证书，现已申报国家专利，于2012年被国家科技部评为内蒙古自治区农业科技成果转化重大项目。“二氯异氰尿酸钠络合型消毒剂”、“奶牛防冻型乳头药浴碘甘油溶液”产品创新点经科技查新达到国内领先水平，瑞普大地以其丰硕的科技创新成果，赢得了行业的高度关注和社会的普遍认可，成为牛羊保健品研发领域引领者，公司也因此被评为国家高新技术企业、市级龙头企业。

瑞普大地拥有一流的营销、技术服务团队，坚持“与客户共成长”的发展理念，坚持方案营销的方针、政策，为客户提供全面系统地解决方案，坚持以最快的速度、最好的服务，降低客户的养殖成本，满足客户多元化的服务需求，真正提升客户价值。瑞普大地产品以其优秀的品质、独特的工艺、确实的疗效以及绿色环保等特点赢得众多客户群体广泛认可与信赖。公司已建立起覆盖全国三十个省、市、自治区的销售服务网络，极力拓展国际市场，产品已出口俄罗斯、蒙古国、哈萨克斯坦、越南等国家。是“中国食品土畜进出口商会”会员。在 2011 年底国内乳业巨头蒙牛集团首批兽药企业招标活动中综合评分排名第一，为今后与蒙牛集团的合作奠定了坚实的基础，也为今后“奶牛专用保健系列产品”集团化运作开辟了先河，更是公司销售业绩提升的一个大举措。

公司将人力资源作为第一资源，加大人才培养力度，注重细节化管理，努力提升管理水平，逐步达到四化——职业化、专业化、规范化、标准化管理要求，成为牛羊保健品研发领域引领者；实现三个转变——以产品为中心向以客户为中心转变，以销售业绩为中心向以客户价值为中心转变，以生产销售商向服务商转变；做好三个强化——强化客户导向、强化基础管理、强化团队建设；从而实现三个显著提高——显著提高技术创新服务水平、显著提高关键流程运营效率、显著提高团队能力素质。坚持绿色、健康的理念，走“优势”发展的道路，打造中国牛羊药第一品牌。

前瞻、创新、正直、分享是每个瑞普大地人坚定的信念，公司以市场需要为导向，应用研究为重点，成果产业化为目标，致力于牛羊保健品的技术研发，引领牛羊保健品新进程，为牛羊健康提供全面的养殖服务。全力建设国际一流的现代化高科技动物药品产业基地，打造中国奶牛及羊用药产品的第一品牌，全心服务于中国畜牧业。

内蒙古瑞普大地生物药业有限责任公司

将最好的奶牛保健产品带到中国——勃林格殷格翰

勃林格殷格翰是全球排名前 20 位的制药公司之一。总部位于德国殷格翰，在全球拥有 145 家子公司和超过 44 000 名员工。自从 1885 年成立以来，这家家族企业一直致力于研发、制造及推广各种对人类和动物具有极高治疗价值的创新药品。

作为公司文化的核心成分，勃林格殷格翰始终承诺担负社会责任，从参与社会公益项目，到关爱员工及其家属和在全球型营运基础上为所有员工提供均等的机会。互相合作和尊重、保护环境和可持续性发展构成了勃林格殷格翰公司所有努力的核心因素。

2011 年，勃林格殷格翰净销售额达 132 亿欧元，公司将其最大业务处方药业务销售额的 23.5% 投入于研发。

勃林格殷格翰于 1994 年正式进入中国市场，总部位于上海，在北京、广州、沈阳、成都、南京、杭州等地设立了分公司，共拥有 3 000 多名员工，主要业务包括处方药、消费者自主保健药品及动物保健，业务范围遍及全国各主要省市和地区。2002 年，勃林格中国首座工厂于上海张江高科技园区 正式落成。2012 年，斥资 7 000 万欧元扩建工厂，成为中国重要的供应中心。

1954 年，自公司在德国开始涉足动物药品的生产以后，勃林格殷格翰动物保健业务一直稳步发展。如今，勃林格殷格翰动物保健在美国、德国、墨西哥、北欧国家和加拿大都占有百分之五以上的市场份额，在 20 多个国家设有业务分支机构，位居全球十大动物保健公司之列。2012 年，公司斥资 1 200 万欧元于上海高科技园区建立跨国药企在华成立的最大的动物保健研发中心，致力于在中国动物保健行业的长足发展。

勃林格殷格翰动物保健于 2001 年进入中国的养猪业市场，从 2003 年第一个产品在中国注册，至 2011 年已经拥有 7 个产品，短短的几年时间内，在猪用疫苗市场中已经处于领先位置。

2009 年年底，勃林格动物保健又着眼于中国奶牛养殖市场，致力于将最新、最好的奶牛保健产品带到中国，并为中国养牛业带来先进的奶牛疾病控制理念。目前，勃林格殷格翰公司在农业部登记注册的奶牛产品有百福他（Bio - Mycin®）、美达佳（Metacam®）、达可（Diakur®）和博威钙（Bovikalc®）。2013 年，勃林格公司还将正式向中国市场推出奶牛泌乳期乳区灌注产品优孢欣（Ubrolexin®）。

德国勃林格殷格翰公司

致力于生态养殖与食品安全——宝来利来

山东宝来利来生物工程股份有限公司创立于1996年8月，是一家专门从事动物微生态制剂研究、开发、生产与销售为一体的生物科技企业，国家重点高新技术企业，注册资金3 100万元，是中国最大的动物微生态制剂产品供应商和微生态技术及其解决方案服务商，目前拥有生物研究院、国际贸易部、3个生产基地，以及畜禽微生态事业部、水产微生态事业部、反刍微生态事业部等基于不同动物品种的12个专业事业部，并有为基层用户服务的生态养殖技术服务中心和BEA生态养殖发展联盟等，主要产品有动物微生态制剂（饲用微生态、畜禽微生态、水产微生态、反刍微生态）、生物发酵、生物制品、生物原料、生物兽药等，市场网络覆盖全国32个省市自治区，并出口到欧盟、美国、韩国、东南亚等多个国家和地区。

一、建立了高水准生物研究院

为提升企业微生态技术与产品的核心竞争力，企业组建了国内一流的生物研究院。生物研究院严格按照国际P3标准建设，面积约10 200平方米，拥有国际先进的微生态技术设备200余台套，可同时容纳250名技术人员进行科学试验，成为企业对外合作、引进国际先进技术的战略研发高地。自组建以来，生物研究院先后承担了“安全饲料添加剂研制”、“对虾和贝类免疫增强剂的研制”、“耐高温纤维素酶菌株的选育”、“海洋药物的开发”、“高性能乳酸菌菌株的选育”等5项“国家863计划”课题，包括益生素、产酶益生素、肽菌素、青贮宝、生物E蛋白等5项国家重点新产品，并先后承担了国家发改委绿色农用重大生物专项、国家工信部重大技术改造项目、国家经贸委“双高一优”项目等，2010年获2项技术专利。被省科技厅认定为“动物微生态制剂工程技术研究中心”、被山东省经贸委认定为“省级企业技术开发中心”，与中国农科院联合组建“中国动物微生态研究发展中心”。

企业坚持以成果导向和市场导向为原则，不断完善以课题制为基础的研发决策、研发管理、产品开发、中间试验和市场推广“全流程一体化研发体系”，坚持自主创新与对外合作相结合，使宝来利来生物研究院真正成为中国动物微生态产业技术创新的引擎和全球动物微生态领域科学研究的高地。

二、打造了一流的生产基地

截至目前，企业拥有3个GMP标准化动物微生态发酵工厂和1个生物制剂车间，年生产微生态产品10万吨。生物制剂车间有5条全自动液体发酵生产流水线及后处理设备，共计34套发酵装置、3套大型喷雾、干燥系统和3套大型真空冷冻干燥系统，其中乳酸菌和双歧杆菌菌粉年生产能力达千吨，居亚洲首位。生物发酵工厂全部通过ISO9001质量管理体系和产品体系认证，为成“规范化、信息化、专业化、国际化”微生态发酵工厂。

企业坚持以客户需求为导向和质量“零缺陷”管理，运用信息化管理控制系统，提升生产精度和生产效率，建立了产品质量全程可追溯体系。企业全面推行5S和OEC管理，使企业管理水平规范化、标准化、专业化和国际化。企业先后获省级上荣誉30多项，“山东省十佳饲料企业”、“山东省十大饲料品牌”、“山东省著名商标”、“山东省青年文明号”、“国家火炬计划重点高新技术企业”、“山东省农业产业化省重点龙头企业”、“山东省第七届消费者满意单位”、“山东省著名商标”、“泰安市科技创新型企业”、“山东省著名商标”称号，产酶益生素、生物E蛋白产品双双获得山东省名牌产品、生物E蛋白产品被列入国家计委高新技术产业化推进项目，产酶益生素、青贮宝产品被评为国家级重点新产品，宝来利来公司连续被中国饲料工业协会评为重承诺、守信用单位，是中国动物微生态学会副理事长单位、中国精细化工学会动物用化学品委员会副理事长单位。

三、致力于生态养殖与食品安全

奶业的迅猛发展，为人们奉献了乳制品、带来了收益，但同时也滋生了一些问题，如污染，若不加以解决，极易污染周边环境和影响牛奶质量。微生态制剂作为新型绿色无公害饲用添加剂，具有抑制肠道病原菌、提高动物自身免疫力、改善养殖环境和提高饲料转化率等功效，正在成为最优选的无耐药性、无残留的抗生素替代品，在瘤胃调控、提高单产、降低体细胞数等方面将发挥越来越重要的作用。

企业生产的反刍用微生态制剂都是生物研究院承担的5项国家科技部“863计划”课题中的3项和1项“948计划”研发成果，是结合反刍动物生理特点开发的专用型微生态制剂。2012年研究并推出“益刍宝”、“奶源宝”、“青贮宝”、“化毒霉”等产品。其中，益刍宝旨在提高反刍动物瘤胃消化和平衡肠道微生态，做到“让瘤胃活起来”。通过促进消化吸收，同时提高了牛奶产奶和质量；奶源宝作为反刍动物的抗感染微生态制剂，显著提高反刍动物的抗病力和免疫力，降低牛奶体细胞数量，预防奶牛乳房炎；青贮宝主要用于秸秆饲料的青贮，缩短青贮时间，减少干物质损失，生产更多的乳酸和乳酸菌，避免霉变和二次发酵，产生浓郁的发酵香味，提高反刍动物的采食量；化毒霉则是针对霉菌毒素而推出的霉菌毒素吸附降解剂，不仅可以物理吸附，而且能够生物吸附和生物降解，化毒霉的吸附降解效率是常规霉菌吸附剂的2倍以上。企业致力于生态养殖与食品安全这一使命，为从事反刍事业的饲料企业、兽药企业、政府机构、微生态制剂企业和养殖企业提供最佳微生态解决方案。

企业站在全球动物微生态技术研发的高地，与哈佛大学粘膜免疫实验室、加拿大农业部农业与食品研究所、中国科学院海洋所、中国农业科学院饲料所等高等院校和科研院所紧密合作，并高度结合中国养殖业所处的生物危机、环境污染、食品危机和高耗低效等实际状况，不断开发出技术领先的抗感染微生态制剂、黏膜免疫微生态制剂、肠道营养微生态制剂等，为中国饲料企业和养殖牧场寻求饲用抗生素的最佳替代品，解除病原微生物流行、泛滥、耐药、变异等困扰行业可持续发展的严重问题，成为全球动物微生态产业系统领先的研发技术及其解决方案服务商。

企业秉承“致力于生态养殖与食品安全”的理念，牢固树立“技术的原创力，市场的开发力”为企业的核心竞争力，依靠技术和品牌优势，组建中国宝来利来生态养殖联盟，始终保持自身强大的产品竞争力和市场稳定，进一步保障了畜牧养殖业健康发展，真正做到产品安全、用户满意，取得了良好的社会效益和经济效益。

山东宝来利来生物工程股份有限公司

“舔砖”反刍动物保健的媒介——日本全药

舔砖，也称块状复合添加剂，通常简称“舔块”或“舔砖”。是将牛羊所需的营养物质经科学配方加工成块状，供牛羊舔食的一种饲料。理论与实践证实：补饲舔砖能明显改善牛羊健康，加快生长，提高经济效益。上世纪80年代以来，舔砖已广泛应用于60多个国家和地区，被农民亲切地称之为“牛羊的巧克力”。舔砖完全是根据反刍动物喜爱舔食的习性而设计生产的，并在其中添加了反刍动物日常所需的矿物质元素、维生素等微量元素，能够对人工饲养的牛、羊等经济动物补充日粮中不足的各种微量元素，从而预防反刍动物异食癖、奶牛乳房炎、蹄病、胎衣不下、山羊产后奶水少、羔羊体弱生长慢等现象发生。随着我国养殖业的发展，舔砖也成为了大多数集约化养殖场中必备的高效添加剂，享有牛、羊“保健品”的美誉。

日本全药工业株式会社致力于中国反刍动物保健事业，在补饲“舔砖”领域取得很好的成就，可谓是用“舔砖”为媒介，搭建了为反刍动物提供保健的平台。

一、企业概况

日本全药工业株式会社创建于1946年，是一家已有60年以上历史的日本老牌动物保健品企业。企业总部占地130公顷，现有中央研究所、生命科学研究所、GMP生产基地、物流管理中心和总部办公区，另外在小野町拥有60公顷的实验牧场。是集研发、生产、销售于一体的动物药品和营养保健品的专业企业。GLP的研发机构、GMP的生产设施和覆盖日本全国的销售网络，使其长年居日本同行业之首，为世界动物药生产企业20强之一。现有职工800名，年销售额280亿日元。日本全药工业公司制定了2015发展规划，其内容为：深耕日本国内市场，努力扩大海外市场，开拓生命科学新领域。

二、发展成就

日本全药工业株式会社，经过60多年的不断努力和创新，从一个家族式作坊，发展成为具有独立研发能力和自主知识产权的世界性动物保健品企业，现在有400种以上动物保健品在日本生产销售。特别是日本全药工业株式会社在反刍动物营养保健方面的不断创新，给日本奶牛和肉牛养殖业发展做出了很大的贡献，在日本国内公认为反刍动物营养保健的专家型领头企业。日本全药工业株式会社紧随着日本畜牧业自20世纪60年代开始发展而不断扩大。舔砖系列产品是日本全药工业株式会社的反刍动物用的代表产品，自20世纪50年代开始研发，至今已有50年以上的历史，为日本奶牛业及享誉世界的日本和牛的发展做出了突出贡献，多次获得了日本农林水产省颁发的特殊贡献奖。日本全药工业株式会社以服务牧场、养殖户和提高牧场、养殖户的经营生产能力为目的，不断研究和开发新产品。公司具有350名以上的专业牧场技术服务和销售职员，具有一整套独自的技术服务方案和方法，紧密服务于客户。通过搜集现场信息，和客户一起研究不足，找出原因，制定方案，解决问题，与客户一同创造价值和利益。日本全药工业株式会社致力于不断提高动物价值，贡献人类社会的社会使命，资助设立了日本兽医专业协会“山楠花会”，每年定期在日本全国各地展开学术交流，使养殖户、牧场和畜牧专家、兽医专家共同携手解决当年畜牧养殖中出现的实际问题，提高畜牧业的生产和经营能力。近20年来，日本全药工业株式会社在养猪、养鸡和伴侣动物领域也有了长足的发展和贡献，在与日本导盲犬协会合作的驯犬和导盲犬普及项目中，为推进导盲犬的普及作出了贡献。

2001年2月，天津全药动物保健品有限公司在天津经济技术开发区设立。该企业全套引进日本全药工业株式会社的牛用舔砖自动化生产线和日本GMP标准的生产和质量管理体系，以天津全药动物保健品公司为其供应世界市场的生产基地，将产品销往世界各地。年生产量达16 000吨，生产20个以上品种，95%的产品出口供应国外市场。是亚洲最大的牛用舔砖专业生产基地，也是现今世界上唯一既可以生产牛用食盐舔砖，又可以生产牛用小苏打和牛用糖蜜舔砖的专业企业。全部产品均有其自主技术和知识产权。其食盐舔砖以配方独特、功能性强、品种齐全、质量可靠被日本、韩国市场垂爱，该产品已占据日本同类产品80%以上的市场份额，其优良的品质和显著的功效在日本得到了日本农林水产省的动物用药品生产和销售许可。天津全药还是迄今世界上唯一生产牛用小苏打舔砖的企业，给反刍动物以舔砖方式饲喂小苏打，利用效率高、减少浪费，效果显著。特别是对奶牛夏季热应激、偏食、瘤胃酸症和牛蹄保健等使用效果好、见效快。天津全药生产的高营养浓缩舔砖，是利用可溶性糖的固化技术，生产的具有抗热、抗潮和最大限度保存维生素和微量元素的活性高营养舔砖，是奶牛应激期名副其实的反刍动物用高能量产品，在国外被誉为“牛、羊巧克力”，能促进断奶犊牛的瘤胃和瘤胃绒毛发育、增加高产奶牛临产期和产后的能量补充、缓和奶牛热应激等效果。该产品曾被日本政府和联合国指定为援外救灾物资，用于援助冬季寒冷国家地区的暴风雪（白灾）等对牛、羊家畜灾害期的紧急救援物资，享誉世界。

三、增值服务

天津全药动物保健品有限公司立志为21世纪的中国畜牧业特别是养牛业的发展做出贡献。天津全药公司2002年建成投产，2005年在北京设立北京销售公司以来，一直致力于以中国奶牛业发展为核心展开活动。有鉴于中国奶牛业起步晚，发展快，形式多样，水平高低不齐等特点，公司制定了以普及奶牛饲养知识和技能，培育奶牛饲养理念为核心策略，以协助奶牛养殖户、牧场提高生产和经营能力为目的活动计划。与全国各方面几十家相关研究机构合作，研究探讨适合于中国发展的方式方法。每年几十次地下乡进村，到小区和牧场直接开展奶牛养殖技术讲座。普及养牛就是养瘤胃，健康的奶牛才能生产高品质牛奶，推广牛性化养牛理念，介绍奶牛舒适度决定牧场盈利状况、积极介绍和推广集约标准化奶牛养殖牧场的奶牛个体护理与保健的舔砖技术等内容。我们有信心与奶牛业广大同仁一道努力，为提高中国奶牛业又好又快发展做出应有的贡献。

日本全药工业株式会社北京代表处

“铸民族品牌　惠天下奶农”——北京奶牛中心

北京奶牛中心（Beijing Dairy Cattle Center，BDCC）隶属于北京首都农业集团三元种业科技股份有限公司，是我国建立最早、规模最大、综合实力最强的奶牛良种繁育及供种基地。目前，中心现饲养优秀荷斯坦种子母牛1 500头，优秀种公牛210头，冻精产销量连续多年位居全国第一，为加速我国牛群遗传改良做出了巨大贡献。

作为在国内有着悠久历史的育种企业，北京奶牛中心坚持以“基础做牢、科研做实、品牌做响、市场做大、企业做强”为指导思想，以服务广大奶农为己任，通过发挥自身种源、技术和人才优势，致力于构建我国顶级的高水准、高效率、可靠性强的奶牛育种体系，通过充分发掘北京地区的优势高产奶牛核心群体，向着“打造中国奶牛育种第一品牌”的宏伟目标不断迈进。目前，中心通过引进进口胚胎和核心群自主选育，年培育优秀后备公牛近百头，同时对种公牛生产性能、体型外貌、繁殖性能、长寿性等方面的遗传素质开展科学评定，最终培育出遗传性能优秀、稳定且特点丰富的验证公牛群。2012年中心共有126头优秀种公牛入选农业部良种补贴项目，入选公牛头数全国排名前三。

北京奶牛中心在产品销售中始终坚持“以优质产品打动客户、以科研创新带动销售，以技术服务赢得市场”为辅的销售策略。在市场销售方面，中心结合自身优势和市场需求不断调整产品结构。在以牛冷冻精液为主打产品的基础上，通过不断完善和优化品种来满足不同客户的需求，同时建立起以牛床垫、犊牛岛、兽药器械等奶牛产品销售为主的新增长点，并且以奶牛养殖技术推广、培训、服务为主要手段，使中心在行业内的知名度和影响力不断提升。通过产品调整和技术创新，2011年中心总资产达到2.1亿元，中心实现收入1亿元，实现利润3 000万元，较2010年增长10.1%。

在科研创新方面，中心通过依靠现有的“国家奶牛胚胎工程技术研究中心”、“国家引进国外智力成果示范推广基地”、全国奶牛育种行业的首家“博士后科研工作站”和“农业部奶牛遗传育种与繁殖专业重点实验室”等科研平台，引进及吸收国内外先进技术和人才智力。近几年，中心在提高胚胎移植受胎率技术、奶牛选种选配技术、种牛有害基因检测技术、幼畜超排技术、奶牛基因组育种技术、无卵黄稀释液配方等相关技术方面的研究取得了很大进展，且部分成果获北京市科学技术一等奖2项，二、三等奖各1项，北京市农业科技成果推广一等奖2项、二等奖和三等奖各3项，专利3项，达到了出成果、出人才、出效益、提高中心整体竞争力的目的。

在对外服务方面，北京奶牛中心坚持开放服务、开放研究，联合开发，立足北京、服务全国的思想，广泛开展技术培训、技术交流、成果推广和生产性能测定服务。中心先后连续承办了“农垦奶牛场现代化管理”、“奶牛场标准化体系建设”、“牛冷冻精液生产与管理技术”等多期培训班，同时每年还在全国各地举办各类生产技术和管理培训班，年培训技术人员5 000余人次。北京奶牛中心还在农业部、北京市农业局和畜牧兽医总站的支持下，在北京地区重点推广奶牛生产性能测定工作。目前，参测牛场已接近50个，覆盖北京地区牛群总规模近 5 万头，月检测样本数达 2.3 万个，有效提升了参测牛场的整体管理水平。

面向未来，北京奶牛中心将继续依托优秀的良种资源、一流的科技团队、先进的工艺设施、完善的技术服务，通过选种选配、饲养管理、健康养殖、标准化牧场建设等全方位的专业化技术服务，为实现"全力打造中国奶牛育种第一品牌"的企业愿景和奋斗目标继续努力，并与全国奶业同仁一起为我国奶业发展贡献力量。

北京奶牛中心

利拉伐在中国

一、利拉伐概括

利拉伐，1878 年成立于瑞典。当年，Gustaf de Laval 先生发明了离心式奶油分离器引领了奶业的变革。Gustaf de Laval 先生是一个传奇的人物，不仅是一个发明家，还是一个实业家，他专注于改进机器设备，更专注于改善人与动物的生存条件。目前，利拉伐业务遍及全球 110 多个国家和市场，有 50 多个销售公司，100 多万用户，除供应先进的设备和完善售后服务外，还为牧场提供科学的牛群管理方案。

二、利拉伐初进中国

1979 年，深圳光明华侨农场引进了第一套利拉伐设备，建立起新中国第一个奶厅，并运行至今。虽仅只是一套小小设备，却为当时奶牛养殖机械化迈出可喜的一步，堪称中国奶业史上一次里程碑事件。1989 年，利拉伐就在广州设立了分公司，业务开始向全国拓展。

三、建立中瑞奶业中心

1984 年，中国瑞典奶业中心的成立。这是中国自改革开放以来，引进国外先进技术建立起来的第一个奶业培训、产品开发机构。在为期 15 年的项目过程中，中瑞奶业中心对 4 000 多名中国学员进行了乳制品加工以及奶牛养殖的培训。其中 228 名学员获得了中国教育部授权的大学学历，3 名学生获得了 SLU 的硕士学位。今天，很多的学员已在中国大型乳制品企业担任重要职位。中瑞奶业中心在中国奶业赢得了声誉。作为中国和瑞典王国两国政府间的科技合作项目，这个汇聚瑞典奶业最精锐技术力量的研究和培训机构，首开行业先河，从奶牛管理到乳品加工系统的教学、科研、生产三结合，堪称全方位的奶业培训单位。期间，利拉伐为北京三元免费引入安装一整套 RTS 系统（管道机），将欧洲最新牧场设备及技术经验，源源不断的输送到了中国。

四、研发计量瓶，解决奶站、小区计量问题

中国奶牛养殖有自己的特色，奶农分散饲养，奶站、小区集中挤奶，如何准确、直观、容易计量牛奶，这些问题困扰着奶业发展。1998 年，利拉伐深入中国牛场，针对这一困扰，研发了"计量瓶"，它计量准确、直观可靠，让奶农眼看得见、手摸得着。推广至今，累计销售4 000套，每天可以为几千个奶站的奶牛、50 万头奶牛挤奶，被称为"最贴近中国国情的挤奶设备"。

五、提供综合技术服务

2000 年，瑞典利拉伐在上海设立了全资附属公司——利拉伐（上海）乳业机械有限公司，开始为中国现代化的大规模牧场提供解决方案并摘取了多个"第一"，利拉伐 2002 年在郑州花花装了中国第一个转盘，同年在大庆银螺有限公司装了中国第一套并列式挤奶机，2004 年为中国第一个大牧场蒙牛澳亚牧场提供了全套的挤奶和牧场设备，包括中国第一台挤奶机器人。

六、拓宽服务领域

利拉伐积极支持中国奶业人才培养，包括：中国奶业协会自 08 年中旬起联合 CCTV - 7 农业科技栏目在全国开展的 11 次"中国奶农培训计划"；国家"学生奶奶源升级计划"（简称"白雪计划"）项目的学生奶奶源基地牧场人员多次有关牛奶质量的培训活动；以及国家奶牛产业技术体系"金钥匙"培训工程等。2008 年，5·12 汶川地震，利拉伐情系中国，为绵阳永丰牧场捐赠出 VMS 全自动机器人挤奶系统，让这个因天灾而不幸的地区，真正意义上实现了全自动牧场的跨越性改变。爱与信任，利拉伐在中国留下的每一步足迹，都凝聚着同心同德、相濡以沫的真挚情谊。2009 年，中瑞奶业中心二期项目正式启动，项目重点由第一阶段的乳品加工转为着眼奶源建设、提升原奶品质。通过开展牧场管理人才培训及标准化流程制定，进一步促进中国奶业的可持续发展。中瑞奶业中心计划为中国培养 50 名专业型大型牧场管理人才，以及 500 名与世界先进奶牛饲养技术接轨的专业技术人员。2011 年，利拉伐关注并充分相应客户需求，为客户提供预防性维护、咨询服务以及全年午休的 24 小时应急保障，为奶源质量的提高进一步夯实基础。首批 30 辆全能服务车配置到位，创国内同类企业之先河。车内各种服务测试工具一应俱全，可及时准确地维护及更换配件，确保挤奶流程的安全运行，进而保证牛奶质量。

七、未来展望

利拉伐将公司定位成行业的解决方案供应商，为专业食品生产商提高牧场效益提供大力支持。奶牛场是乳品加工的第一车间，是名副其实的食品生产者。利拉伐不仅帮助奶牛场减少对环境的不利影响，而且还致力于改进牛奶生产、提高经济效益和改善工作人员与动物福利。利拉伐供应各个牛奶生产阶段的产品、系统和服务，并着力通过以下六大领域贯彻可持续发展的方针：(1) 提高饲喂效率；(2) 改善动物健康；(3) 改进粪便和污水的管理；(4) 降低冷却、挤奶和清洗的能耗；

（5）减少用于清洗的新鲜水消耗量；（6）繁重任务自动化。利拉伐通过推广智能化牧场技术，助力中国奶业的可持续发展。利拉伐的智能化牧场通过电子化采集数据和自动化设备，帮助牧场节省人力资源成本，完善技术操作流程。与此同时，自动化的信息采集及分析，为牧场管理者做出正确决策，提供了及时、精准的数据依据。利拉伐致力与客户一起实现“动物福利、经济效益、环境保护和社会责任”的全面发展。

利拉伐

完美颗粒：风靡全球的新品风暴——SIG 康美包

SIG 康美包灵活的灌装技术旨在以创新的理念为基础，不断开发与众不同的新产品。目前，在“完美颗粒（drinksplus）”的理念下，SIG 康美包已开发出一种在无菌条件下将优质的天然水果颗粒、蔬菜颗粒，甚至是谷物颗粒添加到饮品中的灌装技术，该技术适用于 SIG 康美包针对牛奶产品和非碳酸饮料的标准灌装机。无论牛奶产品、水果饮品还是牛奶水果饮品都能通过添加一些颗粒来增强产品吸引力：SIG 康美包的系统方案为您带来了新的机遇，使得您的产品与其他竞争产品与众不同。最近的研究表明，对于消费者而言，饮料中含有营养的“添加物”才是看得见的实在的增值。所以，在我们的“完美颗粒（drinksplus）”理念下，我们将水果或蔬菜颗粒，甚至谷物颗粒添加到饮品中，让消费者逐渐地以有益健康的方式体验产品的增值。无论是滋补养颜型饮料、健康饮料、保健饮料或运动提神饮料，都将翻开新的成功篇章。

使用针对牛奶产品及非碳酸饮料标准灌装机，可将最高达 10%的水果或其他颗粒在无菌条件下灌装进纸盒包装中。为了确保消费者能轻松喝到纸盒中的颗粒，“完美颗粒（drinksplus）”均选用直径大于 7 毫米的吸管。这种含果粒等颗粒的创新饮品给人们带来了全新的饮用体验。对制造商来说，这类增值产品无疑会为其开拓新的市场空间。

SIG 康美包进行的一项国际性消费者调查证实：如果一款产品中包含真正的水果、蔬菜或谷物的颗粒（比如芦荟颗粒），消费者就会认为这款产品的增值更可信。产品测试结果表明：成人也喜欢用吸管喝具有实在的增值品质的饮料产品。用吸管喝饮料，使消费者充分感受到产品中所包含的果肉所带来的独特质地与香味，因此创造出了一种全新的饮用体验。对优质食品的生产商而言，重要的是不要让激动人心的新理念只是停留在纸面上，SIG 康美包将伟大的创意变为了现实。

颗粒含量最高达 10% 的“完美颗粒（drinksplus）”产品，可以使用 SIG 康美包标准灌装机在无菌条件下将其包装在饮料纸盒中。这种标准灌装机仅需升级套件就可用于“完美颗粒（drinksplus）”。这种易于安装的“完美颗粒（drinksplus）”套件包括特制的阀门、阀杆和灌装喷嘴，以确保在灌装含颗粒的创新饮料过程中达到理想产量。随着“完美颗粒（drinksplus）”工艺的进步，如今，除水果及蔬菜颗粒之外，还可以将各种谷物颗粒、椰果或坚果颗粒在无菌条件下灌装入饮料产品中。SIG 康美包灵活的灌装技术和纸盒系统是颗粒饮品罐装的基础：SIG 康美包所生产的每个纸盒都是在操作员严格控制下单独塑形、杀菌和灌装的。在灌装过程结束以后，使用超声波在液位以上的位置进行密封，这就避免了颗粒或纤维遗留在密封接缝中的可能性。现在，这个突破性的产品概念正向全世界传播，“完美颗粒（drinksplus）”是一种极为新颖的创新理念。当我们提出这个理念及适用的广大产品系列时，全球各大知名食品和饮料生产商对其表现出的强烈兴趣恰好证明这一点。通过利用这项新技术，饮料及乳品生产商在三大洲均推出了“完美颗粒（drinksplus）”产品。如今中国，俄罗斯，沙特阿拉伯，伊朗和泰国的消费者都能够体验到独特的优质饮料中所添加的附加价值。

SIG 康美包

养健康牛，奉献优质安全生鲜乳——原生态牧业

原生态牧业位于黑龙江省齐齐哈尔地区，地处国际公认的最佳奶牛饲养带，是专门从事超优质生鲜乳生产的大型现代化牧业奶牛养殖公司，现有克东欧美（设计存栏 5 000 头）、甘南瑞信达原生态（设计存栏 12 000 头）、克东原生态（设计存栏 18 000 头）和镇赉原生态（设计存栏 15 000 头）四个牧场，现有奶牛 3.7 万头，其中成母牛 2.0 万头，生乳产量位居国内同行业前列。原生态牧业所生产生鲜乳的牛奶体细胞数（SCC）低于 20 万/毫升，牛奶细菌数（TBC）低于 5 000/毫升，乳脂、乳蛋白含量高达 4.5% 和 3.5%，其安全性和超优品质远超中国标准，亦超过被视为国际生鲜乳最高标准的欧盟标准，处于全国顶尖水平。由于产量高、质量好、安全性佳，原生态牧业的生乳深受伊利、蒙牛、光明和飞鹤等乳品企业的青睐和好评，用于生产该等客户

的高端牛奶产品，成为高品质生乳的重要供应商。

公司一直以“成就中国乳业最高品质牛奶供应”的奋斗目标，恪守“以质量求生存，以诚信求发展，以科技为动力，以人才为资本”的企业理念，“养健康牛，奉献优质安全生乳”的文化内涵。本着为消费者提供最高品质原奶，打造最先进奶牛养殖模式的宗旨，通过不断变革创新，发挥企业资源优势，来提升企业的核心竞争力。

一、向全产业链运转模式发展

奶源是乳品业生产的基础，是确保乳品业持续、健康、快速发展的关键。原生态牧业公司以市场和消费者需求为导向，从产业链源头做起，对奶牛养殖、饲草料种植、生鲜乳生产、销售等关键环节进行严格管控，对产品质量进行全程监管，不仅形成了安全、营养、健康的乳品供应链，打造了“安全、放心、健康”的食品产业链，更从根本上保证了乳品安全。

二、“以牛为本”的现代化经营理念

牧场从规划设计到生产管理都大胆采用了现代化、规模化的国际先进养牛技术与管理理念，在牛舍建筑、卧床设计、挤奶、育种、饲养、粪污处理等方面都引进了国际先进设备。TMR 散栏式自由采食，分隔式卧床，自锁式牛劲夹，温控电加热的恒温饮水槽，最大限度满足奶牛需要，为奶牛提供舒适生产生活空间，保证了奶牛的营养健康和生产性能的提高。牧场的整体建造工艺体现了大型奶牛养殖场的现代化、科学化和人性化及以牛为本的核心理念。

公司牛群品种纯正、繁殖性能优良；饲料多样，原料优质，实现了日粮营养均衡，提高奶牛免疫力，保证了奶牛健康；自建化验室，从源头上杜绝了不合格原料入场，对生鲜乳进行理化检测与微生物测定，有力保证了原料与原乳的安全。

粪污处理方面，遵循科学发展观和废弃物减量化、资源化、无害化与生态化的原则，实现有机还田，高效环保，生态资源高效利用的典型现代化牧业发展新模式，真正实现了绿色环保，再生能源利用。

在信息管理方面，公司运用先进的牛群管理软件进行远程监控，使整个牧业公司所有生产数据采集、整理、分析、预警报告得到了系统化管理，也从根本上保证了大型牧场工作人员信息采集的及时性和准确性。

健全的疾病防控体系，严格的防疫管理制度，标准化的繁育、保健、饲养等生产操作规程，配合国内外知名奶牛饲养技术专家的核心指导，众多拥有精湛专业技能人才为后备力量的高素质专业技术团队，从根本上保证并提升了牧场的整体生产效能。

三、战略集中管理模式

原生态牧业公司从成立至今，已经逐步建立并完善了各项管理制度和体制流程。公司在管理体制上，实施高度集中的分级授权管理制度，尽管各牧场生产区域分散，但实际上实施的是集中管理职能，其资金分配、饲草料供应、鲜奶产销、人员编制全部由牧业公司统一调控，各牧场实行分级管理，将各项权、责、利逐级授权分解落实到每个人。健全完善的规章制度、行为规范及操作程序，使整个公司的管理有条不紊，并顺利通过了各项检查、审计，确保公司牛奶质量、生产设备的安全，保证公司的健康有序的发展。

四、以牧促农，农牧结合，实现经济与社会效益双丰收

公司与地方农业公司合作，在各牧场周边区县进行大面积青贮玉米、苜蓿的集中种植。利用国际最先进的大型农机具种植和收储青贮，按需要的规格收割青贮，进行压制，不仅带动了东北地区奶牛粗饲料制作方式的革命性转变，也实现了青贮自种、自收与自储。在保证牧场奶牛对青贮饲料营养需求的同时也带动了当地周边区县农牧业发展，增加了当地经济收入，更解决了劳动力就业难问题，也为当地城市建设和人民开辟了崭新的发展空间。通过对农业的有机组织和对流通与加工的规模化运作，实现生产与消费的真正连接，以牧促农，农牧结合，带动了农民致富，造福一方，实现了经济效益与社会效益的双丰收！

五、收获与展望

2008 年黑龙江克东欧美牧场和甘南原生态牧场分别获得齐齐哈尔市“农业产业化市级重点龙头企业”荣誉称号。2009—2012 年，下属各牧场都成功通过国家 GAP（良好农业规范认证）一级认证的每一次检查，并取得中国良好农业规范认证证书。2010 年克东欧美牧场、甘南原生态牧场和克东原生态牧场先后通过农业部奶牛标准化示范牧场认证；2010 年年底克东欧美牧场通过国家学生奶奶源基地验收，并被授牌和颁发证书；2011 年克东欧美牧场获得了“国家 AA 级旅游景区”认证，这是我省首家成为旅游观光景点的牧场；2011 年镇赉原生态牧场被评为白城市第六批“农业产业化市级重点龙头企业”和“农业科技先进园区”；2012 年克东欧美牧场和克东原生态牧场被授予市级“守合同重信用企业”；2012 年原生态牧业公司被评为第六批农业产业化省级重点龙头企业。

自 2011 年起，原生态牧业公司作为国家奶牛产业技术体系．齐齐哈尔试验站的依托单位，配合体系开展国家农业部“十二五”规划化工作，与体系各岗位科学家共同参与了“奶牛饲料资源高效利用与健康养殖关键技术”，“奶牛场标准化规模饲养关键技术研究”，“中国奶牛主要饲料资源数据库建设”等多项科研课题，并组织和配合其他试验站开展了国家奶牛“金钥匙”技术示范现场会，有效发挥了各地综合试验站的示范带动作用。

原生态牧业公司将会不断强化科技支撑，以规模化带动标准化，以标准化提升规模化，按照奶牛场“畜禽良种化、养殖设施化、生产规模化、防疫制度化、粪污处理无害化”的标准要求，真正打造成质量最优，管理最好，效益最高，市场最广，品牌影响力最强和生态和谐的鲜奶生产基地，生产出一流的精品牛奶奉献给社会，为中国奶业的健康发展做出贡献。

黑龙江原生态牧业有限公司

集行业经验，融全球智慧，演绎奶业大国崛起——现代牧业

现代牧业（集团）有限公司（简称“现代牧业”）公司成立于2005年，是一家专门从事奶牛养殖和牛奶生产的企业，其总部设在安徽省马鞍山市经济技术开发区。公司于2010年11月26日在香港联交所成功上市，股票代码01117.HK，成为全球第一家以奶牛养殖资源上市的企业，并一举成为国内规模最大的奶牛养殖企业及高品质生乳供应商。

现代牧业先后成为《凤凰财经资讯》“2010年度中国最具投资价值和发展潜力企业排行榜”第一名；《中国企业家》“2010年度未来之星百强企业评选”第一名；2011年《环球时报》“全球最受关注中国绿色企业”；2011年国家“农业产业化国家重点龙头企业”；2012年第五届营养产业高层论坛“中国营养产业百强前十强”。

一、全国布局“万牛阵”

自创立至今，现代牧业陆续投资八十亿元，投资总量高居国内同行业之首。现代牧业基于自有的牧场，奶源完全可控，自己加工，自己销售，实现了“奶源生产完全自给自足”。规模化的养殖、现代化的设施、一流的管理和严格的生乳标准，使现代牧业努力成为奶牛养殖与牛奶加工一体化的全球行业引领者的先河。

截至目前，现代牧业在全国八个省共建万头规模奶牛养殖牧场22个，奶牛存栏数近18万头，日产高品质生乳近1 800吨。2012年1月，公司被认定为农业产业化国家重点龙头企业。公司树立了“到2015年牧场数量达到30个以上，奶牛存栏25万头以上，年产鲜奶突破100万吨，全集团奶牛年平均单产达到10吨以上”的奋斗目标。

二、产加销一体化

立足当前，着眼未来，现代牧业高起点、高定位、高标准，瞄准世界的最高端，利用自产生乳、生产自有品牌的牛奶推向市场，产品制定了全球最严格的原奶标准，实现了从挤奶到加工两小时内完成，率先成为奶牛规模化养殖与牛奶加工一体化的全球行业引领者。这种新型的生产加工一体化的模式，给行业带来了三个变化：首先，由于产品加工所用奶源全部为自产，就将乳制品企业对奶源的外部管理变化为内部管理；其次，自己的牛奶自己加工，使产品的食品安全责任完全由企业自己承担；最后，原奶供应商和乳制品加工商的利益一体化，更有利于产业安定。

自己养殖，自己生产牛奶，自己加工，自己销售，从奶源到加工的绝对安全化是现代牧业的首要创举。现代牧业集团率先在建成的子牧场及新建牧场的挤奶大厅安装了具备国际领先技术的牛奶加工生产线，原奶由挤奶厅直接进入生产环节，确保品质的“纯、真、新、鲜”，开创了我国第一个从奶头到嘴头没有任何环节，不超过两小时的记录，从而有效地保证了生产全程的无污染。

三、确保奶源质量安全

原奶安全是乳业命脉。自创建至今，现代牧业始终秉承“人与自然和谐发展，创建世界最先进的牧场；科学养殖善待奶牛，生产世界最优质的牛奶；订单农业致富农户，打造世界一流养殖企业”的理念，集团的奶牛均从澳大利亚、新西兰等国引进，它们以适应力强、生病少、产奶品质高而位居前茅。集团的肥东牧场在中国率先采用“空调”式牛舍，每一头在现代牧业牧场安家的奶牛都会配备一个识别系统，即耳朵上穿有一个独一无二的耳号，耳号中植入芯片，记录着该头奶牛的所有有关生长、饲喂、产奶等信息。此外，还配有计步器等装置，可以用来检查奶牛的健康、饮食、产奶量及发情育种等情况。

除了奶牛之外，还有从多个国家引进的紫花苜蓿及其他进口设备，保证奶牛饲养过程中给予最高水准的供应。在现代牧业液态奶生产车间，汇聚了当今世界上最先进的挤奶设备和生产技术。一头头奶牛正秩序井然地排着浩荡长队，挨个走上巨大的转盘式圆形转台，找准位置后，机械化挤奶吸盘便会自动扣住牛的奶头，一股股新鲜牛奶自动流出。这种无任何中间环节的透明化生产模式，有效地保证了生产全程的绝对无污染。

奶牛养殖除了要系统解决食品安全问题以外，还必须做好动物防疫工作和环保问题。对此，现代牧业坚持“防疫比吃饭重要，环保比睡觉重要”的理念。从牧场设计开始，就充分考虑了奶牛防疫和环保问题。现代牧业提出“牧场防疫重于泰山”，严格按照国家对奶牛隔离场的防疫要求，牧场员工进出牧场全部洗澡、消毒、更衣，一是避免把外界传染源带入牧场，二是员工不穿工衣回家，充分确保防疫环节无差错。同时，现代牧业牧场奶牛养殖区内分别设置牛道、粪道及饲料道，所产粪污通过全自动刮粪系统收集到粪道中，然后通过地下管道运输到发酵池中。粪污在发酵池中经过18至22天厌氧发酵，在发酵过程中产生的沼气一部分用于生产线，一部分用于发电。发酵后的粪污经过五辊分离机进行固液分离，固体沼渣由牧场自建的有机肥加工厂进行干化，干化后的沼渣可进行牛床铺垫，多余部分生产有机肥。沼液则由牧场3个全封闭储存池进行临时储存，由10台运输车进行外运综合利用。另外，牧场定期对

污染防治设施实施全过程监管，确保了沼液全部综合利用，粪污零排放。

正是由于有效建立起规模牧场集约化、数字化、工厂化的管理模式，同时运用完善全面、科学合理的管理体系，现代牧业彻底解决了目前奶牛养殖业普遍存在的防疫风险、环境风险及食品安全风险问题，奠定了其行业领先者的地位。八年的实践，印证了公司经营模式的正确性。现代牧业将始终牢记自己的使命：拥政策优势，集行业经验，融全球智慧，演绎奶业大国崛起。饲养高质量的奶牛，生产高质量的牛奶，让中国奶牛养殖业走进世界最前列！

现代牧业（集团）有限公司

八、基础数据

I. 奶业趋势走势图

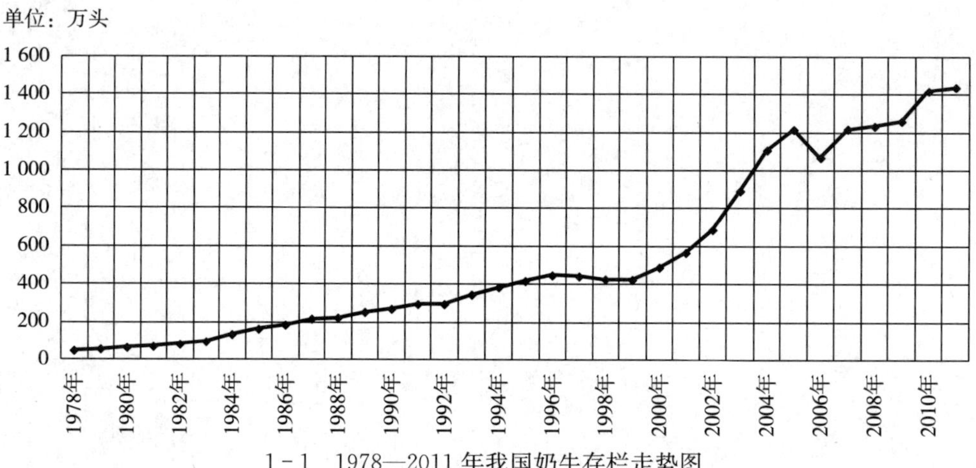

1-1　1978—2011 年我国奶牛存栏走势图

数据来源：国家统计局

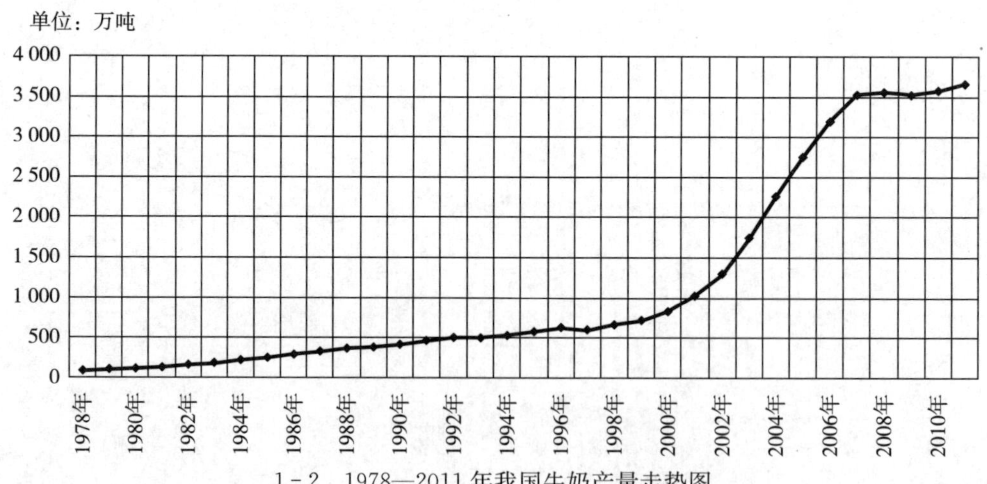

1-2　1978—2011 年我国牛奶产量走势图

数据来源：国家统计局

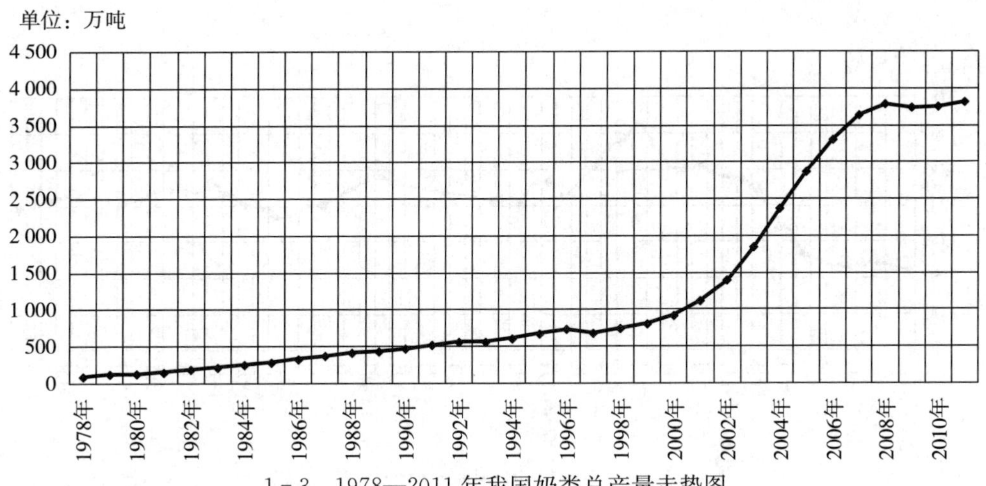

1－3　1978—2011 年我国奶类总产量走势图

数据来源：国家统计局

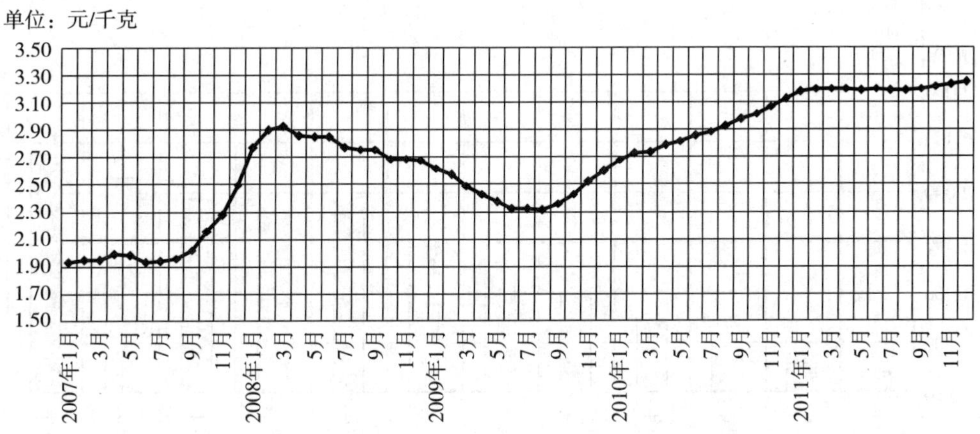

1－4　2007—2011 年全国 10 个主产省份生鲜乳价格情况

数据来源：农业部

1－5　2007—2011 年全国玉米价格变动情况

数据来源：农业部

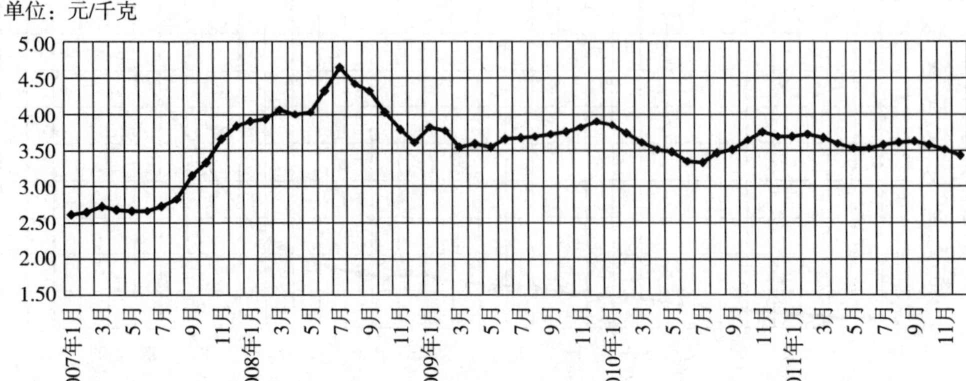

1－6　2007—2011 年全国豆粕价格变动情况

数据来源：农业部

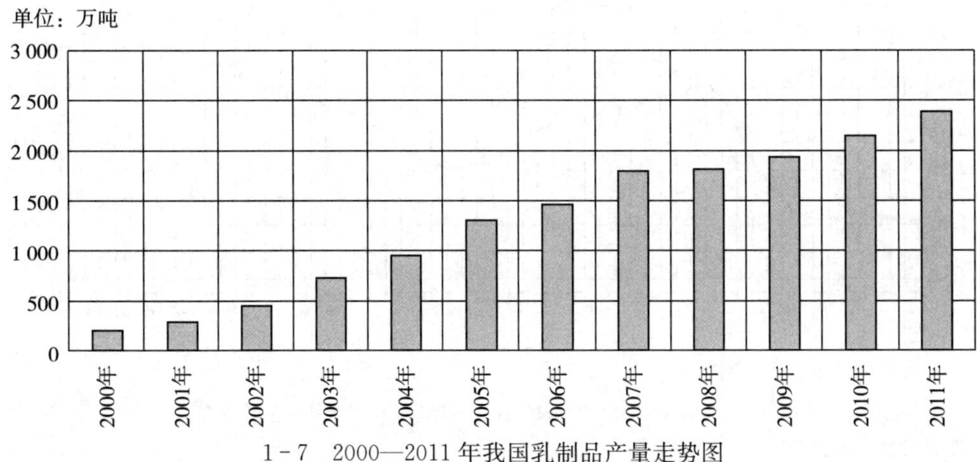

1－7　2000—2011 年我国乳制品产量走势图

数据来源：国家统计局

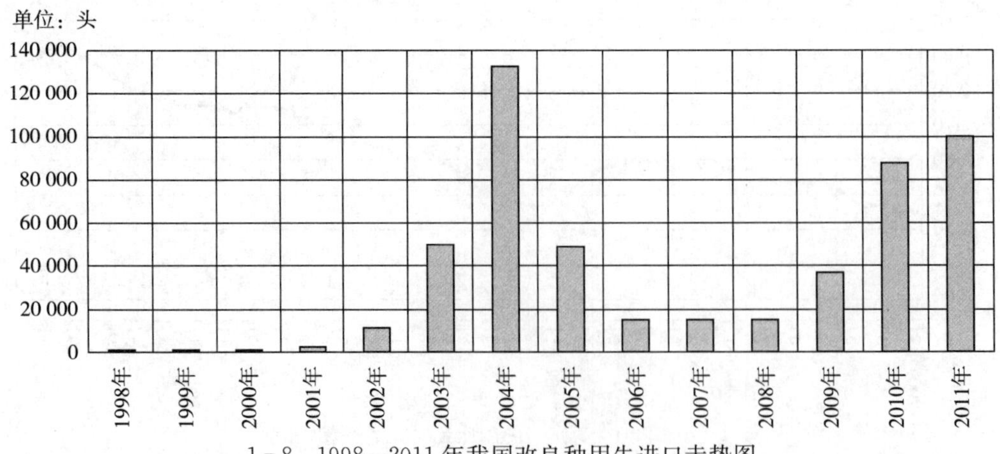

1－8　1998—2011 年我国改良种用牛进口走势图

数据来源：海关总署

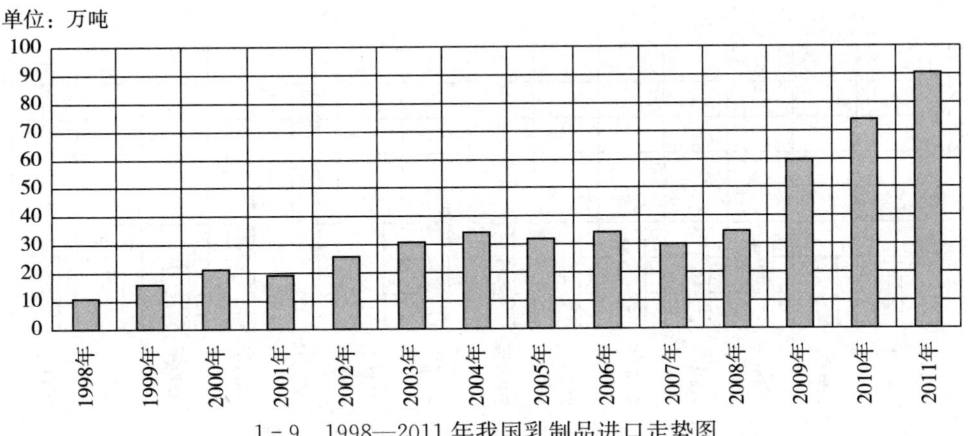

1-9 1998—2011 年我国乳制品进口走势图

数据来源：海关总署

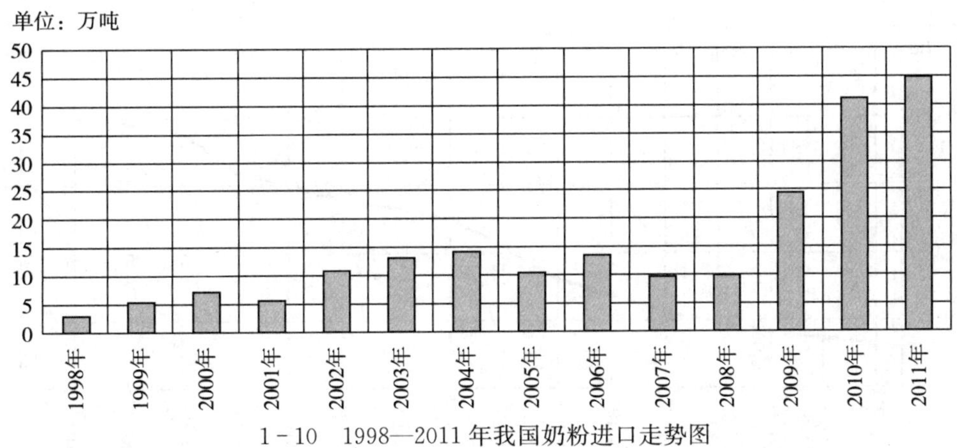

1-10 1998—2011 年我国奶粉进口走势图

数据来源：海关总署

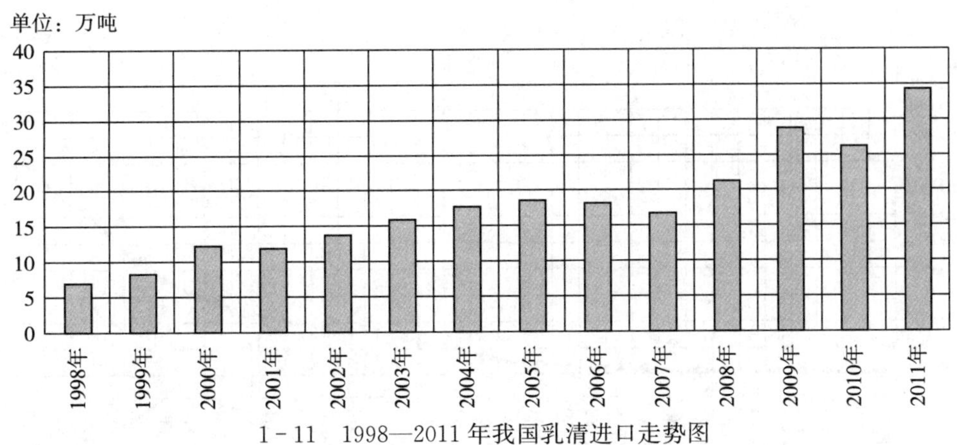

1-11 1998—2011 年我国乳清进口走势图

数据来源：海关总署

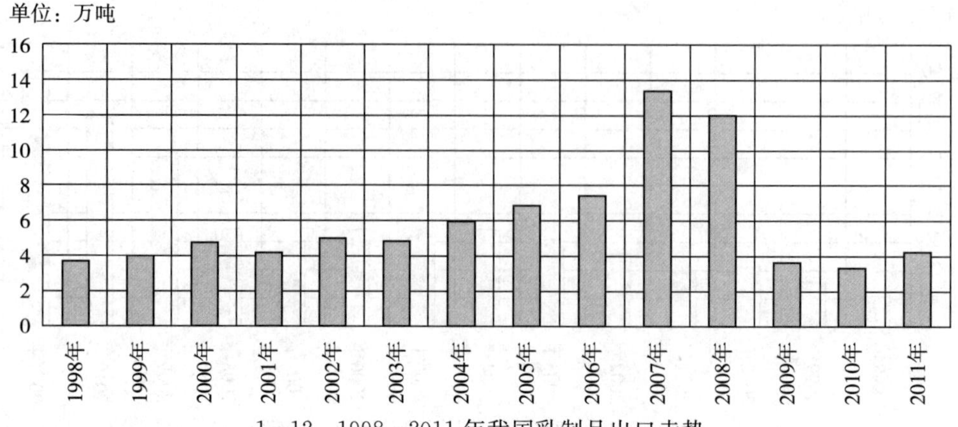

1-12　1998—2011 年我国乳制品出口走势

数据来源：海关总署

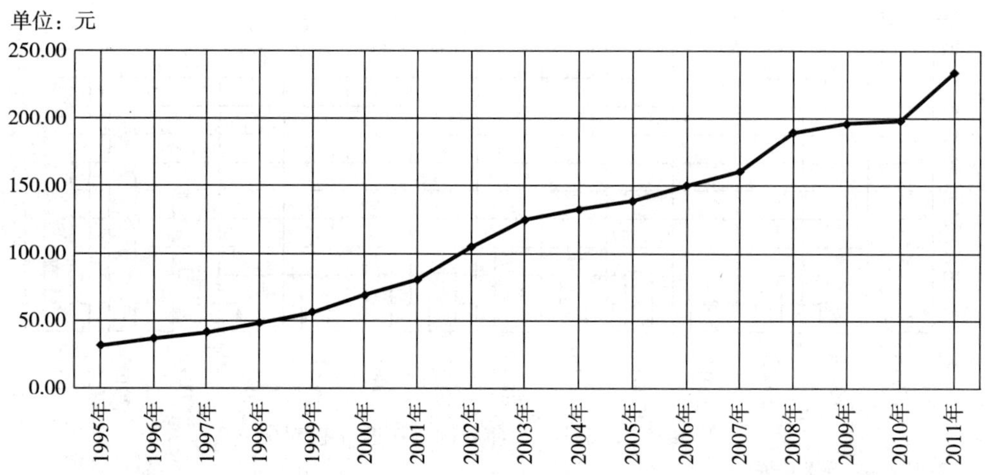

1-13　1995—2011 年全国城镇居民家庭平均每人全年乳制品消费性支出

数据来源：国家统计局

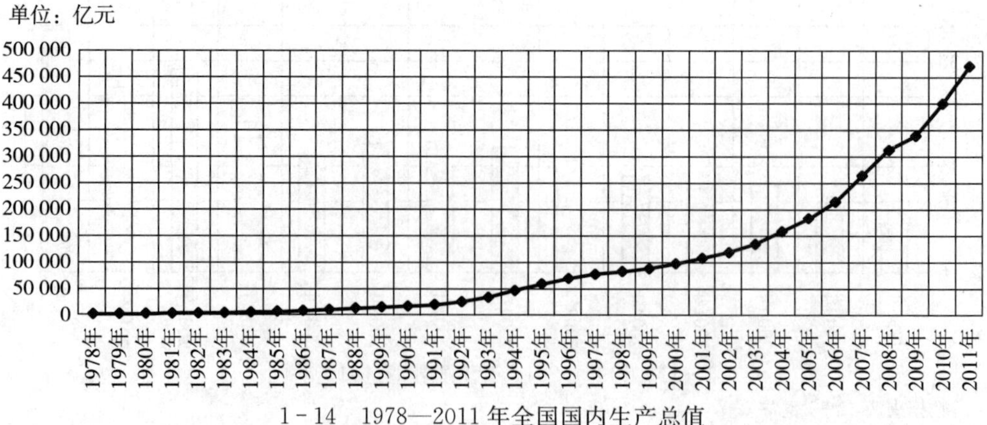

1-14　1978—2011 年全国国内生产总值

数据来源：国家统计局

Ⅱ. 综合情况

2－1 中国奶业基本情况

项　目	单位	2007 年	2008 年	2009 年	2010 年	2011 年
奶畜资源						
奶牛存栏数	万头	1 218.90	1 233.50	1 260.30	1 420.10	1 440.20
原料奶产量						
奶类总产量	万吨	3 633.40	3 781.50	3 734.60	3 748.00	3 810.70
牛奶产量	万吨	3 525.20	3 555.80	3 520.90	3 575.60	3 657.80
乳制品加工						
液态奶产量	万吨	1 441.02	1 525.23	1 641.65	1 845.80	2 060.80
干乳制品产量	万吨	346.42	285.33	293.47	313.80	326.70
居民乳制品消费						
城镇居民						
人均年乳制品消费支出	元/人	160.72	189.84	196.14	198.47	234.01
人均年鲜奶购买量	千克/人	17.75	15.19	14.91	13.98	13.70
人均年酸奶购买量	千克/人	3.97	3.54	3.88	3.67	3.67
人均年奶粉购买量	千克/人	0.45	0.57	0.48	0.45	0.53
农村居民						
人均年乳制品消费量	千克/人	3.52	3.43	3.60	3.55	5.16
人均年鲜奶购买量	千克/人	1.62	1.38	1.39	1.39	
乳制品进出口						
其中进口						
鲜奶	吨	4 109.23	7 535.00	12 779.41	15 889.94	40 539.83
酸奶	吨	720.53	784.96	1 525.84	1 229.15	2 546.06
奶粉	吨	98 171.04	100 930.09	246 787.44	414 039.80	449 541.86
乳清	吨	167 583.98	213 506.40	288 753.81	264 499.03	344 244.02
炼乳	吨	925.06	853.09	1 732.28	3 266.03	4 913.49
奶油	吨	14 002.15	13 553.40	28 443.69	23 448.93	35 675.52
干酪	吨	13 190.02	13 904.35	16 976.78	22 920.66	28 602.74
其中出口						
鲜奶	吨	45 559.02	38 427.89	20 030.12	22 492.16	25 169.39
酸奶	吨	1 664.91	1 103.82	843.61	1 174.73	850.73
奶粉	吨	62 038.32	63 771.29	9 737.53	2 969.70	9 327.20
乳清	吨	4 066.35	4 309.97	316.09	445.54	1 149.59
炼乳	吨	14 836.65	8 054.15	3 691.95	3 443.52	3 130.18
奶油	吨	5 928.88	4 966.56	2 045.65	3 038.76	3 358.96
干酪	吨	471.65		114.73	196.40	338.87
种牛进出口						
种牛进口	头	14 744.00	15 075.00	37 453.00	87 990.00	99 348.00
种牛出口	头	1 061.00	696.00	52.00	198.00	218.00

2－2　中国奶业在国民经济中的地位

单位：亿元、%

年份	奶牛养殖业	畜牧业	比例	乳品工业	食品制造业	比例
2006	660.49	12 083.86	4.84	1 098.45	4 714.25	23.30
2007	847.36	16 124.90	5.25	1 329.01	6 070.96	21.89
2008	1 015.00	20 583.56	4.93	1 490.71	7 716.54	19.32
2009	1 065.00	19 468.36	5.47	1 668.11	9 219.24	18.09
2010	1 120.00	20 825.73	5.38	1 949.50	11 350.64	17.18

2－3　中国奶业在世界奶业中的地位

单位：百万吨、%

国家或地区	2007 年	2008 年	2009 年	2010 年	2011 年	同比增长
全　球	671.31	693.71	696.55	720.87	—	—
印度	102.92	109.00	110.04	117.00	—	—
美国	84.19	86.18	85.86	87.46	89.02	1.78
中国	36.33	37.81	37.33	37.48	38.27	2.11
巴基斯坦	33.23	33.27	34.36	35.49		
俄罗斯	32.21	32.36	32.56	32.14	31.74	－1.23
德国	27.94	28.69	28.69	29.67	29.34	－1.10
新西兰	15.84	15.22	15.22	17.01	18.92	11.20
澳大利亚	10.35	9.22	9.39	9.02	9.54	5.67

2－4　2007—2011 年全国各地区奶业概况

2－4－1　2007—2011 年全国各地区奶业概况——北　京

项　目	单位	2007 年	2008 年	2009 年	2010 年	2011 年
地区概况						
人口总数	万人	1 633.00	1 695.00	1 755.00	1 961.24	2 018.60
其中：城镇常住人口数	万人	1 379.89	1 439.06	1 491.75	1 685.87	1 740.03
农村常住人口数	万人	253.12	255.95	263.25	275.37	278.57
社会消费品零售总额	亿元	3 800.21	4 645.50	5 309.9	6 229.3	6 900.3
国内生产总值（GDP）	亿元	9 846.81	11 115.00	12 153.03	14 113.58	16 251.93
行业资源						
乳品企业数	个	13	13	14	15	9
其中：亏损企业数	个	7	7	7	8	5
从业人数	万人	0.80	0.48	0.51	0.51	0.49
工业销售产值	亿元	35.46	34.22	38.40	40.09	45.96
利润总额	亿元	0.51	0.07	−0.05	1.35	0.73
奶畜资源						
奶牛存栏数	万头	16.30	16.91	15.81	14.87	15.07
原料奶产量						
奶类产量	万吨	62.24	66.56	67.40	64.11	63.98
牛奶产量	万吨	62.15	66.56	67.40	64.11	63.98
乳制品加工						
乳制品产量	万吨	57.90	46.01	52.20	52.30	58.65
其中：液态奶产量	万吨	56.01	43.70	49.84	49.95	54.87
居民乳制品消费						
城镇居民						
人均年乳制品消费支出	元/人	279.45	332.13	341.88	371.04	384.52
农村居民						
人均年乳制品消费量	千克/人	11.6	9.4	10.5	9.9	
乳制品进出口						
进口：液态奶	吨	355.18	449.52	1 492.09	2 313.76	4 030.56
干乳制品	吨	52 731.90	25 772.23	35 789.09	48 214.74	66 318.76
其中：奶粉	吨	5 789.13	2 977.35	6 457.07	16 213.09	10 247.18
乳清	吨	41 180.09	18 979.30	22 867.73	24 616.29	46 226.98
出口：液态奶	吨					
干乳制品	吨	1 742.47	1 225.05	19.07	31.30	18.06
种牛进口						
种牛进口	头	4 524	122	897	2 583	2 272

2-4-2 2007—2011 年全国各地区奶业概况——天 津

项 目	单位	2007 年	2008 年	2009 年	2010 年	2011 年
地区概况						
人口总数	万人	1 115.00	1 176.00	1 228.16	1 293.87	1 355.01
其中：城镇常住人口数	万人	850.86	908.22	958.09	1 027.79	1 090.78
农村常住人口数	万人	264.14	267.78	270.07	266.08	264.23
社会消费品零售总额	亿元	1 603.74	2 078.70	2 430.8	2 902.6	3 395.1
国内生产总值（GDP）	亿元	5 252.76	6 719.01	7 521.85	9 224.46	11 307.28
行业资源						
乳品企业数	个	13	14	15	15	14
其中：亏损企业数	个	4	6	8	5	6
从业人数	万人	0.25	0.28	0.51	0.45	0.50
工业销售产值	亿元	11.86	14.64	40.09	23.87	37.61
利润总额	亿元	0.06	−0.14	1.35	0.50	0.16
奶畜资源						
奶牛存栏数	万头	16.87	14.44	13.77	13.45	14.01
原料奶产量						
奶类产量	万吨	56.59	62.65	55.25	61.37	57.95
牛奶产量	万吨	56.58	62.64	55.25	61.37	57.94
乳制品加工						
乳制品产量	万吨	37.09	33.07	33.34	26.58	22.87
其中：液态奶产量	万吨	36.31	30.43	28.89	18.75	21.18
居民乳制品消费						
城镇居民						
人均年乳制品消费支出	元/人	182.18	211.11	205.93	236.06	252.24
农村居民						
人均年乳制品消费量	千克/人	5.4	4.6	5.7	4.9	
乳制品进出口						
进口：液态奶	吨	70.43	146.70	157.44	158.13	739.45
干乳制品	吨	52 587.65	89 546.73	139 894.26	196 688.11	217 780.08
其中：奶粉	吨	13 106.36	25 537.95	58 077.50	129 515.80	115 180.91
乳清	吨	38 181.79	61 365.06	77 842.47	61 259.35	91 667.35
出口：液态奶	吨	744.59	1 104.67			
干乳制品	吨	4 268.04	2 322.72	68.27	956.78	420.20
种牛进口						
种牛进口	头		7 303	16		

2-4-3 2007—2011年全国各地区奶业概况——河 北

项 目	单位	2007年	2008年	2009年	2010年	2011年
地区概况						
人口总数	万人	6 943.00	6 988.82	7 033.79	7 185.42	7 240.84
其中：城镇常住人口数	万人	2 795.00	2 928.32	3 024.79	3 157.53	3 302.00
农村常住人口数	万人	4 148.00	4 060.50	4 009.00	4 027.89	3 938.84
社会消费品零售总额	亿元	3 986.20	4 991.10	5 764.9	6 821.8	8 035.5
国内生产总值（GDP）	亿元	13 607.32	16 011.97	17 235.48	20 394.26	24 515.76
行业资源						
乳品企业数	个	63	64	52	39	32
其中：亏损企业数	个	17	35	19	13	5
从业人数	万人	2.58	1.71	1.68	1.77	1.58
工业销售产值	亿元	194.45	104.57	111.12	132.36	165.33
利润总额	亿元	6.96	−0.55	6.49	6.34	11.78
奶畜资源						
奶牛存栏数	万头	262.14	193.43	172.38	177.52	203.98
原料奶产量						
奶类产量	万吨	565.71	541.76	551.66	598.67	648.59
牛奶产量	万吨	560.27	534.24	546.43	591.96	641.90
乳制品加工						
乳制品产量	万吨	249.96	236.45	196.63	255.44	269.00
其中：液态奶产量	万吨	185.23	208.51	179.84	229.40	259.50
居民乳制品消费						
城镇居民						
人均年乳制品消费支出	元/人	150.19	169.14	166.38	148.19	179.01
农村居民						
人均年乳制品消费量	千克/人	3.4	3.6	3.2	3.5	
乳制品进出口						
进口：液态奶	吨			0.50		42.73
干乳制品	吨	3 133.00	3 016.90	3 011.23	6 981.52	10 687.00
其中：奶粉	吨	535.00	1 993.90	719.65	2 288.93	6 161.10
乳清	吨	2 598.00	1 023.00	2 291.58	4 565.18	4 417.75
出口：液态奶	吨					
干乳制品	吨	1 346.83	696.95	124.93		
种牛进口						
种牛进口	头	3 000			3 748	13 595

2-4-4　2007—2011 年全国各地区奶业概况——山　西

项　目	单位	2007 年	2008 年	2009 年	2010 年	2011 年
地区概况						
人口总数	万人	3 393.00	3 410.61	3 427.36	3 593.00	3 593.00
其中：城镇常住人口数	万人	1 493.94	1 538.53	1 576.24	1 785.00	1 785.00
农村常住人口数	万人	1 899.06	1 872.08	1 851.12	1 808.00	1 808.00
社会消费品零售总额	亿元	1 914.10	2 421.10	2 809.0	3 903.4	3 903.4
国内生产总值（GDP）	亿元	6 024.45	7 315.40	7 358.31	11 237.55	11 237.55
行业资源						
乳品企业数	个	20	24	24	20	18
其中：亏损企业数	个	2	3	1	2	2
从业人数	万人	0.51	0.54	0.48	0.54	0.43
工业销售产值	亿元	23.88	29.35	30.58	38.31	43.79
利润总额	亿元	1.17	1.62	1.13	3.31	2.09
奶畜资源						
奶牛存栏数	万头	39.22	39.68	39.96	38.93	41.59
原料奶产量						
奶类产量	万吨	98.94	94.60	98.20	102.49	112.80
牛奶产量	万吨	96.50	92.14	96.82	101.02	110.96
乳制品加工						
乳制品产量	万吨	51.43	47.78	48.14	50.03	52.46
其中：液态奶产量	万吨	47.67	39.54	43.43	43.66	47.87
居民乳制品消费						
城镇居民						
人均年乳制品消费支出	元/人	183.97	205.47	210.64	161.23	201.17
农村居民						
人均年乳制品消费量	千克/人	6.9	5.6	5.4	6.1	
乳制品进出口						
进口：液态奶	吨					
干乳制品	吨	600.00	75.00	1 881.53	428.53	
其中：奶粉	吨			1 881.53	428.53	
乳清	吨	600.00	75.00			
出口：液态奶	吨					
干乳制品	吨					
种牛进口						
种牛进口	头				10	1 445

2-4-5 2007—2011年全国各地区奶业概况——内蒙古

项　目	单位	2007年	2008年	2009年	2010年	2011年
地区概况						
人口总数	万人	2 405.00	2 413.73	2 422.07	2 470.63	2 481.71
其中：城镇常住人口数	万人	1 206.11	1 248.14	1 293.39	1 372.02	1 405.14
农村常住人口数	万人	1 198.89	1 165.59	1 128.68	1 098.61	1 076.57
社会消费品零售总额	亿元	1 904.10	2 463.00	2 855.3	3 384.0	3 991.7
国内生产总值（GDP）	亿元	6 423.18	8 496.20	9 740.25	11 672.00	14 359.88
行业资源						
乳品企业数	个	63	70	77	80	71
其中：亏损企业数	个	12	22	13	8	11
从业人数	万人	2.37	2.64	2.86	3.02	3.18
工业销售产值	亿元	261.45	280.04	314.94	335.76	386.94
利润总额	亿元	19.98	－10.18	17.92	47.32	25.45
奶畜资源						
奶牛存栏数	万头	284.63	287.12	286.57	279.97	278.48
原料奶产量						
奶类产量	万吨	916.06	908.88	928.82	923.96	956.17
牛奶产量	万吨	909.84	905.37	924.89	909.05	948.29
乳制品加工						
乳制品产量	万吨	367.93	355.94	379.55	345.36	383.21
其中：液态奶产量	万吨	313.53	325.71	348.49	308.92	309.71
居民乳制品消费						
城镇居民						
人均年乳制品消费支出	元/人	133.32	159.80	175.51	173.47	205.68
农村居民						
人均年乳制品消费量	千克/人	6.6	7.0	6.5	7.0	
乳制品进出口						
进口：液态奶	吨			14.03		
干乳制品	吨	1 542.11	1 062.33	2 320.16	20 010.38	27 941.08
其中：奶粉	吨	916.40	420.51	1 889.68	19 533.75	27 014.08
乳清	吨	616.00	560.11	290.95	200.20	804.80
出口：液态奶	吨	20 543.93	19 030.52	71.82		324.42
干乳制品	吨	6 145.45	5 234.86	2 914.00	136.00	5 372.00
种牛进口						
种牛进口	头	10		395	2 278	16 656

2-4-6 2007—2011年全国各地区奶业概况——辽 宁

项 目	单位	2007年	2008年	2009年	2010年	2011年
地区概况						
人口总数	万人	4 298.00	4 314.70	4 319.00	4 374.63	4 383.00
其中：城镇常住人口数	万人	2 544.42	2 590.98	2 606.52	2 718.80	2 807.31
农村常住人口数	万人	1 753.58	1 723.72	1 712.48	1 655.84	1 575.69
社会消费品零售总额	亿元	4 030.10	5 032.40	5 812.6	6 887.6	8 095.3
国内生产总值（GDP）	亿元	11 164.30	13 668.58	15 212.49	18 457.27	22 226.70
行业资源						
乳品企业数	个	20	29	28	23	16
其中：亏损企业数	个	5	7	4	3	2
从业人数	万人	0.75	0.84	0.88	0.93	0.79
工业销售产值	亿元	42.94	65.45	83.84	97.88	118.20
利润总额	亿元	1.92	2.14	3.87	12.37	7.29
奶畜资源						
奶牛存栏数	万头	28.40	35.87	41.55	42.96	47.65
原料奶产量						
奶类产量	万吨	108.30	124.81	157.83	157.11	181.09
牛奶产量	万吨	105.10	119.14	154.28	154.40	176.98
乳制品加工						
乳制品产量	万吨	110.54	96.06	95.93	101.55	102.88
其中：液态奶产量	万吨	71.92	93.98	51.45	99.58	94.83
居民乳制品消费						
城镇居民						
人均年乳制品消费支出	元/人	153.06	213.15	218.57	188.03	213.82
农村居民						
人均年乳制品消费量	千克/人	3.1	3.1	3.2	2.8	
乳制品进出口						
进口：液态奶	吨	106.26	66.98	125.99	172.46	262.20
干乳制品	吨	9 041.83	11 405.06	28 409.92	23 304.52	25 882.39
其中：奶粉	吨	76.26	17.72	2 018.19	1 904.44	584.05
乳清	吨	8 430.32	10 960.38	25 743.86	20 430.34	23 868.30
出口：液态奶	吨		15.75		17.52	
干乳制品	吨	936.89	638.79	158.75	205.89	102.90
种牛进口						
种牛进口	头	50		5 847	22 142	20 474

2-4-7　2007—2011 年全国各地区奶业概况——吉　林

项　目	单位	2007 年	2008 年	2009 年	2010 年	2011 年
地区概况						
人口总数	万人	2 730.00	2 734.00	3 826.00	2 745.28	2 749.41
其中：城镇常住人口数	万人	1 451.27	1 454.76	2 123.43	1 464.82	1 468.18
农村常住人口数	万人	1 278.73	1 279.24	1 702.57	1 280.46	1 281.23
社会消费品零售总额	亿元	1 999.20	2 549.20	3 401.8	3 504.9	4 119.8
国内生产总值（GDP）	亿元	5 284.69	6 426.10	8 587.00	8 667.58	10 568.83
行业资源						
乳品企业数	个	8	7	10	14	14
其中：亏损企业数	个	2	1	1	2	3
从业人数	万人	0.16	0.18	0.18	0.23	0.30
工业销售产值	亿元	4.30	5.69	7.94	13.35	22.78
利润总额	亿元	0.28	0.30	—0.03	0.14	1.12
奶畜资源						
奶牛存栏数	万头	21.50	31.68	40.62	48.10	54.83
原料奶产量						
奶类产量	万吨	48.00	74.80	105.05	119.27	131.67
牛奶产量	万吨	47.31	73.95	103.27	118.46	130.31
乳制品加工						
乳制品产量	万吨	9.87	7.94	5.95	6.96	6.88
其中：液态奶产量	万吨	2.32	2.17	5.71	5.99	5.84
居民乳制品消费						
城镇居民						
人均年乳制品消费支出	元/人	120.13	126.55	146.29	109.85	141.82
农村居民						
人均年乳制品消费量	千克/人	2.6	2.2	2.5	2.3	
乳制品进出口						
进口：液态奶	吨	2.99	0.67			
干乳制品	吨	22.40	20.00	0.60	0.45	4.75
其中：奶粉	吨	1.74				4.75
乳清	吨	0.05	20.00	0.00		
出口：液态奶	吨		0.60			
干乳制品	吨	178.98	0.30			4.75
种牛进口						
种牛进口	头			2 950		

2-4-8　2007—2011 年全国各地区奶业概况——黑龙江

项　目	单位	2007 年	2008 年	2009 年	2010 年	2011 年
地区概况						
人口总数	万人	3 824.00	3 825.39	3 826.00	3 831.40	3 834.00
其中：城镇常住人口数	万人	2 061.14	2 119.27	2 123.43	2 132.37	2 166.21
农村常住人口数	万人	1 762.86	1 706.12	1 702.57	1 699.03	1 667.79
社会消费品零售总额	亿元	2 331.10	2 928.30	3 401.8	4 039.2	4 750.1
国内生产总值（GDP）	亿元	7 104.00	8 314.37	8 587.00	10 368.60	12 582.00
行业资源						
乳品企业数	个	78	80	77	74	64
其中：亏损企业数	个	16	15	14	11	14
从业人数	万人	2.54	2.51	3.45	3.22	3.13
工业销售产值	亿元	159.49	213.43	267.09	318.48	370.58
利润总额	亿元	7.69	14.76	20.55	31.08	22.92
奶畜资源						
奶牛存栏数	万头	190.00	218.85	246.14	267.56	285.22
原料奶产量						
奶类产量	万吨	500.00	562.15	630.89	699.77	762.06
牛奶产量	万吨	500.00	556.89	628.75	697.14	758.79
乳制品加工						
乳制品产量	万吨	162.42	168.53	176.81	183.90	178.28
其中：液态奶产量	万吨	111.69	114.33	111.52	116.93	103.57
居民乳制品消费						
城镇居民						
人均年乳制品消费支出	元/人	112.49	129.59	135.19	137.02	151.50
农村居民						
人均年乳制品消费量	千克/人	3.2	2.9	2.9	3.2	
乳制品进出口						
进口：液态奶	吨					
干乳制品	吨	8 904.62	11 118.82	18 657.50	18 093.35	13 186.31
其中：奶粉	吨	100.00	1 165.34	6 202.65	5 299.00	2 907.83
乳清	吨	8 804.62	9 953.49	12 051.65	12 643.14	10 228.08
出口：液态奶	吨	666.75	236.00		9.70	
干乳制品	吨	34 883.62	35 604.04	4 327.71	96.13	146.59
种牛进口						
种牛进口	头		1 659	11 841	16 955	5 757

2-4-9 2007—2011 年全国各地区奶业概况——上 海

项 目	单位	2007 年	2008 年	2009 年	2010 年	2011 年
地区概况						
人口总数	万人	1 858.00	1 888.46	1 921.00	2 301.92	2 347.46
其中：城镇常住人口数	万人	1 648.05	1 673.18	1 702.01	2 055.51	2 096.28
农村常住人口数	万人	209.95	215.28	218.99	246.41	251.18
社会消费品零售总额	亿元	3 847.79	4 577.20	5 173.2	6 070.5	6 814.8
国内生产总值（GDP）	亿元	12 494.01	14 069.86	15 046.45	17 165.98	19 195.69
行业资源						
乳品企业数	个	14	12	9	10	8
其中：亏损企业数	个	6	3	3	5	1
从业人数	万人	0.49	0.46	0.48	0.54	0.49
工业销售产值	亿元	56.05	68.12	77.20	92.54	100.09
利润总额	亿元	6.91	8.70	10.04	13.60	13.16
奶畜资源						
奶牛存栏数	万头	5.82	5.98	6.40	6.72	7.05
原料奶产量						
奶类产量	万吨	22.04	23.29	21.25	24.71	30.53
牛奶产量	万吨	22.04	23.29	21.25	24.71	30.53
乳制品加工						
乳制品产量	万吨	40.93	38.14	40.18	42.30	45.75
其中：液态奶产量	万吨	36.89	34.37	35.89	38.10	40.86
居民乳制品消费						
城镇居民						
人均年乳制品消费支出	元/人	313.04	341.69	361.73	410.27	462.70
农村居民						
人均年乳制品消费量	千克/人	9.9	7.1	7.0	7.0	
乳制品进出口						
进口：液态奶	吨	3 587.34	5 451.99	8 549.76	11 858.34	29 119.65
干乳制品	吨	53 605.35	57 037.24	89 709.41	110 753.44	132 897.79
其中：奶粉	吨	11 934.58	11 800.25	26 251.60	47 928.07	60 123.29
乳清	吨	29 317.50	34 166.47	41 552.56	41 814.83	48 454.23
出口：液态奶	吨		159.39		150.00	451.09
干乳制品	吨	844.77	396.62	142.93	186.71	36.36
种牛进口						
种牛进口	头					

2-4-10 2007—2011年全国各地区奶业概况——江 苏

项 目	单位	2007年	2008年	2009年	2010年	2011年
地区概况						
人口总数	万人	7 625.00	7 677.30	7 725.00	7 866.09	7 899.36
其中：城镇常住人口数	万人	4 056.50	4 168.77	4 295.10	4 737.15	4 889.36
农村常住人口数	万人	3 568.50	3 508.53	3 429.90	3 128.95	3 010.00
社会消费品零售总额	亿元	7 838.10	9 905.10	11 484.1	13 606.8	15 988.4
国内生产总值（GDP）	亿元	26 018.48	30 981.98	34 457.30	41 425.48	49 110.27
行业资源						
乳品企业数	个	36	36	36	33	25
其中：亏损企业数	个	8	6	3	7	5
从业人数	万人	0.70	0.77	0.76	0.75	0.72
工业销售产值	亿元	22.06	28.65	33.49	40.43	47.18
利润总额	亿元	0.75	1.08	1.26	1.71	2.93
奶畜资源						
奶牛存栏数	万头	21.58	18.83	19.54	20.32	21.62
原料奶产量						
奶类产量	万吨	73.94	73.67	68.44	74.22	81.13
牛奶产量	万吨	73.85	73.57	68.32	74.10	81.00
乳制品加工						
乳制品产量	万吨	47.61	80.90	95.20	100.19	100.25
其中：液态奶产量	万吨	44.38	70.31	93.58	96.35	94.04
居民乳制品消费						
城镇居民						
人均年乳制品消费支出	元/人	182.26	216.44	216.79	234.10	279.66
农村居民						
人均年乳制品消费量	千克/人	5.8	6.0	5.9	6.1	
乳制品进出口						
进口：液态奶	吨	5.00			70.31	491 219.00
干乳制品	吨	427.11	4 617.02	7 454.35	16 525.25	30 705.41
其中：奶粉	吨	236.65	1 915.04	3 784.38	9 434.45	20 966.47
乳清	吨	122.00	2 548.96	1 537.47	6 141.91	8 603.27
出口：液态奶	吨					
干乳制品	吨	3 525.39	3 949.51	1 939.34	2 966.96	2 985.81
种牛进口						
种牛进口	头		1 854	2 875	5 956	9 869

2-4-11　2007—2011年全国各地区奶业概况——浙　江

项　目	单位	2007年	2008年	2009年	2010年	2011年
地区概况						
人口总数	万人	5 060.00	5 120.00	5 180.00	5 442.69	5 463.00
其中：城镇常住人口数	万人	2 894.32	2 949.12	2 999.22	3 355.02	3 403.45
农村常住人口数	万人	2 165.68	2 170.88	2 180.78	2 087.67	2 059.55
社会消费品零售总额	亿元	6 214.00	7 533.30	8 622.3	10 245.4	12 028.0
国内生产总值（GDP）	亿元	18 753.73	21 462.69	22 990.35	27 722.31	32 318.85
行业资源						
乳品企业数	个	29	30	26	25	18
其中：亏损企业数	个	7	10	6	6	2
从业人数	万人	0.51	0.52	0.55	0.55	0.53
工业销售产值	亿元	25.69	18.50	23.78	24.20	33.26
利润总额	亿元	1.11	0.62	0.88	1.57	1.38
奶畜资源						
奶牛存栏数	万头	7.19	7.22	6.88	7.09	6.98
原料奶产量						
奶类产量	万吨	23.72	22.98	21.31	21.79	22.00
牛奶产量	万吨	23.71	22.98	21.31	21.78	21.98
乳制品加工						
乳制品产量	万吨	30.46	30.52	34.26	30.76	35.68
其中：液态奶产量	万吨	20.52	18.29	28.96	22.30	26.20
居民乳制品消费						
城镇居民						
人均年乳制品消费支出	元/人	169.31	210.20	206.77	219.84	274.03
农村居民						
人均年乳制品消费量	千克/人	5.2	5.2	5.6	5.6	
乳制品进出口						
进口：液态奶	吨	16.01		225.58	485.00	540.98
干乳制品	吨	41 387.20	41 464.42	58 919.09	86 456.05	102 879.38
其中：奶粉	吨	31 071.47	23 368.02	39 663.98	74 540.28	81 658.23
乳清	吨	10 016.54	17 424.05	17 950.68	10 401.26	19 084.00
出口：液态奶	吨					
干乳制品	吨	4 968.48	4 005.08	163.69	206.00	880.73
种牛进口						
种牛进口	头					434

2-4-12 2007—2011年全国各地区奶业概况——安 徽

项 目	单位	2007年	2008年	2009年	2010年	2011年
地区概况						
人口总数	万人	6 118.00	6 135.00	6 131.00	5 950.05	5 968.00
其中：城镇常住人口数	万人	2 367.67	2 484.68	2 581.15	2 557.71	2 673.66
农村常住人口数	万人	3 750.33	3 650.33	3 549.85	3 392.34	3 294.34
社会消费品零售总额	亿元	2 403.70	3 045.20	3 527.8	4 197.7	4 955.1
国内生产总值（GDP）	亿元	7 360.92	8 851.66	10 062.82	12 359.33	15 300.65
行业资源						
乳品企业数	个	13	14	15	16	11
其中：亏损企业数	个	2	3	1	2	3
从业人数	万人	0.61	0.62	0.74	0.73	0.69
工业销售产值	亿元	26.85	32.52	34.84	29.08	56.13
利润总额	亿元	1.97	0.73	2.54	5.68	2.42
奶畜资源						
奶牛存栏数	万头	5.54	7.14	7.91	9.46	9.47
原料奶产量						
奶类产量	万吨	17.01	19.45	24.08	27.43	29.64
牛奶产量	万吨	17.01	19.45	24.08	27.43	29.64
乳制品加工						
乳制品产量	万吨	43.76	39.98	44.52	66.48	79.02
其中：液态奶产量	万吨	37.47	37.10	41.98	60.38	67.15
居民乳制品消费						
城镇居民						
人均年乳制品消费支出	元/人	192.84	238.78	229.03	241.78	305.14
农村居民						
人均年乳制品消费量	千克/人	1.1	1.2	1.4	2.0	
乳制品进出口						
进口：液态奶	吨					
干乳制品	吨	1 745.66	1 129.62	3 721.51	3 895.25	5 795.79
其中：奶粉	吨	18.50	0.01	108.00		3 152.88
乳清	吨	1 726.16	1 129.62	3 613.47	3 895.25	2 642.91
出口：液态奶	吨					
干乳制品	吨					401.40
种牛进口						
种牛进口	头		28	3 866	7 941	5 731

2-4-13 2007—2011年全国各地区奶业概况——福 建

项 目	单位	2007年	2008年	2009年	2010年	2011年
地区概况						
人口总数	万人	3 581.00	3 604.00	3 627.00	3 689.42	3 720.00
其中：城镇常住人口数	万人	1 743.95	1 798.40	1 864.28	2 106.19	2 161.32
农村常住人口数	万人	1 837.05	1 805.60	1 762.72	1 583.23	1 558.68
社会消费品零售总额	亿元	3 187.90	3 866.70	4 481.0	5 310.0	6 276.2
国内生产总值（GDP）	亿元	9 248.53	10 823.01	12 236.53	14 737.12	17 560.18
行业资源						
乳品企业数	个	12	11	13	12	8
其中：亏损企业数	个	4	4	1	2	1
从业人数	万人	0.18	0.17	0.18	0.18	0.19
工业销售产值	亿元	9.78	11.60	12.96	13.60	12.11
利润总额	亿元	0.33	0.42	0.37	0.41	0.66
奶畜资源						
奶牛存栏数	万头	4.60	4.68	4.32	4.16	3.90
原料奶产量						
奶类产量	万吨	16.04	16.19	15.02	15.17	14.79
牛奶产量	万吨	15.50	15.77	14.59	14.78	14.38
乳制品加工						
乳制品产量	万吨	14.65	11.33	15.87	16.74	19.41
其中：液态奶产量	万吨	11.20	6.68	11.63	12.30	16.93
居民乳制品消费						
城镇居民						
人均年乳制品消费支出	元/人	164.79	201.42	192.71	203.15	254.99
农村居民						
人均年乳制品消费量	千克/人	3.9	3.7	4.4	4.1	
乳制品进出口						
进口：液态奶	吨	4.91	47.61	66.66	70.02	3 511.58
干乳制品	吨	5 482.81	12 521.37	22 502.73	24 412.57	31 586.87
其中：奶粉	吨	489.13	225.43	1 826.99	2 393.00	3 342.88
乳清	吨	3 381.69	10 698.00	19 495.10	20 606.99	25 404.81
出口：液态奶	吨					
干乳制品	吨	0.00	154.00			118.15
种牛进口						
种牛进口	头					

2-4-14 2007—2011年全国各地区奶业概况——江 西

项 目	单位	2007年	2008年	2009年	2010年	2011年
地区概况						
人口总数	万人	4 368.00	4 400.00	4 432.16	4 456.78	4 488.44
其中：城镇常住人口数	万人	1 738.46	1 819.84	1 913.81	1 950.00	2 051.22
农村常住人口数	万人	2 629.54	2 580.16	2 518.35	2 506.78	2 437.22
社会消费品零售总额	亿元	1 683.10	2 142.00	2 484.4	2 956.2	3 485.1
国内生产总值（GDP）	亿元	5 800.25	6 971.05	7 655.18	9 451.26	11 702.82
行业资源						
乳品企业数	个	9	8	8	8	8
其中：亏损企业数	个	2	2	1	1	1
从业人数	万人	0.28	0.66	0.71	0.73	0.69
工业销售产值	亿元	13.83	17.75	17.66	19.71	21.40
利润总额	亿元	0.24	0.64	1.91	1.12	1.37
奶畜资源						
奶牛存栏数	万头	3.36	3.27	3.46	3.61	3.74
原料奶产量						
奶类产量	万吨	16.94	23.57	11.89	12.25	12.67
牛奶产量	万吨	16.94	23.57	11.89	12.25	12.67
乳制品加工						
乳制品产量	万吨	16.46	15.98	18.71	28.17	28.91
其中：液态奶产量	万吨	13.17	13.21	16.50	25.83	26.27
居民乳制品消费						
城镇居民						
人均年乳制品消费支出	元/人	157.46	169.30	180.77	171.04	205.83
农村居民						
人均年乳制品消费量	千克/人	1.6	2.1	6.6	3.2	
乳制品进出口						
进口：液态奶	吨					
干乳制品	吨	18.00			147.25	372.30
其中：奶粉	吨	18.00			41.00	372.30
乳清	吨				106.25	
出口：液态奶	吨					
干乳制品	吨	1 217.35	148.01			
种牛进口						
种牛进口	头					

2-4-15 2007—2011年全国各地区奶业概况——山 东

项 目	单位	2007年	2008年	2009年	2010年	2011年
地区概况						
人口总数	万人	9 367.00	9 417.23	9 470.30	9 579.27	9 637.00
其中：城镇常住人口数	万人	4 379.07	4 482.60	4 576.05	4 762.07	4 910.05
农村常住人口数	万人	4 987.93	4 934.63	4 894.25	4 817.20	4 726.95
社会消费品零售总额	亿元	8 438.80	10 658.80	12 363.0	14 620.3	17 155.5
国内生产总值（GDP）	亿元	25 776.91	30 933.28	33 896.65	39 169.92	45 361.85
行业资源						
乳品企业数	个	82	95	101	97	83
其中：亏损企业数	个	5	7	8	8	2
从业人数	万人	1.71	2.08	1.95	2.33	2.24
工业销售产值	亿元	115.85	133.60	152.76	191.93	234.02
利润总额	亿元	6.62	5.59	11.19	15.80	19.01
奶畜资源						
奶牛存栏数	万头	115.53	115.38	120.15	128.78	141.54
原料奶产量						
奶类产量	万吨	380.77	395.12	402.53	437.40	486.58
牛奶产量	万吨	343.53	363.22	372.68	408.46	458.58
乳制品加工						
乳制品产量	万吨	138.18	152.38	202.94	249.64	311.67
其中：液态奶产量	万吨	117.41	126.35	189.24	220.09	286.35
居民乳制品消费						
城镇居民						
人均年乳制品消费支出	元/人	197.63	215.95	217.93	225.43	251.31
农村居民						
人均年乳制品消费量	千克/人	7.4	6.7	6.1	6.3	
乳制品进出口						
进口：液态奶	吨	83.53	217.94	1 194.40	83.14	262.53
干乳制品	吨	16 958.08	32 645.34	59 393.00	43 424.13	45 251.74
其中：奶粉	吨	5 041.30	8 042.42	34 067.04	25 074.66	28 162.23
乳清	吨	11 133.31	22 982.47	24 320.72	17 266.60	14 611.98
出口：液态奶	吨	8 741.88	3 667.36	4 099.75	5 406.68	6 275.55
干乳制品	吨	14 566.05	21 274.78	4 029.62	3 166.57	3 366.42
种牛进口						
种牛进口	头	4 402		2 919	10 242	13 592

2-4-16　2007—2011 年全国各地区奶业概况——河　南

项　目	单位	2007 年	2008 年	2009 年	2010 年	2011 年
地区概况						
人口总数	万人	9 360.00	9 429.00	9 487.00	9 402.99	9 388.00
其中：城镇常住人口数	万人	3 214.22	3 397.27	3 577.00	3 621.98	3 808.71
农村常住人口数	万人	6 145.78	6 031.73	5 910.00	5 781.02	5 579.29
社会消费品零售总额	亿元	4 597.50	5 815.40	6 746.4	8 004.2	9 453.6
国内生产总值（GDP）	亿元	15 012.46	18 018.53	19 480.46	23 092.36	26 931.03
行业资源						
乳品企业数	个	29	53	51	49	45
其中：亏损企业数	个	2	5	4	1	1
从业人数	万人	0.51	0.68	0.78	0.86	1.07
工业销售产值	亿元	25.91	39.15	44.38	55.25	83.77
利润总额	亿元	2.62	3.40	3.84	5.37	7.42
奶畜资源						
奶牛存栏数	万头	57.53	71.96	82.69	84.78	89.52
原料奶产量						
奶类产量	万吨	215.34	274.47	332.16	343.39	359.13
牛奶产量	万吨	205.71	259.47	315.39	326.22	342.28
乳制品加工						
乳制品产量	万吨	65.16	82.50	108.48	132.69	158.70
其中：液态奶产量	万吨	62.02	61.03	88.26	106.45	157.25
居民乳制品消费						
城镇居民						
人均年乳制品消费支出	元/人	145.11	140.81	148.30	170.31	207.20
农村居民						
人均年乳制品消费量	千克/人	1.5	2.2	2.2	2.4	
乳制品进出口						
进口：液态奶	吨					
干乳制品	吨	873.12	472.56	72.60	75.00	263.39
其中：奶粉	吨	0.04				128.00
乳清	吨	792.25	404.00			96.00
出口：液态奶	吨					
干乳制品	吨	406.05	45.70			
种牛进口						
种牛进口	头			13	45	

2-4-17 2007—2011年全国各地区奶业概况——湖 北

项 目	单位	2007年	2008年	2009年	2010年	2011年
地区概况						
人口总数	万人	5 699.00	5 711.00	5 720.00	5 723.77	5 758.11
其中：城镇常住人口数	万人	2 524.66	2 581.37	2 631.20	2 844.51	2 984.11
农村常住人口数	万人	3 174.34	3 129.63	3 088.80	2 879.26	2 774.00
社会消费品零售总额	亿元	4 028.50	5 109.70	5 928.4	7 013.9	8 275.2
国内生产总值（GDP）	亿元	9 333.40	11 328.89	12 961.10	15 967.61	19 632.26
行业资源						
乳品企业数	个	15	16	17	16	11
其中：亏损企业数	个	6	5	3	4	2
从业人数	万人	0.49	0.62	0.71	0.62	0.63
工业销售产值	亿元	15.68	24.62	28.03	33.62	46.26
利润总额	亿元	0.20	0.15	1.64	3.44	1.26
奶畜资源						
奶牛存栏数	万头	5.06	6.26	6.17	6.49	7.82
原料奶产量						
奶类产量	万吨	15.51	23.29	19.88	25.68	30.08
牛奶产量	万吨	15.51	23.29	19.88	25.37	30.08
乳制品加工						
乳制品产量	万吨	46.36	41.55	51.90	57.72	49.07
其中：液态奶产量	万吨	42.01	36.67	47.50	53.10	48.97
居民乳制品消费						
城镇居民						
人均年乳制品消费支出	元/人	143.62	148.87	149.54	146.55	205.33
农村居民						
人均年乳制品消费量	千克/人	0.5	0.8	1.1	1.2	
乳制品进出口						
进口：液态奶	吨					
干乳制品	吨	78.00		2 523.80	662.85	1 656.43
其中：奶粉	吨	18.00		1 259.58	622.65	628.35
乳清	吨	60.00		1 264.23	23.40	860.08
出口：液态奶	吨					
干乳制品	吨	8.00				
种牛进口						
种牛进口	头				2 492	7 632

2-4-18 2007—2011年全国各地区奶业概况——湖 南

项 目	单位	2007年	2008年	2009年	2010年	2011年
地区概况						
人口总数	万人	6 355.00	6 380.00	6 406.00	6 570.08	6 595.60
其中：城镇常住人口数	万人	2 570.60	2 689.17	2 767.39	2 845.31	2 974.62
农村常住人口数	万人	3 784.40	3 690.83	3 638.61	3 724.77	3 620.98
社会消费品零售总额	亿元	3 356.50	4 222.60	4 913.7	5 839.5	6 884.7
国内生产总值（GDP）	亿元	9 439.60	11 555.00	13 059.69	16 037.96	19 669.56
行业资源						
乳品企业数	个	15	15	16	18	16
其中：亏损企业数	个	1	3	2	1	3
从业人数	万人	0.46	0.42	0.47	0.41	0.35
工业销售产值	亿元	42.19	42.34	44.67	38.66	47.17
利润总额	亿元	3.05	0.68	4.87	3.37	2.29
奶畜资源						
奶牛存栏数	万头	4.01	4.12	3.36	3.28	3.10
原料奶产量						
奶类产量	万吨	8.58	8.71	8.23	7.96	7.69
牛奶产量	万吨	8.58	8.68	8.20	7.91	7.64
乳制品加工						
乳制品产量	万吨	17.03	25.92	18.24	18.26	26.98
其中：液态奶产量	万吨	13.07	19.65	13.66	14.59	22.09
居民乳制品消费						
城镇居民						
人均年乳制品消费支出	元/人	106.98	134.95	131.35	128.30	156.98
农村居民						
人均年乳制品消费量	千克/人	0.9	0.7	0.8	1.0	
乳制品进出口						
进口：液态奶	吨					
干乳制品	吨	4 302.98	2 865.95	8 085.23	7 998.30	5 062.83
其中：奶粉	吨	4 302.98	2 737.10	5 191.33	7 133.15	5 062.83
乳清	吨		128.85	2 893.90	865.15	
出口：液态奶	吨					
干乳制品	吨					
种牛进口						
种牛进口	头					

2-4-19　2007—2011年全国各地区奶业概况——广　东

项　目	单位	2007年	2008年	2009年	2010年	2011年
地区概况						
人口总数	万人	9 449.00	9 544.00	9 638.00	10 432.05	10 504.84
其中：城镇常住人口数	万人	5 966.10	6 048.03	6 110.49	6 903.03	6 985.72
农村常住人口数	万人	3 482.90	3 495.97	3 527.51	3 529.02	3 519.12
社会消费品零售总额	亿元	10 598.10	12 986.60	14 891.8	17 458.4	20 297.5
国内生产总值（GDP）	亿元	31 777.01	36 796.71	39 482.56	46 013.06	53 210.28
行业资源						
乳品企业数	个	24	26	27	28	23
其中：亏损企业数	个	6	7	6	3	5
从业人数	万人	1.28	1.09	0.99	1.18	1.28
工业销售产值	亿元	66.66	82.96	87.14	111.80	136.24
利润总额	亿元	10.56	8.25	7.59	13.21	13.75
奶畜资源						
奶牛存栏数	万头	6.19	5.57	5.47	5.19	5.47
原料奶产量						
奶类产量	万吨	14.50	15.99	15.02	15.84	17.14
牛奶产量	万吨	14.27	15.44	14.35	15.14	16.37
乳制品加工						
乳制品产量	万吨	36.42	34.94	41.14	58.12	61.22
其中：液态奶产量	万吨	28.02	26.89	34.37	50.16	52.43
居民乳制品消费						
城镇居民						
人均年乳制品消费支出	元/人	147.10	207.50	220.52	211.35	228.97
农村居民						
人均年乳制品消费量	千克/人	0.6	0.6	0.5	0.8	
乳制品进出口						
进口：液态奶	吨	598.03	1 857.68	2 466.63	1 907.90	3 688.09
干乳制品	吨	38 019.11	42 273.04	92 846.85	107 159.72	132 000.73
其中：奶粉	吨	24 350.24	20 353.06	57 180.21	71 279.13	82 952.48
乳清	吨	8 468.07	15 877.88	27 871.41	27 180.72	35 526.00
出口：液态奶	吨	16 379.93	15 317.43	16 701.65	18 080.18	18 968.78
干乳制品	吨	3 237.47	1 180.57	290.10	653.94	2 174.44
种牛进口						
种牛进口	头	2 747		5	710	

2-4-20 2007—2011年全国各地区奶业概况——广 西

项 目	单位	2007年	2008年	2009年	2010年	2011年
地区概况						
人口总数	万人	4 768.00	4 816.00	4 856.00	4 602.38	4 645.00
其中：城镇常住人口数	万人	1 727.92	1 837.79	1 903.55	1 841.78	1 941.61
农村常住人口数	万人	3 040.08	2 978.21	2 952.45	2 760.59	2 703.39
社会消费品零售总额	亿元	1 897.90	2 395.80	2 790.7	3 312.0	3 908.2
国内生产总值（GDP）	亿元	5 823.41	7 021.00	7 759.16	9 569.85	11 720.87
行业资源						
乳品企业数	个	11	10	13	13	12
其中：亏损企业数	个	1	1	2	2	1
从业人数	万人	0.24	0.27	0.28	0.32	0.30
工业销售产值	亿元	5.56	5.43	7.40	14.54	18.42
利润总额	亿元	0.47	0.54	0.75	1.41	1.74
奶畜资源						
奶牛存栏数	万头	1.88	2.04	2.00	2.28	2.25
原料奶产量						
奶类产量	万吨	6.39	7.21	7.83	8.50	9.20
牛奶产量	万吨	6.38	7.20	7.82	8.49	9.20
乳制品加工						
乳制品产量	万吨	26.46	32.24	8.58	11.17	14.33
其中：液态奶产量	万吨	26.21	31.98	7.43	9.50	11.85
居民乳制品消费						
城镇居民						
人均年乳制品消费支出	元/人	118.27	139.58	145.27	152.45	179.19
农村居民						
人均年乳制品消费量	千克/人	0.2	0.2	0.3	0.3	
乳制品进出口						
进口：液态奶	吨					396.89
干乳制品	吨	0.52	13.50	13.69	0.11	26.71
其中：奶粉	吨	0.52	13.50	13.50		26.70
乳清	吨					
出口：液态奶	吨					
干乳制品	吨					
种牛进口						
种牛进口	头					

2-4-21 2007—2011年全国各地区奶业概况——海 南

项 目	单位	2007年	2008年	2009年	2010年	2011年
地区概况						
人口总数	万人	845.00	854.00	863.55	867.15	877.34
其中：城镇常住人口数	万人	398.84	409.92	424.00	430.85	443.06
农村常住人口数	万人	446.16	444.08	439.55	436.30	434.28
社会消费品零售总额	亿元	362.00	463.20	537.5	639.3	759.5
国内生产总值（GDP）	亿元	1 254.17	1 503.06	1 654.21	2 064.50	2 522.66
行业资源						
乳品企业数	个	4	4	3	3	0
其中：亏损企业数	个	4	2	0	2	0
从业人数	万人	0.03	0.02	0.02	0.02	0.01
工业销售产值	亿元	0.58	0.60	0.47	0.46	0.33
利润总额	亿元	−0.03	0.02	0.03	0.01	0.02
奶畜资源						
奶牛存栏数	万头	0.17	0.10	0.11	0.11	0.10
原料奶产量						
奶类产量	万吨	0.14	0.13	0.13	0.15	0.10
牛奶产量	万吨	0.14	0.13	0.13	0.15	0.10
乳制品加工						
乳制品产量	万吨	0.28	0.27	0.42	0.46	0.40
其中：液态奶产量	万吨	0.28	0.27	0.42	0.46	0.40
居民乳制品消费						
城镇居民						
人均年乳制品消费支出	元/人	104.07	113.17	144.38	160.75	137.22
农村居民						
人均年乳制品消费量	千克/人	0.1	0.2	0.2	0.3	
乳制品进出口						
进口：液态奶	吨					
干乳制品	吨	184.91	197.57	207.46	127.85	36.65
其中：奶粉	吨	107.63	117.08	96.47	104.18	16.78
乳清	吨			13.60		
出口：液态奶	吨					
干乳制品	吨					
种牛进口						
种牛进口	头		8	8		

2-4-22 2007—2011年全国各地区奶业概况——重 庆

项 目	单位	2007年	2008年	2009年	2010年	2011年
地区概况						
人口总数	万人	2 816.00	2 839.00	2 859.00	2 919.00	2 919.00
其中：城镇常住人口数	万人	1 361.25	1 419.22	1 474.96	1 606.03	1 606.03
农村常住人口数	万人	1 454.75	1 419.78	1 384.04	1 312.97	1 312.97
社会消费品零售总额	亿元	1 661.23	2 147.10	2 479.0	3 487.8	3 487.8
国内生产总值（GDP）	亿元	4 676.13	5 793.66	6 530.01	10 011.37	10 011.37
行业资源						
乳品企业数	个	5	7	5	5	1
其中：亏损企业数	个	3	5	3	2	1
从业人数	万人	0.31	0.32	0.31	0.28	0.22
工业销售产值	亿元	6.45	10.70	9.02	10.59	12.75
利润总额	亿元	0.32	0.38	0.59	0.54	0.30
奶畜资源						
奶牛存栏数	万头	2.64	2.30	2.44	2.50	2.00
原料奶产量						
奶类产量	万吨	9.76	7.55	8.02	8.61	7.28
牛奶产量	万吨	9.76	7.55	8.02	8.61	7.28
乳制品加工						
乳制品产量	万吨	9.07	9.29	11.32	12.58	12.85
其中：液态奶产量	万吨	8.85	9.13	10.61	12.56	12.85
居民乳制品消费						
城镇居民						
人均年乳制品消费支出	元/人	181.94	204.16	214.01	234.68	268.29
农村居民						
人均年乳制品消费量	千克/人	1.2	1.2	1.2	1.7	
乳制品进出口						
进口：液态奶	吨	0.08		0.36		
干乳制品	吨		650.21			
其中：奶粉	吨					
乳清	吨		650.00			
出口：液态奶	吨					
干乳制品	吨					
种牛进口						
种牛进口	头					133

2-4-23　2007—2011 年全国各地区奶业概况——四　川

项　目	单位	2007 年	2008 年	2009 年	2010 年	2011 年
地区概况						
人口总数	万人	8 127.00	8 138.00	8 185.01	8 041.75	8 050.01
其中：城镇常住人口数	万人	2 893.21	3 043.61	3 167.60	3 234.44	3 367.32
农村常住人口数	万人	5 233.79	5 094.39	5 017.41	4 807.31	4 682.69
社会消费品零售总额	亿元	4 015.60	4 944.80	5 758.7	6 810.1	8 044.6
国内生产总值（GDP）	亿元	10 562.39	12 601.23	14 151.28	17 185.48	21 026.68
行业资源						
乳品企业数	个	25	26	21	21	17
其中：亏损企业数	个	7	8	7	7	0
从业人数	万人	0.49	0.69	0.53	0.59	0.64
工业销售产值	亿元	21.15	27.42	23.41	37.08	51.52
利润总额	亿元	0.23	0.33	0.63	2.21	2.12
奶畜资源						
奶牛存栏数	万头	19.85	21.10	16.59	17.89	18.99
原料奶产量						
奶类产量	万吨	64.59	70.54	71.96	75.55	76.79
牛奶产量	万吨	64.06	69.99	71.45	75.08	76.33
乳制品加工						
乳制品产量	万吨	24.30	35.08	47.06	58.00	78.01
其中：液态奶产量	万吨	20.38	30.67	38.60	45.92	63.33
居民乳制品消费						
城镇居民						
人均年乳制品消费支出	元/人	161.74	190.15	211.75	203.04	238.86
农村居民						
人均年乳制品消费量	千克/人	1.6	1.6	2.7	2.3	
乳制品进出口						
进口：液态奶	吨					
干乳制品	吨	318.55	1 497.45	1 514.43	1 451.20	2 627.95
其中：奶粉	吨	38.50	3.65	98.01	305.70	848.38
乳清	吨	280.00	1 493.80	1 416.15	1 145.50	1 779.58
出口：液态奶	吨					
干乳制品	吨	6.10	0.01	0.02	3.94	
种牛进口						
种牛进口	头		1 478		3 000	1 633

2－4－24　2007—2011年全国各地区奶业概况——贵　州

项　目	单位	2007年	2008年	2009年	2010年	2011年
地区概况						
人口总数	万人	3 762.00	3 792.73	3 798.00	3 474.86	3 468.72
其中：城镇常住人口数	万人	1 062.39	1 104.06	1 135.22	1 173.75	1 212.66
农村常住人口数	万人	2 699.61	2 688.67	2 662.78	2 301.10	2 256.06
社会消费品零售总额	亿元	821.80	1 075.20	1 247.3	1 482.7	1 751.6
国内生产总值（GDP）	亿元	2 884.11	3 561.56	3 912.68	4 602.16	5 701.84
行业资源						
乳品企业数	个	5	5	4	4	0
其中：亏损企业数	个	3	2	0	0	0
从业人数	万人	0.18	0.18	0.21	0.22	0.16
工业销售产值	亿元	1.79	4.52	6.72	8.65	4.70
利润总额	亿元	−0.01	0.35	0.79	0.88	0.20
奶畜资源						
奶牛存栏数	万头	1.47	1.49	1.38	2.17	2.10
原料奶产量						
奶类产量	万吨	4.36	4.18	4.82	4.94	6.88
牛奶产量	万吨	4.36	4.18	4.82	4.94	6.88
乳制品加工						
乳制品产量	万吨	3.30	3.56	4.07	4.40	5.51
其中：液态奶产量	万吨	2.96	3.48	4.05	4.38	5.50
居民乳制品消费						
城镇居民						
人均年乳制品消费支出	元/人	118.30	118.35	133.15	154.78	157.23
农村居民						
人均年乳制品消费量	千克/人	0.2	0.3	0.4	0.5	
乳制品进出口						
进口：液态奶	吨					
干乳制品	吨					0.20
其中：奶粉	吨					0.20
乳清	吨					
出口：液态奶	吨					
干乳制品	吨					
种牛进口						
种牛进口	头				3 883	

2-4-25　2007—2011 年全国各地区奶业概况——云　南

项　目	单位	2007 年	2008 年	2009 年	2010 年	2011 年
地区概况						
人口总数	万人	4 514.00	4 543.00	4 571.00	4 596.68	4 630.80
其中：城镇常住人口数	万人	1 426.42	1 499.19	1 554.14	1 595.91	1 704.13
农村常住人口数	万人	3 087.58	3 043.81	3 016.86	3 000.77	2 926.67
社会消费品零售总额	亿元	1 394.60	1 764.70	2 051.1	2 500.1	3 000.1
国内生产总值（GDP）	亿元	4 772.52	5 692.12	6 169.75	7 224.18	8 893.12
行业资源						
乳品企业数	个	12	10	11	11	12
其中：亏损企业数	个	3	6	6	3	5
从业人数	万人	0.36	0.31	0.32	0.34	0.36
工业销售产值	亿元	11.33	10.59	12.24	14.70	18.17
利润总额	亿元	0.90	0.29	1.01	1.04	0.70
奶畜资源						
奶牛存栏数	万头	17.81	18.63	18.64	20.29	20.29
原料奶产量						
奶类产量	万吨	43.71	52.62	57.26	62.79	65.99
牛奶产量	万吨	41.07	50.14	55.20	59.15	61.83
乳制品加工						
乳制品产量	万吨	23.59	24.85	28.78	31.00	34.62
其中：液态奶产量	万吨	20.54	23.49	27.77	30.35	33.69
居民乳制品消费						
城镇居民						
人均年乳制品消费支出	元/人	56.58	65.48	83.85	89.80	187.40
农村居民						
人均年乳制品消费量	千克/人	0.3	0.3	0.4	0.4	
乳制品进出口						
进口：液态奶	吨					
干乳制品	吨	1 875.62	3 257.72	4 989.95	11 336.68	9 702.92
其中：奶粉	吨		231.75			
乳清	吨	1 875.62	3 025.97	4 989.95	11 336.68	9 702.92
出口：液态奶	吨					
干乳制品	吨	7 894.30	3 573.82	1 535.65	1 322.93	1 241.00
种牛进口						
种牛进口	头	11				47

2-4-26　2007—2011年全国各地区奶业概况——西　藏

项　目	单位	2007年	2008年	2009年	2010年	2011年
地区概况						
人口总数	万人	284.00	287.00	290.03	300.22	303.30
其中：城镇常住人口数	万人	80.37	64.89	69.03	68.06	68.88
农村常住人口数	万人	203.63	222.11	221.00	232.16	234.42
社会消费品零售总额	亿元	112.00	130.00	156.6	185.3	219.0
国内生产总值（GDP）	亿元	341.43	394.85	441.36	507.46	605.83
行业资源						
乳品企业数	个	0	0	0	0	0
其中：亏损企业数	个	0	0	0	0	0
从业人数	万人	0.02	0.02	0.02	0.02	0.02
工业销售产值	亿元	0.76	0.54	0.62	0.69	0.79
利润总额	亿元	0.06	0.07	0.07	0.07	0.12
奶畜资源						
奶牛存栏数	万头	12.35	22.31		13.60	20.79
原料奶产量						
奶类产量	万吨	29.46	22.13	0.00	30.28	39.11
牛奶产量	万吨	23.54	17.18	0.00	24.22	31.38
乳制品加工						
乳制品产量	万吨	0.57	0.55	0.63	0.70	0.57
其中：液态奶产量	万吨			0.44	0.48	0.40
居民乳制品消费						
城镇居民						
人均年乳制品消费支出	元/人	284.90	311.74	283.24	310.55	410.33
农村居民						
人均年乳制品消费量	千克/人	37.7	35.4	30.7	33.9	
乳制品进出口						
进口：液态奶	吨					
干乳制品	吨					
其中：奶粉	吨					
乳清	吨					
出口：液态奶	吨					
干乳制品	吨					
种牛进口						
种牛进口	头					

2-4-27 2007—2011 年全国各地区奶业概况——陕 西

项 目	单位	2007 年	2008 年	2009 年	2010 年	2011 年
地区概况						
人口总数	万人	3 748.00	3 762.00	3 772.00	3 732.74	3 743.25
其中：城镇常住人口数	万人	1 522.44	1 583.80	1 640.82	1 705.93	1 770.25
农村常住人口数	万人	2 225.56	2 178.20	2 131.18	2 026.80	1 973.00
社会消费品零售总额	亿元	1 800.90	2 317.10	2 699.7	3 195.7	3 790.0
国内生产总值（GDP）	亿元	5 757.29	7 314.58	8 169.80	10 123.48	12 512.30
行业资源						
乳品企业数	个	47	49	53	53	39
其中：亏损企业数	个	10	13	10	14	7
从业人数	万人	1.01	1.21	1.03	1.05	1.05
工业销售产值	亿元	57.49	60.85	69.33	85.24	110.36
利润总额	亿元	2.20	−0.60	2.87	0.94	3.43
奶畜资源						
奶牛存栏数	万头	61.05	57.16	63.29	69.95	73.15
原料奶产量						
奶类产量	万吨	180.75	192.17	211.62	229.53	244.12
牛奶产量	万吨	150.57	153.40	174.89	193.39	201.05
乳制品加工						
乳制品产量	万吨	104.09	110.88	117.15	147.97	160.20
其中：液态奶产量	万吨	70.90	79.50	85.68	112.16	126.89
居民乳制品消费						
城镇居民						
人均年乳制品消费支出	元/人	151.78	197.88	222.41	224.00	256.62
农村居民						
人均年乳制品消费量	千克/人	3.1	3.4	3.9	4.1	
乳制品进出口						
进口：液态奶	吨					
干乳制品	吨	31.71	36.65	775.63	27.23	310.19
其中：奶粉	吨	18.62		0.10		
乳清	吨			746.35		265.00
出口：液态奶	吨					0.30
干乳制品	吨	504.65	400.00	70.00	86.70	36.00
种牛进口						
种牛进口	头			5 821	6 000	

2-4-28　2007—2011 年全国各地区奶业概况——甘　肃

项　目	单位	2007 年	2008 年	2009 年	2010 年	2011 年
地区概况						
人口总数	万人	2 617.00	2 628.12	2 635.46	2 557.53	2 563.60
其中：城镇常住人口数	万人	826.71	844.94	860.48	919.12	952.60
农村常住人口数	万人	1 790.29	1 783.18	1 774.98	1 638.41	1 611.00
社会消费品零售总额	亿元	833.30	1 023.60	1 183.0	1 394.5	1 648.0
国内生产总值（GDP）	亿元	2 702.40	3 166.82	3 387.56	4 120.75	5 020.37
行业资源						
乳品企业数	个	14	20	18	18	12
其中：亏损企业数	个	7	10	7	6	2
从业人数	万人	0.17	0.21	0.19	0.25	0.17
工业销售产值	亿元	7.69	8.12	6.46	9.60	11.48
利润总额	亿元	−0.25	−0.24	−0.06	0.18	0.50
奶畜资源						
奶牛存栏数	万头	17.21	20.89	19.48	20.56	21.28
原料奶产量						
奶类产量	万吨	37.98	40.93	38.90	41.46	43.05
牛奶产量	万吨	32.37	39.83	38.41	40.89	42.40
乳制品加工						
乳制品产量	万吨	8.62	7.73	10.58	14.34	16.73
其中：液态奶产量	万吨	6.39	6.38	9.66	13.25	15.69
居民乳制品消费						
城镇居民						
人均年乳制品消费支出	元/人	140.87	140.37	149.56	168.11	200.05
农村居民						
人均年乳制品消费量	千克/人	2.4	2.4	2.2	2.7	
乳制品进出口						
进口：液态奶	吨					
干乳制品	吨					
其中：奶粉	吨					
乳清	吨					
出口：液态奶	吨					
干乳制品	吨	25.00				
种牛进口						
种牛进口	头		2 623			

2-4-29 2007—2011年全国各地区奶业概况——青 海

项 目	单位	2007年	2008年	2009年	2010年	2011年
地区概况						
人口总数	万人	552.00	554.30	556.79	562.67	567.61
其中：城镇常住人口数	万人	221.19	227.00	233.00	251.63	262.61
农村常住人口数	万人	330.81	327.30	323.79	311.05	305.00
社会消费品零售总额	亿元	208.30	259.70	300.5	350.8	410.5
国内生产总值（GDP）	亿元	797.35	1 018.62	1 081.27	1 350.43	1 670.44
行业资源						
乳品企业数	个	6	7	7	8	4
其中：亏损企业数	个	2	1	0	0	0
从业人数	万人	0.02	0.07	0.09	0.09	0.10
工业销售产值	亿元	0.96	2.44	3.70	7.97	6.86
利润总额	亿元	0.00	0.03	0.15	0.56	0.64
奶畜资源						
奶牛存栏数	万头	21.91	23.59	22.40	21.21	21.81
原料奶产量						
奶类产量	万吨	26.51	28.11	31.54	30.12	32.13
牛奶产量	万吨	24.98	27.87	31.54	30.12	32.13
乳制品加工						
乳制品产量	万吨	4.60	6.43	6.08	11.90	12.18
其中：液态奶产量	万吨	4.60	6.19	5.35	9.16	12.01
居民乳制品消费						
城镇居民						
人均年乳制品消费支出	元/人	138.73	140.87	175.18	187.53	193.65
农村居民						
人均年乳制品消费量	千克/人	26.7	21.9	19.0	14.2	
乳制品进出口						
进口：液态奶	吨					
干乳制品	吨					
其中：奶粉	吨					
乳清	吨					
出口：液态奶	吨					
干乳制品	吨					
种牛进口						
种牛进口	头					

2－4－30 2007—2011 年全国各地区奶业概况——宁 夏

项 目	单位	2007 年	2008 年	2009 年	2010 年	2011 年
地区概况						
人口总数	万人	610.00	617.69	625.00	630.14	638.88
其中：城镇常住人口数	万人	268.52	278.00	288.00	302.20	318.00
农村常住人口数	万人	341.48	340.00	337.00	327.93	320.88
社会消费品零售总额	亿元	233.30	295.40	339.3	403.6	477.6
国内生产总值（GDP）	亿元	919.11	1 203.92	1 353.31	1 689.65	2 102.21
行业资源						
乳品企业数	个	18	21	20	16	16
其中：亏损企业数	个	3	8	12	8	6
从业人数	万人	0.26	0.27	0.23	0.24	0.31
工业销售产值	亿元	11.04	12.32	13.15	14.30	21.32
利润总额	亿元	0.25	0.34	0.58	0.27	0.58
奶畜资源						
奶牛存栏数	万头	32.10	39.40	32.30	34.43	36.25
原料奶产量						
奶类产量	万吨	94.00	116.72	98.26	103.76	111.19
牛奶产量	万吨	94.00	116.72	98.26	103.76	111.19
乳制品加工						
乳制品产量	万吨	18.04	13.11	13.57	13.41	25.20
其中：液态奶产量	万吨	12.78	9.43	9.50	10.74	13.11
居民乳制品消费						
城镇居民						
人均年乳制品消费支出	元/人	154.82	199.40	179.24	176.87	218.14
农村居民						
人均年乳制品消费量	千克/人	5.0	6.5	5.0	4.5	
乳制品进出口						
进口：液态奶	吨					
干乳制品	吨		40.00			
其中：奶粉	吨					
乳清	吨		40.00			
出口：液态奶	吨					
干乳制品	吨	75.00	100.00			
种牛进口						
种牛进口	头				5	

2-4-31 2007—2011 年全国各地区奶业概况——新 疆

项 目	单位	2007 年	2008 年	2009 年	2010 年	2011 年
地区概况						
人口总数	万人	2 095.00	2 130.80	2 158.63	2 208.71	2 208.71
其中：城镇常住人口数	万人	820.19	844.65	860.21	961.67	961.67
农村常住人口数	万人	1 274.81	1 286.15	1 299.00	1 247.04	1 247.04
社会消费品零售总额	亿元	847.70	1 041.50	1 177.50	1 616.3	1 616.3
国内生产总值（GDP）	亿元	3 523.16	4 183.21	4 277.05	6 610.05	6 610.05
行业资源						
乳品企业数	个	32	38	34	39	30
其中：亏损企业数	个	9	16	12	11	8
从业人数	万人	0.34	0.38	0.36	0.45	0.43
工业销售产值	亿元	16.15	20.76	19.38	27.30	28.65
利润总额	亿元	0.88	0.55	0.97	1.21	1.41
奶畜资源						
奶牛存栏数	万头	226.02	245.24	267.00	270.09	285.32
原料奶产量						
奶类产量	万吨	203.85	215.87	241.46	267.54	294.60
牛奶产量	万吨	196.23	208.49	234.14	259.62	287.94
乳制品加工						
乳制品产量	万吨	20.36	20.65	26.89	30.30	35.99
其中：液态奶产量	万吨	16.29	15.79	21.40	23.81	29.15
居民乳制品消费						
城镇居民						
人均年乳制品消费支出	元/人	132.77	148.52	151.64	164.52	197.70
农村居民						
人均年乳制品消费量	千克/人	6.2	6.3	6.1	5.3	
乳制品进出口						
进口：液态奶	吨					
干乳制品	吨		10.60			
其中：奶粉	吨		10.01			
乳清	吨					
出口：液态奶	吨					
干乳制品	吨	460.98	116.15	81.85		
种牛进口						
种牛进口	头					78

Ⅲ. 奶牛养殖

3-1 奶牛存栏

3-1-1 1978—2011 年我国奶牛存栏、牛奶产量、奶类总产量

年份	奶牛存栏（万头）	牛奶产量（万吨）	奶类总产量（万吨）
1978	47.5	88.3	97.1
1979	55.7	106.5	130.2
1980	64.1	114.1	136.7
1981	69.8	129.1	154.9
1982	81.7	161.8	195.9
1983	95.1	184.5	221.9
1984	133.6	218.6	259.6
1985	162.7	249.9	289.4
1986	184.6	289.9	332.9
1987	216.4	330.1	378.8
1988	222.2	366	418.9
1989	252.6	381.3	435.8
1990	269.1	415.7	475.1
1991	294.6	464.6	524.3
1992	294.2	503.1	563.9
1993	345.1	498.6	563.7
1994	384.3	528.8	608.9
1995	417.3	576.4	672.8
1996	447	629.4	735.9
1997	442	601.1	681.1
1998	426.5	662.9	745.4
1999	424.1	717.6	806.7
2000	489	827.4	918.9
2001	566.2	1 025.5	1 122.6
2002	687.5	1 299.8	1 400.4
2003	893.2	1 746.3	1 848.6
2004	1 108	2 260.6	2 368.4
2005	1 216.1	2 753.4	2 864.8
2006	1 068.9	3 193.4	3 302.5
2007	1 218.9	3 525.2	3 633.4
2008	1 233.5	3 555.8	3 781.5
2009	1 260.3	3 520.9	3 734.6
2010	1 420.1	3 575.6	3 748
2011	1 440.2	3 657.8	3 810.7

3-1-2 2007—2011年全国各地区奶牛存栏数

单位：万头

地 区	2007年	2008年	2009年	2010年	2011年
全 国	**1 218.9**	**1 233.5**	**1 260.3**	**1 420.1**	**1 440.2**
北 京	16.30	16.91	15.81	14.87	15.07
天 津	16.87	14.44	13.77	13.45	14.01
河 北	262.14	193.43	172.38	177.52	203.98
山 西	39.22	39.68	39.96	38.93	41.59
内蒙古	284.63	287.12	286.57	279.97	278.48
辽 宁	28.40	35.87	41.55	42.96	47.65
吉 林	21.50	31.68	40.62	48.10	54.83
黑龙江	190.00	218.85	246.14	267.56	285.22
上 海	5.82	5.98	6.40	6.72	7.05
江 苏	21.58	18.83	19.54	20.32	21.62
浙 江	7.19	7.22	6.88	7.09	6.98
安 徽	5.54	7.14	7.91	9.46	9.47
福 建	4.60	4.68	4.32	4.16	3.90
江 西	3.36	3.27	3.46	3.61	3.74
山 东	115.53	115.38	120.15	128.78	141.54
河 南	57.53	71.96	82.69	84.78	89.52
湖 北	5.06	6.26	6.17	6.49	7.82
湖 南	4.01	4.12	3.36	3.28	3.10
广 东	6.19	5.57	5.47	5.19	5.47
广 西	1.88	2.04	2.00	2.28	2.25
海 南	0.17	0.10	0.11	0.11	0.10
重 庆	2.64	2.30	2.44	2.50	2.00
四 川	19.85	21.10	16.59	17.89	18.99
贵 州	1.47	1.49	1.38	2.17	2.10
云 南	17.81	18.63	18.64	20.29	20.29
西 藏	12.35	22.31		13.60	20.79
陕 西	61.05	57.16	63.29	69.95	73.15
甘 肃	17.21	20.89	19.48	20.56	21.28
青 海	21.91	23.59	22.40	21.21	21.81
宁 夏	32.10	39.40	32.30	34.43	36.25
新 疆	226.02	245.24	267.00	270.09	285.32

3-1-3 2007—2011 年全国各地区奶类产量

单位：吨

地区	2007 年	2008 年	2009 年	2010 年	2011 年
全国（万吨）	**3 633.40**	**3 781.50**	**3 734.60**	**3 748.00**	**3 810.70**
北京	622 423.10	665 551.00	673 979.20	641 120.60	639 759.00
天津	565 904.11	626 485.63	552 478.00	613 702.26	579 495.82
河北	5 657 097.82	5 417 600.95	5 516 626.00	5 986 711.25	6 485 862.40
山西	989 380.00	946 022.00	981 969.00	1 024 898.05	1 128 042.00
内蒙古	9 160 615.00	9 088 837.00	9 288 237.80	9 239 621.60	9 561 684.20
辽宁	1 082 986.00	1 248 138.90	1 578 311.70	1 571 131.37	1 810 889.80
吉林	480 001.12	747 967.00	1 050 533.17	1 192 732.11	1 316 703.02
黑龙江	5 000 000.00	5 621 456.60	6 308 858.00	6 997 688.20	7 620 641.00
上海	220 419.34	232 860.03	212 473.00	247 051.37	305 269.04
江苏	739 390.57	736 702.84	684 376.00	742 179.31	811 253.75
浙江	237 158.58	229 814.01	213 139.00	217 935.40	219 959.15
安徽	170 097.72	194 506.00	240 817.00	274 304.00	296 359.00
福建	160 376.32	161 898.37	150 156.00	151 658.30	147 870.31
江西	169 400.00	235 709.84	118 888.00	122 477.70	126 710.00
山东	3 807 747.11	3 951 181.12	4 025 324.00	4 374 004.30	4 865 773.01
河南	2 153 361.03	2 744 659.30	3 321 566.00	3 433 935.00	3 591 265.00
湖北	155 130.00	232 913.00	198 777.00	256 755.00	300 833.00
湖南	85 819.51	87 076.52	82 263.02	79 623.21	76 904.94
广东	144 960.95	159 925.33	150 169.00	158 365.66	171 360.61
广西	63 939.00	72 105.00	78 270.00	85 016.00	92 044.00
海南	1 427.70	1 326.00	1 283.00	1 487.00	950.00
重庆	97 631.43	75 548.00	80 235.00	86 059.20	72 750.40
四川	645 941.44	705 448.53	719 559.47	755 524.00	767 852.00
贵州	43 632.63	41 786.00	48 238.00	49 371.00	68 786.10
云南	437 137.49	526 156.55	572 617.00	627 916.53	659 851.32
西藏	294 600.00	221 273.30		302 800.00	391 144.72
陕西	1 807 544.00	1 921 682.00	2 116 190.00	2 295 298.46	2 441 154.00
甘肃	379 787.98	409 264.00	388 994.31	414 616.62	430 492.09
青海	265 054.00	281 141.00	315 365.00	301 174.64	321 260.56
宁夏	940 000.00	1 167 215.06	982 610.00	1 037 611.40	1 111 908.23
新疆	2 038 482.00	2 158 743.00	2 414 573.00	2 675 353.52	2 946 033.60

3-1-4 2007—2011年全国各地区牛奶产量

单位：吨

地区	2007年	2008年	2009年	2010年	2011年
全国（万吨）	**3 525.20**	**3 555.80**	**3 520.90**	**3 575.60**	**3 657.80**
北京	621 523.10	665 551.00	673 979.20	641 120.60	639 759.00
天津	565 801.11	626 418.63	552 477.00	613 701.26	579 420.82
河北	5 602 657.10	5 342 449.00	5 464 274.00	5 919 599.00	6 419 036.00
山西	964 956.00	921 361.00	968 226.00	1 010 236.00	1 109 628.00
内蒙古	9 098 399.00	9 053 725.00	9 248 916.00	9 090 488.20	9 482 914.29
辽宁	1 050 969.00	1 191 418.50	1 542 845.00	1 544 048.03	1 769 813.80
吉林	473 100.23	739 509.00	1 032 651.23	1 184 563.33	1 303 057.13
黑龙江	5 000 000.00	5 568 939.00	6 287 500.00	6 971 401.20	7 587 882.50
上海	220 419.34	232 860.03	212 473.00	247 051.37	305 269.04
江苏	738 520.57	735 682.84	683 158.00	740 958.31	810 043.75
浙江	237 104.90	229 809.00	213 126.00	217 835.40	219 759.15
安徽	170 097.72	194 506.00	240 817.00	274 304.00	296 359.00
福建	155 048.79	157 721.01	145 915.00	147 827.30	143 839.50
江西	169 400.00	235 709.84	118 888.00	122 477.70	126 710.00
山东	3 435 258.18	3 632 158.02	3 726 815.00	4 084 631.00	4 585 810.00
河南	2 057 091.68	2 594 691.20	3 153 918.00	3 262 214.00	3 422 809.00
湖北	155 113.00	232 913.00	198 777.00	253 724.00	300 803.00
湖南	85 816.51	86 776.52	82 017.02	79 125.21	76 406.94
广东	142 681.93	154 428.89	143 506.00	151 370.54	163 677.11
广西	63 808.00	72 019.00	78 173.00	84 944.00	92 000.00
海南	1 427.70	1 326.00	1 283.00	1 487.00	950.00
重庆	97 631.43	75 548.00	80 235.00	86 059.20	72 750.40
四川	640 577.14	699 928.43	714 471.57	750 772.00	763 304.00
贵州	43 632.63	41 786.00	48 238.00	49 371.00	68 786.10
云南	410 712.18	501 364.50	552 037.00	591 518.11	618 277.62
西藏	235 430.08	171 802.70		242 240.00	313 803.71
陕西	1 505 698.00	1 533 963.00	1 748 858.00	1 933 947.00	2 010 546.00
甘肃	323 742.18	398 303.00	384 111.31	408 893.50	424 015.30
青海	249 826.00	278 702.00	315 365.00	301 174.64	321 260.56
宁夏	940 000.00	1 167 214.06	982 600.00	1 037 601.10	1 111 850.73
新疆	1 962 268.00	2 084 851.00	2 341 388.00	2 596 205.00	2 879 412.10

3-1-5　2008年全国36个大中城市奶牛存栏、牛奶产量、奶类产量（地级市）

地　区	市	奶牛存栏（万头）	牛奶产量（吨）	奶类总产量（吨）
河　北	石家庄市	35.26	1 039 490.0	1 044 069.0
山　西	太原市	2.71	95 189.0	95 230.0
内蒙古	呼和浩特市	69.96	3 050 226.0	3 050 531.0
辽　宁	沈阳市	8.67	318 746.5	334 705.5
辽　宁	大连市	3.23	133 451.0	150 886.0
吉　林	长春市	4.37	112 365.0	113 893.0
黑龙江	哈尔滨市	46.14	1 318 724.0	1 329 096.0
江　苏	南京市	2.67	90 272.9	90 272.9
浙　江	杭州市	1.15	41 836.0	41 836.0
浙　江	宁波市	0.63	21 144.0	21 144.0
安　徽	合肥市	2.04	41 427.0	41 427.0
福　建	福州市	0.83	32 033.0	32 088.0
福　建	厦门市	0.05	970.0	1 455.0
江　西	南昌市	1.35	93 930.0	93 930.0
山　东	济南市	12.91	322 827.8	322 827.8
山　东	青岛市	15.76	485 595.0	547 653.0
河　南	郑州市	9.39	352 254.0	410 701.0
湖　北	武汉市	3.10	117 685.0	117 685.0
湖　南	长沙市	0.36	6 215.5	6 215.5
广　东	广州市	1.65	50 768.0	50 768.0
广　东	深圳市	0.71	23 048.0	23 048.0
广　西	南宁市	1.18	40 400.0	40 400.0
海　南	海口市	0.10	1 204.0	1 204.0
四　川	成都市	3.07	139 393.0	139 993.0
贵　州	贵阳市	1.08	28 721.0	28 721.0
云　南	昆明市	3.91	105 353.0	114 939.1
陕　西	西安市	9.29	356 918.0	441 791.0
甘　肃	兰州市	3.07	103 240.0	103 308.0
青　海	西宁市	12.65	89 572.0	89 572.0
宁　夏	银川市	15.36	461 782.6	461 782.6
新　疆	乌鲁木齐市	2.70	57 983.0	58 948.0

3-1-6　2009年全国36个大中城市奶牛存栏、牛奶产量、奶类产量（地级市）

地　区	市	奶牛存栏（万头）	牛奶产量（吨）	奶类总产量（吨）
河　北	石家庄市	22.60	984 012	985 650
山　西	太原市	2.66	97 403	97 457
内蒙古	呼和浩特市	73.53	3 322 252	3 322 602
辽　宁	沈阳市	10.14	393 739	396 183
辽　宁	大连市	3.35	155 874	165 882
吉　林	长春市	5.52	133 053	133 848
黑龙江	哈尔滨市	46.38	1 367 754	1 378 054
江　苏	南京市	2.62	93 354	93 354
浙　江	杭州市	1.09	39 353	39 353
浙　江	宁波市	0.63	19 406	19 406
安　徽	合肥市	2.60	55 800	55 800
福　建	福州市	0.69	24 819	24 879
福　建	厦门市	0.05	1 283	1 888
江　西	南昌市	1.55	46 533	46 533
山　东	济南市	14.03	373 727	373 727
山　东	青岛市	14.06	441 617	487 497
河　南	郑州市	9.77	414 362	475 610
湖　北	武汉市	1.23	49 036	49 036
湖　南	长沙市	0.37	5 551	5 551
广　东	广州市	1.59	49 729	49 729
广　东	深圳市	0.66	16 924	16 924
广　西	南宁市	1.14	44 714	44 714
海　南	海口市	0.10	1 283	1 283
四　川	成都市	2.72	125 674	125 840
贵　州	贵阳市	1.03	35 657	35 657
云　南	昆明市	3.29	94 542	99 649
陕　西	西安市	11.63	401 937	497 390
甘　肃	兰州市	2.83	84 888	84 938
青　海	西宁市	10.31	96 338	96 338
宁　夏	银川市	12.98	410 660	410 668
新　疆	乌鲁木齐市	2.40	56 747	57 847

3－1－7　2010年全国36个大中城市奶牛存栏、牛奶产量、奶类产量（地级市）

地　区	市	奶牛存栏（万头）	牛奶产量（吨）	奶类总产量（吨）
河　北	石家庄市	24.64	1 053 710	1 055 673
山　西	太原市	2.40	97 583	97 623
内蒙古	呼和浩特市	73.99	3 241 302	3 241 818
辽　宁	沈阳市	10.97	412 997	417 361
辽　宁	大连市	2.70	129 914	140 589
吉　林	长春市	6.07	139 615	140 719
黑龙江	哈尔滨市	46.53	1 435 984	1 450 004
江　苏	南京市	2.14	80 756	80 756
浙　江	杭州市	1.10	39 408	39 508
浙　江	宁波市	0.73	22 071	22 071
安　徽	合肥市	3.85	86 526	86 526
福　建	福州市	0.58	22 012	22 072
福　建	厦门市	0.08	1 416	1 999
江　西	南昌市	1.66	47 424	47 424
山　东	济南市	15.74	429 286	429 286
山　东	青岛市	14.32	447 733	500 155
河　南	郑州市	9.66	420 352	484 132
湖　北	武汉市	1.24	52 439	52 439
湖　南	长沙市	0.34	5 924	5 924
广　东	广州市	1.59	50 811	50 811
广　东	深圳市	0.52	14 680	14 680
广　西	南宁市	1.27	47 521	47 521
海　南	海口市	0.10	1 487	1 487
四　川	成都市	2.44	125 448	125 448
贵　州	贵阳市	1.82	36 962	36 962
云　南	昆明市	4.14	100 680	113 248
陕　西	西安市	12.87	421 301	506 389
甘　肃	兰州市	2.61	76 228	76 278
青　海	西宁市	10.58	103 331	103 331
宁　夏	银川市	13.38	410 972	410 980
新　疆	乌鲁木齐市	2.48	52 426	53 644

3-1-8　2011年全国36个大中城市奶牛存栏、牛奶产量、奶类产量（地级市）

地　区	市	奶牛存栏（万头）	牛奶产量（吨）	奶类总产量（吨）
河　北	石家庄市	41.98	1 187 204	1 190 250
山　西	太原市	1.97	97 343	97 402
内蒙古	呼和浩特市	75.12	3 309 076	3 309 076
辽　宁	沈阳市	13.58	519 628	520 713
辽　宁	大连市	2.23	124 678	136 253
吉　林	长春市	6.27	148 680	149 753
黑龙江	哈尔滨市	46.65	1 494 783	1 510 794
江　苏	南京市	2.29	85 424	85 424
浙　江	杭州市	1.13	38 639	38 839
浙　江	宁波市	0.66	25 658	25 658
安　徽	合肥市	4.00	100 657	100 657
福　建	福州市	0.50	19 959	20 019
福　建	厦门市	0.05	1 039	1 647
江　西	南昌市	1.68	48 953	48 953
山　东	济南市	17.27	501 307	501 307
山　东	青岛市	14.40	455 921	501 977
河　南	郑州市	9.33	410 994	476 044
湖　北	武汉市	1.29	53 137	53 137
湖　南	长沙市	0.24	5 438	5 438
广　东	广州市	1.66	54 605	54 605
广　东	深圳市	0.54	14 392	14 392
广　西	南宁市	1.23	51 532	51 532
海　南	海口市	0.05	950	950
四　川	成都市	2.73	103 261	103 261
贵　州	贵阳市	1.76	57 742	57 742
云　南	昆明市	3.96	100 579	113 438
陕　西	西安市	13.53	432 943	524 003
甘　肃	兰州市	2.41	70 810	70 810
青　海	西宁市	10.60	110 002	110 002
宁　夏	银川市	13.15	440 907	440 916
新　疆	乌鲁木齐市	3.00	61 839	63 026

3-1-9 2008年全国各地区奶牛规模养殖情况表（一）

地 区	年存栏数1～4头			年存栏数5～9头			年存栏数10～19头		
	场（户）数	年存栏数	牛奶产量	场（户）数	年存栏数	牛奶产量	场（户）数	年存栏数	牛奶产量
	个	头	吨	个	头	吨	个	头	吨
北 京	2 271	5 955	21 283	1 689	10 817	35 462	855	11 516	35 290
天 津	813	2 626	12 595	557	3 970	19 416	689	11 508	54 385
河 北	223 388	564 515	1 467 736	34 741	236 816	642 826	20 190	268 831	780 407
山 西	58 408	138 866	263 236	12 962	96 236	235 292	2 613	36 997	91 906
内蒙古	392 431	1 096 007	2 986 103	102 632	696 628	2 238 403	26 395	358 018	1 273 594
辽 宁	18 910	49 514	160 449	9 189	62 227	188 523	4 321	60 182	206 468
吉 林	30 086	86 202	217 226	7 560	48 055	120 047	4 028	57 846	138 306
黑龙江	198 817	582 866	1 335 828	84 281	585 718	1 526 658	32 225	463 927	1 259 845
上 海	0	0	0	0	0	0	0	0	0
江 苏	2 807	6 760	26 156	629	4 170	15 005	663	9 524	35 471
浙 江	1 527	3 803	12 166	875	5 484	17 275	562	7 487	20 520
安 徽	1 779	3 761	6 039	422	3 100	7 401	288	3 902	10 892
福 建	2 756	6 070	17 710	853	5 611	17 519	284	3 632	10 340
江 西	226	568	1 705	251	1 584	6 089	248	3 663	15 888
山 东	60 487	169 561	587 171	18 032	125 722	394 032	10 439	155 759	499 933
河 南	37 156	93 732	322 398	8 942	61 755	217 899	5 026	71 924	259 334
湖 北	1 388	4 037	7 191	152	1 049	3 175	107	1 502	6 042
湖 南	1 920	6 359	13 147	1 642	14 428	31 381	192	3 304	6 879
广 东	1 780	5 205	2 514	80	559	1 242	60	827	1 475
广 西	416	965	1 590	169	1 183	3 251	118	1 667	4 647
海 南	2	6	0	1	9	1	0	0	0
重 庆	2 538	5 501	18 921	635	4 219	14 506	330	4 317	14 710
四 川	45 728	111 150	170 600	3 312	24 911	85 396	1 279	17 756	57 451
贵 州	1 088	3 246	8 962	324	2 323	6 495	142	2 074	4 184
云 南	47 578	120 692	290 611	3 322	22 264	74 125	848	11 775	37 974
西 藏	87 611	236 184	18 000	2 974	15 423	3 962	1 091	16 351	2 981
陕 西	123 740	304 682	746 816	13 309	87 845	239 698	1 957	27 559	80 359
甘 肃	28 657	77 074	77 728	5 250	37 231	48 154	1 679	25 121	42 491
青 海	100 657	217 791	117 629	1 273	9 253	9 356	255	3 681	4 608
宁 夏	14 020	47 804	118 727	14 683	115 562	342 049	4 926	84 988	253 503
新 疆	544 466	1 200 939	708 335	64 773	488 571	373 292	21 495	312 093	275 173

3-1-9 2008年全国各地区奶牛规模养殖情况表（二）

地区	年存栏数20～49头			年存栏数50～99头			年存栏数100～199头		
	场（户）数	年存栏数	牛奶产量	场（户）数	年存栏数	牛奶产量	场（户）数	年存栏数	牛奶产量
	个	头	吨	个	头	吨	个	头	吨
北京	372	12 245	41 137	148	9 954	35 890	140	19 194	71 580
天津	799	27 518	58 875	265	16 664	81 312	92	12 921	64 458
河北	7 777	241 195	698 772	1 573	106 107	299 948	588	84 244	238 729
山西	1 043	33 792	82 914	293	20 391	51 703	167	23 833	60 169
内蒙古	9 790	311 324	982 394	2 802	184 436	637 389	539	74 422	254 398
辽宁	2 055	61 238	195 435	523	36 218	118 651	134	17 645	58 206
吉林	1 396	41 756	104 991	379	24 686	53 514	118	15 943	33 035
黑龙江	8 378	227 557	607 094	1 750	112 087	299 970	565	76 601	225 962
上海	0	0	0	3	207	295	35	5 466	20 856
江苏	791	25 804	95 547	256	19 056	74 491	102	14 684	53 144
浙江	304	9 136	27 176	105	6 890	20 115	61	8 472	24 312
安徽	143	4 079	12 999	57	3 420	10 737	65	8 707	16 883
福建	44	1 278	4 585	8	584	1 796	3	421	1 372
江西	477	12 345	55 645	55	3 494	27 299	19	2 634	15 547
山东	5 517	172 195	530 388	1 828	124 176	367 501	687	97 593	310 984
河南	2 301	69 296	250 983	689	44 679	164 853	282	40 487	151 477
湖北	437	12 197	47 990	87	5 958	21 473	18	2 586	11 956
湖南	99	3 654	7 098	25	1 677	3 265	16	1 945	4 791
广东	109	3 357	9 005	67	4 804	18 039	35	4 215	14 600
广西	37	1 106	3 363	14	974	3 267	10	1 534	4 117
海南	0	0	0	0	0	0	0	0	0
重庆	86	2 549	8 403	10	614	1 855	12	1 606	5 262
四川	571	17 434	54 635	116	7 634	22 156	64	8 709	23 437
贵州	59	1 787	4 486	6	349	1 113	4	562	2 002
云南	267	7 343	19 387	41	2 592	6 752	17	2 271	5 949
西藏	52	1 048	665	54	2 735	1 593	33	3 455	2 015
陕西	854	23 181	67 822	307	20 120	54 816	209	30 182	122 868
甘肃	686	19 839	42 168	272	16 367	27 896	89	11 414	22 100
青海	20	611	886	11	694	1 062	4	509	861
宁夏	1 286	51 804	159 560	373	27 536	85 874	109	16 836	53 676
新疆	5 685	185 012	256 904	1 765	130 851	137 060	240	32 446	52 306

3-1-9　2008年全国各地区奶牛规模养殖情况表（三）

地　区	年存栏数200～499头			年存栏数500～999头			年存栏数1 000头以上		
	场（户）数	年存栏数	牛奶产量	场（户）数	年存栏数	牛奶产量	场（户）数	年存栏数	牛奶产量
	个	头	吨	个	头	吨	个	头	吨
北　京	106	31 785	111 197	36	28 218	125 437	22	39 464	188 275
天　津	33	10 496	73 463	43	32 938	139 500	16	25 732	122 415
河　北	423	144 490	398 402	227	154 261	446 810	78	133 889	368 819
山　西	80	25 268	77 957	24	16 437	45 278	4	4 937	12 906
内蒙古	231	72 812	310 712	56	34 902	179 154	22	42 625	191 578
辽　宁	77	22 555	75 796	29	21 192	81 240	15	25 531	105 196
吉　林	60	18 349	38 817	24	15 278	37 596	5	8 653	18 289
黑龙江	157	49 712	119 647	64	43 968	109 694	22	46 020	84 241
上　海	53	16 190	56 263	19	13 715	54 165	13	24 261	101 070
江　苏	114	36 600	142 154	39	25 876	116 570	22	45 844	176 946
浙　江	33	10 083	34 528	12	8 274	30 202	8	12 532	43 010
安　徽	41	12 585	29 630	10	6 339	19 570	9	25 460	80 355
福　建	9	2 936	8 927	13	10 086	30 485	12	16 162	56 976
江　西	11	3 470	21 717	1	834	4 389	1	4 068	86 032
山　东	336	107 861	316 636	115	75 695	232 788	58	125 245	392 411
河　南	428	125 947	464 871	121	82 032	295 311	55	129 709	467 565
湖　北	41	10 208	32 751	17	11 510	33 908	8	13 513	46 878
湖　南	11	3 216	6 165	1	729	585	4	5 865	13 367
广　东	14	3 975	10 350	9	6 156	17 190	14	26 640	71 532
广　西	20	8 126	27 195	2	1 356	5 684	3	3 528	8 830
海　南	1	380	563	1	603	640	0	0	0
重　庆	2	477	1 474	4	2 675	8 177	1	1 004	2 239
四　川	40	10 064	27 427	13	8 190	28 190	4	5 192	11 662
贵　州	3	1 148	3 902	2	1 102	3 300	1	2 327	6 942
云　南	16	4 971	13 531	9	5 633	14 034	6	8 762	23 196
西　藏	11	2 312	311	1	504	23	1	1 000	145
陕　西	175	51 764	153 727	23	15 319	43 985	6	10 938	23 872
甘　肃	25	7 796	14 641	11	7 350	16 780	4	6 715	17 052
青　海	6	1 666	2 508	0	0	0	1	1 682	1 953
宁　夏	53	16 045	51 302	22	15 810	47 680	13	17 657	54 842
新　疆	79	24 057	52 279	78	43 232	116 913	27	35 182	96 704

3-1-10　2009年全国各地区奶牛规模养殖情况表（一）

地区	年存栏数1～4头			年存栏数5～9头			年存栏数10～19头		
	场（户）数	年存栏数	牛奶产量	场（户）数	年存栏数	牛奶产量	场（户）数	年存栏数	牛奶产量
	个	头	吨	个	头	吨	个	头	吨
北　京	1 326	3 867	14 747	999	6 624	25 241	627	8 476	29 314
天　津	765	2 268	10 207	358	2 672	11 311	475	7 772	65 449
河　北	87 698	184 275	457 296	13 501	98 152	278 415	9 211	135 194	420 946
山　西	47 927	123 912	250 335	13 295	98 104	251 409	3 175	45 260	113 657
内蒙古	360 847	970 352	2 555 609	91 527	635 731	2 082 906	23 951	335 235	1 243 662
辽　宁	21 587	60 529	210 513	9 386	65 992	230 717	5 367	73 846	273 728
吉　林	37 052	112 867	253 401	7 717	54 864	147 731	4 232	63 740	172 255
黑龙江	189 827	613 164	1 480 501	89 574	625 005	1 652 381	34 872	515 676	1 399 420
上　海	0	0	0	0	0	0	0	0	0
江　苏	841	2 216	6 746	1 025	7 378	21 438	658	9 745	31 440
浙　江	1 215	3 099	6 693	706	4 736	13 601	459	6 138	17 314
安　徽	1 442	3 321	7 415	384	2 600	8 576	265	3 838	13 036
福　建	2 546	5 948	16 323	661	4 238	13 053	231	2 942	8 466
江　西	453	932	1 119	274	1 878	4 834	277	4 469	13 845
山　东	44 916	127 395	402 939	17 305	121 999	380 297	9 681	141 562	440 608
河　南	42 660	102 194	336 602	11 808	84 717	303 198	6 814	97 949	373 437
湖　北	8 756	10 181	14 531	47	341	1 517	77	1 041	4 550
湖　南	2 340	6 383	16 569	1 087	9 085	24 717	220	3 334	7 906
广　东	1 871	4 495	2 185	224	1 529	1 461	42	606	1 260
广　西	328	737	1 197	130	868	1 961	112	1 585	4 632
海　南	0	0	0	0	0	0	0	0	0
重　庆	2 468	5 590	17 845	627	4 484	15 181	356	4 693	16 098
四　川	21 373	48 689	134 711	3 710	26 914	99 118	1 356	19 966	68 519
贵　州	916	2 784	9 415	332	2 579	7 993	93	1 270	3 831
云　南	62 057	134 991	379 064	2 203	13 578	42 157	713	9 014	25 744
西　藏									
陕　西	124 993	292 637	735 086	11 202	74 051	212 305	2 758	36 442	105 636
甘　肃	27 672	66 094	65 545	5 404	36 558	56 102	1 599	22 958	38 903
青　海	98 429	202 073	157 014	1 559	9 669	14 010	330	4 115	6 102
宁　夏	5 825	19 218	54 219	9 256	66 970	196 254	6 003	82 464	250 889
新　疆	594 807	1 296 054	838 366	73 792	540 456	435 430	23 122	355 470	305 864

3－1－10 2009年全国各地区奶牛规模养殖情况表（二）

地区	年存栏数20～49头			年存栏数50～99头			年存栏数100～199头		
	场（户）数	年存栏数	牛奶产量	场（户）数	年存栏数	牛奶产量	场（户）数	年存栏数	牛奶产量
	个	头	吨	个	头	吨	个	头	吨
北 京	198	6 932	24 267	97	6 373	23 718	145	21 200	78 938
天 津	800	28 198	66 765	293	18 780	83 198	73	9 447	37 180
河 北	3 329	106 866	314 410	1 005	71 380	201 513	422	64 229	194 229
山 西	999	30 752	79 846	230	16 242	41 577	158	21 377	56 824
内蒙古	8 709	271 132	883 011	3 069	209 608	713 332	762	118 306	418 509
辽 宁	2 063	61 949	231 708	513	34 858	132 213	130	18 740	71 234
吉 林	1 774	54 971	157 998	487	33 096	83 402	183	25 883	60 651
黑龙江	9 620	299 658	798 533	2 193	152 183	376 750	687	97 936	227 492
上 海	0	0	0	4	265	895	31	4 791	16 764
江 苏	776	23 240	77 897	124	9 009	32 914	93	13 944	48 382
浙 江	261	7 955	23 512	97	6 686	19 156	60	8 034	23 882
安 徽	158	4 510	14 421	90	6 084	18 583	49	6 043	16 045
福 建	49	1 316	4 379	9	586	1 953	2	327	747
江 西	271	10 349	38 841	85	6 057	20 629	22	2 661	4 757
山 东	5 832	180 733	564 280	1 827	122 888	366 242	594	80 495	252 978
河 南	3 366	109 524	438 610	549	35 679	141 748	206	27 741	109 295
湖 北	88	2 639	10 461	47	3 275	13 602	12	1 684	6 564
湖 南	88	3 251	7 303	22	1 653	4 986	10	1 294	2 333
广 东	96	3 214	8 339	75	5 553	13 149	45	5 732	15 580
广 西	40	1 358	4 170	14	1 102	3 665	9	1 444	3 666
海 南	0	0	0	0	0	0	1	151	0
重 庆	77	2 242	7 923	12	846	2 748	10	1 290	4 080
四 川	631	19 286	58 378	117	7 896	20 623	56	8 045	21 421
贵 州	23	661	1 946	6	405	1 646	3	377	1 035
云 南	330	8 117	18 665	63	4 288	14 357	13	1 844	7 220
西 藏									
陕 西	1 120	33 220	97 870	229	15 303	50 428	165	24 160	75 521
甘 肃	498	14 577	29 199	166	10 733	21 345	81	10 664	20 578
青 海	19	635	1 186	14	1 072	2 221	10	1 243	2 311
宁 夏	1 468	45 605	129 586	397	27 225	79 452	116	17 737	63 062
新 疆	6 359	197 004	227 583	1 829	132 289	146 767	175	25 354	52 591

3-1-10 2009年全国各地区奶牛规模养殖情况表（三）

地区	年存栏数200～499头			年存栏数500～999头			年存栏数1 000头以上		
	场（户）数	年存栏数	牛奶产量	场（户）数	年存栏数	牛奶产量	场（户）数	年存栏数	牛奶产量
	个	头	吨	个	头	吨	个	头	吨
北京	124	37 968	152 426	30	22 467	103 966	28	44 206	221 363
天津	38	12 418	59 731	45	33 862	130 074	13	22 277	88 562
河北	593	219 244	710 321	709	496 649	1 773 309	193	347 860	1 113 835
山西	102	31 120	83 406	31	20 051	57 125	11	12 799	34 047
内蒙古	380	124 828	484 628	168	110 408	452 144	52	90 134	415 115
辽宁	99	29 841	111 929	37	25 789	101 150	27	41 488	175 530
吉林	94	27 478	67 816	30	19 156	51 173	9	14 106	38 224
黑龙江	196	61 235	147 167	61	41 514	98 733	27	55 037	106 523
上海	52	17 398	58 392	19	14 656	58 120	13	26 880	78 302
江苏	112	34 797	128 525	46	28 883	103 381	28	66 170	232 169
浙江	33	10 164	32 972	11	7 697	27 118	10	14 262	48 528
安徽	39	11 251	30 732	17	10 494	27 900	13	30 968	104 109
福建	7	2 178	5 656	12	8 581	29 146	13	17 120	58 552
江西	9	3 508	7 354	1	834	2 400	2	3 921	11 152
山东	426	134 426	407 698	179	120 460	375 482	82	171 554	536 291
河南	324	102 508	408 878	169	113 885	461 061	70	152 743	581 089
湖北	17	4 820	16 484	22	16 229	43 107	12	21 500	67 217
湖南	9	2 322	3 544	2	1 629	3 885	3	4 630	10 774
广东	16	4 634	11 911	11	7 475	16 248	11	21 463	59 825
广西	19	7 694	26 823	2	1 491	4 693	3	3 764	12 065
海南	1	483	617	1	500	666	0	0	0
重庆	3	1 020	3 246	3	2 209	7 794	2	2 073	5 320
四川	56	15 368	39 076	11	6 812	25 911	7	12 955	35 996
贵州	6	2 069	4 366	3	1 768	9 128	1	1 926	8 780
云南	19	5 847	23 591	8	5 009	15 202	3	3 673	7 984
西藏									
陕西	325	89 406	278 750	51	30 920	100 188	19	36 787	93 074
甘肃	39	10 288	20 912	9	5 766	12 014	9	17 137	31 901
青海	10	3 455	6 565	0	0	0	1	1 731	2 809
宁夏	74	22 313	72 156	29	20 792	66 180	14	20 724	70 802
新疆	118	39 978	100 670	54	37 198	93 783	30	46 217	124 054

3-1-11　2010年全国各地区奶牛规模养殖情况表（一）

地　区	年存栏数1～4头			年存栏数5～9头			年存栏数10～19头		
	场（户）数	年存栏数	牛奶产量	场（户）数	年存栏数	牛奶产量	场（户）数	年存栏数	牛奶产量
	个	头	吨	个	头	吨	个	头	吨
北　京	621	1 864	6 818	789	5 238	19 872	592	7 818	26 089
天　津	639	1 818	8 580	407	3 155	15 608	658	11 001	77 641
河　北	31 932	58 375	185 869	6 817	49 394	147 836	11 777	146 719	384 793
山　西	63 733	121 155	274 475	10 539	65 706	177 139	2 624	37 528	97 609
内蒙古	326 417	845 287	2 117 134	83 044	590 822	1 993 287	25 138	357 454	1 235 496
辽　宁	18 606	46 260	171 869	7 893	56 254	209 731	5 283	73 536	277 144
吉　林	37 933	110 306	261 778	8 742	63 969	164 903	4 597	71 991	184 458
黑龙江	195 511	633 469	1 542 051	90 421	616 693	1 633 124	36 238	534 163	1 417 378
上　海	0	0	0	0	0	0	0	0	0
江　苏	583	1 813	6 326	807	5 845	18 273	650	9 242	29 713
浙　江	1 094	2 504	6 910	655	4 453	11 923	430	5 841	16 928
安　徽	567	1 475	4 151	423	2 988	8 897	223	2 974	8 931
福　建	2 355	5 293	16 953	497	3 446	12 265	220	2 896	8 925
江　西	219	560	2 004	254	1 706	7 185	234	3 703	10 289
山　东	36 476	105 582	320 397	17 950	116 481	352 088	10 179	143 668	450 409
河　南	74 254	206 031	694 530	4 904	32 907	127 124	3 898	53 441	207 010
湖　北	5 704	11 220	14 600	34	258	822	80	1 116	3 889
湖　南	1 604	4 362	11 165	1 390	10 062	28 963	213	3 463	8 614
广　东	979	2 515	2 755	103	687	1 862	43	662	1 643
广　西	267	666	1 419	146	997	2 632	153	2 258	6 676
海　南	0	0	0	0	0	0	0	0	0
重　庆	2 400	5 443	18 427	404	2 777	9 691	252	3 492	12 426
四　川	19 806	44 322	119 457	3 830	27 382	80 640	1 863	28 287	94 634
贵　州	254	669	2 232	58	418	1 322	15	214	701
云　南	64 638	143 390	416 501	2 358	14 370	42 126	629	8 721	24 107
西　藏	48 265	99 906	130 442	4 832	34 932	34 394	26	337	509
陕　西	121 394	347 886	867 800	9 393	64 382	203 033	2 325	36 344	117 235
甘　肃	15 826	43 167	57 216	4 835	32 359	56 628	1 818	25 641	40 703
青　海	90 310	186 072	139 392	1 596	10 118	11 746	334	4 621	7 802
宁　夏	5 541	19 041	51 437	8 743	56 412	161 635	6 180	102 571	303 719
新　疆	575 515	1 270 093	919 465	71 355	537 310	466 238	21 142	334 810	301 390

3-1-11　2010年全国各地区奶牛规模养殖情况表（二）

地　区	年存栏数20～49头			年存栏数50～99头			年存栏数100～199头		
	场（户）数	年存栏数	牛奶产量	场（户）数	年存栏数	牛奶产量	场（户）数	年存栏数	牛奶产量
	个	头	吨	个	头	吨	个	头	吨
北　京	210	7 253	25 116	84	5 667	20 810	132	19 278	72 699
天　津	750	28 207	81 995	144	11 253	51 423	39	5 397	26 520
河　北	2 787	91 703	286 463	1 142	74 441	229 012	420	63 310	282 060
山　西	891	26 806	76 714	327	24 952	64 535	148	20 510	56 726
内蒙古	9 483	288 127	923 308	3 107	228 571	798 200	780	119 913	449 351
辽　宁	2 568	74 802	235 232	542	35 988	130 603	137	19 630	65 711
吉　林	1 941	65 238	160 359	577	41 482	105 610	237	35 596	81 505
黑龙江	10 695	339 759	906 355	2 742	191 408	507 298	795	117 723	312 293
上　海	0	0	0	1	66	252	28	4 412	16 288
江　苏	516	15 040	52 504	120	8 387	30 615	96	14 041	51 518
浙　江	305	8 886	26 224	110	8 029	23 083	55	7 606	22 952
安　徽	152	4 779	15 710	99	6 668	19 142	54	6 629	17 401
福　建	42	1 263	4 646	3	189	855	3	442	1 224
江　西	209	7 874	34 252	77	5 098	20 527	28	3 465	10 584
山　东	6 159	189 961	593 039	1 965	129 581	405 563	701	95 849	302 807
河　南	1 683	50 795	203 837	655	42 959	169 620	207	28 209	110 485
湖　北	113	3 557	13 538	56	3 885	15 647	14	1 744	7 352
湖　南	108	3 409	8 343	23	1 796	4 459	6	728	1 325
广　东	86	3 164	7 985	101	6 061	15 434	40	6 002	17 318
广　西	86	2 546	7 599	13	822	2 779	5	629	1 337
海　南	0	0	0	0	0	0	1	150	0
重　庆	107	3 105	10 439	18	1 253	4 001	20	2 770	8 112
四　川	675	20 896	66 812	184	12 394	31 774	56	7 876	21 273
贵　州	3	89	341	5	316	1 126	8	1 257	2 767
云　南	430	12 203	31 825	60	3 730	9 223	19	2 860	8 446
西　藏	2	81	124	0	0	0	4	512	787
陕　西	1 094	36 839	124 893	298	22 355	80 337	181	28 181	89 460
甘　肃	617	18 809	34 910	183	12 379	24 582	79	11 037	20 724
青　海	37	960	1 776	10	650	1 168	15	1 961	3 127
宁　夏	1 079	37 361	109 636	431	29 560	93 768	87	13 314	41 093
新　疆	6 458	228 200	246 024	1 646	116 101	128 569	199	32 647	72 440

3-1-11　2010年全国各地区奶牛规模养殖情况表（三）

地区	年存栏数200～499头			年存栏数500～999头			年存栏数1 000头以上		
	场（户）数	年存栏数	牛奶产量	场（户）数	年存栏数	牛奶产量	场（户）数	年存栏数	牛奶产量
	个	头	吨	个	头	吨	个	头	吨
北　京	120	32 702	131 964	26	17 035	77 772	32	51 852	259 979
天　津	45	15 133	81 956	39	31 601	139 767	16	26 888	130 211
河　北	549	205 069	700 980	783	605 911	2 148 150	269	480 231	1 554 436
山　西	165	48 562	138 594	50	31 697	89 339	10	12 402	35 105
内蒙古	437	135 297	522 231	195	121 858	510 772	61	112 383	540 709
辽　宁	110	31 480	112 747	41	27 727	108 985	34	57 332	214 803
吉　林	132	41 303	101 242	44	30 000	78 071	12	21 141	46 636
黑龙江	237	72 841	197 008	106	74 910	205 010	43	94 652	250 884
上　海	51	16 804	61 814	16	11 742	48 282	17	34 186	120 416
江　苏	113	35 608	120 467	57	37 395	139 300	32	75 789	290 997
浙　江	31	9 410	29 586	13	8 429	27 714	11	15 704	52 215
安　徽	47	14 844	39 404	18	10 396	27 055	13	43 884	133 613
福　建	9	2 738	7 637	12	8 934	34 805	12	16 432	52 777
江　西	9	2 811	8 981	2	1 286	7 643	5	9 592	20 750
山　东	483	155 015	493 865	203	136 379	447 399	107	215 262	719 064
河　南	312	100 189	404 403	208	139 236	568 710	100	209 032	844 495
湖　北	13	4 091	15 308	19	13 530	36 934	15	25 505	103 219
湖　南	5	1 556	2 896	1	700	1 300	4	6 710	12 060
广　东	19	5 732	15 626	6	3 929	12 100	14	23 125	66 404
广　西	19	7 833	29 271	6	3 586	10 533	2	3 491	7 759
海　南	1	459	587	1	500	900	0	0	0
重　庆	4	1 308	4 183	4	2 745	10 612	2	2 130	6 157
四　川	50	13 620	41 950	17	10 241	40 588	6	13 918	39 614
贵　州	15	5 341	12 336	5	2 838	10 113	4	10 509	18 329
云　南	18	5 650	16 730	7	4 447	12 100	4	7 515	11 514
西　藏	1	252	384	0	0	0	0	0	0
陕　西	299	97 056	281 523	54	34 682	98 928	15	31 820	70 738
甘　肃	33	9 493	21 936	12	7 882	11 888	10	21 210	42 101
青　海	12	3 395	8 258	1	580	1 194	2	3 781	6 140
宁　夏	90	27 935	85 625	52	39 588	127 666	13	18 503	63 022
新　疆	144	59 223	139 337	59	52 669	127 491	32	69 894	188 177

3-1-12 2011年全国各地区奶牛规模养殖情况表（一）

地区	年存栏数1～4头			年存栏数5～9头			年存栏数10～19头		
	场（户）数	年存栏数	牛奶产量	场（户）数	年存栏数	牛奶产量	场（户）数	年存栏数	牛奶产量
	个	头	吨	个	头	吨	个	头	吨
北京	964	2 681	9 145	825	5 205	16 544	449	5 824	17 976
天津	698	1 796	7 575	375	2 862	11 745	575	7 351	73 167
河北	36 087	119 938	380 996	5 694	42 120	122 509	10 460	158 519	462 182
山西	39 051	106 488	227 219	10 144	74 800	211 797	2 781	40 821	111 955
内蒙古	235 757	529 044	1 505 357	60 620	435 782	1 331 446	20 634	294 400	1 022 661
辽宁	14 553	43 349	137 492	6 519	48 325	173 362	5 153	73 871	270 625
吉林	40 991	108 268	257 912	9 541	68 666	171 900	5 673	87 277	218 391
黑龙江	201 064	645 870	1 623 298	85 870	600 418	1 567 521	37 700	594 055	1 624 652
上海	0	0	0	0	0	0	0	0	0
江苏	281	888	3 214	538	3 971	12 199	448	6 671	23 234
浙江	1 027	2 783	7 889	512	3 416	9 593	394	5 249	15 602
安徽	745	2 121	6 264	297	2 031	7 091	180	2 401	8 137
福建	1 933	4 472	13 232	431	2 851	8 967	192	2 573	7 814
江西	261	735	2 905	292	2 056	6 615	243	3 619	12 670
山东	33 289	99 552	306 545	16 448	113 502	355 701	10 629	154 259	491 766
河南	71 979	193 580	624 303	5 759	40 273	151 658	4 387	61 622	236 437
湖北	1 170	3 465	11 313	53	383	1 707	70	956	4 348
湖南	1 441	4 137	11 253	1 463	10 286	28 544	231	3 312	7 742
广东	981	2 539	2 691	119	770	1 839	40	598	1 538
广西	187	471	1 033	111	746	2 002	92	1 299	4 438
海南	0	0	0	0	0	0	0	0	0
重庆	939	2 473	8 781	222	1 494	5 777	144	1 978	7 540
四川	20 073	48 048	104 978	3 844	27 238	79 224	1 846	28 948	92 587
贵州	250	716	2 195	101	716	1 369	16	217	623
云南	64 878	145 382	426 342	2 327	14 898	48 286	600	8 020	24 326
西藏	71 042	187 892	128 619	4 840	33 880	37 268	30	392	592
陕西	116 616	303 408	790 495	11 497	77 348	211 293	2 828	41 038	111 599
甘肃	21 683	55 129	58 695	5 587	37 888	59 397	2 225	31 077	44 764
青海	90 742	187 366	132 782	1 714	11 370	14 827	350	5 112	8 504
宁夏	4 309	12 958	33 999	7 824	51 615	148 335	6 573	109 700	328 561
新疆	580 161	1 383 555	1 083 077	73 913	535 384	480 897	21 744	333 970	318 415

3－1－12　2011年全国各地区奶牛规模养殖情况表（二）

地　区	年存栏数20～49头			年存栏数50～99头			年存栏数100～199头		
	场（户）数	年存栏数	牛奶产量	场（户）数	年存栏数	牛奶产量	场（户）数	年存栏数	牛奶产量
	个	头	吨	个	头	吨	个	头	吨
北　京	164	5 452	17 789	66	4 611	16 319	129	18 348	66 366
天　津	855	32 319	67 751	154	10 121	37 970	35	4 498	18 671
河　北	6 678	219 235	633 145	1 764	118 546	330 703	453	67 191	212 651
山　西	810	25 739	76 547	326	22 964	59 340	164	23 978	69 586
内蒙古	9 470	255 252	899 865	6 413	439 190	1 416 223	1 180	186 076	714 580
辽　宁	2 195	70 664	256 980	553	37 077	139 259	161	22 473	89 452
吉　林	2 117	76 823	181 486	650	48 956	111 058	277	41 391	99 326
黑龙江	13 600	446 214	1 221 766	3 088	233 076	650 992	723	114 108	302 571
上　海	0	0	0	3	191	543	22	3 623	13 679
江　苏	539	16 610	61 285	104	7 499	30 355	88	12 754	46 828
浙　江	269	8 233	23 471	122	7 832	23 310	53	7 320	23 089
安　徽	121	3 947	13 096	86	6 701	19 182	68	8 550	24 051
福　建	37	1 037	3 860	3	180	732	6	985	3 387
江　西	226	7 751	28 419	79	6 537	25 441	20	2 661	7 979
山　东	5 918	186 146	581 787	1 944	130 100	418 484	767	107 753	357 887
河　南	2 035	63 546	245 229	605	38 517	151 946	218	29 495	119 214
湖　北	91	2 793	11 860	55	4 048	16 140	18	2 520	9 260
湖　南	95	3 207	8 259	22	1 539	4 496	6	826	1 634
广　东	58	2 346	7 079	93	6 002	18 233	41	5 879	19 375
广　西	64	1 925	5 988	8	515	1 521	7	975	1 771
海　南	0	0	0	0	0	0	0	0	0
重　庆	84	2 235	8 744	20	1 346	5 122	11	1 485	5 240
四　川	636	21 441	76 934	166	11 802	32 523	52	7 820	21 361
贵　州	6	171	547	1	53	206	1	112	331
云　南	373	10 864	27 956	75	4 821	12 825	19	2 847	9 639
西　藏	2	81	125	0	0	0	4	512	790
陕　西	1 348	47 137	124 147	531	35 606	89 767	322	42 799	122 388
甘　肃	627	20 049	32 224	191	14 263	23 886	63	8 954	15 514
青　海	54	1 593	3 055	19	1 250	3 174	16	2 150	3 652
宁　夏	1 195	44 579	136 831	343	27 345	87 006	104	17 554	56 039
新　疆	7 405	260 965	260 273	1 589	106 002	128 270	208	33 986	71 818

3-1-12 2011年全国各地区奶牛规模养殖情况表（三）

地区	年存栏数200～499头			年存栏数500～999头			年存栏数1 000头以上		
	场（户）数	年存栏数	牛奶产量	场（户）数	年存栏数	牛奶产量	场（户）数	年存栏数	牛奶产量
	个	头	吨	个	头	吨	个	头	吨
北京	104	29 075	110 954	36	22 745	97 905	32	56 717	286 760
天津	43	11 719	63 423	52	34 948	143 232	24	34 479	155 887
河北	464	165 239	496 589	706	553 515	1 870 399	306	595 456	1 909 862
山西	180	57 027	151 682	69	45 115	134 801	14	18 993	66 689
内蒙古	667	229 949	891 922	178	132 481	573 080	90	229 313	1 045 329
辽宁	174	57 959	211 460	41	31 950	137 658	44	85 133	333 470
吉林	154	52 694	122 068	45	33 017	78 929	14	31 251	61 030
黑龙江	258	86 588	255 281	76	55 856	152 486	32	76 020	189 315
上海	49	15 266	55 426	17	10 429	47 810	22	41 022	187 811
江苏	123	38 799	145 933	55	37 072	147 427	36	88 093	330 111
浙江	34	10 133	30 605	14	9 080	31 804	11	15 748	54 096
安徽	39	12 849	36 562	14	8 919	32 739	12	45 480	145 670
福建	7	2 132	5 991	11	8 412	34 562	14	16 389	58 095
江西	8	2 739	7 756	3	1 864	9 448	3	9 392	23 267
山东	515	170 566	571 262	273	188 699	617 419	124	264 725	884 468
河南	324	107 086	427 694	207	139 923	557 846	104	219 119	894 680
湖北	14	4 618	17 735	26	18 901	64 882	15	40 468	136 297
湖南	3	1 024	2 074	0	0	0	4	6 645	12 405
广东	16	5 043	14 610	6	4 445	11 622	16	27 103	77 072
广西	18	6 604	31 331	10	6 487	18 053	2	3 505	8 423
海南	1	460	0	1	500	950	0	0	0
重庆	8	2 328	6 901	7	5 206	18 708	1	1 500	5 937
四川	57	16 974	60 956	18	11 505	34 713	7	16 158	41 009
贵州	9	2 726	9 089	3	2 137	6 683	8	14 192	47 664
云南	18	5 491	18 911	6	3 855	11 151	5	6 712	16 877
西藏	1	250	390	0	0	0	0	0	0
陕西	325	108 637	333 569	65	41 667	125 849	15	33 391	99 131
甘肃	30	9 813	19 157	14	8 781	16 444	15	26 806	49 088
青海	14	4 252	12 198	2	1 190	3 807	2	3 838	10 160
宁夏	99	36 304	114 442	52	40 523	134 666	15	21 726	71 972
新疆	174	66 560	165 897	68	61 704	158 954	29	71 117	204 687

3-1-13　2007年全国各地区奶水牛存栏数、水牛奶产量、奶类产量

地　区	奶水牛存栏（万头）	水牛奶产量（吨）	奶类总产量（吨）
北　京			622 423
天　津			565 904
河　北			5 657 098
山　西			989 380
内蒙古			9 160 615
辽　宁			1 082 986
吉　林			480 001
黑龙江			5 000 000
上　海			220 419
江　苏	0.01	3	739 391
浙　江	0.10	880	237 159
安　徽			170 098
福　建	3.38	5 440	160 376
江　西			169 400
山　东			3 807 747
河　南			2 153 361
湖　北			155 130
湖　南			85 820
广　东	1.27	7 972	144 961
广　西	1.24	7 138	63 939
海　南			1 428
重　庆		4	97 631
四　川	0.06	15	645 941
贵　州	0.01	4	43 633
云　南	1.68	3 067	437 137
西　藏			294 600
陕　西			1 807 544
甘　肃			379 788
青　海			265 054
宁　夏			940 000
新　疆			2 038 482

3-1-14 2008年全国各地区奶水牛存栏数、水牛奶产量、奶类产量

地 区	奶水牛存栏（万头）	水牛奶产量（吨）	奶类总产量（吨）
北 京			665 551
天 津			626 486
河 北			5 417 601
山 西			946 022
内蒙古			9 088 837
辽 宁			1 248 139
吉 林			747 967
黑龙江			5 621 457
上 海			232 860
江 苏	0.04	173	736 703
浙 江	0.07	505	229 814
安 徽			194 506
福 建	1.04	8011	161 898
江 西			235 710
山 东			3 951 181
河 南			2 744 659
湖 北	3.44	21 549	232 913
湖 南	0.00	98	87 077
广 东	1.08	8 482	159 925
广 西	3.01	10 075	72 105
海 南	0.00	122	1 326
重 庆	0.00	1	75 548
四 川	0.04	15	705 449
贵 州	0.01	80	41 786
云 南	1.95	4 022	526 157
西 藏	0.22	6 932	221 273
陕 西			1 921 682
甘 肃	0.00	700	409 264
青 海			281 141
宁 夏			1 167 215
新 疆			2 158 743

3－1－15　2009年全国各地区奶水牛存栏数、水牛奶产量、奶类产量

地　区	奶水牛存栏（万头）	水牛奶产量（吨）	奶类总产量（吨）
北　京			673 979
天　津			552 478
河　北			5 516 626
山　西			981 969
内蒙古			9 288 238
辽　宁			1 578 312
吉　林			1 050 533
黑龙江			6 308 858
上　海			212 473
江　苏	0.03	266	684 376
浙　江	0.05	350	213 139
安　徽			240 817
福　建	0.87	7 640	150 156
江　西	0.10	113	118 888
山　东			4 025 324
河　南			3 321 566
湖　北	3.25	20 744	198 777
湖　南	0.02	0	82 263
广　东	1.03	13 548	150 169
广　西	3.75	15 301	78 270
海　南			1 283
重　庆			80 235
四　川	0.07	21	719 559
贵　州	0.01	98	48 238
云　南	2.16	5 485	572 617
西　藏			
陕　西			2 116 190
甘　肃			388 994
青　海			315 365
宁　夏			982 610
新　疆			2 414 573

3-1-16 2010年全国各地区奶水牛存栏数、水牛奶产量、奶类产量

地 区	奶水牛存栏（万头）	水牛奶产量（吨）	奶类总产量（吨）
北 京			641 121
天 津			613 702
河 北			5 986 711
山 西			1 024 898
内蒙古			9 239 622
辽 宁			1 571 131
吉 林			1 192 732
黑龙江			6 997 688
上 海			247 051
江 苏			742 179
浙 江	0.04	300	217 935
安 徽			274 304
福 建	0.94	7 741	151 658
江 西	0.01	363	122 478
山 东			4 374 004
河 南			3 433 935
湖 北	6.10	42 415	256 755
湖 南			79 623
广 东	0.92	10 242	158 366
广 西	4.81	14 939	85 016
海 南			1 487
重 庆			86 059
四 川	0.06	45	755 524
贵 州	0.01	104	49 371
云 南	2.67	6 127	627 917
西 藏			302 800
陕 西			2 295 298
甘 肃			414 617
青 海			301 175
宁 夏			1 037 611
新 疆			2 675 354

3－1－17　2011年全国各地区奶水牛存栏数、水牛奶产量、奶类产量

地　区	奶水牛存栏（万头）	水牛奶产量（吨）	奶类总产量（吨）
北　京			639 759
天　津			579 496
河　北			6 485 862
山　西			1 128 042
内蒙古			9 561 684
辽　宁			1 810 890
吉　林	0.00	956	1 316 703
黑龙江			7 620 641
上　海			305 269
江　苏			811 254
浙　江	0.04	300	219 959
安　徽			296 359
福　建	0.88	7 200	147 870
江　西	0.26	5	126 710
山　东			4 865 773
河　南			3 591 265
湖　北	4.21	27 261	300 833
湖　南			76 905
广　东	0.66	9 563	171 361
广　西	6.02	17 440	92 044
海　南			950
重　庆			72 750
四　川	0.09	98	767 852
贵　州	0.00	79	68 786
云　南	4.24	9 179	659 851
西　藏			391 145
陕　西			2 441 154
甘　肃			430 492
青　海			321 261
宁　夏			1 111 908
新　疆			2 946 034

3-1-18 2007年全国各地区牦牛存栏数、牦牛奶产量、奶类产量

地 区	牦牛存栏（万头）	牦牛奶产量（吨）	奶类总产量（吨）
北 京			622 423
天 津			565 904
河 北			5 657 098
山 西			989 380
内蒙古			9 160 615
辽 宁			1 082 986
吉 林			480 001
黑龙江			5 000 000
上 海			220 419
江 苏			739 391
浙 江			237 159
安 徽			170 098
福 建			160 376
江 西			169 400
山 东			3 807 747
河 南			2 153 361
湖 北			155 130
湖 南			85 820
广 东			144 961
广 西			63 939
海 南			1 428
重 庆			97 631
四 川	450.22		645 941
贵 州			43 633
云 南	6.06		437 137
西 藏	522.37		294 600
陕 西			1 807 544
甘 肃	112.61		379 788
青 海	394.71		265 054
宁 夏			940 000
新 疆			2 038 482

3-1-19 2008年全国各地区牦牛存栏数、牦牛奶产量、奶类产量

地区	牦牛存栏（万头）	牦牛奶产量（吨）	奶类总产量（吨）
北京			665 551
天津			626 486
河北	0.30	0	5 417 601
山西			946 022
内蒙古			9 088 837
辽宁			1 248 139
吉林			747 967
黑龙江			5 621 457
上海			232 860
江苏			736 703
浙江			229 814
安徽			194 506
福建			161 898
江西			235 710
山东			3 951 181
河南			2 744 659
湖北			232 913
湖南			87 077
广东			159 925
广西			72 105
海南			1 326
重庆			75 548
四川	431.07	190 671	705 449
贵州			41 786
云南	5.18	11 784	526 157
西藏	440.09	108 505	221 273
陕西			1 921 682
甘肃	132.79	88 593	409 264
青海	401.44	123 801	281 141
宁夏			1 167 215
新疆	19.28	9 137	2 158 743

3－1－20　2009 年全国各地区牦牛存栏数、牦牛奶产量、奶类产量

地　区	牦牛存栏（万头）	牦牛奶产量（吨）	奶类总产量（吨）
北　京			673 979
天　津			552 478
河　北	0.22	0	5 516 626
山　西			981 969
内蒙古			9 288 238
辽　宁			1 578 312
吉　林			1 050 533
黑龙江			6 308 858
上　海			212 473
江　苏			684 376
浙　江			213 139
安　徽			240 817
福　建			150 156
江　西			118 888
山　东			4 025 324
河　南			3 321 566
湖　北			198 777
湖　南			82 263
广　东			150 169
广　西			78 270
海　南			1 283
重　庆			80 235
四　川	430.85	210 498	719 559
贵　州			48 238
云　南	5.51	12 568	572 617
西　藏			
陕　西			2 116 190
甘　肃	130.46	87 632	388 994
青　海	406.28	123 147	315 365
宁　夏	0.00	0	982 610
新　疆	18.65	16 280	2 414 573

3-1-21 2010年全国各地区牦牛存栏数、牦牛奶产量、奶类产量

地 区	牦牛存栏（万头）	牦牛奶产量（吨）	奶类总产量（吨）
北 京			641 121
天 津			613 702
河 北	0.13	0	5 986 711
山 西	0.01	0	1 024 898
内蒙古			9 239 622
辽 宁			1 571 131
吉 林			1 192 732
黑龙江			6 997 688
上 海			247 051
江 苏			742 179
浙 江			217 935
安 徽			274 304
福 建			151 658
江 西			122 478
山 东			4 374 004
河 南			3 433 935
湖 北			256 755
湖 南			79 623
广 东	0.00	2	158 366
广 西			85 016
海 南			1 487
重 庆			86 059
四 川	433.01	213 837	755 524
贵 州			49 371
云 南	5.48	12 819	627 917
西 藏	494.02	75 600	302 800
陕 西			2 295 298
甘 肃	133.68	91 137	414 617
青 海	424.01	120 572	301 175
宁 夏			1 037 611
新 疆	18.68	7 074	2 675 354

3-1-22 2011年全国各地区牦牛存栏数、牦牛奶产量、奶类产量

地 区	牦牛存栏（万头）	牦牛奶产量（吨）	奶类总产量（吨）
北 京			639 759
天 津			579 496
河 北			6 485 862
山 西			1 128 042
内蒙古			9 561 684
辽 宁			1 810 890
吉 林			1 316 703
黑龙江			7 620 641
上 海			305 269
江 苏			811 254
浙 江			219 959
安 徽			296 359
福 建			147 870
江 西	0.00	325	126 710
山 东			4 865 773
河 南			3 591 265
湖 北			300 833
湖 南			76 905
广 东			171 361
广 西			92 044
海 南			950
重 庆			72 750
四 川	417.68	218 921	767 852
贵 州			68 786
云 南	9.09	12 785	659 851
西 藏	594.06	146 194	391 145
陕 西			2 441 154
甘 肃	134.24	96 667	430 492
青 海	429.41	129 102	321 261
宁 夏			1 111 908
新 疆	18.22	7 124	2 946 034

3－1－23　2007年全国各地区奶山羊存栏数、羊奶产量、奶类产量

地　区	奶山羊存栏（万头）	羊奶产量（吨）	奶类总产量（吨）
北　京		900	622 423
天　津	0.43	103	565 904
河　北	43.63	54 341	5 657 098
山　西		24 424	989 380
内蒙古	172.50	62 216	9 160 615
辽　宁	34.00	32 017	1 082 986
吉　林	7.11	6 901	480 001
黑龙江			5 000 000
上　海			220 419
江　苏	3.88	870	739 391
浙　江		54	237 159
安　徽	0.01		170 098
福　建	1.21	5 328	160 376
江　西			169 400
山　东	199.84	372 489	3 807 747
河　南	165.73	96　201	2 153 361
湖　北		17	155 130
湖　南			85 820
广　东	47.20	2 279	144 961
广　西	0.20	131	63 939
海　南			1 428
重　庆			97 631
四　川	1.44	5 359	645 941
贵　州			43 633
云　南	40.86	22 541	437 137
西　藏		46 787	294 600
陕　西	196.51	301 846	1 807 544
甘　肃	8.49	4 020	379 788
青　海		15 228	265 054
宁　夏	1.80		940 000
新　疆	14.96	55 432	2 038 482

3-1-24 2008年全国各地区奶山羊存栏数、羊奶产量、奶类产量

地 区	奶山羊存栏（万头）	羊奶产量（吨）	奶类总产量（吨）
北 京			665 551
天 津	0.00	67	626 486
河 北	56.07	75 152	5 417 601
山 西	26.47	24 661	946 022
内蒙古	6.43	34 374	9 088 837
辽 宁	28.67	54 833	1 248 139
吉 林	8.81	8 210	747 967
黑龙江	68.68	52 179	5 621 457
上 海			232 860
江 苏	4.77	1 020	736 703
浙 江	0.00	5	229 814
安 徽	0.01	0	194 506
福 建	1.70	4 177	161 898
江 西	0.04	0	235 710
山 东	210.30	317 788	3 951 181
河 南	99.96	149 850	2 744 659
湖 北	0.10	0	232 913
湖 南	0.18	300	87 077
广 东	1.72	4 921	159 925
广 西	0.06	86	72 105
海 南			1 326
重 庆	0.24	0	75 548
四 川	2.83	5 459	705 449
贵 州			41 786
云 南	18.59	24 691	526 157
西 藏	45.03	49 471	221 273
陕 西	185.14	387 698	1 921 682
甘 肃	16.99	10 866	409 264
青 海	0.61	2 439	281 141
宁 夏	1.13	1	1 167 215
新 疆	16.56	53 553	2 158 743

3-1-25 2009年全国各地区奶山羊存栏数、羊奶产量、奶类产量

地 区	奶山羊存栏（万头）	羊奶产量（吨）	奶类总产量（吨）
北 京	0.00	0	673 979
天 津	0.00	1	552 478
河 北	50.17	52 352	5 516 626
山 西	14.36	13 689	981 969
内蒙古	6.22	38 709	9 288 238
辽 宁	29.63	35 347	1 578 312
吉 林	12.70	15 097	1 050 533
黑龙江	44.74	21 343	6 308 858
上 海	0.00	0	212 473
江 苏	2.43	1 218	684 376
浙 江	0.01	13	213 139
安 徽	0.00	0	240 817
福 建	1.04	4 241	150 156
江 西	0.02	0	118 888
山 东	193.05	298 058	4 025 324
河 南	57.71	167 638	3 321 566
湖 北	2.62	0	198 777
湖 南	0.30	246	82 263
广 东	2.22	6 592	150 169
广 西	0.05	97	78 270
海 南	0.00	0	1 283
重 庆	0.00	0	80 235
四 川	2.09	5 070	719 559
贵 州	0.00	0	48 238
云 南	20.09	20 502	572 617
西 藏			
陕 西	175.00	367 332	2 116 190
甘 肃	17.65	4 764	388 994
青 海	0.00	0	315 365
宁 夏	2.20	8	982 610
新 疆	8.67	44 886	2 414 573

3-1-26 2010年全国各地区奶山羊存栏数、羊奶产量、奶类产量

地　区	奶山羊存栏（万头）	羊奶产量（吨）	奶类总产量（吨）
北　京	0.00	0	641 121
天　津	0.00	1	613 702
河　北	39.53	67 112	5 986 711
山　西	13.99	14 662	1 024 898
内蒙古	2.45	148 219	9 239 622
辽　宁	18.92	25 510	1 571 131
吉　林	11.74	5 859	1 192 732
黑龙江	43.33	25 934	6 997 688
上　海	0.00	0	247 051
江　苏	0.39	1 221	742 179
浙　江	0.02	100	217 935
安　徽	0.03	0	274 304
福　建	0.63	3 831	151 658
江　西	0.01	0	122 478
山　东	196.55	288 929	4 374 004
河　南	58.53	171 695	3 433 935
湖　北	0.23	3 031	256 755
湖　南	0.00	498	79 623
广　东	3.58	6 995	158 366
广　西	0.03	72	85 016
海　南	0.00	0	1 487
重　庆	0.00	0	86 059
四　川	2.33	4 740	755 524
贵　州	0.00	0	49 371
云　南	21.36	36 378	627 917
西　藏	0.00	60 560	302 800
陕　西	183.45	361 323	2 295 298
甘　肃	17.74	5 677	414 617
青　海	0.00	0	301 175
宁　夏	1.74	8	1 037 611
新　疆	11.90	47 775	2 675 354

3-1-27 2011年全国各地区奶山羊存栏数、羊奶产量、奶类产量

地 区	奶山羊存栏（万头）	羊奶产量（吨）	奶类总产量（吨）
北 京	0.00	0	639 759
天 津	0.00	75	579 496
河 北	43.81	66 668	6 485 862
山 西	16.94	18 414	1 128 042
内蒙古	2.02	16 647	9 561 684
辽 宁	20.58	40 983	1 810 890
吉 林	13.01	11 553	1 316 703
黑龙江	56.46	32 571	7 620 641
上 海	0.00	0	305 269
江 苏	0.39	1 210	811 254
浙 江	0.05	200	219 959
安 徽	0.00	0	296 359
福 建	0.30	4 031	147 870
江 西	0.00	0	126 710
山 东	189.77	279 489	4 865 773
河 南	56.77	168 456	3 591 265
湖 北	0.35	30	300 833
湖 南	0.00	498	76 905
广 东	2.84	7 684	171 361
广 西	0.02	44	92 044
海 南	0.00	0	950
重 庆	0.00	0	72 750
四 川	2.24	4 536	767 852
贵 州	0.00	0	68 786
云 南	13.84	41 570	659 851
西 藏	23.11	76 322	391 145
陕 西	192.24	430 571	2 441 154
甘 肃	17.95	6 277	430 492
青 海	0.00	0	321 261
宁 夏	0.46	55	1 111 908
新 疆	12.33	35 915	2 946 034

3-2 奶牛育种

3-2-1 2007年全国各地区生产性能测定奶牛场性能概况

地 区	牛场数（个）	奶牛头数（头）	平均产奶量（kg）	平均乳脂肪率（%）	平均蛋白率（%）	平均体细胞数（千个/毫升）
合 计	**334**	**123 883**	**21.89**	**3.74**	**3.17**	**537.90**
北 京	30	22 520	28.13	4.03	3.19	340.74
天 津	44	10 967	23.06	3.98	3.13	727.72
河 北	46	9 929	21.48	3.84	3.15	657.41
山 西	25	4 195	20.71	3.38	3.10	679.83
内蒙古	11	558	20.28	3.38	3.12	603.51
黑龙江	43	17 639	18.30	3.89	3.28	559.84
上 海	47	20 553	23.77	3.53	3.16	601.59
江 苏	15	5 342	24.26	3.84	3.17	475.75
浙 江	5	1 929	21.37	3.89	3.27	737.20
安 徽	4	969	21.63	3.52	3.15	621.71
福 建	1	185	17.86	3.66	3.30	878.57
山 东	32	15 580	19.17	3.99	3.25	594.90
陕 西	6	2 166	25.37	3.57	3.00	637.89
甘 肃	1	597	13.25	2.78	3.67	885.83
宁 夏	24	10 754	23.98	3.26	2.94	429.39

备注：各项指标均为测定日数值。下同

3-2-2 2008年全国各地区生产性能测定奶牛场性能概况

地 区	牛场数（个）	奶牛头数（头）	平均产奶量（kg）	平均乳脂肪率（%）	平均蛋白率（%）	平均体细胞数（千个/毫升）
合 计	**592**	**244 855**	**22.14**	**3.64**	**3.28**	**610.10**
北 京	56	28 299	28.92	3.98	3.20	328.39
天 津	23	16 785	24.64	3.78	3.20	612.00
河 北	69	27 568	21.29	3.76	3.74	535.85
山 西	18	2 406	20.26	3.25	3.16	1 014.76
内蒙古	69	25 331	23.19	3.55	3.34	437.13
辽 宁	7	14 313	22.02	3.61	3.28	369.71
黑龙江	75	23 476	19.11	3.79	3.31	540.71
上 海	76	29 765	24.33	3.55	3.28	625.57
江 苏	23	9 069	23.91	3.86	3.29	614.84
浙 江	6	3 377	20.95	3.91	3.32	749.85
安 徽	8	2 245	20.36	3.50	3.21	853.95
福 建	3	1 377	16.02	3.28	3.25	502.74
山 东	36	13 340	18.61	3.69	3.35	603.24
河 南	55	12 556	19.65	3.74	3.33	489.58
广 东	3	3 346	17.50	4.08	3.41	552.52
广 西	1	369	24.29	3.33	3.06	744.69
陕 西	6	2 414	25.34	3.43	2.90	497.12
甘 肃	1	1 162	17.14	3.31	3.47	793.11
宁 夏	45	24 468	23.04	3.28	3.46	964.41
新 疆	12	3 189	23.71	3.91	3.34	437.79

3-2-3 2009年全国各地区生产性能测定奶牛场性能概况

地 区	牛场数（个）	奶牛头数（头）	平均产奶量（kg）	平均乳脂肪率（%）	平均蛋白率（%）	平均体细胞数（千个/毫升）
合 计	**905**	**351 787**	**22.60**	**3.70**	**3.25**	**604.40**
北 京	78	40 774	30.15	3.94	3.20	312.90
天 津	31	20 134	25.66	3.72	3.19	501.52
河 北	66	28 595	23.08	3.78	3.35	658.92
山 西	51	10 582	19.27	3.77	3.31	921.24
内蒙古	83	24 796	24.54	3.68	3.37	288.21
辽 宁	10	10 831	20.58	3.93	3.17	477.62
吉 林	2	1 296	20.70	3.88	3.21	409.86
黑龙江	97	51 923	20.09	3.64	3.26	601.73
上 海	73	27 959	22.42	3.58	3.26	898.79
江 苏	38	14 947	22.95	3.79	3.26	598.94
浙 江	8	5 520	20.79	3.76	3.29	866.19
安 徽	8	2 841	20.25	3.63	3.20	977.23
山 东	79	28 646	18.92	3.82	3.22	612.42
河 南	75	20 668	20.81	3.65	3.21	478.92
广 东	4	3 935	17.77	3.79	3.39	599.11
广 西	1	491	23.05	3.36	3.01	784.37
贵 州	1	207	14.08	3.49	3.22	707.69
云 南	31	6 942	14.44	3.76	3.26	1 240.34
重 庆	4	1 429	17.83	3.53	3.13	583.82
陕 西	92	17 617	22.10	3.68	3.22	913.61
甘 肃	1	1 213	17.38	3.34	3.30	486.49
宁 夏	44	19 272	24.50	3.26	3.32	930.06
新 疆	16	6 069	28.44	3.69	3.17	617.82
湖 北	2	871	20.72	4.12	3.07	370.17
湖 南	5	1 485	15.30	3.56	3.22	287.81

3-2-4 2010年全国各地区生产性能测定奶牛场性能概况

地　区	牛场数（个）	奶牛头数（头）	平均产奶量（kg）	平均乳脂肪率（%）	平均蛋白率（%）	平均体细胞数（千个/毫升）
合　计	**1 034**	**414 056**	**22.97**	**3.68**	**3.25**	**467.23**
北　京	79	40 094	31.47	3.77	3.19	327.18
天　津	31	21 097	27.27	3.77	3.23	373.12
河　北	87	32 728	24.07	3.79	3.33	464.48
山　西	55	16 480	17.53	3.60	3.22	522.60
内　蒙	42	29 661	24.51	3.34	3.35	384.16
辽　宁	16	14 565	20.89	4.01	3.26	394.30
吉　林	1	367	17.69	3.99	3.24	409.55
黑龙江	113	59 646	19.79	3.61	3.25	485.04
上　海	116	40 610	25.26	3.59	3.20	445.89
江　苏	41	17 030	23.99	3.75	3.28	419.93
浙　江	8	5 337	22.06	3.95	3.25	683.47
安　徽	8	2 958	21.99	3.62	3.21	549.89
山　东	102	28 780	18.73	3.82	3.30	469.48
河　南	94	23 427	19.91	3.57	3.22	458.01
湖　北	11	5 897	17.75	3.74	3.23	570.38
湖　南	6	2 044	15.66	3.77	3.22	313.33
广　东	3	3 710	20.88	3.51	3.31	384.19
广　西	3	1 061	20.88	3.55	3.11	622.14
贵　州	2	324	14.66	3.75	3.29	480.91
云　南	37	10 252	15.42	3.67	3.22	822.61
重　庆	4	1 684	18.76	3.63	3.31	487.54
陕　西	82	14 632	21.69	3.66	3.22	623.59
宁　夏	50	19 860	25.80	3.79	3.37	568.10
新　疆	36	18 700	25.04	3.79	3.21	581.73
福　建	7	3 112	20.59	3.78	3.29	771.10

3-2-5　2011年全国各地区生产性能测定奶牛场性能概况

地　区	牛场数（个）	奶牛头数（头）	测定日平均产奶量（kg）	测定日平均乳脂肪率（%）	测定日平均蛋白率（%）	测定日平均体细胞数（千个/毫升）
合　计	**1 059**	**461 668**	**24.05**	**3.66**	**3.28**	**435.33**
北　京	48	32 185	32.56	3.66	3.20	278.67
天　津	33	20 741	28.31	3.77	3.26	322.80
河　北	114	53 155	24.59	3.72	3.32	429.65
山　西	52	14 399	19.90	3.55	3.25	535.52
内　蒙	32	21 665	29.21	3.39	3.38	341.14
辽　宁	20	20 680	21.64	3.98	3.28	366.39
吉　林	1	473	19.16	3.86	3.33	437.63
黑龙江	115	71 832	20.29	3.56	3.26	441.70
上　海	110	42 640	26.78	3.67	3.32	439.18
江　苏	37	15 230	25.32	3.68	3.31	458.15
浙　江	5	2 636	23.16	3.92	3.32	555.48
安　徽	8	3 157	24.06	3.57	3.27	510.12
山　东	135	38 850	19.72	3.68	3.34	523.01
河　南	105	26 015	21.53	3.43	3.23	390.08
湖　北	17	6 572	16.88	3.88	3.29	791.62
湖　南	6	2 271	17.41	3.83	3.27	211.70
广　东	3	4 012	22.05	3.61	3.38	254.98
广　西	4	1 646	21.63	3.44	3.20	530.75
贵　州	2	498	13.58	3.71	3.37	469.98
云　南	35	10 945	16.67	3.55	3.23	691.72
重　庆	4	1 408	21.39	3.62	3.44	515.83
陕　西	68	20 935	22.28	3.81	3.20	483.01
宁　夏	52	22 669	27.72	3.81	3.30	528.10
新　疆	47	24 989	24.94	3.79	3.19	490.43
福　建	6	2 065	18.89	3.72	3.35	629.42

3-2-6　2007年全国各地区不同规模生产性能测定奶牛场性能概况

规　模（奶牛存栏）	牛场数（个）	平均产奶量（kg）	平均乳脂肪率（%）	平均蛋白率（%）	平均体细胞数（千个/毫升）
<50	22	20.02	3.47	3.08	544.71
50～100	37	22.13	3.64	3.23	922.42
100～200	94	21.28	3.72	3.20	695.77
200～500	98	22.42	3.76	3.20	562.19
500～1 000	68	24.80	3.93	3.20	454.37
≥1 000	15	24.12	3.78	3.15	582.75

3-2-7 2008年全国各地区不同规模生产性能测定奶牛场性能概况

规 模（奶牛存栏）	牛场数（个）	平均产奶量（kg）	平均乳脂肪率（%）	平均蛋白率（%）	平均体细胞数（千个/毫升）
<50	44	19.14	3.51	3.80	709.50
50～100	76	20.47	3.51	3.21	808.17
100～200	142	20.72	3.68	3.41	789.27
200～500	174	21.47	3.69	3.33	603.80
500～1 000	117	24.39	3.75	3.28	522.38
≥1 000	39	23.71	3.71	3.29	508.91

3-2-8 2009年全国各地区不同规模生产性能测定奶牛场性能概况

规 模（奶牛存栏）	牛场数（个）	平均产奶量（kg）	平均乳脂肪率（%）	平均蛋白率（%）	平均体细胞数（千个/毫升）
<50	58	18.12	3.86	3.28	512.86
50～100	127	20.57	3.62	3.24	776.28
100～200	214	19.67	3.65	3.24	787.19
200～500	263	21.96	3.7	3.25	635.35
500～1 000	181	23.06	3.74	3.26	584.53
≥1 000	62	23.06	3.67	3.24	591.96

3-2-9 2010年全国各地区不同规模生产性能测定奶牛场性能概况

规 模（奶牛存栏）	牛场数（个）	平均产奶量（kg）	平均乳脂肪率（%）	平均蛋白率（%）	平均体细胞数（千个/毫升）
<50	52	20.58	3.73	3.19	587.6
50～100	122	19.27	3.67	3.26	626.37
100～200	240	20.24	3.61	3.23	531.46
200～500	345	21.37	3.69	3.25	514.76
500～1 000	187	23.35	3.72	3.24	464.07
≥1 000	88	24.48	3.66	3.26	415.82

3-2-10 2011年全国各地区不同规模生产性能测定奶牛场性能概况

规 模（奶牛存栏）	牛场数（个）	测定日平均产奶量（kg）	测定日平均乳脂肪率（%）	测定日平均蛋白率（%）	测定日平均体细胞数（千个/毫升）
<50	33	21.01	3.59	3.34	584.09
50～100	94	19.66	3.52	3.26	529.70
100～200	249	21.06	3.52	3.28	517.43
200～500	391	22.60	3.62	3.27	506.14
500～1 000	196	24.10	3.67	3.26	435.92
≥1 000	96	25.53	3.70	3.30	374.68

3-2-11　2008年奶牛良种补贴项目种公牛站及种公牛汇总表

编号	单位名称	荷斯坦奶牛		奶水牛	褐牛	牦牛	西门塔尔牛	小计
		CPI	TPPI					
	合　计	**100**	**714**	**104**	**45**	**15**	**18**	**996**
111	北京奶牛中心	41	36		4			81
121	天津市奶牛发展中心	14	44					58
122	XY种畜（天津）有限公司		23					23
131	河北省畜牧良种工作站	6	42					48
132	秦皇岛全农精牛繁育有限公司	1	70					71
141	山西省家畜冷冻精液中心		33					33
151	内蒙古天和荷斯坦牧业有限公司		25					25
152	通辽京缘种牛繁育有限责任公司		2					2
153	海拉尔市农牧场管理局家畜繁育指导站		5					5
211	辽宁省种牛繁育中心		16				2	18
231	黑龙江省家畜繁育指导站		41					41
232	大庆市银螺乳业有限公司种公牛站		36					36
311	上海奶牛育种中心有限公司	21	84					105
321	徐州市家畜良种站		1					1
322	江苏省奶牛育种中心		16					16
341	安徽省畜禽遗传资源保护中心		5					5
343	安徽精英种畜有限公司		18					18
361	江西省种公牛站	1	11					12
373	山东奥克斯生物技术有限公司	4	44					48
374	山东盛能奶牛胚胎工程有限公司		15					15
411	河南省鼎元种牛育种有限公司	3	19					22
412	许昌市畜牧技术推广站		3					3
414	河南省洛阳市白马寺种公牛站		8					8
441	广州市奶牛研究所有限公司		9					9
451	广西壮族自治区畜禽品种改良站			59				59
511	四川省种牛繁育中心		8					8
521	贵州省家畜冷冻精液站			13				13
531	云南省家畜冷冻精液站		4	10				14
532	大理白族自治州家畜繁育指导站		8	22				30
551	重庆市种公牛站		1					1
611	陕西省家畜改良站	1	8					9
621	甘肃省家畜繁育中心		5					5
631	青海省家畜改良中心		3			15		18
641	宁夏回族自治区家畜繁育中心	1	21					22
651	新疆维吾尔族自治区畜禽繁育改良总站	2	6		37		9	54
652	天山畜牧昌吉生物工程有限责任公司	5	44		4		7	60

3-2-12　2009年奶牛良种补贴项目种公牛站及种公牛汇总表

编号	单位名称	荷斯坦奶牛		娟珊牛	奶水牛	乳用西牛	褐牛	牦牛	三河牛	小计
		CPI	TPPI							
	合　计	**100**	**714**	**104**		**45**	**15**		**18**	**996**
111	北京奶牛中心	70	24	4			5			103
121	天津市奶牛发展中心	23	22							45
122	XY种畜（天津）有限公司		7							7
131	河北省畜牧良种工作站	18	38							56
132	秦皇岛全农精牛繁育有限公司	10	43							53
133	亚达艾格威（唐山）畜牧有限公司		27							27
141	山西省家畜冷冻精液中心	4	20							24
151	内蒙古天和荷斯坦牧业有限公司	6	22							28
152	通辽京缘种牛繁育有限责任公司					12				12
153	海拉尔市农牧场管理局家畜繁育指导站		8						13	21
154	赤峰赛奥牧业技术服务有限公司									0
211	辽宁省牧经种牛繁育中心有限公司	1	18			3				22
221	长春新牧科技有限公司									0
223	延边家畜繁育改良工作站									0
224	四平市种牛冷冻精液站									0
231	黑龙江省博瑞遗传有限公司	10	50							60
232	大庆市银螺乳业有限公司种公牛站	1	50							51
311	上海奶牛育种中心有限公司	35	63							98
312	上海金晖家畜遗传开发有限公司									0
321	徐州市家畜良种站		1							1
322	江苏省奶牛育种中心（南京利农奶牛育种有限公司）	2	16							18
343	安徽精英种畜有限公司		33							33
361	江西省种公牛站	2	2							4
371	山东省种公牛站有限责任公司					15				15
373	山东奥克斯生物技术有限公司	13	37							50
374	山东盛能奶牛胚胎工程有限公司		13							13
411	河南省鼎元种牛育种有限公司	10	31							41
412	许昌市夏昌种畜禽有限公司		2			2				4
413	南阳昌盛牛业有限公司		4							4
414	河南省洛阳市白马寺种公牛站		6			4				10
421	武汉兴牧生物科技有限公司				6					6
431	湖南省良种牛繁育中心种公牛站				5					5
441	广州市奶牛研究所有限公司	7	5	6						18
451	广西壮族自治区畜禽品种改良站				57					57
511	成都汇丰动物育种有限公司（四川省家畜冷冻精液中心站）		6	7		14				27
521	贵州省畜牧技术推广站				14	3				17
531	云南省家畜冷冻精液站	1	1		20					22
532	大理白族自治州家畜繁育指导站	3	8		19					30
611	陕西秦申金牛育种有限公司（陕西省家畜改良站）	1	12							13
621	甘肃省家畜繁育中心		3			7				10
631	青海省家畜改良中心		6			2		20		28
641	宁夏四正生物工程技术研究中心	6	14							20
651	新疆维吾尔自治区畜禽繁育改良总站	2	5			19	46			72
652	天山畜牧昌吉生物工程有限责任公司	7	39			9	25			80

3-2-13　2010年奶牛良种补贴项目种公牛站及种公牛汇总表

编号	单位名称	荷斯坦奶牛			娟姗牛	奶水牛	褐牛	牦牛	三河牛	夏洛来牛	其他	小 计
		CPI1	CPI2	TPPI								
	合　计	**274**	**36**	**569**	**11**	**130**	**79**	**22**	**18**	**119**	**534**	**1 792**
111	北京奶牛中心	32	19	25	4		5			6	15	106
121	天津市奶牛发展中心	18		40							0	58
131	河北省畜牧良种工作站	37		36						14	11	98
132	秦皇岛全农精牛繁育有限公司	28		9							3	40
133	亚达艾格威（唐山）畜牧有限公司			21							0	21
141	山西省家畜冷冻精液中心	6		8						4	5	23
151	内蒙古天和荷斯坦牧业有限公司	10		15							0	25
152	通辽京缘种牛繁育有限责任公司									1	27	28
153	海拉尔市农牧场管理局家畜繁育指导站			5					18		0	23
154	赤峰赛奥牧业技术服务有限公司									7	26	33
211	辽宁省牧经种牛繁育中心有限公司		1	20						5	0	26
221	长春新牧科技有限公司									3	46	49
223	延边畜牧开发总公司延边种公牛站									4	26	30
224	四平市兴牛牧业服务有限公司									3	28	31
231	黑龙江省博瑞遗传有限公司	15	4	69						8	30	126
232	大庆市银螺乳业有限公司种公牛站	1		24							0	25
311	上海奶牛育种中心有限公司	33		79							0	112
312	上海市肉牛育种中心有限公司										46	46
322	南京利农奶牛育种有限公司	2	4	16							0	22
343	安徽精英种畜有限公司			30							0	30
361	江西天添畜禽育种有限公司	1		1						1	2	5
371	山东省种公牛站有限责任公司									9	30	39
373	山东奥克斯生物技术有限公司	36	4	42							0	82
374	山东盛能奶牛胚胎工程有限公司			17							0	17
411	河南省鼎元种牛育种有限公司	8	4	25						20	51	108
413	南阳昌盛牛业有限公司			2						4	19	25
414	洛阳市洛瑞牧业有限公司			5						25	29	59
421	武汉兴牧生物科技有限公司					11				2	11	24
431	湖南光大牧业科技有限公司					6					12	18
451	广西壮族自治区畜禽品种改良站					54					0	54
511	成都汇丰动物育种公司			3	7						31	41
521	贵州省家畜冷冻精液站					11					0	11
531	云南恒翔家畜良种科技有限公司	1				20					11	32
532	大理白族自治州家畜繁育指导站	3		10		28					0	41
611	陕西秦申金牛育种有限公司	7		2							11	20
621	甘肃省家畜繁育中心										3	3
631	青海省家畜改良中心			6				22			2	30
641	宁夏四正生物工程技术研究中心	11		32							18	61
651	新疆天山畜牧生物工程股份有限公司	25		27			74			3	41	170

3-2-14 2011年畜牧良种补贴项目入选种公牛站及种公牛数量汇总表

编号	单位	荷斯坦牛				姗牛	乳肉兼用西门塔尔	奶水牛	褐牛	牦牛	三河牛	肉用西门塔尔	夏洛来	南德温牛	利木赞	德国黄牛	安格斯	皮埃蒙特牛	金黄阿奎登	短角牛	婆罗门牛	延黄牛	辽育白牛	夏南牛	秦川牛	南阳牛	鲁西牛	延边牛	小计
		CPI1	CPI2	CPI3	TPPI																								
111	北京奶牛中心	41	15	15	28	4	9		4			9	4		3		1												133
121	天津市奶牛发展中心	9	14		14																								37
131	河北品元畜禽育种有限公司	2	19		31							11	7		8														78
132	秦皇岛全农精牛繁育有限公司	2	20									2																	24
133	亚达艾格威（唐山）畜牧有限公司				14																								14
141	山西鑫源良种繁育有限公司		16	8	4		1					3	4																36
151	内蒙古天和荷斯坦牧业有限公司	16	7		13							4																	40
152	通辽京缘种牛繁育有限责任公司						20					34																	54
153	海拉尔市农牧场管理局家畜繁育指导站										28																		28
154	赤峰赛奥牧业技术服务有限公司											24	4																28
155	内蒙古赛科星繁育生物技术股份有限公司			43		1																							44
211	辽宁省牧经种牛繁育中心有限公司			1	3		1					4	20										1						30
221	长春新牧科技有限公司											42	4																46
223	延边畜牧开发总公司延边种公牛站											4	3		3	1						9						12	32
224	四平市兴牛牧业服务有限公司											19	2																21
231	黑龙江省博瑞遗传有限公司	16	1	2	47		3					42	7																118
311	上海奶牛育种中心有限公司	31	8		28																								67
312	上海市肉牛育种中心有限公司													52															52
322	南京利农奶牛育种有限公司		5	4	4																								13
341	安徽天达畜牧科技有限责任公司							2				10					8												20

（续）

编号	单位	荷斯坦牛				姗牛	乳肉兼用西门塔尔	奶水牛	褐牛	牦牛	三河牛	肉用西门塔尔	夏洛来	南德温牛	利木赞	德国黄牛	安格斯	皮埃蒙特牛	金黄阿奎登	短角牛	婆罗门牛	延黄牛	辽育白牛	夏南牛	秦川牛	南阳牛	鲁西牛	延边牛	小计
		CPI1	CPI2	CPI3	TPPI																								
343	安徽精英种畜有限公司		2		22																								24
361	江西天添畜禽育种有限公司	1					5	6				8	2																22
371	山东省种公牛站有限责任公司						23					8															4		35
373	山东奥克斯生物技术有限公司	3	27		24																								54
374	山东盛能奶牛胚胎工程有限公司		2		8																								10
411	河南省鼎元种牛育种有限公司		17	2	29		18					21	16		10	3	6	1	1										124
412	许昌市夏昌种畜禽有限公司												15											6					21
413	南阳昌盛牛业有限公司				3		2					2	4		3	13		1								4			32
414	洛阳市洛瑞牧业有限公司			7	7		5					35	20		13		2												89
421	武汉兴牧生物科技有限公司							19				10	2																31
431	湖南光大牧业科技有限公司		1					6				8			2		4												21
441	广州市奶牛研究所有限公司	1	4		3	5		1				1																	15
451	广西壮族自治区畜禽品种改良站							67																					67
511	成都汇丰动物育种公司				4	1	6					21																	32
531	云南恒翔家畜良种科技有限公司		1		2			23				9					1			4	2								42
532	大理白族自治州家畜繁育指导站		1		1			20				5																	27
611	陕西秦申金牛育种有限公司	5	2									1													8				16
621	甘肃省家畜繁育中心						9																						9
631	青海省家畜改良中心		1		4		6			22																			33
641	宁夏四正生物工程技术研究中心		5	2	20							16	3		5														51
651	新疆天山畜牧生物工程股份有限公司	9	17		30		30		62			11	5				4												168
	合计	**136**	**185**	**84**	**343**	**11**	**138**	**144**	**66**	**22**	**28**	**364**	**122**	**52**	**47**	**17**	**26**	**2**	**1**	**4**	**2**	**9**	**1**	**6**	**8**	**4**	**4**	**12**	**1 838**

3－3　生产价格

3－3－1　2007—2011 年我国奶类生产价格指数

上年＝100

季　度	2007 年	2008 年	2009 年	2010 年	2011 年
第一季度	101.24	136.76	87.87	112.48	112.50
第二季度	101.64	131.66	86.70	116.80	108.64
第三季度	104.74	124.73	91.80	116.40	106.90
第四季度	117.14	108.66	99.50	115.30	105.10

3－3－2　2006—2011 年全国生鲜乳收购价格

单位：元/千克

年　份	1 月	2 月	3 月	4 月	5 月	6 月	7 月	8 月	9 月	10 月	11 月	12 月
2006					1.91	1.93	1.91	1.9	1.9	1.89	1.93	1.92
2007	1.93	1.95	1.95	1.99	1.98	1.93	1.94	1.96	2.02	2.16	2.28	2.50
2008	2.77	2.90	2.93	2.86	2.85	2.85	2.77	2.76	2.76	2.69	2.69	2.68
2009	2.62	2.57	2.49	2.43	2.37	2.32	2.32	2.31	2.36	2.43	2.52	2.60
2010	2.68	2.73	2.74	2.79	2.82	2.86	2.89	2.93	2.98	3.02	3.07	3.13
2011	3.18	3.20	3.20	3.2	3.19	3.2	3.19	3.19	3.2	3.22	3.23	3.25

Ⅳ. 饲料工业

4－1 行业情况

4－1－1 2007—2011年全国饲料加工业基本经营情况

分 项	单位	2007年	2008年	2009年	2010年	2011年
企业数量	个	2 686	3 293	3 508	3 696	3 116
亏损企业数	个	396	344	293	271	159
从业人数	人	277 717	340 050	383 775	428 805	426 955
总产值	亿元	2 583.07	3 761.26	4 483.54	5 649.49	7 387.78
工业销售产值	亿元	2 544.09	3 684.57	4 398.93	5 556.49	7 377.99
利税总额	亿元	148.61	286.95	325.31	485.19	404.21
利润总额	亿元	105.92	187.67	234.06	370.25	375.08
资产总额	亿元	976.32	1 251.21	1 600.86	2 055.75	2 318.70
负债总额	亿元	535.59	631.13	836.12	1 049.14	1 192.95

4-1-2　2007—2011 年全国饲料加工业基本经营情况-不同规模

分　项	单位	2007 年	2008 年	2009 年	2010 年	2011 年
大型企业						
企业数量	个	3	4	3	6	5
亏损企业数	个	1	0	0	0	0
从业人数	人	15 750	16 942	17 232	21 183	11 661
总产值	亿元	50.55	101.52	115.36	252.92	620.17
工业销售产值	亿元	50.51	100.64	108.93	248.39	276.59
利税总额	亿元	2.49	7.25	5.16	24.91	7.65
利润总额	亿元	0.93	6.06	2.81	18.54	7.17
资产总额	亿元	29.87	41.82	51.23	81.74	82.21
负债总额	亿元	24.05	18.05	22.14	41.85	49.09
中型企业						
企业数量	个	92	119	145	176	180
亏损企业数	个	3	8	6	4	7
从业人数	人	53 152	63 588	89 284	104 856	92 971
总产值	亿元	468.99	715.59	948.66	1 165.50	1 727.52
工业销售产值	亿元	462.74	688.01	916.03	1 129.65	1 630.43
利税总额	亿元	33.55	66.68	78.69	110.67	84.70
利润总额	亿元	25.07	34.79	51.08	86.96	81.64
资产总额	亿元	222.15	272.90	397.04	490.35	607.44
负债总额	亿元	120.46	144.97	213.65	258.44	303.53
小型企业						
企业数量	个	2 591	3 170	3 360	3 514	2 931
亏损企业数	个	392	336	287	267	152
从业人数	人	208 815	259 520	277 259	302 766	322 323
总产值	亿元	2 063.52	2 944.15	3 419.52	4 231.06	4 992.21
工业销售产值	亿元	2 030.84	2 895.91	3 373.96	4 178.46	5 470.97
利税总额	亿元	112.56	213.02	241.45	349.61	311.86
利润总额	亿元	79.92	146.82	180.17	264.74	286.28
资产总额	亿元	724.31	936.49	1 152.58	1 483.67	1 629.04
负债总额	亿元	391.09	468.11	600.33	748.86	840.33

4-1-3 2007—2011年全国饲料加工业基本经营情况-不同经济类型

分 项	单位	2007年	2008年	2009年	2010年	2011年
国有企业						
企业数量	个	51	33	32	29	23
亏损企业数	个	13	9	5	4	2
从业人数	人	5 116	2 613	2 395	2 149	2 147
总产值	亿元	40.17	32.83	31.24	20.88	20.53
工业销售产值	亿元	40.11	32.81	31.65	20.83	26.64
利税总额	亿元	2.90	2.05	1.75	0.71	1.19
利润总额	亿元	2.13	1.65	1.57	0.57	1.11
资产总额	亿元	24.38	7.84	7.37	7.80	7.59
负债总额	亿元	12.24	5.51	4.38	3.67	5.01
集体企业						
企业数量	个	29	23	21	18	8
亏损企业数	个	6	3	3	3	1
从业人数	人	4 471	2 198	2 755	2 532	552
总产值	亿元	37.21	20.55	25.15	18.21	5.45
工业销售产值	亿元	36.30	20.27	24.94	17.90	5.34
利税总额	亿元	2.27	1.67	1.77	1.23	0.25
利润总额	亿元	1.57	1.00	1.28	0.81	0.24
资产总额	亿元	9.89	7.82	9.41	9.64	5.46
负债总额	亿元	5.38	6.27	5.31	3.08	0.75
股份合作企业						
企业数量	个	32	22	25	22	20
亏损企业数	个	3	0	2	0	0
从业人数	人	2 550	2 819	6 352	6 586	6 058
总产值	亿元	34.88	18.15	41.90	65.04	106.88
工业销售产值	亿元	34.07	17.73	40.11	63.34	103.19
利税总额	亿元	2.93	1.12	3.24	4.69	4.70
利润总额	亿元	1.34	0.90	3.01	3.30	4.48
资产总额	亿元	8.72	3.98	8.74	8.39	13.84
负债总额	亿元	4.21	1.88	2.89	3.51	4.81
股份制企业						
企业数量	个	106	151	142	148	142
亏损企业数	个	20	22	13	12	9
从业人数	人	14 253	21 935	24 220	30 351	28 258

（续）

分　项	单位	2007 年	2008 年	2009 年	2010 年	2011 年
总产值	亿元	167.85	294.34	329.34	377.85	434.41
工业销售产值	亿元	165.10	282.94	325.23	370.41	438.56
利税总额	亿元	9.53	21.29	26.54	36.30	26.16
利润总额	亿元	7.30	16.58	19.85	28.14	24.28
资产总额	亿元	74.55	129.68	137.89	208.44	215.93
负债总额	亿元	37.58	67.16	77.94	112.93	101.27
私营企业						
企业数量	个	1 536	1 992	2 137	2 303	1 877
亏损企业数	个	158	150	142	125	62
从业人数	人	129 194	167 988	189 829	223 260	228 107
总产值	亿元	1 107.84	1 643.51	1 988.74	2 683.17	3 364.26
工业销售产值	亿元	1 089.01	1 614.81	1 961.94	2 639.25	3 577.66
利税总额	亿元	66.29	132.43	150.00	241.24	223.51
利润总额	亿元	48.58	92.04	106.62	177.83	206.76
资产总额	亿元	366.66	531.33	638.14	831.12	995.18
负债总额	亿元	183.07	246.03	299.20	363.93	451.41
外商和港、澳、台投资企业						
企业数量	个	327	370	374	372	342
亏损企业数	个	89	73	54	52	40
从业人数	人	62 008	67 236	75 509	80 030	73 433
总产值	亿元	641.81	909.03	1 024.33	1 276.16	1 615.33
工业销售产值	亿元	631.48	884.94	984.96	1 246.61	1 614.16
利税总额	亿元	35.41	70.93	70.76	99.46	66.78
利润总额	亿元	24.86	37.27	48.54	78.34	63.33
资产总额	亿元	288.24	322.00	442.13	540.19	580.37
负债总额	亿元	180.31	174.50	243.64	310.46	332.49
其他						
企业数量	个	605	702	777	804	704
亏损企业数	个	107	87	74	75	45
从业人数	人	60 125	75 261	82 715	83 897	88 400
总产值	亿元	553.31	842.84	1 042.84	1 208.18	1 840.93
工业销售产值	亿元	548.02	831.08	1 030.08	1 198.15	1 612.44
利税总额	亿元	29.28	57.46	71.24	101.56	81.62
利润总额	亿元	20.14	38.23	53.19	81.25	74.89
资产总额	亿元	203.87	248.56	357.17	450.17	500.32
负债总额	亿元	112.79	129.77	202.74	251.57	297.21

4-1-4 2007—2011年全国各地区饲料加工业基本经营情况-企业数

单位：个

地区	2007年		2008年		2009年		2010年		2011年	
	总数	亏损数	总数	亏损数	总数	亏损数	总数	亏损数	总数	亏损数
全国	**2 686**	**396**	**3 293**	**344**	**3 508**	**293**	**3 696**	**271**	**3 116**	**159**
北京	81	28	88	28	82	16	77	18	46	5
天津	34	9	42	9	41	4	42	7	30	3
河北	93	10	98	8	103	8	110	8	104	5
山西	25	9	27	6	30	5	31	7	26	2
内蒙古	50	5	56	4	66	5	70	5	67	3
辽宁	278	26	372	24	436	29	456	18	356	7
吉林	73	14	100	8	128	7	139	2	111	5
黑龙江	43	11	61	6	58	6	60	6	51	3
上海	40	7	45	8	45	3	48	10	34	4
江苏	150	24	181	14	185	12	194	12	159	10
浙江	136	12	142	17	145	15	148	12	109	4
安徽	69	17	91	13	101	15	114	18	104	8
福建	99	15	118	15	136	6	147	2	115	5
江西	73	10	89	7	87	3	89	5	70	5
山东	283	16	380	23	422	18	439	11	401	9
河南	191	14	236	12	232	9	250	9	253	5
湖北	93	21	117	14	140	16	168	17	128	12
湖南	150	16	163	14	175	9	188	5	183	8
广东	215	31	255	35	258	34	259	30	223	17
广西	94	17	114	15	118	18	126	9	113	7
海南	9	1	12	2	13	1	14	0	12	3
重庆	41	8	76	6	73	2	75	5	55	2
四川	197	24	231	16	213	20	218	15	195	8
贵州	24	11	24	9	27	6	27	5	19	2
云南	44	14	57	16	61	9	63	12	47	4
陕西	37	11	48	7	60	8	63	13	50	5
甘肃	24	6	26	5	29	3	29	3	17	3
青海	3	1	0	0	0	0	3	0	0	0
宁夏	10	3	13	1	13	4	15	2	10	0
新疆	27	5	28	2	29	2	34	5	27	5

4-1-5 2007—2011年全国各地区饲料加工业基本经营情况-从业人员数

单位：人

地区	2007年	2008年	2009年	2010年	2011年
全国	**277 717**	**340 050**	**383 775**	**428 805**	**426 955**
北京	6 044	6 198	6 151	6 231	5 688
天津	2 771	3 228	3 720	3 850	4 056
河北	9 284	10 281	10 242	11 736	12 931
山西	3 188	3 338	3 841	5 543	6 283
内蒙古	4 264	5 572	5 891	7 177	7 793
辽宁	25 881	34 127	43 236	44 576	43 386
吉林	7 092	10 372	12 861	14 421	13 706
黑龙江	7 628	5 575	3 872	4 479	4 915
上海	2 784	3 069	2 929	3 566	3 402
江苏	13 133	17 966	15 909	18 325	18 551
浙江	11 312	12 404	12 010	13 746	11 544
安徽	4 700	7 090	8 026	10 362	10 215
福建	8 308	9 973	10 303	12 007	10 124
江西	9 169	14 121	16 775	18 168	15 835
山东	38 660	45 477	55 855	56 704	56 988
河南	20 904	24 002	28 636	30 895	36 867
湖北	7 472	9 638	13 106	18 123	17 809
湖南	18 923	21 669	23 812	28 563	30 959
广东	23 800	30 088	31 533	35 700	33 594
广西	9 574	12 260	16 126	20 519	15 063
海南	1 333	1 557	2 388	1 888	1 850
重庆	4 602	8 240	7 365	6 932	8 082
四川	23 016	27 209	29 501	35 189	38 880
贵州	1 597	1 578	1 843	1 950	1 645
云南	3 912	4 445	4 938	4 977	4 864
陕西	3 427	4 437	5 450	6 105	5 681
甘肃	1 525	2 483	3 530	2 764	2 326
青海	173	182	160	172	168
宁夏	734	919	906	1 037	896
新疆	2 507	2 552	2 860	3 100	2 854

4-1-6 2007—2011年全国各地区饲料加工业基本经营情况-总产值

单位：亿元

地区	2007年	2008年	2009年	2010年	2011年
全国	**2 583.07**	**3 761.26**	**4 483.54**	**5 649.49**	**7 387.78**
北京	45.16	59.56	59.31	59.06	67.15
天津	23.99	39.19	43.75	40.54	51.54
河北	114.73	169.64	180.80	225.71	299.62
山西	19.29	24.70	30.14	43.95	55.87
内蒙古	53.72	69.19	99.79	124.94	132.92
辽宁	201.44	331.60	443.95	606.72	783.28
吉林	44.69	95.32	130.42	184.07	234.63
黑龙江	32.91	39.69	40.56	47.29	83.55
上海	25.22	34.58	35.45	42.98	54.74
江苏	144.32	174.99	217.99	221.75	309.35
浙江	83.57	106.07	112.02	138.99	168.12
安徽	47.73	79.87	105.38	142.56	205.57
福建	125.87	121.87	168.44	203.31	246.24
江西	91.54	146.11	177.36	239.60	328.89
山东	343.68	472.15	565.88	720.57	910.68
河南	167.76	251.91	273.31	346.35	492.19
湖北	60.55	88.66	115.66	166.01	290.69
湖南	167.99	247.92	319.17	411.59	561.34
广东	320.17	509.37	549.47	718.22	878.85
广西	122.22	177.40	211.36	260.46	359.87
海南	21.20	28.26	33.36	42.69	44.56
重庆	34.82	82.04	80.25	70.84	92.61
四川	193.48	260.39	307.28	382.10	481.80
贵州	11.45	16.83	20.60	21.10	28.02
云南	31.94	50.81	53.21	53.83	59.25
陕西	21.52	39.71	49.19	64.25	0.00
甘肃	7.93	12.02	21.52	25.81	85.19
青海	0.18	0.79	0.78	0.93	28.87
宁夏	3.99	6.61	6.93	8.77	1.02
新疆	20.01	24.01	30.19	34.48	10.31

4-1-7 2007—2011年全国各地区饲料加工业基本经营情况-工业销售产值

单位：亿元

地 区	2007年	2008年	2009年	2010年	2011年
全 国	**2 544.09**	**3 684.57**	**4 398.93**	**5 556.49**	**7 377.99**
北 京	44.78	59.14	58.21	58.40	62.90
天 津	23.07	38.31	42.63	40.18	51.03
河 北	112.70	167.71	182.67	221.00	294.23
山 西	18.73	24.30	29.25	43.23	57.55
内蒙古	53.81	68.79	100.12	123.56	131.75
辽 宁	196.85	323.32	433.80	592.91	778.79
吉 林	42.54	92.10	128.24	179.47	253.73
黑龙江	33.37	40.85	39.08	46.36	82.21
上 海	24.97	34.47	35.13	42.88	52.93
江 苏	142.75	171.82	210.99	218.93	297.45
浙 江	81.91	103.39	110.39	136.98	164.88
安 徽	46.89	78.53	102.57	135.02	195.64
福 建	121.13	112.82	163.48	198.24	241.97
江 西	91.07	145.00	175.15	236.97	323.16
山 东	336.15	468.18	556.22	717.30	940.65
河 南	166.00	248.81	270.07	340.92	488.41
湖 北	59.69	86.13	112.27	162.73	282.61
湖 南	166.30	246.49	316.37	408.35	554.12
广 东	322.87	486.78	529.16	705.42	905.40
广 西	117.38	172.98	208.16	253.00	354.70
海 南	20.51	27.89	33.20	43.06	47.59
重 庆	34.78	80.56	81.21	70.46	91.23
四 川	191.54	257.90	302.52	376.60	478.98
贵 州	11.30	16.26	20.24	20.35	28.30
云 南	30.57	51.54	52.03	53.41	57.99
陕 西	20.71	38.06	47.74	62.37	82.24
甘 肃	7.77	11.49	20.34	24.89	28.43
青 海	0.22	0.70	0.55	0.75	1.47
宁 夏	3.99	6.36	6.67	8.53	10.25
新 疆	19.78	23.87	30.45	34.22	37.40

4-1-8 2007—2011年全国各地区饲料加工业基本经营情况-利税总额

单位：亿元

地 区	2007年	2008年	2009年	2010年	2011年
全 国	**148.61**	**286.95**	**325.31**	**485.19**	**404.21**
北 京	1.51	2.28	3.98	4.32	5.36
天 津	0.57	1.55	3.17	3.63	2.99
河 北	7.08	12.61	14.36	14.45	15.47
山 西	0.59	0.55	1.01	1.52	2.18
内蒙古	4.40	10.47	10.38	18.41	12.93
辽 宁	12.72	21.74	38.73	54.65	53.89
吉 林	1.19	3.96	8.70	11.26	11.73
黑龙江	0.26	2.77	2.20	3.31	3.62
上 海	3.38	3.00	3.97	4.82	5.46
江 苏	5.34	18.37	13.63	15.54	16.82
浙 江	3.48	6.02	5.19	8.27	6.40
安 徽	1.28	4.40	7.34	11.44	8.40
福 建	7.74	5.82	8.12	16.20	5.68
江 西	4.44	11.72	8.67	14.47	11.12
山 东	20.36	32.73	35.32	59.35	49.89
河 南	17.16	28.01	31.99	45.10	50.80
湖 北	2.74	7.67	9.86	15.79	12.21
湖 南	7.43	23.72	25.99	48.68	22.09
广 东	23.47	43.50	39.63	50.05	38.80
广 西	6.79	9.99	9.19	28.75	20.32
海 南	1.45	1.63	1.87	3.86	0.76
重 庆	2.37	2.38	2.28	2.73	4.20
四 川	9.96	23.12	27.41	35.65	30.15
贵 州	0.26	0.51	0.77	0.56	0.54
云 南	0.88	2.41	3.65	3.06	2.60
陕 西	0.51	3.29	4.57	5.23	5.71
甘 肃	0.21	1.03	0.83	1.01	0.72
青 海	0.02	0.04	0.13	0.06	0.04
宁 夏	0.10	0.26	0.70	0.41	0.48
新 疆	0.91	1.38	1.65	2.59	2.89

4-1-9 2007—2011年全国各地区饲料加工业基本经营情况-利润总额

单位：亿元

地 区	2007年	2008年	2009年	2010年	2011年
全 国	**105.92**	**187.67**	**234.06**	**370.25**	**375.08**
北 京	1.44	2.15	3.91	4.12	5.36
天 津	0.48	1.16	2.87	3.13	2.84
河 北	5.43	9.76	11.77	11.45	14.44
山 西	0.51	0.49	0.84	1.46	2.17
内蒙古	3.03	6.72	8.87	16.54	9.52
辽 宁	9.91	17.32	26.53	45.17	49.64
吉 林	0.93	2.94	5.82	9.26	10.17
黑龙江	0.09	1.55	1.90	2.27	3.45
上 海	3.35	2.87	3.83	4.73	5.45
江 苏	4.06	12.50	9.36	10.16	15.65
浙 江	2.37	4.20	3.98	6.44	6.17
安 徽	0.68	3.17	5.54	9.35	8.24
福 建	5.97	5.46	6.86	10.18	5.57
江 西	4.03	8.77	7.14	11.61	10.39
山 东	13.79	24.02	25.44	45.14	44.95
河 南	12.29	20.86	24.36	34.51	47.82
湖 北	1.96	5.10	7.53	11.51	11.66
湖 南	5.21	9.79	13.24	29.40	18.61
广 东	14.55	17.78	25.71	42.55	37.94
广 西	4.92	5.90	6.54	22.39	19.27
海 南	0.61	1.05	1.76	3.28	0.76
重 庆	0.74	1.55	1.77	2.25	4.09
四 川	7.44	15.14	18.19	22.17	28.17
贵 州	0.21	0.37	0.73	0.54	0.54
云 南	0.58	1.99	3.04	2.72	2.52
陕 西	0.33	2.85	3.97	4.41	5.60
甘 肃	0.19	0.97	0.77	0.94	0.70
青 海	0.02	0.04	0.08	0.06	0.04
宁 夏	0.08	0.25	0.38	0.36	0.47
新 疆	0.73	0.94	1.34	2.14	2.86

4-1-10 2007—2011年全国各地区饲料加工业基本经营情况-资产总额

单位：亿元

地　区	2007年	2008年	2009年	2010年	2011年
全　国	**976.32**	**1 251.21**	**1 600.86**	**2 055.75**	**2 318.70**
北　京	25.64	28.45	32.03	52.23	51.66
天　津	13.67	15.60	18.05	20.08	20.92
河　北	27.31	29.64	40.57	49.12	66.69
山　西	9.70	10.30	12.79	16.60	21.55
内蒙古	14.17	22.55	32.08	44.31	38.93
辽　宁	80.31	110.13	180.58	175.48	231.55
吉　林	27.05	45.56	60.41	73.19	84.36
黑龙江	16.81	14.35	15.41	19.33	21.46
上　海	22.15	32.60	30.71	46.78	51.08
江　苏	50.13	64.36	67.67	78.71	90.87
浙　江	42.79	48.32	56.28	71.52	79.23
安　徽	14.78	21.47	30.05	45.08	49.21
福　建	54.75	48.28	65.29	93.42	98.04
江　西	28.79	50.64	49.27	63.04	76.54
山　东	85.24	116.22	153.41	209.32	241.17
河　南	44.49	68.71	76.68	103.83	135.60
湖　北	25.47	32.55	40.94	67.14	76.07
湖　南	69.53	83.75	84.29	112.73	152.27
广　东	129.83	159.82	208.46	345.04	369.17
广　西	37.79	56.77	81.89	88.24	76.66
海　南	9.13	8.43	13.41	16.20	13.75
重　庆	11.74	26.76	32.68	17.87	21.42
四　川	76.74	86.07	122.51	133.28	145.66
贵　州	3.52	3.23	4.47	5.10	4.89
云　南	19.63	24.04	27.99	34.33	30.72
陕　西	10.04	15.24	18.65	22.38	23.13
甘　肃	6.99	7.20	15.58	15.98	6.53
青　海	0.97	1.22	1.49	1.39	1.81
宁　夏	2.10	2.77	3.22	4.25	4.10
新　疆	15.06	16.19	23.99	29.76	33.66

4-1-11　2007—2011年全国各地区饲料加工业基本经营情况-负债总额

单位：亿元

地　区	2007年	2008年	2009年	2010年	2011年
全　国	**535.59**	**631.13**	**836.12**	**1 049.14**	**1 192.95**
北　京	14.62	15.53	16.81	14.81	13.93
天　津	8.59	9.64	10.27	11.35	10.95
河　北	15.05	13.36	19.23	26.39	29.78
山　西	4.91	4.37	6.06	7.09	10.08
内蒙古	9.44	12.07	15.66	21.02	17.66
辽　宁	33.04	40.61	59.39	50.54	67.06
吉　林	12.06	20.12	21.94	28.77	31.80
黑龙江	19.05	9.16	9.48	11.96	11.92
上　海	6.75	15.60	15.86	24.33	24.85
江　苏	30.64	32.66	39.66	40.26	48.88
浙　江	26.39	28.95	33.74	43.10	47.52
安　徽	7.88	10.36	16.23	23.48	23.69
福　建	33.54	28.67	36.87	60.67	65.98
江　西	15.45	24.80	24.58	33.11	41.20
山　东	40.56	51.62	74.32	92.27	119.35
河　南	21.83	27.60	31.41	38.06	51.26
湖　北	12.97	16.82	20.08	32.44	38.03
湖　南	30.14	39.62	44.44	53.37	77.25
广　东	82.76	97.50	137.25	239.04	263.37
广　西	22.25	31.81	48.11	47.36	42.02
海　南	6.84	6.01	9.24	10.90	10.98
重　庆	6.49	16.72	23.77	7.10	8.52
四　川	40.83	41.46	71.72	72.31	82.92
贵　州	2.67	1.78	2.91	3.14	3.11
云　南	12.56	15.14	17.86	19.97	17.10
陕　西	5.64	7.66	8.17	10.31	11.00
甘　肃	3.73	3.48	4.86	8.30	2.98
青　海	0.58	0.77	1.01	0.77	1.24
宁　夏	1.14	1.24	1.64	2.16	1.78
新　疆	7.21	5.99	13.55	14.72	16.72

4－2　饲料生产

4－2－1　2007—2011 年全国各地区配混合饲料产量

单位：万吨

地　区	2007 年	2008 年	2009 年	2010 年	2011 年
全　国	**9 318.91**	**11 142.06**	**11 080.63**	**13 059.94**	**15 304.19**
北　京	141.93	156.66	174.11	167.46	169.80
天　津	78.33	81.96	66.65	80.34	171.56
河　北	558.17	561.85	616.69	697.98	946.43
山　西	79.23	81.47	102.27	137.89	180.64
内蒙古	274.51	348.87	511.15	587.54	463.39
辽　宁	709.73	831.82	1 092.70	1 191.92	1 387.10
吉　林	279.02	374.50	404.84	505.68	622.51
黑龙江	84.21	126.54	47.16	62.78	118.37
上　海	21.43	25.59	97.42	80.04	92.14
江　苏	344.84	383.55	271.05	290.86	317.83
浙　江	270.18	299.29	264.83	296.03	362.24
安　徽	270.06	337.17	251.73	355.47	350.03
福　建	260.15	333.93	365.97	483.02	549.23
江　西	336.15	437.51	418.13	587.70	865.40
山　东	1 163.82	1 406.69	1 375.27	1 623.49	1 689.11
河　南	829.60	1 101.47	704.80	873.94	1 168.72
湖　北	232.95	280.64	301.05	369.45	438.39
湖　南	513.12	652.93	839.47	940.44	1 179.03
广　东	1 216.63	1 419.70	1 293.96	1 440.23	1 425.10
广　西	427.43	549.52	590.71	775.97	943.25
海　南	93.83	92.33	110.30	131.31	139.45
重　庆	126.82	129.75	108.42	133.12	157.22
四　川	632.66	708.00	616.64	701.16	937.28
贵　州	37.97	43.22	48.76	51.81	82.76
云　南	112.51	133.18	137.23	148.46	146.28
西　藏					
陕　西	70.06	85.91	98.93	132.20	162.95
甘　肃	30.53	34.65	41.83	65.33	86.92
青　海	0.27	0.14	0.20	0.50	0.40
宁　夏	17.02	19.22	18.97	25.15	29.35
新　疆	105.75	103.99	109.37	122.69	121.30

4-2-2 2007年全国饲料生产量（月度）

月　份	当期值（万吨）	累计值（万吨）	同比增长（%）	累计增长（%）
01	540.63	540.63	19.52	19.52
02	506.79	1 047.38	15.10	17.30
03	623.35	1 672.46	14.50	15.90
04	643.48	2 319.25	14.10	15.40
05	718.59	3 060.87	18.30	16.30
06	881.49	3 959.49	29.50	19.40
07	840.46	4 811.23	29.30	21.30
08	872.21	5 684.55	26.80	22.00
09	912.85	6 625.64	27.90	23.50
10	867.14	7 486.88	21.00	22.80
11	898.18	8 426.34	22.40	23.10
12	885.91	9 318.91	18.50	22.80

4-2-3 2008年全国饲料生产量（月度）

月　份	当期值（万吨）	累计值（万吨）	同比增长（%）	累计增长（%）
01	668.89	668.89	23.63	23.63
02	625.07	1 293.96	22.90	23.30
03	801.50	2 104.13	27.40	24.50
04	831.57	2 945.88	26.90	25.10
05	957.63	3 950.11	32.30	27.20
06	1 121.25	5 065.11	27.30	27.70
07	984.16	6 062.76	16.60	25.40
08	1 005.71	7 077.35	12.70	23.80
09	1 097.95	8 192.28	19.30	23.10
10	967.37	9 167.86	10.10	22.00
11	968.23	10 164.83	6.50	20.60
12	940.28	11 142.05	8.40	19.60

4-2-4 2009年全国饲料生产量（月度）

月　份	当期值（万吨）	累计值（万吨）	同比增长（%）	累计增长（%）
01	695.11	695.11	23.18	23.18
02	744.17	1 439.31	28.50	25.90
03	1 003.77	2 578.79	25.90	25.70
04	1 052.60	3 639.29	26.90	27.10
05	1 058.06	4 591.82	15.50	22.30
06	1 313.90	5 918.45	27.30	23.40
07	1 168.62	7 074.23	25.00	22.90
08	1 204.80	8 287.29	26.90	24.00
09	1 287.78	9 561.26	25.40	24.20
10	1 229.80	10 794.12	25.80	22.00
11	1 325.02	12 181.26	32.40	24.80
12	1 319.49	13 529.74	39.10	26.60

4-2-5 2010年全国饲料生产量（月度）

月　份	当期值（万吨）	累计值（万吨）	同比增长（%）	累计增长（%）
01	995.10	995.10	33.21	33.21
02	899.50	1 894.60	16.70	24.80
03	1 301.70	3 383.00	35.80	35.60
04	1 235.80	4 571.20	21.00	29.60
05	1 503.50	6 077.30	38.10	31.70
06	1 547.30	7 601.30	16.50	27.50
07	1 449.60	9 052.40	20.20	26.40
08	1 538.40	10 621.70	22.70	26.30
09	1 629.20	12 286.50	22.20	26.10
10	1 615.20	13 917.30	28.90	26.50
11	1 693.30	15 640.00	31.20	27.20
12	1 679.80	17 444.30	25.80	27.00

4-2-6 2011年全国饲料生产量（月度）

月　份	当期值（万吨）	累计值（万吨）	同比增长（%）	累计增长（%）
01	1 145.20	1 145.20	20.90	20.90
02	1 048.10	2 193.30	21.00	21.00
03	1 345.20	3 531.20	10.10	12.60
04	1 370.30	4 875.40	16.00	13.50
05	1 536.40	6 413.80	5.70	10.70
06	1 773.20	8 134.30	17.70	11.50
07	1 688.10	9 813.20	21.50	13.10
08	1 739.00	11 597.70	16.80	13.90
09	1 800.90	13 405.40	15.00	14.00
10	1 840.50	15 198.10	17.90	14.10
11	1 879.40	17 112.80	25.80	24.50
12	1 893.90	19 079.70	27.30	24.80

4-2-7 2009年全国配合饲料生产量（月度）

月　份	当期值（万吨）	累计值（万吨）	同比增长（%）	累计增长（%）
01	290.09	290.09	16.92	16.92
02	314.44	604.53	23.00	20.00
03	458.64	1 169.28	26.50	23.90
04	516.07	1 762.82	23.70	24.50
05	530.16	2 303.95	14.00	21.40
06	652.55	2 988.60	27.48	22.76
07	630.30	3 679.52	29.85	24.73
08	640.65	4 368.40	26.30	26.40
09	677.42	5 054.48	30.68	26.45
10	660.85	5 721.68	30.20	25.70
11	667.80	6 404.79	29.40	24.40
12	670.63	7 155.62	33.60	26.20

4-2-8 2010年全国配合饲料生产量（月度）

月 份	当期值（万吨）	累计值（万吨）	同比增长（%）	累计增长（%）
01	492.20	492.20	37.11	37.11
02	442.40	934.60	18.26	27.44
03	622.90	1 658.40	25.30	27.50
04	651.60	2 264.80	21.30	23.10
05	682.15	2 950.94	21.66	22.79
06	758.00	3 709.50	11.00	19.80
07	706.00	4 385.10	7.40	17.20
08	757.80	5 163.60	13.40	17.20
09	794.40	5 985.10	11.60	16.60
10	784.93	6 794.49	15.15	16.08
11	802.70	7 544.60	22.50	16.80
12	820.30	8 486.00	21.20	17.50

4-2-9 2011年全国配合饲料生产量（月度）

月 份	当期值（万吨）	累计值（万吨）	同比增长（%）	累计增长（%）
01	560.00	560.00	20.15	20.15
02	531.00	1 091.00	24.70	22.30
03	707.40	1 826.50	21.70	21.40
04	725.30	2 564.20	18.50	22.00
05	795.90	3 365.30	22.70	22.10
06	930.50	4 239.80	27.90	21.20
07	899.30	5 179.40	32.60	22.60
08	931.40	6 118.40	28.10	23.50
09	976.70	7 106.50	28.20	24.20
10	988.40	8 083.60	29.00	24.40
11	1 028.90	9 143.30	30.40	25.60
12	1 029.30	10 134.60	29.30	25.60

4-2-10　2009年全国混合饲料生产量（月度）

月　份	当期值（万吨）	累计值（万吨）	同比增长（%）	累计增长（%）
01	184.73	184.73	25.75	25.75
02	191.53	376.26	28.40	27.00
03	274.97	728.66	23.20	23.60
04	277.48	1 008.84	19.50	21.80
05	286.39	1 256.03	16.40	20.10
06	351.01	1 619.28	22.01	20.66
07	307.92	1 913.47	15.81	18.11
08	328.33	2 271.30	31.30	20.40
09	355.32	2 629.29	20.03	20.91
10	346.77	2 964.95	24.60	20.80
11	386.62	3 364.51	22.70	21.00
12	421.02	3 925.04	55.80	26.40

4-2-11　2010年全国混合饲料生产量（月度）

月　份	当期值（万吨）	累计值（万吨）	同比增长（%）	累计增长（%）
01	277.88	277.88	38.11	38.11
02	253.30	531.18	27.51	32.88
03	339.40	876.60	29.10	30.00
04	351.40	1 235.30	29.80	28.40
05	374.41	1 610.69	18.65	25.26
06	390.40	1 982.00	12.60	21.10
07	363.20	2 356.90	14.20	20.40
08	384.30	2 768.30	16.20	20.70
09	426.70	3 221.20	12.70	21.10
10	420.22	3 656.45	22.84	21.58
11	437.40	4 094.20	10.90	20.20
12	451.20	4 574.30	7.00	19.50

4－2－12　2011年全国混合饲料生产量（月度）

月　份	当期值（万吨）	累计值（万吨）	同比增长（%）	累计增长（%）
01	313.10	313.10	22.64	22.64
02	280.50	593.60	19.60	21.20
03	360.60	956.30	19.00	20.80
04	382.90	1 313.30	14.60	16.80
05	427.80	1 739.10	25.00	17.10
06	485.70	2 250.70	34.50	22.50
07	472.90	2 726.40	40.50	25.10
08	468.10	3 195.90	33.40	26.00
09	468.10	3 668.10	21.80	24.90
10	502.90	4 169.00	31.10	25.40
11	495.00	4 673.30	24.70	26.60
12	492.00	5 169.60	19.10	25.50

[4-3 饲料价格]

4-3-1 2007—2011年全国玉米、豆粕、小麦麸收购价格（月度）

单位：元/千克

月份	2006年			2007年			2008年			2009年			2010年			2011年		
	玉米	豆粕	小麦麸	玉米	豆粕	小麦麸	玉米	豆粕	小麦麸	玉米	豆粕	小麦麸	玉米	豆粕	小麦麸	玉米	豆粕	小麦麸
01	1.26	2.73	1.24	1.50	2.61	1.26	1.75	3.89	1.41	1.55	3.82	1.49	1.89	3.85	1.70	2.11	3.68	—
02	1.27	2.75	1.24	1.51	2.64	1.25	1.77	3.92	1.43	1.54	3.77	1.49	1.90	3.73	1.71	2.13	3.71	—
03	1.28	2.69	1.23	1.54	2.73	1.27	1.77	4.06	1.45	1.56	3.54	1.49	1.92	3.61	1.72	2.16	3.66	—
04	1.28	2.60	1.21	1.54	2.68	1.26	1.75	4.00	1.44	1.58	3.58	1.49	1.98	3.51	1.73	2.19	3.59	—
05	1.34	2.56	1.21	1.55	2.66	1.23	1.75	4.03	1.43	1.60	3.54	1.50	2.03	3.47	1.73	2.22	3.53	—
06	1.39	2.54	1.20	1.63	2.67	1.29	1.78	4.31	1.45	1.65	3.65	1.53	2.09	3.35	1.71	2.28	3.53	—
07	1.42	2.50	1.21	1.65	2.73	1.25	1.80	4.64	1.55	1.73	3.66	1.58	2.10	3.32	1.68	2.35	3.57	—
08	1.43	2.49	1.25	1.66	2.83	1.25	1.79	4.42	1.59	1.79	3.69	1.62	2.11	3.45	1.69	2.39	3.60	—
09	1.42	2.50	1.22	1.67	3.15	1.26	1.77	4.32	1.58	1.85	3.72	1.62	2.11	3.50	1.68	2.45	3.62	—
10	1.38	2.53	1.21	1.66	3.33	1.30	1.73	4.02	1.55	1.81	3.75	1.61	2.07	3.64	1.67	2.45	3.57	—
11	1.40	2.56	1.21	1.69	3.65	1.37	1.66	3.78	1.52	1.82	3.82	1.63	2.10	3.75	1.69	2.39	3.51	—
12	1.48	2.63	1.25	1.76	3.83	1.40	1.60	3.61	1.49	1.87	3.90	1.68	2.12	3.69	1.69	2.36	3.42	—

V. 乳品加工

5-1 行业情况

5-1-1 2007—2011年全国液体乳及乳制品制造业基本经营情况

分 项	单位	2007年	2008年	2009年	2010年	2011年
企业数量	个	736	815	803	784	644
亏损企业数	个	166	223	160	147	104
从业人数	人	206 264	212 378	222 878	234 195	230 713
总产值	亿元	1 329.01	1 490.71	1 668.11	1 949.50	2 361.08
工业销售产值	亿元	1 295.34	1 411.48	1 599.67	1 882.00	2 294.17
利税总额	亿元	132.51	103.74	177.03	261.12	160.29
利润总额	亿元	77.96	40.31	104.56	176.99	148.93
资产总额	亿元	962.50	942.46	1 154.02	1 383.55	1 543.15
负债总额	亿元	441.12	533.04	619.24	767.35	879.27

5-1-2 2007—2011年全国液体乳及乳制品制造业基本经营情况-不同规模

分　项	单位	2007年	2008年	2009年	2010年	2011年
大型企业						
企业数量	个	12	9	13	13	15
亏损企业数	个	0	2	1	1	1
从业人数	人	54 863	38 946	53 749	56 635	58 246
总产值	亿元	398.67	281.70	338.73	349.05	954.56
工业销售产值	亿元	390.63	273.11	327.58	327.20	409.68
利税总额	亿元	46.27	9.34	35.55	64.75	30.09
利润总额	亿元	28.80	−3.96	15.85	44.26	28.07
资产总额	亿元	275.05	260.34	358.43	444.76	511.17
负债总额	亿元	134.45	158.72	201.61	267.33	317.13
中型企业						
企业数量	个	126	137	144	154	145
亏损企业数	个	15	48	22	23	20
从业人数	人	83 607	97 696	95 261	105 784	97 019
总产值	亿元	583.65	766.40	855.05	1 040.23	763.54
工业销售产值	亿元	563.15	712.50	812.31	1 005.13	1 174.14
利税总额	亿元	59.10	56.93	97.95	141.35	82.31
利润总额	亿元	34.52	23.01	62.45	95.98	76.50
资产总额	亿元	442.04	375.65	461.34	581.50	598.95
负债总额	亿元	170.74	204.22	242.37	302.17	327.67
小型企业						
企业数量	个	598	669	646	617	484
亏损企业数	个	151	173	137	123	83
从业人数	人	67 794	75 736	73 868	71 776	75 448
总产值	亿元	346.69	442.61	474.34	560.23	639.38
工业销售产值	亿元	341.55	425.87	459.79	549.67	710.35
利税总额	亿元	27.14	37.47	43.53	55.02	47.89
利润总额	亿元	14.65	21.26	26.26	36.75	44.36
资产总额	亿元	245.41	306.47	334.25	357.29	433.03
负债总额	亿元	135.93	170.10	175.26	197.85	234.47

5-1-3　2007—2011年全国液体乳及乳制品制造业基本经营情况-不同经济类型

分　项	单位	2007年	2008年	2009年	2010年	2011年
国有企业						
企业数量	个	29	25	23	25	19
亏损企业数	个	10	10	4	7	2
从业人数	人	7 366	7 074	7 446	8 000	7 682
总产值	亿元	31.42	33.06	37.69	46.46	44.96
工业销售产值	亿元	28.63	29.92	37.61	45.93	48.17
利税总额	亿元	1.91	0.94	2.97	3.70	4.28
利润总额	亿元	0.95	0.12	1.85	2.43	4.04
资产总额	亿元	26.40	22.51	36.55	32.93	38.10
负债总额	亿元	16.19	13.83	23.58	23.98	26.15
集体企业						
企业数量	个	13	11	7	3	0
亏损企业数	个	1	4	0	0	0
从业人数	人	2 262	1 719	1 082	138	270
总产值	亿元	13.33	7.65	4.94	0.47	2.12
工业销售产值	亿元	13.18	7.40	4.71	0.47	2.12
利税总额	亿元	1.91	0.68	0.33	0.02	0.22
利润总额	亿元	1.03	0.33	0.20	0.01	0.19
资产总额	亿元	5.73	4.45	3.69	0.30	0.98
负债总额	亿元	3.71	2.92	2.55	0.13	0.08
股份合作企业						
企业数量	个	8	12	13	10	6
亏损企业数	个	1	3	3	1	0
从业人数	人	2 286	3 358	3 600	1 195	754
总产值	亿元	9.45	18.63	20.21	9.62	10.28
工业销售产值	亿元	9.50	18.56	19.93	9.46	11.51
利税总额	亿元	0.61	1.53	1.94	1.17	0.55
利润总额	亿元	0.49	0.53	1.14	0.72	0.49
资产总额	亿元	4.96	7.54	8.65	3.30	3.36
负债总额	亿元	2.05	3.97	3.23	1.38	0.86
股份制企业						
企业数量	个	58	61	51	51	50
亏损企业数	个	12	24	11	8	8
从业人数	人	37 146	27 785	31 116	28 988	45 347
总产值	亿元	212.90	239.68	254.25	300.34	345.73
工业销售产值	亿元	208.87	228.85	241.72	289.66	367.24

（续）

分　项	单位	2007 年	2008 年	2009 年	2010 年	2011 年
利税总额	亿元	21.93	9.30	29.89	42.97	19.12
利润总额	亿元	12.00	−0.93	15.29	27.56	17.44
资产总额	亿元	168.41	152.69	203.31	291.70	354.13
负债总额	亿元	94.94	99.97	133.35	184.36	224.16
私营企业						
企业数量	个	294	348	350	324	267
亏损企业数	个	46	66	54	49	31
从业人数	人	37 901	54 808	53 398	56 822	59 384
总产值	亿元	157.28	243.45	287.40	325.37	402.68
工业销售产值	亿元	153.88	231.87	280.02	316.70	465.14
利税总额	亿元	12.28	19.61	25.86	34.50	33.97
利润总额	亿元	6.68	9.99	14.27	21.47	30.51
资产总额	亿元	106.34	148.00	176.96	199.27	259.75
负债总额	亿元	58.26	79.04	91.40	103.69	133.43
外商和港、澳、台投资企业						
企业数量	个	98	117	111	116	96
亏损企业数	个	22	36	24	26	25
从业人数	人	64 762	64 714	67 414	69 914	52 695
总产值	亿元	619.21	626.45	680.36	747.06	910.65
工业销售产值	亿元	600.04	585.14	643.21	711.85	827.44
利税总额	亿元	71.90	53.82	79.74	124.17	69.04
利润总额	亿元	44.01	22.04	47.73	86.33	65.68
资产总额	亿元	362.44	406.18	479.75	562.34	577.10
负债总额	亿元	155.60	217.18	229.61	284.40	307.49
其　他						
企业数量	个	236	241	248	255	204
亏损企业数	个	74	80	64	56	38
从业人数	人	54 541	52 920	58 822	69 138	64 581
总产值	亿元	285.40	321.80	383.27	520.19	644.66
工业销售产值	亿元	281.23	309.74	372.47	507.94	572.55
利税总额	亿元	21.97	17.87	36.30	54.58	33.12
利润总额	亿元	12.81	8.23	24.08	38.47	30.58
资产总额	亿元	288.22	201.11	245.10	293.71	309.72
负债总额	亿元	110.38	116.13	135.53	169.41	187.10

5-1-4　2007—2011年全国各地区液体乳及乳制品制造业基本经营情况-企业数

单位：个

地　区	2007年		2008年		2009年		2010年		2011年	
	总数	亏损数	总数	亏损数	总数	亏损数	总数	亏损数	总数	亏损数
全　国	**736**	**166**	**815**	**223**	**803**	**160**	**784**	**147**	**644**	**104**
北　京	13	7	13	7	14	7	15	8	9	5
天　津	13	4	14	6	12	4	15	5	14	6
河　北	63	17	64	35	52	19	39	13	32	5
山　西	20	2	24	3	24	1	20	2	18	2
内蒙古	63	12	70	22	77	13	80	8	71	11
辽　宁	20	5	29	7	28	4	23	3	16	2
吉　林	8	2	7	1	10	1	14	2	14	3
黑龙江	78	16	80	15	77	14	74	11	64	14
上　海	14	6	12	3	9	3	10	5	8	1
江　苏	36	8	36	6	36	3	33	7	25	5
浙　江	29	7	30	10	26	6	25	6	18	2
安　徽	13	2	14	3	15	1	16	2	11	3
福　建	12	4	11	4	13	1	12	2	8	1
江　西	9	2	8	2	8	1	8	1	8	1
山　东	82	5	95	7	101	8	97	8	83	2
河　南	29	2	53	5	51	4	49	1	45	1
湖　北	15	6	16	5	17	3	16	4	11	2
湖　南	15	1	15	3	16	2	18	1	16	3
广　东	24	6	26	7	27	6	28	3	23	5
广　西	11	1	10	1	13	2	13	2	12	1
海　南	4	4	4	2	3	0	3	2	0	0
重　庆	5	3	7	5	5	3	5	2	0	1
四　川	25	7	26	8	21	7	21	7	17	0
贵　州	5	3	5	2	4	0	4	0	0	0
云　南	12	3	10	6	11	6	11	3	12	5
西　藏	0	0	0	0	0	0	0	0	0	0
陕　西	47	10	49	13	53	10	53	14	39	7
甘　肃	14	7	20	10	18	7	18	6	12	2
青　海	6	2	7	1	7	0	8	0	4	0
宁　夏	18	3	21	8	20	12	16	8	16	6
新　疆	32	9	38	16	34	12	39	11	30	8

5-1-5　2007—2011年全国各地区液体乳及乳制品制造业基本经营情况-从业人员数

单位：人

地　区	2007年	2008年	2009年	2010年	2011年
全　国	**206 264**	**212 378**	**222 878**	**234 195**	**230 713**
北　京	7 955	4 844	5 092	5 134	4 882
天　津	2 520	2 807	3 007	4 482	5 006
河　北	25 818	17 061	16 838	17 729	15 847
山　西	5 086	5 404	4 836	5 396	4 307
内蒙古	23 697	26 359	28 628	30 181	31 779
辽　宁	7 525	8 420	8 831	9 305	7 910
吉　林	1 598	1 803	1 843	2 334	3 028
黑龙江	25 362	25 121	34 540	32 191	31 284
上　海	4 891	4 620	4 829	5 413	4 862
江　苏	6 987	7 728	7 566	7 507	7 234
浙　江	5 102	5 179	5 531	5 507	5 319
安　徽	6 141	6 162	7 355	7 264	6 875
福　建	1 795	1 738	1 836	1 755	1 921
江　西	2 812	6 621	7 105	7 303	6 934
山　东	17 092	20 766	19 465	23 326	22 399
河　南	5 096	6 839	7 780	8 557	10 675
湖　北	4 873	6 236	7 093	6 152	6 299
湖　南	4 598	4 222	4 740	4 137	3 518
广　东	12 804	10 876	9 903	11 778	12 830
广　西	2 441	2 689	2 819	3 219	2 988
海　南	315	243	184	176	102
重　庆	3 092	3 151	3 122	2 825	2 223
四　川	4 942	6 903	5 308	5 943	6 358
贵　州	1 795	1 791	2 089	2 224	1 646
云　南	3 604	3 115	3 205	3 390	3 563
西　藏	215	215	215	215	215
陕　西	10 129	12 125	10 280	10 516	10 537
甘　肃	1 745	2 114	1 945	2 455	1 709
青　海	245	684	944	949	1 006
宁　夏	2 590	2 734	2 331	2 380	3 149
新　疆	3 399	3 808	3 618	4 452	4 308

5-1-6 2007—2011 年全国各地区液体乳及乳制品制造业基本经营情况-总产值

单位：亿元

地 区	2007 年	2008 年	2009 年	2010 年	2011 年
全 国	**1 329.01**	**1 490.71**	**1 668.11**	**1 949.50**	**2 361.08**
北 京	34.03	35.51	38.49	40.11	46.49
天 津	13.94	16.78	17.80	19.57	40.73
河 北	199.87	119.66	118.70	140.78	177.65
山 西	25.87	35.97	32.51	40.39	44.45
内蒙古	267.72	291.35	322.78	345.62	385.59
辽 宁	43.44	66.52	84.90	99.19	119.43
吉 林	4.34	5.86	8.21	13.52	22.79
黑龙江	158.81	225.96	282.96	315.67	369.96
上 海	57.87	68.12	80.00	94.67	103.18
江 苏	22.15	28.97	33.74	39.96	60.74
浙 江	27.08	18.96	24.10	24.66	33.80
安 徽	28.08	32.43	36.03	46.31	55.88
福 建	11.67	14.60	15.79	17.38	13.82
江 西	14.06	18.04	17.80	19.69	21.16
山 东	116.99	142.06	157.66	197.17	223.87
河 南	28.00	40.59	47.11	59.22	89.25
湖 北	17.36	25.13	28.71	34.04	45.95
湖 南	42.92	42.90	45.29	39.01	48.90
广 东	69.93	85.63	96.17	119.51	144.51
广 西	5.71	5.86	7.38	14.96	19.37
海 南	0.52	0.51	0.48	0.49	0.32
重 庆	6.87	10.87	9.05	10.63	21.49
四 川	21.84	28.79	23.95	38.06	52.41
贵 州	1.84	4.54	6.75	8.71	13.27
云 南	11.64	10.85	12.93	15.38	18.88
西 藏	0.68	0.56	0.64	0.71	0.84
陕 西	60.23	66.23	73.95	92.17	115.39
甘 肃	7.46	8.31	7.72	11.60	12.90
青 海	0.96	2.47	3.81	8.13	6.97
宁 夏	11.04	13.87	13.61	14.61	22.07
新 疆	16.07	22.84	19.08	27.59	29.01

5-1-7　2007—2011年全国各地区液体乳及乳制品制造业基本经营情况-工业销售产值

单位：亿元

地　区	2007年	2008年	2009年	2010年	2011年
全　国	**1 295.34**	**1 411.48**	**1 599.67**	**1 882.00**	**2 294.17**
北　京	35.46	34.22	38.40	40.09	45.96
天　津	11.86	14.64	16.96	23.87	37.61
河　北	194.45	104.57	111.12	132.36	165.33
山　西	23.88	29.35	30.58	38.31	43.79
内蒙古	261.45	280.04	314.94	335.76	386.94
辽　宁	42.94	65.45	83.84	97.88	118.20
吉　林	4.30	5.69	7.94	13.35	22.78
黑龙江	159.49	213.43	267.09	318.48	370.58
上　海	56.05	68.12	77.20	92.54	100.09
江　苏	22.06	28.65	33.49	40.43	47.18
浙　江	25.69	18.50	23.78	24.20	33.26
安　徽	26.85	32.52	34.84	29.08	56.13
福　建	9.78	11.60	12.96	13.60	12.11
江　西	13.83	17.75	17.66	19.71	21.40
山　东	115.85	133.60	152.76	191.93	234.02
河　南	25.91	39.15	44.38	55.25	83.77
湖　北	15.68	24.62	28.03	33.62	46.26
湖　南	42.19	42.34	44.67	38.66	47.17
广　东	66.66	82.96	87.14	111.80	136.24
广　西	5.56	5.43	7.40	14.54	18.42
海　南	0.58	0.60	0.47	0.46	0.33
重　庆	6.45	10.70	9.02	10.59	12.75
四　川	21.15	27.42	23.41	37.08	51.52
贵　州	1.79	4.52	6.72	8.65	4.70
云　南	11.33	10.59	12.24	14.70	18.17
西　藏	0.76	0.54	0.62	0.69	0.79
陕　西	57.49	60.85	69.33	85.24	110.36
甘　肃	7.69	8.12	6.46	9.60	11.48
青　海	0.96	2.44	3.70	7.97	6.86
宁　夏	11.04	12.32	13.15	14.30	21.32
新　疆	16.15	20.76	19.38	27.30	28.65

表5-1-8　2007—2011年全国各地区液体乳及乳制品制造业基本经营情况-利税总额

单位：亿元

地　区	2007年	2008年	2009年	2010年	2011年
全　国	**132.51**	**103.74**	**177.03**	**261.12**	**160.29**
北　京	2.14	1.72	1.76	3.00	0.89
天　津	0.23	0.52	0.57	1.18	0.24
河　北	12.83	1.74	10.13	10.27	12.28
山　西	1.77	2.17	1.82	4.79	2.18
内蒙古	30.88	1.44	33.11	63.85	27.13
辽　宁	2.92	3.39	9.15	13.48	8.39
吉　林	0.32	0.45	0.49	0.44	1.16
黑龙江	14.54	26.60	32.84	45.06	24.48
上　海	11.56	15.05	13.81	23.40	13.47
江　苏	1.60	2.28	2.63	3.19	3.10
浙　江	2.19	0.97	1.61	2.35	1.48
安　徽	3.04	1.90	4.24	7.77	2.57
福　建	0.68	0.59	0.79	0.76	0.69
江　西	0.57	1.90	2.20	1.47	1.46
山　东	11.24	10.51	18.02	24.28	21.19
河　南	3.73	5.13	5.64	7.51	8.13
湖　北	0.71	1.11	2.39	4.53	1.41
湖　南	6.87	3.59	7.30	5.85	2.68
广　东	15.42	14.74	14.08	21.47	14.64
广　西	0.69	0.75	1.07	1.88	1.82
海　南	−0.01	0.05	0.06	0.03	0.02
重　庆	0.62	0.74	0.96	0.89	0.35
四　川	0.80	1.24	1.49	3.76	2.38
贵　州	0.06	0.55	0.82	1.14	0.20
云　南	1.36	0.58	1.46	1.52	0.75
西　藏	0.11	0.13	0.13	0.10	0.13
陕　西	3.81	2.23	5.48	3.35	3.80
甘　肃	−0.22	0.03	0.10	0.42	0.53
青　海	0.01	0.04	0.20	0.72	0.65
宁　夏	0.60	0.51	1.01	0.58	0.62
新　疆	1.42	1.08	1.69	2.07	1.49

5-1-9 2007—2011年全国各地区液体乳及乳制品制造业基本经营情况-利润总额

单位：亿元

地 区	2007年	2008年	2009年	2010年	2011年
全 国	**77.96**	**40.31**	**104.56**	**176.99**	**148.93**
北 京	0.51	0.07	−0.05	1.35	0.73
天 津	0.06	−0.14	0.18	0.50	0.16
河 北	6.96	−0.55	6.49	6.34	11.78
山 西	1.17	1.62	1.13	3.31	2.09
内蒙古	19.98	−10.18	17.92	47.32	25.45
辽 宁	1.92	2.14	3.87	12.37	7.29
吉 林	0.28	0.30	−0.03	0.14	1.12
黑龙江	7.69	14.76	20.55	31.08	22.92
上 海	6.91	8.70	10.04	13.60	13.16
江 苏	0.75	1.08	1.26	1.71	2.93
浙 江	1.11	0.62	0.88	1.57	1.38
安 徽	1.97	0.73	2.54	5.68	2.42
福 建	0.33	0.42	0.37	0.41	0.66
江 西	0.24	0.64	1.91	1.12	1.37
山 东	6.62	5.59	11.19	15.80	19.01
河 南	2.62	3.40	3.84	5.37	7.42
湖 北	0.20	0.15	1.64	3.44	1.26
湖 南	3.05	0.68	4.87	3.37	2.29
广 东	10.56	8.25	7.59	13.21	13.75
广 西	0.47	0.54	0.75	1.41	1.74
海 南	−0.03	0.02	0.03	0.01	0.02
重 庆	0.32	0.38	0.59	0.54	0.30
四 川	0.23	0.33	0.63	2.21	2.12
贵 州	−0.01	0.35	0.79	0.88	0.20
云 南	0.90	0.29	1.01	1.04	0.70
西 藏	0.06	0.07	0.07	0.07	0.12
陕 西	2.20	−0.60	2.87	0.94	3.43
甘 肃	−0.25	−0.24	−0.06	0.18	0.50
青 海	0.00	0.03	0.15	0.56	0.64
宁 夏	0.25	0.34	0.58	0.27	0.58
新 疆	0.88	0.55	0.97	1.21	1.41

5-1-10　2007—2011年全国各地区液体乳及乳制品制造业基本经营情况-资产总额

单位：亿元

地　区	2007年	2008年	2009年	2010年	2011年
全　国	**962.50**	**942.46**	**1 154.02**	**1 383.55**	**1 543.15**
北　京	46.20	43.96	60.01	64.68	71.61
天　津	9.34	11.15	11.04	21.92	24.73
河　北	158.94	50.31	62.12	61.69	70.16
山　西	20.03	26.89	28.25	27.35	26.92
内蒙古	171.57	194.20	273.99	349.49	388.75
辽　宁	32.83	41.14	51.96	54.74	64.08
吉　林	7.29	7.31	10.27	12.23	15.44
黑龙江	96.78	112.68	144.89	165.65	191.11
上　海	59.11	62.18	67.42	75.37	79.93
江　苏	22.05	22.46	23.54	29.46	32.38
浙　江	25.12	18.82	18.27	21.26	24.18
安　徽	15.86	19.25	20.47	24.59	25.00
福　建	9.17	5.58	8.19	6.83	10.85
江　西	6.68	8.19	10.44	14.73	16.42
山　东	53.90	68.84	76.47	127.61	123.02
河　南	11.92	17.84	19.52	25.82	32.84
湖　北	13.88	20.98	29.91	21.91	25.55
湖　南	27.75	27.75	22.01	28.53	29.26
广　东	42.57	50.98	60.51	72.71	92.49
广　西	4.12	4.91	16.39	15.73	24.57
海　南	0.40	0.41	0.35	0.36	0.26
重　庆	7.69	11.01	8.93	12.73	13.66
四　川	39.65	20.53	17.68	25.42	28.58
贵　州	3.56	6.70	10.10	14.26	7.63
云　南	10.13	8.44	8.93	8.66	12.94
西　藏	1.56	1.62	1.42	1.48	1.40
陕　西	27.92	30.31	36.27	39.74	41.00
甘　肃	7.41	7.78	8.28	10.00	12.99
青　海	0.88	2.84	11.48	7.20	5.50
宁　夏	9.33	13.50	12.52	15.26	21.19
新　疆	18.89	23.91	22.41	26.16	28.74

5-1-11　2007—2011年全国各地区液体乳及乳制品制造业基本经营情况-负债总额

单位：亿元

地　区	2007年	2008年	2009年	2010年	2011年
全　国	**441.12**	**533.04**	**619.24**	**767.35**	**879.27**
北　京	29.48	29.48	32.76	37.08	40.61
天　津	6.28	8.31	7.84	14.01	17.31
河　北	33.64	28.66	29.15	29.80	29.93
山　西	8.73	10.86	13.84	13.37	14.98
内蒙古	87.77	123.14	180.06	232.27	251.99
辽　宁	15.66	21.58	11.64	10.15	26.07
吉　林	4.29	4.39	5.78	6.83	7.89
黑龙江	47.06	57.19	83.36	92.48	108.41
上　海	25.07	28.19	30.53	40.10	46.32
江　苏	13.83	14.92	14.18	18.25	19.67
浙　江	16.23	11.29	11.13	13.55	15.95
安　徽	7.60	8.55	9.96	12.87	12.53
福　建	5.82	2.79	3.22	3.49	5.36
江　西	3.63	3.68	3.35	6.71	7.93
山　东	29.26	35.38	40.86	59.07	59.41
河　南	5.54	7.61	7.21	10.00	12.18
湖　北	9.88	14.86	16.31	13.15	18.17
湖　南	13.71	17.04	13.66	14.30	15.94
广　东	20.33	31.93	27.23	34.46	52.16
广　西	2.09	2.53	5.34	6.23	16.80
海　南	0.34	0.33	0.23	0.23	0.12
重　庆	4.97	7.18	5.95	8.51	9.49
四　川	8.93	12.35	11.24	18.73	21.15
贵　州	2.45	3.87	7.20	11.18	5.64
云　南	6.16	5.80	4.88	4.35	6.13
西　藏	0.48	0.47	0.51	0.51	0.52
陕　西	12.05	15.25	17.62	20.22	20.79
甘　肃	5.86	5.40	5.69	6.70	6.86
青　海	0.49	1.14	1.59	3.90	1.19
宁　夏	5.53	7.98	6.89	9.61	11.28
新　疆	7.99	10.87	10.04	15.25	16.49

5－2　乳品生产

5－2－1　2000—2011年我国乳制品产量

年份	乳制品产量（万吨）	其中：液态奶产量（万吨）	其中：干乳制品产量（万吨）	其中：奶粉产量（万吨）
2000年	207.49	124.57	82.92	
2001年	295.41	189.98	105.43	
2002年	447.04	353.70	93.34	
2003年	723.49	582.90	140.59	
2004年	949.19	806.73	142.46	
2005年	1 310.42	1 145.80	164.62	
2006年	1 459.58	1 244.04	215.54	
2007年	1 787.44	1 441.02	346.42	
2008年	1 810.56	1 525.23	285.33	
2009年	1 935.12	1 641.65	293.47	111.70
2010年	2 159.60	1 845.80	313.80	140.00
2011年	2 387.50	2 060.80	326.70	138.50

5－2－2　2007—2011年全国乳制品产量

单位：万吨，%

年份	乳制品		其中			
			液态奶		干乳制品	
	产量	同比	产量	同比	产量	同比
2007年	1 787.44	21.79	1 441.02	17.83	346.42	60.72
2008年	1 810.56	−0.50	1 525.23	−3.63	285.33	−17.63
2009年	1 935.12	4.55	1 641.65	3.79	293.47	2.85
2010年	2 159.60	11.20	1 845.80	11.10	313.80	6.93
2011年	2 387.50	14.00	2 060.80	13.50	326.70	4.11

5-2-3 2007—2011年全国各地区乳制品产量

单位：万吨 %

地区	2007年	2008年	2009年	2010年	2011年
全国	**1 787.44**	**1 810.56**	**1 935.12**	**2 159.60**	**2 387.49**
北京	57.90	46.01	52.20	52.30	58.65
天津	37.09	33.07	33.34	26.58	22.87
河北	249.96	236.45	196.63	255.44	269.00
山西	51.43	47.78	48.14	50.03	52.46
内蒙古	367.93	355.94	379.55	345.36	383.21
辽宁	110.54	96.06	95.93	101.55	102.88
吉林	9.87	7.94	5.95	6.96	6.88
黑龙江	162.42	168.53	176.81	183.90	178.28
上海	40.93	38.14	40.18	42.30	45.75
江苏	47.61	80.90	95.20	100.19	100.25
浙江	30.46	30.52	34.26	30.76	35.68
安徽	43.76	39.98	44.52	66.48	79.02
福建	14.65	11.33	15.87	16.74	19.41
江西	16.46	15.98	18.71	28.17	28.91
山东	138.18	152.38	202.94	249.64	311.67
河南	65.16	82.50	108.48	132.69	158.70
湖北	46.36	41.55	51.90	57.72	49.07
湖南	17.03	25.92	18.24	18.26	26.98
广东	36.42	34.94	41.14	58.12	61.22
广西	26.46	32.24	8.58	11.17	14.33
海南	0.28	0.27	0.42	0.46	0.40
重庆	9.07	9.29	11.32	12.58	12.85
四川	24.30	35.08	47.06	58.00	78.01
贵州	3.30	3.56	4.07	4.40	5.51
云南	23.59	24.85	28.78	31.00	34.62
西藏	0.57	0.55	0.63	0.70	0.57
陕西	104.09	110.88	117.15	147.97	160.20
甘肃	8.62	7.73	10.58	14.34	16.73
青海	4.60	6.43	6.08	11.90	12.18
宁夏	18.04	13.11	13.57	13.41	25.20
新疆	20.36	20.65	26.89	30.30	35.99

5-2-4 2007—2011年全国各地区干乳制品产量

单位：万吨

地区	2007年	2008年	2009年	2010年	2011年
全国	**346.42**	**285.33**	**293.47**	**313.80**	**326.70**
北京	1.89	2.31	2.36	2.35	3.78
天津	0.78	2.64	4.45	7.83	1.69
河北	64.73	27.94	16.79	26.04	9.50
山西	3.76	8.24	4.71	6.37	4.59
内蒙古	54.40	30.23	31.06	36.44	73.50
辽宁	38.62	2.08	44.48	1.97	8.05
吉林	7.55	5.77	0.24	0.97	1.04
黑龙江	50.73	54.20	65.29	66.97	74.71
上海	4.04	3.77	4.29	4.20	4.88
江苏	3.23	10.59	1.62	3.84	6.21
浙江	9.94	12.23	5.30	8.46	9.48
安徽	6.29	2.88	2.54	6.10	11.87
福建	3.45	4.65	4.24	4.44	2.49
江西	3.29	2.77	2.21	2.34	2.64
山东	20.77	26.03	13.70	29.55	25.33
河南	3.14	21.47	20.22	26.24	1.45
湖北	4.35	4.88	4.40	4.62	0.10
湖南	3.96	6.27	4.58	3.67	4.89
广东	8.40	8.05	6.77	7.96	8.78
广西	0.25	0.26	1.15	1.67	2.48
海南	0.00	0.00	0.00	0.00	0.00
重庆	0.22	0.16	0.71	0.02	0.00
四川	3.92	4.41	8.46	12.08	14.67
贵州	0.34	0.08	0.02	0.02	0.02
云南	3.05	1.36	1.01	0.65	0.93
西藏			0.19	0.22	0.16
陕西	33.19	31.38	31.47	35.81	33.30
甘肃	2.23	1.35	0.92	1.09	1.04
青海	0.00	0.24	0.73	2.74	0.17
宁夏	5.26	3.68	4.07	2.67	12.09
新疆	4.07	4.86	5.49	6.49	6.85

5-2-5 2007—2011年全国各地区液态奶产量

单位：万吨

地 区	2007年	2008年	2009年	2010年	2011年
全 国	**1 441.02**	**1 525.23**	**1 641.65**	**1 845.80**	**2 060.79**
北 京	56.01	43.70	49.84	49.95	54.87
天 津	36.31	30.43	28.89	18.75	21.18
河 北	185.23	208.51	179.84	229.40	259.50
山 西	47.67	39.54	43.43	43.66	47.87
内蒙古	313.53	325.71	348.49	308.92	309.71
辽 宁	71.92	93.98	51.45	99.58	94.83
吉 林	2.32	2.17	5.71	5.99	5.84
黑龙江	111.69	114.33	111.52	116.93	103.57
上 海	36.89	34.37	35.89	38.10	40.86
江 苏	44.38	70.31	93.58	96.35	94.04
浙 江	20.52	18.29	28.96	22.30	26.20
安 徽	37.47	37.10	41.98	60.38	67.15
福 建	11.20	6.68	11.63	12.30	16.93
江 西	13.17	13.21	16.50	25.83	26.27
山 东	117.41	126.35	189.24	220.09	286.35
河 南	62.02	61.03	88.26	106.45	157.25
湖 北	42.01	36.67	47.50	53.10	48.97
湖 南	13.07	19.65	13.66	14.59	22.09
广 东	28.02	26.89	34.37	50.16	52.43
广 西	26.21	31.98	7.43	9.50	11.85
海 南	0.28	0.27	0.42	0.46	0.40
重 庆	8.85	9.13	10.61	12.56	12.85
四 川	20.38	30.67	38.60	45.92	63.33
贵 州	2.96	3.48	4.05	4.38	5.50
云 南	20.54	23.49	27.77	30.35	33.69
西 藏	—	—	0.44	0.48	0.40
陕 西	70.90	79.50	85.68	112.16	126.89
甘 肃	6.39	6.38	9.66	13.25	15.69
青 海	4.60	6.19	5.35	9.16	12.01
宁 夏	12.78	9.43	9.50	10.74	13.11
新 疆	16.29	15.79	21.40	23.81	29.15

5-2-6　2007年全国乳制品生产量（月度）

月　份	当期值（万吨）	累计值（万吨）	同比增长（%）	累计增长（%）
01	119.96	119.96	14.66	14.66
02	125.52	245.50	20.20	17.40
03	141.64	392.30	24.30	21.30
04	136.02	526.39	15.20	20.70
05	156.68	684.40	27.70	22.80
06	166.17	852.23	29.10	23.70
07	147.82	998.74	20.60	21.90
08	146.83	1 127.28	19.50	21.70
09	153.61	1 285.73	17.10	21.50
10	166.72	1 453.14	22.20	21.60
11	169.92	1 614.13	27.80	23.60
12	173.91	1 787.44	15.20	21.80

5-2-7　2008年全国乳制品生产量（月度）

月　份	当期值（万吨）	累计值（万吨）	同比增长（%）	累计增长（%）
01	144.51	144.51	23.47	23.47
02	137.43	281.94	16.40	19.90
03	149.51	432.93	9.50	14.60
04	148.29	592.91	11.90	15.30
05	157.25	749.40	5.60	12.80
06	187.95	951.77	9.90	13.20
07	168.01	1 111.34	12.80	11.70
08	170.52	1 295.67	12.40	12.60
09	134.01	1 420.64	−13.30	8.70
10	120.05	1 540.66	−28.80	4.50
11	131.16	1 674.09	−22.50	1.10
12	146.93	1 810.56	−19.50	−0.50

5-2-8 2009年全国乳制品生产量（月度）

月 份	当期值（万吨）	累计值（万吨）	同比增长（%）	累计增长（%）
01	139.76	139.76	4.55	4.55
02	145.11	284.83	13.80	9.10
03	149.75	436.86	0.80	3.30
04	154.35	586.43	8.00	2.70
05	164.03	750.03	8.00	3.30
06	169.52	920.87	−3.78	1.95
07	160.39	1 078.65	2.23	0.29
08	172.76	1 252.32	9.40	−0.20
09	173.61	1 422.64	30.92	3.42
10	170.02	1 593.17	44.10	10.20
11	165.47	1 761.38	31.80	10.20
12	173.03	1 935.12	24.80	12.90

5-2-9 2010年全国乳制品生产量（月度）

月 份	当期值（万吨）	累计值（万吨）	同比增长（%）	累计增长（%）
01	153.45	153.45	11.42	11.42
02	149.74	303.19	4.37	7.90
03	168.00	473.40	11.00	8.80
04	175.40	644.60	16.40	10.50
05	174.46	821.78	4.50	9.53
06	179.50	1 000.40	5.80	8.90
07	179.70	1 181.60	11.10	9.20
08	193.10	1 370.50	13.80	9.90
09	192.20	1 570.60	9.80	10.00
10	195.10	1 766.79	12.64	10.71
11	189.20	1 954.10	14.00	10.60
12	199.80	2 159.60	14.30	11.20

5－2－10 2011年全国乳制品生产量（月度）

月 份	当期值（万吨）	累计值（万吨）	同比增长（%）	累计增长（%）
01	165.80	165.80	8.01	8.01
02	153.40	319.20	10.60	9.20
03	178.40	502.20	10.80	12.40
04	183.90	686.80	12.30	12.20
05	185.40	872.80	12.60	12.10
06	209.50	1 082.10	21.00	13.90
07	223.10	1 305.00	14.40	13.90
08	211.60	1 516.60	14.90	14.00
09	214.30	1 729.30	12.10	13.20
10	208.60	1 937.40	10.20	12.80
11	214.80	2 153.20	17.30	13.60
12	234.10	2 387.50	20.40	14.00

5－2－11 2007年全国液态奶生产量（月度）

月 份	当期值（万吨）	累计值（万吨）	同比增长（%）	累计增长（%）
01	98.78	98.78	14.41	14.41
02	102.13	200.93	24.20	19.20
03	109.29	307.51	19.70	17.50
04	108.20	418.56	12.40	17.60
05	123.25	542.05	26.10	20.20
06	129.17	672.87	24.50	20.60
07	117.75	794.66	17.00	17.70
08	119.54	913.82	16.20	17.80
09	124.11	1 037.49	11.80	17.10
10	138.26	1 174.23	20.80	17.40
11	140.04	1 301.14	25.30	18.80
12	138.97	1 441.02	11.10	17.80

5-2-12 2008年全国液态奶生产量（月度）

月 份	当期值（万吨）	累计值（万吨）	同比增长（%）	累计增长（%）
01	118.85	118.85	19.46	19.46
02	111.14	229.99	13.00	16.20
03	112.58	340.32	4.60	10.30
04	118.36	480.20	4.70	10.10
05	127.50	608.81	4.30	9.60
06	147.20	779.90	1.70	9.40
07	138.89	921.90	11.80	8.80
08	143.22	1 105.21	8.60	10.30
09	109.05	1 205.27	−18.70	5.80
10	100.92	1 306.17	−32.50	1.60
11	108.98	1 415.00	−26.60	−1.80
12	122.36	1 525.23	−21.60	−3.60

5-2-13 2009年全国液态奶生产量（月度）

月 份	当期值（万吨）	累计值（万吨）	同比增长（%）	累计增长（%）
01	118.01	118.01	3.79	3.79
02	122.70	240.65	14.90	9.10
03	126.28	369.96	0.30	3.10
04	122.20	484.78	3.30	1.50
05	140.58	639.86	8.50	3.20
06	142.23	783.18	−5.79	1.26
07	135.31	917.03	2.02	−0.52
08	145.09	1 065.93	9.00	−1.30
09	146.69	1 212.73	34.34	3.03
10	143.03	1 355.48	46.90	10.60
11	140.92	1 496.55	35.70	10.40
12	144.02	1 641.65	25.50	13.50

5-2-14 2010年全国液态奶生产量（月度）

月　份	当期值（万吨）	累计值（万吨）	同比增长（%）	累计增长（%）
01	127.22	127.22	9.91	9.91
02	127.87	255.09	4.66	7.01
03	142.00	404.60	10.90	8.40
04	150.80	551.50	19.80	11.20
05	148.27	703.38	4.62	9.83
06	151.20	853.20	5.10	8.80
07	153.20	1 011.70	10.50	9.10
08	165.90	1 177.50	13.60	9.80
09	163.60	1 341.20	9.30	9.70
10	167.99	1 509.41	13.83	10.10
11	162.70	1 670.20	14.30	10.10
12	170.50	1 845.80	16.30	11.10

5-2-15 2011年全国液态奶生产量（月度）

月　份	当期值（万吨）	累计值（万吨）	同比增长（%）	累计增长（%）
01	141.00	141.00	11.99	11.99
02	128.60	269.60	7.30	9.70
03	149.50	423.20	13.40	14.40
04	152.40	575.40	9.80	12.70
05	155.30	732.20	13.40	11.60
06	178.40	927.20	20.60	13.00
07	199.10	1 132.80	16.30	14.10
08	184.10	1 312.60	14.60	13.70
09	186.80	1 497.90	11.60	13.20
10	180.10	1 677.90	8.50	12.70
11	183.00	1 860.80	15.80	13.20
12	200.10	2 060.80	19.30	13.50

5-2-16　2009年全国奶粉生产量（月度）

月　份	当期值（万吨）	累计值（万吨）	同比增长（%）	累计增长（%）
01	5.41	5.41	—	—
02	5.78	11.19	23.20	22.30
03	7.67	21.06	14.80	20.90
04	7.12	27.64	4.20	12.40
05	8.08	35.86	19.40	10.20
06	9.84	45.64	34.80	10.40
07	10.05	56.44	8.80	10.40
08	9.92	66.36	9.50	10.80
09	11.17	77.38	2.70	8.80
10	10.20	87.92	16.60	9.80
11	9.32	98.07	7.00	7.40
12	13.58	111.70	41.20	11.10

5-2-17　2010年全国奶粉生产量（月度）

月　份	当期值（万吨）	累计值（万吨）	同比增长（%）	累计增长（%）
01	8.80	8.80	20.55	20.55
02	7.70	16.50	8.50	14.60
03	9.30	27.00	12.00	16.40
04	8.30	35.10	5.10	11.40
05	9.40	44.10	8.00	6.80
06	10.90	55.10	18.50	10.60
07	11.20	70.50	19.10	8.50
08	12.30	85.80	15.00	11.40
09	13.60	99.60	10.60	11.50
10	12.80	113.40	10.30	12.40
11	12.50	125.60	22.50	12.20
12	14.60	140.00	−5.20	10.60

5－2－18　2011年全国奶粉生产量（月度）

月　份	当期值（万吨）	累计值（万吨）	同比增长（%）	累计增长（%）
01	10.00	10.00	12.36	12.36
02	8.40	18.40	12.00	12.20
03	10.40	29.40	13.00	10.90
04	10.50	39.80	25.00	16.00
05	10.10	53.00	11.00	19.40
06	12.80	66.20	16.40	18.40
07	10.20	77.30	−4.70	15.70
08	11.10	85.80	11.00	10.10
09	13.00	99.00	22.60	12.90
10	12.40	111.00	13.80	11.70
11	13.30	124.30	14.70	13.80
12	14.30	138.50	14.40	13.70

Ⅵ. 奶业贸易

6－1 种畜贸易

6－1－1 1998—2011 年全国牛、胚胎及冻精进口量值

年 份	改良种用牛			胚 胎			牛冷冻精液		
	进口量（头）	进口额（万美元）	平均单价（美元/头）	进口量（千克）	进口额（万美元）	平均单价（美元/千克）	进口量（千克）	进口额（万美元）	平均单价（美元/千克）
1998	1 654	195.73	1 183	24	18.04	7 517	95	11.75	1 237
1999	101	59.46	5 887	215	71.39	3 320	16	3.95	2 469
2000	581	222.47	3 829	246	139.34	5 664	64	10.08	1575
2001	2 775	599.24	2 159	338	75.83	2 243	167	17.16	1028
2002	11 429	2 199.45	1 924	630	290.36	4 609	366	70.13	1916
2003	50 007	7 182.92	1 436	4 046	257.70	637	337	69.33	2 057
2004	132 438	19 062.39	1 439	411	193.85	4 717			
2005	49 586	7 429.63	1 498	159	141.33	8 889	323	95.8	2 966
2006	15 067	2 430.18	1 613	185	108.35	5 857	1857	237.15	1 277
2007	14 744	2 898.12	1 966	92	161.65	17 571	1 189	444.01	3 734
2008	15 075	3 420.47	2 269	74	134.10	18 121	1 811	278.90	1 540
2009	37 453	7 523.38	2 009	92	101.53	11 035	2 106	445.23	2 114
2010	87 990	19 301.74	2 194	8 312	170.95	206	4 405	1 231.80	2 796
2011	99 348	26 209.99	2 638	10 197	373.54	366	5 620	1 339.93	2 384

6－1－2 1998—2011 年全国牛、胚胎及冻精出口量值

年 份	改良种用牛			胚 胎			牛冷冻精液		
	出口量（头）	出口额（万美元）	平均单价（美元/头）	出口量（千克）	出口额（万美元）	平均单价（美元/千克）	出口量（千克）	出口额（万美元）	平均单价（美元/千克）
1998	239	2.39	100						
1999	101	1.82	180						
2000				2090	1.32	6			
2001									
2002	134	3.33	249						
2003	10	0.03	30						
2004	354	5.46	154						
2005	60	0.55	92						
2006	161	2.32	144	10	0				
2007	1 061	56.17	529	0.00	0.08				
2008	696	98.19	1411	0.00	0.00				
2009	52	2.47	474	5.00	0.10	200.00			
2010	198	10.84	547						
2011	218	21.42	983	0.00	0.00				

6-1-3　2007—2011 年全国改良种用牛进口量值（来源地）

单位：头、万美元

来源地	2007 年		2008 年		2009 年		2010 年		2011 年	
	进口量	进口额	进口量	进口额	进口量	进口额	进口量	进口额	进口量	进口额
合计	**14 744**	**2 898.12**	**15 075**	**3 420.47**	**37 453**	**7 523.38**	**87990**	**19 301.74**	**99 348**	**26 209.99**
澳大利亚	11 344	2 135.86	12 416	2 642.09	23 476	4 943.17	64 221	14 255.76	54 299	14 687.72
新西兰	3 400	762.26	2 651	750.29	9 999	1 678.72	15 521	3 121.74	28 272	7 176.99
乌拉圭					3 970	873.40	8 248	1 924.25	16 777	4 345.27
南　非			8	28.08	8	28.08				

6-1-4　2007—2011 年全国改良种用牛进口量值（进口地区）

单位：头、万美元

进口地区	2007 年		2008 年		2009 年		2010 年		2011 年	
	进口量	进口额	进口量	进口额	进口量	进口额	进口量	进口额	进口量	进口额
全国合计	**14 744**	**2 898.12**	**15 075**	**3 420.47**	**37 453**	**7 523.38**	**87 990**	**19 301.74**	**99 348**	**26 209.99**
辽　宁	50	351.05			5 847	972.18	22 142	4 757.35	20 474	5 222.44
内蒙古	10	6.00			395	87.69	2 278	478.38	16 656	4 479.71
河　北	3 000	659.06					3 748	817.49	13 595	3 406.67
山　东	4 402	725.07			2 919	551.99	10 242	2 271.61	13 592	3 568.38
江　苏			1 854	454.23	2 875	587.94	5 956	1 305.72	9 869	2 707.36
湖　北							2 492	595.59	7 632	1815.09
黑龙江			1 659	446.27	11 841	2 330.89	16 955	3 810.46	5 757	1 542.99
安　徽			28	147.00	3 866	827.32	7 941	1 684.42	5 731	1 632.22
北　京	4 524	720.49	122	88.61	897	308.75	2 583	616.05	2 272	672.13
四　川			1 478	331.75			3 000	720.00	1 633	440.91
山　西							10	16.10	1 445	429.89
浙　江									434	111.23
重　庆									133	33.92
新　疆									78	66.52
云　南	11	8.19							47	80.54
陕　西					5 821	1 194.83	6 000	1 363.00		
贵　州							3 883	660.11		
广　东	2 747	428.26			5	4.00	710	152.65		
河　南					13	12.38	45	43.77		
宁　夏							5	9.05		
吉　林					2 950	604.75				
天　津			7 303	1 321.23	16	12.58				
海　南			8	28.08	8	28.08				
甘　肃			2 623	603.29						

6－1－5　2007—2011 年全国胚胎进口量值（来源地）

单位：千克、万美元

来源地	2007 年		2008 年		2009 年		2010 年		2011 年	
	进口量	进口额	进口量	进口额	进口量	进口额	进口量	进口额	进口量	进口额
合　计	**92**	**161.65**	**74**	**134.10**	**92**	**101.53**	**8 312**	**170.95**	**10 197**	**373.54**
泰　国							6 549	5.03	9 901	7.94
澳大利亚	1	8.93			13	17.15	22	47.94	116	160.33
美　国	23	42.57	17	64.72	71	70.69	124	87.94	89	135.41
加拿大	68	110.15	57	69.38	6	13.65	19	29.56	76	69.28
英　国									15	0.40
法　国					2	0.02			0	0.16
芬　兰									0	0.02
意大利									0	0.00
俄罗斯							1 598	0.48		
德　国					0.00	0.02				

6－1－6　2007—2011 年全国胚胎进口量值（进口地区）

单位：千克、万美元

进口地区	2007 年		2008 年		2009 年		2010 年		2011 年	
	进口量	进口额	进口量	进口额	进口量	进口额	进口量	进口额	进口量	进口额
全国合计	**92**	**161.65**	**74**	**134.10**	**92**	**101.53**	**8 312**	**170.95**	**10 197**	**373.54**
浙　江							6 549	5.03	9 901	7.94
北　京	26	72.26	67	54.68	64	83.11	138	105.76	222	339.80
新　疆							1	0.18	30	0.54
内蒙古									20	5.55
江　苏			2	71.49					15	0.92
河　北							5	11.60	6	14.75
海　南							2	3.25	2	3.85
广　东									1	0.14
上　海	1	0.09			2	0.02			0	0.04
山　东	33	19.31	5	1.50	26	12.00	1 608	12.75		
黑龙江							6	18.16		
河　南							3	10.20		
云　南							0.00	4.01		
安　徽	32	70.00								
天　津				6.43		6.39				

6-1-7 2007—2011年全国牛冷冻精液进口量值（来源地）

单位：千克、万美元

来源地	2007年		2008年		2009年		2010年		2011年	
	进口量	进口额	进口量	进口额	进口量	进口额	进口量	进口额	进口量	进口额
合　计	**1 001**	**428.96**	**1 811**	**278.90**	**2 106**	**445.23**	**4 405**	**1 231.80**	**5 620**	**1 339.93**
美　国	152	52.41	587	69.52	1 092	276.22	1 784	410.94	2 326	640.07
加拿大	672	287.32	561	65.60	541	88.09	1 191	571.64	1 860	442.41
荷　兰			280	15.42	450	41.91	712	102.71	1 110	75.14
德　国	177	89.22	203	103.68	8	19.58	550	133.68	189	117.35
法　国			90	10.07	2	10.70	163	11.72	65	14.57
意大利			63	7.91	10	5.45	5	0.01	43	24.98
瑞　典									25	12.53
新西兰			27	6.71					2	10.58
挪　威					2	2.25	0.00	1.10	0	2.31
澳大利亚					1	1.04				

6-1-8 2007—2011年全国牛冷冻精液进口量值（进口地区）

单位：千克、万美元

进口地区	2007年		2008年		2009年		2010年		2011年	
	进口量	进口额	进口量	进口额	进口量	进口额	进口量	进口额	进口量	进口额
全国合计	**1 189**	**444.01**	**1 811**	**278.90**	**2 106**	**445.23**	**4 405**	**1 231.80**	**5 620**	**1 339.93**
北　京	825	168.23	1 556	180.50	1 962	272.68	4 121	637.75	5 205	1 061.05
内蒙古	140	11.23	1	5.20	124	161.27	99	148.73	350	208.27
上　海	86	4.18	80	9.43					30	13.01
山　东	64	252.62	52	1.69	20	11.29	70	315.16	14	21.53
广　西									11	18.65
河　北			32	30.98					10	17.43
黑龙江	30	1.95	21	25.67			107	129.63		
河　南							8	0.54		
湖　北			60	4.41						
天　津			7	4.48						
江　苏			2	16.53						
云　南	4	2.50								
新　疆	40	3.30								

6－1－9　2007—2011 年全国改良种用牛出口量值（目的地）

单位：头、万美元

目的地	2007 年		2008 年		2009 年		2010 年		2011 年	
	出口量	出口额	出口量	出口额	出口量	出口额	出口量	出口额	出口量	出口额
合　计	**1 061**	**56.17**	**696**	**98.19**	**52**	**2.47**	**198**	**10.84**	**218**	**21.42**
蒙古国	143	3.90	301	17.59	50	2.27	178	9.08	218	21.42
朝　鲜	450	9.18			2	0.20	20	1.76		
乌兹别克斯坦	290	40.60	299	78.00						
老　挝	178	2.49	96	2.60						

6－1－10　2007—2011 年全国改良种用牛出口量值（出口地区）

单位：头、万美元

出口地区	2007 年		2008 年		2009 年		2010 年		2011 年	
	出口量	出口额	出口量	出口额	出口量	出口额	出口量	出口额	出口量	出口额
全国合计	**1 061**	**56.17**	**696**	**98.19**	**52**	**2.47**	**198**	**10.84**	**218**	**21.42**
内蒙古	143	3.90	301	17.59	50	2.27	178	9.08	218	21.42
吉　林							20	1.76		
辽　宁	498	9.84			2	0.20				
新　疆	290	40.60	299	78.00						
云　南			96	2.60						
广　东										
云　南	130	1.82								

6－1－11　2007—2011 年全国胚胎出口量值（目的地）

单位：千克、万美元

目的地	2007 年		2008 年		2009 年		2010 年		2011 年	
	出口量	出口额	出口量	出口额	出口量	出口额	出口量	出口额	出口量	出口额
合　计	**0.00**	**0.08**	**0.00**	**0.00**	**5.00**	**0.10**			**0.00**	**0.00**
美　国	0.00	0.08			5.00	0.10			0.00	0.00
立陶宛			0.00	0.00						
德　国										

6－1－12　2007—2011 年全国胚胎出口量值（出口地区）

单位：千克、万美元

出口地区	2007 年		2008 年		2009 年		2010 年		2011 年	
	出口量	出口额	出口量	出口额	出口量	出口额	出口量	出口额	出口量	出口额
全国合计	**0.00**	**0.08**	**0.00**	**0.00**	**5.00**	**0.10**			**0.00**	**0.00**
北　京	0.00	0.08			5.00	0.10			0.00	0.00
上　海			0.00	0.00						

6－1－13　2007年全国改良种用牛、胚胎及冻精进口量值（月度）

月　份	改良种用牛			胚　胎			牛冷冻精液		
	进口量（头）	进口额（万美元）	平均单价（美元/头）	进口量（千克）	进口额（万美元）	平均单价（美元/千克）	进口量（千克）	进口额（万美元）	平均单价（美元/千克）
合　计	**14 744**	**2 898.12**	**1 966**	**92**	**161.65**	**17 571**	**1 189**	**444.01**	**3 734**
01	2 833	482.80	1 704	20	4.07	2 035	84	8.02	955
02							115	6.63	577
03	2 699	432.95	1 604				19	35.67	18 774
04	200	51.60	2 580				18	25.49	14 160
05	4 047	623.10	1 540				190	35.27	1 856
06	11	8.19	7 445				32	14.75	4 609
07							61	261.07	42 798
08				16	5.00	3 124	18	13.07	7 259
09	4 904	948.44	1 934				10	2.63	2 625
10	50	351.05	70 210	1	4.60	46 000	115	8.20	713
11				8	73.28	91 597	147	9.55	649
12				47	74.71	15 895	380	23.67	623

6－1－14　2008年全国改良种用牛、胚胎及冻精进口量值（月度）

月　份	改良种用牛			胚　胎			牛冷冻精液		
	进口量（头）	进口额（万美元）	平均单价（美元/头）	进口量（千克）	进口额（万美元）	平均单价（美元/千克）	进口量（千克）	进口额（万美元）	平均单价（美元/千克）
合　计	**15 075**	**3 420.47**	**2 269**	**74**	**134.10**	**18 121**	**1 811**	**278.90**	**1 540**
01	2 386	391.37	1 640	2	76.85	384 265	20	27.28	13 639
02							37	5.98	1 616
03	2 072	497.61	2 402				112	8.28	740
04				1	4.00	40 000	52	1.69	325
05	122	88.61	7 263				135	11.67	865
06				0.00	1.06		400	28.71	718
07	2 873	579.25	2 016	64	33.49	5 233	251	56.89	2 267
08							284	22.92	807
09							3	3.50	11 656
10	4 282	1 049.56	2 451	5	1.50	2 997	125	12.81	1 025
11				1	13.44	13 4400	176	28.16	1 600
12	3 340	814.07	2 437	1	3.75	37 500	216	71.00	3 287

6-1-15 2009年全国改良种用牛、胚胎及冻精进口量值（月度）

月份	改良种用牛			胚胎			牛冷冻精液		
	进口量（头）	进口额（万美元）	平均单价（美元/头）	进口量（千克）	进口额（万美元）	平均单价（美元/千克）	进口量（千克）	进口额（万美元）	平均单价（美元/千克）
合计	**40 599**	**8 177.03**	**2 009**	**92**	**101.53**	**11 035**	**2 106**	**445.23**	**2 114**
01	8	28.08	35 105	56	27.00	4 821	7	24.08	34 401
02	54	67.48	12 497				5	0.65	1 303
03	1 744	400.25	2 295				425	51.90	1 221
04	5 736	1 251.32	2 182	5	3.96	7 920	159	14.27	897
05	16	12.58	7 863	5	3.57	7 140	10	71.52	71 517
06	2 887	624.11	2 162	1	4.80	48 006	23	13.52	5 877
07	5 738	1173.42	2 045	17	37.32	21 951	138	15.62	1 132
08	5 969	1240.35	2 078	0.00	0.02		180	38.45	2 136
09	2 993	427.50	1 428				165	92.91	5 631
10	9 090	1 601.19	1 761	1	2.71	27 082	49	8.03	1 638
11	5 943	1 229.81	2 069				250	36.46	1 459
12	421	120.94	2 873	7	22.15	31 643	695	77.83	1 120

6-1-16 2010年全国改良种用牛、胚胎及冻精进口量值（月度）

月份	改良种用牛			胚胎			牛冷冻精液		
	进口量（头）	进口额（万美元）	平均单价（美元/头）	进口量（千克）	进口额（万美元）	平均单价（美元/千克）	进口量（千克）	进口额（万美元）	平均单价（美元/千克）
合计	**90 837**	**19 301.74**	**2 194**	**8 312**	**170.95**	**206**	**4 405**	**1 231.80**	**2 796**
01	11 655	2 276.57	1 953	1 703	56.50	332	248	155.00	6 250
02	3 918	667.32	1 703				60	10.98	1 831
03	13 565	2 928.20	2 159				498	27.86	559
04	2 956	679.92	2 300	0	4.01		475	125.31	2 638
05	3 948	892.25	2 260	16	4.69	2 929	551	57.06	1 036
06	11 709	2 580.09	2 204	12	21.93	18 275	595	156.84	2 636
07	3 000	616.85	2 056	1328	0.84	6	298	352.20	11 819
08	1 590	393.58	2 475	3 351	29.68	89	263	33.20	1 262
09	11 549	2 562.89	2 219	1 681	1.53	9	418	65.80	1 574
10	8 880	2 079.54	2 342	202	16.79	831	175	39.47	2 255
11	13 578	3 144.74	2 316				255	36.85	1 445
12	4 489	1 066.29	2 375	19	34.98	18 408	569	174.91	3 074

6-1-17　2011 年全国改良种用牛、胚胎及冻精进口量值（月度）

月　份	改良种用牛			胚　胎			牛冷冻精液		
	进口量（头）	进口额（万美元）	平均单价（美元/头）	进口量（千克）	进口额（万美元）	平均单价（美元/千克）	进口量（千克）	进口额（万美元）	平均单价（美元/千克）
合　计	**99 348**	**26 209.99**	**2 638**	**10 197**	**373.54**	**366**	**5 620**	**1 339.93**	**2 384**
01	6 287	1 546.02	2 459	65	46.97	7 226	483	143.21	2 965
02	2 763	614.77	2 225	2	3.98	19 900	326	27.28	837
03	11 145	2 717.76	2 439	15	0.44	294	202	26.13	1 294
04	5 211	1 295.46	2 486	1 185	32.35	273	465	71.98	1 548
05	9 725	2 449.60	2 519	1 571	1.26	8	580	120.19	2 072
06	1 799	483.74	2 689	2 533	9.94	39	50	10.46	2 093
07	10 565	2 638.16	2 497	2 196	2.03	9	340	36.81	1 083
08				1 789	23.68	132			
09	5 119	1 536.70	3 002	0	0.00		197	126.74	6 434
10	10 966	3 035.29	2 768	33	115.08	34 872	1076	167.14	1 553
11	5 094	1 544.00	3 031	20	5.55	2 776	664	249.96	3 764
12	17 546	5 052.61	2 880	53	131.67	24 844	743	303.51	4 085

6-1-18　2007 年全国改良种用牛、胚胎及冻精出口量值（月度）

月　份	改良种用牛			胚　胎			牛冷冻精液		
	出口量（头）	出口额（万美元）	平均单价（美元/头）	出口量（千克）	出口额（万美元）	平均单价（美元/千克）	出口量（千克）	出口额（万美元）	平均单价（美元/千克）
合　计	**1 061**	**56.17**	**529**	**0.00**	**0.08**	**0.00**			
01	450	9.18	204						
02									
03									
04									
05									
06	122	1.83	150						
07									
08	48	0.66	138	0.00	0.08	0.00			
09									
10	311	42.67	1 372						
11	65	0.91	140						
12	65	0.92	141						

6-1-19 2008 年全国改良种用牛、胚胎及冻精出口量值（月度）

月份	改良种用牛			胚胎			牛冷冻精液		
	出口量（头）	出口额（万美元）	平均单价（美元/头）	出口量（千克）	出口额（万美元）	平均单价（美元/千克）	出口量（千克）	出口额（万美元）	平均单价（美元/千克）
合计	**696**	**98.19**	**1 411**	**0.00**	**0.00**	**0.00**			
01									
02									
03				0.00	0.00	0.00			
04									
05									
06	96	2.60	271						
07	123	33.50	2 724						
08	103	26.25	2 548						
09									
10	301	17.59	584						
11									
12	73	18.25	2 500						

6-1-20 2009 年全国改良种用牛、胚胎及冻精出口量值（月度）

月份	改良种用牛			胚胎			牛冷冻精液		
	出口量（头）	出口额（万美元）	平均单价（美元/头）	出口量（千克）	出口额（万美元）	平均单价（美元/千克）	出口量（千克）	出口额（万美元）	平均单价（美元/千克）
合计	**52**	**2.47**	**474**	**5**	**0.10**	**200**			
01	2	0.20	1 000						
02	50	2.27	453						
03									
04									
05									
06									
07				5	0.10	200			
08									
09									
10									
11									
12									

6－1－21　2010年全国改良种用牛、胚胎及冻精出口量值（月度）

月　份	改良种用牛			胚　胎			牛冷冻精液		
	出口量（头）	出口额（万美元）	平均单价（美元/头）	出口量（千克）	出口额（万美元）	平均单价（美元/千克）	出口量（千克）	出口额（万美元）	平均单价（美元/千克）
合　计	**198**	**10.84**	**547**						
01									
02									
03									
04									
05									
06									
07									
08									
09									
10									
11									
12	198	10.84	547						

6－1－22　2011年全国改良种用牛、胚胎及冻精出口量值（月度）

月　份	改良种用牛			胚　胎			牛冷冻精液		
	出口量（头）	出口额（万美元）	平均单价（美元/头）	出口量（千克）	出口额（万美元）	平均单价（美元/千克）	出口量（千克）	出口额（万美元）	平均单价（美元/千克）
合　计	**218**	**21.419 9**	**982.56**						
01									
02									
03									
04									
05									
06									
07	218	21.419 9	982.56						
08									
09									
10									
11									
12									

6-2 牧草饲料贸易

6-2-1 2007—2011 年全国饲料及添加剂进口量值

单位：吨、万美元

品 种	2007 年		2008 年		2009 年		2010 年		2011 年	
	进口量	进口额	进口量	进口额	进口量	进口额	进口量	进口额	进口量	进口额
其他草饲料	2 088.08	37.67	19 600.11	565.96	76 616.08	2 043.41	227 175.29	6 147.68	576 937.12	20 722.49
其他配制饲料	70 530.42	5 990.20	92 376.64	9 512.88	97 595.67	8 932.26	66 195.04	7 843.53	74 672.66	8 126.94
饲料添加剂	29 300.04	8 018.71	31 304.41	11 036.67	27 890.10	10 204.90	28 696.84	8 984.24	36 517.70	12 259.02
谷类植物	97.11	4.38	51.01	6.68	1 042.37	37.44	7 818.52	298.09	5 724.14	195.17
紫苜蓿子	72.08	1.67	197.62	26.26	133.59	121.94	3 426.11	202.74	1 005.75	156.73
植物原料等	1 466.27	35.69	1 294.41	33.02	1 359.38	40.85	622.70	8.92	22 455.34	399.14
稻草的颈茎、秆	0.14	0.07	0.09	0.04	0.20	0.14	20.92	1.35	4 026.57	127.33

6-2-2 2007—2011 年全国饲料及添加剂出口量值

单位：吨、万美元

品 种	2007 年		2008 年		2009 年		2010 年		2011 年	
	出口量	出口额	出口量	出口额	出口量	出口额	出口量	出口额	出口量	出口额
饲料添加剂	241 852.46	20 517.18	384 289.31	37 228.67	335 994.41	32 278.48	488 271.22	55 013.19	546 508.55	65 701.92
植物原料等	180 098.17	2 977.51	316 214.54	6 597.65	281 484.67	5 384.53	236 793.56	5 126.63	282 958.62	7 186.63
其他配制饲料	114 708.57	4 941.11	192 327.80	9 139.96	124 039.98	6 792.28	148 104.81	9 026.76	183 702.84	12 111.92
谷类植物	131 525.79	1 392.49	133 597.56	1 614.02	135 377.87	1 697.66	131 070.32	2 080.40	138 650.59	2 504.80
紫苜蓿	25 664.68	401.73	17 943.23	385.84	12 199.86	244.15	9 360.82	193.82	10 725.67	234.22
其他草饲料	41 420.38	648.35	26 903.82	487.68	11 106.49	155.87	8 817.17	150.66	8 811.57	134.69
稻草的颈茎、秆	3 659.44	79.55	1 998.87	32.02	1 493.32	22.56	213.79	2.93	215.55	3.92

6-2-3 2007—2011 年我国苜蓿进出口量值

单位：吨、万美元、美元/吨

年 份	进口			出口		
	进口量	进口额	进口单价	出口量	出口额	出口单价
2007 年	2 088.08	37.67	180.42	41 420.38	648.35	156.53
2008	19 600.11	565.96	288.75	26 903.82	487.68	181.27
2009	76 616.08	2 043.41	266.71	11 106.49	155.87	140.34
2010	227 175.29	6 147.68	270.61	8 817.17	150.66	170.88
2011	288 468.56	10 361.25	359.18	4 405.79	67.34	152.85

6－3　乳制品贸易

6－3－1　1998—2011年全国乳制品进口情况（数量）

单位：万吨

年份	乳制品	其中：液态奶			其中：干乳制品					
		合计	鲜奶	酸奶	合计	奶油	干酪	奶粉	炼乳	乳清
1998	11.10	0.95	0.89	0.06	10.15	0.05	0.05	3.11	0.02	6.93
1999	16.34	1.73	1.49	0.24	14.61	0.33	0.12	5.66	0.18	8.32
2000	21.88	1.75	1.49	0.26	20.14	0.31	0.20	7.28	0.06	12.29
2001	19.56	1.25	0.96	0.29	18.31	0.14	0.20	5.85	0.14	11.98
2002	26.39	0.65	0.48	0.17	25.74	0.52	0.25	11.09	0.09	13.79
2003	31.51	0.33	0.30	0.03	31.17	1.12	0.46	13.37	0.10	16.12
2004	34.70	0.35	0.30	0.05	34.35	1.24	0.72	14.48	0.11	17.80
2005	32.04	0.43	0.38	0.05	31.60	1.28	0.72	10.68	0.12	18.80
2006	34.78	0.46	0.38	0.08	34.32	1.28	0.99	13.49	0.11	18.45
2007	29.87	0.48	0.41	0.07	29.39	1.40	1.32	9.82	0.09	16.76
2008	35.11	0.83	0.75	0.08	34.27	1.36	1.39	10.09	0.09	21.35
2009	59.70	1.43	1.28	0.15	58.27	2.84	1.70	24.68	0.17	28.88
2010	74.53	1.71	1.59	0.12	72.82	2.34	2.29	41.40	0.33	26.45
2011	90.61	4.31	4.05	0.25	86.30	3.57	2.86	44.95	0.49	34.42

6－3－2　1998—2011年全国乳制品进口情况（金额）

单位：亿美元

年份	乳制品	其中：液态奶			其中：干乳制品					
		合计	鲜奶	酸奶	合计	奶油	干酪	奶粉	炼乳	乳清
1998	0.85	0.04	0.03	0.00	0.81	0.01	0.01	0.39	0.00	0.40
1999	1.59	0.10	0.09	0.01	1.49	0.06	0.03	0.80	0.02	0.58
2000	2.15	0.10	0.09	0.02	2.04	0.05	0.04	1.15	0.00	0.80
2001	2.16	0.07	0.05	0.02	2.09	0.02	0.04	1.14	0.01	0.88
2002	2.68	0.04	0.03	0.01	2.65	0.07	0.06	1.61	0.01	0.90
2003	3.47	0.03	0.02	0.01	3.44	0.17	0.10	2.16	0.01	1.00
2004	4.44	0.05	0.04	0.01	4.39	0.24	0.22	2.71	0.02	1.20
2005	4.59	0.07	0.06	0.01	4.52	0.32	0.26	2.33	0.03	1.58
2006	5.58	0.07	0.05	0.02	5.51	0.27	0.38	2.89	0.02	1.94
2007	7.45	0.09	0.07	0.02	7.36	0.37	0.54	3.24	0.02	3.19
2008	8.63	0.16	0.13	0.03	8.47	0.59	0.74	3.98	0.03	3.13
2009	10.28	0.24	0.20	0.04	10.04	0.66	0.70	5.80	0.04	2.84
2010	19.70	0.32	0.28	0.04	19.37	0.91	1.05	13.88	0.07	3.45
2011	26.20	0.69	0.60	0.09	25.51	1.84	1.39	16.45	0.12	5.71

6-3-3 1998—2011 年全国乳制品进口情况（价格）

单位：美元/吨

年份	乳制品	其中：液态奶			其中：干乳制品					
		平均	鲜奶	酸奶	平均	奶油	干酪	奶粉	炼乳	乳清
1998	762.69	393.37	367.27	779.70	797.18	1 880.96	2 489.66	1 257.02	671.49	572.79
1999	972.21	559.05	570.56	487.23	1 021.24	1 719.83	2 599.83	1 414.85	1 285.91	697.92
2000	981.09	594.91	594.94	594.73	1 014.58	1 537.90	1 990.29	1 584.74	557.39	650.63
2001	1 104.02	528.12	507.79	596.42	1 143.19	1 368.71	1 958.97	1 951.77	822.51	735.24
2002	1 017.08	588.07	551.54	694.29	1 027.91	1 306.91	2 263.60	1 450.62	952.99	655.28
2003	1 100.74	888.12	783.21	1 873.03	1 103.02	1 499.24	2 114.00	1 614.77	1 545.34	619.51
2004	1 279.75	1 423.33	1 278.08	2 310.79	1 278.29	1 969.11	2 986.92	1 870.62	2 125.00	673.53
2005	1 432.26	1 694.17	1 538.92	2 889.95	1 428.68	2 474.61	3 680.71	2 177.85	2 436.13	839.14
2006	1 603.94	1 504.47	1 361.71	2 199.97	1 605.27	2 116.37	3 854.38	2 145.49	1 908.74	1 052.39
2007	2 492.90	1 791.94	1 610.56	2 826.36	2 504.42	2 630.88	4 078.54	3 299.77	2 085.76	1 906.35
2008	2 457.20	1 890.57	1 706.58	3 656.77	2 470.95	4 356.39	5 309.64	3 942.12	3 669.77	1 466.15
2009	1 721.93	1 682.10	1 541.70	2 857.96	1 722.91	2 308.60	4 103.25	2 351.86	2 294.71	984.30
2010	2 642.62	1 891.61	1 774.04	3 411.59	2 660.27	3 898.10	4 599.94	3 352.58	2 263.20	1 303.63
2011	2 891.84	1 611.09	1 492.12	3 505.37	2 955.79	5 148.75	4 862.28	3 660.27	2 351.50	1 658.77

6-3-4 1998—2011 年全国乳制品出口情况（数量）

单位：万吨

年份	乳制品	其中：液态奶			其中：干乳制品					
		合计	鲜奶	酸奶	合计	奶油	干酪	奶粉	炼乳	乳清
1998	3.75	2.47	2.45	0.02	1.28	0.02	0.08	0.84	0.25	0.08
1999	4.04	2.55	2.52	0.03	1.49	0.00	0.03	1.00	0.42	0.04
2000	4.80	2.96	2.94	0.02	1.84	0.02	0.04	1.02	0.73	0.03
2001	4.27	2.65	2.64	0.01	1.62	0.00	0.05	0.50	1.03	0.03
2002	5.10	2.79	2.78	0.02	2.31	0.05	0.06	1.03	1.13	0.03
2003	4.89	2.75	2.72	0.02	2.14	0.00	0.05	0.77	1.30	0.02
2004	6.01	3.14	3.06	0.08	2.87	0.00	0.06	0.93	1.74	0.14
2005	6.98	3.46	3.36	0.10	3.52	0.01	0.07	1.79	1.60	0.06
2006	7.49	3.97	3.86	0.11	3.52	0.01	0.05	2.06	1.34	0.05
2007	13.46	4.72	4.56	0.17	8.73	0.59	0.05	6.20	1.48	0.41
2008	12.06	3.95	3.84	0.11	8.11	0.50	0.00	6.38	0.81	0.43
2009	3.68	2.09	2.00	0.08	1.59	0.20	0.01	0.97	0.37	0.03
2010	3.38	2.37	2.25	0.12	1.01	0.30	0.02	0.30	0.34	0.04
2011	4.33	2.60	2.52	0.09	1.73	0.34	0.03	0.93	0.31	0.11

6-3-5 1998—2011年全国乳制品出口情况（金额）

单位：万美元

年份	乳制品	其中：液态奶			其中：干乳制品					
		合计	鲜奶	酸奶	合计	奶油	干酪	奶粉	炼乳	乳清
1998	3 949.15	1 851.47	1 820.07	31.41	2 097.68	37.07	201.28	1 365.90	366.89	126.54
1999	4 400.22	1 858.31	1 815.80	42.52	2 541.91	9.05	104.89	1 949.80	440.44	37.71
2000	5 007.29	2 032.03	2 012.01	20.02	2 975.26	35.26	117.47	2 087.93	704.57	30.03
2001	3 962.81	1 913.96	1 907.78	6.18	2 048.85	0.00	130.67	1 036.07	858.72	23.39
2002	5 524.53	2 087.24	2 076.04	11.20	3 437.29	58.60	160.44	2 373.30	822.61	22.33
2003	4 621.63	1 872.92	1 835.00	37.93	2 748.70	0.81	149.54	1 704.51	877.02	16.83
2004	5 627.08	2 076.70	2 012.32	64.38	3 550.38	2.85	151.19	2 087.37	1 180.91	128.05
2005	8 201.17	2 340.76	2 266.99	73.76	5 860.41	9.73	188.96	4 417.58	1 191.82	52.31
2006	9 422.01	2 466.54	2 384.93	81.61	6 955.47	19.69	162.68	5 279.90	1 444.46	48.74
2007	24 225.95	3 131.65	2 949.47	182.19	21 094.30	1 334.75	150.87	17 391.25	1 823.43	394.00
2008	30 234.91	3 188.21	3 011.85	176.36	27 046.69	1 715.17	0.00	23 669.34	1 171.06	491.11
2009	5 688.98	1 449.27	1 334.25	115.02	4 239.71	501.01	47.73	3 085.97	571.11	33.88
2010	4 394.21	1 714.04	1 599.63	114.41	2 680.17	972.28	94.67	942.89	590.28	80.06
2011	7 966.23	2 140.17	2 061.00	79.17	5 826.06	1 192.87	177.01	3 710.94	599.33	145.92

备注：因出口金额较小，此处单位为万美元

6-3-6 1998—2011年全国乳制品出口情况（价格）

单位：美元/吨

年份	乳制品	其中：液态奶			其中：干乳制品					
		平均	鲜奶	酸奶	平均	奶油	干酪	奶粉	炼乳	乳清
1998	1 053.40	749.65	743.02	1 551.81	1 639.89	1 701.51	2 438.25	1 624.58	1 441.95	1 589.49
1999	1 088.21	727.95	720.71	1 274.88	1 705.14	1 938.19	3 404.18	1 948.33	1 060.71	960.63
2000	1 044.10	686.98	683.96	1 234.29	1 618.85	1 584.32	2 883.02	2 054.81	971.36	898.29
2001	927.67	721.70	721.37	839.76	1 264.91	180.72	2 543.89	2 054.56	833.43	692.84
2002	1 082.54	747.05	747.14	730.25	1 488.43	1 160.15	2 647.90	2 304.32	725.44	650.17
2003	945.47	682.27	674.50	1 539.82	1 282.61	2 221.95	2 734.58	2 224.54	675.15	738.45
2004	936.01	661.18	656.76	837.63	1 236.68	1 193.38	2 740.19	2 254.38	677.38	888.83
2005	1 174.54	676.09	674.89	715.21	1 664.76	1 507.56	2 870.64	2 474.40	745.29	823.47
2006	1 257.95	621.56	617.50	769.31	1 975.04	1 416.79	3 011.13	2 563.52	1 077.61	907.71
2007	1 800.31	663.15	647.40	1 094.27	2 415.14	2 251.26	3 198.81	2 803.31	1 229.00	968.94
2008	2 506.34	806.49	783.77	1 597.76	3 334.90	3 453.44	0.00	3 711.60	1 453.99	1 139.48
2009	1 546.77	694.30	666.12	1 363.42	2 665.48	2 449.13	4 160.72	3 169.15	1 546.91	1 071.92
2010	1 301.57	724.24	711.20	973.90	2 655.23	3 199.59	4 820.20	3 175.05	1 714.17	1 796.81
2011	1 838.72	822.50	818.85	930.57	3 366.73	3 551.31	5 223.52	3 978.62	1 914.67	1 269.30

6-3-7 2007—2011年全国乳制品进口量

单位：吨，%

品 种	2007年		2008年		2009年		2010年		2011年	
	进口量	同比	进口量	同比	进口量	同比	进口量	同比	进口量	同比
乳制品	**298 702.01**	**-14.12**	**351 067.29**	**17.53**	**596 999.25**	**70.05**	**745 293.54**	**24.84**	**906 063.52**	**21.57**
其中：液态奶	4 829.76	4.94	8 319.96	72.26	14 305.25	71.94	17 119.09	19.67	43 085.89	151.68
鲜奶	4 109.23	7.61	7 535.00	83.37	12 779.41	69.60	15 889.94	24.34	40 539.83	155.13
酸奶	720.53	-8.07	784.96	8.94	1 525.84	94.38	1 229.15	-19.44	2 546.06	107.14
其中：干乳制品	293 872.24	-14.38	342 747.33	16.63	582 694.00	70.01	728 174.45	24.97	862 977.63	18.51
奶油	14 002.15	9.55	13 553.40	-3.20	28 443.69	109.86	23 448.93	-17.56	35 675.52	52.14
干酪	13 190.02	33.34	13 904.35	5.42	16 976.78	22.10	22 920.66	35.01	28 602.74	24.79
奶粉	98 171.04	-27.24	100 930.09	2.81	246 787.44	144.51	414 039.80	67.77	449 541.86	8.57
炼乳	925.06	-18.01	853.09	-7.78	1 732.28	103.06	3 266.03	88.54	4 913.49	50.44
乳清	167 583.98	-9.17	213 506.40	27.40	288 753.81	35.24	264 499.03	-8.40	344 244.02	30.15

6-3-8 2007—2011年全国乳制品进口额

单位：万美元，%

品 种	2007年		2008年		2009年		2010年		2011年	
	进口额	同比	进口额	同比	进口额	同比	进口额	同比	进口额	同比
乳制品	**74 463.41**	**33.47**	**86 264.26**	**15.85**	**102 799.22**	**19.17**	**196 952.44**	**91.59**	**262 019.46**	**33.04**
其中：液态奶	865.47	24.99	1 572.95	81.75	2 406.28	52.98	3 238.27	34.58	6 941.51	114.36
鲜奶	661.82	27.28	1 285.91	94.30	1 970.20	53.22	2 818.93	43.08	6 049.02	114.59
酸奶	203.65	18.10	287.04	40.95	436.08	51.92	419.34	-3.84	892.49	112.83
其中：干乳制品	73 597.95	33.58	84 691.32	15.07	100 392.94	18.54	193 714.17	92.96	255 077.95	31.68
奶油	3 683.80	36.19	5 904.39	60.28	6 566.50	11.21	9 140.62	39.20	18 368.42	100.95
干酪	5 379.60	41.09	7 382.71	37.24	6 966.00	-5.64	10 543.37	51.35	13 907.45	31.91
奶粉	32 394.23	11.91	39 787.89	22.82	58 040.89	45.88	138 810.02	139.16	164 544.50	18.54
炼乳	192.94	-10.41	313.07	62.26	397.51	26.97	739.17	85.95	1 155.41	56.31
乳清	31 947.37	64.53	31 303.26	-2.02	28 422.04	-9.20	34 480.99	21.32	57 102.19	65.60

6-3-9 2007—2011年全国乳制品进口平均价格

单位：美元/吨，%

品种	2007年		2008年		2009年		2010年		2011年	
	平均价格	同比	平均价格	同比	平均价格	同比	平均价格	同比	平均价格	同比
乳制品	**2 492.90**	**55.42**	**2 457.20**	**−1.43**	**1 721.93**	**−29.92**	**2 642.62**	**53.47**	**2 891.84**	**9.43**
其中：液态奶	1 791.94	19.11	1 890.57	5.50	1 682.10	−11.03	1 891.61	12.46	1 611.09	−14.83
鲜奶	1 610.56	18.27	1 706.58	5.96	1 541.70	−9.66	1 774.04	15.07	1 492.12	−15.89
酸奶	2 826.36	28.47	3 656.77	29.38	2 857.96	−21.84	3 411.59	19.37	3 505.37	2.75
其中：干乳制品	2 504.42	56.01	2 470.95	−1.34	1 722.91	−30.27	2 660.27	54.41	2 955.79	11.11
奶油	2 630.88	24.31	4 356.39	65.59	2 308.60	−47.01	3 898.10	68.85	5 148.75	32.08
干酪	4 078.54	5.82	5 309.64	30.18	4 103.25	−22.72	4 599.94	12.10	4 862.28	5.70
奶粉	3 299.77	53.80	3 942.12	19.47	2 351.86	−40.34	3 352.58	42.55	3 660.27	9.18
炼乳	2 085.76	9.27	3 669.77	75.94	2 294.71	−37.47	2 263.20	−1.37	2 351.50	3.90
乳清	1 906.35	81.14	1 466.15	−23.09	984.30	−32.87	1 303.63	32.44	1 658.77	27.24

6-3-10 2007—2011年全国乳制品出口量

单位：吨，%

品种	2007年		2008年		2009年		2010年		2011年	
	出口量	同比	出口量	同比	出口量	同比	出口量	同比	出口量	同比
乳制品	**134 565.77**	**79.66**	**120 633.68**	**−10.35**	**36 779.68**	**−69.51**	**33 760.80**	**−8.21**	**43 324.93**	**28.33**
其中：液态奶	47 223.93	19.00	39 531.71	−16.29	20 873.73	−47.20	23 666.90	13.38	26 020.12	9.94
鲜奶	45 559.02	17.96	38 427.89	−15.65	20 030.12	−47.88	22 492.16	12.29	25 169.39	11.90
酸奶	1 664.91	56.95	1 103.82	−33.70	843.61	−23.57	1 174.73	39.25	850.73	−27.58
其中：干乳制品	87 341.84	148.01	81 101.97	−7.14	15 905.95	−80.39	10 093.91	−36.54	17 304.80	71.44
奶油	5 928.88	4 165.84	4 966.56	−16.23	2 045.65	−58.81	3 038.76	48.55	3 358.96	10.54
干酪	471.65	−12.70			114.73		196.40	71.19	338.87	72.55
奶粉	62 038.32	201.21	63 771.29	2.79	9 737.53	−84.73	2 969.70	−69.50	9 327.20	214.08
炼乳	14 836.65	10.69	8 054.15	−45.71	3 691.95	−54.16	3 443.52	−6.73	3 130.18	−9.10
乳清	4 066.35	657.37	4 309.97	5.99	316.09	−92.67	445.54	40.95	1 149.59	158.02

6-3-11　2007—2011 年全国乳制品出口额

单位：万美元，%

品　种	2007 年		2008 年		2009 年		2010 年		2011 年	
	出口额	同比	出口额	同比	出口额	同比	出口额	同比	出口额	同比
乳制品	**24 225.95**	**157.12**	**30 234.91**	**24.80**	**5 688.98**	**−81.18**	**4 394.21**	**−22.76**	**7 966.23**	**81.29**
其中：液态奶	3 131.65	26.97	3 188.21	1.81	1 449.27	−54.54	1 714.04	18.27	2 140.17	24.86
鲜奶	2 949.47	23.67	3 011.85	2.11	1 334.25	−55.70	1 599.63	19.89	2 061.00	28.84
酸奶	182.19	123.24	176.36	−3.20	115.02	−34.78	114.41	−0.53	79.17	−30.80
其中：干乳制品	21 094.30	203.28	27 046.69	28.22	4 239.71	−84.32	2 680.17	−36.78	5 826.06	117.38
奶油	1 334.75	6 678.36	1 715.17	28.50	501.01	−70.79	972.28	94.06	1 192.87	22.69
干酪	150.87	−7.26			47.73		94.67	98.32	177.01	86.98
奶粉	17 391.25	229.39	23 669.34	36.10	3 085.97	−86.96	942.89	−69.45	3 710.94	293.57
炼乳	1 823.43	26.24	1 171.06	−35.78	571.11	−51.23	590.28	3.36	599.33	1.53
乳清	394.00	708.45	491.11	24.65	33.88	−93.10	80.06	136.27	145.92	82.27

6-3-12　2007—2011 年全国乳制品出口平均价格

单位：美元/吨，%

品　种	2007 年		2008 年		2009 年		2010 年		2011 年	
	平均价格	同比	平均价格	同比	平均价格	同比	平均价格	同比	平均价格	同比
乳制品	**1 800.31**	**43.11**	**2 506.34**	**39.22**	**1 546.77**	**−38.29**	**1 301.57**	**−15.85**	**1 838.72**	**41.27**
其中：液态奶	663.15	6.69	806.49	21.62	694.30	−13.91	724.24	4.31	822.50	13.57
鲜奶	647.40	4.84	783.77	21.06	666.12	−15.01	711.20	6.77	818.85	15.14
酸奶	1 094.27	42.24	1 597.76	46.01	1 363.42	−14.67	973.90	−28.57	930.57	−4.45
其中：干乳制品	2 415.14	22.28	3 334.90	38.08	2 665.48	−20.07	2 655.23	−0.38	3 366.73	26.80
奶油	2 251.26	58.90	3 453.44	53.40	2 449.13	−29.08	3 199.59	30.64	3 551.31	10.99
干酪	3 198.81	6.23			4 160.72		4 820.20	15.85	5 223.52	8.37
奶粉	2 803.31	9.35	3 711.60	32.40	3 169.15	−14.61	3 175.05	0.19	3 978.62	25.31
炼乳	1 229.00	14.05	1 453.99	18.31	1 546.91	6.39	1 714.17	10.81	1 914.67	11.70
乳清	968.94	6.74	1 139.48	17.60	1 071.92	−5.93	1 796.81	67.62	1 269.30	−29.36

6-3-13 2007—2011年全国鲜奶进口量值（来源地）

单位：吨、万美元

来源地	2007年		2008年		2009年		2010年		2011年	
	进口量	进口额	进口量	进口额	进口量	进口额	进口量	进口额	进口量	进口额
合　计	**4 109.23**	**661.82**	**7 535.00**	**1 285.91**	**12 779.41**	**1 970.20**	**15 889.94**	**2 818.93**	**40 539.83**	**6 049.02**
新西兰	2 235.99	378.85	3 567.43	724.23	5 576.18	1 049.09	7 419.96	1 580.98	17 235.77	3 320.75
德　国	227.45	38.36	429.38	69.71	1 677.61	152.09	3 076.91	309.74	13 360.26	1 134.20
澳大利亚	593.93	44.78	1 718.72	168.59	1 630.65	146.55	1 423.03	138.09	4 549.23	496.48
法　国	785.13	150.27	1 319.94	232.99	2 128.40	364.83	3 421.20	669.92	4 266.34	914.54
美　国	2.70	0.54	12.31	3.74	35.64	8.05	45.17	4.79	322.19	37.20
英　国	95.43	17.89	4.37	1.20	192.86	37.04	231.05	52.21	282.07	79.29
韩　国	3.37	0.68	178.14	21.03	1 196.30	145.07	36.56	5.09	136.97	15.62
中国台湾	3.28	0.25	18.19	1.80	39.32	4.23	17.41	1.37	75.64	5.98
智　利							0.04	0.04	65.32	6.95
西班牙			1.61	0.20	0.74	0.04	56.48	13.74	56.66	9.80
奥地利	0.01	0.01	40.01	10.89	36.00	9.02	54.76	14.08	53.81	15.42
比利时	1.65	0.46	3.26	1.33	1.64	0.66	1.63	0.76	39.29	3.82
意大利	4.85	0.37	20.51	2.15	26.77	2.30	14.41	1.25	38.43	3.62
瑞　士	11.05	1.69	10.88	2.24					36.28	3.86
荷　兰	88.65	16.08	134.08	31.48	90.72	21.66			18.72	1.22
泰　国									2.70	0.22
丹　麦	15.90	4.39			0.32	0.08	29.15	8.73	0.15	0.06
日　本	34.85	6.46	76.17	14.32	107.22	23.52	62.17	18.14		
阿根廷					25.00	4.76				
俄罗斯					14.03	1.20				
马来西亚					0.01	0.01				
新加坡	5.00	0.74								

6－3－14 2007—2011 年全国鲜奶进口量值（进口地区）

单位：吨、万美元

进口地区	2007 年		2008 年		2009 年		2010 年		2011 年	
	进口量	进口额	进口量	进口额	进口量	进口额	进口量	进口额	进口量	进口额
全国合计	**4 109.23**	**661.82**	**7 535.00**	**1 285.91**	**12 779.41**	**1 970.20**	**15 889.94**	**2 818.93**	**40 539.83**	**6 049.02**
上　海	3 060.25	476.85	4 891.32	857.87	7 823.36	1 139.54	10 910.25	1 708.68	27 509.87	3 578.45
北　京	285.38	44.07	392.99	79.98	1 398.70	277.95	2 158.17	532.36	3 804.79	907.42
福　建	4.91	0.65	21.51	3.21	66.66	9.67	61.30	14.64	3 466.59	374.14
广　东	564.60	96.02	1 848.22	256.90	1 870.69	302.06	1 884.61	379.18	3 447.59	693.82
江　苏	5.00	0.74					70.28	4.79	491.22	72.45
浙　江	0.01	0.01			150.85	38.68	438.43	93.92	475.23	141.98
天　津	68.37	15.75	146.47	49.36	157.44	34.64	153.90	27.09	448.36	123.20
广　西									396.89	61.60
辽　宁	106.20	25.35	66.98	17.84	125.99	33.64	172.46	47.79	259.72	70.51
山　东	11.44	1.75	166.83	20.61	1 170.85	132.62	40.54	10.48	197.54	20.56
河　北					0.50	0.03			42.02	4.88
内蒙古					14.03	1.20				
重　庆	0.08	0.01			0.36	0.17				
吉　林	2.99	0.61	0.67	0.13						

6－3－15 2007—2011 年全国酸奶进口量值（来源地）

单位：吨、万美元

来源地	2007 年		2008 年		2009 年		2010 年		2011 年	
	进口量	进口额	进口量	进口额	进口量	进口额	进口量	进口额	进口量	进口额
合　计	**720.53**	**203.65**	**784.96**	**287.04**	**1 525.84**	**436.08**	**1 229.15**	**419.34**	**2 546.06**	**892.49**
新西兰	36.47	12.94	13.15	4.96	605.48	104.94	49.47	21.43	602.95	218.25
法　国	31.55	16.38	82.94	33.49	79.83	35.46	133.52	54.29	461.24	159.86
德　国	14.95	7.07	35.91	15.62	79.80	23.05	131.64	24.48	356.67	69.40
中国台湾	11.24	2.48	38.55	6.09	70.27	12.74	187.26	41.65	305.11	69.61
澳大利亚	177.42	65.35	136.89	64.43	145.54	68.95	220.68	99.34	259.41	142.33
瑞　士	0.29	0.13	62.48	23.37	129.92	49.59	185.40	74.06	229.83	106.54
西班牙	108.58	19.46	115.46	25.03	148.46	31.36	112.22	25.05	134.63	31.42
美　国	13.41	4.87	13.71	5.83	17.91	9.30	28.66	12.43	52.57	29.48
芬　兰									50.00	15.00

（续）

来源地	2007年		2008年		2009年		2010年		2011年	
	进口量	进口额	进口量	进口额	进口量	进口额	进口量	进口额	进口量	进口额
荷　兰			31.00	20.92	73.05	37.29	32.00	15.86	40.00	22.79
泰　国					9.99	7.36	11.40	0.62	27.19	3.58
希　腊			0.98	0.57	3.05	2.07	10.07	7.91	18.04	16.34
意大利	0.01	0.00	0.55	0.51	1.01	0.55	2.21	1.72	7.27	7.21
加拿大					0.28	0.10			0.44	0.41
塞浦路斯							0.20	0.05	0.43	0.11
韩　国			0.02	0.04	7.61	2.85	0.47	0.16	0.16	0.04
丹　麦									0.12	0.09
圣文森特和格林纳丁斯							0.01	0.03	0.01	0.03
爱尔兰							75.00	22.69		
比利时	16.00	11.38	38.03	27.91			25.03	7.62		
日　本	208.43	51.30	203.15	57.29	105.55	43.21	22.65	9.40		
中国香港			0.11	0.02	0.02	0.01	0.61	0.18		
智　利							0.60	0.35		
英　国			0.04	0.08	0.07	0.04	0.05	0.02		
马来西亚			0.15	0.19			0.01	0.00		
瑞　典					48.00	7.20				
俄罗斯	101.45	11.78								
奥地利	0.67	0.37								
菲律宾										
蒙古国			11.80	0.66						
波　兰			0.06	0.06						
新加坡	0.09	0.13								

6－3－16　2007—2011 年全国酸奶进口量值（进口地区）

单位：吨、万美元

进口地区	2007 年		2008 年		2009 年		2010 年		2011 年	
	进口量	进口额	进口量	进口额	进口量	进口额	进口量	进口额	进口量	进口额
全国合计	**720.53**	**203.65**	**773.16**	**286.38**	**1 525.84**	**436.08**	**1 229.15**	**419.34**	**2 546.06**	**892.49**
上　海	527.08	131.68	560.67	177.64	726.39	234.34	948.09	310.70	1 609.78	510.09
天　津	2.06	0.99	0.22	0.09			4.23	2.33	291.09	94.12
广　东	33.43	16.75	9.46	8.77	595.94	106.11	23.30	13.71	240.50	92.75
北　京	69.80	24.16	56.52	29.26	93.39	40.07	155.59	56.48	225.77	108.57
浙　江	16.00	11.38	69.03	48.82	74.73	37.37	46.58	16.71	65.75	47.82
山　东	72.10	18.67	51.11	18.95	23.56	10.22	42.59	18.15	64.99	23.53
福　建			26.10	2.85	0.00	0.00	8.72	1.20	44.99	13.26
辽　宁	0.06	0.02							2.49	1.05
河　北									0.71	1.30
江　苏			0.05	0.01	3.52	0.69	0.03	0.06		
吉　林							0.02	0.01		
广　西					8.31	7.29	0.01	0.00		
内蒙古			11.80	0.66						

6－3－17　2007—2011 年全国奶油进口量值（来源地）

单位：吨、万美元

来源地	2007 年		2008 年		2009 年		2010 年		2011 年	
	进口量	进口额	进口量	进口额	进口量	进口额	进口量	进口额	进口量	进口额
合　计	**14 001.80**	**3 683.21**	**13 537.10**	**5 893.40**	**28 443.69**	**6 566.50**	**23 448.93**	**9 140.62**	**35 675.52**	**18 368.42**
新西兰	10 541.55	2 609.57	10 917.88	4 641.22	24 398.18	5 319.90	19 500.49	7 349.64	31 282.04	15 970.02
澳大利亚	1 788.54	455.83	1 023.81	392.75	2 135.37	496.12	1 779.38	728.31	1 827.35	822.84
法　国	694.57	291.39	529.91	312.95	563.01	269.01	797.24	445.47	912.72	592.34
比利时	278.88	126.61	371.41	208.60	336.41	130.18	319.75	159.49	498.80	352.16
阿根廷	75.00	14.99	90.00	31.68	77.00	14.48	402.62	134.45	369.00	161.29
丹　麦	70.69	32.39	99.01	69.70	144.89	83.68	192.71	120.52	227.15	171.22
美　国	22.77	7.66	165.24	69.44	112.47	40.32	202.33	91.83	212.41	113.30
荷　兰	203.13	51.03	202.05	96.09	229.20	77.48	135.50	53.04	132.45	68.29
爱尔兰	152.61	38.20	18.17	9.66	32.61	15.97	56.24	25.57	72.69	42.77
乌拉圭	10.00	1.51			22.47	5.19			65.00	30.23
德　国	109.15	40.34	23.96	15.48	42.56	18.80	53.52	28.60	43.17	27.90
智　利							0.01	0.01	25.00	12.08
新加坡					11.34	2.31	8.00	3.27	7.70	3.93
意大利	2.05	0.54	7.21	2.62	0.21	0.14	0.05	0.05	0.03	0.06

（续）

来源地	2007年		2008年		2009年		2010年		2011年	
	进口量	进口额	进口量	进口额	进口量	进口额	进口量	进口额	进口量	进口额
菲律宾									0.00	0.00
中国台湾	2.62	0.75	0.01	0.01	0.04	0.05	1.00	0.29		
日本	0.74	0.65	0.21	0.20	63.73	28.68	0.07	0.07		
西班牙	0.03	0.05	0.13	0.24			0.01	0.01		
芬兰	23.19	6.10	82.44	38.52	273.88	64.06				
泰国	0.03	0.01	0.37	0.60	0.19	0.10				
韩国	1.25	0.17			0.14	0.03				
英国	25.00	5.43	5.13	3.59						
马来西亚			0.16	0.06						
南非			0.00	0.00						
尼泊尔联邦民主共和国			0.00	0.00						
印度尼西亚	0.01	0.00								
巴基斯坦	0.00	0.00								

6-3-18 2007—2011年全国奶油进口量值（进口地区）

单位：吨、万美元

进口地区	2007年		2008年		2009年		2010年		2011年	
	进口量	进口额	进口量	进口额	进口量	进口额	进口量	进口额	进口量	进口额
全国合计	**14 002.15**	**3 683.80**	**13 553.40**	**5 904.39**	**28 443.69**	**6 566.50**	**23 448.93**	**9 140.62**	**35 675.52**	**18 368.42**
上海	7 161.24	1 823.24	5 165.45	2 184.05	13 086.58	3 052.94	9 849.17	3 739.20	12 486.88	6 226.51
天津	328.50	99.61	1 639.71	763.94	2 889.66	620.16	3 322.61	1 211.40	7 344.17	4 009.82
广东	3 294.01	854.18	3 562.44	1 509.29	5 135.55	1 180.93	4 176.72	1 649.28	6 247.48	3 127.56
北京	2 184.19	555.05	1 200.85	541.50	2 746.34	623.07	2 952.33	1 226.05	3 613.11	1 904.24
山东	434.96	201.59	1 095.73	498.47	657.53	251.76	727.60	362.57	2 331.07	1 312.18
浙江	299.20	80.70	660.00	314.23	1 035.44	259.19	1 198.45	519.62	1 840.57	1 001.74
江苏	0.05	0.00	50.58	22.26	2 038.71	388.78	528.82	156.30	770.43	273.38
福建	0.03	0.01			268.38	51.56	196.19	76.91	468.64	221.15
辽宁	229.44	52.61	106.41	40.70	112.00	22.26	151.22	55.16	226.75	101.29
湖北									168.00	93.67
河北							127.42	63.06	108.15	61.13
黑龙江					403.20	86.84	151.20	46.57	50.40	26.44
海南	70.06	16.74	72.23	29.95	69.98	28.86			19.88	9.32
内蒙古							67.20	34.51		
广西					0.19	0.10				
吉林	0.45	0.05			0.14	0.03				
四川	0.02	0.04								

6-3-19　2007—2011 年全国干酪进口量值（来源地）

单位：吨、万美元

来源地	2007 年		2008 年		2009 年		2010 年		2011 年	
	进口量	进口额	进口量	进口额	进口量	进口额	进口量	进口额	进口量	进口额
合　计	**13 190.02**	**5 379.60**	**13 904.35**	**7 382.71**	**16 976.78**	**6 966.00**	**22 920.66**	**10 543.37**	**28 602.74**	**13 907.45**
新西兰	5 424.87	1 907.08	6 232.89	2 906.35	8 734.60	3 134.38	11 863.30	5 069.52	13 141.82	5 815.99
美　国	1 193.24	628.86	1 998.16	1 118.70	1 691.00	769.64	2 703.57	1 276.57	6 287.25	2 843.18
澳大利亚	4 417.50	1 605.95	3 431.77	1 647.23	4 488.92	1 621.79	5 169.62	2 132.25	6 030.34	2 852.74
法　国	293.27	278.50	445.01	470.75	362.12	381.71	538.31	502.38	565.96	605.12
意大利	170.76	161.66	215.71	229.03	242.26	226.60	363.82	315.07	535.37	479.40
荷　兰	111.00	52.84	119.39	77.36	345.45	174.64	267.64	138.97	405.10	239.87
丹　麦	148.52	105.68	165.56	159.04	139.06	136.09	325.18	285.98	340.02	330.87
乌拉圭	240.01	76.15	175.00	86.16	50.01	14.24	215.01	74.23	324.00	141.86
德　国	530.17	237.52	401.25	244.75	167.59	94.88	239.28	129.74	258.70	158.71
阿根廷	19.06	5.60	175.03	85.13	247.43	68.66	568.27	221.89	232.87	102.99
奥地利	73.15	30.03	118.11	56.56	96.37	41.97	139.28	60.59	149.42	69.26
新加坡	33.69	14.69	59.70	35.25	76.23	41.87	92.97	54.35	78.43	56.20
波　兰	3.49	3.09	9.36	9.41	16.28	12.84	122.78	58.96	72.65	39.27
瑞　士	11.30	12.05	40.01	48.31	52.04	58.88	61.12	68.23	56.81	73.59
爱尔兰	104.18	53.86	35.12	22.61	40.13	29.51	38.25	26.03	41.84	28.83
英　国	0.26	0.35	0.42	0.59	6.64	5.91	43.87	16.65	31.24	17.84
瑞　典	5.46	4.30	12.42	12.03	12.68	13.73	22.01	22.19	13.74	14.59
韩　国	0.19	0.16	5.33	2.46	46.97	13.92	0.51	0.27	11.88	4.71
希　腊	0.36	0.51	6.69	5.95	2.99	4.95	8.16	10.37	10.84	15.96
西班牙	0.11	0.16	1.41	2.40	1.24	2.32	7.48	10.05	4.50	8.41
斯洛伐克	2.22	2.01	2.64	2.66	4.93	4.57	3.70	3.32	3.94	3.94
中国台湾	0.70	0.21	0.27	0.34	0.98	0.49	5.98	3.31	3.33	2.93
日　本	155.50	98.91	56.51	51.78	50.51	56.07	8.67	12.13	0.96	0.42
比利时							2.58	1.80	0.86	0.55
塞浦路斯			0.29	0.47	0.25	0.16	0.41	0.21	0.85	0.21
文莱									0.01	0.01

（续）

来源地	2007年		2008年		2009年		2010年		2011年	
	进口量	进口额	进口量	进口额	进口量	进口额	进口量	进口额	进口量	进口额
印度尼西亚	18.00	6.33			43.59	25.02	49.44	27.28		
智　利							35.98	14.35		
芬　兰			4.73	4.80			13.31	2.63		
立陶宛					1.00	0.26	10.00	3.98		
中国香港			0.21	0.06	0.16	0.30	0.09	0.04		
卡塔尔							0.08	0.03		
卢森堡	0.01	0.01					0.02	0.02		
格林纳达							0.00	0.00		
马来西亚	154.35	64.22	190.24	101.64	48.45	26.75				
土耳其			0.16	0.21	6.84	3.69				
斯洛文尼亚					0.04	0.08				
爱沙尼亚			0.36	0.40	0.03	0.03				
泰　国					0.01	0.02				
乌兹别克斯坦			0.59	0.21						
挪　威			0.05	0.08						
巴　西	75.18	27.10								
加拿大	3.36	1.68								
也　门	0.13	0.05								
沙特阿拉伯	0.01	0.04								

6-3-20 2007—2011 年全国干酪进口量值（进口地区）

单位：吨、万美元

进口地区	2007 年		2008 年		2009 年		2010 年		2011 年	
	进口量	进口额	进口量	进口额	进口量	进口额	进口量	进口额	进口量	进口额
全国合计	**13 190.02**	**5 379.60**	**13 904.35**	**7 382.71**	**16 976.78**	**6 966.00**	**22 920.66**	**10 543.37**	**28 602.74**	**13 907.45**
上　海	4 980.48	2 200.32	5 685.36	3 264.38	7 979.03	3 418.71	9 778.49	4 589.01	10 496.16	5 436.76
北　京	3 326.57	1 254.94	2 465.72	1 278.89	3 361.83	1 314.40	3 873.83	1 784.18	5 160.44	2 468.54
广　东	1 744.25	732.39	2 369.15	1 213.52	2 253.45	995.43	3 304.01	1 590.19	4 970.40	2 427.97
天　津	735.81	275.84	743.39	393.00	1 027.03	353.38	2 547.67	1 026.01	3 583.67	1 571.09
福　建	1 611.77	587.04	1 597.94	706.93	912.26	301.31	1 213.99	501.63	2 227.89	934.49
辽　宁	305.81	118.04	320.55	151.94	535.70	184.90	798.12	327.76	1 200.89	513.94
江　苏	34.82	22.05	18.41	15.38	60.13	52.00	414.79	261.93	313.72	219.17
浙　江			3.65	4.82	268.99	93.09	315.17	135.82	296.31	141.67
山　东	325.82	130.82	511.79	238.10	331.75	117.31	352.72	157.12	146.47	68.99
内蒙古	9.71	10.21	81.71	43.69	139.53	67.35	209.23	93.20	122.20	58.19
陕　西	13.10	9.32	36.65	31.95	29.18	24.20	27.23	23.42	45.19	39.40
河　南	80.84	31.35	68.56	39.36	72.60	38.96	75.00	42.53	39.39	27.24
广　西									0.01	0.01
海　南	0.86	0.96	0.68	0.49	4.54	4.35	9.98	10.43		
吉　林	20.16	6.27			0.46	0.13	0.43	0.13		
黑龙江							0.02	0.02		
四　川	0.03	0.07			0.26	0.43				
安　徽	0.00	0.00			0.04	0.04				
重　庆			0.21	0.06						
云　南	0.00	0.00								
新　疆			0.59	0.21						

6-3-21　2007—2011年全国奶粉进口量值（来源地）

单位：吨、万美元

来源地	2007年		2008年		2009年		2010年		2011年	
	进口量	进口额	进口量	进口额	进口量	进口额	进口量	进口额	进口量	进口额
合　计	**98 171.04**	**32 394.23**	**100 930.09**	**39 787.89**	**246 787.44**	**58 040.89**	**414 039.80**	**138 810.02**	**449 541.86**	**164 544.50**
新西兰	71 522.68	22 314.67	50 593.56	21 530.62	203 910.44	47 786.76	336 489.02	113 582.31	367 040.75	135 688.37
美　国	6 543.40	2 666.78	16 486.73	5 827.66	6 062.99	1 369.14	14 487.11	4 215.90	21 427.68	7 199.94
澳大利亚	12 403.88	4 582.51	24 429.83	8 896.94	18 052.05	4 015.60	24 760.62	8 634.39	21 368.86	7 544.58
德　国	2.00	1.22	68.44	19.83	2 086.93	459.56	3 302.03	1 044.33	8 116.31	2 899.87
法　国	1 817.30	631.94	3 351.45	1 408.97	6 974.46	2 239.62	5 171.81	1 631.19	7 342.28	2 687.64
丹　麦	710.83	245.85	4.01	2.82	2 426.43	517.55	8 547.28	2 981.13	6 625.93	2 351.51
新加坡	51.25	12.17	147.86	51.00	10.49	8.15	2 551.22	776.77	2 770.90	947.56
爱尔兰	584.00	278.94	808.09	306.25	424.08	123.62	2 634.93	881.91	2 633.70	920.02
智　利			25.00	13.56			1 550.00	518.43	2 500.00	902.65
阿根廷	13.43	5.40	15.88	11.91	3.00	1.77	2 007.70	647.92	2 108.50	698.25
英　国	0.60	0.45	3.37	2.58	27.28	9.70	1 098.22	377.73	1 746.00	577.85
瑞　士	47.58	25.83	4.19	1.98	718.28	150.84	822.12	253.82	1 548.37	526.23
波　兰	300.00	93.80	50.00	21.25	700.00	144.13	730.55	204.09	1 100.98	367.54
荷　兰	199.87	69.82	199.25	71.01	2 403.09	534.26	2 630.56	766.10	622.48	214.90
比利时	12.96	7.68	611.87	208.57	567.84	139.11	3 269.53	1 137.63	599.95	184.81
乌拉圭	150.00	36.94			0.06	0.12	1 775.00	556.40	510.00	178.23
马来西亚	4.90	1.64	7.26	2.84	0.00	0.00	21.47	33.76	506.64	269.91
芬　兰	252.60	92.63	14.00	6.98	427.00	83.38	717.20	188.62	387.50	139.51
捷　克							50.00	16.80	200.03	67.37
瑞　典	0.01	0.07	0.01	0.06	300.55	77.47			173.25	59.78
菲律宾			0.06	0.11			4.88	2.39	122.63	72.27
中　国	0.01	0.02	9.45	3.26	50.00	20.06	17.09	7.41	56.29	19.92
泰　国	0.01	0.00							18.77	2.54
韩　国	20.73	15.54	20.17	19.02	3.66	2.26			5.48	15.92
中国台湾	0.63	0.32	0.87	0.58	0.01	0.01	1.68	1.44	4.56	3.91
西班牙			0.26	0.36			99.00	37.49	3.00	1.38
埃　及							0.09	0.02	0.86	0.24
匈牙利					0.01	0.07			0.17	1.80
中国香港									0.02	0.00
加拿大	1 220.03	433.92	1 277.85	383.57	1 049.88	207.58	649.98	164.49		
白俄罗斯	100.00	28.50			525.00	112.47	550.00	124.37		
乌克兰	75.00	24.57	100.00	32.35	49.98	11.03	100.00	22.57		
日　本	977.77	480.26	9.68	14.49	12.66	25.41	0.67	0.46		
墨西哥							0.06	0.14		
土耳其			10.01	0.52	0.01	0.00				
意大利	0.11	0.06	4.02	0.90	1.27	1.22				
印　度	659.50	188.93	2 676.90	947.86						
越　南	0.00	0.00								
爱沙尼亚	500.00	153.75								
南　非			0.01	0.03						

6－3－22　2007—2011 年全国奶粉进口量值（进口地区）

单位：吨、万美元

进口地区	2007 年		2008 年		2009 年		2010 年		2011 年	
	进口量	进口额	进口量	进口额	进口量	进口额	进口量	进口额	进口量	进口额
全国合计	**98 171.04**	**32 394.23**	**100 930.09**	**39 787.89**	**246 787.44**	**58 040.89**	**414 039.80**	**138 810.02**	**449 541.86**	**164 544.50**
天　津	13 106.36	4 325.71	25 537.95	8 913.70	58 077.50	12 465.77	129 515.80	41 900.18	115 180.91	40 416.11
广　东	24 350.24	7 190.53	20 353.06	9 238.08	57 180.21	13 601.39	71 279.13	25 070.11	82 952.48	32 101.99
浙　江	31 071.47	11 024.77	23 368.02	9 562.24	39 663.98	9 355.86	74 540.28	24 554.81	81 658.23	30 016.47
上　海	11 934.58	4 192.99	11 800.25	4 664.15	26 251.60	6 088.68	47 928.07	15 859.52	60 123.29	21 890.50
山　东	5 041.30	1 600.02	8 042.42	2 826.88	34 067.04	9 018.64	25 074.66	8 654.17	28 162.23	10 563.82
内蒙古	916.40	289.26	420.51	151.56	1 889.68	425.55	19 533.75	7 577.31	27 014.08	9 694.37
江　苏	236.65	79.21	1 915.04	743.47	3 784.38	834.35	9 434.45	2 969.82	20 966.47	7 594.92
北　京	5 789.13	1 797.15	2 977.35	1 146.47	6 457.07	1 487.01	16 213.09	5 470.54	10 247.18	3 815.84
河　北	535.00	197.43	1 993.90	797.69	719.65	245.56	2 288.93	713.99	6 161.10	2 335.17
湖　南	4 302.98	1 268.72	2 737.10	1 048.37	5 191.33	1 674.01	7 133.15	2 336.29	5 062.83	1 846.96
福　建	489.13	179.55	225.43	85.97	1 826.99	379.38	2 393.00	716.31	3 342.88	1 127.54
安　徽	18.50	5.77	0.01	0.02	108.00	21.49			3 152.88	1 081.26
黑龙江	100.00	31.61	1 165.34	374.07	6 202.65	1 298.00	5 299.00	1 742.96	2 907.83	988.55
四　川	38.50	12.29	3.65	6.11	98.01	23.57	305.70	91.74	848.38	292.54
湖　北	18.00	4.27			1 259.58	224.20	622.65	212.31	628.35	228.49
辽　宁	76.26	48.78	17.72	34.47	2 018.19	441.96	1 904.44	628.48	584.05	292.34
江　西	18.00	4.27					41.00	15.72	372.30	127.31
河　南	0.04	0.05							128.00	44.46
广　西	0.52	0.11	13.50	7.15	13.50	2.97			26.70	9.85
海　南	107.63	112.26	117.08	109.33	96.47	78.19	104.18	125.01	16.78	69.30
吉　林	1.74	1.39							4.75	6.34
贵　州									0.20	0.35
山　西					1 881.53	373.29	428.53	170.78		
陕　西	18.62	28.10			0.10	0.99				
云　南			231.75	77.65						
新　疆			10.01	0.52						

6-3-23 2007—2011年全国炼乳进口量值（来源地）

单位：吨、万美元

来源地	2007年		2008年		2009年		2010年		2011年	
	进口量	进口额	进口量	进口额	进口量	进口额	进口量	进口额	进口量	进口额
合　计	**925.06**	**192.94**	**853.09**	**313.07**	**1 732.28**	**397.51**	**3 266.03**	**739.17**	**4 913.49**	**1 155.41**
荷　兰	72.42	13.01	54.49	11.08	239.34	45.11	1 173.13	208.48	2 209.93	399.71
德　国	357.19	73.58	233.55	69.47	503.33	105.86	752.84	187.09	1 035.50	303.37
澳大利亚	77.23	14.95	128.28	37.88	179.46	56.85	299.51	92.87	628.60	182.04
法　国	5.37	4.02	24.36	11.36	22.11	10.38	107.29	36.17	242.20	82.58
泰　国					92.01	9.79	45.14	8.12	227.44	30.94
美　国	0.01	0.00	4.94	4.08	147.69	31.27	366.69	78.09	193.91	57.95
智　利							72.01	16.17	178.41	42.46
中　国					2.26	1.63	78.73	15.53	128.55	23.86
新西兰	382.07	75.48	361.87	157.89	409.37	91.65	287.35	69.11	51.41	23.22
丹　麦	0.79	0.21			6.16	2.44	7.78	3.51	6.10	3.20
比利时			0.01	0.00	71.05	20.30	35.22	10.21	5.54	4.54
科威特			0.90	0.28	5.04	0.99	14.10	2.66	5.40	0.99
中国台湾	0.19	0.03					2.41	0.26	0.28	0.02
韩　国	0.53	0.17	1.02	0.21	0.13	0.04	0.10	0.04	0.12	0.05
英　国	0.02	0.09			0.01	0.01			0.10	0.15
沙特阿拉伯									0.00	0.32
希　腊									0.00	0.00
新加坡	5.15	0.50	6.86	0.83	8.29	1.00	10.48	1.34		
日　本	22.80	10.78	35.87	19.78	24.84	15.19	7.10	8.35		
马来西亚	1.21	0.11	0.73	0.07	17.19	3.37	4.12	0.42		
瑞　士					3.53	1.41	1.21	0.48		
意大利			0.23	0.14	0.49	0.24	0.73	0.12		
老　挝							0.08	0.01		
加拿大							0.02	0.15		
印度尼西亚	0.08	0.01								

6-3-24 2007—2011年全国炼乳进口量值（进口地区）

单位：吨、万美元

进口地区	2007年		2008年		2009年		2010年		2011年	
	进口量	进口额	进口量	进口额	进口量	进口额	进口量	进口额	进口量	进口额
全国合计	**925.06**	**192.94**	**853.09**	**313.07**	**1 732.28**	**397.51**	**3 266.03**	**739.17**	**4 913.49**	**1 155.41**
广　东	162.54	35.15	110.52	35.89	406.24	71.33	1 219.14	234.26	2 304.38	432.62
上　海	211.56	40.54	219.70	51.54	839.66	195.06	1 382.89	320.71	1 337.23	373.40
北　京	251.92	50.89	149.01	45.61	356.12	82.26	559.20	143.71	1 071.05	297.70
福　建	0.19	0.03					2.40	0.24	142.64	24.42
江　苏	33.60	7.74	84.03	39.65	33.66	16.44	5.27	4.65	51.52	23.28
天　津	235.20	44.35	260.62	124.41	57.60	16.89	42.68	13.40	3.98	1.92
辽　宁					0.16	0.33	20.40	5.53	2.40	2.06
浙　江			8.70	6.60	0.01	0.02	0.89	0.10	0.28	0.02
湖　北							16.80	8.72		
海　南	6.36	0.61	7.59	0.90	22.88	3.03	13.68	1.64		
山　东	22.69	10.64	12.93	8.47	15.96	12.16	2.55	6.03		
广　西							0.11	0.03		
吉　林							0.02	0.15		
安　徽	1.00	3.00								

6－3－25　2007—2011年全国乳清进口量值（来源地）

单位：吨、万美元

来源地	2007年		2008年		2009年		2010年		2011年	
	进口量	进口额	进口量	进口额	进口量	进口额	进口量	进口额	进口量	进口额
合　计	**167 583.98**	**31 947.37**	**213 506.40**	**31 303.26**	**288 753.81**	**28 422.04**	**264 499.03**	**34 480.99**	**344 244.02**	**57 102.19**
美　国	49 722.82	7 342.86	90 478.33	8 113.36	140 019.49	8 011.83	141 482.16	12 176.75	162 923.62	18 929.59
法　国	47 167.96	9 590.45	50 672.26	9 335.02	49 758.10	7 040.22	35 633.50	6 168.37	47 656.06	9 043.44
荷　兰	11 235.90	2 587.51	13 659.64	3 223.05	14 902.75	2 604.98	11 789.20	2 657.64	23 592.87	5 743.56
德　国	7 992.42	1 484.81	9 746.60	1 480.47	15 106.66	1 915.96	16 399.38	2 928.96	20 635.29	4 460.26
爱尔兰	6 201.13	1 326.49	8 630.05	1 625.60	13 069.61	2 043.88	9 270.01	1 528.24	18 010.51	3 533.66
阿根廷	5 046.50	871.28	2 817.48	605.13	5 767.10	851.04	4 804.60	1 060.58	16 802.53	2 907.52
芬　兰	12 260.02	2 471.98	9 935.50	1 773.12	14 147.50	2 069.81	13 635.25	2 284.81	14 362.50	3 138.20
波　兰	2 954.00	411.73	1 807.00	143.20	5 778.00	361.88	7 950.50	886.73	13 515.78	1 795.82
澳大利亚	6 368.46	1 350.20	8 609.59	1 370.75	8 932.47	810.38	6 390.49	948.26	5 535.97	1 367.45
新西兰	4 786.71	1 793.19	6 752.63	2 072.70	3 728.44	963.30	5 140.42	2 073.20	4 900.65	3 174.84
乌拉圭	580.00	76.46			250.00	14.59	3 050.00	282.60	4 725.00	590.46
乌克兰	2 200.00	312.10	1 875.00	144.20	3 174.93	173.41	3 075.00	285.69	3 050.00	355.37
捷　克	298.00	39.04	48.00	15.26			50.05	7.91	2 550.00	423.91
比利时	493.90	112.65	440.54	77.92	527.50	83.97	170.00	68.40	2 125.00	462.75
英　国	24.00	5.27			75.75	4.91	425.20	78.94	1 449.23	379.22
加拿大	1 409.53	208.13	4 087.86	389.31	7 609.50	552.77	2 009.00	237.85	877.00	142.15
丹　麦	307.50	126.98	168.87	134.31	310.56	173.27	342.48	248.28	612.49	450.68
意大利	1 104.10	209.76	445.40	75.21	645.98	76.24	305.65	66.21	400.00	81.01
印　度	4 319.48	1 143.18	2 258.00	547.29	384.00	53.59	624.00	139.83	227.95	63.11
奥地利	579.23	127.10	305.55	61.31	2 166.35	349.23	1 194.56	249.09	100.00	12.50
白俄罗斯									100.00	14.50
智　利	123.00	18.89							50.01	6.90
西班牙			96.00	7.50	1 392.00	113.88	360.00	37.07	30.90	20.48
中国台湾			5.00	3.50			4.52	0.55	9.68	2.71
瑞　士	0.01	0.02							1.00	2.10
南　非	100.00	8.99	0.01	0.03	325.00	20.53	300.00	26.55		
挪　威			0.05	0.06			40.26	26.17		
日　本	215.68	36.72	306.06	61.69	392.00	115.25	36.02	10.96		
蒙　古					10.15	0.81	16.80	1.34		
立陶宛			100.00	8.30	250.00	14.17				
中国香港					20.00	1.05				
韩　国					9.98	1.09				
墨西哥	940.00	169.03	120.00	22.28						
土耳其	1 100.00	113.60	116.00	9.34						
新加坡	20.00	2.80	25.00	3.38						
伊　朗	33.60	6.07								
也　门	0.03	0.03								
瑞　典	0.05	0.07								

6-3-26　2007—2011年全国乳清进口量值（进口地区）

单位：吨、万美元

进口地区	2007年		2008年		2009年		2010年		2011年	
	进口量	进口额	进口量	进口额	进口量	进口额	进口量	进口额	进口量	进口额
全国合计	**167 583.98**	**31 947.37**	**213 506.40**	**31 303.26**	**288 753.81**	**28 422.04**	**264 499.03**	**34 480.99**	**344 244.02**	**57 102.19**
天　津	38 181.79	7 161.22	61 365.06	10 452.76	77 842.47	8 980.87	61 259.35	9 983.31	91 667.35	18 513.95
上　海	29 317.50	5 475.30	34 166.47	4 416.50	41 552.56	3 627.19	41 814.83	4 902.27	48 454.23	7 213.39
北　京	41 180.09	6 965.46	18 979.30	2 080.65	22 867.73	1 707.95	24 616.29	2 324.23	46 226.98	5 490.46
广　东	8 468.07	1 353.72	15 877.88	1 814.52	27 871.41	2 301.21	27 180.72	3 352.56	35 526.00	5 351.15
福　建	3 381.69	384.29	10 698.00	608.02	19 495.10	904.65	20 606.99	1 588.09	25 404.81	2 645.00
辽　宁	8 430.32	1 651.37	10 960.38	1 491.42	25 743.86	2 894.23	20 430.34	2 646.15	23 868.30	4 020.76
浙　江	10 016.54	2 868.75	17 424.05	2 794.80	17 950.68	1 804.76	10 401.26	2 205.57	19 084.00	5 534.78
山　东	11 133.31	2 497.48	22 982.47	4 520.34	24 320.72	3 198.40	17 266.60	2 778.27	14 611.98	2 518.57
黑龙江	8 804.62	2 143.19	9 953.49	1 898.00	12 051.65	1 919.79	12 643.14	2 193.53	10 228.08	2 272.51
云　南	1 875.62	259.84	3 025.97	364.92	4 989.95	278.77	11 336.68	693.36	9 702.92	854.41
江　苏	122.00	27.42	2 548.96	204.57	1 537.47	73.95	6 141.91	700.09	8 603.27	1 295.84
河　北	2 598.00	520.75	1 023.00	194.96	2 291.58	141.86	4 565.18	613.39	4 417.75	566.83
安　徽	1 726.16	214.52	1 129.62	97.59	3 613.47	188.61	3 895.25	294.42	2 642.91	265.66
四　川	280.00	26.19	1 493.80	83.05	1 416.15	63.01	1 145.50	91.17	1 779.58	182.60
湖　北	60.00	8.70			1 264.23	75.31	23.40	5.97	860.08	93.23
内蒙古	616.00	159.99	560.11	176.18	290.95	44.52	200.20	39.45	804.80	214.69
陕　西					746.35	40.22			265.00	58.28
河　南	792.25	92.37	404.00	26.90					96.00	10.08
湖　南			128.85	5.82	2 893.90	166.12	865.15	61.90		
江　西							106.25	7.23		
吉　林	0.05	0.07	20.00	1.80			0.00	0.05		
海　南					13.60	10.61				
重　庆			650.00	47.38						
山　西	600.00	136.75	75.00	19.50						
宁　夏			40.00	3.60						

6-3-27 2007—2011 年全国鲜奶出口量值（目的地）

单位：吨、万美元

目的地	2007 年		2008 年		2009 年		2010 年		2011 年	
	出口量	出口额	出口量	出口额	出口量	出口额	出口量	出口额	出口量	出口额
合　计	**45 559.02**	**2 949.47**	**38 427.89**	**3 011.85**	**20 030.12**	**1 334.25**	**22 492.16**	**1 599.63**	**25 169.39**	**2 061.00**
中国香港	37 284.49	2 256.65	28 113.52	2 085.92	19 864.36	1 321.44	22 129.54	1 521.70	24 419.41	1 863.30
韩　国							150.00	56.58	450.00	173.35
澳　门	1 943.55	121.15	1 860.11	156.11	165.38	12.74	178.93	13.57	256.18	19.87
新加坡	2 701.41	192.14	1 983.44	168.69					43.25	4.34
法　国			0.00	0.00	0.38	0.07	0.60	0.11	0.56	0.15
朝　鲜	518.00	134.11	190.60	70.66			33.10	7.66		
菲律宾	1 449.60	102.26	2 495.67	204.91						
蒙古国	1 104.77	81.25	1 897.11	174.07						
利比亚			1 289.77	96.35						
加拿大	37.16	2.56	460.40	38.71						
也　门			54.84	4.87						
伊　朗			20.00	2.57						
马来西亚			18.00	1.19						
越　南			17.93	1.54						
阿　曼	15.75	5.02	15.75	5.76						
日　本	15.67	0.72	10.75	0.50						
文莱	37.20	2.52								
科威特	45.00	10.51								
黎巴嫩	45.00	12.93								
泰　国	0.28	0.03								
土耳其	15.00	3.57								
安哥拉	133.15	7.25								
毛里求斯	13.00	4.54								
纳米比亚	172.97	10.44								
荷　兰	0.02	0.00								
密克罗尼西亚联邦	27.00	1.82								

6-3-28　2007—2011年全国鲜奶出口量值（出口地区）

单位：吨、万美元

出口地区	2007年		2008年		2009年		2010年		2011年	
	出口量	出口额	出口量	出口额	出口量	出口额	出口量	出口额	出口量	出口额
全国合计	**45 559.02**	**2 949.47**	**38 427.89**	**3 011.85**	**20 030.12**	**1 334.25**	**22 492.16**	**1 599.63**	**25 169.39**	**2 061.00**
广　东	15 022.86	921.25	14 485.08	911.01	15 928.78	1 073.64	16 929.08	1 149.44	18 123.36	1 347.54
山　东	8 652.14	432.15	3 553.88	276.62	4 029.52	245.13	5 385.87	386.73	6 275.03	505.54
上　海			20.00	2.57			150.00	56.58	450.00	173.35
内蒙古	20 472.63	1 369.25	19 011.92	1 647.44	71.82	15.48			321.01	34.57
辽　宁			15.75	5.76			17.52	2.80		
黑龙江	666.75	175.02	236.00	88.39			9.70	4.07		
天　津	744.59	51.79	1 104.67	80.01						
吉　林			0.60	0.06						
广　西	0.05	0.01								

6-3-29　2007—2011年全国酸奶出口量值（目的地）

单位：吨、万美元

目的地	2007年		2008年		2009年		2010年		2011年	
	出口量	出口额	出口量	出口额	出口量	出口额	出口量	出口额	出口量	出口额
合　计	**1 664.91**	**182.19**	**1 103.82**	**176.36**	**843.61**	**115.02**	**1 174.73**	**114.41**	**850.73**	**79.17**
中国香港	1 425.56	116.78	954.14	106.41	740.97	61.95	949.78	84.05	572.82	57.05
加拿大					26.00	1.95	173.56	13.02	247.00	18.53
新加坡	37.69	3.41	6.75	3.41	7.73	4.00	22.60	3.62	22.24	2.14
中国澳门	42.23	5.82	17.60	2.82	5.90	0.75	9.47	1.21	7.29	0.93
沙特阿拉伯									1.09	0.25
菲律宾									0.30	0.27
日　本	86.93	50.97	92.25	54.69	62.50	46.34	16.50	11.74		
马来西亚	0.09	0.00					1.43	0.46		
蒙　古	71.30	5.14	18.60	1.10			1.40	0.31		
越　南					0.52	0.02				
中国台湾			7.52	3.23						
美　国			6.96	4.70						
柬埔寨	1.08	0.07								
尼泊尔	0.04	0.00								

6-3-30　2007—2011年全国酸奶出口量值（出口地区）

单位：吨、万美元

出口地区	2007年		2008年		2009年		2010年		2011年	
	出口量	出口额	出口量	出口额	出口量	出口额	出口量	出口额	出口量	出口额
全国合计	**1 664.91**	**182.19**	**1 103.82**	**176.36**	**843.61**	**115.02**	**1 174.73**	**114.41**	**850.73**	**79.17**
广　东	1 357.07	93.47	832.35	76.65	772.87	64.65	1 151.10	99.08	845.42	77.97
内蒙古	71.30	5.14	18.60	1.10			1.40	0.31	3.41	0.42
上　海	146.71	31.42	139.39	32.58					1.09	0.25
山　东	89.74	52.16	113.48	66.03	70.23	50.34	20.81	14.56	0.52	0.26
陕　西									0.30	0.27
江　苏							1.43	0.46		
广　西	0.05	0.00			0.52	0.02				
西　藏	0.04	0.00								

6-3-31 2007—2011年全国奶油出口量值（目的地）

单位：吨、万美元

目的地	2007年		2008年		2009年		2010年		2011年	
	出口量	出口额	出口量	出口额	出口量	出口额	出口量	出口额	出口量	出口额
合　计	**5 928.88**	**1 334.75**	**4 966.56**	**1 715.17**	**2 045.65**	**501.01**	**3 038.76**	**972.28**	**3 358.96**	**11 928.72**
埃　及	844.40	167.31	1 440.00	480.87	51.87	9.28	737.00	210.86	1 087.34	388.81
韩　国	47.08	7.03	217.92	82.46	0.00	0.00	93.60	19.63	843.46	229.42
中国香港							336.50	119.20	638.48	210.69
菲律宾			20.00	5.96			158.60	65.06	395.78	191.02
朝　鲜	147.55	55.88	271.69	114.15	268.78	63.14	281.31	125.90	173.45	82.06
土库曼斯坦							39.20	17.78	98.00	43.84
阿塞拜疆									50.00	17.00
格鲁吉亚	149.50	35.04	10.00	4.71					40.00	17.45
危地马拉									16.80	7.91
法　国					2.31	1.04	1.10	0.40	5.77	1.74
尼日利亚	84.60	19.75	45.30	11.84					5.04	1.08
斯里兰卡			20.00	7.25	13.06	3.97			4.80	1.80
阿联酋	671.20	148.90	863.60	294.67					0.04	0.06
伊　朗	818.80	206.71	280.00	94.41	1 641.50	407.63	1 316.53	392.82		
斯洛文尼亚							36.00	6.72		
利比亚			40.00	12.96			20.00	7.08		
也　门	135.60	26.29	17.60	6.31			18.90	6.84		
哥斯达黎加					0.03	0.01	0.02	0.01		
尼泊尔联邦民主共和国					36.00	9.42				
科威特	228.00	53.96	236.05	67.51	22.10	4.49				
苏　丹	37.24	5.87	20.80	7.21	10.00	2.03				
叙利亚	178.88	57.28	598.00	206.64						
泰　国			295.00	118.76						
沙特阿拉伯	183.43	37.55	275.00	86.93						
新加坡	469.83	96.89	87.21	36.80						

（续）

目的地	2007年		2008年		2009年		2010年		2011年	
	出口量	出口额	出口量	出口额	出口量	出口额	出口量	出口额	出口量	出口额
黎巴嫩	286.32	58.39	64.00	22.43						
巴　林	19.40	4.99	50.00	13.18						
中国台湾			22.12	8.38						
印度尼西亚			22.10	8.42						
新西兰			20.00	5.07						
墨西哥			19.60	7.50						
希　腊			18.00	6.31						
莫桑比克			12.54	4.45						
马来西亚	40.58	12.78	0.03	0.00						
孟加拉国	39.60	10.17								
缅　甸	1.35	0.14								
日　本	20.00	5.35								
约　旦	25.00	5.50								
阿　曼	280.80	65.99								
土耳其	59.18	8.29								
哈萨克斯坦	25.00	6.08								
毛里求斯	20.55	7.00								
摩洛哥	475.00	114.32								
亚美尼亚	40.00	7.64								
俄罗斯	600.00	109.66								

6-3-32　2007—2011年全国奶油出口量值（出口地区）

单位：吨、万美元

出口地区	2007年		2008年		2009年		2010年		2011年	
	出口量	出口额	出口量	出口额	出口量	出口额	出口量	出口额	出口量	出口额
全国合计	**5 928.88**	**1 334.75**	**4 966.56**	**1 715.17**	**2 045.65**	**501.01**	**3 038.76**	**972.28**	**3 358.96**	**1 192.87**
江　苏	2 990.89	721.47	3 788.67	1 309.23	1 899.63	463.94	2 947.36	952.58	2 985.81	1 066.20
安　徽					0.03	0.01	74.02	15.05	326.40	116.16
辽　宁	49.01	6.90	3.65	1.98	3.75	1.52	16.28	4.25	40.94	8.71
北　京	291.20	66.85	359.54	108.63	2.31	1.04	1.10	0.40	5.77	1.74
广　东	1.35	0.14							0.04	0.06
上　海	88.78	12.43	25.30	5.94	139.93	34.50				
黑龙江	320.15	67.04	271.20	99.91						
天　津	87.03	19.28	227.40	84.85						
福　建			154.00	60.27						
内蒙古	1 840.08	378.25	136.80	44.36						
吉　林	3.00	0.24								
山　东	207.40	50.02								
甘　肃	25.00	6.05								
新　疆	25.00	6.08								

6-3-33　2007—2011年全国干酪出口量值（目的地）

单位：吨、万美元

目的地	2007年		2008年		2009年		2010年		2011年	
	出口量	出口额	出口量	出口额	出口量	出口额	出口量	出口额	出口量	出口额
合　计	**471.65**	**150.87**			**114.73**	**47.73**	**196.40**	**94.67**	**338.87**	**177.01**
中国香港	450.95	145.15			71.94	28.94	150.93	74.39	220.87	113.34
新加坡	1.36	1.00			0.02	0.01	18.02	9.14	67.70	32.50
泰　国					0.05	0.02	9.69	4.76	20.03	9.79
英　国									14.70	7.76
法　国					6.75	7.20	4.39	3.76	12.29	11.34
朝　鲜							0.03	0.05	3.30	2.29
日　本	0.00	0.00					0.02	0.01	0.00	0.00
蒙　古							13.31	2.56		
南　非					35.96	11.57	0.00	0.00		
美　国					0.00	0.00				
中国澳门	19.33	4.73								

6-3-34 2007—2011 年全国干酪出口量值（出口地区）

单位：吨、万美元

出口地区	2007 年		2008 年		2009 年		2010 年		2011 年	
	出口量	出口额	出口量	出口额	出口量	出口额	出口量	出口额	出口量	出口额
合计	**471.65**	**150.87**			**114.73**	**47.73**	**196.40**	**94.67**	**338.87**	**177.01**
广　东	470.28	149.87			39.71	17.53	105.83	54.61	149.24	78.99
天　津					68.27	23.00	86.15	36.25	141.07	67.50
福　建	0.00	0.00							18.15	9.00
上　海	1.36	1.00							14.70	7.76
北　京					6.75	7.20	4.39	3.76	12.29	11.34
山　东									2.34	1.87
浙　江									0.14	0.14

6-3-35 2007—2011 年全国奶粉出口量值（目的地）

单位：吨、万美元

目的地	2007 年		2008 年		2009 年		2010 年		2011 年	
	出口量	出口额	出口量	出口额	出口量	出口额	出口量	出口额	出口量	出口额
合　计	**62 038.32**	**17 391.25**	**63 771.29**	**23 669.34**	**9 737.53**	**3 085.97**	**2 969.70**	**942.89**	**9 327.20**	**3 710.94**
尼日利亚	979.50	285.80	3 027.00	1 046.51	2 567.00	680.38	136.00	45.21	5 372.00	1 892.27
中国香港	4 050.80	1 167.93	2 528.39	972.02	54.13	20.53	324.16	129.59	1 451.67	822.37
缅　甸	4 838.86	1 079.00	2 772.91	887.78	1 518.65	469.37	1 322.93	469.54	1 241.00	486.75
伊拉克	677.28	218.02	128.48	54.62					466.00	191.06
阿联酋	2 986.35	766.63	798.83	294.92	46.18	25.91	100.00	24.00	355.00	128.55
韩　国	109.00	24.18	0.05	0.01	0.02	0.01			100.04	31.71
朝　鲜	367.08	128.14	0.30	0.08	19.00	6.74	9.73	3.97	71.76	17.29
越　南	1 747.27	451.53	331.53	115.10	57.01	11.74			70.00	24.33
中　非	18.19	2.16							51.00	14.03
马来西亚	165.50	45.31	48.94	8.49	6.33	2.24	43.70	29.62	37.00	18.56
泰　国	7 639.63	2 227.66	3 126.14	1 133.43	76.96	29.91	55.46	27.59	32.90	20.53
中国台湾	15 871.47	4 470.77	8 095.67	3 158.01	24.60	4.18	36.90	6.27	19.30	3.67
蒙　古	282.19	83.85	682.44	260.56			12.48	1.57	18.48	2.89
尼泊尔联邦民主共和国	10.00	2.35							16.00	44.13

（续）

目的地	2007年		2008年		2009年		2010年		2011年	
	出口量	出口额	出口量	出口额	出口量	出口额	出口量	出口额	出口量	出口额
吉布提					10.00	4.13			11.00	7.02
巴基斯坦	529.43	110.06	116.15	25.72	81.85	19.86	4.88	4.96	7.30	4.03
新加坡	1 538.93	388.36	280.00	106.58	2.00	0.54	180.00	62.10	5.63	1.52
埃　及	225.00	56.31	16.00	6.62					1.04	0.19
德　国	1.07	0.36	0.57	0.21	0.22	0.07	0.14	0.04	0.08	0.02
新西兰	3.84	2.01	101.58	37.24			730.95	134.23		
刚果（金）	236.90	68.74					9.60	1.58		
日　本	4.78	2.20					2.74	2.55		
哥斯达黎加							0.02	0.01		
澳大利亚							0.01	0.07		
委内瑞拉			35 530.00	13 163.28	5 250.00	1 801.79				
阿鲁巴	25.00	9.58	7.86	3.34	23.59	8.57				
美　国	0.04	0.01	0.03	0.01	0.01	0.00				
苏　丹	243.00	85.27	943.65	343.50						
沙特阿拉伯	1 163.83	316.11	608.94	237.08						
毛里塔尼亚	815.60	255.13	514.85	199.29						
菲律宾	1 424.70	573.22	396.93	186.55						
黎巴嫩	1 064.44	318.44	389.22	165.84						
塞内加尔	418.30	106.20	344.65	122.99						
科特迪瓦	432.35	117.33	285.00	108.02						
刚果（布）	391.00	125.33	252.00	99.38						
斯里兰卡	88.00	28.83	229.00	85.83						
加　纳	323.90	105.35	224.90	88.25						
孟加拉国	4 411.09	1 354.13	220.20	81.91						
土耳其	1 025.73	294.05	185.13	65.92						
贝　宁	302.00	106.12	182.83	72.85						
喀麦隆	176.00	51.58	165.32	60.06						
伊　朗	2.00	0.22	141.12	49.22						
约　旦	282.59	73.60	137.74	53.34						
莫桑比克	195.00	53.54	94.75	36.29						
科威特	897.71	252.30	93.51	42.40						
毛里求斯	488.60	131.82	92.00	33.50						
叙利亚	365.50	91.38	70.16	26.79						
坦桑尼亚	78.15	20.49	70.00	25.73						

（续）

目的地	2007 年		2008 年		2009 年		2010 年		2011 年	
	出口量	出口额	出口量	出口额	出口量	出口额	出口量	出口额	出口量	出口额
安哥拉	275.94	40.46	67.48	30.64						
加　蓬	112.50	33.69	66.75	17.97						
多　哥	316.60	89.15	50.00	20.02						
利比里亚	79.20	26.16	47.50	21.47						
布基纳法索	25.00	6.16	45.60	16.99						
几内亚	222.73	70.03	36.00	13.39						
马达加斯加			34.00	14.80						
圣多美和普林西比	72.20	25.45	32.00	13.16						
卡塔尔	119.64	35.89	29.13	14.81						
也　门	566.10	152.19	26.00	8.53						
俄罗斯	25.00	9.38	25.00	9.95						
巴　林	209.60	61.00	24.93	8.11						
阿　曼	14.00	4.25	24.01	8.85						
巴布亚新几内亚	16.00	6.16	15.00	6.00						
圭亚那			11.20	4.42						
布隆迪			1.44	0.75						
佛得角	16.50	4.54	0.50	0.24						
摩洛哥	62.50	15.02	0.00	0.00						
尼日尔	50.00	12.80	0.00	0.00						
印　度	259.62	69.73								
印度尼西亚	89.00	22.46								
以色列	1 598.22	374.32								
哈萨克斯坦	195.00	47.29								
土库曼斯坦	23.00	7.25								
乌兹别克斯坦	45.00	11.09								
冈比亚	206.93	60.65								
几内亚比绍	0.45	0.10								
肯尼亚	18.00	3.99								
马拉维	23.00	7.74								
马　里	34.00	8.45								
塞拉利昂	127.00	37.31								
南　非	45.00	10.58								
格鲁吉亚	64.50	13.96								
亚美尼亚	39.50	11.58								
海　地	51.00	18.16								
洪都拉斯	50.00	12.20								
苏里南	88.00	30.68								

6-3-36 2007—2011年全国奶粉出口量值（出口地区）

单位：吨、万美元

出口地区	2007年		2008年		2009年		2010年		2011年	
	出口量	出口额	出口量	出口额	出口量	出口额	出口量	出口额	出口量	出口额
全国合计	**62 038.32**	**17 391.25**	**63 771.29**	**23 669.34**	**9 737.53**	**3 085.97**	**2 969.70**	**942.89**	**9 327.20**	**3 710.94**
内蒙古	4 301.03	1 208.87	5 098.06	1 799.54	2 914.00	802.07	136.00	45.21	5 372.00	1 892.27
广东	1 009.13	274.90	446.09	214.05	46.41	25.99	113.75	64.37	1 317.50	800.74
云南	7 894.30	1 818.90	3 573.82	1 176.59	1 535.65	473.11	1 322.93	469.54	1 241.00	486.75
山东	6 263.51	1 616.79	15 858.32	5 900.67	553.89	195.30	171.40	42.35	930.20	357.24
黑龙江	32 424.96	9 717.10	35 147.54	13 271.32	4 327.71	1 481.18	96.13	38.96	146.59	64.95
福建	0.00	0.00							100.00	31.30
安徽	100.00	23.74	35.00	11.90	40.00	8.00	0.02	0.01	75.00	25.24
辽宁	843.49	232.62	635.14	219.72	155.00	50.81	183.58	63.78	57.01	8.49
陕西	504.65	135.09	400.00	152.32	70.00	24.57	86.70	45.56	36.00	22.20
上海	754.41	196.22	160.92	55.62	3.00	0.95	18.79	15.56	21.66	10.57
天津	2 422.80	687.40	423.33	161.48			810.63	147.50	18.48	2.89
浙江	153.30	37.63	12.30	2.09					7.00	1.33
吉林	174.78	43.08	0.30	0.08					4.75	6.97
北京	1 354.85	363.31	857.25	318.62	10.00	4.13	25.82	5.61		
四川	6.10	0.79	0.01	0.00	0.02	0.01	3.94	4.39		
江苏	341.83	73.04	16.40	5.29			0.01	0.07		
新疆	435.98	104.41	116.15	25.72	81.85	19.86				
河北	1 346.83	354.68	696.95	247.65						
江西	1 217.35	387.85	148.01	54.15						
宁夏	75.00	19.86	100.00	35.00						
河南	406.05	92.04	45.70	17.53						
湖北	8.00	2.94								

6-3-37 2007—2011年全国炼乳出口量值（目的地）

单位：吨、万美元

目的地	2007年		2008年		2009年		2010年		2011年	
	出口量	出口额	出口量	出口额	出口量	出口额	出口量	出口额	出口量	出口额
合　计	**14 836.65**	**1 823.43**	**8 054.15**	**1 171.06**	**3 691.95**	**571.11**	**3 443.52**	**590.28**	**3 130.18**	**599.33**
中国香港	7 714.64	807.28	4 913.28	757.41	3 483.49	519.52	3 137.52	554.38	2 841.95	569.84
新加坡	1 212.07	72.73	1 332.53	95.75	60.19	4.61	151.19	11.87	227.79	22.95
澳大利亚							39.06	2.88	48.17	5.30
加　纳	1.52	0.52					26.72	2.05	12.17	0.92
泰　国									0.09	0.01
沙特阿拉伯									0.00	0.32
以色列			17.34	3.43	52.01	15.20	47.94	10.71		
安哥拉	2 308.08	268.91	342.30	67.08			37.04	7.72		
朝　鲜	1.20	0.10					4.05	0.68		
乌干达					44.17	21.86				
喀麦隆	49.02	6.84	181.41	37.28	21.33	4.63				
洪都拉斯					19.66	2.38				
佛得角	9.10	1.34	34.22	7.34	11.00	2.88				
韩　国	0.50	0.15	0.41	0.13	0.12	0.03				
中国台湾	810.56	107.56	594.58	112.34						
日　本	784.00	116.37	156.80	23.27						
越　南			128.59	17.03						
苏里南	33.50	4.17	92.98	9.17						
蒙　古	18.19	3.60	69.66	13.58						
多　哥	49.02	6.84	49.25	9.12						
圭亚那	73.57	7.17	35.57	3.46						
肯尼亚			24.75	2.50						
土库曼斯坦			23.59	3.04						
利比亚			21.10	4.15						
智　利			17.78	2.30						
海　地	74.67	8.80	15.34	2.50						
菲律宾	1 340.30	354.04	2.24	0.15						
巴　西	2.18	0.16	0.46	0.04						
印　度	106.40	23.91								
中国澳门	4.34	0.23								
马来西亚	1.87	0.13								
刚果（布）	23.97	3.13								
几内亚	195.25	27.03								
伯利兹	22.68	2.41								

6-3-38　2007—2011 年全国炼乳出口量值（出口地区）

单位：吨、万美元

出口地区	2007 年		2008 年		2009 年		2010 年		2011 年	
	出口量	出口额	出口量	出口额	出口量	出口额	出口量	出口额	出口量	出口额
全国合计	**14 836.65**	**1 823.43**	**8 054.15**	**1 171.06**	**3 691.95**	**571.11**	**3 443.52**	**590.28**	**3 130.18**	**599.33**
山　东	7 736.60	862.03	5 074.08	828.16	3 475.73	519.02	2 995.17	537.23	2 433.88	516.05
广　东	1 736.36	233.20	730.57	141.28	196.57	49.71	422.21	49.36	696.30	83.28
浙　江	1 365.01	128.69	359.21	42.15	19.66	2.38	22.09	3.01		
上　海							4.05	0.68		
天　津	1 758.22	97.44	1 671.99	123.39						
黑龙江	2 138.51	489.97	185.30	32.50						
江　苏			24.75	2.50						
北　京	96.42	11.76	8.26	1.08						
吉　林	1.20	0.10								
内蒙古	4.34	0.23								

6-3-39 2007—2011 年全国乳清出口量值（目的地）

单位：吨、万美元

目的地	2007 年		2008 年		2009 年		2010 年		2011 年	
	出口量	出口额	出口量	出口额	出口量	出口额	出口量	出口额	出口量	出口额
合　计	**4 066.35**	**394.00**	**4 309.97**	**491.11**	**316.09**	**33.88**	**445.54**	**80.06**	**1 149.59**	**145.92**
多　哥			78.57	11.01					358.56	39.13
阿尔巴尼亚	179.00	22.29	119.69	18.52	119.13	18.86	158.82	28.64	238.00	45.94
中国台湾			208.00	13.52	1.00	0.89			100.00	6.80
越　南	270.96	25.92	728.69	76.53					100.00	9.74
喀麦隆					22.06	2.25			96.00	9.80
莫桑比克	17.95	2.40	61.03	7.87	41.56	4.83	22.09	2.99	63.79	10.51
贝　宁	16.32	2.67	16.48	2.69					48.00	5.48
乌兹别克斯坦	51.98	4.85							38.67	5.02
美　国	306.40	20.49	76.33	12.51			6.12	23.87	35.65	3.30
日　本	44.38	11.21							25.00	3.61
冈比亚	16.32	2.52							21.60	2.52
中国澳门	20.36	1.87	3.92	0.43	7.42	1.06	12.16	1.74	11.35	1.62
中国香港	73.32	8.91	23.74	1.11	124.93	6.00			8.98	1.97
朝　鲜							9.00	1.10	4.00	0.49
韩　国							157.75	12.34		
新加坡	6.60	0.53	191.95	19.90			60.00	4.74		
哥伦比亚							19.60	4.64		
智　利			43.78	5.40						
印度尼西亚										
伊拉克			19.19	2.44						
沙特阿拉伯			39.31	6.37						
葡萄牙	2.94	0.75								
缅　甸	20.59	1.98	41.18	4.40						
毛里塔尼亚			32.97	5.31						
马拉维			44.33	4.90						
加　纳			32.64	5.24						
加拿大	32.98	2.35	52.77	3.53						
几内亚			93.98	11.78						
格鲁吉亚	37.48	3.27								
刚果（布）			32.97	5.31						
菲律宾	7.08	0.55	38.75	4.53						
伯利兹			40.15	5.15						
比利时	19.38	1.08								
安哥拉	2 942.31	280.37	2 272.60	259.88						
阿　曼			16.97	2.79						

6-3-40　2007—2011年全国乳清出口量值（出口地区）

单位：吨、万美元

出口地区	2007年		2008年		2009年		2010年		2011年	
	出口量	出口额	出口量	出口额	出口量	出口额	出口量	出口额	出口量	出口额
全国合计	**4 066.35**	**394.00**	**4 309.97**	**491.11**	**316.09**	**33.88**	**445.54**	**80.06**	**1 149.59**	**145.92**
浙　江	3 450.17	333.63	3 633.57	421.60	144.03	20.45	183.91	31.99	873.59	120.36
天　津							60.00	4.74	260.65	23.45
广　东	20.36	1.87	3.92	0.43	7.42	1.06	12.16	1.74	11.35	1.62
辽　宁	44.38	11.21					6.00	0.74	4.00	0.49
上　海	0.22	0.16	210.40	21.01			163.87	36.20		
江　苏	192.68	23.38	119.69	18.52	39.71	6.37	19.60	4.64		
河　北					124.93	6.00				
山　东	358.54	23.77	342.39	29.55						

6-3-41　2011年全国乳制品进口量（月度）

单位：吨

月　份	乳制品	液态奶			干乳制品					
		合计	鲜奶	酸奶	合计	奶油	干酪	奶粉	炼乳	乳清
合　计	**906 063.52**	**43 085.89**	**40 539.83**	**2 546.06**	**862 977.63**	**35 675.52**	**28 602.74**	**449 541.86**	**4 913.49**	**344 244.02**
01	96 408.18	2 716.47	2 393.26	323.21	93 691.71	3 765.70	2 234.30	57 823.56	489.54	29 378.62
02	72 780.79	1 662.90	1 526.27	136.63	71 117.89	2 251.65	1 432.01	48 318.42	197.14	18 918.67
03	90 742.52	3 193.79	2 933.92	259.87	87 548.73	3 565.13	3 004.67	58 199.98	594.11	22 184.83
04	98 344.33	2 883.17	2 606.78	276.40	95 461.16	3 156.87	2 351.95	66 516.57	580.78	22 854.99
05	69 454.80	2 997.65	2 767.65	230.01	66 457.15	4 171.25	2 615.48	37 683.50	478.11	21 508.80
06	60 392.41	3 732.37	3 624.76	107.62	56 660.04	2 326.28	2 758.58	27 931.11	195.27	23 448.81
07	61 425.22	4 828.86	4 520.57	308.29	56 596.37	2 297.40	2 140.64	27 395.09	346.66	24 416.57
08	58 546.19	1 821.78	1 571.28	250.50	56 724.41	2 576.36	1 959.97	21 037.21	100.84	31 050.02
09	58 901.92	3 688.62	3 503.94	184.69	55 213.30	2 788.81	2 582.89	15 167.43	193.16	34 481.01
10	56 510.42	2 040.19	1 918.18	122.02	54 470.22	2 470.57	2 111.06	19 257.74	290.29	30 340.56
11	82 348.31	4 534.39	4 384.59	149.80	77 813.92	2 875.98	2 784.08	34 077.79	532.42	37 543.64
12	100 112.69	8 966.35	8 769.72	196.63	91 146.35	3 429.52	2 569.83	36 183.49	814.96	48 148.54

6-3-42 2011 年全国乳制品进口额（月度）

单位：万美元

月 份	乳制品	液态奶			干乳制品					
		合计	鲜奶	酸奶	合计	奶油	干酪	奶粉	炼乳	乳清
合 计	**262 019.46**	**6 941.51**	**6 049.02**	**892.49**	**255 077.95**	**18 368.42**	**13 907.45**	**164 544.50**	**1 155.41**	**57 102.19**
01	27 174.55	533.57	429.23	104.34	26 640.98	1 725.51	1 075.23	19 742.77	112.95	3 984.51
02	21 681.54	337.19	300.04	37.15	21 344.35	1 100.43	638.98	16 821.40	46.46	2 737.08
03	27 972.19	617.00	526.12	90.88	27 355.19	1 746.78	1 413.34	20 443.44	129.14	3 622.49
04	31 198.79	546.35	448.77	97.57	30 652.44	1 643.85	1 132.34	23 955.31	129.58	3 791.35
05	21 980.91	528.27	446.88	81.38	21 452.64	2 185.61	1 280.28	14 195.10	126.42	3 665.23
06	17 810.06	553.39	503.52	49.86	17 256.68	1 358.47	1 247.23	11 107.44	45.40	3 498.14
07	18 000.64	676.58	581.87	94.71	17 324.05	1 302.62	1 079.38	10 834.01	68.01	4 040.04
08	16 331.01	346.06	248.93	97.13	15 984.95	1 473.10	988.68	8 547.00	26.10	4 950.08
09	15 718.55	636.36	562.93	73.43	15 082.19	1 514.32	1 300.46	5 915.52	51.82	6 300.07
10	15 431.87	385.55	349.53	36.01	15 046.32	1 273.26	1 079.27	7 366.18	72.86	5 254.76
11	23 059.18	730.34	662.28	68.06	22 328.83	1 450.18	1 387.93	12 564.66	140.15	6 785.92
12	25 698.03	1 048.99	986.96	62.04	24 649.03	1 594.40	1 303.14	13 060.36	181.71	8 509.41

6-3-43 2011 年全国乳制品出口量（月度）

单位：吨

月 份	乳制品	液态奶			干乳制品					
		合计	鲜奶	酸奶	合计	奶油	干酪	奶粉	炼乳	乳清
合 计	**43 324.93**	**26 020.12**	**25 169.39**	**850.73**	**17 304.80**	**3 358.96**	**338.87**	**9 327.20**	**3 130.18**	**1 459.17**
01	3 427.46	2 443.94	2 354.99	88.95	983.53	31.80	68.12	624.50	183.72	75.39
02	2 511.53	1 708.18	1 643.72	64.46	803.35	2.00	5.48	433.05	149.63	213.19
03	3 668.56	2 019.86	1 928.92	90.94	1 648.70	413.49	23.22	814.76	296.64	100.60
04	3 430.12	2 065.99	1 966.68	99.31	1 364.13	403.61	24.01	585.47	308.16	42.89
05	4 066.20	2 182.69	2 081.55	101.15	1 883.51	392.37	43.61	1 071.91	237.03	138.60
06	3 818.01	2 131.37	2 044.14	87.23	1 686.64	495.07	43.58	636.90	399.17	111.92
07	4 480.00	2 329.11	2 244.04	85.07	2 150.90	285.73	23.97	1 256.00	332.81	252.38
08	3 434.32	2 196.25	2 164.88	31.38	1 238.07	183.67	21.98	856.23	175.08	1.12
09	3 190.88	2 217.09	2 143.90	73.20	973.79	185.49	16.29	401.79	321.14	49.07
10	3 341.77	2 035.80	1 991.73	44.07	1 305.97	139.28	31.70	896.48	198.77	39.74
11	3 891.31	2 385.04	2 344.72	40.32	1 506.27	357.68	22.89	836.32	211.44	77.95
12	4 063.03	2 304.80	2 260.14	44.66	1 758.22	468.48	12.60	913.79	316.60	46.75

6-3-44 2011年全国乳制品出口额（月度）

单位：万美元

月份	乳制品	液态奶			干乳制品					
		合计	鲜奶	酸奶	合计	奶油	干酪	奶粉	炼乳	乳清
合计	**7 966.23**	**2 140.17**	**2 061.00**	**79.17**	**5 826.06**	**1 192.87**	**177.01**	**3 710.94**	**599.33**	**145.92**
01	513.17	187.78	179.17	8.61	325.39	8.55	33.77	239.79	32.38	10.90
02	345.93	130.23	124.16	6.07	215.70	0.32	2.88	161.85	30.66	19.99
03	710.74	155.18	147.06	8.13	555.56	151.65	12.90	325.37	55.82	9.83
04	625.40	171.02	161.14	9.89	454.38	149.80	9.74	232.44	54.92	7.48
05	869.58	180.48	170.40	10.08	689.10	175.55	23.32	424.33	46.64	19.25
06	775.74	179.60	170.91	8.69	596.14	198.30	19.43	290.15	72.98	15.28
07	842.94	206.61	198.36	8.25	636.33	88.61	12.95	440.60	61.45	32.72
08	616.34	178.09	175.30	2.79	438.26	59.78	10.76	333.95	33.61	0.16
09	504.72	175.30	169.33	5.98	329.42	62.71	9.08	188.50	63.49	5.63
10	618.66	167.80	164.22	3.58	450.85	49.72	16.96	339.77	39.23	5.17
11	731.84	205.38	201.95	3.44	526.46	107.63	13.19	350.76	43.32	11.56
12	808.59	202.68	199.02	3.66	605.91	140.05	9.66	383.44	64.81	7.95

6-3-45 2007—2011年全国奶粉（分类）进口量值表

单位：吨、万美元、美元/吨

年份	奶粉			其中：全脂淡奶粉			其中：全脂甜奶粉			其中：脱脂奶粉		
	数量	金额	单价	数量	金额	单价	数量	金额	单价	数量	金额	单价
2007	98 171.04	32 394.23	3 299.77	51 242.57	16 134.52	3 148.66	6 512.42	2 013.99	3 092.53	40 416.05	14 245.72	3 524.77
2008	100 930.09	39 787.89	3 942.12	43 839.18	17 452.30	3 980.98	2 125.89	835.22	3 928.78	54 965.02	21 500.38	3 911.65
2009	246 787.44	58 040.89	2 351.86	174 969.38	41 953.17	2 397.74	1 375.24	486.48	3 537.41	70 442.82	15 601.24	2 214.74
2010	414 039.80	138 810.02	3 352.58	324 707.81	110 430.86	3 400.93	788.08	976.38	12 389.30	88 543.91	27 402.79	3 094.83
2011	449 541.86	164 544.50	3 660.27	318 049.39	117 848.40	3 705.35	1 687.00	1 131.97	6 709.93	129 805.47	45 564.13	3 510.19

6-3-46　2007—2011 年全国奶粉（分类）出口量值表

单位：吨、万美元、美元/吨

年份	奶粉			其中：全脂淡奶粉			其中：全脂甜奶粉			其中：脱脂奶粉		
	数量	金额	单价	数量	金额	单价	数量	金额	单价	数量	金额	单价
2007	62 038.32	17 391.25	2 803.31	48 566.34	13 741.82	2 829.49	9 062.99	2 141.60	2 363.02	4 408.99	1 507.83	3 419.90
2008	63 771.29	23 669.34	3 711.60	59 295.12	22 044.74	3 717.80	3 091.75	1 027.10	3 322.08	1 384.42	597.50	4 315.88
2009	9 737.53	3 085.97	3 169.15	8 050.70	2 561.05	3 181.15	1 686.58	524.84	3 111.86	0.25	0.08	3 372.00
2010	2 969.70	942.89	3 175.05	605.95	198.38	3 273.86	2 174.54	675.47	3 106.28	189.20	69.04	3 648.86
2011	9 327.20	37 109.37	3 978.62	6 561.67	23 601.97	3 596.94	2 566.24	12 596.84	4 908.67	199.28	910.56	4 569.25

6-3-47　2007—2011 年全国婴幼儿配方奶粉进出口量值

单位：吨、万美元、美元/吨

年　份	进口			出口		
	进口量	进口额	进口单价	出口量	出口额	出口单价
2007	35 792.16	24 710.42	6 903.87	117.60	52.37	4 452.80
2008	42 179.45	39 588.51	9 385.73	115.44	49.39	4 278.40
2009	62 442.16	60 452.22	9 681.31	151.75	87.60	5 772.80
2010	66 386.01	68 825.61	10 367.49	182.09	99.24	5 449.96
2011	78 259.48	86 103.58	11 002.32	303.01	206.95	6 829.69

Ⅶ. 乳制品消费

7-1 居民收支

7-1-1 1992—2011 年全国城镇居民人均可支配收入

单位：元

年份	收入
1992	2 026.6
1993	2 577.4
1994	3 496.2
1995	4 283.0
1996	4 838.9
1997	5 160.3
1998	5 425.1
1999	5 854.0
2000	6 280.0
2001	6 859.6
2002	7 702.8
2003	8 472.2
2004	9 421.6
2005	10 493.0
2006	11759.5
2007	13 785.8
2008	15 780.8
2009	17 174.7
2010	19 109.4
2011	21 809.8

7-1-2 2007—2011 年全国各地区城镇居民人均可支配收入

单位：元

地 区	2007 年	2008 年	2009 年	2010 年	2011 年
全 国	**13 785.80**	**15 780.76**	**17 174.65**	**19 109.44**	**21 809.78**
北 京	21 988.71	24 724.89	26 738.48	29 072.93	32 903.03
天 津	16 357.35	19 422.53	21 402.01	24 292.60	26 920.86
河 北	11 690.47	13 441.09	14 718.25	16 263.43	18 292.23
山 西	11 564.95	13 119.05	13 996.55	15 647.66	18 123.87
内蒙古	12 377.84	14 432.55	15 849.19	17 698.15	20 407.57
辽 宁	12 300.39	14 392.69	15 761.38	17 712.58	20 466.84
吉 林	11 285.52	12 829.45	14 006.27	15 411.47	17 796.57
黑龙江	10 245.28	11 581.28	12 565.98	13 856.51	15 696.18
上 海	23 622.73	26 674.90	28 837.78	31 838.08	36 230.48
江 苏	16 378.01	18 679.52	20 551.72	22 944.26	26 340.73
浙 江	20 573.82	22 726.66	24 610.81	27 359.02	30 970.68
安 徽	11 473.58	12 990.35	14 085.74	15 788.17	18 606.13
福 建	15 506.05	17 961.45	19 576.83	21 781.31	24 907.40
江 西	11 451.69	12 866.44	14 021.54	15 481.12	17 494.87
山 东	14 264.70	16 305.41	17 811.04	19 945.83	22 791.84
河 南	11 477.05	13 231.11	14 371.56	15 930.26	18 194.80
湖 北	11 485.80	13 152.86	14 367.48	16 058.37	18 373.87
湖 南	12 293.54	13 821.16	15 084.31	16 565.70	18 844.05
广 东	17 699.30	19 732.86	21 574.72	23 897.80	26 897.48
广 西	12 200.44	14 146.04	15 451.48	17 063.89	18 854.06
海 南	10 996.87	12 607.84	13 750.85	15 581.05	18 368.95
重 庆	12 590.78	14 367.55	15 748.67	17 532.43	20 249.70
四 川	11 098.28	12 633.38	13 839.40	15 461.16	17 899.12
贵 州	10 678.40	11 758.76	12 862.53	14 142.74	16 495.01
云 南	11 496.11	13 250.22	14 423.93	16 064.54	18 575.62
西 藏	11 130.93	12 481.51	13 544.41	14 980.47	16 195.56
陕 西	10 763.34	12 857.89	14 128.76	15 695.21	18 245.23
甘 肃	10 012.34	10 969.41	11 929.78	13 188.55	14 988.68
青 海	10 276.06	11 640.43	12 691.85	13 854.99	15 603.31
宁 夏	10 859.33	12 931.53	14 024.70	15 344.49	17 578.92
新 疆	10 313.44	11 432.10	12 257.52	13 643.77	15 513.62

7-1-3 1992—2011年全国城镇居民人均消费性支出

单位：元

年份	支出
1992	1 671.73
1993	2 110.81
1994	2 851.34
1995	3 537.57
1996	3 919.47
1997	4 186.00
1998	4 331.61
1999	4 615.91
2000	4 998.00
2001	5 309.01
2002	6 029.88
2003	6 510.94
2004	7 182.00
2005	7 942.88
2006	8 696.55
2007	9 997.47
2008	11 242.85
2009	12 264.55
2010	13 471.45
2011	15 160.89

7-1-4　2007—2011 年全国各地区城镇居民人均消费性支出

单位：元

地　区	2007 年	2008 年	2009 年	2010 年	2011 年
全　国	**9 997.47**	**11 242.85**	**12 264.55**	**13 471.45**	**15 160.89**
北　京	15 330.44	16 460.26	17 893.30	19 934.48	21 984.37
天　津	12 028.88	13 422.47	14 801.35	16 561.77	18 424.09
河　北	8 234.97	9 086.73	9 678.75	10 318.32	11 609.29
山　西	8 101.84	8 806.55	9 355.10	9 792.65	11 354.30
内蒙古	9 281.46	10 828.62	12 369.87	13 994.62	15 878.07
辽　宁	9 429.73	11 231.48	12 324.58	13 280.04	14 789.61
吉　林	8 560.30	9 729.05	10 914.44	11 679.04	13 010.63
黑龙江	7 519.28	8 622.97	9 629.60	10 683.92	12 054.19
上　海	17 255.38	19 397.89	20 992.35	23 200.40	25 102.14
江　苏	10 715.15	11 977.55	13 153.00	14 357.49	16 781.74
浙　江	14 091.19	15 158.30	16 683.48	17 858.20	20 437.45
安　徽	8 531.90	9 524.04	10 233.98	11 512.55	13 181.46
福　建	11 055.13	12 501.12	13 450.57	14 750.01	16 661.05
江　西	7 810.73	8 717.37	9 739.99	10 618.69	11 747.21
山　东	9 666.61	11 006.61	12 012.73	13 118.24	14 560.67
河　南	7 826.72	8 837.46	9 566.99	10 838.49	12 336.47
湖　北	8 701.18	9 477.51	10 294.07	11 450.97	13 163.77
湖　南	8 990.72	9 945.52	10 828.23	11 825.33	13 402.87
广　东	14 336.87	15 527.97	16 857.50	18 489.53	20 251.82
广　西	8 151.26	9 627.40	10 352.38	11 490.08	12 848.37
海　南	8 292.89	9 408.48	10 086.65	10 926.71	12 642.75
重　庆	9 890.31	11 146.80	12 144.06	13 335.02	14 974.49
四　川	8 691.99	9 679.14	10 860.20	12 105.09	13 696.30
贵　州	7 758.69	8 349.21	9 048.29	10 058.29	11 352.88
云　南	7 921.83	9 076.61	10 201.81	11 074.08	12 248.03
西　藏	7 532.07	8 323.54	9 034.31	9 685.54	10 398.91
陕　西	8 427.06	9 772.07	10 705.67	11 821.88	13 782.75
甘　肃	7 875.78	8 308.62	8 890.79	9 895.35	11 188.57
青　海	7 512.39	8 192.56	8 786.52	9 613.79	10 955.46
宁　夏	7 817.28	9 558.29	10 280.00	11 334.43	12 896.04
新　疆	7 874.27	8 669.36	9 327.55	10 197.09	11 839.40

7-1-5　1992—2011 年全国农村居民人均纯收入

单位：元

年份	收入
1992	784.00
1993	921.60
1994	1 221.00
1995	1 577.74
1996	1 926.10
1997	2 090.10
1998	2 162.00
1999	2 210.30
2000	2 253.42
2001	2 366.40
2002	2 475.60
2003	2 622.20
2004	2 936.40
2005	3 254.93
2006	3 587.00
2007	4 140.40
2008	4 760.62
2009	5 153.17
2010	5 919.01
2011	6 977.29

7-1-6 2007—2011年全国各地区农村居民人均纯收入

单位：元

地区	2007年	2008年	2009年	2010年	2011年
全国	**4 140.40**	**4 760.62**	**5 153.17**	**5 919.01**	**6 977.29**
北京	9 439.63	10 661.92	11 668.59	13 262.29	14 735.68
天津	7 010.06	7 910.78	8 687.56	10 074.86	12 321.22
河北	4 293.43	4 795.46	5 149.67	5 957.98	7 119.69
山西	3 665.66	4 097.24	4 244.10	4 736.25	5 601.40
内蒙古	3 953.10	4 656.18	4 937.80	5 529.59	6 641.56
辽宁	4 773.43	5 576.48	5 958.00	6 907.93	8 296.54
吉林	4 191.34	4 932.74	5 265.91	6 237.44	7 509.95
黑龙江	4 132.29	4 855.59	5 206.76	6 210.72	7 590.68
上海	10 144.62	11 440.26	12 482.94	13 977.96	16 053.79
江苏	6 561.01	7 356.47	8 003.54	9 118.24	10 804.95
浙江	8 265.15	9 257.93	10 007.31	11 302.55	13 070.69
安徽	3 556.27	4 202.49	4 504.32	5 285.17	6 232.21
福建	5 467.08	6 196.07	6 680.18	7 426.86	8 778.55
江西	4 044.70	4 697.19	5 075.01	5 788.56	6 891.63
山东	4 985.34	5 641.43	6 118.77	6 990.28	8 342.13
河南	3 851.60	4 454.24	4 806.95	5 523.73	6 604.03
湖北	3 997.48	4 656.38	5 035.26	5 832.27	6 897.92
湖南	3 904.20	4 512.46	4 909.04	5 621.96	6 567.06
广东	5 624.04	6 399.79	6 906.93	7 890.25	9 371.73
广西	3 224.05	3 690.34	3 980.44	4 543.41	5 231.33
海南	3 791.37	4 389.97	4 744.36	5 275.37	6 446.01
重庆	3 509.29	4 126.21	4 478.35	5 276.66	6 480.41
四川	3 546.69	4 121.21	4 462.05	5 086.89	6 128.55
贵州	2 373.99	2 796.93	3 005.41	3 471.93	4 145.35
云南	2 634.09	3 102.60	3 369.34	3 952.03	4 721.99
西藏	2 788.20	3 175.82	3 531.72	4 138.71	4 904.28
陕西	2 644.69	3 136.46	3 437.55	4 104.98	5 027.87
甘肃	2 328.92	2 723.79	2 980.10	3 424.65	3 909.37
青海	2 683.78	3 061.24	3 346.15	3 862.68	4 608.46
宁夏	3 180.84	3 681.42	4 048.33	4 674.89	5 409.95
新疆	3 182.97	3 502.90	3 883.10	4 642.67	5 442.15

7-1-7 1992—2011年全国农村居民人均生活消费性支出

单位：元

年份	支出
1992	659.79
1993	769.65
1994	1 016.81
1995	1 310.36
1996	1 572.08
1997	1 617.00
1998	1 590.33
1999	1 577.42
2000	1 670.13
2001	1 741.09
2002	1 834.31
2003	1 943.30
2004	2 185.00
2005	2 555.40
2006	2 829.02
2007	3 223.85
2008	3 660.68
2009	3 993.45
2010	4 381.82
2011	5 221.13

7-1-8 2007—2011年全国各地区农村居民人均消费性支出

单位：元

地 区	2007年	2008年	2009年	2010年	2011年
全 国	**3 223.85**	**3 660.68**	**3 993.45**	**4 381.82**	**5 221.13**
北 京	6 399.27	7 284.65	8 897.59	9 254.77	11 077.66
天 津	3 538.31	3 825.43	4 273.15	4 936.73	6 725.42
河 北	2 786.77	3 125.55	3 349.74	3 844.92	4 711.16
山 西	2 682.57	3 097.54	3 304.76	3 663.86	4 586.98
内蒙古	3 256.15	3 618.11	3 968.42	4 460.83	5 507.72
辽 宁	3 368.16	3 814.03	4 254.03	4 489.50	5 406.41
吉 林	3 065.44	3 443.24	3 902.90	4 147.36	5 305.75
黑龙江	3 117.44	3 844.73	4 241.27	4 391.17	5 333.61
上 海	8 844.88	9 119.67	9 804.37	10 210.46	11 049.32
江 苏	4 786.15	5 328.37	5 804.45	6 542.87	8 094.57
浙 江	6 801.60	7 534.09	7 731.70	8 928.89	9 965.08
安 徽	2 754.04	3 284.11	3 655.02	4 013.31	4 957.29
福 建	4 053.47	4 661.94	5 015.72	5 498.33	6 540.85
江 西	2 994.49	3 309.21	3 532.66	3 911.61	4 659.87
山 东	3 621.57	4 077.05	4 417.18	4 807.18	5 900.57
河 南	2 676.41	3 044.21	3 388.47	3 682.21	4 319.95
湖 北	3 090.00	3 652.57	3 725.24	4 090.78	5 010.74
湖 南	3 377.38	3 804.97	4 020.87	4 310.37	5 179.36
广 东	4 202.32	4 872.46	5 019.81	5 515.58	6 725.55
广 西	2 747.47	2 985.03	3 231.14	3 455.29	4 210.89
海 南	2 556.56	2 883.10	3 088.56	3 446.24	4 166.13
重 庆	2 526.70	2 884.92	3 142.14	3 624.62	4 502.06
四 川	2 747.27	3 127.94	4 141.40	3 897.53	4 675.47
贵 州	1 913.71	2 165.70	2 421.95	2 852.48	3 455.78
云 南	2 637.18	2 990.61	2 924.85	3 398.33	3 999.87
西 藏	2 217.62	2 199.59	2 399.47	2 666.92	2 741.60
陕 西	2 559.59	2 979.37	3 349.23	3 793.80	4 491.71
甘 肃	2 017.21	2 400.95	2 766.45	2 941.99	3 664.91
青 海	2 446.50	2 896.62	3 209.41	3 774.50	4 536.81
宁 夏	2 528.76	3 094.86	3 347.94	4 013.17	4 726.64
新 疆	2 350.58	2 691.79	2 950.63	3 457.88	4 397.82

7－1－9　1992—2011年全国城镇居民家庭人均食品消费性支出

单位：元

年份	支出
1992	884.82
1993	1 058.20
1994	1 422.49
1995	1 771.99
1996	1 904.71
1997	1 942.59
1998	1 926.90
1999	1 932.10
2000	1 971.32
2001	2 014.02
2002	2 271.84
2003	2 416.92
2004	2 709.60
2005	2 914.39
2006	3 111.92
2007	3 628.03
2008	4 259.81
2009	4 478.54
2010	4 804.71
2011	5 506.33

7-1-10 2007—2011年全国各地区城镇居民家庭人均食品消费性支出

单位：元

地区	2007年	2008年	2009年	2010年	2011年
全国	**3 628.03**	**4 259.81**	**4 478.54**	**4 804.71**	**5 506.33**
北京	4 934.05	5 561.54	5 936.11	6 392.90	6 905.51
天津	4 249.31	5 005.09	5 404.53	5 940.44	6 663.31
河北	2 789.85	3 155.40	3 250.77	3 335.23	3 927.26
山西	2 600.37	2 974.76	3 071.93	3 052.57	3 558.04
内蒙古	2 824.89	3 553.48	3 772.63	4 211.48	4 962.40
辽宁	3 560.21	4 378.14	4 680.85	4 658.00	5 254.96
吉林	2 842.68	3 307.14	3 637.32	3 767.85	4 252.85
黑龙江	2 633.18	3 128.10	3 397.41	3 784.72	4 348.45
上海	6 125.45	7 108.62	7 344.83	7 776.98	8 905.95
江苏	3 928.71	4 544.64	4 773.67	5 243.14	6 060.91
浙江	4 892.58	5 522.56	5 604.72	6 118.46	7 066.22
安徽	3 384.38	3 905.05	4 051.40	4 369.63	5 246.76
福建	4 296.22	5 078.85	5 336.36	5 790.72	6 534.94
江西	3 192.61	3 633.05	3 881.56	4 195.38	4 675.16
山东	3 180.64	3 699.42	3 954.34	4 205.88	4 827.61
河南	2 707.44	3 079.82	3 272.75	3 575.75	4 212.76
湖北	3 455.98	3 996.27	4 160.51	4 429.30	5 363.68
湖南	3 243.88	3 970.42	4 174.55	4 322.09	4 943.89
广东	5 056.68	5 866.91	6 225.22	6 746.62	7 471.88
广西	3 398.09	4 082.99	4 129.55	4 372.75	5 074.49
海南	3 546.67	4 226.90	4 507.81	4 895.96	5 673.65
重庆	3 674.28	4 418.34	4 576.23	5 012.56	5 847.90
四川	3 580.14	4 255.48	4 391.73	4 779.60	5 571.69
贵州	3 122.46	3 597.94	3 755.61	4 013.67	4 565.85
云南	3 562.33	4 272.29	4 460.58	4 593.49	4 802.26
西藏	3 836.51	4 262.77	4 581.60	4 847.58	5 184.18
陕西	3 063.69	3 586.13	3 988.57	4 381.40	5 040.47
甘肃	2 824.42	3 183.79	3 359.30	3 702.18	4 182.47
青海	2 803.45	3 315.94	3 548.85	3 784.81	4 260.27
宁夏	2 760.74	3 352.83	3 432.23	3 768.09	4 483.44
新疆	2 760.69	3 235.77	3 386.33	3 694.81	4 537.46

7－2　居民乳品消费

7－2－1　1995—2011年全国城镇居民家庭人均乳制品消费性支出

单位：元

年份	支出
1995	31.43
1996	36.59
1997	41.41
1998	48.05
1999	56.15
2000	68.57
2001	80.06
2002	104.76
2003	124.70
2004	132.37
2005	138.62
2006	150.23
2007	160.72
2008	189.84
2009	196.14
2010	198.47
2011	234.01

7-2-2 2007—2011年全国各地区城镇居民家庭人均乳制品消费性支出

单位：元

地区	2007年	2008年	2009年	2010年	2011年
全　国	**160.72**	**189.84**	**196.14**	**198.47**	**234.01**
北　京	279.45	332.13	341.88	371.04	384.52
天　津	182.18	211.11	205.93	236.06	252.24
河　北	150.19	169.14	166.38	148.19	179.01
山　西	183.97	205.47	210.64	161.23	201.17
内蒙古	133.32	159.80	175.51	173.47	205.68
辽　宁	153.06	213.15	218.57	188.03	213.82
吉　林	120.13	126.55	146.29	109.85	141.82
黑龙江	112.49	129.59	135.19	137.02	151.50
上　海	313.04	341.69	361.73	410.27	462.70
江　苏	182.26	216.44	216.79	234.10	279.66
浙　江	169.31	210.20	206.77	219.84	274.03
安　徽	192.84	238.78	229.03	241.78	305.14
福　建	164.79	201.42	192.71	203.15	254.99
江　西	157.46	169.30	180.77	171.04	205.83
山　东	197.63	215.95	217.93	225.43	251.31
河　南	145.11	140.81	148.30	170.31	207.20
湖　北	143.62	148.87	149.54	146.55	205.33
湖　南	106.98	134.95	131.35	128.30	156.98
广　东	147.10	207.50	220.52	211.35	228.97
广　西	118.27	139.58	145.27	152.45	179.19
海　南	104.07	113.17	144.38	160.75	137.22
重　庆	181.94	204.16	214.01	234.68	268.29
四　川	161.74	190.15	211.75	203.04	238.86
贵　州	118.30	118.35	133.15	154.78	157.23
云　南	56.58	65.48	83.85	89.80	187.40
西　藏	284.90	311.74	283.24	310.55	410.33
陕　西	151.78	197.88	222.41	224.00	256.62
甘　肃	140.87	140.37	149.56	168.11	200.05
青　海	138.73	140.87	175.18	187.53	193.65
宁　夏	154.82	199.40	179.24	176.87	218.14
新　疆	132.77	148.52	151.64	164.52	197.70

7－2－3　1992—2011年全国城镇居民家庭人均酸奶购买量

单位：千克

年份	总平均	最低收入	其中：困难户	低收入户	中等偏下户	中等收入户	中等偏上户	高收入户	最高收入户
1992	0.37	0.14	0.13	0.23	0.32	0.36	0.50	0.54	0.58
1993	0.32	0.12	0.11	0.20	0.28	0.33	0.43	0.43	0.48
1994	1.04	0.14	0.13	0.17	3.95	0.29	0.33	0.53	0.53
1995	0.26	0.09	0.07	0.18	0.23	0.26	0.31	0.36	0.41
1996	0.32	0.11	0.09	0.37	0.23	0.33	0.34	0.39	0.56
1997	0.44	0.15	0.12	0.27	0.34	0.44	0.58	0.61	0.78
1998	0.64	0.28	0.19	0.34	0.48	0.57	0.80	1.11	1.16
1999	0.87	0.39	0.34	0.52	0.65	0.80	1.14	1.32	1.47
2000	1.12	0.51	0.41	0.62	0.88	1.09	1.42	1.52	2.06
2001	1.36	0.55	0.46	0.78	1.10	1.30	1.69	2.17	2.27
2002	1.80	0.51	0.34	0.98	1.35	1.76	2.30	2.74	3.31
2003	2.53	0.68	0.46	1.35	2.01	2.57	3.11	3.92	4.33
2004	2.85	1.05	0.75	1.60	2.36	2.96	3.56	3.96	4.82
2005	3.23	1.00	0.72	2.09	2.55	3.51	3.97	4.71	5.62
2006	3.72	1.39	1.02	2.27	3.13	3.87	4.58	5.22	6.31
2007	3.97	1.85	1.56	2.83	3.41	4.22	4.61	5.51	5.94
2008	3.54	1.60	1.36	2.43	2.98	3.74	4.32	5.04	5.49
2009	3.88	1.89	1.58	2.75	3.38	4.20	4.68	5.23	5.73
2010	3.67	1.81	1.53	2.61	3.11	3.83	4.59	4.95	5.57
2011	3.67	1.84	1.58	2.50	3.15	3.79	4.53	5.14	5.52

7-2-4 1992—2011年全国城镇居民家庭人均奶粉购买量

单位：千克

年份	总平均	最低收入	其中：困难户	低收入户	中等偏下户	中等收入户	中等偏上户	高收入户	最高收入户
1992	0.43	0.26	0.23	0.34	0.40	0.44	0.50	0.50	0.57
1993	0.42	0.22	0.19	0.31	0.36	0.49	0.48	0.54	0.62
1994	0.42	0.26	0.25	0.30	0.37	0.42	0.49	0.54	0.62
1995	0.35	0.19	0.16	0.23	0.33	0.39	0.41	0.42	0.50
1996	0.41	0.22	0.20	0.31	0.37	0.42	0.47	0.54	0.59
1997	0.41	0.23	0.20	0.34	0.37	0.40	0.46	0.52	0.61
1998	0.43	0.24	0.22	0.32	0.40	0.43	0.50	0.59	0.60
1999	0.44	0.25	0.21	0.32	0.40	0.47	0.52	0.56	0.62
2000	0.49	0.26	0.24	0.36	0.43	0.52	0.56	0.67	0.70
2001	0.50	0.29	0.27	0.34	0.46	0.52	0.56	0.62	0.74
2002	0.60	0.34	0.25	0.42	0.57	0.58	0.59	0.68	0.65
2003	0.56	0.31	0.30	0.46	0.57	0.61	0.62	0.62	0.63
2004	0.51	0.26	0.20	0.41	0.50	0.58	0.57	0.60	0.62
2005	0.52	0.28	0.24	0.42	0.51	0.54	0.59	0.63	0.71
2006	0.50	0.28	0.21	0.39	0.47	0.55	0.56	0.62	0.64
2007	0.45	0.28	0.24	0.43	0.44	0.48	0.51	0.51	0.52
2008	0.57	0.37	0.32	0.45	0.52	0.61	0.65	0.68	0.71
2009	0.48	0.25	0.24	0.38	0.41	0.51	0.58	0.60	0.74
2010	0.45	0.25	0.22	0.36	0.39	0.45	0.53	0.62	0.67
2011	0.53	0.33	0.26	0.35	0.50	0.54	0.63	0.67	0.74

7－2－5　1992—2011 年全国城镇居民家庭人均鲜奶购买量

单位：千克

年份	总平均	最低收入	其中：困难户	低收入户	中等偏下户	中等收入户	中等偏上户	高收入户	最高收入户
1992	5.52	3.21	2.83	3.49	4.55	5.27	6.66	7.81	9.39
1993	5.38	2.91	2.64	3.98	4.48	5.26	6.50	7.43	8.25
1994	5.25	2.94	2.59	3.27	4.64	5.13	5.78	7.66	8.80
1995	4.62	2.56	2.26	3.24	3.93	4.71	5.13	6.27	7.57
1996	4.83	2.52	2.27	3.45	3.93	4.84	5.62	6.59	7.91
1997	5.07	2.62	2.54	3.49	4.10	4.97	6.18	6.38	9.02
1998	6.18	2.87	2.17	3.72	4.95	6.17	7.48	9.03	10.66
1999	7.88	3.34	2.89	5.14	6.52	7.62	9.69	11.00	13.78
2000	9.94	4.59	3.95	6.04	8.27	9.83	11.95	14.07	17.52
2001	11.90	5.61	4.96	7.73	9.69	11.78	14.79	16.80	19.60
2002	15.72	4.83	3.59	8.39	11.78	15.79	19.99	23.63	26.46
2003	18.62	6.71	5.23	10.85	15.51	18.94	23.43	26.82	28.29
2004	18.83	7.79	6.34	12.70	16.49	18.93	23.18	26.18	28.30
2005	17.92	7.80	6.41	11.70	15.30	18.69	22.56	25.74	26.05
2006	18.32	8.80	7.32	12.91	16.26	19.16	22.29	24.52	25.91
2007	17.75	9.57	8.13	12.53	15.35	19.16	21.02	23.23	24.89
2008	15.19	7.56	6.66	10.30	13.17	15.84	18.81	20.80	22.37
2009	14.91	8.01	6.98	10.47	12.80	15.98	18.20	20.08	21.35
2010	13.98	7.39	6.46	9.76	11.96	14.98	17.02	19.13	20.19
2011	13.70	7.56	6.79	9.71	11.71	14.60	16.73	18.84	18.98

7-2-6　2000—2011年全国农村居民家庭人均鲜奶购买量

单位：千克/人

年份	购买量
2000	0.16
2001	0.27
2002	0.33
2003	0.6
2004	0.8
2005	1.2
2006	1.4
2007	1.6
2008	1.4
2009	1.4
2010	1.4
2011	1.7

7-2-7　2007—2011 年全国各地区农村居民家庭人均鲜奶购买量

单位：千克/人

地　区	2007 年	2008 年	2009 年	2010 年	2011 年
全　国	**1.6**	**1.4**	**1.4**	**1.4**	**1.7**
北　京	8.9	7.0	7.4	6.9	7.3
天　津	4.9	3.8	4.8	3.9	5.2
河　北	2.5	2.4	2.1	2.3	3.4
山　西	5.0	3.9	3.5	3.4	4.6
内蒙古	2.9	2.7	2.7	2.8	3.0
辽　宁	2.3	2.3	2.2	1.9	2.6
吉　林	1.9	1.5	1.5	1.3	2.4
黑龙江	2.0	1.6	1.7	1.8	1.8
上　海	7.3	5.7	5.4	5.5	5.3
江　苏	3.6	3.4	3.4	3.4	4.2
浙　江	2.1	1.9	2.1	1.9	1.6
安　徽	0.2	0.1	0.3	0.5	0.5
福　建	2.1	1.4	1.2	1.2	2.4
江　西	0.6	0.5	0.7	0.7	0.7
山　东	5.8	4.6	4.0	4.0	4.6
河　南	0.4	0.5	0.5	0.5	0.7
湖　北	0.1	0.2	0.1	0.2	0.1
湖　南	0.2	0.2	0.1	0.2	0.2
广　东	0.3	0.2	0.1	0.2	0.3
广　西				0.1	0.1
海　南				0.1	0.2
重　庆	0.6	0.5	0.5	0.7	1.3
四　川	0.8	0.7	1.3	0.9	1.1
贵　州	0.1	0.1	0.1	0.1	0.3
云　南	0.1	0.1	0.2	0.2	0.5
西　藏					0.1
陕　西	1.1	1.0	1.2	1.1	1.7
甘　肃	1.7	1.5	1.3	1.2	2.0
青　海	1.4	1.4	1.6	1.8	2.9
宁　夏	2.0	1.4	1.2	1.3	1.8
新　疆	1.2	1.1	1.8	1.5	1.6

7-2-8 1992—2011年全国农村居民家庭人均乳及乳制品消费量

年份	农村居民人均乳及乳制品消费量（千克）
1992	1.5
1993	0.9
1994	0.7
1995	0.6
1996	0.8
1997	1.0
1998	0.9
1999	1.0
2000	1.1
2001	1.2
2002	1.2
2003	1.7
2004	2.0
2005	2.9
2006	3.1
2007	3.5
2008	3.4
2009	3.6
2010	3.6
2011	5.2

7-2-9　2007—2011年全国各地区农村居民家庭人均乳及乳制品消费量

单位：千克/人

地　区	2007年	2008年	2009年	2010年	2011年
全　国	**3.52**	**3.43**	**3.6**	**3.55**	**5.16**
北　京	11.6	9.4	10.5	9.9	11.9
天　津	5.4	4.6	5.7	4.9	7.3
河　北	3.4	3.6	3.2	3.5	5.5
山　西	6.9	5.6	5.4	6.1	7.5
内蒙古	6.6	7.0	6.5	7.0	6.5
辽　宁	3.1	3.1	3.2	2.8	3.7
吉　林	2.6	2.2	2.5	2.3	3.6
黑龙江	3.2	2.9	2.9	3.2	4.3
上　海	9.9	7.1	7.0	7.0	8.1
江　苏	5.8	6.0	5.9	6.1	7.4
浙　江	5.2	5.2	5.6	5.6	5.9
安　徽	1.1	1.2	1.4	2.0	3.0
福　建	3.9	3.7	4.4	4.1	5.2
江　西	1.6	2.1	6.6	3.2	3.8
山　东	7.4	6.7	6.1	6.3	7.7
河　南	1.5	2.2	2.2	2.4	2.7
湖　北	0.5	0.8	1.1	1.2	1.6
湖　南	0.9	0.7	0.8	1.0	1.3
广　东	0.6	0.6	0.5	0.8	1.1
广　西	0.2	0.2	0.3	0.3	0.8
海　南	0.1	0.2	0.2	0.3	0.5
重　庆	1.2	1.2	1.2	1.7	3.6
四　川	1.6	1.6	2.7	2.3	4.1
贵　州	0.2	0.3	0.4	0.5	0.8
云　南	0.3	0.3	0.4	0.4	0.9
西　藏	37.7	35.4	30.7	33.9	38.3
陕　西	3.1	3.4	3.9	4.1	5.7
甘　肃	2.4	2.4	2.2	2.7	4.7
青　海	26.7	21.9	19.0	14.2	12.8
宁　夏	5.0	6.5	5.0	4.5	6.2
新　疆	6.2	6.3	6.1	5.3	5.1

7-2-10 2007—2011年全国36个大中城市居民人均乳及乳制品消费支出额

单位：元/人

城　市	2007年	2008年	2009年	2010年	2011年
平　均	**220.81**	**258.65**	**270.10**	**277.18**	**318.68**
北京市	295.12	352.18	341.88	396.36	384.52
天津市	182.18	211.11	205.93	236.06	252.24
石家庄市	203.05	243.76	232.46	190.16	259.73
太原市	202.51	257.87	280.31	220.76	240.70
呼和浩特市	202.35	225.56	235.43	251.73	325.94
沈阳市	178.96	286.29	296.33	260.55	250.55
大连市	229.50	300.59	298.04	269.62	318.84
长春市	165.38	196.76	247.31	140.85	167.04
哈尔滨市	149.17	148.77	187.99	168.80	203.36
上海市	313.04	341.69	361.73	410.27	462.70
南京市	274.99	334.13	330.73	344.04	391.45
杭州市	244.65	287.73	322.79	333.08	336.18
宁波市	200.74	288.29	317.73	337.56	363.35
合肥市	253.05	347.60	314.30	346.51	410.65
福州市	228.28	290.30	297.73	308.48	323.13
厦门市	154.01	269.51	249.15	264.11	342.29
南昌市	227.50	214.82	229.17	225.33	261.73
济南市	238.74	238.56	245.13	246.11	274.06
青岛市	246.43	281.81	293.68	316.35	342.03
郑州市	202.10	151.26	156.46	175.96	262.91
武汉市	197.04	201.31	191.49	174.07	300.82
长沙市	142.65	165.23	181.05	166.93	206.64
广州市	238.16	285.77	324.79	309.04	353.41
深圳市	319.20	306.00	331.24	321.97	346.12
南宁市	159.67	169.16	173.18	164.19	248.11
海口市	116.66	120.74	180.05	197.71	148.80
重庆市	206.32	241.79	214.01	290.07	268.29
成都市	243.55	291.76	305.40	322.74	352.46
贵阳市	170.74	180.31	198.84	237.82	237.92
昆明市	78.40	92.47	104.63	105.96	257.90
拉萨市	286.09	321.88	190.71	230.13	312.23
西安市	200.35	233.58	272.46	271.69	320.37
兰州市	170.37	154.40	165.33	192.80	247.17
西宁市	148.73	155.76	188.37	210.30	214.09
银川市	187.90	261.81	216.99	209.20	248.83
乌鲁木齐市	160.23	172.62	176.71	181.19	220.45

7-2-11　2007—2011年全国36个大中城市居民人均鲜乳品消费支出额

单位：元/人

城　市	2007年	2008年	2009年	2010年	2011年
平　均	**130.92**	**143.76**	**146.01**	**148.38**	**161.88**
北京市	164.88	189.01	165.25	181.01	176.25
天津市	112.14	134.90	132.08	140.94	155.38
石家庄市	136.03	148.96	129.14	114.07	149.58
太原市	134.82	166.18	173.03	126.51	138.24
呼和浩特市	125.62	130.41	135.33	148.87	154.40
沈阳市	90.25	140.73	129.35	112.08	123.19
大连市	149.11	169.15	156.42	148.39	161.00
长春市	82.44	75.36	90.78	65.55	80.88
哈尔滨市	81.71	89.31	98.09	95.31	94.06
上海市	178.70	211.02	219.09	215.16	247.26
南京市	197.63	218.47	216.60	232.18	226.45
杭州市	146.73	154.96	172.06	173.30	165.56
宁波市	134.83	154.30	170.72	172.99	191.05
合肥市	97.44	136.93	133.80	145.52	178.85
福州市	154.41	181.68	170.32	193.19	193.40
厦门市	77.65	88.93	116.74	122.53	107.08
南昌市	144.92	149.88	161.13	164.78	177.41
济南市	163.75	142.72	151.03	137.17	149.72
青岛市	156.24	166.48	160.21	177.26	190.64
郑州市	104.06	98.16	103.73	111.04	133.67
武汉市	130.74	122.76	131.50	125.90	170.32
长沙市	61.62	52.75	58.82	57.94	69.20
广州市	104.65	122.38	146.47	154.41	147.40
深圳市	121.45	123.25	108.83	104.08	107.00
南宁市	132.39	118.89	126.52	126.09	147.37
海口市	41.35	38.85	33.29	46.88	43.44
重庆市	126.23	151.87	130.07	182.02	143.30
成都市	178.57	187.18	176.75	165.88	171.82
贵阳市	140.34	124.90	156.70	170.41	174.40
昆明市	50.78	59.29	65.31	71.21	161.83
拉萨市	57.23	77.15	65.05	60.53	23.51
西安市	110.15	123.70	136.62	165.57	164.77
兰州市	113.11	114.90	114.08	127.18	135.45
西宁市	101.11	104.18	108.82	115.11	123.47
银川市	126.81	122.18	131.23	127.65	154.46
乌鲁木齐市	103.93	116.44	114.69	121.97	135.01

7-2-12 2007—2011年全国36个大中城市居民人均酸奶消费支出额

单位：元/人

城　市	2007年	2008年	2009年	2010年	2011年
平　均	**37.08**	**38.49**	**43.03**	**44.72**	**49.42**
北京市	80.37	80.28	81.59	99.26	103.11
天津市	27.92	30.32	29.44	40.37	39.00
石家庄市	45.88	65.87	70.37	59.16	55.15
太原市	50.02	57.46	67.19	50.57	46.43
呼和浩特市	27.44	23.18	31.66	35.02	47.07
沈阳市	52.26	79.39	82.82	54.36	45.55
大连市	41.23	49.50	56.02	45.78	47.06
长春市	33.16	52.54	41.17	31.69	25.82
哈尔滨市	33.65	31.55	36.43	42.59	36.25
上海市	58.40	55.73	67.76	75.05	86.98
南京市	28.86	32.95	35.60	39.70	46.72
杭州市	39.48	43.63	46.55	47.74	55.82
宁波市	22.88	26.25	24.99	28.36	28.73
合肥市	77.93	79.03	81.16	105.10	103.28
福州市	28.47	26.86	29.87	28.05	23.56
厦门市	18.37	26.09	27.33	26.99	26.63
南昌市	13.21	8.49	11.77	12.07	14.48
济南市	30.52	26.28	31.55	32.54	41.06
青岛市	43.94	42.12	52.58	54.87	58.50
郑州市	32.80	22.86	27.75	30.34	52.99
武汉市	28.72	26.91	29.39	27.83	44.38
长沙市	31.97	26.81	32.22	33.71	35.24
广州市	38.98	34.82	33.39	34.67	37.78
深圳市	30.16	24.06	32.30	29.24	29.45
南宁市	8.08	10.43	9.58	8.01	9.95
海口市	12.15	14.65	19.65	17.37	11.19
重庆市	24.34	27.25	28.34	39.35	34.33
成都市	22.18	22.88	29.63	29.30	26.37
贵阳市	6.38	10.84	12.47	13.89	15.46
昆明市	7.45	8.26	9.06	11.13	44.61
拉萨市	43.73	43.86	46.89	41.81	22.46
西安市	18.66	18.36	26.76	32.66	43.78
兰州市	27.06	21.53	33.27	38.27	31.96
西宁市	17.97	19.52	56.27	56.62	59.82
银川市	30.58	41.78	37.83	43.08	49.25
乌鲁木齐市	31.42	29.23	30.89	36.76	41.87

7-2-13　2007—2011 年全国 36 个大中城市居民人均奶粉消费支出额

单位：元/人

城　市	2007 年	2008 年	2009 年	2010 年	2011 年
平　均	**31.88**	**53.07**	**56.74**	**57.51**	**77.77**
北京市	16.04	46.43	61.84	76.52	60.07
天津市	20.38	22.39	21.97	30.78	35.49
石家庄市	10.29	16.44	19.96	5.77	38.53
太原市	7.59	23.19	24.53	25.30	38.73
呼和浩特市	11.99	42.08	29.47	25.07	61.03
沈阳市	19.35	40.80	59.65	68.42	53.93
大连市	18.14	54.40	61.03	48.50	80.86
长春市	28.16	31.59	87.59	25.65	33.56
哈尔滨市	17.69	16.03	41.55	14.07	50.19
上海市	36.38	32.85	30.93	74.06	77.32
南京市	32.66	64.89	58.55	53.71	92.79
杭州市	43.76	70.75	82.65	89.35	89.44
宁波市	23.29	78.39	92.22	107.07	118.30
合肥市	69.61	118.40	85.26	81.38	109.11
福州市	31.66	63.56	76.32	64.80	84.01
厦门市	42.92	140.52	89.92	92.28	170.91
南昌市	55.75	52.60	48.77	38.79	58.32
济南市	23.88	53.09	46.42	58.71	61.14
青岛市	16.91	42.20	43.62	52.26	55.88
郑州市	49.45	19.95	13.01	22.34	59.71
武汉市	24.49	45.96	20.87	14.54	74.71
长沙市	33.24	68.98	72.84	49.70	66.35
广州市	63.56	93.47	107.15	79.82	124.37
深圳市	125.86	121.33	142.12	121.95	157.50
南宁市	10.22	27.34	20.90	18.41	74.31
海口市	55.84	59.34	117.50	123.99	81.57
重庆市	45.49	48.83	39.64	51.57	71.85
成都市	33.58	61.34	85.93	113.14	136.40
贵阳市	19.41	40.03	25.97	49.94	41.24
昆明市	15.06	18.25	25.12	16.82	37.05
拉萨市	28.80	40.77	41.94	38.12	26.04
西安市	39.77	57.94	73.69	36.40	80.47
兰州市	14.78	9.81	6.31	15.50	62.97
西宁市	15.93	19.44	1.42	18.97	14.31
银川市	13.12	77.40	29.70	20.86	17.83
乌鲁木齐市	7.82	11.85	15.89	7.75	25.38

7-2-14 2007—2011年全国36个大中城市居民人均其他奶制品消费支出额

单位：元/人

城 市	2007年	2008年	2009年	2010年	2011年
平 均	**20.92**	**23.33**	**24.31**	**26.58**	**29.60**
北京市	33.84	36.45	33.19	39.57	45.09
天津市	21.74	23.50	22.44	23.98	22.37
石家庄市	10.85	12.49	13.00	11.16	16.46
太原市	10.08	11.05	15.56	18.39	17.30
呼和浩特市	37.30	29.90	38.97	42.78	63.44
沈阳市	17.11	25.37	24.51	25.69	27.88
大连市	21.02	27.54	24.57	26.94	29.92
长春市	21.62	37.28	27.77	17.96	26.79
哈尔滨市	16.12	11.88	11.91	16.84	22.85
上海市	39.57	42.09	43.96	45.99	51.14
南京市	15.84	17.83	19.98	18.45	25.49
杭州市	14.67	18.40	21.53	22.70	25.36
宁波市	19.73	29.36	29.80	29.15	25.28
合肥市	8.07	13.24	14.08	14.51	19.42
福州市	13.74	18.20	21.22	22.43	22.16
厦门市	15.07	13.96	15.15	22.31	37.67
南昌市	13.62	3.84	7.49	9.68	11.51
济南市	20.60	16.47	16.13	17.69	22.15
青岛市	29.35	31.01	37.27	31.95	37.01
郑州市	15.79	10.30	11.97	12.24	16.54
武汉市	13.08	5.69	9.72	5.79	11.40
长沙市	15.83	16.69	17.17	25.57	35.85
广州市	30.97	35.10	37.78	40.13	43.85
深圳市	41.73	37.35	47.99	66.70	52.17
南宁市	8.98	12.51	16.18	11.68	16.48
海口市	7.32	7.90	9.61	9.48	12.60
重庆市	10.27	13.84	15.97	17.13	18.81
成都市	9.23	20.36	13.08	14.41	17.87
贵阳市	4.60	4.54	3.69	3.59	6.81
昆明市	5.10	6.67	5.13	6.79	14.41
拉萨市	156.33	160.11	36.82	89.67	240.23
西安市	31.77	33.58	35.40	37.06	31.34
兰州市	15.43	8.17	11.67	11.85	16.80
西宁市	13.72	12.62	21.87	19.61	16.50
银川市	17.40	20.45	18.22	17.61	27.29
乌鲁木齐市	17.06	15.10	15.25	14.71	18.19

7-2-15　2007—2011年全国36个大中城市居民人均奶制品购买量

单位：千克/人

城　市	2007年	2008年	2009年	2010年	2011年
平　均	**29.69**	**25.47**	**25.31**	**24.03**	**23.37**
北京市	42.59	36.07	32.40	34.35	29.56
天津市	28.04	27.13	24.94	24.25	23.03
石家庄市	41.41	44.45	41.39	30.49	32.17
太原市	37.17	35.22	31.50	21.44	20.14
呼和浩特市	32.93	26.47	27.61	28.30	25.41
沈阳市	30.56	33.79	31.45	21.55	20.61
大连市	41.08	35.83	34.52	27.77	27.45
长春市	28.55	21.01	22.04	14.69	12.94
哈尔滨市	22.70	18.61	20.67	19.68	17.56
上海市	32.32	29.72	30.19	29.23	30.44
南京市	35.44	31.16	30.04	31.50	29.07
杭州市	26.39	23.89	24.69	24.38	20.06
宁波市	23.13	21.13	22.06	21.95	20.99
合肥市	31.26	31.00	30.03	32.30	31.71
福州市	25.72	25.13	24.71	27.12	23.78
厦门市	13.04	13.69	16.27	15.70	12.48
南昌市	33.85	32.24	31.51	30.85	29.78
济南市	32.36	23.62	27.53	24.29	26.75
青岛市	41.25	34.43	33.21	32.15	29.69
郑州市	28.86	20.08	22.17	22.58	27.44
武汉市	23.08	16.27	17.76	15.73	18.19
长沙市	13.03	10.23	10.23	10.16	10.27
广州市	19.45	19.56	19.50	18.88	17.36
深圳市	17.74	15.26	13.96	12.27	11.82
南宁市	23.95	19.05	19.07	17.98	16.87
海口市	10.43	7.08	7.46	8.92	6.63
重庆市	29.03	26.39	22.14	29.15	21.38
成都市	37.88	31.39	31.75	30.31	24.65
贵阳市	25.06	18.92	20.05	20.40	18.74
昆明市	10.30	10.60	11.10	11.42	24.19
拉萨市	19.69	22.04	19.32	16.66	4.19
西安市	29.04	20.77	21.36	23.93	22.53
兰州市	35.70	27.37	28.72	28.84	23.42
西宁市	33.27	25.79	30.22	30.72	29.68
银川市	45.40	44.09	42.73	40.68	44.42
乌鲁木齐市	29.42	25.41	26.31	23.54	23.26

7-2-16 2007—2011 年全国 36 个大中城市居民人均鲜乳品购买量

单位：千克/人

城　市	2007 年	2008 年	2009 年	2010 年	2011 年
平　均	**23.90**	**20.25**	**19.76**	**18.68**	**17.97**
北京市	31.33	26.96	23.22	24.00	20.31
天津市	24.64	23.84	21.92	20.41	19.78
石家庄市	31.81	31.62	27.51	20.59	24.22
太原市	27.25	25.94	22.52	15.01	14.87
呼和浩特市	28.50	23.19	23.06	23.76	20.62
沈阳市	21.07	23.33	20.59	15.07	15.49
大连市	35.17	30.50	27.88	22.63	22.64
长春市	22.79	13.49	16.55	10.64	10.23
哈尔滨市	17.32	14.19	15.71	14.99	13.67
上海市	25.26	23.91	23.55	22.02	22.98
南京市	30.99	27.10	25.79	27.01	23.59
杭州市	21.29	19.15	19.87	19.61	15.35
宁波市	20.00	17.79	18.84	18.50	17.74
合肥市	16.64	18.39	17.27	17.51	19.01
福州市	21.89	21.56	20.43	23.39	20.98
厦门市	10.35	9.62	12.62	12.44	9.74
南昌市	30.51	29.28	28.45	27.98	26.41
济南市	27.09	18.99	21.93	18.82	20.09
青岛市	33.40	27.54	24.89	24.70	22.45
郑州市	21.27	15.60	17.18	16.86	18.39
武汉市	18.85	12.87	14.96	12.95	13.85
长沙市	8.29	5.77	5.68	5.83	6.22
广州市	14.18	14.75	15.19	15.14	13.19
深圳市	13.58	12.19	10.23	9.02	8.65
南宁市	22.69	17.07	17.64	16.46	15.31
海口市	7.59	4.62	3.60	5.16	4.46
重庆市	24.37	21.66	17.36	23.20	16.14
成都市	34.15	27.76	27.37	26.07	21.04
贵阳市	23.83	17.19	18.51	18.66	17.18
昆明市	9.18	9.45	9.84	9.96	19.20
拉萨市	10.03	11.99	9.92	8.57	1.49
西安市	25.29	18.09	17.87	20.25	17.94
兰州市	30.73	23.82	23.00	23.09	19.53
西宁市	29.48	22.01	21.86	22.46	22.16
银川市	38.88	34.90	35.23	32.22	34.41
乌鲁木齐市	24.73	21.86	22.68	19.95	19.39

7-2-17　2007—2011年全国36个大中城市居民人均奶粉购买量

单位：千克/人

城　市	2007年	2008年	2009年	2010年	2011年
平　均	**0.46**	**0.57**	**0.55**	**0.50**	**0.62**
北京市	0.21	0.41	0.54	0.50	0.42
天津市	0.23	0.21	0.21	0.23	0.27
石家庄市	0.33	0.32	0.26	0.06	0.31
太原市	0.15	0.31	0.33	0.34	0.30
呼和浩特市	0.25	0.41	0.34	0.25	0.40
沈阳市	0.44	0.38	0.41	0.39	0.29
大连市	0.23	0.49	0.48	0.28	0.47
长春市	0.59	0.50	0.72	0.40	0.37
哈尔滨市	0.43	0.53	0.76	0.33	0.62
上海市	0.42	0.28	0.28	0.40	0.42
南京市	0.44	0.55	0.47	0.43	1.07
杭州市	0.36	0.43	0.55	0.54	0.56
宁波市	0.25	0.52	0.53	0.59	0.64
合肥市	1.30	1.64	1.27	1.01	1.34
福州市	0.24	0.43	0.56	0.45	0.49
厦门市	0.56	1.06	0.70	0.72	0.99
南昌市	1.14	1.29	0.71	0.68	1.32
济南市	0.25	0.61	0.50	0.42	0.74
青岛市	0.35	0.66	0.44	0.51	0.70
郑州市	1.03	0.35	0.20	0.27	0.55
武汉市	0.48	0.71	0.29	0.26	0.73
长沙市	0.82	1.51	1.38	0.88	0.72
广州市	0.58	0.78	0.89	0.47	0.73
深圳市	1.12	0.90	1.06	1.12	1.06
南宁市	0.17	0.37	0.20	0.48	0.62
海口市	0.80	0.70	1.85	2.00	1.00
重庆市	0.52	0.70	0.57	0.67	0.75
成都市	0.51	0.69	0.77	0.88	1.00
贵阳市	0.19	0.32	0.17	0.30	0.24
昆明市	0.16	0.17	0.17	0.16	0.26
拉萨市	1.23	2.18	1.66	1.58	0.88
西安市	0.74	0.59	0.62	0.36	0.60
兰州市	0.24	0.12	0.09	0.21	0.31
西宁市	0.28	0.22	0.03	1.01	0.20
银川市	0.22	0.86	0.20	0.15	0.12
乌鲁木齐市	0.07	0.10	0.12	0.08	0.16

7－2－18　2007—2011 年全国 36 个大中城市居民人均酸奶购买量

单位：千克/人

城　市	2007 年	2008 年	2009 年	2010 年	2011 年
平　均	**5.33**	**4.65**	**5.00**	**4.85**	**4.78**
北京市	11.05	8.70	8.64	9.85	8.83
天津市	3.17	3.08	2.81	3.61	2.98
石家庄市	9.27	12.51	13.62	9.84	7.64
太原市	9.77	8.97	8.65	6.09	4.97
呼和浩特市	4.18	2.87	4.21	4.29	4.39
沈阳市	9.05	10.08	10.45	6.09	4.83
大连市	5.68	4.84	6.16	4.86	4.34
长春市	5.17	7.02	4.77	3.65	2.34
哈尔滨市	4.95	3.89	4.20	4.36	3.27
上海市	6.64	5.53	6.36	6.81	7.04
南京市	4.01	3.51	3.78	4.06	4.41
杭州市	4.74	4.31	4.27	4.23	4.15
宁波市	2.88	2.82	2.69	2.86	2.61
合肥市	13.32	10.97	11.49	13.78	11.36
福州市	3.59	3.14	3.72	3.28	2.31
厦门市	2.13	3.01	2.95	2.54	1.75
南昌市	2.20	1.67	2.35	2.19	2.05
济南市	5.02	4.02	5.10	5.05	5.92
青岛市	7.50	6.23	7.88	6.94	6.54
郑州市	6.56	4.13	4.79	5.45	8.50
武汉市	3.75	2.69	2.51	2.52	3.61
长沙市	3.92	2.95	3.17	3.45	3.33
广州市	4.69	4.03	3.42	3.27	3.44
深圳市	3.04	2.17	2.67	2.13	2.11
南宁市	1.09	1.61	1.23	1.04	0.94
海口市	2.04	1.76	2.01	1.76	1.17
重庆市	4.14	4.03	4.21	5.28	4.49
成都市	3.22	2.94	3.61	3.36	2.61
贵阳市	1.04	1.41	1.37	1.44	1.32
昆明市	0.96	0.98	1.09	1.30	4.73
拉萨市	8.43	7.87	7.74	6.51	1.82
西安市	3.01	2.09	2.87	3.32	3.99
兰州市	4.73	3.43	5.63	5.54	3.58
西宁市	3.51	3.56	8.33	7.25	7.32
银川市	6.30	8.33	7.30	8.31	9.89
乌鲁木齐市	4.62	3.45	3.51	3.51	3.71

7-3 袋装鲜奶平均价格

7-3-1 2007年全国各地区售袋装鲜奶平均价格（月度）

单位：元/500克

地　区	01月	02月	03月	04月	05月	06月	07月	08月	09月	10月	11月	12月
北　京	2.00	2.00	2.00	2.00	2.00	1.85	1.85	1.85	2.00	2.00	2.00	2.60
天　津	2.47	2.14	1.94	2.07	2.08	2.17	2.23	2.22	2.24	2.32	2.33	2.53
河　北	1.79	1.79	1.81	1.81	1.75	1.80	1.80	1.80	1.80	1.81	1.79	1.72
山　西	1.63	1.64	1.64	1.69	1.69	1.61	1.69	1.69	1.68	1.68	1.92	2.11
内蒙古	1.87	1.87	1.87	1.88	1.86	1.89	1.89	1.94	1.93	1.96	2.37	2.67
辽　宁	2.00	2.00	2.00	2.00	2.00	2.00	2.02	2.02	2.05	2.05	2.28	2.50
吉　林	2.86	2.86	2.86	2.81	2.81	2.81	2.81	2.81	2.81	2.86	2.86	3.03
黑龙江	2.19	2.22	2.22	2.22	2.17	2.17	2.17	2.17	2.17	2.17	2.17	2.39
上　海	—	—	—	—	—	—	—	—	—	—	—	—
江　苏	1.92	1.92	1.95	1.93	1.93	1.85	1.86	1.88	1.92	1.92	2.18	2.32
浙　江	3.29	3.39	3.40	3.40	3.39	3.40	3.43	3.43	3.44	3.45	3.46	3.65
安　徽	5.34	4.83	4.83	4.83	4.83	4.82	4.82	4.82	4.82	4.82	5.01	5.05
福　建	3.16	3.16	3.16	3.16	3.16	3.14	3.14	3.14	3.18	3.24	3.36	3.43
江　西	2.64	2.64	2.64	2.64	2.64	2.64	2.64	2.91	2.91	2.90	2.90	2.91
山　东	1.88	1.83	1.82	1.82	1.80	1.86	1.85	1.90	1.88	1.90	1.91	2.11
河　南	1.55	1.73	1.63	1.63	1.68	1.74	1.75	1.83	1.83	1.83	1.88	1.93
湖　北	3.02	3.02	3.02	3.01	3.04	3.05	3.05	3.12	3.13	2.80	2.80	3.08
湖　南	3.32	3.31	3.32	3.32	3.32	3.32	3.32	3.32	3.32	3.32	3.32	3.46
广　东	2.09	2.12	2.17	2.15	2.14	2.14	2.14	2.24	2.38	2.37	2.36	2.84
广　西	2.57	2.65	2.84	2.87	2.87	3.09	3.06	3.06	3.05	3.10	3.27	3.59
海　南	3.47	3.47	3.47	3.47	3.47	3.25	3.82	3.82	3.82	3.82	3.82	3.82
重　庆	2.78	2.70	2.70	2.70	2.70	2.70	2.70	2.70	2.70	3.10	3.10	3.10
四　川	2.27	2.27	2.27	2.27	2.27	2.24	2.24	2.23	2.24	2.26	2.27	2.37
贵　州	2.83	2.83	2.83	2.83	2.83	2.51	2.51	2.51	2.51	2.51	2.81	2.89
云　南	2.34	2.34	2.34	2.38	2.33	2.66	2.62	2.62	2.70	2.67	2.43	2.49
西　藏	2.25	2.25	2.25	2.25	2.25	2.25	2.25	2.25	2.25	2.38	2.33	2.50
陕　西	1.37	1.34	1.34	1.39	1.36	1.38	1.38	1.37	1.36	1.42	1.62	1.70
甘　肃	1.38	1.43	1.38	1.43	1.43	1.38	1.36	1.36	1.34	1.59	1.58	1.94
青　海	2.07	2.25	1.64	1.97	1.98	1.94	1.97	2.23	2.23	2.04	1.83	2.43
宁　夏	2.23	2.23	2.35	2.21	2.21	2.20	2.20	2.19	2.19	2.29	2.29	2.63
新　疆	1.56	1.59	1.59	1.61	1.68	1.61	1.61	1.36	1.36	1.54	1.54	1.69

7-3-2 2008年全国各地区售袋装鲜奶平均价格（月度）

单位：元/500克

地区	01月	02月	03月	04月	05月	06月	07月	08月	09月	10月	11月	12月
北京	2.60	3.00	3.00	3.00	3.00	3.00	3.00	3.00	3.00	3.00	2.96	2.96
天津	2.50	2.40	2.35	2.47	2.49	2.43	2.47	2.47	2.47	2.09	2.02	2.04
河北	2.25	2.45	2.47	2.56	2.57	2.57	2.57	2.57	2.72	2.71	2.71	2.71
山西	2.24	2.49	2.53	2.95	2.83	2.81	2.76	2.76	2.77	3.13	3.10	3.12
内蒙古	2.92	3.40	3.33	3.50	3.25	3.25	2.68	2.68	2.75	2.75	2.70	2.65
辽宁	2.61	2.82	2.82	2.82	2.82	2.83	2.80	2.80	2.80	2.97	2.77	2.87
吉林	3.16	3.30	3.40	3.55	3.53	3.53	3.51	3.54	3.52	3.34	3.34	3.34
黑龙江	2.47	2.63	2.60	2.63	2.74	2.74	2.72	2.72	2.72	2.69	2.68	2.66
上海	—	—	—	—	—	—	—	—	—	—	—	—
江苏	2.37	3.25	3.46	3.70	3.73	3.73	3.73	3.73	3.73	3.71	3.75	3.85
浙江	3.78	3.92	3.88	4.27	4.36	4.35	4.37	4.37	4.32	4.32	4.30	4.31
安徽	5.05	3.56	3.71	3.70	3.74	3.75	3.77	3.77	3.80	3.80	3.73	3.73
福建	3.44	3.95	4.26	4.28	4.29	4.33	4.35	4.35	4.31	4.32	4.32	4.32
江西	2.90	2.71	2.81	2.86	2.86	2.86	2.86	2.91	2.86	3.28	3.28	3.28
山东	2.27	2.47	2.62	2.67	2.67	2.67	2.72	2.72	2.72	2.56	2.63	2.63
河南	2.46	2.45	2.58	2.53	2.58	2.51	2.29	2.41	2.51	2.51	2.51	2.53
湖北	3.08	3.47	3.47	3.50	3.67	3.73	3.73	3.73	3.67	3.67	3.67	3.73
湖南	3.47	3.55	3.75	4.10	4.11	4.08	4.06	4.06	4.06	4.07	3.97	3.98
广东	2.97	4.60	4.73	5.04	5.13	4.98	5.04	5.02	5.02	4.98	4.94	4.96
广西	3.73	4.06	4.18	4.30	4.31	4.47	4.47	4.47	4.33	4.17	4.63	4.63
海南	3.82	4.13	4.58	4.58	4.58	4.58	4.58	4.58	4.58	4.58	4.58	4.58
重庆	3.10	3.10	3.41	3.41	3.41	3.41	3.41	3.41	3.41	3.41	3.41	3.41
四川	2.45	2.83	2.88	2.93	2.93	2.95	2.96	2.97	3.02	3.05	3.05	2.97
贵州	2.97	3.03	3.01	3.11	3.11	3.11	3.11	3.13	3.14	3.14	3.14	3.26
云南	2.50	2.66	2.71	2.71	2.76	2.76	2.76	2.76	2.74	2.74	2.80	2.69
西藏	2.50	2.50	3.00	3.00	3.00	3.00	3.00	3.00	3.00	3.00	3.00	3.00
陕西	2.40	1.89	1.94	1.98	1.98	1.97	2.01	2.01	1.99	2.02	2.06	2.23
甘肃	3.13	2.17	2.25	2.22	2.16	2.15	2.11	2.09	2.13	2.15	2.12	2.15
青海	3.38	2.82	2.82	2.72	3.88	2.80	2.82	2.72	2.65	2.65	2.67	2.67
宁夏	2.60	2.77	2.87	2.89	2.89	2.85	2.85	2.85	2.85	2.85	2.85	2.85
新疆	2.13	1.47	1.97	1.97	1.90	1.90	1.90	1.90	1.90	2.11	2.03	2.03

7-3-3 2009年全国各地区售袋装鲜奶平均价格（月度）

单位：元/500克

地 区	01月	02月	03月	04月	05月	06月	07月	08月	09月	10月	11月	12月
北 京	2.96	2.96	2.96	2.96	2.96	2.96	2.96	2.96	2.96	2.96	2.96	2.96
天 津	2.11	2.17	2.18	2.14	2.29	2.36	2.44	2.48	2.49	2.47	2.49	2.53
河 北	2.70	2.72	2.80	2.80	2.78	2.80	2.80	2.80	2.80	2.80	2.80	2.80
山 西	2.90	2.97	2.99	2.99	2.98	2.98	2.97	2.99	3.03	3.00	3.01	2.97
内蒙古	2.71	2.72	2.73	2.65	2.73	2.63	2.63	2.63	2.63	2.63	2.63	2.64
辽 宁	3.00	3.08	3.07	3.07	3.04	3.08	3.08	3.07	3.09	3.09	3.10	3.09
吉 林	3.33	3.33	3.33	3.33	3.35	3.33	3.33	3.33	3.33	3.33	3.33	3.36
黑龙江	2.59	2.61	2.61	2.59	2.56	2.58	2.59	2.59	2.62	2.62	2.61	2.62
上 海	—	—	—	—	—	—	—	—	—	—	—	—
江 苏	3.80	3.80	3.80	3.82	3.75	3.79	3.79	3.74	3.73	3.75	3.75	3.75
浙 江	4.25	4.52	4.53	3.28	3.40	4.37	4.37	4.37	4.51	4.51	4.51	4.51
安 徽	3.73	3.73	3.73	3.75	3.69	3.73	3.60	3.75	3.75	3.76	3.76	3.76
福 建	4.31	4.30	4.26	4.28	4.29	4.32	4.32	4.32	4.30	4.30	4.33	4.35
江 西	3.27	3.27	3.08	2.81	2.78	2.65	2.73	2.73	2.73	2.70	2.73	2.73
山 东	2.55	2.55	2.50	2.56	2.65	2.57	2.59	2.59	2.63	2.68	2.67	2.66
河 南	2.59	2.59	2.39	2.58	2.62	2.42	2.50	2.46	2.62	2.38	2.42	2.33
湖 北	3.72	3.72	3.71	3.71	3.65	3.70	3.70	3.68	3.63	3.63	3.63	3.63
湖 南	3.99	4.26	4.22	4.21	4.14	4.19	4.19	4.18	4.23	4.19	4.18	4.18
广 东	4.95	4.91	4.86	4.88	4.91	4.87	4.87	4.82	4.78	4.76	4.78	4.81
广 西	4.62	4.64	4.65	4.65	4.71	4.65	4.63	4.58	4.58	4.56	4.49	4.55
海 南	4.47	4.47	4.53	4.47	4.66	4.47	4.47	4.47	4.47	4.47	4.47	4.24
重 庆	3.41	3.40	3.40	3.40	4.35	3.40	3.40	3.40	3.40	3.40	3.40	3.40
四 川	2.96	2.96	2.96	3.01	3.01	3.07	3.07	3.05	3.05	3.00	2.93	2.93
贵 州	3.27	3.27	3.27	3.28	3.36	3.30	3.30	3.30	3.35	3.35	3.39	3.40
云 南	2.73	2.70	2.69	2.74	2.72	2.68	2.68	2.68	2.69	2.69	2.69	2.69
西 藏	3.00	3.00	3.00	3.00	3.00	3.00	3.00	3.00	3.00	3.00	3.00	3.00
陕 西	2.65	2.72	2.94	3.04	3.07	3.00	2.95	2.90	2.90	2.90	2.91	2.95
甘 肃	2.17	2.24	2.22	2.19	2.36	2.18	2.10	2.13	2.14	2.21	2.12	2.16
青 海	2.62	2.55	2.60	2.59	2.79	2.60	2.60	2.91	2.60	2.60	2.61	2.56
宁 夏	2.88	2.88	2.88	2.94	2.89	2.94	2.94	2.94	2.94	2.94	2.94	2.94
新 疆	1.96	1.85	1.89	2.01	2.05	1.90	1.90	1.90	1.90	1.90	1.90	1.93

7-3-4 2010年全国各地区售袋装鲜奶平均价格（月度）

单位：元/500克

地 区	01月	02月	03月	04月	05月	06月	07月	08月	09月	10月	11月	12月
北 京	2.96	2.96	3.00	3.05	3.05	3.05	3.05	3.05	3.05	3.05	3.05	3.00
天 津	2.58	2.53	2.55	2.55	2.55	2.54	3.55	3.43	3.43	3.43	3.43	3.50
河 北	2.82	2.82	2.82	2.82	2.82	2.82	2.82	2.82	2.82	2.82	2.82	2.82
山 西	3.01	3.02	3.01	3.04	3.05	3.02	2.88	2.93	2.93	3.06	2.99	3.06
内蒙古	2.66	2.66	2.66	2.66	2.69	2.69	2.69	2.64	2.81	2.80	2.85	2.89
辽 宁	3.13	3.18	3.19	3.19	3.18	3.21	3.20	3.22	3.22	3.22	3.24	3.29
吉 林	3.42	3.42	3.42	3.42	3.43	3.43	3.43	3.43	3.43	3.43	3.51	3.51
黑龙江	2.73	2.73	2.76	2.76	2.78	2.78	2.78	2.78	2.78	2.78	2.78	2.97
上 海	—	—	—	—	—	—	—	—	—	—	—	—
江 苏	3.84	3.81	3.82	3.84	3.84	3.81	3.83	3.89	3.89	3.89	3.89	4.00
浙 江	4.56	4.60	4.62	4.56	4.58	4.55	4.54	4.54	4.56	4.58	4.58	4.65
安 徽	3.78	3.78	3.78	3.27	3.19	3.19	3.19	3.19	3.28	3.35	3.51	3.52
福 建	4.40	4.39	4.39	4.37	4.36	4.45	4.48	4.48	4.48	4.46	4.50	4.55
江 西	2.75	2.75	2.75	2.72	2.75	2.75	2.75	2.90	2.90	2.90	2.90	2.90
山 东	2.67	2.95	2.98	2.98	3.11	3.19	3.20	3.20	3.25	3.25	3.25	3.35
河 南	2.38	2.38	2.36	2.36	2.38	2.49	2.58	2.58	2.58	2.58	2.65	2.27
湖 北	3.69	3.69	3.69	3.77	3.77	3.77	3.77	3.77	3.77	3.77	3.98	3.98
湖 南	4.17	4.17	4.16	4.18	4.18	4.21	4.26	4.25	4.25	4.28	4.33	4.30
广 东	4.82	4.92	4.95	5.05	5.12	5.12	5.04	5.08	5.13	5.08	5.12	5.09
广 西	4.35	4.33	4.38	4.38	4.38	4.38	4.35	4.38	4.38	4.38	4.40	4.40
海 南	4.02	4.02	4.02	3.92	3.87	3.84	3.74	3.78	3.78	3.78	3.70	3.70
重 庆	3.41	3.41	3.41	3.41	3.41	3.41	3.41	3.41	3.41	3.41	3.86	3.86
四 川	2.96	2.97	2.97	3.00	2.99	3.01	3.05	3.05	3.05	3.04	3.06	3.15
贵 州	3.38	3.38	3.38	3.43	3.43	3.43	3.43	3.43	3.43	3.43	3.26	3.10
云 南	2.76	2.79	2.88	3.06	3.06	3.06	3.09	3.09	3.09	3.09	3.08	3.31
西 藏	3.00	3.00	3.00	3.00	3.00	3.00	3.00	3.00	3.00	3.00	3.00	3.00
陕 西	2.95	2.95	2.95	2.97	2.95	2.99	2.99	2.91	2.91	2.91	2.91	3.29
甘 肃	2.37	2.23	2.23	2.23	2.23	2.23	2.23	2.20	2.31	2.34	2.35	2.37
青 海	2.63	2.65	2.63	2.65	2.65	2.65	2.65	2.65	2.65	2.65	2.59	2.49
宁 夏	2.92	2.92	2.92	2.92	2.92	2.92	2.92	2.92	2.92	2.92	3.05	3.09
新 疆	2.14	2.14	2.33	2.57	2.47	2.47	2.47	2.48	2.65	2.65	2.75	2.93

7-3-5 2011年全国各地区售袋装鲜奶平均价格（月度）

单位：元/500克

地 区	01月	02月	03月	04月	05月	06月	07月	08月	09月	10月	11月	12月
北 京	4.10	4.15	4.20	4.20	4.20	4.15	4.15	4.15	4.15	4.15	4.15	4.15
天 津	3.60	3.60	3.60	3.60	3.80	3.80	3.80	3.80	3.80	3.70	3.70	3.70
河 北	2.82	2.82	2.82	2.86	2.86	2.86	2.86	2.86	2.86	2.86	2.86	2.86
山 西	3.08	3.21	3.18	3.28	3.26	3.16	3.16	3.18	3.18	3.17	3.17	3.17
内蒙古	2.89	3.00	3.02	3.02	2.93	2.94	2.95	2.95	2.97	2.97	2.97	2.97
辽 宁	3.29	3.29	3.10	3.18	3.15	3.21	3.36	3.41	3.41	3.41	3.37	3.37
吉 林	3.51	3.51	3.56	3.56	3.56	3.56	3.56	3.56	3.56	3.56	3.56	3.68
黑龙江	2.80	2.98	2.92	2.90	2.80	2.90	2.90	2.90	2.90	2.90	2.90	2.90
上 海	—	—	—	—	—	—	—	—	—	—	—	—
江 苏	4.07	4.07	4.08	4.22	4.25	4.25	4.25	4.25	4.25	4.22	4.22	4.14
浙 江	4.74	4.75	4.85	4.85	4.85	4.85	4.84	4.84	4.88	4.88	4.88	4.88
安 徽	3.61	3.61	3.68	3.68	3.68	3.72	3.71	3.71	3.71	3.71	3.80	3.80
福 建	4.59	4.60	4.66	4.70	4.69	4.94	4.94	4.89	5.01	5.15	5.19	5.19
江 西	2.90	2.90	2.90	2.90	2.90	3.00	2.99	2.99	2.99	2.99	2.99	2.99
山 东	3.38	3.41	3.40	3.41	3.41	3.41	3.42	3.45	3.46	3.51	3.55	3.55
河 南	2.27	2.28	2.28	2.28	2.14	2.16	2.16	2.16	2.16	2.18	2.18	2.18
湖 北	4.01	4.01	3.95	3.95	3.95	3.95	3.95	4.02	4.02	4.02	4.02	3.97
湖 南	4.35	4.31	4.34	4.32	4.30	4.30	4.31	4.31	4.32	4.31	4.31	4.31
广 东	5.15	5.23	5.30	5.26	5.25	5.30	5.28	5.32	5.35	5.32	5.31	5.41
广 西	4.40	4.40	4.38	4.38	4.35	4.33	4.38	4.40	4.34	4.70	4.60	4.44
海 南	3.78	3.78	3.78	3.78	3.78	3.78	3.78	3.78	3.73	3.73	3.73	3.68
重 庆	3.86	3.86	3.86	3.86	3.86	4.25	5.00	5.00	5.00	5.00	5.00	5.00
四 川	3.18	3.18	3.36	3.40	3.40	3.38	3.41	3.45	3.45	3.55	3.53	3.54
贵 州	3.21	3.21	3.21	3.21	3.21	3.21	3.07	3.07	3.29	3.29	3.41	3.41
云 南	2.90	2.90	2.95	2.95	3.26	3.30	3.30	3.38	3.40	3.40	3.40	3.40
西 藏	3.00	3.00	3.00	3.00	3.00	3.00	3.00	3.00	3.00	3.00	3.00	3.00
陕 西	3.29	3.33	3.37	3.37	3.30	3.35	3.35	3.22	3.25	3.24	3.28	3.23
甘 肃	2.39	2.40	2.43	2.48	2.52	2.55	2.51	2.37	2.36	2.36	2.77	2.74
青 海	2.47	2.34	2.47	2.47	2.59	2.59	2.59	2.59	2.59	2.59	2.53	2.59
宁 夏	3.09	3.09	3.09	3.17	3.17	3.17	3.17	3.17	3.17	3.17	3.18	3.18
新 疆	2.93	2.93	2.99	2.99	3.19	3.19	3.19	3.19	3.31	3.31	3.34	3.40

7-4 乳品消费价格指数

7-4-1 2007—2011年全国乳制品、纯牛奶消费价格指数（月度）

上一年 PPI=100

月 份	乳制品 PPI					纯牛奶 PPI				
	2007年	2008年	2009年	2010年	2011年	2007年	2008年	2009年	2010年	2011年
01月	103.06	112.12	106.94	101.68	108.94	100.85	107.99	106.80	103.96	108.82
02月	103.39	114.48	104.54	102.41	108.59	101.20	111.10	106.88	104.38	108.67
03月	102.45	115.56	102.16	103.49	108.28	100.94	113.33	103.42	103.45	108.47
04月	102.41	116.97	99.73	104.39	108.18	100.33	115.33	101.41	104.32	108.49
05月	102.60	117.14	99.85	105.32	107.76	100.02	115.75	101.61	104.43	108.14
06月	103.37	116.71	99.60	105.42	107.35	100.53	116.32	100.54	104.74	107.71
07月	102.92	116.36	99.75	106.32	106.92	100.70	116.24	100.38	106.11	107.35
08月	103.26	115.86	99.63	106.84	106.94	100.35	116.71	100.28	105.54	107.41
09月	104.04	115.94	99.31	106.45	107.58	100.52	116.33	99.97	105.18	107.23
10月	105.25	113.63	100.10	106.33	105.92	101.05	115.63	101.08	105.24	106.66
11月	106.06	112.28	100.25	106.16	105.20	101.88	113.20	102.43	106.25	106.19
12月	107.93	109.36	100.83	106.44	105.20	104.09	110.99	102.90	107.24	104.82

7-5 巴氏杀菌乳、UHT奶平均价格

7-5-1 2009—2011年全国50个城市巴氏杀菌乳、UHT奶平均价格（月度）

单位：元/升

商品名称	年 份	01月	02月	03月	04月	05月	06月	07月	08月	09月	10月	11月	12月
巴氏杀菌乳	2009	—	6.56	6.52	6.52	6.48	6.52	6.52	6.52	6.60	6.64	6.56	6.64
	2010	6.68	6.80	6.88	6.88	6.84	6.96	6.92	6.96	7.08	7.04	7.08	7.32
	2011	8.28	8.07	8.10	8.31	8.12	8.18	8.19	8.22	8.33	8.57	8.60	8.45
UHT奶	2009	—	7.22	7.12	7.10	7.12	7.10	7.08	7.08	7.14	7.22	7.12	7.24
	2010	7.18	7.24	7.30	7.26	7.28	7.30	7.28	7.26	7.30	7.34	7.40	7.42
	2011	7.82	7.91	7.89	7.98	8.09	8.16	8.15	8.14	8.15	7.99	7.95	8.21

Ⅷ. 含乳饮料和植物蛋白饮料制造业经济指标

8-1 2007—2011 年全国含乳饮料和植物蛋白饮料制造业基本经营情况

分 项	单位	2007 年	2008 年	2009 年	2010 年	2011 年
企业数量	个	179	220	231	236	184
亏损企业数	个	24	22	12	12	10
从业人数	人	35 269	48 282	54 680	64 781	66 590
总产值	亿元	207.17	330.70	393.33	521.14	653.06
工业销售产值	亿元	206.07	322.89	384.66	513.50	646.48
利税总额	亿元	24.13	52.75	76.04	90.09	69.63
利润总额	亿元	16.03	38.64	58.98	67.97	66.78
资产总额	亿元	147.01	226.55	242.29	331.07	335.57
负债总额	亿元	80.66	110.52	110.15	150.81	154.66

8-2 2007—2011年全国含乳饮料和植物蛋白饮料制造业基本经营情况-不同规模

分　项	单位	2007年	2008年	2009年	2010年	2011年
大型企业						
企业数量	个				4	4
亏损企业数	个					
从业人数	人	2 371	4 668	7 442	17 827	21 627
总产值	亿元	20.35	26.39	35.20	103.53	183.51
工业销售产值	亿元	20.35	26.37	35.09	100.07	157.53
利税总额	亿元	1.88	2.40	4.12	14.40	13.93
利润总额	亿元	1.26	1.52	2.87	10.12	13.31
资产总额	亿元	13.58	14.30	20.87	51.86	60.83
负债总额	亿元	8.79	8.39	12.39	35.93	42.19
中型企业						
企业数量	个	20	28	36	39	34
亏损企业数	个	3	5	3	3	3
从业人数	人	13 992	20 555	23 009	23 497	22 561
总产值	亿元	100.12	158.51	189.30	235.30	266.71
工业销售产值	亿元	100.98	153.96	183.89	233.16	265.00
利税总额	亿元	10.76	24.86	43.03	44.53	31.24
利润总额	亿元	6.65	17.44	34.17	34.27	30.29
资产总额	亿元	67.83	110.78	123.41	160.47	158.69
负债总额	亿元	42.96	60.03	59.66	70.49	70.92
小型企业						
企业数量	个	158	191	194	193	146
亏损企业数	个	21	17	9	9	7
从业人数	人	18 906	23 059	24 229	23 457	22 402
总产值	亿元	86.69	145.80	168.83	182.32	207.84
工业销售产值	亿元	84.74	142.55	165.68	180.27	223.95
利税总额	亿元	11.49	25.49	28.88	31.16	24.46
利润总额	亿元	8.12	19.68	21.95	23.59	23.17
资产总额	亿元	65.60	101.47	98.01	118.74	116.05
负债总额	亿元	28.91	42.10	38.09	44.39	41.55

8-3 2007—2011 年全国含乳饮料和植物蛋白饮料制造业基本经营情况-不同经济类型

分　项	单位	2007 年	2008 年	2009 年	2010 年	2011 年
国有企业						
企业数量	个	3	0	4	0	0
亏损企业数	个	1	0	0	0	0
从业人数	人	415	702	1 800	75	0
总产值	亿元	0.47	4.74	8.12	0.32	0.00
工业销售产值	亿元	0.47	4.13	7.33	0.32	0.00
利税总额	亿元	0.00	0.37	2.15	0.01	0.00
利润总额	亿元	−0.01	0.17	1.26	0.01	0.00
资产总额	亿元	1.78	2.75	4.77	1.95	0.00
负债总额	亿元	1.46	1.86	3.67	1.71	0.00
集体企业						
企业数量	个	6	0	3	0	0
亏损企业数	个	0	0	1	0	0
从业人数	人	678	286	101	50	60
总产值	亿元	1.78	1.70	0.15	0.08	0.31
工业销售产值	亿元	1.74	1.70	0.16	0.08	0.31
利税总额	亿元	0.15	0.14	0.01	0.01	0.00
利润总额	亿元	0.07	0.09	0.00	0.00	0.00
资产总额	亿元	2.08	1.57	1.17	0.04	0.15
负债总额	亿元	0.82	0.52	0.39	0.03	0.05
股份合作企业						
企业数量	个	0			0	
亏损企业数	个	1			1	
从业人数	人	176			300	
总产值	亿元	0.54			1.13	0.00
工业销售产值	亿元	0.54			1.13	
利税总额	亿元	−0.03			0.05	0.00
利润总额	亿元	−0.06			0.00	
资产总额	亿元	0.32			0.56	
负债总额	亿元	0.36			0.64	
股份制企业						
企业数量	个	3	7	8	8	9
亏损企业数	个	0	1	1	0	0
从业人数	人	1 451	2 709	3 465	3 988	4 773

（续）

分　项	单位	2007 年	2008 年	2009 年	2010 年	2011 年
总产值	亿元	17.16	29.58	35.10	49.15	71.59
工业销售产值	亿元	19.62	28.69	38.03	50.71	70.74
利税总额	亿元	2.75	4.30	5.70	8.66	9.08
利润总额	亿元	1.51	2.45	4.27	6.23	8.66
资产总额	亿元	13.53	16.28	24.46	32.13	40.16
负债总额	亿元	6.85	7.63	11.95	16.49	20.72
私营企业						
企业数量	个	88	108	115	117	79
亏损企业数	个	8	4	3	2	3
从业人数	人	10 343	12 491	13 659	18 577	17 359
总产值	亿元	30.40	59.67	71.65	105.26	139.58
工业销售产值	亿元	29.57	58.19	70.80	101.74	131.46
利税总额	亿元	3.18	8.12	9.10	15.30	16.14
利润总额	亿元	2.11	6.08	6.47	10.91	15.36
资产总额	亿元	18.00	24.70	31.25	44.70	49.17
负债总额	亿元	9.28	10.99	12.61	16.40	20.16
外商和港、澳、台投资企业						
企业数量	个	45	59	56	63	58
亏损企业数	个	10	11	4	7	4
从业人数	人	12 977	22 845	25 280	30 442	33 278
总产值	亿元	113.33	179.89	201.11	291.27	356.44
工业销售产值	亿元	111.78	177.45	195.44	287.11	363.95
利税总额	亿元	14.34	33.35	49.13	58.49	39.6
利润总额	亿元	9.96	25.31	39.68	46.31	38.35
资产总额	亿元	80.11	147.26	138.54	210.44	205.27
负债总额	亿元	41.39	71.11	57.32	91.58	90.73
其　他						
企业数量	个	33	40	45	43	37
亏损企业数	个	4	6	3	2	3
从业人数	人	9 229	9 249	10 375	11 349	11 120
总产值	亿元	43.49	55.12	77.20	73.93	85.14
工业销售产值	亿元	42.35	52.72	72.89	72.41	80.02
利税总额	亿元	3.73	6.47	9.96	7.58	4.80
利润总额	亿元	2.44	4.53	7.30	4.51	4.40
资产总额	亿元	31.18	33.99	42.10	41.25	40.83
负债总额	亿元	20.50	18.41	24.20	23.97	23.00

8-4 2007—2011 年全国各地区含乳饮料和植物蛋白饮料制造业-企业数

单位：个

地区	2007 年		2008 年		2009 年		2010 年		2011 年	
	总数	亏损数	总数	亏损数	总数	亏损数	总数	亏损数	总数	亏损数
全国	**179**	**24**	**220**	**22**	**231**	**12**	**236**	**12**	**184**	**10**
北京	7	5	6	3	4	0	3	0	0	0
天津	3	0		2			0	0	0	0
河北	17	2	21	2	23	1	22	0	23	1
山西		1	5	2	5	1	6	1	4	0
内蒙古					4	1	4	0	4	2
辽宁	15	3	9	0	9	0	8	0	4	0
吉林	3	0	5	0	9	0	9	0	7	0
黑龙江							0	0	0	0
上海	5	4	5	3	5	2	4	3	4	2
江苏	6	0	8	2	9	1	10	0	7	1
浙江	7	1	10	1	11	0	12	4	8	0
安徽		1	0	1	3	1	5	1	0	0
福建	3	0	4	0	5	0	4	0	4	0
江西	3	0	4	0	3	0	3	0	0	0
山东	22	2	30	0	28	1	27	0	20	0
河南	26	1	32	2	35	2	36	2	27	0
湖北	7	9	10	0	11	0	14	0	10	1
湖南	14		13	0	15	0	17	0	13	0
广东	17	2	19	2	19	1	16	1	15	1
广西						1				
海南		1							0	0
重庆	6		7	1	6	0	10	0	6	0
四川	4	2	8	1	9	0	10	0	9	1
云南					4	0	4	0	0	0
陕西	3	1	5	0	3	0	3	0	0	0
甘肃	3				3	0	3	0	0	1
青海										
新疆					3	0	0	0	0	0

8-5 2007—2011年全国各地区含乳饮料和植物蛋白饮料制造业-从业人员数

单位：人

地 区	2007年	2008年	2009年	2010年	2011年
全 国	**35 269.00**	**48 282.00**	**54 680.00**	**59 137.00**	**66 590.00**
北 京	461	2158	945	624	430
天 津	293	94	115	108	46
河 北	5 137	5 497	4 910	5 119	5 534
山 西	248	482	560	508	432
内蒙古	6	298	618	571	685
辽 宁	1 439	1 031	1 001	1 105	913
吉 林	44	920	1337	1324	952
黑龙江		101	164	143	155
上 海	588	739	830	1 187	1 213
江 苏	189	1 707	2 103	1 809	1 555
浙 江	1 491	2 657	2 768	2 907	3 170
安 徽	418	408	500	593	631
福 建	279	5 370	8120	9341	11 923
江 西	25	464	472	487	583
山 东	3 497	4 285	5 101	6 195	9 688
河 南	4 834	4 973	5 370	5 272	5 455
湖 北	335	2 854	3 510	2 846	4 134
湖 南	1 115	1 245	2 102	1 918	2 214
广 东	5 254	8 097	8 341	8 043	7 246
广 西		150	80	54	
海 南	2	150		81	88
重 庆	582	1 217	1 185	1514	1 395
四 川		2 092	3 033	5740	6 879
贵 州					
云 南	12	460	474	227	386
西 藏					
陕 西	118	343	304	307	345
甘 肃	45	332	322	356	340
青 海	26			370	
宁 夏					
新 疆		158	415	388	198

8－6 2007—2011年全国各地区含乳饮料和植物蛋白饮料制造业-总产值

单位：亿元

地区	2007年	2008年	2009年	2010年	2011年
全国	**207.17**	**330.70**	**393.33**	**521.14**	**653.06**
北京	1.84	5.43	2.52	5.35	7.87
天津	1.24	0.41	1.70	0.52	0.31
河北	33.29	49.81	46.49	64.32	92.34
山西	0.30	0.41	2.74	3.92	6.55
内蒙古	0.18	1.17	1.69	2.97	3.51
辽宁	3.32	4.93	6.06	5.36	6.17
吉林	2.53	4.59	9.31	11.93	9.98
黑龙江		1.01	1.62	2.95	3.23
上海	2.72	3.42	3.45	4.32	6.35
江苏	7.03	16.00	22.68	22.06	26.81
浙江	23.17	41.38	44.80	51.23	45.48
安徽	2.57	9.04	8.11	9.14	11.05
福建	23.09	30.78	37.60	56.73	95.02
江西	1.59	2.51	4.17	5.08	5.83
山东	12.13	21.47	30.06	54.88	65.68
河南	15.75	19.76	27.30	43.51	53.10
湖北	19.93	22.93	25.05	37.88	59.28
湖南	4.39	9.23	19.78	26.13	24.71
广东	40.52	42.25	47.07	42.17	53.07
广西		4.36		0.08	
海南	0.07	0.10	0.26	0.30	0.31
重庆	2.77	10.83	14.74	13.22	13.90
四川	6.73	21.88	25.56	40.52	41.09
贵州					
云南	0.36	4.62	4.29	4.15	4.52
西藏					
陕西	0.28	0.87	0.20	5.05	7.64
甘肃	0.39	1.05	1.10	1.26	1.55
青海					
宁夏					
新疆	0.99	0.46	4.98	6.12	7.72

8-7 2007—2011年全国各地区含乳饮料和植物蛋白饮料制造业-工业销售产值

单位：亿元

地区	2007年	2008年	2009年	2010年	2011年
全　国	**206.07**	**322.89**	**384.66**	**513.50**	**646.48**
北　京	1.66	5.32	2.38	5.28	7.75
天　津	1.24	0.41	1.69	0.52	0.34
河　北	34.95	48.05	49.11	64.27	87.40
山　西	0.28	0.37	2.48	3.96	5.56
内蒙古	0.16	1.14	1.66	3.02	3.13
辽　宁	3.44	4.82	5.96	5.37	4.93
吉　林	2.55	4.46	9.04	11.75	11.84
黑龙江		0.99	1.60	2.95	3.20
上　海	2.78	3.33	3.41	4.37	6.38
江　苏	7.09	16.87	22.13	22.31	27.66
浙　江	22.81	40.73	42.38	49.27	45.74
安　徽	2.45	7.77	7.98	8.61	8.63
福　建	23.17	30.30	37.48	56.61	95.06
江　西	1.56	2.52	4.15	5.07	5.82
山　东	12.03	21.31	29.45	52.15	65.36
河　南	15.32	19.46	26.70	44.22	52.26
湖　北	20.94	23.21	24.59	38.77	58.29
湖　南	4.46	9.14	19.83	25.93	24.29
广　东	37.99	41.07	44.76	40.34	58.60
广　西					
海　南	0.05	0.06	0.26	0.28	0.31
重　庆	2.68	9.70	11.74	13.01	13.75
四　川	6.55	20.79	25.71	39.50	39.81
贵　州					
云　南	0.35	4.65	4.28	4.02	4.39
西　藏					
陕　西	0.28	0.70	0.20	4.90	7.55
甘　肃	0.36	1.01	1.05	1.17	1.41
青　海					
宁　夏					
新　疆	0.93	0.48	4.62	5.79	7.05

8-8 2007—2011年全国各地区含乳饮料和植物蛋白饮料制造业-利税总额

单位：亿元

地　区	2007年	2008年	2009年	2010年	2011年
全　国	**24.13**	**52.75**	**76.04**	**90.09**	**69.63**
北　京	−0.22	−0.47	0.49	0.94	1.03
天　津	0.27	−0.13	0.14	0.02	0.02
河　北	4.09	6.50	7.63	11.74	12.39
山　西	0.03	0.02	0.55	0.49	0.56
内蒙古	0.01	0.13	0.12	0.11	0.09
辽　宁	0.38	0.89	0.83	1.24	0.69
吉　林	0.28	0.61	0.87	1.16	0.80
黑龙江		0.27	0.70	0.85	0.47
上　海	0.03	0.09	0.41	0.26	0.30
江　苏	0.97	2.98	8.37	4.40	3.40
浙　江	3.22	14.69	13.89	12.49	5.60
安　徽	0.21	1.90	3.16	2.39	0.98
福　建	2.43	3.11	4.62	8.87	9.01
江　西	0.53	0.49	1.02	0.82	0.67
山　东	1.25	2.62	3.83	7.96	5.73
河　南	2.11	2.47	3.34	7.61	8.82
湖　北	2.86	3.00	4.76	5.01	4.84
湖　南	0.69	1.72	5.11	6.66	1.91
广　东	3.66	3.73	7.98	7.16	5.40
广　西					
海　南	−0.02	0.01	0.01	0.03	0.02
重　庆	0.57	2.26	3.25	1.65	1.03
四　川	0.62	3.24	2.19	4.73	2.27
贵　州					
云　南	0.08	1.36	2.01	0.98	0.59
西　藏					
陕　西	0.03	0.15	0.01	1.18	1.67
甘　肃	0.01	0.06	0.08	0.05	−0.04
青　海					
宁　夏					
新　疆	0.05	0.06	0.68	1.29	1.36

8-9 2007—2011 年全国各地区含乳饮料和植物蛋白饮料制造业-利润总额

单位：亿元

地 区	2007 年	2008 年	2009 年	2010 年	2011 年
全 国	**16.03**	**38.64**	**58.98**	**67.97**	**66.78**
北 京	—0.30	—0.71	0.37	0.75	1.02
天 津	0.21	—0.15	0.07	0.01	0.02
河 北	2.59	4.46	5.78	8.35	11.84
山 西	0.01	—0.01	0.43	0.47	0.54
内蒙古	0.01	0.09	0.06	0.08	0.07
辽 宁	0.23	0.76	0.52	0.88	0.64
吉 林	0.22	0.49	0.56	0.89	0.63
黑龙江		0.23	0.65	0.70	0.46
上 海	—0.08	—0.08	0.18	0.18	0.28
江 苏	0.73	2.02	6.92	3.38	3.32
浙 江	2.50	12.76	11.94	10.31	5.43
安 徽	0.21	1.55	2.71	1.82	0.94
福 建	1.70	2.04	3.23	6.73	8.70
江 西	0.33	0.39	0.57	0.45	0.62
山 东	0.84	1.84	3.05	5.95	5.45
河 南	1.48	1.84	2.46	5.85	8.50
湖 北	1.87	2.31	4.05	3.70	4.79
湖 南	0.31	1.22	3.93	5.46	1.79
广 东	2.20	1.77	5.08	4.84	5.08
广 西					
海 南	—0.02	0.86	0.00	0.03	0.02
重 庆	0.50	1.76	2.63	1.21	0.98
四 川	0.39	1.98	1.45	3.06	2.09
贵 州					
云 南	0.06	1.05	1.71	0.80	0.58
西 藏					
陕 西	0.01	0.12	0.01	0.90	1.66
甘 肃	—0.02	0.02	0.05	0.02	—0.04
青 海					
宁 夏					
新 疆	0.04	0.04	0.59	1.16	1.35

8-10　2007—2011 年全国各地区含乳饮料和植物蛋白饮料制造业-资产总额

单位：亿元

地　区	2007 年	2008 年	2009 年	2010 年	2011 年
全　国	**147.01**	**226.55**	**242.29**	**331.07**	**335.57**
北　京	3.21	9.63	6.23	4.27	4.47
天　津	0.79	0.66	2.97	0.18	0.14
河　北	25.32	26.32	33.35	39.68	50.07
山　西	0.95	3.62	3.65	4.43	4.92
内蒙古	0.30	1.02	1.29	1.20	1.52
辽　宁	6.48	3.91	2.62	3.61	2.40
吉　林	0.97	2.24	6.32	7.49	7.29
黑龙江		0.56	1.34	1.24	1.27
上　海	5.86	6.18	6.66	8.60	8.82
江　苏	4.83	13.85	14.22	15.53	16.34
浙　江	12.08	36.19	35.27	44.67	31.62
安　徽	2.50	3.24	5.07	10.74	3.37
福　建	15.73	17.22	22.91	35.82	37.17
江　西	0.82	0.97	0.95	2.02	2.05
山　东	4.86	7.91	16.47	22.75	27.24
河　南	10.66	8.96	9.58	16.03	18.76
湖　北	17.76	22.22	12.62	35.77	31.99
湖　南	1.79	7.95	11.16	14.03	10.84
广　东	20.19	22.86	17.91	22.76	29.29
广　西		1.60	0.13	0.04	
海　南	0.03	0.07		0.15	0.12
重　庆	2.09	7.26	9.94	9.27	9.56
四　川	3.86	13.96	12.01	20.80	27.14
贵　州					
云　南	0.78	3.10	3.56	3.69	4.08
西　藏					
陕　西	2.19	2.78	2.39	3.12	1.48
甘　肃	1.58	1.53	0.90	1.24	1.74
青　海					
宁　夏					
新　疆	1.40	0.73	2.75	1.96	1.87

8－11 2007—2011 年全国各地区含乳饮料和植物蛋白饮料制造业-负债总额

单位：亿元

地 区	2007 年	2008 年	2009 年	2010 年	2011 年
全 国	**80.66**	**110.52**	**110.15**	**150.81**	**154.66**
北 京	1.76	8.24	5.23	1.12	0.66
天 津	0.33	0.17	1.16	0.10	0.05
河 北	16.51	14.96	19.19	23.05	28.25
山 西	0.28	2.12	2.07	2.62	2.77
内蒙古	0.26	0.67	0.63	0.57	0.68
辽 宁	3.11	1.97	1.03	0.54	0.46
吉 林	0.42	1.32	2.30	2.29	2.11
黑龙江		0.25	0.89	0.72	0.71
上 海	3.33	3.38	2.96	3.45	3.39
江 苏	2.79	7.55	5.43	4.88	4.34
浙 江	4.19	8.92	9.41	9.21	5.68
安 徽	1.61	1.04	3.39	3.79	1.77
福 建	8.96	8.81	13.08	20.80	23.81
江 西	0.15	0.14	0.14	0.34	0.36
山 东	2.35	3.00	9.40	10.96	10.93
河 南	6.56	4.55	4.32	7.42	7.49
湖 北	10.66	12.52	5.09	19.29	19.23
湖 南	0.74	2.40	2.84	3.80	3.24
广 东	9.86	16.37	6.56	14.91	17.60
广 西		0.46	0.05		
海 南	0.03	0.05		0.03	0.04
重 庆	1.04	1.29	4.60	0.09	3.87
四 川	2.40	6.60	5.83	3.52	12.97
贵 州					
云 南	0.57	0.85	1.06	11.77	1.58
西 藏					
陕 西	1.56	1.88	1.64	1.36	0.55
甘 肃	0.68	0.62	0.47	2.21	0.80
青 海					
宁 夏					
新 疆	0.50	0.39	1.40	0.59	1.32

Ⅸ. 社会经济综合指标

9-1 1978—2011年全国国内生产总值

单位：亿元

年份	国民总收入	国内生产总值	按产业分			
			第一产业	第二产业	第三产业	人均国内生产总值（元/人）
1978	3 645.22	3 645.22	1 027.53	1 745.20	872.48	381.23
1979	4 062.58	4 062.58	1 270.19	1 913.50	878.89	419.25
1980	4 545.62	4 545.62	1 371.59	2 192.00	982.03	463.25
1981	4 889.46	4 891.56	1 559.46	2 255.50	1 076.60	492.16
1982	5 330.45	5 323.35	1 777.40	2 383.00	1 162.95	527.78
1983	5 985.55	5 962.65	1 978.39	2 646.20	1 338.06	582.68
1984	7 243.75	7 208.05	2 316.09	3 105.70	1 786.26	695.20
1985	9 040.74	9 016.04	2 564.40	3 866.60	2 585.04	857.82
1986	10 274.38	10 275.18	2 788.69	4 492.70	2 993.79	963.19
1987	12 050.62	12 058.62	3 233.04	5 251.60	3 573.97	1 112.38
1988	15 036.82	15 042.82	3 865.36	6 587.20	4 590.26	1 365.51
1989	17 000.92	16 992.32	4 265.92	7 278.00	5 448.40	1 519.00
1990	18 718.32	18 667.82	5 062.00	7 717.40	5 888.42	1 644.00
1991	21 826.20	21 781.50	5 342.20	9 102.20	7 337.10	1 892.76
1992	26 937.28	26 923.48	5 866.60	11 699.50	9 357.38	2 311.09
1993	35 260.02	35 333.92	6 963.76	16 454.43	11 915.73	2 998.36
1994	48 108.46	48 197.86	9 572.69	22 445.40	16 179.76	4 044.00
1995	59 810.53	60 793.73	12 135.81	28 679.46	19 978.46	5 045.73
1996	70 142.49	71 176.59	14 015.39	33 834.96	23 326.24	5 845.89
1997	78 060.85	78 973.03	14 441.89	37 543.00	26 988.15	6 420.18
1998	83 024.28	84 402.28	14 817.63	39 004.19	30 580.47	6 796.03
1999	88 479.15	89 677.05	14 770.03	41 033.58	33 873.44	7 158.50
2000	98 000.45	99 214.55	14 944.72	45 555.88	38 713.95	7 857.68
2001	108 068.22	109 655.17	15 781.27	49 512.29	44 361.61	8 621.71
2002	119 095.69	120 332.69	16 537.02	53 896.77	49 898.90	9 398.05
2003	134 976.97	135 822.76	17 381.72	62 436.31	56 004.73	10 541.97
2004	159 453.60	159 878.34	21 412.73	73 904.31	64 561.29	12 335.58
2005	183 617.37	184 937.37	22 420.00	87 598.09	74 919.28	14 185.36
2006	215 904.41	216 314.43	24 040.00	103 719.54	88 554.88	16 499.70
2007	266 422.00	265 810.31	28 627.00	125 831.36	111 351.95	20 169.46
2008	316 030.34	314 045.43	33 702.00	149 003.44	131 339.99	23 707.71
2009	340 319.95	340 902.81	35 226.00	157 638.78	148 038.04	25 607.53
2010	399 759.54	401 512.80	40 533.60	187 383.21	173 595.98	30 015.05
2011	472 115.04	472 881.56	47 486.21	220 412.81	204 982.53	35 181.24

9－2　1978—2011 年全国农林牧渔业总产值

单位：亿元

年份	农林牧渔业总产值	其中			
		农业	林业	牧业	渔业
1978	1 397.00	1 117.50	48.10	209.30	22.10
1979	1 697.60	1 325.30	60.70	285.60	26.00
1980	1 922.60	1 454.10	81.40	354.20	32.90
1981	2 080.62	1 635.87	98.89	302.17	43.69
1982	2 483.26	1 865.30	110.04	456.70	51.22
1983	2 750.00	2 074.47	127.20	485.11	63.22
1984	3 214.13	2 380.15	161.61	587.32	85.05
1985	3 619.50	2 506.40	188.70	798.30	126.10
1986	4 013.01	2 771.75	201.19	875.71	164.36
1987	4 675.70	3 160.49	221.98	1 068.37	224.86
1988	5 865.27	3 666.89	275.30	1 600.61	322.47
1989	6 534.73	4 100.58	284.92	1 800.38	348.80
1990	7 662.10	4 954.30	330.30	1 967.00	410.60
1991	8 157.00	5 146.40	367.90	2 159.20	483.50
1992	9 084.70	5 588.00	422.60	2 460.50	613.50
1993	10 995.50	6 605.10	494.00	3 014.40	882.00
1994	15 750.50	9 169.20	611.10	4 672.00	1 298.20
1995	20 340.90	11 884.60	709.90	6 045.00	1 701.30
1996	22 353.70	13 539.75	778.01	6 015.54	2 020.43
1997	23 788.40	13 852.50	817.80	6 835.40	2 282.70
1998	24 541.86	14 241.88	851.26	7 025.84	2 422.88
1999	24 519.06	14 106.22	886.30	6 997.58	2 529.04
2000	24 915.80	13 873.60	936.50	7 393.10	2 712.60
2001	26 179.60	14 462.80	938.80	7 963.10	2 815.00
2002	27 390.75	14 931.54	1 033.50	8 454.64	2 971.07
2003	29 691.80	14 870.10	1 239.90	9 538.80	3 137.60
2004	36 238.99	18 138.36	1 327.12	12 173.80	3 605.60
2005	39 450.89	19 613.37	1 425.54	13 310.78	4 016.12
2006	40 810.83	21 522.28	1 610.81	12 083.86	3 970.52
2007	48 892.96	24 658.10	1 861.64	16 124.90	4 457.52
2008	58 002.15	28 044.15	2 152.90	20 583.56	5 203.38
2009	60 361.01	30 777.50	2 193.00	19 468.36	5 626.44
2010	69 319.76	36 941.11	2 595.47	20 825.73	6 422.37
2011	81 303.92	41 988.64	3 120.68	25 770.69	7 567.95

9－3　2007—2011 年全国各地区国内生产总值

单位：亿元

地　区	2007 年	2008 年	2009 年	2010 年	2011 年
全国总计	**265 810.31**	**314 045.43**	**340 902.81**	**401 512.80**	**472 881.56**
北　京	9 846.81	11 115.00	12 153.03	14 113.58	16 251.93
天　津	5 252.76	6 719.01	7 521.85	9 224.46	11 307.28
河　北	13 607.32	16 011.97	17 235.48	20 394.26	24 515.76
山　西	6 024.45	7 315.40	7 358.31	9 200.86	11 237.55
内蒙古	6 423.18	8 496.20	9 740.25	11 672.00	14 359.88
辽　宁	11 164.30	13 668.58	15 212.49	18 457.27	22 226.70
吉　林	5 284.69	6 426.10	7 278.75	8 667.58	10 568.83
黑龙江	7 104.00	8 314.37	8 587.00	10 368.60	12 582.00
上　海	12 494.01	14 069.86	15 046.45	17 165.98	19 195.69
江　苏	26 018.48	30 981.98	34 457.30	41 425.48	49 110.27
浙　江	18 753.73	21 462.69	22 990.35	27 722.31	32 318.85
安　徽	7 360.92	8 851.66	10 062.82	12 359.33	15 300.65
福　建	9 248.53	10 823.01	12 236.53	14 737.12	17 560.18
江　西	5 800.25	6 971.05	7 655.18	9 451.26	11 702.82
山　东	25 776.91	30 933.28	33 896.65	39 169.92	45 361.85
河　南	15 012.46	18 018.53	19 480.46	23 092.36	26 931.03
湖　北	9 333.40	11 328.89	12 961.10	15 967.61	19 632.26
湖　南	9 439.60	11 555.00	13 059.69	16 037.96	19 669.56
广　东	31 777.01	36 796.71	39 482.56	46 013.06	53 210.28
广　西	5 823.41	7 021.00	7 759.16	9 569.85	11 720.87
海　南	1 254.17	1 503.06	1 654.21	2 064.50	2 522.66
重　庆	4 676.13	5 793.66	6 530.01	7 925.58	10 011.37
四　川	10 562.39	12 601.23	14 151.28	17 185.48	21 026.68
贵　州	2 884.11	3 561.56	3 912.68	4 602.16	5 701.84
云　南	4 772.52	5 692.12	6 169.75	7 224.18	8 893.12
西　藏	341.43	394.85	441.36	507.46	605.83
陕　西	5 757.29	7 314.58	8 169.80	10 123.48	12 512.30
甘　肃	2 702.40	3 166.82	3 387.56	4 120.75	5 020.37
青　海	797.35	1 018.62	1 081.27	1 350.43	1 670.44
宁　夏	919.11	1 203.92	1 353.31	1 689.65	2 102.21
新　疆	3 523.16	4 183.21	4 277.05	5 437.47	6 610.05

9-4　2007—2011 年全国各地区农林牧渔业总产值

单位：亿元

地　区	2007 年	2008 年	2009 年	2010 年	2011 年
全国总计	**48 892.96**	**58 002.15**	**60 361.01**	**69 319.76**	**81 303.92**
北　京	272.30	303.90	314.95	328.00	363.14
天　津	240.74	268.11	281.65	317.30	349.48
河　北	3 075.77	3 505.23	3 640.93	4 309.40	4 895.88
山　西	498.39	595.92	908.74	1 047.80	1 207.57
内蒙古	1 276.44	1 525.74	1 570.58	1 843.60	2 204.51
辽　宁	2 128.00	2 476.95	2 704.58	3 106.50	3 633.63
吉　林	1 359.76	1 614.80	1 734.26	1 850.30	2 275.15
黑龙江	1 700.65	2 123.43	2 251.10	2 536.30	3 223.51
上　海	255.98	280.35	283.15	287.00	314.58
江　苏	3 064.72	3 590.64	3 816.02	4 297.10	5 237.45
浙　江	1 597.15	1 780.01	1 873.40	2 172.90	2 534.90
安　徽	2 070.09	2 446.51	2 569.46	2 955.40	3 459.66
福　建	1 692.16	1 965.02	2 001.24	2 307.10	2 730.94
江　西	1 426.93	1 680.50	1 733.82	1 900.60	2 207.27
山　东	4 766.23	5 612.96	6 003.09	6 650.90	7 409.75
河　南	3 879.93	4 669.54	4 871.51	5 734.20	6 218.64
湖　北	2 296.84	2 940.47	2 985.19	3 502.00	4 252.90
湖　南	2 632.19	3 324.51	3 207.88	3 787.50	4 508.20
广　东	2 821.24	3 298.01	3 337.59	3 754.90	4 384.44
广　西	2 026.22	2 389.79	2 377.20	2 721.00	3 323.37
海　南	548.32	664.98	705.04	821.30	1 002.35
重　庆	720.73	871.39	913.11	1 021.10	1 265.33
四　川	3 377.00	3 903.40	3 689.81	4 081.80	4 932.73
贵　州	697.02	843.80	875.20	997.80	1 165.46
云　南	1 331.70	1 594.51	1 706.19	1 810.50	2 306.49
西　藏	79.80	88.45	93.38	100.80	109.37
陕　西	1 002.85	1 277.86	1 337.22	1 666.10	2 058.60
甘　肃	686.10	808.10	876.28	1 057.00	1 187.76
青　海	121.25	153.40	157.30	201.30	230.82
宁　夏	182.95	227.20	243.50	305.90	354.68
新　疆	1 063.50	1 176.69	1 297.61	1 846.20	1 955.39

9－5　2007—2011 年全国各地区牧业总产值

单位：亿元

地　区	2007 年	2008 年	2009 年	2010 年	2011 年
全国总计	**16 124.9**	**20 583.6**	**19 468.4**	**20 825.7**	**25 770.7**
北　京	122.4	140.5	136.1	139.6	162.7
天　津	76.9	86.0	83.6	87.5	98.5
河　北	1 147.0	1 410.8	1 350.1	1 443.8	1 674.0
山　西	140.2	185.4	230.9	250.8	295.7
内蒙古	559.7	699.6	721.4	822.4	998.3
辽　宁	830.8	1 052.5	1 171.4	1 270.6	1 521.1
吉　林	635.3	770.2	825.5	831.5	1074.5
黑龙江	585.0	813.1	870.2	965.8	1189.9
上　海	58.0	68.4	64.6	62.9	77.4
江　苏	704.4	916.5	874.0	923.3	1190.5
浙　江	367.6	418.9	404.9	448.4	546.3
安　徽	637.4	806.9	795.8	865.0	1083.5
福　建	340.6	425.7	366.9	380.3	479.2
江　西	435.6	556.0	541.5	584.1	734.3
山　东	1 313.0	1 704.9	1 683.8	1 774.5	2 171.9
河　南	1 326.1	1 761.2	1 654.3	1 805.9	2 198.4
湖　北	686.2	1 008.7	881.8	925.0	1 205.8
湖　南	1 013.8	1 463.4	1 100.4	1 118.2	1 425.6
广　东	775.6	967.9	917.1	947.2	1 146.4
广　西	710.2	871.7	812.5	870.7	1 096.6
海　南	106.1	140.4	142.8	158.6	207.2
重　庆	264.5	344.2	319.4	326.6	425.3
四　川	1 827.1	2 036.3	1 596.7	1 705.2	2 127.2
贵　州	231.6	291.7	281.5	304.2	382.0
云　南	438.4	570.0	557.8	588.8	808.2
西　藏	34.9	39.0	44.3	48.9	54.1
陕　西	274.1	385.3	387.9	435.0	553.4
甘　肃	131.2	168.3	171.9	181.8	210.6
青　海	67.0	89.2	90.1	101.5	119.3
宁　夏	53.3	73.1	70.7	82.1	97.6
新　疆	231.5	318.2	318.4	375.8	415.0

9-6 2007—2011 年全国各地区食品加工业总产值（农副食品加工业）

单位：亿元

地 区	2007 年	2008 年	2009 年	2010 年	2011 年
全国总计	**17 496.08**	**23 917.37**	**27 961.03**	**34 928.07**	**44 126.10**
北 京	185.90	232.15	241.52	282.76	321.40
天 津	192.22	288.27	328.94	381.90	515.93
河 北	759.30	1 028.17	1 085.61	1 370.29	1 747.26
山 西	88.65	102.88	133.61	193.40	271.22
内蒙古	385.63	548.09	764.38	984.98	1 269.81
辽 宁	1 048.01	1 629.08	2 082.07	2 787.14	3 447.23
吉 林	563.43	962.34	1 181.95	1 598.40	2 207.10
黑龙江	459.61	677.44	821.98	1 200.80	1 669.79
上 海	208.44	291.59	243.09	262.07	297.11
江 苏	1 158.03	1 535.63	1 851.67	2 253.57	2 564.45
浙 江	542.09	637.35	653.84	775.51	848.50
安 徽	443.84	685.58	923.23	1 305.48	1 872.72
福 建	575.09	775.27	927.16	1 247.77	1 519.75
江 西	244.24	378.82	481.63	665.76	838.34
山 东	4 658.23	5 912.41	6 712.05	7 451.39	8 465.52
河 南	1 614.89	2 046.51	2 191.32	2 785.67	3 718.77
湖 北	472.28	758.65	1 086.63	1 536.50	2 355.34
湖 南	508.84	795.46	1 027.38	1 409.93	2 019.33
广 东	1 121.65	1 494.31	1 517.37	1 810.48	2 246.97
广 西	594.79	815.30	883.36	1 125.04	1 483.58
海 南	66.28	81.10	81.86	94.46	98.21
重 庆	137.42	215.39	243.20	351.56	466.78
四 川	879.72	1 233.23	1 535.08	1 826.24	2 342.85
贵 州	46.10	54.54	69.20	83.13	126.13
云 南	137.44	179.66	209.17	245.48	300.16
西 藏	0.86	1.59	2.07	2.09	2.06
陕 西	162.58	239.81	312.17	409.50	537.50
甘 肃	83.46	110.06	136.19	176.63	220.40
青 海	5.62	15.56	16.95	22.63	27.49
宁 夏	25.94	30.00	39.66	50.34	56.42
新 疆	125.49	161.12	176.71	237.17	267.97

9-7 2007—2011 年全国各地区食品制造业总产值

单位：亿元

地 区	2007 年	2008 年	2009 年	2010 年	2011 年
全国总计	**6 070.96**	**7 716.54**	**9 219.24**	**11 350.64**	**14 046.96**
北 京	140.80	148.43	166.96	192.60	221.27
天 津	101.30	146.40	233.18	333.13	678.38
河 北	360.60	325.97	377.16	430.16	602.84
山 西	52.41	67.34	62.83	80.49	101.81
内蒙古	384.13	487.33	558.26	646.69	655.30
辽 宁	179.99	270.65	369.19	486.08	537.36
吉 林	98.31	138.65	162.65	207.52	275.01
黑龙江	197.02	265.85	342.69	411.85	487.73
上 海	288.56	332.87	369.32	442.28	492.15
江 苏	248.08	302.56	331.66	411.76	484.99
浙 江	244.20	298.72	345.68	393.11	443.91
安 徽	148.22	186.24	161.61	236.35	349.05
福 建	270.99	348.10	412.96	555.35	704.68
江 西	91.32	142.67	179.81	242.31	269.77
山 东	1 179.01	1 479.27	1 732.87	1 871.36	2 046.38
河 南	607.55	805.47	991.91	1 200.59	1 556.20
湖 北	134.24	196.65	256.76	386.46	534.40
湖 南	211.77	269.13	334.52	436.19	629.23
广 东	592.30	746.21	895.74	1 123.68	1 292.93
广 西	44.14	67.92	89.54	126.41	176.72
海 南	22.09	32.54	31.44	39.68	34.41
重 庆	39.80	67.35	74.00	101.59	130.38
四 川	181.28	258.97	323.03	444.53	650.02
贵 州	26.95	41.59	40.19	56.53	75.72
云 南	25.08	37.84	45.24	67.70	93.94
西 藏	0.88	0.71	0.80	1.01	1.17
陕 西	93.96	106.48	151.67	203.35	270.55
甘 肃	22.03	29.82	34.34	46.37	54.11
青 海	2.99	7.97	11.49	18.46	18.08
宁 夏	26.45	33.94	41.23	46.71	62.95
新 疆	54.49	72.90	90.49	110.33	115.53

9－8 2007—2011年全国各地区饮料制造业总产值

单位：亿元

地 区	2007年	2008年	2009年	2010年	2011年
全国总计	**5 082.34**	**6 250.46**	**7 465.03**	**9 152.62**	**11 834.84**
北 京	124.14	136.15	157.00	166.08	196.61
天 津	95.14	100.63	98.48	107.42	152.04
河 北	176.07	210.44	224.05	276.00	354.26
山 西	68.76	68.06	69.37	89.50	134.08
内蒙古	84.77	112.92	159.73	185.38	225.76
辽 宁	149.60	215.33	278.17	354.27	435.61
吉 林	149.83	221.89	275.23	282.84	372.79
黑龙江	98.41	121.07	134.56	195.67	230.63
上 海	134.42	175.07	162.87	169.37	201.41
江 苏	345.02	408.08	493.39	606.89	759.44
浙 江	325.50	377.73	402.90	430.11	452.97
安 徽	151.07	178.92	224.64	302.33	409.58
福 建	178.78	243.72	297.43	377.42	523.74
江 西	70.13	99.18	109.23	129.96	165.00
山 东	605.19	651.42	765.46	888.24	1 009.01
河 南	374.81	497.93	553.47	683.71	902.62
湖 北	229.24	301.78	388.65	567.72	827.08
湖 南	104.86	159.63	213.97	302.04	398.23
广 东	431.10	489.08	603.86	649.57	846.10
广 西	93.53	125.25	150.39	198.67	285.47
海 南	20.44	14.19	15.39	16.96	16.28
重 庆	50.48	65.58	86.16	110.16	120.73
四 川	623.24	780.55	1 013.61	1 340.84	1 884.60
贵 州	103.64	150.79	179.04	227.04	323.89
云 南	66.95	68.62	79.38	97.12	117.85
西 藏	4.97	6.43	8.46	10.29	12.75
陕 西	126.13	151.68	172.59	201.53	256.46
甘 肃	44.76	60.16	69.96	83.35	101.16
青 海	6.52	7.75	10.26	15.94	18.71
宁 夏	15.01	13.36	19.27	21.41	24.64
新 疆	29.80	37.07	48.08	64.81	75.32

9-9 1978—2011年全国社会消费品零售总额

单位：亿元

年份	社会消费品零售总额	市	县	县以下
1978	1 558.6	505.2	380.4	673.0
1979	1 800.0	584.7	347.5	867.8
1980	2 140.0	733.6	399.4	1 007.0
1981	2 350.0	843.3	431.9	1 074.8
1982	2 570.0	920.5	471.3	1 178.2
1983	2 849.4	1 057.3	520.8	1 271.2
1984	3 376.4	1 348.7	586.4	1 441.3
1985	4 305.0	1 874.5	737.2	1 693.3
1986	4 950.0	2 018.0	902.0	2 030.0
1987	5 820.0	2 427.0	1 030.0	2 363.0
1988	7 440.0	3 260.8	1 264.3	2 914.9
1989	8 101.4	3 666.8	1 329.5	3 105.1
1990	8 300.1	3 888.6	1 337.4	3 074.1
1991	9 415.6	4 529.8	1 491.2	3 394.6
1992	10 993.7	5 470.3	1 689.8	3 833.6
1993	14 270.4	7 138.1	2 090.1	5 042.2
1994	18 622.9	9 387.8	2 558.7	6 676.4
1995	23 613.8	12 979.4	3 366.3	7 268.1
1996	28 360.2	16 199.2	3 759.7	8 401.3
1997	31 252.9	18 499.5	4 011.6	8 741.8
1998	33 378.1	20 294.1	4 220.2	8 863.8
1999	35 647.9	22 201.8	4 460.8	8 985.3
2000	39 105.7	24 555.2	4 831.1	9 719.4
2001	43 055.4	27 379.1	5 251.4	10 424.9
2002	48 135.9	31 376.5	5 566.5	11 192.9
2003	52 516.3	34 608.3	6 011.8	11 896.2
2004	59 501.0	39 695.7	6 636.0	13 169.3
2005	67 176.6	45 094.3	7 485.4	14 596.9
2006	76 410	51 542.6	8 477.9	16 389.5
2007	89 210	60 410.7	9 943.8	18 855.5
2008	114 830.1	73 734.9	12 212.8	22 540.0
2009	132 678.4	85 133.0	/	/
2010	156 998.4	/	/	/
2011	183 918.6	/	/	/

9-10 2007—2011年全国各地区社会消费品零售总额

单位：亿元

地　区	2007年	2008年	2009年	2010年	2011年
全国总计	**89 210.0**	**114 830.1**	**132 678.4**	**156 998.4**	**183 918.6**
北　京	3 800.2	4 645.5	5 309.9	6 229.3	6 900.3
天　津	1 603.7	2 078.7	2 430.8	2 902.6	3 395.1
河　北	3 986.2	4 991.1	5 764.9	6 821.8	8 035.5
山　西	1 914.1	2 421.1	2 809.0	3 318.2	3 903.4
内蒙古	1 904.1	2 463.0	2 855.3	3 384.0	3 991.7
辽　宁	4 030.1	5 032.4	5 812.6	6 887.6	8 095.3
吉　林	1 999.2	2 549.2	2 957.3	3 504.9	4 119.8
黑龙江	2 331.1	2 928.3	3 401.8	4 039.2	4 750.1
上　海	3 847.8	4 577.2	5 173.2	6 070.5	6 814.8
江　苏	7 838.1	9 905.1	11 484.1	13 606.8	15 988.4
浙　江	6 214.0	7 533.3	8 622.3	10 245.4	12 028.0
安　徽	2 403.7	3 045.2	3 527.8	4 197.7	4 955.1
福　建	3 187.9	3 866.7	4 481.0	5 310.0	6 276.2
江　西	1 683.1	2 142.0	2 484.4	2 956.2	3 485.1
山　东	8 438.8	10 658.8	12 363.0	14 620.3	17 155.5
河　南	4 597.5	5 815.4	6 746.4	8 004.2	9 453.6
湖　北	4 028.5	5 109.7	5 928.4	7 013.9	8 275.2
湖　南	3 356.5	4 222.6	4 913.7	5 839.5	6 884.7
广　东	10 598.1	12 986.6	14 891.8	17 458.4	20 297.5
广　西	1 897.9	2 395.8	2 790.7	3 312.0	3 908.2
海　南	362.0	463.2	537.5	639.3	759.5
重　庆	1 661.2	2 147.1	2 479.0	2 938.6	3 487.8
四　川	4 015.6	4 944.8	5 758.7	6 810.1	8 044.6
贵　州	821.8	1 075.2	1 247.3	1 482.7	1 751.6
云　南	1 394.6	1 764.7	2 051.1	2 500.1	3 000.1
西　藏	112.0	130.0	156.6	185.3	219.0
陕　西	1 800.9	2 317.1	2 699.7	3 195.7	3 790.0
甘　肃	833.3	1 023.6	1 183.0	1 394.5	1 648.0
青　海	208.3	259.7	300.5	350.8	410.5
宁　夏	233.3	295.4	339.3	403.6	477.6
新　疆	847.7	1 041.5	1 177.5	1 375.1	1 616.3

9-11 1978—2011年全国城乡人口数

单位：万人，%

年份	年末人口数	城镇人口数	比重	乡村人口数	比重
1978	96 259	17245	17.92	79 014	82.08
1979	97 542	18 495	18.96	79 047	81.04
1980	98 705	19 140	19.39	79 565	80.61
1981	100 072	20 171	20.16	79 901	79.84
1982	101 654	21 480	21.13	80 174	78.87
1983	103 008	22 274	21.62	80 734	78.38
1984	104 357	24 017	23.01	80 340	76.99
1985	105 851	25 094	23.71	80 757	76.29
1986	107 507	26 366	24.52	81 141	75.48
1987	109 300	27 674	25.32	81 626	74.68
1988	111 026	28 661	25.81	82 365	74.19
1989	112 704	29 540	26.21	83 164	73.79
1990	114 333	30 195	26.41	84 138	73.59
1991	115 823	31 203	26.94	84 620	73.06
1992	117 171	32 175	27.46	84 996	72.54
1993	118 517	33 173	27.99	85 344	72.01
1994	119 850	34 169	28.51	85 681	71.49
1995	121 121	35 174	29.04	85 947	70.96
1996	122 389	37 304	30.48	85 085	69.52
1997	123 626	39 449	31.91	84 177	68.09
1998	124 761	41 608	33.35	83 153	66.65
1999	125 786	43 748	34.78	82 038	65.22
2000	126 743	45 906	36.22	80 837	63.78
2001	127 627	48 064	37.66	79 563	62.34
2002	128 453	50 212	39.09	78 241	60.91
2003	129 227	52 376	40.53	76 851	59.47
2004	129 988	54 283	41.76	75 705	58.24
2005	130 756	56 212	42.99	74 544	57.01
2006	131 448	58 288	44.34	73 160	55.66
2007	132 129	60 633	45.89	71 496	54.11
2008	132 802	62 403	46.99	70 399	53.01
2009	133 450	64 512	48.34	68 938	51.66
2010	134 091	66 978	49.95	67 113	50.05
2011	134 735	69 079	51.27	65 656	48.73

9-12 2007—2011 年全国各地区人口的城乡构成

单位：万人

地 区	2007 年		2008 年		2009 年		2010 年		2011 年	
	城镇	乡村	城镇	乡村	城镇	乡村	城镇	乡村	城镇	乡村
全国总计	**60 633**	**71 496**	**62 403**	**70 399**	**64 512**	**68 938**	**67 001**	**66 281**	**69 079**	**65 656**
北 京	1 379.89	253.12	1 439.06	255.95	1 491.75	263.25	1 685.87	275.37	1 740.03	278.57
天 津	850.86	264.14	908.22	267.78	958.09	270.07	1 027.79	266.08	1 090.78	264.23
河 北	2 795.00	4 148.00	2 928.32	4 060.50	3 024.79	4 009.00	3 157.53	4 027.89	3 302.00	3 938.84
山 西	1 493.94	1 899.06	1 538.53	1 872.08	1 576.24	1 851.12	1 716.05	1 855.16	1 785.00	1 808.00
内蒙古	1 206.11	1 198.89	1 248.14	1 165.59	1 293.39	1 128.68	1 372.02	1 098.61	1 405.14	1 076.57
辽 宁	2 544.42	1 753.58	2 590.98	1 723.72	2 606.52	1 712.48	2 718.80	1 655.84	2 807.31	1 575.69
吉 林	1 451.27	1 278.73	1 454.76	1 279.24	1 460.73	1 278.82	1 464.82	1 280.46	1 468.18	1 281.23
黑龙江	2 061.14	1 762.86	2 119.27	1 706.12	2 123.43	1 702.57	2 132.37	1 699.03	2 166.21	1 667.79
上 海	1 648.05	209.95	1 673.18	215.28	1 702.01	218.99	2 055.51	246.41	2 096.28	251.18
江 苏	4 056.50	3 568.50	4 168.77	3 508.53	4 295.10	3 429.90	4 737.15	3 128.95	4 889.36	3 010.00
浙 江	2 894.32	2 165.68	2 949.12	2 170.88	2 999.22	2 180.78	3 355.02	2 087.67	3 403.45	2 059.55
安 徽	2 367.67	3 750.33	2 484.68	3 650.33	2 581.15	3 549.85	2 557.71	3 392.34	2 673.66	3 294.34
福 建	1 743.95	1 837.05	1 798.40	1 805.60	1 864.28	1 762.72	2 106.19	1 583.23	2 161.32	1 558.68
江 西	1 738.46	2 629.54	1 819.84	2 580.16	1 913.81	2 518.35	1 950.00	2 506.78	2 051.22	2 437.22
山 东	4 379.07	4 987.93	4 482.60	4 934.63	4 576.05	4 894.25	4 762.07	4 817.20	4 910.05	4 726.95
河 南	3 214.22	6 145.78	3 397.27	6 031.73	3 577.00	5 910.00	3 621.98	5 781.02	3 808.71	5 579.29
湖 北	2 524.66	3 174.34	2 581.37	3 129.63	2 631.20	3 088.80	2 844.51	2 879.26	2 984.11	2 774.00
湖 南	2 570.60	3 784.40	2 689.17	3 690.83	2 767.39	3 638.61	2 845.31	3 724.77	2 974.62	3 620.98
广 东	5 966.10	3 482.90	6 048.03	3 495.97	6 110.49	3 527.51	6 903.03	3 529.02	6 985.72	3 519.12
广 西	1 727.92	3 040.08	1 837.79	2 978.21	1 903.55	2 952.45	1 841.78	2 760.59	1 941.61	2 703.39
海 南	398.84	446.16	409.92	444.08	424.00	439.55	430.85	436.30	443.06	434.28
重 庆	1 361.25	1 454.75	1 419.22	1 419.78	1 474.96	1 384.04	1 529.58	1 355.04	1 606.03	1 312.97
四 川	2 893.21	5 233.79	3 043.61	5 094.39	3 167.60	5 017.41	3 234.44	4 807.31	3 367.32	4 682.69
贵 州	1 062.39	2 699.61	1 104.06	2 688.67	1 135.22	2 662.78	1 173.75	2 301.10	1 212.66	2 256.06
云 南	1 426.42	3 087.58	1 499.19	3 043.81	1 554.14	3 016.86	1 595.91	3 000.77	1 704.13	2 926.67
西 藏	80.37	203.63	64.89	222.11	69.03	221.00	68.06	232.16	68.88	234.42
陕 西	1 522.44	2 225.56	1 583.80	2 178.20	1 640.82	2 131.18	1 705.93	2 026.80	1 770.25	1 973.00
甘 肃	826.71	1 790.29	844.94	1 783.18	860.48	1 774.98	919.12	1 638.41	952.60	1 611.00
青 海	221.19	330.81	227.00	327.30	233.00	323.79	251.63	311.05	262.61	305.00
宁 夏	268.52	341.48	278.00	340.00	288.00	337.00	302.20	327.93	318.00	320.88
新 疆	820.19	1 274.81	844.65	1 286.15	860.21	1 299.00	933.58	1 248.01	961.67	1 247.04

X. 国际奶业

10－1 2000—2011 年全球原料奶产量

单位：万吨

原料奶种类	2000 年	2005 年	2009 年	2010 年	2011 年	2011 年增长率	2000—2011 年复合平均增长率
牛奶	48 905.1	54 727.3	59 395.3	60 612.1	62 065.5	2.4%	2.20%
水牛奶	6 710.6	7 945.1	8 978.9	9 323.5	9 665.5	3.7%	3.40%
山羊奶	1 319.5	1 531.7	1 695.1	1 776.9	1 811.4	1.9%	2.90%
绵羊奶	809.7	877.5	942.9	994.3	1 009.6	1.5%	2.00%
其他	225.8	242.0	280.3	314.2	317.1	0.9%	3.10%
全球总产量	57 970.6	65 323.5	71 292.6	73 021.0	74 869.1	2.5%	2.40%

10－2 2000—2011 年全球各地区牛奶产量

单位：万吨

	2000 年	2005 年	2009 年	2010 年	2011 年	2011 年增长率	2000—2011 年复合平均增长率
亚洲	9 467.2	13 104.3	15 938.3	16 496.5	16 915.3	2.50%	5.40%
欧盟 27 国	14 950.0	14 896.6	14 729.6	14 920.7	15 184.0	1.80%	0.10%
北美和中美①	9 795.5	10 289.1	11 040.9	11 222.3	11 402.5	1.60%	1.40%
南美洲	4 428.2	5 333.3	6 111.5	6 375.0	6 758.5	6.00%	3.90%
其他欧洲国家	5 901.2	6 116.8	6 131.0	6 018.5	5 978.3	0.70%	0.10%
非洲	1 936.9	2 425.0	2 809.9	2 917.7	2 949.8	1.10%	3.90%
大洋洲	2 426.0	2 562.1	2 634.1	2 661.4	2 877.1	8.10%	1.60%
全 球	48 905.1	54 727.3	59 395.3	60 612.1	62 065.5	2.40%	2.20%

备注：①包括加勒比地区

10－3　2000—2011年世界主要国家奶牛存栏数

单位：万头

	2000年	2005年	2009年	2010年	2011年	2011年增长率	2000—2011年复合平均增长率
印度	3 288.3	3 658.6	4 146.1	4 275.5	4 300.0	+0.60%	+2.50%
中国	523.8	1 216.1	1 260.7	1 420.1	1 440.2	+1.40%	+9.60%
日本	115.0	105.5	98.5	96.4	93.3	−3.20%	−1.90%
韩国	25.5	27.1	24.8	24.1	22.9	−5.00%	−1.00%
巴西	1 788.5	2 082.0	2 243.5	2 299.9	2 351.3	+2.20%	+2.50%
阿根廷	200.4	188.5	180.9	174.9	188.4	+7.70%	−0.60%
欧盟（27国）	2 758.5	2 506.2	2 362.1	2 318.5	2 299.5	−0.80%	−1.60%
德国	456.4	416.4	416.9	418.2	419.0	+0.20%	−0.80%
法国	415.3	395.8	374.4	372.9	368.6	−1.10%	−1.10%
波兰	304.7	279.5	267.8	252.9	244.6	−3.30%	−2.00%
英国	233.9	200.7	185.7	184.7	181.4	−1.80%	−2.30%
意大利	217.2	184.2	187.8	174.6	175.5	+0.50%	−1.90%
荷兰	150.4	143.3	148.9	147.9	147.0	−0.60%	−0.20%
西班牙	114.1	111.3	82.8	84.5	83.7	−1.00%	−2.80%
爱尔兰	115.3	112.2	102.2	102.7	105.5	+2.70%	−0.80%
美国	920.6	904.3	920.3	911.9	919.4	+0.80%	−0.00%
墨西哥	207.5	219.7	233.4	239.5	237.4	−0.90%	+1.20%
加拿大	114.2	104.1	97.9	98.1	98.3	+0.20%	−1.40%
俄罗斯	1 310.0	964.7	902.6	884.4	894.8	+1.20%	−3.40%
乌克兰	519.5	378.1	289.1	277.2	258.2	−6.90%	−6.20%
新西兰	348.5	410.0	425.0	440.0	455.0	+3.40%	+2.50%
澳大利亚	217.1	201.0	167.6	160.0	162.0	+1.30%	−2.60%
全球	21 715.4	24 099.1	25 294.2	25 615.6	25 904.6	+1.10%	+1.60%

10－4　2000—2011年世界主要国家牛奶产量

单位：万吨

	2000年	2005年	2009年	2010年	2011年	2011年增长率	2000—2011年复合平均增长率
印度[①]	3 296.7	3 975.9	5 220.1	5 490.3	5 770.0	＋5.10%	＋5.20%
中国	842.0	2 753.4	3 518.8	3 575.6	3 656.0	＋2.20%	＋14.30%
日本	849.7	828.5	791.0	772.1	747.4	－3.20%	－1.20%
韩国	225.3	223.0	211.0	207.3	188.9	－8.90%	－1.60%
巴西	2 036.0	2 535.9	2 997.9	3 163.7	3 290.0	＋4.00%	＋4.50%
阿根廷	1 011.1	977.8	1 035.6	1 061.6	1 194.8	＋12.50%	＋1.50%
欧盟（27国）	14 950.0	14 896.6	14 729.6	14 920.7	15 184.0	＋1.80%	＋0.10%
德国	2 833.1	2 845.3	2 919.9	2 963.0	3 034.0	＋2.40%	＋0.60%
法国	2 497.5	2 488.5	2 333.2	2 403.2	2 511.6	＋4.50%	＋0.10%
波兰	1 190.0	1 190.1	1 244.7	1 227.9	1 240.5	＋1.00%	＋0.40%
英国	1 448.9	1 447.0	1 351.8	1 385.2	1 408.1	＋1.70%	－0.30%
意大利	1 087.7	1 089.7	1 090.6	1 100.5	1 109.3	＋0.80%	＋0.20%
荷兰	1 112.5	1 083.6	1 162.4	1 182.9	1 185.1	＋0.20%	＋0.60%
西班牙	590.0	655.3	625.1	635.7	640.0	＋0.70%	＋0.70%
爱尔兰	526.0	516.3	503.0	543.5	565.0	＋3.90%	＋0.70%
美国	7 600.4	8 025.4	8 588.0	8 747.4	8 901.5	＋1.80%	＋1.40%
墨西哥	959.1	1 016.4	1 086.6	1 099.7	1 106.5	＋0.60%	＋1.30%
加拿大	816.3	824.1	842.1	843.4	854.6	＋1.30%	＋0.40%
俄罗斯	3 193.8	3 144.0	3 257.0	3 184.7	3 164.6	－0.60%	－0.10%
乌克兰	1 243.6	1 342.4	1 136.4	1 097.7	1 081.5	－1.50%	－1.30%
新西兰[②]	1 333.3	1 516.3	1 698.0	1 716.9	1 896.6	＋10.50%	＋3.30%
澳大利亚[③]	1 086.2	1 039.2	929.4	937.5	973.4	＋3.80%	－1.00%
全球	48 905.1	54 727.3	59 395.3	60 612.1	62 065.5	＋2.40%	＋2.20%

备注：①奶业年度为4月1日至次年3月31日，2011/12奶业年度为估计数

②2000及2005年数据为2000/01及2005/06奶业年度（6月1日至次年5月31日）数据

③奶业年度为7月1日至次年6月30日

图书在版编目（CIP）数据

中国奶业年鉴．2012/高鸿宾主编．—北京：中国农业出版社，2013.3
ISBN 978-7-109-17697-3

Ⅰ．①中… Ⅱ．①高… Ⅲ．①乳品工业-中国-2012-年鉴 Ⅳ．①F426.82-54

中国版本图书馆 CIP 数据核字（2013）第 044096 号

中国农业出版社出版
（北京市朝阳区农展馆北路 2 号）
（邮政编码 100125）
责任编辑 刘博浩 程 燕

中国农业出版社印刷厂印刷 新华书店北京发行所发行
2013 年 5 月第 1 版 2013 年 5 月北京第 1 次印刷

开本：889mm×1194mm 1/16 印张：38.25 插页：20
字数：1 028 千字 印数：1～2 000 册
定价：450.00 元

2012 2012 2012